2021年度

浙江税收获奖论文集

Zhejiang Shuishou Huojiamg Lunwenji

主　编　周广仁　龙岳辉　劳晓峰

副主编　徐敏俊　王　平　章毓华

ZHEJIANG UNIVERSITY PRESS
浙江大学出版社
·杭州·

前　言

　　2021年,是中国共产党成立一百周年,是中国国民经济和社会发展第十四个五年规划的开局之年,也是党和国家历史上具有里程碑意义的一年。面对国际国内严峻复杂的形势,浙江省的税收工作,在国家税务总局和中共浙江省委、省政府的正确领导下,坚持以习近平新时代中国特色社会主义思想为指导,全面贯彻党的十九大和十九届历次全会精神,深入学习习近平总书记视察浙江重要讲话精神,深入开展党史学习教育,深入实施"八八战略",落实中办、国办印发的《关于进一步深化税收征管体制改革的意见》,统筹疫情防控和服务经济社会发展,统筹推进减税降费和组织收入持续深化放管服改革,助力营商环境优化,开启了税收征管改革的新篇章。税收工作为浙江省经济发展和高质量推进新时代税收现代化建设作出新的贡献。在这一年里,浙江省的税收学术研究工作在国家税务总局、中国税务学会、浙江省民政厅和浙江省社会科学界联合会的正确领导下,在广大税务干部和税务学会会员的积极努力下,坚持正确的办会方向,紧紧围绕税收中心工作,强化党建引领,以税收高端智库建设为中心,推动税收学术研究工作持续健康发展,在税收学术研究、税法宣传、组织建设、税收智库和桥梁纽带作用等方面又取得了丰硕的成果!

　　2021年根据国家税务总局、中国税务学会的部署,税收学术研究重点调研了六个课题:优化税务执法方式,提升税收治理效能;推行纳税缴费精细服务,持续优化税收营商环境;实施精准监管,提高税务稽查科学性;深化国际税收合作,助力合作共赢开放体系建设;完善个人所得税制度研究;完善税收政策,促进企业上市发展。

　　浙江省税务学会布置10个市、50个县(市、区),开展重点调研,由省税务局、省税务学会主要领导担任课题组长。各调研单位的领导也极为重视,积极组织力量,开展了深入的调查研究,将理论与实际相结合,撰写了有情况、有分析、有建议、有创新意识、有较高学术水平的税收论文或调研报告。因受疫情影响,我们于11月19日改以"通讯形式"举办2021年全省税收重点课题研讨会,会后撰写综合调研报告,已分别提交中国税务学会专题研讨会和全国税收理论研讨会交流。2021 年,省、市、县三级税务学会共收到税收论文和调研报告 1458 篇;省局、省学会和市县局领导都带头搞税收调研,带头写税收论文,全省税收学术研究活动已蔚然成风!

为了进一步推动税收学术研究活动的蓬勃发展,使更多的高水平学术研究精品脱颖而出,我们制定了《2021 年度税收课题成果评审工作实施方案》,成立了年度税收课题评审委员会,推行了分课题两级评审(初评、复评)办法,组织了 2021 年度全省税收优秀学术研究成果的评选活动。经过上级主管部门、省市税务部门、税务学会和高等院校等一批具有较高水平、税收实践经验丰富的专家和教授组成评审委员会的各位评委,对各市税务学会推荐的全省税收优秀论文进行认真评审,共评出获奖税收优秀学术研究成果 85 篇,具体如下:特别奖 10 篇,一等奖 15 篇,二等奖 20 篇,三等奖 40 篇。浙江省税务学会已发文通报表彰。为了使各级领导、广大干部和社会各界关心热爱税收工作的人士能了解我省税收学术研究领域的丰硕成果,我们将这些获奖的税收优秀学术研究成果选送至浙江大学出版社编辑出版《浙江税收获奖论文集(2021 年度)》。

这次获奖的税收优秀学术研究成果,有的是围绕国家税务总局、中国税务学会布置的重点课题,结合浙江实际和省委、省政府的中心工作调研撰写的;有的是围绕纳税人普遍关注的税收热点、重点、难点问题调研撰写的。有税收学术论文,也有税收调研报告;有集体创作的,也有个人撰写的;有省局、省学会和市县局领导深入调研撰写的研究精品,也有税务学会会员和广大税务干部的调研成果,内容非常丰富。特别是部分研究成果已得到转化应用,有的研究精品得到了国家税务总局领导和浙江省委、省政府领导的批示肯定,为促进经济社会发展作出了积极贡献。

这次获奖的税收优秀学术研究成果,属于优化税务执法方式、提升税收治理效能研究的有 16 篇;属于推行纳税缴费精细服务、持续优化税收营商环境研究的有 17 篇;属于实施精准监管、提高税务稽查科学性研究的有 10 篇;属于深化国际税收合作、助力合作共赢开放体系建设研究的有 9 篇;属于完善个人所得税制度研究的有 10 篇;属于完善税收政策、促进企业上市发展研究的有 7 篇;属于深化税收征管体制改革及税收风险管理等研究的有 16 篇。上述获奖的税收优秀学术研究成果,主题突出,观点鲜明,论据充分,说理深透,具有时代特征和创新意识,有较高的理论水平和实用价值,充分展示了 2021 年度浙江省各级税务局、税务学会广大干部和会员认真学习贯彻习近平新时代中国特色社会主义思想和党的十九大和十九届历次全会精神,针对社会普遍关注的税收热点、重点、难点,大兴调查研究之风,为深化税制改革服务、领导决策服务所取得的最新成果,可供各级领导和广大读者作税收学术研究和政策决策及改进工作的参考。

参加《浙江省税收获奖论文集(2021年度)》评审和编辑工作的有:龙岳辉、周广仁、劳晓峰、徐敏俊、王平、支瑶瑶、章毓华、沈玉平、余强、郁兴超、李云、姚稼强、郑备军、潘亚岚、董根泰、周捷、周继忠、周勇、潘文飞、林森、吕成钢、潘孝珍、屠克威、徐志群、郑汀、卓然、严才明、申树军、陈丽卿、章仲云、徐利君、杨俊、姜辉、胡晓明、倪永清、周建华、池贤福、蒋琳灵、洪筱箐、栾国庆、陈一军、谢维荣、闵安琪、沈振斌、杨荣标、沈路平、许联友、胡耀辉、华丽军同志,在此深表感谢!

本获奖论文集刊登全部获奖论文,因篇幅关系,有些论文作了一些删节。编审中难免有不尽完善之处,敬请作者和读者谅解、指正。

国家税务总局浙江省税务局

浙江省税务学会

2022 年 6 月

目　录

一、优化税务执法方式，提升税收治理效能

二、推行纳税缴费精细服务,持续优化税收营商环境

三、实施精准监管，提高税务稽查科学性

四、深化国际税收合作,助力合作共赢开放体系建设

五、完善个人所得税制度研究

六、完善税收政策,促进企业上市发展

一、优化税务执法方式，
提升税收治理效能

推进精确执法 创新税务监管体系（特别奖）

浙江省税务学会课题组

　　税务执法是税务机关履行法定职责的主要方式，是发挥税收在国家治理中的基础性、支柱性、保障性作用的有力支撑。随着中国特色社会主义进入新时代，税务执法需要适应新形势和新要求。中共中央办公厅、国务院办公厅《关于进一步深化税收征管改革的意见》（以下简称《意见》）提出"精确执法"。税务执法必须以此为导向，正视问题和不足，认真吸收借鉴成熟经验，扎扎实实推进精确执法，加强税务监管体系创新，推动实现税收治理体系和治理能力现代化。

　　一、新时代税务执法面临的挑战和机遇

　　（一）社会层面：新格局

　　随着法治体系的持续完善和权利意识的不断增强，社会公众对执法质量的要求和期待更高，维权意愿也更强烈，更加关注实质公平。在税务领域，根据中国裁判文书网显示的数据，2014 年至 2015 年期间，税务行政诉讼裁判文书数量较少，2016 年至 2018 年，税务行政诉讼文书数量连续三年大幅增长，年平均增长率为 50.95％，经历了一个快速上升期。2020 年税务行政诉讼裁判文书的数量与 2018 年、2019 年相比基本持平，全国的税务行政诉讼案件数量经过三年的快速、大幅增长后趋于稳定。这充分说明纳税人权利意识的觉醒，对于税务执法不服时，越来越注重运用法律途径维护自身合法权益。在这种社会形势下，税务执法必须尽快由粗放向精确、精准转变。

　　（二）经济层面：新经济

　　新技术的运用正在重构生产、分配、交换、消费等经济活动的各个环节，引发经济形态的重大变革，尤其是数字技术的发展，催生了以互联网、数字经济为代表的新型业态。新技术、新经济颠覆了传统面对面的交易模式，实现了非接触式、没有物理形态的交易。这些特点给纳税时间、纳税地点、纳税人的确定带来挑战，给税务执法带来了新的困难。与此同时，也促进了税务机关运用新技术提升执法手段、优化执法方式。

（三）税务层面：新机构

2018年国税地税机构改革后，税务执法的队伍更加庞大，税务执法的内容更加广泛。从短期来看，部分执法人员对于合并前的部分执法内容可能不太熟悉，这给精确执法带来一定挑战。但从长期来看，业务融合与资源互补，更有利于促进精确执法。

二、当前税务执法存在的问题和原因分析

（一）存在的问题

1.执法主体不规范。根据行政法的基本要求，只有具有执法资格的执法人员，才可以从事行政执法工作。但在税务系统还存在不具有执法资格的人员尤其是临聘人员从事行政征收、行政许可、行政处罚等执法工作的现象。这些人员不具有执法资格，对于相关法律法规的熟悉程度也达不到要求，其做出的执法行为不仅不符合精确要求，实质上应当无效。更有甚者，由于法律意识淡薄，个别临聘人员在执法过程中存在贪污税款等违法犯罪行为，造成国家税收流失。

2.执法程序有瑕疵。执法程序上还存在一定程度的随意。例如，在税务稽查过程中，未能规范着装；对查封、扣押财产等直接涉及重大财产权益的现场执法活动，未能按照"三项制度"要求，实行全程音像记录；在调取纳税人账簿资料、检查存款账户等执法行为过程中，存在着先调取资料事后再进行领导审批的不规范行为。

3.执法标准不统一。鉴于各地发展不平衡，在行政处罚裁量基准、重大税务案件审理标准等方面存在差异属于正常合理范畴。但是，对于其他应当统一的执法标准和口径，实践中仍存在不统一现象，影响了执法精确性和税法权威性。例如，对于土地增值税清算业务中的有关计算口径，同一个地方或者相邻地方的掌握尺度差别较大。再如，对于当事各方出于做大销售额等动机进行的发票对开和环开，这种行为主观上不以骗取抵扣税款为目的，客观上也未造成增值税税款流失，税务机关应当如何定性处理，法律层面没有清晰规定，执法实践中存在不同处理方式。

4.执法效果不乐观。（1）执法僵化，柔性不足，执法文书缺乏充分说理，纳税人对于执法结果往往知其然不知其所以然，对税务执法的满意度不高。近年来，税务行政复议和诉讼案件的持续增加，一方面反映了纳税人维权意识的觉醒，另一方面也说明执法效果的满意度有待提高。（2）执法公开不够到位。例如，对于某些行政处罚案件的结果，基于税务机关和处罚对象两方面的顾虑，存在应当公开而未公开的现象。（3）目前稽查办案普遍周期较长，效率较低。原《税务稽查工作规程》规定检查期限为 60 日，新《税务稽查案件办理程序规定》规定整个办案期限为 90 日，但在实际稽查工作中，普遍存在多次延期情况。

（二）产生上述问题的原因分析

1. 思想观念方面。法治意识有待提高，思想观念不够重视，管理思维大于法治思维，未能严格按照法律规定执行。例如，根据法律规定和中央要求，不得违规提前征税，但个别地方不以为然，仍然盲目下达税收任务、征收"过头税"，被国务院通报批评；再如，根据法律规定和总局要求，不允许存在临聘人员从事执法工作现象，但仍有个别地方未能及时清理，造成助征员贪污税款，损害税务机关形象。

2. 税收政策方面。税制设计过于复杂，执法人员难以完全精准掌握。我国现有 18 个税种，其中 16 个由税务机关征收。如此复杂的税制，对于精确执法带来很大困难。例如，国地税合并后，原国税干部普遍对于土地增值税比较陌生，原地税干部对于全面营改增后复杂的增值税制度也望而生畏。加上减税降费政策密集出台，导致税收制度更加碎片化，执法精确度受到一定影响。

3. 配套制度方面。（1）权责边界不甚清晰。税务机关身兼执法、管理、服务等多重角色，但各个角色之间的职责边界存在交叉模糊。虽然税务系统已经制定发布了权责清单，但个别事项的界定仍然不清楚、不科学。（2）法律规定不够完善。例如，关于虚开增值税专用发票的行政违法与刑事犯罪规定，未区分是否存在骗税动机、是否造成税款流失、是否只限于增值税流失等各种情形，导致执法人员认识不同，同类案件存在不同处理。（3）个别要求不切实际。例如原《税务稽查工作规程》和现《税务稽查案件办理程序规定》对于办案期限要求比较严格，但稽查案件超半数来自发票协查系统。这些案源主要以查处各类虚开发票和骗取出口退税为主。为了查清事实，稽查部门需围绕"货物流、发票流、资金流"进行多方检查，还需要寻找"涉税发票"背后的各类人员（如法定代表人、财务人员、采购人员、仓库保管员、物流人员等）了解情况；同时需实地查看是否具有实际生产能力以及是否存在第三方挂靠或委托加工情况，此外还经常因政策不明，造成定性困难。以上种种因素，使得很多稽查案件无法在规定的期限内完成。

4. 监管措施方面。（1）目前"放管服"改革中的放、服都比较到位，但放管结合仍然存在漏洞。针对已取消的行政许可事项，如何加强事中事后监管，在部分领域缺乏制度性安排，也没有统一的、具有操作性的有效工作指引，后续管理不到位，导致问题频出，出现了较大风险。比如为进一步简政放权，2014 年税务总局取消"大额普通发票代开调查巡查"进户执法项目后，税务机关前后端均取消了业务真实性审核，导致不法分子利用制度漏洞大肆虚构业务代开发票。近年来执法督察发现个别纳税人通过购买身份证虚构业务到税务机关或委托代征单位代开普通发票,用于虚抵成本、偷逃税款,主管税务机关无视风险,形成巨大征管漏洞。(2)部分执法领域风险防控的主动性和时效性不足,缺乏重大风险预警监控,导致一些重大风险被外部审计、举报监督发现。比如国务院关于 2020 年度中央预算执行和其他财政收支的审计工作报告指出,15 省市以财政奖励等名义违规返还税款,造成财政收入流失 238.73 亿元;20 个地区在应税事项未发生、缴税时限未到期等情况下,向 111 户企业多征预征税费 29.9 亿元,增加企业负担;部分高收入群体恶意出让转移资产,逃缴高额个税。

5.信息资源方面。(1)作为税务管理者,税务部门拥有海量的纳税人数据,但在挖掘和利用这些数据的真正价值方面,仍处于早期阶段。一方面,税务系统内部存在多个独立运行的业务系统,如金三核心征管系统、增值税发票新系统、自然人税收征管系统、出口退税系统等,其中的执法数据相对孤立,数据大多不能共享,数据的集成应用率低,影响了后续的数据挖掘和分析应用;另一方面,税务系统内部的分析决策系统建设缓慢,功能侧重于查询、统计、报表,而数据预处理、数据分析建模、数据预测、辅助决策等功能未能充分开发,影响了执法效率和精准度。如基层税务部门作为税务执法的重要一环,受限于执法层级以及数据安全等因素,能用于执法决策的数据有限,而从上级接收到的信息也有限,多数情况需要下户补充采集数据,这需要时间成本和分析成本,在人少事多的情况下,必然出现执法随意性增大、定性不准等问题。(2)税务部门的系统设计(包括执法系统)主要是以业务流程为导向的,手工操作痕迹明显,属于业务驱动,而非数据驱动,因而数据缺失、数据重复、数据异常等数据质量问题得不到应有的重视和解决,错误的数据当然得不出正确的结论,这在一定程度上影响了税务执法的精确度。另外,业务驱动的系统大都是串联式的,一环接一环,前一环节未完成,后一环节就不能启动,因而效率低下;数据驱动的系统则是并联式的,通过计算机的强大算力,数据的汇聚、分析、共享可以同步实时发生,从而大大提高业务的处理效率。税务稽查办案周期偏长除取证时间和办案精确度要求外,还因为它是业务驱动型的,而浙江省的"最多跑一次"改革则是一个数据驱动型的典型。(3)税务执法信息共享度低。一次税务执法会形成大量关于本次执法的数据,如执法对象、执法主体、相关利益方的静态和动态数据。这些数据有些被采集进执法系统,而更多的数据则以档案形式(书面文字、语音、图像等)留在系统外,不能形成有价值的信息而被重复使用。比如在重点税源审核和反避税调查中,缺乏详尽的工作指引和丰富的数据支持。事实上就全国而言,类似的案例肯定有过,但固化在系统中的少之又少,因而更谈不上由系统推送类似的解决方案。(4)智能化程度不足。由于各种原因，税务信息系统尚未有效集成，税务数据缺少有效融合，服务、监管、执法、社会协同未能有效合成，"非接触式执法"没能有效推广，大数据分析和人工智能等新技术使用不足，这造成税务执法系统无法实现智能识别、智能推送、智能应答等一系列智能化处理，有效减轻基层和纳税人的负担，提高税务执法效果。

三、推进精确执法的经验借鉴

（一）国内其他部门经验

证监会的监管科技建设可以为税务精确执法提供可供借鉴的经验。2018年8月印发的《中国证监会监管科技总体建设方案》，标志着证监会完成了监管科技建设工作的顶层设计，并进入全面实施阶段。

一是统筹证券基金期货行业科技监管。梳理整合现有科技监管规则，结合证券基金期货行业特点分别制定细则，形成层次清晰、逻辑一致的规则体系。

二是提升监管科技基础能力。建立集中统一的数据管理体系，提升行业科技治理水平，紧贴资本市场监管要求和数字经济发展特点，打造具有通用性和扩展性的监管大数据平台。深入开展金融科技工程研究与实践，在大数据分析、人工智能等前沿科技应用上积极探索，重点建设上市公司、私募基金、行业机构监管和稽查执法等监管机构、监管系统，积极开展基于大数据的风险监测。

三是打造新型金融基础设施。优化证联网，促进行业机构间的互联互通，指导行业核心机构积极推动行业云服务公共设施建设，较好地满足金融机构对于行业公用共性技术服务的应用需求。启动区域性股权市场区块链登记托管、基础设施建设的试点工作，在区域性股权市场探索打造新一代的金融基础设施，为中小企业股权融资提供更优质的服务。

（二）域外税务执法经验

2020年税收征管论坛阿姆斯特丹大会正式发布征管规范3.0。征管规范3.0强调以纳税人为中心构建税收征管流程的理念，以建立适用高科技的组织形态为目标，形成对人员、流程和系统的快速反应能力。基于精准且安全的身份识别系统，准确识别纳税人信息，把个人和企业涉及的所有系统连通起来，实现按户按人归集。税收征管3.0提出了全新税收征管模式，即将税收规则前置嵌入到纳税人的自有系统（即税收征管3.0中所称的Natural System，包括纳税人的财务软件、ERP系统以及为纳税人提供其他服务的政府、第三方系统，以下统称为纳税人自有系统）之中，采用合规设计方式确保纳税人在"纳税义务"刚发生时就遵从税收规则，从而推动纳税人自动申报缴税，实现从"自愿遵从"向"自动遵从"转变。税务机关不再依赖纳税人通过报表报送的大量数据,而是直接使用来自受信任的纳税人系统导出的结果,从而降低因税收征管流程与纳税人日常业务流程差异而带来的遵从成本。税收征管3.0模式还强调要对其他政府部门、私营企业、各国间的系统和程序进行整合,将其他政府服务和管理职能与市场主体联系起来,各主体在管理中建立起合作伙伴关系,通过数字身份保障流程和数据源之间的无缝衔接,打造税收共治格局。

四、推进精确执法的意见建议

税务系统要深刻理解《意见》关于精确执法要求的核心要义,推动从经验式执法向科学精确执法的转变,实现《意见》提出的深入贯彻税收法定原则,切实加强税收征管,规范组织税费收入,着力构建"无风险不打扰、有违法要追究、全过程强智控"的精确执法新体系。

(一)以规范执法为重点,实现从管制向善治的转变

1.加强制度体系建设。一是构建完备的税法体系。精确执法的前提在于精确立法。税收征收管理法等有关法律法规的某些规定已显得陈旧,对于实践中出现的新情况新问题缺少必要的回应,难以适应税务执法的需要,应当及时立改废。全面清理整合现行的税务规范性文件,对于仍然需要继续执行的规则,整合并重新发布,尤其是对纳税评估制度、死欠核销制度、阻止欠税人出境制度等普遍适用但落后于形势发展的"陈旧"制度进行修订完善,增强制度的及时性、针对性、可操作性、协调性、系统性。配合有关税法的制定和修改,及时依法解释明确税法中的模糊问题,消除税务执法争议障碍,进一步增强税务执法的确定性。二是严格贯彻落实行政执法公示、执法全过程记录、重大执法决定法制审核制度(包括重大税务案件审理)等三项制度。聚焦行政执法的源头、过程和结果三个关键环节,对促进严格规范公正文明执法具有基础性、整体性、突破性作用,对推进税收治理体系和治理能力现代化具有重要意义。税务系统要全面落实,推动实现税务执法的公开、透明、规范。三是从征管全流程上完善配套制度,包括实名办税(生物识别技术)等税务网络可信身份体系,"数据采集、部门共享、减少办税"缴费信息报送的办法,欠税追缴、事前裁定、执行税收、破产税收等制度规定,优化完善科学严密的税收征管制度体系。四是完善稽查办案制度,落实"立案前检查",探索"查前约谈",提高稽查效率。在下达《税务检查通知书》之前,先约谈企业法定代表人和财务负责人,了解企业对当前纳税政策的把握情况,通过下发自查通知书和自查事项告知书约请待查对象,并做好约谈记录。根据约谈情况,责令纳税人进行税务自查,将存在明显隐瞒情况的纳税人作为重点稽查对象。对自查结果不符合相关法律规定的,约谈对象又未能及时解释清楚问题或疑点,或逾期不按规定进行自查

的，列入选案对象，对查处的违法行为给予严肃处理。

2.实现区域执法协同。推进区域间税务执法标准统一，实现执法信息互通、执法结果互认，是税务部门紧跟国家区域协调发展战略，积极主动融入经济社会发展大局的重要举措。落实税务总局推出的长三角"首违不罚"清单，不断细化、具体化法律法规规章中"免罚轻罚"规则。深化长三角区域税收征管协作，统一区域间税务执法标准，实现执法信息互通、执法结果互认。简化企业跨省迁移税费事项程序，落实全国通办涉税涉费事项清单。同时，我们要紧抓针对绿色一体化示范区先行先试的有利契机，对遇到的障碍和问题形成快速反馈机制，在保障落实好优化调整征管机构、优先推进电子发票试点、推进综合保税区建设、率先推行异地信用评价应用、下放税收征管审批权限等五项创新举措的基础上，提出进一步支持绿色的工作方案。

（二）以柔性执法为核心，实现执法向刚柔并济转变

1.落实轻微违法首违不罚制度。2021年1月22日修订的《中华人民共和国行政处罚法》第三十三条第一款规定："违法行为轻微并及时改正，没有造成危害后果的，不予行政处罚。初次违法且危害后果轻微并及时改正的，可以不予行政处罚。"在法律层面正式确立了"首违不罚"制度。2021年3月31日，国家税务总局发布《税务行政处罚"首违不罚"事项清单》，对于首次发生清单中所列10个事项且危害后果轻微，在税务机关发现前主动改正或者在税务机关责令限期改正的期限内改正的，不予行政处罚。下一步，建议探索将"首违不罚"清单拓展至所有非稽查专司领域。

2.推行说理式执法。在税务执法文书领域采用说理式执法文书，进而拓展至执法行为的各个环节之中，全面实现执法过程、执法结果说理，让执法对象知其然且知其所以然。严格按照办案程序规定，全面告知当事人执法流程、权利义务、违法事实、处理意见、处罚幅度、处罚结果、救济途径等内容或要求，积极融入说理工作，做好法理、事理、情理的解释，加强沟通、减少争议。

3.建立税务争议协调解决机制。税务执法中涉及裁量权的情形比较广泛，例如行政处罚、核定税额、确定应税所得率等。这些情况依法均可适用和解与调解。注重发挥和解与调解作用，建立高效、便捷的争议协调解决机制，有利于将税务纠纷化解在萌芽阶段。在调解、和解过程中，始终坚持征纳双方平等地位，尽量消除主体间的心理对抗，调动各方面因素，通过多种途径寻求税务争议的彻底解决之道。

（三）以实施数据治税为抓手，实现从人工管税向智慧税务转变

1.以一户式集成为突破口，推动执法数据融合和共享。制定数据交换和数据共享标准，加速推进内外数据互联互通，提高一户式数据集成效率和数据质量。在保证数据安全和风险可控的前提下，制定数据共享清单，让基层执法

部门拥有与执法责任相对称的数据,提高执法效果。

2.建立大数据应用体系,以数据驱动业务变革和流程再造,加速推进税务执法数字化转型。在大数据平台,通过业务对象、过程、规则的数字化,将执法数据从线下转到线上,将执法业务规则变成机器可以理解的规则,让机器基于规则自动判断执行,实现重复、海量"确定性执法业务"的自动化处理,提高税务执法的效率。如增值税发票风险全链条速反应机制,在发票领用、开具、申报抵扣(退税)、事后管理等环节已实现由系统自动识别,自动评级、自动推送、自动处理,大大减轻了基层执法人员的人工操作负担,有效降低了增值税发票虚开的风险。

3.基于税收大数据平台和互联网,充分应用大数据、5G、人工智能等新技术创新税务执法业务模式。将纳税人视为税务执法系统的有机组成部分,基于税务系统内部的一户式集成,针对不同纳税人创建功能完备、个性化的数字税务账户,实现税务部门与纳税人的在线互动,在为纳税人提供个性化服务的同时开展非接触式执法,实现线上下达税务事项通知书、线上约谈调查。同时,通过政府部门之间的合作以及大数据分析、5G、人工智能等技术的综合运用,实现执法过程的自动化处理。

4.统筹服务、监管、执法和共治,推进智慧税务全面建设。强化系统观念,将智慧税务与税收服务、执法、监管各领域工作统筹谋划、深度融合,推动税务执法从合作、合并到合成的突破。充分整合挖掘各方信息资源,沿着税源管理到风险管理再到纳税服务的建设路径,进行一体化集成,建立全数字化的管理链条和控制链条,最终实现系统互联互通,数据高度融合,具备动态感知的智慧税务。

(四)以执法统一为标准,实现税务监管向更加公平公正转变

1.进一步细化税务处罚裁量权。细化完善处罚裁量,应基于更加综合的影响因素加以考量。一是行为主体方面,如年龄因素,实践中发生大学生创业企业发票违法案件,当事人缺乏相应财税知识以及风险管理意识,对其进行的处罚可否考虑适当从轻、减轻;二是主观方面,需考虑实施违法行为时的主观心理状态,是故意还是过失;三是客观方面,如违法行为所涉税种、金额、违法行为次数以及配合程度等;四是行为后果方面,需考虑对社会造成的恶劣影响程度、非法获利情况等。目前已发布的《长江三角洲区域申报发票类税务违法行为行政处罚裁量基准》以及《长江三角洲各省市裁量基准对照表(其他违法)征求意见稿》,已考虑了行为次数、社会影响、配合情况等因素,但征求意见稿对于处罚阶次依然规定过宽,且考虑因素比较有限,仍可继续细化。

2.建立税收执法案例指导制度。虽然税务行政处罚案例对税务机关并不具有法律意义上的约束力,但典型案例指导制度可以保证税务执法的统一性,

减少同案异罚情况的发生。通过每年发布典型案例形式，对违法违规行为的法定依据、裁量阶次、适用条件和具体裁量标准进行细化和明确，同时也可解决特殊性、新颖性案件严格适用裁量基准可能带来的不合理问题。同时对于税务机关实际操作中可以考虑的酌定情节，在案例的环境中可以更直观地被执法人员理解。

3. 完善行刑衔接机制。实践中在对涉税违法与涉税犯罪的边界把握上存在两种极端，一是税务机关遭遇案件移送难，二是税务机关存在以罚代刑现象，其中移送难矛盾更为突出。究其原因，主要是目前对涉税类案件的入刑标准与经济发展现状脱节，最易发生税警纠纷的就是关于虚开增值税专用发票的移送标准问题。税务机关根据《最高人民法院关于虚开增值税专用发票量刑标准有关问题的通知》（法〔2018〕226号），若虚开税款数额达到5万元以上，就启动移送公安机关程序。但公安机关并未完全按照此规定执行，且认为标准过低，容易导致打击面过宽，因此造成了涉税案件的"移送难"，这也导致各地具体移送情况不一，存在执法风险。据悉，最高人民法院已准备出台新的司法解释，税务机关一方面需应用好新的司法解释，另一方面，要探索税务合规性工作机制，完善行政部门与司部门法的有效衔接。

（五）以内控监督为保障，实现执法风险防控由问题查处为主向全过程智控转变

1. 前移风险防控关口，构建数字化内控监督体系。数字化监督是税务数字化改革的重要组成和必然要求。近年来，税务系统以"制度＋科技"双轮并驱，一方面着力构建"四位一体"内控制度体系，另一方面则开发上线税务系统内部控制监督平台，基本形成了督察内审牵头负责内控管理监督、业务主责部门承担日常风险防控的风险治理格局，取得了一些积极成效。同时，受风险识别评估水平、内控责任落实和内控监督平台数据集成度等因素制约，内控监督从"有形内控"到"有效内控"依然任重而道远。因此，应当抢抓税收征管改革机遇，加快建立重大制度、系统和流程风险预审机制，做好执法风险的源头防控；完善执法权运行风险预警机制，强化事中风险阻断；以专票电子化为突破口，持续推动执法风险联防联控。

2. 聚焦职能监督质效提升，构建常态化执法督察体系。首先，要加快完善执法督察组织机构。组织机构的独立性是执法督察独立性的基本保障。根据督审司相关统计，国地税机构合并后全国在市税务局及以下单独设立督察内审部门的省份约占1/3，其余省份均存在机构设置不到位问题。以浙江省局为例，除杭州配置督察内审处外，其余9个市局均由法制科承接督察内审部门。从而出现市级以下法制部门既是执法者又是监督者的问题，同时从事督察的人员严重不足，执法督察工作主要依靠临时抽调、组团检查方式，导致监督质

量难以保证。权力制约理论和历史反腐经验都已表明,要想实现独立监督,必先设立强而有力的执法监督机构。为保障组织机构的独立性、督察人员的专职性,应加快推动所有市级税务局独立设置督审部门,并配置必要的专职督审人才,包括业务骨干人才和数字化专业人才等,在绩效考核时予以督促岗责配置到位。同时,要赋予督察内审部门完整的执法监督权,比如调查取证、函询、扣押等权利,并在绩效考核、晋升评价、交流、培训等方面消除内部执法监督顾虑,确保督察干部能监督、敢监督、会监督。其次,要加快推进执法督察方式变革。近年来,税务系统督审监督发现了不少问题,但经常陷入"同一问题反复查、反复改、改完又犯"的恶性循环,严重削弱了监督权威和效能。执法监督的改革要在组织模式上,构建"日常督察＋定向督察"组织模式,切实改变传统临时抽调、短期实地监督的周期性督察方式,由专职化人才组成跨层级扁平化的日常督察组,按照"大后台全面扫描＋小分队精准核实"的方式,依托内控监督平台等大数据集成系统对日常税收执法业务实施日常监控,积极探索"互联网＋督察""四不两直"线索核查方式,在专项执法督察和专案督察方面下更大力气,一旦发现问题就快速出击、精准打击,实现寓监督于日常管理中。特别是要聚焦组织收入、政策落实、核定征收等重要领域执法监管风险,通过更加短距灵活的日常监督,增强执法监督的及时性,以应对屡查屡犯的各类问题和各类常态化的外部监督,努力做到将内部监督挺在外部监督前面。

　　3. 聚焦治理效能,建立健全督察成果运用机制。首先,要强化税收执法责任制。执法监督工作要做好,问责追究是总抓手和最强保障。税收执法责任制要通过对"微过错"进行"微追究",填补行政问责空白,实现抓小抓常,防微杜渐的目的。执法督察工作必须抓紧握牢"问责"这个关键,决不能当"老好人""太平官",不能大事化小、小事化了,不能以整改代替问责,以轻处理代替严问责,敷衍了事,否则长此以往,执法监督工作就陷入"宽松软"的恶性循环中,权威和刚性也就立不起来了。在问责过程中,要落实好过错与责任对等的基本原则,根据执法过错行为性质、轻重程度、危害大小等情况严格开展责任追究工作,做到宽严相济、过罚相当。同时对违纪违法违规问题,要敢于向纪检、监察、人事等部门提出问责建议,要以责任追究倒逼责任落实。其次,要建立健全督察审计成果运用机制。要实现举一反三、以查促改,关键是要增强业务主管部门整改反馈的刚性,通过完善制度、优化系统、重塑流程,铲除执法督察发现问题的风险根源。因此,一方面要建立典型问题通报制度、重要情况专报制度,针对系统性风险提请开展专项整治,将督察审计发现的重大问题和风险提交内控机制建设领导小组研究审议,形成会议纪要,限期推动建章立制。同时将以查促管、以案促控纳入制度化、信息化流程,将执法督察"后半篇文章"的工作流嵌入到内控监督平台内,增强问题整改的透明度和跟踪反馈的可塑性。最后，要统筹形成内部监督合力。要从系统性和整体性角度出发，将执法督察紧密融入综合一体化监督体系，与巡视巡察、政务督查、纪检监察等统筹监督检查，实现经验互鉴、结果互认，切实增强监督合力，减轻基层负担。同时，要在"控、督、审"之间"打出组合拳"，形成监督合力，由业务主管部门及时将内控风险点推送给执法督察，作为重点内容及时跟进检查；及时关注审计署常规审计发现问题，分析提炼有益经验做法，转化为风险防控指标，在内控监督平台进行布控，不断推动形成"发现问题、风险识别、指标布防、日常监控"的公权力制约网络。

课题组组长：周广仁

课题组成员：金一星　曹琼（执笔）　陈　龙

　　　　　　　陈　静　施海燕　吴丙辛

深化税收征管改革背景下完善我国税收共治体系研究（一等奖）

国家税务总局浙江省税务局课题组

一、研究的背景及意义

（一）研究背景

随着我国经济社会发展，税源结构和税收征管环境发生深刻变化，税务部门作为实施宏观经济政策和服务微观经济运行的重要结合点，承担了较大的税收风险和管理压力。一方面，商事制度改革进一步降低了市场准入门槛，使得纳税主体迅速增长，加之大数据时代税源隐蔽性强、流动性大的特点，税务部门很难实时掌握税源变动情况，继而难以采取全面有效的征管手段，管理上压力空前。另一方面，我国现行税种较多、涉税行为广泛、税源结构分散，大量的涉税信息散落在其他政府部门和社会组织，仅依靠税务部门掌握的"碎片化"数据难以实现真正意义上的税收治理。

在此背景下，税收共治顺势而生。2014 年《政府工作报告》首次从国家层面提出"多元主体共同治理"的社会治理创新理论，这是在实践成果基础上作出的打破原有格局的一项重大制度创新和改革突破。"十三五"时期，税收共治从全面推开营改增试点中起步，在征管体制改革中深化，在落实更大规模减税降费中提升，在个人所得税改革和社保费非税收入征管职责划转中取得突破性进展。2021 年 3 月，中办、国办印发《关于进一步深化税收征管改革的意见》（以下简称《意见》），更是从部门协作、社会协同、司法保障、国际合作四个方面，为"深化拓展税收共治格局"指明了前行的路径。《意见》要求税务部门立足新时代、新要求，强化大格局、大担当，实现从"孤军奋战"到专业管理、共同治理有机结合的转变，充分发挥税收在国家治理中的基础性、支柱性、保障性作用，为实现国家治理体系和治理能力现代化提供有力支撑。

作为我国改革开放的先行地和市场经济的发祥地，浙江省在探索税收治理、推进征管改革、谋划协同共治等方面，一直走在全国前列，积累形成了不少浙江经验、浙江模式和浙江样板。当前，浙江省税务部门正全力推进以数字化改革为依托的税费综合治理改革，强化多方联动治税，这与《意见》精神高度契合。本文将围绕贯彻落实《意见》精神，以现有共治体系为基础，推介浙江实践，总结经验做法，分析问题不足，提出意见和建议。

（二）共治内涵与主要特征

1.税收共治的基本内涵。治理是个人和机构管理相同事务的诸多方式的总和，是由共同目标引领的利益相关者之间博弈、协商、合作并共同参与公共事务处理的过程，包括有行政权力的正式机构以及其他非正式安排。税收是经济范畴，又是政治范畴，税收治理具有政治主导性和市场先导性，是国家治理的重要组成部分。而税收共治是充分调动社会力量和资源参与税收治理，推动税收治理体系和治理能力现代化的过程，其内容可分为四个层级：首先是税务机关的内部治理；其次是与各级政府部门间的协作互助；再者是与中介机构、行业协会、社会团体等组织的协同配合；最后是与纳税主体之间的共享共赢。

2.税收共治的主要特征。一是治理主体多元性。共建、共治、共享，是党的十八大以来党和全国人民探索国家治理体系与治理能力现代化的集体智慧结晶，共建是基础，共治是核心，共享是目的。共治是社会各方对公共事务承担责任，既需要代表"公"利的各级政府、行政机关，又需要代表"私"利的社会组织、个人等主体共同参与。税收共治就是要求参与的主体除税务机关外，还应包含各级政府、行政部门、社会团体、企事业单位、社会公众等，涵盖经济社会主体的各个层面。二是治理机制互动性。税收共治不再是单向的自上而下依赖权力的单维管理模式，而是一个多主体协商对话的多维多向治理模式。多元主体之间开展广泛、深度的交流与合作，形成"你中有我，我中有你"相互融合的伙伴型关系，依法对社会事务进行规范和管理，实现信息、资源的多向配置、多元互动和多层次共享。共治参与方既是信息的提供者，也是信息的使用者，最终成为信息的受益者。三是治理目标协同性。税收共治的效用是显而易见的，有助于优化征管资源配置、提高税收风险防范能力、缓解公共服务资源不足等，但各主体在融入共治的过程中，带有不同目标和利益诉求，容易出现相互独立、各自为政和数据信息割裂等问题。税收共治应妥善处理各方利益诉求，通过对话协商等方式，寻求各参与主体之间的最大公约数，协同平衡各方利益，达成多方共识。

（三）研究意义

1.这是落实中央决策提高治理效能的必答之题。《意见》着眼于现代税收体系建设，着力于深化拓展"党政领导、税务主责、部门合作、社会协同、公众参与"的税收共治体系，指明了共治发展的总体规划和目标任务。一是提升分析决策能力。按照可用不可见的原则,适度开放税收数据查询权限,打破信息孤岛,强化数据整合,形成分层级、分部门和分环节利用机制,发挥税费数据在经济运行研判、经济风险识别等方面的积极作用,为宏观经济决策提供科学依据。二是保障经济稳定。税务部门利用多部门数据信息,能更高效地实施税收精细化征管,实现资源配置和管理目标最大化之间的最佳结合,更有效地发挥组织收入和调节经济的职能作用。三是凝聚治税合力。打破跨部门数据壁垒,畅通涉税数据共享机制,将税务治理与其他部门治理相结合,同频共振,协同提升行政管理效能。

2. 这是优化税收营商环境的必要之举。一是巩固减税降费成果。大规模、普惠性的减税降费政策直达基层,精准触及受惠主体,离不开税务与财政、市监等部门的协作,宏观税负稳中有降,营商环境有力提升。二是减轻办税缴费负担。通过信息系统采集数据,加强跨部门数据共享,大幅减少重复报送,大幅压缩办税次数和总时长。三是完善权益维护机制。建立由税务主导,纳税人、税收志愿者、涉税专业服务机构共同参与的诉求收集反馈渠道,主动融入地方治理体系,运用新时代"枫桥经验",完善权利救济和税费争议解决机制。

3. 这是提升税收征管质量的必然之选。一是提升监管效能。随着商事登记制度改革和社会经济发展,市场登记主体急剧增加,人海战术式的传统征管方式已难以为继,税务部门通过跨部门信息共享机制,在海量数据中甄别涉税风险点,将税务干部从低附加值的重复劳动中解放出来,进而提高征管资源利用效率,降低征纳成本。二是优化服务管理。积极发挥涉税专业服务作用,支持涉税中介、行业协会等第三方机构按市场化原则为纳税人提供个性化服务,缓解税务部门公共服务资源不足的被动局面,营造协税护税的良好氛围。三是强化协同监管。依托常态化、制度化数据共享协调机制,凝聚各部门在情报交换、信息通报、执法联动等方面的监管合力,推动实现跨部门联合惩戒。

4. 这是推进国际税收合作的必由之路。一是更好维护国家税权。通过深度参与国际税收规则和标准制定,主动融入全球税收治理体系,落实防止税基侵蚀和利润转移行动计划,严厉打击国际逃避税,维护我国税收权益和市场秩序。二是更好服务"双循环"发展战略。加大跨境涉税争议案件协商力度,优化对享受协定待遇减免税额较大企业的跟踪服务,为高质量引进来营造公平、良好的营商环境,为高水平走出去提供强而有力的支撑。三是更好借鉴国际税改经验。不断完善"一带一路"税收征管合作机制,支持发展中国家提高税收征管能力。深化与 G20、OECD 等重要国际组织的交流,持续跟踪典型国家税收征管数字化转型实践,广纳博采国际先进理念和经验,顺应并引领世界税收征管改革大势。

二、我国税收共治现状

梳理税收共治运行现状对分析我国税收共治存在的不足，并提出针对性意见建议具有很好的基础性、指导性作用。以下主要从我国税收共治现有制度、目前税收共治的主要做法、以浙江省的案例为基础的税收共治成效三个方面进行现状分析。

（一）我国税收共治现有制度

我国最早出台的税收协助、税收合作相关规定是推进税收共享共治发展的重要基础。《税收征管暂行条例》在 20 世纪 80 年代就规定了相应的税收协助制度，开始了税收主管部门与其他行政部门、行业协会、社会组织、金融机构等部门的合作。

1. 现行征管法到单行税法税收共治相关制度。《税收征管暂行条例》最早规定了相关税收协助、合作的规定，为税收协助与合作制度开创了先河。随后，税收协助与共治规范广泛地出现在了《中华人民共和国税收征管法》（简称《税收征管法》）和《税收征管法实施细则》中，如《税收征管法》第五条、第六条、第十七条、第四十四条等条款规定了其他部门需协助执法、部门间建立信息共享制度、金融机构配合查询、出境管理机关配合阻止出境等。再到之后的《中华人民共和国耕地占用税法》《中华人民共和国资源税法》《中华人民共和国个人所得税法》《中华人民共和国环境保护税法》《中华人民共和国车辆购置税法》《中华人民共和国车船税法》《中华人民共和国船舶吨税法》《中华人民共和国契税法》《土地增值税暂行条例》《城镇土地使用税暂行条例》《印花税暂行条例》等税法条例也被多次提及。如《中华人民共和国资源税法》第九条规定税务机关与自然资源等相关部门应当建立工作配合机制，加强资源税征收管理。《中华人民共和国环境保护税法》第十四条、第十五条、第二十条等条款规定应与环境保护部门建立协助机制，建立涉税信息共享平台和工作配合机制，申报数据与环保部门进行比对等。

2. 主要省份地方性税收共治相关制度。国家层面的相关税收法律在协助、共享范围上不够明确，具体的协助或共享方式方法上不够细致，导致各地在具体实施时很难落地。为了更好地落实税收协同共治理念、更好地维护纳税人权益及提高征管效率，各地通过地方性立法保障制度来对相关税收协助及共享制度的内涵和外延进行细化补充。形成了许多具有地方特色、创新程度高、执行性强的地方性税收协助及共享的法律法规。据统计，2018 年前共有十几个省、市（包括计划单列市和副省级城市）出台了税收征管保障共治相关的地方性法规或政府规章。如 2003 年出台的《山东省地方税收保障办法》，2015 年出台的《浙江省税收征管保障办法》等。2018 年国税地税征管体制改革后,部分省市已开始着手制定或修订税收征管保障相关的地方性法规或政府规章,如宁夏回族自治区2020年修订了《宁夏回族自治区税费保障办法》。

3.对现有税收共治制度的评价。一是税收共治相关术语表述不统一。同一法律制度的术语表达与内涵应该统一,这是法律的最基本要求。但是不管是我国征管法、单行税法还是地方性法规,对税收共治内容的表述不尽相同。在《税收征管法》和各单行税法中既出现了"协助"一词,又规定了"协作"用语,还呈现"配合"术语。诸如此类的问题并未形成共识。二是税收共治范围与内容不够明确。《税收征管法》与各单行税法规定的税收协助、税收共治范围也不尽相同、不够清晰。税收协助机关所需协助的内容存在含糊不清、指向不明等情况,条款具有高度抽象性和模糊性。三是税收共治实操性不够。目前我国虽然在征管法和单行税法中都有相关税收共治的规定,但多数税收共治规定立法风格简略、粗犷,相关规定的完整性、周延性、精确性和普适性存在不足,实体内容较为欠缺,导致税收共治相关制度控制力不足、实施性不强、可操作性不力。

(二)我国税收共治的主要做法

目前我国税收共治参与主体除税务部门外,涉及市监、经信等政府部门,银行、中介机构等社会组织,公安、法院等执法机构,海关等涉外税收协助部门,其实现路径包括各参与主体间的信息共享、执法整合以及服务融合等。在多方主体的共同努力下,税收共治已取得一定成绩。

1.部门协作架构基本建立。实现税收共治,是大数据时代对政府各部门高速运转提出的要求。部门合作不管在国家层面还是地方政府层面都有较多实践,已基本建立了相关政府部门协作共治的架构。在国家层面,主要涉及的部门合作有:出入境管理部门协助阻止出境;教育、卫生、医疗保障、民政、人力资源社会保障、住房城乡建设、公安等部门协助新个税专项附加扣除信息核实;土地管理部门、房产管理部门协助土增税、房产税的日常管理;海关对进出口涉税业务的协助管理等。从国家层面税收共治相关规定来看,更多地散落在各税费种的规定中,根据各税费种特点和征管需要,制定相应的税收共治条款。在地方政府层面,我国主要省份都在国家层面规定的指导下,在税收征管实践中形成了具有地方特色的征管保障办法。各地都提出了部门税收协作具体措施,以制度形式对市场监管部门、住房和城乡建设部门、国土资源部门、人民银行、财政部门、环保部门、公安部门(含交警、消防)、商务部门、民政部门、科技(知识产权)部门、质监部门、发展改革部门、人力资源和社会保障部门、国有资产监督管理部门、水利部门、残联部门等政府部门参与税收共治的义务和范围进行了规定。

2.社会协同体系初显轮廓。税收共治需要社会各界组织的协同参与,积极发挥社会各方力量。目前由中介组织、行业协会、金融机构、志愿者等多方参与的社会协同体系轮廓已初步显现。一方面，税务部门与部分协税护税组织、中介机构、互联网平台等开展合作，在掌握纳税人实地生产经营情况、开展税法宣传、监督纳税人依法纳税以及税务机关依法征税等方面，起到很大的助力作用。另一方面，税务部门与金融机构、行业协会等开展合作，推出各具特色的服务，进一步提升和优化税务部门的纳税服务水平，提高纳税人的满意度和获得感。如税务部门与银行推出的"税易贷"服务，为纳税信用良好的企业提供信用贷款，解决企业融资难题。

3.司法保障机制较为成熟。税务部门与公安机关、检察机关和法院等司法部门开展合作，提高税收共治水平。经过多年的实践，税务部门与司法部门联合办案运行保障机制已较为成熟。各地税务部门设立税警办公室，安排公安干警派驻税务部门，对税务部门在执法过程中发现的虚开发票、偷逃税款等行为，开展联合执法，畅通行政执法与刑事执法衔接工作机制，提高打击违法犯罪行为的效率和威慑力。检察机关发现负有税务监管相关职责的行政机关不依法履责的，依法提出检察建议。此外，税务部门还与法院开展合作，共同打击税收违法行为，协助税务部门处置破产清算企业和申请执行人所欠缴税款，起到积极作用。

4.国际税收合作日趋活跃。随着中国经济实力、国际地位的进一步提高，对外开放程度进一步加大，涉外税收在服务经济发展中的重要性也随之提高。目前在国际税收规则制定、税收协定、反避税调查等领域与各国的合作日益密切。在国际规则制定方面，我们积极参与OECD国家数据经济蓝皮书的制定。在反避税方面，我们已与10个国家签订了税收情报交换协定，与多国建立了情报交换机制，积极开展跨国反避税调查。在税收协定方面，目前我国已与107个国家签订了避免双重征税协定，有效地避免了国际涉税业务的双重征税问题。在完善"一带一路"税收征管合作方面，自2019年4月"一带一路"税收征管合作机制建立以来，以中国为主导的各方积极发挥"一带一路"税收征管能力促进联盟平台作用，密切交流沟通，合作规模和成效稳步提升。截至2021年8月，"一带一路"税收征管合作机制理事会成员已增加至36个，观察员增加至30个，共举办培训26期，这一系列举措极大地提升了发展中国家的税收征管水平。

（三）税收共治取得的相关成效——基于浙江案例

浙江省数字化改革方案提出构建整体高效的政府运行体系、优质便捷的普惠服务体系、公平公正的执法监管体系、全域智慧的协同治理体系，打造"整体智治、唯实唯先"的现代政府。税收共治是全域智慧协同治理体系的重要组成部分。目前浙江省在税收共治实践中已取得一定的成绩。首先，税收数智治理运用到部门共治、社会共治、司法共治、国际共治的方方面面，破解了数据共享难题，提高了共享数据运用效用，从而全面提升了税收共治效率。其次，部门协作形成常态化机制。税费优惠鉴定、专项附加扣除核验、不动产权属变更核验、社会保险费征缴协作、非税收入征缴协作等方面的部门协作已常态化应用，大大提高了税收征管、服务效能。再者，司法保障应用场景日益增加。司法执行协作、破产管理协作、联合办案、案件移送等特定业务税收与司法部门配合密切，双方执法效率提高明显。

1.依托城市大脑，实现税收共治数字化转型。杭州税务把握杭州"数字治理第一城"的战略机遇和杭州城市大脑的建设契机，建立税收共治机制，补齐工作短板，成功实现数字化转型，在加强系统性布局、推进整体治理、深化业务集成、加强数据采集应用、强化数据保护、消除数据鸿沟等多个方面实现了突破。

在破解数据采集共享难题方面。浙江省政府和杭州市政府组织建设省、市政务数据和公共数据平台，通过对政务数据和公共数据资源整合、归集、应用、开放、共享和相关规范标准建设，推进各级各部门信息互联互通，打破信息孤岛，实现数据共享。杭州税务依托省、市公共数据平台拓展申请市场监管、社保、规资、住建、海关、残联等部门的数据接口，采集省、市政府大数据平台批量数据，获取了格式规范、可利用程度较高的外部门数据。

在共享数据提升治理效用方面。"一件事"办税优化营商环境。杭州税务探索将税务流程嵌入"一件事"全流程。一是开发搭建"智能一网通"智慧办税平台，将税务发票申领环节与市场监管部门的设立登记、公安部门的公章刻制、社保部门的员工参保登记等企业生命周期外部环节，按"一件事"标准整合为一体，打造企业开办线上线下全流程一体化办理模式，大幅提升了发票首次申领速度。二是在"智能一网通"中开发注销一网服务，利用智能一网通系统框架将注销业务与市场监管部门的注销系统对接，推动了企业开办到企业注销便利化的全生命周期"一件事"，有效破解了市场主体"退出难"的问题。自2020年实施以来，杭州范围内使用"智能一网通"平台实现一站式开办的企业已有20.45万户；通过工商简易注销或"智能一网通"平台便捷注销完成清税的企业也已突破8万户。

2.融入基层治理平台，扩大税收共治覆盖面。杭州税务积极与地方政府对接，探索基于"全科网格"的税收共治可能性，将税收工作摆到社会共治的格局中去，推动税收治理从"单兵作战"走向"协同治理"；将税收工作流程加载到基层治理移动平台上，全程记录基层执法现场实况，推动税收执法从线下走到线上。

融入基层网格，提升治理效能。浙江省政法委牵头为基层治理搭建了移动工作主平台——基层治理 APP，贯通了省市县三级城市治理体系。杭州税务在全省率先将税务模块嵌入"基层治理 APP"，实现税务机关从"金三"系统发起任务，经省政府大数据平台流转至杭州市城市大脑后分发到"基层治理 APP"，全科网格员自动接收任务，成功打通税务共治事项的下沉直达通道，并实现了移动办理。如在疫情期间，为助力企业复工复产，对全市企业进行摸排。杭州某区运用该平台，排摸工作向街道网格下沉，形成全科网格员工作成效叠加效应，该区 20 个镇街 1540 个网格点形成合力，用 5 天时间摸排清楚了 34570 户税源信息，成倍压缩任务完成时间，基层治理工作效率显著提升。

税收社会共治格局基本形成。税收进入地方社会共治的体系，构建起"政府主导、税务主责、部门配合、社会参与、纳税人自治"的税收社会共治格局，为税务机关解决当前服务、管理资源不足、信息不对称的难题提供了有效的路径。更重要的是，这为部门间交叉事项合作和数据资源共享成为常态提供了基础。同时，此举将税务部门纳入政府共治体系同网同治同步建设，全面接入杭州"社会共治体系"和"城市大脑体系"，为纳税人提供水平更高、质量更优、覆盖面更广的涉税服务。

3. 税收司法联动，优化区域营商环境。近年来，浙江率先在全国建立起省级层面实质运作的司法执行和破产审判府院联动机制，逐步深化和细化金融、税收、资产处置、工商登记等方面的配套政策，对优化浙江营商环境、有序推动"僵尸企业"市场出清、服务供给侧结构性改革以及助力"重要窗口"建设意义重大。

首先，构建破产企业司法联审制度，有利于加快推动"僵尸企业"市场出清。自 2016 年起，浙江省政府出台了《关于处置"僵尸企业"的指导意见》《推进企业破产审判重点工作及任务分工方案》等文件，2017 年推动出台了《浙江省人民政府办公厅关于加快"僵尸企业"处置的若干意见》，从强化机制、减轻税费、财政支持等方面提出更为细化的要求。2019 年浙江省高院与省委改革办、省发展改革委、省公安厅、省财政厅、省税务局等十余家单位联合制定的《浙江省优化营商环境办理破产便利化行动方案》印发，从加强部门合作、创新工作机制、推进破产案件简易审等多方面明确工作任务、牵头单位和时间节点，推进浙江"僵尸企业"进入破产程序市场化、法治化、常态化，为基层执法提供了明确的指引和操作规则。

其次，建立不动产司法拍卖联合共治，有利于提高法拍成功率。2020 年，浙江省又在司法拍卖不动产领域率先试点集成改革，建立多部门协同联合共治机制。并在此基础上，扩大到股权、机动车、排污权等领域，建成运行司法拍卖全流程智慧协同平台，形成了全流程、全链条、全闭环司法拍卖"一件事"集成改革模式。截至 2021 年 2 月，仅诸暨市就通过"一件事"模式累计拍卖成交

240 宗,成交金额 10.06 亿元,其中不动产一拍成交率、溢价率分别提高 15.32 和 23.97 个百分点,盘活沉淀工业用地 13.72 万平方米、建筑面积 19.45 万平方米,超过 5670 万元的税款征收入库。

三、国际主要发达国家做法

发达国家的税务部门普遍将提升纳税主体遵从度作为改革目标,改革路径多数为构建促进遵从、降低成本、统一规范、提升效能的高效征管体系,而这一体系的建立,离不开广泛、深入、有效的共治合作。本章将系统梳理具有代表意义的美国、日本、澳大利亚、荷兰等国税收共治做法。

(一)美国——多维度全领域税收协作体系

1.多方联合构建严密收入监管体系。美国社会整体纳税意识强,纳税遵从度全球领先。原因有两个:一是该国公民主观上对其纳税人的身份认同度高;二是以税务机关为主导的严密的收入监控系统发挥了巨大作用。该国凭借强大的信息化平台,融合了银行、海关、信用机构等方面的信息,使得税务机关可以通过信息的交叉比对,及时掌握纳税人的情况。在美国,各种交易和收入普遍使用信用卡和支票结算,监控系统能全面掌握纳税人的资金往来情况,发现疑点就能及时触发其预警机制。

2.基于全社会参与的纳税信用奖惩制度。目前,美国构建了完善的纳税信用奖惩机制,实现了从疑点审核、申诉、奖惩和信用评级管理的全流程运行模式。纳税主体完成申报后,税务部门依据模型分析、外部信息、纵向年度申报数据比对异常等指标确定审查对象,审查申报表后,一般将高收入者列为重点对象,审核发现问题的,以书面行政文书通知纳税人,并保留纳税人申请复议及提起诉讼权力。美国纳税奖惩制度执行力度较大,注重全社会的联合惩戒,如果纳税人被认定存在恶意逃税情况,或者不遵从按税务机关要求提供有关凭证资料的,均会被处以罚款、信用受损或监禁。美国税务部门主要通过全美 3 家大型独立运行的信用局,并辅以近千家州、郡(县)级别的信用局对公民的收入、消费、理财、纳税、违法等多方面信息进行全面评价,其中税务信用是个人信用评价体系中的一个重要指标,与公民在该国日常生活密切相关。

3.通过国际协作开展有效的反避税管理。在全球化越来越密切的今天,较多高收入高净值纳税人利用各国税收负担差异,通过境外股权架构等手段进行国际避税。而美国针对高收入高净值纳税人的反避税管理开始甚早,该国通过 FATCA 法案有效监控公民在海外开设银行账户、持有各类金融资产以及由此而产生的所有收入情况,并通过国际协作,提高对相关信息的搜集和分析效率,有效堵住纳税人将资产转移到海外避税的漏洞。

（二）澳大利亚——关联性极强的纳税人税务档案码制度

澳大利亚高度重视对公民（自然人）的纳税管理，创设了税务档案码制度（Tax File Number，简称 TFN），主要核心是为每个公民生成 9 位数税务档案代码。经过多年努力，TFN 已在该国推进得非常深入，渗透到国民生活的方方面面，公民在应聘工作、购置房产、理财等情况下都必须向相关方提供TFN。如果公民在取得收入时没有登记 TFN，相关部门可以按最高个人所得税税率（47%）来惩罚性确定税款，并需另行缴纳 15% 的福利保险税。自然人在享受各类公共服务时，也必须提供 TFN。此外，澳大利亚还通过立法，明确了相关主体参与涉税信息共享机制的责任，比如明确，雇主必须在每年的 8 月 14 日截止期之前向税务部门报告受聘人员的薪酬和福利支付情况；财产登记部门必须把自然人登记的车辆和房产等信息进行及时传递；相关金融机构也要向税务部门反馈居民投资及所得的明细状况。在法律的保障下，澳大利亚通过 TFN 实现了对该国自然人的全方位涉税监管，提升了管理效率。

（三）荷兰——较为完善的税收征管信息化体系

作为最早进入西方现代经济制度的国家之一，荷兰经过长时间的积累和完善形成了较为科学完善的税收征管协作体系，且在欧盟成员国中处于领先水平。荷兰高度重视涉税基础信息的采集与共享，该国税务部门利用大数据技术，与海关、金融机构等部门合作，构建了多个关键信息数据库，如信贷、投资、收入、房产、土地等，同时重视信息数据的共享分析。以该国网上预填写申报为例，为提高纳税申报质量及便捷性，在预填申报表之前税务部门通过信息库获取相关信息，在此基础上通过专业的模型程序校验数据质量，并对不同情况的数据进行分类应用。如数据存在疑点，相关信息无法使用，系统将自动拒绝提取，如数据可靠，系统将自动进行智能填写。如数据有欠缺，系统会发出提示，指导进行针对性补充。此外，荷兰还非常注重国际税收征管协作，通过与海关、投资局等部门合作，构建了跨国公司税收征管统一工作平台，进一步提升税收征管和服务效率。

从上述三国税收共治实践成效看，有很多经验值得我国学习借鉴。美国的收入监控体系，由第三方提供税务机关履职所必须的服务或者直接向纳税人提供服务已经成为多数发达国家采取的普遍做法，且与第三方之间的合作方式也是多元多样，有效降低税收管理成本并提升服务效率，值得我国税收改革借鉴。税收共治体系离不开各部门的高效合作和信息的全域共享，在"整体政府"理念下，政府部门间通过合作为纳税人提供"一体化"纳税服务的国际实践为我国税务机关提供了借鉴，在这一方面，澳大利亚的纳税人税务档案码制度、荷兰的税收征管信息化协同体系值得借鉴、研究、应用。

四、当前税收共治体系存在的问题

税收共治的深入推进将进一步夯实税收在国家治理中的基础性、支柱性、保障性作用。科学的税收共治体系亦将成为现代化国家治理体系的重要有机组成部分。近些年，我国虽在税收共治领域的理论研究、制度设计、实践探索等方面取得了一系列成果，但不可否认，当前我国的税收共治体系远未建成，还存在诸多短板和不足。

（一）共治的保障机制缺失顶层设计

近年来，各地在税收共治推进的过程中，虽然也建立了一定的制度和平台（如海南、江苏、浙江、青岛等），但从具体执行看，外部门及其他主体的税收共治积极性仍然不足，制度大部分流于形式，没有形成高效的税收共治合力。如2012 年前后，全国多省税务部门与供电部门合作大力推进"以电控税"，通过分析企业用电情况实现税源精细化管理。但实施后发现，从供电部门获取的用电信息准确性不高、电表号不匹配现象普遍，对精确分析产生一定影响，且获取电力数据的阻力和难度越来越大，但近年来，该合作鲜有提及，成果更是少有报道。其中原因：一是法律保障不足。虽然《税收征管法》第三条明确"各有关部门和单位应当支持、协助税务机关依法执行职务"，但未对有关部门、协助事项、协助方式及未协助的后果等进行界定，导致在实际共治过程中的实际强制性约束不足，失职、失责无法明确和追究。省部级层面共治保障条例虽部分省、市有出台，但从实践看，仅有少数地区在一些领域取得具体成效，大部分地区由于缺乏配套保障机制等，有关共治法律法规并未得到有效执行。二是目标导向不明。在两办出台《意见》之前，我国在顶层发出的税收共治声音较少。而我国作为中央高度集权的国家，上层的政治意志直接决定基层思维认知，在中央未明确目标、统一推动之前，基层很难凝聚共识，形成合力，从而出现共治难或超范围共治等情况。在实践中，一些地方政府在社会维稳、信访化解、专项整治等工作中，将税务纳入工作专班，实施超范围共治，影响执法公平。三是评价体系缺乏。对改革效用进行全面及时评价，是科学促进改革的重要抓手。当前，我国税收共治改革在一些线上、点上有实质性推进，但对改革成效的评价体系，无论是理论研究还是实践探索几乎都处于空白，如改革的成本、收益分析、制度落实考评、具体的评价指标、第三方评价等均未能有效开展形成，对共治改革未能形成正面推进合力。

（二）共治的主体及事项单一局限

一是参与主体单一。从协同治理理论的角度来看，公共事务的利益相关者是协同治理的主体。因此，税收共治的参与者应该是地方政府、税务部门、税务以外的政府部门、税务相关的专业服务机构和公众等。然而，从各地税收征管协同治理实践看，协同治理主体基本为地方政府、执法部门、乡镇（街道）等行政主体唱"独角戏"，金融部门也是迫于法定义务参与，社会组织和公众很少融入，各方积极性未能有效调动，制约共治改革成效。二是共治范围局限。对标《意见》要求，共治改革应强化部门协作、社会协同、司法保障、国际税收合作四个主要方面内容，然而在实践中，虽有涉及相关主题，但离《意见》要求的深度和广度相距甚远。如在大数据联合应用、联动服务、联动分析、联动决策等方面，均还处于起步探索阶段。三是督导力度不足。当前，在税收共治改革推进中，还缺乏自上而下的督导制度和体系。有部分地区虽出台了相应法规条例，但配套的督导考评制度、细则等未能建立落实，导致部门、个人失职失责等无法准确认定和追究处理，影响相关法规条例精准落地。

（三）共治改革的推进落实效率不佳

一是信息共享不畅。在缺乏强有力督导考评制度情况下，部门间信息共享、情报交换等事项推诿扯皮就会成为常态。在基层实践中，不及时、不主动甚至不配合共享信息时有发生。如征收环境资源税、出租厂房的房产税等离不开自然资源、经信等部门基础信息支持。在工作中，大部分地区部门间建立了信息共享机制，但在具体实践中，数据迟报、瞒报、误报、不报等现象普遍存在，部分单位不想本部门提供的数据成为增加特定对象税收负担的原因，故存在"老好人"思想。此外，在数据共享阻力方面，亦存在利益交换、特定对象保护等腐败现象，影响税收共治的质效。二是服务融合不够。当前，我国政府部门间，尤其是基层还未建立跨部门联动服务体系。如税务部门在企业走访中，收到企业用地难、用工难、销售难等问题，需要自然资源、社会保障、经济信息等部门联合协调服务，但目前在基层还未建立有效的联动机制，税务部门接收到的意见很难传递到其他部门，更难引起重视推进解决。三是共治氛围不浓。当前，除由于缺乏顶层设计导致的行政部门间共治意愿不足，最主要的还有社会组织和公众参与共治意愿不足，纳税遵从远不如欧美等国家。一方面是因为宣传不到位。社会公众等主体对税收共治的作用和意义认识不足，甚至担忧带来额外风险；另一方面是缺乏激励和保障机制。对社会组织参与税收共治缺乏有力的引导和激励机制，以及对其自身的权益保障机制，影响社会主体参与积极性。四是共治网格不实。近年来，各地在构建社会化协税护税体系方面均有实质性探索和推进，很多基层也建立了部门、乡镇（街道）、村居（社区）三级协税网格和网格员队伍，但由于缺乏具体的细化责任清单和监督考核闭环，还未能将职能和任务广泛落实到网格单元和网格员上，导致网格体系不实，工作推进不畅。

（四）国际协作的主导和服务能力不足

一是参与国际性制度设计基础薄弱。改革开放以来，我国综合国力虽明显增强，但与之有关的国际制度和规则制定主导权未能同步匹配，这与我国未能全方位有效推进国际协作，提升话语权有较大关系。如在国际税收领域，有关税收权益规则基本由美、欧等主要发达经济体或其主导的经济组织制定和解释。如当前最热门的"15％全球最低公司税率"改革，基本也是美国主导的"七国集团"确定。近年来，我国虽通过"一带一路"税收征管合作机制有力提升了在区域内的税收规则主导权，但离我们的大国匹配影响力还有较大差距和提升空间。二是对"走出去"企业联动服务不足。近年来，我国"走出去"企业数量和体量迅速增长，跨国企业在海外遇到的各类问题和纠纷日益增多。如法律、税收、贸易等纠纷，急需专业化、体系化服务。但目前，我国在服务"走出去"方面基本是商务、外交、税务等条线为阵，未能形成高效专业的联合服务平台。三是国际税收管理合作力度不足。情报交换、信息共享等对提升国际税收管理质效，维护国家税收主权至关重要。与国内企业不同，目前，我国税务部门在对跨国企业的公司实情、经营交易、申报信息等方面的核实检查能力较为有限，需要商务、金融机构等全方位协作，但有关协作体系还未有效建立和高效运转，影响我国税务部门对国际税收的精细管理。

五、完善税收共治体系的总体构想与路径

本章将在《意见》的指导下，厘清共治与执法、监管、服务的关系，提出税收共治体系的构建设想，并针对我国税收共治存在的问题，借鉴国际先进经验，提出前瞻性和可行性兼具的实现路径。

（一）共治与执法、监管、服务的关系

《意见》指出，深入推进精确执法、精细服务、精准监管、精诚共治。从系统论角度看，税务执法、服务、监管和社会共治等都可以看作是税收治理系统的一个有机联系的整体，它们都是该系统中的"要素"，只是以不同的"结构"或"形式"使之具备不同的性质和功效。税务执法、服务、监管是税收治理大系统的内核，谓之征管体系，而社会协同共治是税收治理大系统中与征管体系相对应的部分，可以看作是征管体系的补充。它们的目标指向是一致的，即为满足税收治理的要求，如有效公平地组织税收收入、实现税收政策的调控功能以及服务于国家宏观治理决策等。

除了作为相互补充的同一系统"要素"关系外，共治还是税收执法、监管、服务不可或缺的保障力量。一是助力精确执法。税务部门精确执法离不开多方信息的研判支撑，离不开其他行政和社会力量的保障推进。尤其是对于新经济、新业态、新平台，社会协同共治成为提升管理质效的重要路径。二是支撑精细服务。《意见》要求到 2023 年基本建成服务需求响应更加及时、服务供给资源更加多元、税收营商环境更加优化、自然人税费服务体系更加完善的税费服务新体系，要实现上述目标，高效的社会协同共治合力不可或缺。三是促进精准监管。以加强系统治理来应对风险和保障安全，是衡量治理能力现代化的首要任务。《意见》提出，精准实施税务监管，建设税务监管新体系，切实保障国家税收安全。这表明，税务部门要进一步重视防范和化解影响税收治理现代化进程中的各种风险，筑牢国家税收安全，而各种风险的预防、发现、化解必须依托多方合力。

（二）税收共治体系的构建设想

《意见》明确了税收共治的根本目标为：基本建成功能强大的智慧税务，形成国内一流的智能化行政应用系统，全方位提高税务执法、服务、监管能力；大幅提高税法遵从度和社会满意度，明显降低征纳成本，充分发挥税收在国家治理中的基础性、支柱性、保障性作用，为推动高质量发展提供有力支撑。

为实现改革目标，本文认为高效的税收共治体系应达到以下三个标准：一是全面的法律制度保障。除在顶层有相关法律法规保障外，各层级应配备出台相关制度，细化税收共治内容、职责、评价、督导等，形成保障税收共治落地的法规制度闭环。二是全域的税收共治范畴。共治的广度和深度决定共治质效。我国税收共治应囊括基础信息共管（发挥基层网格化管理优势）、涉税数据共享（建立涉税数据共享平台，并明确数据需求清单，强化数据分析和深度应用）、征管服务协作（有效调动各方力量，合力推进放、管、服改革落地、提升营商环境等）、经济税源共育（发挥合力着力扩总量、培存量、提质量）、信用体系共建（建立联合测评、联合应用、联合惩戒等"一揽子"信用体系）、国际税收共谋（协同定规则、促公平、优服务）等。三是全民的共治参与氛围。注重聚焦社会协同，全面调动行业协会、社会中介、企业及个人参与积极性，并发挥其作用。注重宣传普法，坚持线上线下联动，全面普及税费法律法规宣传，突出抓好青少年税法宣传教育，在全社会营造诚信纳税、遵从税法的浓厚氛围。

（三）完善税收共治体系的实现路径

税收工作深度融入国家治理，与政治、经济、社会、文化和民生等各领域息息相关，税收共治需要方方面面的支持、配合和保障。要深刻认识《意见》进一步拓展税收共治格局的重要作用，更加注重联动融合、开放共治，完善扩大税收治理"朋友圈"，凝聚更大合力为税收改革工作提供强大支撑。

1. 全面构建以法律法规为基础的税收共治保障体系。在深化各领域改革的过程中，健全的法规制度是保证改革规范推进、有效运行、精准落地的前提和保障。一是健全税收共治法规制度。中办、国办《意见》发布后，意味着我国税收共治的目标、载体、要求、路径等已在顶层明确，后续应在国家有关部委联合发文指导下,各地根据实际情况制定科学、完整的税收共治地方性法律法规体系,并通过政府规范性文件补充细化税收共治内容、职责、评价、督导等,形成保障税收共治落地的制度闭环。二是明确共治目标和范围。加强顶层指导和制度约束,规范不当共治行为,确保税收共治改革不跑偏,不离题。建立"两张清单",即在指导基层税收共治实践中,各级部门在建立共治事项正面清单的同时,针对一些较为普遍的政、税目标冲突点和超范围共治事项建立负面清单,确保基层执行方向明确,有据可依。三是构建税收共治的效用评价体系。由国家有关部委组织专家学者或委托高校开展税收共治效用评价体系课题研究,在税收共治效用评价等方面形成理论成果,以便更好指导今后改革实践。此外,在实践中,积极引入第三方评价制度,激励、督导改革顺利推进。

2.全面拓展税收共治体系的参与主体和事项范围。当前,我国税收共治主要停留在税务与政府部门间的合作层面,民营企业、社会组织和普通公众参与较少,严重制约税收共治改革成效。一是多管齐下,拓展税收共治主体。借鉴美国等发达经济体的经验,重视引导社会力量和公众参与税收共治,强化普法宣传,引导提升社会组织、企业、公众参与税收共治积极性。一方面从法定义务、公民责任、家国情怀等方面进行宣传引导,激发各方参与共治能动性;落实普法责任制,打造学校、社区、园区等税法宣传主阵地,突出抓好青少年、创业人士等税法宣传教育,在全社会营造诚信纳税、遵从税法的浓厚氛围。另一方面构建"协作共赢"模式,让参与方获取专业涉税知识和政策操作等实实在在好处,实现优势互补、提升主观意愿。再者,进一步健全纳税信用评价体系,拓展纳税信用应用范围和效力,增加失信成本。二是充分依托前沿信息技术,拓展共治内容。借鉴荷兰等国税收征管信息化协作经验,充分运用"互联网+"优势,进行增量创新,打造聚合数据、开放应用、业务融合、智能管理的共治平台;发挥合力优势,通过与财政、经信、发改和司法等部门协作,共同聚焦信息共享、定期交换,推动数据、流程"链条式"流通,为稳步实施发票电子化改革,加快推进电子发票无纸化报销、入账、归档和存储等提供支撑;将过去的单边服务升级为联合服务,为企业提供更加全面、精细、高效的帮扶。三是健全考评机制,强化执行力度。《意见》发布后,制定配套落实督导考核机制非常重要,各级政府、部门围绕《意见》尽快设计税收共治考核指标,将相关部门、单位和个人参与税收共治的情况和成效纳入各级考核体系;建立税收共治的经费保障机制,设立专项资金,纳入同级财政年度预算,从财力上充分保障共治工作推进;开展专项工作督查,常态化督促相关部门和单位压实工作责任,履行法定义务。

3. 全面提升基层税收共治效率。一是突出政府主导地位。党委政府有统领全局、牵头抓总职能，政府主导是推动税收共治在基层又好又快落地的关键。有了地方党政的主导、支持、推动，数据共享不畅、服务融合不够、共治意愿不足等问题都将得到有效解决。因此，基层税务部门在推进税收共治工作中，务必加强汇报沟通，争取属地党委政府支持。以浙江省部分基层税务部门改革实践为例：基层局创新精诚共治路径，通过汇报争取，将改革项目列入属地年度"十大民生实事"，实现改革任务由税务"独家推动"升华为"书记主导、媒体监督、百姓关注"的大事，大幅提升改革效率，成效显著。二是在政策层面保持整体公平性，避免恶性竞争。当前，地方政府间在税务领域的不良竞争如财政奖补、不当招商引税等问题较为突出，这势必加重税务部门和地方政府分歧，应在更高层级规范明确，避免区域间不当竞争，为政、税、企实现共治目标统一营造环境。三是保障税务部门独立性。在制度设计时，明确税务部门的主体地位，地方对税务部门的财力保障等应保持固定性、连续性，不因外力影响，只有税务部门职能独立，才能确保改革公正、税法公平、税收中性。四是借鉴社会治安综合治理等条线经验，从制度上着手，细化明确职责，确保职能和任务能顺畅落实到网格单元和网格员上，推进税收网格化治理落实落地。

4. 全面提升国际税收参与主导权和管理服务能力。一是主动参与，积极协商，提高国际话语权。主动发声、善于团结是提升国际事务话语权和影响力的关键，国际税收亦是如此。近年来，在全球税制改革背景下，我国积极参与OECD 提出并发布的 BEPS 行动计划讨论，提出"成本节约""市场溢价"等特殊因素，获得各方认可，主动争取到在全球价值链分配中应获得的份额，有力提高我国在国际税收领域的话语权。今后，我国要进一步展现大国作为，团结各方力量，在推进 G20 税改、优化"一带一路"税收征管合作机制、金融账户涉税信息交换（CRS）等重大国际税收改革中发出中国声音，提出中国主张、做出中国贡献，有力维护国家税收权益，推动国际税收现代化进程。二是强化对"走出去"企业联动服务水平。"走出去"企业面对的不确定因素更多更复杂，提供专业、全面的指导服务尤为必要。但仅靠税务部门难以实现，建议可以在全国范围内借鉴浙江温州经验，即政府主导，商会协作，建立海外服务网络点，为走出去企业提供平台服务；组织发改、商务、税务、金融机构等单位成立"走出去"服务联盟，发挥合力优势，为企业"走出去"提供涉外咨询辅导、国际化人才培育、境外投资经营指引、海外资源项目对接等服务，用优质服务提升"走出去"企业竞争力。三是强化协作，提升国际税收管理水平。一方面加强国际合作，通过签订双边、多边税收协定，强化情报交换等，构建公平公正的国际税收管理体系；另一方面强化部门间通力协作，加强与商务、金融、大数据等部门协作，建立数据信息共享平台，运用税收大数据持续跟踪国内外资和海外中资企业经营态势,实现精细化管理,全力服务高质量"引进来"和高水平"走出去"战略。

课题组组长:崔成章

课题组成员:卓 然 周建华 沈小凤

洪筱箐 蒋琳灵 刘春燕

钟际平 沈月妹 朱俊桦

蔡 琦 吴 超

构建长三角区域税收分享机制的
研究（一等奖）

国家税务总局嘉兴市税务局课题组

税收作为国家治理体系的重要一环，在区域治理中起着极其重要的作用。随着长三角一体化发展上升为国家战略，税收区域合作和共享成为了推进一体化发展的关键问题，特别是税收利益的分享，是各地政府在区域合作中首要考虑的因素。而作为长三角一体化发展的先行启动区，长三角生态绿色一体化发展示范区（以下简称示范区），被赋予了制度创新试点的重任，要求探索建立跨区域"投入共担、利益共享"的财税分享管理制度，这也是示范区制度创新中最难的一项。在一体化进程中，如何构建既兼顾各地发展基础和水平，又有利于促进要素资源高效配置的利益分享机制，不仅对示范区建设至关重要，更能为长三角及其他区域一体化建设提供经验和范本。

一、构建跨区域税收分享机制的现实需要与已有实践

随着我国经济迈入高质量发展阶段，区域一体化已上升到国家战略的高度，其中，打破区域内行政壁垒、促进资源要素的自由流动和产业分工的优化布局是关键。基于这一前提的跨区域税收利益分享无疑是一体化制度创新的首要考量。一方面，现行财税体制下的税收利益分配格局已不适应一体化发展的新要求。1994 年的分税制改革，主要解决的是中央与地方税收利益的纵向分配，没有涉及到地方政府之间的横向分配。在分税制下，为了获得更多的税收收入，各地政府对市场有较强的干预倾向，包括实施地方优惠、财政返还等在内的税收制度外竞争，不可避免地影响到资源要素的跨地区流动。另一方面，"双循环"发展格局下国内统一大市场的形成，需要从全区域视角破除制度障碍。在全球疫情冲击下，许多领域的竞争逐渐从国际市场竞争转为国内市场竞争，由此导致国内外产业分工调整和产业链重组，而以珠三角、长三角、京津冀为代表的一体化发展区域，正处在国内国际双循环的黄金节点，更需要从创新跨区域利益共享等制度层面来消除市场分割，促进商品和要素的自由

流动,进而推动区域一体化更高质量发展。从税收角度看,主动融入区域一体化发展战略,推动税收区域合作和共享已成为各方共识,构建税收利益分享机制的需求也越来越迫切。从我国已有的跨省级行政区域税收横向分配实践来看,主要有以下几种方式,但这些探索和实践,从本质上来说尚未真正实现制度层面的突破。

(一)特定机构税收分享机制

主要涉及单一法人实体跨省经营的企业所得税分配。《企业所得税法》实施后,为了妥善处理总分支机构所在地之间的利益分配关系,财政部、国家税务总局、中国人民银行等三部门于 2012 年印发了《跨省市总分机构企业所得税分配及预算管理办法》,按照"统一计算、分级管理、就地预缴、汇总清算、财政调库"的办法,对总分机构当期应纳税额的地方分享部分,25% 由总部机构所在地分享,50% 由各分支机构所在地分享,25% 按一定比例在各地间进行分配。这一分享机制,只适用于特定机构,如跨省市经营的地方商业银行等,相当于税制层面的制度安排,不需要各地政府之间另行协商,直接由财政部根据确定的分享比例,定期由中央金库调库划拨至相关地方国库。

(二)特定税种退税分担机制

主要涉及增值税留抵退税的分担。按照我国现行税制,增值税地方分成部分是按照"生产地原则"在地区之间分配的,而 2019 年更大规模减税降费实施的增值税留抵退税,是基于"消费地原则"的,这就导致了征税地和退税地之间利益分担的不平衡。为此,国务院发布了《实施更大规模减税降费后调整中央与地方收入划分改革推进方案》,对增值税留抵退税的分担机制进行调整:"增值税留抵退税地方分担的部分(50%),由企业所在地全部负担(50%)调整为先负担 15%,其余 35% 暂由企业所在地一并垫付,再由各地按上年增值税分享额占比均衡分担,垫付多于应分担的部分由中央财政按月向企业所在地省级财政调库。"此次留抵退税负担机制的改革是对现有税制的补丁,在一定程度上缓解了增值税跨地区转移导致的留抵退税负担与收入分享主体不一致的矛盾,但仍然不够彻底。

(三)特定区域政府间税收分享约定

随着区域合作的深化,京津冀、珠三角、长三角对区域内税收分享的探索与尝试不曾间断。珠三角地区早在 2004 年就签订了《泛珠三角地区税务合作协议》,包括广东、广西、福建、四川、湖南、江西、云南、贵州、海南在内的 9 省(区)在税收合作上作出了尝试。长三角地区比较成功的案例是洋山港合作开发税收分享机制,该机制明确地方税收部分先全部由上海税务部门征缴,再根据两地政府协商结果,上海方面按每年港口集装箱数量×13 元/箱(每年略有浮动),将部分税收收入分享给浙江。而京津冀地区 2015 年出台的产业转移税收分享机制，是目前最具约束性、也是层级最高的分享约定，直接由财政部印发《京津冀协同发展产业转移对接企业税收收入分享办法》，明确对于纳入迁移名录从北京迁到河北和天津的企业，迁出并达产后三年内缴纳的增值税、企业所得税和营业税，由迁入和迁出地区按50%∶50%比例分享，以企业迁移前三年缴纳的"三税"总和为分享上限，若三年仍未达到分享上限的再延长两年，此后迁出地区不再分享，由中央财政一次性给予迁出地区适当补助。此举既促进了区域内企业和要素流动，又确保了一定时期内迁出地区的税收利益，但这一机制的建立已超出了三地政府的协商范畴，很大程度上依赖于中央财政的介入。

（四）特定园区（飞地）税收分享约定

各地政府与品牌园区携手合作的"飞地经济"，是目前区域合作中较为常见的模式。如苏州工业园充分利用中新合作的成熟经验，除了在省内与宿迁市、南通市等共建合作工业园外，还与安徽滁州共建了苏滁工业园，目前正在积极推进的与嘉善县共建的中新嘉善现代产业园。合作园区产生的税收收益，根据前期双方投入比例，按照约定方式进行分享。再如北京中关村海淀园，在河北秦皇岛设立分园，将中关村海淀园转移到秦皇岛工业园的企业纳入税收分享范围，对企业产生税收的地方留成部分按照20∶40∶40的比例进行切分，即20%作为园区产业扶持资金，80%由共建地对半分成。这种合作共享模式投入和利益主体明确，操作起来比较灵活，但范围只能限定于特定园区。

二、构建示范区税收分享机制的主要难点与瓶颈

2019年，上海青浦、江苏吴江、浙江嘉善，被确定为长三角生态绿色一体化发展示范区，其一诞生就被赋予了创新一体化制度的重任，主要围绕规划管理、生态保护、土地管理、项目管理、要素流动、财税分享、公共服务和公共信用等八个方面率先创新，以此示范引领全国区域协调发展。其中，财税分享是示范区八大制度创新中最重要、最有显示度也是最为困难的一项。受制于现有的财税体制，以及三地发展水平、财力基础等方面的差距，推进跨区域财税分享机制面临着诸多难题。

（一）经济发展水平和地方财力差异，影响共担共享基础

三地虽然地缘相近、人文相近，但资源禀赋、发展水平、财力基础还是有明显差距。从资源禀赋看，青浦依赖上海，在资源要素集聚方面有着其他两地不可比拟的优势；吴江则依赖苏州，在苏州高能级开放平台的加持下快速发展；而嘉善相对最弱，其所属的嘉兴市也与上海、苏州不在同一发展能级上。从经济税收产出看，2020年，青浦、吴江、嘉善GDP规模分别为1194.0亿元、2002.8亿元、655.8亿元；税收规模分别为534.8亿元、355.43亿元、112.9亿

元。按常住人口计算,人均GDP①产出最高为吴江(129633元/人),人均税收产出最高为青浦(42064元/人),嘉善无论是经济还是税收产出均较弱。从地方财力看,2020年,青浦和吴江的一般公共预算收入分别达到210.1亿元和236.5亿元,嘉善仅71.8亿元,但税收对一般公共预算收入的贡献,嘉善最高(93.2%),这意味着税收对嘉善地方财力的影响最大。而青浦税收贡献度虽然最低,但上海市对区一级财政的转移支付力度最大,其实际可用财力远超嘉善和吴江。因此,示范区共享共担机制必须要充分考虑三地的财力承受能力,并妥善兼顾公平问题。

(二)行政区划层级和管理体制不同,加大制度设计难度

由于三地分属不同的省级行政区,从行政区划层级看,青浦行政层级要高于吴江和嘉善。但从财税管理体制看,上海是直辖市,浙江省实行"省管县"财政体制,因此青浦区和嘉善县仅涉及中央、省(市)、区(县)三个财政层级,而吴江区涉及中央、省、市、区(县)四个财政层级。这就导致三地在增值税、所得税等共享税分成上存在差异。如增值税50%地方留成部分,上海与青浦各享17.5%和32.5%,浙江与嘉善则按10%和40%分享;企业所得税40%地方留成部分,上海与青浦各享20%,浙江与嘉善则按8%和32%分享。而吴江的增值税地方留成,江苏、苏州、吴江按10%、10%、30%分享,企业所得税则按8%、10%、22%分享。由于三地主体税收分成比例不统一,如果简单地把三地新增税收地方留存全部交由示范区统筹,将导致三地贡献有高有低;如果考虑公平,将省级收入也划归示范区留存,则需要省级财政协调;更有观点提出,可以考虑在一定年限内将三地新增税收(包括中央级和地方级收入)全部留给示范区,则需要中央层面统筹协调。

表1　三地2020年税收收入分级次情况　　　　　　　　　　　　单位:亿元

区域	税收总计	中央级	地方级	其中:省级②	其中:市县级
青浦	534.8	263.1	271.7	93.9	177.8
吴江	355.4	142.3	213.1	−3.2	216.3
嘉善	112.9	46.4	66.5	−1.1	67.6

---

① 人均GDP、人均税收,均按各地常住人口计算。其中青浦人口密度最高,外来人口远超户籍人口,导致其人均GDP偏低,但其税收产出最高,主要是第三产业税收贡献较高,且外来注册型公司带来的税收流入较多

② 吴江和嘉善2020年省级收入为负,主要是增值税留抵退税分担机制下,35%部分先由省级承担,再通过财政结算更库,但在税收报表中是直接扣减省级收入的,如当期留抵退税规模过大,省级收入会出现负数

（三）产业同质和税收竞争客观存在，阻碍区域产业分工

从三地产业结构看，一方面，部分产业同构化明显，特别是传统制造业，如通用设备、塑胶和塑料制品、金属制品等，在三地经济税收中均占据较大份额；而近年来，房地产、建筑业等依赖土地的行业在三地经济发展中也扮演着重要角色。另一方面，三地在产业承接上处在不同的位置，青浦、吴江与上海、苏州之间的产业功能分工更趋于水平化，特别是青浦优势明显，更容易吸引集团总部入住，而嘉善在参与区域分工、主动承接上海辐射等方面还存在较大差距，目前吸引力相对较弱。与此同时，三地财税政策缺乏协同，税收竞争客观存在，在各自招商引资中出台了各种鼓励性政策，通过财政返还、股改扶持、上市奖励、工发资金、高新技术培育等多种形式对企业进行扶持。这种制度外的税收竞争，加剧了税源与税收的背离，又导致产业结构雷同。到目前为止，示范区产业协作尚未形成合理的产业链，如果税收利益分享的问题解决不好，将影响到示范区的整体产业布局。

三、示范区推动财税分享机制创新的探索与不足

构建示范区税收分享机制的意义在于，既要打破行政边界，又要在不改变现行行政隶属关系的基础上，最终实现跨区域"投入共担、利益共享"。自示范区启动以来，无论在学界层面还是实践层面都在税收利益分享方面作了很多探索。围绕"投入共担、利益共享"的总体原则，示范区财税分享实施方案讨论稿已几易其稿，其目标是到 2022 年落地实施，初步探索跨行政区域共建共享的新路径；到 2024 年形成较为成熟的可复制可推广跨区域财税分享机制，为落实长三角一体化发展国家战略提供财税制度供给。从示范区财税分享实施方案的探索来看，有创新也有不足，主要体现在以下几方面。

（一）确立了"水乡客厅"先行先试，但涉及主体层级较多，协调保障机制尚待细化

在示范区推进过程中，先是确定了五个镇为先行启动区，在此基础上又以长三角原点（江浙沪地理交汇点）为中心，划定了 35 平方公里的"水乡客厅"，先行先试"投入共担、利益共享"机制。自水乡客厅成立起 15 年内，水乡客厅区域范围内新增企业的税收收入的全部地方留存部分，以及全部土地出让收入（扣除土地出让成本和各类刚性计提后），统筹用于水乡客厅区域开发建设，15 年后按照综合分享因子计算并分享。可以看出，示范区建设不仅涉及到三地政府、示范区执行委员会、区内区外企业等诸多主体，还涉及到示范区、先行启动区和"水乡客厅"的层级关系，这意味着财税分享实施方案的落地，需要更多的协调保障机制。不仅要明确三地政府和示范区执委会之间的职能边界，还要理顺各类主体关系，并在各层级建立起协调统筹机制。方案明确，由示范

区执委会设立"共同账",三地设立"专账"进行统计核算,并建立涵盖示范区"三级八方"(指江浙沪,苏州和嘉兴,青浦、吴江和嘉善)财政税务部门在内的协调工作领导小组,负责在一体化框架内推进区域税收共享合作,对区域间税收政策、税收争端进行协调。但这一保障机制的操作细则还有待明确,到真正落地还有很多需要协调的细节问题。

（二）明确了重点项目分享内容,但未覆盖区内产业分工,税源背离问题尚待解决

实施方案讨论稿除聚焦"水乡客厅"先行先试外,还明确对示范区部分重点领域、重点项目探索建立分享机制。包括两省一市政府主导出资成立的从事跨区域合作的共建项目,其税收地方留存纳入"共同账"管理,并根据出资比例计算分享;由两地以上联合开发的重点园区,地方实得部分(扣除必要的产业扶持资金)按照投资比例、招商规模等量化因子协商分享;联合招商项目或因产业调整并由政府主导的区内迁移项目,自企业迁入达产起三个完整税收年度内缴纳的税收超出所在地亩均税收标准的部分,分别由企业所在地和招商地、企业迁入地和迁出地按比例分享。但在实际操作中,涉及利益分享的除上述项目外,还有重组并购、技术入股、项目合作等各种形式,这些都关系到示范区产业分工和布局,对其产生的税收收益均应纳入分享范围。在制定分享实施方案时,应充分考虑产业链分工、项目生命周期、以及对各地资源的占用状况等因素,细化为覆盖面更广、操作性更强的分享方案,以尽可能化解税收与税源背离的矛盾,促进区内产业布局的优化,使得三地真正共享一体化发展的成果。

（三）构建了利益共担共享机制,但缺乏税收政策层面激励,示范区一体化支持尚待加强

示范区立足"不破行政隶属,打破行政边界",探索建立适应区域一体化发展的成本共担和利益共享机制,对促进各类要素自由流动和产业合理布局,推动示范区高水平建设将起到积极作用。但从税收角度看,目前示范区先行先试的政策激励没有得到充分体现,特别是对区域内按照市场化原则进行的跨区生产经营、兼并、转让、收购及产学研合作等等,应给予更多税收支持。如增值税方面,产业分工与增值税链条密切相关,是否可以在征收和分担机制上作一些制度创新;企业所得税方面,对示范区产学研合作是否可以给予更大力度的优惠;在跨区域总分支机构汇总缴税时,对不具备法人资格的分支机构是否可以引入实质重于形式的适用原则;个人所得税方面,是否可以同时采用属地和属人原则分享税收收益。另外,示范区主打的绿色生态一体化发展,可能需要更多的税收政策支持。

四、示范区制度创新对构建长三角区域税收分享机制的借鉴与建议

建立科学合理的利益分享机制，实现区域经济的均衡发展及基本公共服务的均等化，并不断提高区域治理能力，是推动一体化发展的关键。而示范区财税分享机制的创新，可以为促进长三角一体化发展提供经验范本。当前，应进一步加快先行先试，抓紧构建既兼顾各地发展基础和水平，又有利于促进要素资源在示范区内高效配置的税收分享机制，同时立足税收治理，探索建立起跨区域的税收协调机制，努力形成一套可复制可推广的制度创新样本，以助推长三角区域更高质量一体化发展。

（一）正视三省一市"区位差"，加强跨区域税收分享基础保障

长三角区域是我国经济最发达、发展最具活力的区域之一，但目前区域内的发展水平差异仍然较大。就 2020 年三省一市的税收收入（不含海关代征）看，江苏、上海和浙江税收规模均超过 1 万亿，总量最小的安徽仅 4321 亿元。同样的，一般公共预算收入也是江苏最高，达到 9059 亿元，这几乎是安徽的三倍。从税收自留比例及在地方财政收入中的占比看，浙江税收对地方财力的贡献最大。如果将省市层面的差距细化到长三角 27 个城市，则无论是税收规模还是可用财力，差距更加明显。鉴于各省市税收收入和财政能力存在"区位差"，必须要建立一个有力有效的协调保障机制，包括设立一个区域层面的协调机构（类似于示范区执委会），统筹三省一市一定财力投入，协调省际税收分享并留存部分收益，以支持跨区域重大基础设施、重大公共服务项目、以及符合区域功能定位的重大产业项目等建设，切实解决区域合作中的行政壁垒，加快一体化发展进程。

表 2　长三角"三省一市"2020 年税收收入情况　　　　单位：亿元

省市	税收收入规模	一般公共预算收入规模	其中：税收收入	税收在地方财政收入中的占比%	税收自留比例%
上海	13052.7	7046.3	5841.9	82.9	44.8
江苏	14064.5	9059.0	7413.9	81.8	52.7
浙江	11753.9	7248.0	6261.5	86.4	53.3
安徽	4321.0	3216.0	2199.5	68.4	50.9

（二）坚持共担共享原则，加快长三角省际税收分享协定出台

将投入与收益分享相挂钩，是示范区分享制度创新的关键点，目的在于激励三地政府参与示范区建设的积极性。长三角一体化也应按照"投入共担、利益共享"的原则，加快建立起省际之间的横向税收分配和补偿机制。一方面，可以基于市场角度探索类似"生态补偿"方式，对跨地区产业转移带来的税收

流失,给予流出地一定的税收补偿。如对跨省迁移的企业,可参考京津冀地区产业转移税收分享的办法,企业迁入达产后三年内缴纳的增值税、企业所得税,由迁入地和迁出地区按一定比例分享;对省内各市县之间的企业迁移,可参考上海对非制造业跨区迁移的规定,以企业迁移前三年缴纳的市县级税收收入年度平均值为核定基数,由迁入地政府给予迁出地政府三年的财政补偿。另一方面,对两地及以上政府主体共同投资项目、合作项目及跨地区经营增量企业,应充分考量企业对各地资源的占用状况,对其产生的 GDP 和带来的税收收益,建立科学的统计和分成机制,使得三省一市能够共享一体化发展的成果。

(三)立足产业集聚分工,加大区域一体化发展税收政策激励

税收分享制度有利于促进区域要素自由流动。长三角区域作为我国先进制造业集聚地,在双循环发展格局下更要主动适应国内国际产业链分工和重组,加快技术、人才、创新等各类要素的自由流动。一方面,要考虑财税政策的协同,研究制定长三角城市之间协调一致、无差异的税收政策适用规范,解决区域内政策洼地、产业同质化竞争等现象,促进不同行政区之间的产业合理分工和资源有效配置,加快形成产业链梯度分工。另一方面,应着眼一体化高质量发展,积极争取税收政策层面的创新支持,如在企业研发投入方面,试点将研发费用加计扣除方式调整为税收抵免方式,不足抵免的可以结转下期,以提高税收激励效果;在吸引高技术人才方面,统一上市和非上市公司股权激励税收政策,以增强职务科技成果转化的积极性;在产学研合作方面,加大对研发机构的税收优惠力度,并按照研发、生产、销售等产业价值链节点位置和职能划分,以产业合作的利益共享机制促成更多产业合作项目落地,激励各方共同"做大蛋糕"。

(四)聚焦高质量一体化,加速税收区域合作和共治

税收参与区域一体化发展,除了税收利益的分享,更要从税收合作共治方面去发力。自长三角一体化上升为国家战略以来,税务总局先后出台了"16＋10＋5"支持和服务长三角一体化发展举措,三省一市和宁波税务部门先后签署了《长三角区域纳税信用合作备忘录》《长三角区域对标提升营商环境升级版清单》,在规范政策执行标准、统一税收执法、跨省涉税办理、税收信息共享、涉税风险应对等方面已取得实质性进展。作为长三角区域的税务部门,下一步应聚焦高质量和一体化,不断深化税收合作共治,通过推动跨地区、跨层级、跨部门税收征管和服务一体化,着力构建区域互利共赢、统一开放的税收发展体系,以进一步优化税收营商环境,降低区域要素流动成本,共同助力推动长三角区域双循环新发展格局的形成。

课题组组长:沈剑芳

课题组成员:蔡黎明(执笔)王建成　蒋沈翼

平台经济业态税收管理研究（二等奖）

国家税务总局浙江省税务局科研所课题组

在以国内大循环为主体、国内国际双循环相互促进的新发展格局加快形成的背景下，平台经济业态凭借其快捷、高效的优势，在促进消费升级、带动产业发展、畅通国内经济循环方面发挥了重要作用，然而，由于其无形化、无纸化和无址化特征，对传统的税收制度和税收征管提出了挑战。本文以平台经济业态发展为指引，直面其发展中存在的问题，寻找"变"与"不变"二者之间的契合点，完善我国在平台经济业态方面的税收征管。

一、平台经济业态主要类型

平台经济的兴起离不开互联网的蓬勃发展。互联网向传统行业快速渗透，不断改造和重塑传统产业和传统经济运行模式，产业边界日益融合，推动了平台经济等新兴经济的兴起。当前，平台经济业态涉及电子商务、共享经济、网络直播、互联网金融、即时通讯、搜索引擎、网络游戏等各领域。本文在对平台经济业态税收征管问题研究的过程中着重选择网络零售、共享经济、网络直播、在线教育作为对象，主要考虑这四个分类以 C2C 为主，所涉及的商业模式范围更广，交易的对象、形式、法律关系较为复杂，也意味着税收征管过程中面临的新问题更多。

（一）网络直播

国家互联网信息办公室发布的《互联网直播服务管理规定》对互联网直播定义为：基于互联网，以视频、音频、图文等形式向公众持续发布实时信息的活动。从形成过程看，网络直播需在直播现场依托信号采集设备收集直播人员的音频和视频，而后呈现在导播设备或平台上，再将内容上传至各类直播平台供用户观看。游戏直播、吃货直播、带货直播、旅游直播等网络直播已成为网络文化市场的新贵，随着内容的不断丰富，直播行业呈现更多元化、专业化的变化，所涉范围涵盖人们工作生活的方方面面，发展势头不可小觑。截至 2020年 12 月，我国网络直播用户规模达 6.17 亿，较 2020 年 3 月增长 5703 万，占网民整体的 62.4%。

（二）共享经济

当前,共享单车、共享雨伞、共享充电宝、共享空间等共享经济层出不穷。共享经济模式下,商品与服务所有者借助各类互联网平台暂时转移商品与服务使用权,并由此获取一定报酬;消费者可通过较低的价格获取暂时使用权。以共享单车为例,平台企业在工商、税务等部门注册登记,搭建网络平台,购买共享商品或服务后向市场投放;消费者则通过平台完成注册,缴纳一定的抵押费用押金后获取使用权,使用费按次、按时或"按次＋按时"计费,支付方式主要为通过第三方支付(微信或支付宝)或网银支付。"线上支付、线下使用"是此类交易的典型特征。2020 年我国共享经济市场参与人数达 8.3 亿人,服务提供者约 8400 万人。

（三）网络零售

随着淘宝等网络零售平台的出现,传统零售实现了从线下交易到线上交易的完美转变,随时随地网上购物的便利性使得用户规模呈现井喷式增长,跨境电商、免息分期、团购等网络零售新型商业模式也层出不穷。截至 2020 年 12 月,我国网络购物用户规模达 7.82 亿,占网民整体的 79.1%;手机网络购物用户规模达 7.81 亿,占手机网民的 79.2%,网络购物几乎成为全民选择。2020 年,面对疫情巨大冲击和复杂严峻的国内外环境,我国网络零售市场保持稳健增长,市场规模再创新高,根据国家统计局统计数据,全国网上零售额达 11.76 万亿元,比上年增长 10.9%。

（四）在线教育

新冠肺炎疫情的爆发加快了互联网线上教育平台的发展,涌现了如猿辅导、斑马 AI 课、作业帮、新东方在线直播课等在线教育平台,提供线上直播课、线上"一对一"小课堂、线上精品录播课和 AI 课堂等线上教育内容。截至 2020 年 12 月,我国在线教育用户规模已达 3.42 亿,占网民整体的 34.6%。

二、平台经济业态的税收征管难点

（一）纳税主体的虚拟化导致税源监控难以实现

1.“避开准入”导致税务登记难实现。税务登记是我国实施税收征管的首要环节。各项税收征管数据均以纳税人识别号(统一社会信用代码)为基础进行采集和管理。在传统经济领域,不管是企业与企业之间或企业与个人之间,各类交易的增值税、消费税、所得税等纳税主体和扣缴义务人均较为清晰,但在网络交易中,商品销售者和服务提供者可绕开传统的线下税务登记环节,直接借助互联网平台完成交易。以淘宝网为例,自然人在淘宝开设店铺只需要五步即可完成:第一步,注册淘宝账号;第二步,支付宝实名认证;第三步,淘宝开店认证；第四步，填写联系地址；第五步，创建店铺；其中，实名认证中需要开店人的真实姓名、身份证号、照片及与支付宝绑定的银行卡信息，无需提供税务登记信息。税务登记环节的缺失，使得税务机关难以有效行使税收管辖权，且无法通过实地核查等传统方式确定纳税人，导致平台商家游离于税收征管框架之外，由此也带来平台经济业态与传统经济税负不均的隐患。

2."有利可图"导致商家主动纳税意识难提高。在平台企业对商家的监管不足以及税务机关监管手段有限的情况下，C2C网络交易成为了一种新形式的"避税天堂"，部分企业性质的纳税人通过个人从事C2C电子商务经营活动的方式实现实体店铺向线上经营的转变，以此逃避税务机关的监管。同时，平台经济为交易双方通过"线上沟通、线下交易"方式全面规避监管提供了便利，这种线上线下结合的"跳单"行为使得交易更为隐蔽，纳税人更有意愿和动机采取此类行为达到既促成交易又无需纳税的目的。

（二）征税客体的复杂性导致税收收入流失

1.纳税主体多重性造成税目边界模糊。目前，对于个人通过各类平台销售服务适用"劳务报酬所得"还是"经营所得"征收个税的方式存在争议。通过各类平台经营的个人多数是专营而非兼职，且经营持续，更符合个体工商户的经营特点，如按"经营所得"征收个人所得税则无扣缴义务人，个人所得税只能由个人自行申报，而个人由于未办理税务登记加之税收遵从能力和意愿普遍不足，自行申报自觉性难以保证。若适用"劳务报酬所得"，则按照个人所得税法要求，支付所得的企业或个人为扣缴义务人，即平台企业作为支付所得方应为扣缴义务人，但从交易实质看，平台仅发挥交易金额代收代付的"中介"职能，并无支付金额大小的决定权，由平台企业支付也不符合实际业务情况。

2.平台企业服务外包导致的涉税风险。"美团""饿了么""滴滴"等平台企业为了实现自身的资本化运作，迅速扩张，同时为了规避自身用工法律风险，多采用服务外包形式进行用工，由此也回避了为员工缴纳个人所得税、社保费的问题。对比来看：

表1　服务外包涉税风险

用工模式	个人所得税	社保	法律风险
自身用工	3%—45%分级累进	每月600—1000左右（根据各地收入水平）	自身承担
服务外包	理论上5%—35%分级累进 实际1%代征甚至未达起征点	基本为0	全部由服务外包公司承担

通过上表的对比分析可以发现，采用服务外包模式可为平台企业降低自身涉税及法律风险。同时，有较多地方政府（尤其是中西部地区）为了经济数

据将服务外包企业所缴纳的税收地方留成部分予以返还,由此也更加助长了此类经营模式。在实际操作中,平台企业通过在经济欠发达地方成立服务公司,既可实现服务公司开具的增值税专用发票进行进项抵扣和所得税税前扣除,也可实现服务公司享受当地招商引资的财政奖补政策,从而整体降低平台企业税负。

（三）纳税地点的模糊性导致管辖权难以划清

增值税纳税地点的规定已不适应平台经济业态中的交易行为。依据《中华人民共和国增值税暂行条例》第二十二条及《营业税改征增值税试点实施办法》第四十六条规定,个人通过互联网销售服务或商品,应当向销售货物或服务行为发生地主管税务机关申报纳税,未申报纳税的,由其居住地主管税务机关补征税款。由于平台只是媒介,个人从事经营可以移动办公并且互联网商业普遍依赖 VPN 异地登陆的技术,使得应税行为发生地难以确定。平台经济业态下涉及的交易地多而复杂,极大提高了税收征管难度。

（四）交易凭证的无纸化导致过程难以监控

1.无纸化交易导致的业务真实性问题。平台经济业态下各类交易均以电子数据方式存在,而消费者也往往缺乏索要发票的习惯,税务机关难以借助发票信息完整地掌握交易情况,同时"刷单"等行为的存在使得交易真实性存疑。在平台经济业态中,平台企业实时掌握交易双方的信息流、物流和资金流,同时掌握每一交易方的基本信息、经营类型、经营规模等基础信息,但现阶段法律未明确税务部门获取第三方平台数据的权限,大型电商平台仅集中向国家税务总局提供相关经营数据,省级及以下税务机关与网络交易平台缺乏常态化的信息交换机制,基层税收征管部门难以准确掌握纳税人的真实交易额等情况。

2.宣传推广的税务处理方式有待明确。平台经济业态下,新型营销方式众多,如天猫积分、京豆等。在消费送积分的方式下,用户在平台消费时可抵扣一定金额,具有受众面广、单一用户取得的金额小、相应营销费用无法直接取得发票的特点。在实际操作中,平台企业通常采取两种模式实现费用列支:一是网络支付平台企业将红包、代金券划入用户在该平台账户的拨付款项作为税前扣除依据;二是平台企业在用户消费时要求销售方将此部分抵减金额作为平台企业购买行为,单独开具发票。上述两种行为都存在业务宣传费税前列支的风险。

三、国外平台经济业态税收征管的经验借鉴

发达经济体同样面临平台经济业态带来的税收征管挑战,各国家和地区在处理相关税收问题时从各自实际出发,形成了各具特色的税收征管体系。

他山之玉，可以攻石，对国外实践与经验的总结与分析，有助于进一步优化我国平台经济业态税收征管机制。

（一）美国

1.《全球电子商务的选择性税收政策建议》。1996 美国政府发布了《全球电子商务的选择性税收政策建议》，该政策建议指出税收中性原则、税收效率原则、税收公平原则应该是电子商务税收政策的最基本原则。

2.《互联网免税法案》。1998 年美国的参议院通过《互联网免税法案》，该法案认为，互联网经济在一定程度上比传统经济更能促进资源的有效配置，不应该将传统经济的税收征管模式完全照搬过来，应该给予一定程度的税收优惠。

3."简化销售税计划"。2000 年，美国部分州联合启动"简化销售税计划"，各州和各网络销售商遵循自愿原则加入该计划，同时为自愿加入该计划的电子商务运营商免费安装税收管理软件，即使这些电子商务运营商与其他州没有实质的税收关联，也可以实时操作该软件，方便计算、扣缴销售该州商品的销售税。

4.市场公平法案。2013 年 5 月，美国国会提出《市场公平法案》，规定年远程销售额在 100 万美元以下的企业可以免除代扣代缴销售与使用税的义务。

5.互联网销售税裁决。2018 年 6 月，美国法院颁布了一项关于互联网销售税的裁决，该裁决改变了互联网销售税的管理规则——无论卖家的实际所在地在哪，如果卖家向位于部分州的买家售卖物品，这些州可能都会要求卖家针对其交易征收适用的销售税。截至 2020 年，已陆续有三十多个州加入互联网销售税征收阵容。作为卖家，不需自行计算、收取和缴纳互联网销售税，三方交易平台（如 eBay）将自动对适用交易计算应收的互联网销售税税额，并将该税额显示在支付页面上，该税额由买家支付，由 eBay 统一代收和代缴。

（二）欧盟

1.《间接税与电子商务》。1998 年，欧盟委员会提交了《间接税与电子商务》，该报告提出，要在现存的增值税框架下解决电子商务的课税问题，不需要新增税种。

2.增值税指令。2001 年，欧盟委员会向欧洲议会提交了"增值税第六号指令修正案"，该案明确了以下两个重要问题：第一，对间接电子商务，现有的增值税制度是完全适用的，这类商品的交易等同于远程销售，可以直接按照传统商品交易的模式来征收增值税；第二，对直接电子商务（数字化商品与服务），按照"服务税目"缴纳增值税，把直接电子商务视为提供了一项服务。

3.《增值税行动计划》。2016 年 4 月，欧盟委员会提交了《增值税行动计划》，提出调整税率设置，构建健全的单一增值税制度，建立更加透明、新型的增值税管理制度。

4.欧盟2021年电商增值税新规。2021年7月1日起实施的新政,该政明确对欧盟27个成员国的B2C电子商务市场的增值税义务进行全面改革,主要有四项重大变化:推出一站式(One-Stop-Shop或OSS)注册申报服务;废除远程销售起征额(适用于全欧范围年销售额超过阈值1万欧元);终止低于22欧元的进口增值税豁免政策;由电商平台或者海关申报人负责收取和缴纳增值税。此次增值税改革,欧盟借助"OSS一站式服务"简化了增值税征管,用以填补VAT税金流失漏洞,增加线上市场VAT收入。

(三)日本

1.成立稽查部门。在税收征管方面,鉴于网络交易与传统商务模式的显著区别,日本东京税务局(TRTB)于2000年宣布组建电子商务税收稽查小组,专门负责收集网络交易的相关数据并对纳税人进行现场稽查,该稽查小组同时还致力于数据监管的网络平台建设,针对电子商务交易主体虚拟化、交易地点难以确定、交易物品难以确认等问题,运用互联网、大数据技术予以解决,基本实现了销售数据的实时监控,大大提升了互联网经济的税收征管效率。

2.差异化税收优惠。为电子商务的小微卖家出台税收优惠,对年应税收入如果低于100万日元的个人网店,免于征税,对大于100万日元的,则按照规定税率正常计征。

表2　美国、欧盟、日本政策对比

国家	基本原则	文件/措施	基本政策主张
美国	中性 公平 简洁而透明 易于执行	《全球电子商务的选择性税收政策建议》、《互联网免税法案》、"简化销售税计划"、《市场公平法案》、互联网销售税(Internet Sales Tax)裁决	互联网经济在一定程度上比传统经济更能促进资源的有效配置,应该给予一定程度上的税收优惠;为自愿加入"简化销售税计划"的电子商务运营商免费安装税收管理软件;改变传统税收管辖权原则,明确由交易平台代扣代缴适用的销售税。
欧盟	中性 透明 不开征新税	《间接税与电子商务》、"增值税第六号指令修正案"、《增值税行动计划》、2021年电商增值税新规	在现存的增值税框架下解决电子商务的课税问题;构建健全的单一增值税制度,建立更加透明、新型的增值税管理制度;推出一站式(One－Stop－Shop或OSS)注册申报服务,由电商平台或者海关申报人负责收取和缴纳增值税。

国家	基本原则	文件/措施	基本政策主张
日本	中性 透明	组建电子商务税收稽查小组；差异化税收优惠	基本实现销售数据的实时监控；针对处于不同发展时期、规模不同的电子商务企业，实行了差异化的税收优惠政策。

通过对国外关于平台机构及业态税收政策的整理与分析，可以得到各国关于互联网交易的税收征管经验。第一，中性与公平原则是制定平台经济业态税收政策的核心。第二，不断完善的税收征管体系是实现"线上线下"公平的重要保障。如美国规定由三方交易平台计算、收取和缴纳互联网销售税；欧盟2021年电商增值税新规规定由电商平台或者海关申报人负责收取和缴纳增值税；日本组建的电子商务税收稽查小组和构建的网络交易税收监管平台等。第三，给予平台经济业态一定的税收优惠政策是各国普遍做法，如美国对互联网接入服务长达十几年的免税政策。第四，简化销售税制度，构建单一、透明的增值税制度正成为新经济时代的一种趋势。例如美国的简化销售税计划，欧盟的《增值税行动计划》建议欧盟成员国调整税率设置，构建单一、透明、新型的增值税制度。

四、完善我国平台经济业态税收征管的建议

通过走访浙江省义乌市部分头部电商产业园、网红直播基地、互联网服务平台、劳务服务平台、微商等新兴平台经济业态主体，对部分经营模式进行调研并提出相关建议。

(一)管理战略——包容＋发展

平台经济业态作为拉动消费与经济增长的经济形态，对我国建设现代化经济体系、促进高质量发展具有重要意义，应本着鼓励发展又不失税收公平的原则，"量体裁衣"完善税收政策。

1. 服务外包——核定征收比例。在无法实现完全按照个人所得税分级累进比例进行征收的情况下，对平台企业系统进行信息化对接，综合测算注册个体工商户需缴纳的税费，明确一定的核定征收比例（如1‰－2‰），扣缴比例达到此标准以上的，允许平台企业在企业所得税核算时进行成本扣除。同时，对于平台企业用工人员的社保费，尤其是工伤保险，明确由平台足额缴纳，保护劳动者权益。此外，针对部分群体可能利用平台实现用生产经营所得回避综合所得的问题，税务部门对咨询费、顾问费、服务费等开票品目开展定期大数据分析，重点关注开票量特别大或者受票量特别大的企业，及时发现可能逃避缴纳个人所得税、企业所得税的问题。

2.直播带货——提高行业利润率。从事网络直播带货与从事线下营销的营销人员属于同一性质的劳动,不应区别对待。若带货方为个人的,应由支付报酬或委托网红直播的单位扣缴个人所得税,年度终了并入综合所得年度汇算;若带货方为工作室或者通过平台与企业合作的(目前多数网红通过这种方式进行税收筹划),工作室(平台)应按照劳务承办与企业签订销售合同,网红带货按照 13% 视同销售或按照 6% 开具服务费发票,根据合同约定进行处理,此外,由于此类工作室基本未进行成本核算,建议适当提高该行业的行业利润率,再对个人所得税和企业所得税进行核定征收,补平税收洼地。

3.C2C 电商——分类管理。建议对办理营业执照的个体工商户,达到一般纳税人标准的,按照一般计税方法计算增值税,反之适用简易计税方法。经营者个人无论是否办理个体工商户登记,其取得的收入均按照"经营所得"计算个人所得税。对办理税务登记且账证健全的个体工商户实行查账征收,对未办理税务登记的个人,或虽办理了税务登记但未按规定建账的个体工商户则实行核定征收方式。由于经营者个人的成本费用难以确定,可按照个人取得的收入(不含增值税)作为计税基数,按应税收入所属的行业类别核定利润率,利润额扣除经营者费用(每月 5000 元)后的差额作为应纳税所得额。

(二)管理基础——完善税制＋"三方"管理

1.完善自然人纳税识别号制度。自然人的个人信息、交易、收入、财产等涉税数据的集中与共享是夯实税收征管并促进纳税遵从的基础条件,也是提升我国税收征管效率的重要途径。根据《中华人民共和国个人所得税法》第九条第二款规定,"纳税人有公民身份号码的,以中国公民身份号码为纳税人识别号;纳税人没有中国公民身份号码的,由税务机关赋予其纳税人识别号。",自然人纳税识别号已正式确立。建议及时将主播、微商、网红等平台经济业态从业人员纳入自然人识别号管理,建立各级自然人税务事项数据处理和风险识别中心,推进自然人税收专业化管理。

2.规范平台企业的代扣代缴义务。平台企业在平台经济交易中往往担任着交易撮合者和资金过渡者的中介身份,现行《税收征收管理法》及其实施细则等相关法律法规相对滞后,没有相应法律条款明确要求平台承担代扣代缴义务。建议国家层面对《税收征管法》等法律法规进行适时修订,对代扣代缴义务人范围进行合理扩充,明确平台企业代扣代缴义务,强化税务机关"管平台"职责,采取扣缴与自行申报相结合的方式,提高税收征管质效。如明确通过平台交易的经营者为纳税义务人,以平台企业为扣缴义务人,增值税、个人所得税、企业所得税均由平台企业按期预扣预缴,由平台企业所在地主管税务机关负责征收管理,同时明确经营者办理纳税申报,其中:企业或个体工商户向机构所在地税务机关按月(季)办理增值税、个人所得税、企业所得税纳税申报；未办理营业执照的个人向平台企业所在地税务机关按月（季）办理纳税申报，预扣预缴税款在办理纳税申报时按照已缴税款处理。

（三）管理手段——数据共享＋动态信用

1. 涉税信息共联共享机制。《关于进一步深化税收征管改革的意见》中提出，要以云平台为依托，以智能算法为引擎，以现代信息技术为驱动，实现技术应用与征管制度、业务流程、岗责体系一体化推进并相互适配，全面建设高集成功能、高安全性能、高应用效能的智慧税务，这就要求税务部门着力推进内外部涉税数据共享，通过数据高度聚合和信息有序流动，打通内外部门和前后台之间以及线上线下的信息、流程、系统壁垒，将大数据智能化应用全面融入精确执法、精准监管、精细服务、精诚共治的全过程，实现税收征管数字化转型升级。一方面是建议与交易平台的数据共联，消除税务机关与交易平台之间的"数据壁垒"，解决税务机关对互联网交易平台上的企业与个人的交易与收入状况不清楚、不掌握的难题。建议在《税收征管法》的修订中明确交易平台向税务机关提供涉税数据的义务，通过法律的形式赋予税务机关充分获取涉税数据的权利，建立税务机关与交易平台之间的数据共联机制，明确涉税数据造假的法律责任等。另一方面是建议与其他政府部门的数据共享，在国家层面构建统一的经济社会数据共享云端，充分利用第三方数据（如银行、第三方支付、海关、工商、统计、邮管、公安、交通）进行分析、比对、计算、核实交易情况及税款缴纳情况，通过大数据监控检测税源，分析研判税收收入，确保企业和个人依法纳税，打造全社会公平公正营商环境。

2. 动态信用管理机制。动态信用管理是在对经济行为分析后，建立的一种随时波动的、聚焦在将来的评价体系。2016 年国务院办公厅印发《关于加强个人诚信体系建设的指导意见》，对加强个人诚信体系建设作出部署，国家信用体系建设稳步推进，但在税收领域，自然人纳税人信用评价制度和失信联合惩戒机制方面仍不完善。建议全面建立自然人纳税信息采集、记录、查询、应用、修复、安全管理和权益维护机制，依法依规采集和评价自然人纳税信用信息，形成全国自然人纳税信用信息库，并与全国信用信息共享平台打通，纳入个人诚信体系管理。在动态信用管理基础上，税务机关可根据信用评级结果，对平台经济业态纳税人进行分级分类管理，对信用等级高的人，可采用"信用背书"等激励措施，为平台经济业态从业人员提供融资等方面的绿色通道；对信用等级及税收遵从度低的纳税人，加强惩戒，督促失信人员能提高信用，促进纳税人自治管理；对假借自然人身份进行 C2C 电子商务经营的非自然人纳税人，存在偷逃税款嫌疑的，应给予严厉的处罚，并降低该企业纳税信息等级，同时作为重点稽查对象进行管理。

以大数据、云计算、互联网、物联网、人工智能等为代表的新技术，催生了平台经济业态的高速发展,产品制造模式、企业组织结构等发生深刻变革,税收征管也面临巨大挑战造。培育壮大新型消费,还需妥善加以引导、帮扶,在监管上秉承包容审慎原则,以"善监管"为高质量发展保驾护航,推动我国经济加快形成以国内大循环为主体、国内国际双循环相互促进的新发展格局。

课题组组长:卓　然

课题组成员:林　森　刘春燕　喻万芹

曹伙斌　耿冬妮　傅昱玮

构建大企业"信用＋风险"税收动态监管新体系研究（二等奖）

国家税务总局浙江省税务局课题组

　　浙江省税务系统大企业部门深入学习领会中办、国办《关于进一步深化税收征管改革的意见》精神，认真贯彻落实省委、省政府《关于进一步深化税收征管改革的实施方案》，结合金税四期"四个转型"的具体要求，聚焦大企业合作遵从、精准监管，努力构建"信用＋风险"动态监管新体系，推进税收治理集团化、数字化、智慧化建设，实现税收改革创新从渐进式到体系性集成迈进。

一、坚持数据赋能，以"三库"夯实监管深度

　　数据是税收管理的基础，更是大企业管理的生命线，面对大企业管理过程中看得见的管不了、管得了的看不见的矛盾，进一步强化信息支撑和系统整合，加快推进大企业税收管理数字化升级和智能化改造，突出集团特色，构建全流程管理机制，实现大企业管理智慧化转型。

　　一是构建大企业集团式"族谱体系库"。充分应用税收大数据和第三方数据，及时维护大企业名册和集团架构信息，实现大企业集团信息智能更新和动态管理，全面构筑起全省大企业集团族谱体系。2021年根据国家税务总局大企业司要求，对我省千户集团进行了梳理核实，调出了11家集团，新增3家集团，确定了128家集团。同时，根据我省税源管理现状，综合考虑企业纳税规模、行业影响、发展潜力等重要因素，初步筛选确定省级列名企业名单共计340户。

　　二是构建大企业一户式"综合信息库"。加快推进大企业涉税数据聚合，充分归集大企业税务申报表数据、财务三张报表数据、发票数据和第三方数据，打通金税三期、电子税务局及大企业管理平台数据管理通道，在现有"金税三期"财务报表报送统计模块的基础上，开发了"财务报表监控"功能，优化财务报表数据校验规则，增加六类报表共计52条规则。实现按集团智能归集大企业税收基础征管、信用评价、监管服务以及第三方等涉税数据，着力构建集

团"一户式"综合信息库。今年以来,在电子税务局端研发"一键申报"功能,依申请对满足条件的大企业集团开放数据接口,企业可将 ERP 系统中生成的纳税申报表和财务报表直接通过接口报送到电子税务局,显著降低原来人工录入错误率高的问题,帮助企业财务人员实现减负提效。

三是构建大企业智慧化"指标模型库"。充分运用大数据、云计算、人工智能、移动互联网等现代信息技术,构建高集成功能、高安全性能、高应用效能的智慧税务。推进内外数据汇聚联通、线上线下有机贯通,完善大企业风险分析监控系统和模型建设,运用模型算法、机器学习等技术手段,建立集团性、行业性的信用评价和税收监管指标库。健全集团指标模型设计和结果应用的互动机制,推进指标模型建设、验证、加载、优化,做好指标模型共享应用工作,持续完善集团指标模型库,不断提高集团指标模型的精准度,实现指标模型精准性智慧化迭代。目前已建立了五个行业共计 184 个指标模型。

二、坚持遵从导向,以"三化"确保监管精度

推进税收服务、执法和监管深度融合,强调寓执法、监管于服务之中,把服务理念有机融入税收征管各个环节,以信用评价为抓手,实施企业集团整体信用评价,以信用全面评价、风险及时提醒打造大企业"信用＋风险"动态监管新体系,推进长三角一体化税收治理,促进整体遵从。

一是探索"立体化"集团信用评价。积极拓展企业纳税信用等级评价的边界,探索建立千户集团纳税信用评价体系,对集团纳税信用情况开展整体评价管理。在省局大企业税收管理平台中开发集团信用评价模块,与省局纳税服务信用等级评价信息系统建立数据接口,定期接收集团各成员企业的评价结果。集团各成员企业按纳税信用等级确定具体赋分依据,同时按层级设置不同权重,层级越高权重越大,最终合并计算得出集团总体纳税信用等级。生成"集团纳税信用报告",为企业集团实时精准"画像",通过电子税务局,定期将"集团纳税信用报告"推送至集团总部和主管税务机关,为集团总部加强税务管理机制建设,提升税收风险内部控制水平提供科学支持,也为税务机关实施风险管理、遵从评价等后续管理措施提供重要参考。

二是构建"动态化"分析监管体系。探索建设"基于大数据平台的大企业风险监管和服务平台",深度挖掘大数据平台发票数据和第三方数据,帮助大企业梳理上游企业异常信息,及时提醒大企业在损失发生前做好预警和防范,从而实现对大企业的税收风险动态监管,降低大企业的财务和税务损失。2021 年以来,依托省局大数据平台,应用企业发票电子数据开发大企业税收风险提示提醒功能模块。经充分征求企业意见,首批选取 12 个意向较强的总部在浙千户集团开展试点。省局借鉴发票风险快反系统经验并结合历年税收风

险管理实践，精选 12 个发票风险提示提醒指标，对试点集团主要成员企业上下游开票信息进行抓取比对，梳理识别异常开票线索，及时推送并提醒试点企业做好事前风险防范。

三是推进"无纸化"发票（票据）管理体系。针对发票电子数据获取不够便捷等问题，以"浙里办票"应用为入口，省局打造发票综合服务平台，归集纳税人发票（票据）数据，并开放平台数据接口。通过改造 ERP 信息系统，企业可与"浙里办票"数据接口实现对接，自动批量下载所有发票数据，并进行发票电子化报销、入账、归档，实现全程无纸化管理。截止目前，已有 900 多户试点企业下载超过 2100 万条数据。例如浙江电信对接发票（票据）综合服务信息平台，结合电子化归档试点工作，预计全年节约纸张单 4 万张，直接减少纸张及相关设备材料支出成本 50％，节约人力成本 60％，财务核实效率提升 40％，管控质量提升 98％。

省局还紧紧围绕税收支持和服务长三角一体化发展任务举措，落实长三角大企业跨区域涉税事项协调工作机制和大企业重组涉税事项纳税服务的工作机制，为长三角区域千户集团提供税收政策确定性和征管执行统一性。省局选择桐昆集团申请事先裁定作为长三角大企业纳税服务一体化重点推进项目之一。经过召集桐昆集团副总裁及财务总监、嘉兴市一分局，召开初步接洽座谈会，面对面了解企业情况和具体需求，并进一步搜集相关资料，了解集团裁定涉及成员企业股权关系、上下游关系、关联交易事项等情况；组成工作团队赴江苏省局进行了沟通联系，拟定了下一步具体沟通协调相关涉税事项的工作步骤，力争今年年底完成此项工作。

三、坚持控防结合，以"三网"提升监管力度

按照"无风险不打扰、有违法要追究、全过程强智控"的监管要求，深入开展大企业税源监控、日常风险监控、专项风险监控，努力构建新的税收治理格局。

一是构建体检式税源监控"互动网"。2021 年以来，省局大企业局参考集团信用评价结果，应用指标模型进行计算机风险扫描，结合日常风险监控、专项风险监控结果，选择 45 户企业集团 700 户成员企业开展综合性风险分析，形成"体检式"集团风险分析报告，进行"总对总"沟通服务，上半年风险分析预估补税 3.5 亿元，下半年风险分析工作正在有序进行。目前，省局抽调全省相关领域业务骨干组成了专业工作团队，已组织开展集中办公 5 次，讨论风险指标，撰写业务需求，并挑选部分企业开展指标验证。下一步，省局将按照先试点省签企业，再扩大到千户集团、列名企业的步骤，分阶段为大企业提供风险提示提醒服务。

二是构建预警式税源监控"防控网"。按照风险值确定预警对象,提升风险识别智能化水平,确定股权转让、并购重组等事项作为常态化监控事项,根据实际情况确定其他阶段性重点监控事项,选择部分重点集团直接开展专项风险监控。引入万得、同花顺等第三方数据服务,对全省 463 户 A 股主板上市公司互联网公开信息中增减持、收购兼并、资产重组、股权激励和利润分配等设置为关键字,对相关内容进行抓取,分户形成重大事项核实清单。在省局大企业税收管理信息平台中开发建设重大事项监控模块,形成核实信息导入、推送、录入、反馈、评价的闭环监控流程。2020 年以来,省局累计推送核实信息 9026 条,经采取提示、辅导等方式共组织入库税款 30.82 亿元,弥补亏损 30.45 亿元。

三是构建全景式税源监控"环境网"。坚持以信息为导向,强化部门协作,推进税收精诚共治。对内注重联动,省局大企业、大数据、货物劳务税等部门联合对总部在浙千户集团开展发票画像,以集团为单位定期归集、梳理发票使用情况,对发票购销数据进行多维统计分析,形成《集团发票使用报告》,通过集团发票领购、开具、购销业务流向、购销货物种类、集团内部关联交易等信息进行全景展示,提出有针对性地服务和管理建议,提升对千户集团企业的税收治理水平。对外强调合作,在电子发票(票据)推广应用过程中,主动对接财政、档案等省政府职能部门,在方案制定、政策宣讲、业务培训、信息系统改造等各个工作环节形成合力,确保工作协同推进,有效避免各部门政策之间缺乏衔接,纳税人缴费人难以全面掌握政策和操作的问题,顺利打通浙江省发票(票据)综合服务信息平台和企业财务核算系统、电子档案管理信息系统之间的技术壁垒,充分发挥跨部门协同共治合力。

课 题 组 组 长:陈红卫

课 题 组 副 组 长:葛向红

课 题 组 成 员:唐光权　赵　晗　金晓勇

税收征管体制改革背景下精诚共治新格局的实践与思考（二等奖）

国家税务总局绍兴市税务局课题组

中共中央办公厅、国务院办公厅于 2021 年 3 月发布《关于进一步深化税收征管改革的意见》（以下简称《意见》），进一步强调了税收共治格局的重要作用。构建税收精诚共治新格局，统筹各方力量，形成全社会综合治税的强大合力，这已成为税收征管体制改革的基本原则之一。本文通过研究绍兴税收精诚共治新格局，探索税收征管体制改革背景下构建精诚共治新格局的方法和路径。

一、税收征管体制改革背景下构建税收精诚共治新格局的重要意义

（一）税收征管体制改革的重要原则

党的十九届五中全会对完善现代税收制度、深化税收征管制度改革提出了新的更高要求。2020 年全国税务工作会议也指出，税务部门要进一步丰富完善形成坚强有力的党的领导制度体系、成熟完备的税收法治体系、优质便捷的税费服务体系、严密规范的税费征管体系、合作共赢的国际税收体系、高效清廉的队伍组织体系，着力提升政治引领能力、谋划创新能力、科技驱动能力、制度执行能力、协同共治能力和风险防范能力，不断推进新时代税收现代化建设，更好服务国家治理体系和治理能力现代化。"共治"作为税务部门需要着力提升的六大能力之一，是推动实现税收现代化新六大体系的重要动力。可以说，税收现代化越是要往前更进一步，就越需要凝聚更多合力，就越需要发挥精诚共治的重要作用。

（二）融入"社会治理共同体"的应有之义

税收作为国家最为重要的政策工具之一，在社会治理过程中发挥其重要的职能作用。"精诚共治"是税务部门对党的十九大提出的"打造共建共治共享的社会治理格局"在税收层面的进一步丰富和深化。深化"精诚共治"，需要治理理念的科学化、结构的合理化、方式的精细化、过程的民主化；需要聚焦纳

税人缴费人期待的增长点,找准各方利益的结合点,更好满足纳税人缴费人多层次、差异化、个性化的需求;需要加大税收政策的调节力度和精准性,调节过高收入,取缔非法收入,在实现共同富裕的过程中切实提高发展的平衡性、协调性、包容性。"精诚共治"必须要主动融入到"社会治理共同体"中去,成为其有机组织部分,并以此实现税收"精诚共治"更进一步的现代化。

(三)打造更优营商环境和"重要窗口"的有效路径

税收共治具有多元交互、互利共赢的效果。税务部门可以通过精诚共治凝聚改革合力,聆听多方建议,确保政策更好落地;其他部门和单位也能在税收共治过程中开拓思路、创新举措,为做好省域、市域中重点工作注入新动能;企业和个人也能通过加强对税收的关注,深入了解税收政策,积极配合新的改革举措落地,进一步提升对税收的认识,让更多政策利好为己所用。因此,持续推动"最多跑一次"改革以实现营商环境便利化"10+N"行动方案落地见效,从而奋力打造"重要窗口",不仅需要税务部门持续发力,还需要在更高层次、更广范围推动形成多方精诚共治的格局。必须深刻认识《意见》对进一步拓展税收"精诚共治"新格局的重要作用,更加注重联动融合、开放共治,完善扩大税收"精诚共治"的"朋友圈"。

二、绍兴市构建税收"精诚共治"新格局的探索和实践

(一)绍兴市构建税收"精诚共治"新格局的探索

1.2019 年绍兴市在省局的统筹安排下,进一步加强税收征管、优化纳税服务,对委托代征、私房出租、网格点管理等社会化办税平台进行优化整合,构建"电子税务局+社会化办税平台"的办税体系。

2.2020 年参与省局税收共治平台上线工作,参与作业图、操作配置等工作,并统筹县区局开展税收共治平台上线工作调研工作,包括环境准备、初始化设置、功能特点、操作流程,以及共治平台推广上线工作计划安排。

3.2021 年进一步落实全市税务机关加强税收征收管理的主体责任,全方位构建"智税地图"的多跨场景应用,共同打造精诚共治的税收治理新格局。市局成立工作专班,下设综合协调、税源管控、政策支持、数据护税等四个工作组。

4.2021 年进一步强化全市协同共治水平,先后与市级各部门开展系列共治工作。相关县(区)局也在各自层面,积极协同县(区)有关部门参与精诚共治等相关工作。

(二)绍兴市构建税收"精诚共治"新格局的实践

1.顶层设计体系制度保障。良法是善治的前提,完好的税收精诚共治顶层设计体系有利于推进共治实现法治引领,强化法律保障。绍兴市以《意见》

中所要求的税收精诚共治目标为着力点，全面落实税收法定原则，重点以持续深化拓展税收共治格局为蓝图，优化设计税收共治的规章制度及细则，提高税收法律法规在共治过程中的公平和效率，确保各层次法律保障体系在共治中得到充分贯彻和执行。主要通过对《意见》进行完善配套设施，出台地方《实施细则》，引导各县(区)局根据工作实际印发《实施意见》，确保税收共治法律法规制度体系在实施过程中既兼顾工作承受能力，又充分吸收借鉴好的做法经验，如此便在形成制度保障的同时也理顺了工作机制，很好地将税收精诚共治纳入组织绩效和日常工作考核任务中，市、县(区)局也相应建立健全领导组织架构，组建税收精诚共治团队，统一协调调度税收精诚共治工作的组织、监督、决策和运转，分级搭建税收精诚共治管理体系。

2.县区协同推进集成联动。联动是精诚共治的纽带，协作则是精诚共治的关键，而通过统筹协同推进达到税收精诚共治则是《意见》的内在要求。近年来，绍兴市在充分考虑县(区)局地方税收征管实际后，最大限度整合县(区)局力量，优化协作联动，积极整合发挥地方县(区)局作用，厘清责任，在利用县(区)局协作联动的基础上，协同推进完成重大攻坚任务，确保税收共治实现效用最大化。如在全市土地增值税清算推进工作中，绍兴市局统一开发土地增值税清算管理平台，各县(区)局根据辖区土地增值税基础数据，做好信息数据互换，高效协作完成任务。在此基础上，绍兴市还充分发挥特色优势，创新工作方法，鼓励各地突破原有单一治税模式，在分析各地区税收征管中存在的短板基础上，打破地域限制，形成市、县(区)局联动、协同治税、共同防范税收风险的大格局。如柯桥区局大力推进"税源基础网格化"工作制度，对块状经济工业园区、楼宇经济、轻纺市场进行网格特色建设，累计采集463个园区和7410户企业数据，有效实现"一市场一网格"全域管理。

3.部门积极参与协作互动。为了打通各自为政的束缚，实现税收精诚共治网格化精细管理，绍兴市结合工作实际，一方面构筑管理网格，与地方党委、政府、社会组织协同推进税收精诚共治，大力构建"党政领导、税务主管、部门合作、社会协同。网格化治理、数字化支撑"的税收精诚共治格局，确保重大工作任务运行有成效。如越城区局与全局46个单位部门签订合作备忘录，成立"区税收共治工作领导小组"，对全区16个街道乡镇进行税收共治网格化划分，完成区印染化工企业搬迁、税收普法教育宣传等市、区(县)重点工作任务。另一方面绍兴市加大推动税务政务合作力度，提升共治成果，主要通过充分发挥税务在涉税信息传递、协助执行、税费征缴协同等方面的优势，又发挥政务部门在对社会治理和服务保障的重要作用，创新开展联合执法、协作联动等工作，加强情报交换、信息通报和执法、服务联动。如上虞区局与地方国网电力部门共同决策设计"绿税码"，帮助能耗较高的化工和金属压延企业从用电用气等方面关联税收数据,为企业实现能耗"双降"绿色低碳发展提供共治样本。

4.运用交互平台有机共享。《意见》指出,要坚持系统观念,整体性集成式提升税收治理效能,这就要求必须提升智治水平,深化数据赋能。绍兴市近年来以涉税信息数字化共享为基础,深入推进税源治理网格化,协同推进涉税信息运用平台建设,统一规范涉税信息数据采集和口径,提升涉税信息质量,畅通各科室、县(区)局技术手段沟通交流渠道,降低运转成本,扩大信息交流空间,促进大数据互联互通,如新昌县局集成征纳沟通平台、电子税务局、12366本地热线等多个平台处理端,团队化打造入口多元、归口集中、出口统一的数字处理辅助平台,建立"天姥税云空间",运用大数据实现多税种协同治税,显著提升纳税人满意度。绍兴市还主动升级智治服务,优化智慧税务,充分运用大数据、云计算、人工智能、移动互联网等现代信息技术,重点实现内外部涉税数据汇聚联通、线上线下有机贯通,有效驱动税务执法、服务、监管制度创新和业务变革,深层次达到内外互联互通和优化组织体系、资源配置目标。

三、构建税收"精诚共治"新格局存在的问题

(一)共治缺少司法支持

1.顶层设计存在缺陷。缺乏正式的法律法规作为条例和指引,部门之间的配合只能根据行政手段地方式进行,没有法律法规作为依据,存在执法风险。

2.部门对接缺乏顺畅。税务系统的部分税种和征管方式级别仅为条例而非法律,同时细则不明确,造成了税务系统基层的执法口径不统一,与其他部门对接协作时还存在问题。

3.执法权力地位偏弱。共治往往依赖于强势部门,如公安、法院、镇街,整体处于比较被动的状态。

(二)共治缺乏参与意识

1.有的基层政府缺乏共治理念。随着大数据时代的到来,在各行业都在积极利用大数据进行产业升级和资源整合的背景下,目前有的基层政府部门依然缺少"一盘棋"式的整体共治思维布局,税务部门寻找共治可能性一直处于"单打独斗"的处境。

2.局部参与整体冷清。目前税务部门的共治只能就某一个税种进行局部的协作,未能整体链条式、全维度式地形成共治管理链条和网格,效力有限。

3.多跨行业合作较少。与税务工作密切相关的非机关单位如房屋中介、事务所、商会等,目前没有太多的合作,仅"税银互动"较为成功,大量社会资源处于未利用状态。

（三）深度不够形式简单

1.缺乏良性设计。缺少总局或省级层面的跨部门协作，从高层自上而下的设计深层次的共治内容，目前大部分协作的部门为市县等较为基层的部门合作，受限于基层的职权范围，共治的效率有限。

2.共治内容单一。目前不少部门之间的共治只有简单的基础信息的交互，或是活动式的部门联合整治行动，无其他深入的共治内容。

3.方式偏于陈旧。机关单位对于一般信息交互通过网络信息转送，对于敏感信息，还处于开介绍信的阶段，如房管部门和税务部门之间的房屋契税等相对敏感的信息需要单位出具介绍信，其他部门之间的共治方式也相对老旧。

（四）共治未有长效机制

1.缺少专班制度。目前共治处在需求导向阶段，只有内部累积很多问题，自身无法解决必须寻求外部帮助时，才会去与外单位进行联合共治，此类突击共治行动往往"一阵风"式地吹过，短期内解决问题，但未形成长效的专人专班机制或者共治中心。

2.缺少报备制度。即使某些行动正式发文，由于缺少工作定期报备制度和监管制度，很多共治协作框架或者制度时间一久便束之高阁。

3.缺少监管制度。目前仅有的一部分尚在运行的共治中心，衔接和运作上未考虑实际情况，各单位配合度不高，存在"两张皮"现象，部分部门应付了事，共治工作沦为面子工作。

（五）数据未能有效利用

1.交互数据匹配度不高。现有各部门取数口径、登记名称、留存方式等差异，如因为县改区、市改区等历史原因，大量企业的名称在各部门不一致，造成了即使取到了其他部门的基础数据，也无法匹配和使用的问题。

2.硬件平台等设备不够。不能将全市或者全省各部门数据汇总到统一的交互平台，进行比对。如个税申报的专项附加扣除子女抚养费及父母赡养费，因税务系统各市之间数据未打通，且未连入公安系统，不能及时发现同一父母或子女费用重复扣除的情况。

3.大数据深入分析不够。目前数据仅停留在基础阶段进行比对，对大数据的合理利用、分析、深化，有待加强。

四、构建税收"精诚共治"新格局的对策建议

（一）进一步深化改革涉税共治法律

1.坚持依法治税，完善法律法规及时填补空白。要对共治领域的做法进行及时梳理和归纳，将地方税收共治的保障法规中行之有效的做法上升为国家层面的法律法规，填补共治领域的法律空缺，成立专门的共治法律责任部

门,尽快出台税收共治法律,包括总则、信息交换、税收协助、服务监督、法律责任,及时跟进各类共治行动,提供法律保障,更新、修改、出台各类法律条款。

2 规范行政执法,扎实推进税收工作法治建设。优化纳税服务,规范征纳行为,推动形成税收信息共管共治、税收征管协同配合、纳税服务方便快捷的工作格局。提高税务执法力,增强主动性,进一步规范税收执法,统一税务执法口径,完善税法细则,强化征收部门内部管理,落实"双随机、一公开"税收执法检查,整合税务执法资源,增强税收执法效能,防止重复检查。加大对偷、逃、骗、抗等严重税收违法行为的查处力度,规范税收秩序。

3.强化外部衔接,形成行政刑事共治法制闭环。持续完善税务机关与公安、检察、审判机关的信息共享、案件移送等制度,落实税收守信联合激励和失信联合惩戒机制,对纳税信用 A 级纳税人实施绿色通道和容错受理等便利服务措施,优先提供便捷服务,加大对税收违法行为和重大税收违法案件当事人联合惩治力度,促进企业依法诚信纳税。落实税收协助责任,完善协税护税工作机制,实现征收管理协同配合,筑牢各经济管理关键环节协税防线。

(二)形成社会共治理念长效机制

1.打造共治管理,政府领导部门参与。主要以税务局等机关单位及重要行业为协作对象,在全社会共同参与下,建立共治中心,推进建立健全"党政领导、税务主责、部门合作、社会协同、公众参与"的税收共治格局。明确政府对税收保障工作的领导地位,明确部门间的责任分工,中央及地方政府要加强共治顶层设计,建立长效制度,形成自上而下良好的共治氛围;县级以上人民政府应当加强对税收保障工作的领导,要完善全过程、高效率、可核实工作落实机制,设立共治任务台账,成立专人专班,实行清单式管理、销号制落实,形成分析综合、迭代深化、解决问题、整体优化的完整闭环,推进改革任务平稳落地;税务机关负责税收保障具体工作,政府其他有关部门和单位按照各自职责做好税收保障工作。

2.统一基层网格,强化网格全域管理。形成长效机制建立各部门统一的网格化管理机制,集约化利用网格内的各项资源,着力夯实征缴管理基础,实现联络员对网格内纳税人、涉税事项一张图、一本帐、一口清,网格长对网格内重点税源、重要事项、重要节点全面掌握、全程关注、全力解决。建立网格管理事项清单,网格单元协助开展户籍管理、税种管理、欠税管理、发票控管、税源调查等事项。规范协同共治工作流程,优化纳税服务举措,网格单元搭建好税务部门与纳税人之间的桥梁纽带,提供税费申报提醒、政策宣传培训、涉税咨询等服务。

(三)全方位吸收社会第三方参与

1.拓展税收共治"朋友圈"。除了与政府各部门特别是公安、司法、金融、不动产登记等部门和单位形成广泛的共治网络，还要积极对接供电、供水、供气、物流、金融机构、中介公司、事务所、商会、高校等单位，利用好第三方职能和业务优势，让其在出入境管理、纳税信用评价、纳税人账户查询、不动产登记管理、企业经营信息查询、企业财产司法处置等方面，协助税务机关把好税收征管关口，依法提供税收协助。

2.打造良性管理"多循环"。对于目前只能局部开展的共治工作，要探索打通全链条的可能性，开阔工作视野，要全维度全链条地覆盖所有税种的共治范围，全面推进共治工作。聚焦战略性新兴产业、重点产业链、数字经济、绿色经济、海洋经济以及民生服务等领域，专题开展跨部门联合分析，服务政府宏观决策。

3.打造社会守护"税力量"。形成税务部门依法管税、相关部门依法协税护税的管理格局，合力堵塞税收征收漏洞，利用好第三方的社会影响力和数据资源。成立社会"护税力量"，以学生、志愿者、律师、各行业精英为主要成员，扩展维度，实现税收社会治理体系共建、共治、共享。

（四）完善高效联动协同合作

1.促进技术融合，优化协作模式。纵向上要及时向上一级单位及所处地方政府汇报，横向上要加强各部门的沟通协作，强化部门衔接细化专项业务指引。要改变共治方式方法，要明确税务数据资源技术标准及管理办法，推动与其他部门和行业的技术融合、业务融合和数据融合，深化跨部门协同管理服务。要深化共治内容，除了基础数据的交互外，未来要探索更深层次地合作，围绕重要税种深化合作内容，特别是与公安经侦、房管局、环保局、市监局在出口骗税、不动产登记、资源税、发票管理、工商登记方面的协作。

2.深化联动内容，强化结果运用。税务机关继续深化"税银互助"，并强化信用等级评定结果在第三方的认可度，通过各级信用信息共享平台、税务局网站、执法公示平台主动向社会公布纳税信息 A 级纳税人名单，相关部门在办理行政许可过程中，根据实际情况实施"绿色通道"和"容缺受理"等便利服务措施；在实施财政性资金安排、政府招标、供应土地等各类政府扶持类政策中有限予以考虑；在有关公共资源交易活动中，采取信用加分等措施；在行政执法部门的日常检查、专项检查中优化检查频次；各级政府部门在会展、银企对接等活动中重点推介诚信企业，让信用成为市场配置资源的重要考量因素。

（五）数据运用建设推广智治

1.全面推进"数字共治"模式。推动税务智慧平台和政务数据中心建设，建立全国性的大数据处理中心，健全涉税涉费数据共享机制。深入推进"电子税务局"建设工作，拓展网上办税服务等多元化的纳税服务方式和服务内容，完善客户端版、网页版、微信平台、手机 APP、办税助手、自助办税终端等办税功能,让数据多跑路、群众少跑腿。充分依托现代化信息技术、新媒体技术,广泛收集税收收入信息和第三方涉税信息,加强信息应用,不断提高税收征管、财政收入监管工作质量,夯实税收管理基础,提高税收风险管控能力。

2.全面加快"数字系统"开发。涉税信息保障平台系统与有关部门单位业务系统联网建设步伐,进一步完善涉税信息平台功能,提高涉税信息应用能力和水平。建立健全涉税信息采集工作机制,依法依规履行涉税信息采集职责义务,保证涉税信息全面、准确、实时传送。融合发票电子化改革进程,打造全国范围内的"不可伪造、全程留痕、可以追溯、公开透明、集体维护"的"涉税经济数据共享区块链"。实行分类分级管理,整合数据信息资源,深化大数据应用,发挥智慧税务中枢作用。推行动态"信用+风险"监管机制,积极运用智治成果,将共治大数据运用到提升事前事中事后全流程动态风险防控能力上,健全守信激励和失信惩戒制度。

课 题 组 组 长:边宏庆

课 题 组 副 组 长:孙伟民　谢维荣

课 题 组 成 员:冯　斐　李义正　梁佩琦

傅琳惠

优化基层税务机关执法方式研究
——以"税务中台"为视角（二等奖）

国家税务总局丽水市税务局课题组

　　信息化社会新技术革命以史无前例的速度推动产业变革，新产业、新业态、新模式不断涌现，行政管理面临的监管对象日益多样，传统的执法方式已越来越难以适应经济社会的快速发展和变革，导致诸如行政执法效率降低，执法风险上升，以及重大案件、社会舆情冲击等问题。社会迫切需要一种新型的管理模式去弥补传统行政执法方式的种种不足。毋庸讳言，当前由于社会环境、执法人力、机构设置、管理系统等内外部多方面的约束，税务机关尚未完全适应新时代税务执法的要求，还不能很好地匹配进一步深化征管改革工作的顶层设计，亟需一整套契合内外部形势需要的执法机制，系统化提升税务机关特别是基层税务机关的执法能力。

　　一、税务执法的外部环境和时代特征

　　（一）税收收入比例的国际对比分析

　　当前我国已进入新发展阶段，税收在国家治理中的基础性、支柱性、保障性作用越发凸显。据统计，2016 年－2019 年，我国一般公共预算收入中税收收入占 GDP 比重分别为：17.47％、17.35％、17.01％和 16.02％，2020 年进一步降至 15％左右。为消除疫情冲击的非常态性影响，取 2019 年数据分析，2019 年全国税收加上社保费总计占占 GDP 约 21.8％。对比发达国家，法国 2019 年税收（含社保税）比重为 44.1％，德国为 38.2％，英国为 33.5％，日本为 31.4％。总体来看，发达国家、地区税收（含社保费）占 GDP 比重普遍高于我国和广大发展中国家，税收收入比例与其发展水平呈明显的正相关。与传统的"轻徭薄赋"观念和部分舆论的刻板印象不同，并不是经济社会越发展，税收占比就会越低。税收占比与国家（或地区）的产业结构、所有制结构以及经济运行质量有着直接的关系，而且受到国家财税政策、税收征管强度等多方面因素的影响，客观反映了一个国家和地区的经济发达程度以及国家治理能力和治理体系现代化水平。

中国政府财政收入中政府性基金占比很高,在很大程度上弥补了税收占比偏低的缺口。2019 年,全国政府性基金预算收入为 8.45 万亿元,同比增长 12%,为同期税收收入(15.8 万亿元)的 53.5%,政府性基金预算收入中土地出让收入又占比 90% 以上。税收、社保如果再加上这一块收入,则大致达到 30% 左右。但土地财政不断推高地价,进而推高房产价格,其对经济资源的过度挤占、对金融负债的过度透支,对社会收入分配造成的负面效应明显,已不符合时代发展要求。在"房住不炒"的政策重压之下,高质量发展需求的财政资金不能依靠土地出让来支撑,需要更多依赖经济健康发展和税收可持续增长。从长远来看,税收将逐渐替代、弥补这项收入的缺口。税收社保收入比例的提升有赖于税务执法能力的同步增强。只有扎实提高执法能力,保持税费收入比例提高速度适度快于 GDP 增长速度,才能更充分地发挥税收在国家治理中的基础性、支柱性、保障性作用。

(二)我国税制改革的对税务执法的影响分析

习近平总书记在 2021 年中央财经委员会第十次会议的讲话指出,扎实推进共同富裕要正确处理效率和公平的关系,构建初次分配、再次分配、三次分配协调配套的基础性制度安排,加大税收、社保、转移支付等调节力度并提高精准性。税收具有调节收入分配的职能,尤其是个人所得税、房产税等直接税。《中共中央关于制定国民经济和社会发展第十四个五年规划和二〇三五年远景目标的建议》中明确提出,完善现代税收制度,健全地方税、直接税体系,优化税制结构,适当提高直接税比重。当期我国税收以间接税为主体,直接税占比较低,2020 年我国个税收入 11568.26 亿元,仅占税收总额的 7.5%。而美国 2017 年联邦总税收 3.31 万亿美元,其中个人所得税为 1.58 万亿美元,占 47.9%,在个人所得税当中,收入高的一半人缴纳了 1.58 万亿美元中 97% 的份额,而收入低的另外一半人则缴纳了剩余 3% 的份额,个税不仅占比极高,而且调节收入的作用发挥明显。

直接税征管执法难度大,问题和风险比较突出。间接税的纳税人和负税人分离,纳税人可以将税收转嫁给最终的负税人,即消费者。而直接税的纳税人就是负税人,税收无法转嫁,纳税的"痛感"远强于间接税,对税务执法的抗拒感也远大于间接税。直接税纳税人之中,自然人占比更高,普遍未建账或账证不健全,取得收入隐蔽性强,经济关系错综复杂,税务执法较难及时掌握其收入信息,收集法定有效的证据。这些特点都不可避免地会影响纳税遵从度和社会满意度,提高税务执法的难度。可以预见,个税等直接税比重的提高将对执法主体在规范执法、执法手段、协同共治等方面提出更高的要求,税务机关必须有针对性地提升执法能力,以应对不断增长的执法风险和挑战。

（三）优化营商环境对税务执法的影响分析

习近平总书记多次强调，法治是最好的营商环境。中办国办《关于进一步深化税收征管改革的意见》也明确提出，要不断完善税务执法制度和机制，大幅提高税法遵从度和社会满意度，明显降低征纳成本，助力打造市场化法治化国际化营商环境，更好服务市场主体发展。税法遵从度、社会满意度和征纳成本是衡量执法的三个维度，三个维度既相互区别又相互联系。提高税法遵从度要求税务机关公正执法，贯彻落实有法必依、执法必严、违法必究方针，以最严格的标准防范逃避税，切实维护市场公平竞争环境，维护税收法律秩序；提高社会满意度要求公平执法，坚决防止粗放式、选择性、"一刀切"执法，有效运用说服教育、约谈警示等非强制性执法方式，让执法既有力度又有温度，做到宽严相济、法理相融；降低征纳成本要求高质量执法，全面落实行政执法公示、执法全过程记录、重大执法决定法制审核制度，推进执法信息网上录入、执法程序网上流转、执法活动网上监督、执法结果网上查询，让税法可见、可触、可感、可知，全面发挥法的指引作用、评价作用、教育作用、预测作用，促使纳税人缴费人自觉自愿依法纳税缴费，维护和谐的征纳关系。三个目标维度有机统一于"公平、公正、公开"的税务执法之中，共同构成了优化营商环境的目标体系，日益成为优化营商环境不可或缺的关键要素和重要保障。

（四）社会关注度和期望期不断提升对税务执法的影响分析

税务执法面对1.44亿市场主体、8000万个税纳税人、10多亿缴费人，涉及面极为广泛，牵动全社会的目光和神经。近年来，"假企业"虚开发票、"假出口"骗取退税、"假申报"骗取税费优惠等行为层出不穷，严重扰乱了税收管理秩序，严重损害了法律威严。一系列涉案金额巨大的增值税发票虚开骗税、利用"阴阳合同"隐瞒高收入、未如实申报纳税等重大涉税违法案件引起社会的广泛关注，税务执法也随之成为关注焦点。关注度和期望值提高一方面有利于浓厚依法纳税的氛围，有利于提升纳税遵从度，另一方面也意味对税务执法监督会进一步趋严，税务执法行为会被置于放大镜下审视，执法人员的责任更加重大。根据《关于进一步深化税收征管改革的意见》要求，要强化税务执法内部控制和监督，强化内外部审计监督和重大税务违法案件"一案双查"，不断完善对税务执法行为的常态化、精准化、机制化监督。内外部监督越来越强化，对税务执法提出了更高的标准，税务执法过程将越来越透明化，执法监督将越来系统化，责任追究将越来越实质化。

二、税务机关内部执法现状和存在问题分析

（一）税务系统机构人员设置与执法职能不匹配

为深入了解基层税务执法人员现状，笔者以丽水市局管辖的L税务局（县级税务局)为样本进行分析：

经统计,该局基层税务执法人员共 79 人,管理对象中状态正常的 35467 户,人均管理 449 户。执法人员年龄在 20—30 周岁共有 24 人,30—40 周岁共有 5 人,40—50 周岁共有 8 人,50—60 周岁共有 42 人。

基于对基层税务执法人员的年龄结构分析,发现处于 50—60 周岁的执法人员占比约为 53.2%,30—50 周岁的执法人员占比约为 16.4%,20—30 周岁的执法人员占比约为 30.4%。可以看出,基层税务执法人员老龄化问题较为严重,中年(30—50 周岁)税务执法人员占比最小,年龄结构出现断层。

另经统计,该局近五年招录的 27 名税务执法人员中,女性 21 人(占比为 77.8%),男性 6 人(占比为 22.3%)。各年份录用的税务执法人员男女比例严重失调,2021 年的税务执法人员录用 4 人全为女性。

执法人员业务能力与其专业背景有着密不可分的联系。经统计,该局基层税务执法人员中,专业为财政、税务类共有 36 人(占比约为 45.6%),专业为法学类的共有 16 人(占比约为 20.3%),其他类共有 27 人(占比约为 24.2%)。执法人员多为本科毕业生,硕士及以上学历较少。

目前,L 局税务系统具有法律职业资格的人员共有 3 人,其中公职律师 2 人。拥有法律职业资格人员占税务执法人员的比例仅有 3.79%。并且大多数拥有法律职业资格的人员并不在税务法制、执法工作岗位,无法发挥其法律专业特长。

从以上数据可以看出,税务机关当前面临执法人力薄弱的情况,突出表现为:一是执法人员比例偏少,非执法人员占比较大,呈倒金字塔结构,同时基层执法机关承担了绝大多数日常管理事务,事多人少矛盾突出,未来几年还将面临老干部集中退休的考验。二是执法人员年龄分布相对不均衡,50 岁以上人员占大多数,30—50 岁年富力强的中生代占比最少,形成细长的哑铃状结构,基层执法队伍缺乏年富力强经验丰富的中生代干部,执法队伍年龄断层现象突出。三是执法队伍缺乏拥有税务、法律、会计、计算机等专业知识技能、复合型技能的人才,以及新招公务员中性别比例失衡等。这些因素都对税务机关整体执法能力形成明显制约。

(二)纳税人违法违章、处罚数量持续上升

近年以来违章数量上升明显。2021 年违章大幅上升的主要原因是金三系统上线了违章自动认定生成功能,将一些催报后申报的作为逾期申报认定。但 2020 年违章数量较 2019 年也上升了 13.4%,特别是处罚决定数量也相应增长,2021 年前三个季度的简易加一般程序处罚数量到达 10561 件,已接近 2019 年的 2 倍、2020 年的 4 倍,可见税务违法违章行为的增长趋势十分明显。究其原委,一方面一些行业如餐饮、住宿、交通,中小企业受疫情影响经营困难，资金链紧张，频繁逾期申报纳税，另一方面在疫情中为支持企业正常生产经营，税务系统推出了大幅放宽申报期限、审慎处罚等非常举措，在助力企业渡过难关的同时，客观上也让部分企业产生了消极懈怠的心理，不履行或逾期履行纳税义务，从而容易造成违章。违章大幅攀升对纳税遵从造成不利影响，进一步加大了基层执法负担，加重了事多人少矛盾，税务行政处罚的增加又反过来降低社会满意度。税务机关需要高度注意违法数量背后纳税生态环境面临的变化，采取有力举措予以及时遏制。

（三）执法标准体系需要进一步梳理廓清

1. 基本法长久未修订。当前税务执法标准体系不完善，其主因是税务执法的基本法、程序法——《税收征管法》长期未实质性修订，明显滞后于时代发展。自 2001 年修订后，《税收征管法》基本没有大的变动，而 20 年来税务执法的环境和对象已随着经济社会的发展发生了翻天覆地的变化，新经济、新业态、新模式加速进化，新问题、新情况不断涌现，如企业破产债权、纳税抵押、强制执行、平台经济监管、民事财产税法协作等，往往无法找到适用规定。一些重大问题长期得不到解决，比较典型的像滞纳金能否超过本金的问题，虽然总局有过网站回复，但无法作为法律依据适用，多数法院也不认可。

2. 执法文件体系不统一。为解决法律滞后的问题，避免执法人员无法可用、削足适履，在实践中各级税务机关往往通过层层"打补丁"出公告、出文件的方式加以补充规定。但大量的规范性文件本身又会导致重叠繁复，交叉干扰甚至相互矛盾。比如，规范行政处罚裁量权是优化税务执法方式中的重要课题，目前裁量基准文件现行全文有效的文件就有：《国家税务总局关于发布〈税务行政处罚"首违不罚"事项清单〉的公告》《浙江省国家税务局　浙江省地方税务局关于修订〈浙江省税务行政处罚裁量基准实施办法〉和〈浙江省税务行政处罚裁量基准〉的公告》《关于发布〈长江三角洲区域税务轻微违法行为"首违不罚"清单〉的公告》《关于发布〈长江三角洲区域申报发票类税务违法行为行政处罚裁量基准〉的公告》等总局、省局、长三角三省一市在不同时期发布的 5 个文件，各文件之间的对同一事项往往规定不同、表述不一，甚至部分文件本身条款之间也存在交叉重叠。裁量基准存在差异，执法标准不一，导致执法人员难以准确执法，在罚与不罚、罚轻罚重、执法程序等问题上容易产生风险。

3. 社保非税执法依据缺失。《社会保险法》《浙江省社会保险费征缴办法》《社会保险费征缴暂行条例》等法律法规颁布距今均已超过 10 年，在此期间，社保征管工作已经历了数次变革，特别是 2018 年国家机构改革以来，各项社会保险费、非税收入交由税务部门统一征收，社保费、非税收入征管领域已发生重大变化，现有的社保、非税收入征收法律框架在执法主体、查处权限和执法程序等方面却并未修订以赋予税务机关相应职权,已不适应形势发展变化的需要。社保非税领域执法法律体系不完备的问题长期困扰基层执法,容易引发执法风险,亟需修订完善,尽快明确税务部门相应的法定职权,真正实现权责一致。

（四）运用新型执法方式手段存在短板

1.执法全过程记录机制需要进一步完善。执法活动音像记录使用率不高,全过程记录仍然习惯采用书面记录方式。基层税务机关实际执行时,受限于执法基础设施、执法素养、思想认识上的差异,对具体事项信息采集动作、标准、流程的差异度还较大,客观上存在不规范、不标准的问题,尤其是无法实现执法音像记录的有效存储、传输、应用和管理,尚未全面发挥执法全过程记录"查找执法薄弱环节、持续改进执法工作"的综合效能。

2.执法公示机制需要进一步完善。当前网上执法公示存在执法公示平台、官方网站、政务服务网等多个平台并行的情况,公示内容无法互联互通,需要分别采集、公示,容易导致不同平台的公示信息产生差异,既加重了一线采集人员的负担,多头管理也容易产生信息公开方面的风险,同时还存在部分自动取数不及时不准确、保密性审查流程设置不合理等问题,需要进一步系统完善、整合优化。

3.法制审核能力有待提高。部分法制审核人员对税务法治缺乏经验积累,缺乏审查技巧,特别是法治能力与业务能力结合度不高,部分执法单位未配备公职律师,或者未将公职律师重点配备在法制审查岗位,公职律师分布较为分散,日常事务性工作占用时间较多,缺乏履行律师职能的激励机制,缺乏"提交—审查—反馈"的业务系统平台,难以统筹使用全市公职律师资源。

4.法治思维和法治方式不足。部分执法人员,也包括部分执法监督人员,欠缺系统性的法治学习和实践,习惯传统管理方式和业务处理模式,遇到执法疑难问题不能从法律原则和原理出发深入思考,无法准确把握合法性和合理性,表现为比较机械地套用文件规定,或者断章取义、一叶障目地片面执行某一条款,错误适用法律法规,或者执法缺乏说理,执法风险意识薄弱,化解争议能力不足,因而容易造成履职不当的法律风险。另一方面,执法人员不能充分运用法律赋予的手段加强征管执法,执法刚性严重不足。对于行使税收代位权、撤销权、"穿透公司面纱"债权转移等前沿性法治领域,还只有少量零星的探索性案件,没有形成完善的制度机制。执法刚性不足使税费"老赖"有机可趁,严重影响了税收秩序、税负公平,降低了执法遵从,造成的法律风险隐患也不可忽视。

（五）税务行政复议和税务行政诉讼呈较快增长态势

行政诉讼直观反映税务执法风险,也从一个侧面反映税务执法质量状况。

有效管控诉讼风险特别是败诉风险，是执法机关难以绕开的课题。近年来，涉税行政诉讼数量、结构均发生了深刻的变化。

1. 涉税诉讼案件数量和地域分布情况：2016 年起，我国税务行政诉讼裁判文书数量持续、大幅增长，至 2018 年起近三年来保持在 1000 件以上。在区域分布上，税务案件在各省级行政区间数量分布非常不均。前十位广东、辽宁、江苏、浙江、河南、湖南、北京、四川、山东、上海省市占据了 49% 的诉讼案件。税务行政诉讼案件数量整体上和经济规模和发展水平正相关，浙江案件数量较多，需要特别予以重视。

2. 行政诉讼被告分布情况：市县两级税务局（税务分局）最多，占比 69%，是引发行政诉讼的最大风险源。稽查局作出行政行为引发行政诉讼案件占 21%，虽然占比不高，但败诉率达到 14%，较平均值（8%）高出 6%。

3. 行政诉讼原告分布情况分析：2019 年起自然人已超过公司制企业成为排第一位的行政诉讼风险源，2020 年税务行政诉讼一审原告中，自然人占比达到 50.5%，超过第二位公司近 16%。就丽水市的情况看，机构合并以来的 5 起涉税诉讼、4 起行政复议均为自然人提起。自然人对税务执法的敏感度较高，承受力则较低，相比企业纳税人更倾向于诉诸法律途径争取利益，且自然人税务管理传统上较为薄弱，各部门间信息共享和协同执法程度低，纳税遵从度有待提高。

（六）税费协同治理能力有待进一步提高

税费征管是一个系统工程，需要部门协作、社会协同、公众参与、国际合作。随着新经济、新业态、新产业的不断出现，纳税人结构、形态、模式都在快速变化，数量也呈现大幅增长。与此同时，涉税信息以大数据的形式掌握在众多相关方手中，如经济主管部门、第三方交易平台、中介机构、关联交易方等。现行的《税收征管法》及其实施细则对地方各级政府、各有关部门和单位的税收征管协作内容作出了原则规定，但在信息共享、执法协作等方面缺乏明确的约束性措施，基层税收征管工作实践中缺乏可操作的法律依据。此外在社保、非税征收方面，各部门间协作也存在不足，缺乏完善的制度机制支撑，税费征管协作共治建设的基础较为薄弱。

三、优化税收执法的理论基础

实践是思想的源泉，思想是实践的先导。税务机关执法问题多种多样，但主要矛盾和问题根源在于组织机构和职能职责不平衡，导致执法能力发展不充分，这就要求税务机关发挥基层首创精神，在科学理论的指导下大胆创新，在实践中不断摸索完善执法架构，系统性解决资源错配问题。

新公共管理理论是在应对政府管理困境的过程中逐步完善起来的主流理

论,吸收借鉴了大量企业管理的实践经验和先进做法,有意识地应用企业管理的成功方式来改造政府部门,提高政府管理效率,提升政府服务质量。戴维.奥斯本、特德.盖布勒在《改革政府》一书中,提炼总结出"新公共管理"十大原则,主要强调:将管理部门由高长型向扁平化模式转变,实现管理体系和管理中心的下沉;强调专业化的公共管理,让专业的人办专业的事,让管理者进行专业管理;强调重视绩效管理的作用,强化考核目标的导向作用,科学评价行政活动以促进其质量提升;强调积极引导社会主体参与社会管理,由单向管制转变为双向、多方互动等等。

在经济领域,特别是新兴互联网企业的管理实践中,同样也会出现资源错配导致的经营效率下降,产品质量难以保证等问题,为此,这些互联网企业提出了"大中台,小前台"战略,通过设置强大的中台,集中各方面的专业人才,统一配置硬件资源,统一进行标准化开发,统一使用后台数据,开发的产品可用于各关联公司使用,极大地压缩了人力资源和开发成本,提供了一系列高效快捷的公共产品,便利了后续运维和数据整合运用

当前,市县税务机关的征管情况与上述互联网企业当初所面临困境较为相似,"中台模式"符合组织机构扁平化发展趋势,为税务机关解决执法问题提供了思路,有助于破解执法机关"事多人少"、执法能力薄弱的难题,有助于推动经验式执法向科学精确执法转变,有助于税收征管改革目标在执法一线落地落细。具体来说,就是要以税务中台为载体,系统性重塑基层税务执法方式,通过重构执法机构组织职能、整合专业人力资源、定制执法标准化方案、打造执法链条闭环,实现税务执法质和效的双重提升。

四、以"税务中台"架构系统性重塑基层税务执法方式的具体路径

(一)以中台为基础重构执法组织机构

要改变执法机构人员构成的倒金字塔结构,仅依靠基层内部挖潜是不够的,还需要适当地将部分全局性、复杂性业务上移,统筹调配执法资源。可行的路径是设立市县两级税务中台,按照"宜统则统,宜分则分"的原则明确市级中台定位,将专业性较强、辐射范围较大业务上移至市级中台。同时开展大数据分析。利用信息系统和大数据平台,对总局和省局大数据应用中未涉及的内容及市县局日常征管过程中发现的管理漏洞进行数据监管和疑点分析,确定风险点和监管对象,由市级中心派发风险任务至县级监管中心处理,从而发挥中台上下协同、承上启下的作用,切实为基层减负,削薄提质。

(二)以中台为中心整合专业人力资源

执法力量薄弱不仅体现在数量上,也体现在质量上。要克服基层缺乏中坚执法力量,专业人员零散分布的问题状况,就要在两级中心的基础上,汇集

分散的专家骨干，集中全市优势执法资源。在市级中台层面，健全公职律师办公室实体化运行模式，建立公职律师团队，通过中台接收县级中台上报的本地个性化执法疑难问题，根据工作需要统筹调配和使用全市公职律师，通过中台工作工单流转，在全市范围指定公职律师反馈法律意见，为重大、疑难执法如行政处罚、行政强制、案件审理以及重大决策、文件适用等具体应用场景提供专业的法律支持。在县级中台层面，优先选配具有丰富执法经验、具有法律职业资格人员，有效发挥以点带面的作用，并严格按照全过程记录要求，在指挥中心指挥实地执法人员执法，全程实时指导执法步骤、行为、过程。

（三）以中台为基准定制执法标准化方案。

针对执法标准体系不一，以及具体执法行为、执法语音、执法流程的差异度大的客观现实，根据基层执法的实际需要，组织公职律师、法律顾问、业务骨干制定热点难点堵点问题的执法参考意见，指导执法人员科学应对执法风险，编订规范统一的执法操作规范，进一步完善现场音像记录指导手册，明确记录时点要求，避免应录未录或记录不正确，或无差别过度记录等情形，为执法人员获取规范、标准、可利用的高质量记录提供指引。持续推进执法记录仪、视频监控、手持 PDA 等现代化设备在执法中的使用，逐步实现中台执法监控、远程指挥、实时回传等功能和应用。税务中台通过执法任务生成、指派人员、远程指挥、记录存储、终结销号的流程，实行事前、事中、事后全过程监督和控制，实现执法事项件件有记录，事事可回溯，为执法标准化奠定扎实基础。

（四）以中台为交汇打造执法全链条闭环。

内部按照档案管理制度，依托税务中台建立统一的执法记录储存平台，实现执法资料集中储存，统一管理，有序应用。强化全程监控记录分析运用，以纪检监察、案卷评查、执法督察、复议应诉、信访投诉等工作为应用场景和提升途径，持续推进执法记录综合性应用，持续查找执法薄弱环节，持续开展自查自评自纠，落实执法责任制，打造执法—监控—评价—改进的正向反馈机制，切实促进税务机关经验式执法向科学精确执法转变。外部通过加强部门协作和社会协同，完善社会共治体系，搭建全市数据交互平台，共享政府部门及社会机构的数据信息，从而形成上下贯通、左右协同的协税护税链条，形成全社会税收共治新格局。

（五）以中台建设为契机优化税务执法方式

发挥中台贴近一线又高于一线的独特作用，借助中台重塑基层执法体系的契机，全力推动精确执法体系建设，加快运用说理教育、约谈提醒等非强制性的监管手段，改进粗放式、选择性、一刀切的传统执法方式，更加重视执法程序、证据收集、事实认定和法律适用，认真听取当事人陈述申辩，加强与当事人的沟通，积极征求法律顾问和公职律师意见，既要严防"以罚代教、以罚代管"

乱作为,也要防止不作为、迟作为。发现税务争议的苗头,立即通过中台启动快速响应机制,组织专业力量,及时介入预判处理,将矛盾就地化解,实现矛盾不上交、不扩大、可控管。

进入新发展阶段,构建新发展格局,需要税务工作更好地发挥基础性、支柱性、保障性的作用。税务机关和税务干部应当具有舍我其谁的使命担当和时不我待的紧迫感,坚持依法依规征税收费,勇于攻坚克难,敢于执法亮剑,以最严格的标准防范逃避税,以最规范的执法促进公平竞争,切实增强纳税遵从,维护税收管理秩序。

课题组组长:林　晖

课题组副组长:江　杰

课题组成员:黄彦杰　陈　沛(执笔)　金丽娟

完善纳税信用降级管理的建议（三等奖）

国家税务总局杭州市税务局课题组

中共中央办公厅、国务院办公厅于 2021 年 3 月发布《关于进一步深化税收征管改革的意见》，再次强调了建立健全以"信用＋风险"为基础的新型监管机制的工作目标，要求充分发挥纳税信用在社会信用体系中的基础性作用。同年 7 月，新修订的《中华人民共和国行政处罚法》正式施行，这是行政处罚法实施 25 年来的首次大修，引入了许多实质性的变革。由此，纳税信用管理，特别是纳税信用的降级，作为一种税务行政行为，是否应纳入《行政处罚法》的规范范围，其设定和实施是否应当符合基本法的规定，就成了深化税收征管改革过程中无法回避的问题。本文以行政处罚法作为行政行为基本法的角度，对纳税信用降级这一行政行为的现状进行分析，剖析存在的问题，并提出完善纳税信用降级管理的建议。

一、纳税信用管理及纳税信用降级的实施情况

（一）纳税信用等级管理工作概述

纳税信用等级管理工作的开展，肇始于《国务院关于建立完善守信联合激励和失信联合惩戒制度加快推进社会诚信建设的指导意见》（国发〔2016〕33号），文件指出：要"着力解决当前危害公共利益和公共安全、人民群众反映强烈、对经济社会发展造成重大负面影响的重点领域失信问题"，构建守信联合激励和失信联合惩戒协同机制。实施近五年来，纳税信用等级作为税务部门信用信息的评价结果，不仅广泛应用于税务日常管理、发票供应、风险等级判定等各个方面，还逐步成为社会信用体系的重要指标和基础，纳税信用的社会价值和社会影响力日益增强。

以笔者所在基层税务局为例，2020 年该局纳入信用管理的企业 91533 户，基本覆盖了管辖的所有企业纳税人，税务机关依据主观态度、遵从能力、实际结果和失信程度 4 个维度、100 多项评价指标，对纳税人的信用状况进行评价，评价结果由高到低分为 A、B、M、C、D 五级。其中 A 级企业 7919 户，占比

8.65%,B 级企业 32329 户,占比 35.32%,C 级企业 3907 户,占比 4.27%,D 级企业 6220 户,占比 6.8%,M 级企业 34408 户,占比 37.59%。

税务机关按照守信激励、失信惩戒的原则,对不同信用级别的纳税人实施分类服务与管理,对高信用级别的纳税人,提供便利办税、联合其他部门激励等措施,对低信用级别的纳税人,则采取限制发票供应、限制享受税收优惠、联合其他部门共同惩戒等措施。

（二）纳税信用降级的过程

根据最新的《纳税信用指标口径说明》,目前共有 110 项具体评价指标,其中 66 项为扣分指标,根据纳税人发生的行为按一定的标准扣分,例如未按期申报按次扣 5 分等;19 项为直接判 D 指标,一旦纳税人发生指标所列行为,则本年度纳税信用直接降为最低的 D 级,例如税收优惠资料虚假、虚开增值税专用发票等;另有不予评价、不予评 A 等指标 25 项。在涉及纳税信用降级的 66 项扣分指标和 19 项直接判 D 指标中,有 16 项指标属于人工辅助采集,例如骗取出口退税、未按规定报送出口退税申报资料等,此外的 69 项指标均为系统自动采集并评价计分。

根据《纳税信用管理办法（试行）》（国家税务总局公告 2014 年第 40 号）的规定,税务机关每年 4 月确定上一年度纳税信用评价结果,并通过电子税务局等渠道为纳税人提供自我查询服务。此外,该办法规定,当纳税人的信用评价状态变化时,税务机关也可以采取适当方式通知、提醒纳税人。纳税人对纳税信用评价结果有异议的,可以书面向作出评价的税务机关申请复评。

（三）纳税信用降级的后果

根据《纳税信用管理办法（试行）》等文件的规定,对纳税信用评价为 D 级的纳税人:

税务部门直接采取的惩戒措施主要有:对直接责任人员注册登记或者负责经营的其他纳税人纳税信用直接判为 D 级;增值税专用发票领用每月 25 份,超量需预缴税款后才能领取且每次不得超过 25 份;不得享受部分即征即退优惠政策;发现税收违法违规行为的,不得适用规定处罚幅度内的最低标准;D 级评价保留 2 年,第三年纳税信用不得评价为 A 级。

联合其他部门的惩戒措施主要有:根据国家发展改革委、人民银行、税务总局等 34 部门联合签署《关于对重大税收违法案件当事人实施联合惩戒措施的合作备忘录（2016 版）》（发改财金〔2016〕2798 号）的规定,税务部门将纳税信用评价结果通报相关部门,在经营、投融资、取得政府供应土地、进出口、出入境、注册新公司、工程招投标、政府采购、获得荣誉、安全许可、生产许可、资质审核等方面予以限制或禁止。

二、纳税信用降级的行政法性质及存在问题的分析

（一）纳税信用降级行为的行政处罚属性

新《行政处罚法》第二条规定，行政处罚是指行政机关依法对违反行政管理秩序的公民、法人或者其他组织，以减损权益或者增加义务的方式予以惩戒的行为。这一规定，打破了长期以来对行政处罚缺乏法律定义的僵局，划时代地定义了行政处罚。根据该定义，行政处罚的主体是行政机关，行政处罚的对象是违反行政管理秩序的公民、法人或者其他组织，行政处罚的内容是以减损权益或者增加义务的方式予以惩戒。

对照《行政处罚法》的规定，纳税信用降级行为应当属于行政处罚，其实施主体为税务机关，其处罚对象为违反税收管理秩序的纳税人，其处罚内容为减损纳税人享受便利办税、联合激励措施等权益，或者增加纳税人在发票领用、享受税收优惠甚至开展各类生产经营活动时需要额外承担的不利义务。在具体的处罚种类上，对照《行政处罚法》第九条的规定，纳税信用降级与"降低资质等级"或"限制开展生产经营活动"这两种处罚种类比较接近。

与其他行政处罚行为相比，纳税信用降级有一定的特殊性，这是因为，纳税信用的评价指标指向的是各类违反税收管理规定的行为，这些行为有的已经接受过行政处罚或其他行政处理，而纳税信用评价则是汇总了所有的指标后，对行政相对人得出了一个新的动态的信用评价，作为行政违规行为结果的次结果，纳税信用降级给纳税人带来了新的利益受损。因此，从实质上看，纳税信用降级应当属于行政处罚的一种，也应当纳入行政处罚法的规范体系，以更好地保障和监督税务机关有效实施税收征管，维护涉税公共利益和税收秩序，保护公民、法人或者其他组织的合法涉税权益。

（二）纳税信用降级存在的问题

在认定纳税信用降级为行政处罚属性的前提下，从《行政处罚法》的视角出发，审视目前纳税信用降级的实施现状，可以发现还存在如下问题：

1. 设定依据方面合法性不足

《行政处罚法》第十六条规定，只有法律、法规和规章才能设定行政处罚，而与纳税信用降级相关的规范文件，目前仅有《国务院关于促进市场公平竞争维护市场正常秩序的若干意见》（国发〔2014〕20 号）、《国务院关于建立完善守信联合激励和失信联合惩戒制度加快推进社会诚信建设的指导意见》（国发〔2016〕33 号）以及《纳税信用管理办法（试行）》（国家税务总局公告 2014 年第 40 号）等规范性文件，这些文件并不属于法律、法规或规章。

2. 过罚相当方面尚有较大争议

《行政处罚法》第五条规定，行政处罚遵循公正、公开的原则。设定和实施

行政处罚必须以事实为依据，与违法行为的事实、性质、情节以及社会危害程度相当。行政处罚应当坚持过罚相当的原则，纳税信用降级作为一项行政处罚，其降级规则应当与违反税收管理秩序行为的严重程度相匹配。然而，在当前的纳税信用等级评定管理办法中，其评价指标、扣分标准的设置尚存在一定的不合理性，评定结果尤其是信用降级结果易引发纳税争议。

在实务中，纳税人对虚开增值税专用发票直接判为 D 级这一指标设置的意见最为突出，根据《发票管理办法》第二十二条的规定，虚开增值税专用发票包括为他人、为自己开具与实际经营业务情况不符的发票；让他人为自己开具与实际经营业务情况不符的发票；介绍他人开具与实际经营业务情况不符的发票等不同的类型，其中虚受增值税专用发票还包括善意取得这类主观过错较轻的情形，但是《纳税信用管理办法（试行）》不区分各类行为的轻重程度、也不设定虚开的金额界线，将所有存在虚开增值税专用发票行为的纳税人直接判 D，而对偷税行为，只有达到金额 10 万元以上且占应纳税总额 10％以上的才会被判为 D 级，除此之外的偷税行为甚至没有纳入信用评价的指标范围。客观来看，金额不大、占比不高或仅为虚受发票的虚开增值税专用发票行为，其性质、情节以及危害后果，是否一定比金额 10 万元以下的偷税行为更为严重，值得税务机关反思和评估。

3. 执法风险方面隐藏较大瑕疵

《行政处罚法》第三十八条规定，违反法定程序构成重大且明显违法的，行政处罚无效。第四十四、四十五条规定，行政机关在作出行政处罚决定之前，应当告知当事人拟作出的行政处罚内容及事实、理由、依据，并告知当事人依法享有的陈述、申辩、要求听证等权利。当事人有权进行陈述和申辩。行政机关必须充分听取当事人的意见，对当事人提出的事实、理由和证据，应当进行复核；当事人提出的事实、理由或者证据成立的，行政机关应当采纳。反观《纳税信用管理办法（试行）》的措辞，税务机关确定上一年度纳税信用评价结果后，纳税人可以通过电子税务局等渠道查询自身信用等级；当纳税人的信用评价状态变化时，税务机关可以采取适当方式通知、提醒纳税人。对比发现，在纳税信用降级的结果确定之前，纳税人根本没有陈述、申辩的机会，至于会产生重大影响的直接判 D 级的情形，纳税人也完全没有申请听证的可能性。

司法实务中，作出行政处罚行为之前未告知纳税人陈述、申辩、听证等权利的，一般会被认定为重大程序违法，产生行政处罚无效的严重不利后果。因此，目前纳税信用降级的执法程序，隐藏着极大的制度性执法风险，一旦遭到质疑，就会影响依法治税工作的顺利推进、也会阻碍税法遵从度的有效提升。

三、完善信用等级降级管理的意见建议

信用等级降级作为一种行政处罚行为，应当按照《行政处罚法》的要求尽快予以完善，实现防范制度性风险、落实依法治税工作要求的目的，从而为提升税收治理的质效保驾护航。

从近期看，作为具体执行部门，既要严格落实国家信用体系建设的部署，又要结合实际情况，站在纳税人角度，不断提高纳税信用等级评价特别是纳税信用降级的执法规范性，少用慎用对纳税人影响巨大的"直接降为 D 级"的情形和指标，减少对其权益潜在的损害。

从远期看，应当时刻关注《社会信用法》《失信联合惩戒条例》等法律法规的制定，并结合税务实践，建议从以下三方面着手予以完善：

（一）结合征管法修订，明确设定依据

把握征管法修订的契机，在税收基本法中明确纳税信用评价的法律地位，对纳税信用降级的实施主体、实施程序以及救济渠道等作出原则性的规定，同时在征管法实施细则、《纳税信用管理办法》等规范性文件中作出相对应的具体规定，名正言顺、合法合规地提升全社会对纳税信用的重视度。

（二）论证完善指标体系，体现罚当其责

在纳入依法设定的轨道之后，进一步根据《行政处罚法》的规定，定期评估纳税信用降级的实施情况和必要性，广泛听取各界意见，总结反思涉及纳税信用评定的争议、复议和诉讼的处理经验，完善纳税信用评价指标体系，体现行政处罚公平公正、罚责相当的立法理念，提升纳税人的税法遵从度。

（三）严格按照法定要求，实现程序正义

《行政处罚法》通过规范处罚程序，来实现监督行政机关依法行使权力、保障相对人合法权益的立法目的，纳税信用降级也应该严格按照处罚法的各项要求，重新对实施、适用和执行的全流程各环节进行审视和修订，保障行政相对人陈述、申辩、禁止不利变更、公开公正等程序正义的权利，让市场主体在税务执法过程中充分感受到公平正义，提升税务执法的社会满意度。

课题组组长：林仕华

课题组成员：王继红　张　义　吴华莎（执笔）

王　琪

完善税务机关与法院良性
互动机制研究（三等奖）

国家税务总局杭州市临平区税务局课题组

在税务征管过程中，纳税人自行申报和税务机关征收管理是税款入库的主要来源。而随着社会经济发展，各种新业态、新模式的经济交易方式出现，仅靠税务机关一家之力，难以保障所有税款得到有效征缴，需要借助第三方的力量进行协助征缴。法院是第三方协助中最有代表性，且最具执法便利性和信息优势的部门。但是，目前税务部门与法院还存在着信息不共享、协作不顺畅等实际问题，造成大量税款流失和法院相关案件"执行难"的情况。因此，如何打通部门间壁垒，建立税务与法院良性互动机制，是进一步实现依法治税、精诚共治的重要研究内容。

一、税务机关与法院税费征缴协作现状

税务部门属于行政机关，法院属于司法机关，行政机关与司法机关是相互独立的，所以在早些年两者鲜少开展密切的业务协作，常见的互动是税务机关作为行政诉讼的被告。而随着互联网科技和市场经济的发展，法院的诉讼业务类型多样化，网上司法拍卖出现，破产案件频发，涉税案件越来越多，促使两部门开展协作交流。

其中，网络司法拍卖中的涉税问题最为典型。作为新型司法拍卖模式，网络司法拍卖推进得如火如荼，但其中不少的涉税问题导致了悔拍、流拍，甚至引发后续的行政诉讼、行政复议等纠纷。如 2017 年 7 月，郑州杨女士以起拍价 230 万元拍下一套司法拍卖房，却因房屋上一次交易为"直系亲属"，形成前后两次悬殊的交易差额，需要缴纳 46 万个人所得税。杨女士向法院提出异议，申请撤销竞拍结果。最后，法院认为异议理由不成立，杨女士只能无奈接受。2018 年 3 月，深圳奇先生在淘宝网以 369 万元拍下一处司法拍卖房，却因该房产的开发商欠缴土地增值税，带来总计 242 万的税费，奇先生无奈悔拍，被没收 25 万保证金。实际上，网络司法拍卖中的涉税问题之所以存在"坑"，

主要原因是纳税信息不对称，而解决问题的关键在于完善两个职能部门的信息互通与信息公开。

各地税务机关和法院目前也在积极探索，陆续建立起税收协作机制，以解决执行程序中的各类涉税问题。例如2017年上海市税务局与市高级人民法院签订《关于加强司法与税务行政衔接机制建设备忘录》，就信息共享、协助执行、多元化纠纷解决等方面形成机制安排。2019年浙江省高院和省税务局制定《关于对职业放贷人征收税费的会议纪要》，对职业放贷人的利息收入先征税后执行，落实税收征收管理职能；2021年浙江省高院协同税务部门推广诸暨不动产司法处置"一件事"，力争实现从查封、拍前联审、竞拍、税费缴纳、权证办理等事项全流程、各环节一次性办结。此外，山东省的探索涵盖了司法强制执行不动产所涉税费征缴问题，陕西省彬州市的探索将法院受理的破产清算、民间借贷纠纷、强制拍卖等司法活动的涉税问题纳入协作机制中。可见，各地税务机关和法院均认识到两部门协同合作的重要性，积极通过会议纪要、备忘录等形式解决工作中沟通衔接不畅等问题。

二、税务机关与法院税费征缴协作存在的问题

（一）协作机制不统一，法律保障缺位

各级税务机关和法院的协作目前由各地自行出台相应工作机制，未形成全国统一的协作流程和相关规范，导致协作模式各异，涵盖面参差不齐。国家税务总局和最高人民法院也尚未根据各地的探索实践总结制定出全国统一的协作规范。在法律保障上，没有专门针对税务机关与司法机关如何进行税收协作的明确规定。《中华人民共和国税收征收管理法》第五条第三款规定，各有关部门和单位应当支持、协助税务机关依法执行职务。从法律解释上来看，此处的"有关单位和部门"实际上包括所有单位和部门，因此，法院对税务机关负有法定的税收征管协助义务。但税收征管法和其他相关文件都没有对法院如何履行税收征管协助义务进行具体规定，法院在哪些环节、按照哪些程序、通过哪些方式协助税务机关征收税款均未明确，这就导致法院执行程序中蕴含的税源大量流失。

（二）协作范围不全面，大量税源流失

在各地协作机制当中，主要针对不动产执行程序开展协作，后延伸至网上司法拍卖、职业放贷人、破产清算等领域。之所以在这些领域开展协作，一是程序要求，不动产在拍卖后需要过户登记，而办理产权转移登记需要缴清相关税款，这就促使买受人主动推动法院与税务部门协作，提高执行效率。二是政府为规制某类行业，单独出台针对该行业的税费协作机制，如为规制职业放贷人，出台职业放贷人征收税费的会议纪要。而除此之外，其实还存在着大量的

税款流失案件。例如在执行程序中除不动产之外的其他财产执行,在经济纠纷中的调解结案案件,在民事诉讼未经过执行程序的合同经济类案件等。根据《2020年最高人民法院工作报告》,2020年全国地方各级人民法院和专门人民法院受理案件3080万件,审结、执结2870万件,结案标的额7.1万亿元。其中一审民商事案件1330万件,而各类合同纠纷案件886万件,占到一审民商事案件的66.58%。此外,还有大量知识产权案件、民间借贷、金融案件等。这些案件中,涉及经济纠纷的均存在涉税问题,而法院的调解或者审判决定中几乎不会涉及税款问题,税款缴纳由当事人自行向税务机关申报缴纳,而税务机关并不掌握该类交易数据信息,这就造成大量税源流失。

(三)共享沟通不畅通,部门主义突出

税务机关和法院作为相互独立的部门,缺乏互联互通机制,具有政府部门间的通病——"部门主义",局限于'部门'的角度,缺乏全局理念。实际上,法院受理民商事审判案件,在执行环节可以将"税费缴纳"作为执行款交付的前置程序,或者将相关执行信息优先传递至税务部门,从而大大减轻税务机关征收成本以及减少国家税源的流失。但是法院考虑到如此会增加其工作量以及自身执法风险,往往对部门协助执行存在顾虑。而税务机关只能在有限的信息范围内,对当事人进行税费征缴,更多的是依靠当事人的自觉。

(四)信息公开不到位,部门衔接脱节

在法院强制执行环节,涉及司法拍卖不动产处置的,需要多部门进行联合审查才能完成不动产转移登记。如自然资源和规划部门负责查明土地用途、权属情况;税务部门负责查明欠缴税费、变价后应缴税费情况等;生态环境部门负责查明涉及的环境保护限制情况;农业农村局负责审查集体土地中涉及农村宅基地情况等。在目前的司法拍卖流程中,各地对流程规定不一,相关信息需要买受人自行查明,不利于司法拍卖的顺利进行,降低了市场流通效率。例如杭州市在某住宅拍卖公告中规定"有关税费等问题由买受人自行向有关税务、房管、国土、电力、水务、物业公司等相关部门了解确认。"其他地区网上司法拍卖公告的规定也是相差无几,均要求由买受人自行向职能部门咨询拍品的具体信息。竞买人作为行政相对人,难以掌握信息资源,要查清拍卖品的税费、违章等情况费时费力,往往让竞买人对风险无法估计,对拍品望而却步。如果由法院、税务及其他政府部门联合开展协作,提前整合相关信息,在拍卖时进行信息公示,则可以降低风险,大大提高竞买人的积极性。

三、建立税务机关与法院良性互动机制的可行性

(一)良性互动机制的法律基础

首先,《中华人民共和国税收征收管理法》(以下简称《税收征管法》)第五

条第三款规定："各有关部门和单位应当支持、协助税务机关依法执行职务。"其次，《国家税务总局关于人民法院强制执行被执行人财产有关税收问题的复函》规定："第二条，无论拍卖、变卖财产的行为是纳税人的自主行为，还是人民法院实施的强制执行活动，对拍卖、变卖财产的全部收入，纳税人均应申报缴纳税款；第三条，税收具有优先权；第四条，鉴于人民法院实际控制纳税人因强制执行活动而被拍卖、变卖财产的收入，根据《税收征管法》第五条的规定，人民法院应当协助税务机关依法优先从该收入中征收税款。"可见，税款具有法定优先性，法院作为"有关部门和单位"，支持和协助税务机关征收税款是其法定义务。

当然，税务机关也应当配合法院的执行，即履行行政机关对司法的协助义务。民事诉讼法第二百五十一条："在执行中，需要办理有关财产权证照转移手续的，人民法院可以向有关单位发出协助执行通知书，有关单位必须办理。"民事诉讼法中的"单位"，从法律解释上包括税务机关，因此，税务机关对法院负有法定的司法协助义务。实践中，税务机关对法院的协助义务主要是依据法院的《协助执行通知书》，提供民商事交易中被执行人的纳税情况以及相关财产执行中涉及的税费计算信息。

（二）良性互动机制的实践基础

网络直播带货、微商经济、新型金融模式等经济行为的出现，也让税务机关不断探索优化征管模式，寻求第三方税收协助。而人民法院受理的破产清算、民间借贷纠纷、强制拍卖等司法活动也愈来愈多，各级法院在解决"执行难"的过程中面临着许多涉税问题。这些涉税问题的处理成为解决法院"执行难"过程中绕不开的难题。因此，近几年来，各地税务机关和法院开展各类协作，以制定会议纪要和备忘录的形式确定税收协作的相关流程。尤其是浙江、山东、江苏等地方人民法院和税务机关积极探索，陆续建立起税务机关和法院间的税收协作机制，以解决执行程序中的各类涉税问题。虽然协作机制存在覆盖范围不统一、涉及业务不齐全、相关流程不健全等问题，但是税务机关和法院的良性互动机制开始逐渐建立起来，在实践中可以不断更新和完善。

四、完善税务机关与法院良性互动机制的建议

（一）健全法律制度，统一协作机制标准

税务机关和法院的协作制度目前停留在会议纪要等非规范性文件的形式上，缺乏权威性和统一性。建议国家税务总局和最高人民法院在总结各地实践经验的基础之上，以规范性文件的形式确定协助执行的具体内容和相关程序。

第一，扩大法院与税务机关协作机制的范围。各地已有的协作机制范围

较窄，不够全面。建议将以下案件均纳入协作机制：法院受理的强制拍卖、变卖动产、不动产及股权类财产以及以物抵债等案件；法院受理的民间借贷强制执行财产利息等案件；法院受理的涉及财产转移的其他各类经济纠纷案件；法院受理的企业破产清算等案件。第二，明确协助执行的相关程序。具体包括相关涉税信息共享传递模式、相关表单及文书的模板、协助执行的期限、税款入库的流程等。第三，利用互联网技术及大数据集成，开发数据传递集成平台，将相关表单、文书嵌入系统，优化流程设计，实现线上智能化办理。例如，浙江省诸暨市打造线上司法拍卖不动产流转"云平台"，竞拍程序完成当日法院通过平台线上将相关信息流转给税务局，待税务局即时核算应缴税费并回复法院，取得了较好的实践效果。

（二）理清法律关系，明确相关权利义务

税务机关和法院的协助征税关系，实际上属于委托代征。委托代征指税务机关根据法律规定，以有利于税收控管和方便纳税的要求，按照双方自愿、简便征收、强化管理、依法委托的原则，委托有关单位和人员代征零星、分散和异地缴纳的税收的行为。在《税收征管法》和《委托代征管理办法》均规定了扣缴义务人、委托代征单位具有收取手续费的奖励规定。法院实际上作为委托代征单位，具有委托代征单位享有的权利，履行委托代征的义务，承担未履行义务的法律责任。法院协助税务机关履行税款征收职责，应当按规定获取与其征收成本相匹配的手续费。税务机关作为委托代征单位的管理方，应与法院密切协作，履行相关委托代征的手续，承担相应法律义务。

（三）打破部门壁垒，畅通涉税数据共享

法院作为司法部门，具有司法独立性，其掌握大量社会各类纠纷尤其是经济纠纷的数据资源，并不为其他部门所共享。但是司法独立性的精神在于法院的公正性和中立性，即对案件的裁判不为外力所干涉，并非对相关信息进行封闭。税收具有收入再分配的功能，税务部门如果能以便捷的方式从法院获取案件当事人的经济数据，比对、监督相关纳税人及时申报纳税，则更能实现税收的公平性。对比而言，发达国家针对纳税人的税收征管已经基本实现信息化掌控，信息采集完善，部门信息协作共享。且纳税人的纳税情况与社会保险福利挂钩，这一方面培养了公民的自觉纳税意识，另一方面有效提高了征收效率。而我国的税收信息化程度并不高，个人所得税的征收主要靠扣缴义务人和纳税人的自觉，相关的行政处罚和稽查大多建立在他人举报基础之上。因此，建议成立部门间信息传递平台，在完成信息获取授权和秘密信息保密的前提下，实时传递涉税案件数据，从而打破部门壁垒，畅通数据共享。

（四）加强信息公开，促进纳税信息透明

将法院受理的涉及财产转移的各类经济纠纷案件纳入协助征税机制当

中，必然会引发相关当事人的不满，激化矛盾。与其事后做相关思想工作，不如提前加强信息公开，告知其可能产生的税费问题。在网上司法拍卖中，很多约定"一切税费由买受人承担"且未告知买受人具体税费是多少，要求买受人自行向税务机关咨询。这就导致司法拍卖存在风险和不确定性，造成很多悔拍和流拍。2020年2月，浙江省最高人民法院执行局发布《关于规范不动产网络司法拍卖、变卖工作指引》，第七条规定"相关法律法规明确规定负担主体的，应由相应主体负担"。明确以后，买受人对于相关成本可以明确计算，大大减轻了风险，促进了司法拍卖的良性运转。因此，税务机关和法院的良性互动机制应当提前以规范性文件等形式向公众告知，让诉讼参与人提前获知以诉讼方式维护权利会带来的税务成本。

（五）建立监督考核，完善互动人才培养

推进跨部门协作共治，需要上级部门统筹推进。上级部门应发挥组织领导作用，将税务机关与法院的良性协助互动落实情况作为部门目标管理考核和领导班子政绩考核的重要内容，严格考核，落实奖惩，对于怠于履行协助义务的人员进行责任追究。其次，涉税问题一般较为复杂，税种繁多，计算规则各异，相关优惠政策更迭较快，进入执行程序的涉税问题需要细致计算。这就要求各级税务机关和各级法院要加强协助参与人员的人才培养，加强管理、考核和培训，培养一支业务精湛、能力出众的协助执行队伍。在人才培养上可以通过人才交流、挂职锻炼、协同培训、研讨互动等方式开展，进一步加强税务与法院的人才互通。

税务机关与法院的良性互助是新形势下加强税源管理和提高征管效率的必然要求，应当通过健全良性互动法律制度，统一协助机制标准；理清法律关系，明确相关权利义务；打破部门壁垒，畅通数据共享；加强信息公开，提高纳税信息的透明度；建立监督考核机制，完善互动人才培养等方法进一步完善税务与法院良性互动机制。

课题组组长：杨文胜

课题组成员：俞祖敏　叶　颖（执笔）李　钦

增值税电子发票在基层管理的
实践和探析（三等奖）

国家税务总局衢州市税务局课题组

发票，是经济生活中最为重要的一项原始商事凭证。税务机关在税收征收管理中长期实行"以票控税"，将发票作为日常管税的重要手段。2021年，中共中央办公厅、国务院办公厅印发《关于进一步深化税收征管改革的意见》，提出稳步实施发票电子化改革，建成全国统一的电子发票服务平台。发票电子化改革不仅是推动发票载体的电子化，更是促进我国经济社会数字化发展的一项重大改革。

随着科学技术的发展，互联网、云计算、区块链、大数据等逐步支撑起电子发票服务平台的改进和发展，我国的税收征管方式从"以票控税"逐渐向"信息管税"转变。2016年1月1日，在全国范围内，使用增值税电子发票系统开具增值税电子普通发票。2016年3月，"推行电子发票"写入"十三五"规划纲要。2018年1月1日，高速公路全面实行开具电子发票。2020年9月1日，宁波市税务局开具出第一张增值税电子专用发票。2020年12月21日，在广东、浙江等11个地区的新办纳税人中实行专票电子化；2021年1月21日，在北京、山西等25个地区的新办纳税人中实行专票电子化，我们迎来了增值税发票全面电子化时代。目前，电子发票已经在电商、零售、供电、供水、教育、医疗、手机通信等10多个行业被广泛使用。

增值税电子发票管理经过一系列的发展和努力，在优化营商环境和推进税收治理现代化上取得了一定成绩，但是在基层实践中还存在部分问题，比如增值税电子普通发票重复报销的问题，企业电子发票与财务软件、档案软件电子化的衔接问题。本文从税务基层关于增值税电子发票的管理现状出发，探析增值税电子发票管理的优化措施。

一、常山县增值税电子发票使用现状

（一）电子发票的推广进程

2015 年底，增值税电子普通发票正式上线，拉开了电子发票开具的序幕，增值税电子普通发票使用的初期数据并不具有分析意义，本文选取 2019 年至 2021 年的电子发票开具数据。常山县 2019 年—2021 年三季度，增值税电子普通发票的开具份数持续上升，而增值税纸质普通发票的开具份数从月均万份下降至月均百份，可见增值税电子普通发票的普及度和认可度得到了大幅提升。

2020 年底，伴随着增值税专用发票电子化在浙江的试点落地，增值税电子发票正式拥有了三个票种，即增值税电子专用发票、增值税电子普通发票、增值税电子普通发票（通行费）。试点以来，常山县的增值税电子发票占总开票量的 58.71％，其中，增值税电子普票为主要开具类型。而在纸质票中，主要开具类型为增值税专用发票，占总开票量的 39.70％。

从增值税发票的开票金额上来看，截至 2021 年 9 月，常山县的增值税电子普通发票、增值税电子专用发票、增值税纸质普通发票和增值税纸质专用发票，开具金额分别为 72.71 亿元、1.16 亿元、12.74 亿元和 273.82 亿元。从开具金额的量级上看，增值税电子发票与增值税纸质发票相比，还存在较大差距。增值税发票电子化进程任重道远。

（二）税控设备的使用情况

目前，增值税发票的开具需要税控设备进行安全认证。纳税人使用的税控介质主要有百旺金税的税控盘、航天信息的金税盘和税务 Ukey。2020 年 4 月 1 日，增值税电子发票公共服务平台（优化版）全面上线，并向纳税人提供免费的税务 Ukey。税务 Ukey 上线的首个季度，由于纳税人对新生事物保持观望态度，在常山县范围内的发行数量仅为 8 个，占当期总发行量的 1.86％。到了第二季度，税务 Ukey 的使用得到纳税人的认可，发行量急速上升至 301 个，占比也提高到了 76.01％。在后续发行阶段，占比持续提升，稳定在 90％以上。

二、税务基层管理实践中存在的问题

（一）增值税电子发票尚存在使用不便之处

1.增值税发票电子化未全面铺开

目前，仅增值税电子普通发票、增值税电子专用发票实现电子化开具，其它发票种类暂未实现电子化，例如，机动车销售统一发票、二手车销售统一发票、旅游景点门票等。可见，电子发票在实际应用中尚未实现全面铺开。增值税电子发票主要应用于电商、零售、金融和服务行业。许多行业及经营场景日常开具的其它类型的发票，尚未实现真正会计意义上的电子化。

增值税电子发票尚在推行阶段，纳税人可同时申领增值税纸质发票和增值税电子发票，虽然两者具有相同的法律效力，但是在企业的实际会计管理中，因管理方式不同，容易造成管理不便，产生管理成本。例如，在会计实务中，较多纳税人认为，增值税纸质发票相比增值税电子发票，在开具、使用、保管等方面更为熟悉与安全，要求开票企业开具增值税纸质发票，这就造成开票企业需要在日常工作中，采取纸质与电子这两种截然不同的发票申领和管理方式。

2. 增值税电子发票开具渠道单一

增值税电子发票的开具局限于使用 PC 机（Personal Computer，个人计算机）。在实操层面，开具增值税电子发票，需要下载开票软件作为开票界面，插入税务 Ukey 进行开票。PC 端可以满足打印设备的连接，支撑税控设备的加密设置。但是，随着加密技术和网络技术的进步，以及增值税电子发票所具备的无纸化特性，开具渠道移动性能差，不适用于个性化经营场景的弊端开始显现。在会计实务中，异地交易的双方并不能在交易完成的第一时间开具发票，需要开票方在注册地利用税务 Ukey 开具发票，且还未实现在移动端实时开票，造成诸多不便。

3. 增值税电子发票审批不够灵活

对于纳税人的票种核定、发票申领、增版增量等审批过程不够灵活。例如，纳税人申请领用增值税电子普通发票时，可以通过"浙江省电子税务局"提交增值税电子普通发票的票种核定信息，并选择网上邮寄发放的形式实行网络办理，但在申请领用增值税电子专用发票时，审批流程暂不支持网办，仍需要前往税务局办税服务厅提交申请进行办理，同时后续的增版增量工作也需要税源管理部门或纳税服务部门的操作才能实现，降低了各行业、各类经营场景的开票灵活性。

不同行业对于发票种类、发票份数、最高开票限额的需求也不同，目前都需要进行流程的审批和实时调整，不能体现电子发票在实际应用中的灵活性。例如，个体工商户的增值税电子发票票种核定通常为万元版、十万元版，但在日常经营中，存在单笔交易额为几十万元的情况，却难以灵活调整发票额度，仍需像增值税纸质发票一样，开具多张电子发票以达到该额度。

4. 发票全流程电子化还没有实现

现在增值税电子发票仅在开具环节实现电子化，在入账、报销和存档等后续账务处理环节，还是需要纸质发票，不能够起到电子发票减少成本和保护环境等方面作用。探其根本，一是我国会计制度还不够健全，企业即使用电子会计软件做账，还是需要打印存档；二是企业的日常经营和行政管理未实现电子化，导致日常办公模式和企业电子发票系统不能有机融合。

（二）增值税电子发票平台与设备尚需完善

1. 税控设备需要完善

目前，市面上的税控设备正由税控盘向税务 UKEY 转变，而税务 UKEY 尚未发展成熟，虽然税务 UKEY 现在是免费发放给纳税人的，但很多一般纳税人还是会选择税控盘。究其原因如下：

（1）税务 UKEY 限制颇多

税务 UKEY 目前无法发行分机，主分机对于大型公司来说是不可或缺的，例如连锁酒店、大型超市等。并且，纯免费的税务 UKEY 开出的增值税电子发票没有公司电子章，对增值税电子发票的真伪辨别带来一定困难，而如果想要有公司电子章，必须对接国家税务总局授权的电子发票平台，如航天信息的诺诺平台、百旺云开票助手平台等，但对接这些平台又需另付一笔费用。

（2）税务 UKEY 系统复杂

由于 UKEY 系统设置复杂等问题，纳税人特别是个体工商户，大部分选择到办税服务厅开具电子发票，增加纳税服务部门的工作量，与推行电子发票方便纳税人居家线上操作的初衷相悖。由于大部分纳税人对系统操作不够熟练，会请求现场税务干部帮忙开具发票，增加了基层税务干部的工作风险。

2. 全国增值税电子发票公共服务平台需要完善

全国增值税电子发票公共服务平台的建设和运行，是实现增值税发票电子化的重要工程，为纳税人免费提供电子发票开具、交付、存储等基本公共服务。但还存在需要进一步完善的地方：

（1）增值税电子发票公共服务平台的局限性

增值税电子发票公共服务平台存在一定局限性。例如，企业更换税控设备后，增值税电子发票公共服务平台不能将原来的发票数据同步导入新的设备中，对于日后电子发票数据的整理与查询带来不便。并且，现行的电子发票制度尚不完善，电子发票在票面信息有错误的情形下，不能够像纸质发票一样即时作废，只能通过开具红字发票"红冲"，再重新开具一张正确的发票，这样就形成了三张发票信息，不仅增加了开具方和受票方的困扰，也给基层税务部门管理电子发票增加了负担。

（2）增值税电子发票公共服务平台的安全性

增值税电子发票以互联网为传输渠道，需防范互联网风险。互联网用户数量巨大、分布范围广，信息泄露将给交易双方和税务部门带来负面影响。互联网用户技术能力水平差异大，网络犯罪隐蔽性高，普通用户难以识别，很容易在被欺骗的情况下，造成信息不经意间泄露。当前，增值税电子发票公共服务平台不需要进行实名认证,只要有密码就能进入开票,没有任何验证环节,即使有法人和办税人员以外的其它人员进入开票,法人和办税人员也无从得知,增加了增值税电子发票虚开、盗用的风险。

3. 增值税发票管理系统 2.0 版需要完善

增值税发票管理系统 2.0 版(简称"税控 2.0 系统"),以"互联网＋税务"思维,利用互联网技术,为税收业务需求与性能需求提供技术支撑。但还存在需要进一步完善的地方:

税控 2.0 系统与纳税人开票端数据双向不匹配。一方面,系统原本设计,纳税人在开票端开出电子发票定期上传后,税务机关可以在税控 2.0 系统查询到这张票的具体内容,但在实际工作中,往往出现在税控 2.0 系统查询不到的情况,引发后续一系列问题。例如,税控设备抄税时会提示明细与汇总信息不一致,导致无法抄税,进而影响纳税人当期申报。另一方面,在实际工作中经常出现,在税控 2.0 系统里查询到企业全部电子发票已经是上传状态,但在纳税人开票端,提示还有未上传的离线发票的情况,导致无法开票。

(三)增值税电子发票使用尚存在一定风险

1. 存在规范管理风险

当前,电子发票管理仍遵照原先纸质发票管理办法,缺乏专门应用于电子发票的管理办法,规章制度滞后于电子发票管理的现实需求。例如,纸质发票不允许异地开票,然而根据现在电子发票实际运用情况来看,电子发票异地开票已属于常态,如何规范电子发票的使用是亟需解决的问题之一。如果电子发票管理存在漏洞,可能产生部分商人违规使用发票,套用所谓"新经济""新平台"的经营新模式,规模化、集中化异地开票的逃税避税行为,从而造成国家税款流失。

2. 存在重复报账风险

电子发票是电子数据,不需要另外加盖印章,一张电子发票可以反复下载、打印,导致重复报销风险加大。而且随着互联网技术的发展,修图软件功能强大,电子发票的信息可以被轻易修改。财务人员需要通过检查发票的号码与编码来判断该张电子发票是否是第一次报销,但增加了财务人员的工作量,特别是对一些大型企业,容易造成人力成本上升。如果财务人员没有仔细核对发票信息,会导致企业的管理风险和经营风险变大。

(四)推进发票电子化尚存在人才不足问题

1. 电子发票缺乏监管力量

在当前的增值税电子发票实际使用中,增值税电子普通发票开具较多,增值税电子专用发票开具较少。常山县 2021 年 1 月至 6 月,共开具增值税电子普通发票 226674 份,占增值税电子发票开具总数的 99.87％,增值税电子专用发票 304 份,占比 0.13%。增值税电子专用发票可以通过以防伪税控为主,审计和共同核查为辅的交叉比较制度进行比对,但增值税电子普通发票只能查询,无从比对,工作量极大。另外,由于人力缺失,税务部门在对增值税发票的日常管理中,往往将重点放在增值税纸质发票上,对增值税电子发票缺少监管,不能及时有效地控制,从而埋下风险隐患。具体表现是,基层税务干部对增值税电子发票开具行为背后的商业交易真实性无法验证,对公司的真实运营状况不能准确了解,无法判断发票开具情况与公司经营现状是否匹配,最终导致税务部门在日常监管中留下漏洞。

2.信息技术缺乏专业人才

在县级税务局中,信息数据的管理、运用等方面的专业技术人才配备严重不足,致使信息建设和征收管理结合不紧密。县级税务局一般设有税源管理部门、法制部门、税政部门和信息中心。根据职责分工,税源管理部门负责法规政策的执行,法制部门负责相关税收法制规程,税政部门负责各税种的工作衔接和分派,信息中心负责系统软硬件维护和支持。常山县税务局,全局共有计算机相关专业干部 4 人,国地税合并后,2018 年至 2021 年,没有招录计算机专业人才,信息建设人才储备与实际需求不匹配,导致在基层实际工作运行中,因专业水平不足和业务衔接不畅,税源管理部门对信息数据的提取能力有限,上述其它部门缺乏对增值税电子发票数据的整理分析、模型构建等方面的人才,影响了发票电子化与征管工作的结合。

3.基层一线缺乏业务骨干

在税务基层实践中,对增值税电子发票的宣传、推广、管理等大量工作,主要由税务分局(所)承担。然而,税务分局(所)青年干部力量相对缺乏,急需一批懂技术、强业务、肯努力的青年力量的加入。截至 2021 年 9 月,常山县税务局税源管理部门共有 57 人,其中,35 周岁以下青年干部 16 人,仅占 28.07%,一线税务青年骨干力量较为薄弱。

(五)增值税电子发票的推广尚存在薄弱环节

1.针对纳税人的推广力度还不强

税务部门针对纳税人的增值税电子发票专项宣传推广,力度还不够强,特别是对增值税电子发票政策、知识的宣传辅导过少,未能使部分消费者转变传统观念。部分消费者对增值税电子发票和纸质发票是否具有同等效力还存在疑虑,对增值税电子发票的认知还不够全面,对增值税电子发票的法律规定、使用要求还没有完全了解。

2.针对税务人的业务培训还不够

增值税电子发票从推广到使用已有 5 年,但对基层税务干部关于增值税电子发票业务知识的系统培训还不够,致使部分基层税务干部对增值税电子发票的思想认识还不够深,工作方法还停留在对增值税纸质发票管理的老方法上,存在增值税电子发票管理手段滞后的现象。

三、国内外借鉴

(一)国外推广电子发票的成功经验

1. 美国

美国在推动电子发票使用的过程中,各州参考联合国国际法委员会公布的电子商务法律范本,对各自的商业法令进行了相应的修订。相关法案经国会批准后,对电子形式的交易记录和签章赋予了必要的法律效力。美国银行推出 EIPP 系统,该系统的基本工作模式是:企业从发票系统中输出一个文件,提交到 EIPP 系统,系统通过 SAAS 软件将其转换为电子发票,并发送给购买方,购买方通过安全的门户网站,将发票数据提供给银行,银行收集并处理支付数据后,自动完成付款。

借鉴意义:电子发票的推行加快了购销双方的交易进度,为企业生产经营带来极大便利。该交易模式实现了"票款同步",减少了虚开风险。

2. 欧盟

欧盟最早于 2001 年开始探索在各成员国内制定法律,承认电子发票的效力。2004 年 1 月 1 日,正式实施《电子发票指导纲要》,规定了电子发票的内容、标准、开票软件、传输系统等事项。截至 2005 年 8 月,欧盟各成员国均制定了电子发票相关法律。2007 年,欧盟成立专门的工作小组,制定电子发票评估框架。2013 年 1 月 1 日,新的欧盟增值税法正式实施,规定电子发票和纸质发票拥有相同的法律效力。2016 年,欧盟决定,在各成员国间建立税务信息交换系统,在公共采购领域以电子发票完全取代纸质发票。

借鉴意义:在电子发票推行阶段就针对电子发票的法律效力给予必要的法律法规支撑,可以有效消除电子发票领受双方的顾虑;政府带头在公共采购、财务报销中使用电子发票,可以推动电子发票的普及应用。

(二)国内推广增值税电子发票的先行做法

1. 北京市

北京市在开展增值税发票升级版电子发票试运行工作中,不改变现有电子发票服务平台和纳税人(主要是电子商务企业)端 ERP 系统的格局和使用,仅对发票开具部分做接口对接。企业通过 ERP 形成交易信息,并上传明细数据给升级版的统一受理平台,升级版系统保留明细数据,并生成发票码通过受理平台推送给纳税人。纳税人端的开票服务器将电子发票元数据传递给第三方电子发票服务平台,平台生成电子发票返回给纳税人。第三方电子发票平台相当于税务局的外包项目,通过云服务的模式向企业客户提供开具电子发票服务,降低税务部门电子发票推广难度,方便监管。同时,对于企业而言可免除较为繁琐的开票流程,易于线上、线下推广。

借鉴意义:增值税电子发票在推广阶段可充分发挥第三方平台的作用,实现交易元数据自动生成电子发票,无需人工开具,形成全流程信息化。

2.海南省

海南省人民政府以澄迈县为试点,打造全国首个"微信电子发票先锋城市",逐步实现电子发票全覆盖的先锋示范省,树立全国电子发票推广标杆。2018年,澄迈县人民政府与高朋、腾讯、海南航天信息开展合作,与万达商业管理集团达成战略协议,将在万达广场等诸多领域大力推广电子发票。高朋与腾讯强强联合,促使电子发票有望依托微信乃至腾讯的优势产品和场景,完成对中国电子发票行业全生态的布局,在解决C端消费者和中小商户开票难的同时,形成各行业电子发票解决方案提供给行业B端企业;降低用户交付成本,降低企业接入电子发票的成本,更快地让更多商户和行业接入电子发票。

借鉴意义:在政府的主导下,税务部门与大型互联网企业充分整合优势资源,助力推动电子发票市场的整体发展,提升纳税人对电子发票的接受度、认可度。

四、优化措施探析

(一)提升增值税电子发票使用性能

1. 全面推行发票电子化,优化电子发票开票版式

增加电子发票种类,实现发票全种类电子化。由增值税电子普通发票和增值税电子专用发票的推行工作开始,陆续推进机动车销售电子统一发票、二手车销售电子统一发票以及其它发票的电子化开具。同时,简化电子发票专有的开具版式,采用统一简洁的版面设计,加入电子发票设计因类而异的功能,使用不同类别的标签区别开具信息,使得电子发票开具效果更加直观,满足纳税人对开具信息个性化和发票整理规范化的需求。

2. 建立综合开票限额模式,简化电子发票管理流程

实行综合开票限额的方式,建立对纳税人动态管理开票限额的机制。系统内设置合理的指标参数,通过对纳税人的生产经营模式、开票情况、申报行为和信用状况进行数据采集与分析,结合纳税人申请的开票需求,系统自动授予纳税人在某个属期内综合开具发票金额的最大值,满足纳税人个性化的开票需求,并根据申报纳税情况进行动态调整,以满足在同数值的开票限额情况下,单笔开票数额小的纳税人可开具多数量发票的需求。另外,需完善一户式信息集成管理模块,对纳税人生产经营和申报的全流程进行动态监控,在综合开票限额环节添加风险防控系统,及时进行监控预警、人工调整。

3. 运用区块链信息技术，实现发票全链条电子化

运用区块链技术，让增值税电子发票开具前、中、后都实现信息化、数据化，将交易环节和开票环节融为一体，实现从过去"以票管税"到将来"以数治税"的转变。建立增值税电子发票管理云平台，实现财税无纸化，打通税务端与企业报销端，构建增值税电子发票全链条，推进财务报销、会计档案电子化的完成。利用税务部门现代化网格税源管理模式，实行专人专岗制，负责增值税电子发票开具、服务、监管等工作，推动实现增值税电子发票全流程闭环管理。

4. 推行电子发票数据归集，提升电子发票应用水平

依托大数据技术，提升增值税电子发票数据应用水平，减轻纳税人负担。推行增值税电子发票数据要素化采集，提高发票数据利用效率。通过对增值税电子发票数据的分析和归集，实现纳税人申报数据预填和辅助填报。通过发票电子化，实现机动车登记、不动产过户、医保结算等跨部门事项发票信息即时推送和一体化办理。

（二）完善增值税电子发票平台功能

1. 加强税控设备功能

增加在网页端、移动端和第三方平台开具增值税电子发票的方式，拓宽增值税电子发票的开具渠道。整合增值税电子发票信息资源，实现全国电子发票管理系统涉税信息的相互联通、共用共管。

2. 加强开票身份认证

建立税务网络可信身份组件，提高电子发票安全性，以此组件为基础，向纳税人和税务干部提供统一的可信身份管理和身份认证服务。利用第三方平台的手机号实名认证、验证码确认身份、人脸动态识别、云存储等多种现代化技术，完善开票端认证方式，增强开具电子发票的安全性。

3. 加强端口外部衔接

加快建设大数据管税模式，通过系统流程管控增值税电子发票，加强与第三方支付平台的衔接。关联资金流、货物流，实现"交易即开票""发票电子化入账"等发票使用新模式，促进市场交易便捷便利，从源头监管电子发票。

（三）加强增值税电子发票征收管理

1. 加强基层征管力度

基层税务机关应在增值税电子发票的发售领用、验旧领新、最高开票限额审批、增量发票等环节上把好关卡，尤其在最高开票限额实地审核上，落实征收管理办法相应规定，根据实地经营情况、票卡分开保存情况等要求，做好实地审核。同时，在企业提出增量发票需求后，根据企业用票情况和申报数据，按需求和规定，增量发票。在企业产生经营风险、接收异常发票、产生拖欠税费时，严控发票，根据实际情况把控企业用票数量。并且，在企业使用增值税

电子发票时，及时有效地将虚开发票、安全使用发票等情况，通过实地告知、书面通知等方式，进一步推进落实纳税人合理合规合法使用增值税电子发票。

2. 加强数据质量管理

进一步明确增值税电子发票数据质量管理的牵头部门、主责部门，建立县级税务局层面的增值税电子发票数据质量管理常效机制，包括数据采集、整改、通报等，优化数据治理模式。针对电子发票数据，设计具有地方特色的电子发票数据分析器，例如，设置地方特色产业、聚集性产业的行业指标，建立行业税收数据库和分析模型。完善"事前防范、事中控制、事后监督"工作闭环，逐步强化增值税电子发票风险管理。

3. 加强数据互通共享

加强对税务内部的税源管理、纳税服务等数据信息的共享力度，打破和税务外部数据共享的壁垒，加快实现政府部门间的信息共享，特别是与税务部门关系密切的财政、档案、公安、海关、工信、市场监督管理等部门的信息对接，拓宽数据收集渠道，为开展增值税电子发票风险管理提供数据支撑。探索构建"税务、业务、财务"三融合的增值税电子发票信息共享平台，加强对企业的管理信息和业务信息的合作与共享。改进增值税电子发票管理机制，构建全方面的数据库，用来存储各类征收管理信息，减少税企信息不对称。

4. 加强数据分析研判

结合所获取的第三方数据，建设县级增值税电子发票风险数据库。进一步完善增值税电子发票数据模型指标，一方面整合纳税服务部门、税源管理部门在日常征管过程中采集的问题意见；另一方面，根据增值税电子发票日常风险应对结果，完善风险指标，提高数据指标的科学性、精准性。建立县级增值税电子发票风险管理案例库，定期通报日常税收风险应对典型案例。

5. 加强重复报销风控

加强增值税电子发票在重复报销方面的风险防控。一方面，在电子发票平台设置报销模块，财务人员利用报销模块来认证增值税电子发票，解决因为增值税电子发票不能认证抵扣而导致的证明发票唯一性难的问题。企业的自动化办公软件加入报销模块并连接电子发票平台后，可以节约企业的财务成本，减轻财务人员的查验工作负担。另一方面，完善纳税信用评价体系，将重复报销行为列入失信名单，如果企业存在主观重复报销来增加经营成本以少缴税款的行为，税务部门依照税收征管法责令整改或予以处罚。

（四）强化税务干部队伍专业化建设

1. 加强业务培训

在日常工作中，对基层税务干部开展周期性、阶段性、专业性的业务技能培训，提高基层税务干部对增值税电子发票相关业务知识的掌握程度。利用好省、市级税务局"业务大比武"等载体,组织青年干部、业务骨干参加业务竞赛,鼓励中老年税务干部参与学习,从而促进整体干部队伍技能和素质的提升。同时,运用好绩效考核、荣誉表彰等管理工具,加大专业培训与业务竞赛的成果在其中的考评权重,以赛促学、以优促学。

2.加强信息治税

在县级税务局层面,推动征收管理部门与信息业务部门的业务整合,形成征收管理信息化、业务技能科技化、职责履行团队化的征收管理新格局。构建"收发工作－整合信息－综合执法"征收管理执法工作闭环,从运行上实现增值税电子发票管理信息化。

3.加强青年培养

往税源管理部门、纳税服务部门注入更多青年骨干力量,确保基层一线干部队伍人员稳定、业务熟练,更好地为纳税人答疑解惑。加大税政部门、征收管理部门中的信息数据专业化人才占比。增加对计算机科学与技术、数据科学与大数据技术、软件工程、网络工程、区块链工程、信息安全、网络空间安全等专业优秀毕业生的招录名额,为增值税电子发票管理信息化建设提供智力与技术保障。

(五)提高增值税电子发票税收遵从

电子发票相较于纸质发票,在发票的印造、存储、运输等方面可以节约成本。在税务基层管理中,可以将原本花费在纸质发票上的人工搬运成本、场地储存成本节省下来,运用于开展电子发票宣传推广活动、创造纳税人电子发票开具条件和环境、提供电子发票良好工具和载体等方面工作。

1.充分关注新办纳税人

在新办纳税人进行税务登记时,通过发放宣传手册、进行实操指导等方式,让纳税人进一步了解增值税电子发票的相关政策、办理手续。将增值税电子发票的使用与纳税信用等级中原有的发票评价体系相结合,有效提高纳税人的参与度和配合度。

2.充分利用纳税人学堂

突出"纳税人学堂"的需求导向、问题导向、实用导向,通过纳税人"点单"订制课程,开展线下实体课堂培训、线上税务直播课堂培训,增加纳税人对增值税电子发票的知识储备,提高纳税人对电子发票的使用兴趣,从而前置解决增值税电子发票开具率不高的问题。

课题组组长:鲍倩钰

课题组成员:李 斌 蒋锦琦 邱 奕
黄灿灿 毛子旋 施祺瑞

基层税务执法现状与
税收治理效能研究（三等奖）

国家税务总局乐清市税务局课题组

一、研究背景

（一）选题背景

近年来，我国税收经历了跳跃式蓬勃增长，"十三五"期间，全国税收收入完成 65.7 万亿元，比"十二五"时期增加 18.5 万亿元，为我国经济社会发展提供了坚实的经济保障。同时随着税收改革的深入，税务执法的方式随之不断升级，税务机关也更加注重税收法治建设的发展水平。2020 年 12 月 30 日中央全面深化改革委员会第十七次会议审议通过《关于进一步优化税务执法方式的意见》，旨在优化税务执法方式，发挥税收在国家治理中的基础性、支柱性、保障性作用，为当前和未来一段时间税务部门包括税收执法在内的各项工作指明了方向。如何优化税务执法方式，充分提升税收治理效能成为税务机关目前需要深入研究的方向。

基层税务机关是优化税务执法方式的重要阵地，真正探索税务执法方式与税收治理效能的关系必须从基层的实际出发进行分析与解决。而国内税务执法工作起步较晚，税务执法风险是基层税务机关的薄弱环节，基层税务人员税务执法风险意识和执法能力水平参差不齐，探索并优化基层税务机关税务执法方式是提高税收治理效能工作的迫切需要，是我国税务机关在新形势下必须探索和优化的方向。

（二）理论概述

税务执法即税务机关施行税收执法的行为和过程，是国家行政机关重要执法活动之一。它是国家税务机关及其工作人员依照法定权限和程序，对纳税人和其他管理相对人适用国家税收法律法规的具体行政行为。税务执法方式则是执法过程中实施的一系列具体的手段和行政行为方式的呈现。

依照征管法的规定，税务执法的内容主要包括：税务管理、税款征收、税务检查、税务处罚、税务行政复议等五个方面，相应的税务执法方式措施包括纳税申报、税款征收、发票管理、优惠备案、纳税评估、纳税检查、行政处罚、行政许可、税收强制。虽然执法措施全面丰富,但目前基层税务执法方式的运用和水平实际与之差距较大。

税务执法方式与税收治理效能存在内在联系,税务执法工作是国家治理体系中重要的组成部分,其开展的工作水平体现着税收治理现代化的成效的好坏,不断优化税务执法方式才能更快推进税收治理现代化。同时优化税务执法方式,对于营造法治化的营商环境、提升税收治理效能具有深远意义。

二、乐清市税务执法现状

(一)乐清市税务局情况简介

乐清市面积 1286.90 平方公里,人口 145.31 万人,属于温州市管辖的县级市,是中国市场经济发育最早、经济发展最具活力的地区之一。1993 年以来,乐清市就一直跻身全国综合实力百强县(市)行列,2020 年 GDP 1263.01 亿元,比上年增长 4.39％,总量实现了新的跨越。作为改革开放"温州模式"的代表,其电气机械和器材制造、电力生产和供应、电子设备制造等占据主导地位,正泰集团、德力西、合兴集团等国内知名企业带动了全市经济的迅速发展。

乐清市税务局内设机构 13 个(12 个股室、1 个党委纪检组),事业单位 1 个(信息中心),派出机构 8 个(含办税服务厅 5 个,税源管理分局(所)7 个);全局在职干部人数 529 名,其中:正式人员 435 人,临时人员 94 人;截至 2021 年 6 月,全市现有在册正常登记管理纳税人 96096 户。

(二)乐清税务执法现状分析

随着税收征管模式的发展,近年来乐清市的税务执法方式有了大幅改善,但同时也面临着新的压力,乐清市税务执法现状主要从以下几个方面来分析。

1. 税收执法环境

征管改革以来,新形势下乐清市税务税收环境面临新的局面。分析近几年乐清征管的登记纳税人户数和税收收入情况,2019 年全市在册正常管理纳税人 79624 户同比增长 18.41％,2020 年 90827 户同比增长 14.07％,2021 年仅上半年就增加了近 6000 户,与此同时税收增速也与纳税人增幅走势保持一致,尤其是 2021 年,经历了 2020 年疫情的低迷期,市场活力重新被大幅激发,纳税人数量大幅增加,税收跳跃式增长,为税源管理和税务执法监管带来了新的压力,也为税收治理效能的提升带来了新的环境考验。

与此同时,随着税收法治现代化不断推进和优化纳税服务的有效落实,纳税人的维权意识不断强化。自 2017 年 5 月 1 日全国建立 12366"快捷处理通道"起,仅乐清市 12366 轻微税收违法行为(主要是应开具而未开具发票的行为)举报工单接收量就达 1225 条,呈现逐渐增长趋势,具体如表 1 所示。

表 1　2017—2021 年乐清市轻微税收违法行为举报工单接收情况

年度	12366 轻微税收违法行为举报工单	增幅
2017	117	—
2018	197	68.38%
2019	318	61.42%
2020	366	15.09%
2021.1—6	200	—

　　在税收违法处理方面，根据 2018 年机构改革以来乐清市税收违法行为处理情况，如表 2 所示，乐清市税收违法行为占比年均为 34.58%，整体偏高，其中 2019 年税收违法行为数量为历年最低，期间全国对税收违法行为加大查处力度，税收违法行为大幅降低，2020 年面对新冠肺炎疫情突发给全国税收带来的巨大冲击，也导致了税收违法行为反弹式上升，纳税人对税收的遵从度为过去 3 年最低。产生该现象的原因一方面是纳税人维护自身权利意识的提升，另一方面，是纳税人税收遵从意愿的降低。税款征收类和纳税申报类的违法行为处罚占 99% 以上，也可以看出纳税人对自身纳税义务欠缺基本的规范认知，更多强调了权利，而不注重履行义务，税务执法面临纳税人更少主动遵从的现状。

表 2　2018—2021 年乐清市税收违法行为处理情况

年度	税收违法行为处理数量	增幅	税收违法行为占登记纳税人比
2018	28733	—	42.73%
2019	22512	21.65%	28.27%
2020	29733	32.08%	32.74%
2021.1—6	7678	74.18%	7.99%

　　2.税务执法效果

　　转变工作作风，全面提高政府效能的工作要求，对基层税务部门的税务执法方式的转变也提出了更多要求。税务执法方式是否全面、有效、刚柔并济，是基层税务机关能否有效提升税收治理效能的关键。

　　根据表 3 乐清市近几年执行行政处罚的数据可见，实际进入处罚程序的占比偏低，同时行政处罚手段以简易处罚为主，一般程序较少，虽然 2018 年至 2021 年一般处罚程序有所上升，但随着历年税收违法行为数量的增加，简易处罚数量明细下降，体现出近年来疫情冲击下基层税务机关行政处罚尺度实际上偏松、偏软，刚性不强，纳税人税收违法行为成本较低的情况。

表 3　2018—2021 年乐清市税收行政处罚处理情况

年度	税收违法行为数量	简易处罚	一般程序	处罚占比
2018	28733	7215	3	25.12％
2019	22512	5633	7	25.05％
2020	29733	1370	26	4.70％
2021.1－6	7678	1056	150	15.71％

　　根据对历年的税收违法类型分析可以看出,税收违法类型以违反税收管理的行政处罚最为普遍,占了违法行为数量的 99％以上,在违反税收管理行为中,税款征收类和纳税申报类的违法行为处罚占 99％以上,大多数为未按照规定期限办理纳税申报和报送纳税资料、逾期未缴纳税款等行为造成的,反映了基层税务机关较多应对各类日常涉税事项的规范,而税务行政人员面对大量的数据,执法处理方式较为单一,缺乏深度精准的数据管控能力。

　　基层税务机关税务执法手段的有限性,同样也体现在欠税管理方面,根据表 4 乐清市税务局 2021 年第一季度的欠税公告情况显示,全市税务系统市级公告欠税纳税人 55 户,欠税金额 2.23 亿元,全市县级公告欠税纳税人 4246户,欠税金额 0.70 亿元。面对庞大的欠税风险,考虑到持续优化税收营商环境和激励市场活力的需要,欠税管理面临不敢刚性、小心翼翼的困境,能采取的税务执法手段少。除欠税公告以外,仅能采取欠税核查、企业约谈、责令缴纳、以票控税、阻止出入境、降低信用等级等较为温和的欠税监管手段督促纳税人及时上交税款,而涉及强制执行的欠税追缴措施实际上难以施展。也由此可见,基层税务机关在税务执法方式中,存在限制多、手段弱、执法强度和深度都不足的现实情况。

表 4　乐清市税务局 2021 年第一季度欠税公告情况

欠税公告类型	户数	欠税金额
市级公告	55	222,526,608.36
县级公告	4246	70,445,900.96
总计	4301	292,972,509.32

　　3.税务执法成本

　　乐清市税务局共设派出机构 8 个,其中一个为办税服务厅,7 个税源管理单位,共有在职工作人员 482 人,其中税收管理人员 228 名,现有征管户 96300户,机构改革后,征管方式改革调整原来以人管户的模式为税收专业化管理的分层管理方式,通过有效配置管理资源,更大程度地提高征管质效,降低管理成本,适应税收现代化的需要,但从整个乐清市来看,税源管理机构面临的管户压力依然居高不下。

　　乐清市税务局，7 个税源管理分局（所）中，4 个同时承担了办税务厅的职能，这些派出机构中实际承担税源管理职能的人员仅为一半左右，尽管目前税源管理人员占全部人员的 42.94％，但税收管理人员与在册企业数量人均比例仍高达 1：422。机构改革后，国地税合并使得资源扩充，但税务执法工作技术含量高、业务难度大，有限的岗位编制、事多相对人少的工作环境给税务局机关和税务执法人员带来了相当大的考验，很难再通过税务执法人员的盲目扩编来解决执法难题，这也势必使得基层税务机关向优化税务执法方式寻求突破口，破解困境。

　　增值税发票风险防范对维持经济社会秩序意义重大，近年来外地虚开增值税发票案件高发。乐清市作为工业强市，增值税发票开具使用量大，加上部分企业经营不规范、法治意识淡薄，面临了较为严峻的"输入型"虚开增值税发票风险挑战。乐清市税务局 2020 年 5 月以来承接上级稽查部门的推送的发票协查案件，共接收 488 件任务，共涉及 381 户企业，发票 1670 份，票面金额 8340 万元，补税入库 2240 万元。2020 年补税入库税额不及 2018 年高峰期，但涉及 381 户数，较前两年增加明显。按照趋势，2021 年发票协查所涉及的各项数据预计将超过 2020 年。

　　在发票日常监督中，以辅导纳税人为主。从行政处罚数量看，乐清市对发票违法行为的处罚数量呈逐年增长的态势，但占行政处罚数量总体偏低，其中主要处罚原因为发票丢失。从严控制首次申请开票限额和用票量有助于及时监控纳税人风险，但从最多跑一次和便利纳税人办税的角度出发，目前基层审批流程整体较为放松，发票虚开等发票管理风险漏洞更容易被利用。基层税务局对风险的监管后移已成为常态，这些都对执法风险的防控水平和人力物力的投入提出了更高的要求，但随着近年来各类增值税发票虚开案件的协查和风险监控，基层分局再无更多精力投入到其他税收风险监管中去。

　　三、存在问题及成因分析

　　（一）税收执法环境变化，税收治理能力面临考验

　　1.疫情冲击带来新常态。面对疫情的冲击以及国内外严峻的经济形势，基层税务机关面临更加复杂的环境考验。从当前来看，如何支持疫情防控的同时促进地方经济的恢复发展，新形势下的疫情经济已成为各地税收工作尤其是税务执法工作需要面对的新常态。

　　2.税收宣传环境偏重服务。近几年纳税人满意度不断提升，但随之而来的是纳税人更加强调税收权利，忽视了税收义务。随着网络短视频自媒体的兴起，网络舆论对收税执法的行为产生的影响日益扩大，也进一步造成了税收

机关执法的过度谨慎和压力,难以平衡执法与服务的天秤,甚至逐渐走向弱执法、无力执法的困惑。

3.时代经济发展变化快。当代社会信息化发展迅速,新一轮科技革命和产业变革不断加速演进,数据正成为经济社会发展进程中最活跃的生产要素,而基层税务现有征管模式难以适应时代化经济发展的需要。

(二)税务执法能力弱化,税收治理理念欠缺

1.税务机关职责不清。没有做到真正把权责还给纳税人,如在违反税收管理行为中,税款征收类和纳税申报类的违法行为处罚占99%以上,发票类处罚大多为丢失发票,体现出纳税人对申报、发票等自主办税事项的主动性不强。税务机关不能较好地从税收权利和义务的角度引导纳税人形成成熟的税收法治认知基础,纳税人对税法的遵从度和大多处于被动服从。

2.执法理念滞后。基层税务机关税收治理理念有待提升,与税收治理体系和治理能力现代化大格局不相匹配。部分基层执法人员执法观念陈旧,税收法治思维和法治习惯尚未在基层部门得到落实。基层税务执法人员对优化税收方式存在畏难、抱怨和逃避的心态,甚至部分人员认为柔性执法即被动执法,这些都影响了执法质效。

3.执法能力不一。当前基层税务机关面临人少事多的常态,执法环境执法任务的日益复杂化对基层税务人员的执法能力提出了更高的要求,而执法人员的执法能力层次不齐、执法手段弱、随意性大,尤其是面临执法任务数量大、频率高的时候,容易疲于奔命、工作粗放、难以精细到位。

(三)税收执法成本高,税收治理科技驱动不足

1.风险管理机制不健全。目前基层的税收风险管理模式仍有长足的进步空间,各业务部门、稽查等领域都有涉及风险管理,但也导致了任务一对多、衔接难、水平不一、散乱等情况较为突出,缺乏整体的协调统筹,基层执法人员疲于应付,难以深入落实,大大拖累了基层税务执法的效率,也导致了税收治理效能的偏低。

2.改革后资源配置不成熟。从机构配置来看,管户到管事、人随事走的职能转换还未完全成熟,精细化管理水平有待进一步优化。从信息化建设程度看,目前税务系统存在多个业务系统各自运行,数据交互不灵敏,没有配套专业集成化的数据应用体系。系统内的执法岗责配置则存在管理一刀切的现象,如为防范执法风险关闭大量权限而导致部分税源管理人员日常管理活动受限,有人而不能用,可参与税务执法管理人员进一步减少。

3.对外部配合依赖大。基层税务执法活动的开展依赖庞大的信息数据系统,部门间协作执法成为新常态。精准、有效的税务执法活动需要依托地方市场监督、银行金融业、电力、司法等各部门的协助和取证,税务机关单独执法的

手段十分有限，对纳税人的威慑作用较弱，难以拓展税务执法的广度和深度。

四、优化基层税务执法方式的对策建议

（一）完善税收征管制度，优化税收治理体系

第一，完善税务执法制度。从宪法层面明确税收法定，将税收法定原则融入国家的社会主义法治体系之中。贯彻立法新发展理念，推进税收治理能力现代化，税收立法必须整合和落实新的发展观念，确保我国税收立法适应我国经济社会发展的需要。提升执法制度保障，加快《税收征管法》的修订，做好税法与其他相关法律的衔接，细化基层税务执法流程，降低税务执法风险。

第二，构建法制化的税收服务体系。税务服务体系法制化是国家税收治理能力现代化建设的要求，应在全社会培养服务与执法并重的税收氛围，促使税收服务体系法制化，提高税收服务的专业性、技术性和规范性。在实际税收工作中，为纳税人提供个性化服务，提升纳税服务品质。通过传统服务与智能创新"两条腿"走路，精准对接企业需求，在开展服务的同时，融合对潜在风险纳税人的排查和防范工作，打造拳头税收服务管理品牌。

第三，推动征管信息化体系建设。习近平总书记指出："要运用大数据提升国家治理现代化水平。"新时代数字化引领税收征管变革是深入推进精确执法、跟上时代发展变化的必然选择。运用新技术新理念，创新税务执法方式，充分运用大数据、云计算、人工智能、移动互联网等现代信息技术，推进内外部涉税数据汇聚联通、线上线下有机贯通，驱动税务执法、服务、监管制度创新和业务变革，通过实现智能归集，深入推进自动分析管理，进一步与数字化经济时代接轨。

（二）提升税务执法内部建设，健全税收治理理念

第一，营造科学执法理念。培养基层税务机关成熟的税收法治思维和法治习惯，合理确定税务机关和纳税人双方的权利义务关系，真正将权责还给纳税人。基层税务机关还要探索形式有效的税收征关重心后移的做法，前期注重纳税服务与税收宣传保障引导纳税人自愿遵从，事中事后建立以风险管理为导向的现代税收征管模式。税务执法方式讲究刚柔并济，积极创新柔性执法方式，如协商、指导、调节、说服教育、提示提醒等非强制性税务执法方式，以纳税人合理需求为中心，规范税务干部的税务执法行为，创造既有力度又有温度的税务执法环境。

第二，推动执法力量下沉。基层执法力量薄弱，加大基层税务执法力量的建设，积极破解基层税务机关面临的人少、事多的难题。通过强化资源配置、财力支持、减轻负担等措施，对基层税务机关进一步支持和倾斜，充分发挥基层税务分局一线税务执法的监管作用。建立科学绩效考评体系，从待遇、职

务、岗位入手,优化基层税务机关职业发展路径,在待遇上体现基层税务机关的优势,营造良好的内部执法环境。

第三,加强执法队伍和人才建设。税务干部是优化税务执法的执行者,提高基层税务机关干部的执法能力,必须推动税务执法队伍的结构优化,包括优化知识结构、专业水平和年龄配置,提高基层税务机关执法队伍的法制化水平。加强税务机关和人员依法利用信息进行税收管理的能力,保障税务机关税务执法建设的可持续发展。积极组织各类专业技能选拔和培训,挖掘系统内税收执法人才。破解大数据技术人才瓶颈,鼓励建设税收信息化专业人才队伍,适应新时代税收治理对大数据人才队伍能力和素质的新要求。

(三)推动执法信息化改革,提升税收治理精准度

第一,运用大数据思维合理调配资源。建设以税收大数据为驱动力的具有高集成功能、高安全性能、高应用效能的智慧税务,完善基层税务机关内部税收征管岗责配置。配套设置岗位职责动态运维管理机制,及时更新岗位人员变动信息,监控风险变化,快速响应精细化执法的岗责需要,应对上级政策调整及基层分局在实践中出现的新情况,为深入推进精确执法、精细服务、精准监管、精诚共治,明显降低征纳成本提供扎口管理。

第二,运用大数据深化税收风险管理。借助税收大数据资源,发挥纳税登记数据、增值税发票数据、各类申报数据等监控优势,收集税收风险,借助互联网、大数据、云计算等技术筛选税收违法信息,形成快速反应机制,实施精准的税务执法。在实际管理中,实施"数据管税",建设完善的税收风险管理指标体系,提升税收风险管理的有效性和针对性;各类业务应用系统实现执法、管理全流程信息化,特别是对重要执法事项、重要业务节点实现信息化留痕,并形成标准化数据;在业务信息化基础上,梳理内部风险点,形成全面覆盖的内部风险目录。实现从经验式执法向科学精确执法转变。

第三,运用大数据深化部门共治格局。推进部门间的信息化水平,如电子发票推广、各类单位财务核算系统、电子档案管理信息系统的衔接,探索区块链技术在社会保险费征收、房地产交易和不动产登记等方面的应用,并持续拓展在促进涉税涉费信息共享等领域的应用。不断完善税收大数据云平台,加强数据资源开发利用,持续推进与国家及有关部门信息系统互联互通。加强部门间数据互通、情报交换、信息通报和执法联动,通过运用大数据提升税收治理效能新技术新理念,有效形成跨部门协作、高效协同的共治格局。

课 题 组 组 长:郑甘雨

课题组副组长:郑元乐

课 题 组 成 员:吴盈盈(执笔)　朱晨枫(执笔)

完善精确税务执法体系推进税收治理现代化路径研究（三等奖）

国家税务总局金华市税务局课题组

　　财税是国家治理的基础和重要支柱，税收是国家治理体系的重要组成部分。我国税务系统从国家税务总局到基层税务分局（所）有五级机构，共七十多万在职干部，管理和服务几千万企业纳税人、数亿自然人纳税人和十多亿缴费人，税务执法作为国家行政机关重要的执法活动之一，其权力的行使会产生重要的社会影响。本文立足税务执法的角度，坚持长期趋势与短期现实兼顾，实践探索与理论构建结合，探索研究完善税务精确执法体系，以期实现税务执法尺度与温度的变革，不断提升税收治理能力，更好发挥税收在国家治理中的基础性、支柱性、保障性作用，更大激发市场主体活力和发展内生动力。

　　一、税务执法在税收治理现代化体系中的战略定位

　　（一）税收治理现代化的发展阶段

　　党的十八届三中全会后，税务战线明确了全面推进税收现代化目标，后根据形势发展加以调整，赋予了其税收治理现代化的内涵。发展至今，税收治理现代化体系已形成了基本体系，支撑了重大实践，确立了总体规划。

　　第一阶段的税收现代化提法始于"十二五"中期的 2013 年。在党的十八届三中全会提出完善和发展中国特色社会主义制度、推进国家治理体系和治理能力现代化总目标后，国家税务总局相应提出到 2020 年全面建成"六大体系"、基本实现税收现代化的目标。这一体系的提出已经把税收现代化与国家治理现代化结合起来，初步体现税收治理现代化的基本内涵和时代要求，并将税收在国家经济社会发展中的地位提到了新高度。

　　第二阶段的税收治理现代化提法始于"十三五"后期的 2019 年。在党的十九届四中全会提出坚持和完善中国特色社会主义制度、推进国家治理体系和治理能力现代化总目标后，税务总局立即完善正在推进中的税收现代化体系建设，提出了以"新六大体系"和"六大能力"为标志的税收治理现代化新要求，从而形成直接对应国家治理现代化的税收治理现代化体系，税收治理现代

化体系在社会、国家和国际层面的定位与外延也不断拓展深化。

第三阶段进一步深化征管改革的提法始于2020年。2020年10月,党的十九届五中全会对深化税收征管制度改革提出了明确要求;2020年12月30日,习近平总书记主持召开中央深改委第十七次会议研究部署进一步优化税务执法方式、深化税收征管改革;2021年3月24日,中办、国办公布了《关于进一步深化税收征管改革的意见》(以下简称《意见》)。《意见》以习近平新时代中国特色社会主义思想为指导,围绕把握新发展阶段、贯彻新发展理念、构建新发展格局,对深入推进精确执法、精细服务、精准监管、精诚共治,深化税收征管改革作出全面部署。这是党中央、国务院关于"十四五"时期税收征管改革的重要制度安排,为"十四五"时期高质量推进新发展阶段税收现代化确立了总体规划,成为发挥税收在国家治理中基础性、支柱性、保障性作用,更好推动高质量发展、服务国家治理现代化的基本遵循。

(二)精确税务执法体系内涵

提高税务执法的精确度是实现税收现代化的重要手段,结合经济数字化时代背景,税务执法的理念和模式应充分体现前瞻性、科学性。《意见》明确到2023年,基本建成"无风险不打扰、有违法要追究、全过程强智控"的税务执法新体系,实现从经验式执法向科学精确执法转变。其内涵主要包括:一是全面落实税收法定原则,健全法律法规制度制度,完善现代税收制度,加强非税收入管理法制化建设;二是严格规范税务执法行为,推进执法信息网上录入、执法程序网上流转、执法活动网上监督、执法结果网上查询,建立税务执法质量智能控制体系;三是强化税收大数据赋能,创新行政执法方式,有效运用说服教育、约谈警示等非强制性执法方式,让执法既有力度又有温度,做到宽严相济、法理相融,不断提升税务执法精确度;四是加强税务执法区域协同,推进区域间税务执法标准统一,实现执法信息互通、执法结果互认;五是构建全面覆盖、全程防控、全员有责的税务执法风险信息化内控监督体系,不断完善对税务执法行为的常态化、精准化、机制化监督;六是坚持更高标准、更高要求,着力建设德才兼备的高素质税务执法队伍。

(三)精确税务执法体系在税收治理体系中的定位

按照治理理论,税收治理应坚持共治思维,建设一个信息共享、协同有力的税收共治新格局。税务执法是税收治理中非常重要的一个环节,完善精确税务执法体系对于营造法治化的营商环境,提高治理效能具有深远意义。

1.强制性。税务执法是国家行政机关重要的执法活动之一,是指国家税务机关及其工作人员依照法定职权和程序,将国家税收法律法规适用于纳税人及其他管理相对人的一种具体行政行为。税务执法的主要特征是具有法律的强制力,即以国家强制力作为执法的保障。

2.保障性。税务执法必须依据法律严格进行，这是税收法定主义在税法执行领域的要求。因而，完善税务精确执法体系，最大程度实现法律赋予税务执法的合法性和合理性，有利于营造更加稳定公平透明的税收营商环境，进一步提升纳税人缴费人的税法遵从度，为高质量推进税收治理体系提供法治保障。

3.推进性。税务执法的刚性虽较强，但所依据的税法规定不可能做到面面俱到，总会留下一定的空间留待税务机关进行自由裁量，比如税收行政处罚的幅度等。善于运用法治思维和法治方式深化改革，不断优化税务执法方式，让执法既有力度又有温度，做到宽严相济、法理相融，有利于推进税收治理体系的法治化改革进程。

二、现阶段税务执法体系中存在的问题及原因分析

（一）税收法制体系和执法制度不够完善

从治理视角看，完善的法治体系和执法制度是税务执法内在要求。没有完善的税收法治体系和执法制度，精确税务执法就会成为无源之水，无本之木。但目前，我国税法体系还没有最终确立，呈现出部分税种尚未上升到法律层面，部分现行法律规定过时，部分执法领域存在依据缺口的现状。例如，现行 18 个税种中还有 6 个尚未立法，《征收管理法》自 2001 年修订后就一直沿用至今，社保费和非税收入征管职责划转带来履职规范、标准、流程等规定一定程度空缺。

（二）税务执法规范性不足

虽然随着税制改革的稳步推进，税务执法行为日趋规范，但是仍然存在一些执法不当的问题。一方面，部分税务执法行为没有严格依照法定程序和权限进行。例如税务行政复议、诉讼中时常出现具体行政行为因证据不足、违反法定程序、超越职权等原因被撤销、变更或确认违法的情形。以"宁波亿泰控股集团股份有限公司、国家税务总局宁波市税务局第三稽查局"税务行政管理（税务）再审案为例，再审法院以稽查局违反法定程序为由判决撤销税务处理决定和税务行政复议决定。另一方面，部分税务执法受到不当干预，增大了执法难度。例如，税务部门内嵌于地方政府部门，不同地区地方政府之间存在执法差异，引发税务执法区域化、地区化风险。

（三）税务执法不够精准

行政裁量权的存在以及执法对象的多样化等因素，使得差异化的税收执法管理成为必然趋势。但在实践中，差异化的税收执法管理仍然面临诸多挑战。一是存在执法理念转向的困难。以往占主流地位的"尽可能减少执法差异"的执法理念惯性会在一定程度上增加开展差异化税收执法管理的难度。

同时，诸如 2021 年新修订的行政处罚法所体现的处罚权谦抑与行政相对人权利保护的立法理念真正转导到执法实践中也需要时间沉淀和经验积累。二是存在税务执法资源稀缺的困境。数以亿计的纳税人主体存在各类税收不遵从的情形，稀释了有限的税务执法资源，一定程度上会导致粗放式、选择性、"一刀切"执法。三是存在机制和流程尚不完善的现状。一方面，现下对高、中、低税收风险采取不同的应对模式，虽一定程度体现了差异化的税收执法管理，但风险应对分属不同业务部门，各部门之间的协调沟通、疑难问题解决等机制和流程尚不完善，执法行为缺乏统筹，影响了执法精准度。另一方面，柔性执法界定模糊，说理式执法、"首违不罚"清单制度等柔性执法相应机制有待实践进一步摸索完善。

（四）税务执法存在区域行政壁垒

税务部门受国家税务总局和地方政府双重领导的性质决定了税务部门作为行政管理的重要组成部门，税务执法作为社会治理的重要组成部分肯定会存在一定的区域行政壁垒，会因现有财税体制、纳税人属地管理等因素，受到区域间利益平衡及旧有职责边界的限制。以长三角地区为例，虽然中央提出了一体化发展，但因各行政主体的价值取向、目标优先度排序等不同原因存在，制约长三角一体化发展的行政壁垒依然存在。具体体现在税务执法上，会出现争抢税源导致出现税务执法刚性的弱化等问题，也会出现因征管方式不一、信息渠道不畅等因素导致增加纳税成本和征税成本。

（五）税务执法内部监督作用不够突出

税务执法内部监督服务税收治理的作用发挥还不够突出。其主要表现在于：一是治理定位不够突出。税务执法内部监督带有较重的"查错纠弊打补丁"色彩，即通过实施内部监督发现问题、督促纠正问题，追根溯源、举一反三促进全面规范的理念尚不突出，超越内部监督强化监督治理效能的机制尚不成熟。二是治理格局不够完善。巡视巡察、督查审计、纪检监督目前定位不够清晰，存在一定的同质性，监督工作不够集约高效。督察内审机构不够健全，浙江省地市税务局未设立专门督察内审机构，县税务局处于无机构、无人员的状态。三是治理后续不够有力。被查单位接受监督不够主动、配合监督不够有力，对发现问题的整改还不够深入、全面、彻底，边查边犯、屡查屡犯的情况依然存在。

（六）执法综合素质亟待提高

事业兴衰，关键在人。税务人员综合素质的高低对税务治理的成效影响较大，精确税务执法，加强法治队伍建设提高人员素质必须常抓不懈。长期以来，税务执法人员缺乏系统的法律知识培训，特别是对税收相关法律知识知之不多，不能从法律基本要求上系统理解程序的重要性，主观遵守程序的意识不强。同时，系统内公职律师面对不断增加的税务应诉任务应诉经验不足。另外，在政府服务职能日益凸显和信息化高速发展的双重背景下，部分执法人员出现片面强调服务、弱化执法力度、运用现代科技信息化手段的能力不足等问题，这从另外一个层面反映了执法人员和执法队伍的综合素质还有待提高。

三、完善精确税务执法体系的实现路径

（一）健全税费法律法规制度

全面落实税收法定原则，加快推进将现行税收暂行条例上升为法律。完善现代税收制度，更好发挥税收作用，促进建立现代财税体制。推动修订税收征收管理法、反洗钱法、发票管理办法等法律法规和规章。加强非税收入管理法制化建设。

1. 加快增值税立法。增值税所提供的税收收入几乎占税收的半壁江山，因此增值税立法在税收立法进程中占有举足轻重的地位。但 2019 年 12 月财政部、国家税务总局联合印发《中华人民共和国增值税法（征求意见稿）》后，近两年过去了，增值税立法进程缓慢，进度亟待加快。同时，增值税立法应重视对立法的税制基础、抵扣链条的完整性、留抵退税的规定和发票的社会共治四个方面的考量。例如，增值税立法要将业已被我国实践充分检验和证明了的科学成熟、基本定型的增值税制以法律的形式稳固下来，有效发挥增值税在经济社会中的功能作用。

2. 加快《税收征管法》修订。需要在落实好税收法定原则的前提下，坚持公平效率原则加强纳税人权利保护、利用大数据手段实现信息共享、做好与《行政强制法》和《电子商务法》等相关法律的衔接。其次，规范税收行政处罚相关事项，规范行政裁量权的运用，完善处罚流程，规范统一执法文书，制定完善处罚信息公开机制，提高税收执法的透明度。完善税收规范性文件制定管理办法，加大对税收规范性文件的清理力度，在废"旧"制"新"的过程中，确保政策执行前后具有延续性，避免出现执法依据"空窗"，降低基层税收执法风险。最后，基层税务机关在实际执法过程中，应围绕如何更好的实现精确税务执法及如何提高制度的执行力上进行深入探索，制定相应的监督保障措施，以促使税务机关及其执法人员有效履行职责。

3. 加强非税收入管理法制化建设。据统计，2020 年金华市税务系统累计组织税费收入 951.8 亿元，其中税收收入 679.9 亿元，非税收入 20.4 亿元，社保基金收入 251.5 亿元，非税和社保基金收入占整个税费收入的比重为 28.57%。要根据非税收入征收特点，加快推进"非税法定"和征管制度规范化建设。一是推进项目法定。建议进行分类逐项评估，对于适宜保留的，建议在充分征求社会公众意见的基础上，逐步以法律法规形式予以确认，对于不适宜

保留的,则设定执行期限,到期后将不再延续,或者适时予以取消。二是推进征收职责法定。建议推动出台全国统一的非税收入征收管理法(或征收管理条例),分类授予税务部门对已征项目的征收权限,特别是对税务部门普遍征收的"类税"类非税收入,应明确税务部门关于费款追缴和违规处理的权限,以提高非税收入征收的法治化水平。逐步推进非税收入征收制度规范化建设。针对非税收入具体征收政策不统一、差异大等问题,建议根据具体项目政策特点,结合非税收入法治化建设进程,逐步对征收对象、征收标准、缴纳期限等征收要素进行统一规范。对于残疾人就业保障金等全国统一征收的项目,推动制定全国统一的征收制度,为税务部门公平执法奠定制度基础。

(二)严格规范税务执法行为

法治是最好的营商环境,规范的税务执法行为是依法治税的具体行为表现,有利于营造公平正义的法治环境,促进税收营商环境持续向好。

1.坚决维护税费征收秩序。统筹做好依法组织收入和落实优惠政策要求,确保税费收入应收尽收,税费优惠政策精准落地。一方面,要认真贯彻落实法律法规,坚持依法规定征税收费,做到应收尽收,不收"过头税费",杜绝提前征收等违法违规行为,同时注重税费征收质量,坚持税费收入全省"一盘棋",确保税费收入与经济发展相协调,保持平稳可持续增长。另一方面,要严格落实税费优惠政策,持续巩固和拓展减税降费成效,完善"一揽子统筹、一竿子到底"的统一指挥体系,健全全流程跟踪落实机制,不断优化四项直达机制,确保减、免、降、缓、退、抵全面到位,让纳税人缴费人实实在在享受到相关税费优惠。

2.加快构建执法质量智能控制体系。发挥"三项制度"的基础性、整体性、突破性作用,带动与其相关的其他配套性、支持性和保障性制度的建立和实施,进而形成一个更大的执法质量控制体系,例如,向行政执法的前端延伸,建立完善执法主体制度、执法资格制度、执法证件制度、权责清单制度等;向行政执法的中端深入,建立完善表明身份制度、规范行使行政裁量权制度、行政执法证据制度、说明理由制度等;向行政执法的后端拓展,建立完善案卷评查制度、案例指导制度、执法责任制度、执法投诉制度、执法评价制度等。强化税务执法信息支撑,深入实施"数字管税"工程,实现大数据平台精准决策支持,对权力运行的源头、过程、结果通过信息化、数字化的方式进行全面规范,推动执法信息网上录入、执法程序网上流转、执法活动网上监督、执法结果网上查询,全面加强税务执法信息大数据的智能应用、移动应用、集成应用,推动构建起一个涉及税务执法全要素全链条全方位的闭环式智能质量控制体系。

3.完善并落实税务执法相关工作规范。全面推行权责清单制度,及时调整、公布清单和相应的权责事项信息和运行流程,推进税务机关权力运行法定化、规范化；强化税务执法标准化规范化建设，结合法律法规立改废工作，做好税收征管操作规范、纳税服务规范、税务稽查规范、税收业务操作指引等各类税务执法工作规范的更新迭代，促进服务一个标准、征管一个流程、执法一把尺子；持续健全行政处罚裁量基准制度，细化裁量标准，避免"同事不同罚"，保障陈述申辩和听证等权利，规范税务行政裁量权行使，进一步提升税务执法的统一性，促进税收执法公平。

（三）不断提升税务执法精确度

衡量和判断税务执法的成效，不仅要看法律效果，更要看社会效果。要不断提升税务执法精确度，努力做到宽严相济、情理相融。

1. 注重运用非强制性执法方式。首先，加强税务人员教育，围绕近年来纳税人主义的倡导、税务执法权的审慎行使、比例原则的遵循等执法理念的变化开展多样化教育，潜移默化转变税务干部思想观念，从而推动树立柔性执法的理念。特别注重"以案释法"、"以案说法"、"教科书式执法"等方式运用，强化"以案治本"功能，深化税务干部思想认识，推动执法个案规范、公正和效率。其次，探索并推广说理式执法，特别要将说理贯穿稽查执法和重大税务案件审理全过程，逐步推广重大税务案件说明理由制度和税务稽查说理式执法，通过阐明事理、释明法理、讲明情理，达到行政自我控制、减少争议、纠正规制过程中的失误和偏见、促进行政相对方或异议者自愿接受规制等功能。再次，完善风险提示制度，对纳税人的涉税风险及时进行提示，通过前置风险提示程序避免税收违法行为的产生。

2. 深化风险导向下的差异化管理。针对不同执法对象，运用税收大数据，根据其规模、性质、税法遵从程度和信用级别等进行分类管理，对中高风险纳税人实施精准执法，同时加大重点领域执法力度，开展重点行业、重点企业、重点事项专项检查和专项整治。针对不同程度涉税违法行为，依法进行处置，例如在轻微违法领域，推广"首违不罚"清单制度，实施"首违不罚"事项快速办理；在一般涉税违法领域，根据税收征收管理法、行政处罚法、发票管理办法等规定进行处置；在涉税犯罪领域，构建涉税犯罪预警机制，加强与公安、海关、人民银行合作，严厉打击"假企业""假出口"的同时，严厉打击骗取疫情防控税费优惠政策的"假申报"行为。

3. 探索包容审慎监管模式。注重多运用兼顾法理情的审慎包容监管，避免简单粗暴、选择性、一刀切的随意执法。广泛开展调查研究，持续跟踪新业态发展动向，及时了解其创新发展涉税诉求，依此提供更加精确精细涉税服务。对新技术、新产业、新业态、新模式，优化税收风险监控和应对策略，例如对"金种子企业"、"瞪羚企业"、"凤凰企业"，坚持"无风险不打扰、无违法不停票"，通过执法"白名单"、智能风险扫描、"降级减频"等措施实施包容审慎监管。高度重视平台经济领域税收秩序不规范、税收监管体制不适应等问题，及时修订涉税法律法规，明确税收政策适用，不断完善税收征管策略和制度，持续促进纳税遵从，营造公平竞争的税收环境。

（四）加强税务执法区域协同

长三角税收治理一体化，可从理念协同、规划契合、机制完善、技术突破和执法统一五个层面来探索其实现的有效路径，进一步汇聚高质量推进长三角一体化税收合作的强大动力，助推长三角建成全国发展强劲活跃的增长级。

1. 理念协同。长三角一体化的税收治理是一个有机联系的系统，需要各区域税务部门通力合作，牢固树立大社会观、大治理观，观大局、谋大势，做到"开明睿智，大气谦和"，打造全区域参与的开放税收治理体系。

2. 规划契合。在税务总局指导支持下，全面深入落实各项税收支持措施，有序衔接，整体推进，不断深化和拓展新的成效，完善和丰富新的制度安排，把长三角区域先发的优势、制度的优势转化为改革发展的胜势。

3. 机制完善。认真落实《税收支持和服务长三角一体化发展联席会议工作制度》，充分发挥联席会议、合作办公室和专项工作组"三个层级"合作机制作用，加强与税务总局、与三省两市各地政府的沟通协调，进一步形成工作合力。紧紧围绕税收支持和服务长三角一体化发展任务举措，逐项分解落实具体牵头和配合工作职责，加强工作统筹协调，确保各项措施不折不扣地直达基层、直接惠及市场主体。

4. 技术突破。制定并落实长三角税收大数据共享共用工作方案。通过建立税收数据共享共用机制，设计大数据应用场景，分批梳理共享共用数据清单，开发大数据应用新产品，加强大数据共享资源库建设，开展长三角区域税收专题分析，构建大数据智能化分析环境等，打造智慧型税收治理模式，切实提升税收大数据服务能力。持续深化电子发票社会协同，实现长三角地区各税务机关之间对外支付税务备案信息共享。依托税务总局云平台数据服务接口，三省两市税务局合作研究开发智能税收风险防控系统，拓展长三角区域风险管理工作质效。

5. 执法统一。推进区域间税务执法标准统一，实现执法信息互通、执法结果互认，更好服务国家区域协调发展战略。按照将长三角区域统一的税收行政处罚裁量基准与长三角区域通办涉税事项清单、"一网通办"任务清单相衔接，构建长三角区域统一的税收执法清单体系的目标要求，进一步扩大税务行政处罚裁量基准统一事项范围，在已有基础上，拓展到税务登记、账簿凭证、税务检查等管理环节，形成裁量基准对照表，探索通过信息系统有效支撑行政处罚裁量基准。持续推进长三角"一网通办"信息化建设，完善对接长三角电子税务局功能，促进三省两市业务协同、执法统一。

（五）强化税务执法内部控制和监督

将税务执法风险防范措施嵌入信息系统，实现事前预警、事中阻断、事后追责。

1. 定位上，聚焦"两权运行"，以风险为导向、以内部监督和内部控制组织管理为手段、以治理为目标，全面规范税收执法权和行政管理权运行，加强重点治理和精准治理，防范化解重大内部风险。一要坚持依法依规。税务部门必须以党规党纪、法律法规和制度规定为依据，制度化、规范化推进内部控制工作，独立、客观、公正、专业地开展内部监督。二要坚持系统治理。建立健全业务推进、内部控制、督察审计、绩效考评融合衔接、各司其职，各级各类内部监督工作统筹协调、整体推进的系统性治理机制。三要坚持改革创新。主动融入税收改革发展大局，紧紧围绕新形势、新要求，深化一体化监督机制改革，不断增强内部监督工作的科学性、针对性和实效性。

2. 机制上，创新体制机制，以内部风险分析评价为把控点，以问效问责为制化点，建立健全内部风险分析评价机制。立足"信息系统＋业务应用＋内控绩效"税收治理"大三角"，创新治理机制，由税务总局督察内审司牵头，税务总局相关司局参与，按照"业务梳理＋行为留痕＋指标构建＋数据集成＋态势分析"的思路，建立全国税务系统内部风险分析评价制度，对内部风险进行标准化、常态化分析评价，为业务主责部门优化顶层设计、强化内部控制提供重要参考，为统筹各级督察审计工作，减少重复监督、强化集约监督提供重要支撑，为优化绩效考评机制，强化精准考评和关联考评提供重要依据，并与其他监督工作衔接，实现内外风险一体化防控、监督一体化推进，进一步优化税收治理体系、提升治理能力。

3. 效果上，发挥制度优势，强化治理"杠杆"，充分运用内部风险分析评价结果。建立健全内部风险分析评价结果运用机制，向各级税务局及时推送内部风险分析评价结果，直观展示并动态更新，将内部风险防控责任和目标分解到权力运行的"神经末梢"，压实风险发现、科学推送、有效处置、改进提升"四个有人管"的主体责任和监督责任，形成防风险目标明确、抓整改举一反三、强管理落实落细、促规范人人有责的良性循环，促进内部监督计从重问题发现向重效能提升转变，促进税务机关和税务干部从被动接受监督向主动从严管理转变，促进内部控制建设倚赖管理部门推进向主责部门主动强化转变，为税收治理体系和治理能力现代化提供重要保障。

（六）加强税务执法队伍建设

打铁还需自身硬，提高税务执法效能，实现精细税务执法，税务执法人员必须要有"善治"的本领。这就要求税务执法人员一方面自身要不断的学习，让自己有勇立潮头的资本。另一方面税务机关要组织开展业务技能培训，着力培养挖掘系统内税收、会计、法律、计算机、心理等专业人才,组建执法团队,提高执法效率,锤炼"善治"本领。例如,在当前疫情防控常态化的形势下,对"非接触式"执法方式开展专门的系统培训,让税务人员熟悉并合法运用网络平台开展新的执法方式,提高执法质量。在防范税收执法风险、税收规范性文件的制定和审查、重大税务案件审理、办理行政复议和税务行政诉讼案件等关键点位,坚持更高标准、更高要求,着力建设德才兼备的高素质税务执法队伍,建立公职律师队伍,加大税务领军人才和各层次骨干人才培养力度。要大力培养税务大数据分析专业人才,还可专门引进一批数据处理专业化人才服务税收执法,用更加专业的角度引领税务执法数据的处理与运用。

课 题 组 组 长:吴伟民
课题组副组长:陈金清　杨荣标
课题组成员:林　峰(执笔)　王　启(执笔)

破产重整企业涉税费滞纳金问题处置及实务操作研究（三等奖）

国家税务总局龙游县税务局课题组

一、税款滞纳金的法律性质

《税收征管法》中第三十二条明确规定，"纳税人未按照规定期限缴纳税款的，扣缴义务人未按照规定期限解缴税款的，税务机关除责令限期缴纳外，从滞纳税款之日起，按日加收滞纳税款万分之五的滞纳金。"明确的法律定性是对税款滞纳金制度进行研究的前提，但目前税法学界对税款滞纳金的法律性质一直存在争论，主要存在以下几种观点。

（一）行政处罚论

该观点认为税收滞纳金是因未按时缴纳税款所适用一种行政处罚。日万分之五（年18.25%）的高利率是一种最直观的经济制裁方式，相当于罚款。目前看来行政处罚论是不具合理性的。理由在于《行政处罚法》第二十四条明确规定了行政机关不得对同一违法行为，给予两次以上的处罚。而《税收征管法》第六十五条明确规定，税务机关追缴欠缴的税款、滞纳金，可并处欠缴税款百分之五十以上五倍以下的罚款。若将税款滞纳金视为行政处罚，明显违背了"一事不二罚"的精神，由此看来行政处罚论是不具合理性的。

（二）利息补偿论

该观点认为税款滞纳金是由于纳税人侵占国家税款导致国家债权受损而应缴纳的带有利息补偿性质的补偿金。这一观点被大部分税务机关和学者所认可，但难以被大众所接受的主要原因是《税收征管法》第六十五条中规定，纳税人超过应纳税额缴纳的税款，可以向税务机关要求退还多缴的税款并加算银行同期存款利息。退税按银行同期存款利率算息，少缴税款按日万分之五（年18.25%）的高利率加收滞纳金的做法具有明显的惩罚性，若认定为利息，难以在法理和情理上找到立足点。可见利息补偿论并不能完全体现税款滞纳金的本质特征。

（三）行政执行罚说

该观点认为税款滞纳金是税务机关对滞缴税款的纳税人所实施的一种行政执行罚，是同原义务结合在一起的义务，目的就是督促纳税人尽快履行原义务。但这种观点的不足之处在于混淆了税款滞纳金与《行政强制法》中的滞纳金，虽然都称之为滞纳金，但是在性质上而言却大有不同。《行政强制法》中第十二条明确规定加处罚款或者滞纳金是行政强制执行的方式之一。而从《税收征管法》第四十条规定中可以看出税款滞纳金是强制执行的对象。明显性质不同，再者说行政机关对于《行政强制法》中的滞纳金有一定的自由裁量权，而税款滞纳金是符合法定的几种情况之一方可核销，因而不能将税款滞纳金单纯地认定为行政执行罚。

（四）损害赔偿兼行政执行罚说

该观点在一定程度上弥补了行政执行罚说的不足之处，认为税款滞纳金不仅督促了纳税人尽快履行原义务，而且万分之五（年18.25％）高利率加收滞纳金的做法是对违法占有国家财产导致对国家造成损害而进行的赔偿，从两方面对税款滞纳金进行剖析理解，不仅反映了税款滞纳金的"补偿性"，又解释了税款滞纳金的"惩罚性"。通过比对分析，笔者更倾向于这个观点。

二、税款滞纳金实务存在问题

（一）税款滞纳金清偿优先权问题

在企业破产过程中，税费追缴是税务部门的重要工作，其中对于税费本金的受偿是有优先权的，但对其对应产生的滞纳金的受偿是否具有优先权在很多破产案件中存在争议。

目前我们在遇到滞纳金受偿权问题，特别是对税务机关来说，会产生该依据哪条法律、法规或政策文件的难题，因为部分文件对滞纳金优先权的解释不同。其中《国家税务总局关于税收优先权包括滞纳金问题的批复》的有关规定，企业破产清算时，滞纳金具有优先权；而《最高人民法院关于税务机关就破产企业欠缴税款产生的滞纳金提起的债权确认之诉应否受理问题的批复》中，破产企业的税款滞纳金不应具有优先权，应属于普通债权；2019年《国家税务总局关于税收征管若干事项的公告》文件中，总局对滞纳金处理做了进一步说明，明确税务机关应将税费滞纳金认定为普通债权。不难看出，这几个政策文件都存在滞纳金是否存在优先权不明确的问题，这就导致税务机关在债权申报申诉中处于被动。如在福建省的一则破产案件中，企业与税务机关产生了滞纳金争议，税务局主张，对破产案件受理前税款产生的滞纳金应按税款等同处理，具有优先受偿权。最终判决中，法院认为滞纳金具有优先受偿权的依据并非法律、法规的规定，只是对个案的解释，不具有普遍约束性，更应当依据上文中最高人民法院关于滞纳金的批复执行,最终认定为普通债权。而在广东威诺德电气有限公司起诉东升税务分局一案中,该公司主张税款产生的滞纳金不应按优先债权处理,应等同于普通债权。在最终判决中,法院认为,按照有关政策文件解释,税款滞纳金应按税款处理,同样具有优先权。

实际操作中,由于法规与法规相冲突,税务机关在债权申报时就会十分被动,导致破产案件中争议不断出现。就目前文件时效性上来看,无论是税务总局发布的批复、规定还是《企业破产法》、最高人民法院发布的批复这些文件都是现存有效的,但却存在着对滞纳金解释说明不一致的现象,这也造成了在破产企业清算过程中申报关于滞纳金是否应享有优先受偿权的争议。

(二)受理破产后产生的滞纳金处理问题

在法院受理破产申请后,系统内后续产生的滞纳金在实际操作中存在较多的难点。根据相关文件及法律法规规定,破产企业滞纳金在人民法院裁定受理破产之日停止计算。《破产企业法》第十四条规定:人民法院应当自裁定受理破产申请之日起二十五日内通知已知债权人,并予以公告。法院裁定受理破产申请后至法院宣布破产期间,税收操作系统并无相应模块可以阻断滞纳金的计算,导致企业滞纳金持续增加。如衢州市某企业,于2020年6月底向法院申请破产,但税务机关于2020年7月向法院申报债权时,根据相关文件规定滞纳金应计算至2020年6月底,但系统内滞纳金仍持续增加,截至目前企业相较于申报债权之日滞纳金已增加千元。

滞纳金作为普通债权,在财产分配中通常只能得到部分清偿,税务机关在收到法院分配款后需对企业现有的欠税信息进行开票。但在现有的操作系统下滞纳金无法单独开具税票,只能通过与正税一起开具税票或在正税缴纳完成后单独开具滞纳金税票。目前,上述企业法院执行款已打入国库,但因税收征管系统内无相应模块可直接消除法院裁定受理破产申请后至宣布破产期间所产生的滞纳金,导致开具税票时系统内滞纳金的金额超过申报债权时滞纳金数额;现该企业已开具相应正税发票,但由于系统未停止计算滞纳金,开具正税发票后产生的滞纳金计算期起止税收征管系统内已无法显示,只能显示单独的滞纳金的数额,导致债权申报的滞纳金低于系统内显示的滞纳金,在后续注销时核销企业欠税存在较大的风险。

从上述案例中可以看到,在法院受理企业破产申请后,按文件要求应停止计算滞纳金,但是税收征管系统内未进行相应模块的完善,导致文件口径与系统不一致。这一方面造成了企业宣布破产后滞纳金核销的难点,另一方面也加大了税务机关在债权申报时的风险,同时在企业注销时也不符合相关文件的要求,这就需要我们对税收征管系统进行优化,阻断法院受理破产申请后滞纳金的计算,确保文件口径与系统数据一致。

（三）企业破产重整后滞纳金挂账问题

破产重整是对有希望获得重生的企业，进行生产经营上的整顿和债权债务关系上的清理的法律制度。根据《企业破产法》第二条规定，企业法人不能清偿到期债务，并且资产不足以清偿全部债务或者明显缺乏清偿能力的，依照本法规定清理债务。企业法人有前款规定情形，或者有明显丧失清偿能力可能的，可以依照本法规定进行重整。债务人或债权人向人民法院提出破产重整申请，是在供给侧结构改革下，企业试图恢复正常生产经营能力并实现自我救赎的一种方式。

进入破产重整程序后，企业由法院指定的管理人代为管理企业日常生产经营，待明确重整计划及债权分配方案后，对现有债权进行清偿。破产财产优先清偿破产费用和共益债权、职工工资后，再清偿税收债权。笔者结合所在税务机关以往案例及周边案例得出，绝大多数破产重整企业财产分配方案中，税务机关可从企业破产重整中获得相应税收债权本金，但滞纳金清偿完毕较难以实现，易形成滞纳金挂账现象。

对于破产重整企业的滞纳金，就目前税务机关无明确可以核销的依据。《欠缴税金核算管理暂行办法》第八条规定，只有在纳税人已消亡的情形下，税务机关依照法律法规规定，根据法院判决书或法定清算报告核销欠缴税款和滞纳金。由于破产重整企业并未依法注销，因此不符合对欠缴税款和滞纳金进行核销的条件。各地税务机关参照此条规定执行，重整企业滞纳金仍在金三系统显示。从税务层面来说，需待企业缴清剩余滞纳金后，企业才被认可为"新设立企业"。

重整企业滞纳金挂账对企业后续经营、恢复征信带来了一定的影响。衢州市某集团有限公司由破产清算转为破产重整后，按照重整投资方案和切实可行的重整经营方案，财产分配后，现税务系统税款滞纳金挂账1500多万，社保费滞纳金900多万。目前来看，该企业虽已恢复正常经营，但是在纳税信用评定、退税费、贷款融资、项目招投标等方面受到限制。

企业通过破产重整恢复了正常经营，但又受制于法律法规的不完善、滞纳金挂账、信用修复难等，又使企业陷入了新的生存困境。因此，笔者认为企业破产重整后的后续保障体制机制和监管制度将是我们后续研究的重点。

（四）税务机关如何行使企业破产重整中涉及滞纳金表决权的问题

破产重整中管理人或债务人为了能通过重整计划，往往会保障税款及社保费的清偿，而滞纳金作为普通债权大部分情况难以全额受偿。对比破产清算，税务机关往往能够以重整的方式获得更多的清偿。这便引发了税务机关在本金获得清偿、滞纳金部分受偿的情况下，能否在表决重整计划时投赞成票以及税务机关放弃部分滞纳金是否存在执法风险的问题。

　　从物权上分析，税费收益的所有权归国家享有，任何组织和个人都不得擅自动用。对于已经确定的应入库税费及滞纳金，税务机关应当通过各种方式及时征收到库。因此，有人认为在没有明确政策操作指引的前提下，依照"法无授权不可为"的原则，即使通过破产重整草案更有利，也不能投赞成票，税务机关无权代替国家放弃部分债权，否则可能会引发执法风险。目前，部分税务机关为规避潜在的风险和达到挽救企业的目的，先与法院、管理人、出资人做好解释沟通，在分组表决中投反对票。即使因税务机关的原因最终表决未通过，债务人或者管理人仍可以申请法院批准强制通过。

　　但这种一刀切的做法是否真的合适呢？笔者认为这种做法是有待于商榷的。投反对票会增加法院、管理人的工作负担，增加企业破产重整的成本，从挽救企业来说是不利的，更不符合《企业破产法》的立法目的。投反对票也是对税费债权属性及税务机关在破产程序中所扮演角色的不当理解。税务机关应当代表国家对其进行追缴，维护国家税费权益，可以动用公权力采取划拨存款在内等行政强制执行手段，在追缴不能的情况下，甚至可以提起企业破产清算申请。当前，相关法律及司法解释中已明确了税务机关债权人的法律地位，这一角色也为各方所认可。在表决企业破产重整时，作为一个正常的债权人当然应选择对己方有利的方案。因此，在保证税费债权优先性，所有债权人公平受偿普通债权的情况下，即使放弃了部分滞纳金受偿的可能性，也可以表决通过相关草案。这既不会带来潜在的执法风险，也能利用好现有政策，为企业减轻历史遗留的包袱，助力企业在后破产时代实现凤凰涅槃。当然参会的工作人员也不能擅自作主，事先要科学评估税负方面的可行性和征管上的可操作性，充分征求管理股室的意见后，才能进行表决。

　　（五）企业破产程序中税收滞纳金能否超本金问题

　　从目前来看，在涉及企业破产的具体司法判例中，对这个问题则有税收滞纳金不应超过欠税税额和可以超过税额本金两个不同结论。从单纯税务角度看，国家税务总局在网上回复纳税人问题时有明确回答，滞纳金应按照征管法的规定进行加收。此后的一些年，各地的税务机关在处置这类涉税问题时都照此执行。例如，湖南省税务局在网上曾有答疑：针对于《行政强制法》第四十五条之规定，税收滞纳金本质上是税收征收行为，不是《行政强制法》所规定的"加处罚款及滞纳金"行为，不适用行政强制法，因此可以超过欠缴税款的金额。根据检索判例，曾经出现在广西南宁市的一起判例显示，法院最终认为相关税务法律、法规已经对税收滞纳金的收取有了明确的规定，作为被告的税务局据此加收某原告的滞纳金合法有据，故予以采纳，支持了税务局对超过本金的滞纳金征收。应引起注意的是，目前各地法院大多支持按照《行政强制法》的规定来适用判罚，即在确认破产企业债务时，更倾向于税收滞纳金不得超过所欠税款本金。例如,河北省曾出现过一起判例,根据河北石家庄市中院作出的判决书显示,法院支持了南甸税务分局对某公司的催缴税款 2439975.08元,认定符合法律规定,但法院在审判中认为滞纳金是一种行政强制,根据《行政强制法》第 45 条之规定,认为税务局加收的 14397072.96 元滞纳金计算不准确,适用法律不正确,滞纳金不能超过本金,最后判定税务局对多收的11957097.88 元滞纳金予以退还某公司。税务机关在日常征管过程中,在滞纳金问题上所采取的措施也开始发生变化。例如,在笔者所在单位以往参加申报债权的破产案例中,也未出现税收滞纳金超过本金的案例。

笔者认为,从法理上分析,滞纳金在一定程度上是一种行政执行罚,其目的是为了督促行政相对人履行相应义务,应当适用《行政强制法》中滞纳金不能超本金的强制规定,不存在例外情形。按照国家不与民争利的原则,如果滞纳金能超过本金,在破产程序中将极大的损害广大债权人的利益。当然,无论税务机关答复还是司法判决文书,都只是执行法律范畴,代表不了任何立法事项。

三、国外税款滞纳金制度概况及对我国的借鉴

在德日美等国家,对欠缴税款的纳税人采取两种措施:一是利息,二是处罚。下面将对部分国家和地区的滞纳金制度进行介绍分析,寻找一些可借鉴的经验和内容。

(一)《德国租税通则》采用的是滞纳金与利息并行的模式

对滞纳金的解缴方式、清偿顺序、课征标准、加计利息等情况做了明确的规定。在滞纳金的法律性质认定上,明确税款滞纳金是一种督促纳税人及时缴纳税款的手段,并非罚款或税款,法律性质为附加在税款的附带性金钱给付义务,不适用处罚及税款追缴条款,且不能单独追缴,加收比率为按月 1％。而且在《德国租税通则》238 条规定了加收利息为 0.5％,第 233 条第一款规定,在法律没有明确规定时,滞纳金与利息不得同时征收。德国税法将滞纳金视为一种督促手段,在纳税人无力偿还时,无需强行督促。另规定纳税人在延滞纳税时需要承担滞纳金,若国家未及时退税时,也需向纳税人退滞纳金,体现了德国税法将税务机关与纳税人放在同一层次的公平地位,值得我们借鉴学习。

(二)《日本国税通则》中采用的这是延滞税、利息税并行的模式

滞纳金认定为延滞税,其性质相当于私法债务关系中的延迟利息,缴纳期满次日至满二个月之日年息为 7.3％,超出二月之期则按 14.6％。对于纳税人申请延期纳税或申请延长纳税申报期限的特殊情形,采用年 7.3％ 的利息税。其目的就是促使纳税人按时申报缴纳,以达到不同纳税人之间公平税负

的目的。而且《日本国税通则》第 63 条中明确规定，"因自然灾害、停业、换价延缓纳税以及滞纳处分执行停止等情形，同时赋予税收行政机关在其他一定条件下可根据自己的判断对滞纳税予以免除的权力"。可见，日本税法对税务机关赋予了滞纳税处理的自由裁量权，在保证国家税权实现的同时，也实现纳税人权益的保证。

（三）美国《国内税收法典》采用的则是利息和处罚并行的模式

对未申报的纳税人细分为欺诈性未申报和不属于欺诈性未申报，分别处以 15％－75％ 的处罚和 5％－25％ 的处罚，并对未及时缴纳处罚的纳税人再罚以净应纳税额的 0.5％ 的罚款直至上限 25％。而对已申报未按期缴纳的纳税人而言，利息利率为联邦短期利率＋3％，处罚最低为欠税金额的 2％ 最高可达到欠税金额的 15％，综合利率与我国 18.25％ 的年利率近似。而对利息与处罚法定且分类细化的法条能较好督促纳税人及时缴纳税款避免被处罚，从而实现国家税权的保障。

四、意见建议

根据《企业破产法》相关条文，笔者制作了企业破产重整程序中与税费滞纳金处置相关环节的流程图，结合税务机关所面临的实际问题，从立法层面到实务操作提出相应的对策建议，希望能够对税务机关处置同类问题有所参考。

（一）破产重整受理前

要严格税费滞纳金的监管。主管税务部门要及时摸清家底，及时掌握企业欠缴数据，定期开展催报催缴，督促纳税人按时缴纳税费款，对发现逾期未缴纳税费的，滞纳金也需一并催缴。同时，还应通过发起税务行政处罚、限制企业法定代表人出境等措施督促企业积极履行缴纳税款、社会保险费及滞纳金的义务。必要时，税务机关可掌握主动权，采取税务行政强制执行措施，一并将欠缴的滞纳金执行到位。

（二）申报债权环节

开展税费滞纳金问题相关知识的宣传。当前税务机关的普法宣传的注意力更多的在于正常经营的企业，还未深入到破产涉税费滞纳金处理领域。而当前出现的种种困境，很大一部分原因是管理人、投资人对税费滞纳金问题的理解问题。因此，税务机关还需要加大宣传力度，下沉到管理人、破产企业中，及时解答相关疑惑，更有利于推动破产重整程序的进行。

妥善处理新产生的滞纳金问题。可以考虑将法院受理破产案件后到重整程序终结期间的滞纳金纳入共益债务，对欠缴滞纳金数额不大的，在破产财产中预留部分份额进行清偿，或者将这部分滞纳金在计划草案中进行明确，由战略投资人负责清偿。对于滞纳金数额巨大影响重整计划的，应当及时向管理

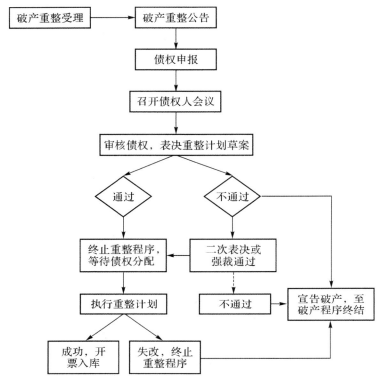

图 1　破产重整中涉税费问题处置流程

人和投资人释明。

（三）表决重整计划草案环节

依法行使债权人相关权利。对待企业破产问题，各方应当以破产企业实际经营情况为基础，尊重市场经济优胜劣汰的规律，科学的做好企业破产工作。税务机关要依法对企业破产过程中开展税费征管工作，不能让破产重整、和解成为逃避债务的手段，最大限度减少滞纳金的流失。要强化与司法部门的沟通交流，提前对滞纳金处理问题进行沟通，明确滞纳金受偿的范围和后续管理，相互配合，形成协税、护税合力，共同推动破产程序的顺利进行。

引入重大执法决定法制审核制度。基层税务机关可以整合资源优势，发挥主观能动性，坚持稳中求进，将规范行使表决权、不予加收滞纳金等问题纳入重大执法决定法制审核范畴。通过发挥公职律师、法律顾问的参谋作用，为领导决策提供相应的法律意见，为破产企业涉税费问题处置做好参谋。

（四）开票入库环节

建议开发税费滞纳金计算模块。在设计新的金税四期税收征管系统时，可以开发一套适用于企业破产处置的模块。税务工作人员在收到法院相关法律文书后，可在系统输入案卷号等相关信息，系统将自动停止计算后续滞纳金，确保系统数据与债权申报数据保持一致性，帮助税务机关提高工作效率，降低执法风险。同时应当完善滞纳金计算功能，通过滞纳金计算模块查询具体对应的税费种，防止出现计算错误的问题。

（五）后续管理环节

征管系统内要建立滞纳金区分功能。建议在征管系统中区分逾期未缴纳税费导致的滞纳金和破产重整、和解后未受偿的滞纳金，对这两种滞纳金作不同的对待。逾期未缴纳的滞纳金视同税款管理，影响企业的信用等级评价及税费政策享受。对经过法院裁定后不能受偿的滞纳金可设置后缀备注，经系统处理，该部分滞纳金不会对破产企业后续涉税费问题产生实际不良影响，不影响破产企业享受正常的税费优惠，在征管系统内即可解决这个障碍。

有序推进滞纳金问题的处置。在现行滞纳金不能核销的大前提下，税务机关、法院、管理人及破产企业可形成一定的默契，在后破产的管理中，税务机关不再主动催缴未受偿的滞纳金。下一步，要在充分调研的基础上，不断完善滞纳金核销政策，建议参考行政强制执行中执行协议相关内容，对未受偿的滞纳金进行部分减免或在一定条件下终止征缴。

（六）政策法规环境建设

深化法治精神的贯彻执行。在修订新的《税收征管法》时，要注重与相关部门法的衔接，可以直接规定税费滞纳金不得超出本金的内容。贯彻好《行政处罚法》《行政强制法》中基本原则的条件下，再凸显税费管理上的专业与特点，源头上避免法条之间的竞合与冲突。在核销滞纳金的问题上，应当通过法律法规进行明确，解答企业破产重整后的滞纳金是否能够核销的问题，做到权威性和统一性。

规范政策性文件的出台。按照2021年税务总局等十三部委共同下发的《关于推动和保障管理人在破产程序中依法履职进一步优化营商环境的意见》口径来看，滞纳金仍旧只能在清算完结后才能核销，在破产重整程序中不能突破这个原则。虽然有省级税务机关出台了企业破产重整、和解核销的文件，但在当前背景下不能突破上级规范性文件的强制性规定，各地应集中清理对滞纳金问题的个别答复，相关文件与当前政策有悖的，要及时修正或废止，否则将导致政策的混乱。

加强税务系统内部口径管理。税务总局将滞纳金同视为税费本金进行管理，这体现了对国家权益的维护，从税费行政管理角度来执行是可行的，但在企业破产或涉税费滞纳金司法拍卖中应当适用破产法和司法解释中债权的分配顺序以及物权优先于债权的基本精神,尊重司法机关的不同理解。税务系统内部应当加强口径管理,做到上下一盘棋,用一个声音说话,为基层税务机关尽职履责扫清障碍,更好地维护国家税费权益。

课题组组长:祝　攀
课题组成员:范　鑫　金芝媛　赖齐乐
　　　　　　袁　胜　段　正　徐　晨
　　　　　　郑　思　李航波

运用大数据进行协同治税和决策资政的思考(三等奖)

国家税务总局海盐县税务局课题组

2021 年 2 月浙江省发布《浙江省数字化改革总体方案》，全面开启浙江数字化改革；2021 年 3 月，中共中央办公厅、国务院办公厅印发《关于进一步深化税收征管改革的意见》，提出了要实现税收治理数字化、智能化、智慧化的突破，这为深入推进税务领域"放管服"改革，充分发挥税收职能作用，推进新时代税收现代化新征程，明确了新的目标。当前，大数据时代的信息革命正如火如荼，税务部门不仅要迎接新的挑战，还要把握好这一时机，通过大数据来优化税收治理体系，更要在更高层面协同助力推进现代化国家治理能力的提升。本文拟就运用大数据进行协同治税和决策资政谈几点意见，以期为后续研究抛砖引玉。

一、大数据的概念及运用大数据协同治税和决策资政的重要意义

"大数据"(Big Data)一词的出现最早可追溯到 20 世纪 80 年代，当时美国著名未来学家阿尔文·托夫勒在《第三次浪潮》[①]一书中做出预言：大数据是第三次浪潮的华彩乐章。它是指无法在一定时间范围内用常规软件工具进行捕捉、管理和处理的数据集合，是需要新处理模式才能具有更强的决策力、洞察发现力和流程优化能力的海量、高增长率和多样化的信息资产。理论界对"大数据"概念有两种比较权威的说法：一是旅美学者涂子沛在其所著的《大数据》一书中将其定义为："大数据是指那些大小已经超出了传统意义上的尺度，一般的软件工具难以捕捉、存储、管理和分析的数据"。而英国牛津大学教授维克托·迈尔—舍恩伯格则在其《大数据时代》一书中提出"大数据是人们获得新认知、创造新价值的源泉，是改变市场、组织机构以及政府与公民关系的方法"。大数据被誉为"21 世纪的新石油"。现在全球每年产生的数据信息量年

---

① 作者阿尔文·托夫勒，1980 年出版，该书将人类社会划分为三个阶段：第一次浪潮为农业阶段，第二阶段为工业阶段，第三阶段为信息化阶段。

增40％，数据信息总量每两年就可以翻一番，而且有90％的数据信息内容属于非结构化内容（视频、图片等）。"大数据"之"大"，不仅仅在于其"容量之大"，更多意义在于人类通过对大容量数据的交换、整合、分析，可以发现新知识，创造新价值，从而带来"大科学"、"大知识"和"大发展"。可以说，大数据已经渗透到每一个行业和业务职能领域，逐渐成为重要的生产因素，而人们对于海量数据的运用将预示着新一波生产率增长和消费者盈余浪潮的到来。世界上许多国家都已经认识到了大数据所蕴含的重要战略意义，纷纷开始在国家层面进行战略部署，以迎接大数据技术革命带来的新机遇和新挑战。

当前，"以数治税"已经成为我们国家税收信息化发展的重要抓手。运用大数据协同治税和决策资政是新时代的要求和呼唤，是推进税收治理能力现代化的重要举措，是坚持以人民为中心优化营商环境的重要举措，这对高质量推进新时代税收现代化和深化"放管服"改革、进一步激发市场主体活力具有重大意义。

（一）推进税务智治、运行一体

"以数治税"有利于推进税务领域数字化改革，构建税务智能治理新格局。通过深化数据互联互通和资源共享共用，强化数据资源和基础设施统一集中管理，可以形成一体化税务基础设施平台和税务大数据平台，从而以数字化撬动税务全过程、全方位的创新变革，有利于推动征管制度重塑、业务流程再造、组织体系优化，推动形成一体化运行机制。

（二）提升服务精细、缴费便利

从"大厅办"到"网上办"，从"一窗办"到"掌上办"，便捷的办税流程背后离不开数字化建设在税收工作中发挥的作用。此外，在发票电子化的基础上，"一户式"及"一人式"的税收大数据管理方式，使税务机关得以归集每一个纳税人缴费人的全部税费信息，从而为向纳税人缴费人提供精细的税费服务创造了前提条件，进一步推动我国纳税缴费便利性迈上新台阶。

（三）强化数字赋能、风险防控

通过深化税收大数据采集应用，有利于为决策指挥提供数字化支撑，实现差异化管理服务，为税收治理体系和治理能力现代化提供保障。通过实时采集税收数据要素，深挖数据价值，突出税收风险管理和信用管理，推进数据与业务深度融合，发挥出数据分析在风险识别预警等方面的积极作用，有利于强化风险防控，更好提升税务风险管理和执法的精确度。

（四）促进数据共享、协同共治

税收大数据的科学性还反映在协同共治，进一步精准服务宏观经济决策方面。《关于进一步深化税收征管改革的意见》中提出，"2025年建成税务部门与相关部门常态化、制度化数据共享协调机制，依法保障涉税涉费必要信息获取"。此举将实现在税费领域的数据连通，又实现跨部门之间的数据共享，通过数据信息的交换，能有效助力数字政府、数字经济、数字社会、数字法治建设，发挥税收大数据在产业链分析、经济运行监控研判、经济风险识别预警等方面的积极作用。

二、税收大数据运用现状及存在不足

2020 年以来，我省依托数据信息技术的发展，在金税三期工程、自然人税收管理系统、税收大数据平台的支撑下，"非接触式"办税缴费、纳税人供应链查询程序、增值税专用发票电子化等创新实践亮点迭出。比如在 2019 年疫情期间，海盐县局成立"利用大数据解决纳税人需求管理"工作专班，利用大数据筛选年初以来还未开具发票或销售恢复率低于平均、用能数据低迷的重点税源企业名单加强复工复产重点帮扶、及时解难；通过企业开票数据深入分析全县外贸形势和企业复产复销情况，为县委县政府决策及时提供参考建议。这些运用实践，不仅为助力国家疫情防控和复工复产大局、提升税收征管和纳税服务水平与质效、推进税收治理现代化作出了积极贡献，也为信息技术助力税收管理与服务领域的研究提供了丰富的源泉和素材。当前，我国各地第三方涉税信息主要是通过部门之间协商合作的形式开展。例如同级部门之间进行横向数据交换，或者依据国家税务总局等有关部门发布的公告进行信息共享与推送。从对第三方涉税信息的收集和处理来看，税务局对数据信息的处理仍然处于粗放阶段，大多以人工比对为主。税务部门将获取到的涉税信息大多通过简单的 Excel 表格进行数据筛选和分析汇总，可以说现阶段的涉税信息利用仍然处于初级阶段，没有应用现代的数理统计模型及软件，信息利用程度低，信息使用质量有待提升。

习近平总书记强调，实施创新驱动发展战略决定着中华民族的前途命运。当前全球范围内研究发展大数据技术，运用大数据完善社会治理，提升政府服务和监管能力正在成为趋势。纳税信息的数据化使得传统的税务治理手段不适应时代发展的需要，运用现代科学技术实施数据管税成为必然选择，但要用好"以数治税"还任重道远，目前存在不足集中体现在以下三方面：

（一）税收基础数据质量不高

利用数据技术手段处理税收信息，既是提高涉税数据信息质量的基础，又是提升税收治理水平的关键。目前，税务系统内部诸多系统需要进一步整合，数据标准不一，且部分系统缺乏数据校验机制，导致数据质量不高；其次外部门交换获得的数据差异性大，不仅与税务系统数据存在差异，外面各个部门之间的共享数据也存在较大差异，导致税收治理的基础数据呈现分散性和无序性，出现"系统条块化"和"信息孤岛"等问题，降低了数据的可比性和可利用性,不利于提高数据的收集、处理和分析效率。

（二）涉税数据共享交流不足

在数字经济条件下,纳税人经营信息更加多样化和复杂化,税务机关获取纳税人信息的难度明显增加,导致税务机关对纳税人生产经营状况等信息的采集不全面,缺乏系统性、真实性和准确性。同时,税务部门与外部门涉税数据的共享交流不足,对外交互有限,不同部门之间存在壁垒,难以实现互联、互通、共享、共治,停留在按需申请、人工传递等方式,数据交流的深度不够、效力不足,数据时效性及可靠性较差。

（三）涉税大数据应用效力不够

当前大数据应用还在初始起步阶段,信息数据分析的广度深度不够,应用程度也不高,数据信息未能被有效利用,未能在风险防控、征纳服务等方面有效施力。以信息化手段提升服务效率不充分,办事慢、办事繁的问题在一定程度上仍然存在。另外,数字化革命在使部分岗位、个别技能趋于简单化的同时,也使一些特别岗位对人才的要求更严格,如数据开发人员、数据分析人员、软件运用维护人员等,基层税务机关既懂计算机又懂税收业务的复合型人才严重缺乏。

三、涉税大数据管理国际借鉴

目前,美国、日本、澳大利亚、意大利等欧盟发达国家在税务上大部分都建立了信息中心,已经形成了健全完善的涉税信息共享体制。通过大数据的技术应用提升了整个国家的税收征管效率,构建详细健全的法律法规,实行代扣代缴制度和第三方信息报告制度,从而增强纳税人对纳税的遵从度,从根源上遏制了纳税人偷税漏税的行为。本文从几个税务信息化发展较为成熟的国家进行经验借鉴,以期为我国涉税大数据管理带来启示。

（一）美国涉税信息共享及大数据应用管理情况

美国作为经济大国,从 20 世纪 60 年代就开启了对税收管理信息化的探索之行。经过反反复复的修正与完善,如今美国税务部门已经构建起一个高效、便利、快捷的涉税信息共享机制。这个税收系统涵盖了税收流程中的各方面工作,包括纳税申报、税收征管、税源监控、税收审查。在建立税收征管信息系统时,美国将数据库的数据统一标准口径,并搭建了开放的信息平台,使税务部门与其他涉税信息部门能够及时地共享涉税信息,同时确保内部和外部都可以及时准确地查询到数据信息,这对数量庞大的税务部门起到很大的协调作用,减少了工作中耗用的人力、物力。并且每个美国公民都需要办理一个类似身份证的社会安全号码,在公民办理任何涉及经济的业务时都必须提供这个号码,税务部门通过税收征管系统运用大数据的"数据挖掘"技术对每个公民涉税的信息进行查询、分析，以此来降低税收风险，有效监控每个公民的纳税。

（二）澳大利亚涉税信息共享及大数据应用管理情况

澳大利亚的税收征管系统以高效率、高水平的数据信息化为基础，引进全范围覆盖的征信系统，建立健全的法律信用体制。在涉税信息共享机制的法律法规方面，目前已经生效的条规有 100 多种，在法律上明确规定纳税人无条件向涉税信息部门提供涉税信息，对不遵从规定的涉税信息者有权进行罚款、处罚等，并限制涉税信息持有者的经济行为。澳大利亚的税务机关通过数据的集中整理，能够快捷便利地查阅各相关部门的数据，大数据管理为税收征管工作的实施打下良好的基础。

（三）意大利涉税信息共享及大数据应用管理情况

相较于其他发达国家，意大利实行涉税信息共享机制建设起步较晚，但意大利依据本国的情况研究出欧盟国家中最为先进的 ITIS 税收信息系统，其系统的成功关键就是在于实现了涉税信息的共享和整合。ITIS 的涉税信息共享就是将子系统与外部信息进行有效整合，组成一个强大的涉税信息数据库。通过这个数据库的共享性和兼容性从各个方面对企业和个人的涉税信息进行有效分类归集和持续跟踪分析，从根源上解决征纳双方信息不对称的问题。

综上，这些西方国家都有完备的法律保障，明确涉税信息共享义务和赋予第三方主体报告涉税信息的协助义务。同时，利用先进的信息技术进行数据汇总整合和分类归集、跟踪分析，以提升大数据管理效能。

四、运用大数据进行协同治税和决策资政具体对策及建议

以数治税，核心是"数据"，关键是"管理"。在数字经济时代，税务机关所需要的涉税信息需要打破部门、地区之间的数据壁垒，形成强大的以大数据分析为支撑的税收数据资源库。同时，要以现代信息技术和网络为依托，通过对数据归集整理、比对分析等的深度应用，拓展税收管理触角，提高税收服务站位，提升税收治理能力，从而满足新形势下税收协同治理和现代化决策资政的要求。

（一）夯实一体化数据应用新基础

1.完善协调机制，深化数据共享

立法完善《税收征管法》，对其中涉税信息共享权的主客体范围、共享原则、共享时限等做出明确的可操作的规定。深化部门间信息共享合作，建立健全税务部门与相关部门常态化、制度化数据共享协调机制，对外拓宽部门之间数据共享范围深度与广度，加强第三方信息采集，如公安户籍信息、国土资源信息、建设工程信息、个税专项附加扣除信息等对税务部门的开放交流，并实

施统一扎口管理;对内以"精细服务、精准监管、精确执法和精诚共治"的"四精要求"为主要探索目标,围绕数字化改革、长三角一体数据共享、共同富裕试验区等方面创新应用,形成数据倒逼机制,针对税收工作的薄弱环节和新形势下新业态的新情况新问题推进各业务条线,研究提出各自完善执法服务监管的数据共享需求,在验证局部试点数据共享成果基础上再进行应用场景推广。比如借助外部门所掌握的建筑项目、房地产备案信息、企业征迁收入、招商未履约达产项目等涉税信息,实现对企业涉税风险信息的全面、动态掌握,有效弥补税收征管系统采集涉税信息的不足。

2. 促进资源整合,提高数据质量

大数据应用的前提是汇集庞大、充足的数据基础,打造好"数据池"。建议税务部门通过大数据平台建设,将各大系统数据与外部信息进行有效整合,通过内部的金税三期系统、自然人税收征管系统、社保费征管系统、电子税务局平台、增值税发票系统的数据和外部数据共享交换数据的汇聚联通及"一并式"集成,组建一个强大的涉税信息数据库。通过这个数据库的共享性和兼容性从各个方面对企业和个人的涉税信息进行跟踪分析,从根源上解决征纳双方信息不对称的问题。同时,建议地方政府构建统一的政务数据资源库,将涉税信息纳入其中共享共用,从而在"信息孤岛"间架起桥梁,形成流通顺畅的"数据蓝海",为大数据应用夯实基础,并定期协调对接各相关部门数据供需要求,科学评估各部门数据共享绩效及其提供数据的及时性、准确性,不断提高数据共享质量。

3. 加强措施落实,保障数据安全

大数据时代下,涉税信息共享操作流程复杂,涉及的参与人员较多,各部门之间的信息都是互通共享的,涉税信息的安全问题不得不引起高度重视,要积极采取措施,实施信息安全管控,确保"数据安全":一要开展数据安全宣传。抓好保护涉税信息安全的法律法规宣传,结合正反典型案例学习,进一步增强数据安全意识。二是加强共享安全防护。探索数据共享平台的安全防护,落实存储私有云、共享查询登陆实名验证、数据导出自动添加查询者实名水印等措施。三是落实保密管理措施。对涉及数据共享管理的全部人员签订保密承诺书,落实涉税数据保密责任。同时,在数据的存储、传输、使用、备份等环节采取安全措施,确保数据不损坏、不丢失、不泄露、不被窃取、不被篡改、不被非法使用。四是制订网络应急预案。开展网络安全攻防演练,定期将涉税信息进行备份保存,设立应急措施和应急方案,保证在风险发生时能够有效地应对。

(二)构建现代化协同治税新模式

1. 加强数据集成,完善治理模式

税收治理数据化水平的提升,离不开政府部门整体数字化水平的提升。

税收数据化水平的提升的同时，也促进着政府部门数字能力、决策资政水平的提升。数字经济的快速发展，更是对政府部门的数据协同以及协同治理提出了迫切要求。一方面，政府部门应积极探索数据合作共享机制，建立政府间数字化协同治理模式，及时解决各部门、各业务之间信息的条块分割问题，加强数据衔接和数据集成，提高税收治理基础数据质量和数据运用效率。另一方面，税务部门以大数据平台、电子税务局等为基础主动对接数字政府、数字经济、数字社会综合应用系统，进一步优化融合各业务生产系统功能，对接"浙里办"APP，按要求加强与外部门的业务协同、数据共享、涉税业务联办等工作。

2. 推动数据共用，促进社会协作

税务部门要将税收征管数字化转型放在整体政府总体规划框架下全盘考量和系统设计，明晰税务机关在数字政府与整体政府中的职能定位与作用，以整体政府的总体规划为智慧税务的子系统建设指引方向。具体而言，公共部门的数据应实现互联互通，系统上应相互配合，进而实现协同联动、精诚共治。通过整体政府打破因部门利益而产生的"数据壁垒"，构建税务与其他公共部门、市场主体、第三方社会组织数据的共建共享共治机制，真正实现数据的跨部门、跨地区、跨层级互联互通。要积极探索区块链技术在电子发票的金融支付验证、社保费征收、房地产交易和不动产登记等方面的涉税涉费信息共享应用。尝试推进自然资源局耕地占用税相关信息闭环管理、环保税在线监测数据共享共用等，积极拓展外部门、中介机构及社会组织的涉税数据共享渠道，广泛开展税费征缴协作。依托省政府公共数据平台，协同推进个税专项附加扣除信息核验、非税事项划转、税收风险联动分析等，构建覆盖全省、多部门联动的税收协同共治体系，深入推进税收治理能力和治理体系现代化。

3. 强化数据分析，提升应用效能

要加强大数据在纳税服务方面的应用，运用大数据分析纳税人的特点和办税习惯，为纳税人提供涉税风险提示和错峰办税提醒等个性化服务，运用大数据精准推送优惠政策信息，做到直达快享、便捷精准，推动纳税服务向智慧服务转变，更好提升纳税人满意度。同时，加强复合型人才培养，提高数据应用分析水平，通过外部涉税数据信息的采集、分析、运用，使税收管理工作有的放矢，精准监管、精确执法更有针对性，从而有效堵塞征管漏洞。以风险管理防控为例，将大数据智能技术融入税收风险管理体系，提升税收风险管理质效：一是风险分析指标化。在分散数据集成后，税务部门可以充分运用大数据算法，对数据样本进行学习、建模，形成风险特征分析指标，并在此基础上形成构建深层集成决策树模型。二是风险管理智能化。可凭借人工智能计算能力，依托风险管理平台，将风险纳税人纳入重点监控库，形成税收监管闭环体系，做到风险管理全流程覆盖、风险质效全角度展示。三是风险预警具像化。

通过深度运用各种来源渠道的大数据对纳税人基础信息、办税行为习惯、违法记录等特征信息进行综合画像,让税务人员迅速了解、甄别纳税人的特征,并发现纳税人潜在的风险,描绘风险分布与轻重缓急,从而提高税收风险管理质效。

(三)谋划科学化以税资政新篇章

1.加强联动分析,服务发展大局

税务部门掌握着最小颗粒的经济数据,在开展社会经济发展运行情况调研方面有着得天独厚的优势,要及时、充分地加工整合数据,读出数据背后的价值,让税收数据从点到线再到面,建立税收大数据蓝海,将数据制成助力企业经营、促进经济发展的"利器"。要挖掘数据优势,发挥税收数据反映经济动态较"快"、记载经济活动较"准"、覆盖经济领域较"全"、数据颗粒度较"细"的优势;要搭建逻辑关联,从数据中提炼出有用的信息,让数据会"说话",在现有税务部门数据资源与经济运行之间建立逻辑对应关系;要把准分析主题,基于税收经济分析框架,围绕地方党委政府关心的问题,结合税收数据情况,开展有特色的常规性经济运行分析,不断推出具有准确性、权威性、参考性的分析报告。同时,要加强对数据的深入挖掘,让大数据分析应用常态化。以发票为例,企业有销售就会有收入,有收入就会开具增值税发票,一张张增值税发票上的产销信息不断累积,就形成了税收大数据。发票数据具有独特优势,在微观上可以反映企业生产经营状况,在宏观上可以反映经济运行态势。一方面,通过分析企业微观数据,为企业建立动态税收"画像",能够及时了解企业生产经营状况,精准用于制订对困难企业的帮扶措施,提供有针对性的税收政策辅导,减轻税收负担、激发企业活力。另一方面,透过税收大数据可以看经济基本盘,从行业、地区、经济规模、所有制类型等不同维度对税收大数据展开深入分析,可为地方经济决策提供参考。

2.围绕政策落实,跟踪效应发挥

税务部门要在服务大局中提升站位,切实围绕减税降费等新政策,盯紧经济运行、政策效应,多角度、长跨度、全维度地进行分析。既着眼过去,又展望未来;既分析成效,又反映问题;既体现税收语境,又对接宏观经济;切实提升税收分析的使用价值和引领价值,使分析成果更好地契合大局所需。建议从"点"上抓好重点企业数据挖掘,通过企业重点税源报表,税收调查表、减免税数据,网报系统、出口退税等数据的分析,掌握企业生产经营状况,关注重点企业发展方向;从"线"上实现行业数据归整,结合新产业、新业态定期开展税收经济动态分析,跟进减税降负政策改革实施情况对经济社会的影响。着力开展特色税源行业、关乎民生行业的经济税收分析,尤其是对系列税收优惠政策的影响行业实施数据跟踪和实地调研,深化数据分析反映政策落实效应,为地

方领导决策提供相应的参考依据。

3.紧扣决策需求，提供资政产品

加强对经济税源、税费结构等的大数据调研分析，跳出税务看经济，将宏观分析与微观分析结合，既反映宏观经济指标的变化情况，也反映重大项目、重点行业、重点企业等发展变化情况，利用掌握的社保申报用工量、企业用电用水支出等，真实反映经济税源状况及发展趋势，用税收数据为政府决策供应税务版"资政产品"，为助推招商引资和优化产业结构提供数据支持。通过聚焦重点区域、重点行业的产业链分布、产能及效益增减情况，及时调整研究分析方向和策略，并积极与发改、财政、市场监管等部门深化协同配合，及时掌握地方在建工程、规模以上工业企业、重点企业的开工、扩产情况和风险企业欠税欠薪预警等，通过深入挖掘税收大数据，分析从税收角度发展经济折射出的问题，用企业的税收数据说话，反映经济运行质效，借助大数据增强"以税资政"能力，提升税务系统话语权，为推进地方经济税源建设和化解地方经济风险决策提供参考。

课题组组长：谢伟强

课题组成员：曹　杰（执笔）　董明宇（执笔）

聚焦"四精"要求
进一步优化税务执法方式研究（三等奖）

台州市税务学会课题组

　　在税收领域真正实现"良法善治"，需要深度优化税务执法方式。优化税务执法方式既是国家现代化治理能力提升的关键环节，也是深化"放管服"改革，构建一流营商环境的重要举措。

　　2021 年 3 月，中办、国办印发的《关于进一步深化税收征管改革的意见》（以下简称《意见》），对深入推进"四精"即精确执法、精细服务、精准监管、精诚共治、深化税收征管改革作出全面部署，具有多方面重大意义，必将成为发挥税收在国家治理中基础性、支柱性、保障性作用，更好推动高质量发展、服务国家治理现代化的基本遵循。

　　本文尝试从税务执法方式优化的大环境视角，用辩证思维解读"四位一体"的税务执法方式，分析当前执法方式面临的挑战，提出优化税务执法方式的对策建议。

　　一、税务执法方式优化的大背景

　　以大数据、云计算、物联网、人工智能等重大技术创新为代表的新技术时代的来临，带动了整个产业形态、制造模式、运营组织方式等的深刻变革，变革尽管让税收征管工作初期变得困难，却也创造了难得的机遇。中办、国办抓住机遇，适时出台《意见》来应对新业态的挑战。《意见》把握了现代税收征管的历史发展趋势，在税收征管理念、征管内容体系、征管目标体系、征管模式、征管方向等多方面重塑了现代税收征管模式，为新阶段高质量优化税务执法方式指明了方向。

　　一是引入新的税收征管理念。《意见》从落实"以人民为中心"的执政理念出发，继续对优质高效的智能化税费服务作出部署，同时，充分考虑税收征管环境面临的复杂性、多样性、易变性和管理对象的差异性等客观实际，强调执法和监管的重要性，提出将税收服务、执法和监管深度融合，强调寓执法、监管于服务之中。传递出税收征管理念不是仅突出监管或服务单一方面，而是强调两者都应兼顾，不可偏废，是"严格规范、公正文明"，更是向"刚柔并济、法情交融、刚性为本、柔性为先"的现代理念演进。这有利于有限税收管理资源在执法、服务和监管间实现合理的动态配置，为实现大幅提高税法遵从度和社会满意度，明显降低征纳成本的改革目标提供政策决策依据。

二是构建新的税收征管内容体系。征管体系包括执法体系、税费服务体系、监管体系、共治体系和组织体系等。《意见》还对每一体系的内容和目标以及体系之间的相互作用和关系进行了阐述。《意见》提出了涵盖风险提醒、违法追究、全过程智控内容的税务执法体系；涵盖"线下、线上、定制"服务方式的税费服务体系；以"双随机、一公开"监管和"互联网＋监管"为基本手段、以重点监管为补充、以"信用＋风险"监管为基础的税务监管体系；涵盖部门协作、社会协同、司法保障和国际合作内容的共治体系；涵盖机构职责、人员能力、绩效管理内容的组织体系；还提出要通过大数据智能化应用实现税务执法、服务、监管的深度融合、高效联动等。

《意见》对新的税收征管体系的构建，统一了社会各方面对征管体系这一重要税收管理概念的认识，为税收征管的理论拓展、改革创新界定了清晰范围，也为推动我国税收知识体系，乃至学科体系的构建作出了贡献。

三是提出新的税收征管目标体系。征管目标是税务机关依法组织收入过程中所要达到的预期结果。《意见》提出"大幅度提高税法遵从度和社会满意度，明显降低征纳成本"的宏观目标；创新性提出"深入推进精确执法、精细服务、精准监管、精诚共治"的"四精"策略性目标；还提出了具体的工作任务。到2022年，在税务执法规范性、税费服务便捷性、税务监管精准性上取得重要进展；到2023年，基本建成税务执法新体系；到2025年，深化税收征管制度改革取得显著成效，基本建成功能强大的智慧税务。现代管理学认为，科学化管理有三个层次：第一层次是规范化，第二层次是精细化，第三层次是个性化，"四精"涵盖了上述三个层次，是税收征管科学化的最新阐述。

四是蕴含新的税收征管模式。税收征管模式是指组织机构、人力资源、管理程序、管理方法等资源要素的有机组合，所形成的相互协调、具有整体性特征的管理范式。

《意见》适时提出"着力建设以服务纳税人缴费人为中心、以发票电子化改革为突破口、以税收大数据为驱动力的具有高集成功能、高安全性能、高应用效能的智慧税务，深入推进精确执法、精细服务，精准监管、精诚共治"，已经不是简单地通过"征、管、查"三要素组合对管理模式的探索，实质上蕴含新的征管模式，即通过大数据智能化应用实现将税务执法、服务、监管、共治深度融合、高效联动。

五是指明新的税收征管方向。《意见》在总结税收征管信息化建设实践经验的基础上，准确把握大数据、云计算、人工智能、移动互联网等现代信息技术的发展趋势，适时提出要全面推进税收征管数字化升级和智能化改造，为税收征管信息化指明了新的发展方向。提出税收征管数字化、智能化的发展方向，意味着税收征管信息化水平将从电子化跨越到自动化、智能化进而智慧化阶段，这将为贯彻新征管理念、实施新征管模式提供技术保障，也将为新一轮征管创新提供新动力。

综上，《意见》充分把握了税收征管面临的新发展阶段，引入了新的征管理念，构建了新的征管体系和征管模式。可以预见，这张"蓝图"的成功实施，将标志着我国税收征管现代化基本实现，标志着我国税收治理能力和治理水平迈入国际领先水平。同时也为优化税务执法方式创造了良好的执法环境。

二、税务执法方式的结构要素、优化组合和目标

按照《意见》对税务执法方式提出的新要求，我们要在强调税务执法核心地位的前提下，将服务、监管和共治纳入税务执法方式的统一框架，探索构建符合优化税务执法方式价值取向的"四位一体"的税务执法方式，以深入推进精确执法、精细服务、精准监管、精诚共治。

（一）"四位一体"税务执法方式的结构要素

"四位一体"税务执法方式的结构要素大体上可分为执法、服务、监管、共治四类。"执法"指的是以法征税，做到"精确执法"：一是增强税务执法的规范性；二是推广首违不罚；三是推广柔性执法。"服务"强调的是柔性管理，做到"精细服务"：一是大力推行精细服务；二是大力拓展多元化纳税服务途径；三是破除精细服务的堵点、难点、痛点问题。"监管"则强调全过程管理，做到"精准监管"：一是实施科学监管，提高针对性和有效性；二是建立健全以"信用＋风险"为基础的新型监管体系；三是将监督管理贯穿于各类征管主体在税务执法的全过程。"共治"提倡协同参与，做到"精诚共治"：一是加强部门协作；二是加强社会协同；三是强化税收司法保障机制。

（二）"四位一体"税务执法要素的优化组合

"四位一体"税务执法方式中，税务执法是优化税务执法方式及其现代化治理的核心和基本要求，纳税服务是优化税务执法方式及其现代化治理的辅助和有效补充，税收监管是优化税务执法方式及其现代化治理的重要保障，税收共治是优化税务执法方式及其现代化治理的有效机制和理想形式。执法侧重惩戒，服务侧重便捷，监管侧重规则，共治侧重协同。将夯实执法责任、强化服务意识、明晰主体权属、多元治税协税主体纳入统一的框架体系，四者相互补充、相互促进、相互渗透，可形成独立与闭环紧密结合、内外双核共同作用的

多元化税收治理有机整体。这既保留了传统税务执法模式中税收执法的核心地位，也遵循了"共建、共治、共享"的治理现代化理念；既是对当前执法现状的优化和改善，也充满对未来执法优化的前瞻性、战略性思考，为优化税务执法方式和税收治理现代化构筑了基础。

（三）"四位一体"税务执法方式的目标

税务执法现代化治理的过程，实质就是税务执法体系内的资源不断整合、优化重组进而实现税务执法体制对执法资源的合理调配和高效使用，其最终目的是达到税务执法的"善治"。

从现代治理角度看，税务执法主体仍然以税务机关为主，其他主体，如海关、银行、公安、民政、教育、社保等在不同领域发挥作用。可以说，现代化治理格局下，优化税务执法需要基于不同执法主体的不同职能，形成"税务＋N"多部门联合的主体共治格局。税务执法客体是税务执法的行政相对人，主要包括纳税人、扣缴义务人、纳税担保人以及其他税务当事人。随着社会保险费、国有土地使用权出让收入等非税收入划转税务部门征收后，税务执法的客体范围进一步扩大到缴费人等。将"四位一体"税务执法方式纳入税收治理现代化的基本框架，无疑有助于建立"党政领导、税务主责、部门合作、社会协同、公众参与"的税收共治大格局，适应我国优化税务执法的价值取向要求，从而形成特征鲜明、优势突出的中国特色税务执法新框架、新模式。

三、税收执法方式面临的挑战

新的税收征管模式更加突出了问题导向（针对执法不尽规范、精确，服务不尽精细，监管不尽精准，共治不尽协调的问题）；目标导向（精确执法、精细服务、精准监管、精诚共治）；结果导向（大幅提高税法遵从度和社会满意度，明显降低征纳成本），并将问题、目标、结果合成辩证统一的有机整体，是进一步优化税务执法方式的基本遵循。与《意见》要求构建的"四位一体"税务执法方式相比，我国目前的税务执法方式现状面临严峻挑战。

（一）税收法定尚未完成，税务执法不尽规范

税收法定与全面推进依法治国密切相关，推进依法治税，首先要落实税收法定原则。

立法是法治的基本前提。为贯彻落实税收法定原则，国家税务总局积极推进税收立法相关工作，取得了丰硕成果。至2021年10月，我国征收的18个税种中，实现立法的已有12个，其余6个税种依据国务院的行政法规开征的，尚未实现税收法定。营改增的试点尚未结束，虽然财政部和国家税务总局联合起草了《中华人民共和国增值税法（草案）》已于2019年11月向社会公开征求意见，但还未取得实质性进展；消费税作为与增值税紧密联系的税种，其

制度设计与增值税制度设计具有很多相似之处,在增值税立法尚未完成的背景下,也没有进行消费税立法;房地产税作为一个新增加的税种,将取代现行的房产税和城镇土地使用税,近期立法时机还未成熟;土地增值税由于其具备特殊的调节功能和价值,将予以保留并进行完善,财政部和国家税务总局联合起草的《中华人民共和国土地增值税法(草案)》已于 2019 年 7 月向社会公开征求意见,至今也未进入立法程序;关税是一个比较特殊的税种,在很多国家都是单独立法的,我国因为在《海关法》第五章里明确规定了关税的基本制度,所以也没有单独立法。我国目前主要存在增值税、消费税、房地产税的试点改革问题。由于主要税种尚未实现税收法定,造成我国税务行政机关的自由裁量权还比较大。粗放型、选择性、"一刀切"的随意执法难以制止。

(二)服务机制还需健全,税费服务不尽精细

税务部门不仅履行着"为国聚财、为民收税"的神圣使命,而且承担着为纳税人缴费人提供服务的重要职责。建立现代税费征管新体系,树立现代税费服务理念,是我国当前推进服务型政府建设的必然要求,也是当前各级税务部门构建和谐税费征缴关系的重要任务。改革开放以来,税务行政机构依法治税水平不断提高,税务征收法治化、民主化、服务化、科学化程度不断增强。但与此同时,税务行政执法方式与构建体现纳税人缴费人需求的税费服务新体系尚存在一定差距。一是税务执法的法律依据不足,刚性执法与柔性服务界定不清,执法机制僵化,服务上不能有针对性地解决问题;二是征纳双方在征纳活动中仍居于十分不平等地位,"有罪推定"的思维使纳税人的主体地位得不到保障,严格执法与优质服务的矛盾逐渐显现;三是稽查办案环节多、要求严,致使后期线索追踪和取证难度大、效率低,造成人力、物力、财力浪费;重法制、轻教育,纳税人税收遵从度不高,极易诱发征管矛盾。同时,信息共享和风险防控机制尚未健全,执法理念和服务手段落后,执法困难与风险并存。

(三)监管机制滞后薄弱,全程监管不尽精准

法律的生命力在于实施,法律的权威也在于实施。提高纳税人的税法遵从度,是税务执法的重要目标,因此税收征管工作也离不开必要的监管和惩戒。只有做到监管有力才能防止执法随意。目前,税收监管的主要问题是税务关系复杂,监管力量薄弱,税收监管不到位。

互联网技术发展势头强劲,电子商务等行业迅速崛起,这些新兴产业的发展造成了税务关系复杂化。然而,我国税收监管机制的建设与经济的发展并不同步,税收监管等作用存在一定的滞后性,许多有别于传统税收机制的税务问题逐渐呈现,导致税收监管空白,造成税收的无形流失。现有税收监管体系仅依赖税务机关一己之力,未能充分联动财政部门、金融机构、会计师事务所等相关单位,也未能调动社会大众、网络交易平台等社会力量一同参与监管,

信息获取不及时、不全面，数据分析不足。

国地税合并后，税务机关的业务量大幅上升，税务人员数量虽然有所增加，但仍难以应付业务量增加和管理要求提高带来的压力，税源管理人员严重不足，执法人员年龄两极化差异逐渐加大，税收执法能力高、经验丰富、行事成熟的年轻执法人员缺乏，税务、法律兼通的复合型人才难求，税源管理不到位，税收流失风险大，税务干部渎职风险增加。

（四）执法机构层级阻隔，共治格局不尽和谐

税收征管首先是税务部门的事，但又不是税务部门一家的事。需要统筹协调税务部门与涉税各方主体力量，构建起党政领导、税务主责、部门合作、社会协同和公众参与的税收共治大格局。比如个人所得税改革依托税务部门与公安、银行、教育、民政等部门建立的信息共享传递机制，大大减轻了纳税人填报数据的负担，提高了纳税申报速度和准确性。

精诚共治需要加强部门协作，加强社会协同，强化税收保障机制。目前由于纵向执法系统层级阻隔，存在执法内部控制失灵风险；横向执法过程条块分明，全社会诚信纳税的氛围还不浓厚。

在我国现有的基层行政体系下，税务部门内嵌于地方行政部门，不同执法部门间极易形成独立的职能范围，造成条块间的冲突，进而产生执法阻碍，引发税务执法区域化、地方化风险。此外，由于行政部门、社会组织之间存在制度阻隔，税务部门执法容易陷入"孤岛化"的合作困境。

四、进一步优化税务执法方式的对策建议

（一）完善税法体系，提升精确执法

1.确立税收法律主义理念。税收法律主义的基本含义，就是一切税收以及与其有关的活动，都必须有法律的明确规定。具体包括：税权法定，税种法定，课税要素法定，税收优惠法定，征税程序法定，纳税人权利法定，还包括禁止不当追溯，禁止对税法做违反立法本意的扩大解释等。坚持税收法律主义，必须坚持税法由人大及其常委会制定。要在坚持税收法律主义的前提下，尽快制定税收征管和主要税种法律，并在这些法律中明确授权行政立法的事项。

当前要尽快制定税收基本法，完成税种实施法，特别是增值税、消费税、房地产税、土地增值税等税种的立法程序，要加快改革进程。彻底完成落实税收法定原则的任务。

2.加快构建新型税务执法质量控制体系。贯彻落实"三项制度"是优化税务执法方式的重要举措，要从源头、过程、结果三个关键环节加快构建新型税务执法质量控制体系，通过程序正义保障实体公正。基层一线税务执法中，健全并细化考核机制，允许和鼓励执法人员在现有的法律框架和制度规定下探

索更优化的执法方式;做好"三项制度"培训需求分析,实施有针对性的培训;健全联动机制,部门之间强化配合意识,减少梗阻环节,确保各项制度高效落实。

3.坚持依法依规征税收费。严肃组织税费收入工作纪律,推广非强制性执法方式,推行税务稽查"说理式执法",构建全面覆盖、全程防控、全员有责的税务执法风险信息化内控监督体系,不断提高税务执法质量。坚持包容审慎原则,支持新产业、新业态、新模式规范健康发展。

(二)创新服务机制,推行精细服务

要推行精细服务,发挥服务优势,一定要以纳税人缴费人需求为导向,促进服务精细化、智能化、个性化,重点建立一套具有可行性的工作机制。

一是健全税费服务保障机制。遵循税费管理与服务需求并重的原则,建立高效的服务组织机构。以纳服中心为枢纽,逐步统一服务内容,统一服务流程,统一服务标准,全权负责对外开展税费服务,对内强化税费服务的管理考评和协调,以增强税费服务工作的整体性和系统性,形成专职机构和征管一线相协调的服务新机制。将税费服务的职责和要求嵌入税收工作的各个环节,充分发挥各岗位的整体合力。

二是建立纳税人缴费人需求分析采纳机制。建立数据仓库,科学分析评估纳税人缴费人的特点和需求,精准提供个性化服务,让税费服务更有感、更入心。

三是完善纳税服务工作机制。在原有统一、方便、快捷的纳服平台的基础上,进一步完善办税服务厅功能,不断拓展"非接触式""不见面"办税缴费服务,进一步推动纳税人缴费人报送的材料越来越薄,网上办税越来越简,办税时间越来越短。同时,在全面改进办税缴费方式等程序性服务的同时,及时满足纳税人缴费人权利救济和税费争议解决诉求,严格保护商业秘密和个人信息等,不断提高权益性服务的水平。

四是完善纳税缴费服务评估监督机制。进一步完善科学的纳税缴费服务质量考核考评指标体系,分业务体系和非业务体系对服务时限、服务质量、信息反馈与处理、纳税人缴费人满意度等关键指标进行综合考核。建立公开的由社会各界共同参与的监督评估机制,通过明查暗访、问卷调查、召开座谈会等方式进行定期考查,并将服务考查结果与干部业绩挂钩。

五是完善纳税缴费服务社会化机制。完善社会服务网络,培育和发展税务代理中介组织,把税务代理作为纳税服务的延伸加以引导,使税务机关的无偿专业服务和中介机构的市场化服务有机结合。

(三)创新监管机制,强化精准监管

打造健全以信用评价、监控预警、风险应对为核心的新型税收监管机制,全面提升监管效能。

一是精准定位主体信息。加快"无感"实名办税新模式建设，持续提升实名信息采集率，在2023年前全面实施实名办税缴费制度，有效防控身份信息冒用行为。

二是精准进行全面体检。从纳税信用的深度运用和动态"信用＋风险"监管方式的推行入手，精准评价纳税人涉税行为信息，对不同信用风险等级纳税人采取差异化服务管理措施，充分发挥事前风险管理的阻断作用。

三是精准开展全程监控。建立企业风险识别模型，全过程监控纳税人发票开具、使用等环节信息，实现对虚开骗税等违法犯罪行为从事后打击向事前事中预警、预防、预判、预控转变。

四是精准实施有效打击。加强重点领域风险防控和监管，以企业重大股权转让、关联交易、自然人的资金重大变化等风险事项为触发点，建立重点领域、重点人群风险识别模型，提升防控监督力度。

严厉打击"假企业"虚开发票；"假出口"骗取退税；"假申报"骗取税费优惠。严厉惩治偷逃税行为，进一步让守法者感受公平正义，对违法者保持高压震慑，依法从严查处、曝光重大涉税违法犯罪案件，推进查处税收违法犯罪行为跨部门合作的制度化、机制化、常态化。

（四）创新共治体系，拓展精诚共治

税收关乎千家万户，税收共治靠大家。"十三五"时期的税收共治，在全面推开营改增试点中拓展，在深化国地税征管体制改革中提升，在落实更大规模减税降费中深化。我们要在"十三五"税收共治的基础上进一步深化征管改革，不断健全"党政领导、税务主责、部门协作、社会协同、公众参与、国际合作"的税收共治新体系。

结合台州做法，一是持续加强部门协作。加强税务与银保监部门的协作，深化"税银互动"，助力解决小微企业融资难、融资贵问题；完善税务与财政、公安等部门在信息共享、联合办案等方面的协同措施；完善税务与住房城乡建设、自然资源等部门在土地、房地产开发项目管理、房地产交易网签备案、不动产登记办税、环境保护等方面信息共享和协作机制，合力做好地方税费征收管理。

二是持续加强税收司法保障。加强与公安部门的协作，推进警税联合办案制度化、信息化、常态化运行，进一步加强行政执法与刑事执法的衔接；建立与审判机关的沟通协作机制，为破产清算、司法拍卖、强制执行等方面税费征收提供司法保障。

三是持续加强国际税收服务与监管。落实稳外资、稳外贸相关税收政策，协同推进"一带一路"重点企业、重大项目直通服务；推动跨境涉税争议协商，维护"走出去"纳税人合法权益;实现非居民纳税人涉税事项套餐式、一站式服务,提高享受税收协定待遇的便捷性;跟踪研究分析国际上典型国家税收征管数字化转型的实践,特别是《税收征管 3.0,税收征管的数字化转型》报告在各国的落实情况,根据我国国情、税情学习借鉴其他国家的好经验好做法,要重点关注将税收规则"嵌入"纳税人自有系统以实现实时自动化、智能化征管模式的改革进展。

总之,通过拓展精诚共治,让中国税务的"朋友圈"越来越广,"影响力"越来越强,"话语权"越来越大。从而和谐推进征纳和相关各方互动、协同配合,凝聚税务系统内外各方面的力量,形成强大的共治合力,推进税收治理现代化。

课题组组长:徐建荣　陶勇

课题组成员:许联友(执笔)　潘海剑

周瑜伽　李倩倩

试论基于新行政处罚法视角的
税收执法优化（三等奖）

国家税务总局舟山市税务局课题组

2021 年 1 月 22 日第十三届全国人民代表大会常务委员会第二十五次会议对《中华人民共和国行政处罚法》进行了第三次修订，并于 2021 年 7 月 15 日起施行。此次修订最大的亮点就是贯彻落实党中央重大决策部署，立法主动适应改革需要，体现和巩固行政执法领域中取得的重大改革成果，发展和完善行政处罚的实体和程序规则，推动了行政处罚制度进步。3 月 24 日，中共中央办公厅、国务院办公厅印发了《关于进一步深化税收征管改革的意见》，其中提出要不断完善税务执法制度和机制，对优化税收执法提出了新的任务和要求。如何将两者结合起来，以行政处罚法内在的立法理念、价值导向、制度设定，推动税务执法方式更新迭进，实现税务更好服务于国家经济社会发展的使命，是当前值得我们研究的课题。

一、行政处罚法背景及修改要点

行政处罚法于 1996 年由第八届全国人大第四次会议通过，2009 年和 2017 年先后两次作了个别条文修改。在实施后的二十几年间，行政处罚法对推进依法行政理念，打击各类行政违法行为，推动解决乱处罚问题，保护相对人合法权益发挥了重要作用，积累了宝贵经验。但随着时代变迁，行政处罚法逐步落后于时代的发展。特别是党的十八大以来，以习近平同志为核心的党中央推进全面依法治国，深化行政执法体制改革，建立权责统一、权威高效的行政执法体制，对严格规范公正文明执法提出新时期的新要求。

在此基础上，大修行政处罚法的呼声渐起。据统计，党的十八大以来，先后有近两百名全国人大代表、政协委员提出修改行政处罚法的议案、建议和提案，有关方面也陆续提出修改行政处罚法的意见和建议。行政处罚法修改被列入十三届全国人大常委会立法规划。全国人大法制工作委员会于 2018 年启动行政处罚法的修改工作。

本次行政处罚法修改坚持以习近平新时代中国特色社会主义思想为指导,深入贯彻党的十九大和十九届二中、三中、四中全会精神,全面贯彻习近平总书记全面依法治国新理念新思想新战略,适应推进全面依法治国的需要,落实完善行政执法体制、严格规范公正文明执法的改革要求,推进国家治理体系和治理能力现代化。对比 2017 年修正版本,本次行政处罚法修订增加或实质性调整条款涉及 40 条,调整表述条款 30 条,无变化条款 16 条,整体变化情况达到 81%。本次修改可以简要概括为以下几个方面:

一是明确行政处罚的定义,增加规定通报批评等行政处罚种类,将一些单行法律中的处罚种类予以固定。

二是增加地方性法规的处罚设定权,地方性法规为实施法律、行政法规,对法律、行政法规未规定的违法行为可以补充设定行政处罚。

三是调整行政处罚实施主体,明确综合行政执法的法律地位,部分县级政府部门行政处罚权限可以下放乡镇或街道。

四是优化行政处罚的适用。如增加规定当事人有证据证明没有主观过错的,不予行政处罚;规范行政处罚自由裁量权行使,完善从轻、减轻的法定情形,增加"从旧兼从轻"适用规则;完善行政处罚决定无效制度;明确行政处罚证据种类和适用规则。这些规定直接约束税务行政处罚。

五是完善行政处罚的程序。如增加三项制度相关规定;规范非现场执法;进一步完善回避制度,细化回避情形;简易程序适用的罚款数额由 50 元以下和 1000 元以下,分别提高至 200 元以下和 3000 元以下;增加立案程序;完善听证程序,扩大适用范围,适当延长申请期限,明确行政机关应当结合听证笔录作出决定。

六是补充完善执行制度。完善行政处罚的强制执行程序;明确行政机关批准延期、分期缴纳罚款的,申请人民法院强制执行的期限,自暂缓或者分期缴纳罚款期限结束之日起计算;明确当事人申请行政复议或者提起行政诉讼的,加处罚款的数额在行政复议或者行政诉讼期间不予计算。

七是贯彻落实行政执法责任制和责任追究制度,强化对行政处罚行为的监督。如增加定期行政执法评议、考核制度。

此外,对管辖、行政执法协助、行政执法资格等规定也作了补充完善。

纵观修订内容,特别是其中关于优化行政处罚适用、完善行政处罚程序等方面的规定,都对税务行政执法、行政处罚产生直接影响,需要我们加以贯彻落实。

二、当下税收执法存在的问题及新要求

当下税收执法执法存在的问题,主要来自于两个方面:一是税收征管法落后于时代，税收征管法作为实体法和程序法结合的一部税收基本法律，在实体方面和程序方面有着其时代局限性，特别是关于税务行政处罚的一些关键问题长期得不到解决，使得税收执法处罚的优化缺乏上位法支持。二是执法过程中存在问题。行政执法公示、执法全过程记录、重大执法决定法制审核制度等"三项制度"区域间开展不平衡，行政处罚裁量基准的科学性和合理性有待进一步提升；税务执法统一性、规范性、精确度不够，监管方式不精准、一些领域监管不到位和对市场主体带来不必要干扰；个别地区选择性、"一刀切"的随意执法仍时有发生，执法合理性有待提升。

与此同时，随着依法治国、法治政府建设的推进，税收法治的要求愈来愈高。这种要求来自于三个方面，一是中央对税收执法的关切。"十三五"时期，习近平总书记等中央领导同志对健全税务监管体系、优化税务执法方式先后作出系列重要指示批示；李克强总理2017年"放管服"电视电话会议上指出："现在有的地方征税和稽查处罚的自由裁量权、弹性空间太大，因此执法人员随意性比较大。"2018年11月，习近平总书记在民营企业座谈会指出"既要以最严格标准防范逃避税，又要避免因不当征税造成正常企业停摆。"李克强总理在《2019年政府工作报告》中强调"推进'双随机、一公开'跨部门联合监管，推行信用监管和'互联网＋监管'改革，优化环保、消防、税务、市场监管等执法方式，对违法者依法严惩、对守法者无事不扰。"二是来自于行政相对人乃至社会的压力。新时代纳税人缴费人的法治意识、公民意识强，从被动遵从到积极参与，对税收透明度、确定性、规范性、公正性的期待越来越高。三是税务系统高度政治责任感和自我革命、自我加压的自觉性。税务系统以"放管服"改革为契机，深刻改变治税理念和方式，持续走在全国的前列，比如较早全面推行行政执法"三项制度"、统一税务行政处罚裁量权行使规则，推行全国统一的税务首违不罚清单；实行双随机一公开检查等等。

3月24日，中共中央办公厅、国务院办公厅印发了《关于进一步深化税收征管改革的意见》，其中对税务执法提出了设定更为清晰的目标和任务时间的要求。主要体现在建设税务执法、税费服务、税务监管、税收共治"四新"体系，到2022年，在税务执法规范性、税费服务便捷性、税务监管精准性上取得重要进展。到2023年，基本建成"无风险不打扰、有违法要追究、全过程强智控"的税务执法新体系和税务执法质量智能控制体系，实现从经验式执法向科学精确执法转变。具体来说有四个方面的要求：健全税费法律法规制度；严格规范税务执法行为；不断提升税务执法精确度；加强税务执法区域协同；强化税务执法内部控制和监督。

这些来自于《意见》的优化税务执法的要求，无论在内在逻辑、精神实质还是外在表现等方面，都和新行政处罚法的高度一致，都是习近平新时代中国特色社会主义法治思想为指导,都是依法治国、法治政府建设的具体化,体现着运用法治思维和法治方式推动国家治理能力、治理水平现代化的精神主线。因此,借鉴行政处罚法中所蕴含的立法精神和法治价值理念,对于优化税务行政执法有着十分重要的意义。

三、税务行政处罚的联动回应以及进一步优化税务行政执法的思考

(一)税务对处罚法修订的联动回应

行政处罚法修订后,对以税务稽查相关的税务行政处罚产生了最为直接和重大的影响,税务部门如何执行行政处罚法,一时之间成为各相关利益方的关注焦点。为此,国家税务总局对《税务稽查工作规程》(国税发〔2009〕157 号印发,国家税务总局公告 2018 年第 31 号修改,以下简称《规程》)进行了修订,并更名为《税务稽查案件办理程序规定》(以下简称《规定》),以部门规章的形式发布施行。

新出台的《规定》主要亮点在于:一是提升稽查执法制度依据的法律层级。原《规程》为规范性文件,《规定》升级为部门规章。通过提升稽查执法基础性制度的法律层级,进一步加大对稽查执法的规范力度,提高稽查法治化水平。二是注重保护行政相对人合法权益。围绕稽查执法工作中与行政相对人密切相关的执法环节,依据相关法律法规进一步完善稽查执法制度机制,全流程规范稽查执法行为,充分保障行政相对人的知情权、陈述申辩权等合法权益,推动提高税法遵从度和社会满意度。三是切实解决稽查执法中出现的新问题。坚持问题导向,应对稽查执法过程中出现的新情况、新问题,以及涉税违法手段的新变化、新趋势,进一步完善稽查案件办理流程,细化制度规定,明确工作要求,为稽查执法工作在新形势下的有效开展提供制度保障。

其中有相当部分内容属于对行政处罚法修订内容的直接回应:比如新增第十一条,明确行政执法全过程记录要求;在第二十三条进一步规范电子数据提取的具体规定和操作要求,适应实际执法中提取电子证据的需要,保障电子数据取证工作合法合规;在第十五条、第二十条、第四十条细化保障行政相对人知情权和陈述申辩权的相关规定;第四十四条将证据纳入处罚决定书的填写范围,确保税务行政处罚决定文书证据充分、事实清楚;在第四十七条明确税务稽查案件办理期限,"稽查局应当自立案之日起 90 日内作出行政处理、处罚决定或者无税收违法行为结论。案情复杂需要延期的,经税务局局长批准,可以延长不超过 90 日;特殊情况或者发生不可抗力需要继续延期的,应当经上一级税务局分管副局长批准,并确定合理的延长期限";新增第五十一条关于暂缓或延期缴纳罚款的规定,充分考虑当事人的实际困难,做到税务稽查执法即有力度又有温度,推动提升税法遵从度和社会满意度等。

（二）关于进一步优化税务行政执法的思考

可以说税务行政处罚已经对行政处罚法修订的内容作出了初步的联动式制度回应。但行政处罚法仍有更深刻的精神和价值以及立法技术层面的创新值得税务行政执法加以借鉴。为此，课题组结合贯彻落实《关于进一步深化税收征管改革的意见》对税务执法的要求，从工作实际出发，概要地提出进一步优化税务行政执法的意见建议。

一是以行政处罚定义，扩展税务行政处罚认定。新《行政处罚法》第二条首次对"行政处罚"概念予以明确，将行政处罚界定为"行政机关依法对违反行政管理秩序的公民、法人或者其他组织，以减损权益或者增加义务的方式予以惩戒的行为"。这一概念突破了旧法采用列举方式确定行政处罚种类的方法，将行政处罚予以概念化、抽象化。总局税务行政复议规则等规章明确，税务行政处罚包括罚款、没收违法所得、没收非法财物、停止出口退税权、法律、法规和规章规定的其他行政处罚。

虽然税收征管中某类行政措施并不属于原《行政处罚法》，但对照新《行政处罚法》第二条给出的"减损权益"或"增加义务"的标准判断，该类行政措施可能被识别为税务行政处罚，比如一些发票管理措施、下调纳税信用等级等。随着司法实践的深入，后续可能出现司法倒逼税务更新行政处罚理念的局面。以发票停供限开措施为例，征管法第七十二条规定，"从事生产、经营的纳税人、扣缴义务人有本法规定的税收违法行为，拒不接受税务机关处理的，税务机关可以收缴其发票或者停止向其发售发票。"但在"以票管税"监管模式下，税务机关常以收缴、停供、限制开具发票等手段实施管理，少数税务机关实施停供限开措施简单粗暴，随意性较强，动辄锁死纳税人开票端的税控设备，影响纳税人正常生产经营，存在较大执法风险。可以通过清单形式规范停供限开发票措施，明确实施和解除程序，杜绝执法随意性，保护纳税人合法权益。

二是引入新的行政处罚种类，提升处罚效果。新修订的行政处罚法增加行政处罚种类，引入行为罚、资格罚等方面的行政处罚种类，增加了通报批评、降低资质等级、限制开展生产经营活动等新处罚类型。今后，税务机关也可以相应地引入行为罚、资格罚等行政处罚种类，使处罚的手段更丰富灵活。如，对违法情节较轻的行政相对人进行警告，对违反税收法律的税务代理人采取通报批评、在期限内限制经营、限制从业的处罚，对存在特定违法行为的纳税人直接降低纳税信用等级等，避免当前以罚款为主要手段效果单一的情况，达到税务行政处罚的惩戒和教育效果。

三是落实双向移送，完善行刑衔接机制。根据新行政处罚法第二十七条的规定："违法行为涉嫌犯罪的，行政机关应当及时将案件移送司法机关，依法追究刑事责任。对依法不需要追究刑事责任或者免予刑事处罚，但应当给予行政处罚的,司法机关应当及时将案件移送有关行政机关。行政处罚实施机关与司法机关之间应当加强协调配合,建立健全案件移送制度,加强证据材料移交、接收衔接,完善案件处理信息通报机制。"第三十五条的规定:"违法行为构成犯罪,人民法院判处罚金时,行政机关已经给予当事人罚款的,应当折抵相应罚金;行政机关尚未给予当事人罚款的,不再给予罚款。"基于这些规定,使得税务机关与司法机关的行刑衔接更加顺畅,罚金与罚款的关系更加明确。

但是徒法无以自行,需要加强配套机制的完善,如:一定级别的税务机关和公安机关携手配合,建立统一的协调配合机制。建立健全案件移送制度,在涉税犯罪案件移送中,加强证据材料移交、接收衔接机制,重点在于移送证据材料清单、移送时间要求、接收回执要求、衔接机制的建立和完善。完善涉税案件处理信息通报机制,对于移送公安机关的涉税犯罪案件,司法机关的处理结果,要及时、准确地将信息传递给税务机关;对公安机关退回的涉税违法案件,税务机关也要及时准确地将处理结果传递给司法机关。

当然一直困扰着移送的相关具体问题,比如税务机关在移送司法之前,是否要作出行政处罚决定,还是移送司法机关予以定罪量刑,处以对应罚金,对此没有在新修订的行政处罚法中得以明确,各地税务机关执法仍未统一。有些税务机关认为准备移送司法机关的案件,先不由税务机关处以行政罚款,移送后依法不追究刑事责任或免予刑事处罚的,需要给予行政处罚的,再由司法机关移交税务机关予以处罚。另一些税务机关则移送司法之前予以行政处罚。由此也会带来,因行政处罚同刑事判决不一致,进而导致涉税争议。

四是落实首违不罚,惩教结合、包容审慎执法。新行政处罚法引入了"首违不罚"的理念,明确了初次违法且危害后果轻微并及时改正的,可以不予行政处罚。税务系统较早开展了首违不罚的试点,2020 年 8 月 1 日,《长江三角洲区域税务轻微违法行为"首违不罚"清单》开始实施;2021 年 4 月 1 日,全国《税务行政处罚"首违不罚"事项清单》开始实施,对清单中列举的税务违法行为实施"首违不罚"。首违不罚制度体现了税务机关惩教结合、包容审慎的监管理念,新行政处罚法也是在法律层面进行了明确,为税务的首违不罚制度提供了法律基础。"首违不罚"体现了柔性执法、宽严相济的理念,初次违法且危害后果轻微的纳税人只要及时纠正违法行为就能免于处罚,这有助于促进税法遵从,防止和减少严重违法行为。但是首违不罚具体操作细节仍有待研究,比如对如何界定"初次违法",对此总局首违不罚清单未进行明确,是纳税年度内第一次"轻微"违法,还是第一次被发现"轻微"违法,还存在一定争论。后续需要进一步研究首违不罚的细节问题,同时研究扩展首违不罚的适用范围,以便更好发挥这一制度的作用。

五是秉持罚过相当,精准适用处罚。新行政处罚法规定,当事人有证据足以证明没有主观过错的，不予行政处罚。税务行政处罚是不是必须存在主观故意是多年争论不息的问题。比如在《中华人民共和国税收征收管理法》第六十三条对于偷税的定义中，并没有关于纳税人是否存在主观故意的论述，税务机关对于纳税人偷税的定性往往成为征纳双方争议的焦点。对于主观过错是否成为各类税务行政违法行为的构成要件这一问题，始终没有明确的法律规定予以解答。"

根据新处罚法的规定，对行政违法行为予以行政处罚，原则上以当事人存在主观过错为要件。但是税务机关是否只需要证明当事人有《税收征管法》第六十三条列举的偷税行为即可，若当事人主张自己不应被处罚，应举证证明自己无主观过错。这还有待今后的司法实践检验，但由此带来的不确定性应引起税务机关关注。

新处罚法增加了应当从轻或者减轻行政处罚的情形。即"诱骗实施违法行为的；主动供述行政机关尚未掌握的违法行为的；应当从轻或者减轻行政处罚。"明确了处罚程序适用从旧兼从轻原则，即"实施行政处罚，适用违法行为发生时的法律、法规、规章的规定。但是，作出行政处罚决定时，法律、法规、规章已被修改或者废止，且新的规定处罚较轻或者不认为是违法的，适用新的规定。"基于行政处罚法的新规定，税务机关在执法过程中，需要按照行政处罚法的要求，更加精准的识别违法行为，更加精准的识别罚与不罚的界限，更加精准地考量情节因素。

六是严格执行执法程序，更好地保障税务处罚公平正义。新行政处罚法的一大亮点就是在程序方面新增了大量规定，这些规定为税务机关优化税务执法提供了依据，对纳税人权益保护更加有利。

纳入行政执法"三项制度"。行政执法"三项制度"指行政执法公示制度、执法全过程记录制度、重大执法决定法制审核制度。新行政处罚法第 39 条规定了行政处罚公示制度，第 47 条规定了执法全过程记录制度；第 58 条规定了重大执法决定法制审核制度，明确对于四类情形，行政机关负责人在作出行政处罚的决定之前，应当进行法制审核，未经法制审核或者审核未通过的，不得作出决定。"三项制度"从行政执法的源头、过程和结果全过程确保执法程序合法规范，有助于保护行政相对人的合法权益。税务系统作为执法三项制度的试点单位，较早形成了一整套三项制度的体系和措施。但是行政处罚法将三项制度提升到法律层面加以规定，需要我们对原有的三项制度落实体系进一步进行梳理，补充完善三项制度体系并予以贯彻落实。特别是要及时补短板，解决影响三项制度落实的具体问题，比如，当前税务系统内部法律职业资格持证人员数量与新《行政处罚法》时代税务行政处罚对法律职业资格人员的需求还存在较大差距。

新处罚法增加行政处罚的证据规定。行政处罚决定必须以事实为根据，对当事人违法事实的认定则必须建立在证据的基础上。新行政处罚法在第46条新增了对行政处罚证据的规定，并且明确"证据必须经查证属实，方可作为认定案件事实的根据。以非法手段取得的证据，不得作为认定案件事实的根据"。第三十七条的规定："行政处罚没有依据或者实施主体不具有行政主体资格的，行政处罚无效。违反法定程序构成重大且明显违法的，行政处罚无效。这些规定弥补了行政处罚法证据制度的缺陷，是对程序正义的明确肯定，也是对实体正义实现的有力保障。严格以合法证据认定事实，有助于实现处罚的公平正义。

七是注重行政效率，保障税务法律关系的稳定性。新的行政处罚限定作出处罚决定的时间，即行政机关应当自行政处罚案件立案之日起九十日内作出行政处罚决定。法律、法规、规章另有规定的，从其规定。这给税务稽查带来了诸多挑战。虽然《税务稽查案件办理程序规定》第四十七条规定，"稽查局应当自立案之日起90日内作出行政处理、处罚决定或者无税收违法行为结论。案情复杂需要延期的，经税务局局长批准，可以延长不超过90日；特殊情况或者发生不可抗力需要继续延期的，应当经上一级税务局分管副局长批准，并确定合理的延长期限。"即便如此，何种情形属于特殊情况可以超过90天继续延期，具体情形正当性和合理性需要税务机关予以关注。为了适应这一制度变化，势必倒逼税务稽查优化检查方式方法，着力提高检查效率，以避免可能出现的不利局面。

明确了新文书送达方式，即当事人同意并签订确认书的，行政机关可以采用传真、电子邮件等方式，将行政处罚决定书等送达当事人。送达方式的更新，无疑将有助于提高行政效率。为此需要进一步优化税务文书的送达方式，完善送达方式的确认机制，提高送达的效率，进而确保行政处罚按期办结。

简易处罚、当场收缴标准调整，当场处罚的上限，从公民50元、单位1000元提高到公民200元、单位3000元。当场收缴的上限，从最高20元提高到最高100元。为此需要相应调整税收征管法对税务所的处罚权限，通过扩张税务所的处罚权限，使得简易处罚就地办理，以避免当事人来回奔波费时费力。

八是优化听证制度，进一步落实纳税人听证权利。行政处罚法中的听证规定开创了我国听证制度的先河，新行政处罚法对行政处罚听证制度在多方面进行了完善，从一条规定增加为三条。明确了应举行听证的情形，提起听证的时间从行政机关告知后三日延长到五个工作日，而且明确了听证笔录应是处罚依据。此举能在更大程度上避免行政相对人错失听证机会，有利于行政相对人行使听证权利。

听证笔录方面，现行行政处罚法对于听证笔录的作用和地位没有明确规定，因此听证笔录虽是各方观点、举证质证的重要记录载体，但实践中容易被置于一旁，在最终作出行政处罚决定时并不以此为依据，使听证易流于形式，难以发挥制度价值。新行政处罚法第 65 条规定，"听证结束后，行政机关应当根据听证笔录，依照本法第五十七条的规定，作出决定"，这一规定明确听证笔录为行政机关作出行政处罚决定的"根据"，这有助于行政相对人的听证权利真正发挥作用，相关事项能够通过听证程序获得合法、公正的处理。

税务部门的《税务行政处罚听证程序实施办法（试行）》自 1996 年颁布以来，多年未进行修订完善，总体来说，税务系统的处罚听证规定较为滞后，亟待根据当前新的工作形势予以修订，与时俱进地更新可听证事项、提起听证时间等关键规定。在税务部门听证案件越来越多的今天，不少纳税人聘请专业税法律师协助听证，听证应越来越受到税务部门的重视，越来越规范，健全、匹配的税务听证规定是必不可少的。

新行政处罚法自 7 月施行以来，截至目前已有三个多月，其对税务行政执法、行政处罚的影响尚未全面显现。对此，我们既要静观其变，关注最新的司法实践和动向，同时也要加强学习、积极作为，将新处罚法的有关精神融入到税务行政执法中，提高税务行政执法水平，营造公平公正的税收环境，以更好地服务于国家、社会发展的大局。

课题组组长：毕韶峰

课题组成员：方　晓　金碧辉（执笔）　孙立洋

二、推行纳税缴费精细服务，持续优化税收营商环境

数字化改革背景下纳税缴费
精细服务研究（特别奖）

浙江省税务学会课题组

一、精细服务提出的背景及内涵

（一）背景

1. 深化税收征管改革的内容要求

中共中央办公厅、国务院办公厅印发《关于进一步深化税收征管改革的意见》（以下简称《意见》），标志着"十四五"时期以"合成"为特征的第三次税收征管重大变革正式启动，也是我国进入"以数治税"时期的重要体现。此次改革技术含金量高、协同一致性强，涉及现代税收征管体系的各个环节，对纳税人缴费人的影响广泛而深远。同时，"以数治税"驱动的"合成"也将展现出我国现代税收征管技术的先进水平，构成我国治理能力现代化及治理体系现代化的重要内涵。《意见》在纳税服务方面提出了明确的改革要求。

我国税务机关连续8年实行"便民办税春风行动"，纳税服务质量不断优化，纳税人的满意度也在逐步提升。此次《意见》指出，全面改造提升12366税费服务平台，向以24小时智能咨询为主转变，2022年基本实现全国咨询"一线通答"，并运用税收大数据智能分析识别纳税人缴费人的实际体验、个性需求等，精准提供线上服务。这意味着，此次改革要解决纳税人缴费人的一个重要痛点，即如何便捷地获得税收政策的解答。通过智能咨询的方式，不但给予纳税人缴费人24小时的便利，也更加规范化，有效降低税务风险。近年来我国大力推行减税降费，如何在纳税服务中有效地贯彻落实减税降费政策是"十四五"时期优化纳税服务的关键。《意见》指出，2022年实现征管操作办法与税费优惠政策同步发布、同步解读，并进一步精简享受优惠政策办理流程和手续，持续扩大"自行判别、自行申报、事后监管"范围，确保便利操作、快速享受、有效监管；2022年实现依法运用大数据精准推送优惠政策信息，促进市场主体充分享受政策红利。从中可以看到，此次改革中税费优惠政策的直达快享有两大特点：一是精准推送，同步解读，使符合税费优惠条件的纳税人缴费人及时获得准确的信息；二是由审批制、备案制改为以自行判断为主，是"放管服"的典型表现，有利于进一步提高纳税人缴费人的满意度及获得感。

《意见》的这些要求都体现了纳税缴费实现精细化、精准化的改革要求。

2. 数字化改革的内在要求

浙江省委书记袁家军在浙江省数字化改革大会提出：加快建设数字浙江，推进全省改革发展各项工作实现新突破；要求全省瞄准推进省域治理体系和治理能力现代化，打造全球数字变革高地的改革方向，聚焦党政机关、数字政府、数字经济、数字社会、数字法治改革重点，把握"一体化、全方位、制度重塑、数字赋能、现代化"的改革特征，统筹运用"数字化技术、数字化思维、数字化认知"，把"数字化、一体化、现代化"贯穿到"党的领导和经济、政治、文化、社会、生态文明建设全过程各方面"，对省域治理的"体制机制、组织架构、方式流程、手段工具"进行"全方位、系统性重塑"，推动省域经济社会发展和治理能力的"质量变革、效率变革、动力变革"，在根本上实现全省域"整体智治、高效协同"。

对比《意见》提出的纳税服务精细化的实现途径可以发现，基本是建立在大数据的基础上；而浙江省委省政府提出的数字化改革的基础和基本元素就是数字。在这里，党中央和国务院提出的基于大数据的纳税缴费精细化服务和浙江省委省政府提出的数字化改革的实现路径是一致的，都是建立在数字基础上进行的改革，通过对各类数据的综合、加工后对外输出的改革成果。浙江省委省政府提出的数字化改革是基于宏观层面提出的方向性要求，具体到各个部门、各个领域就是具体的数字化改革要求。由于党中央、国务院《意见》中的纳税缴费精细化和浙江省委省政府数字化改革的基础和路径在本质上是一致的，浙江省税务部门可以在立足党中央、国务院以及税务总局在纳税缴费精细化改革要求的基础上，通过数字化改革的推进落实，更好地实现纳税缴费精细服务，打造纳税缴费精细服务的全国高地和浙江标杆。

（二）内涵

数字化改革是数字浙江建设的新阶段，是数字化转型的一次新跃迁，是浙江立足新发展阶段、贯彻新发展理念、构建新发展格局的重大战略举措。从数字技术应用到数字化改革，是一场波及经济社会发展全局、涵盖生产力到生产关系的全方位变革。新一代数字技术从组织化迈向社会化应用，不仅仅是改变了生产方式和管理体系，同时也更深刻地改变了社会资源的配置方式和社会组织的运行模式。一场以数字化为形式、以技术进步为手段、以经济社会转型升级为目标的治理变革已经全面展开。数字化改革，既是数字化赋能全面深化改革，也是将数字领域纳入改革范畴。以数字化改革撬动各领域各方面改革，已经成为当下和未来全面深化改革的战略选择。

综上所述，数字化背景下的纳税缴费精细服务改革，不是浮在表面的改革，而是建立在全系统、全对象、全社会的基础上，对纳税缴费方面的社会生产关系产生变革的一次改革，是彻底改变税务机关甚至是整个政府现有纳税缴费服务模式的一种变革，是直接触及到体制机制、法治体系的一种深度创新，其内涵极其深远和丰富。

二、浙江税务数字化改革的进程及成效

（一）浙江省数字化改革的实践进程

2003年，习近平同志在浙江省第十届人民代表大会上第一次会议上的讲话中提出：数字浙江是全面推进我省国民经济和社会信息化、以信息化带动工业化的基础性工程。2014年，浙江省开展行政审批制度改革，提出政务服务"四张清单一张网"；2017年全面启动"最多跑一次"改革；2018年－2020年进入政府数字化转型阶段，最鲜明的特征是"数字赋能"。2021年开始加快建设数字浙江，推进全省改革发展各项工作在新起点上实现新突破，为争创社会主义现代化先行省开好局、起好步。这标志着浙江数字化改革的全面启动。

（二）浙江税务数字化改革成效

浙江省税务系统认真贯彻落实省委、省政府政府行政管理部门信息化数字化工作的总体部署，从2017年开始原国税、地税各自的改革探索，到机构合并后税费全面融合，取得了阶段性成效，也积累了一些经验。

1. 三大理念的创新

在改革不断深入推进的过程中，逐渐摸索出三个理念上的创新：

一是推行"诚信假设"。对纳税人的"问题假设"是税务部门办税事项多、附列资料多的重要原因。出于"防范"需要，各类身份证明、资质证明等材料难以精简，纳税人准备材料、税务机关案头审核的负担都很重。例如血站、教育行业原本其资质就很明确，在享受房产税和城镇土地使用税优惠时，却要求提供医疗执业注册登记证、教育部门出具的教育行业资质证明等材料。在"诚信假设"理念下，不再要求纳税人提供这些证明，把依法纳税的责任和义务还给纳税人。当然，在"诚信假设"下，税务机关保留抽查、取消、惩戒的权力，这是要在维护税法尊严的大前提下，通过便利化手段鼓励纳税人税法遵从。

二是树立"大税务管理"理念。把全省各级税务机关看成一个税务局，全省执行统一的办税标准，资料信息共享，"全省通办"就很容易实现。同理，把各个政府部门视为一个整体，积极对接政府大数据平台，主动实现与不动产登记、工商、社保、民政、公安、人民银行等部门的数据共享和应用，分口把关，互联互认，凡是能通过数据平台获取的信息一律不再要求纳税人重复报送，大大

减少了第三方证明、材料的出具。

三是从"纳税人视角"进行集成。长期以来,在分税种管理的惯性思维下,办税事项往往从税务机关管理的角度出发,按税种、环节设置,办税事项多,有时标准还不一致。以"纳税人视角"对办税事项进行了整合、归并,使事项减少、标准统一,让办税一次完成。例如房地产交易涉及契税、个人所得税等8个税(费),共有42个办理事项,根据不同条件需要报送多种资料,十分繁杂,纳税人办税时搞不清,很容易"跑多次"。经过改革,将房地产交易所有涉税事项整合为"房地产交易纳税、减免申报"一个事项,改变以往对纳税人既要办理申报,又要实行优惠备案的做法,直接以"一张纳税申报表"代替税收优惠备案,归并了事项、减少了资料、统一了标准,极大减轻了纳税人的办税负担。

三、纳税服务精细化的潜在需求调查分析

"SERVICE"模型是可持续公共服务和公共服务组织的服务框架。这一框架根植于公共服务主导的逻辑框架,强调需要注重外部价值创造,而不是仅仅注重内部效率。"SERVICE"模型中有七个元素,分别是系统(system)、嵌入(embed)、关系(relationships)、价值(value)、创新(innovation)、联产(co—production)和体验(experience)。系统是指公共服务是一个系统性工程,而不仅仅是组织的拼合,同时在管理上也要进行系统化对待;嵌入是指公共服务组织需要在短期内将组织的可持续性嵌入自身当中,这是长期可持续性发展的必要条件;关系是指可持续的公共服务组织依赖于贯穿服务系统建立起来的长期关系,而不是寻求短期交易价值;价值是指内部效率对于可持续的公共服务组织是必须的,但它们还需要建立一个面向外部而不是面向内部的公共价值观;创新是指可持续的公共服务组织是基于创新作为实现服务效率的手段;联产既是公共服务组织运行的源泉,也是公共服务创新的源泉;体验是指公共服务组织的一个关键资源是知识,并使用知识来提供良好的服务体验。我们认为税务数字化改革就是要打造能够符合"SERVICE"模型七要素要求的公共服务,本文将以此模型并结合纳税人端和税务端需求的调查分析对数字化改革背景下的纳税服务精细化管理进行研究。

(一)纳税人端需求分析

为了全面、准确地掌握纳税人的实际纳税缴费需求,以需求为导向解决纳税缴费精细化中存在的问题与短板,进一步提升纳税缴费精细化水平,找准优化和改进纳税缴费精细化工作的切入点,在择写本文前我们拟定了《"纳税缴费精细化"纳税人端需求调查问卷》。此次问卷调查共计收回调查问卷9510份,由于每一题的调查结果有效性不同,因此按照每一题统计有效份数进行分析。现将有关调查情况分析如下:

1.纳税人以青壮年财务工作者为主，学历较高

从被调查者的身份类型来看，前往办税大厅办事的人员中大部分为企业财务、会计，其次是个体工商户业主，分别占比 45.43％、25.87％。

年龄段方面集中在青壮年，9400 名有效人数中 45 周岁以下占比81.49％。学历普遍在高中以上，占比 89.82％。应该说，学习和适应能力都较强，具有推广数字化纳税缴费服务的基础。

2.办税体系实现多元化建设，但纳税人仍习惯传统办税方式

（1）从调查结果来看，纳税人对于多元化办税体系的了解和使用还是以一贯使用的实体办税服务厅、税务门户网站、自助办税服务区居多，8610 名有效人数中占比分别为 66.55％、47.04％、37.63％。新型的办税平台使用少。

（2）纳税人比较想尝试手机端的掌上办税模式。从纳税人下一步想要尝试的办税渠道来看，以浙江省税务 APP 和税务微信公众号居多，8510 名有效人数中占比分别为 45.12％、31.61％。

（3）然而，最乐意接受的仍然是传统的、一贯使用的网上办税（电脑端）和实体办税，8770 名有效人数中占比 41.85％、27.25％。其次就是掌上办税，手机端占比 19.04％。

3.实体办税服务厅在纳税服务中仍然承担着重要职责，办税服务厅建设与服务需要不断优化

（1）实体办税服务厅在税收工作中仍然起着重要作用。纳税人常用的办税方式选项中，选择办税服务厅办税的有 5730 人，占有效人数的 66.55％。

（2）当前排队等待时间和纳税人的期望还有一段距离。大厅取号后排队等待时间基本在 40 分钟以内，9210 名有效人数中占比 90.77％。而大多数纳税人更希望在等待时间在 15 分钟内，8570 名有效人数中占比 58.34％。

（3）基本实现"最多跑一次"。在 9380 名有效人数中，选择一次都不跑和一次跑就能解决问题的人数占比 73.31％。需要跑两次及以上的多因为业务本身要求跑两次和准备资料不齐全，2680 名有效人数中分别占比59.7％、72.39％。

（4）注销和申报仍是业务难点、"时间杀手"。据 8240 名有效人数调查结果显示，办税过程中出现问题最多的业务为申报纳税、购买发票、注销，分别占比 40.66％、22.82％和 16.63％。而办理时间最长的前三名为注销、申报纳税、退税，分别占比 30.7％、18.6％和 15.19％。由于注销和申报纳税业务本身情况复杂，遇到疑难杂症几率大，且个案个例解决方法不一，不可避免导致遇到问题多，办理时间较长等情况。

（5）纳税人对办税大厅的建设有需求。7780 名受访者中认为需要改善办税硬件设施，增设办税大厅、办税窗口，保障办税环境的舒适和网络的速度、稳

定性的占 18.38%。

(6)纳税人对办税服务厅的工作提出了更高要求。7780 名受访者中认为需要一窗式受理、一站式服务的占 54.63%,希望统一办税项目和标准、简化办税流程的占 42.42%,要求提高税务干部业务技能和改善服务态度、缩短涉税事项办理时长的占 22.11%。

4. 网上、掌上办税方式受到普遍欢迎,但服务仍有待进一步优化

(1)调查发现,大多数纳税人都愿意学习并使用网上、掌上办税方式,在 8510 名有效人数中占比 83.78%。少数不愿意学习并使用网上、掌上办税方式的纳税人主要是因为喜欢并习惯实体办税,在 131 名有效人数中占比 54.20%。在不愿意学习新办税模式的原因中不会操作电脑和手机的比例占到 34.35%;不放心网上、掌上办税方式,认为实体办税更靠谱的占到 32.06%;手机配置低、实现不了这些功能的占比 25.19%。

(2)互联网办税配套系统大多还未满足纳税人的需求和希望。对于税务部门现行提供的一些网上、掌上办税系统及配套系统,纳税人认为最迫切需要改进的是浙江省电子税务局,在 6310 名受访者中占比 20.29%。由于这个系统纳税人比较常用,出现的问题也比较多,反映情况也比较多,其他系统使用较少,问题没有得到充分反映。

(3)纳税人主要希望能够提升这些系统运行速度和稳定性的在 7940 名有效人数中占比 58.44%;其次希望界面明了、操作简便的占 39.17%;再次是希望服务商提供更好的技术服务的占 24.06% 和降低软件升级频率的占 22.54%。

(4)对浙江省税务手机 APP 的推广宣传效果不明显。在 6860 名受访者中,了解浙江省税务手机 APP 的占 42.6%,下载使用过的有 2880 名,总体感觉良好的占 55.9%;感觉一般的占 35.07%;感觉差的占 9.03%。其中没有操作指南的占 44.19%、下载安装不方便的占 48.84%、运行不稳定易出错的占 41.86%,这些导致纳税人对浙江省税务 APP 的使用感不佳的主要原因。

(5)浙江省税务手机 APP 的使用功能有待进一步开发。从当前 3080 名浙江省税务手机 APP 的使用者统计结果来看,APP 中使用较多的功能主要是发票验旧与发票申领、发票代开、发票查询依次占比 77.92%、75.32%、45.13%,这几项推广力度比较大,而且是常用业务。纳税人下一步比较想使用的除了发票申领和代开外,还有占 26.81% 的开具纳税证明、占 31.37% 的一键零申报、占 26.27% 的网上缴税、占 15.55% 的查询办税进度、占 15.28% 的预约办税等众多功能。

5. 纳税咨询渠道多样,效果显著

(1)根据 8560 名受访者的选择,当纳税人遇到涉税问题,通常选择以下渠

道咨询或投诉；办税服务厅窗口或者导税台的占 63.90％、全省 12366 纳税服务热线的占 52.1％、税务部门对外公开的咨询投诉电话的占 42.76％、税收管理员的占 33.06％、中介机构的占 5.84％。

（2）纳税咨询效果显著。在 8840 名有效人数中，选择纳税咨询有效并能当场解决问题的有 64.25％；选择有效并可以减少跑动次数的有 47.4％；选择有效、职责之外事项能明确告知相应部门的占 22.85％。

6. 培训效果得到肯定，培训需求多样化

（1）在调查的 8710 名纳税人中，有 57.86％的人参加过税务机关组织的培训，其中 496 名参加过培训的纳税人觉得培训效果好的占到 74.8％，说明培训有必要，也有意义。

（2）6680 名受访者中有 61.53％的人希望税务部门提供专题业务培训，36.08％的人希望以点对点的答疑形式进行培训，29.34％的人希望进行网络培训课件辅导。

（3）从 8350 名纳税人的选择中来看，纳税人希望在以下方面得到税务部门的培训辅导：申报征收方面有 52.22％；政策法规咨询辅导方面有 42.75；优惠办理方面有 37.96％；税务会计处理指导有 36.17％；纳税评估有 34.37％；办税流程和涉税软件操作指导有 30.54％；发票办理有 30.18％；登记认定有 21.32％。

7. 纳税人了解税收政策消息的途径日益多元化

从 8650 名受访者的回答看，纳税人通常从以下渠道了解最新的税收法规政策：税务门户网站有 55.61％；办税服务厅展板或宣传手册有 47.63％；电视报纸等新闻媒体有 43.7％；微信微博朋友介绍有 40.58％；短信平台或税收管理员有 30.98％；全省 12366 纳税服务热线有 24.51％；税务部门对外公开的咨询电话有 19.19％）。

8. 从对税务部门提升办税质效工作开展情况的评价看，纳税人总体满意度较高

（1）7760 名受访者觉得税务部门近年来在简化办税程序、精细纳税缴费方面做得不错的占到 72.94％，说明纳税缴费精细化的努力总体得到认同。

（2）仍有很大的提升空间，7780 名纳税人提出了如下要求：一窗式受理、一站式服务占 54.63％；统一办税项目和标准、简化办税流程占 42.42％；拓展纳税咨询服务渠道、提供专业的咨询解答占 41.39％，及时的办税事项提醒占 33.29％；推进网上办税等多元化、便捷化办税服务体系建设占 27.51％；加强个性化税法宣传、政策辅导、税收业务的培训占 22.88％；提高税务干部业务技能和改善服务态度、缩短涉税事项办理时长占 22.11％；改善办税硬件设施，增设办税大厅、办税窗口，保障办税环境的舒适和网络的速度、稳定性

占 18.38%。

(二)税务端需求分析

为了全面、准确掌握税务干部在纳税缴费精细化工作中的需求,以需求为导向解决纳税缴费精细化中存在的问题与短板,帮助税务干部各项能力有所提升,促进税务部门进一步提升纳税服务水平,本文拟订了《"纳税缴费精细化"税务干部端需求调查问卷》。此次问卷调查共计收回调查问卷 3080 份,由于每一题的调查结果有效性不同,因此按照每一题统计有效份数进行分析。现将有关调查情况分析如下:

1. 被调查者的基本情况

从被调查者的性别来看,女性居多,占比 68.18%,男性占比 31.82%。

纳服人员主要由公务员(51.96%)和聘用人员(35.95%)组成。首先,年龄较小,在 3060 名有效人数中 30 周岁以下的占比 79.08%。其次,工作经验较少,3050 名有效人数中参加工作时间不足 3 年的占比 65.25%;3—10 年的占比 24.59%。特别是从事纳税服务工作的时间都不是很长,这对于推广数字化纳税缴费精细化工作产生不利影响。

2. 纳税服务人员特点,决定激发窗口一线团队活力措施的选择

(1)一方面,纳服人员都比较年轻、有活力,在学习能力、电脑操作能力、工作热情等方面都比较占优势,但是,另一方面,正是因为年龄偏小,工作经验少,特别是来自不同专业,税务财会专业出身的少,导致对税务专业性问题的理解较单纯、肤浅,税务基础知识不扎实,应急应对能力不足等。

(2)根据 3080 名纳服人员对激发纳服一线团队活力措施的选择,选择组织文体活动的占到 62.01%,选择定期组织培训的占到 55.19%,除此之外,对于公务员来说可能评优晋升倾斜也比较重要,占比 42.86%。

(3)先进个人和典型事例对纳服人员的工作有一定的激励作用,但作用发挥不够明显。觉得"作用明显"的有 3010 人,占 43.91%,觉得"一般"的占 43.85%,觉得"没有激励作用"的占 12.96%。

3. 窗口日常工作量较大,但纳服人员排解有方

(1)据 3060 名窗口工作人员的调查,感到日常工作量满负荷的占 41.5%,超负荷的占 10.13%,适量的占 47.06%,觉得工作量较小的只有 40 人。但窗口工作总体来说工作量是比较大的,纳服人员有压力也是正常的。

(2)纳服人员有 67.65% 的依靠自我心理调节来排解工作压力;有 47.71% 的认为吃顿大餐也是排解良药。减压排解方式多样,还有睡觉、购物、打游戏、打球、旅游等。3060 人中仅 80 人无法排解压力,多因为工资低、孤单寂寞。

4. 当前工作各方面开展情况较好,但减负减压工作有待改善

税务干部对纳税服务"工作氛围"、"轮岗交流"、"业务培训"、"评先评优"、"团队文化"情况评价都较好，评价这几块工作开展情况比较好、甚至非常好的分别合计占比：工作氛围 82.14％；岗位交流 68.5％；业务培训 69.15％；评先评优 70.78％；团队文化 72.96％。说明这几块工作开展得卓有成效，但唯独"减负减压"效果欠佳，对这一项评价为比较好和非常好的合计占比仅有 47.08％。

5.日常工作

(1)窗口业务操作中申报纳税、注销、退税耗时久，分别占 44.81％、38.64％、34.74％，且问题多分别占比 69.06％、21.17％、28.66％。与这三项业务难度大、复杂和问题多样有很大关系。而工作量前四名的业务分别是注销 37.42％、发票代开 33.44％、申报 32.12％、购买发票 20.2％。

(2)咨询最多的是政策、流程、软件系统问题，分别占 68.83％、66.56％、47.73％。

(3)影响窗口业务办理效率的因素主要是资料准备程度和系统稳定性，分别占 72.31％ 和 67.10％，业务难易程度占 61.24％、业务操作熟练程度占 48.53％、纳税人文化水平占 47.88％。

(4)日常工作中需要改进的方面很多：提高系统稳定性排名第一，占 69.81％；扩大网上办理事项排名第二，占 66.56％；除此之外，还有简化流程占 53.37％；增加自助办税终端占 51.3％；精简材料占 50.97％；加强与外部门信息共享占 37.99％；及时更新《规范》占 30.84％；业务融合占 18.83％。据反映《纳税服务规范》更新不够及时，与实际操作有所脱节。部门业务操作、资料受理在纳服规范和征管规范之间存在冲突，基层操作无所适从，面临服务和执法的矛盾，亟待统一。

5)全省各单位基本都开展部门合作，但是联合纳税人服务效果还有待加强，3020 名有效人数中占 72.19％。

(6)"最多跑一次"政务服务改革措施基本了解，在 3060 名有效人数中有 2590 人了解，但是其中觉得执行有困难的有 1090 人，其原因有：纳税人资料缺失，落带重要资料；业务办理人员政策理解能力极度欠缺；规范与实际情况会有冲突，实际问题中难以轻易容错；允许纳税人先办理业务后补齐资料，但纳税人并不会来补齐。

6.服务态度较好，纳税人态度成重要影响因素

(1)因服务态度问题与纳税人发生争执或投诉的人较少，在 2980 人中占 16.78％。

(2)纳税人的态度是影响纳服人员服务态度的重要因素，3070 名有效人数中有 2350 人选择这一项，占比 76.55％。双方态度是相互影响因素，可能是良

性循环,也可能形成恶性循环。影响纳服人员服务态度的因素还有工作强度,占比 37.46%;此外,系统稳定性占 32.57%;等候人数占 31.27%;自身心情状态占 26.06%;业务难易程度占 24.76% 等。由此看来业务操作系统运行不稳定,不仅增加窗口工作负担,而且还影响服务态度。

7.培训

(1)业务能力自我评价:从调查结果显示纳服人员对以下几项业务能力比较熟悉、甚至非常熟悉:"业务流程"业务占 70.49%;"系统操作"业务占 68.42%;"文明服务"业务占 72.52%;而以下几项能力相对薄弱,自我评价一般、不太熟悉、甚至很差:"税收政策"业务占 65.36%;"应急处置"业务占 55.30%;"沟通技巧"业务占 40.92%。应当有针对性的进行培训。

(2)迫切需要掌握的知识和技能:在 3060 名有效人数中有 2460 人选择"税收政策知识"这一选项,毕竟大部分人都不是税务财会专业,基础知识薄弱。其次是涉税业务流程有 1630 人选择;纳税人端办税软件、系统的操作流程指导 1280 人;应急处置知识 1190 人;系统操作技能 1160 人。

(3)参加培训的时间:基本都参加过培训,累计参加 3 天以上的占 68.95%,其中 10 天以上的占总数的 42.81%。但是脱产培训的时间较短,参加脱产培训 3 天以上的占 56.58%。普遍希望参加 3—5 天中期培训的占 26.33%,10 天以上长期的占 29.33%。

(4)培训效果和影响因素:单位组织的业务培训效果比较明显,影响培训效果的主要因素是学习培训内容、形式缺乏吸引力,占 41.18%;培训内容重理论、与实际脱节,不能解决实际问题有 41.18%;工作任务繁重,没时间参加学习有 39.22%。

8.浙江省税务手机 APP 推广:能熟练操作手机 APP 并指导纳税人的纳服人员较少,在 3040 名有效人数中只有 1060 人。由于办税人员知识水平和电脑操作水平有限,推广新型办税方式受阻。而且根据开放性问题统计结果反映,在使用浙江省税务手机 APP 的过程中,遇到的问题较多,如:APP 有些汉字无法识别;浙江省税务 APP 代开普通发票,超过 15 万元起征点无监控等。

纳税人端的需求多为强调合理满足纳税人个性化服务的需求,例如办税体系的完善和应用需求、加强办税服务厅建设的需求、税收宣传渠道多样化、专业有效的纳税咨询、改进税务培训等,都是个性化服务的体现。税务端的需求多为提升工作效率、加强人才培养、找准定位防范执法风险等方面的需求,例如合理安排工作、减负减压和权益维护、改进培训方式和培训内容等。"SERVICE"模型强调建立可持续的公共服务,并通过七个要素来予以实现。上文在问题中分析了七要素的关系和体验方面的问题不利于提升纳税人的税收遵从度，而系统、嵌入、价值、创新和联产方面的问题不利于提升纳税缴费精细化的公共性。因此，需要以需求为导向，通过完善"SERVICE"模型的七要素，不断提升纳税缴费精细化这一公共服务产品的可持续性。

四、当前纳税缴费精细服务存在的挑战及困难

随着新征管模式的推行和税制改革的不断深化，浙江省基层税务部门在提升纳税缴费精细化上进行了不少有益的探索与实践，但应该看到，纳税缴费精细化所取得的成效还是初步的，目前在纳税缴费精细化实践中存在的一些问题仍然阻碍着此项工作的开展，在此以"SERVICE"模型的七个元素为维度对相关问题进行分析。

（一）宏观上面临的挑战

1. 系统方面的问题

（1）纳税缴费精细化全局化理念尚未形成。从税务系统内部来看，纳税缴费精细化是税收管理工作的重要组成部分，是一项综合性非常强的工作，其内容涉及税收工作的征管、稽查等方方面面。但在实际工作中，重管理、轻服务的旧观念导致有部分税务机关和税务干部未能充分认识到纳税缴费精细化的重要性，没有将纳税缴费精细化作为税收工作的一项全局性、核心性工作来抓，只是片面地认为纳税缴费精细化只是纳税服务部门或税收管理部门的事情，对纳税缴费精细化工作缺乏全局观念，致使纳税缴费精细化部分工作职责不够明晰，税务系统内部之间统筹协调不够顺畅，纳税缴费精细化工作无法形成整体合力。例如涉税流程的设置，现行的业务流程过多的考虑内部的监督制约，忽视了纳税人的需求，造成业务流程和操作程序复杂繁琐。这种看似强化监督制约的程序，实际上淡化了责任，是责任的分散和弱化，同时也极大影响了纳税缴费精细化效率，更加阻碍了数字化发展步伐。

（2）信息服务形式简单。近年来，基层税务部门都在积极探索"互联网＋税务"工作模式，取得了一定的成效，初步构建了"互联网＋"纳税服务平台，但只停留于信息化表层建设，大数据应用水平不高，对于纳税人的一些感受和需求不能精确、动态掌握，纳税人信息不能及时准确地转化为税务机关的决策信息，税务机关对纳税人多样化和个性化选择的应变能力不足，政策送达的实效性和准确性不高，主动服务意识和服务创新能力不强，都在一定程度上影响了纳税缴费精细化效能。

2 关系方面的问题

（1）纳税人办税习惯固化。纳税人目前还习惯于传统办税模式，多元化办税体系的应用存在"高低脚"不平衡现象。从基层税务部门问卷调查结果来看，问卷调查有效人数共 8610 人，纳税人对多元化办税体系的了解和使用还

是以一贯使用的实体办税服务厅居多,占比为 66.55%,纳税人的办税习惯还未完全改变。特别是部分办税人员的意识和办税能力跟不上税务机关服务的提升速度,使其更偏向于到办税大厅面对面办理业务,使得新型的、多元化的办税模式在推广上面临困境,很大程度影响了纳税缴费精细服务的数字化。

(2)优化服务与严格执法顾此失彼。一方面为全面做好纳税人服务工作,提升纳税人满意度,部分基层税务部门过多强调优化服务而淡化了对纳税人的管理。由于一些纳税人素质较低,办税能力较弱,对税收政策的学习和运用又不够,导致一些涉税难题都由实体办税服务厅花大时间来解决,影响了精细化效能,特别是开展文明创建等活动后,刻意追求让纳税人满意,对纳税人的一些错误过度容忍。这不但降低了优化服务的质量,而且忽略了对纳税人的管理和监督,使优化服务停留在形式上。另一方面注重优化服务而弱化了执法的刚性。部分基层税务部门片面理解优化服务的内涵,认为既然搞服务,就要一切都为服务"让路",生怕纳税人投诉,特别是当纳税人有不符合办税手续等行为时,在业务受理时不敢坚持原则,不是审核不严、就是处罚不力,从而放弃了严格执法,削弱了依法治税的刚性。"保姆式"服务无益于纳税缴费精细化效能的提升,只会加剧征纳双方的矛盾,制约纳税人自主办税能力的养成,从而影响办税效率、加重税务部门负担。

(3)服务对象日益增多。一是税源变动频繁,增长较快。2020 年,新增户数 97.2 万户,注销 36 万户,月均增量 5.1 万户。企业准入门槛变低,投资创业热情被大大激发,中小企业如雨后春笋般涌入。二是管户倍增,从几十万到超 500 万。2020 年全省共有纳税人 562 万户,其中企业 231 万户,个体 325 万户;一般纳税人 88 万户,小规模纳税人 474 万户。纳税群体的不断增加,而税务部门人员的增长速度却无法与之匹配。三是税务部门征收内容从原本单一的税到税费一起征收,先前的征收对象从企业扩展现在的自然人。自 2019 年起,社会保险费也由税务部门统一征收。这样一来,税务部门职能也变得越来越大。社保费征收一直呈现人多、面广、体量大的特点。2020 年全省企业职工基本养老保险缴费人为 1547 万户,城乡居民两费缴费人达到 3138 万户。导致税务部门对传统经济管不好,新兴经济管不了。

(二)中观上,面临的困难

1. 嵌入方面的问题

(1)服务规范不够完善。国家税务总局自推行《纳税服务规范》以来,对纳税服务的主要内容、工作程序、办结时限、服务方式等都提出了严格的要求,但是由于目前我国正处在税制改革时期,许多新政策出台较快,导致不能及时明确政策依据和对纳税人提供服务的具体标准,也影响了纳税服务规范的更新,再加上各地税务机关对新政策的解读和理解以及对纳税人的宣传和辅导也存在或多或少的差别，诸多原因都给税务机关的纳税缴费精细化工作带来了直接的困扰。同时，虽然《纳税服务规范》收纳了基本的涉税事项，但对于一些服务的管理流程、操作流程以及后续管理问题的说明还不够明确，导致纳税缴费精细化效率降低。比如金税三期上线后，原本一些业务的操作流程发生变化，但纳税服务规范无法提供准确的操作流程。

（2）风险防控不够有效。目前税务系统各单位对内都能很好实行专业化税收管理，但对外仍未形成一整套纳税缴费精细化制度和风险防控机制。以办税服务厅为例，窗口一线既承担形式要件审核，又承担实质要件审查，出于风险防控考虑，多项业务无法提效增效，造成征纳双方工作量的加大和矛盾的增强。同时，业务办理中潜在的风险没有事先提醒和阻断，导致业务返工回流，甚至需要报送运维处理，质量降低的同时也影响效率的提升。纳税缴费精细化效能的提升不仅要考虑效率，还因考虑质量。

（3）实体厅建设还需加强。近年来，基层税务部门相继推出首问负责制、限时办结制、一窗式办理、多元化申报、最多跑一次等服务举措，使纳税缴费精细化取得了重大突破，在其中实体办税服务厅就起着主导作用。在纳税人常用的办税方式选项中，选择办税服务厅办税的有 5730 人，占有效人数的66.55%。然而，实体办税服务厅的建设与服务却受到纳税人资料准备程度、窗口干部业务熟练程度、税务征管系统稳定性、纳税人涉税业务难易程度、办税服务厅窗口设置安排等诸多因素掣肘，影响纳税缴费精细化效能的提升。其中自"营改增"以来，影响基层税务部门纳税缴费精细化效率的因素主要有办税业务量激增、业务复杂度日趋增加、系统稳定性不足等三方面。在实体办税服务厅建设方面，纳税人也提出了很多要求。据统计，受访纳税人中认为需要一窗式受理、一站式服务的占 54.63%，希望统一办税项目和标准、简化办税流程的占 42.42%，要求提高税务干部业务技能、缩短涉税事项办理时长的占22.11%，认为需要改善办税硬件设施，增设办税大厅、办税窗口，保障办税环境的舒适和网络的速度、稳定性的占 18.38%。

2. 价值方面的问题

（1）自助区建设有待完善。基层税务部门在自助办税区的建设中，受场地、经费等因素制约，自助区整体建设或面积小、或设备少、或功能单一，难以满足纳税人实际办税需求。以月底认证高峰期和申报期为例，自助办税区域异常拥堵，再加上部分基层单位自助设备老旧，机器故障不断，导致自助设备开机率不高全省平均水平为 84.56%，自助设备利用率不高，无法起到应有的办税分流作用。以浙江省某市为例，现有自助办税终端（包括 ARM 机、开票机、购票机）33 台，2021 年 1—2 月共办理包括抄报税、发票认证、发票发放、专用发票代开等业务在内 3.81 万条，仅占办税总量的 3.35%。

(2)辅导服务渠道过窄。根据受访纳税人的选择来看,遇到涉税问题,通常选择以下渠道咨询或投诉:办税服务厅窗口或者导税台占 63.90％;12366 纳税缴费精细化热线占 52.1％;税务部门对外公开的咨询投诉电话占 42.76％。而纳税人在需要纳税咨询时,却经常遭遇拨打电话人数太多,难以接通;问题解答不专业、不准确;咨询回应不及时等问题,远不能满足纳税人咨询需求。虽然各基层单位都设有"网上局长接待日"、税企 QQ 群、税企微信群等渠道,但从实际工作情况来看,咨询辅导的压力仍在办税服务厅,窗口一线电话咨询、现场咨询压力明显偏大。此外,纳税人宣传、辅导和培训力度有待加强。在受访的纳税人中,有 57.86％的人参加过税务机关组织的培训,觉得培训效果好的占到 74.8％,说明培训有必要,也有意义。但以纳税人学堂建设为例,基层税务机关就存在重视程度不足,资金保障缺乏等问题,存在课程内容与纳税人需求不对称等问题,存在专业师资团队尚未完善,教学形式多元化的运用程度不够等问题,很难做到大纵深、全覆盖,让纳税人听明白、都学会。

3.创新方面的问题

(1)人才培养不够到位。干部队伍素质对纳税缴费精细化有着不可估量的影响作用,综合来看,目前干部队伍的纳税缴费精细化观念意识、服务态度和业务技能等方面素质都有了很大的提高,但离纳税人日益增长的纳税缴费精细化需求还有一定的差距。一是服务意识有待进一步增强。近几年来,税务部门在注重提高业务水平的同时,也加强对服务意识的强化与提升,但仍未消除部分单位和人员服务意识淡薄的情况,仍将服务意识停留在微笑服务等一些表面认识上,不够深入了解纳税人实际需求,从而导致服务与需求不对等。二是服务水平有待进一步提高。税收现代化的发展对纳税缴费精细化工作提出了极高的要求,办税服务人员不仅要熟悉纳税服务规范,还要精通税收征管业务、税收政策法规和税收信息化技术等知识。"营改增"以来,基层税务部门办税大厅业务量剧增,一线工作人员常期处于疲于应付工作的状态,强大的工作压力使一线人员无法正常参与各种业务素质提升培训,缺乏完整性、系统性培训,使其无法快速掌握新的业务技能和调整知识结构,业务知识更新缓慢制约了工作开展,导致纳税人不满意。工、学矛盾是目前基层税务部门一线工作人员面临的一大困境。三是办税服务大厅工作人员流动性较强,队伍稳定性较差。目前,基层税务大厅人员大多由年轻的正式干部和临聘人员组成,队伍极不稳定,年轻干部会被各个部门借调,临聘人员又会因工资低、劳动强度大等原因随时辞职,而窗口服务工作需要一定时间的积累才能做好。窗口一线工作人员是纳税缴费精细化效能的主要执行者,缺乏合理的保障制度,使其无法提供有效而高质量的纳税缴费精细化。

(2)互联网系统保障不力。目前,为提升纳税缴费精细化效能,税务部门提供了诸多网上、掌上办税平台及配套系统，其中电子税务局因受众面广，访问量大，出现的问题也比较多，而这也是纳税人最为关注的。有 20.29% 的受访纳税人认为最迫切需要改进的就是电子税务局。同时对于互联网办税，纳税人最希望能够提升各类办税系统运行速度和稳定性，占比 58.44%；其次希望界面明了、操作简便，占比 39.17%；再次是希望服务商提供更好的技术服务，占比 24.06% 和降低软件升级频率的占比 22.54%。近年来，像电子税务局这类方便纳税人办税的软件，却因为欠缺后台运维能力、无法及时解决系统故障、升级频繁而无通知、无法适应各地的个性化需求等问题，导致纳税人软件操作的满意度低、办税体验差，在一定程度上反而成为纳税人进实体厅办税的理由。此外，基层税务部门结合各自工作和实际，研发的一些办税软件，也迫于资金、技术、人员等因素，没有一个长远规划，没有统筹安排，功能使用可持续性差，导致纳税人"网路"走不通、走不顺，只能走"马路"。

（三）微观上，面临的问题

1. 联产方面的问题

（1）社会化力量参与不足。目前，一些主要发达国家的税务机关非常重视发挥涉税中介机构的作用来提高纳税服务水平。比如德国和日本 90% 的纳税人委托税理士办税、韩国请税务士建账可享受 10% 的税收优惠、美国 80% 的纳税人通过税务代理或使用申报软件申报。而我国截至 2018 年，注册税务师从业人员 10 万人，税务师事务所 4600 多家，注册会计师从业人员 30 万人，跟我国纳税人的数量相比，比例非常低。这种模式既不利于纳税服务工作的有效开展，也不利于税收职能的充分发挥。面对情况越来越复杂的纳税人，靠一家之力以及传统的征管与服务方法已难以提高税法遵从度的理想效果，涉税中介机构、行业协会、志愿者协会等社会力量没有得到发挥，无法为纳税人提供多元化、个性化的服务。

（2）内外协作不够深入。一方面税务机关内部权利与职责交叉不清，对于权利责任没有明确的界限，对纳税缴费精细化工作也缺乏明确的分工，在遇到问题时容易出现推诿现象，从而导致纳税缴费精细化效率低下。纳税服务部门与税源管理、政策法规、收入核算等机关内部部门之间也存在沟通机制不够有力的情况，影响了服务效能的提升。另一方面，税务部门与其他政府部门配合不畅，难以形成纳税缴费精细化合力。如在"五证合一"商事制度改革中，与市场监督管理局等其他部门沟通不及时、不顺畅时，容易导致纳税人多次跑，从而影响纳税人满意度。在实际税收工作中同样存在这方面问题，例如纳税人对登记、申报、缴款、减免退审批等程序的不了解，造成因资料不全、手续复杂、多部门跑动，而使纳税人感到办税"一头雾水"。

2. 体验方面的问题

（1）特色服务应用较低。目前浙江省税务在全省范围全面推行"一人一窗一机"服务模式，但是在实际操作过程中，窗口工作人员因业务操作繁琐、系统信息不同步等原因，反而导致纳税人部分涉税事项无法当场办结，直接增加了业务办税时间。而且对业务的熟练掌握和金三系统熟练操作的工作要求，使得纳服人员承受来自工作和心理的双重压力。诸多原因导致实行"一人一窗一机"后，实体办税服务厅出现了办税效率不高、纳税人等候时间较长、办税人员的工作压力较大等情况。在浙江省税务推行实名制试点办税过程中，也存在一定的局限性。目前实名制办税的应用已经可以避免纳税人办理涉税事项重复提交身份证明材料，减轻纳税人资料报送负担。但是由于实名制采集信息后的结果应用机制没有建立，还不能很好的与纳税人办税能力、信用评价等挂钩使用。

（2）个性服务流于形式。英国国内收入局特别注重为纳税人提供个性化服务，他们将纳税人分为大型商业、小型商业、个体自谋职业者等，为其量身定做适合的服务，其独一无二的做法就是为公司纳税人建立门户网站，除了可以填写纳税申报表外，还能获得更多的个性化服务，了解所欠税金是多少、已支付税款是多少，以及产生这些问题的深层次原因，同时可以通过网站向税务官员咨询问题得到及时答复。而我们各基层单位在推行的一些纳税缴费精细化，常常采用"一刀切"的模式，不能满足不同层次纳税人的需要，没有切中纳税人迫切需要的重点，纳税缴费精细化缺乏针对性、层次性、个性化。

五、数字化改革背景下纳税缴费精细服务的实现路径和展望

（一）依托大数据，应对新挑战

1. 注重体系，形成系统

（1）树立纳税缴费精细工作全局化理念

运用大数据，认真分析纳税人的需求，在依法治税的前提下，积极拓展对纳税人服务的范围和空间，将纳税缴费精细化理念贯穿于涉税服务事前、事中、事后各环节。在全系统树立"大服务"理念，坚决摒弃"一提服务就是窗口一线的事情、一提服务就是纳服部门的职责"等片面思维，明确征管、纳服、稽查、各职能单位等部门之间的责任分工和工作衔接，并在各个环节充分运用大数据采集、分析纳税人需求，制定各环节个性化针对性的纳税缴费服务举措，举全局之力积极主动做好纳税缴费精细化工作，简化办事程序，文明高效服务，公平公正执法，做到执法无弱项，服务无漏洞，事事有落实，不断提高纳税人满意度，促进和谐征纳关系的建立。

（2）搭建网络办税平台

运用数字化改革契机，积极推进电子税务局建设，对各类涉税事项，推行

网上受理、网上办理、网上反馈，实现纳税缴费精细化事项网上全覆盖，把网上办税平台打造成纳税人办税的首要选择。建设纳税人数字证书 CA 认证系统，推动电子证照、电子文书、电子签章等在纳税缴费精细化中的应用，保障电子化办税网络数据应用的安全性，减少纳税人网上办税的风险顾虑，推进纳税人走向无纸化电子办税。根据纳税人常办业务和常见问题，提供税务咨询、税务提醒等个性化、针对性服务，提升纳税人网上办税率，避免纳税人回流办税服务厅。进一步强化移动办税功能，大力推进手机 APP、微信、支付宝等移动端平台在纳税缴费精细化中的应用，提升移动办税的使用率和体验度。整合网上纳税缴费精细化功能，形成网上办税一体化系统，实现一键申报、一文办结、各部门涉税资源共享。

（3）打造线上＋线下纳税人学堂

坚持需求导向，面向不同特点的受训群体，开展大数据需求分析，设置兼具专业性、实用性、系统性、权威性和体验良好的一体化培训课程。在传统的纳税人学堂建设的基础上，通过规范实体纳税人学堂，拓展网上纳税人学堂，开设纳税人流动学堂等途径，融合线上线下载体，从制度建设和载体建设两方面进一步推进，推动纳税辅导和税法宣传工作的有效开展，提升纳税人办税能力，节约纳税人办税成本，并同步减轻税务机关办税负担。

2.增进关系，着眼全局

（1）建立纳税人办税能力评价和应用机制

目前，我国已全面实行纳税人自主纳税申报方式，如果纳税人的办税能力不能相应提高，办税习惯不能做出改变，不仅会面临各种办税困扰，同时也制约了税务机关的纳税缴费精细化效能的提升，降低税收征管的质量和效率。在提升纳税人办税能力方面，各级税务机关可以利用已有的数据信息系统，借实名制办税的"东风"，运用大数据拟定一套对纳税人特别是办税人员的基础办税能力、遵从能力、现代化办税手段应用能力等方面进行评价的机制，建立正向激励、反向制约的评价结果运用机制，通过各种措施，督促纳税人自觉提升办税能力，转变办税习惯，降低征纳双方的沟通成本，同时也使得办税提效措施真正发挥作用。

（2）把握纳税缴费精细化正确发展方向

在推进纳税缴费精细化进程中，要注意做好数字化改革，通过大数据将涉税各方面纳入到纳税缴费精细化工作中来，把握纳税缴费精细化与多方面的关系，把握好纳税缴费精细化的发展方向。一是处理好纳税缴费精细化与严格执法的关系。充分认识到依法治税是税务机关的神圣职责，是开展纳税缴费精细化首先应遵循的前提，如果离开执法，忽略以法治税，就无从谈起优化服务。因此，要牢固树立严格执法就是最好的纳税缴费精细化的理念，在税收实际工作中要把纳税人当作执法客体,更要把纳税人当作服务对象,只有确立纳税人平等的法律地位观念,才能在"平等、真诚、尊重"的基础上为纳税人提供精细化的纳税缴费服务,在严格执法中优化服务,以优质服务促进税收执法水平的提高。二是处理好纳税缴费精细化与税收征管的关系。充分认识到为纳税人提供纳税缴费精细化服务是法律确定的税务机关的职责,更是税务机关加强税收管理的一项基础性工作,纳税缴费精细化效能的提升不仅不会弱化管理,而且还会对管理产生积极的促进。彻底抛弃"重管理、轻服务"陈旧落后的思维定式站在纳税人的角度进行换位思考,把纳税缴费精细化贯穿于税收管理工作的始终,实现税收从"管理型"向"服务型"观念转变。三是处理好对外服务和对内服务的关系。对外服务指的是为广大纳税人服务;对内服务指的是为基层税务干部服务。从表面上看,两者的服务对象、目标、方式均有较大差异,但实际上两者关系密切、相互影响,甚至可以说是血脉相连。减轻基层税务人员的工作负担,纳税人的办税负担也会相应减轻;减轻纳税人的办税负担,也有利于减轻基层税务人员的工作压力。通过"两个减负"的有机结合,扫清思想障碍,破除行动阻力,确保各项纳税缴费精细化措施落到实处。

（3）明确纳税缴费精细化的边界

税务机关行政资源有限,纳税缴费精细化内容不能无限制地扩展,必须要有明晰的边界。但目前纳税缴费精细化的法定边界仍然模糊,法定服务和增值服务容易混淆。税务机关一味地追求纳税人的满意度,使纳税缴费精细化偏离了依法服务的本质,在纳税人应履行的义务上提供了超法律范围服务,忽视了税务机关的法定职责。因此税务机关必须理清服务边界,分清法定职责和增值服务,例如税收法律法规和普及性知识的宣传是税务机关的法定职责,但是诸如纳税筹划、涉税风险鉴定等都属于增值服务,不应该由税务机关来宣传,同理,对于普遍性的税务流程、系统操作、相关材料等的咨询,税务机关具有解答义务,但是对纳税人的某几项业务的税收筹划、会计记账处理等就是增值服务,应该由市场来提供咨询服务,这些都可以通过数字化改革来实现边界识别,对各级税务机关和干部以及纳税人进行提示提醒以及评价考核。

（二）依托智能化,破解新困难

1.强化嵌入,持续发展

（1）统一宣传辅导服务口径

实现办税指南编辑委员会和疑难问题专家咨询委员会的智能组建以及成果的智能转化运用,整合业务力量加强对复杂、疑难问题的采集和政策适用的解读,为多渠道的宣传咨询、培训辅导服务提供权威、统一的后台支持。通过智能化鼓励、引导、提供平台给社会公众与税务人员共同参与纳税咨询服务,构筑税助、自助、互助"三助"式咨询服务新格局。优化办税指南的编制,以纳税人"怎么办"视角出发，从"准备什么资料、表单怎么填、通过什么渠道办"等方面全面梳理纳税人办税事项，并通过智能化，加强办税指南可获得性的提升，确保纳税人精准掌握办税信息，方便纳税人办税。

（2）建立风险防控机制

按照"该减的减到位、该管的管到位"的思路，对各类办税事项逐项、逐环节进行风险点排查，形成智能化全系统涉税风险管理标准体系，编制风险防控目录体系，在金三系统内设置统一系统监控指标，及时对业务办理风险点进行智能化事前提醒和强制阻断，同时依靠内外部公开监督、专人复核等方式规范业务办理，降低业务办理风险，实行全流程常态化监管，切实有效防控涉税风险。

（3）推进实名办税

实名办税要更加智能，在纳税人办理涉税事项时，一次性确认纳税人真实身份，厘清征纳双方责任，保护纳税人合法权益，实现"守信者畅通，失信者受限，不法者震慑"，有效预防和打击涉税违法行为。完善"登记、办税、服务、管理"全过程实名制，加强内部风险管控和外部结果推送，推行办税人员分级分类管理制度，进一步推动办税人员能力的提升，促使办税人员主动文明办税。推进纳税人自主申报、自主开票、自主办税，还责还权于纳税人，完善信用管税制度，健全和完善纳税服务基础管理制度。完善优化实名预约服务管理平台，提供网上、掌上等多渠道预约服务，推进办税双向预约，营造更为规范有序的办税环境。

（4）完善实体办税兜底功能

在实体办税厅引入智能化，持续优化办税服务厅建设，加强前台咨询导税、现场管理和资料审核前置等环节力量配置。建立窗口资源弹性配置工作机制，合理调配办税资源，明显缩短纳税人办税等候时间。加快实体办税服务厅与电子税务局融合，优化实体办税服务厅流程与岗位配置，增设网上业务岗，形成线上线下功能互补、前台后台业务贯通、统一规范高效的纳税缴费精细化新业态。逐步推进办税服务厅功能转型，引导纳税人通过网络渠道、自助渠道、社会渠道，解决日常性、简单性问题，实体办税厅主要解决各类涉税复杂性、疑难性问题，让实体办税服务厅成为"专家问诊室"。

2.体现价值，内外兼顾

（1）大力拓展自助办税

拓展自助办税服务智能化功能，在自助设备采购、服务功能提升等方面加大投入，注重日常管理和现场辅导，保证设备运行顺畅，为纳税人打造一个便捷高效、功能齐全的现代化自助办税服务厅。大力拓展自助办税终端功能，强化简单、量大、重复性强的涉税事项自助服务，提升纳税人自助办税率，使自助办税成为网上办税、窗口办税外的有益补充。建立 24 小时自助办税服务厅，满足纳税人全天候办税需求。充分利用街道、社区、银行、专业市场等网格化网点，结合纳税人集聚度、需求度等，合理布点设置自助办税终端，打造主城区"半小时办税圈"，从时间和空间上增加纳税人办税便利。

（2）完善大服务工作格局

动态更新完善《纳税服务规范》，对纳税人"怎么办"涉税事项给出明确指引，对税务干部"怎么操作"提供明确指南，并密切业务规范与政策的配套，及时、动态更新规范内容，确保基层的可操作性。自上而下发挥纳税服务工作领导小组的统筹协调和组织推进作用，进一步明确各部门各环节的服务职能、服务内容和服务标准，树立协同作战思想，共同推动纳税缴费精细化效能的提升。强化各级税务机关上下联动、沟通协调，建立省、市、县三级联动的机制，及时解决纳税人反映的突出问题。参照税务总局纳税缴费精细化组织机构设置配套制度，进一步优化基层纳税服务部门的机构设置和工作职责，探索办税服务厅和纳税服务管理部门的分离，推动纳税缴费精细化专业水平和服务管理综合能力的提升。并实现以上环节的智能化，实现实时采集需求、评价分析和智能动态更新等。

（3）运用新兴媒介做好宣传辅导

充分利用互联网、移动终端、税务平台等新兴媒介，注重加强宣传的主动性、广泛性、针对性和时效性，不断改善纳税人视听体验感受，为纳税人提供全方位、立体化宣传辅导服务。加强渠道功能性引导，使纳税人根据自身偏好自主选择个性化定制纳税服务渠道和服务手段。创建与纳税人交流互动空间，积极鼓励纳税人参与论坛，引导纳税人自查自纠，形成全民协税护税的良性传播。

3. 努力创新，全面保障

（1）强化纳税缴费精细化人才培养

引入智能化测算运行模型和设备等，统筹规划、科学配置纳税缴费精细化人员数量，在窗口一线配备 20% 左右的补充人员，保持办税纳服人员队伍稳定，持续保障一线纳税缴费精细化工作有序开展。坚持倾情带队、善待严管，关注纳服人员心理健康，减轻纳服人员工作压力。完善纳服人员系统化培养模式，确保"人岗相适"。加强优秀骨干及专业人才培养，打造一批业务素质高、信息技术精通的复合型人才队伍，组建纳税缴费精细化人才库，为纳税缴费精细化提供专业咨询和指导，及时解决疑难问题。合理部署人才库组成人员的年龄、性别、专业、特长等结构，确保人才库的稳定和适度更新，贯通省、市、县三级人才库的统筹使用，最大化发挥人才库的智囊作用。

（2）构建智能"四位一体"纳税缴费精细化体系

打造以智能办税服务平台为核心、智能12366语音服务平台和征纳沟通平台为支撑、社会化协作平台为补充的智能"四位一体"现代纳税服务体系。大力推行网上办税，不断优化升级电子税务局和移动APP，让纳税人足不出户、随时随地办税，进一步强化自助办税功能，强化实体办税服务厅管理，形成网上办税为主、自助办税为辅、实体办税服务厅兜底的纳税缴费精细化平台。优化"纳税人需求、税收知识库、专业化团队"三类管理，升级完善12366语音服务平台。建立统一的征纳沟通平台，以征纳及时顺畅沟通为主要目标，实现全省征纳沟通步调统一、口径一致，发挥"一个平台、众帮互助"的集成服务效应。充分整合并构建以涉税专业服务机构、社会化服务网点等组成的社会化协作平台，实现就近办税、协同办税，共同推动纳税服务的现代化。

（3）推行"智能监管"模式

宽进严管，减少事前干预，提高征管信息化水平，进一步强化后续管理，实现取消行政审批与强化事中事后管理间的无缝对接。一是加强大数据分析，将风险疑点信息及时推送至纳税人端，强化提醒服务，对及时做出反馈整改的纳税人给予解除风险，对未按期做出说明解释或整改的，将该记录纳入纳税信用评价体系，对诚信度不高的纳税人给予相应的惩戒，从而形成一个征管制度，以提高纳税人的纳税遵从度，增强依法纳税的自觉性和认可度；二是借鉴区块链等新兴技术，打造智能化数据中心，打通包括市监、国土、社保、银行等部门的"信息孤岛"，推进信息互通共享，形成各部门齐抓共管的监管局面，通过数据分析，及时发现、矫正和处理纳税人在履行纳税义务过程中出现的过错，提醒并督促其及时进行自我纠正，有效防止和化解征纳双方的风险。三是提升发票管理的智能化水平，将发票的领用、开具、数据报送、填报、防伪、入账等全面纳入信息化，实现自动化，逐步取消纸质发票，全面应用电子发票，减少纳税人发票使用和管理的成本。

（三）依托智慧化，解决新问题

1.加强联产，合理协作

（1）完善智慧社会化办税渠道

纳税缴费精细化作为公共服务的一部分，依据现代公共服务改革的基本趋势，应建立以政府为主导、税务机关为核心、市场社会中介和其他组织为补充的多元化、智慧化供给纳税缴费体系，从而解决纳税服务主体单一化和纳税人需求多元化之间的矛盾，营造出一种全方位、立体式的综合纳税缴费精细化环境。可以积极借鉴德国等发达国家依托中介机构和社会组织提升纳税缴费精细化效能的经验，促进纳税社会服务多元化发展，为征纳双方更好的沟通建立互动平台，与税务机关一同构建成一个完整的纳税缴费精细化体系。可依托政府完善拓展协税护税网络，努力增设社会服务网点，借助乡镇街道、行业协会等力量,就近提供纳税缴费精细化。充分发挥涉税中介机构的资源优势和专业优势,培养中介机构在公平公开的基础上更多地参与纳税缴费精细化工作,引导纳税人使用中介服务,形成税助、自助、他助的纳税服务新模式。积极推进与第三方支付机构的合作,建立多元化缴税扣税、代开发票等渠道,最大限度地为纳税人创造办税便利条件。

(2)提升12366服务品牌

完善咨询人员业务技能培训,加强话务质量日常监测,进一步提高热线的接通率和答复的准确性、规范性。全力打造集税法宣传、纳税咨询、办税服务、权益保护于一体的"12366"纳税服务品牌,将12366"听得见的纳税服务"提升为"能问、能查、能看、能听、能约、能办"的"六能"智慧型咨询服务平台。依托平台,定期分析涉税咨询业务数据,提炼纳税人共性和个性问题,方便各层级税务机关针对自然人和不同规模、行业、类别企业纳税人需求,开展普及性税法宣传和个性化资讯推送。

(3)健全效能提升保障机制

建立纳税缴费精细化效能提升评估工作机制,对即将出台的税收管理和纳税缴费精细化措施、办税流程、办税平台进行事先评估,对影响纳税人办税效能的因素给予有效预防和应付;对已经出台实施或运行的制度、措施等,定期开展事中效率质量评估,及时提出改进优化方案,促进为纳税人办税效能提升目标的实现。完善服务绩效评价机制,从组织绩效和个人绩效两个层面实施评价,持续改进纳税缴费精细化工作。

2.优化体验,实现遵从

(1)推行个性化办税,满足多样需求

建立和完善纳税缴费精细化问题导向机制,通过纳税人需求征集、满意度调查、服务咨询、投诉处理等环节,靶向采集和分析纳税人在办税中遇到的痛点、堵点和难点问题,研究相应的改进措施。运用大数据分析技术对纳税人办税行为数据进行分析处理,将纳税人类型与办税习惯对应关联,实现"精准"画像,针对不同的企业类型,预判行为习惯,有针对性地提供相应的服务措施,提高纳税缴费精细化的精准度,给纳税人更高的获得感。可以借鉴英国等纳税缴费精细化发达国家的经验,按照不同区域、不同类型、不同行业、不同税法遵从度、不同会计核算水平、不同纳税事项、不同信用等级、风险预警指标等分类标准,针对纳税人个性化需求,提供多种形式、分门别类的宣传和服务,甚至一对一服务,制定个性化服务手册,进而满足不同纳税人的不同需求,使纳税缴费精细化措施更具针对性和实效性。

(2)深入实施"数字化"改革

持续深入推进"数字化"改革,坚持以纳税人为中心,进一步精减审批项目，进一步规范办理流程，进一步简化办税环节，还责还权于纳税人。做好涉税事项一次性提醒、办税环节逐步提醒等，持续优化纳税缴费精细化措施。积极通过分类梳理"一次现场办结"事项，加快推进"数字化"改革落地，并努力实现办税"不用跑"，实现绝大部分办税事项立等可取，让纳税人办税更省心、更舒心。依实际完善办税规程，建立制度保障，推行涉税事项"容缺"办理和"容错"受理机制，最大限度便利纳税人，助推"数字化"改革落地。

（3）拓宽"全省通办"广度和深度

进一步运用大数据，打好数字化改革战，打破传统的地域管辖限制，统筹推进涉税事项全省通办，方便纳税人自由选择办税场所。本着由浅入深、由简到繁、稳步推进的原则，结合纳税人需求分析与政策变化，逐步扩大涉税事项全省通办业务范围。完善办税服务厅办理状况实时发布机制，为纳税人提供办税服务厅网点分布、等候人数等信息，方便其合理选择办税地点与时间。持续优化纳税缴费精细化措施，完善首问责任、限时办结、预约办税、延时服务、"二维码"一次性告知等便民服务机制，缩短纳税人办税时间。

课 题 组 组 长：章毓华

课 题 组 副 组 长：傅白水

课 题 组 成 员：宋　莹　徐　蕾　夏昕斓

李　委　周　松　陈　琳

数字化改革背景下税费综合申报缴纳制度化研究（一等奖）

国家税务总局浙江省税务局课题组

随着数字中国建设的深入实践，数字化改革正融入到社会生活的方方面面。税收治理是国家治理的重要组成部分，推进税费综合申报缴纳是实现税收治理现代化的重要举措，也是推进税费协同管理的内在要求。本文选择税费综合申报缴纳的制度化研究为主题，关联到当前深化"放管服"改革、持续优化税收营商环境、提升税收精细化服务必须研究解决的重要议题。期待本文中提出的初步建议，能在实践中有所应用，以利于助力数字化税费服务体系转型升级，推进新时代税收现代化，更好发挥税收在国家治理中应有的作用。

一、税费综合申报缴纳的制度设计基础

（一）税费综合申报缴纳模式的概念及产生背景

1. 税费综合申报缴纳的概念界定

税费综合申报缴纳是通过税务部门重塑升级申报流程，优化改造申报环节，将税费申报缴纳统一到一个入口，将税源信息从申报环节分离至税源基础数据采集环节，系统集成主税、附加税费及其他各类费用原有申报表，最终通过一张申报表完成各关联税费种的申报。

税费综合申报缴纳模式以"一表申报、税源信息采集前置"为设计思路，综合运用大数据、云计算、人工智能等技术手段，通过申报表数据预填、要素申报、财务报表与申报表转换等功能，实现申报缴纳环节数据自动提取、信息自动比对、税额自动计算，纳税人缴费人只需要确认或补正即可线上提交，实现多项税费种的"一张报表、一次申报、一次缴款、一张凭证"，大幅减少申报工作量，有效提高申报缴纳效率。该模式精简了申报流程和资料报送，缩减了表单和数据项的数量要求，集成利用税收征管系统数据库与部门间共享数据，通过信息化手段实现申报数据预填、关联税费种自动比对、异常及时预警等功能，有效避免漏报、错报，大幅减轻纳税人缴费人填报负担，有力推动税费征管一体化。

2. 税费综合申报缴纳的产生背景

2018年国税地税征管体制改革，标志着我国税收征管迈进一个新纪元，从"分税制"过渡到"合并制"，在根本上解决了税收征管面临的"两头跑""两头查"问题，为构建优质高效统一的税费征管体系创造了有利条件，为变革税费征收管理模式、推进税费一体化管理、实施税费综合申报缴纳打下了坚实基础。

税费综合申报缴纳是推进数字化改革的应有之义。党的十九大报告提出建设数字中国，推动税收治理领域的数字化转型是落实数字化中国战略部署的重要环节，税务部门要积极融入数字化发展的战略大局，充分运用大数据、区块链、人工智能等数字技术手段赋能税收现代化建设，提升数字化税费服务效能。税费综合申报缴纳按照"小切口、大场景"的思路，以申报缴纳环节为突破口，拓宽税费服务新场景，强化数字赋能技术革新，改进传统申报模式缺陷，注重系统集成，力争形成"全终端协同、全模块智能、全链条可控、全情境交互、全时态稳定"的运转状态。税费综合申报缴纳作为税收治理转型的重要组成部分，是推进数字化改革的题中应有之义。

税费综合申报缴纳是落实两办意见的现实需要。2021年3月，中办、国办印发《关于进一步深化税收征管改革的意见》（以下简称《意见》），对深化税收征管改革，深入推进精确执法、精细服务、精准监管、精诚共治作出顶层设计和全面部署，擘画了税收征管数字化转型的中国方案，成为我国当前和今后一个时期推进税收治理能力和治理体系现代化的纲领性文件。《意见》以纳税人缴费人需求为起点，以纳税人缴费人满意为基点，以纳税人缴费人遵从为终点，将现代化信息技术融入税收治理的各方面和全过程，着力建设高集成功能、高安全性能、高应用效能的智慧税务，对构建聚焦纳税人缴费人需求、精准解决纳税人缴费人痛、堵、难问题的税费服务新体系提出更高要求。税费综合申报缴纳作为新税费服务体系的一个环节，坚持以纳税人缴费人为中心，聚焦更简更优，以云平台为依托，以智能算法为引擎，充分发挥信息化技术的驱动力，是贯彻落实《意见》的务实举措与生动实践。

税费综合申报缴纳是优化税收营商环境的路径选择。党的十九届五中全会通过的《中共中央关于制定国民经济和社会发展第十四个五年规划和二〇三五年远景目标的建议》进一步明确加快转变政府职能，逐步深化简政放权、放管结合、优化服务改革。政府部门深化"放管服"改革，是持续优化营商环境、激发市场活力和社会创造力的重要抓手。税收营商环境是评价营商环境的核心指标之一，由总税费率、纳税次数、纳税时间和报税后指数四项二级指标平均加权而成。减少办税缴费成本负担，提升税费服务水平，强化智能监控预警,维护税费公平,是税务部门深化"放管服"改革的有力举措,是持续优化税收营商环境的路径选择。税费综合申报缴纳坚持以纳税人缴费人为中心导向,坚持便利化办税缴费的目标导向,减少纳税次数和时间,强化涉税数据采集与处理,运用信息化技术自动提取数据、自动计算税额、自动预填申报,协同推进风险防控、分类监管、及时预警、信息共享,强化在线核查、定期核查、随机抽查等全过程监管,能够有效促进办税缴费便利化、税费服务智能化与个性化。

（二）税费综合申报缴纳的理论依据

1.新公共管理理论

20 世纪 70 年代末,"新公共管理"在西方发达国家逐渐兴起。新公共管理理论强调顾客导向,强调市场化,强调公共性,这些主张对深化税收体制改革有较为深远的指导性意义。在税收治理领域,新公共管理理论倡导税收部门强化服务意识,角色定位由单一的管理者转变为服务提供者,突出纳税人缴费人的中心地位,尊重纳税人缴费人的主体身份,政策文件、工作举措、方式方法等由满足自身管理需求向满足纳税人缴费人需求转变,税务征管的中心围绕切实保障纳税人缴费人的合法权益,提供公平公正的税费环境,从纳税人缴费人需求出发,为其提供高效便利的服务,让被管理对象充分信任管理部门,从而激发纳税人缴费人主动申报缴纳的积极性,自觉做到依法诚信纳税缴费,促进双方形成和谐、高效、互信、融洽的新型税费征缴关系。

2.纳税人满意度理论

满意度一词最早是商业公司在市场经济活动中提出的,主要指顾客根据自身需求对企业服务的满意程度评价即"顾客满意度",在税务领域延伸出"纳税人满意度"这一概念。将顾客满意度度理论运用到政府管理服务领域,对于转变政府职能,提升治理效能具有重要意义。与国内相比,国外政府更早开始了服务型政府的建设,这驱使税务部门不断重视纳税人满意度工作,持续提升优化纳税服务,以期能够获得纳税人的认可和肯定评价,同时相关部门逐渐将纳税人满意度列为税务机关工作绩效考核的重要指标。

在我国的税务工作实践方面,国家税务总局从 2012 年起正式以"全国纳税人满意度调查"方式对各级税务机关的纳税服务工作进行绩效考核,并将其考核结果列为各级税务机关年度考核的重要组成部分,以期通过完善纳税服务工作提高纳税人满意度,标志着我国纳税人满意度从理论研究阶段步入到实践探索应用阶段。

3.税收遵从理论

最早的税收遵从理论研究始于美国国家税务局（IRS）对纳税人的纳税遵从度研究,产生于 20 世纪 70 年,当时美国"地下经济"盛行,造成国家税款流失情况严重。针对这一现象，美国部分经济学研究人员认为现行税收法律制度没有明确强调纳税人的法定义务，给税收外流有了可乘之机，从而引发了社会各界对纳税遵从的研究。美国科学院明确了纳税遵从的概念："纳税人按照纳税申报时的所有税收规定，包含税法、规范性文件及议会决定的规定，准确计算并及时填报纳税申报表，完成法定义务的履行。"21世纪初，经合组织发布的《税收遵从风险管理指南》中提到：各国税务管理部门的工作价值，就是最大程度提高纳税人的税收遵从度。

　　2003年3月10日，国家税务总局印发《2002—2006年中国税收征收管理战略规划纲要》，在该份文件中，我国首次正式提出纳税遵从，指出税收遵从度也可理解为纳税遵从度，并明确要求纳税申报要遵守"准确申报、按时申报、及时缴款"三个法定义务。如果一个国家呈现出整体的税收遵从度不高，将会直接增加税收工作难度，降低税收工作效率，间接损害社会营商环境。

　　（三）税费综合申报缴纳的现实意义

　　1.促进办税缴费便利化

　　近几年，在申报缴纳环节"入口多、表单多、数据重复采集"等问题饱受纳税人缴费人诟病，对此，税务部门推行税费综合申报缴纳模式，着力破解制约快捷高效完成申报缴纳的难点堵点问题，再造申报缴纳流程，简并优化申报表单，系统采集运用涉税费数据，将各关联税费种申报统一到一个入口终端，将各类表单统一在一张申报表上，大幅减少表单数量和需填写的数据项，实施预填式申报，简化资料报送，压缩办税次数和时间，切实促进办税缴费便利化。

　　2.提高税费征管质效

　　从税费综合申报缴纳模式来看，独立设置税源基础数据采集环节，推进基础涉税信息采集标准化专业化，进一步规范了涉税数据的采集范围、录入标准和操作规程。同时在申报环节，强化和完善数据、报表、票表等勾稽关系，实现各项税费数据验证分析联动化、税额计算自动化、异常预警及时化、风险应对个性化，有效规避漏报、错报、瞒报等问题，保障申报数据的准确性和规范性，确保税费申报缴纳的质量，推动税费征收管理工作更智能、专业和高效。

　　3.提升税收遵从度

　　税收遵从度直接反映出了纳税人对税收管理的满意程度，具体到申报缴纳环节，主要包括纳税人对表单数量、表单容易填写程度、花费时间成本、系统操作便利程度的满意度评价。税费综合申报缴纳模式通过合并和缩减报表模块、最大程度简化了需填写的表单数量，实现纳税次数减少、申报更便捷高效，降低纳税人申报错误率，减轻纳税人缴费人负担，刷新办税缴费体验感和操作感，切实削弱纳税遵从的综合成本。

二、便利化理念下税费综合申报缴纳的制度安排

（一）国家政策对税费综合申报缴纳的制度顶层设计

2020年9月28日，国家税务总局为贯彻党中央、国务院的决策部署，在《优化营商环境条例》（中华人民共和国国务院令第722号），《国务院办公厅关于进一步优化营商环境更好服务市场主体的实施意见》的基础上印发了《税务总局等十三部门关于推进纳税缴费便利化改革优化税收营商环境若干措施的通知》，聚焦市场主体关切，着手研究和创新更实用有效的政策措施，激发市场主体活力、提升服务质效，优化税收经营环境。

2021年3月4日，中共中央办公厅、国务院办公厅印发《关于进一步深化税收征管改革的意见》，提出要建设以服务纳税人缴费人为中心、以发票电子化改革为突破口、以税收大数据为驱动力的智慧税务。明确通过加大推进税（费）种综合申报力度，依照税收法治要求简并部分税种征期，持续压减纳税缴费次数和时间，进一步推进纳税缴费便利化改革、深入税务领域"放管服"改革，有效提升税收治理能力和治理水平，打造市场化、法治化、国际化的营商环境。

（二）信息化系统及平台集成是进行税费综合申报缴纳的基础制度安排

税收信息化系统在合理利用信息技术的基础上，以社会公众和纳税人为服务对象，以信息技术和网络技术为工具，使纳税申报工作更加高效、便捷。各省级税务机关按照税务总局电子税务局的建设要求，结合本地实际征管情况，进行管理理念创新，打通互联网渠道，实现数据互联，确保技术与业务充分融合。现阶段，电子税务局已实现发票申领、纳税申报、退税业务、税务注销等所有税务事项的业务受理，涵盖从实体税务服务部门到在线所有征缴环节，改变传统申报方式，是"非接触式"办税缴费的主要抓手和重要保障，在全面提升办税缴费便利化的同时，切实增强纳税人缴费人的满意度和获得感。根据国家税务总局最新数据，截至2021年1月底，全国电子税务局企业用户6525万户，占全部户数的92.62%。全国网上申报率稳定保持在99%以上，由此可见电子税务局已成为纳税人缴费人日常办理业务的主要途径。

此外，在大数据背景下，各级税务部门致力于税收征管的数字化升级和智能化转型。以浙江省为例，浙江省税务局着力优化整合税务信息化系统，形成了以金税三期税收管理系统、电子税务局平台、自然人税收征管系统、社保费征管系统为核心的全税费统一业务服务体系，运用大数据、云计算、人工智能、移动互联网等现代信息技术，致力构建高集成功能、高安全性能、高应用效能的智慧税务体系。高效运转的税务信息化系统为税费综合申报缴纳提供了全流程多维度的平台支持。

（三）宣传服务体系是税费综合申报缴纳推广落实的外部制度支撑

2021年，国家税务总局连续第8年开展"我为纳税人缴费人办实事暨便民办税春风行动"，本次主题为"优化执法服务·办好惠民实事"，进一步明确将优化办理体验、推动税费综合申报、精简申报资料、减少申报次数、减轻办税负担作为一项重点工作任务在全国范围内推广落实。

各级税务机关精准对焦纳税人缴费人需求，坚持主动作为靠前服务，充分融合网络新媒体、12366热线、直播平台、政务服务场所等线上线下渠道，综合采用"云讲堂"、在线答疑、现场培训、编发指引、定点推送等方式，确保各项税费综合申报事项百分百精准送达。部分省份借助征纳沟通平台、税企微信群、电子税务局平台短信通知等方式，向企业广泛宣传纳税综合申报相关政策并指导纳税人操作。利用大数据对纳税人缴费人进行行为分析和涉税政策标签，按照重点税源大企业和中小企业的实际情况精准分类施策，对于业务繁杂、操作困难的企业有针对性地开展上门服务。

三、推进税费综合申报缴纳制度化促进纳税便利的各方实践

（一）国家顶层设计，为税费综合申报缴纳制度化描绘蓝图

2019年10月，国务院公布《优化营商环境条例》，为优化营商环境从制度层面进行巩固和提升。条例为税务机关探索税费综合申报制度化改革指明了方向，要求税务机关精简办税资料和流程，简并申报缴税次数，公开涉税事项办理时限，压减办税时间，加大推广电子发票力度，逐步实现全程网上办税，持续优化纳税服务。在此之前，国务院办公厅印发《关于做好优化营商环境改革举措复制推广借鉴工作的通知》，指出各地区、各部门在深入推进"放管服"改革、转变政府职能、持续优化营商环境方面全面贯彻落实取得实效。在缴纳税费方面，北京、上海积极探索"财税一体化"，打造纳税人线上"一表申请"、"一键报税"电子税务局，实现企业财务报表与税务申报表数据自动转换，逐步扩大"一键报税"范围，此创新便利化举措值得推广借鉴。

2021年3月，中共中央办公厅、国务院办公厅印发《关于进一步深化税收征管改革的意见》，要求税务部门要逐步改变传统申报模式，2023年基本实现信息系统自动提取数据、自动计算税额、自动预填申报的数字化申报模式，纳税人缴费人只需确认或补正后即可。同时，强调落实《优化营商环境条例》，对标国际先进水平，大力推进税（费）种综合申报，依法简并部分税种征期，减少申报次数和时间，对纳税缴费次数和时间持续压减。

国务院公布的《优化营商环境条例》和中共中央办公厅、国务院办公厅印发的《关于进一步深化税收征管改革的意见》是今后一段时期我国税费综合申报缴纳改革的时间表、路线图、任务书，为提升新发展阶段税务工作和全面推

进税收治理现代化提出了更高更具体的要求,描绘出一幅清晰的新蓝图。

(二)总局政策落地,为税费综合申报缴纳制度化指明方向

为持续深化税务系统"放管服"改革,优化税收营商环境,2020 年 2 月,国家税务总局发布《国家税务总局关于开展 2020 年"便民办税春风行动"的意见》对税费申报手续提出具体要求,在研究推进财产和行为税合并申报的同时,整合优化非税收入申报表。同年 7 月,总局《关于进一步支持和服务长江三角洲区域一体化发展若干措施的通知》中首次提到"'五税合一'综合申报"概念,城镇土地使用税、房产税、印花税(按次申报的除外)、土地增值税四个税种简并征期,统一按季申报。纳税人在申报上述四个税种和企业所得税时,通过电子税务局进行税种综合申报,实现"一张报表、一次申报、一次缴款、一张凭证"。2021 年 2 月,总局在《国家税务总局关于开展 2021 年"我为纳税人缴费人办实事暨便民办税春风行动"的意见》(税总发〔2021〕14 号)中再次提到简并税费申报,要求全面推行财行税合并申报,整合主税附加税费申报表,推动企业财务报表与纳税申报表对接转换,进一步精简申报资料,减少申报次数,缩短申报时间,减轻办税负担。在此基础上,2021 年 6 月 1 日,财产和行为税合并申报全面推行,实现"十税合一"申报。合并后,表单有效简化,纳税人填报表单数量由原先的 35 张减少为 11 张,减少了约 2/3,填报数据项减少 204 项,减少约 1/3。2021 年 8 月 1 日,增值税、消费税及城建税、教育费附加、地方教育附加等主税附加税费申报表实现整合,纳税人可以一次性完成主税附加税费申报。总局在探索合并申报、要素申报、一表集成的基础上,积极推动申报方式变革,实现系统自动提取数据、自动计算税额、自动预填申报,打破以表单为载体的传统申报模式报表复杂、流程复杂、申报复杂等问题,让纳税人缴费人切实感受到迭代式的变化。

(三)各省市探索实践,为税费综合申报缴纳制度化试点创新

2020 年 5 月,上海市税务局发布《国家税务总局上海市税务局关于实行税种综合申报的公告》,自 7 月 1 日起推出"五税合一"综合申报,是税费综合申报缴纳的初次试水。上海通过运用税收大数据,开展纳税人往期各税种填报情况统计分析,提炼出 10 个关键高频字段便于企业填报,通过对五个税种在纳税期限、申报流程、填写要素等方面重新梳理整合,实现"简流程、简资料、减时长"的数字化集约式办税服务。

2020 年 9 月,山东省"五税合一"税种综合申报和"七税费合一"主附税费合并申报功能在省电子税务局全面上线,实现"一次填表、一次申报、一次缴款、一张凭证"。2020 年 10 月,北京市、青岛、黑龙江省等地,也相继推出税费综合申报的改革举措,如黑龙江省电子税务局优化纳税申报流程,在全国范围内首次尝试"十税五费"税费综合申报,通过征管大数据分析和简洁申报界面,

帮助纳税人快速、准确完成申报。2021年4月底，广东省税务局非税收入协同

工作平台上线试运行，15项非税收入"一个入口、一个界面、一键申报"的一体化综合申报模式，有效整合税务部门、非税收入业务主管部门和缴费人三方信息，将"主管部门审核—税务部门申报缴费获取凭证—主管部门办结"的非税收入缴费流程压缩至"主管部门一站式办理"，开创非税缴费新模式，让缴费更便捷、更高效。

2021年6月1日起，广州市、重庆市实行财产和行为税与企业所得税综合申报。2021年7月1日起，上海市、汕头市同样实行财产和行为税与企业所得税综合申报。在总局财产和行为税合并申报基础上，各地总结有效经验进行再次优化升级，进一步压缩申报次数和时间，提高办税质效。

四、国外推行税费综合申报缴纳的经验借鉴

（一）美国电子申报系统和申报代理人制度对我国推行税费综合申报缴纳的经验借鉴

美国是推行纳税申报缴纳制度较早的国家，在纳税申报缴纳与涉税信息提供等制度方面均有着完善的规定。

在纳税申报缴纳的基础设施建设方面，美国从1984年开始，在税收征管过程中大规模使用计算机进行电子税务管理，耗资巨大的税务系统现代化TSM工程使大量的人工工作实现了自动化和数据化。与电子申报系统配套建立起来的联邦税收电子支付系统EFTPS、税收和工薪简明报告系统STAWRS等工程使税款申报和支付更加及时便捷，如STAWRS在IRS（美国国内收入局）和蒙大拿州税务局联合试点成功后，迅速在全国推广，将原先国内收入局征收的雇佣税和州征收的预提税、保险税等税种合并到一张联邦和州的联合申报表中，大大减轻了企业的纳税负担。当前，我国在推进电子申报缴纳系统建设方面取得了长足进步，通过电子申报有效节约税收管理成本，缓解了税务机关受理申报的压力，提高了审理的效率，节约了人力、物力与财力等资源。

纳税申报方式方面。美国纳税人的申报表可以选择自己填写或付费找税务申报代理，符合一定条件的还可到国内收入局办事处或义工报税服务处等获取免费的纳税人申报指导。美国在"申报代理人"管理方面的良好经验做法值得我国借鉴，申报代理人在美国被誉为"税务部门改进纳税服务和加强税收征管进程中最重要的盟友"，在税收管理中发挥着重要作用。为规范申报代理人行为，美国财政部于2014年发布了修订后的管理办法，即"230号通告"。该通告从市场准入、执业规范、惩戒措施等角度出发对申报代理人行为进行了全面且详尽的规范，推动形成了透明、公平、规范的税务代理市场。美国申报代

理人制度虽未专门立法,但通过财政部 230 号通告完成了对代理人各项行为的全面规范,后续还通过《税收改革法案》等予以强化,申报代理人的监管日益完善。鉴于我国申报代理人的发展情况,建议打造以完善的政策法规为支撑、以行业规范性指导为导向的制度体系。

(二)日本纳税申报瑕疵修正制度对我国推行税费综合申报缴纳的经验借鉴

日本是世界上税收征管制度较为完善的国家之一,早在 1947 年就在全国推行了申报纳税制度。为了使这一制度广泛地被社会和纳税人所了解并得到有效地遵守,日本国税厅经过多年的探索和实践,形成了一套完整的纳税服务体系,其中,纳税申报瑕疵修正制度一方面将应纳税额的增加与减少作出分别规定,分成修正申报和更正请求两种情况进行分析,另一方面将可能存在修正申报与更正请求的情形进行详细表述并且以法律形式做出规定。这就使得纳税申报瑕疵修正工作有法可依,纳税人依法根据不同情况提出相应申请,税务机关依法进行受理,在税务机关的决定被认为是不当时,双方可以进一步沟通,这使得税务机关与纳税人之间的分歧可以通过制度化的沟通路径得到妥善解决。

在纳税申报中,出现瑕疵是不可避免的。电子申报可以有效避免不必要的数据推理等逻辑错误,但避免不了收入与成本等原始数据的错误,这些数据错误必然导致纳税人申报税额的错误。对于纳税申报中的瑕疵,若进行梳理、分类并按照不同情况进行相应处理是理性、也是合理的解决方法。

总体来说,纳税申报瑕疵修正制度可以有效指导全国范围的纳税申报瑕疵修正工作,规避了税务机关的执法风险,形成了有标准化格式参考的行为范式。同时,纳税人在行使纳税申报瑕疵修正权利时有法可依,并按照法律规定提供完整的涉税资料、按照法律程序进行瑕疵修正,其正当权益也能得到切实保障。目前,我国与纳税申报瑕疵修正相关的法规条款比较零落,都散落在各项法律、法规、部门规章及行业规范当中,需要形成系统的制度安排。

(三)法国和部分欧洲国家涉税第三方义务报告制度对推进我国税费综合申报缴纳的经验借鉴

为有效预防和打击逃税漏税和不缴费等行为,税务机关能够及时、全面而详细地获取涉税信息至关重要,法国的税法就赋予了税务机关较为全面的获取信息权力。其中,《法国程序法》从第 L81 条至 L102AA 条共用 39 个条款对该项权力做了详细规定,使获得多渠道信息权成为一项可以广泛使用并适用全部税种的权力,使得法国税务机关在确定计税依据、进行税务检查时可依法要求纳税人或者第三方提供涉税资料;除向纳税人获取信息外,法国税务机关还可要求第三方提供资料,特定信息相关的第三方必须主动地向税务机关报告,对此法国程序法采用分别列举的方式对不同主体规定了不同义务,明确 20

个相关部门负有自发报告的义务。

部分欧洲国家如瑞典、丹麦、芬兰、冰岛、西班牙、荷兰和葡萄牙等国在推行预填申报表制度基础上配套第三方义务报告制度。目前预申报制度主要适用于公司雇员的个人所得税纳税人，每个公司雇员纳税人向税务机关进行身份登记后产生各自的纳税人识别号，雇员纳税人在获得工作时应当将纳税人识别号提供给雇主，雇主依据法律规定将雇员的各项涉税信息汇总并定期向税务机关报告。税务机关根据雇主在内的涉税第三方提供的信息，在财政年度终了后通过计算机系统将雇员纳税人识别号下的各项涉税信息进行加工整理，制作成"预填"纳税申报表。

涉税第三方义务报告可以使所有的涉税信息汇集到税务机关，税务机关将涉税信息按照纳税人进行分类并对属于同一纳税人的信息按照涉税信息发生的时间与种类进行归集，就可以通过数据还原纳税人的日常经营活动。在法国，资本所得方面的逃漏税款现象在很长一段时间内存在着，但涉税第三方义务报告制度实施以后资金支付机构须依法主动向税务机关报告支付明细，相应的逃漏税款行为几乎消失。涉税第三方义务报告制度在保障申报信息的真实性、提升纳税申报准确率方面发挥了重要作用。

五、推进税费综合申报缴纳促进便利化的相关制度缺失

（一）涉税中介服务制度有待完善

涉税中介服务机构最大的特点是中立，在连接税务机关和纳税人关系中发挥着纽带和桥梁的作用。我国已建立的涉税中介服务制度，在保护纳税人合法权益、降低税收执法风险、维护国家税收利益方面发挥了积极作用，也为纳税人申报纳税便利化提供了高效服务。目前，全国已有数千家涉税中介服务机构，过万名从业人员，涉税中介服务机构在我国纳税服务水平高质量提升过程中得到了稳步发展。但我们也应该清楚看到我国涉税中介服务制度还存在许多有待完善的地方。

首先，相比西方发达国家，我国涉税中介服务机构规模较小，基础薄弱。大部分税务师事务所代理业务范围仅局限于一般性事务，如申报前未进行合规性审核仅简单机械申报，无实质税收筹划能力，普遍代理质量不高。其次，涉税中介机构从业人员素质参差不齐，造成的不规范操作使得目前涉税中介行业鱼龙混杂，涉税中介从业人员不从维护纳税人权益角度出发从事代理业务，从而损害纳税人的权益的现象时有发生。最后，现行有效的涉税中介法律规范效力较低，权威性不足，严重制约了我国涉税中介服务行业的发展。因此，我国税务中介代理制度在其先天不足的情况下，很难发挥其在税费综合申报改革、提供便利化服务以及维护纳税人合法权益方面的作用。

（二）网上申报系统建设还需提升

随着互联网及通信技术的不断革新升级，以电子税务局为代表的网上申报系统作用及地位越来越显著，承载的业务量逐年攀升，但必须看到，网上申报系统仍需要在以下几个方面进行提升。

一是网上申报系统云平台架构需要优化。随着申报缴纳功能越来越丰富，访问流量也在不断地增加，对电子税务局应用形成了不小压力。目前电子税务局架构没有利用云技术，对内网业务系统关系紧密的功能和单纯提供公共服务的功能进行细化的功能划分和访问量分离。二是"互联网＋"思维有待强化。网上申报系统中的税费综合申报缴纳业务流程和表证单书还是原有人工处理的简单复制移植，无法充分发挥互联网优势。从功能角度看存在孤岛现象，不同模块间壁垒太强，各个模块无法得到有效复用。三是大数据分析利用率低。电子税务局采集的申报缴纳数据包括纳税人基础信息、税收申报信息、发票信息、征管信息、财务信息、纳税人行为数据等，具备反映经济快速、准确、全面、细致的特点。但是目前各功能模块存在"数据烟囱"现象，缺少大数据平台统一对数据进行清洗、整备、加工和处理。

（三）税费综合申报更正制度尚未建立

纳税申报更正是指纳税人缴费人依照税收法定程序，对向税务机关提交的申报表数据中存在的错误或者遗漏进行修正的行为，该制度体现了纳税人自主确定应纳税额的权利和义务。从我国税收征管现状来看，设立纳税申报更正制度十分必要。一是我国目前纳税申报需要提交的资料种类较多，纳税人缴费人在网上综合申报时即使小心谨慎，但出现错误的情况依旧存在；二是税收法律规范种类较多，考虑到现阶段纳税人税法遵从度正处于上升期，纳税人较容易出现法律适用错误；三是我国电子网上申报系统未实现全国统一入口，各省自行建设的网上综合申报系统本身还不够完善，纳税人容易出现申报差错。现行《税收征收管理法》对于纳税人提交的纳税申报只进行形式审查，不进行实质审查。对于纳税人何时可以进行纳税申报更正和更正申报核查方式都未做明确规定。这需要完善的申报更正制度予以妥善解决，让纳税人拥有主动更正申报的权利，激发纳税人按期据实申报的积极性，维护好良好税收秩序。

（四）纳税申报激励机制还需进一步完善

纳税申报激励机制指为了提高税收征纳效率，通过制度设计给那些符合要求的纳税人给予一定的奖励。从国际经验上看，申报激励机制能显著提高纳税人税法遵从度。目前我国纳税申报激励机制还需要进一步完善：一是对于纳税申报激励机制适用范围没有做出明确具体的规定。二是赋予纳税人的申报激励措施散而不清，没有形成整套专门申报激励体系。三是激励措施力度小，未真正激发纳税人主动申报意愿。

在税收申报缴纳实践中，由于受到"监督打击"型税收管理理念的影响，我国法律制度对于纳税申报激励机制的规定几乎就是一片空白，因此如何设立纳税申报激励机制就成为现阶段我国税收法律制度的一大重要课题。

（五）申报数据质量控制制度仍需健全

税务机关在综合税费申报缴纳过程中采集高质量全方位涉税数据，既有利于提升税收征管质效，又能够核实税款计算过程，保障会计核算数据质量，同时也便于纳税人信息披露。而达到这一目标必须建立起一套高效的申报数据质量控制制度，当前我国申报数据质量控制制度仍需健全。

一是现行制度中对规范纳税申报数据质量的规定不明确。二是税务部门仍未形成统一的数据标准。对每项数据的名称、定义、逻辑关系、来源、采集主体、采集频率、更新频率等要素，缺乏一致标准。三是数据质量控制机制尚未形成。税务部门内部缺乏数据质量审核和控制的岗位或部门，对过去或现阶段数据的纠错依靠短期内集中投入大量人力完成。四是税务部门难以获取真实、有效的第三方数据，对现有数据进行纠错和补充。五是缺乏有效的数据质量审核和控制专用工具。申报数据质量控制制度应形成合理体系，设置科学质量风险触发指标，规范质量反馈流程，力求在税费综合申报缴纳方面起到质量控制关键作用。

六、完善我国税费综合申报缴纳制度的初步建议

（一）完善税费综合申报缴纳立法、深化申报简并改革

我国税费综合申报缴纳制度完善的重点在于完善相关立法，规范申报缴纳制度。纳税申报包括税费综合申报是纳税人或者缴费人发生缴纳义务后，在税费法律规定的期限内向主管税务机关提交书面报告的一种法定手续，也是税务机关办理征税收费业务、核实应纳税费、开具完税凭证和收费票证的主要依据。目前我国纳税缴费申报法律制度规定比较笼统，仅对纳税申报主体、内容和方式进行了原则性规定。在此情况下，纳税人仅依据法规条文难以理解与掌握纳税申报的全貌与具体程序，这使得纳税申报缺乏透明度。要使抽象的纳税义务落实为具体的可实现的纳税缴费申报责任，还须按照纳税缴费程序法规定的要求，对纳税人、缴费人及税务机关的权利、义务、责任及其程序予以确认。

其次我国还应对标国际先进水平，进一步简并税费种类，统一税种征期，压缩申报次数与纳税时间。深化关联税费种简并改革，进一步精简各类申报表单，压缩制度刚性成本。优化申报缴纳系统设计，以便利纳税人、缴费人为导向，尽可能全面地集成税源基础信息，通过前置设计与流程优化，实现纳税

人、缴费人简约式一次填报,自动化导出各类税费申报表单。

(二)建设智慧税务信息系统,持续拓展税收信息化深度和广度

在完善税费综合申报缴纳制度过程中,智慧税务建设不可缺少,应加大税务相关数据的挖掘深度与广度,应用"互联网＋大数据"既有的平台和技术,深入挖掘涉税数据,开发数据潜在价值,增强税收的预见性和主动性。要重塑税收信息化运行过程,促进税务部门决策科学化和智能化。一方面要善于发挥"互联网＋"信息优势,结合大数据技术,在税收治理中实现跨部门、跨行业、跨范围数据的采集,通过多维度比较分析,缓解数据所存在的滞后性特征,增强税收预测的准确度;另一方面,充分利用互联网动态地收集纳税人需求,问计于民、问需于民,提高纳税人参与感,使决策更加满足纳税人关切。不仅如此,税务部门还可以充分汇集利用社会各方面的实时数据资源,对决策执行效果及时作出动态评估、调整。

(三)加快构建税费综合申报缴纳系列制度矩阵,理顺纳税人申报缴纳渠道

科学严密的税费综合申报缴纳配套制度体系是以完善税务机关履行税收征管职责和纳税人缴费人履行纳税缴费义务所应共同遵守的基本程序为主线,明确征纳双方主体地位,不断增强税务机关税费监控能力和纳税人、缴费人的遵从能力为目的。通过税务机关端构建由便利迅捷的电子税务申报制度、环环相扣的电子发票制度、实时共享的多部门数据交换制度、规范严格的税务管理稽查制度等"行"制度。通过为纳税人端设计的纳税申报瑕疵修正制度、纳税申报激励机制、柔性高效的申报确认制度、涉税第三方义务报告制度等"列"制度,从而形成税费综合申报缴纳配套制度矩阵,才能合理配置征纳资源,切实优化纳税申报流程,理顺纳税人、缴费人申报缴纳渠道,规范税收缴费管理和执法程序,提升税费征管质量和水平,减少和避免因制度配套不完善而导致的税费流失。

(四)完善多方税收协同共治体系,以信用体系构建为抓手实现税费申报数据资源优化配置

税费综合申报缴纳制度完善就包含在税收现代化所要求的优质便捷服务体系、科学严密征管体系这两个方面之中,协同共治格局的构建是税费综合申报缴纳制度完善的关键环节。在与政府部门协同共治方面,税务机关要与各级各部门建立多维数据共享协调机制,不断向横向拓展共享范围,纵向延伸协作深度,形成常态化、制度化的合作机制,推进跨部门、跨层级、跨地区数据汇聚融合和深度利用,最大程度形成工作合力,构筑税务及其他领域的协同共治格局。

在与纳税缴费主体协同共治方面,要进一步优化税费数据交互平台,建立多种税费信息采集方式。探索扩展税费数据与企业财务信息比对渠道,依据

纳税人、缴费人录入的财务信息所包含的基础会计勾稽，自动对税费数据的真实性、准确性进行初步评估，加强对综合税费申报数据质量的管控。

在与市场主体协同共治方面，通过税收大数据平台对相关市场主体实施分类管理，合理确认其税收负担，提供精准税费综合申报服务，提升纳税人税收遵从度。充分利用行业协会和社会中介专业化的特点，发挥协同作用，在确保税务部门对涉税中介保持严格执业监管和行业监管前提下，坚持市场化的原则，支持第三方机构为纳税人缴费人提供"高精专"定制税费综合申报缴纳服务。

此外，税收协同共治格局的形成需要完善税务信用体系建设，并积极融入到国家社会信用体系框架中。在税费综合申报缴纳推广过程中，发挥纳税信用的联合惩戒或者激励作用，增强纳税人、缴费人对税费综合申报重要性的认识，一方面推出容错机制，对在税费综合申报过程中主动消除违法行为的纳税人缴费人进行信用重塑，从根本上树立税收遵从意识；一方面，通过信用惩戒方式对纳税人缴费人纠正自身不诚信或违法行为进行引导，实现惩前毖后的综合效果。

（五）以数字化转型为契机，实现税收组织体系的完善提升

在数字化转型背景下，税收组织体系的完善提升在税费综合申报缴纳模式中显得格外重要，依托信息化，按照专业化的组织结构、部门职能、业务流程和人员分工对申报组织体系进行完善升级，形成与税费综合申报相契合的管理模式。分工协作与精细化管理是税收组织体系完善提升的主要特征，在我国现有的申报组织体系下，通过调整，使职能分工更专业、岗位职责更明确，部门之间的协同性持续提高、深化，从机制上保证税费综合申报的准确性、专业性、高效性。

与新的组织体系相适应的关键是人才队伍培养，建立健全科学的选人、育人、用人机制和人才评价、选拔、激励制度，实现人力资源配置最优化、潜能激发最大化，落实人才强税战略。加大培训力度，除基本的税务专业知识外，增加计算机基础知识、网络运用知识、网上服务能力等培训，打造一支全面掌握税费综合申报缴纳的专业化人才队伍，加快适应新的综合申报缴纳模式。组建平台开发与系统运维团队，推进税费综合申报缴纳模式的推广应用与改造升级。

课题组组长：王　平

课题组成员：卓　然　林　森　刘春燕　蒋琳灵
　　　　　　洪筱箐　沈　昀　韩柠蔚　曹伙斌
　　　　　　徐　欣　柳小平　蒋万鹏　叶丽玉
　　　　　　吴金娟

从精细服务角度论
优化税收营商环境（一等奖）

国家税务总局温州市税务局课题组

一、选题背景及意义

党的十八大以来，为激发市场活力，促进经济高质量发展，我国高度重视优化营商环境，习近平总书记在中央财经领导小组第十六次会议上发表重要讲话，强调"要降低市场运行成本，营造稳定公平透明、可预期的营商环境"。李克强总理在全国深化"放管服"改革电视电话会议上强调"营商环境就是生产力"。世界银行将"营商环境"定义为企业在创办、经营、纳税、执行合同以及退出等方面遵循所在地的政策法规时，所需要的时间、成本和合法手续等条件，由此可见税收是营商环境的重要一环。税收营商环境包含硬环境和软环境，其中软环境指影响企业合理纳税的非物质条件因素，包括法律规定、税制设计、税收征管执法、服务质效、社会意识和习惯、政风行风等。纳税服务作为直接与纳税人接触的软环境中的一项，历来为税务系统所重视。2020 年 12 月，浙江省十三部门联合发布《国家税务总局浙江省税务局等十三部门关于贯彻落实纳税缴费便利化改革优化税收营商环境若干措施的通知》，提出"进一步提升纳税服务，不断优化税收营商环境，持续提升服务市场主体水平"的要求。

随着大数据的广泛应用，对纳税服务的要求进一步提升，要求向"精细服务"推进。2021 年 3 月，中共中央办公厅、国务院办公厅发布了《关于进一步深化税收征管改革的意见》（以下简称《意见》），对深入推进精确执法、精细服务、精准监管、精诚共治、深化税收征管改革作出全面部署。在推进精细服务方面，提出要基本建成"线下服务无死角、线上服务不打烊、定制服务广覆盖"的税费服务新体系，实现从无差别服务向精细化、智能化、个性化服务转变。2021 年 7 月浙江省出台的《关于进一步深化税收征管改革的实施方案》对精细服务的内涵进一步明确，提出"持续优化精细服务体系，改进办税缴费方式，提升税费事项'掌上办'比率，助力营商环境最优省建设"的要求，由此可见精细服务是未来纳税服务大趋势。

在世界银行营商环境评价指标体系中，"纳税"作为一级指标下设总税收和缴费率、纳税时间、纳税次数、报税后流程指数 4 个二级指标，其中"纳税时间"是指"企业准备、申报和缴纳企业所得、增值税和劳动力税费等主要类型税费的时间"，站在市级税务机关的角度，这一指标是具有提升和进步空间的。因此，本文旨在聚焦"精细服务"及"纳税时间"这一指标，通过研究温州税务部门在精细服务方面的经验做法，以小见大，从中挖掘当前精细服务存在的问题，并提出优化建议，希望通过进一步推进精细服务达到缩短纳税时间，提高营商环境便利化水平的目的。

二、温州税务部门精细服务的探索与实践

《意见》在持续优化精细服务体系方面，提出"改进办税缴费方式，减轻办税缴费负担，推行智能型个性化服务，维护纳税人缴费人合法权益"的要求，本文以这四点为切入点，得出温州税务部门以精细服务缩短了纳税人办税缴费时间，为纳税人提供了时间、空间、成本、咨询辅导及权益保护方面的便利。

（一）改进办税缴费方式，提升办税缴费便利度

加强跨区域、跨部门联动，缩短时间、空间距离，解决了税款无法跨省清算问题，出口退税和留抵退税进一步提速。一方面打破跨省资金清算壁垒，外来建筑安装企业只需签订三方扣款协议，向电子税务局申报税款后直接发起扣款，税款便能实时缴入国库，实现异地"一键缴税"，再也无需上门缴纳。目前，温州已有 5 家外来建筑企业实现异地缴款。另一方面，积极寻求部门间合作，如与温州海关签订合作备忘录，扩大数据共享范围，加强税单数据核对、异常海关缴款书数据核对的工作交流，帮助出口企业加快退税单证收集，缩短企业对应增值税额申报抵扣时间。同时，积极配合相关部门开展社保、企业开办等"一件事"改革，以乐清为试点单位主动牵头推进不动产"一件事"办理，实现不动产业务转移登记申请、税款缴纳、税单开具全流程掌上办理，大大提高办税缴费便利度。

（二）减轻办税缴费负担，提升办税成本便利度

推广"非接触式"办税、推行优惠政策"申报即享"、精简资料报送，大大减少纳税人出行办税次数，减轻纳税人办税成本。通过大力推广电子税务局、浙江税务 APP 等"网上办"、"掌上办"渠道，让纳税人"少走马路，多走网路"，降低出行办税成本。在纳税申报方面，取消 26 种涉税文书报表、60 项税务证明事项，分批次推出税务证明事项告知承诺试点，涉税资料精简 50％以上，全面推进涉税资料和文书电子化推送，实现了需纳税人报送资料和纸质表单证书

"双精简"。推行税收优惠零备案,无需审批流程、无需核查手续、无需证明资料的"三无"流程,纳税人只需如实填写纳税申报表,系统就能"自动识别""自动计算""自动生成享受"。

（三）推行智能型个性化服务,提升咨询辅导便利度

应用大数据实现优惠政策精准推送,打造税务"中台",集中快速处理纳税人疑难,对特殊人群开展特殊服务,为不同需求的纳税人提供个性化服务,提高咨询辅导体验的便利度。以浙江税务大数据平台为支撑,精准搜集涉税业务需求,结合纳税人办税行为分析和涉税政策标签,智能筛选适宜不同企业的税费优惠政策礼包,实现定向推送。税收优惠政策的精准推送让真正与纳税人息息相关的政策不会因为铺天盖地的推送而淹没,在提高纳税人政策知晓率的同时,减少了对纳税人不必要的打扰。以瑞安、乐清为试点,构建"咨询智能辅导、问办一体融合、事项快审快办、辅导精准实施"一体化智税中台,实现"从热线走向网线、从线下走向线上、从人工走向智能、从经验走向数据"的纳税服务智慧税务改革目标。温州各县市区结合自身实际情况及特殊人群的特殊需求提供诸如海岛"微税厅"、方言服务、手语服务等本土化、个性化的精细服务,让纳税服务工作变得更加有人情味,更有温度。

（四）维护纳税人缴费人合法权益,提升权益保护便利度

打造需求收集响应反馈机制,对企业纳税信用"能调尽调",严格落实"好差评"管理制度,让纳税人的需求权益有渠道反馈、能快速解决。依托需求管理平台,打造涉税需求"掌上收集－内部流转办理－掌上反馈"的闭环,构建全员参与、多部门分工协作的需求解决联动机制,切实解决纳税人难点、堵点、痛点问题。在纳税信用评价工作中秉承"能调尽调"原则,开发纳税信用自主查询功能,让符合修复条件的市场主体及时、便捷完成信用修复,尽可能提升企业纳税信用级别,让调整后的 A 级企业充分享受发票领用、"银税互动"贷款、出口退（免）税、留抵退税等方面的便利举措。依托全省政务服务平台开展"好差评"工作,形成了一整套申诉、整改、回访的工作机制,截止目前,回访整改率达 100％。

三、当前精细服务中存在的问题

从温州税务部门推行纳税缴费精细服务的实践中,仍然存在许多问题,在缩短纳税时间、提升税收营商环境便利化程度上仍然有较大的进步空间,比如跨部门合作没有形成常态长效化机制,平台应用不到位,政策、风险推送准确度不高等等问题,笔者梳理总结得出以下四个层面的问题:

（一）制度建设层面:部门间数据共享制度化建设滞后

由于各部门工作的保密性质,政府间数据共享的壁垒一直难以打破,一定

程度上制约了服务工作的推行。特别是税务工作与社保、医保、国土、住建、公安等多个部门密切相关，数据共享、交换是纳税服务、管理工作的助推器。但目前，我国仍未形成常态长效化的数据共享机制，日常工作中的数据合作很大程度上依赖部门间合作关系的亲疏。目前在国内，《中华人民共和国税收征管法》是第三方涉税信息共享的主要法律依据，但该法只对第三方涉税信息共享作了原则性的规定，对于涉税信息共享主体、涉税信息的范围、方式、期限等都未出台相应的配套指导意见，可操作性不强。在地方层面，仅有部分省、市出台相关规章或办法，如浙江省政府于2013年出台《关于加强税收征管保障工作的意见》，温州市政府于2013年出台《关于印发温州市涉税信息交互实施办法的通知》。但因约束层级太低，工作连续性较松散，甚至无法要求政府部门以外的企事业单位义务提供。税收法定是税收治理的基本原则之一，税收大数据的运用也需要以法律的形式保障其来源的合法性和稳定性。

（二）技术水平层面：大数据整合分析应用不够深入

一是税收数据缺乏整合筛选。税务机关内部税收征管、纳税服务、风险管理、收入核算等各职能条线都拥有各自的信息系统，且收集了海量税收数据，但由于各系统大多相互独立、各部门通过权限限制各自为战，未实现数据间各类逻辑关系的自动归集、分析、运算、呈现，导致基层税务人员在对涉税信息整体把握上不到位、深入研究应用挖掘不到位，很大程度上影响了信息数据的整体利用效率和税收管理与服务的智能化转变；二是缺乏对数据的加工、分析和挖掘，无法发现数据背后的行为规律，阻碍了服务的精细化、智能化。比如，当前提供的12366咨询热线服务，大多停留在如何帮助纳税人解答疑惑，而缺乏对高频、重点咨询热点的梳理，无法精准找出日常宣传推广中的盲点、堵点与难点；三是税收大数据在风险预警方面的应用不足。目前的大数据运用主要在推送优惠政策，对于纳税人风险疑点数据的推送提醒不足，企业缺少自查自纠，及时更正错误的机会；四是缺乏对痕迹数据的有效利用。纳税人在某一界面的停留时间、某个步骤的重复操作次数等痕迹化数据反映出纳税人对某项业务操作或政策的不熟悉、不了解，这些恰恰是税务机关服务的盲点与重点所在。当前税务机关对这些痕迹化数据暂未进行分析利用，仍有较大的研究和挖掘空间。

（三）需求采集层面：纳税人需求采取不够精准

一是需求采集面不广。基础税务部门往往只针对企业财会人员进行需求采集，温州以中小微企业为主，企业财会人员多为涉税中介机构代理，日常需求采集工作往往以他们为主，而容易忽略企业法定代表人的涉税需求，导致纳税服务举措考虑不够全面；二是部分工作没有考虑纳税人实际需求。比如宣传推广"掌上办"工作，为了提高掌上办税率，强行设计开通并推广一些不宜掌办的事项,没有从纳税人实际的掌上办需求出发,导致耗费了大量人力、物力,但纳税人接受度却不高,推广后使用频率也很低;三是需求管理平台功能不完善,一方面,目前该平台的纳税人端接口仅征纳沟通平台,导致需求反馈量较少,平台实际应用率不高,另一方面,该平台对税务机关回复时限无强制性要求,导致需求回复不够及时。

(四)实施效果层面:纳税服务容易脱节错位

从整个纳税服务的角度来说,纳税服务容易与税收其他环节脱节,精细服务作为纳税服务工作的大方向、大趋势,目前也不可避免地产生了这样的问题。以精细服务需求采集为例,纳税服务部门虽然采集了纳税人的需求,但是可能存在后续反馈跟不上的情况,或者纳税服务进程中虽充分收集了企业信息,但是由于不太清楚其他部门的征收、执行动态,导致收到的企业信息"束之高阁"。此外,存在征管"让位"纳税服务的情况,有时出于阶段性特殊需求,税务工作只讲"服务"不讲"征管",极易导致税务系统公信力受损,不利于提高纳税人税收遵从度。

另一方面,日常纳服工作存在服务转嫁情况。为了提高纳税人的便利度,无论是"网上"还是"掌上"都设置了许多便利纳税人办事的渠道,同时为了使纳税人及时享受到红利,往往会将网上、掌上办税率作为办税服务厅的考核要求,一层压一层,层层抓考核。由于各地区办税人员文化水平与参差不齐,网上、掌上办税系统不一定会用,而办税服务厅基于考核压力,要求一线人员指导帮助纳税人操作。大部分纳税人重复办理一项涉税事项间隔时间较长,到第二次办理的时候已经将上次操作忘记了,还是需要办税服务厅一线人员指导操作。办税服务厅人员对于接受能力强的纳税人会指导其操作路径,对于接受能力弱的纳税人往往亲自进行操作,这实际上就是将便利操作向一线人员转嫁,不仅增加了一线人员负担,在一定程度上也增加了纳税人的负担。

四、提升精细服务的意见及建议

针对以上四个层面的问题,笔者结合精细服务便利化、智能化、个性化的特点,提出以下相应的优化建议:

(一)探索数据共享机制建设,提升精细服务便利化

在制度层面进一步探索数据共享机制建设,让部门间数据的共享交流代替纳税人多头上门报送资料,减轻纳税人办税缴费成本与负担,让办税缴费更加便利。

一是探索涉税数据共享,进行立法保障。借鉴美国《电子政务法案》,从法律上厘清纳税人信息保护和数据公开边界,明确各方主体义务,完善税收大数据安全治理体系和管理制度,加强安全态势感知平台建设,常态化开展数据安全风险评估和检查，健全监测预警和应急处置机制，确保数据全生命周期安全。健全涉税涉费信息对外提供机制，打造规模大、类型多、价值高、颗粒度细的税收大数据，高效发挥数据要素驱动作用。在税务数据"走出去"的同时，保障性地把更多涉税数据"引进来"，实现数据源扩容。从法律层面推动数据向规范化、标准化建设，重点加大对基础数据的清理、维护，统一内外数据转换标准，提高数据质量，从而减少分析、比对成本。

二是加快平台统一，促进数据融合应用。由于数据的沉淀和孤立削弱了它的价值，建议加快法人和自然人数据仓库维护建设，并按照各层级、各部门及人员职能给予相应的信息开放和增值应用权限，同时加强各类应用系统开发设计的统筹规划，尽量精简各类零散系统，促进社会协同治理，实现共享共赢。

三是明确组织架构体系，强化技术人才力量。由总局或省局承担数据处理、平台建设、数据分析应用等职责，地市级及以下税务机关由于直接面对纳税人，有管理经验上的实操优势，可负责无法数据化处理的具体业务处理和数据结果验证反馈工作。同时加大业务和技术复合型人才培养，提升税务系统内部业务分析和数据处理能力，可适时引进高等院校、科研院所或其他商业机构等第三方力量，帮助解决当前大数据应用知识和技术储备困境。

（二）深入挖掘大数据分析应用，提升精细服务智能化

在技术层面深入挖掘大数据分析应用，为企业提供智能化的政策推送与风险提醒等，提高纳税服务质效，减少对纳税人不必要的打扰。

一是整合各条线数据，实现纳税人标签化服务。收集整合各职能条线纳税人相关信息，多角度塑造纳税人画像，按照纳税人规模分为大中小不同类别，大企业和重点税源实施"点对点"团队化服务，中小企业实施"牵手式"服务；按照纳税群体分类，对老年办税缴费群体和青年创业群体等特殊群体实施针对性服务；按照行业分类，对高、精、尖行业倾向于税收优惠宣传和助力做大做强，利用税收智库赋能产业高质量发展，对矿产资源等环保相关行业注重引导转型升级；按照动态纳税信用积分和风险等级排序结果分类，对信用 A 级企业提速服务，对"高危"企业多加关注，实施松紧结合的差异化管理服务。

二是深入数据分析，"智慧＋精准"宣传辅导。首先，归集咨询数据。依托征纳沟通平台，归口统计各类咨询渠道，采取系统生成、批量提取、人工录入等方式汇总征纳沟通平台、咨询热线、第三方涉税服务机构、办税服务厅等渠道咨询数据，设计咨询数据统一存储模板，实现纳税人需求征集工作常态化智能化。其次，智能导入分析。根据问题类型等对咨询数据进行整合，实现数据"标签化"记录。结合咨询频率、咨询人员信息等梳理近期高频热点问题、重点辅导需求企业清单、咨询情况汇总图表等，将数字转化为价值信息。最后，强

化结果应用。对内,汇总系统分项分析情况,形成每月宣传辅导重点工作报告,为局领导决策提供依据,为业务部门及时调整宣传辅导方向提供建议。对外,针对重点辅导需求企业清单,开展个性化"一对一"定向服务,实现涉税需求快速响应;根据咨询热点数据信息,制作专项辅导方案,组织开展专题宣传等。

三是强化风险预警,促进企业健康有序发展。定期扫描临期未申报、未缴税等涉税失信风险,推送风险预警信息,提醒纳税人避免涉税失信扣分,帮助企业开展前置风险防范,让企业安心谋发展;收集企业扣分指标,给出个性化、针对性的信用优化建议;建立信用画像机制,从基本情况、扣分指标、修复建议等多维度进行纳税信用画像,便于企业精准掌握自身信用全貌;根据信用级别自动推送内容不同的《致纳税人的一封信》,精准告知企业当前级别可享受的激励措施或可能面临的惩戒措施,促进纳税遵从。

(三)精准把握纳税人涉税需求,提升精细服务个性化

在需求层面精准把握纳税人涉税需求,根据不同规模、类型、性质的纳税人有效开展针对性强、个性化的纳税服务。

一是广泛全面开展纳税人需求征集,开展需求分析。日常需求采集过程中要做到全面性与针对性相结合,既要通过征纳沟通平台推送需求采集信息,又要通过电话沟通、实地走访的方式点对点联系企业法定代表人、财务负责人等,多角度采集纳税人需求。做需求做好分类分析,将同质化、同类型涉税需求进行归类总结,用有限的服务资源开展个性化、特色的宣传辅导等纳税服务工作。

二是纳税服务工作要从实际出发,着眼于纳税人真正的需求,不唯成绩论。开展工作前要做好充分的调研,了解纳税人的实际需求,及纳税服务过程中的痛点难点,充分利用服务资源,做到服务效率最大化。例如推广掌上办,一些实际操作不宜掌办的事项无需开发推广,要将有限的人力物力投入到不动产交易等纳税人关切的民生热点、难点事项的攻破上。

三是进一步完善需求管理平台。扩大数据接口,实现浙江税务 APP、支付宝、微信小程序等多个掌端应用设备与需求管理平台的互联互通,多渠道汇总收集纳税人需求。同时,对税务机关内部处理答复纳税人需求设置办理时限并纳入相关考核,以提高答复及时性。

(四)强化顶层设计合理考核指标,扎实推进精细服务

落实层面要强化顶层设计合理考核指标,让纳税服务工作与税收各环节有效链接,真正将服务便利落实到纳税人身上。

一是优化流程设计,提高纳税服务与其他环节融合度。加强顶层设计,梳理优化流程,促进纳税服务特别是精细服务与征管、执法等其他环节的融合

度，将精细服务贯穿税收全方位、全流程。强化部门间需求共享机制，促使税务系统各部门均能看见纳税人需求，可以解决的马上解决，不能解决的汇总上报跟进解决。

二是改进考核指标，降低办税服务厅压力。服务转嫁的直接原因是高考核率，高考核率往往导致出现"一刀切"问题，造成部分地区"水土不服"，适应不了高要求。建议设置动态考核指标或者降低考核率，循序渐进推进工作进展，给纳税人一定缓冲时间适应新方法新模式，避免原意是给纳税人方便的功能因纳税人适用不了造成浪费。

三是加强一线人员业务培训，提升业务能力。建议加强涉税业务技能培训与考核，并将考核结果与绩效挂钩，提升一线工作人员业务学习积极性，鼓励建立"以老带新"类似模式，提高新进公务员业务吸收能力，鼓励一线人员定期去其他岗位短时间轮岗，加强对其他涉税事项的了解，以更好反哺纳税服务岗位。

课　题　组　组　长：金一星
课题组副组长：周丹凤　邱建丰
课　题　组　成　员：张阳初　邵蔷薇　应文超
　　　　　　　　　　黄宁宁（执笔）　钟微微（执笔）

推行纳税缴费精细化服务
优化台州市税收营商环境
——基于税收营商环境
指标体系分析（一等奖）

国家税务总局台州市税务局课题组

在国家治理体系和治理能力现代化的总体战略部署下，推行纳税服务缴费精细化服务，是税务部门深化税收征管改革，实现税收现代化的重大举措，对营造稳定公平透明、可预期的税收营商环境具有重要意义。本文以台州市税收营商环境现状为基础，以营商环境评价纳税指标为切入点，分析当前制约税收营商环境的因素，并探讨推行纳税缴费精细化服务的新举措。

一、推行纳税缴费精细化服务的意义

（一）推进纳税缴费精细化服务是深化税收征管改革的内在要求

2021年3月，中共中央办公厅、国务院办公厅印发《关于进一步深化税收征管改革的意见》（以下简称《意见》）。《意见》提出，通过深化税收征管改革，到2023年将基本建成"线下服务无死角、线上服务不打烊、定制服务广覆盖"的税费服务新体系，实现从无差别服务向精细化、智能化、个性化服务转变。以精细化服务打通办税缴费的难点痛点，提升纳税人缴费人的获得感、幸福感、安全感，最终将实现精确执法、精细服务、精准监管与精诚共治的协同联动，这是深化税收征管改革的明确要求，是当前重点税收工作与落实《意见》的有效衔接。

（二）推进纳税缴费精细化服务是优化税收营商环境的迫切需求

作为营商环境的重要组成部分，税收营商环境的好坏，关系到市场主体活力能否充分释放，也深刻影响着地方经济发展活力和发展质量的好坏。当前，台州在留住企业、吸引项目方面环境优势不明显，在区域经济竞争中有被边缘化的危险，更需要优化税收营商环境，推动台州经济发展。通过进一步推进纳税缴费精细服务，有效减少申报次数和时间，加快退税事项全环节办理速度，持续增强纳税人缴费人满意度和获得感，才能吸引更多资源来到台州、留在台州。

（三）推进纳税缴费精细化服务，是提升满意度和遵从度的重要抓手

在推进治理体系和治理能力现代化的总体框架下，根据"服务＋执法＝纳税遵从"的规律，税务机关通过有效的服务措施，为纳税人高效、便捷地履行纳税义务提供保障，使纳税人更准确、低成本地实现纳税行为，能有效引导纳税遵从，提升纳税遵从度。纳税缴费精细化服务以纳税人缴费人为中心，聚焦更简更优，通过智能化办税缴费服务、简化涉税涉费办理程序、加强部门间数据共享等一系列有效措施帮助纳税人缴费人方便、快捷地履行纳税缴费义务，实现纳税人缴费人遵从成本最小化，切实减轻纳税人缴费人遵从负担，让纳税人和缴费人实实在在体会到了"获得感"，极大提升了纳税人满意度。

二、台州市税收营商环境的现状及分析

（一）台州市税收营商环境评价情况

得益于前期推广电子税务局、应用征纳沟通平台、推行发票"网申邮寄"等纳税缴费服务举措，2020 年台州市营商环境评价中纳税指标评价得分为 65.06 分，在浙江省 11 个设区市中排名第 4 位，较上一评价年度上升 6 名。

其中，纳税时间 81 小时，优于全省平均值 4 小时，位居全省第三；总税收和缴费率为 34.22％，略低于全省平均值 0.06％，位居全省第六；报税后流程指数 100，与全省平均持平；网上综合办税率为 86.93％，较全省平均值低 1.57％。

（二）服务质效专项调查分析

为更加准确地掌握纳税人缴费人的涉税需求，2021 年 5 月，台州市税务局开展服务质效专项调查，从营商环境、"最多跑一次"、便捷服务等三个方面对全市 1353 户企业进行调查，取得有效调查样本 903 份。调查结果如下：

项目	非常满意	满意	基本满意	不满意	非常不满意	不了解
税费政策宣传培训	592	294	8			9
最多跑一次落实	590	296	8	7		2
优惠政策享受的简便性	594	303	4			2
获得退税的便利化	594	302	4	1		2
12366 的接通率	504	240	15	4	2	138
电子税务局系统稳定性	593	297	3	1		9
电子税务局操作便捷性	593	298	3			9

调查收集的意见需求主要集中在涉税咨询、政策宣传培训、服务质效、办税系统、减税降费等5个方面。

从调查结果反馈来看，纳税人对税收优惠政策落实、税法宣传培训、涉税咨询、办税便利化服务等工作举措整体较为满意。在税费优惠政策落实方面，纳税人对税收优惠政策延续性和可持续性的需求较为迫切；在税法宣传培训方面，纳税人对加大宣传培训力度、拓宽宣传培训渠道、增强宣传培训及时性针对性的需求较为迫切；在涉税咨询方面，纳税人对工作人员解决问题能力弱和对外咨询电话接通率低等问题反映较为强烈；在服务质效方面，纳税人对优化办税服务厅资源配置、提升税务干部业务能力的需求较为迫切；在办税系统方面，纳税人对办税系统不稳定、人脸识别不敏感、办税系统分散等问题反映强烈。

三、进一步优化台州市税收营商环境现存制约因素

（一）纳税时间进一步压缩存在阻碍

1. 宣传辅导的有效性针对性有待加强。个人所得税改革和社保费的划转以及征管体制改革向纵深推进，使得税收征管由主要面向企业逐步转变为同时面向企业和自然人，服务对象激增。而从前期调查情况来看，目前部分纳税人缴费人对税收政策掌握不足的情况仍然存在，其原因主要是对纳税人的需求调查缺乏。纳税人缴费人行业、规模、年龄、收入等各不相同，需求也趋于多元化、个性化，而税务部门"填鸭式"的无差别服务、过度服务情况仍然存在，税法培训"一刀切"、"一锅炖"导致宣传效果事倍功半。

2. 税收共治整体性和协作性有待增强。加强税收协同监管有利于建立法治、公平的税收营商环境，也便利市场主体纳税缴费。目前的税收共治，在数据同步方面还存在部分领域不畅通的问题，如纳税人在市场监管部门注销、吊销后，有关数据未能实现与税务登记状态同步；在政策法规应用方面还存在与其他领域政策法规不一致的问题，如部分政策征管法与破产法衔接不到位，企业破产重整后免除的滞纳金无法核销；在社会协同方面还存在相向发力不足的问题，如涉税专业服务行业发展较当前的经济体量而言较为滞后，涉税专业机构数量上的短缺带来服务品质上的欠缺。

3. 报税后流程有待优化。尽管近年来税务机关不断突破创新，采取了多项措施优化税收服务，但转变还不够彻底，内部运转还不够高效，如全行业增值税留抵退税政策在政策享受上设计了诸多限制，企业申报、审核流程涉及多个部门、多个单位，比较复杂，导致企业在退税方面尤其是在人民银行审核退库上，操作手续繁琐，影响了退税时间。

（二）税费负担进一步降低存在阻碍

税费负担直接影响企业的经营能力和支付能力，制约企业规模的扩大，也对企业竞争力及其经济行为产生影响。在总税收和缴费率的指标中，企业所得税和社会保险费是占比最大的税费，尤其是社会保险费对企业税费负担的贡献率长期居高不下。2015年以来，我国总体社会保险费费率从41％降到37.2％，单位费率从30％降至约26.75％，显著降低了市场主体的税费成本。但同大部分发达经济体企业缴纳社会保险费总体费率在15％以下的标准相比，2019年我国城镇职工基本养老保险单位缴费比例下降后才达到16％，仍有很大的下调空间。2022年1月1日起，我国企业职工养老保险单位缴费部分和城镇个体劳动者养老保险缴费比例将上调2个百分点，这在一定程度上给企业带来了新的压力。

（三）网上综合办税率进一步提升存在阻碍

1. 办税系统稳定性有待提升。根据前期调查情况，纳税人缴费人普遍反映电子税务局等网络办税系统存在系统不稳定、功能不完善、操作界面不够友好等问题。尤其是系统卡顿、宕机等情况，影响纳税人办税体验，降低纳税人网上办意愿，也会造成一定时间段内办税服务厅咨询量和业务量激增，纳税人办税等候时长增加。

2. 办税系统之间信息互通有待完善。目前，税务机关外部、内部存在多个专业化管理的系统，集约程度低，且系统间的信息互通尚未完全实现，纳税人端申报软件各税费种申报表之间的数据无法实现共享，表内的部分数据也无法实现自动计算，智能化水平低，导致纳税人需重复填表，频繁索取数据现象仍然存在。

3. 人员配置合理性和专业性有待提高。一方面，税务部门工作人员总数呈现逐年减少的态势且人员老龄化情况较严重，不少干部长期处于高负荷工作当中，缺乏充足的学习时间，不利于其能力提升。专业人才的短缺、干部对信息技术的低普适性，是制约信息管税、制约数字税务建设的重要因素。另一方面，作为办税缴费最前线的办税服务厅面临着临聘人员基数大、人员队伍流动性大的困境，部分人员主动学习的积极性不高，干好工作的责任感不强，业务政策掌握不扎实，系统操作不熟悉，都影响了网络办税服务质效。

在新经济、新业态层出不穷，纳税人数量激增的大形势下，如何突破这些制约税收营商环境优化提升的"瓶颈"，是税务部门必须面临的新课题和新挑战。依托现代信息技术，税务部门将满足纳税人缴费人的需求作为一切工作的出发点和落脚点，深化办税缴费便利化改革，推进税费服务智能化升级，创新税费服务个性化措施，致力于建成"线下服务无死角、线上服务不打烊、定制服务广覆盖"的税费服务新体系。

四、台州市纳税缴费精细化服务的前期实践

台州市税务局始终秉持着始于纳税人缴费人需求,基于纳税人缴费人满意,终于纳税人缴费人遵从的服务理念,以数字化创新为驱动,开展了一系列纳税缴费精细化服务探索实践。

(一)提升纳税人满意度,优化营商环境

牵头出台十五部门优化税收营商环境17项举措,以"三色法""台帐法"精准对接纳税人需求。根据纳税人满意度、体验感等指标,梳理形成"红黄绿"三类纳税人名单并开展后续跟踪管理。结合"我为群众办实事""春雨润苗""财税连万企"等重点工作开展实地走访,逐户建立走访台账,确保带着红利政策去,带着需求建议回。在2021年国家税务总局组织的全国纳税人满意度调查中,天台县税务局代表台州市局综合得分并列县级单位全国第一,在180个参评单位中位列全国第三。

(二)深化"浙江税务 APP"应用,实现"掌上通办"

按照"打造移动办税缴费最便利省份"目标要求,点上聚焦高频、民生事项重点突破,线上整合优化办税入口和功能,面上加速扩围提升掌办率,"点线面"结合助推办税提效工程走深走实。车辆购置税缴纳、自然人代开普票、房产交易申报等民生热门事项掌办率大幅提高,征管改革智能化、智慧化成效显现。截至2021年11月底,台州掌上办税率位列全省前三。

(三)推广审核前移模式,压缩办理时长

全面梳理整合涉税事项,在不改变现有流程的前提下,对需多部门多环节流转的办税事项进行梳理、优化、再造,将审核审批权限下放到办税服务厅"一站式"办结,办理效率平均提升75%,前移事项承诺压缩比提升至85%。该做法获评浙江省"最多跑一次"先进案例并被报送到国务院办公厅。

(四)拓展自助终端功能,实现功能互补

二次开发自助办税终端设备,新增"实名采集"、"税控设备初始发行"、"纸质票票号发售"、"电子发票查询打印"、"申报纳税"等5项功能。各业务自助机办理耗时比窗口办理耗时平均节省76.74%,其中税控设备初始发行从窗口办理10分钟缩短至自助办理1分钟,税控设备抄报税清卡耗时从5分钟缩短至1分钟,大幅度降低办税成本。目前,该自助终端设备已在全省复制推广使用。

(五)开发"亲农在线"平台,破解开票难题

全国首创初级农产品开票业务在线办理,联合农业农村部门搭建农户农产品基础信息数据库,以"数据库"取代纸质资料,农户可实现足不出户掌上一键开票,解决农户免税农产品发票开具"痛堵难"问题,资料精简率达100%,开

票时间缩短至 3 分钟以内，办理时长压缩了 99％以上，反馈满意率达 100％。该应用已入选浙江省数字化改革重大应用成果，并在 2021 年世界互联网大会乌镇峰会上亮相。

（六）构建智慧办税服务厅，提供智感服务

探索智慧办税服务厅建设，迭代升级智慧办税中心建设，对电子税务局体验中心进行数字化改造升级，增设智能一体机自助终端、自助机辅屏以及可视化远程辅导装置等智能设备，打造智慧、智联、智能的核心功能区域，直击纳税人缴费人办税过程的堵点、难点、痛点，为纳税人缴费人提供全新的"智"感体验，真正实现信息"多跑路"，群众少跑路。

五、进一步推行纳税缴费精细化服务的路径建议

（一）加快智慧税务建设，压缩办税时长

1.强化纳税需求分析，实现分类分级管理。大数据时代，税务部门既要采集好数据，也要运用好数据。加强纳税人需求数据的精准分析和应用，对优化纳税服务将起到至关重要的作用。在全面采集纳税人需求和涉税信息的基础上，税务部门要结合纳税人缴费人日常涉税行为，分析纳税人缴费人的需求偏好和行为特征，建立纳税人缴费人身份档案并赋以个性化标签，实现纳税人缴费人需求分类分级管理。

2.确保涉税咨询高效性，提升政策推送精准性。依托浙江省征纳沟通平台，实现税法学堂、税法答疑、纳税人需求调查、税企互动等智慧咨询功能；深化应用 24 小时不打烊的智能 AI 客服"税小蜜"，加强对纳税人缴费人提问内容和方式的分析，优化语义理解，及时更新系统知识库，提升纳税人智能咨询体验感；依托纳税人缴费人身份档案，分析不同类型不同身份标识纳税人缴费人关注和适用的政策需求，"量体裁衣"实现信息点对点推送，确保宣传培训精准高效。

3.推动社会化服务，建立税收共治格局。打破封闭式办税模式，通过加强与工商、社保、财政、银行等部门的密切联系，打造"一体化"办税服务形式，实现不动产登记、企业开办等场景化"一件事"的集成办理。加强与人行等部门的联系，建立相应的工作衔接机制，将其工作职责制度化，确保增值税清算、留抵退税实地核查等重点工作高效推进。统筹涉税专业服务社会组织力量，充分利用涉税专业服务机构在涉税咨询、涉税培训、涉税鉴证和涉税审核等方面的专业技术优势，进一步促进纳税服务供给的便捷普惠，形成全社会诚信纳税、协税护税和综合治税合力。

4.优化流程简化材料，推进纳税缴费便利化。根据"放管服"要求取消兜底条款，进一步简并优化办税流程，减少报送资料，实行涉税资料清单式管理，不得要求纳税人报送清单之外的资料;依托大数据推广应用电子证照、电子文书、电子签章,逐步实现无纸化管理;实现信息系统自动提取数据、自动计算税额、自动预填申报,纳税人缴费人确认或补正后即可线上提交,减轻纳税人负担。

5.深化纳税信用结果应用,健全新型税收监管机制。在办理纳税人免税退税等涉税申请时,通过减少资料报送、加快审批速度、提供免填单服务等举措为守信纳税人提供便利。对信用较低的纳税人实施重点监管,在其享受税收优惠、申请免税退税等时适当增加补充证明等流程要求,加强纳税评估、税务稽查等税务监管措施。

(二)确保减税降费落实,降低税费负担

一方面,从制度层面上进行稳定的、实质性的改革,优化顶层设计,制定实施长期稳定的减税降费政策,增强纳税人缴费人的心理预期和发展信心,构建低税负环境,切实降低纳税人缴费人负担。另一方面,依托现代信息技术,优化纳税人缴费人税费优惠享受方式,由信息系统自动识别应享未享纳税人,实现纳税人税费优惠政策自动享受,从而确保税费优惠政策享受面达 100%。

(三)构建线上服务新体系,提升网上综合办税率

1.加强电子税务局建设及推广,保障系统稳定性。进一步优化包含资料提交、文书流转和审批环节等后续流程的管理和审核,真正实现网上受理、网上办理、网上反馈,让纳税人办税更加快捷高效。大力推进"掌上办",依托浙江税务 APP 全面提升高频事项、民生事项的掌办比例,坚持改革创新,向复杂事项、企业事项持续拓展。

2.推进智慧办税服务厅建设,积极引导线上办税缴费。全力推行"线上为主、自助为辅、人工为补"的办税缴费新模式,"智能识别"系统对首次进入办税大厅的人员进行人证核验,再次进入时实现"无感"识别。探索 VR(虚拟现实)技术在税务领域的应用,实现纳税人缴费人足不出户就能与虚拟税务人员"面对面"沟通。开发语音交互、远程视频、短信平台、云外呼语音、远程操作等功能,通过涉税业务的在线交互办理实现服务质量、办事效率和营商环境全面升级。

3.整合税务信息资源,探索云平台建设。依托云技术建立"税务云"新型纳税服务平台,整合跨区域跨部门跨层级的行政资源,随时随地向纳税人提供规模化可移植或个性化的服务;统一平台入口,做到电子信息和纸质信息共享,便于纳税人缴费人自由调阅政策法规、办税指南以及自身纳税情况等信息,同时注意降低因多平台数据采集造成纳税人需求数据丢失或失真的风险。

4.加强干部培养,完善人才保障机制。健全干部培养机制、使用机制、激励机制,发挥教育培训在干部培养中的基础性作用,提升干部业务能力和服务

水平；加强信息技术的普适性教育，分批分类开展数字化应用的宣讲和培训，提升全员应用数字化手段的能力；组建数字税务团队，选调业务技术骨干组建数字税务实施团队，打造一支有数据创新思维，既精通业务又能熟练运用相关数据分析技术的复合型人才团队，做好智慧税务体系建设的人才保障。

课 题 组 组 长：康忠立

课题组副组长：徐　康

课题组成员：丁　坚　徐　蕾　范瑞文
　　　　　　　彭煜夏

优化税收营商环境助力
数字经济发展的思考
——基于长三角一体化示范区
数字经济税收的比较研究（一等奖）

国家税务总局嘉兴市税务局课题组

当前世界正在逐步转型进入经济全球化和数字经济持续快速增长的一个关键时期，以数字经济为标签的市场主体、行业产业正在兴起并蓬勃发展。本文以长三角一体化发展上升为国家战略之契机，选择对上海市青浦区、苏州市吴江区、嘉兴市嘉善县三地数字经济税收比较，利用税收大数据分析重点行业、重点领域发展的特点，研究影响税收营商环境的各种因素，提出了嘉兴市优化税收营商环境助力数字经济发展的建议。

一、研究优化税收营商环境对长三角一体化示范区数字经济发展的意义

（一）我国优化营商环境的现状

进入新时代，优化营商环境是加快建设现代化的经济体系、推动高质量发展的需要。党中央、国务院高度重视深化"放管服"改革优化营商环境工作。2021 年 6 月 2 日，李克强总理在全国深化"放管服"改革，着力培育和激发市场主体活力的会议上发表重要讲话，落实持续推进深化"放管服"改革，打造市场化法治化国际化的营商环境，培育壮大市场主体，更大激发市场主体活力和经济社会创造力。我们国家在优化营商环境上已经取得一定突出成绩，但距离社会主义现代化强国的要求还有一定的差距。

（二）优化税收营商环境对经济发展的重要性

随着经济发展不断全球化，营商环境的好坏与世界范围内的资本流向和经济发展的快慢呈现正向趋势，成为一个国家和地区经济发展的综合实力和竞争力。打造一流的营商环境是建设现代化经济体系、促进国家高质量发展的重要方面，也是政府提供公共服务的重要基础。税收营商环境是营商环境的重要组成部分，与广大企业日常经营和发展密不可分。税收营商环境的不

断优化给企业带来信心和活力，也为经济发展源源不断地输送动能。

（三）从优化税收营商环境角度对长三角一体化区域数字经济开展比较研究的现实意义

新一轮开启的长三角一体化发展，必须依靠数字经济。长三角区域以占全国 3.7％的土地面积，创造了全国四分之一的经济总量，是全国数字经济最活跃、体量最大的地区。这片土地上的数字产业发展和建设，已成为城市建设和社会改革的参照系。数字经济的发展在一定程度上也为优化税收营商环境提供了更多条件和可能。通过对长三角一体化区域城市的数字经济发展研究，可以初步探寻税收营商环境当前存在的短板和不足，分析其原因，为优化税收营商环境，助力数字经济发展提出有参考价值的建议。

二、基于税收视角的示范区三地数字经济比较

本文选取 2018—2020 年上海青浦、苏州吴江、嘉兴嘉善三地数字经济税收数据与国民经济相关数据进行分析比较，得出三地数字经济发展各自的优势和差距。税收数据采用浙江省经济和信息化委员会、浙江省统计局印发的《浙江省数字经济核心产业统计分类目录》中关于行业分类界定的 7 大类行业进行研究。包括计算机通信和其他电子设备制造业、电子信息机电制造业、专用电子设备制造业三大行业为数字经济核心制造业；电信广播电视和卫星传输服务业、互联网及其相关服务业、软件和信息技术服务业、文化数字内容及其服务业四大行业为数字经济核心服务业。

（一）数字经济市场主体数量不断攀升，规模相差悬殊

2020 年末，青浦数字经济税务登记户数 4875 户，同比增长 17.6％；吴江 4884 户，同比增长 25.1％；嘉善 1405 户，同比增长 30.0％。从主体数量看，吴江较青浦略高，而嘉善明显少于青浦、吴江，说明还有很大的增长空间和发展潜力亟待挖掘。从增速来看，吴江总体规模超过青浦，且增长速度更高，数字经济发展势头更为强劲，而三地之中嘉善增幅最高，呈现出规模不大但增势强劲的特点。

从嘉善看，2018 年以来，数字经济税务登记户数逐年递增。2018 年末登记户数为 906 户，数字经济登记户数占地区总户数 43156 户的 2.1％；2019 年跃上了千户台阶，同比增长率约为 19.3％，数字经济登记户数占地区总户数 48790 户 2.2％；2020 年，户数跃升至 1405 户，同比增长率提高至 30％，数字经济登记户数已占到该地区总登记户数的 2.5％。这说明嘉善不仅数字经济市场主体规模呈逐年攀升，增长率也有大幅提高，并且登记户数的占比也在不断提高，数字经济市场后续发展的活力有望持续增强。

（二）数字经济税收收入不升反降，且分布不均衡

2020 年，青浦数字经济共入库税收 43.27 亿元，吴江入库税收 31.09 亿元，嘉善入库税收 3.14 亿元。三地数字经济税收总规模差距十分明显，嘉善仅为吴江十分之一，相比青浦则更低；

在数字经济税收的增长方面来看，吴江在 2019 和 2020 年连续下降，嘉善 2019 年的同比增长率为 12.4％，高于青浦的 9.6％，2020 年的同比增长率为 −29.1％，低于青浦的 26％，这说明受疫情及政策影响，嘉善数字经济所受冲击更显著；

在平均户均数字经济纳税收入来看，2020 年，青浦的户均纳税收入最高，为 88.8 万，其次是吴江为 63.7 万，嘉善为 22.3 万，且户均数字经济纳税收入 2019 年及 2020 年持续下降，这说明随着嘉善近两年数字经济纳税户的大量增长，许多中小数字经济户的创税能力亟待挖掘。

表 1   三地数字经济 2018—2020 年税收入库情况

	嘉善			青浦			吴江		
	2018 年	2019 年	2020 年	2018 年	2019 年	2020 年	2018 年	2019 年	2020 年
税收规模	3.94 亿元	4.43 亿元	3.14 亿元	53.36 亿元	58.50 亿元	43.27 亿元	42.64 亿元	32.69 亿元	31.09 亿元
同经增长率		12.4％	−29.1％		9.6％	−26％		−23.3％	−5％
户均税收	43.5 万	41 万	22.3 万			88.8 万			63.7 万

从嘉善看，2018 年—2020 年，数字经济分别入库税收 3.95 亿元、4.43 亿元和 3.14 亿元。2020 年数字经济税收较 2019 年和 2018 年均有所下降，这一方面是由于疫情及"降本减负"政策影响，另一方面，也体现出数字经济的创税能力还明显不足。

从行业内部来看，目前的数字经济税收收入仍然以核心制造业为主。2020 年数字经济核心制造业占数字经济税收总量的 84％，核心服务业占比 16％，较 2018 年的 87.08％及 2019 年的 85.96％来说在连续下降，数字经济核心服务业的占比则相应增长，从 2018 年的 12.92％增长至 2020 年的 15.51％，数字经济核心服务业的上升态势明显。详见下表。

表 2　2018—2020 年嘉善县数字经济七大核心行业税款入库情况

（单位：万元）

| | 数字经济核心制造业 | | | 数字经济核心服务业 | | | | | |
	计算机、通信和其他电子设备制造业	电子信息机电制造业	专用电子设备制造业	共计	电信、广播电视和卫星传输服务业	互联网及其相关服务业	软件和信息技术服务业	文化数字内容及其服务业	共计	合计
2018 年	25713	4513	4158	34384	267	329	4213	292	5101	39486
占比	65.12%	11.43%	10.53%	87.08%	0.68%	0.83%	10.67%	0.74%	12.92%	100%
2019 年	32209	2636	3219	38064	129	317	5277	495	6218	44282
占比	72.74%	5.95%	7.27%	85.96%	0.29%	0.72%	11.92%	1.12%	14.04%	100%
2020 年	20362	3583	2611	26556	271	256	4210	137	4874	31430
占比	64.79%	11.40%	8.31%	84.49%	0.86%	0.81%	13.39%	0.44%	15.51%	100%

可以看到产业间的税收规模差距较为悬殊。就 2020 年而言，从七大核心行业来看，税收主要集中以下几个行业，其中以计算机、通信和其他电子设备制造业为主，占比为 64.79%；软件和信息技术服务业占比 13.39%；电子信息机电制造业占比 11.4%，核心制造业的行业聚集度相对明显。

除此之外，从 2018 年—2020 年七大核心行业税款入库占比来看，其中仅有软件和信息技术服务业呈连续平稳增长的态势，从 2018 年占比 10.67% 增长至 2020 年占比 13.39%。其他六个行业则均有不平缓波动，其中在 2019 年，数字经济核心制造业中的电子信息机电制造业、专用电子设备制造业，数字经济核心服务业中的电信、广播电视和卫星传输服务业、互联网及其相关服务业的占比均有较大降幅，而在 2020 年这几大行业又均回升至原大致占比水平。

（三）数字经济销售额增长明显，利润增速慢于销售额，但整体盈利情况好转

从三地数字经济营业收入、利润水平情况横向比较来看，2020 年，吴江数字经济实现营业收入 14036.05 亿元，营业利润 433.96 亿元，均明显高于青浦和嘉善，反映出吴江当前数字经济发展更好。2020 年吴江的营业毛利率为 12.28%、利润率为 3.09%，也要高于青浦及嘉善。

就嘉善而言，数字经济企业的规模以及相应产生的营业收入和营业利润不及青浦与吴江两地，但其毛利率与青浦差距不大，为 8.98%，说明企业的盈利能力不错，而利润率 1.56% 则相较两地有一定差距，说明数字经济企业还需要降低自身的管理成本。

从嘉善看，2019 年和 2020 年数字经济实现销售额 314.45 亿元、984.81 亿元，增幅分别达到 60.2% 和 213.2%，可以看出数字经济增长迅猛。比较营

业收入和成本的增长情况,2019年和2020年营业收入分别增长87.9%和162.2%,营业成本分别增长83.8%和175.0%,可以看出2019年营业成本快于销售额增长速度,2020年的营业成本增长低于增值税销售额增长速度。而利润总额从2018年的亏损10.31亿元缩减至2019年的亏损1.87亿元,2020年现盈利7.7亿元,反映出数字经济在疫情冲击下依然保持了较强的盈利能力。详见下表。

表4 嘉善县数字经济增值税销售额,营业收入、成本和利润情况表

(单位:亿元)

科目	2018年	2019年	2020年
增值税销售额	196.35	314.45	984.81
营业收入	100.38	188.63	494.64
营业成本	89.07	163.73	450.22
利润总额	−10.31	−1.87	7.70

(四)数字经济研发投入与产出正呈倍增效应,高新技术产品(服务)占企业总收入比例保持高位

从三地横向比,2020年数字经济企业研发费用投入额最高的是吴江,达到253.08亿元,其次是青浦为69.88亿元,嘉善的投入额为12.54亿元,处于最后一位,显示数字经济企业的研发投入较弱。研发费用占比方面,青浦最高,吴江次之,嘉善最低。但嘉善的高新技术产品(服务)收入与青浦差距并不大,企业的总收入两地也差距很小,这说明若能提高年度研发费用,随着研发投入强度的加大,嘉善的高新技术产品(服务)收入还有很大的提升空间。详见下表。

表5 三地2020年数字经济行业研发费用投入和高新技术产品(服务)收入情况

(单位:亿元)

	青浦	吴江	嘉善
年度研发费用	69.88	253.08	12.54
本年高新技术产品(服务)收入	251.96	3915.65	239.3
本年企业总收入	290.44	4781.25	289.16
研发费用占高新技术产品(服务)收入比	27.73%	6.46%	5.24%

从嘉善看,数字经济企业研发费投入也在逐年增加,2019年、2020年增速分别达到211.9%和57.1%。高新技术产品(服务)收入也呈稳步增长趋势,

2019 年、2020 年分别增长 262.4％和 173.4％,且在数字经济企业总收入整体保持高占比,这意味着未来发展有很大的潜力。

（五）数字经济人才投入逐年增加,占比相差较大

从 2020 年三地科技人员数横向比较来看,嘉善与青浦、吴江数字经济企业科技人员占职工总人数比相差悬殊,青浦占比 50.2％、吴江占比 40.1％,嘉善占比仅 18.1％,反映出嘉善数字经济企业科技人才短缺问题非常突出。

从嘉善看,数字经济企业科技人员数量逐年增加,占本年职工总人数的比也保持相对稳定,显现出数字经济企业的人才投入正在逐步加大。详见下表。

表 7　嘉善县 2018—2020 年数字经济企业科技人员数量情况　（单位:人）

	2018 年	2019 年	2020 年
本年科技人员数	1294	3391	5204
本年职工总数	8112	16158	28755
占比	16.0％	21.0％	18.1％

数据来源:企业所得税年度申报附表数据。

（六）数字经济头部企业表现抢眼,税收收入进一步增长

从三地 2020 年数字经济税收收入 10 强企业来看,三地实力相差较大。2020 年,青浦排名第一的头部企业税收 6.73 亿元,吴江排名第一的头部企业税收 2.52 亿元,嘉善排名第一的头部企业税收仅有 6682 万元。

从嘉善 10 强企业看,合计入库税收收入 1.67 亿元,占 2020 年嘉善县数字经济全部企业税收收入的 53％,其中富鼎电子科技（嘉善）有限公司连续两年年排名第一。相比富鼎电子一家独大,其他企业相比还有较大差距,反映出嘉善在三地中头部企业实力最弱。

三、剖析示范区税收营商环境存在的短板和不足

基于上述数据比较分析结果,嘉善县作为我市融入长三角一体化的重要桥头堡,其数字经济的发展正是嘉兴全市的一个缩影,数字经济反映出的问题也折射出我市税收营商环境凸显的短板和不足。

（一）数字经济整体规模相对较小,对市场主体的吸引和萌发的土壤不够肥沃

近年来,我市数字经济建设和发展取得了显著成效,已经形成并具备较好的基础,但仍然还面临着一些不足和限制。供给侧数字化基础设施薄弱、数字经济平台的支撑能力不足等因素导致数字经济的发展没有呈现爆发式增长,规模与经济总体相比仍然较小。

（二）数字经济企业整体实力较弱，对提升企业内生动力的燃料作用还不够足

一方面由于数字经济企业的投入与产出存在一定的滞后性，部分数字经济企业由于前期固定资产投入、"三新"研发等投入较大，导致初创期的几年里未能实现盈利。另一方面是我市中小微企业较多，总体规模明显偏小，抵抗外部风险打击能力相对较弱，对结构优化、产业升级的带动作用不明显。目前还缺乏自身是数字经济行业领域的龙头企业，在对新兴行业和市场主体的培育上，新业态龙头企业的数量较少、规模较小，缺乏一批以互联网＋金融、平台经济为龙头行业的大型龙头企业。

（三）数字经济核心行业发展不均衡，对行业均衡发展的调节器作用还不够强

制造业中的数字化不均衡不充分问题依然比较突出，传统产业向数字化转型所投入的动力依然不够，而大批运用数字技术的新兴产业总体量却相对偏低。在数字经济发展领域中，服务业的发展也同样存在这一种情况，数字经济中服务业发展水平明显低于数字经济中制造业发展水平。

（四）数字经济创税能力不强，对激发企业创新研发的助推器作用还不够猛

一方面，数字经济企业在前期的机器设备等固定资产以及"三新"研发投入较大，同时重点培育的新兴行业也尚处于起步阶段，企业目前的创税潜力尚未完全释放；另一方面，嘉兴现有数字经济核心产业以制造业为主，近年来国家连续出台的减税降费政策，主要受益群体就是制造业，因此目前数字经济实际贡献的税收占比不高，也导致亩均税收不高。嘉兴龙头企业的带动效应不足造成上下游企业虹吸效应不强，数字经济高度不够，缺乏创新高地。

（五）数字经济企业专业服务需求存在缺口，纳税服务层次还不够高

从当前长三角税收营商环境看，长三角一体化发展战略实施以来，税务部门主动积极对接、加强深化合作，推进税收营商环境迭代升级，陆续推出"跨省业务通办""首违不罚"等政策措施，长三角营商环境一体化取得实质性发展。然而对标国际标准，对照数字化改革目标要求，仍然存在诸多制约和不足，体现在行政壁垒仍然较厚、政策协同不够充分和要素流动不尽合理等方面，同时，涉税服务中介等社会化力量没有充分发挥其作用，致使长三角一体化示范区数字经济发展未驶入发展"快车道"。

（六）数字经济行业人才资源不够丰富，对吸引聚拢人才作用微弱

从国内人才流动的角度来看，长三角地区对国内的数字人才存在非常明显的吸引力，数字人才流入/流出比达到1.35。但流入主要集中在杭州、宁波和苏州，我市在城市基础设施、公共服务以及人才交流环境等方面与周边大城市仍有一定差距，造成我市高端数字人才匮乏。

四、优化税收营商环境助力我市数字经济高质量发展的对策建议

进入十四五时期，构建高质量的营商环境是推动经济高质量发展的重要方面，税务部门应坚持以问题导向，创新纳税服务理念，在提供便捷高效纳税服务方面打出"组合拳"，推动税收营商环境不断优化。尤其是随着数字化改革的推进和数字经济的快速发展，纳税服务需求出现和发展得更为多元化、差异化和个性化，纳税服务供给更应以纳税人的正当需求为导向，准确分析把握纳税人需求，围绕着"升级什么、谁提供、怎么优化"等基本命题，坚持"法定、便利、效能、智慧、协作"原则，从需求侧和供给侧同向发力，持续优化税收营商环境。

（一）完善数字基础设施建设

发展数字经济，实现一体化发展，均离不开数字基础设施的支撑。因此，需要把数字基础设施建设提到重要的地位，比如进一步加大互联网建设，大幅度提高光纤通信传输网络的数量和网络平台的覆盖率，实现向智能化融合信息网络过渡。

（二）落实税收优惠政策，推动改革红利精准直到快享

税务部门要发挥税收基础性、支柱性和保障性作用，全力落实好减税降费政策措施，确保该减的减到位、该延的延到位、该缓的缓到位、该退的退到位，切实减轻企业负担。针对高新技术产业，要确保企业在留抵退税、促进技术转让软件销售等方面的税收优惠政策落地，形成良好的数字经济创业争先氛围。加速"放管服"改革推进，在办理税收优化时简政放权，使企业轻松享受政策红利；完善信用评估体系，通过税收信用等级的确定实施差异化管理，确保政策资源发挥效率。

（三）大力推进掌上办，涉税事项通办

对标国际一流标准，持续深化税收领域"放管服"改革，以"最多跑一次"改革为牵引，推进企业开办、变更、注销涉税服务便利化，扩围长三角区域涉税事项跨区域通办目录，大力拓展"非接触式"办税缴费服务，拓展"银税互动"成果运用，推进嘉兴市税收营商环境向国际标准迈进，为提升服务数字经济发展开辟快车道，提供精准高效的税收服务、削减企业办税负担，从而降低经营风险，并助力企业实现转型升级、加快向中高端产业迈进步伐。

（四）借助社会力量，提供精准高质量纳税服务

为弥补税务机关纳税服务力量不足的问题，充分发挥纳税服务社会力量，在纳税服务过程中分清服务和管理的边界，制定规范制度。一方面针对具有一定规模，有高质量服务需求的企业，发挥会计师事务所、税务师事务所、代理记账公司等涉税专业服务机构的作用，通过政府制定规范，企业提出需求，中

介提供专业性服务的方式提升纳税服务的层次,提供个性化服务,帮助企业逐步优化。另一方面针对经济实力薄弱的中小微企业和个体工商户,充分发择非营利组织、志愿者作用,弱化收费驱动作用,赋予公益性质或荣誉表彰等形式的激励,推动其为企业提供第三方服务,以降低企业经营成本。

(五)推进长三角一体化,吸引数字经济人才

一方面要借助税制改革和长三角一体化发展契机,推动长三角区域政策倾斜,针对自然人税费政策和管理方面提供优惠和吸引政策条款。另一方面在长三角区域内部建立人才市场一体化建设机制,确保人才有序竞争,建立高端人才市场定价机制,降低人力资源成本,更要避免"人才争夺战"。针对我市高端数字化人才匮乏的现状,政府需要通过搭建科学技术开发与创新的平台、引入更多高层次的人才、建设与高校研发合作等形式为企业吸引人才提供有效且良好的通道。

(六)加强头部企业扶持,助推嘉兴数字龙头

与数字经济大市相比,我市数字经济龙头企业还有一定差距,应当增强前瞻性、紧迫感,加大创新研发力度,不应满足现状,坚决防止被科技浪潮冲入谷底。同时,政府部门应加大对中小企业的扶持培训力度,要通过鼓励研发、项目评比、税收减免等方式加大财政支持和刺激力度,激发市场活力,促进一批企业做大做强,培养我市早日建立数字经济龙头企业。

课题组组长:周仕雅

课题组成员:张炜(执笔)　王建成　周　量

王斌(执笔)

进一步深化税收征管改革背景下
推进智慧税务建设研究
——基于湖州智慧税务建设实践（一等奖）

国家税务总局湖州市税务局课题组

随着 5G、云计算、大数据等技术的蓬勃发展，智慧城市、智慧交通、智慧医疗等概念越来越受到社会共识，成为整合资源、提高效率、降低成本、增强安全性能的有效方式。在此大背景下，加强智慧税务建设成为顺应时势、创新发展的题中之义。近年来，各地关于智慧税务建设的探索方兴未艾，但由于建设的复杂性，在具体实施中仍有一些短板不足，需进一步研究并解决提升。本文以湖州市税务局为例，主要研究在进一步深化税收征管改革背景下，将数字技术与税收征管、税费服务、风险防控深度融合，构建精准科学的智慧税费管理体系，以推进新发展阶段税收现代化。

2015 年 9 月，国家税务总局发布《"互联网＋税务"行动计划》，提出"以提升税收治理能力为目标，深化互联互通与信息资源整合利用，构建智慧税务新局面"，智慧税务的概念被提出。2021 年 3 月，中共中央办公厅、国务院办公厅印发《关于进一步深化税收征管改革的意见》（以下简称《意见》），对"智慧税务"的概念作了进一步明确，指出要"充分运用大数据、云计算、人工智能、移动互联网等现代信息技术，着力推进内外部涉税数据汇聚联通、线上线下有机贯通，驱动税务执法、服务、监管制度创新和业务变革，进一步优化组织体系和资源配置"。同时，智慧税务首次被写入国民经济和社会发展第十四个五年规划和 2035 年远景目标纲要。这意味着，"十四五"时期深入推进智慧税务建设，成为高质量推进新发展阶段税收现代化的重要内容，对发挥税收在国家治理中的基础性、支柱性、保障性作用，具有深远意义。

这是发挥税务职能作用，助推发展大局的"战略之举"。2021 年以来，省委省政府全面推动数字化改革，强调要统筹运用数字化技术、数字化思维、数字化认知，把数字化改革贯穿到党的领导和经济、政治、文化、社会、生态文明建设全过程各方面。税务部门只有顺应时势、抓住机遇，以数字化改革撬动智慧税务发展,推动税收治理模式变革,才能更好立足自身职能,为地方经济社会高质量发展、全面建成社会主义现代化强国提供有力税务支撑。

这是提高税收治理能力,推进税收现代化的"长远之计"。国税地税征管体制改革以来,征管对象数量呈几何增长、经营方式日趋复杂、规范管理要求持续提升,社会关注和监督力度成倍增加,同时,随着"放管服"改革的纵深推进,简政放权、放管结合、优化服务的标准不断提高,对全面推进税收现代化提出了更高要求。只有依靠数字技术、数字赋能,才能持续满足广大纳税人缴费人需求,进一步优化税收营商环境。加强智慧税务建设,是有效应对当前形势,提高税收治理能力,推进新发展阶段税收现代化的必由之路。

这是减轻基层工作压力,调动干事创业热情的"动力之源"。当前,一些形式主义的东西占用了基层干部大量的时间,难以把时间和精力用于主要工作。中央办公厅印发《关于解决形式主义突出问题为基层减负的通知》,明确提出将2019年作为"基层减负年"。在进一步深化税收征管改革背景下,高质量推进税收现代化建设,必须通过智慧方式与智慧手段,把握系统集成、稳中求进的干事方法,把干部从日常性、复杂性、繁琐性事务中解放出来,切实减轻基层负担,在干事创业的一线更好地凝聚起推进跨越发展的税务力量。

一、湖州税务智慧税务建设实践研究与效果分析

国税地税征管体制改革以来,湖州市税务局积极运用税收大数据等手段谋划和思考智慧税务,探索一些富有湖州特色和智慧亮点的工作举措,实践深化智慧税务的具体内容和方式方法,为税收工作从"智能"向"智慧"转型探路先行。

(一)演进历程

在探索过程中,湖州市税务局积极构建符合智慧税务运行的组织架构和配套机制,相继成立了网络安全和信息化领导小组、《意见》落实领导小组等机构,不断探索、拓展数字赋能运用,提升数字时代税务部门工作质效。

1.加强信息化建设统筹管理及"大运维"一体化工作机制。

主要工作开展轴线:

2.组织架构:

3.职能作用:

深入贯彻落实上级决策部署,指导、协调、推动、督促全市税务系统落实《意见》改革任务。

主要工作开展轴线:

2019年2月，建立信息系统"大运维"工作机制

⬇

2019年7月，开展大数据平台部分功能测试

⬇

2019年12月，加强信息化建设统筹管理

⬇

2020年5月，全面开展计算机终端软硬件兼容性改造

⬇

2021年6月，上线并推广"一户式"应用2.0版

网络安全和信息化领导小组

征收管理科	三分周	信息中心
负责组织落实信息化规划、方案和制度，本系统信秘化建设、考核、验收工作，包括信息化立项和预算管理	负责承担本系统各类税费数据的管理、质量控制等，负责组织、协调、指导和考核本系统税费数据和风险管理	负责信息化建设的技术支持与保障工作，承担税收管理信息系统的运行维护及信息安全

（二）主要做法

在把握数字变革时代特征的基础上，湖州市税务局坚持创新驱动，推动数字技术与税收工作深入融合，促进税费征收、基础管理等取得新进展。

1. 开源提质，夯实数据基础。充分利用省局金三系统数据下行库应用库和大数据平台等有效税收数据，建立本地内部税收大数据体系。率先与湖州市政府大数据平台建立涉税信息传输专线，打通税务平台与湖州市政府大数据平台的互联互通。定期开展数据质量分析评价，特别是加强对外部获取数据的清洗、整理、筛选和加工，提升数据库整体质量。开发税小信运维机器人，建设以辅助征管业务操作、系统升级要点、加强运维事前介入和预防为目的的金三运维知识库和版本升级解读库。

2021年4月，成立《意见》落实领导小组

2021年7月，明确办公室人员及工作机制

2021年8月，草拟《意见》实施方案分工

2.强化集成，建好数据体系。搭建集征管质量监控、风险管理、大运维支撑、查询统计为一体的湖州税务智慧管理体系，通过建立、运行100余项征管质量监控指标，实现征管基础数据的实时监控和动态治理。建立特色决策分析机制，推进组织收入、减税降费等重点任务落实。建立"全市风险管理指挥中心"，分行业、税种、征管事项、发票、社保非税等五类风险防控类型开展风险指标模型建设，对相关风险进行实时监控和定期动态扫描，实现对风险管理项目的扎口统筹和动态管理。

3.推广优化，拓展数据应用。透过税收大数据看经济运行发展、政策执行效应，2021年推出"税眼看经济"税收—经济联动分析品牌，积极辅助领导决策。将人脸识别、语音分析等技术融入到一体化自助办税设备中，实现一机操作发票代开、小规模一键零申报、Ukey发行领用等200余项税费业务，实现24小时自助办税缴费无障碍。打造"云呼中心"集成话务系统，构建每个县区（分）局"1个号码＋N个坐席＋征纳沟通平台"的咨询模式，探索智慧咨询辅导体系。

4.合纵连横，深化部门协作。搭建部门间常态化信息共享机制，依靠信息网络和数据集中的力量，推进系统改造、数据交换、联网运行等功能的实现，争取并凝聚部门合力，拓展税收共治"合作圈"，在深化发票电子化改革、社保费和非税收入征管职责划转、委托代征数字化改革等重点工作中充分发挥作用。

5.积极创新，满足个性需求。依托省局构建"5＋1＋N"为框架的税务数字化新格局，充分考虑广大纳税人缴费人的期盼需求，打造一批便利化、智慧化的工作举措：推进社保费业务"非接触式"办理，打造"社保直通车"模式实现新参保缴费人业务办理税务端零次跑；创新构建非居民税收"间接股权转让'黄、橙、红'三色监控模型"，解决间接股权转让案件"发现难""预判难""征管难"问题；试点开发对外支付税汇通功能运用及代扣代缴非居民税款自动计算"小助手"；完善土增税清算管理模式，形成土增税清算事前、事中、事后全流程管理；打造建筑行业电费发票抵扣"直通车"项目，解决部分基建项目建筑企业无法取得增值税专用发票难题。

（三）取得成效

经过多年的实践探索、改进提升，湖州市税务局智慧税务建设框架体系稳定，举措不断丰富完善，取得了明显成效。

1.办税缴费速度更"快"，体验更"佳"。智慧税务建设推动了网上办税、掌上办税全面普及，形成了以电子税务局为主渠道，浙江税务APP、浙里办APP等为有机补充的线上办税缴费体系，全市综合网上办税率超98％。智慧办税服务厅成为新趋势，各类"云直播""云辅导"如火如荼，税收征纳沟通平台得到有效运用且更加规范、安全、高效，一大批解决群众烦心事、企业劳心事的"微创新"得到开发应用，2018 年机构改革以来，湖州市税务局连续 3 次在全国纳税人满意度调查中获所在组第 1 名。

2. 征收管理衔接更"顺"，运作更"畅"。随着智慧税务建设的深入推进和大数据、云计算等手段被普及，纳税申报、纳税评估更加智能、准确。数字化改革与税源专业化管理的深度结合，税源管理一体化集成程度不断提升，发票电子化改革、城乡居民"两费"和非税收入征收职责划转等各项重点工作平稳顺利推进。随着数据信息交互机制的完善、内外信息共享机制的全面建立，不同主体之间的协同与合作进一步密切，税收共治格局不断构建。智能化监控体系有效提升了税费征管质量，全市的清理类数据完成率保持在 97％以上。

3. 涉税风险管控更"实"，预警更"准"。通过进一步扩完善税收共治的数据链条，跨地区、跨部门、跨层级的数字化协同效率明显提高，间接股权转让、企业所得税后续审核等重点工作风险防控更加严密，税收治理逐渐从"管事制"向"管数制"转变。近年来，联合公安等部门成功查办湖州安吉某贸易公司"4.15"特大骗税虚开案件、湖州成品油变票虚开案件、湖州长兴物流行业虚开案件等案件，分别得到了税务总局、省委和省局领导的充分肯定。

二、湖州税务智慧税务建设存在问题分析

在深入分析近年来主要做法、取得成效等基础上，课题组对此开展了调查研究，在运行机制、数据质量、平台流程及人才配置等方面对智慧税务建设中亟待解决完善的问题进行了梳理归纳，主要如下：

（一）机制建立尚未"同步化"

1. 从制度的建立层面来看，税收大数据运用与智能管理缺乏相应的法律法规支持。现行征管法在税收现代化、智能化征收管理等方面，旨在推进税务事项分类分级智能化处理的方式往往以文件补丁的形式实现居多。一些税务管理事项通过金三系统与电子税务局智能化处理，很大程度上解决了基层繁琐劳动的问题，但作为执法依据的税收征管法、税务登记管理办法、征管规范仍未予以调整。例如"最多跑一次"改革中，电子文书、电子发票的法律地位问题等仍待确立。

2. 从制度的运行层面来看，部门间信息共享机制尚未完善。各部门的数据采集口径、范围与要求存在差异，各系统间数据传递存在时间差，工作考核口径与需求也不尽相同，可共享的数据存在部门间信息不对称问题，影响数据共享效率。虽然湖州市政府搭建了全市的大数据管理平台开展信息交互，但税务部门对商务、环保、市场监管等外部门拥有的涉税相关数据种类、口径等并不了解，缺乏获取数据的目标性、针对性，部门间"数据孤岛"现象依然存在。跨部门协作办法下具体实施细则未落地，对税收共治格局的形成有一定影响。

3.从制度的权限层面来看,系统使用权限支持力度需提升。税务系统内部大数据运用在权限设置方面,呈现自上而下的递减趋势。以大数据平台为例,目前,出于数据安全角度考虑,省局收紧了对大数据平台的权限控制,收回了发票明细数据的下载功能,而在税收风险防控工作中,需大量核对企业发票信息进行风险防控时,只能浏览100条发票明细数据不能较好地满足需求。地市级以下税务人员对大数据平台的应用程度不高,查询权限人数较少,且对通用查询、智能中心、创新应用等功能掌握不透,而相关考核与风险应对任务需要基层干部常态化关注定向问题指标,没有形成完全意义上的税源监控网络和管理监控机制。

(二)数据质量尚未"规范化"

1.数字经济条件下不确定性增强。平台经济、网络交易、直播产业、数字货币等新事物、新业态、新模式层出不穷,互联网经济与属地管理之间的矛盾客观存在,平台经济呈现出交易无属地边界、交易方式网络化、经营项目多样化和经营模式复杂化等特点,带给基层税务部门"看不透、抓不住"的错觉,税务部门数据采集渠道、采集模式、采集手段等都受到限制,对纳税人生产、经营及管理状况等信息获取不全面,客观上给"以票治税"向"以数治税"转变造成阻碍。

2.初始数据质量得不到全面保障。在数据清理指标体系中,登记域和认定域存在较多数据不完整、不准确问题,对后期的数据治理及征管质量带来较大影响,主要有:系统因素,体现在机构合并期间系统并库过程中数据的重复、与市场监管部门等外部部门软件之间产生的数据覆盖、数据空缺和矛盾数据之间系统缺乏提示提醒或强制监控、纳税人行业等单项信息调整后相关联信息无法自动调整等;政策因素,体现在税收政策、财务核算制度等变化后,系统内企业对应信息未及时调整;人为因素,体现在数据原始录入时人工错录、漏录或未主动核实数据真实性、完整性及匹配性,对某些特殊业务需求违背金三系统业务规则进行操作等。

3.存在信息安全风险隐患。数字化改革背景下的智慧税务建设,高度集成物联网、云计算、大数据等众多新形态,一旦在网络安全防护上不能得到有效保证,可能造成智慧税务管理职能混乱、隐私信息泄露、应急决策失误、各类事故频发、产生重大舆情甚至危害税收安全。因此,防范信息安全风险是数据采集与处理中极为关键的一环。

(三)平台流程尚未"精细化"

1.系统功能仍需统一和完善。从现有的各类信息系统看,应用系统中功能重复情况依然存在,据不完全统计,目前我省税务部门在使用的各类系统超过20个,例如大数据平台前台的通用查询和一户式2.0的查询分析功能,在申报业务、征收业务、发票信息等多个方面均有功能重合、但又未全部完善，导致在获取内部数据进行分析时，可能需要从多个系统分别提取，再进行汇总，而且因各个系统的开发时间差异、开发公司不同，系统中的数据口径和格式不完全统一，核心征管系统与各业务部门特定需求的信息采集平台数据对接传递不够精准、功能设置不相同步等，数据的重复采集与基层的重复劳动依然存在。

2.平台功能与用户体验有落差。一方面，各类平台特别是办税缴费相关平台，存在整合程度不足、系统不够稳定、频繁升级更新等问题，网络速度有时偏慢、操作卡顿迟缓等现象，都影响了纳税人缴费人的办税体验；另一方面，部分涉税业务未能实现网上全流程闭环，网上办理涉税业务与内部管理各环节还未全面妥善衔接，征收、管理、办理业务的网络互联未得到有效实现。

3.业务处置的智能化水平有待进一步增强。一是数据的增值利用不够，应用还处于探索阶段，信息数据分析的深度与广度不足；二是系统内、系统间的信息联动智能处理功能有待开发，以修改行业信息为例，金税三期中纳税人行业信息变更后，对应的税费种认定等行业信息无法自动变更，从而出现同一纳税人信息不一致的情形，人工修正工作量大。三是开发运用平台投放频率较快，但实际使用效果与需求存在差距。

（四）人才配置尚未"专业化"

1.复合型人才存在缺口。机构改革以来，各基层单位对日常事项和专业化事项分类分级管理的顶层设计需求日益迫切，同时对税收业务与计算机操作技能的复合型人才需求也与日俱增。在数字化改革推进中，需要既精通税费专业知识，又具备计算机、网络通信、电子商务和技术运用等方面知识的人才。目前，全市税务系统中，信息数据等领域专业人才不足，计算机专业人员仅 77 人，占总人数的 6.06%，其中能做到业务与专业高度融合的复合型人才更是匮乏。

2.智慧税务理念尚未全面普及。当前，部分税务干部特别是基层一线干部和大龄干部，在服务理念和技术水平上还没有彻底向智慧方式转变，依然存在"管户制""人盯户""保姆式服务"的管理理念和服务方式。部分纳税人缴费人仍然信赖面对面的人工办税缴费模式，对智慧办税缴费接受度不高。

3.税务干部学习培训与技术结合不够紧密。在税收政策高频更新的背景下，存在运用能力跟不上新平台、新系统投放速度的情形，很多干部只会使用一些基础、常用功能。同时，相对于计算机运用能力，目前更注重对工作人员业务水平、最新政策的培训，大部分税务系统工作人员缺乏专业的计算机能力培训，业务与技术不能很好地结合，这对税收数据指标体系建设、税收数据分析运用等效果都有影响。

三、国际智慧税务建设典型经验

本文选取并分析了美国国内收入局（IRS）、英国皇家税务海关总署（HMRC）、俄罗斯联邦税务局（FTS）、澳大利亚税务局（ATO）在智慧税务建设方面的相关实践。

（一）建立科学高效的组织架构是基础

美国国内收入局（IRS）：全面改造数字化组织机构，具体包括决策层、管理层和执行层。

（二）建立符合数字化需求的系统平台是前提

美国国内收入局（IRS）：基于官方网站为全国纳税人统一提供在线服务，根据纳税人需求量身定制在线服务方式；建立统一、公共的技术平台和数据平台，整合删减重复信息系统；加大对创新型安全指数高技术的投入，保障纳税人信息安全。英国皇家税务海关总署（HMRC）：将其智慧税务系统发布转移到英国政府网站，依托英国政府在线确认网站的认证服务，为企业及其代理人、个人提供更高水准的服务。澳大利亚税务局（ATO）：在澳大利亚为国民提供核心政府服务的门户网站"我的政府"中增加"轻松办税"等智慧税务服务功能，提供一体化的网上办税体验。

（三）深化数据驱动型智能分析决策是核心

美国国内收入局（IRS）：通过研究经济环境变化、产业发展趋势，分析纳税申报记录和第三方信息，识别现有及潜在的税收不遵从行为；建立税收不遵从和税务欺诈风险模型，提高发现问题、打击税收违法犯罪的能力。俄罗斯联邦税务局（FTS）：开发自雇者数字化智慧税收系统，对 40% 从未申报税款的自雇纳税人加强税收管理。

（四）多方合作提升智慧税务整体效能是关键

美国国内收入局（IRS）：与国内外合作伙伴进行及时、透明、有效的税收信息交流和情报交换，运用互联网技术从大量的第三方报告中获取有效信息；开发信息采集匹配系统（IRDM），旨在对隐瞒应税收入及应交税款的企业，重新进行纳税评估；将税收情报管理要求融合到征管流程之中，包括证券市场交易、公司账户收付和基于《海外账户税收合规法案》的国际交易数据等。

（五）塑造高质量智慧税务人才队伍是保障

美国国内收入局（IRS）：争创联邦政府"最佳工作机关"，吸纳多样化税务人才；营造安全的环境，保障人员及设备的安全；制定税务领导人才培养计划，扩大后备领导计划的适用范围。英国皇家税务海关总署（HMRC）：通过全球招聘、部门内部选拔业务专家充实到税收技术部门，形成由数字化专家、税收征管专家以及其他领域专家组成的多职能数字化智慧税务团队。

四、湖州税务智慧税务建设对策及建议

《意见》指出，到2025年，深化税收征管制度改革取得显著成效，基本建成功能强大的智慧税务。随着省局"六大工程"建设的深入推进，下一步，税务部门应当以转变征管方式为重点，以优化营商环境为目标，以体制机制创新为保障，以数据集成共享为手段，持续提升现代化、智能化水平，推动实现"重要窗口"建设和数字化改革的重要任务圆满完成。

（一）建章立制，完善智慧税务规划建设与体系框架搭建

1. 理念先行，激发活力。将税收现代化治理建立在信息化与智能化的底座上，明确新发展形势下税务部门聚焦税收现代化治理能力提升的必要性和急迫性，强调税务部门加快推进数字化改革，建设智慧税务体系的重大意义，让更多的税务干部在意识形态、认知领域及实际工作中全面地加以理解与执行，自上而下引导全员深化认识，增强执行运用能力，形成上下同欲的浓厚建设氛围。

2. 加强支撑体系与顶层设计。增强数据的赋能作用，强化各项税收政策、征管程序的立法，同时，加快修订税收征管法、发票管理办法、税收征管规范等基础性法律法规修订，重塑信息报告、认定、注销等与深化"放管服"改革相匹配的税收征管基础事项的流程体系，切实增强制度性保障。

3. 建立科学高效智慧税务组织架构。遵循税收现代化目标的组织架构呈现如下特点：一是各层级和各职能部门的职责边界比较明确；二是决策层和管理层高效精干、组织扁平化，执行层专业精细、覆盖全面。通过建立或改造适应发展趋势的智慧税务组织架构，强调各税收业务部门的目标趋同和行动一致，强调税收业务和数字技术的统筹与协同，按照数字化日常运维、数据资源管理、智慧税务系统研发三条主线，做强、做实、做专数字化管理架构和智慧税务组织建设。

（二）夯基垒石，强化智慧税务基础数据质量

1. 把好基础数据"采集关"。在当前甚至较长时间，税务部门的涉税数据来源仍主要依靠纳税人、缴费人自主申报，因此，必须通过强化税务部门内部各系统功能与管理机制来促进数据质量提升。要按照要素化采集原则，强化运用大数据与云计算功能，增强信息征管系统内部数据信息的提取与转化运用，避免数据的重复采集与报送。要强化数据的前置比对监控功能，优化各业务部门操作与采集系统间数据的传递，提高数据准确率。要强化数据质量管理首个环节的日常管控，配合指标验证、代码采集、数据修正等，对相关系统及系统操作人员的数据采集工作进行程序性规范，确保持续提升首道采集程序中征管基础数据的完整性、一致性和规范性。

2.增强数据增值"应用关"。利用现有的大数据仓库,注重加工和整合利用,建成一体化、集成化、高效化的"数据超市"。坚持"党政领导、部门合作"的共治思路,紧密依托政府大数据平台,加强政务云建设,打破数据之间的部门壁垒、行业壁垒和地区壁垒,实现数据的互联互通。加快推进与市监、人社、建设、环保等部门的跨部门"一件事"集成联办,深入实施办理环节信息传递与动态联动。坚持问题导向,创建征管数据质效评价体系,创新事中事后监管方式,充分释放税收信息化潜能。通过制定分层级数据权限与应用管理制度,在保证数据安全的前提下,满足各基层单位的差异化数据需求,例如鼓励在省局"一体化"平台下的各地特色运用软件开发,实现基层单位的个性化数据化监管。

3.守牢数据权限"安全关"。细化信息管理制度,将安全管理作为贯穿整个信息系统运行的"生命线",根据"量需赋权、留痕管理"的原则强化权限管理,做到信息安全保障关口前移。加大技术投入,注重涉税数据标签管理,强化重要数据转移与运用的密钥管理,保障数据安全底线。积极规范涉税信息采集、存储、应用,加强对税务工作人员的涉税信息安全培训,切实保护纳税人隐私及经济数据安全。

(三)循序渐进,推进智能化处理运用增量开发

1.坚持需求与问题为导向的信息化建设。从纳税人与税务干部需求双向视角出发,将提升用户体验作为信息化建设的落脚点。一是要强化系统观念,促进信息系统集成管理,避免不同业务部门之间、不同税费种之间运用平台的重复开发与交叉开发,建立复合型智慧税务平台;二是加快推进"一户式""一人式""一员式"等高集合性、高应需性的基础查询功能开发,建设高效能数据集成处理中心,打造数据驱动型"智慧税务大脑";三是增强移动端、网络端、自助端及现场端的场景运用,统一同一事项的办理规则,加强系统运维保障,稳定高频改革期、大征期、调整期等特殊时段系统运行状态,实现纳税人更优质的操作体验。

2.运用人工智能加快整合智能辅助平台。抓住 AI、5G、云计算等新技术发展机遇,使计算机在充分理解政策、法规、办法的基础上,实现对业务模型和业务知识的自动化、半自动化构建。一是将重复性、简单性的信息报告、税费认定、简易处罚、发票领用等进行智能处理;二是实现关联信息联动调整功能,通过自动计算及分析,处理不同业务模块间同一要素的关联调整,提高业务的调整响应能力;三是探索 A 级纳税人小额退税自动审核等与信用信息、风险信息等相融合的电子税务局分类分级智能审核等功能,提升电子税务局的智能化处理水平;四是简化电子税务局纳税人端操作流程,实现更便捷、智能操作。

3.找准切口打造智慧税务最佳应用。在"大场景"中找准"小切口",撬动

政府、经济、社会全方位数字化转型。一是要以发票电子化改革为突破口，全面推进经济领域各主要行业、民生领域重要行业发票电子化进程。加快区块链技术在电子发票推进中的运用，增加协同效应，助力智慧管税做实做深；二是要探索新型社会共治模式，更大程度争取地方党委与政府对税务工作的领导与支持，构建现代化、智能化、高效化的管税协税机制；建立健全税务部门与相关部门常态化、制度化数据共享协调机制，更深层次、更高频率实现跨部门、跨地域合作事项的开展；推进全省社会共治平台功能转型。

（四）选优配强，增强智慧税务建设人力资源保障

1.完善人才选用机制。通过专业选拔、人才引进、考试聘录、针对性培训、科学有效激励等方式，完善人才队伍选拔任用，打造专业扎实、自主可控、结构合理、规模匹配的人才队伍，持续性增强专业核心能力建设。同时，通过适度外包，推动具备标准化、社会化特征的信息服务、信息基础设施等领域的外部专业化水平提高，打造以税务干部为主体、社会各界广泛参与的"智慧税库"。

2.大力培养复合型人才。制定明确的智慧税务人才培养计划，一方面，通过建立健全干部管理机制，将管、考、训、用有机结合起来，定期对税务工作人员进行税收法律法规、财务会计知识、数据分析能力、企业财务软件操作等进行培训，强化业务能力测试，提升涉税信息共享意识、专业化素质和业务能力水平。另一方面，着眼于优化风险管理队伍结构，围绕打造专业团队目标做好业务培训，突出工作实绩，做好干部选拔任用，在内部形成税务干部不断学习业务的良好氛围。

3.增强人员多岗位锻炼。组织人事部门要注重将专业人才适当配置到税收收入分析、风险管理、信息化等多岗位上进行锻炼，鼓励更多计算机专业人员在税收业务岗位的锻炼与融合，更好地满足税收管理信息化对于普遍人员运用技能的要求，改善现有干部的知识水平和能力结构，不断提高综合素质。

课 题 组 组 长：徐建军

课 题 组 副 组 长：沈振斌

课 题 组 成 员：何新春　周　云　谢力诺

沈羽晔　杨雪芳

数字化改革背景下进一步优化税收营商环境的研究（一等奖）

衢州市税务学会课题组

数字化改革是"最多跑一次"改革和政府数字化转型的迭代深化，是数字浙江建设的新阶段。数字化改革背景下进一步优化营商环境，是认真贯彻浙江省委数字化改革的应有之义，是税收更好服务国家治理体系和治理能力现代化的关键一招，是贯彻落实《关于进一步深化税收征管改革的意见》的战略举措。

一、数字化改革背景下优化税收营商环境的内涵

2017 年，浙江全面启动"最多跑一次"改革。税务部门在制度设计、数据归集等方面取得了一批标志性成果，数字化改革先发优势明显，为进一步优化营商环境提供了"税务样本"。税务领域数字化改革主要分为三个阶段：

（一）基础建设阶段："最多跑一次"改革的税务实践

自 2017 年，以纳税人缴费人办税事项为切入点，浙江税务部门大力推进办税事项标准化和数据归集共享，形成 10 个主项、146 个子项的"最多跑一次"税务事项清单，构建起"线上＋线下"办税模式，使办税方式更多、体验更优。到 2017 年底，浙江实现涉税业务 96％以上事项"最多跑一次"，税收数字化正逐渐影响甚至颠覆传统办税模式，打造更优质的税收营商环境。

这一阶段的最主要标志性成果是浙江在全国税务部门率先推出"最多跑一次"改革，涉税业务"事项全覆盖、标准一个样、网上尽可办"，实现我省所有税务事项办理标准"领跑"或"至少持平"国内标杆城市，为进一步优化税收营商环境提供了优质高效的"浙江样本"。

（二）体系建设阶段：多场景应用加速数字化改革进程

自 2018 年以来，我国进入税务领域数字化改革体系建设阶段，税务部门先行先试，在省域层面积极探索"万物互联"时代下全方位数字化转型。在全国纳税人满意度调查中，浙江连续 6 年被评为满意度最优省。该阶段有三个

显著特征：

2018年，系统整合。主要是国税地税征管体制改革的实施，聚焦部门核心业务梳理，打破信息孤岛，优化重塑征管流程，推动数字化转型。标志性成果是并库版"金三"系统上线运行，整合优化税费业务和信息系统，形成集成统一的税收信息化体系，进一步优化数字化发展下的税收营商环境。

2019年，流程再造。主要是为减少纳税人交易成本，应用大数据云平台等信息化手段整合政务资源，优化办税流程，推动全方位数字化转型。例如，浙江税务部门引入云计算、人脸识别、电子签名、第三方支付等技术，构建高安全性能、高应用效能的电子税务局。2019年，浙江已实现了10大类115项业务的"网上"和"掌上"办税，为纳税服务提供信息技术平台支撑，促进营商环境实现数字化、智能化、智慧化的突破。

2020年，综合集成。主要是依托多业务协同应用，撬动税收领域的全方位改革，打造"整体智治"营商环境。标志性成果是"浙江税务大数据平台"应用落地，"非接触式"办税缴费服务快速推进，全省掀起数字化改革浪潮，促进纳税服务迭代升级。以"浙江税务大数据平台"为例，一期整合19个税收业务系统数据，可实现总上云数据量14T，近36万数据项。

（三）高水平建设阶段：数字化改革助力打造智慧税务

当前，我们正处于数字浙江建设的新阶段，是政府数字化转型的一次全方位拓展和升级。数字化改革赋能税务部门是优化税收营商环境的关键之举，是推进新发展阶段税收现代化取得成效的重要举措。主要表现在三个层面：

一是内涵的拓展和升级，聚焦数字赋能和制度重塑，使税收营商环境的优化建立在网格化、数字化、智能化的基础之上，实现技术理性向制度理性的新转变。

二是领域的拓展和升级，从政府数字化转型为切入点，向税收领域整体智治转变，构建起"5+1+N"税务数字化体系，建设以服务纳税人缴费人为中心、以发票电子化改革为突破口、以税收大数据为驱动力的智慧税务，成为重塑税收营商环境的新载体。

三是价值的拓展和升级，从适应数字化改革，有序推进信息技术与税收业务融合和应用，到统筹运用数字化思维、数字化技术、数字化认知，探索并实践一批标志性成果，主动引领税收营商环境实现新跨越，打开价值创造新空间。浙江税务部门全力打造的电子发票推广应用项目，在2025年将实现发票全领域、全环节、全要素电子化。

目前，我们正处在第二阶段向第三阶段跃迁的关键时期，这对税收工作提出新要求、新挑战。面对日益复杂的国内外经济形势，在数字化改革背景下进一步优化税收营商环境对我国经济有着更为紧迫和重要的意义。

二、数字化改革背景下优化营商环境的新问题

（一）制度机制层面

1. 总体方案有待完善。2021 年 3 月，浙江省委省政府出台《浙江省数字化改革总体方案》，系统阐释各部门在数字化改革领域的重点任务、目标愿景等。但税务部门暂时没有出台数字化改革领域的相关方案、配套文件和措施，缺乏相关制度保障。同时，税务领域数字化改革工作也缺少长期规划。

2. 内部运转机制不够顺畅。税务部门目前工作理念还停留在传统思维，部门条线工作多，合署联办工作少，没有真正树立数字意识和思维，纳税人"办理一件事、对接多部门"的情况仍然存在。系统内部权责还不清晰，比如涉税数据目前主要掌握在大数据与税收风险管理局等部门，但税收数据的使用主要集中在货物和劳务税、社保和非税收入等业务部门，存在"牛头不对马嘴"现象。内部工作架构如何从"部门单干、条线为主"的传统模式转型为"内外融合、上下贯通"的新模式，有效提升工作效率，降低纳税人对接成本也是亟待解决的问题。

3. 数据共享机制不成熟。目前，省委省政府提出数据共享要做到"全打通、全归集、全共享、全对接"，但税务部门受限于垂管体制，许多数据的共享权限在总局或省局，基层缺乏强大的数据处理中心，无法真正参与地方数据共享环节，与地方其他部门存在数据共享不同级、数据处理不同步的状态。比如"注销一件事"的办理，税务部门的数据共享和统一交换处理在省局，社保部门数据传递处理权限在市级层面，纳税人办理注销业务时，容易出现时间差。

（二）数字服务层面

1. 涉税系统繁杂，统合度不高。税务部门早期针对多个涉税业务，相继研发各类平台和系统。然而随着数字化持续发展，平台和系统数量众多、兼容性差等问题日益凸显。同时，各平台和系统间数据互不联通，且由不同服务公司开发，使用界面及习惯各不相同，例如：纳税人在电子税务局平台办理"纳税申报"、在自然人电子税务局办理"个人所得税申报"、在发票综合服务平台办理"发票认证"、在出口退税管理平台办理"出口退税"、在增值税发票管理系统平台办理"发票开具"、在征纳沟通平台办理"纳税咨询"，这些就提升了纳税人缴费人学习成本，影响办税体验。

2. 个性化服务不足，精准度不高。我国税制较为复杂，办理涉税事项较为繁琐，数字化改革后，办理涉税事项的流程逐渐从线下转为线上，税务机关工作人员的缺位，导致征纳矛盾更加突出。目前政务服务联办事项占比太少，涉税事项共有 199 项，联办事项仅有 5 件，与外部门共同联办的事项暂未开发。在精细化、个性化服务上，目前只有企业开办套餐等为数不多的套餐式服务，

可供纳税人选择的太少，不能满足纳税人实际需求。对纳税人的服务没有做到按照纳税人实际需求个性化提供，例如有的纳税人希望得到更多的税收知识讲解、实操指导等；有的纳税人则更希望针对不同的纳税人推出适应其需求的服务模式。

3.数据资源匮乏，深挖潜力不足。在数字化改革背景下，通过分析和运用涉税数据来优化税收服务就显得尤为重要。然而当前税务部门所获取的涉税信息存在一定的"孤岛性"，与外部门的数据共享和融合程度还不够深入，进而导致纳税人无法充分享受到涉税数据的潜在红利。不仅如此，税务部门对现有数据的分析处理和运用能力还有所欠缺，主要停留在数据查询和纵向比对等浅层面，无法实现深层次的自我完善和更新，服务纳税人的应用场景和效果并不突出。以纳税咨询为例，目前税务部门的线上咨询系统智能化程度不够高，仍存在不少需要人工坐席才能有效解答的情况。而提升智能咨询机器人的解答能力则需要大量的纳税咨询相关数据作为支撑，而需求的这部分数据，有的地区是使用电话咨询，又或者是各种途径的网上咨询，无法实现有效的归集，进而提升纳税咨询满意度。

（三）执法监管层面

1.风险防控不够精准。税务内部数据经历金三系统上线和国地税征管体制改革两次大迁移和整合，历史数据不全且质量不高。同时税务部门获取的外部信息数量有限，无法有效融合，对纳税人的分级分类管理不够准确，容易出现对高风险企业风险防控不到位等情况。以风险疑点数据名单为例，由于风险点识别不够精准，核实过程中容易对纳税人造成不必要的打扰。

2.监管手段不够有效。目前税务部门对涉税专业服务机构的监管不到位，现有涉税专业服务监管制度体系仍停留在部门规章层面，立法级次较低，惩戒力度不强，同时行业混业经营的现状给以部门分业监管为主的行业监管带来挑战。对新型产业、重点领域的监管较为薄弱，缺少跨部门协同监管，存在监管盲区。以互联网、平台经济等新型产业为例，该产业存在大量的自然人和个体工商户，由于在监管上缺乏相应的管理规范，纳税人遵从度较低，无法准确判断应税收入。又如，对重点领域如影视行业的监管缺位，存在"税收洼地""阴阳合同"等问题，影响了税收营商环境的公平性。

3.执法智能化程度不高。现阶段税务执法以线下执法为主，线上执法仅有"通过浙江省电子税务局进行简易处罚"这一事项，缺乏非现场执法应用创新，线下执法提高了纳税人的时间成本。同时税务执法留痕手段不够智能，如线下执法录像不能实时上传至云端保存。

（四）协同共治方面

1.部门间协助不顺畅。由于税收协同共治工作涉及相关职能部门繁多，数据传递链条冗长,部分敏感信息共享需要层层审批。虽然部分地区建立了政府层面统一的协调组织机构,但其发挥作用局限,存在保障机制缺少、协调运行机制缺位、监督和考核机制缺失等问题,导致部门间工作流转配合不紧、衔接不畅、落实不力。例如近期开展的发票电子化工作,在推进过程中由于涉及财政、档案、税务等多个部门,政策宣传各自为政,工作推进缺乏衔接,纳税人缴费人难以全面了解发票电子化进程和具体操作。

2. 跨区域协同缺标准。当前各地都在积极推进跨区域税收协作,但是依然存在执法标准不统一、信息数据共享不到位、协作结果反馈不及时等问题,跨区域协作标准和规范亟待完善。如长三角地区税务部门为支持和服务长三角区域一体化发展,出台多项征管服务举措,从简化企业迁移、便捷跨区域涉税事项办理、制定长三角地区"首违不罚"明细清单等多方面优化营商环境。但是,依然存在办税系统内部不联网、跨区域事项反馈不及时、联合执法难度大等问题。

3. 国际协作不深入。目前我国国际协作缺乏长效合作机制,主要停留在情报交换、培训交流等方面,途径较为单一、内容不够深入、合作成果对税收实践的指导性不强。如"一带一路"税收征管合作论坛,目前取得了阶段性成果,但各成员国、观察员国之间税收信息化建设交流有待加强,信息化培训援助力度有待提升。

三、数字化改革背景下优化税收营商环境的国际借鉴

对由世界银行主导发布《2020 世界纳税报告》中的纳税指标进行分析,数字化改革对税收营商环境的影响主要来自两个方面:税收制度体系层面和税收管理服务层面。通过对税收指标排名靠前或近几年排名得到明显提升的国家(地区)进行研究分析,在税收数字化改革领域有不少值得我们学习和借鉴的经验做法。

(一)制度体系方面

1. 制定长期的战略计划。数字化改革是一项长期性的系统工程,早在 2012 年,英国皇家税务和海关总署(HMRC)就联合推出了"税务数字化行动计划",就如何使用纳税人信息、全面反映纳税人情况、建立个性化数字税务账户、实现纳税人与 HMRC 的数字化互动等方面都有制定详细统一的实施方案,并且每两年更新一次行动计划。目前已分别完成建立企业数字税务账户和个人数字税务账户系统。在 2015 年,英国企业所得税和增值税在线申报率分别达到了 98% 和 99%。在个人数字税务账户中,纳税人可随时通过数字设备查看自己的纳税信息,获取相关服务等。同时,在保证安全性的前提下,可为纳税人提供线上辅导咨询功能,帮助纳税人处理涉税事宜,并开通税务代理

人管理其客户的数字税务账户权限。

不仅如此，从 2021 年起英国政府开始对税务数字化进行更深层次的系统性改革升级，目的在于能实时获得涉税信息和进行在线分析处理，并有效解决目前税收管理系统碎片化和征纳成本较高等问题，实现税务部门在第一时间了解并解决纳税人的办税需求。此举将有效优化英国税收营商环境，助力国家整体实力的提升。

2. 建立第三方数据共享制度。第三方数据的共享共用对深化税收数字化改革有着重要意义，例如丹麦等多个国家的税务局推行的个人所得税预填单制度就是基于雇主、银行、工会、社会保障机构等第三方机构提供给税务机关的纳税人信息，系统自动进行数据比对、计算税额并经纳税人审核确认后，照此申报纳税、办理退税等。根据世界经济合作与发展组织对 55 个其成员国和其他发达及新兴经济体的问卷调查显示，有 37 个国家实行了这一制度，实践证明此举能有效降低征管成本，提升纳税人办税效率。

此外，韩国国会通过的《税收资料提供法》从立法层面来保障税务部门能及时全面获取第三方数据信息，规定银行、交通、保险等 390 多个部门和行业协会需要及时向韩国国税厅提供纳税人的所得收入、日常消费、医疗支出等 97 种涉税信息资料，这不仅能提高税务机关的日常征收管理能力，同时也为更加便捷高效地服务纳税人夯实了基础。

（二）税收征管方面

1. 探索利用区块链技术。区块链技术作为一种动态记录真实交易活动的互联网数据库技术，也被一些国家用于提升税收征管效能。爱沙尼亚作为全球数字化改革领先国家，目前已将数字技术和区块链技术应用于现实经济活动中。当经济活动迁移到在线平台和无纸化交易后，税务相关处理时间和纳税人办理、等待时间将大大减少。例如，爱沙尼亚的 E－Tax 系统允许在线提交所得税申报表，其中大部分数据已经通过后台自动预先填充，无需纳税人手动输入，极大地方便了纳税人。

2017 年，丹麦税务部也首次将区块链技术运用于涉税领域。该国将每辆汽车全生命周期所产生的数据信息都储存在区块链上，包括买卖、保险、贷款、维修等多个活动都能在区块链上进行保存和搜索，从而在车辆进行二手交易时，税务机关能够更加快速、精准的计税。

2. 积极应用人工智能技术。在当前机器学习和人工智能飞速发展的背景下，一些国家正在尝试引入智能自动化技术来提升纳税服务效能。例如，芬兰税务局通过应用人工智能检测技术，做到对 100 余个涉税步骤进行全流程的精准识别和智能检查，该技术能有效提升税务部门督察内审和税务审计的工作效率，增强纳税服务的规范性。新加坡国内收入局通过对纳税人邮件进行大数据的挖掘分析,针对纳税人提出的涉税咨询问题进行后台数据的人工智能比对,不断优化智能解答精准度,进而持续提升纳税服务质量。

3.使用大数据分析技术。目前越来越多国家的税务部门都开始通过数字化技术来对涉税数据进行提取加工和建模分析,并结合使用大数据分析的结果,进而构建起税收征管风险预警系统。例如,美国联邦税务局通过对海量的涉税数据进行分析,并结合数学模型来识别高收入群体逃避纳税的倾向和途径,助力打造税收公平环境。加拿大税务局在对涉税数据进行分析时,运用数据的风险算法来评估企业的涉税征管风险等级,此举在提高税收征管效能的同时,也减少了对企业的不必要打扰。

（三）纳税服务方面

1.构建安全便捷的数字税务局。数字身份信息的安全认证一直是纳税人所担心的问题。丹麦税务部通过应用数字签名一体化系统来登录纳税人账户,确保纳税人身份的唯一性和安全性。纳税人不仅能在线上智能化办理对公对私的涉税业务,而且通过引入数字身份证,实现"数字一户式"的便捷登录,避免此前密码复杂、数字安全认证步骤众多等弊端,切实优化了纳税人在线办税的体验感。

2.提供有力的信息技术支撑。早在 2002 年,韩国就着力开发建设线上纳税申报系统和对后台数据的集成应用。纳税人可以通过税务部门的"Home Tax(家庭税收系统)"来完成所有涉税事项的线上申报及处理。该系统囊括了所有的涉税业务,实现纳税申报、缴税缴费、数据查询、风险推送、申诉建议等功能的线上数字化办理。不仅如此,纳税人也不必在多个申报系统及模块间提供相同的涉税资料,税务部门可以利用电子税金计算书数据、现金发票数据、Home Tax 申报数据及第三方提供的各种数据信息进行后台的比对分析,并在操作界面上提供相对应的涉税法条、案例、数据信息及风险点等注意事项,自动引导纳税人需要关注的业务处理与办理期限,提升纳税人办税便捷化程度。

四、数字化改革背景下进一步优化营商环境的实践路径

（一）加快推进制度建设

1.建立健全配套机制。税务部门要全面构建一整套与税务系统整体智治、数字税务、数字法治综合应用相适应的体制机制和工作规范,推动改革实践固化为制度成果,有条件时制定相应的法律法规。在数字经济、区块链等新兴领域,逐步建立配套的税收制度和规范,让纳税人有法可依、有章可循,为浙江省数字经济的快速发展、营商环境的不断优化提供制度保障。制定长期规划,重塑部门与企业间的制度链接,对各厂商品牌的系统进行统一整合与管

理，打造一体化办税平台，优化纳税人办税体验。

2.优化内部运转机制。进一步转变思维方式，树立跨部门协同办公理念，降低纳税人办税成本，统筹推进税务部门数字化改革工作。尝试部门间合署运行，各业务部门精英交融聚合，形成裂变效应。明确岗责权限，推动税务部门职能配置更加科学合理、体制机制更加完备完善、运行管理更加高效，纳税人办税更加便捷。

3.健全数据共享机制。建立涉税信息共享机制，明确数据共享原则和标准，营造政府部门间、社会上涉税信息快速、高质量共享的良好氛围。迭代升级原有的公共数据平台，打造全方位智能化公共数据平台，成立基层大数据处理中心，提高省域治理科学化、精准化和协同化水平，为纳税人跨地区办税保驾护航。培养和引进业务精湛、专业过硬的复合型人才，为改革提供全领域、全周期支撑。扩大地市级数据共享权限，打通外部门的数据通道，减少数据供应链中间环节，构建综合集成、协同高效、闭环管理的数据共享运行机制。

（二）夯实推进精准服务

1.整合涉税系统。按照数字化改革"1+5+2"工作体系的要求，有机整合现行涉税服务平台和系统，形成集咨询、查询、办理、运维等多功能于一体的智慧税务体系，进一步提升纳税人获得感。一是智能识别办税主体，根据主体不同分类推送办税事项。如以自然人身份登录，推送个人所得税、社保业务等常用功能，如以企业纳税人身份登录，推送纳税申报、发票办理等常用功能，提升办税效率。二是后台维护实现统一，集成各部门间涉税数据，以打造统一的流转平台，满足各个部门不同的业务需求，降低税务工作人员学习成本，提升后台运转效率。三是提升信息化建设，保障平台平稳运行，提升服务器质量，保障网络良好，满足大部分纳税人同时在线办理的要求。通过高效、集成的平台，实现营商环境硬件系统有效提升。

2.智能精准划分。从纳税人需求出发，整合各类税费事项，推出集成式办理涉税事项，多推出类似于"企业开办一件事"、"企业注销一件事"等套餐式服务，从而令纳税人在办理涉税事项时能够更加方便快捷、清楚明了。一是采取菜单式选择涉税事项，纳税人可自由组合想要办理的事项，同时预设纳税人常用的事项组合，方便纳税人选择办理事项。二是申请材料统一填写，智能排除重复材料，减少重复动作、重复提交，进一步提升办税效率。同时添加智能引导填报，做好各项数据填报指引，增加高效及时的在线咨询功能，及时帮助纳税人办理好涉税事项。三是做好偏好需求调查工作，在平台中预设问卷，按照纳税人填写资料针对性精准服务。让纳税人办税更加舒心，实现营商环境税务服务优质保障。

3.深挖资源价值。将原先不同业务系统中繁杂的数据进行统合汇总，同时加强外部数据获取,主动向其他部门获取需求数据,并对其进行统一管理、应用,从而发挥最大效用。进一步深层次挖掘数据价值,强化数据真实性、可靠性,利用数据对纳税服务需求进行探索,寻找纳税人办理涉税事项难点,提升关键环节服务品质,加强内部资源调配,将有限的资源有限供给到需要的地方。利用数据进行高效风险管理,通过数据分析及时发现风险点,降低风险发生可能。为智能办税打好数据基础,实现营商环境高效智能办税体验。

(三)优化提升监管水平

1.提高应对风险能力。一是强化风险识别基础。提高内部征管数据质量,对于历史数据统一清理规范,把好新数据入口关,同时构建多方交错验证模型,通过多部门间信息交互验证,对搜集到对数据进行检查,确保数据真实性。二是实施风险分级管理。健全守信联合激励和失信联合惩戒制度,根据动态风险和信用数据,对纳税人进行动态分类,实施差别化监管和精准服务,对高信用低风险纳税人不打扰,对低信用高风险纳税人提前预防;对重大涉税违法犯罪案件,依法纳入企业和个人信用记录,对纳税缴费信用高的市场主体,在市场准入、资质认定、行政审批、政策扶持、信贷融资等方面给予更多便利。如提高了风险防控精准度后,可以减少对纳税人的打扰,真正实现无风险不打扰。

2.提高精准监管水平。一是加大第三方监管力度。通过立法明确涉税专业服务机构和人员的执业条件,加大惩戒力度,规范行业标准。二是建立"互联网＋税务"管理方式。互联网使纳税人发生过的经营活动留下痕迹,成为可搜集的数据,将税务监管嵌入纳税人经营系统或者其他常见应用软件,及时收集生产经营或销售等涉税行为数据,并实时传送至税收大数据系统。三是加强重点行业、重点领域的风险分析,提高"双随机、一公开"抽查比例。加大对隐瞒收入、转移利润、虚列成本以及利用"税收洼地"和"阴阳合同"等逃避税行为的防控准确率和监督检查力度。加强重点人群申报数据分析和风险识别,提高对高收入人群的税费服务与监管水平。

3.提高执法公平性。一是拓展执法方式多样性。目前浙江省 38 家省级单位实现了行政检查事项 100％入驻"掌上执法"应用,全省去年累计开展掌上执法 236 万次,掌上执法率 91.3％。税务部门应积极探索"掌上执法""线上执法"应用,提高执法效率,缩短纳税人办税时间。二是创新"云端执法"方式。"云端执法"即税务机关通过掌上或线上执法软件对纳税人进行税务执法,执法过程实时监控、数据留痕,执法过程由系统统一规范设定,避免出现执法程序不当等问题,真正做到透明执法、公正公开,给纳税人营造良好纳税氛围。

(四)联合构建共治环境

1.建立税收共治数字化运行组织体系。一是建立税收协同共治保障机制,健全一套涵盖数据质量、人员配置、数据审核、数据安全等方面的税收协同共治考核体系。二是持续加强部门协作,整合服务资源,建立部门间税收协同共治"线上＋线下"联席会议制度,疏通工作流程,加强部门间协作协调性。三是成立税收协同共治领导小组,对内协调各部门数据交互,对外打通第三方数据共享,推广应用数据分析成果。

2.统一税收跨区域协作规范标准。进一步推动税收执法标准统一,实现执法信息共享,执法结果联动。进一步规范税收跨区域协作征管流程,健全税收跨区域协作岗责体系,明确跨区域数据交换机构人员职责分工,保障税收数据安全性和有效性。进一步优化纳税服务质量,建立统一规范的纳税服务质量评价体系,规范区域间纳税服务操作,缩短跨区域办税环节,减少跨区域办税时间,落实全国通办涉税涉费事项清单。

3.提高税收国际协作数字化水平。一是加强税收信息化建设交流,通过举办税收信息化论坛等形式,更广泛开展沟通交流,分享各国数字化税收建设中有益的经验、先进做法,促进合作各方税收数字化能力不断加强,不断优化国际税收营商环境。二是加大税收信息化培训援助,加大"一带一路"沿线国家和地区关于税收信息化建设、优化税收营商环境等方面的培训与技术援助力度。三是加快推进合作机制建设,在数字化背景下进一步探索优化税收营商环境方面合作新模式,建立人才培养机制,建设国际化、多元化、专业型复合型的师资团队。

课 题 组 组 长:叶永青

课 题 组 副 组 长:沈路平

课 题 组 成 员:樊佳静　黄乐遥　周海铭
　　　　　　　　　谭裕和　吕之琛

小微企业减税政策优化研究（二等奖）

国家税务总局嵊州市税务局课题组

自改革开放以来，我国市场经济能够迅速发展，是国家开放包容的政策、鼓励多种所有制形式发展的结果，其中小微企业的健康、有序、稳定发展是不可忽视的关键因素。但受制于小微企业自身发展规模，其不具备较强的抗风险能力，外部的政治环境、经济环境都会对小微企业的发展产生影响。早在2012年，国务院发布《国务院关于进一步支持小型微型企业健康发展的意见》就指出，小型微型企业的健康发展对我国经济稳定与社会和谐等方面起到十分关键的作用，战略意义明显。为此一系列专为小微企业减税降负的财税金融扶持政策相继出台，产生了积极效应。

本文以嵊州市小微企业作为调研对象，了解税收优惠政策在当地的实施效果和引发的现实问题。对统一小微企业标准、完善减税政策措施、健全征管服务相关配套、加强政策导向性等方面提出建议。

一、我国小微企业发展概况及税收环境

（一）小微企业的相关概念

小微企业在国内没有一个经济界的统一解释。在实际运用中，中小企业、小企业、小型微利企业、小规模纳税人等都可以归类为小微企业。根据不同部门的界定和法规规定，各种概念之间差别很大，我国小微企业大致可分为三种划分标准：

1.四部委对小微企业的划分标准

根据工业和信息化部、国家统计局、国家发改委、财政部四部委《关于印发中小企业划型标准规定的通知》明确以从业人数、营业收入、资产总额为划分标准，将企业划分为大型、中型、小型、微型四个类型。其中小型企业和微型企业就是通常意义上的小微企业。

2.企业所得税法对小微企业的划分标准

小微企业在企业所得税法里的另一个叫法是小型微利企业，是指从事国家非限制和禁止行业，同时符合年度应纳税所得额不超过 300 万元，从业人数不超过 300 人，资产总额不超过 5000 万元等三个条件的企业。小型体现在规模上，微利体现在盈利上，出现在税法的目的是用于减免小型微利企业的企业所得税，与四部委的小微企业是两个概念。

3. 增值税法对小微企业的划分标准

根据《增值税暂行条例》《增值税暂行条例实施细则》以及目前最新出台的关于统一小规模纳税人标准的文件规定，以年应征增值税销售额为标准，将纳税人划分为一般纳税人和小规模纳税人。发生应税行为的纳税人年销售额标准为 500 万元，年应征增值税销售额 500 万元及以下的纳税人为增值税小规模纳税人。因此增值税法里的小规模纳税人，也可以被认为是符合小微企业的范畴。

（二）小微企业发展面临的困境分析

1. 小微企业发展现状

我国中小微企业创造的产品和价值不可估量，不管是国内生产总值（GDP）还是纳税总额，贡献了超过全国总量一半的份额。2013 年底，国家工商总局公布的《全国小型微型企业发展情况报告》，对小微企业做了全方位统计。数据显示，截至 2013 年年底，小微企业在全国各类企业总数占比 77%，若将个体工商户也统计在内，所占比重更是高达 94%。

2013 年的数据显示，小微企业为社会就业付出了极高的贡献力，已为我国解决 1.5 亿人口的就业。同时期，中国家庭金融调查与研究中心（CHFS）也对全国小微企业进行了抽样调查，出具的发展报告显示，小微企业解决就业人口更是达到 2.11 亿。

2. 小微企业发展面临的困境

受制于小微企业自身发展规模小，不具备较强的抗风险能力的特点，且受到全球经济形势不利、我国经济增长趋于缓和的影响，小微企业的发展进程缓慢。报告显示，接近半数小微企业反映市场竞争压力大、供销不平衡、生产销售艰难维持。可见小微企业所面临的困境众多，主要分以下几种：

（1）税费负担重

税费负担重一直是制约小微企业发展的重大难题，也是众多小微企业主和财务人员的共识。由于企业税目种类多、涉及地方费种项目多、社保基数高，这三项需要上缴国家和地方政府的税费是造成企业税费负担重的主要原因。除此之外，员工工资及福利支出等这些虽然能在税前扣除的费用也是一项巨大成本。通过查找历年统计年鉴的数据和中国中小企业协会的不完全数据统计分析，中小微企业贡献的税收收入占到了所有企业税收收入的一半以上，长期处于一个较高的水平。

我国目前的社会保险费率和缴费基数都偏高,在国际上仍处于中等偏上水平,尤其是养老保险费率偏高,高费率导致高负担。2019 年养老保险单位费率降到了 16％,虽在一定程度上减轻了企业负担,但小微企业仍然反映缴费负担重。在这种压力背景下,有许多小微企业只能以最低标准缴纳各项社会保险费,甚至有企业逃避不缴,这使得小微企业的员工无法得到更好的福利保障。51 社保发布的《中国企业社保白皮书 2020》调查结果显示,仅 31％企业在按规定基数缴费。但是,在税务局逐步统一接管征收社保费的大背景下,参保面势必要扩大,企业违规钻空子的情景将逐渐成为过去。

（2）融资困难

小微企业融资难一直是困扰小企业主的疑难杂症。虽然历年政府工作报告一直在强调中小微企业融资问题,然而这一问题难以从根本上解决。受限于小微企业的规模,财务制度不健全、不规范,达不到上市公司的标准要求,自然也不能以公开发行股票、债券的方式去融资。同样,由于小微企业不能提供足够的固定资产担保,在现行担保体制下达不到担保抵押的标准,银行本着风险最小化的原则,抗风险能力低的小微企业显然不在银行的首要考虑范围内,抗风险能力强的大中型企业才是最佳合作对象。小微企业的信用评价体系不完善,在向银行提交贷款时容易因为资产信用状况不明被拒,以上种种因素导致小微企业融资需求不足。由于银行融资渠道走不通,民间借贷便异常活跃,2013 年 CHFS 调查结果显示,有 63％的小微企业仅有民间借款一个融资途径。

（3）创新能力不足

拥有强大的市场竞争力和具备企业核心竞争力,是一个企业能否在激烈的市场中立足发展的根基。提高企业竞争力,依赖优秀人才、管理和科技创新能力。在我国小微企业的现状里,小微企业在产业分布上多为劳动密集型产业,初加工、附加值低是特点,十分依赖引进技术,企业缺乏创新动力。创新和研发需要投入巨大资金,不仅增加企业成本,还挤占企业利润,将资金不足又融资困难的小企业挡在门外。因此小企业会更倾向于技术含量低且收益见效快的产品,进而忽视研发投入。再加上企业发展空间有限,内部管理不足,用人观念滞后,人才资金投入缺乏,几乎形成不了优秀人才培养发展空间。吸引不到人才,也难以留住人才。没有人才研发就没有科技创新,没有科技创新就没有核心竞争力,因此,小微企业在与大型企业的竞争中始终处于劣势。

（三）对小微企业实行税收优惠的目的与意义

通过减税政策想要达到什么目标,概括起来主要有两点:降成本,扩内需。降的是企业的成本,是短期内能够显现的直接目标;扩的是社会总需求,是需要经过一段时间平稳运行后才能实现的目标,两者目标互为因果关系,又一致将结果指向最终目标，即经济繁荣和社会稳定。

1.税收优惠的有利作用

（1）实现扩大就业

根据税收稳定原则，当社会产生"需求不足"的失业时，税收可以起到一定的调节作用，因为在总需求里一个重要的变量因素就是税收，税收的变化会直接影响需求的变化，间接影响就业率的变化。当税收发挥调节作用，通过实行减税措施有利于扩大需求，增加供给，从而提高就业水平。

（2）促进技术进步

在投入相同的资金和劳动力情况下，经济增长率的提高由科技水平拉动，而技术进步由科技发展水平所决定，同时也受到科技政策导向的影响。对新兴产业、高科技产业给予税收优惠政策，会起到鼓励科技创新，促进技术进步的作用。

（3）降低宏观税负

国家税务总局在 2021 年初发布了一组数据，"十三五"期间我国宏观税负（即一般公共预算收入中税收收入占 GDP 比重）在五年间从 2016 年的 17.47% 连续降到了 2020 年的 15.2%，宏观税负逐年下降。在宏观税负降低的同时，除了 2020 年受新冠疫情影响，整体税收收入呈现阶梯式上升态势。随着一系列减税降费政策的落实，实行税收优惠切实有利于减轻企业负担，有效激发市场主体活力，反而能增加政府收入。这也很好地体现了税收收入效应理论的现实转化，也是减税想要达到的最好预期。

2.对小微企业实行税收优惠的特殊意义

上面提到减税的最终目标是通过降低企业成本来扩大内需，从而实现经济社会繁荣稳定。小微企业作为市场经济主体的重要组成部分，在培育和激发市场活力，尤其是在保障就业和扩大内需等方面具有贡献作用。但因自身不具备较强的抗风险能力，外部环境的不利因素容易对小微企业产生冲击，生产经营仍面临不少困难。因此，适应小微企业发展的税收优惠政策，在降低税收成本，在政策层面减少费用开支，对于小微企业的存活和发展尤为重要。

（四）对小微企业实行减税的具体措施

1.增值税减税政策

前面提到增值税法中的小规模纳税人可视同小微企业。对小规模纳税人增值税的减免政策主要是两方面。

（1）低征收率

小规模纳税人有别于一般纳税人的特点之一是实行简易征收办法，不使用税率而是 3% 的征收率，且不得进行进项税额抵扣。

（2）税基式减免

2013 年国家税务总局首次对小规模纳税人制定免税标准,规定对月销售额 2 万元(含)以下,季度销售额 6 万元(含)以下的增值税小规模纳税人,免征增值税。2014 年 10 月至 2018 年对月销 3 万以下,季度销售额 9 万元(含)以下的增值税小规模纳税人免增增值税。2019 年至 2020 年 3 月,对月销售额 10 万元(含)以下,季度销售额 30 万元(含)以下的增值税小规模纳税人,免征增值税。2021 年 4 月至今将月销售额 15 万元(含)以下,季度销售额 45 万元(含)以下的增值税小规模纳税人,免征增值税。

2. 企业所得税减税政策

在一系列针对小微企业的减税政策里,2007 年由人大通过、2008 年正式实施的《中华人民共和国企业所得税法》是第一部提到小微企业这个概念的税法。其中第二十八条明确规定,符合条件的小型微利企业,减按 20% 的税率征收企业所得税。自企业所得税法实施以来,对小微企业的减税措施在不断优化。从 2010 年至 2011 年对年应纳税所得额低于 3 万元(含 3 万元),其所得减按 50% 计入应纳税所得额。2012 年至 2013 年对年应纳税所得额低于 6 万元(含 6 万元),其所得减按 50% 计入应纳税所得额。2014 年对年应纳税所得额低于 10 万元(含 10 万元),其所得减按 50% 计入应纳税所得额。2015 年 1—9 月对年应纳税所得额低于 20 万元(含 20 万元),其所得减按 50% 计入应纳税所得额。2015 年 10 月至 2016 年,年应纳税所得额低于 30 万元(含 30 万元),其所得减按 50% 计入应纳税所得额。2017 年提升到 50 万、2018 年提升到 100 万(含 100 万)其所得减按 50% 计入应纳税所得额。2019 年至 2020 年应纳税所得额不超过 100 万元部分,其所得减按 25% 计入应纳税所得额;年应纳税所得额超过 100 万元但不超过 300 万元部分,其所得减按 50% 计入应纳税所得额。2021 年至今年应纳税所得额不超过 100 万元部分,其所得减按 12.5% 计入应纳税所得额;年应纳税所得额超过 100 万元但不超过 300 万元部分,其所得减按 50% 计入应纳税所得额。上述所得税减税政策的演变进一步扩大了小微企业的认定范围,让更多的小微企业享受到减税红利。

3. 其他税费种减税政策

(1)个体工商户个人所得税减税政策

在 2021 年之前,针对个体工商户生产经营所得征收的个人所得税未制定过普适性减免政策。但自 2021 年 1 月 1 日起,对个体工商户经营所得年应纳税所得额不超过 100 万元的部分,减半征收个人所得税。由此,除缴纳企业所得税的小微企业以外,个体工商户也能在现行优惠政策的基础上同等地享受减半征收个人所得税的优惠。

(2)财产行为税减税政策

2019 年实施小微企业普惠性税收减免政策对地方"六税两费"进行规定:

对增值税小规模纳税人可以在 50％的税额幅度内减征资源税、城市维护建设税、房产税、城镇土地使用税、印花税（不含证券交易印花税）、耕地占用税和教育费附加、地方教育附加。全国大部分地区是直接减半征收。

4.金融机构涉及小微企业减税政策

为推动普惠金融发展，促进小微企业健康成长，解决企业资金的后顾之忧。自 2018 年 9 月 1 日起实施的对金融机构向小微企业及个体工商户发放小额贷款取得的利息收入，免征增值税。上述小额贷款，是指单户授信小于1000 万元（含本数）的贷款，并且在 2021 年降低到了 100 万元。自 2018 年 1月 1 日起，对金融机构与小微企业签订的借款合同免征印花税。

以上两项对金融机构的优惠政策，通过降低金融机构的税负以达到侧面减轻小微企业税收负担的目的，有效解决了部分小微企业融资难的问题。该项政策旨在鼓励银行等信贷机构向有资金需求的小微企业提供金融贷款便利，在一定程度上改变银行对小微企业的信贷"歧视"，打通小微企业和银行的融资通道，提升金融机构服务小微经济的意识。

二、嵊州市小微企业概况及减税措施的影响

（一）嵊州市小微企业基本情况

为通过案例的"以小见大"来进一步探讨小微企业减税政策的实际效果，本文选择以民营经济发达、小微企业众多的具有典型性和代表性的嵊州市作为案例进行分析。以嵊州市小微企业的税收数据、经济数据和调查反馈为分析模板，得出减税政策在该市实施效果的结论，并以此依据为小微企业税收优惠政策的优化建议提供借鉴作用。

得益于国家大力扶持小微企业发展，在财税支持力度空前、着力加强公共服务、帮助提高经营管理水平、推动企业结构创新等一系列调控措施下，嵊州市小微企业获得了快速发展。截止 2020 年嵊州市统计局数据显示，嵊州市小微企业达到 10310 户，占全市所有登记在册企业（含个体工商户）的 13.86％。其中小型企业 1729 户，微型企业 8591 户，统计标准参考"四部委"划型标准，以下反映的数据除另指明外都将按照这个标准取数。近一万家小微企业为全市提供了 143864 个就业岗位，平均每户企业有 14 名员工。其中有 58517 个岗位上劳作的是女性员工，占到了全部就业岗位的 40.68％。

从行业分布来看，嵊州市小微企业深入各个行业。其中：制造业占据一半企业，占了所有行业的 49％；其次是批发零售业，占比 19％；第一产业反映乡村小农经济分布，占比 10％。说明嵊州市小微企业是以工业占主体地位，商业欠发达，农业受限于山地多，农田资源匮乏，服务业占比与国家总体标准持平，而科技型小微企业只占 3％。

嵊州市小微企业涉及多个经济类型,民营企业毫无疑问是小微企业的"主战场",9411 户的民营企业占据 91％的份额,侧面反映浙江民营企业遍地开花的特色;其次是集体企业,共 543 户,占 5％。

为扶持小微企业健康发展,改善生产环境,提供更有效的服务供给,降低企业成本特别是厂房等固定资产投入,彻底改变小微企业"低散乱"的形象。近几年嵊州市兴建小微企业园区,以实现小微企业的集聚发展,形成高质量规模化产业集群。目前已有小微企业园区 14 个,其中生产制造类 8 个,商贸服务类 6 个。入驻各类小微企业 311 家,目前所有企业拥有员工数 4815 人,为当地贡献了 7733 万元税收。

(二)嵊州市小微企业税负情况

一方面随着嵊州市小微企业获得较地地好快速发展,营商环境朝着宽松向好不断改善,金融、财税等利好政策的实施,小微企业的整体税费成本有所降低。另一方面因疫情影响小微企业经营始终较为困难。根据税务局提供的数据统计,受新冠疫情影响,2020 年全市小微企业共缴纳相关税收收入 22.65亿元,同比下降 15.3％,占全市税收的 36.85％,比上一年度 43.37％的占比有所下降。但是 2019 年的小微企业税收不管在税收收入还是占比上都比 2018年有所增长,原因是 2019 年开始实施的大规模减税降费,小微企业从中得益,进一步促进了小微企业扩大生产快速发展,税收不降反升。依据所得税法小型微利企业的标准划分数据显示,嵊州市小型微利企业实现盈利户数为 4282户,零申报 5338 户,亏损 3838 户,盈利面仅 31.82％。

1.增值税税负情况

为真实反映企业税负情况,本文采用税负率来衡量。首先是增值税税负率,计算方法如下:增值税税负率＝实际交纳增值税税额/不含税的实际销售收入×100％。经计算,2020 年嵊州市小微企业整体的增值税税负率是2.45％,低于增值税小规模纳税人 3％的征收率,但高于 2020 年 3 月开始实施的减按 1％的征收率。究其原因,一是减按 1％的征收率措施 3 月才实行,前两月仍按 3％的征收率征收增值税;二是小微企业里仍有 4977 户是增值税一般纳税人(上文已说到是根据"四部委"划型标准来判定是否为小微企业,跟增值税税法的小规模纳税人不是一个标准),并不适用简易征收率。因此,总体上嵊州市小微企业增值税税负率是合理的。

2.企业所得税税负情况

企业所得税税负率同样也能反映出小微企业的税负情况。计算方法如下:所得税税负率＝实际交纳所得税税额/不含税销售收入×100％。经计算得出,2020 年嵊州市小微企业的企业所得税税负率仅为 0.61％,远远低于各行业预警税负率(企业所得税税负预警率目前只作为税务局对企业税收是否正常范围值内缴纳的内部参考，并未对外公布实施）。下表所列的嵊州市小微企业主要行业的企业所得税税负率，多数行业的所得税税负率在 1％ 以下。最高的是金融业 6.86％，最低的是居民服务业仅 0.06％，主力军制造业 0.27％ 的所得税税负率拉低了所有行业的税负率平均数。

单位：万元

行业	企业所得税	销售收入	税负率
金融业	12800	186664	6.86％
采矿业	737	25052	2.94％
房地产业	5494	241567	2.27％
水利、环境和公共设施管理业	577	27503	2.10％
租赁和商务服务业	2876	234227	1.23％
电力、热力、燃气及水生产和供应业	443	39574	1.12％
交通运输、仓储和邮政业	868	95535	0.91％
住宿和餐饮业	101	11166	0.91％
科学研究和技术服务业	184	48358	0.38％
批发和零售业	2701	936188	0.29％
制造业	10349	3834712	0.27％
建筑业	472	206570	0.23％
信息传输、软件和信息技术服务业	99	113059	0.09％
居民服务、修理和其他服务业	27	44186	0.06％

企业要不要缴纳企业所得税，首先是能否盈利，如果利润率为 0 或者负数，要缴纳企业所得税的概率就很小。由于企业所得税的算法复杂，并不是按会计利润（利润总额）计征的，会计意义上的亏损不代表就不用缴纳企业所得税，而是按应纳税所得额计征的。企业所得税税率其实不低，但扣除项目多，再加上针对小微企业超低的税率折扣远远低于大中企业的 25％（年应纳税所得额 100 万以下的小微企业实际税率仅为 2.5％），小微企业实际税负较低。

（三）嵊州市小微企业减税政策覆盖情况

结合统计部门和税务部门拿到的数据，2020 年嵊州市符合减税降费政策要求并切实享受到优惠的小微企业有 7669 户，覆盖面达到 74.38％，若去除零申报或未申报企业，覆盖面可能会更高。如果是按照所得税法标准的小型微利企业，享受优惠政策受惠比例更是达到 100％，因为只要盈利的小型微利企业就能享受到相应税收优惠,亏损和零申报企业并未包含在基数内。享受减免税额 10.45 亿元,占全市减免税额的 53.66%。减税金额高,减税覆盖广。2018—2020 年嵊州市累计共 21613 户次小微企业享受到税收优惠,共计 25.36 亿元。

从税种看:增值税和企业所得税是嵊州市小微企业减免最多的两大税种,2018 年至 2022 年,增值税减免 94070 万元,企业所得税减免 77212 万元,其他税种减免 82297 万元。减免税额占全部税种减免的三分之二以上。

细数各项减税政策,"促进小微企业发展"这项政策无疑是最具针对性、效果最明显,可以说就是为小微企业量身定做的,全市共有 6409 户小微企业享受到了该项减税举措,占全部小微企业的 62.16%。减免金额排在第二的政策是"鼓励高新技术",却只有 37 户小微企业能够享受,原因是高新技术行业门槛高和小微企业缺乏创新能力,同时减税金额高也说明鼓励小微企业科技创新的政策力度很大。

在"改善民生"方面的政策减免税额 11550 万元,享受减免税有 1350 户;在"支持金融资本市场"方面的政策减免税额 10759 万元,享受减免税有 26 户;在"节能环保"方面的政策减免税额 8211 万元,享受减免税有 197 户;在"支持其他各项事业"方面的政策减免税额 6018 万元,享受减免税有 2758 户;在"支持三农"方面的政策减免税额 4347 万元,享受减免税有 224 户;在"支持文化教育体育"方面的政策减免税额 324 万元,享受减免税有 50 户。

三、嵊州市小微企业减税效果分析

(一)小微企业减税政策执行效果

1. 增加企业经营收入

前面提到,嵊州市小微企业于 2020 年税收下降 15.3%,但小微企业的销售收入却在增长。这里提到的销售收入来自增值税申报表,是不含税销售额,能直观反映出企业的经营销售情况。2020 年全市小微企业实现销售收入 1240 亿元,同比增长 7.17%。过去三年销售收入连续增长的同时,2020 年税收收入出现了转折。一方面,2020 年经济运行受新冠疫情的影响,整体税收相比上一年略有下降,抗风险能力低的小微企业税收下降更加明显。从另外一方面看,在销售增长的前提下税收反而下降,反映出小微企业减税效果总体水平明显。

2. 降低企业运营成本

税费成本始终是制约企业能否盈利并壮大成长的主要因素,与降低企业其他经营成本相比,降低税费支出更具宏观性,借宏观调控之手激励企业似乎更易操作性。减税政策的实施最直观的效果就是降低企业税收成本的支出,对于资本积累不足的小微企业无疑是"雪中送炭"。

首先从税负率角度直观分析，税负率的降低最能直观表现税负成本的下降。不管是增值税税负率还是企业所得税税负率都在逐年下降，说明减税是有一定成效的。

3. 缓解企业融资难题

为帮助小微企业摆脱融资困境，提高小微企业融资效率，充分发挥税收的引导作用，鼓励更多的金融机构向小微企业提供金融服务。在此努力下，一系列针对小微企业金融普惠的税收优惠逐步下沉实施，嵊州市小微企业融资难题得到了一定程度的缓解。

4. 提升企业竞争力

拥有强大的市场竞争力和具备企业核心竞争力，是一个企业能否在激烈的市场竞争中求得生存与发展的根基。企业要具备竞争力，科技创新是捷径。减税政策在促进小微企业提高科技创新能力起到了积极作用，其中企业研究开发费用所得税前加计扣除 75％政策，制造业加计扣除的比例提高到 100％，有利于进一步降低企业税收支出成本，以此激励企业加大研发投入，支持企业科技创新。

（二）税收优惠政策实施中存在的问题

虽然小微企业减税政策在帮助企业发展上起了不可忽略的重要作用，但实施效果并不是人人满意，与政策制定前的预期有所偏差。一是目前小微企业减税政策普及率并未达到全覆盖，原因可能在于企业未能及时获取最新优惠政策，或者对政策不了解。二是小微企业减税政策并未得到所有企业的认可，仍有企业认为减税效果不明显，税费负担较重。三是小微企业减税政策"挤入效应"不明显，在缓解融资压力，提升企业竞争力，促进科技创新、扩大生产方面优势未完全发挥或未能实施到位。

政府在制定小微企业优惠政策时更倾向于收益标准下的税收公平，想要达到效率与公平兼顾，但实际操作中更追求税收的经济效率，而公平被放在了其次。特别是在当下宏观背景形势下，应以公平为主，效率为辅，充分发挥税收对经济的干预作用。

1. 小微企业认定执行标准不一

主要体现在小微企业与小规模纳税人对所得税法的认定标准不一。按照企业所得税法所指小微企业的概念，需同时符合年度应纳税所得额，从业人数，资产总额三个条件。增值税法所指增值税小规模纳税人，是指年应征增值税销售额 500 万元及以下的纳税人。因为两者认定标准不统一，致使部分小微企业未能享受小规模纳税人的众多税收优惠政策，税负未能进一步减轻。

2. 小微企业税收政策设计不合理

（1）税收政策更新太快

税收政策涉及范围广，制定节点具备不确定性和随意性，有效性时间还没结束就被新政策替代。政策的频繁变动有利有弊，利在于能让小微企业及时享受税制改革的优惠利好政策；弊在对于财务制度欠健全的小微企业来说，太过频繁变动的政策优惠让企业疲于应付，学习能力跟不上政策的更新速度，导致小微企业税收遵从度不如大中企业。

（2）增值税税收优惠设计不完备

①起征点税收优惠有碍公平

税基式减免为部分小微企业人为破坏税收公平提供了条件。在起征点左右的纳税人税负严重失衡，一旦高于起征点全额征收，未达起征点全免。为寻找平衡点，有些企业一般采取三种方式争取税收优惠：第一，弄虚作假、瞒报营业收入，骗取税收优惠政策待遇。第二，利用发票破坏税收公平。在临近起征点时，采取不开票、少开票、延缓开票、代开票等办法，争取税收优惠。第三，利用营业地点分割销售收入。采取一分二、二分三等方式，对销售收入进行人为调节。

②小规模纳税人重复征税

小规模纳税人实行简易征收的办法，目前适用征税率3％全额征收，且不得抵扣进项税额，存在重复征税的缺陷，致使小规模纳税人的产品价格普遍高于一般纳税人，在市场竞争力中无法占据价格优势。相较之下，虽然一般纳税人的增值税率高达13％，但因开具增值税专用发票每道环节都能抵扣的特点，实际税负率有可能低于小规模纳税人。这里要说到无差别平衡点增值率这一个概念，通过计算：当征收率＝3％时，增值税税率＝13％，不含税平衡点＝3％÷13％×100％＝23.08％。也就是如果增值率低于23.08％时，增值税一般纳税人的税负低于小规模纳税人，反之亦然。在大多数情况下，小微企业的增值率是低于23.08％，可见小规模纳税人的税负并不比一般纳税人低。

（3）企业所得税优惠限制多门槛高

所得税优惠主要出于两种目的：一种是照顾性税收优惠，另一种是激励性税收优惠。小微企业的所得税优惠主要体现在照顾性优惠，但是照顾门槛过于苛刻。税法上对小型微利企业的限定标准，所谓"300、300、5000"这三个条件必须全部同时满足，一个条件不满足就不能享受优惠。而激励性优惠在小微企业实际运用体现不足，国家为鼓励高新技术产业的发展制定了相关所得税优惠，包括研发费用按75％加计扣除来激励企业创新，可多数小微企业并没有足够的资金投入研发，相当于这类小微企业也无法享受这项政策优惠。虽然税收优惠在激励创新上对于小微企业促进效果明显，但优惠力度对大中企业更为显著。

（4）财产行为税优惠政策单一

在 2019 年之前，针对财产行为税全国统一的优惠政策几乎没有，只有一些地方零星特定减税措施。从 2019 年起，才出台针对小规模纳税人的地方"六税两费"可以在 50％幅度内减征。有别于大部分税种是跟企业经营收入挂钩，房产税和城镇土地使用税的计税依据是固定资产，不随企业盈利就多征，同样也不随企业亏损就减免。2019 年嵊州市小微企业所缴纳的地方税费，房产税和城镇土地使用税占其所有税费总额的 11.08％，而只有 31.83％的小微企业实现盈利。不附加依据企业经营状况减免的财产行为税，不利于减轻小微企业的税收负担。

3. 小微企业税收征管供给不均

税务机关征管服务偏向性突出。小微企业因其数量大、类型多、业务范围广的特点，再加上机构设置不规范、财务制度不健全、财务人员存在身兼数职不专业等缺陷，比起大中企业更需要点对点的纳税服务。然而目前征管的重点仍然是偏向重点税源和大企业，因为一家大企业贡献的税额可能是数百家甚至是数千家小微企业的税收总额，更有利于完成税收任务这个地方政府对税务部门的一大指标。嵊州市政府每年都会对在税收收入特别是一般公共预算收入上有较大贡献的企业进行物质和荣誉奖励，单户小微企业税收贡献相对较少，通常不在被奖励此列。两者一比较，服务好大企业显然更能达到突显政绩的效果，这使得小微企业无法享受到充分的纳税服务。由于税务机关的服务偏好，小微企业在政策获得过程中受限制，出现应享未享，应享错享，制约了小微企业政策的有效落地。

4. 政策执行影响地方财政收入

地方政府并不欢迎大规模的减税降费，因为税收收入作为地方政府财政收入的主要来源，减税政策的执行势必在短期内造成地方财政收入的减少。根据现行税收体制下的中央和地方税收分成，嵊州市的地方级（县区级）税收收入占税收总收入年平均占比在 55％左右，而全面的减税政策对地方财政的冲击更大。若不增加赤字，控制财政支出是唯一的选择，这就与减税的目标形成冲突。这种情况下，地方政府只有两个选择，一是顶住财政赤字压力，靠向金融机构贷款和发放地方政府债券来弥补财政收入，依然大幅度投入地方经济建设，寄希望于扩大内需来抵消；二是寻求行政事业性收费的增长来弥补税收的减少。面对地方财政层层压力，税务局只能加大对企业的征管力度，在积极涵养税源的基础上，严查防止企业偷税漏税，这也是一部分小微企业仍然觉得税负未减轻的原因之一。

四、小微企业减税政策优化建议

(一)完善小微企业减税政策的基础建设

1.统一小微企业界定标准

(1)统一小微企业划型标准

本文认为四部委印发的《统计上大中小微型企业划分办法(2017)》,比税法规定的小型微利企业划分标准更权威,具有更强的适用性,根据不同行业划分更科学合理。建议参考这个标准执行,使税务机关认定的小型微利企业与四部委规定的小微企业划型标准有效趋同与接轨,解决税务机关对小型微利企业认定标准一刀切、准入门槛过高等问题,使更多企业享受企业所得税的税收优惠政策。

(2)扩大小型微利企业认定条件

主要是放宽甚至取消小型微利企业标准中对从业人数的限定,因为从业人数的限定等于是限制小微企业招收更多的员工,不利于充分就业。而放宽这个要求能充分体现政府鼓励小微企业积极吸收就业人员,在享受税收政策优惠的同时没有后顾之忧。

(3)规范小规模纳税人认定标准

目前年销售额标准为 500 万元及以下的纳税人为增值税小规模纳税人,实际低于小型微利企业年度应纳税所得额不超过 300 万元的标准。将税务机关小规模纳税人和小微企业纳税人标准衔接,提高小规模纳税人销售收入标准。标准以下的纳税人根据企业实际情况,"自主选择,自愿认定",让纳税人依据企业成本,自愿选择是否成为增值税一般纳税人,减少因企业身份认定带来的税负增加。

2.健全小微企业税收立法支持

截至目前,我国颁布的涉及到小微企业的法律法规有三部,分别是《中小企业促进法》、《企业所得税法》及其实施条例、《中小企业划型标准规定》。这三部法律法规侧重点各不相同:《中小企业促进法》为促进中小企业发展、保障中小企业权益、发挥中小企业在经济中的重要作用而制定;《企业所得税法》及其实施条例站在税收角度划定小型微利企业的纳税义务;《中小企业划型标准规定》只是对中小企业进行了划分。三部法律法规各自为政、互不协调统一,未能形成规范一致、统一协调的,能保障和促进小微企业发展的税收法律体系。由于立法上的不完整,造成了目前在法律地位和权利上,小微企业无法得到同大中型企业一样的法律保护。

本文建议,在加强关于小微企业的立法上,颁布专门针对小微企业的法律法规,统一三部法律法规的各自特点。依据《中小企业促进法》第十一条规定的内容，即国家应实行有利于小微企业发展的税收政策。可以以《中小企业促进法》为核心法律在原基础上加以完善，加入《中小企业划型标准规定》的定义，补充《企业所得税法》中关于小型微利企业的税收优惠政策，将税收优惠政策在法律层面上得到确定，真正减轻小微企业税收负担，让企业在得到法律保障的前提下没有后顾之忧。

（二）完善小微企业税收优惠政策

1.完善小微企业增值税优惠政策

（1）实施增值税免征额税收优惠办法

终止起征点税收优惠，实施免征额优惠办法，避免在起征点前后增值税税负悬殊问题的产生，减少纳税人以各种形式争取税收优惠造成的管理漏洞。比如按现行增值税优惠政策规定，在月销售额不超过15万元的小规模纳税人免征增值税，在此基础上，销售额在15万元（含）以上的部分实现差额征收，即对销售额减去15万元部分征税。

（2）继续实施小规模纳税人增值税征收率优惠

除湖北省以外的地区自2020年3月起，增值税小规模纳税人适用3％征收率的应税销售收入，减按1％征收率征收增值税。这条应对疫情而设置的优惠政策大大降低了小规模纳税人的增值税征收率，特别是对一部分月销售额超过规定免征额的小微企业受益明显。但这项优惠措施暂实施到2021年底，建议到期后继续实施，或者到期后将增值税征收率由3％降至2％，以此真正实现小规模纳税人在一定程度上实际税负低于一般纳税人。

2.完善小微企业企业所得税优惠政策

（1）打通高新技术小微企业所得税限制

当一家小型微利企业是高新技术企业时，在企业所得税的申报上可以享受高新技术企业的所得税优惠，或可以选择享受小微企业所得税优惠，但两项优惠政策只能选其一，这取决于该企业的应纳税所得额的高低。当企业的年度应纳税所得额不超过300万元时，小型微利企业的实际税率最高为10％（不超过100万部分为2.5％）；当企业的年度应纳税所得额超过300万元，该企业就不能享受小型微利企业所得税优惠，只能恢复25％的税率，而此时如果是选择高新技术企业可享受的优惠税率为15％。根据税法的规定，纳税人可以自由选择适用税收优惠政策的最优税率，但不得叠加享受。这一规定其实并未体现对从事高新技术产业的小微企业的税收激励，反而限制住了这类小微企业向高新技术企业转变的步伐。

因此，打通小型微利企业和高新技术企业的税率优惠通道，让同时满足两者条件的小微企业在年应纳税所得额不超过300万时，同样适用15％的高新技术企业优惠税率，其所得又可以减按50％计入应纳税所得额。若在这项优惠措施实施下,实际税负将比原来不管选择哪个优惠税率都要更低。

(2)延长小微企业的亏损结转年限

按最新规定,当年具备高新技术企业或科技型中小企业资格的企业,其具备资格年度之前 5 个年度发生的尚未弥补完的亏损,准予结转以后年度弥补,最长结转年限由 5 年延长至 10 年。这是国家为支持高新技术企业和科技型中小企业发展制定的决策,限定了企业的从事行业,并未考虑到其他行业的小微企业。实际情况下,亏损的小微企业不在少数,出于扶持这类企业的目的,将小微企业亏损结转的年限也由 5 年延长至 10 年,以帮助连年亏损的小微企业维持生产直至扭亏为盈,进一步帮助小微企业走出困境。

(3)加大小微企业费用扣除标准

一是目前企业研发费用加计扣除是按 75% 的比例标准执行的,其中制造业企业加计扣除比例提高到 100%,在此基础上建议将 100% 的比例享受范围扩大至所有小微企业。多数小微企业初创阶段资金投入大但回笼资金慢的特点,允许研发费用的结转和追溯抵扣,尽量弥补小微企业亏损,也能享受研发费用加计扣除优惠。二是将职工福利费、工会经费、职工教育经费提高准予扣除比例,鼓励企业注重人才培养。

3.完善小微企业税收征管和纳税服务

为保障每项减税措施都能被小微企业应享尽享,确保税收优惠政策有效落实,税务机关必须加强监管保证减税政策有效执行,围绕宣传培训、纳税辅导、流程简化、政策落实、材料报送等五个方面,提高纳税服务质量。

一是适当放宽高新技术企业的认定标准,简化办理程序,降低享受税收优惠政策的准入门槛,使更多科技型小微企业有资格认定高新技术企业,享受企业所得税优惠。

二是鼓励小微企业借助第三方专业税务代理机构,提高办税效率和降低税务风险。

三是开展税收优惠政策针对性辅导,提高纳税人获得政策执行的准确率。

四是拓宽政策宣传渠道,在办税服务大厅拜访宣传资料供纳税人自取,大厅显示屏循环播放政策宣导内容,通过网络平台、短信平台发布最新优惠政策,组建税企交流群实时回答纳税人疑问。

4.完善小微企业税收优惠政策导向性

如果说市场是无形的手,那税收就是有形的。实施税收优惠政策具有目的性,为的是引导企业向指定的目标发展。通过加强政策的导向性,把资源从大中型企业那里倾斜到小微企业,以此促进小微企业向好发展。

(1)以税收优惠政策引导小微企业吸纳就业

第一,给予小微企业所得税优惠。小微企业吸纳科技人员、高材生就业的,给予企业所得税(个人所得税)优惠。具体表现在,对高层次专业人员的培训经费允许在职工教育经费里据实扣除,对其他员工开展的技能职业培训所产生的培训费用允许提高扣除比例,以鼓励小微企业注重人才培养。第二,给予其他税收优惠。取消对小微企业行业限制,放宽对就业困难人员的核准条件。所有小微企业,凡是与农民工、下岗职工以及残疾人员签订雇佣合同并缴纳社保的,不论哪个行业,均执行国家鼓励就业类税收优惠政策,允许企业根据以上员工人数,每年按一定额度扣减增相关税费。

(2)以税收政策刺激小微企业成为高新技术企业

第一,放宽小微企业的高新技术企业认定标准,扩大行业准入规模,使更多科技型小微企业有资格认定高新技术企业,享受企业所得税优惠。第二,统一研发费用归集标准,允许科技型小微企业以更高比例进行研发费用加计扣除,以提高企业利润的方式鼓励高新技术。

(3)以税收制度优化减少地方财政顾虑

地方政府特别是县区级政府"入不敷出"现象普遍存在,小微企业越多的地方压力更甚。如何给地方政府在支持减税政策下"定心丸",一是需要合理调配中央和地方的税收分成,在中央财政充足的前提下税收分配比例向地方倾斜,保障地方收入;二是优化财产行为税的优惠政策,由于财产行为税留成基本上在地方,合理应用结构性减税措施,严格流转税和所得税减税政策实施到位,适当降低财产行为税的减税幅度。

课题组组长:葛华军
课题组成员:蒋翰颖　王妮兰(执笔)

优化税收营商环境下的税费管理研究
——以残疾人就业保障金为例（三等奖）

国家税务总局杭州市税务局课题组

税务部门在全面深化"放管服"改革、优化税收营商环境、推进纳税缴费便利化改革过程中，也面临税费管理的各方面挑战，本文通过杭州市残疾人就业保障金征管为例，探索优化税收营商环境下的税费管理方式。

一、优化税收营商环境背景介绍

营商环境是市场经济的肥沃土壤，是市场主体的源头活水。优化营商环境是一项基础而宏大的工程。世界银行《2020 年营商环境报告》指出，2020 年我国营商环境世界排名第 31 位，较去年上升 15 名，首次进入全球前 40 名，其中纳税指标实现两年连升。2018 年，国家税务总局印发《全国税务系统进一步优化税收营商环境行动方案（2018 年－2022 年）》（以下简称"《行动方案》"），以高度统筹的规划、系统详实的表述、落到实地的内容深入贯彻落实党中央、国务院优化营商环境决策部署，加快税收便利化改革成果转化，为各级税务部门特别是基层税务机关点明方向，以进一步推进税收营商环境的优化，切实提高税收服务经济高质量发展水平。

作为近年优化税收营商环境的指引性文件，《行动方案》提出了五大行动任务：（一）强化顶层设计，减少纳税次数，打造集约化营商环境；（二）实施精准服务，压缩纳税时间，打造便捷化营商环境；（三）加快税制改革，减轻税费负担，打造低成本的营商环境；（四）创新管理手段，优化税后流程，打造高效能的营商环境；（五）加强事后监管，规范税收执法，打造公平化的营商环境。随着税务机关"放管服"改革的不断深入，纳税人满意度提高的同时也对税费管理提出了更高的工作要求。

二、税费管理

税费管理是税务工作的重要组成部分。本文基于税务部门根据相关法律法规对税费工作实施管理、征收、检查等活动开展研究。目前税务部门在坚持改革和探索的过程中积累了丰富的征管经验，形成了成熟的架构体系。随着国有土地使用权出让收入等非税收入划转工作的持续推进，纳税人、缴费人数量和税收规模稳步上升，税费皆重的工作格局基本形成。同时税费法制化进程不断推进，征管政策日趋完善，智慧化税务建设大步向前，如何优化税费管理工作已成为各级税务部门高度关注的问题，主要集中在以下几方面：

（一）降低执法风险迫在眉睫

优化税收营商环境的重要举措是简政放权，优化纳税缴费流程、精简申报资料，试行税务证明事项告知承诺制，减少证明材料。这一方面对经营主体形成重大利好，提升纳税缴费事项办理便利度，另一方面也带来了后续监管的新挑战。如何监控税费优惠享受，如何加强纳税信用成果运用，如何保障审批质量促进合规经营等等问题已成为税务部门执法工作重点，推进内控机制信息化建设，规范执法行为，减少执法风险是摆在各级税务部门面前的重要问题。

（二）数据赋能待展新篇

税务部门"费款"收入占比近年持续扩大，区别于税收这项老本行，社会保险费和非税收入的征收管理需要更高效畅通的部门协作和社会精诚共治的工作格局。在征管职责划转工作中，因各项费款收入原执收部门信息化程度存在差异，部门间征管模式不一，对标税费征管所需数据往往存在字段缺失、匹配困难、传递效率低下等工作困境；在税收执法过程中，税收大数据运用愈发广泛，对逃避税问题多发的重点行业、重点领域，税收风险防控需求与日俱增。税费管理中稳定、高效、便捷的数据交互需求呼声高涨。

（三）管理方式需与时俱进

在优化税收营商环境工作中，坚决防止粗放式、选择性、一刀切的随意执法是优化税务执法方式维护市场主体合法权益的重要内容。这要求税务机关结合数据信息征管手段开展精细化、个性化管理，在前期广泛宣传辅导的基础上利用征管系统高效识别风险、发现问题。在税务实践中，管理部门一方面受制于纳税人缴费人基数大，税费政策辅导负担重；另一方面对传统电话短信通知管理的过强依赖性，如何让税费管理更加高效成为了我们思考和探索的关键。

三、杭州市残疾人就业保障金征管

杭州市残疾人就业保障金（以下简称"残保金"）自 2017 年 7 月 1 日税务部门征收以来，收入规模稳步上升。2021 年杭州市残保金缴费人规模达 53 万余户。日常征管过程中，杭州市各级税务部门始终与残联、财政等部门保持紧密联系，抓实抓细落实征缴任务；对各类减税降费新政以多渠道、多角度的方式开展广泛宣传辅导，精心精准服务用人单位；对各类疑点以数据筛查、交叉检查、统计分析、跟踪反馈为抓手，以点带面提升征管质量。其既有税收征管的经验，又属非税收入范围，故本文以此为例，开展研究。

通过全面梳理总结，发现残保金征收主要存在以下问题：

（一）残疾人就业人数申报不准确

用人单位申报安排残疾人就业人数与杭州市残联统计的实际安排残疾人数存在一定差距。其原因主要有：一是用人单位未按照残联核定标准对残疾职工进行核算或未在残联进行残疾职工申报；二是用人单位政策理解错误，对残疾职工人数按月进行加总申报；三是用人单位申报错误，将工资总额等信息误报在残疾人就业人栏等。

（二）电子税务局申报功能不完善

浙江省电子税务局已有社平工资上限设定和减免优惠自动判断，但缺少数据校验规则和逻辑控制功能，例如缴费人误将工资总额填报在职工人数栏等明显错误偶有发生。

为突破上述堵点，提高残保金征管水平。杭州市税务局于2021年改变残保金征收方式：从用人单位自行申报缴纳调整为采集数据后税务机关直接实施批扣。以改造后的电子税务局为依托，采集企业上年职工工资总额、平均职工人数等信息，以及从残联获取的安排残疾人就业人数计算残保金缴费金额，经确认后由杭州市各级税务部门在9月征期内实施批扣。实现征管模式转变，让残保金征收"一次也不用报"，为全省残保金征收提供了杭州样板。

自残保金征收方式工作开展以来，为夯实工作基础，始终坚持问题导向，做实做细征收工作，系统设置数据采集表采集核心数据，基于与残联的数据交互实现自动计算，有效降低办税成本，为批量扣款奠定扎实基础。同时协同市残联对外发布了联合公告，明确变化内容和数据传递。依托征纳沟通平台、微信公众号等渠道开展精细化宣传辅导。并通过数次系统测试，不断完善系统设置，以保障缴费人便捷使用为原则，做好系统提示、自动减免，以高效的征管手段促进纳税遵从，提升纳税人满意度。

本年残保金费种通过省智能一网通系统进行了新办企业自动认定，为提升征管数据质量，减轻基层工作负担，税费种认定自动认定后市税务局主动部署检查工作，排查认定错误、不应认定等情况，为残保金数据采集下好先手棋。8月1日系统采集功能上线后，为实时掌握数据采集情况，方便基层针对性做好申报辅导工作，在电子税务局税务端上线数据查询功能，便于管理部门对未申报户跟进辅导。

残保金采集功能自上线以来管理成果显著。一是率先实现申报数据采集。面对社平工资未发布的工作困境，杭州市税务部门主动作为，对接残联，摸底往年申报情况，8月在全省范围内率先采集数据，确保绝大部分企业正常使用系统功能。二是优化申报数据质量。通过与残疾人联合会进行全市2万余户安置残疾人就业企业数据交互，将残疾人安置人数导入征管系统，提高申报准确性，降低执法风险。三是减少纳税申报次数。数据采集批扣新模式无需缴费人自行申报残保金，系统功能建设完备，可供全省进一步推广。展现了税务部门以纳税人需求为出发点，积极创新服务方式，主动提升服务能力和质量的决心。严格把握"人人都是满意度，事事都是营商环境"的理念，按照"平战结合，重在平时"的原则，大力促进营商环境的优化。

四、优化税收营商环境下的税费管理思考

杭州市残保金征收模式的改变是在优化税收营商环境过程中的一次主动探索，是建设服务型政府的良好范例。但其中税费管理方式依然有持续提升的空间，我们考虑从下述三方面予以解决。

（一）深化系统内税费管理联动

税费征管具有一致性。在征缴对象上，税、费高度统一，正常经营的法人单位，一般既是纳税主体又是缴费主体；在计征依据上，税、费相互关联，如残保金上年职工工资总额与企业所得税工资薪金支出、文化事业建设费计费依据与增值税广告服务、娱乐服务开票额等，因此税费数据在一定程度上可以相互印证。在有法可依的基础上后续可探索加强税费联动比对，强化数据监控，通过精细化的分析指标模型，精准识别管理风险，在给纳税人缴费人减轻办税负担、减少基层工作量的同时提升税费管理风险预警能力。

（二）促进系统间风险共防控

税务部门优化营商环境中落实中办、国办印发的《关于进一步深化税收征管改革的意见》是重要一环，社保费和非税收入征管职责划转改革全面启动以来，税务部门税费皆重、协同发展的工作格局逐渐形成。征管职责划转后存在风险转移的可能，税费管理不能仅由税务部门开展，涉及由原执收部门核定、传递数据的相关税费风险任务应考虑与原执收部门同步下发，共同分析研判、科学应对。

（三）深化部门间智慧化共治

在非税收入划转征收的过程中，把深入挖掘部门协同摆在前面，把协同优化信息系统重点落实，把数据赋能智慧税务打到点上。通过优化营商环境的共识深化部门间团结协作，把业务压力转为改革动力，积极探索通过信息化手段，实现部门间关联业务"一站式"联办的有效途径，让外部门成为税费管理中不可缺失的重要角色，以共治格局推动履职尽责，高效便民。

课 题 组 组 长：张国伟

课题组副组长：柴嘉鹏

课 题 组 成 员：陶懿群　金美晨（执笔）

优化税收营商环境背景下的纳税缴费精细服务研究（三等奖）

温州市洞头区税务学会课题组

一、绪论

（一）问题提出的背景及其意义

随着我国经济转向高质量发展，"放管服"改革的持续推进，政府和社会各界对于营商环境愈加重视。党的十九届五中全会明确提出打造市场化、法治化、国际化营商环境。

税收营商环境是营商环境的重要组成部分。2018 年，国家税务总局出台《关于印发〈全国税务系统进一步优化税收营商环境行动方案（2018—2022年）〉的通知》；2020 年，国家税务总局等十三个部门联合发文《关于推进纳税缴费便利化改革 优化税收营商环境若干措施的通知》，这一系列政策措施的出台，对税务部门不断优化税收营商环境提出了新要求。据世界银行《2020 年营商环境报告》，中国的纳税指标较上年度从 9 位次提升到 105 位，"纳税时间"从上年度的 142 小时缩短为 138 小时；"总税收和缴费率"由 64.0％降低为59.2％，企业税负明显减轻，但与发达国家仍有明显差距，优化税收营商环境这门功课还需要各地税务部门结合实际情况，加强研究、苦下功夫，不断探索。

优化税收营商环境，能够有力提升地区经济竞争力。完善的制度、优质的服务吸引外来资本、资源、人才流入。当前，我国在国际舞台上扮演的角色愈加重要，更应当通过不断优化税收营商环境吸引全世界资本、资源和人才流入，有效激发市场活力。

优化税收营商环境，能够有力推动经济高质量发展。当前，我国经济迈入高质量发展阶段，通过优化税收营商环境，鼓励企业进行科技创新，投资实体经济，推动地区经济充分发展，实现经济转型发展。

正如国家税务总局等十三个部门联合发文的《关于推进纳税缴费便利化改革 优化税收营商环境若干措施的通知》中提到，纳税缴费精细服务对优化税收营商环境有重要意义。多位国内学者从不同方面论述了这一点，纳税缴费精细服务通过精准识别不同纳税人的办税需求并在第一时间为其提供精准服务，能够有效缩短纳税时间，提升税收效率指数和税收满意度指数，优化整个纳税服务环境，从而影响税收营商环境。

（二）国内外研究综述

1. 税收营商环境

国外的研究：税收营商环境的内涵由营商环境延伸而来。营商环境是指在某个国家或地区经营或创办企业的难易程度。从 2003 年世界银行首次发布《营商环境报告》到现在，纳税指标项改革数量排名第二，可见各国对优化纳税以改善营商环境的重视。亚当·斯密于 1776 年在《国富论》中提出，税收对经济增长的影响能够通过征税降低投资者的预期收益率及居民的可支配收入来体现。政府部门对此应当适当降低税负原则、减少政府职能。Tomasz WKolasinski 认为，税收营商环境就是企业的发展和生存的环境，表现了地区的税收政策对投资环境的影响。良好的税收营商环境应当通过促进税法遵从、区域良性竞争、吸引要素集聚等途径，促进税收和经济增长。

国内的研究：王晓洁、郭宁等人（2017）认为我国税收营商环境当下依旧存在旧的管理方式与新的税收征管需求不匹配、税收征管理念由"管理"向"服务"转变不完善、信息共享机制不健全等问题。孙玉山、刘新利（2018）指出在治理能力现代化和国家治理体系的总体战略部署下，营造公平透明的营商环境是税务部门优化纳税服务、实现税收现代化的重大举措。

2. 精细化纳税缴费服务

国外的研究：精细化纳税缴费服务的核心思想是对各种业务流程的量化、细化和标准化。Stewartl（2007）等研究者指出税务部门作为政府的一个重要管理部门，其提供的服务也是政府部门的重要组成部分，精细化纳税缴费服务是服务质量的体现，服务质量的高低能够直接影响到整个政府部门的形象问题。Nonaka（2007）等则认为税收部门具有自身的特殊性，精细化管理在税收管理领域的应用是一种必然的趋势，将税收精细化管理的理念和方法落实到税收工作中就可以提升税收管理的效率、降低税收管理的成本。西方发达国家对税收征管研究方面已经比较成熟，对机构的设置、对信息技术的应用对纳税的评测、增强纳税的遵从度、完善税收制度及提升纳税服务等方面都值得我们学习及借鉴。

国内的研究：曾国祥的《税收管理学》一文中则提出税收征管改革的新思路，强调了在不增加机构、不增加成本的前提下进行机构精简，信息管理税收工作要做到精细，精简税务机构，强调扁平化管理；配备熟悉财务、税务、计算机专业的税收管理人才到税收征管一线，简化税务机关的征管程序，简化纳税人的办税流程;采取征、管、查相互结合的方式,通过计算机开展税收风险监控评估,达到精细化管控。

二、税收营商环境与纳税缴费精细服务的关系内涵及其现状

(一)税收营商环境为纳税缴费精细服务提供方向指引

当前的税收营商环境主要以世界银行的《营商环境报告》中所提出的税收营商环境指标为基础,且我国对于各省市进行营商环境测评时也采用了与世界银行相同的指标评价体系。世界银行的《营商环境报告》将税收营商环境指标分解为纳税次数、纳税时间、总税收和缴费率和报税后流程指数。本文将依托税收营商环境四项指标,具体分析纳税缴费精细服务与税收营商环境之间的关系。

纳税次数是指企业在一个纳税年度所缴纳全部税费的次数,并将电子申报和税种合并申报列入考核范畴。突出了电子申报与合并申报对于纳税次数影响的重要性。为纳税缴费精细服务在如何通过智能设备升级和精准挖掘企业申报需求从而合理合并申报报表,减少纳税次数提供了思考方向。

纳税时间是指企业准备、申报和缴纳增值税、企业所得税和劳务税所需要的时间。包括了填写申报和提交申报资料的申报时间和在线缴费、前往办税服务厅缴税以及在自主设备缴税的缴税所需时间。这就要求税务部门在提供税务服务过程中要更加高效,通过提供更加简洁明了、针对性强的税务申报表,提高在线缴费的便捷性,提升办税服务厅的办税效率,缩减纳税人等候和办理的时间,进一步缩减纳税时间指标。

总税收和缴费率是指企业在经营第二年所承担的税款占利润总额的比例。通俗地讲就是要降低企业的税费负担,激发市场主体活力。为此,税务部门要在税惠政策直达快享和优化税制上不断发力,通过提供精细化纳税服务,提高税惠政策的送达精准度。

报税后流程指数是指增值税和企业所得税的报税后事项,包括增值税退税申报时间、退税到账时间;企业所得税的更正申报时间、更正完成时间。简单来说就是企业在完成增值税和企业所得税申报后,税务部门对于申报后流程的响应时间。这要求税务部门在提供精细化服务过程中要不断优化征管方式,通过精细化纳税服务提升对纳税人办税需求的响应速度和效率。

(二)纳税缴费精细服务是优化税收营商环境的实现路径

"精"意味着寻求最好的效果、对关键环节进行控制、突出过程的细致。具体到税收领域,纳税缴费精细服务的关键点就在于以税收营商环境指标为为导向,精准识别服务对象,精准分析纳税人需求,精准施策,精准管理,精准评估从而有效提升税收营商环境指标,优化税收营商环境。目前关于纳税缴费

精细服务的内涵还没有明确的定义，笔者认为可以分为以下两点：

1. 精准识别

对服务对象的精准识别、对需求的精准分析是纳税缴费精细服务的起点与前提。只有高效的识别纳税人需求和特征，才能实现纳税服务供给与需求高效对接，从而提高服务纳税人的效率，缩短纳税时间。只有通过精准识别，纳税服务措施和政策才能一对一直达，实现报表针对性申报，缩减纳税次数，提高报税后流程指数。通过精准识别纳税人的办税需求从而因需施策，按需供给服务，从源头出发提升税收营商环境指标，优化税收营商环境。

2. 精细供给

精细供给可以理解为要实现"我能提供哪些服务"到"提供你想要的服务"的转变。在纳税服务需求精准识别的情况下，精细供给就成为纳税缴费精细服务的关键。做好精细供给，才能有效提升服务质量效果和水平，纳税服务供给与需求之间才可能平衡。以数据化决策、恰当的渠道、合适的方式向纳税人提供精细的服务内容。实现个性化税收政策点对点的精准送达，降低企业税费负担，提升响应企业需求的速度和精准度，缩减企业纳税时间，从个性化服务出发提升税收营商环境指标，优化税收营商环境。

（三）现状梳理

1. 宏观层面：深化"放管服"改革，出台纲领性文件

深化"简政放权、放管结合、优化服务"改革，是推动经济社会持续健康发展的重大举措。近年来，为深入贯彻落实党中央、国务院部署，国家税务总局持续推进"放管服"改革，通过公布行政审批事项清单、取消下放行政审批事项进一步缩短企业纳税时间，通过强化事后管理，提升了企业报税后流程指标，通过精细化服务提升纳税人满意度，为企业发展创造了更加宽松便利的营商环境。2021年，中共中央办公厅、国务院办公厅印发《关于进一步深化税收征管改革的意见》，提出建设"高集成化、高安全性、高应用效能"的智慧税务，为纳税缴费精细化服务提供了行动指南和方向引领。

2. 微观层面：多措并举优化营商环境

（1）搭建立体化智慧纳税服务平台

为实现税惠政策直达快享，第一时间了解纳税人困难，解决纳税人需求，12366纳税服务平台和征纳沟通平台应运而生。12366纳税服务平台依托12366热线，以信息技术为支持，除为纳税人提供24小时全天候纳税咨询服务，还集成了税法宣传、办税服务、投诉受理、需求管理和纳税人满意度调查等功能，帮助纳税人提高申报效率，解决了纳税人无处咨询和频繁前往办税服务厅的困扰，提高了纳税服务的科学性和规范性。征纳沟通平台是基于企业办公平台推出的掌上税企沟通、服务、办税平台。通过信息化集成平台，运用"互联网＋"技术,以智能化和数字化方式智能识别和定位不同纳税人群体,集成精准消息推送,即时互动交流、智能税务咨询、网上直播课堂等多样功能。提升了纳税人办税效率,通过税惠政策的精准推送降低纳税人税费负担,从而推动税收营商环境不断优化。

(2)构建"移动化"云端办税服务厅

为缩减纳税人纳税时间,实现纳税服务"网上办"、"掌上办",电子税务局、个人所得税 APP 及纳税服务小程序相继推出。以浙江税务为例,已通过数字化改革,实现了税务事项"最多跑一次""网上办""掌上办"100％全覆盖,疫情防控期间,浙江省电子税务局网上业务量实现 99％以上。办税服务厅被搬上了云端,纳税人足不出户就能够在家办理基础常见的办税事项,免去了前往办税服务厅的时间和等候办理时间,有效提升了纳税人办税便捷性,推动了税收营商环境优化。

(3)深化拓展"三服务"推进便民办税春风行动

便民办税春风行动自 2014 年开展以来一直不断加大便民服务创新探索力度。2021 年浙江省"三服务"和便民办税春风行动以线上为主、线下为辅,线上线下相结合。推出 30 条创新和优化措施,形成 10 大类 31 项 112 条便民办税服务措施。要求做到精准推送"减税降费"政策,确保税费优惠直达快享。大力推进涉税事项"掌上办",持续完善电子税务局移动端建设,提升税费事项"掌上办"比率。不断推行"一键申报""一键下载",提升纳税人申报便捷性,减少纳税人纳税次数和纳税时间。

"放管服"改革和多项纳税缴费服务举措从思想上和行动上进一步推动纳税缴费服务精细化、税收营商环境优化。但正如习总书记所说:"营商环境没有最好,只有更好。"在取得优异成绩的背后,要清晰地认识到面对当前庞大而活跃的市场和经济主体,纳税人、缴费人的办税需求增长迅猛,唯有不断挖掘现有问题,进一步提出满足纳税人、缴费人需求的解决措施才能不断提升纳税缴费精细化程度,优化税收营商环境。

三、纳税缴费精细服务对接优化税收营商环境存在的问题

(一)精准识别:需求挖掘能力不充足、预测能力不充分

随着我国社会化发展进程,各类经济体加速发展、迅速壮大,新兴行业加速出现、引起新潮,"三百六十行"早已不能概括目前行业现状,随着产业的深入发展,纳税人需求逐渐呈现出多样化特点。精准识别要求关注纳税人、缴费人在当下、未来的需求,其中对未来需求的预测建立在共性的寻找上。比如在理想状态中,通过对现有纳税人行为规律的分析,得出其目前的办税习惯和未来的办税趋势;通过对纳税人生产能力的研究,结合市场需求的变化,得出纳

税人生产、销售、服务的发展趋势，从而预测纳税人、缴费人在如一次性抵扣、留抵退税等政策的需求。但就目前的精准识别情况，远远无法达到该要求。导致纳税人税费负担较高及报税后响应速度较迟缓。对税收营商环境指标产生不利影响。结合工作实际，在笔者看来，具体问题有以下两点：

1. 反馈机制尚不完善，需求挖掘不足导致纳税时间延长

反馈机制不完善直接导致税务机关对纳税人、缴费人在当前状态下的需求忽视，"填鸭式服务"屡见不鲜。部分税务人员认为只要税务机关能提供更多的服务，纳税人的满意度和税收遵从度就会理所应当的提高。从税收实践来看，这种理念不仅导致服务成本畸高，同时也容易让纳税人产生"重复率高""收到打扰"的厌烦感。其背后的主要问题就是缺乏定期、长效的纳税人、缴费人需求反馈通道和平台，目前反馈机制仍局限在每次纳税服务结束后的"好差评"或"电子税务局打分评价"等政务服务评价，都不是本文意义上的反馈环节。反馈环节的不完善，直接导致了目前的税务服务以产品为导向而非纳税人需求为导向，对标税收营商环境指标可以发现缺乏精准的需求导向，导致纳税人要耗费更多的时间获取自身所需或错失税惠政策享受，对降低纳税时间和总税收和缴费率产生不利影响。

2. 纳税人类型判断标准单一，预测不足影响报税后流程指标

目前税务机关对纳税人身份的判断仍比较单一，结合现有标准，基本集中在发展规模、行业类型方面，而没有建立起对纳税人需求的细分矩阵。目前这样粗放的、共性的判断标准，也造成了对纳税人、缴费需求把握的不精准。没有对纳税人、缴费人的需求划分标准，就无法做到寻找纳税人、缴费人纳税行为间的共性，就无法做到精准预测纳税人、缴费人办税习惯、办税行为的规律，导致无法把握未来动向，无法积极响应纳税人所需，对报税后流程指标产生负面影响。

（二）精细供给：基层落实存在困难

在纳税缴费精细服务下，精细供给成为关键环节。结合工作实际来看，税务机关在精细供给上的成果还是较为显著的，目前已通过"非接触式办税"、"征纳沟通平台"等多种方式创新服务手段、有效减少了纳税人办税时间和办税次数，在优化税收营商环境上取得了较大成效，但就基层落实的情况来看，仍有较大进步空间。对此，笔者认为主要存在以下问题：

1. 优化服务过程中因重形式、轻内涵导致的纳税时间延长问题

目前国家税务总局及各省省局、市局，对服务方式上均进行了较多探索实践，服务手段的创新难度较低、获得社会效果较容易，成果更能具化，但要切实提升纳税人、缴费人办税体验，仍需要抓住服务实质内涵这一核心。目前面向纳税人、缴费人的平台就有：电子税务局、个人所得税软件、征纳沟通平台、减

税降费平台等等,不仅造成了资源的浪费,更造成了使用者的不便,与精细供给的目标相去甚远。另外有些软件的部分服务举措持续性较差,开始时轰轰烈烈,但后来不了了之,严重影响了精细供给的提升。在服务举措的落实中,也存在部分单位过度强调指标,强制纳税人安装使用,甚至要求活跃度进行"打卡",这些行为导致纳税人纳税时间不降反升,影响了税收营商环境优化。

2. 基层一线干部信息化素质不高,影响报税后流程指数

一线干部位于纳税服务的第一线,直接面向纳税人,在精细供给中处于核心地位,在提供纳税服务的同时面临的问题也是最直接、最广泛的。在基层一线队伍干部身上,首先存在着由于信息集成水平不高、大数据运用水平低,而经常导致需要手工推送、人力服务的情况,这在一定程度上降低了纳税人申报后,税务部门响应和处理退税等涉税事项的速度,对于税收营商环境中的报税后流程指数这一指标产生了负面影响。

(三)精准识别和精细供给存在脱节

当前,通过大数据和数字技术税务部门能够进行一定程度的精准识别,但税务部门作为政府职能部门,能够提供的纳税服务供给仍然是有限的。在目前人们的潜意识中,政府是包揽一切的存在,社会自主性不强,社会共治共建参与度低,导致精准识别和精细供给存在脱节。这种脱节不仅让纳税人产生心理落差,降低纳税人满意度,更导致纳税人需求无法得到及时有效解决,增加了纳税人的纳税时间,甚至导致纳税人因纳税服务供给缺失增加税费负担。

四、从纳税缴费精细服务角度优化税收营商环境的建议措施

(一)精准识别:数字赋能需求管理,营商环境提质增效

1. 建立细分纳税缴费人类型判断标准

针对不同内容、不同层次的纳税需求,对纳税人实现精准识别,通过提前精准预判,及时响应需求从而压缩纳税人的纳税时间,降低纳税次数。一是在结合税收风险模型思路基础上,建议对纳税人进行时间、空间、行业、企业规模、信用等级等进行矩阵划分,描绘纳税人需求画像。依据大数据计算,除以企业行业类型、员工数量、纳税所得额、资产总额为标准外,将企业注册时间、办税习惯、办税日历、高需办税事项、常见涉税问题、办税员年龄层次、专业程度等依托大数据智能归集,为纳税人添加分类标签,自动匹配税惠政策,并根据税费种情况,判断出申报时间,提供申报提醒、智能辅导服务。根据纳税人类别精准推送申报表单,能减少不必要纳税次数,申报提醒和智能辅导能够提高纳税人申报效率,缩减纳税时间。二是针对分类标签,采用智能审核—人工核对—反馈响应的三级追踪审核机制,保证需求识别的有效性、准确性。也就是以人工智能审核标签为主,管理员网格化管理为辅,纳税人反馈调整的企业

分类机制，通过标签分类，提高对纳税人需求识别，进一步为其提供所需的纳税服务，从纳税时间和纳税次数两个指标方向不断优化税收营商环境。

2. 打造集成式税务中台和互动式反馈平台

结合当前纳税渠道较多，信息共享不充分的实际情况，笔者认为，可借鉴互联网公司"中台"理念，依托大数据、5G 技术，优化整合涉税平台资源，下沉服务网络，打造渠道统一、功能集成、数据共享的闭环式税务服务中台。一方面将不同渠道的多个功能整合至统一的集成平台，畅通信息共享，纳税人由一个端口登录办税，避免重复申报，在一定程度上能够减少纳税次数；另一方面采用信息系统自动读取数据、计算税额、预填申报，再由纳税人进行核实填报，避免已有信息重复填报，提升纳税人的办税便捷度和智能度。能够有效提升纳税速度；在此基础上利用税收大数据，根据企业基础信息和填报数据，自动推送企业所能享受到的税收优惠政策，能够切实将减税降费政策落实到位，保障企业税收优惠应享尽享，降低了企业的总税收和缴费率，从而优化了税收营商环境。

针对基层存在的反馈渠道多、信息碎片化问题。笔者认为要建立互动式的反馈平台，提高纳税咨询效率，推动税惠政策落实到位，降低纳税人的纳税时间和税费负担。提供"采集—咨询—解决"闭环式服务，在办税模块增加"一键直连"咨询辅导功能，与现有的 12366 税费服务平台打通，整合常见问题，增加引导说明功能，并且关联智能咨询和人工服务，快速响应纳税人需求，提升反馈效率。

(二)精细服务：完善税务组织结构，提升报税后流程指数

1. 优化税务组织结构，提升纳税缴费精细服务响应速度

在现有的税务组织结构框架下，基层管理员承担着税务部门和纳税人之间沟通桥梁的作用，除纳税服务外，各条线税务工作的开展都高度依赖管理员这一个体。这就导致在"人治"格局下，企业报税后流程指数不高，税收营商环境难以得到进一步优化。要真正实现纳税缴费精细服务，推动营商环境优化就需要完善当前的税务组织结构，构建高效率、低成本的税务组织。一是充分发挥基层业务科室功能。通过规章制度厘清基层管理员和各基层部门间的工作职责，将区(县)级业务部门作为条线任务的终端，由基层干部承接管理员的条线工作任务。以税收大数据为基础，实现辖区内纳税人、缴费人信息全面清晰掌握，提升基层业务科室落实政策、服务纳税人的能力，让基层业务科室利用征纳沟通平台等载体直接与纳税人进行交流沟通，充分发挥每一位基层税务干部的作用。二是设置审批中心，集中部分权限。在简政放权背景下，部分权限下放至基层，虽在一定程度上为纳税人、缴费人提供了便利但也存在着基层将权限直接给予基层管理员而未对其进行有效监管。不仅导致管理员工作

量增加、工作压力大,还会出现因管理员能力参差不齐导致的税收风险和廉政风险。为此,可在基层试点设置审批中心,在纳税人网上申报后,部分关键的需审批事项统一在审批中心进行受理,配优配强审核团队,做到"管户不管事,管事不管户",形成"简单事项一人做,专业事项多人做,复杂事项团队做"的闭环管理机制。提升企业报税后税务部门的响应速度。三是推动税收管理员向精细服务员转变。信息化时代,税收管理从人治向数治转变,税收管理员的管理和执法效率在不断提升。这就要求一部分税收管理员要向精细服务人员转变。基层税务部门可以探索在现有税收管理员基础上建立精细服务专项团队,按照分区划片模式为纳税人提供政策咨询、涉税服务等精细服务。实现税收执法和纳税服务的分离,更加精细化、专业化地发挥税务部门的各项职能作用。

2. 以纳税人为中心,精细服务优化税收营商环境

首先是完善工作指引,确保供给质量。政策指导以及咨询渠道要整合分散的咨询渠道,形成"一套人员、一个标准、一种口径"。实地核验事项等要事先统一工作流程,建立标准的数据采集规范和语言使用规范,发布配套工作指引供基层税务干部下户使用。与此同时可以引入智能语音问答、电话详单系统,实现基础问题自动解答,疑难问题人工兜底,接听过程系统自动识别弹出关联税费政策、历史咨询记录,提高咨询解答准确度,为纳税人自主申报提供便利,提高纳税效率。

其次是主动推送,主动提供政策指导。可利用互联网信息传播快、受众广、信息量大的优势和特点,积极拓展税务服务渠道,主动进行利好政策宣传。通过征纳沟通平台等网络服务渠道可通过语音、视频、远程操控等方式,可以更及时精准地为企业提供指导。同时应该加强宣传渠道的广泛性和宣传方式的易理解性,通过微信公众号、官网及纳税服务平台多方面主动推送与宣传,并且加强税务局官网内检索功能,方便纳税人搜索对应问题。其次在不同地区、不同部门进行税收政策宣传的同时,也应该结合地方经济状况及企业类型进行有针对性的推送宣传信息。保障税惠政策落实落地,降低企业税费负担,优化税收营商环境。

再次是标签管理细化,个性服务广覆盖。一方面可通过纳税人、缴费人平时咨询的问题逐户归类进行"标签化"管理,形成本地化数据库。对咨询较复杂问题或反复咨询同类问题的纳税人精准推送政策提醒和办税指引;对高频咨询的业务及能享受到利好政策的企业定制培训课程,主动提供政策指导。可将纳税人学堂形成"百货超市",供纳税人自主选择,推动纳税服务从无差别化向个性化转型。另一方面也要充分发挥人的服务作用。根据当地产业分布情况以及特殊人群的需求推出个性化服务小队,定时定期入户入企,为纳税

人、缴费人排忧解难，提供个性服务。避免了纳税人因频繁往来于办税服务厅所耗费的纳税时间。

最后是做好风险事项及时提醒，主动辅导工作。通过税收大数据获取未申报户、申报导入异常等信息，由监管中心主动向此类纳税人推送涉税风险信息，提醒涉税事项办理，前置化解低级涉税风险，降低事后风险应对的人力成本和时间成本。"接受咨询"升级为"主动服务"，通过精准的辅导，让政策落到实处，让企业得到实惠，让企业"轻装上阵"，合力为企业保驾护航。

（三）拓展纳税缴费服务的社会化手段

在德国，税务局仅仅进行有限的服务内容，大力推动纳税缴费服务社会化发展，其中包括以注册会计师为主的税务代理人、中立身份的纳税人协会、其他政府部门，这三类组织在各领域内发挥职能，构建了精细服务体系；在日本，政府积极鼓励发展税务代理行业，据统计，从业者达 7 万余人，甚至多于税务机关工作人员人数，在税务代理行业蓬勃发展的情况下，纳税服务主体责任被分散，服务压力被分担，有效提高了精细服务水平。与此同时，一些国家还建立了较为完备的公益纳税服务体系，如英国特许税务师协会开展的"义务税收服务"，为小微企业、老年纳税人提供报税服务。日本税务部门联合文娱团队，开展税法学习班、开发税收游戏软件。通过公益化、大众化的方式为纳税人提供纳税服务。

借鉴发达国家经验，我国在积极推进内部机构改革的同时，也应加大力度，拓展纳税服务社会化的手段。笔者认为，纳税服务社会化的引入可以分为两个主体进行，分别为专业从事涉税事项咨询等项目的社会中介及非营利性质的志愿者协会等相关组织。

1.明确税务代理定位，合作共谋税收营商环境优化

涉税事项中介是税收工作的杠杆支点，税务代理可以为成千上万的纳税人提供服务，税务部门和少数的税务代理对话，可以减少与纳税人一对一交流，有效降低服务重复率，提高纳税服务效率。要发挥好涉税事项中介组织的"扩音器"功能，首先需要厘清涉税中介角色定位问题，税务代理绝不是税务机关的对立面，双方应在以税务部门为主导基础上建立互信合作的伙伴关系。通过完善法律，厘清税务代理机构纳税服务边界，明确其义务和要求，使其承担社会责任，接受法律的约束。其次需要强化税务部门对税务代理的管理和合作，推动税务代理有序发展，通过建立税务代理协会，实现行政管理和行业自律相结合。除考察税务代理的职业资格外将税务代理的服务行为和服务水平纳入到税务代理评级的动态调整考察中，对于纳税人满意度高，提升税务部门工作效率、对纳税缴费精细服务做出贡献的税务代理给予一定的政策优惠和荣誉奖励。建立税务代理反馈机制，税务代理在发现企业税收风险要第一

时间与主管税务机关进行反馈,共同降低企业税收风险。如不进行反馈导致税收风险发生,由税务代理机构与企业共同承担责任。最后要加强对人员、业务、标准等刚性条件的要求,加大涉税中介的培训力度,落实评级制度,可以借鉴税务部门比武练兵等举措,对税务代理机构进行定期的培训、检查。通过良性税务代理市场,为纳税人提供精细纳税服务,降低纳税人的纳税时间成本和企业税费负担。

2.构建公益税务服务体系,推动税收营商环境优化社会参与

结合我国国情,针对个体工商户等较为弱势的纳税缴费人,非营利性质的税务救济同样重要。小微企业、个体工商户等经济体是我国国民经济的重要组成部分,是社会发展、创业富民的重要基础,但单个小微企业往往处于税收弱势地位。在我国,公益类税务服务基本依托税务部门或少数其他政府部门完成,非营利性的税务救济缺位已久。要完善此类公益性服务活动,要求较高,政府主导性较强,笔者认为需要从政府层面扶助此类组织发展,如建立社会化公益税务服务体系。在乡镇、街道、社区等基层政府组织建设税务服务志愿队伍,由税务干部、税务代理协会、大学生志愿者、社会公益团队和社区居民共同参与提供公益性的税务服务。对于积极参与公益性服务的人员和团队可以对其进行个税所得税的减免等优惠,激发民众参与社会税收公益的积极性。从而使得个体工商户、小微企业等较为弱势的群体能够获得专业、高效的纳税服务,公平地参与到市场经营中,成为税收营商环境优化的参与者、享受者。越来越详细的社会分工使税收社会协作成为必然,只有相互补充和促进,精细纳税服务才会有更丰富的内涵和更具可行性的未来。

课题组组长:陈　德
课题组成员:胡　静　黄晓雅(执笔)　王欣蕊
　　　　　　张书成　陈　威　陈　锦

绿色发展下的基层税务部门纳税缴费精细服务研究（三等奖）

国家税务总局丽水市莲都区税务局课题组

党的十八大以来，"绿水青山就是金山银山"的理论内涵不断丰富发展，推动我国经济建设迈上新的台阶。绿色发展，就其产业体系而言，其实质就是要实现经济生态化和生态经济化。而在实现生态产品价值转化、释放绿水青山经济价值的过程中，税收作为调节经济的重要杠杆也发挥着重要的作用，其中纳税服务作为重中之重，贯穿于税收工作的始终。本文从基层纳税缴费面临的新形势出发，立足绿色发展背景，通过问卷调查及纳税人座谈会形式，以纳税人需求为导向，解决绿色发展背景下绿色生态产业纳税人（缴费人）需求转变问题，大力拓展多元化纳税服务途径，实现自主办税渠道的广覆盖和精细化辅导，实现基层纳税服务精细化，进一步优化营商环境。

一、绿色产业发展现状分析

走绿色发展道路，就是要发展环境友好型产业，形成节约资源能源和保护生态环境的产业结构，使经济社会发展与自然相协调。以丽水为例，作为"绿水青山就是金山银山"理念的重要萌发地和先行实践地，丽水近年来加快建设以"生态经济化、经济生态化"为显著特征的现代化生态经济体系，不断推动绿色生态产业发展。

（一）全域旅游蓬勃发展

"九山半水半分田"，丽水是浙江面积最大的一个地级市，作为典型的山区城市，丽水80％的面积被森林覆盖，生态资源丰富。各区（县）旅游景区分散且各具特色，如借助独特的地理环境形成了云和梯田，利用传统村落打造的松阳古村落景点等都成为了丽水丰富的旅游资源。在绿色生态发展理念引导下，丽水市结合地区特色大力发展全域旅游业，借助旅游产业辐射面广、带动性强等特性进一步放大山水生态资源，借助全域旅游驱动产业转型升级和创新经济发展模式。目前丽水市已重点推进丽水山居图、百山祖国家公园、瓯江国家级生态旅游度假区等 10 个重点旅游项目。同时推进乡村旅游发展,大力扶持民宿、餐饮等周边产业。在全域旅游的带动下,截止 2020 年底丽水累计发展农家乐民宿 3380 户,从业人数 2.9 万人,全年农家乐(民宿)共接待游客 2205.1 万人次,实现营业总收入 22.7 亿元。

(二)生态工业转型升级

工业化是实现一个地区现代化的核心关键,丽水市把工业高质量发展作为实现高质量绿色发展的主攻方向之一。传统劳动力密集型的工业体系往往伴随着环境污染、资源浪费、效率低下等各种问题,随着绿色发展理念的不断推进,丽水的工业体系开始逐渐向高新技术产业、装备制造业、人工智能产业制造业等产业转型。在生态工业的转型升级的过程中,对于不符合生态环境保护要求的低效、落后产能予以大力整顿,同时结合丽水的生态特色优势,发展新型生态产业。目前,丽水拥有 12 家省级以上开发区、工业园区、高新区以及一批工业功能区,针对不同区(县)产业聚集特色发展出有产业集群效益的生态工业群,如丽水经济技术开发区的生物医药产业、缙云的现代装备制造、青田泵阀制造业等。2020 年全市新认定高新技术企业 208 家,累计 455 家。新培育科技型中小企业 336 家,累计 1396 家。规模以上工业企业投入研发费用 39.24 亿元,比上年增长 18.2%,实现利润总额 102.19 亿元,比上年提高 5.2%。

(三)精品农业振兴乡村

绿色产业的发展离不开精品农业的打造,丽水位处山区,耕地不足,要想发展农业,就必须走绿色高质量发展之路。在引入绿色发展理念之前,丽水农产品布局分散,产业主体偏小主要以农民合作社、农户为主,且缺乏有效的品牌带动。为解决这些问题,丽水整合全市优秀农业主体、农民合作社等成立生态农业协会打造了"丽水山耕"农业品牌。鼓励各地发展特色生态农业,包括菌、茶、果、蔬、药、畜牧、油茶、笋竹和渔业等九大产业农产品。同时在农产品种植过程中引导农民注重生态管理,严格落实耕地保护政策,规范农民限量使用饲料添加剂,帮助农民生产出更具品质的绿色农产品,提升竞争优势。2020农业总产值 100.27 亿元,较 19 年增长 3.1%。全年新增绿色食品 55 个,地理标志农产品 4 个。

二、绿色产业发展与税务的关系

(一)绿色发展促进绿色税收完善

绿色发展理念就是坚持人与自然和谐共生,促进经济增长方式加速转变,通过践行"绿水青山就是金山银山"的发展思路,探索绿色生态的高质量发展之路。税收是调节经济的重要杠杆,也是社会发展的重要纽带,在绿色发展理念的带动下，绿色税收也处在不断的发展完善中。一方面，在税收制度上，随着环保税的正式实施，流转税、所得税、资源税等几乎所有税种都对保护环境有不同程度的体现，已经初步形成了以环保税为首的"绿色税制"体系。这些税收制度的完善可以引导企业节约资源，减少排放。如不断补充完善资源税，建立税收与资源价格挂钩的直接调节机制；开征环境保护税，对企业排污采取"多排多缴、少排少缴、不排不缴"的政策鼓励企业减少污染排放；补充调整企业所得税，对满足节能节水项目企业减免所得税，正向激励企业节约资源等鼓励企业向绿色生产发展等。另一方面，在纳税服务上，随着绿色理念的发展，纳税人（缴费人）在纳税缴费过程中的需求也有了转变，为了满足纳税人（缴费人）不同的纳税服务需求，纳税服务的方式内容也有了转变完善。原本更加大众性的纳税服务，在绿色产业发展后，面对新兴的市场主体，如农村旅游业、现代精品农业等方面的纳税人（缴费人）就需要更多考虑针对其个性的纳税服务方式。近年来，在绿色发展理念的指导下，纳税服务不断完善，更加注重对纳税人（缴费人）的精准服务。

（二）绿色税收助力绿色产业升级

绿色税收的完善对绿色产业的转型升级起到了引导的作用。通过强化纳税服务，为纳税人（缴费人）提供规范、全面、便捷的服务举措，提高纳税人（缴费人）的税收遵从度，推进落实各项税费政策，从而帮助企业加快产业技术升级改进，向绿色产业转型升级。在纳税宣传上借助新闻媒体、网站、微信公众号等平台以及通过入企服务加大绿色发展理念的宣传，帮助纳税人更好地了解绿色发展的要求及优势所在，使得绿色税收日渐深入人心，助推企业在发展理念上进一步向绿色发展靠近。在日常办理税费业务的过程中，通过为纳税人（缴费人）提供纳税缴费的辅导、咨询服务，让纳税人快速全面了解与之相关的税收优惠政策，从而引导纳税人（缴费人）向绿色产业转型。如通过对高新技术企业的研发投入采取加计扣除、职工教育经费的扣除等优惠，鼓励企业加大研发创新力度，提升科技企业的竞争优势，不断推进创新绿色发展。尤其是对新兴绿色市场主体，如近年发展旺盛的农村民宿、旅游业，现代精品农业，这些产业多以小规模企业、个体工商户为主，产业规模较小，税收优惠在助力这些绿色产业发展上起到更为重要的作用。

三、基层税务部门纳税服务面临的新形势

（一）顶层设计要求提高

根据《关于推进纳税缴费便利化改革优化税收营商环境若干措施的通知》，国家税务总局、浙江省税务局等十三部门联合下发了《国家税务总局浙江省税务局等十三部门关于贯彻落实纳税缴费便利化改革优化税收营商环境若干措施的通知》,对进一步深化"放管服"改革,持续提升纳税缴费便利化水平,优化营商环境作出全面部署。今年3月,中办、国办印发了《关于进一步深化税收征管改革的意见》,意见中对推行优质高效智能税费服务也提出了要求。

新形势下,税费服务形式和内容面临着新的挑战。目前纳税缴费服务工作中对不同纳税人缴费人的差异化研究不足,纳税服务内容共性多,个性少;宣传辅导针对性不强,政策推送不够精准;数字智能化服务水平有待加强等。对于这些问题,税务部门要不断提升纳税缴费服务的规范性、便捷性和精准性,将以往无差别的服务向精细化、智能化、个性化服务转变。

（二）纳税服务需求转变

由于税收法律法规以及优惠政策具有一定的复杂性,且不定期补充调整,纳税人缴费人在税费事项办理过程中可能会遇到很多政策及操作层面上的问题需要税务机关提供咨询辅导,而纳税服务需求的也随着条件的改变一直在发生变化。以丽水为例,在绿色生态不断发展过程中,纳税人需求也有了很大转变。

1.生态行业发展,需求更加个性化。随着绿色生态经济的发展,丽水的产业结构不断升级,经济结构由原来的粗放型增长模式向集约型增长模式转变,出现了更多像生态旅游业、现代精品农业等新兴产业和市场主体,纳税人缴费人所需要的税费服务也越来越个性化,需要更加精准的服务,如在政策宣传上,高新技术制造业企业和服务业小微企业就有着截然不同的服务需求,需要税务机关区分不同纳税人需求进行个性化的精准服务。

2.纳税主体增多,需求更加多元化。在绿色发展背景下,丽水民宿、农家乐、农民合作社等纳税主体不断增加,单一的办税服务厅已无法满足纳税人不断增加的纳税服务需求。如在办税渠道上纳税人开始寻求更多、更方便快捷的渠道,宣传辅导上也不再满足于单一辅导模式。怎样通过有限的纳税服务资源满足大量纳税人的不同需求就成为新形势下纳税服务需要面临的问题。

3.服务地域广阔,需求更加高效化。丽水作为浙江省陆域面积最大的地级市近年来虽然借助丰富的生态资源大力发展生态旅游业以及农村精品农业,但山多地少的特点也决定了纳税人的地域分布相对较分散。对于分布在不同地域的山区精品农业及民宿、农家乐等行业的纳税人,更加高效便捷的纳税服务成为他们重要的服务需求。

四、纳税服务存在的问题分析

为了更好地了解纳税人（缴费人）对纳税服务的感受和意见建议,以丽水市莲都区税务局作为调查样本,设计了《纳税人需求调查表》,通过委托第三方专业机构进行入户调查,共收回有效问卷2650份。同时结合丽水近年绿色生态产业的发展情况，邀请相关产业纳税人（缴费人）代表举行纳税人座谈会。其中问卷调查对象为丽水市莲都区税务局管辖范围内近 3 年来办理过发票类业务的纳税人及部分新办纳税人，主要面向单位法定代表人、财务负责人、办税人员。其中单位财务负责人占 60％、办税人员占 11％。座谈会邀请绿色生态相关行业代表 25 人，对目前纳税缴费服务中的不足以及服务需求进行了详细的调查了解。

座谈会以及问卷调查情况显示，目前纳税人对税务机关提供的纳税服务整体较为满意。在收到的问卷中，有 1939 份问卷、占 73％的纳税人对税务机关提供的纳税服务非常满意，有 670 份问卷、占 25.25％的纳税人对税务机关提供的服务基本满意。但仍有 2 份问卷不满意、39 份问卷不了解。

纳税人对纳税服务的意见主要集中在服务个性化不足、咨询渠道不畅等方面。下面就纳税人需求调查结果反馈的纳税服务方面的问题进行全面分析：

（一）纳税主体增多，纳税服务供给不足

1. 现有纳税服务资源紧缺。随着社会经济的发展，近年来纳税人（缴费人）数量大幅增加，且新办纳税人中小微企业占比较高。以丽水市莲都区税务局为例，管辖范围内纳税人基数大，现有登记企业、机关事业单位 1.27 万户，个体工商户 6.85 万户，城乡两费缴费人 35 万，小微企业、个体工商户往往税收知识基础较弱，纳税服务工作难度较大。但是，基层税务干部数量有限，且干部平均年龄偏大，丽水市莲都区税务局在职干部职工共 106 人，平均年龄约 43 岁，纳税人日益增长的纳税服务需求与基层税务机关紧缺的人力资源存在不对称。

2. 绿色产业个体数量庞大。绿色生态产业尤其是绿色农业、绿色服务业，有大量分散的个人、个体纳税人，如农户、民宿、合作社等。这一群体往往基础税费知识掌握不足、自主办税能力较弱，办理涉税（费）业务时常需一对一、手把手的辅导。但目前纳税服务资源有限，难以满足纳税人（缴费人）个性化需要。

（二）产业转型升级，多元需求响应不足

随着绿色生态产业的不断发展，越来越多的企业从技术化和智能化上下功夫，在绿色发展领域不断突破，实现了产业迭代升级的绿色发展之路。产业的转型升级也带来了多元化的服务需求。从问卷调查结果来看，有 350 户（13.21％）纳税人（缴费人）提出了对纳税服务工作具体的意见建议，对其进行归类整理后，排名前 3 的意见建议分别为以下三个方面：宣传辅导要更有针对性，政策解读更直白；及时响应需求，疑难问题得以解决；开通线下办税渠道、增设办税点或便民服务点。

1.宣传匹配不够精准。纳税人提及最多的意见建议为希望宣传辅导更有针对性。纳税人(缴费人)希望得到有针对性的、精细的、全生命周期的纳税服务,而通常税务部门提供的纳税服务是同质化、"打包式"推送的,两者之间存在不对称。结合座谈会上纳税人的意见反馈,绿色生态产业相关纳税人对税收政策的辅导需求更加显著。就我国目前情况而言,绿色税收制度的框架已基本确立,但税收优惠等方面的政策变动仍然较大。税收政策变化往往给绿色生态产业带来利好,但变动频繁也使得政策掌握难度变大。

问卷调查显示纳税人(缴费人)认为,最有效的宣传辅导方式有微信公众号或官方网站,占比77.66%;上门宣传辅导占比52.11%;短信或征纳沟通平台"点对点"消息推送占比60.38%,可见除普适性宣传外,纳税人(缴费人)对于一对一、点对点的纳税服务需求还是较为强烈的。

2.需求响应不够高效。在涉税(费)咨询方面,目前可选择的渠道主要有对外咨询电话、12366热线、征纳沟通平台、办税服务厅现场等。从问卷数据来看,纳税人(缴费人)认为各类咨询渠道最需要改进的是电话接通率、答复及时性、自助咨询渠道的维护升级。可见在目前的纳税服务过程中,如何更高效及时地响应纳税人需求成为重点需要改进的问题之一。

3.办税渠道较为单一。税务机关虽然不断拓宽纳税人(缴费人)的办税渠道,但根据本次问卷调查结果以及纳税人行业座谈会结果,纳税人(缴费人)希望提供更加便捷的办税渠道。如在问卷调查中纳税人希望增设线下办税点或便民服务点,尤其是分布较为偏远以及分散的生态旅游业、精品农业纳税人希望既有快捷的线上办税渠道同时也有方便的线下办税学习体验渠道。

(三)社会化共治体系薄弱

在绿色发展背景下,丽水在生态旅游业、生态工业、精品农业上都有了长足的发展。但受限于丽水的地理环境、景区分布等,丽水的纳税人(缴费人)在地域分布上较为分散,纳税服务资源难以集中,其中,纳税服务中的社会化力量没有得到有效的利用。纳税服务社会化,是指税务机会在服务中,可以和社会上第三方机构合作,如中介机构、行业协会等,共同进行涉税(费)宣传、咨询答复、提供办税服务等。但是在传统观念中理解的纳税服务仅是由税务机关提供的,往往忽视了其他社会力量也可以提供纳税服务,对此,税务机关重视程度不够,纳税人(缴费人)的认识也不到位。从目前来看,纳税服务社会化程度还偏低。

经上文分析,当前税务机关纳税服务资源有限,已经无法满足众多纳税人多元、个性的纳税服务需求,需求和供给之间已经出现了失衡。

五、纳税缴费精细服务举措探索

虽然基层税务机关在提升纳税服务能力、优化纳税服务质量等方面都有着长足的发展，但与纳税人缴费人的实际需求仍有差距。根据莲都区税务局的纳税人需求调查结果，进一步探索纳税缴费精细服务举措，为纳税人缴费人提供更加精细化、智能化、个性化的纳税缴费服务。

（一）响应纳税多元化需求

绿色生态发展理念下，丽水经济转型升级，新兴产业、主体不断出现，纳税人缴费人在数量及构成上都有了变化，面对纳税人缴费人日益多元化、个性化的服务需求，莲都区税务局也进行了积极的探索。

1. 开展精细化纳税宣传。对新出现的绿色产业相关纳税人缴费人，仔细研究其行业特点及关联优惠政策，针对其需求进行更加精细化的宣传。通过征纳沟通平台收集纳税人日常办理涉税事项记录以及咨询问题的类型等，归类整理数据，将相关数据标签化，提炼出纳税人一定时期的重点需求和变化趋势。围绕不同类型不同群体的纳税人缴费人需求推送有针对性的政策知识。对生态旅游业中的个体工商户、小微企业办税人更多采取手机微信公众号、纳税人学堂、宣传短视频等形式普及餐饮、住宿、旅游类的税收优惠政策；对制造业企业推送高新技术企业优惠政策等信息帮助企业的转型升级为大企业量身订制服务套餐，提供专业化、精细化、个性化的政策解答和办税辅导宣传。

2. 提供差异化办税渠道。根据不同需求分类纳税人，利用征纳沟通平台、咨询热线、线下服务网点等方式，延伸纳税服务深度，充分解决不同层级纳税人的需求。对业务成熟的财务人员、涉税中介人员仍大力倡导网上电子税务局办税。对个体工商户、农村合作社等纳税人，鼓励其多使用征纳沟通平台与税务机关建立联系，解决疑难问题，定期接收税务机关推送的政策辅导内容。对于远离城区的绿色生态旅游业、现代精品农业纳税人缴费人，利用铺设在乡镇的便民服务网点体验学习自主办税业务，遇到疑难问题可有网点服务人员或视频连线税务机关人员进行解答。

3. 建立高效性响应机制。根据纳税人需求调查结果，针对纳税人对纳税需求响应的要求，建立及时响应机制。利用信息技术，快速响应纳税人缴费人的办税需求，高效解决办税过程中的疑难杂症。对纳税人在自主办税过程中遇到的问题，莲都区税务局开发电子税务局"屏对屏"功能，采用视频连线加屏幕共享功能第一时间帮助纳税人解决疑难。咨询电话结束后通过系统"一键推送"功能，将咨询问题的相关政策推送至纳税人手机，精准引导纳税人自主掌握涉税知识，独立办税。

（二）提供纳税无死角服务

1.打造社会化办税服务体系。近年来丽水市积极促进生态经济化,发展生态工业、生态旅游业、生态农业的绿色生态新模式。在绿色生态理念的发展下丽水市莲都区生态企业分布较为分散,多分布在山区及产业园区,为打通纳税人缴费人办税"最后一公里",打造三级社会化办税服务体系。借助乡镇街道便民服务点、金融机构等平台,分别在城区、乡镇、乡村打造三级社会化办税服务网点。身处偏远地区的纳税人缴费人在办税过程中简单问题由网点工作人员辅导,复杂问题通过"一键直联"功能由税务机关远程视频指导。

2.建立多部门信息共享平台。依托信息技术手段,充分利用社会各部门、各层级的涉税信息资源,建立有效的社会综合治税机制,打造信息共享平台。纳税人(缴费人)可以通过平台查询不限于税务的各类优惠政策。各部门之间也可以在平台上共享信息,提升纳税服务的效率与精准度。

（三）推进资源高效复用

针对丽水绿色产业的发展特色,尤其是存在服务供给不足的情况下,为满足不同产业纳税人(缴费人)的服务需求,借鉴阿里巴巴"中台"运行模式,打造税务中台,通过资源高效复用来解决服务供给问题以满足纳税人全生命周期的服务需求。方面整合12366咨询热线、征纳沟通平台、公开咨询电话等咨询渠道,统一服务标准提高服务质效的同时引入智能语音系统,实现基础问题自动解答,疑难问题人工兜底,接听过程系统自动识别弹出关联税费政策、历史咨询记录,提高咨询解答准确度,解决咨询服务资源不足、征纳互动渠道不畅、疑难处理能力不强等痛点问题。另一方面探索业务流程和岗责体系优化方案,调优配强审核岗力量,将通过电子税务局提交的涉税事项统一受理,将一些关键审核权限集中。通过税收大数据获取未申报户、申报导入异常等信息,由税务中台主动向此类纳税人推送涉税风险信息,提醒涉税事项办理,将纳税缴费服务与税源管理职能融合,前置化解低级涉税风险,降低事后风险应对的人力成本和时间成本,将风险事后应对转变为事前预防。通过纳税资源整合复用,提高纳税缴费服务的集成化,更好地为纳税人提供服务。

课题组组长：叶英东

课题组组员：周　异　盛思雨(执笔)　孙　佳(执笔)

税收营商环境优化驱动下精细化纳税缴费服务的路径探究（三等奖）

国家税务总局舟山市税务局课题组

近年来，税务部门持续深化纳税缴费服务理念，创新服务手段，充实服务内涵，依托"互联网＋税务"、大数据等新手段新方式，为纳税人缴费人营造了良好的税收营商环境，在助力地方经济高质量发展中贡献了积极的力量。随着一系列改革措施的加快加深，传统的纳税服务模式已无法满足现有形势下的税收工作开展需求，如何把握新时期税收工作形势任务，是当前税务部门需要深入思考的问题。本文以舟山市为例，围绕精细化纳税缴费的路径，探索打造优化舟山市的税收营商环境。

2021年3月，中共中央办公厅、国务院办公厅印发《关于进一步深化税收征管改革的意见》（以下简称《意见》），从精确执法、精细服务、精准监管、精诚共治等四方面，确立了"十四五"时期税收现代化总体规划。其中，"精细服务"篇幅最长，着墨最多，在新一轮改革中尤为重要。《意见》指出，到2023年，基本建成"线下服务无死角、线上服务不打烊、定制服务广覆盖"的税费服务新体系，实现从无差别服务向精细化、智能化、个性化服务转变。这无疑对现有的纳税服务模式提出了更高要求。

一、升级精细化纳税服务的必要性分析

（一）纳税服务优劣是影响税收营商环境的重要因素

营商环境是影响企业从开办、运行到结束整个生命周期的要素总和，包括企业在开设、经营、贸易活动、纳税、关闭及执行合约等方面遵循的政策法规所需的时间和成本等条件。税收营商环境则是对企业遵从税法规定、合理纳税存在影响的相关环境条件的具象。自2002年世界银行启动《营商环境报告》项目，税收营商环境便作为一个独立指标（纳税指标），成为了营商环境中的重要一环。

纳税指标下设四个二级指标，分别为纳税次数、纳税时间、总税率和税后缴纳费率、税后流程指标。根据指标体系可以看出,影响税收营商环境的因素可总结为制度及管理两个层面。因此,想要优化税收营商环境,既要进行实质优化,即切实为企业减轻税负,在真金白银上做文章。同时也要进行条件优化,即对税收征管及服务进行不断地调整优化,在纳税人体验感上下功夫。

纳税服务作为税收管理工作的重要组成部分,贯穿于税收管理的全过程,在整个税收管理工作中处于基础环节和重要地位。税务机关通过优质的纳税服务,规范执法行为,简化办税程序,提高办税效率,有利于促进纳税人自觉履行纳税义务,提高纳税遵从度,进而提高税收征管质量和效率,不断完善现代税收征管新格局,营造公平法治的税收营商环境。

(二)纳税服务精细化是以人民为中心的直接体现

"江山就是人民,人民就是江山。"税务部门是税务部门是离市场主体最近,为群众服务最直接的政府部门之一。自 1993 年提出"纳税服务"这一概念后,税务部门便时刻秉持"一切为了纳税人"的工作理念,以纳税人为出发点和落脚点,不断满足纳税人服务需求,是构建一流税收营商环境的具体行动,也是税务部门践行以人民为中心发展思想的直接体现。

随着时代发展,我国社会主要矛盾发生转化,人民群众对于传统的、单向的纳税服务模式已不再满足,对执法部门在权益维护、服务供给等方面的能力和水平提出了新的更高要求。《意见》中提出从切实减轻缴费负担,持续压减纳税缴费次数和时间,维护纳税人合法权益等方面出发,把执法和监管寓于服务之中,解决好纳税人反映强烈的堵点、难点、痛点问题,大力推行优质高效智能税费服务,必将进一步顺应人民群众期盼,不断提升纳税人满意度和获得感,激发市场主体活力和发展内生动力。

(三)推动纳税服务精细化是顺应数字化改革热潮的根本要求

2021 年 2 月,浙江省委召开全省数字化改革大会,提出将数字化改革打造为"重要窗口"的重大标志性成果。数字化改革的实质,是由生产力的变革引发的一系列的生产方式、生产关系直至上层建筑的变革,包括生产与经营模式的变革、治理体系与治理体制的变革。其重要目标是降低市场交易的制度性成本,通过破除体制机制障碍,给企业松绑、减负,激发市场主体活力。同时,也在于利用数字化手段、思维和认知,打破数据孤岛,解决部门间职责交叉、条块分割、各自为政等问题,从而降低党政机关自身运行和深化改革的组织成本。将数字化改革与税收发展相结合,运用税收大数据智能分析识别纳税人缴费人的实际体验、个性需求,为纳税人提供精准"点对点"服务,是浙江省数字化改革的根本要求。

二、税收营商环境优化目标下纳税服务的探索与实践——以舟山市为例

近年来，舟山市税务系统积极探索运用互联网思维，推进纳税服务现代化建设。通过整合服务平台、融合服务内容、聚合服务资源，多元化、立体化办税服务体系日趋完善，"跑一次是底线、一次不跑是常态、跑多次是例外"已然实现，纳税人满意度不断提高。在 2020 年国家营商环境评价中，位列全国第 11 位，入选为"纳税"指标标杆城市。

（一）服务手段精细化：从线下服务为主向线上和线下服务并重转变

1. 拓展"非接触式"办税缴费服务，逐步引流"窗口办"。依托"放管服"改革和"政府数字化改革"，推进群众和企业"一件事"全流程"最多跑一次"。深耕"互联网＋"做强线上渠道支撑，利用电子税务局和征纳沟通平台，优化税收征管流程，积极拓宽"非接触式"办税缴费覆盖面，为"一次不用跑是常态"注入税务新动能，14 大类 199 项涉税事项实现 100％"最多跑一次"和"网上办"。

2. 建立电子税务局支持中心，网上事项"快响速办"。创新成立电子税务局支持中心，整合前后台管理渠道，前移服务端口，延伸服务触角，变"前台—后台—税源管理"三层受理模式为"支持中心—税源管理"两层模式，有效减少管理层级，纳税人线上申请事项响应时间由原来的 4 小时提升为实时响应，半小时内受理完毕实。建立市级中心、地区分中心、海岛税务所支持中心三级拓扑星型支持网络，开展全市协同合作，第一时间处理电子税务局办理各类事项，实现全市全量业务通办，纳税人自主网办意愿增强，全市窗口数量从 2020 年的 109 个缩减至 54 个，2021 年全市"网办率"稳定在 98％以上。

3. 推出"适老化"服务，特殊人群"帮代办"。坚持传统模式与智能模式"两条腿"走路，切实解决老年人、重度残疾人员等特殊人群在税费办理过程中的阻梗问题。一方面，在咨询热线中加入"老年人业务专线"，开设特殊人群办税通道，配备既精通业务也熟练掌握舟山方言的服务专员，为老年人提供"一对一"全流程实时咨询引导。另一方面，充分利用征纳沟通平台等线上渠道，为老年人提供远程帮办、代办服务，着力提升老年人办税缴费体验感。同时，召集税务干部和社会志愿者组建帮扶团队，主动对接街道社区，积极开展助老辅导服务，手把手、面对面地帮助老年人实现"指尖办事"。

4. 建立首次服务机制，新设企业"轻松办"。依托浙江税务金三智能辅助平台和和浙江税务征纳沟通平台，对所有新办企业纳税人实施"首次服务"工作机制，第一时间建立"新办企业—网格员"紧密关系，精准对接新办企业需求，主动问需开展辅导，逐户跟踪服务到底，同时对潜在增值税发票风险纳税人开展排查和风险防范。

5. 推行首单辅导制，外贸退税"明白办"。针对青年学生新办的外贸企业

首次退税申报事项,推出"首单辅导制"服务。依托在浙江海洋大学设立的"青创服务站",组织税收专家顾问团队走进大学生"创客"基地,聚焦青年学生创业面临的前期投入大、资金紧张和人手不足等困难,详细讲解关于大学生创业和小微企业目前享受的税收优惠政策,手把手辅导单证备案、发票开具、出口退税申报流程等税收基础知识。同时,在微信平台上线"青创税学堂"、设立"青创沟通平台",提供个性化、针对性咨询答疑,全程跟进首笔退税申报情况。

(二)服务对象精细化:从共性服务为主向注重个性服务转变

1.推进优惠政策直达快享。一是依托税收大数据,将税费优惠政策与纳税人缴费人数据进行关联,建立健全税费政策标签体系,实现"一对一""点对点"精准推送。研究制定税收优惠政策享受情况定期筛查机制,通过大数据识别出未享受到税收优惠政策的企业,采用平台提醒、短信告知等形式,及时发出优惠政策"温馨提醒",确保纳税人应知尽知、应享尽享;二是通过大数据分析收集纳税人需求,自动记录热点高频问题,贴近纳税人关注热点,定期整理形成热点问题进行推送,实现从被动等待咨询到主动信息推送,从"大水漫灌"向"精准滴灌"的转变。

2.拓宽问计问需线上渠道。试点推广并逐步完善征纳沟通平台,对征纳沟通信息进行科学分类,通过系统自动触发和人工定向筛选等方式进行税费信息推送,实现精准化宣传和辅导。利用平台开展税务机关、纳税人、涉税中介等第三方即时与非即时的在线互动,实现众包互助的良性互动,进一步降低税收管理成本,方便纳税人履行纳税义务。截至2021年9月,累计发布公告9条,推送消息767条,涉及纳税人13.75万户次。

3.夯实"网格化、组团式"税务服务模式。依托征纳沟通平台,以纳税人缴费人为服务对象,以基层网格为服务管理单元,划分重点税源、专业化税源、基础税源三大标签,设立"市、县(区)-管理分局-网格员"三级架构,将辖区企业划分为124个网格,配备131名网格员,实现政策宣传、需求响应、疑难解决、跟踪问效、建议反馈全链式管理,为纳税人缴费人提供"全天候、全方位、全区域"的"管家式"精准服务。目前,全市已有4.27万户企业纳税人加入平台,网格云服务团队累计为超2万户企业解决涉税疑难问题5000余条,开展专项宣传辅导73.88万户次。

4.助力小微企业健康发展。聚焦"我为纳税人缴费人办实事"主题,持续开展服务小微企业"春雨润苗"专项行动,精细摸排全市中小企业数量结构、行业分布、生产经营、税费缴纳、发展前景等情况,以征纳沟通平台为线上问需主渠道,建立全省首个万人咨询群,在线解答小微企业咨询问题,及时回应纳税人缴费人关切;以税收大数据为支撑,点对点推送适用政策;以"银税互动"为发力点,形成"因税立信、依信易贷、以贷助微"的良性生态,有力解决小微企业和个体工商户融资难等问题。多方合作、多措并举，不断延展海岛民营经济发展维度，添力小微企业振兴出彩。2021年以来，全市累计走访企业1万余户，搜集并跟踪解决意见建议220条，累计为1410户小微企业授信8.66亿元。

（三）服务结果精细化：从注重程序性服务向更加注重权益性服务转变

1.咨询热线"7＊24"小时咨询不停歇。拓展12366咨询服务功能，强化坐席人员业务技能培训，以"每日一学、每周一练、每月一测"的形式加强话务质量日常监测，进一步提高热线的接通率和答复的准确性、规范性，不断提升来电人满意率。加强12366网上咨询与热线咨询相互融合，推广"'税小蜜'客服智能应答前置＋人工咨询保障"的"7＊24"小时线上咨询服务模式，切实提高宣传咨询信息化、智能化水平。建立完善12366咨询问题分类分析机制，加强投诉案件的处理和疑难案件的处理。定期对纳税人的热点、疑点、难点问题进行梳理，强化纳税人的咨询需求数据分析，提炼不同类型纳税人咨询需求的共性和个性问题，有针对性地开展宣传辅导和资讯推送。工单及时办结率100％、满意度100％。

2."好差评"反推服务升级。以制度建设、服务评价、结果运用、促进提升等方面为抓手，建立服务评价、实时上报、差评回访、整改反馈全流程闭环工作机制，实现"好差评"渠道全覆盖、信息全关联、数据全汇聚、结果全公开，持续完善差评和投诉问题调查核实、督促整改和反馈机制，实名差评回访率实现100％。

3.涉税风险防患于未然。一是联合公安、人民银行、海关等部门，根据自贸区行业特点，开展多波次集中打击、专项打击和综合整治，严厉打击虚开骗税违法行为，规范税收秩序，促进公平竞争。探索"舟山税收风险联合研判中心"建设，共同推进"信息共享、风险共研、税收共治"税收风险防控体系；二是与财政、港航、海关等部门联合成立经济运行分析专班，落实月度税收数据分析研判机制，动态掌握企业税源结构变化，找准企业阶段性收入特点，及时提出相应的组织收入举措。同时，利用税收征管系统企业开票大数据，横向对比企业关联方价格与非关联方销售价格，排查转让定价风险，进一步堵塞征管漏洞。

三、纳税服务精细化阻因探究

优化税收营商环境，离不开优质的纳税缴费服务，但与营商环境要求相衔接，纳税服务在广度与深度上均存在一定差距。

（一）纳税服务资源配置不及纳税人预期

1.咨询服务渠道过窄。纳税人遇到涉税问题时，往往更偏好电话咨询及实体办税服务厅咨询。因咨询体量较大，纳税人时常会遇到电话占线、难以接通;问题解答不专业、不准确;咨询回应不及时等问题,从而造成纳税人多次咨询、无效咨询。从实际工作情况来看,咨询辅导的压力仍在办税服务厅,窗口一线电话咨询、现场咨询压力明显偏大。

2.人员队伍业务技能存在局限性。一是当前税务部门的征管事项逐渐复杂化、多样化,但能熟练掌握复杂类型的税收业务缴纳事项以及进行大量税收缴纳事项分析处理的综合型人才较少;二是随着全球一体化进程的加快,办税服务厅需要接待外国投资客,办理国际性业务,对窗口服务人员的外语水平要求更高要求。

(二)第三方涉税服务机构在精细化纳税缴费服务中作用未凸显

1.从行业规模看。近年来,舟山市涉税专业服务机构整体数量呈增长趋势,以小型代理记账机构为主,除部分税务师事务所外整体规模较小。纵观全省,目前已实名采集涉税专业服务机构 8886 户,其中舟山仅为 327 户,占全省总数的 3.68%,中介机构和社会力量明显不足。

2.从服务质量看。因缺乏立法的规范性,现有涉税中介机构不规范,行业自律较低,从业人员素质良莠不齐,业务水平参差不齐,社会认可度较低。2021 年度 TSC5 级机构共 6 家,仅占全市行业总数的 1.83%。

(三)税收数据的有效利用率亟待提升

1.数据质量良莠不齐。一是存在系统内部多头采集数据造成的服务信息不一致的情况,如网格化服务与"万名党员进万企"等专项活动存在人员、事项重合,导致服务数据存在差异;二是通过互联网、物联网等新兴感知技术采集的数据,因数据量过大而导致质量难以保证。

2.税务数据整合利用率低。一是税务机关内部拥有的包括纳税服务综合管理系统、电子税务局与内部管理各环节信息系统依旧各自为政、数据隔离,在一定程度上制约了数据的集成统一和大数据运算分析;二是缺少数据分析处理的具体规范,工作职责权限、操作流程暂未有清晰的认定,数据利用过程中潜在的风险没有事先提醒和阻断,存在一定的风险隐患。

四、提升纳税缴费服务精细化水平优化税收营商环境的路径探究

习近平总书记曾提出:"数字经济是全球未来发展方向"。提升纳税缴费服务精细化水平,就要立足于"数字经济"大背景,以优化税收营商环境为牵引,以税收大数据为驱动力,面向一线需求,主动问计问需,推进税费服务从"供给侧"向"需求侧"转变,力促"线下服务无死角、线上服务不打烊、定制服务广覆盖"。

(一)聚焦"集成+安全",推进税收智治支撑

1.注重系统集成集约。以信息互联、互通、互用为突破口,攻克数据安全

难题，整合金三核心征管、电子税务局等系统，优化系统功能建设，有效归集和利用内网数据资源，引入"标签化"结果匹配手段，智能识别和定位不同纳税群体，做好纳税服务数据的深挖和应用，更好满足纳税人对精细服务和个性化服务的需求。

2.健全风险保障机制。以寓管理于服务为宗旨，通过常规风险分析、行业重点剖析、重大事项分析等方法，全面收集各渠道服务运行数据，实现服务风险的及时识别预警、服务质效的过程跟踪监控和服务指令的快速直接传达。制定"风险病历本"，帮助企业健全内控机制，防范涉税风险。

（二）聚焦"民本＋智能"，提升纳税服务便利度

1.加快智慧办税厅建设。科学规划、合理布局，探索建成集智能咨询、自助办税、网上体验、数据展示、涉税体检等功能为一体的智慧型服务网点。运用人脸识别技术和税收大数据，实现身份智能识别、全程智能引导，同步推送任职身份、管理预警等有针对性的提醒信息，为纳税人进行"智能体检"。

2.推广应用"掌上办税"。进一步巩固提升浙江税务 APP、浙里办 APP、电子税务局、支付宝、微信小程序"五位一体"的信息化办税渠道，积极拓宽电子税务局功能和范围，消除现有的功能盲区，进一步优化掌上办税功能，提升掌上办税使用率和体验度，持续提高"掌上办"比重。

3.推进税务中台建设。在电子税务局支持中心基础上，进一步发挥税收大数据作用，探索打造"前端归口受理、中台系统支撑、后台智慧调度运维"的税费综合服务平台，将原先散落在各税源管理单位的办理权限统一归集至税务中台，即办事项快审速办，流转事项闭环管理，实现前台多样化需求与后台稳定性技术支撑的有机结合。

4.探索"咨询＋办税"一体化模式。以"咨询响应提速"及"远程协办优化"为目标，推动纳税服务宣传咨询模式转变，实现"问、办、查、宣、评"一体化。改变原先各办税服务大厅咨询热线完全独立的格局，探索统一热线、集中坐席服务方式，以智能服务优先，人工服务兜底，实行"一线接入、统一管理、标准解答、规范服务"。打通电子税务局办税和征纳沟通平台咨询通道，开发远程辅导功能，在电子税务局只需一键点击便可链接至咨询界面。对电子税务局业务处理事项，可由咨询人员在线审核、即时办理，实现线上咨询"既能答、也能办"。

（三）聚焦"融合＋共治"，构建纳税服务多元供给体系

1.转变服务理念。实现从"碎片化"到"整体性"服务的理念转变，与其他部门、组织进行资源整合，构建税务主导、部门配合、社会参与、信息支撑和法制保障的"五位一体"的管理体系，通过利用部门合作的乘数效应将社会资源的使用效率最大化，从而拓宽纳税服务工作的广度与深度。

2.有序开展税务体验。面向社会招募税务体验师"零距离"体验办税缴费服务,深入查找税收管理服务短板弱项,找准纳税服务工作着力点、突破口,充分发挥税务体验师"质检员""宣传员""智囊团"的作用。构建常态化体验分析机制,及时归集问题及建议,促进纳税服务提档升级。

3.优化网格化服务。立足网格的提质扩围,将税务和乡镇、街道的人力资源和服务资源进行系统合成,完成部门单一作战向协同服务转变,探索建立符合区域实际的社会化综合税收服务体系,实现"一网管尽、一格到底,就地化解、就近服务"。

4.扩大社会化服务宣传。向纳税人通告便利纳税、获取帮助的新途径、新渠道,在税务官网、电子税务局等平台及时公布、更新涉税专业服务机构信息,广泛宣传各类社会组织提供纳税服务的典型案例与便利措施,借助税务机关的"证明"式宣传鼓励、引导纳税人接受社会化纳税服务,在全社会营造税收共治的良好氛围。

(四)聚焦"强基十保障",强化权益保护

1.建立健全纳税人需求的常态化机制。一是建立健全纳税人诉求快速响应机制,推行纳税服务投诉处理全过程信息化办理、全过程跟踪问效。二是开展税收业务常态化交流,构建"收集—分析—推送—响应—改进"的闭环服务系统,为不同地区、不同行业的纳税人开展专属咨询辅导。

2.完善办税服务人员系统化培养模式。建立健全业务能力定期测试、比武常态化机制,营造业务辩论、业务创新氛围,促进干部强化业务技能、提升综合能力、开阔创新视野。加强优秀骨干及专业人才培养,培养一批业务素质高、信息技术精通的复合型人才队伍,适应社会生产发展需要。

课题组组长:杨紫薇(执笔)
课题组成员:鲁贤凤　张金颖

在精细治理目标下智慧服务
一体化模式的探索（三等奖）

国家税务总局舟山市普陀区税务局课题组

　　近年来，"放管服"改革不断深入，政府治理现代化进程加快，"互联网＋"、大数据等概念不断应用于政务服务各方面，政府服务逐步朝"生态系统数字化转型"方向发展。同时，随着《长三角一体化发展国家战略》《推进长三角区域一体化行动方案》等政策陆续出台，政务一体化、政务 2.0 改革逐步开展，税务也应紧扣"一体化"和"高质量"两个关键，通过构建精细化、智慧化、一体化的纳税服务体系，助力区域经济发展，加快推动全省域、全方位融入长三角发展。

　　一、精细化治理的背景和意义

　　（一）精细化治理的社会背景

　　精细化治理的思想起源于科学管理之父泰勒，他的《科学管理原理》是世界上第一本精细化管理著作。他要求管理者将责任具体化、明确化，要求责任人实现精细化管理，实现资源配置合理化和经济效用最大化。随后国际和国内逐步改进推广，将管理理念引入社会管理、经济发展等各领域。

　　随着大数据时代的带来，我国政府要求实现治理能力现代化，党的十八届五中全会指出："加强和创新社会治理，推进社会治理精细化，构建全民共建共享的社会治理格局。"这为解决当前一系列社会问题、转型政府管理体制、提升政府社会治理水平指明了方向，也为政府从公共行政迈向公共服务，政务服务方式逐步由"粗放型"向"精细化"转变，提供了强劲的动力。打造群众满意度的现代化政府成为现代化政府的工作目标。

　　（二）精细化治理的税务背景

　　税务精细化治理是实现税务治理体系现代化的重要手段，是提高税收征管质量、和谐征纳关系的重要路径。税收精细化治理利用大数据、云计算等技术手段，了解公众诉求，精准决策，从而使群众满意。

　　2018 年，税务系统印发了《全国税务系统深化"放管服"改革五年工作方案

(2018—2022 年)》,明确了纳税服务、征管体系、信息化体系等方面的 181 条精细化举措和目标,进一步推动了税收精细化治理。2020 年 5 月,国务院总理在政工作报告中指出,"放管服"改革纵深推进。税务部门作为政府重要职能部门,近年来持续推进"放管服"改革,落实"最多跑一次"改革,实现网格化、精细化管理服务。2021 年 3 月,《关于进一步深化税收征管改革的意见》中提出要"深化税收征管改革",深入推进精细服务,持续优化税收营商环境。

(三)税收精细化服务的内涵

税收精细化服务是税收精细化治理的重要组成部分,它建立在依法依规、权责清晰、规范透明、智能高效的原则上,细化对象、细化环节,建立明确的责任分工,从而量化责任、提升服务质效。税收精细化服务具体分为以下四个内容,即税收服务目标精细化、服务制度精细化、服务手段精细化、服务流程精细化。税收精细化服务通过提高税法宣传、纳税咨询、办税服务、权益保护、信用管理和社会化服务的质效,建立纳税人自主履行纳税义务,税务机关依法行政、提供优质便捷服务的新型纳税服务体系,精细化程度越高、纳税人税法遵从度越高。

二、打造智慧服务一体化的背景和意义

(一)智慧服务一体化的打造背景

随着长三角经济社会一体化程度不断深入,国家税务总局陆续出台《税收支持和服务长三角一体化发展的工作方案》、《关于支持和服务长江三角洲一体化发展措施的通知》,形成"16＋10"服务体系,明确指出要"推动长三角区域税收数据共享共用,积极打造税收'服务共同体'、'征管共同体'、'信息共同体'"。这就要求纳税服务也顺应这一理念,实现系统性、一体化的构建,整合服务内容、创新服务方式、延伸服务内涵。

"智慧税务"的概念最早出现于 2015 年国家税务总局的《"互联网＋税务"行动计划》中,2021 年深化征管改革的意见中要求"智慧税务的建设要充分运用大数据、云计算、人工智能、移动互动网等现代信息技术"。由此可见,实现智慧服务一体化已有了详实的政策支持,而多年的"放管服"改革、精细化治理成效,为构建服务共同体提供了强有力的支撑。

(二)精细化治理在构建智慧服务一体化中发挥的作用

1. 精细化治理有助于发挥大数据效应,夯实智慧服务一体化的建立基础。在精细化目标下,对服务数据库进行整合、完善,生成纳税人数据画像,将使服务对象更明确,服务内容更精准,服务方式更个性。同时,将数据库拓展至外部门、外单位,扩充数据信息、交互核对数据准确性,形成社会化、全方位的信息分析,为打造服务共同体和区域政务服务共同体打下夯实的基础。

2.精细化治理有助于提高服务质效，实现智慧服务一体化的最终目标。政府服务以人们满意为目标，通过将服务主体转变为政务事项的参与者、受益者，构建政务服务责任共同体、价值共同体、利益共同体，从而创造更多社会价值。通过"精益求精"不断出台精细化服务举措，有助于纳税人了解税收政策、弄懂操作流程、简化涉税办理，从而减少办税时间，从而提升办税体验感和税法遵从度，实现纳税人满意度的最终目标。

3.精细化治理有助于促进协同共治，优化区域营商环境。政府各部门就是有机共同体，纳税服务是政务服务其中一个重要的环节，实现精细化治理，就能准确掌握纳税人的动态，有问题及时解决、有需求及时改进，打破政府机关间的区隔、打破征纳间的阻隔，实现政务服务流程再造，构建政务服务一站式、一体化，全面优化区域营商环境。

三、舟山市普陀区税务局以精细化为手段构建海岛智慧服务一体化的探索

浙江省以小城镇为主，纳税人分布较为分散，但大数据应用程度较好、创新程度较高、数字化改革较深入，因此，本文选取了智慧服务应用较早的沿海城市——舟山市普陀区税务局，通过分析其在智慧税务一体化过程中的举措和成效，以点带面，探究浙江省打造精细化智慧服务一体化模式的路径。

(一)海岛纳税服务一体化的构建背景

舟山属于"长江三角洲城市群发展规划"城市，也是"上海大都市圈""1+7"市规划地级市之一，位于浙江四大都市圈之一——宁波都市区。因此，顺应发展背景，打造一体化政务服务，实现经济社会一体化发展，也是舟山市政务2.0的工作目标。普陀区作为舟山市经济的重要发展区县，顺应"一体化"战略布局，不断落实精细化服务的举措，实现服务对象精细化、服务数据精细化、服务举措精细化，打造智慧纳服一体化平台，助力海洋经济发展。

(二)普陀区税务局探索构建精细化海岛智慧服务一体化的探索及成效

普陀区税务局根据精细化服务的内涵，从税收服务目标精细化、服务制度精细化、服务手段精细化、服务流程精细化这四方面，着力打造智慧服务一体化。

1.整合服务"好资源"，实现服务对象精细化。(1)精准实现企业网格服务。普陀区税务局制定《国家税务总局舟山市普陀区税务局关于开展"网格化、组团式"税收服务工作的指导意见》，规范网格服务，建立多个线上、线下网格小组，成立常规服务网格小组10个(征纳沟通平台线上网格6个，线下网格4个)，重大项目网格服务组8个，成立全省首个万人税企交流群，实现线上、线下企业服务覆盖面100%，责任到人、对象明确、服务精细。(2)精准覆盖海岛自然人。以覆盖海岛自然人服务为目标，普陀区税务局探索协同服务、税收共

治的方式,2020 年底与区邮政局签订"税邮协作"协议,将办税服务下沉到海岛邮局,在区内 12 个邮政营业点设税务服务点,由服务点邮政人员协助税务部门推广网上自然人代开票和"网上办、掌上办"涉税业务办理,并将申领发票、税务 Ukey 发放、催报催缴等涉税文书、税收宣传资料等打包成"涉税服务大礼包",通过税务邮政专线和征纳够平台同时发放,形成海岛办税 1 公里绿色服务生态圈。

2.升级服务"数据库",实现服务手段精准化。(1)打造智慧服务中台,优化云上服务。普陀区税务局成立"双中心",即"电子税务管理服务(呼叫)中心"和"征纳沟通平台管理中心",组成"1+8"专家服务团队,搭建形成纳税人和税务机关的服务中台,成为纳税人、税务机关、政府和社会团体间的沟通桥梁,实现税收共治和管理服务一体化智能化处理,提供精准"云服务"。中心成立后,运用税收大数据智能分析,有效识别纳税人缴费人的实际体验、个性需求等,提供个性化服务,90%的办税问题均集中办结,实现机构、人员、功能、平台"四整合",达到了简约办税、集约征管、精准风控、数字管税的目标;(2)实现区、乡镇(街道)、社区三级税收社会化管理,加强行业管理。联合乡镇街道和社区共同建立起部门协调、风险管控、工作考核、队伍管理等 4 项保障机制,针对商业区、产业园区、工业园区等不同社区地域特点划分出管理网格,配备对应数量和风险层级的税收社会化管理小组,目前普陀区已有交通运输、金融商贸旅游服务、房地产建筑、工业等 4 个社会化管理小组,协作开展行业政策宣传。(3)签订信息协作备忘录,实现数据共享。普陀区税务局牵头,联合住建、自然资源与规划、公安等 17 个部门,多角度构建税收大数据集群。各单位实时采集录入的房产、水电、人员等涉税信息,将外来建筑、个人出租房、水产市场活鲜等普陀区重点税源行业列入协作范围,将政策性搬迁性企业所得税管理、社保费管理、个人所得税管理作为重点协作管理税种,为下一步建立税源分布区域平面图提供数据支撑。

3.优化企业"帮扶链",实现服务举措精准化。(1)立足地方特色,持续推进"放管服"改革。严格落实最新的"最多跑一次"清单,不断推出个性化海岛地区优化涉民、涉企服务事项,成立"税朋邮"志愿服务队、"海上服务行动队"、"税宣新 E 站""向老师工作室"等个性化服务团队,通过个性化、精细化帮扶举措,深入海岛基层,帮助海岛纳税人转变传统的办税缴费方式,逐步减少海岛地区的纳税次数和时间,降低综合税费率,不断提升指标数据,全面优化税收营商环境。(2)提供联合帮扶,加强"银税互动"质效。普陀区税务局近年来不断落实"小微助力·春雨润苗"计划,与银行建立优质信用企业帮帮团,通过直播帮扶、发放减免券等方式,了解企业需求,定制个性化帮扶方案,核对纳税信用和资信情况、简化信用贷流程、提高贷款额度。同时,"政银 2.0"也在普陀区正式开启，区内 13 个农商行支行均可以办理基础政务事项，包括证明开具、税款查询、发票领用等基础涉税事项，"帮扶链"愈加完善。（3）全面升级海岛办税网。打造党建与业务深度融合的海岛"三服务"2.0 版，在总局 100 项、省局增加 12 项、市局增加 13 项的基础上，普陀区税务局增加 7 条细化举措，涉及大企业管理、进出口服务、线上服务等项目，深入打造智慧办税综合体，扩展"海岛智慧办税网"，落实家门口办税新举措。

四、精细化服务共同体探索过程中存在问题

结合普陀区工作实际和智慧税务发展情况，在打造精细化智慧服务一体化模式的过程中仍存在不少问题。

（一）数据库未完全统一，征纳信息数据不对称问题仍存在

我国税收征管技术手段还比较落后，不能实现全国征管数据的大集中、大共享。在税务系统内部，国地税系统并库后仍存在数据重复、残缺、未对应等问题，对进行税务管理和纳税人涉税事项办理产生了不便。同时，部分网上办税服务厅的推广率还有提升空间且功能尚不完善，部分纳税人需要的业务不能网办或不能全流程网办，电子税务的作用还没有充分发挥出来；在税务系统外部，由于尚未建立一个可以覆盖全社会的统一平台，工商、银行、税务、海关、公安等部门各自有自己独立性较高的系统，虽然现借助政务平台可以实现部分信息的共享交流，但传递效率和共享效果仍非常有限。同时，税务服务虽然持续探索社会化协作，但范围有限，多个其他政府部门和社会组织没有真正参与进来，未形成高效便民的"服务网"，统一的政务服务"数据库"未搭建。

（二）精细化服务制度不全，精细化服务与执法严肃性产生一定矛盾

在税务服务部门中，建立健全的规章制度不仅是约束工作人员行为的重要途径，同时也是纳税人能够得到更好服务的基本保障。虽然目前税务服务部门已经建立起了相关的内部的规章制度，但是规章制度还不够精细，缺乏一定的针对性，只对最基本的行为规范方面做出了相关的要求，但是在细节方面还不够完善。在具体工作操作的过程中，对工作细节并没有太多的要求，甚至在应对突发状况等方面，对处理方案没有明确的规定，这在一定程度上会导致工作不规范、不精细，涉税事项办理在流程、执行口径上不定时修改，使办税体验受到极大影响，影响税务执法的威严和税务机关的公信力。同时，税务部门过度追求精细化服务，也会造成纳税人办税时过度依赖税务人员，这与"还责于纳税人"的初衷仍存在一定矛盾。

（三）精细服务人力不足，纳税人多样化需求和税务部门服务人员数量不匹配

在一项工作中，工作人员的数量及能力素质对工作质量的高低起到了直

接的制约作用。从目前来看,在纳税服务体系的工作中,可提供精细化服务的人员数量严重不足,原因主要有两方面:一是精细化服务人员需求量大。虽然"互联网＋税务"快速发展普及,在由线下服务转至线上线下相结合服务的过程中,由于处在过渡期,需要耗费较多的人力、物力来适应提供新型服务的要求;二是精细化服务能力水平高的人员不足。纳税服务是一项综合性的复杂工作,工作项目中并不仅仅包括监督和协助纳税人及时缴税,还包括了各类具体事项的具体服务内容,部分工作人员因为在相关领域的知识还不够丰富或者经验还不足,所以在具体的服务过程中,存在难以兼顾各个细节、对操作流程未能熟练掌握等问题。

（四）社会化协作程度不足,跨部门、跨市（县）协作依旧存在阻力

近年来,税务部门大力推进"放管服"改革,依托网上办税、智能办税,致力于打破涉税事项办理的时间、空间壁垒。但由于数据共享和资料传递的局限性,在提供服务时需耗费时间、精力进行部门间对接与协调,数据共享以人工传递数据为主,无统一数据交互平台,未形成一套的多部门协同提供服务的操作流程,大大增加了纳税人涉税办理的时间,增加了涉税办理的流程,影响了办税体验,甚至还会产生"二次办理"、"多头跑"等问题,在基础办理的质效未达到高水平的前提下,精细化服务难以推进和取得实质效果。

五、打造精细化智慧服务一体化模式的几点建议

基于上述案例和问题分析,精细化智慧服务一体化将在现有的智慧大厅、电子税务局管理服务中心等基础上,不断迭代升级,形成以大数据为基础,通过建立智慧化、一体化、集合式的纳税服务中台,辐射性开展精细化涉税服务,不仅使纳税人更有效获取纳税服务,还能使提高税务部门和政府的管理决策效率。

（一）建立服务中台,发挥"一体化数据库"服务税收工作的实效

1.要搭建集约型服务中台。探索构建以"行业哨点＋部门协作＋诉求反馈"为主体的共治新格局,搭建纳税人、税务部门、政府间的沟通服务中台,利用大数据打通各部门各人群的沟通交流渠道,以智慧赋能,迭代升级原有的电子税务局管理服务中心效能,使其功能更完善、工作更智能、人员更充沛、流程更顺畅、征纳关系更和谐。

2.要提升数据服务能力。用足用好税收大数据,加强调研分析,提出创新举措,为本地企业发展纾困解难,助地方政府精准施策。提升税收大数据服务能力,推动长三角区域税收数据共享共用,政府部门间打通数据壁垒,积极打造税收"服务共同体""征管共同体"和"信息共同体",打造智慧税务共同体,助力长三角税收一体化进程,对国内大循环体系产生积极的影响。

3.要搭建跨部门数据共享平台。用信息内部交互取代资料外部流转，数据实现实时交互。由各级政府牵头，工商、银行、税务、海关、公安等部门协同配合，通过开发特色软件、开放交互端口等手段，搭建部门间信息互通平台，在保障数据信息安全的前提下，使各部门可对外共享的各类涉税数据直接嵌入到特色软件中，无需二次处理即可直接利用，实现多部门数据在涉税事项办理环节乃至各类民生事项办理环节中实现实时共享共用、交互验证，实现纳税服务、税收征管的进一步体质增效。同时在税务系统内部，依托金税三期系统，通过查询模块实现内部信息及时交流共享，实现纳税人办事省时省事省心。

（二）强化制度建设，平衡纳税服务和税收执法间的关系

为从根本上提供高水平的精细化纳税服务，需要逐步机那里健全精细化得规章制度。

1.要了解现有问题。需要深入基层开展调研，通过税务系统内部反馈和纳税人多渠道搜集征集，发现纳税服务工作中容易出现的执法风险，了解纳税服务和税收执法间存在的各类矛盾和困难；

2.要完善现有制度。将这些问题进行归类、汇总，与既有的规章制度进行逐条对照，对现有制度中缺乏的部分进行补充和完善，并将完善补充过的规章制度在部分区域内进行试行并在取得效果后推广到整个纳税服务体系中。

3.要合理控制精度。精细化不等于过度服务，要在前期精细化服务的基础上，合理制定精细化服务管理制度，以制度控制服务精准度，提升纳税人的自主办税、自主学习的能力，顺利从线下服务过渡到线上服务甚至转为智能服务，减少人力压力、减少人工服务带来的误差，实现智能化、高效化服务。

（三）加强人才培养，打造高素质、肯担当的服务人才"新势力"

在纳税服务精细化服务工作中所缺少的人才，主要是业务水平高、智能税务操作强、服务意识新的纳税服务人才，在广泛吸纳此类人才的同时，也应加强对现有工作人员的能力和素质提升，实现服务方式的转变和升级。

1.要组建专业化团队。人员是服务中台顺利运行的基础保障。要汇集业务能力强、服务能力好、信息技术优的复合型业务骨干，组成专业化团队，在支撑服务中心的运营和智慧服务的迭代升级，确保中心运行顺畅。

2.要为一线服务人员提供定期高质量培训。通过网络课程、专家讲解、实践指导等多样化的方式，定期为办税服务场所一线工作人员和其他直接提供纳税服务的人员安排相关培训，提升一线服务人员的服务能力和综合素养。

3.要加强理论和实践的结合。学习精细化服务相关的规章制度、理论知识外，适当安排外出学习等实践机会，如与辖区内 TSC5 级的优质涉税专业服务机构合作，结合他们在服务企业过程中收集的精细化需求，组织开展针对税务工作人员服务方面不足的学习活动，参观他们的工作模式和服务方法，从而

实现能力提升,互利共赢。

(四)凝聚共治合力,提升税收治理现代化水平

1.要多部门协作共治。持续深入探索税收社会化共治,与工商、银行、税务、海关、公安等部门联合协作,打造数据共享、一站办理、线上交流、实时沟通、需求响应、持续改进、有效反馈的闭环运行模式。要让纳税服务渗透到各个部门的多个领域,

2.要共同参与政府治理。要在精准化服务闭环运行中,不能只停留在税务部门或税务办理的环节,需要各相关部门深度参与,以互通有无、资源共享、多措并举、加强协作为主要方式,在提升服务质效方面集思广益、齐抓共管,切实拓展为纳税人服务的广度和深度,促进各部门、各环节相互联动,是服务闭环高效运行,螺旋式提升纳税服务质效,避免出现"为服务而服务"、"无效服务"等现象,积极响应和合理满足纳税人的正当需求。

(五)发挥信用效益,建立健全社会信用评价体系

1.要加快系统内税收信用数据库的建立,方便税务部门及时掌握企业情况,有针对性地开展征管工作。

2.要鼓励信用中介机构注重税收数据库的建设,为公正、准确地评价企业纳税信用奠定基础。同时,在时机成熟时,税务部门可提供部分信息与中介机构共享,利用各自资源优势,互惠互利。

3.建立与工商、海关、质监、银行等部门的企业信用信息共享机制,将同一企业在各部门的信息资料交专门评价机构综合评定,以保证评价结果的权威性和准确性,同时减轻各部门评定工作量,真正实现人力、物力的有效利用,并降低信用评定成本,避免企业在不同部门频繁评定,减轻企业负担。

课 题 组 组 长:许　磊

课 题 组 副 组 长:郭　斌

课 题 组 成 员:林 　恭　贝　蕾(执笔)

关于规范企业职工基本养老保险省级统筹制度的研究（三等奖）

国家税务总局绍兴市上虞区税务局课题组

在我国社会保障体系当中，企业职工养老保险是十分重要的组成部分，提高此类型保险的统筹层次正是企业职工养老保险的未来发展方向。当前，企业职工养老保险省级统筹应遵循统一养老保险政策、统一基金收支管理、统一责任分担机制、统一集中信息系统、统一经办管理服务、统一考核奖惩机制的"六个统一"标准，并强调基金管理环节的省级统一调度和统一收支。20多年来，我国企业职工养老保险省级统筹改革工作不断推进，各省均已经完成了省级统筹，但其规范性还有待加强。浙江省适时提出了关于规范企业职工基本养老保险省级统筹制度的实施意见。因此，本文着眼于有关规范企业职工基本养老保险省级统筹制度的研究。

一、企业职工养老保险省级统筹模式概述

企业职工养老保险省级统筹工作的开展关联到社会大众的养老问题，甚至会对社会环境的稳定性产生影响。所谓企业职工养老保险省级统筹，实质上就是以省为单位建立的统一化养老保险制度体系。当前，企业职工养老保险省级统筹模式共有两种，其一是基于资金分级平衡体制的省级调剂金模式，即"分级实施、分级核算、分级平衡和分级负责"的省级统筹；其二是基于资金省级平衡体制的统收统支模式，即"统一养老保险政策、统一基金收支管理、统一责任分担机制、统一集中信息系统、统一经办管理服务、统一考核奖惩机制"的省级统筹。这两种模式拥有相同的监督主体和制度制定主体，市县级政府社会保险部门和财政部门将承担社会保险行政管理责任；而且，基于这两种模式，都必须在省内履行统一的社会保险征管支付规则和养老保险业务规程。但两种模式也存在许多差异。比如，统收统支体制的企业职工养老保险基金平衡主体是省级政府，而在分级平衡体制之下这一主体将转变为市县级政府。目前浙江省实行的是基于资金省级平衡体制的统收统支模式。

二、企业职工养老保险省级统筹问题分析

虽然企业职工养老保险省级统筹工作的改革力度不断加强,但是仍然存在许多问题,其中最为突出的就是统筹层次低的问题,它严重阻碍了社会保障体系的完善。从现有情况来看,大多数已经基本完成省级统筹的省份仅做到了由市县政府征收养老保险金并向省级政府缴纳一定数额的统筹调剂金,而且本级政府将承担各级社会保险机构的管理责任,但这些做法并没能真正地达到统收统支、统一管理的要求,企业职工养老保险省级统筹工作开展尚不完善。

(一)现有的"分级平衡"的省级统筹管理体制导致市、县级政府在养老保险统筹金方面的"优势"与"劣势"互补性不足

在"分级实施、分级核算、分级平衡和分级负责"的省级统筹管理制度下,原先市、县级政府的履行城镇职工基本养老保险职责所形成的利益格局并未有实质性的改变,基本养老保险的存量和增量结余,除了调剂金上缴比例增加外,仍留在原统筹地由当地政府管理,收支平衡由该地政府负责。城镇职工基本养老保险基金积累,从横向看,在各市、县级政府间是独立的,"优势"与"劣势"并存;从纵向看,在"分级平衡"的省级统筹管理体制下,省级政府难以根据全省城镇职工基本养老保险的需要给予再分配,养老保险统筹基金的共济性特征被局限在市、县级政府管辖内。

由于省级政府对市、县级政府现有的养老保险再分配力度弱,因而这种"分级平衡"的管理体制,在实际的运行中,造成以下问题:其一,对城镇职工基本养老保险基金积累较为充裕、政府拥有的社会保险资源具有"优势"的地方来说,养老保险统筹基金的结余,即使用于弥补"空账",只要这部分基金未被支出,也会增加当地政府对这部分基金的保值增值压力;其二,造成省内各地城镇职工基本养老保险待遇水平差异扩大,"优势"地区的政府,拥有提高城镇职工基本养老保险待遇的条件,而那些经济发展相对落后,企业工资水平低,企业离退休人员较多,城镇职工基本养老保险基金积累少,政府拥有的社会保险资源相对缺乏,处于"劣势"的地方,市、县级政府缺少提高该地已离退休人员的养老保险待遇水平的条件。以上二个方面的问题说明,"分级平衡"的管理体制对省级政府用再分配的手段调控省内各地养老保险社会统筹资源构成阻碍,现存的"优势"和"劣势"之间缺乏互补,无助于解决城镇职工基本养老保险管理中的"碎片化"问题。

(二)"分级平衡"的省级统筹管理体制不能有效抵御城镇职工代际养老保险制度抚养比升高问题

制度抚养比是反映养老保险代际养老压力的重要指标,是养老保险制度

内退休人数与在职人数的比值。在现收现付制下，它反映了平均每个城镇在职职工供养的享受或领取养老金的人数。一个行政地区，如果城镇职工基本养老保险制度抚养比高，人口老龄化程度重，制度的抚养负担就重，反之则越轻。

在一个省级管辖的范围内，由于经济和社会发展、人口结构、职工参保人数和退休者人数等影响因素不同，各地的制度抚养比存在差异，有的市、县制度抚养比压力低，有的市、县制度抚养比压力高。如果一地的政府面临制度抚养比高并由其自行解决，那么必然涉及对现行城镇职工基本养老保险征管制度的调整，甚至包括对退休年龄的调整，但是，在"统一政策"的省级统筹制度下，各市、县级政府实际上没有这个权力，制度约束使得市、县级政府缺乏解决制度抚养比高的条件。相较而言，省级政府拥有解决这一问题的行政手段或权力，但"分级平衡"的省级统筹管理体制因限制了省级政府对各市、县企业职工的养老保险金存量和增量收入的再分配力度而不能有效地解决或缓解市、县级政府的制度抚养比压力高的问题。这将影响一个省城镇职工基本养老保险制度的可持续发展。现行的"分级平衡"的省级统筹管理体制、省级调剂金制度，总体看还是一个再分配力度较弱的制度，该制度可以应付或化解局部市、县城镇职工基本养老保险金的收支问题，但如果遇到在一个省内众多地区都面临制度抚养比高的问题时，省级调剂金的调剂作用将处于捉襟见肘的困境。

针对企业职工基本养老保险省级统筹体制存在的问题，从分析的角度看，可以分为以下几个层面：其一，现行"分级平衡"的省级统筹管理制度因共济性受限制而存在的问题。其二，现行城镇职工社会保险的征缴制度设计层面的问题。这两个层面的问题反映了现行"分级平衡"的管理体制不利于省级政府履行再分配职能，调控省内各市、县城镇职工基本养老保险存量和增量结余；不利于市、县级政府化解城镇职工代际养老保险制度抚养比升高；不适应城镇职工基本养老保险关系全国接续制度运行的要求；不利于企业职工参保"扩面"工作的开展等方面。其三，在"省级平衡"的统筹管理体制下，省级政府如何统筹省内各市、县级政府管理的城镇职工基本养老保险基金。其四，在"分级平衡"向"省级平衡"的改革中，现行城镇职工基本养老保险管理中"空账"和"历史债务"如何分担。其五，省级政府与市县级政府在履行城镇职工基本养老保险管理职责中的利益协调和政府间的激励机制如何建立。

在实践中，企业职工养老保险省级统筹问题主要表现在保险征缴支付和管理制度两方面。前者涉及的问题主要包括征缴和支付两个方面，在征缴方面存在企业职工养老保险的企业缴费基数、职工缴费基数、企业缴费比例不统一问题，中小型民营企业参保率难以提升和养老保险缴费下限设计不合理问题。而在企业职工养老保险的支付方面,则存在新旧支付标准不统一的问题。在企业职工养老保险省级统筹管理体制方面,省级统筹分级平衡体制的应用,不仅在一定程度上对养老保险制度的公平性造成了阻碍,还加剧了养老保险资金的安全运营风险和道德风险。

三、规范企业职工养老保险省级统筹的措施

企业职工养老保险省级统筹制度的建立和完善,将进一步提高养老保险管理层次、提高养老保险基金的有效利用率、解决养老保险财务能力的区域差异化,提高参保人养老保险关系异地转移接续工作的便捷性和高效性,从而推动劳动力基于市场规律合理流动。无论是从个人、企业、社会还是政府的角度来看,完善企业职工养老保险省级统筹制度都十分必要,因此,2020 年浙江省出台了关于规范企业职工基本养老保险省级统筹制度的实施意见,进一步推进依法参保,强化政策统一执行,维护劳动者合法权益;进一步推进企业职工基本养老保险基金(以下简称基金)省级统收统支,规范基金运行和管理,提高保障和监管能力;进一步落实市县政府对本地基本养老保险工作的责任,建立分级责任分担机制,均衡各地养老保险负担;进一步强化基金征缴,多渠道筹措基本养老保险基金,不断增强基金统筹和抗风险能力,确保全省企业离退休人员基本养老金按时足额发放。

（一）统一养老保险政策执行

1.统一参保政策。本省行政区域内的企业、民办非企业单位等和与其形成劳动关系的职工,国家机关、事业单位、社会团体和与其形成劳动关系未纳入机关事业单位养老保险范围的职工,有雇工的城镇个体工商户和与其形成劳动关系的雇员应当依法参保;鼓励无雇工的城镇个体工商户、灵活就业人员依法参保,取消灵活就业人员参加企业职工基本养老保险的省内城乡户籍限制。完善被征地农民参加基本养老保险政策,根据不同情况分别按规定纳入企业职工或城乡居民基本养老保险制度。各地不得将超过法定退休年龄等不符合条件人员纳入企业职工基本养老保险参保范围。

2.统一缴费政策。从 2022 年 1 月 1 日起,统一按职工个人缴费工资之和核定单位缴费工资,单位缴费比例调整为 16％,城镇个体劳动者缴费比例调整为 20％。有雇工的个体工商户,雇主的养老保险费全部由其本人缴纳;雇工的养老保险费,由雇工缴纳 8％、雇主缴纳 12％。2021 年 12 月 31 日前,单位缴费工资核定办法和缴费比例仍按现行规定执行。不得扩大一次性补缴适用人群范围,不得违反规定对参保人员进行一次性补缴。城镇个体工商户和灵活就业人员应按月缴费,不得以事后追补缴费的方式增加缴费年限。

3.统一待遇政策。全省统一执行《国务院关于完善企业职工基本养老保

险制度的决定》(国发〔2005〕38 号)、《浙江省职工基本养老保险条例》和《浙江省人民政府关于完善企业职工基本养老保险制度的通知》等法规、政策规定的基本养老金计发办法、统筹项目和待遇调整标准。从 2021 年 1 月 1 日起,按照全省上年度全口径城镇单位就业人员平均工资确定计发基数。不得自行增设待遇项目或提高待遇标准,统筹外项目一律不得在基金中列支。

4.开展政策执行情况清理。各市县要对本地养老保险政策执行情况进行全面清理,及时纠正不符合国家和省有关规定的政策和做法。存在特殊困难无法一步到位的,要明确具体工作计划和过渡方案,报省人力社保、财政部门批复同意后执行。因未统一执行全省养老保险政策产生的问题,相关待遇支出由当地政府自行研究解决。

(二)统一基金收支管理

1.统一基金收入管理。从 2021 年 1 月 1 日起,全省各项基金当期收入按期全额归集至省级社会保障基金财政专户(以下简称省级财政专户)。各级税务部门负责按月征收参保单位和参保人员的基本养老保险费并缴入省级国库,省财政部门负责定期划拨至省级财政专户,其中宁波市按月征收的基本养老保险费于当月 20 日前上解省级财政专户;转移收入、利息收入等其他项目收入,由各市县财政部门定期上解省级财政专户。

2.统一基金支出管理。从 2021 年 1 月 1 日起,各级社会保险经办机构应按照实际核定企业职工基本养老保险基金支出用款计划,逐级申报至省社会保险经办机构。省社会保险经办机构初核汇总全省支出用款计划并送省财政部门审核。省财政部门审核后拨付省社会保险经办机构支出户,省社会保险经办机构及时转拨各级社会保险经办机构,各级社会保险经办机构按规定发放。建立健全社会保险经办机构、财政部门、税务部门定期对账机制。

3.统一基金结余管理。从 2021 年 1 月 1 日起,各市县基金累计结余由省统一调拨管理,各市县不得擅自动用。在 2020 年 12 月 31 日前,各市县将基金累计结余的一定比例上解省级财政专户;从 2021 年 1 月 1 日起,各市县基金累计结余根据全省基金运行等情况,分批上解省级财政专户。

(三)统一基金预算管理

1.统一基金预算编制。根据《中华人民共和国预算法》《中华人民共和国社会保险法》和 2010 年《国务院关于试行社会保险基金预算的意见》等有关规定,按照基金省级统收统支的要求完善基金预算管理。从 2021 预算年度起,由省人力社保部门及其社会保险经办机构统一编制、省财政部门审核并汇总编制基金省级预算,其中,基金收入预算由省社会保险经办机构会同省税务部门共同编制。预算草案报省政府审定并经省人大批准后执行。基金收入预算应综合考虑各地经济发展状况、就业情况、参保人员征缴计划和职工平均工资增长等因素;基金支出预算应综合考虑各地领取待遇人数增长、待遇调整等因素。

2.强化预算监督考核。对预算编制、执行、调整实施全程监督,强化绩效管理,压实各级政府责任,确保省级统筹基金按时足额调度到位。建立参保缴费考核机制,根据各市县目前的参保情况,分类下达参保缴费指标并实施考核。在保持各市县参保人数自然增长基础上,对 2019 年末企业在岗职工参保水平未达到全省平均水平的市县,对照 2019 年末全省平均参保水平,设定参保人数定量指标,分解到各考核年度。

(四)统一责任分担机制

按照基金统一收支、责任分级负责、缺口合理分担的原则,建立事权与财权相匹配、激励与约束相结合的省和市县政府责任分担机制。从 2021 年 1 月 1 日起,根据基金责任形成原因等,确定各类责任省与市县分担比例。对负担确有困难的市县,在其应尽责任履行到位的基础上,省视情予以统筹支持。责任分担比例可视基金运行情况进行适时调整,报经省政府同意后实施。

(五)统一集中信息系统

利用互联网、云计算、大数据等技术,建立省级集中的企业职工基本养老保险信息系统,实现企业职工基本养老保险数据实时省级集中,支持实时进行联网经办、基金财务监管及经办业务监管,并加强与财政、税务、人民银行等信息共享,实行系统直联或定期交换数据。实现参保人员社会保障卡发行全覆盖,推进社会保障卡在养老保险经办业务环节应用,通过社会保障卡发放养老保险待遇。开展养老保险业务网上申办和查询,实现养老保险业务线上办理。实现全省数据省集中管理、统一业务经办、业务和财务一体化管理。

(六)统一经办管理服务

按照深化"最多跑一次"改革要求,开展社会保险核心业务梳理,推进业务流程再造。从 2021 年 1 月 1 日起,全省各项企业职工基本养老保险业务统一在省集中信息系统经办,具体经办工作由各级社会保险经办机构负责。参保登记、权益记录、转移接续、待遇领取等业务实现全省标准统一、流程规范、在线办理、异地通办,省内转移接续不需转移资金及业务信息。建立省级统筹运行情况实时监控体系和以信用为基础的新型经办管理服务模式,健全政策、经办、信息、监督"四位一体"的基金风险防控体系。省社会保险经办机构要强化管理,加强对各级社会保险经办机构的业务指导,统一基本养老保险业务规程。

(七)统一激励约束机制

对各市县政府在政策执行、参保缴费、基金征缴、待遇核发、经办服务、责任分担、基金监管等方面进行考核。建立与考核结果挂钩的奖惩机制,对工作完成好的市县予以奖励，对存在违法违规情况的市县政府及相关责任人按规定进行处理。采取委托第三方审计等形式，建立全省养老保险工作定期审计制度，加大监管力度，对各地养老保险工作中出现的违规违纪问题严肃问责。

总之，企业职工养老保险省级统筹的规范，将会进一步推进企业职工养老保险体系和我国社会保障体系的平稳和可持续运营，对维护职工基本权益、提升职工生活保障水平也十分有益，是实现共同富裕的应有之义。

课题组组长：谢岳雷

课题组成员：丁丽钦（执笔）

纳税缴费精细化服务的
问题探讨及优化研究
——以德清县税务局为例（三等奖）

国家税务总局德清县税务局课题组

做好纳税服务工作是税务部门的重要职责，是建设服务型政府的应有之义，推动税收优化营商环境应坚持问题导向、需求导向，不断推进纳税缴费精细化、便利化。深化办税缴费便利化改革，推进税费服务智能化升级，创新税费服务个性化措施，有利于更大激发市场主体活力和发展内生动力。

一、推行纳税缴费精细服务的背景和意义

（一）推行纳税缴费精细服务的背景

2021年3月，中共中央办公厅、国务院办公厅印发了《关于进一步深化税收征管改革的意见》。《意见》既是党中央、国务院关于"十四五"时期税收征管改革的重要制度安排，又是顺应纳税人缴费人期盼的重大民心工程，也是发挥税收在国家治理中基础性、支柱性、保障性作用，更好推进经济社会高质量发展、服务国家治理体系和治理能力现代化的基本遵循。

《意见》全面充分地对税务执法、服务便捷、税务监管等方面提出了高标准、严要求。站在更高层级对纳税服务提出了智能化提升路径，使纳税缴费服务在整体政务服务版图中位居前沿。

意见明示到2022年，在税费服务便捷性上取得重要进展。到2023年，基本建成"线下服务无死角、线上服务不打烊、定制服务广覆盖"的税费服务新体系，实现从无差别服务向精细化、智能化、个性化服务转变。到2025年，深化税收征管制度改革取得显著成效，基本建成功能强大的智慧税务，形成国内一流的智能化行政应用系统，全方位提高税务执法、服务、监管能力。

（二）推行纳税缴费精细服务的意义

1. 以纳税人需求为导向是服务精细化的应有之义

以纳税人缴费人的需求为导向始终是纳税服务的根本，只有通过精细服务才能从传统的"我要给纳税人什么"向"纳税人需要什么"转变，提升纳税人对税法的遵从度。

2.优化税收营商环境是服务精细化的必由之果

税收征管和纳税服务就是智慧税务的两条腿，只有齐头并进、齐抓共改，才能跑得更快。推行纳税缴费精细化服务，有助于实现服务征管"一体化"运行，促进区域税收营商环境整体提升。

3.数据跑路、体验优化是服务精细化的必经之路

互联网技术和大数据分析使纳税人和缴费人的个性化体验得到更好满足，"网上办"和"掌上办"成为主流，数字改革是推行精细服务的肥沃土壤和重要基石。深入推进税务领域数字化转型，实现互联网与纳税服务的融合迭代。

二、我国纳税缴费服务工作的发展历程和现状

"纳税服务"概念在我国的提出始于 1990 年，当时提出的税收征管过程也应是纳税服务过程。

1997 年税收征管改革，提出"以申报纳税和优化服务为基础，以计算机网络为依托，集中征收，重点稽查"的征管模式，首次把纳税服务明确为税收征管的基础工作。

2001 年全国人大常委会修订并重新颁布了《中华人民共和国税收征收管理法》，第一次将纳税服务确定为税务机关的法定职责，纳税服务由原来的税务人员职业道德范畴上升到必须作为的法律范畴。

2002 年 8 月，国家税务总局适应转变政府职能的需要，在征收管理司内成立纳税服务处，专司全国税务系统纳税服务行政管理工作。

2003 年初，国家税务总局下发了《关于加强纳税服务工作的通知》，提出了加强纳税服务的十条指导性原则，对纳税服务工作提出具体要求。

2005 年 10 月，国家税务总局制定下发了《纳税服务工作规范（试行）》，对税收工作中的税收征收、管理、检查和实施税收法律救济等环节的纳税服务工作做出了明确的规定，从此税务机关和税务人员开展纳税服务工作有了基本的行为准则，标志着我国的纳税服务工作进入新阶段。

2006 年 12 月，国家税务总局总结十年来开展办税公开的实践经验，制定下发了《关于进一步推行办税公开工作的意见》，系统地规范了税务系统推行办税公开工作的具体事项和要求，有效地促进了纳税服务体系建设。

2007 年 5 月，第一次全国纳税服务工作会议召开，在系统总结纳税服务工作的基础上，对纳税服务工作的开展进行了全面的部署。

2008 年 7 月，国家税务总局设立了专为纳税人服务的司局级机构——纳税服务司，把服务工作提高到这样一个高度，在中国税收史上是第一次为执法管理对象专门设立服务机构，在政府各部门中也是第一家。

2009年—2012年,提出"纳税服务和税收征管是税收工作核心业务",出台纳税服务三年和五年规划,每两年开展一次全国纳税人满意度调查,推进12366热线和办税服务厅规范和建设。

2014年以来持续开展"便民办税春风行动",推行纳税服务规范。长流水、不断线的办税便利化改革持续发力,纳税人彻底告别了办税东奔西走,从琐碎的办税流程中解放了出来。

三、德清县局在纳税服务缴税精细服务方面的举措及成效

德清县税务局作为基层税务部门,重点聚焦"到2023年,基本建成'线下服务无死角、线上服务不打烊、定制服务广覆盖'的税费服务新体系"要求,深入推进税收领域"放管服"改革。力争在落实精细服务中走在前、敢为先,立足"便民办税春风行动"与"最多跑一次"相融合,努力打造德清税务服务新品牌。不断地推进"非接触式"办税缴费向纵深发展,确保办税服务更高效、程序更规范、服务更贴心;联合相关部门不折不扣落实"群众诉求快响应、优惠政策直送达、分类服务解难题"等便民惠民措施;进一步健全与社保、环保、市场监管等部门信息交换机制,进一步深化税警协作、税银互动,共享区域税收发展经验,形成税收治理强大合力,提升税收共治水平。

(一)依托征纳沟通平台,提升宣传"精度"。

在日常工作中,通过完善征纳沟通平台当中的用户维护,拓展征纳沟通平台覆盖面,提升活跃度和使用率;应用大数据分析,精准推送税收新政和优惠政策,提升纳税人缴费人信息获取的便利度和精准度。

(二)建立统一咨询平台,拓展服务"广度"。

今年以来,作为德清税务数字化智慧办税的前置服务项目,我们将全县对外咨询电话统一到一个平台,提升咨询服务的专业性和高效性,依托征纳沟通平台建设"智慧呼叫中心",接入人工智能语音、远程视频辅导、文本解答等多种咨询服务,从传统的咨询向线上问办一体化转变。组建"智慧呼叫中心专家团队",为日常线上咨询及业务办理提供税收政策解答和管辖科所的受理支持。

上线以来,已接听涉税费咨询1万余户次,智能语音分流3600余条。既缓解了人工坐席压力,也为纳税人缴费人提供7＊24智能语音服务。下一阶段,我们将进一步推进一体化、集成化、多元化智慧办税建设,为德清县打造"重要窗口"的"精品窗口"贡献税务力量。

(三)拓展延伸线上服务,夯实服务"力度"。

以电子税务局、政务服务网、征纳沟通平台等线上服务平台为基础,联动推出全方位线上办理模式,网上办税率达到98.53％,高于全市平均水平。

（四）优化完善线下服务，厚植服务"深度"。

在今年"便民办税春风行动"中，一项重要内容就是"分类服务解难题"坚持传统服务与智能创新"两条腿"走路，在做好线上服务的同时持续优化线下服务，更好满足特殊人群、特殊事项办理的要求。着重对特殊人员、特殊事项研究制定服务内容，有针对性地优化服务措施，形成闭环工作机制。通过设置绿色通道、无障碍通道、现金征缴通道，提供志愿者、预约上门等多渠道个性化服务，更好满足特殊人员、特殊事项服务需求。

（五）规范开展银税互动，彰显服务"温度"。

在原有银税互动的基础上，拓展"银税超市"线上服务，联合银监、金融、人民银行等规范开展银税超市推广，为小微企业提供金融扶持，缓解资金压力。

（六）深化税收宣传教育，织铸服务"密度"。

大力开展税费法律法规的普及宣传，持续深化青少年税收法制教育，发挥税收宣传教育的预防和引导作用。从 1999 年 4 月至今，德清县局联合德清县教育部门已连续 23 年共同举办"我和护税树共成长"主题教育活动，以"护税树"为主题，积极探索并开展一系列寓教于乐、教学相长的校园活动，宣传税法新知识，传播税收正能量，弘扬爱国真情怀。

（七）强化多部门联动合作，拓宽服务"维度"。

在社保非税征管中进一步加强与相关部门的沟通和协调，定期与人社、医保部门召开社保费征缴联席会议，积极向非税收入原征收部门借鉴学习优良的服务和征管经验。通过会议交流及时将税务在费金征管工作中出现的一些新情况、新问题传递给人社医保部门，及时提出解决的办法，营造了密切合作的良好局面，为推动社保非税征缴起到了积极的作用。

四、推进纳税缴费精细化的现实问题和阻碍

（一）纳服岗位工作压力大，缺乏有效的赋能措施。

与其他税务人员相比，纳税服务一线税务干部的工作有其特殊的地方。直接面对纳税人的过程中，除了付出体力和脑力劳动外，他们要展现出符合组织需要和纳税人期待的情绪表达。这种与服务对象在频繁互动中表现出规定情绪的过程，实际上是"情绪劳动"。

纳税服务人员在与纳税人的沟通中，需要表达正向情绪，克制负向情绪，遇到纳税人抱怨或不满时，还要处理他们的负向情绪。长此以往，纳税服务人员会积累很大的情绪压力。在这种情况下，对于纳税服务工作人员来说，把工作做好是本份，但是把工作做到极致就需要有效的激励。无论是培训机会的增多、绩效考评的向好还是职位晋升的倾向都是有效的激励，可以让每一位一线的纳税服务人员自觉审视纳税服务各个环节中自己的不足，不断改进自己的行为,为纳税人提供更优质的服务。

(二)税收政策变动性强,税收宣传针对性弱。

为了适应现代经济社会的快速进步和发展,具体的税收政策法规变动频繁。而实际工作中,一些阶段性税收工作文件政策要求和具体操作较为模糊,很多情况下税收法规业务部门未在新政落地前接收到政策通知,导致还没有及时制定相应的操作流程,基层一线税务部门就直接面临新政的实行。这就造成基层税务工作者难以针对税务知识进行有效及时的宣传教育,纳税人缺乏对纳税政策的精准把握。

另一方面大量的税收宣传广告,其宣传内容针对性不强,导致宣传的精准度不高,难以传达给真正有需要的纳税人。这样的宣传表面上形式多样新颖,但实际对症施策效果不佳,同时宣传的效果由于缺乏纳税人意见的收集反馈,税务机关缺乏改进的动机。这样笼统的宣传减少了纳税人主动学习的情绪,加大了信息的不对称。最后,由于目前政策宣传中更多的是以税务机关的主导为主,缺少与纳税人的互动机制和渠道,纳税人政策需求未能在政策宣传中及时反馈到税务机关。

(三)纳税人需求管理不全面,无法及时有效获取信息。

在当前的实际工作中,存在以下几点原因导致纳税人需求管理相关制度流于表面,未能很好地服务于"以纳税人需求为导向"优化纳税服务。

一是没有系统化收集需求的途径。需求收集作为纳税人需求管理工作的首要环节,是起点,但从目前来看,需求的收集往往依靠日常的征管工作经验以及一些形式化的走访询问,很少形成定期的、系统化的纳税人需求的大型专项调查工作,外部收集途径较少,比如没有尝试通过社会第三方渠道去采集纳税人需求。

二是对纳税人需求的分析能力不高。税务机关获取纳税人的需求后,应该对需求数据进行进一步加工、整理进而开展深入分析,判断纳税人需求是否符合实际,是否符合政策规定,以及需求落实的迫切程度。但目前税务机关这种分析能力不足,一方面没有专责部门,导致需求的分析工作分散,缺乏系统性。另一方面是需求信息收集后进行传递的机制不畅通。导致分析时停留在浅层,缺乏深层次的发掘,对纳税人个性化的需求了解不足。

(四)信息化办税系统稳定性差,降低办税便利性体验。

网上办、掌上办、码上办作为压缩纳税人办税时间,拓展税务部门服务空间和时间的重要手段,流程设计还有待简化及优化。税务端和企业端之间的信息传递壁垒有待被打破。

通过纳税服务工作人员和办税人的日常办税反馈,由于税务系统多平台之间的信息传递存在时间差、对浏览器有所要求等等,纳税人在办税过程中,经常会出现发票抄报税、认证等长时间无响应或不成功，自助代开发票扣税成功但发票二维码未生成，申报高峰期服务器故障等各个环节的问题。这些问题的存在，导致原本致力于让纳税人"少跑路"的网上办税体验大打折扣，甚至造成办税更长时间等待。纳服一线的税务干部也表示，常遇到纳税人由于操作系统不稳定或数据需要税务端手动导入而打来咨询电话或上门，无形中增加了纳税服务的工作量。

信息化纳税服务以其便捷性、高效性为显著特点，"互联网＋税务"是新时期税收工作的未来发展方向。当前，浙江省有电子税务局、个税扣缴客户端、征纳沟通平台、纳税人学堂、发票综合服务平台、微信公众号等多个特色软件应用，实现信息化办税功能多应用、多领域。但在实际纳税服务工作中，由于新开发的各项办税应用系统尚不成熟，在维护、运行技术上达不到该有标准，由此造成系统不稳定，降低了纳税人网上办税的体验感，在办税服务质效上也打了折扣。此外，由于平台繁杂，要求不一，阶段性推广重点不同，容易造成部分纳税人对信息化办税接受能力不足、产生反感。

（五）办税人员办税意识和能力进展缓慢，难以匹配高速发展的服务进程

一是纳税人对中介机构信任度较低。相比于国外，中国第三方涉税机构有的发展还处于起步阶段，社会大众对涉税中介存在一种利益误区，一方面，认为涉税中介只以牟利为目的，忽视了涉税中介的专业性作用，无法准确认识到涉税中介的参与，会为企业带来利好，比如因专业性较强，可减少人力、时间等成本，同时，还可以找到适用政策，降低漏税等风险；另一方面，认为涉税中介与税务机关是利益共同体，降低了委托办税的安全感。

二是税务系统对会计师事务所、税务师事务所、律师事务所等社会中介组织的扶持力度不够，没有深刻认识到这些社会组织是宣传税收政策的主力军，是提升税收遵从度的有生力量，加大对其扶持力度，也可以有效降低纳税服务成本。

三是涉税中介机构发展水平良莠不齐。由于我国社会化涉税力量尚不成熟，对专业性涉税机构的资质认证还存在纰漏，很多专业化涉税组织的服务人员都不具备职业资格，造成涉税第三方市场混乱，税务代理作用发挥不充分。

五、对未来纳税缴费服务的展望及优化对策研究

放眼于国内外先进经验做法，结合德清税务工作实际，提出加强人才储备、整合办税资源、完善体系建设、重视赋能监管等优化本地纳税服务工作的对策，旨在让改革成果惠及全体德清纳税人缴费人、为新形势下税务系统开启税收现代化新征程写下温暖注脚。

（一）加强专业人才储备，优化奖惩激励体制

实践证明，专业人才是税收事业发展的根本，源源不断地输入专业人才，是税务系统不断向好发展的基础和保障。在国地税征管体制改革后，办税服务厅人力资源配置相对不足，一定程度上制约了纳税服务质效的提升。一是要增强税务工作人员服务大局的能力。强化对纳税服务一线岗位工作人员的服务理念、情绪管理等培训工作，建立起针对一线岗位工作人员心理疏导机制，增强其服务大局意识。二是建立健全专业性人才激励机制。为鼓励税收工作人员向在专业性人才发展，增强纳税服务人才储备力量，可以尝试以职级晋升为标杆进行人才结构调节，还可以尝试给予测评排名在前的工作人员奖励等激励方式。同时，每年可以在系统内开展树典型、学模范等评选活动，提升税收工作人员的幸福感，增强其自豪感和使命感。

（二）引导税收政策宣传向差异化发展

税法宣传工作是广大纳税人获取涉税知识的有效途径。在今后工作中应当以纳税人期待和需求为导向，聚焦破解纳税人办税缴费"堵点"、"痛点"，改善传统税收政策"撒网式"、"灌溉式"宣传方式，建立起"日常税法宣传＋专题税法宣传"、"传统媒体宣传＋新媒体宣传"双线税法宣传机制。在传统宣传地基础上，尝试提供"私人订制"服务，集中业务骨干组建税法宣传"专家团队"实地走访，开展个性化税法宣传服务；制作税法宣传"锦囊"，分门别类将税收政策制作成微视频、一图解等简单明了的宣传产品，让纳税人足不出户就可以获悉最新税收政策。

（三）推进和完善纳税人缴费人精细服务体系建设

新发展阶段的税费服务要从满足纳税人缴费人实际需求出发，运用税收大数据智能分析识别纳税人缴费人的实际体验与个性需求，提供专属定制服务。可借助政府大数据改革东风推进服务升级，对纳税人缴费人进行精准推送信息。对大企业提供个性化服务方案，根据企业需求量身定制，解析税收政策，力求做强税基；对小微企业健全网格化管理，做到精准匹配，细分政策，及时推送税收优惠政策，力求精准帮扶，确保应享尽享。同时可以通过征纳沟通平台定期为企业生成"体检报告"，输出管理建议，更好地满足纳税人缴费人对精细服务和个性化服务的需求。

当前，德清本地的纳税人行为习惯在固以电子办税为主、实体办税为辅以外，还热衷于拨打热线咨询。对此，我们可以拓展业务解决渠道，通过纳税人信用等级来区别纳税人不同的涉税事项办理渠道，通过拓展信息化应用载体，分流税收咨询热线业务量，减轻坐席压力，最大限度保障广大纳税人和缴费人需求，进一步促进税收遵从，构建税企双赢格局。

（四）拓展快捷畅通的信息化办税环境

韩国首尔、釜山、仁川等城市高度重视信息化建设，"365×24"小时无休制的电子申报制度为信息化改革，为线上体验感增色不少，仅一年，其电子税务局基本实现了全方位覆盖，全年电子申报率高达96%。信息化革新了办税环境，弥补了人工服务的缺口，降低了成本，为纳税人打造出快捷畅通的信息化办税环境。

在2019年全国纳税人满意度调查中，德清县局再次取得调查区县单位第一名。但通过分析调查数据结果我们可以发现，全省电子税务局申报系统中的运行稳定指标得分虽然较2018年有所上升，但仍是纳税人评价得分较低的指标，为87.51，在所有的二级指标中排名倒数第1位，德清县局得分也仅为89.04分。鉴于此，我们要积极拓展信息化办税环境。

要从进一步提升纳税人缴费人体验出发，继续简并优化办税流程，加快推进纳税缴费便利化改革，让"网上办"和"掌上办"成为主流。过向纳税人广泛宣传"一次办结"事项清单，网上办税流程二维码加大宣传，辅导纳税人对电子税务局的应用。

同时在申报高峰期，落实好问题快速响应解决机制，并针对出现的各类问题，及时发挥联动效应，快速解决反馈问题。从而满足纳税人"能用"的基本需求，并且向着逐步满足纳税人"好用"的更高需求努力。随着"互联网＋税务"的推进，未来需要进一步完善不同业务系统平台的功能设置。尽量消除不同系统平台之间功能设计重复、无法共享数据、信息储存重复、口径标准不一致等问题。

（五）重视赋能与监管并重

纳税缴费服务仅着眼于税务部门作为服务主体、纳税人缴费人作为服务对象的双边对手关系是不够的；客观上目前国内的大量市场主体的相关工作是由第三方中介服务（税务师、会计师事务所）来展开的。在两办有关深化税收征管改革的文件中，也强调了纳税缴费的社会化服务的重要性。作为税务机关有必要更加重视整合配置各方资源，做好中介机构的专业赋能、提升资源信息的对称性，增强中介机构作为服务体验师与让其他纳税缴费人体验、接受中介服务的机会。同时，应当在税务监管中建设完善中介机构信用档案，发挥第三方同业组织的组织动员和推动作用。在这个过程中，有利于减轻税务部门直接服务压力、强化服务专业化特性和优化服务模式。

（六）加强"网格化"管理，让纳税服务的"触角"直抵基层末梢

利用乡镇、街道、社区开辟纳税服务新渠道。在乡镇、街道、社区选设税收网格联络员，一人负责一片区域或一个群体，一些简单、重复的问题，一般都能在网格小组内部消化解决，还可以整合小组内的难题向上反映，搭建起税务机

关与纳税人之间沟通的桥梁纽带。以更深交流护航纳税服务。通过张贴网格员公示牌,让每一个纳税户缴费户都有对应的管理员,有疑难问题时知道该找谁办理,不再"多头跑腿"。

课 题 组 组 长:赵雪方

课题组副组长:赵建强

课 题 组 组 员:姬燕余倩颖

基层税务机关推进税费统筹征管
存在的问题及对策（三等奖）

国家税务总局开化县税务局课题组

自 2018 年以来，城乡居民"两费"、国有土地使用权出让收入等 27 项社会保险和非税收入已陆续划转至浙江省税务部门征收，税务部门的职责逐渐由"征税为主"向"税费皆重"转变。当前，推进税费统筹征管既是当前税务部门推进新发展阶段税收现代化改革的发展趋势，也是基层税务机关面临的现实课题。本文根据基层税务机关在日常工作中实际存在的税费征管"分离"问题进行研究，提出对税费统筹征管的对策探索。

一、基层税务机关推进税费统筹征管的必要性

在税费协同管理研究方面，在二十世纪九十年代国际上已出现社会保险费与税收协同管理的思想。IMF（国际货币基金组织）于 1994 年提出：税务部门在征收企业所得税时，已对企业的生产经营状况进行了深入了解，此时一并征收社会保险费，可以充分保证社会保险费的真实性与征收效率。

税费统筹征管，是指在国税地税征管体制改革背景下，将社会保险费和非税收入征管职责逐步划转至税务部门，并进行统筹安排、系统监管、科学研究，实现非税收入和社会保险费征管有效地镶嵌到税收征管工作中。

（一）税务执法规范性的要求

目前，我国现行 18 个税种，立法 12 个；非税收入 12 大类（不含社会保险费、住房公积金缴入个人账户部分），均未实现立法，各项非税收入征收管理部门不同，各地制度不统一，且目前尚未出台税费统筹征管方面的法律法规或规章制度。

随着国税地税征管体制改革的推进，税务部门的职责逐渐由"征税为主"向"税费皆重"转变，陆续有 27 项社会保险和非税收入划转至税务部门征收，划转后资金透明度、财政资源的统筹能力将得到进一步提高。

党的十九届五中全会和"十四五"规划纲要对深化税收征管制度改革、推

动税收征管现代化作出部署。2021 年 3 月,中办、国办印发《关于进一步深化税收征管改革的意见》(以下简称《意见》),提出要"按照法定程序将社会保险费、非税收入征收管理政策措施以及税收保障法规规章等纳入立法计划,稳步推进相应立法或修法工作"。由此可见,推进税费统筹征管是大势所趋。

(二)税费服务便捷性的要求

"十四五"规划纲要提出,要深化税收征管制度改革,建设智慧税务,推动税收征管现代化。《意见》也指出,要运用现代信息技术建设智慧税务,实现税收征管从信息化到数字化再到智慧化的发展趋势。近年来,税务部门不断加强数字化政府建设,探索建成以税收大数据为驱动力的具有高集成功能、高安全性能、高应用效能的智慧税务,推动税收征管和服务流程全方位创新变革。

今年以来,国家税务总局陆续发布《关于简并税费申报有关事项的公告》、《关于增值税 消费税与附加税费申报表整合有关事项的公告》,通过整合报表减轻纳税人缴费人办税负担。在进一步推进税费统筹征管后,纳税人缴费人将实现进入一个系统申报多项税费,后续服务也只需对接税务一个部门,有利于减少纳税人缴费人的办事成本。同时,税费统筹征管后,有望通过对纳税人缴费人缴纳的税费数据进行综合分析,将税费政策的与纳税人需求偏好的精准匹配,不断提高线上服务融合度,促进智能化、数据化的税务应用场景建设。

(三)税务监管精准性的要求

《意见》明确要深入推进精准监管,建设税务监管新体系,在保障国家税收安全的同时,为合法经营企业提供更加公平优质的税收营商环境。目前,税费征收管理涉及税务、社保、财政、银行等多个部门,各部门拥有独立的信息系统、管理系统,至今还未建立一套统一的信息交换平台,部门之间协调难度也较大。在管理手段上,对于除社会保险费外的非税收入,税务部门仅有催报催缴这一项管理手段,存在征收与监管分离的现象。

税费统筹征管后,一方面相比于其他部门,税收征管法赋予税务部门更大的执法刚性。若缴费人存在不缴、少缴的情况,税务部门可以通过加收滞纳金、税务检查等方式对其进行约束,增强其缴费遵从度,保证社会保险费和非税收入足额征缴;另一方面,税费统筹征管后,不仅能实现非税收入征收管理在全国范围内的统一,还能从非税收入缴纳情况中充分掌握企业在其他经营管理方面的情况,从而精准判断企业是否足额缴税。

二、基层税务机关推进税费统筹征管存在的问题

(一)税费统筹征管执法体系构建不够完善

1.制度体系相对薄弱,相关法律条文欠缺

我国的税收立法经历了从无到有的长足进步,但从税收法定的角度来看,

我国税收立法体系并不完善，目前仅有《企业所得税法》《个人所得税法》《中华人民共和国税收征管法》等 12 部法是通过全国人大及其常务委员会通过实施，另外，还有 65 项税收法律制度均是行政法规及规范性文件，如目前我国现行税种中收入规模最大的增值税。这导致我国税收法律体系的权威性还有所不足，层级比较低。

非税收入和社保费管理的法律制度仍主要集中在部门规章、地方政府规章、政策性规定及地方性法规等。

征管体制改革后，相关部门尚未及时出台统筹征管的法律法规，导致税务部门统筹征管的过程中，征缴管理缺乏规范性。

2. 管理手段不够成熟，难以实现税费统管

一是内部管理缺乏协调性。虽然近年来各单位对"费"做到了"同征"，但"同管"还只是停留在口号上，大部分税费业务仍是沿用税费征管两条线模式，无法实现将内部协同贯彻于税费登记、申报管理、征收管理、减免税费及退库管理等各个环节。比如，机构设置方面，目前是社会保险费和非税收入部门一个单位包干全局社保非税业务，没有将社会保险费和非税收入征管职责分解到税源管理单位；在业务办理方面，新办企业在企业办理注销时，税务登记注销与社保缴费登记注销原则上需同时办理，现阶段已实现注销税务登记全程网上办理，但是企业在电子税务局申请税务登记注销时无法同时提交社保清算申请，导致税务登记已注销，而社保缴费登记未注销的问题，无法实现注销业务流程闭环。

二是部门协作缺乏统一性。税务部门作为税收的特定征收部门，有其天然的合理性，社保费划转归税务部门征收后，由于多个部门都拥有社会保险的管理权，缺乏统一的管理规范。例如，在退费业务办理上，税务部门受理缴费人的退费申请，情况核实后，将信息传递至社保部门，社保部门向财政部门提出申请，财政部门将款项划拨至社保部门，最后由社保部门完成退费。此过程由三部门参与，经常需要三部门沟通协调，退费过程繁琐漫长。同时，税务机关和社保部门在社保费的征收管理上存在业务壁垒，缴费人办理一项社保业务需要多部门办理，尤其是当缴费人在缴纳社保费时提出社保管理方面的问题或咨询社保相关政策，税务部门无法明确解答缴费人的问题，协同管理"名不符实"。

3. 执法监督机制不足，容易产生执法风险

一是监督主体方面，积极跟进监督的意识不足，对内部执法监督认识不足，未将执法监督作为执法的一个重要组成部分。各级税务机关监察机构的设置、干部人事、财务经费等都由同级税务机关安排，独立性和权威性受到一定的限制，容易带来"自己人监督自己人"的"假监督"问题。此外，税务系统内

部纪检、信访、督察、审计各行其责,但由于缺乏必要的沟通和协调,不仅没有产生"合力",反而多方插手,导致过度监督或"监督空白"。

二是监督客体方面,部分税务执法人员自觉接受监督的意识薄弱,不能严格按照规定的程序给纳税人缴费人提供涉税费服务,这就在客观上给涉税费违法违规行为的产生提供了足够的条件,给税费执法埋下风险隐患。比如,在管理有自由裁量权的税收执法的各项事项中,容易打"擦边球",从而大大削弱了执法权威。

（二）税费协同征管服务体系构建不够完善

1. 轻费重税观念普遍存在

一是以先税后费的思维来开展征管工作。部分税务干部认为税务机关"本职"是收税,收费是"不务正业",没有充分认识到征收社保费和非税收入的重要意义,工作的主动性不高。二是对学习业务的积极性不高。社会保险和非税收入涉及的类型多、优惠政策多、涉及主体多,征缴流程复杂,学习难度大,税务人员存在学习的畏难情绪。税收管理员由于不了解不熟悉相关政策、法规和业务,在征收、管理时往往只关注税收,而忽视了社会保险和非税收入业务。三是人力物力保障不到位。基层社会保险费和非税收入股人数少、任务重,缺少专业化人才,社会保险费信息化水平相对滞后,金三系统缺乏相应的统计分析功能。无论是人员素质还是系统漏洞,各项基础工作的不扎实,导致社会保险费和非税收入等相关业务无法实现"一窗受理一窗办结",办理缴费业务很难实现"一站式"办理,社会保险费和非税收入征收管理的质量与效率受到了一定程度的影响。

2. 税费矛盾纠纷化解体系不够完善

随着国税地税征管改革的推进,税费矛盾纠纷呈现出利益主体多元化与利益诉求多样化的新特点。自2020年起,浙江省各地税务部门陆续进驻地方矛盾调处中心,旨在推动涉税税费矛盾纠纷调处化解"最多跑一地"治理。

然而,目前仍存在矛调中心"无矛盾"、基层部门"投诉不断"的问题。例如,由于医保数据流转时间长、系统偶有不畅等原因,缴费人无法及时享受医保待遇而不得不推迟手术或出院日期,这一问题极易引起缴费人严重不满,产生大量投诉。而通过调研发现,2021年以来,衢州地区地方矛盾调处中心税务窗口接访数量为0,这些投诉大多发生在医保、税务部门所在地,由于此类矛盾涉及多个部门,且未制定相应的阶梯调解体系,不仅化解耗时费力且更容易引发舆情。

（三）税费协同征管风险防范体系构建不够完善

1. 内部征管数据分析比对较为单一

现阶段,全省范围内已逐步形成金税三期、浙江省城乡居民两费系统、ITS

系统等一批统一化的征管系统。同时，各级税务机关根据当地实际开发了一些区域性的特色程序用于数据质量提升。但从实践来看，基层税务部门专业从事数据比对工作的力量较为薄弱，对数据运用能力普遍停留在较为单一的比对分析阶段。受限于现阶段数据规模小质量低，数据分析工具少，分析比对的自动化、深入性和系统性严重不足。此外，金税三期后台数据查询代码编辑水平有限，仅能编辑简单代码查询基础数据，难以满足目前需设置复杂条件语句的需求，导致税务机关在数据的后台取数和加工能力较为薄弱，很大程度限制了内部征管数据的比对分析。

以开化县2020年风险评估为例，税务机关风险管理部门全年共应对风险147户，查补税费款266.01万元。自行挖掘的风险仅2户，通过创建"城镇土地使用税指标模型"，及时发现针对纳税人通过转（出）让取得国有土地使用权后，未采集土地税源信息和未申报城镇土地使用税风险。从风险评估情况看，税费统管数据的分析比对力度也不够强，风险评估案例几乎为零。

2. 第三方数据缺失，运用力度不够

目前，税务机关内部征管数据，通过多年的积累已经有一定的规模，但从第三方获取税费信息渠道相对不通畅。一方面，信息共享的范围小、信息内容不全，除了与市监部门的长期合作外，新划转非税收入的信息共享还处于不成熟的阶段，其他部门的信息共享基本上都是临时需要、临时获取，没有建立长效的信息共享机制。另一方面，第三方缺乏共享信息的主动性，配合的积极性不高，在实际工作中主要依赖于税务部门的协调和相关领导的重视程度，而即使是已经形成的共享部门，也存在信息传递不及时、信息质量不高等问题。

此外，税务机关在获取第三方涉税信息后，对信息的分析比对效率低，比对结果运用程度低，所以基层税务机关仍主要依靠内部数据的比对，这造成部分风险点质量不高、指向性不齐、数据不够准确。比如：残疾人就业保障金的征管需要财政、残联、税务三部门高效配合，我县的模式是由残联部门负责核定残疾人就业人数，税务部门负责费款征收，财政部门负责催缴和违规处罚。但在实际执行中，由于缺乏残疾人安置信息和残疾人就业保障金征收信息部门共享机制和共享软件平台，残疾人安置人数无法自动传递，仍需人工逐户核对缴费人填报的准确性。

三、基层税务机关推进税费统筹征管的对策探索

（一）构建科学税费协同征管执法体系

1. 运用融入思维推进税费协同征管制度设计

一是建议根据基层税务机关的实际情况，使用融入思维，对税收征管法及其实施细则进行修订，对税务机关征收社会保险费和非税收入授予相关执法

权限,并明确依据税收征管法加收滞纳金。

二是建议完善非税收入和社会保险费制度体系,进一步梳理税务机关当前征收的非税收入和社会保险费相关法规制度,对存在与行政强制法等法律法规相冲突的规定予以调整完善,使相关的征管措施、执法手段等规定与具体征收部门的职责相匹配,为实现高效统一的征管模式奠定制度基础,保障税务机关征收非税收入有法有据,基于税收征管"逻辑+实践"逐步构建科学完备、配套严密全面的税费协同征管执法体系。

2.优化税费协同管理方式方法

一是加强内部管理协调性。基于税收征管视角考量,在税收和非税收入、社会保险费的日常征收中,将非税收入和社会保险费征管的基本程序转换为缴费人识别—申报缴费—费额确认—费款追征—违法调查—争议处理,打破税费征管两条线管理模式。同时,对基层税务机关现有内设机构进行职责重新分工,将社会保险费和非税收入征管相关职责划入税源管理、税政、征管等基础税源管理部门,真正做到"一体化"推进税费统筹征管。

二是加强部门协作统一性。搭建税费协同共治组织架构,成立税费协同共治领导小组,明确工作职责,及时协调解决工作中存在的问题,促进税费协同共治工作有序开展。主动与相关职能部门积极沟通,并与发改委、工商、财政、质检、房产、土地、交通、公安等部门建立工作联系制度,共商《XXX税费征收保障实施意见》,共建一个税费征收保障工作网。

3.健全执法监督机制,切实防范执法风险

一是强化监督主体监督意识,创新监督方式方法,推广应用税费执法管理信息系统,强化基层税费执法监督力度。充分发挥纪检监察机关的"防毒"、"杀毒"功能,认真落实教育、制度、监督并重的反腐惩防体系,切实提高纪检监察工作的威慑力。二是加大监督客体规范税费执法教育力度,健全权力约束机制,强化权力运行的监督管理,增强权力运行的透明度,为税务行政执法监督提供条件和依据,确保税务权力正确行使和权力运行机制沿着制度化、法制化的轨道科学有效运行。

(二)构建税费协同征管服务体系

1.转变思想观念

牢固树立税费皆重的正确理念,深化对社保与非税工作的认识。一是建立社保与非税工作定期讨论研究工作机制,党委书记牵头主抓,分管领导督促跟进,业务骨干严格落实,每季度至少召开专题会议研究重点工作任务。二是深化社保与非税工作考核机制。根据当前考评标准,对每年社保与非税重点工作任务进行重新考量赋分,增加分值比重,推动社保与非税工作常态化管理落地见效。三是提升干部业务能力。从提升税务干部队伍业务素质着手,花大力气选优配强干部队伍，打造一支专业化、高质素社保非税干部队伍。定期开展社保非税业务培训，结合工作实际，探索高效培训新路子，定期采取业务讲座、业务交流、实操演练等方式开展培训，坚持"训、赛、评"相结合，以点带面，历练社保非税干部队伍。

2.组建税费矛盾纠纷调处中心

构建"固定中心（法制股）＋流动分中心（专业团队工作室）＋配合部门（股室、分局）"的组织架构新模式，建立"小事不出股室、大事不出县局"调处目标。规范工作程序，按照提前介入、分类分流、全员参与、共防共治模式，着力打造化解税费矛盾纠纷尤其是涉税费信访纠纷的闭环式解决问题纠纷的链条。由固定中心牵头，流动分中心配合常态化开展接访、调处、督办，形成矛盾收集、按需调处、后续服务全链条机制，让纳税人、缴费人一扇门进出，矛盾纠纷一揽子调处，使得税费矛盾纠纷调处中心成为回应诉求、化解矛盾纠纷的终点站。

3.开发税费智能化管理系统

基层税务机关可以根据工作实际，切实发挥自身已有的较为成熟的税收征管优势，以开发税费协同智能化管理信息系统为载体加强税费协同管理。例如，第一，针对社会保险费征缴，该智能化信息系统能够初步实现全自动生成缴费基数（参保单位及个人），提醒缴费人按期足额缴纳社会保险费。第二，针对城镇职工社会保险费，单位自行申报缴纳用人单位缴纳部分，用人单位代扣代缴职工缴费部分，实现源泉管控；第三，对城乡居民应缴纳的社会保险费，通过政府统一、多方协作、税务集中征收或者委托代征等方式予以应对；第四，针对灵活就业人员应缴纳的社会保险费，借鉴税务机关的自然人零散税收征管做法，对灵活就业人员征收社会保险费。

（三）构建税费协同征管风险防范体系

1.加大内部征管数据比对力度

为更大程度挖掘税费统筹比对分析的可能性，可以选取关键数据源进行税费比对评估。例如，日常征管中涉及工资薪金的税收管理有企业所得税、个人所得税和社会保险费，因此在开展社保费管理时可与个人所得税、企业所得税日常基础管理相结合，通过开展常规性的企业所得税列支工资薪金、个人所得税全员申报信息与社会保险缴费基数比对，实现税费统筹比对。

选取社保缴费基数与企业所得税工资薪金均有数据的 259 家企业进行分析。从分析中可以看出，缴费基数与工资薪金比例达到 100％的企业 86 家，占33％；达到 80％—100％的企业 87 家，占 34％；达到 50％—80％的企业 54 家，占 21％；达到 20％—50％的企业 19 家，占 7％；达到 20％以下的企业 13 家，占5％。实际工作中，对于缴费基数夯实率低于正常缴费比例的企业，可发函通知企业进行自查自纠，说明差异原因，补缴少缴的费款。对偏差较大，又无法说明正常原因的企业,可通过缴费评估的手段来提高企业缴费遵从度,促进企业提升申报质量。

2.拓展延伸外部数据运用力度

第三方数据覆盖面广、数据量大,如有效利用,可很大程度增加数据比对的有效性。例如,耗电量的多寡可以从一个侧面反映工业生产是否活跃及企业运行是否顺畅。通常来说,全行业用电量越高,税收规模就越大。目前在电网明细上报的数据和税收数据中,用电量数据、发电量数据以及企业申报入库数据均可以核对,不容易被扭曲,且用电量的统计核算大部分可以在当月完成,而根据税收的特性,企业当月只能对企业所属时期(上月或上季度)的经营行为进行申报,导致各项税收指标在用电量变化的次月才会有所体现,同时在1月、4月、7月、10月会有明显的上行。所以在税收预测方面,从某种程度上来看,用电量的数据比税收数据更具有时效性。

建议建立"税费统筹征管社会化共治平台",采集财政、发改、交通、营商办等相关部门的涉税数据,将采集到的数据归集到平台上,集成共享税费收入信息。同时,在"税费统筹征管社会化共治平台"上,设置部门协作管理、税费数据比对、税费数据核实等软件模块,实现疑点信息自动比对。

建议借鉴美国税收征管先进经验,在日常的税务征管中,另外设立税务情报收集管理机制,针对外部数据应用,建立第三方信息报告制度,实现打通涉税外部数据的获取渠道。同时,以税务部门为主导,与涉税数据相关部门签订《税费统筹征管合作保障协议》建立常态化信息共享共用交换协作机制,形成配合密切、数据赋能、协同高效的工作格局。

课题组组长:吴金娟

课题组成员:钱　晶　江映红　何　晟

许哲伟　曹紫茜　唐　洁

推行纳税缴费精细服务
持续优化税收营商环境（三等奖）

国家税务总局遂昌县税务局课题组

良好的营商环境是一个国家或地区经济社会发展"硬环境"和"软环境"的综合体现，也是一个国家或地区提升综合竞争力的客观需要。世界银行《2020年营商环境报告》数据显示，中国营商环境总得分 77.9 分，在全球 179 个经济体中排名第 31 位，相比上一年度排名提升了 15 位。税收的营商环境是营商环境的重要组成部分，优化税收营商环境是税务部门必须加强研究、不断探索的重要课题。

一、税收营商环境的现状

2020 年，我国为持续优化税收营商环境，实现办税便捷化，税务总局联合其它十二个部门发布了"推进纳税缴费便利化改革优化税收营商环境若干措施"这一重要通知，旨在进一步推进我国企业纳税缴费便利化，持续提升服务管理水平，加快打造国际一流税收营商环境。

基于世界银行公布的我国税收营商环境数据进行分析，我国税收营商环境呈良好的发展趋势，但也深受互联网＋办税服务平台建设不完善、涉税政策法律更新频繁、名义税负相对较重等方面影响。

（一）"互联网＋办税服务"平台建设不完善

"互联网＋"平台的不断发展，使得越来越多的纳税人可以根据自己的喜好选择办税的方式和渠道，更希望随时随地纳税，不受时空限制，全方面实现智能化办税。然而由于涉税业务种类繁多，也造成了各涉税业务之间衔接不够，导致纳税人在部分服务上还是需要报送材料，不能实现完全的无纸化智能办税。

（二）涉税政策法律更新频繁

涉税政策变化过快，纳税时间压缩困难。目前，全国范围内现行有效的涉税文件多达几千个，这些文件不但政出多门，而且变动频繁，税务人员和纳税人需要花大量时间去学习适应,对纳税人掌握税收相关法律制度、履行纳税义务带来巨大负担。如关于增值税(营改增)相关文件,从 2016 年 3 月至 2019 年底,国家层面发布的增值税(营改增)政策文件就达 202 份。

（三）名义税负相对较重

尽管我国市场主体缴纳的税费数量不多,但数额偏大。据《2020 年营商环境报告》显示,我国大陆地区年税费占利润总额达 59.2%,远高于全球 40.4% 和东亚太平洋地区 33.6% 的平均水平,客观反映出我国税负仍然偏重的现实。以社会保险费为例,2015 年以来,我国总体社会保险费率从 41% 降到 37.2%,单位费率从 30% 降至约 26.75%,2019 年城镇职工基本养老保险单位缴费比例降至 16%,但同大部分发达经济体企业缴纳的社会保险费率均在 15% 以下相比,仍有下调空间。

二、推行纳税缴费精细服务,深化税收征管体制改革之于优化税收营商环境的意义

（一）有效解决企业因不了解税收政策而导致的办税多跑路、未享受相应税收优惠等痛点

深化税收新政深化税收征管体制改革,在纳税缴费的每一个环节精细服务,通过多途径、全方位的宣传方式让税收政策做到直达快享,将征管操作办法与税费优惠政策同步发布、同步解读,增强政策落实的及时性、确定性、一致性。

（二）打造市场化、法制化、国际化营商环境,更好服务市场主体发展

推行纳税缴费精细服务,例如发票电子化改革降低了企业间、企业与消费者间的制度性交易成本;区域协同及税收大数据共享应用贯通各区域、各部门信息系统,实现资质异地共认、执法信息互通、执法结果互认,更好服务国家区域协调发展战略,为社会主义市场化经济向好向快发展注入活力;落实好税收法定原则,完善现代税收制度,更好发挥税收作用,使纳税人纳税缴费有法可依。

（三）进一步激发市场活力,构建以纳税人为中心的良好营商环境

构建"信用＋风险"新型动态监管机制、依托税收大数据开展分析监控预警,提高风险应对的精准性,促进纳税人已发诚信纳税,有力推动公平有序的税收营商环境建设。

三、推行纳税缴费精细服务的各项举措

（一）建立智慧税务体系

纳税缴费精细化服务可以充分利用新时代信息技术的成果,通过"互联网

＋税务"的形式打造新型智慧税务体系，发挥信息技术和大数据的作用，让办税服务向电子化、信息化、智慧化过渡。

一是传统大厅升级，依托信息化建设新型智能办税场所。通过自助机实现大厅无人化、自动化，让纳税人、缴费人可以在智能办税场所通过各类自助办税机办理代开发票、车购税缴纳、房产交易等业务，自行申报缴税，与传统大厅相比极大地缩短了等待时间，加快业务办理速度，提高办税效率。

二是依托大数据对纳税人进行精准分类，精细服务。可通过金三系统按照信用等级、登记注册类型、行业等信息对纳税人进行分级分类，在分级分类的基础上通过征纳沟通平台、电子税务局等渠道对纳税人进行税收优惠政策精准投放，同时根据纳税人日常申报情况，主动甄别符合优惠政策的纳税人，扫描纳税人是否存在优惠政策应享未享的疑点信息，确保纳税人、缴费人应享尽享。

三是强化部门沟通协作，打通信息传递渠道。一方面对外与第三方单位数据共享，如将社保费申报、土地出让金等信息办理后自动传递到税务系统，纳税人、缴费人可在手机与电子税务局一键缴费，大幅减少纳税人办税时长，简化办税流程；另一方面对内打破不同省份的金三系统信息壁垒，跨省外经证等业务可直接通过纳税人电子税务局进行预缴申报，减少办税流程。

（二）落实优惠政策，优化办税系统

一是增强金三系统、电子税务局等办税系统稳定性，建立完善平台化、全覆盖、集约化、速响应的并轨运行办税系统。一方面完善办税系统运行机制，保障系统稳定运作。以大数据云计算、区块链技术为依托，根据最新政策变动与纳税人需求及时更新完善办税系统功能模块，并通过不定期人海压力测试、修改系统参数等专业技术操作确保在征期等系统使用高峰期保障办税系统稳定运行。另一方面完善办税系统运维机制，加强系统问题运维管理。常态化开展系统数据安全风险检查评估，建立健全监测预警与动态应急处置机制，对办税系统出现的问题按照初始系统设置不完善、业务操作不当等问题进行分类处理，建立不同层级系统交流平台，及时将问题进行反馈上报，对口联系市局省局业务专家小组协调处理，确保办税系统问题及时解决。

二是进一步深化银税互动。税务部门要加强与银保监和银行业金融机构互联互通，共享企业纳税信用信息，确保及时帮助企业打开融资大门。首先，加强银税互动合作力度。税务部门可扩大授信银行合作范围，通过考察交流与更多银行签订合作框架协议，确保银税互动资金链条完整，企业可充分享受信用红利。其次，完善银税互动申请方式。将银税互动由线下搬至线上，通过税务部门与银行系统数据共享、征信互认，使得符合条件且有意向申请贷款的企业可通过线上进行信息完善认证、纳税信用传递等实现贷款产品申请，并优化贷款操作手续与审批程序,提高银税互动效率。再次,扩大银税互动使用范围。税务部门与银行金融机构联动,通过建立数据实时传递机制、由税务部门定期向银行机构发送企业信用名单、下沉企业宣传银税互动及相关信贷产品、利用银税互动监控平台滚动推送银税互动相关信息等方式,确保应享未享企业及时享受到银税互动信用贷款,保障企业资金链稳定运转。

(三)社会协同相向发力

一是积极发挥行业协会和社会中介组织作用,支持第三方按市场化原则为纳税人缴费人提供个性化服务,满足纳税人缴费人合理需求,帮助纳税人缴费人解决在税务上的难题。同时要加强对涉税中介组织的执业监管和行业监管,通过各监管部门、行业协会、社会组织建立与税务部门之间的常态化沟通和联动协作机制,加强诉求快速响应。

二是不断加强业务和服务的培训,提升工作人员职业素养。针对业务新变化开展专项培训,以点带面的实行骨干人员再培训,进行阶段性业务问题集中交流及业务问题总结,学思结合地提高税收专业知识水平和窗口业务能力,不断提高为纳税人、缴费人服务的效率和水平。

三是深化政企合作,着力打造以服务纳税人、缴费人为中心的税务服务团队,构建"税务+行业+N"精细化服务模式,开展针对性专案分析,专项辅导、专题答疑等精细化精准化服务,解决行业系统纳税缴费过程中共性和个性化问题,为推进税收征管改革探索新路径、新机制,不断提升营商环境的"含金量"。

(四)加强宣传引导

为了缓冲疫情影响与优化营商环境,国家出台了一系列精准的税收政策来推进企业复工复产,为小微企业纾困,激发市场活力。从多角度,多方位、多层次进行宣传与引导。网上宣传做"乘法",在互联网与大数据的时代发展趋势之下,线上办理成为推进"最多跑一次"的重要媒介。纳税人可以全程在网上办理,实现数据跑在路上。建成"线下服务无死角、线上服务不打烊、定制服务广覆盖"的税费服务新体系。精准宣传做"加法",由于疫情影响,国家出台了许多针对性、精准性的优惠政策,除宣传手册、政策咨询服务台等传统方式,可以通过微信、微博、钉钉等互联网平台及时推送最新减税降费政策文件等相关信息,同时可以通过征纳沟通平台进行专业化、系统化的最新优惠政策内容解读直播,实现点对面辅导,并通过线上线下相结合方式,线上设立政策咨询专员,线下深入走访开展上门辅导,确保纳税人、缴费人充分享受最新政策红利。

课题组组长:葛伟敏

课题组组员:刘丽峥　楼意安　雷贻峰

三、实施精准监管，
提高税务稽查科学性

数字化时代实施精准稽查的
对策研究（特别奖）

浙江省税务学会课题组

中共中央办公厅、国务院办公厅于 2021 年 3 月 24 日印发了《关于进一步深化税收征管改革的意见》，提出深入推进精确执法、精细服务、精准监管、精诚共治，为税务部门"十四五"工作指明了方向。税务稽查是税务管理的最后一道防线，是落实税收政策、完善税收治理的重要保障。在意见引领下，税务稽查工作从制度建设到优化执法方式再到有效打击涉税违法犯罪，有很多重大课题值得探索研究。我们课题组从中选择"实施精准稽查"这个子课题，这也是当前数字化时代，税务稽查部门面临的一项最紧迫任务。

首先，稽查工作所处的外部形势决定了提升稽查大数据的运用水平、实施精准稽查是当前和今后一段时期稽查工作方向。外部形势包括监管对象和监管力量对比悬殊，各种税收违法行为、手段层出不穷，以及新经济、新业态的监管难度。这些都对税务稽查工作带来巨大挑战，对实施精准稽查、以查促管防控税收风险提出迫切需求。

其次，我省"全面实施精准监管"成为税务总局专项试点工作，恰逢 2021 年 7 月，浙江省委办、省府办印发《关于进一步深化税收征管改革的实施方案》，明确以数字化引领税收征管改革，对提高税务监管精准性、建成税务监管新体系、实现智慧监管提出了明确任务安排。这对提升税务稽查精准性是一个良好的契机和内部机遇。我们可以背靠浙江数字城市，积极参与总局试点，以大数据为驱动，实施更为快速、精准、有效的稽查。

本文直面当前税务稽查执法中存在的能力不足、效率不高、精准度不够的问题，探讨如何以《意见》的贯彻落实为契机，乘税务数字化体系建设之东风，借鉴国际先进经验，提升精准稽查能力和水平，进而以精准稽查为驱动，推动税务稽查工作从单纯的"收入型"、"打击型"稽查，向"数字治理型"稽查转变。

一、当前我省税务稽查执法现状

我省税务稽查部门自 2018 年 8 月启动的税务、公安、海关、人民银行四部门联合打击虚开骗税违法犯罪专项行动,已经开展了三年时间。在此期间,税务稽查部门针对虚开骗税违法犯罪行为进行了密集的波次打击行动。在这个过程中,一是稽查部门积累了大量的案例(如暴力虚开、"富裕票"虚开、买单配票实施骗税等违法类型),为总结提炼虚开骗税特征以及对应的风险指标提供了丰富的分析样本,稽查部门识别风险能力大幅提升。二是在四部门合力推动下,案件相关的发票数据、资金数据、人员信息等各个维度的大数据集合和应用程度是史无前例的。在大数据基础上,稽查部门对案件开展深度研判、实施精准打击的能力和水平得到了大幅提升。三是各地形成了一些非常高效的经验做法,例如总局稽查局推广的"信息化战法",目前我省各地在日常虚开案件查处中已经熟练运用。其核心是利用企业开票时留下的 MAC 和 IP 数据,来突破企业之间表面上的无关联,有效归集团伙操控的空壳企业,实现一网打尽,扩大稽查成果。我省金华地区首创、被总局稽查局推广全国学习的针对骗税案件的"一二三战法",其围绕出口业务链条,提取分散在各税务系统里的相关信息进行综合分析,通过指标比对,能够精准识别"买单配票"出口骗税行为。还有杭州税警创新的"痕迹追踪战法",从第三方数据入手,向航信、诺诺等发票服务平台调取涉案企业电子发票交付手机号码、邮箱地址、注册和登记时留存的数据痕迹,通过这些数据锁定团伙成员,快速破获我省首例电子普票虚开案,获得王军局长肯定批示。随着新经济、新业态兴起,相关部门在案源选案和检查环节、数据利用等方面,有待进一步提升。

(一)新经济、新业态的兴起,催生新的涉税风险,对我省税务稽查监管带来了新挑战

浙江数字化建设走在全国前列,这为网络平台经济、网红经济等新经济、新业态的发展壮大提供了基础,他们在为经济注入活力的同时也带来了新的涉税事项和法律关系。全新的线上交易模式与传统经济相比更加多样、复杂、隐蔽,仅凭传统的财税知识和稽查手段已无法实现对其全流程的穿透检查。尤其是该模式中涉及的证据问题——呈现数字化、虚拟化、可修改性、可灭失性等特性,极大地考验了现有的税务稽查取证理念与操作水平。部分市地之前查过的和现在在查的相关类型案件都遇到了各种问题。例如数据方面的问题,包括平台数据提取困难、数据提取不完整,提取的数据量非常大导致无法运算。还有政策适用方面的问题,如网上交易、直播带货收入和成本的核算,刷单行为如何识别、流量成本如何确认以及文娱行业公司和个人收入的转换问题等都是在摸索中前进。

（二）"双随机、一公开"案源以及行业专项检查案源在选案和检查环节的精准性有待提升

"双随机、一公开"案源和行业专项检查案源也是税务稽查部门每年的重要工作之一，但目前，"风险导向"作用在这两块领域的发挥有待提升。一个是选案环节，以往主要依靠人工选案，其选案数据一般局限在企业的申报信息上，且信息数据的分析判断主要依靠岗位人员的经验和水平；二是自查环节，因为没有足够的科学研判和风险导向，稽查部门对企业的自查情况评价维度单一，往往仅依靠自查补税金额大小来确定重点检查名单；三是重点检查环节，检查的效率和效果过度依赖检查人员个体素质，个案和个案之间、地区和地区之间检查结果差异较大。

（三）稽查数据增值利用水平有待进一步提升

稽查部门通过行使执法权可以在案件办理过程中收集到多维的数据及信息。这些信息除了作为定性处理的证据之外，还有很多附加价值可供挖掘。例如，这几年，稽查部门联合公安打掉一大批暴力虚开机动车销售统一发票的团伙，我省温州、金华都有处理过同类型的案件，同一个车架号对应了多张发票，有的出于骗贷等目的高开发票，有的为了少缴增值税、车购税还有豪华小汽车涉及的零售环节消费税而低开发票，严重扰乱机动车交易管理秩序。通过这类案件的以查促管，2020年底，国家税务总局、工业和信息化部、公安部共同发布《机动车发票使用办法》，明确从2021年5月起实行"一车一票"，同时汽车经销商开具统一发票有进才能有出，从源头堵塞虚开漏洞。

但当前时期，稽查部门因为案多人少，就案查案，没有足够的精力投入到案件总结分析工作中，稽查案件的增值作用发挥得还远远不够。案件多的地区通过总结很多同类型案件特征，能够反映出我们税收管理上的一些不足，进而提出改进建议，稽查数据的增值作用理论上更大。但案件多的地区，比如长三角、珠三角，往往任务量特别重。稽查人员疲于在规定时限内完成检查、审理工作以及很多其他事务性工作，没有足够的力量投入到稽查数据的增值利用上。

三、制约稽查执法精准性的原因分析

探讨影响稽查执法精准性、影响稽查执法效能发挥的原因，主要有以下几点。

（一）制度的因素

1.税务稽查执法过程中缺乏高位阶法律依据。目前，税务稽查执法工作的法定性只在《中华人民共和国税收征收管理法》中有所规定，其具体实施程序依据的《税务稽查案件办理程序规定》仅为部门规章。这就削弱了税务稽查

的法律刚性和权威性,也容易因为执法所依据的法律层级不够高而为税务稽查部门带来一些风险。

2. 缺乏约束相关部门配合税务稽查提供材料的法律依据。《中华人民共和国税收征收管理法》第五十七条规定了"税务机关依法进行税务检查时,有关单位和个人有义务向税务机关如实提供有关资料及证明材料。"但纵观《中华人民共和国税收征收管理法》及其实施细则,只有《税收征收管理法实施细则》第七十三条有"对纳税人、扣缴义务人的开户银行或者其他金融机构拒绝接受税务机关依法检查纳税人、扣缴义务人存款账户的,由税务机关处以罚款"的相关罚则,对其他部门的配合度缺乏约束力。

(二)人的因素

1. 稽查监管力量严重不足。自 2014 年开始商事制度改革以来,新办企业注册极为便利,且注册成本极低。这为诚信经营者降低市场准入、提升经济活力的同时,也给不法分子提供了可趁之机。从 2016 年开始,企业主体是以几何级数在增长,以浙江省为例,2016 年浙江企业户数为 255.22 万户,2020 年骤增至 564.41 万户,翻了一倍多。但对应监管力量之一的稽查队伍,在经历了 2018 年国地税合并、稽查体制改革之后,稽查人员数量大幅减少,从合并前的 3300 多人到 2018 年合并后仅有 1577 人。监管对象和监管力量比例之悬殊,迫切需要稽查部门利用大数据实施精准监管,做到"以数治税"。

2. 稽查队伍结构不合理问题。首先是人员年龄偏老化。根据 2018 年底的统计显示,我省稽查干部共有 1577 人,45 岁以上稽查干部占全省稽查干部的比例为 65%。这几年下来年龄结构有所优化,2020 年底的统计显示,我省稽查干部升至 1786 人,45 岁以上稽查干部 1054 人,占比 59%。其次是专业化人才比例偏低。截止 2020 年底,我省稽查部门拥有相关专业资格(含注册会计师、税务师、律师资格、计算机中级以上职称的人员)的人员为 262 人,占稽查人员总数的比例为 14.67%。复合型人才比例较低,尤其是擅长大数据收集和处理分析方面的人才较少。相对于形势需要,稽查队伍结构亟待优化。

(三)数据的因素

1. 税务系统内部数据支撑不足

(1)涉税数据分散在各个系统,聚合力不够,稽查人员在基础数据处理上费时费力。前面提到的金华地区针对骗税案件的"一二三战法",其实就是解决这个问题,通过一张表聚合分散在不同系统和同系统不同模块的关联数据,从中筛选疑点后,实现精准执法。金三系统一户式 2.0 的上线,一定程度上实现了数据聚合,部分解决了数据分散的问题。

(2)查询功能权限配置管理严格,部分系统模块很多一线检查人员都没有配置权限。一户式 2.0 风险识别功能目前在稽查办案上还没有得到广泛运用。数据范围权限按管辖权配置，即使查询省内其他市地数据也集中由省局稽查局一个专人负责，跨省数据获取难度则更大。应该寻求更科学的权限管理方式，既能确保数据安全又能让大数据更好地服务税务工作。

2.外部数据获取难度大

虽然政府一直在强调数据共享，但是目前各部门的核心数据仍然存在信息孤岛，未能形成常态化的数据互联互通。部门间缺乏合作基础，核心数据获取难度大，这使得税务稽查人员在开展税务稽查过程中可能由于信息不对称导致精准性受影响。如稽查人员在查处骗税案件中需要物流货运信息、境内外资金交互信息、外汇交易信息等来判断是否存在骗税违法问题，在专项检查中需要通过了解行业特征数据等来分析行业共性和个性问题。

（四）分析工具的因素

虽然税务系统的大数据有"金山银山"之称，但税务稽查部门缺乏有效的第三方辅助分析工具。就稽查开展检查的辅助工具电子查账软件而言，目前我们常用的电子查账软件在风险分析、资金异常分析功能方面严重不足，软件筛选风险针对性不强，更多的时候仅仅是作为电子阅账的工具。而在选案环节，更是缺少智能筛选高风险企业的选案软件工具。

四、国外税务部门实施精准监管的经验借鉴

（一）美国——依托计算机网络，编织稽查"天网"

有个玩笑是说在地球上有两事绝不能做，一个是在中国贩毒、一个是在美国逃税，可见美国的税收监管是非常强大的。美国税收监管强大的具体原因如下：

其一，美国从二十世纪60年代开始利用计算机处理税收征管数据，很早就实现了从预测、登记、申报再到征收、稽查全部信息化操作。

其二，计算机系统分析数据基础非常强大，包括纳税人的资金流、资产、报表等相关的信息，这些信息可以从银行、海关、邮储甚至是举报人、会计师等第三方获取。尤其是资金数据，因为美国以直接税为主，只要是美国纳税人身份，税务局掌握其每一笔资金收入情况。

其三，美国国税局（IRS）目前拥有11万人员，其中4万人是专门的税务稽查员。

（二）法国——税务稽查高度信息化

法国税务总局以及下属部门都可以利用信息系统获取相关的信息情报，这些情报来自税务局、政府部门、银行以及相关机构。

法国的税务稽查有以下几个特点：

(1)根据区域三级划分组织体系。法国的税务机关分为三级：税务总局、直辖区局以及各省税务局。其稽查体制也是与其税务机关相配套的三级设置。

(2)根据案值划分管辖检查权限。根据案值划分管辖检查权限是法国税务检查的特色。法国税务机关将纳税人的营业额划分成三个等级。不同等级分别由相应级别的税务检查局负责。法国各级税检部门均有入户检查的权利，可以随时通过银行获取纳税人的信息。

(3)高信息化高处罚额。法国税务稽查的信息化程度非常高。法国税检机关通过纳税申报软件掌握纳税人的基本信息，如个人的收入、消费和不动产的情况，再通过计算机比对分析异常情况，从而确定检查对象。对于企业，税务机关也有相应的收集情报的手段，选案之前利用专门的软件对企业的财务状况进行分析，并通过相关法律手段保障情报收集。

法国对于违法行为的处罚额度还非常高。税局规定对于存在延期申报行为的纳税人，加收百分之十的税款，如若催报三十天内仍未申报的加收百分之四十的税款，仍不申报的加收百分之八十。

(三)加拿大——形成一套专业化、具体化的稽查制度

加拿大联邦税局(CRA)负责税务稽查，建立了一套非常先进的稽查制度：一是建立了专门的评分数据库和核心稽查系统；二是划分行业等级，重点行业重点调查；三是鼓励大众监督；四是设立专门的税务法院。加拿大甚至研发了能够测量纳税人纳税遵从度的纳税遵从测量信息系统。

纵观美、法、加等国，各国的税务稽查制度都有值得我们学习借鉴的地方。尤其是他们在纳税人基础数据采集和涉税情报收集方面的权限，更是我们开展精准稽查的前提条件。

五、以数据运用驱动精准稽查的对策分析

(一)加快税收立法和制度建设，提升税务稽查的法律地位

1.面对当前我国税务稽查程序法滞后的问题，可以修订原有的《中华人民共和国税收征收管理法》及其实施细则，并在未来继续提升《税务稽查案件办理程序规定》的法律层级。通过提升税务稽查执法所依据的法律层级，从而降低税务稽查的执法风险。

2.通过设定税收法律法规，从立法上为税务部门获取外部门的涉税数据和支持配合提供强有力的保障。如明确第三方支付平台具有配合提供涉案企业和人员资金往来证据的义务；对其他部门不配合税务稽查提供资料的行为规定相应的惩戒措施；在一定程度上扩大税务稽查的执法权，对纳税人不主动

配合的案件，可以不申请公安机关配合而行使搜查权，并在特定条件下可以把检查场所扩展到非生产经营场所。

3.在大数据发展背景下，增加电子取证的立法工作，在法律上规定电子取证的合法性，并明确涉税电子证据取得及应用的法律效力。针对电子取证的内容、方式和程序、证据的处理与固定等制定相应的规章制度，以指导日常税收稽查工作，规避执法风险。

(二)建立常态化数据深度共享机制，解决内外部数据需求问题

1.以"金税四期"建设、浙江省税务局大数据平台建设为契机，提出专业需求，推动涉税数据聚合和数据互通互联、共享共用，在保障数据安全性的前提下，打破税务系统内部不同地区、不同层级、不同部门之间的数据壁垒，在数据运用上提高效率。

2.积极推动与人行、银保监、证监、交通运输、国土、大数据资源管理等部门进行合作事项会商，建立稳定的数据交换渠道，促进部门"小数据"向社会"大数据"的融合，为稽查强化对重点领域、重点行业、重点人群的监管提供更全面的数据支撑。2020年推出的"涉税案件资金网络查控平台"，通过银保监会的网络专线与各银行业金融机构对接，实现了税务端自主查询银行账户的模式。查控平台作为一个部门协作的成功案例，其经验可推广用于与其他部门之间的实践探索。

3.充分发挥行业协会、中介机构和第三方服务商等的专业优势。在专项检查中可以通过走访行业协会来了解某一行业的现状、运行模式、特色等；在选案环节，可以向第三方数据服务商购买数据查询和分析服务。如针对税务系统内部专业人才不足的情况，可以委托专业数据服务商以网络爬虫技术从公开网站上收集股权交易信息，与申报数据进行比较，筛选疑点，以达到精准选案的目标。

(三)优化稽查人力资源配置，提升稽查人员综合素质

1.基于稽查干部年龄两极分化、信息化应用水平参差不齐等人员结构现状，转变基层稽查人员"单打独斗"的检查模式，组建稽查专业化团队，集中力量，攻坚大案要案。通过有效配置稽查资源，克服稽查案件大案要案少、案件办理时限长等工作短板。

2.推进税务系统内外部人员交流。一方面鼓励税务干部到税务系统外交流任职、挂职锻炼，学会跳出税务思维看问题，吸取其他部门的先进经验和模式。另一方面，建立和完善人才引入机制。有针对性地引进计算机、通信、软件工程、法律等方面的专业技术人才，不断充实稽查专业化队伍，为"大数据"建设储备力量。

3.加大税务稽查干部培养力度。一方面，在工作实践中注重培养广大稽

查人员运用大数据思维开展稽查工作的积极性,在实战中培养能独当一面的年轻稽查干部;另一方面,强化税收业务、大数据分析和法律方面的业务培训,重点建设学习型、创新型、效能型的稽查队伍,打造开拓创新的稽查精英队伍。

(四)强化智能化大数据分析,实现从经验式执法向科学精确执法转变

1. 加强重点领域风险防控和监管。对涉税问题多发的重点行业、重点领域和重点人群,适当提高"双随机、一公开"抽查比例,推进由税收大数据和风险管理局、稽查局、政策管理部门共同参与的跨部门联合分析,构建企业大数据画像,提高选案精准性。充分运用发票大数据信息化管理平台,对隐瞒收入、虚开发票等逃避税行为进行专项预判应对。

2. 加强税警之间的情报交换、信息通报和执法联动,推动税警协作实体化运行步伐。在打击虚开发票和骗取退税工作常态化的背景下,通过税警双方联合研判大数据时代涉税犯罪的新形势、新特点,行政、刑事手段互助、无缝衔接,进一步提升打击涉税违法犯罪行为精准度。

3. 对立案的新经济业态企业进行解剖式检查,摸清其经营模式、涉税风险及检查路径,为同类型案源检查提供借鉴。同时通过分析新经济业务所适用的税收政策,来推动税收政策的升级换代和完善。

4. 开发和完善大数据分析系统。可以在现有电子查账软件的基础上,结合各地使用过程中反馈的意见,不断改进完善,逐步开发出分行业专用的查账软件,进一步细化查账软件的功能。同时,建立软件数据更新模型,即随着数据资料的积累,可以利用该模型进行统计分析,修正或形成新的行业参数,使行业数据不断更新。

(五)加强稽查成果的增值应用,不断强化稽查成果在经济运行研判和社会管理等领域的深层次应用

1. 严格做好稽查结果推送、"税收黑名单"公布、案件曝光等稽查动作,强化税务信用监管,提升涉税信用价值。同时深度探索"银税合作"模式,建立"税收白名单"制度,将依法诚信纳税、诚信经营企业的"纳税信用"转化为"融资信用",优先获得一定额度的信用贷款或其他金融服务。通过纳税信用评价结果的增值运用,增强企业对自身纳税信用等级的重视程度,从而提高税法遵从度。

2. 对在稽查检查中发现的问题和行业特征进行归纳总结,反馈给风险管理部门作为设置风险指标的参考。如医药流通生产行业普遍存在以不合规票据套现支付回扣问题;部分不法分子利用地方性优惠政策成立劳务平台公司,大量对外虚开劳务费发票等。

3. 通过对行业性检查或个案检查结果的分析,剖析出现普遍性或特殊性涉税问题的原因。以此来验证行业管理是否规范、地方优惠政策是否合理、是

否存在税收政策洼地，从而推动立法，规范政府和企业行为，充分发挥税务部门参与社会治理的作用。

课题组组长：王　平

课题组副组长：屠克威　徐世颖

课题组成员：江永珍　蔡央央

以"数治"提升虚开犯罪团伙化
精准"防控"的研究（一等奖）

国家税务总局杭州市税务局稽查局课题组

2021 年 3 月 24 日，中办、国办印发《关于进一步深化税收征管改革的意见》，为"十四五"时期高质量推进新发展阶段税收现代化确立了总体规划。在其中，建立"数治思维"、强化数据赋能、实现税收征管数字化改造是改革的关键之举。

稽查作为税收征管的重要一环，如何利用改革的良好契机，秉持"数字治理"的思维，在总局部署常态化打击虚开骗税的大背景下，推进基层稽查信息化创新实践，达到稽查执法活动和稽查信息化应用深度融合，不断适应新形势的变化，精准高效打击虚开发票违法犯罪行为，是值得探索的课题。

杭州市税务局在这方面进行了良好的尝试，以"虚开发票"这一社会关注的重点整治领域为切入点，2021 年重点打造"虚开风险管理库"，通过提炼关键痕迹指标，构建数据模型，提升虚开团伙识别能力，实施全链条打击和整治，实现从事后打击向事前、事中精准防范转变，为"数字治理"虚开犯罪提供了一个有效样本。

一、"数治"的理论基础

自 20 世纪 90 年代以来，"数治"理论日益成为西方公共管理领域研究的重要议题之一。"数治"理论的表述：数字治理理论是治理理论与互联网数字技术结合催生的新的公共管理理论，该理论主张信息技术和信息系统在公共部门改革中的重要作用，从而构建公共部门扁平化的管理机制，促进权力运行的共享，逐步实现还权于社会、还权于民的善治过程。它的代表人物是英国学者帕却克·邓利维（Patrick Dunleavy）。帕却克·邓利维主张在公共部门管理系统引入信息技术和信息系统，从而促进公共管理学科对公共政策的感知由边缘化向中心化发展。其在后续研究中主张不断引用逐渐出现的大数据、云计算等先进的数据处理技术，加强数字时代的协同公共服务发展，并不断丰富公共部门公共管理系统的"工具箱"。

数字治理，是利用信息通讯技术（ICT：Informationand Communication Technology），对政府实施数字化变革，重塑治理结构，重新整合服务。作为政府治理的重要组成部分，税收治理必须积极顺应新的发展趋势，加快税收治理模式转型升级，推动税收治理体系和治理能力现代化。毫无疑问，现代数字治理理论对于税务治理有着重要的支撑作用。根据王伟域、刘峰等人的研究，简而言之，数字治理基于税收大数据，于我们的具体工作有以下几个关键点：

一是在社会整体效应上，要努力运用税收大数据技术，从税收实际工作与经济社会发展的关系和效应出发，寻找、分析、破解经济社会发展中的不平衡不充分难题，寻找最佳平衡点，破解关键性问题，促进创新发展、技术进步，从而增强税收工作的科学性、确定性。

二是在数据管理权限上，要从数据资源、数据流向、数据逻辑出发重构税收治理模式，充分发挥数据在转变税务职能，创新税收征管机制和纳税服务模式，驱动税收管理流程再造中的作用，从而进一步完善税收治理体系，提升税收治理能力。

三是在具体数据的管理上，要突出技术引领，强化以区块链、人工智能等为代表的新技术应用，重视涉税数据间逻辑的归纳，优化税收资源配置效率。

四是在数据管理的架构上，要建立全新的扁平化管理模式。通过流程控管和数据范围管理，实现工作并行，数据横向流转互通，信息传递渠道畅通，信息准确直达，沟通实时有效。

二、当前虚开涉案企业主要特征与"数治"的契合度

大数据与实际工作的结合要考量社会效益与经济效益，从稽查工作的重点和难点切入，虚开发票治理正是这样一个承接点。2018年四部委打击虚开骗税两年专项行动开展以来，尽管打击有力、成效显著，但此项工作的形势仍不容乐观，虚开发票违法犯罪活动仍呈高发态势，以杭州市为例。

2018—2020年杭州市查处虚开发票案件情况表

年份	检查企业（户）	问题发票（份）	涉及金额（亿）	查补金额（亿）	移送公安（户）
2018	935	24455	22.63	2.06	72
2019	507	112749	175.19	2.92	216
2020	569	29138	25.9	1.00	701

近年来征管部门移送风险企业增多趋势显著。

这些虚开变化趋势带来巨大的工作压力，以稽查当前的力量配备，难以逐

户进行打击,彻底给与扫除。因此,我们必须从虚开犯罪的典型特征和变化趋势入手,抓住关键点,与大数据进行匹配,为"数字治理"提供有效实践基础。

(一)关联性——虚开基本特征典型性突出

大数据将数学算法应用于海量数据,从数据中找到关联,并通过该关联来预测事物发生的可能性。这是大数据方法论的核心思想。而虚开案件突出的犯罪特征,为数据统一性与关联性的取得提供了极大可能。这些典型特征包括:

使用虚假的注册地址。开票企业没有在注册地址或者生产经营地址办公的迹象,并且部分注册地址为伪造的虚拟地址。开票企业注册地址的取得是通过中介获取倒卖的地址信息或街道招商引资。

无对公账户资金往来。开票企业逃避开设银行账户,与受票方没有真实业务发生,也没有资金往来,发票基本都为企业经营者或者员工在无真实业务的情况下直接通过支付 1—3 个点的开票费的方式取得,所有开票费仅通过卖票人个人微信或支付宝收款。

短时间内集中领票开票,纳税申报异常。发票领购方面,开票企业短期内频繁领票,或成立初期少量领票开具申报后短期内随即大量领票;发票开具方面,虚开企业领购发票后短时间内迅速开票,且开票时间多集中在每日下班时段至凌晨;纳税申报方面,普遍存在不申报、虚假申报的情况,绝大部分企业无税款入库。

借助大数据,根据以上典型性进行归集,从企业注册地址、资金流向、购票与纳税申报等特征项入手,就可以快速有效地判定虚开犯罪行为。

(二)多维数据获得——新平台应用带来新型虚开特征

数据分析系统的数据来源是各个业务系统或手工数据,对这些数据的格式、内容进行统一,开展数据治理、数据监控等,得到高质量的数据,才可在此基础上进行主题化的数据建模、数据挖掘、数据分析等。随着新的数据平台不断优化和投入运用,虚开犯罪越来越多地基于互联网,对于税务稽查来说,既是挑战,也为"数字治理"提供了机会,提供了更多的治理线索与契机。在最近几年的工作中,税务稽查人员发现出现问题的平台有以下几类:

电子税务局:当前电子税务局应用力度加大,为方便纳税人,通过手机等能快速网上申领发票,犯罪分子借此乘虚而入。同时,由于电子发票的推广使用,虚开发票种类也从传统的纸质发票向新兴电子发票转移。犯罪分子利用电子税务局的便利,大肆购买电子发票对外虚开。如去年杭州市查处的涉疫虚开"百城会战 1 号"案中,涉案企业 WZ 公司分五次领购 275 份发票,其中 100 份为增值税电子普通发票,开票金额约 326.76 万元,占总开票金额的 21%。开票品名涉及门类多达数十种,增值税电子普通发票受票方多达 30 余户，波及广东、广西、天津、内蒙古等多个偏远省份，虚开金额大、受票方涉及范围较广。

互联网信息与交易平台：信息媒介发达带来发票买卖渠道增多，越来越多地利用到短信、邮箱、微信群、QQ 群以及其他各种互联网平台，手续费交易方式有现金、微信、支付宝等。近年来的发票虚开团伙与以往相比，基于网络平台虚拟联结，呈现出小而散的特征。以 2021 年查处的"仓鼠 1 号"虚开专案为例，从杭州虚开团伙入手，发现一个全国性虚开团伙。该团伙在上游和下游采取收购、招募的手段，不断扩大规模。上游建立了 1200 多家疑似用于虚开的空壳公司"仓库"，覆盖全国 23 个省、39 个地市，涉及团伙 20 余个 90 余人。下游招募"代理"，通过手机、网络隐匿身份远程运作虚开业务，在全国范围招收代理，接收虚开订单汇总至"仓库"进行开票，形成虚开产业链条闭环架构。

互联网"事必留痕"的特性为稽查部门发现和挖掘虚开犯罪企业提供了可能。犯罪分子在电子税务局上购买发票会留下领票人的实名信息、邮寄地址等信息，在第三方开票平台上开票会留有开票人和受票人的电话、收票邮箱等信息。稽查部门厘清电子发票虚开规律，从第三方平台入手获取开票基础数据，便能更有效地从源头进行虚开的强力控制与防范。

（三）共享共治——系统信息不对称带来的反复犯罪

在大数据应用快速发展的时代，政府数据通过开放、交换、融合与共享，将原来各部门的"条数据"逐步整合成"块数据"，深入实施大数据政务应用，数据价值才会产生成百倍的裂变效应，大数据的应用价值才会被深入挖掘。而目前系统隔绝，数据割裂的情况仍然存在，虚开犯罪目前呈现的某些特征正"倒逼"着我们不断推进数据共治的尝试。

近年来的虚开案件研判中发现，部分卖票人的联系方式仍为活跃状态。涉案企业与以往年度部分双打案源存在交叉关联，"四员"信息存在重复，表明虚开团伙还没有被彻底根除，存在反复新办、反复作案的情况。卖票人不断滚动成立企业，通过新办继续卖票。这是由于金三系统只对非正常户的法定代表人有强制监控，即非正常户的法定代表人无法再担任其他新办企业的法定代表人，但非正常户的财务负责人和购票人等人员仍可注册新办企业。这就导致虚开团伙可以通过循环利用个人身份信息成立空壳企业对外虚开。

因此，在具体实践中，极需要相关执法部门之间加强数据资源的交流，在法律许可范围内和确保安全可靠的前提下，对社会治理相关领域数据进行归集、挖掘及关联分析，强化应对和处理突发事件的数据支撑，构建起智能防控、综合治理的公共安全体系。

三、数字治理之"防"—建立"虚开风险防控库"的探索

基于虚开企业出现的新形势和新特征,为了更好应对被查主体小而散的特征、稽查部门人手不足的痛点、移送公安程序上的难点以及遏制虚开犯罪的堵点,2021年,杭州市税务局稽查局在历年虚开案件查处的基础上,总结经验,探索搭建"虚开风险防控库",搭建提供了一个"数字治理"下虚开风险防控的可视窗口。

(一)数据库概况

该数据库基于虚开企业的新形势和新特征,通过提炼虚开痕迹指标,构建数据模型,集成已发现虚开企业风险数据,以单户虚开企业(种子企业)为起点,运用关联性指标,计算判定企业间的关联性,快速揭示隐藏在风险纳税人中的虚开团伙企业。

整个数据库的逻辑架构图如下。

(二)典型指标设置:明确虚开团伙关联指向

数据库以杭州市税务局2019年—2020年成功查处的虚开案件为样本,对征管部门移送的4000余户非正常户数据进行挖掘、分析,对纳税人管理中留存税务数据进行规则提炼,共剖析获取21个关联性指标(其中9项一级指标、13项二级指标),分析维度包含纳税人新办、购票、开票三个环节,人员、地址、设备地址、联系方式四个维度。

1. 开办环节指标:包括经营地址关联性:开立日经营地址与确定虚开企业具有高度关联的企业。人员关联性:筛选同一时间段法人、财务、股东任一身份证信息与确定虚开企业相同的企业;同一时间段办税人员身份证与确定虚开企业相同的企业。电话号码关联性:企业开办时登记的电话号码与确定虚开企业相同的企业。UKEY收件信息关联性:通过检索电子税务局企业开办时登记的UKEY收件电话信息、收件地址信息,地址与确定虚开企业相同的企业。

2. 购票环节指标:包括实名办税人员关联性:实名办税人员身份信息与确定虚开企业相同的企业。纸质发票邮寄收件人关联性:根据企业领购发票时填报的发票发售数据,筛选发票收取地址与确定虚开企业相同的企业。

3.开票环节指标：包括受票方关联性：检索同一时间段（单次受票为同一天/两次以上受票为同一时间段）受票方与确定虚开企业受票方相同的企业。开票地址关联性：筛选开票 IP 地址与确定虚开企业相同的企业；开票 MAC 地址与确定虚开企业相同的企业。电子发票收票信息关联性：通过检索电子发票公共服务平台第三方数据，筛选收取发票的邮箱或手机与确定虚开企业相同的企业。

（三）综合分析研判：归集虚开团伙特征信息

"虚开风险防控库"注重综合分析，以三个模块的应用实现该功能：即关联分析、单户分析、联合办公。关联分析通过指标的关联度来判断企业之间的关联关系，最后生成团伙企业名单；单户分析集成单个企业的所有信息，适用于对企业的深度挖掘；联合办公可用于与公安部门、征管部门进行数据交换和信息反馈，提升工作质量与效率。

1.关联分析模块

在关联分析中，数据库将风险管理企业纳入进行关联分析，实施可视化展现是否存在团伙企业情况。针对第一步中提炼的企业关联关键信息为基础构建响应的关联性指标，包括：四员关联性指标、实名办税人关联性指标、注册地址关联性指标、IP 关联性指标、MAC 关联性指标、注册地联系电话关联性指标、Ukey 收件信息关联性指标、纸质发票邮寄收件人关联性指标、受票方关联性指标、开票地址关联性指标、电子发票收票信息关联性指标等，以单户暴力虚开企业（种子企业）为起点，计算判定企业间的关联性；通过建立图数据库，利用各关联性指标作为关联系数将企业数据构建无向图模型，进行可视化图形展示，直观呈现企业团伙及团伙特征。

经过风险库的关联分析后，各企业通过人员、电话、邮箱、MAC 地址等信息的关联性分析，连线聚合成一团，形成右图中的血缘关系图，即可被判断为一个团伙企业。

2.单户分析模块

单户分析模块，即归集单户企业成立存续期间的所有信息，实现数据集中化。数据覆盖稽查案件所涉及的单户企业多维度信息，包括稽查类、登记类、防伪税控、电子底账、实名办税等数据源，并对数据源进行集中管理，建立元数据管理，控制数据源头和访问权限设置，保证数据安全的前提下兼顾快速有效访问。为对单户企业进行解剖式分析提供数据支撑。

单户分析可以解决税务稽查案件无集成平台的痛点，对于团伙案源，一边通过实地察看，了解企业实际经营情况，一边从金三系统、电子底账、电子税务局、第三方开票平台等处集成被查企业的登记、发票取得和开具、人员、联系方式等各种征管资料，为后续稽查案卷电子化进行基础建设，以及机器学习提供新的案例标准。

3.联合办公模块

联合办公模块,是对于形成的虚开数据库资源可系统整合,为日常风险管理提供更精准的数据源。通过预留的接口,可以将从其他部门共享来的数据信息导入数据库,通过将新的企业信息与原先分析出的虚开团伙信息进行数据碰撞,串联出更大规模的虚开团伙。此外,还可利用数据库沉淀的疑点信息,反馈至税务征管部门用于对新设企业和存量企业进行风险预警和防控。

(四)提升办案效率:暴力虚开案件自动组卷

近年来,稽查现代化推进的步伐越来越快。2021年6月18日,国家税务总局审议通过了《税务稽查案件办理程序规定》,要求稽查局"应当自立案之日起90日内作出行政处理、处罚决定或者无税收违法行为结论"。这对稽查案件查处的精准性和实效性提出了新的更高要求。

在实际工作中,稽查人员面对虚开案件时,时效性处理是一个凸显的问题。暴力虚开案件属于虚开发票案件中比较典型的一类,这类企业通常具有在检查时处于走逃失联或非正常状态、实地均无法找到、不申报或虚假申报、登记虚假银行账户、发票进销品名不符等特征。仅2021年1—10月,杭州市稽查部门已立案查处的暴力虚开案件已达645件,使工作压力陡增。但与此同时,此类案件处理方式上有又自己的特殊性,对应稽查文书相对简单,可参考统一模板,为工作效率的提升提供了可能性。

针对此类日常工作中经常遇到的虚开案件,"虚开风险管理库"拓展开发了智慧案卷模块,嵌入电子文书自动生成软件,实现稽查人员在办案过程中从检查到审理到执行各环节案卷文书的全流程电子化模式。把稽查人员从繁重的文档工作中解放出来,并真正实现电子案卷,实现案卷电子化存档。

四、数字治理之"控"——"虚开风险防控库"构建的现实意义

杭州市税务稽查局构建"虚开风险防控库"的创新实践,以小见大,抓住当下虚开行为关键性特征,运用税收大数据技术精准监控虚开团伙活动轨迹,不仅满足于打击层面抑制虚开发票违法犯罪行为的发生,而且致力于建立长效机制、联合机制,新型管理体制,逐步推广,全方位将"数治"理念贯彻到"防"与"控"虚开风险的具体工作中。

(一)建防控库:实现即时防控功能

一是可以实现狠抓。"虚开风险防控库"建立后,根据稽查部门已查实的个人身份证、手机号码、交付邮箱、IP/MAC等虚开有效要素,综合金三核心征管、增值税电子底账等涉税系统数据,将杭州地区新办企业信息入库,进行发票虚开风险自动分类,稽查部门可及时高效地发现虚开团伙企业。打造稽查

选案"风险池"。稽查部门通过梳理异常涉税信息精准筛选种子企业；根据企业五员信息进行人员关系拓展研判；借助网卡 MAC、IP 地址等信息端口确定团伙关系和范围；将资金和货物二流建模比对，建立团伙犯罪脉络图；最后利用微信、QQ 等即时通讯平台锁定虚开团伙幕后主使。在团伙虚开案的排查过程中，运用以上"五步研判法"，进一步加大发票违法犯罪行为的打击力度。

二是可以实现快防。通过全库扫描，可将虚开风险人员、风险联系方式等按风险等级分类，反馈至征管部门，实现稽查和征管双联动。通过各地税务服务大厅叫号系统，智能识别和判断办税人员的发票虚开风险，预警相应的税务工作人员。

三是可以实现深控。通过电子税务局对虚开要素如身份信息、手机号码等要素的自动识别，实现对相关企业网上办税权、发票发售等权益的智能分类管控。

（二）建全局库：实现全域性推广

在"虚开风险防控库"能够有效实现即时目标的前提下，搭建统一平台，由税务局各部门及外部门的通力协作，提供数据支持。税收大数据提供金三核心征管数据及电子税务局办税记录，人民银行提供银行账户开户信息查询，航天信息等第三方发票服务商提供电子发票受票方的交付邮箱和交付手机号码。依托全省甚至全国的金三核心征管系统、电子税务局、第三方发票服务商及人民银行账户等数据信息，分级分类进行数据扩围，搭建省级、国家级风险防控管理库，实现平台的一体化、防控手段精准统一。最终达到根据现有团伙指标和风险指标从各级防控管理库中自动选取虚开犯罪团伙和虚开风险企业的目标。

（三）建动态库：实现精准完善

在充分实践的基础上，抓住税收大数据这一驱动力，将数字化技术与风险防控体系建设相结合。借助人工智能技术，汇聚虚开风险防控管理库各类数据，一是进一步建立防范虚开团伙信息监测系统，围绕信息分析、风险预警、打击虚开团伙企业重点发力，提升稽查打击精准度。二是探索虚开风险防控库跨区数据交换，通过对局地虚开团伙的判断，研判全国范围内虚开团伙，实现打虚以小见大、以点带面。三是通过机器学习，实现虚开风险防控管理库动态自我更新。以风险防控管理库的自我学习、自我完善，实现风险产生与风险识别同步，形成打虚新格局。

五、推进虚开"数字治理"的建议

刚刚结束的全国打击"三假"虚开骗税违法犯罪专项行动总结暨常态化打击工作部署会议再次指出：各部门要"强化数据共享，健全监控预警机制，切实防范和及时处置行业性、区域性、潜在性'三假'涉税犯罪风险。突出以打促治,健全改进提升机制,完善各部门监管措施及相关制度,进一步强化源头防范、系统治理。"这对虚开犯罪之"数字治理"再次提出了切实要求。在实践取得成效的基础上,研究提出以下几点建议:

(一)完善数字领域制度体系,提供治理基础

要加强顶层设计,出台法律法规,强化互联网违法信息管控,推动广大网络交易平台承担相应的法律义务与社会责任。屏蔽非法出售发票相关信息,对违规用户采取相应限制措施,举社会之力共同打击发票违法犯罪行为。

构建有效的协同处理机制,以社会需求为导向,加强税务部门、网监部门、司法机关等相关部门的协作,破解当前广泛存在的数据孤岛化、信息碎片化、应用条块化、服务割裂化等问题,提升数据共享共治的规模与质量。

(二)保障社会信息安全,提升治理精准性

各相关部门必须严格在《网络安全法》的层面之内开展工作,实现审慎监管、数据资源安全共享、严格保护个人隐私信息,数据泄露、篡改以及倒买倒卖数据等不良行为。

提升数据使用的精准度。联合市场监管、公安等部门,探索建立虚假注册问题防火墙工程。建立税务反向投票机制,对注册信息明显异常的新办企业进行风险标识,采取差异化管理措施,核实信息及时反馈市场监管部门,实现双向协同管理。

要对涉案金额高、处罚力度大、社会影响力大的虚开虚受典型案例坚决给予曝光,与涉税违法"黑名单"制度相结合,实行相应惩戒。

(三)用好信息化手段,实现稽查质效再提级

要充分发挥信息化处理数据处理速度快、统计分析功能强、计算准确率高的优势,由此避免工作中主观性可能带来的偏差与失误,严格规范每一项具体执法行为,强化内部监督和制约,在提升工作效率的同时也加强了对稽查执法风险的防范。

在"数治"的大环境下,探索对部分工作实施信息化批量生产,将稽查干部从事务性的案牍工作中解放出来,更多地将精力投入到研判与打击中,更进一步解放人力,提升稽查的打击震慑能力。

(四)建立持续发展理念,打造社会共治合力

在落实"数字治理"理念的过程中,需要持续充分关注新的技术基础、行业产业之上承载的新特征,对数据管理库及时进行扩容增容,适应时代需要。

要明确治理虚开风险不仅是社会管理的职责,同时也要充分发挥社会不同层级、不同能级多元主体的积极作用,加强取得发票合规性的纳税辅导,提高纳税人对受票业务真实性的识别能力,引导其注重资金流核对和开票方身

份核实,减少虚受发票行为的发生。以人为本始终是数字社会治理的落脚点,积极挖掘社会舆论对社会治理的良性推动力量。

课题组组长:顾　群
课题组副组长:喻　嵘
课题组成员:蒋琼艳　蔡央央(执笔)　程若旦(执笔)

新形势下实现税务稽查
精准监管的研究（一等奖）

国家税务总局绍兴市税务局课题组

税务监管主要分为日常征管和稽查监管。税务稽查是税务征管的最后一个环节，对于防止和打击税务违法，教育广大纳税人按照税法要求，积极、正确地履行纳税义务，防止税费流失，维护税务征管秩序具有不可代替的重要作用。同时，作为一种行政执法行为，在面临信息化时代、进一步深化税收征管改革等新形势下，如何做到"无风险不打扰，有违法必追究"，如何做到更精准的监管，对于税务稽查部门而言，是一个具有现实意义的重要课题。本文旨在以绍兴市三个稽查局开展税务稽查监管为实例，客观分析存在的问题，在分析成因的基础上研讨如何提高稽查精准监管。

一、税务稽查监管的概述

（一）税务稽查的概念

1. 税务稽查的外延小于税务检查

根据国家税务总局征收管理司编写的《新税收征收管理法及其实施细则释义》，税务检查按照主体和性质分类，税务检查包括税务稽查和征收管理部门的检查。区别于征收管理部门的检查，根据《中华人民共和国税收征收管理法》（以下简称《征管法》）以及《中华人民共和国税收征收管理法实施细则》（以下简称《实施细则》）的规定，税务稽查的主体是税务稽查部门，有完整、规范的检查程序和分工，专业性强，要求水平高，是高标准的税务检查。

2. 从工作职责定义税务稽查

根据《实施细则》第九条、《税务稽查案件办理程序规定》（以下简称《办理程序规定》）第四条对稽查局工作职责的规定，可以给概括出税务稽查的具体定义：稽查局以法律法规为依据，对纳税人、扣缴义务人和其他涉税当事人履行纳税义务、扣缴义务情况及涉税事项进行检查处理，以及围绕检查处理开展的其他相关工作的总称。

（二）税务稽查在税收征管中的作用

在纳税遵从度高的理想状态下，纳税人主动申报纳税，国家运用财政收入为人民提供公共服务。无可否认的是，理性的纳税人都不会放过"搭便车"机会，如果个别的纳税不遵从行为得不到揭露和制止，那么纳税遵从就会成为口号，侵蚀国家的税基。而税务稽查通过查处、处罚带来的威慑力，能够很大程度上提高全社会的纳税遵从度，缩小理想与"理性"的差距。因此税务稽查的结果会影响甚至决定着税收征管的质量。

（三）税务稽查精准监管的重要性

税务稽查是一种行政执法行为，一旦对涉税当事人开展立案检查，势必会对涉税当事人正常经营活动及其他涉税事宜产生较大影响。在当前建设服务型政府和放管服的大背景下，也对税务稽查的执法提出了更高的要求，因此税务稽查的精准监管就显得尤为重要。

一方面是"无风险不打扰"，在立案前稽查要做到科学研判，有必要的情况开展调查核实，对于没有涉税违法风险的当事人，尽量做到不立案检查，避免税务稽查对合规经营的市场主体的不必要打扰。

另一方面是"有违法必追究"，对有明确违法线索的涉税当事人立案后，通过对案源的精准分析，找准办案突破点，既能高效率地办结案件，又能维护其他合规市场主体的权利。

二、税务稽查监管的现状——以绍兴税务系统为例

（一）绍兴地区三个税务稽查局的概况

1.主要职责和机构设置

2018年9月，根据《国税地税征管体制改革方案》的要求，绍兴市局稽查局，两个跨区域稽查局正式挂牌成立。主要职能是负责对口区域内税收、社会保险费和有关非税收入违法案件的查处以及查办案件的执行等工作。下设业务部门有综合股、案源股（跨区域稽查局没有该部门，相关职责由综合股承担）、检查股、审理股、执行股；非业务部门1个为办公室。

2.人力资源现状

（1）人员数量以及年龄结构

截至2021年8月底，市局稽查局共有59名正式干部，其中35周岁以下干部12人，占比20.34%；35－45周岁干部11人，占比18.64%；45周岁以上36人，占比61.02%。两个跨区域稽查局共有正式干部87人，其中35周岁以下干部66人，占比75.86%；35－45周岁干部7人，占比8.05%；45周岁以上14人，占比16.09%。全市税务系统正式干部共有2290名，稽查干部占比6.37%；市局稽查局年龄结构偏大，新成立的跨区域稽查局年龄结构偏年

轻化。

（2）能力结构

目前绍兴地区三个稽查局在职干部取得与业务工作相关的税务师、注册会计师、法律职业资格、高级会计师等职称的人员共计 33 人次。其中取得税务师资格 20 人，占全系统稽查在职干部的 13.70％；取得注册会计师资格 7 人，占比 4.79％；取得法律职业资格 6 人，占比 4.11％。

3.案源类型分布

2020 年全市立案检查 449 件，其中检举案源 72 件，上级部门交办 9 件，外部单位以及督察内审、纪检部门转办 146 件，协查案源 191 件，其他 31 件。

2021 年 1 月至 8 月，全市立案检查 246 件，其中检举案源 20 件，上级部门交办 16 件，外部单位以及督察内审、纪检部门转办 58 件，协查案源 55 件，省局下发重点行业随机抽查安排案源 79 件，其他 18 件。

（二）绍兴税务稽查监管的主要做法

1.税务稽查"双随机"抽查

2019 年，绍兴市局稽查部门结合绍兴税收征管的重点，对绍兴市部分高能耗、高污染的印染企业开展随机抽查工作。该次随机抽查工作，检查年度为 2016 年至 2018 年度，以定向随机抽查方式开展选案工作：首先通过"金税三期税务稽查双随机工作平台"（以下简称"双随机平台"）筛选市局重点稽查对象名录内涉及印染行业的全部企业，共筛选出 99 条记录，剔除已抽取、已查企业以及无销售企业，将备选的 64 户企业根据实际税负率从低排序和是否高风险企业为选案指标（高风险企业主要指存在涉嫌利用富余票对外虚开发票行为的企业）在"双随机平台"中抽取 4 户企业为重点检查对象。本次双随机检查共定向抽取 4 户企业直接立案，并按 60％的比例抽取 36 户印染企业布置自查（其中 2 户自查转重点检查），共查补入库税款 1780.96 万元、滞纳金 238.54 万元，罚款 83.76 万元。

2.双打工作

2018 年 8 月，国家四部委共同部署的双打两年专项行动正式展开，绍兴市局稽查局会同当地三部门根据上级文件精神，联合制定《打击虚开骗税违法犯罪两年专项行动方案》，组建由市局分管领导担任领导小组组长的四部门联合打击虚开骗税领导小组，负责组织指挥、督导调度打击虚开骗税专项行动和案件检查工作。四部门建立信息共享、打防联动等机制，共同协调打击、防范虚开骗税违法犯罪有关事宜，共同开展专案侦查，大数据分析精准定位虚开骗税违法犯罪行为，针对没有实际经营业务只为虚开发票的"假企业"、没有实际出口只为骗取退税的"假出口"进行重点打击。

2018 年至 2021 年 4 月共检查虚开企业 2587 户，查实虚开企业 2144 户。

定性虚开增值税发票 2.98 万份,金额 19.44 亿元,查补税款 1.76 亿元、罚款 1.28 亿元;共立案检查骗税案件 41 户,移送公安 32 户,应追回退税款 1224.42 万元,上游企业虚开发票查处发票份数 1622 份,金额 15566.12 万元,税额 2646.64 万元,其他金额 235.34 万元。

3. 协查工作

绍兴地区因纺织行业的特殊性,部分企业因上游企业发票难以取得,大量存在购买发票的需求,因此绍兴稽查接收了很多协查案件,协查案件在所有案件中占比一度达到 80% 以上。2020 年 5 月起,随着总局、省局加强税收违法案件发票协查工作相关文件的下发,对于需要立案检查的协查案源,由稽查部门负责实施;对于不需要立案检查的调查核实类发票协查案源,由稽查部门推送给风险管理部门,由风险管理部门扎口组织实施。

根据国家税务总局关于协查的要求,绍兴地区稽查局细化工作标准,在管辖范围内统一协查工作要求,优化协查工作流程,将要素协查工作要求落地。针对有问题的协查,进一步加强案源分析,及时组织力量查处,发挥稽查的震慑作用。2017 年 11 月,绍兴市局稽查局对某 4 户协查案件企业进行核查时发现,存在 2 名共同"中间人",两人银行流水有大量"即进即出"交易记录,涉嫌回流资金达 1.5 亿元,疑似一个将外地发票贩卖到绍兴的中间人虚开作案团伙。初核案情后,省局稽查局于 2018 年 2 月成立专案组,抽调人员组建专案团队。3 月绍兴市局稽查局启动税警协作机制,联同公安部门成立税警联合调查组,研究确定了"先扩围稽查,后突击收网"的工作思路,将检查分为"资金研判,确定对象"与"突击收网,抓捕人员"两个阶段,4 个月内,联合调查组顺着发票流中开票方银行账户信息,查实回流资金 16.72 亿元,其中查实全闭环回流资金 3.75 亿元,开票方涉及全国 15 个省市 113 户涉嫌虚开企业,虚开 50378 份发票,金额 52.30 亿元。2019 年 7 月 26 日,由绍兴市越城区人民检察院对犯罪嫌疑人依法提起公诉,经绍兴市越城区人民法院庭审,于 12 月 25 日宣判。

三、税务稽查监管目前存在的问题

(一)配套法律法规不完善

目前,关于规定税务稽查职责及工作流程的法律有《征管法》《实施细则》和《办理程序规定》等,只有《征管法》属于法律层级,其余都属于行政法规和部门规章。税务稽查执法工作所能依据的法律阶位较低,削弱了税收的法律刚性和权威性,也使得税务稽查执法人员在执法过程中容易处于被动的情况。《征管法》赋予税务机关的检查权只限于车站、码头、金融机构及纳税人生产经营场所和货物存放地等,而实际稽查工作中生产经营场所和居住场所往往难以界定，难以取证。在检查过程中，被查对象极易出现情绪上反感抵触和不配合的情形，例如拒不出示身份证明、询问时对所有问题一概回答不清楚、将计算机等存放关键电子数据信息的设备锁存等，使检查人无法调查取证。根据《征管法》的规定，税务稽查与税务检查的检查权限是一致的，征管法规定的上述检查权不是税务稽查部门所特有的手段，仅是一般性执法权。税务稽查机构作为专司偷逃骗抗涉税违法的打击部门，缺乏专有且有力的行政执法手段。而且目前的涉及虚开发票等问题的文件大多是上世纪 90 年代的，早已无法适应市场的变化、满足稽查的实际需要。

（二）复合型人才缺少

2018 年国税、地税机构合并后，决定撤销县、区级税务稽查局，设立跨区稽查局，在保证了稽查局办案独立性的同时，也给稽查工作提出了更高的要求。随着税收信息化的不断推进，稽查人员既要熟练掌握更全面的税收政策和会计、金融等知识，又要加强各类信息化系统的学习，提高自己掌握运用各类软件运用的能力。但从实际情况来看，目前，多地税务稽查机构人数配备不足，根据要求，稽查人员要占当地税务人员总数的 8% 以上，很多地方 8% 的标准都没有达到，且稽查干部年龄结构呈现出中间少、两头大的特征，人员配比不合理，稽查力量相对薄弱。而国外多数发达国家税务稽查机构配比约为税务人员总数的 30%－45%，与我们的稽查人员配比形成鲜明对比。其次，以绍兴稽查为例，近年来，虽然超 75% 的新入职税务干部补充至稽查部门，但这只是表面上增加了稽查干部的数量。一名合格的稽查工作人员至少需要 5－10 年税务工作经验的积累，且部分新入职的税务干部并非财会、税务专业，短期内无法完全胜任稽查检查工作。稽查队伍缺少精通税收法律政策、精于查案技巧、精于信息化操作的全能型复合人才。

（三）选案质量有待进一步提高

选案是税务稽查的第一个环节，是税务稽查的基础和起点，稽查选案的准确性决定了稽查的广度、深度和力度。但目前来讲，立案检查案源的选取还不够充分，案源筛选方式仍需进一步提高。主要表现在：

一是案源数据获取精准度不高。选案环节的案源信息主要为税务系统获取的纳税人信息，但是部分纳税人在纳税申报时提供的数据信息准确性的问题难以避免，因此税务部门掌握的涉税信息可能出现不准确的问题。

二是数据采集处理缺乏科学性。在现有的数据基础上，案源数据的选取仅仅是对纳税人申报数据和开票信息的检索和分析，利用技术手段对涉税信息进行全方位定量定性比较分析和指标综合性分析的方法未得到充分运用，挖掘案源数据的深度不够。目前一般是利用金三系统和全面协查系统完成系统提示的相关选案工作，"互联网 ＋ "时代来临，选案部门由过去的抽查式选案向风险全面扫描和监控转变，但各种大数据、云资源渠道利用还远远不够。

三是风险识别的重点是围绕重点税源企业展开，中小企业、特别是非企业纳税人的关注度不够。对于千户集团，国家税务总局有大企业管理部门直接对接，专门制定税收风险管理工作规程、从机制、体制上予以统一和规范。省一级及以下税务机关则主要抓重点税源企业的税收风险管理。而数量众多的非企业纳税人由于税源分散、不固定等因素，没有引起足够重视。

（四）内外部协作不充分

内部看，跨区域稽查与辖区税源管理单位无隶属关系后，衔接不够严密，管查互动不畅。查前选案缺乏辖区内税源管理部门情报的支持，征管数据分析不深；查后征管漏洞弥补和征管建议缺乏规范的制度保证，反馈无约束力，导致屡查屡犯，甚至该跟进的征管举措不跟进，对同类行业性问题不能以查促管，不能巩固扩大稽查成果。

外部看，税务部门与外部门协作水平不高，力度有限，大量有价值的第三涉税信息缺乏互通共享平台，且税务机关与第三方之间无法实现真正意义上的实时共享。税务系统从第三方采集的数据，由于数据分散于各个职能部门，碎片的数据不能整合形成有效的数据链条，需要花费大量人力、物力去整合。此外，与外部门交换数据通常是不定期交换，直接影响数据的时效性。尤其是市级以下部门协作没有强有力的制度保证，造成税务稽查与偷逃骗税信息严重不对称；属地涉税警力不够，且无专项经费，联合惩戒横向联系没有稳定渠道和明确的职责。尤其涉税移送案件处理困难，刑事、行政证据标准差异较大，"双打"案件审过率低，法院判决虚开、骗税案件数量有限。公安机关对于部分移送案件立案与否无明确答复，有些案件因双方标准不统一存在不接收移送材料问题，难以保障近年来快速增长的涉虚涉骗案件查办需求，造成部分涉税移送案件积压。

四、进一步实施精准监管的对策和建议

针对上述稽查监管出现的问题，本文从事前防范、事中控制、事后监管三个角度进行分析研究，提出相应的对策，以风险管理为导向，以现代化信息技术为支撑，实施精准监管，力求不断提升税务稽查的科学性。

（一）事前防范

1.加快立法修订，完善税务稽查法律法规

法律是治国之重器，良法是善治之前提，税收工作要做到依法治税，必须立法先行。建立健全税收法律体系，加快推进税务稽查的立法进程，对于实现税务稽查的精准监管有着十分重要的意义。

对于我国缺乏税务稽查实体法这一问题，可以制定税务稽查基本法或者修订《征管法》,以此提高税务稽查的法律地位。涉税法律法规的制定和修改应该及时、与时俱进,因此对目前数量众多、内容复杂的规范性文件要进行梳理、整合、更新,特别是一些已不符合市场经济形势、不能满足稽查需求的规范性文件,要形成系统、规范、统一的表述,并相应提高法律层级,保证新文件平稳落地实施。

2. 优化人员结构,打造复合型的稽查队伍

一方面合理配置稽查力量,优化人员结构。人员配置应全局统筹,改变以往新入职公务员大批量直接划入稽查部门的"简单粗暴"式扩充稽查队伍的举措,通过遴选、轮岗等方式补充有经验、有能力的税务人员,增强稽查力量,使稽查机构人员年龄结构最好呈现橄榄球型。

另一方面加大对稽查人员的培训力度。稽查人员的执法素质和专业技能在稽查工作中起着至关重要的作用。因此要加大对信息化条件下稽查人员的培训力度,加大对计算机、大数据分析应用等相关知识的培训,确保税务稽查人员可以掌握信息化稽查方法,将其丰富的实践经验与计算机、大数据相结合,提升稽查工作的效率和准确性,实现"1+1>2"的稽查效果,打造专业化、高素质的稽查队伍。

3. 拓宽行业门类,做强做优"提醒式""体检式"税宣辅导服务

稽查可以将执法和服务做到对立又统一,在打击税收违法行为同时,主动走进企业,服务企业,通过整理历年税务稽查案例,梳理企业在日常经营中容易疏忽、出差错的具有代表性、广泛性涉税违法问题,借助政协、行业协会等平台,通过"以案说法"的方式进行提醒式服务,并对行业性的涉税难点,进行重点辅导,逐步探索开展"体检式"服务,为稽查做好服务树立了标杆,后期需要拓宽行业门类,做到全行业、全覆盖,逐步实现区域化、行业化规范,提升纳税遵从。

(二)事中控制

1. 建立分析指标数据库,优化"双随机"选案流程

"双随机"选案是稽查制度史上一次空前的创新,为税收选案工作探索了一条公平、科学的新路子。但是如何建立科学、规范的"双随机"选案方法,是税务稽查如今面临的重要难题。税务稽查工作涉及面很广泛,稽查案件类型也多种多样,但是同行业、同类型的案件又是有规律可循的,因此可以建立稽查案件的分析指标数据库,对全国或者地区范围内同类型案件、同行业常见案件进行归集整理,通过对各行业的税收负担、盈利能力、运营能力、偿债能力等指标的分析建立不同的选案模型,利用选案模型优化各行业的"双随机"选案流程,有利于节约稽查成本,提升工作效率。

2. 善用信息化战法选案打击税收违法行为

创新打击虚开违法犯罪行为的思路、方法和手段，积极运用信息化战法选案提升打击税收违法行为工作质效。在取得发票大数据分析的技术支持下，根据历年虚开发票案件的规律，如开展以相同 MAC 地址开票、进项严重不匹配、两头在外且比例达到 100% 的商贸企业等指标的疑点分析，进行案源筛选，确定涉嫌虚开发票企业，精准开展检查，高效打击虚开违法行为。

3. 完善信息共享机制，建设互联互通数字信息平台

（1）在税务机关内部，打通税务稽查、征管、风控等部门的数据界线，实现部门间数据互通。在金三系统内开放查询功能，征管部门日常管理中针对纳税人税源管理、纳税评估、发票管理、日常检查等情况，稽查部门查处违法行为的结果都可以列示，比如把《税务稽查报告》《税务行政处理决定书》及《税务行政处罚决定书》内容链接进"一户式"查询系统中，使管理员可以全面掌握纳税人守法纳税情况，对容易出问题的方面进行重点监管。通过内部的信息共享，加强数据综合分析利用，不断提升税务部门的纳税服务水平和税收管理质量。

（2）在外部信息共享方面，由地方大数据部门牵头建立数字信息共享平台，制定统一的数据共享标准，避免各个政府部门之间的数据共享以涉及保密问题出现推诿、扯皮现象。数字信息共享平台要充分利用好互联网优势，打破信息孤岛，将分散在政府各部门的涉税信息进行共享，实现税务与海关、公安、银行等相关部门长期、固定的信息交换制度，多渠道获取纳税人生产经营情况及涉税信息，打破政府部门间存在"信息真空"地带，形成政府主导的综合治税大格局，加强纳税人数据的共享共用，探索通过共享平台实现线索移送、联合研判等多功能、个性化设计，不断优化部门间的沟通成本和行政效率。

（三）事后监管

1. 实施分类监管，保障企业后续健康平稳发展

对于一般涉税违法案件，在企业的处罚公示期内，考虑企业违法的主观故意性和造成后果严重程度，对于积极配合缴清税款等符合信用修复条件的企业，积极实行信用修复，特别是在疫情等特殊期间，消除税务稽查处理处罚信息对企业的不良影响，积极扶持企业发展，助力企业复工复产。

对于重大涉税违法案件，严格按照《重大税收违法失信案件信息公布办法》的要求，对符合"黑名单"条件的企业，向社会公布其重大税收违法失信案件信息，并将信息通报发改委等部门，共同实施严格监管和联合惩戒。同时在税务系统内部，及时将"黑名单"企业推送征管、纳税部门，对于企业纳税信用等级、申领发票等情况进行严格监控。

2. 畅通稽查与征管对接机制，以查促管

遵循"打防并举，标本兼治"的原则，在保持对虚开发票、骗取出口退税违法案件的高压严打态势的同时，将稽查与加强税源管理相结合，及时向征管部

门反馈税务稽查中发现的问题,促进征管部门有针对性地加强税收管理。要加强对高风险行业的监管,对成立时间短、注册资金少、开票量巨大、大出大进、销量和产能不匹配的商贸企业进行跟踪管理;另一方面,对重点行业检查中发现的具有典型性、普遍性的问题及时提出征管建议,强化税务检查成果的转化。针对打击虚开和骗税专项行动中发现的问题,及时向税源管理部门通报并进行处置,达到检查一个行业、强化一个行业税收征管的良好效果。

课题组组长:胡正中

课题组成员:王凯(执笔)　黄芳萍　黄　珣

整体性治理视角下税务稽查系统机制体制研究（二等奖）

国家税务总局温州市税务局课题组

一、研究背景与意义

（一）政治背景

党的十七大报告中指出"健全部门间的协调配合机制"。十八届三中全会提出"要实现国家治理体系和治理能力现代化的提升"，十八届四中全会提出"坚持系统治理、依法治理、综合治理、源头治理，提高社会治理法治化水平"，"推进综合执法，……有条件的领域可以推行跨部门综合执法。"党的十九大之后，我国新一轮党和国家机构改革在充分吸收历次改革的成功经验基础上，运用带有中国特色的新思路、新方法，推动新一轮机构改革朝着优化、协同、高效方向发展。

2018年机构改革以来，国地税进行合并，稽查系统取消了县区稽查局，在各地市设立了市级稽查局＋跨区域稽查局的模式，此次机构改革在价值理念、治理结构、治理主体方面与整体政府理论相契合。将整个温州地区的税务稽查系统作为整体研究对象，不再以地域、层级、行政化属或者考评分级对各个稽查局进行区分，从而达到研究成果。

（二）理论背景

整体性治理是一种以满足公众需求为导向，以信息技术为基础，强调通过协调、整合和信任机制来治理碎片化现象，为公众提供无缝隙的公共产品和服务的治理模式。最早的倡导者是佩里·希克斯，他主张新的改革应着眼于构建政府部门的协调与整合机制。整体性治理是建立在对传统官僚制和新公共管理的批判基础之上，使机构间目标及资源充分整合，借由信息技术等手段，更有效地解决人民的真实需要，跨界性是其主要的特征。

（三）研究意义

1. 理论意义

从各大学术文献网络数据库的检索结果来看,近年来,学术界对于税务研究的相关课题以税种、税制设计研究居多,研究方向偏向于可税性理论的探讨、顶层设计等。实务性研究的匮乏,主要是因为税收实务的专业性较强,从事税收实务工作的一线人员往往不具备较高的学术研究水平。而有关税务稽查研究更是其中的冷门领域,且大多停留在初级应用阶段,对稽查方法创新性的研究也没有重大的突破,这和长期以来税务机关重收入轻执法的观念有着直接的关系。同时,由于对税务稽查职能的定位不完全准确,税务稽查体系的建设明显落后于整个税收征管体制的改革进程,理论研究和实践水平都落后于管理、征收环节的改革发展水平,滞后于社会主义市场经济改革发展的要求。因此税务稽查的理论研究基础是比较薄弱的。

2、现实意义

税务稽查体制改革为税制改革理论研究提供了鲜活的研究样本。体制改革的进程,本身就是复杂的理论检视与阐释过程。因此通过本文对温州地区基层税务稽查系统运行的研究与调查,具有重要意义。

温州市作为浙江省重要经济城市,尤其是 2019 年 8 月,龙港撤镇设市,根据科技日报中国科技网、全国科技振兴城市经济研究会联合在京发布《中国区县专利与创新指数》,温州共有 8 个县市区上板"中国创新百强县(区)",温州市国地税稽查局均较早就实现了"一级稽查"模式。因此温州市作为税务稽查体制改革的研究样本是非常具有现实意义的。

二、税务稽查系统运行现状

(一)税务稽查系统概况

国地税征管体制改革以来,原有县级稽查局被撤销,各市级税务局按照"1＋N"模式设置,浙江省共设立 10 个市局稽查局和 23 个跨区域稽查局,实现了在地市一级实行跨区域稽查的工作模式。市局稽查局与跨区域稽查局由市局党委同一位班子成员分管,实现了稽查工作的集中领导制。稽查局与跨区域稽查局职能定位更加清晰,市局稽查局是全市稽查业务的主管部门,统一领导全市的稽查工作,并牵头组织查办大要案;跨区域稽查局在业务上执行市局稽查局部署的工作任务,聚焦案件查办,负责辖区涉税案件的查处。浙江省税务稽查初步形成了与经济税源发展和税收集约化管理相适应的新型稽查体制。

(二)温州地区税务稽查系统运行现状

温州地区目前采用"1＋3"模式,共设有 4 个稽查局,其中包括 1 个市稽查局和 3 个跨区域稽查局。1 个市稽查局牵头 3 个跨区域稽查局,形成了集中领导、分工负责、归口管理的管理模式。根据职能分工,市局稽查局负责组织实施税务稽查法律法规、规章及规范性文件;承担案源管理、税务稽查、社会保险费和有关非税收入检查工作；组织查办督办税收重大违法案件。第一稽查局承担列名大企业的税务稽查、税收高风险事项应对和协查等工作；负责温州市鹿城区税务局、温州市瓯海区税务局、乐清市税务局、永嘉县税务局管辖区域内税收、社会保险费和有关非税收入违法案件的查处以及查办案件的执行工作。第二稽查局承担列名大企业的税务稽查、税收高风险事项应对和协查等工作；负责温州市龙湾区税务局、温州市洞头区税务局、瑞安市税务局、温州经济技术开发区税务局管辖区域内税收、社会保险费和有关非税收入违法案件的查处以及查办案件的执行工作。第三稽查局承担列名大企业的税务稽查、税收高风险事项应对和协查等工作；负责平阳县税务局、苍南县税务局、龙港市税务局、文成县税务局、泰顺县税务局管辖区域内税收、社会保险费和有关非税收入违法案件的查处以及查办案件的执行工作。

1. 辖区情况

温州全市各类登记总户数 68 万户，各跨区域稽查工作量呈现严重分布不均的态势。如第一稽查局所辖区域遍及鹿城、瓯海、乐清、永嘉四个县市区，辖内企业登记户数近 34 万户，占全市总户数的 50%，造成该局稽查工作量巨大。

2. 地理区域分布情况

由于温州各县市区分布较广，县市之间往返交通需要耗费一定时间，2019年龙港市的成立更为税务稽查工作提出考验。目前所设跨区域稽查局中，第一稽查局、第二稽查局位于温州市区范围，第三稽查局位于平阳鳌江。由于交通问题，温州北部区域涉及乐清、永嘉、洞头等地区的案件查处较为不便。

3. 干部队伍与工作任务情况

2019 年，全市稽查干部 211 人，其中博士研究生 1 人，硕士研究生 11 人，本科 132 人，专科及以下 67 人。30 周岁以下 23 人，31 周岁至 40 周岁 17 人，41 周岁至 50 周岁 70 人，50 周岁以上 101 人。

2020 年，全市稽查干部 266 人，其中博士研究生 1 人，硕士研究生 13 人，本科 184 人，专科及以下 68 人。30 周岁以下 38 人，31 周岁—40 周岁 27 人，41 周岁至 50 周岁 65 人，50 周岁以上 136 人。

通过调任、选调、遴选等形式，2020 年全市稽查干部队伍年龄结构得到不断调整与改善，但距离科学化、高效化、成长型团队的年龄结构仍有差距。

(三)温州地区税务稽查系统运行"碎片化"的问题

税务稽查机构改革是一次全新的变革，原有工作流程和工作方式亟待重塑。新设跨区域稽查局往往重新选址，与当地县(市、区)税务局异地办公，原本同址办公带来的沟通优势不复存在。各地在实践中也反映出一些困难和问题。

1. 市局稽查局和跨区域稽查之间工作合力不够

一是稽查体系内部衔接机制不够顺畅。机构改革后，跨区域稽查部门的设立,在一定程度上打破稽查部门"属地管理"的限制,以实现资源集约化、查处一体化、运行高效化的目标。但在实际运行中,仍然存在税务稽查内部打击合力不够、两级稽查力量分散的现象。市局稽查局与跨区域稽查局之间的信息沟通、分工协作还没有形成成熟的长效机制。同时,由于稽查局间级别平行,市局稽查局对跨区域稽查局的业务管理与工作考评略显尴尬,成效不明显。

二是稽查执法裁量权尚未统一。机构改革后,各稽查局同为市税务局派出机构,机构平行、层级相同,对外展示的是市级税务稽查的整体形象,因此纳税人对"同事同罚"的标准也相应提高。但稽查人员因个人业务水平、主管能动性、风险防范意识等差异,对同一违法事实的认定和处理会出现偏差,在违法事实认定、处理依据、处罚幅度方面存在不一致的情形。因此导致稽查部门在执法标准和尺度上难以统一,损害了稽查部门的权威性、严肃性。

2.跨区域稽查局与县(市、区)局工作机制不健全

一是在管查互动中基层主管税务机关职责未明晰。根据总局、省局相关文件要求,县(市、区)税源主管部门仅明确联系稽查工作的分管领导,但未确定承接稽查工作的归口股室,基层税源主管部门承接稽查工作部门繁多,职责不明,存在一定的推诿情绪,导致管查互动工作难以落实到底。

二是与县(市、区)税务局整体性执法的问题。(1)发票协查方面。机构改革后,税务稽查部门数量缩减,人员相对减少,但承接了所有的发票协查工作。发票协查工作繁重,占用稽查部门过多有生力量。在明确发票分流之前,各地稽查部门与县(市、区)税务局在发票协查上沟通机制不够顺畅。(2)案源移送主体不明。各县(市、区)局风险管理部门在发现风险案源后,对移交至市局稽查局还是对应辖区的跨区域稽查局存在不同做法。由于各县(市、区)局风险管理部门与稽查部门级别不对等,在移交过程中容易引起不必要的麻烦。风险管理部门与稽查部门的对接尚未形成统一有效的衔接机制。(3)涉税检举机制亟待理顺。机构改革后,县(市、区)税务局稽查部门被取消,县(市、区)涉税检举的职能需明确相应承接部门。检举事项因此需要在稽查部门与县(市、区)税务局之间流转,协调配合的机制亟待理顺。

3.与外部门共同推进整体性治理时的问题

一是与公安部门在整体化打击税收犯罪活动中的问题。(1)公安机关侦查人员对经济领域专业知识的不足,造成在经济类涉税案件的侦查取证上严重依赖税务机关,在抓捕之后难以审讯。税务稽查部门人员缺少刑事类案件的办案经验,依赖以账查账、以票查账、以口供查账等传统办案手段,对于抓捕之后缺乏审讯权与刑侦、经侦审讯知识。两部门之间缺乏固定化、常态化的业务交流,一定程度上影响了税警整体化打击治理的效果。(2)税务稽查部门在

查处涉税案件时执法能力有限，无搜查权、传讯权、逮捕权等。如实际执法过程中，行政当事人经常通过设置内账与外账两套账本，若税务稽查部门在第一次突击检查中未掌握内账情况，无法通过行政强制手段要求行政当事人提供内账，更无权进行搜查。（3）行政职能差异导致业务标准差异。公安部门是打击违法犯罪活动、维护社会稳定的暴力执法机关，而税务稽查部门是负责涉税违法犯罪查处的行政执法机关。同时在实际工作中，缺少常态化运行机制或沟通机制，难免存在合作碎片化、沟通不畅等问题，直接影响了税收犯罪侦查的效率。

二是与法院在整体化治理中的问题。（1）信息不对称所造成的刑事执行与行政执行偏差问题。当前工作中，各法院与税务部门的信息沟通渠道均为单向性的、突发性的、非制度化的沟通。例如，法院执行庭在某一个刑事案件执行过程中，法官会根据个人意见判断是否需要将判决书抄送给基层税务征收部门，而实际工作中大部门行政案件查处的执法部门在税务稽查部门，且两者因征管体制改革之后的机构设置原因，未在日常工作中交流法院信息，这就导致了诸多行政当事人已被判决刑事罚款，又因信息不对称而被税务稽查部门作出行政处罚，这直接违背了"一事不二罚"的基础法律原则。（2）行政案件与刑事案件证据转化偏差问题。行政违法行为与刑事犯罪行为的区别主要在于行为程度的不同。由于刑事证据的要求较高，税务部门在稽查案件中已收集的证据可能无法直接成为诉讼证据，导致侦查机关需对证据进行重新收集。

三、温州地区税务稽查系统运行成因分析

（一）市局稽查局与跨区域稽查局之间"碎片化"的成因

1. 两者行政级别平级对等，内设股室差异性较小

从全省层面而言，只有市局稽查局和跨区域稽查局拧成一股绳，发挥合力才能最大限度发挥稽查的职能效应，这就需要市局稽查局发挥统筹管理的作用。而且在实际工作中，市局稽查局和跨区域稽查局在运行上更类似于上下级关系。但在机构设置上，市局稽查局和跨区域稽查局同属市税务局的派出机构，且行政级别一致，为正科级部门，没有隶属关系。因此市局稽查局管理起来难免不够硬气，缺少对跨区域稽查局工作的有力抓手，无法集中力量办大要案或者进行专项性工作。

2. 两者职能定位不够清晰

根据"三定"方案规定，市局稽查局的职能为"组织查办督办税收重大违法案件"，跨区域稽查局的职能是"负责管辖区域内税收、社会保险费和有关非税收入违法案件的查处以及查办案件的执行工作"。从字面上看，虽然稽查局的主要职能是查办督办重大违法案件，但在实际工作中，各基层对重大违法案件

的理解不尽相同,加上稽查案件查办有如"开盲盒",案件是否重大只有深入查办后才能揭晓。因此在日常工作中,市局稽查局与跨区域稽查局同质性较高,给基层一线稽查工作带来困扰,容易造成日常工作协调和业务管理不顺畅,有时遇到问题只能靠两边领导"商量着"来办。

3. 跨区域稽查局数量与经济规模还不够匹配

温州各县市区间经济有较大的差异,企业纳税人户数最高的达11万户,最少的仅1万户,相差11倍,而对应的跨区域稽查局设置数量并未根据企业户数或案件数量,而是依据行政地域的划分。跨区域稽查局设置数量与各地经济规模、违法案件数量不匹配,还需优化完善。

(二)稽查局与各县(市、区)局工作衔接方面"碎片化"的原因

1. 系统集成还不够到位

部分稽查部门和基层主管税务机关反映,顶层数据系统集成还不够到位,给基层单位增加了一定的负担。以货物劳务部门的"增值税异常扣税凭证系统2.0"和稽查部门的"发票协查系统"为例,这两大系统都是将有疑点的发票信息下发至基层,主要通过基层主管税务机关对发票开具情况进行核实。基层认为,此两大系统在疑点数据的下达上有一定的重复性,分头下达任务会增大基层负担,降低工作效率。

2. 查管互动层次还有待提高

从目前全市稽查部门运行情况来看,查管共享层次不高,查管信息难以有效互动仍然是较为普遍的问题。仍有部分地区的查管互动仅停留在对稽查处理情况的反馈和管理移送稽查的浅层次上,对于如何将互动信息进行进一步加工、利用,切实强化税源税基的控管,不断提高税收征管的质量和效率,"以查促管"的实效还未真正得到落实,查管合一的机制也未真正建立起来。

3. 发票协查职责仍需调整

发票协查工作虽部分分流至主管税务机关,但发票协查工作仍占据稽查干部70%以上的工作精力。特别是新加入稽查队伍的干部在重复的、大量的发票协查工作中成长较慢,面对重大稽查案件时往往力不从心,难以保证大案要案的查处效率和质量。

(三)稽查系统与其他单位之间"碎片化"的原因

1. 缺乏整体化的治理机构

工作机制和制度是行政执法和刑事执法的重要保证,也是打击涉税犯罪、严格公正文明执法的前提条件。在与公安、法院等外部门单位的整体化打击治理工作中,缺乏固定的会议制度、固定的联络员工作机制,甚至缺少固定的常态化工作机构。因此,公安、法院、税务等机关及有关部门应从案件移送、侦查配合、案件处理、办案经费、信息共享等方面强化、深化协作关系,研究确定

一系列可行而有效的措施，包括建立完善制约机制、奖惩机制、竞争机制、监督机制等。

2. 缺乏常态化的沟通渠道

税警协作方面，配合往往是临时性的，尤其在取证、移送等环节，意见较难统一，影响办案进度；税法合作方面，案件信息获取存在环节多、程序繁、周期长、成本高等问题。缺乏常态化的信息交互平台与物理合作空间。

（四）综合因素

1. 干部队伍问题。温州由原先的 11 个县级稽查局整合成为 3 个市级跨区域稽查局，并通过这 3 个跨区域稽查局管辖各自所管辖区内的各项税费的稽查工作，实际在人员划转过程当中有超过 50% 的稽查人才无法划转，这直接导致稽查人才的流失，稽查人才的一部分流失导致案件查处的效率不高。同时选案、检查、审理、执行四部门之间人员的配比失衡一直都存在，往往会出现检查部门人员相较其他仨部门人员更充足，人员配比的不平衡情况目前就导致稽查案件的流程很容易受到阻滞和停塞，人力资源不足的部门容易造成工作堆积而无法消化的情况。

2. 工作惯性问题

在国地税合并以前，首先存在的是国税与地税干部之间工作观念性差异的问题。而在国地税合并以后，取消了原有县级稽查局，成立了跨区域稽查局的模式，这也成为了第二个受工作惯性影响的差异问题。这对市局各业务处室与各稽查局之间、稽查局与跨区域稽查局之间、县区基层征管局与各稽查局之间、稽查局内部原国税干部与地税干部之间都会因为原来的工作观念、工作方式、工作渠道产生影响。

四、整体性治理角度下税务稽查转型的推进策略

从整体性治理视角出发，政府执法部门应采取的行为策略应从地域分割、功能裂解和竞争式治理转向资源整合、政策联动和协调合作，促进权力、资源和政策从分散走向集中、从破碎走向整合。推动跨域公共治理模式转型，破除地方政府间跨域治理碎片化困境，应以"整体性治理"为宏观理论依据，着眼于转变治理理念、创立统筹机构、强化约束激励、优化组织协调等微观维度。

（一）转变治理理念：从"分割式治理"转向"整体性治理"

区别于行政区划行政，整体性治理突破了地区之间的行政区划边界，是一种典型的公权力"跨界合作"行为，不论是部门内部或行政府间形成治理理念共识是实现整体性治理的关键。因此，各部门应摒弃"地方自利"的理念，打破行政区划壁垒，转变自利性治理思维，转而追求治理的"整体性利益"，构建地部门之间、政府机构之间"肝胆相照、协同发展"的跨域治理理念，推动实现治

理的整体效果最优和公共利益最大化。进一步完善稽查部门和征收管理的工作衔接。在总局层面将各类发票管理、风险推送、稽查执法等系统进行整合，深化大数据应用,完善征收管理和稽查部门的工作衔接发挥总局、省局大数据集成统筹和分析研判的作用,经过风控部门对海量的数据进行精准分析、层层筛选后,通过风控局下发至基层主管税务机关进行核实调查,对于不需要立案检查的协查事项,由主管税务机关直接处理;对于涉嫌违法犯罪的事项,移交至稽查局进行立案查处。

图3.稽查局与征管部门关于协查工作的示意图

(二)设立统筹机构:设立跨域公共事务协同治理的组织机构

彻底解决治理碎片化问题,应着重推进创设跨域治理的统筹机构。通过有意识的组织设计,建立一种整体性运作的组织机构,将部门之间临时性的区域合作论坛、首长联席会议等升级为常设性、法治化、行使具体权力的行政机构或准行政机构。

1. 设置合理的行政级别

提高市局稽查局的行政级别,既有利于提高稽查执法的独立性以及权力的监督制衡,又能有效缓解稽查部门层级与职能不匹配的矛盾,有利于发挥市级稽查"对内业务管理和对外执法双重职能"的定位。

2. 适当增设跨区域稽查局数量

根据各地客观实际,对税源集中和稽查任务繁重的中心城市、重点城市和经济开发区等,可适当增设跨区域稽查局,加强税务稽查案件检查的力量。

3. 强化考核机制,利用"绩效考核"进行倒逼

构建各部门参与跨域治理的考核和约束机制,通过制度来规范和引导相关部门分担治理责任。将激励机制与约束机制的有机结合,尽快构建合理的利益补偿与利益共享机制,尽快消除跨区域稽查局与县市区税务局之间的业务考核冲突与竞争。继续探索有效的查管互动方式,发挥稽查源头治理的作用,真正从征管的"入口处"把好防护关。同时明晰"发票协查"其本质是"协助调查"的职能,对上游已定性虚开的发票,明确涉及的挽损工作应由当地主管税务局承担。

4. 优化组织协调:完善部门间整体性治理的协调机制

通过定期举办协商论坛、优化信息公开网站、搭建部门之间交流与协商的渠道和平台,深化各部门之间的对话交流和谈判协商,化解各方的分歧和矛盾,推动达成治理共识。

课题组组长:章　力

课题组副组长:陈志雅

课题组成员:赵也佳(执笔)　李碧晓　郑莹莹

防范增值税电子专用发票
虚开的研究（二等奖）

国家税务总局嘉兴市税务局课题组

2021年3月，嘉兴成功破获浙江省首例虚开增值税电子专用发票案件。涉案单位在嘉兴注册后，于2021年3月22日至26日突击开票，共开具增值税专用发票457份、增值税电子专用发票98份（以下简称"电子专票"），价税合计5579万元。在税务稽查与公安经侦的通力合作下，该案于立案72小时内成功告破，6名犯罪嫌疑人被刑事拘留。

打击虚开骗税是稽查部门的一项重要工作。电子专票试点方兴未艾，虚开电子专票违法犯罪已蠢蠢欲动。依托税收大数据和不断创新发展的现代信息技术，推进智慧稽查建设，提升稽查办案的信息化、智能化水平，实现对虚开电子专票违法犯罪的高速、精准、有力打击，是促进稽查从经验式执法向科学精确执法转变的当务之急，也是深化税收征管改革、提升税收治理效能的应有之义。

一、虚开增值税电子专用发票的手段特征

从目前对虚开电子专票违法犯罪的查处情况来看，团伙作案、暴力虚开仍然是其主要作案手段，同时受"非接触式"办税、手机银行转账支付等因素影响，出现了一些网络化、信息化的新特点。

（一）隐蔽性强，发现难度大

1.利用网上办税隐蔽真实身份。如今，办理税务登记、进行实名认证、领取电子专票，诸多环节可完全通过网络进行，实现办税人员与税务机关"零接触"，而且办理速度远远快于传统办税方式。这一变革，在为广大纳税人、缴费人切实带来便利的同时，也为虚开团伙掩饰真实身份、隐匿行踪轨迹留下了可乘之机。虚开团伙利用新办企业注册资本认缴登记制度、地方政府招商引资优惠政策等便利条件，以及"最多跑一次""非接触式"办税等便民举措，使用非法购买的他人身份信息，委托涉税中介注册或购买空壳公司，雇佣马仔或兼职

会计进行实名认证,通过电子税务局申领到增量发票后,将发票虚开给外省市受票单位,发票开具后直接通过网络推送。虚开团伙关键成员之间通过电话或QQ、微信等网络聊天软件进行幕后指挥,全程不露面,不与税务机关发生任何接触,人员锁定难度增大。

2.通过网上转账拖延暴露时间。为拖延其违法犯罪事实被发现的时间,虚开团伙往往伪造购销业务,虚构资金往来,使资金流表面上与发票流一致,以提高其虚假业务的可信度、迷惑监管部门。由于网上银行、手机银行转账支付的便捷与普及,利用银行账户交易回流资金成为目前虚开发票违法犯罪中最主要的虚假资金交易方式。买票方将虚开发票所涉资金对公"走账"之后,通过个人银行账户实现资金回流,简单的通过两到三个账户回流,复杂的将单笔资金循环滚动回流、短时间内虚构多笔业务,以及资金原款回流、开票费另外现金支付的情况,期间大额资金的频繁转移、快进快出几乎没有任何限制条件。由于税务机关与银行之间数据互不相通,对这些异常资金往来,税务机关在事前、事中监管阶段根本无法察觉。

3.使用虚假平台开具虚假发票。在其他省份查处的虚开案件中,已经出现了不法分子为躲避税务机关对电子发票开具情况的监管,使用虚假开票平台开具虚假发票的情况。在对新型假发票的调查中,发现虚假电子发票引导受害人通过第三方小程序进行发票验证,从而达到以假乱真的目的。嘉兴在对电子普票虚开情况的走访调研中,还接到过本地企业反映,有下游企业根据发票上的电话号码来核对发票真实性,结果发现有不法分子盗取销售方发票号码、代码等真实信息,模仿真实发票格式,生成二维码,冒名开具发票的情况。目前电子发票一般是通过邮箱发送邮件或者通过手机发送带链接的短信,发票流转过程中安全性较差,容易发生信息泄露。通过互联网购买一个小程序的短期定制服务,其成本只需要数百元,而对小程序这种新兴事物,目前法律法规上没有完善的监管措施。对于发票信息安全的管理和虚假网络平台的打击,单靠稽查的力量显然是不够的,需要集结多个监管部门的力量共同开展综合治理。

(二)专业性强,防范难度大

虚开发票已然演变成一种"产业",虚开团伙往往受过一定程度的"培训",他们不仅组织严密,分工明确,有较强反侦察意识,而且熟悉税收业务和税收管理制度,专门针对现行增值税制度的监管漏洞下手。

1.打发票开具与纳税申报的时间差。增值税一般纳税人大多以1个月为1个纳税期,于次月1日起至15日内申报纳税。与之相比,发票的开具与抵扣认证在时间上更加灵活。开票单位领取发票后,用税务UKey或金税盘插到电脑上就能开票,开具的时间、对象、品名、金额和份数,都由开票单位自主决定。受票单位取得发票后，一般在次月纳税申报期限前，通过网上平台勾选认证，抵扣增值税进项税额。虚开团伙想方设法领取大量发票后，再利用发票开具和纳税申报之间的时间差，在短短数日内大肆虚开、疯狂作案，到纳税申报期限前直接走逃。以往税务机关察觉到申报异常，往往是在虚开单位连续数月不申报之后，此时虚开团伙早已逃之夭夭。

2. 钻发票认证的空子。增值税专用发票的认证主要是比对购销双方信息的真实性，以及开具发票的日期、金额、税额等内容的真实性，并不涉及企业购销货物的一致性。由于存在技术上的固有缺陷，税务机关在增值税专用发票认证环节难以识别购销发票严重背离的异常情况。面对成千上万的纳税人、缴费人和每天开具的海量发票，税务机关在事前、事中监管环节不可能逐一核查发票所涉业务是否真实，因而难以在第一时间发现虚开问题。

（三）流窜作案，阻断难度大

新商事制度放宽了市场主体住所（经营场所）登记条件，允许一址多照、一照多址的情况，工商登记时无需法定代表人亲自到场，也无需实地核实生产经营场所，因此虚开团伙注册的这些空壳公司，大多注册在城中村、出租房、单身公寓等没有任何实际经营和生产能力的地址之上，甚至可能为虚拟地址或他人经营地址。注册成功后，在 2 至 3 个月内大肆虚开随即走逃，甚至当月虚开、当月走逃。从新办到走逃，其存续时间一般不超过半年。等到税务机关发现问题，早已人去楼空。虚开团伙又往往是跨省市作案，虚开单位的上游进项发票来自外省市，再将发票虚开给外省市单位，走逃后直接流窜到其他省市。面对打一枪换一个地方的虚开团伙，稽查部门查处的手段有限，花费的时间和人力成本很高。

（四）利益驱动，虚开票种多

1. 虚开纸质专票与虚开电子专票并存。产生这种情况的原因是，按照全面推行电子发票的工作要求，税务机关对新办纳税人，特别是中小型企业，全面推行税务 UKey，引导其通过公共服务平台开具增值税电子发票。本案中涉案单位申领发票的时候，主管税务分局工作人员按照电子专票的最高开票限额和数量与纸质专票最高开票限额相同、领用数量共享的管理规定，在不超过专用发票核定总数的范围内，既给了纸质专票，也给了电子专票。虚开团伙对此照单全收，全部用于虚开。

2. 虚开电子普票存在一定市场。2021 年 1 月至 10 月，嘉兴全市通过协查系统收到确定虚开的委托协查共计 2047 条，其中增值税电子普通发票协查206 条，业务量占比 10.06%。开票方主要为酒店、餐饮、物业、广告、石化、绿化、房地产代理和商贸企业，行业性比较突出。虚开电子普票协查虽然看起来总量不大，但这反映了在虚开发票暴利的诱惑下，无论是什么票种，只要有利可图,虚开团伙就会乘机作案。

（五）打击偏弱,震慑力度轻

虚开发票违法犯罪之所以打而不绝,还有一个重要原因,就是从中牟利的不仅仅是虚开团伙,还有买票方和涉税中介,导致对虚开发票严防死守的社会共识不足。

1."买方市场"心存侥幸。虚开发票的买方普遍存在"买点发票、少缴税款"的短期心态和侥幸心理,通过支付 6% 至 7% 之间的开票费,就能抵扣 13% 的增值税进项税额,还能列支成本费用,少缴企业所得税,短期内获益相当可观。稽查部门对下游取得虚开发票的查处,绝大部分案源线索来自上游发票协查,个别来自企业内部举报或外部门转办。只要上游没有被确认虚开,下游就不太可能被发现。有些被查单位,因接受虚开发票经历过多次税务稽查,甚至受到司法机关的审讯、审判后,仍然不思悔改,不仅不加强财务管理和审核、尽早将潜在的问题发票作进项转出并补缴税款滞纳金,反而积累了一定的反侦查经验。等到因其他进项发票确认虚开,再次被稽查部门立案检查,他们在案件查办中与稽查部门软性对抗,拒不承认违法事实,或者以"不知道""不清楚""不记得"来应对稽查人员的询问,企图逃避法律责任。

2.涉税中介获利无责。财务咨询公司、代理记账公司等涉税专业服务机构,为了赚取中介服务收入,代理注册大批空壳公司,对"一址多户""一人多职"等明显疑点视而不见,不管这些空壳公司是否被用来实施违法犯罪。有的涉税中介,在明知虚开企业已经走逃(失联)的情况下,仍然长期为其代理零申报,给主管税务机关和稽查部门核实企业真实经营情况带来一定困扰。目前对涉税专业服务机构缺乏法律法规和规章层面的约束,《涉税专业服务监管办法(试行)》(国家税务总局公告 2017 年第 13 号)的法律层级不够。即使虚开企业被稽查,甚至犯罪嫌疑人被判刑,只要没有证据表明中介机构直接参与虚开发票,就代理注册和代理申报的行为而言,这些涉税中介机构并不构成违法犯罪,就无需承担任何法律责任。

二、虚开增值税电子专用发票的查处经验

2021 年全国税务工作会议提出,严打涉税违法行为,大力推进科技稽查、精准稽查、协同稽查,持续形成对虚开骗税等涉税违法行为严厉打击的高压态势。为了确保稽查职能的有效发挥和足够的威慑力,既需要足够的稽查力量配备,也需要成熟完备的制度机制保障,更需要形成与信息化时代相适应的稽查信息化办案能力。经过近几年的努力,稽查部门虽然积累了一定的成功经验,但仍有许多问题亟待解决。

（一）查处虚开电子专票违法犯罪的嘉兴经验

浙江省首例虚开增值税电子专用发票案于案发当月成功告破，主要得益于快反机制的高效运行和税警联合的高速打击。

1. 疑点线索高效处置。对涉案单位的异常开票情况，主管税务分局迅速发现并进行了报告。2021 年 3 月 29 日上午，嘉兴市税务局召开增值税电子专用发票试点工作例会，通报了该单位涉票疑点。当天下午，嘉兴市税务局第一稽查局启动快反预案，对核心征管数据、发票数据等相关数据开展案头分析，判断该单位存在货物进销品名不符、进销单价悬殊等疑点，决定立案检查。通过对异常开票数据的及时监控分析和快反机制在管理、稽查条线之间的高效运行，实现了"早发现、早移送"，得以在虚开团伙涉案人员走逃前将其抓捕。

2. 税警协作密切配合。3 月 29 日立案当晚，第一稽查局联系嘉兴市公安经侦支队，通报了该案情况，详细解释了专票电子化对优化营商环境、维护经济秩序的重要意义，虚开电子专票是一种新型犯罪形式，应及时予以打击、阻断税款损失。公安经侦支队对该案的查处工作十分重视，迅速形成共识，表明应与税警联合共同打击这种新型犯罪行为，拟对涉嫌犯罪分子采取强制手段。

3. 高速打击阻断走逃。3 月 30 日上午，主管税务分局在约谈该单位法定代表人的同时，第一稽查局一方面通知分局工作人员稳住对方，另一方面立即将该案线索移送公安。当天中午前公安办案人员赶到分局，问明情况后对 3 名在场的犯罪嫌疑人采取了强制措施，3 月 31 号正式对该 3 人提起刑事拘留，并对其他 3 名涉案人员进行网上追逃。其他 3 名犯罪嫌疑人于 4 月在外省被公安机关抓获归案。

经公安机关初步查证，该虚开团伙背后的犯罪网络涉及全国 11 个省共计 50 余家开票、受票公司，虚开发票金额高达 100 亿元。由于虚开团伙被及时控制，虚开规模得到遏制，虚开发票后续的洗票、变票、抵扣链条未完全成形，有效防止了国家税款的流失。

（二）稽查办案存在信息化短板

虚开团伙一旦走逃，稽查部门只能亡羊补牢。虚开发票违法犯罪的手段特征，要求稽查部门对虚开单位必须早发现、快查处。要做到这一点，除了成熟完备的制度机制以外，最关键的就是要尽快形成比较完整的信息化办案能力，这是稽查部门迫切需要解决的问题。

1. 获取数据的途径来源有限。目前稽查办案，内部数据来源主要是金三系统和电子底账系统，受系统数据迁移、查询权限等因素影响，历史数据获取不完整等问题时有出现。外部数据来源主要是银行账户流水数据、调取的企业财务账套及记录生产经营情况的各类电子文档。有的银行只提供账户流水纸质打印版本，不提供账户流水电子数据。有的企业以涉及商业机密、需要向总公司走申请流程等理由不配合检查,拒绝提供数据。这些都影响了稽查办案取证的质效。

2.稽查取证的时间期限紧张。以往重大虚开发票案件,从选案、立案到查结的时间跨度往往很长,取证范围也经常要跨省区市。一方面是从公安立案、到检察院起诉、再到法院审判,这一过程本身就耗时很久,另一方面,在案件线索移送公安之后,稽查人员并没有将案卷束之高阁,而是奔赴全国各地外调取证,也需要花费很多时间。根据 2021 年 8 月 11 日起施行的《税务稽查案件办理程序规定》,稽查局应当自立案之日起 90 日内作出行政处理、处罚决定或者无税收违法行为结论。案情复杂需要延期的,经税务局局长批准,可以延长不超过 90 日;特殊情况或者发生不可抗力需要继续延期的,应当经上一级税务局分管副局长批准,并确定合理的延长期限。新规定下的稽查案件办理期限更加紧张,而新型冠状病毒肺炎疫情发生以来各地防疫形势的不断变化,对外调取证也造成了一定程度的阻碍。

3.传来证据的使用规范空缺。在虚开发票案件查处中,除了稽查人员按照法定权限调查取得的证据外,还有从关联案件案卷中调取的数据,从外省市税务机关通过外网传来的发票、资金回流等大量数据。从稽查办案的效率原则以及证据的有效性上考虑,这些传来的电子数据是具备作为证据材料的条件的。但如何作为案件证据材料入卷,《税务稽查案件办理程序规定》和现行的《全国税务稽查工作规范》都没有明确的程序规定。通过外网传送电子数据,也可能存在安全风险。

4.稽查队伍信息化运用水平不高。受历史原因影响,稽查队伍老龄化问题本就比较严重。2018 年机构改革后,为解决稽查队伍减员情况较为严重、一线检查力量迅速减少的问题,各地以稽查干部数量不低于当地税务干部总数的 8% 比例为目标补充稽查人员,最主要的方式就是大量招录新公务员。经过几年的补充,老龄化情况虽有所改善,但这又导致了稽查干部队伍普遍存在着"两头多、中间少"的局面。"两头多",一头是上世纪 60 年代出生、即将在未来 3 年到 5 年内退休的老同志,他们虽然有着丰富工作经历,但在计算机软件操作上存在短板。另一头是近几年新参加税务工作的 90 后,他们虽然学历水平较高、学习能力较强,但在业务知识、工作经验、生活阅历等各方面都有所欠缺。"中间少",少的是既精通税会业务又掌握信息技术、企业管理、法律等多方面知识,具有丰富工作经验和现场应变能力的复合型稽查人才。

5.会计核算电子化的挑战。电子专票使用全面铺开之后,开票企业和开票数量势必迎来迅猛增长,产生更加庞大的发票大数据。而随着电子发票无纸化报销、入账、归档、存储的推广普及,企业将迎来一场会计核算和财务管理电子化变革的浪潮,从原来的收到发票、验证比对、申报抵扣、财务入账,到通过互联网实时传递发票，直接网上勾选比对抵扣后关联到企业的财务做账软件中，甚至于配套的其他原始凭证，如出库单、入库单、购销合同等也会逐渐电子化。稽查部门必须紧跟政策和技术发展，尽快转变工作思路和工作方法，适应对大量电子数据分析取证的办案方式。

三、治理虚开电子专票的对策建议

稽查部门站在打击虚开发票违法犯罪的第一线。大力推进科技稽查、精准稽查、协同稽查，深入推进精确执法、精细服务、精准监管、精诚共治，不仅要运用好目前已有的人员和体制机制优势，更要在深化征管改革的大趋势下，抓住税收大数据赋予我们的机遇，依托现代信息技术手段，不断提升稽查大数据处理能力和大数据资源运用水平，不断增强稽查大数据人才培养和智能化办案装备配备，有效提高稽查集中统一指挥、多方协同作战能力，形成新的智慧优势，推进稽查智慧化建设。

随着新兴信息技术手段的应用和税收征管体制的完善，电子专票将逐步取代纸质发票。在发票电子化全面覆盖的基础上，"一户式"及"一人式"的税收数据管理方式，将使税务机关得以归集包括企业和个人在内的每一个纳税人缴费人的全部税费信息，推动税收治理从"以票控税"到"以数治税"的转变，进而为税收治理服务高质量发展提供更多可能。由于虚开发票案件涉及地域广、办案难度大，新的《行政处罚法》和《税务稽查案件办理程序规定》对办案期限、证据的要求也越来越高，税务稽查部门要提升站位，提前谋划，才能增强打击防范虚开电子专票的主动性、精准性和实效性。

（一）"四个同步"提升快反机制应对效率

发票快反涉及部门、环节众多，从基层管理局、市局条线，到稽查参与、公安介入，每道环节都需要时间。一旦某个环节处置不当，就会功亏一篑。在市一级层面，增强管理与稽查的同步、稽查与公安的同步，建立环环相扣的打击防范机制，加快信息传递速率，减少流程中的时间损耗。

1.基层管理局发现虚开疑点，同步通知稽查部门。基层管理局要利用对本地情况的熟悉掌握，加强对法定代表人身份信息异常、注册地址异常等异常信息，对新办企业申领增量发票、长期零申报企业突然大量开票、开票 IP 地址和 MAC 地址异常、开票时间异常等异常表现的监控，一旦发现虚开疑点线索后，在报告上级的同时，同步告知有相应管辖权的稽查局，做到"早发现、早移送"，让稽查部门有时间做好立案查处前的准备工作。

2.市局业务条线发现虚开风险，同步通知稽查部门。加强征管、风控、稽查等业务条线的交流协调。征管条线对辖区内电子专票开具、流转、使用等进行全环节、全流程监控管理，建立完善电子专票高风险指标模型，通过数据自动取得和比对追踪到高风险纳税人,实现发票疑点的智能化、自动化报警,并按照规定的标准和流程移交稽查部门。稽查部门接收到电子专票虚开风险线索后,及时介入风险分析工作,共同商议确定查处预案,力争在虚开团伙走逃前实现阻断。

3.稽查部门立案检查,同步通知公安经侦部门。重大虚开案件的破获,往往得益于税警协作机制的良好运行。各稽查局都要做好快反预案。接到虚开疑点线索后,迅速启动预案,在做好检查准备工作的同时,迅速与涉案企业所在县(市、区)公安经侦部门取得联系,沟通案件情况,让公安经侦部门有时间提前做好税警联合行动的前期准备工作。

4.税务稽查与公安经侦同步采取打击行动。在没有共同商议之前,各方都不要轻易采取约谈、询问等可能打草惊蛇的措施。税警双方要加强沟通协调,在共同分析研究基础上,制定统一的行动方案,同步采取行动,各司其职,迅速锁定虚开团伙,一举铲除团伙作案的网络,及时追缴税款并追究刑事责任。

(二)"三个强化"增强稽查执法打击成效

1.强化案源分析,实现源头监控。稽查立案的前提是通过对发票和申报等数据信息的案头分析,确认存在虚开嫌疑。大量数据的交叉比对,是快速发现虚开疑点的重要途径。要从增值税发票等税收大数据这个源头入手,开发能够快速识别异常指标的数据分析工具,提高发票信息比对的自动化和智能化程度,更快速、更精准地发现识别异常交易和异常申报行为,实现对虚开骗税等违法犯罪行为惩处从事后打击向事前事中精准防范转变,化被动为主动,改变稽查的滞后性和被动性。

2.强化数据挖掘,精准有效打击。税务机关虽然掌握着包括核心征管、电子底账、出口退税、自然人电子管理局等海量涉税数据,但内部各业务部门之间信息共享意识不足,各信息系统数据不连通,数据口径不一致,数据查询制度程序不明确,制约着稽查办案过程中各类数据的获取与分析。需要加大税务系统内部各个信息系统的整合力度,打通部门间的数据壁垒,实现内部各业务部门间的信息共享互查,推动实现跨部门、跨税种的数据分析。盘活税收大数据资源,为稽查精准快速取证,深入打击"假企业""假出口""假申报"提供充足数据支撑。

3.强化案例分析,依法惩处曝光。对虚开电子专票的开票方、受票方,依法从严查处曝光并按照有关规定纳入企业和个人信用记录,共享至全国信用信息平台,将联合惩戒措施落到实处,让违法者处处受限。广泛利用各类媒体,加大典型案例的曝光力度,增强联合惩戒的威慑力和社会影响力。定期分析辖区内虚开电子专票案件和接受虚开电子发票受托协查情况,针对接受虚开重灾区行业或片区，开展专题宣传辅导，组织对相关单位法定代表人、财务负责人开展专题宣传教育，重点讲清接受虚开发票需承担的法律责任，提醒纳税人自觉拒绝虚开发票行为，避免因接受虚开发票而造成不必要的经济和信用等损失，做到防患于未然。

（三）"三个主动"夯实稽查保驾护航基础

1. 主动学习，打好基础。利用好各类培训资源，针对性加强稽查干部电子专票业务培训，使其了解熟悉电子专票管理使用的整个工作流程与相关政策措施的要求，为打击虚开电子专票违法犯罪打好业务基础。

2. 主动参与，掌握动向。要加强稽查与征管、风控和基层管理局的交流与工作对接，了解掌握电子专票在管辖范围内或重点地区、重点行业的试点推进情况，从日益庞大的电子专票数据中分析总结行业性、区域性的数据规律，建设完善预防性的电子专票风险应对制度。

3. 主动作为，提出建议。加强稽查案源和案件检查成果研究分析，做好虚开发票行为的趋势分析与研判，从诸多个案中提炼归纳出带有普遍性和特殊性的作案手段，提出税务机关各职能部门的具体应对建议和措施，排查监管漏洞。

（四）"四个深化"构建社会共建共治格局

1. 深化法律制度改革，完善顶层设计。

一是持续深化增值税改革。在现行增值税制度下，税率档次较多，各类减免税优惠不断推出，简易征收和差额征收等特殊征收方式的运用，在一定程度上影响了增值税的中性特征。要持续推动《增值税法》立法工作，逐步完善增值税抵扣链条，完善出口退税机制和留抵退税机制，从制度安排上消除因不需要开票导致销项发票"富余"、无法取得进项发票铤而走险买票等虚开发票的牟利空间，斩断虚开发票的利益链条，切实堵塞虚开发票的漏洞。

二是推动《发票管理办法》修改。2010年修订的《发票管理办法》中关于"虚开发票行为"的界定过于笼统，对于"虚开行为"的具体构成要件没有明确规定。甚至在稽查部门内部，对虚开发票案件的定性与证据要求，也存在较大争议，各地在认定虚开发票时把握的标准也不尽相同，一定程度上导致了案件检查时间的拉长。需要完善涉税司法解释，明晰司法裁判标准。完善行政法对"虚开发票"的解释定性，明确"虚开发票"的构成要件和证据要求，适当提升对虚开行为的行政处罚力度，加大违法成本，加强法律震慑，为稽查执法提供更强法律支撑。

2. 深化部门协作，提升联合打击力度。

一是持续深化税警协作。进一步理顺跨区域稽查局与公安经侦部门税警协作层级管辖错位问题，做实健全公安派驻税务联络机制，实现税警双方制度化、信息化、常态化联合办案，进一步畅通行政执法与刑事执法衔接工作机制，构造更加完善的数据交换共享机制,对于异常信息及时分析并传递给公安部门,对发现的虚开团伙,切实做到发现一家打掉一家,发现一批打掉一批,最大限度提升税警联合执法效果,强化对虚开电子发票违法犯罪的精准打击和综合治理。

二是探索搭建资金查询通道。工商银行等银行对公司账户和个人银行账户流水已经实现全国通查,但很多银行特别是地方性银行只能到开户行查询。虚开发票案件又往往涉及大量异地账户。为缩短办案时间,提高查案效率,也为了疫情防控需要,建议从总局层面进一步深化银税合作,搭建起资金信息共享和核查的通道,推动银行账户流水实现全国通查。同时,鉴于近几年通过支付宝、微信个人账户实现资金往来的情况越来越多,畅通和明确对支付宝、财付通等第三方支付平台的异地查询途径。

3.深化税企合作,提高纳税遵从度。发票电子化是金税四期的重要内容。要在金税工程四期的建设中,将税收征管流程嵌入纳税人原生系统,深入推进内外部涉税数据汇聚联通。先从大企业试点,探索 ERP 系统与税务机关电子发票管理平台的连接,打通电子发票链条,完善电子发票与企业会计软件、会计档案的技术融合,将发票的开具、入账抵扣与企业真实业务交易直接关联,实现在电子专票信息与 ERP 系统中将企业交易信息一一对应,按照交易信息自动填列发票内容、自动核对发票信息,确保电子专票所涉业务的真实性。

4.深化行业管理,形成社会共治合力。"放管服"改革以来,伴随着市场主体数量的激增与涉税专业服务市场需求的旺盛,一大批涉税专业服务中介机构纷纷注册、快速发展。然而,涉税专业服务中介机构水平参差不齐,也为广大中小企业带来了不少涉税风险。应当完善涉税专业服务监管制度体系,积极发挥涉税行业协会作用,加强对涉税专业服务中介机构的行业自律和监管引导,制定完善涉税服务人员行业准入标准,增强政策宣传、业务培训和职业道德教育,促进涉税专业服务行业规范发展,鼓励涉税专业服务机构将代理注册、记账、申报中发现的异常情况和意见建议及时反映给税务机关。

发票电子化是税收治理现代化的重要内容。为电子专票试点保驾护航,是稽查部门使命职责所在。推进科技稽查、精准稽查、协同稽查,将虚开电子专票违法犯罪掐灭在萌芽中,是稽查部门优化执法方式、落实精准监管的必然要求。增强稽查打击效能,对虚开电子专票违法犯罪形成有力震慑,为专票电子化改革提供嘉兴经验、浙江经验,为实现税收治理体系和治理能力现代化贡献稽查力量。

课题组组长:傅如龙

课题组成员:韩　宏　沈烨婷(执笔)

何超伟　刘婷婷(执笔)

精准监管　智慧稽查提高稽查工作科学性（二等奖）

国家税务总局金华市税务局稽查局课题组

　　2021 年全国税务工作会议上，总局王军局长提出了大力推进科技稽查、精准稽查、协同稽查的工作要求。3 月份，中共中央办公厅、国务院办公厅印发的《关于进一步深化税收征管改革的意见》，明确了精确税务执法的目标，即到 2023 年，基本建成"无风险不打扰、有违法要追究、全过程强智控"的税务执法新体系，实现从经验式执法向科学精确执法转变。

　　浙江省智慧税务稽查已初显雏形，但离精准稽查要求还有相当大的差距。通过对精准监管、智慧稽查的研究，围绕把握新发展阶段、贯彻新发展理念、构建新发展格局，分析我省在税务稽查现代化建设中的基础优势和存在的问题，提出对策建议，以进一步做到对市场主体干扰最小化、监管效能最大化、为基层减负最实化。

一、智慧税务稽查实践和探索

　　国家税务总局于 2015 年推出"互联网＋税务"行动计划，把互联网技术与税收工作深度融合。"互联网＋"力量，引领税收工作新变革，为税收现代化注入了强劲动力，为税收服务国家治理提供了有力支撑。随后，我省税务稽查系统积极稽查创新，综合运用信息化、大数据等先进技术，搜集相关数据资料、分析研判数据信息、解决案件实际问题，有效提升了税务稽查工作的效率和质量。

（一）智慧稽查建设现状

　　1. 金税三期管理系统的建设。2016 年，金税三期管理系统上线。根据一体化原则，该系统是基于统一规范的应用系统平台，依托计算机网络，总局和省局高度集中处理信息，覆盖所有税种、所有工作环节、国地税局并与有关部门联网，包括征管业务、行政管理、外部信息和决策支持等四大子系统的协调高效、信息共享、监控严密的税收管理信息系统。金税三期系统投入运转，标志着税收管理步入"大数据"集中管理时代。

2."阳光·智慧税务稽查"建设。2017 年,在金华市国税局稽查局成立了全省首个电子查账实验室,开展利用查账软件对电子账册数据进行审核分析的实践和研究。为规范开展电子稽查工作,制定了《电子税务稽查操作规范1.0(试行版)》,完善数据取得和数据运用机制,配备现场执法取证设施等举措,为科技稽查管理奠定基础。2018 年,省局推行"阳光·智慧税务稽查"建设工作。通过税务稽查执法装备升级,深入分析,推行"风险推送、定向稽查",并对执法风险进行事前防范、事中控制、事后监督和纠正,有效保证了税务稽查执法合法合规。

3.税务稽查"四室一包"建设。2019 年,我省启动稽查"四室一包"建设项目,设立指挥会商室、稽查询问室、检举接待室、案件查账室和办案工具包。通过税务稽查指挥管理应用系统,借助信息化手段,上下联动、提质增效,为严厉打击涉税违法犯罪发挥了很好作用。

4.税警协作平台的建设。近年来,虚开增值税专用发票的犯罪涉案范围广,金额数量大,犯罪团伙趋向职业化,反侦查能力强,各地流窜作案的现象比较突出,大大增加了涉税犯罪的办案难度。2020 年,为了更好地打击此类涉税犯罪行为,总局和省局推进公安和税收部门的合作,建立税警协作平台。该平台依托税务信息、公安信息、第三方信息等多渠道信息资源,以服务税务稽查、公安经侦为指导,实现了涉税违法案件全流程管控。

(二)精准监管探索情况(以金华市为例)

1.开展预警,虚开防控有效提升。借用"基因测序"理念,税务和公安部门协作打造了"个体测序"与"关联测序"为一体的"税警"发票风险预警平台。通过加强新办企业的监控,尤其是法定代表人为外省户籍贸易服务型企业,能第一时间发现新办企业"带病基因",识别空壳企业,及时跟进措施,有效防控发票虚开风险。从先后下发的 1029 户疑点企业核查情况看,精准度达到 98.83%。

2.案源研判,选案针对性不断提高。组建各稽查局研判团队,由市局统筹开展双随机分行业抽取对象的研判工作,提高高风险企业抽查比例。在 2021 年的房地产企业随机抽查中,抽调全市 8 名研判骨干,用 12 天时间对全市 330 户房地产企业进行集中研判,共发现涉税风险点个数 1186 项,确定高中低风险等级。并在 98 户高风险企业中随机抽取了 48 户检查对象,通过自查后再确定重点检查对象,提高了选案针对性,查补税款 14233.97 万元。

3.制定指引,智慧稽查初步显现。基于强化"四室一包"应用,制定了《金华市智慧税务稽查工作指引》。指引在案源信息库建设、案源分析、查前准备、调账实施、深度分析、调查取证、"四室一包"智慧支持、内外部协作等方面作为重点，探索智慧稽查建设规范，作为全市稽查部门和稽查工作人员在开展智慧稽查时的操作指南和工作要求，着力提升稽查干部挖掘、分析、处理和应用大数据的能力和水平。

4.形成合力，打击涉税犯罪成效明显。对内通过制定案源研判、团队建设等制度，强化信息和制度支撑，有力促进市级稽查局建强、跨区域稽查局做专、层级与结构关系理顺，对外加强与公安等部门协作，形成上下贯通、部门协作工作合力。两年专项行动期间，金华警税紧密协作，精准锁定虚开骗税团伙，坚决打击"假企业""假出口""假申报"等涉税违法犯罪行为，"7.20"案件打响了百城会战第一枪，浙江省"惊雷8号"集中行动，涉税案件移送起诉229起，涉案人员353人，一审判决118件，被追究刑事法律责任287人，挽回国家损失12.42亿元，发挥了强大威慑力。

二、精准监管智慧稽查方面存在的问题及原因分析

精准监管、智慧稽查，不仅是税务稽查工作科学化的手段，更是税务稽查工作的革新，反映的不仅仅是税务稽查外在形式的改变，更是以信息化、大数据技术为支撑点的一套智慧稽查体系的建立。近年来，稽查工作质效持续提升，但在不断发展的新形势下，精准监管、智慧稽查工作的开展面临着一些新的挑战。

（一）税务稽查监管体制机制不够健全，稽查资源配置待优化

国家税务总局于2021年7月发布了《税务稽查案件办理程序规定》，此次以部门规章的形式发布实施，提升了稽查执法制度依据的法律层级。但在当前的税收体系下，税务稽查工作作为税收的重要保障，稽查体制机制尚有待完善，制约了税务精准监管工作的发挥。一是《税务稽查案件办理程序规定》配套制度还不够健全。比如系统内对外省市发票数据调取机制未健全，外部门数据共享机制还未形成等。二是大要案件激励机制缺失。稽查人员奋勇向前、打造铁军的劲头不是很高。三是资源配置不够优化。智慧稽查设备更新不及时，稽查一线力量不足，影响稽查效率发挥。

（二）税务稽查数据信息不够全面，数据资料实用性不高

一是基础信息数据不全。现税务内部各系统已形成了强大的数据池，但也存在基础性数据不够完整，如联系电话等基础信息未完整输入；基础数据与实际不符，如部分企业行业明细分类不准确；税收业务数据、税收管理数据未能实现全量采集；局内各部门、上下级税务机关之间数据查询权限限制较高，如上下级目前还未形成流畅的数据查询通道。数据不完整、数据不精确，是目前影响精准监管的一个重要因素。二是数据资料的有效性发挥不够。除了金税系统，各部门还有不少数据分散在单独系统中，且未能有效的对数据进行挖

掘和利用。三是还未形成数据的自动抓取和计算。因为后续整理、比对工作量及难度较大，导致相当部分的数据沉淀失去效用。

（三）部门协作不够充分，外部门间信息互通存在壁垒

税务部门与公安、法院、人民检察院、银行等部门对相关信息交流近年来有了较大进展，但保存和检索都有自己的具体规定，无法形成统一的数据标准，各系统间的数据桥梁还未能有效搭建。一是数据采集未能常态化。税务部门获取其他部门涉税信息，目前主要依赖沟通协调，信息采集责任主体和要求不明确，收到的第三方涉税信息质量不高，并且还未形成有效的数据共享交换平台，数据调取效率不高。二是涉税信息完整度不高。由于部门职责划分、数据安全的压力等原因，查办时所需的第三方数据获取不够充分，诸多数据的调取难度较大、程序复杂、效率较低。如银行证券等金融部门及第三方支付机构的数据调取难度较大，查询数据量有限控制，无法满足案件查办需要。三是数据标准未能统一。各部门在生成数据时并未有统一的标准，即使通过前期沟通协调获取了一定数据资料，也还需要通过大量的筛选、处理、汇总、统一、衔接等工作，将取得数据与税务稽查部门原有的数据进行对接，在处理过程还会出现诸多不确定性，导致转换后的数据也不一定可以使用。

（四）稽查信息化工具开发应用不足，涉税分析不够深入

一是稽查取证工具技术更新不够及时。缺乏统一专用数据调取软硬件设备，如硬盘拷贝设备及相关专业复制工具。被查对象将服务器通过第三方托管、人为设置技术障碍等情况时，更增加了对数据调取设备技术的要求。二是取证手段和信息应用能力相对较弱。稽查局税务干部基本能使用数据取证专用U盘调取企业电子数据，而一旦调取不成功，就只能求助技术人员，但专业技术人才紧缺，又影响信息技术的应用能力。三是风险分析指标还未形成体系。目前涉税疑点分析还主要借助于查账软件和稽查人员经验，对分税种、分行业分析还未形成较完善的指标体系。四是税务大数据平台尚未完全建立。内部涉税信息散落在不同的信息系统，难以形成统一的采集标准、口径，进而影响涉税分析指标体系的建立。

（五）稽查人才队伍建设不足，缺乏高素质复合型人才

一是稽查力量相对不足。全国税务部门中，稽查干部队伍占全国税务工作人员的比重仅8％左右，且稽查干部年龄结构较大，老龄化严重，断层现象较为明显。二是稽查人才相对缺乏。税务稽查干部需要熟悉财会、税收、法律和信息技术等多方面的业务知识，但在实际工作中，稽查部门既缺乏精通稽查业务、财会、法律、计算机和外语等知识的复合型人才，又缺少熟悉行业知识的高层次、专业化人才，难以满足大案查处对"一专多能"稽查人才的需要。现我市复合型稽查人才情况见下表。三是团队力量发挥不足。当前，信息化发展迅

速，稽查人员接受专业化系统培训的速度落后于信息发展速度，导致稽查人才的培育速度满足不了稽查工作的需要；稽查组织形式还停留在传统的主副查，主要依靠主查的政治业务能力，背后强大的团队作用发挥不够，从而使税务稽查的进一步发展受到制约。

三、精准监管智慧稽查的目标和对策建议

以税收大数据为支撑，以智慧型稽查执法工作平台为载体，以建立精准监管流程为重点，以建设高素质稽查干部队伍为根本，以税收精诚共治为推进，以稽查机制制度完善为保障，通过方式方法创新、业务重组和组织变革，形成执法程序科学规范、涉税风险精准识别、税收检查精确高效、案件审理法理相融、执法质量智控统一、以查促查和以查促管效能不断叠加的全流程智慧税务稽查工作闭环，真正实现从经验式执法向科学精确执法转变，切实保护企业正常生产经营，严厉打出涉税违法犯罪行为。

（一）完善相关法律法规，护航科学精准稽查稳步开展

一是完善数字经济税收法律体系。"十四五"规划纲要提出：要"加快建设数字经济、数字社会、数字政府，以数字化转型整体驱动生产方式、生活方式和治理方式变革"。随着我国数字经济的快速发展，收入的可见性程度有所降低，需要进一步优化和完善国家税务体系和监管规则。二是在新修订的税收征管法中体现税收精准监管法定原则。明确对数字经济等新式交易作出准确判断，准确计算；加强情报交换、信息通报和执法联动，推进跨部门协同监管；强化税收司法保障，进一步畅通行政执法与刑事执法衔接工作机制。三是升级税务稽查工作规范。通过完善规范、统一分散的稽查规章、制度，保证税务稽查执法的统一性，提升数字服务能力，在法律法规的保障下，确保税务稽查更加高效有序运行。四是健全精准监管稽查制度。根据精准稽查工作目标，制定完善《税务稽查案源分析研判办法》、《精准稽查工作指引》、《精准化团队化检查实施办法》等系列配套制度，形成精准稽查完整规范。

（二）健全稽查指挥管理体系，保障科学精准稽查全面设施

一是完善统一执法平台。充分运用大数据、云计算、区块链、人工智能、5G通信等新一代信息技术，结合金税三期升级，进一步完善"智慧型稽查执法工作平台"。二是强化"四室一包"应用。发挥好指挥会商室在"四室一包"中的核心作用，以团队作用和集体智慧代替稽查人员单打做法，精准快速查处案件。三是加强数据监管。在现有稽查信息化工作成果的基础上，通过案源精准分析、查前深入分析、智能电子查账、智慧分析研判、后台统一指挥等信息化功能，实现每个市场主体全业务全流程"数据画像"，开启大数据强监管时代，为实现精准监管、智慧稽查提供有力保障。

（三）建立精准监管流程，提升科学精准稽查工作水平

1.精准选案，快速锁定税收风险目标。选案是稽查工作的首要环节，是做好稽查工作的前提和基础。要做到对市场主体干扰最小化，首先要做好精准选案，要以税收大数据为支撑，以风险管理为导向，通过精准选案达到对违法者"利剑高悬"，对守法者"无事不扰"，以持续提高纳税人遵从度。一是畅通数据渠道。在确保数据安全基础上，从系统内部和外部两个层面深入推进涉税数据汇聚联通。注重数据安全与数据需求并重，以制度完善和技术更新来确保数据安全，以精准监管需要开放各信息系统相关查询权限。加强与公安、海关、银行、市场监管、外管等协作部门信息共享，建立常态化数据通道。如与公安签订《数据共享交换协议》，搭建与公安的"专网专线"，设置"一个端口"，实现新办企业登记基本信息数据与公安暂住、交通、通讯、住宿等轨迹疑点数据的定时交换。通过多种渠道充分收集宏观和微观两个层面数据，组建数据共享平台，形成具备固定结构能随时调用的数据颗粒池。二是注重线索挖掘。为不断提升线索发现能力，把打虚打骗工作责任部门延伸至系统内各业务和管理部门，制定《风险发票联动应对操作指引》，对涉嫌虚开和骗税线索的移送流程和移送资料等进行明确，推进虚开骗税线索及时发现，快速查处。三是强化风险预警。总结"税警"发票风险预警平台等自动预警经验，不断充实优化风险指标分析体系和风险预警模型，对海量数据进行清洗、整合，多维度开展叠加化、穿透式分析，推进对纳税人、缴费人行为自动实时分析，形成纳税人"风险画像"，从面和点两个维度实现对高风险企业的甄别定位和待查个案的风险精准分析，自动标签，提升高风险企业抽查比例，实施精准执法。

2.科学研判，提升精准打击能力。充分发挥大数据作用，精准化开展研判，进一步提升了打击涉税违法行为的精准度。一是组建多层次研判团队。在省、市局组建稽查情报研判团队，在各稽查局组建案源分析研判团队，与公安、海关、人行、外管等部门紧密协作，组建涉税犯罪研判中心；三类团队研判任务各不相同，互有侧重，构建了智慧型稽查的良好格局。二是总结规律提炼战法。注重总结工作经验，通过骗税虚开案件深入分析，总结提炼信息化战法。如打击骗税"一二三"战法，即一张表格（骗税疑点综合分析表）、两个维度（票源地、开票方）、三项要素（资金流量、外汇结算、资金回流），真正让数据说话，让数据预警，实现线索发现的"从无到有"、线索核查的"化繁为简"；打击虚开发票犯罪"三核三扩"（登记核查、轨迹核查、开票核查，代理扩线、资金扩线、话单扩线）技战法，为类似案件的查办提供了一个可复制、可推广的模板，并在稽查工作中不断总结战法。三是深入信息数据研判。根据案源情况分类开展分析研判，各稽查局研判团队重点对日常稽查案源的研判；省、市局研判团队重点对大要案件和专项检查的案源进行分析研判；涉税犯罪研判中心对海量

数据进行穿透式分析，在指尖对涉嫌团伙犯罪案件实现全链条、全网络研判，着力"数据生成情报，情报转化成效"，形成数据化实战的核心战斗力，强力震慑税收违法犯罪分子。

3. 智能检查，推进精确高效取证。一是成立专业化检查团队。成立政策业务、技术支持、专业检查、调查取证 4 个团队，强化团队协作，充分发挥团队集体智慧在每个稽查案件中的作用，形成合力助推主副查人员深入快速查处每个案件。二是建立智能检查流程。强化稽查指挥管理系统和"四室一包"应用，建立"案源风险传递——电子数据调取及查账软件疑点分析——对照历史案件风险库补充风险点——分析排查及取证"的智能检查取证流程，精确高效取证并全程留痕。三是拓展联合办案。积极探索多部门新型合作模式，在信息化战法基础上，总结不同行业不同团伙违法特征，不断完善战法，加强"税收洼地"、"阴阳合同"等重点领域风险监管，严厉打击涉税犯罪。

4. 法理相融，推进执法质量智能控制。一是优化全程防控内控监督体系。以高质量落实三项制度，除了文字和书面记录，推进应用音像视频的过程证据，确保每个案件可回溯，经得起推敲。对稽查中成型的指标优化内控体系，实现事前预警、事中阻断、事后追责，防范执法风险。通过收集查处的涉税违法犯罪行为典型案件，指导稽查案件调查取证和审理定性，推进横向统一纵向平衡，让执法既有力度又有温度。二是建设稽查电子案卷管理信息系统。设随案生成系统、档案管理系统和法规案例关联系统三个子系统。随案生成子系统，按照税务稽查"选案、检查、审理、执行"的业务需要随案生成电子档案，对"四室一包"应用过程产生数据，通过案件关联等形式，实现自动采集，强化稽查执法过程管控和审批利用。档案管理子系统，在基本功能基础上，通过稽查历史档案数据明细表、多维度分布式自定义统计表等开展深层次、叠加式统计分析。法规案例关联子系统，对历史案件涉及的税收法规形成稽查法规库，便于稽查学习和办案引用，对代表性案件列入税务稽查指导案例库，并提供案例、法规、档案的互相关联，便于后续更好指导学习。三是加强税收违法特征研究。注重在税务稽查中发现和反映问题，总结税收违法新手法、新特征，借助信息系统智能生成违法趋势分析，向各相关部门发送《稽查建议书》，形成以查促改、以查促管工作机制。

5. 执行到位，确保稽查执法公正规范。保证国家税款及时足额入库，又不过度执法，是做好稽查执行的关键。一是做好财务状况分析。对被查对象记录的债权债务、资金往来及资产情况进行有效分析判定，及时规范采取执行相关措施。二是掌握隐匿投资行为。通过查第三方平台，掌握被查对象账册凭证中未记录的对外投资、股本结构等变化状况，做到应缴尽缴。三是加强与人民法院协作。通过加强协作，掌握被查对象资产状况，提高行政效率，并对需执行代位权、撤销权和其他可申请人民法院执行的强制执行措施,及时提请法院执行。

(四)建设高素质稽查干部队伍,营造科学精准稽查深厚氛围

实施科学精准稽查,大数据是基础,思维能力是关键,稽查人才是根本。加大税务稽查业务培训力度,提高稽查人员业务技能,建设一支素质高、能力强的专业化稽查队伍。一是党建引领成长。以对党的绝对忠诚,满怀信心地投身稽查工作,善于发挥自身优势,勇于直面问题、解决问题,以积极向上的心态开创精准稽查新局面。二是提升治理能力。通过给机会、压担子的方式让更多的年轻干部尽快成长为稽查骨干。用好"传、帮、带"制度,通过实战训练,将师傅教导与查办实践相结合,不断积累起独立查办大案要案的经验,逐步成长为稽查的中坚力量。运用系统思维方式,科学统筹科技手段、税收数据、协同共治等各方面要素;运用法治思维解决改革中的新问题、新矛盾、新难题,优化税务执法方式,让执法行为更透明、可回溯、受监督,以顺应人民群众对公平正义的期待,更有利于规范执法者、保护守法者、打击违法者。三是强化团队协作。稽查中各环节、各团队虽侧重于稽查过程的不同方面,但互为一体,以高质高效查办案件作为共同目标,协同作战,实现力量集约,提升整体效能。通过团队运作,将税务稽查工作的个体技术能力和整体组织水平科学、紧密结合在一起,互相促进提高,进一步提升稽查现代化水平,提高稽查打击的精准性和威慑力。

(五)加强内外部合作,构建科学精准稽查良好环境

探索建立多部门信息共享、联合研判、融合作战的新机制,构建协同共治新格局。一是加强稽查内部合作。充分发挥"1+3"稽查局体制机制优势,畅通内部信息共享通道,实现稽查成果在机关内部相关部门间的转化与运用。二是加强管查互动。定期召开"查管互动"工作会议,收集征管部门在日常管理中的管理疑点、难点问题及工作建议,同时在稽查部门检查案件时,对发现的涉税违法案件中源头性、规律性、倾向性问题进行分析研究,总结整理,并向征管部门交换工作建议。结合稽查案件编写健全具有地方特色的行业税收检查指引,归纳征管薄弱环节和政策漏洞,完善税收风险分析指标,查管共同推进防范风险能力建设。三是加强外部协作,深化拓展税收共治。积极推动与公安、海关、银行、外管和市场监管等部门合作,形成打击涉税违法行为合力。深入推进"警税协作",积极探索"情报会商、同步上案、联合研判、合作办理"新型合作模式,双方各自依照程序进行立案处理,对犯罪团伙共同取证,做好证据转换,最大限度发挥税警双方专业优势,有效规避执法风险,提高查办效率。

(六)创新综合治理体系,推进科学精准稽查日益完善

近年来,随着经济快速发展和改革的深化,税收管理面临的新挑战、新问

题层出不穷，税务稽查部门也需要不断更新治理理念，更好实现"良法善治"的工作目标。一是设立案源情报科（股）。准确的情报，是掌握税源的风向标，是稽查决策的指示灯，是精准监管的助推剂，要加强税收情报意识，重视税收情报工作，建议在各级稽查局设立案源情报科（股），对税务稽查案件精准发现疑点和问题，提升稽查查处的精准性和有效性。二是深化上下联动。充分发挥"1＋3"跨区域稽查体制优势，找准职能定位、理顺工作流程、发挥利剑作用。在实战中，将跨区域稽查局分散的人员、装备等稽查力量有效整合，优化市级稽查局与跨区域稽查的工作衔接，形成上下联动的整体合力和规模效应。三是推进部门合成作战。建立"合成作战平台"，叠加税务、公安、银行、海关、外管等部门情报优势，充分发挥税收大数据作用，有效提升办案质效，精准打击各类涉税违法犯罪活动，营造公开透明的营商环境。

课　题　组　组　长：王伟民

课 题 组 副 组 长：夏斌杰

课　题　组　成　员：厉伟阳（执笔）　许安权　金奇达

桂晔鹏　周廷进　骆群超　石家卉

实施税务精准稽查的必要性和
迫切性分析(三等奖)

国家税务总局衢州市税务局课题组

自 1995 年税务稽查体制改革至今,选案、稽查、审理、执行程序"四分离"模式已运行 16 年,各环节是以"选案的不查案、查案的不审理、审理的不执行"为原则相互制约的工作规程,这种体制无疑使税务稽查工作向规范化、法制化轨道迈进了一大步,而税务稽查执行是税务稽查程序中的最后一环节,它是根据审理作出的各种决定书送达被执行人,并督促或强制其依法履行的活动。执行效率的高低、执行效果的好坏,直接关系到稽查质量,影响稽查的打击力度和稽查的社会形象。当前稽查部门就内部而言,从第一环节选案目标的选定就缺乏针对性、滞后性,最终往往也造成案件无法执行或执行困难,这充分折射出当前税务稽查部门稽查工作方式的粗放,依法治税查处作用发挥不明显,这不仅与两办《意见》强调的"税收风险为导向精准实施税务监管"不相吻合,税务稽查职能也得不到充分发挥。

怎样防止粗放式、选择性、"一刀切"执法,推动从经验式执法向科学精准执法转变?《意见》针对完善税收执法制度和机制,以及精准实施税务监管提出了具体要求。笔者认为,对税务稽查部门来说,只有做好精准监管,才能实施精准稽查,本文试从内因和外因分析当前困扰基层税务稽查执行难产生之因,提出只有亟待改变粗放式、选择式执法,才能推动科学精准稽查和精准执法的顺利实施。

一、当下税务稽查执行工作困境的原因

造成稽查执行困境的原因是多方面的,既有税务稽查部门内部案源确定不科学、执法手段弱化、执法力量薄弱等方面的局限,同时也有相关税收执法体系不完善、部门协作不力等多方面外部因素交织而成。

(一)案源确定不科学

多年来,原国税稽查部门立案对象除了总局"××专案"或"总局打虚打骗专项行动"推送部分案源及少部分涉税检举案源外，基本来自于"发票协查系统"，所立对象基本为根据异地税务稽查部门发送的《已证实虚开通知单》注明的涉案企业，稽查过程中稽查的重点和范围也往往局限于查实立案对象是否受理并已抵扣相关增值税进项税额，至于是否存在其他违法问题基本不予深查和详查。这种状况直至 2018 年国地税机构改革稽查部门合并的今天，各地稽查部门全年所立的稽查对象也基本为异地税务稽查部门发送的《已证实虚开通知单》所涉及对象为主。这些案源主要以查处各类虚开发票和骗取出口退税为主，在立案实施检查之前，涉案企业当事人已走逃失联比例高，且查处该类案件容易发生拔出萝卜带出泥的一大串案件。一些疑难案件和大要案件，由于检查、审理的周期都较长，一般短的两三个月，长的半年甚至一年，等到执行时，企业经营情况、资产情况都发生了改变，加之部分涉案企业当事人已人去楼空，造成案件执行异常困难。

（二）稽查执法手段弱化

税收优先原则未能完全体现。虽然《税收征管法》第四十五条作出了税收一般优先的规定，但欠缴税款的纳税人在缴纳所欠税款钱优先清偿无担保债权或发生在后的抵押权、质权、留置权而致使所欠税款不能足额受偿时，税务机关应如何行使税收优先权，我国现行法律并未作出明确规定。同时不同部门对于税收优先权的理解和执行上，存在明显的差异。如欠税人财产被法院查封并处理时，法院往往没有按照《征管法》第四十五条的规定对欠税人的财产进行分配，也不通知税务机关，待税务机关知晓相关情况向法院提出行使税收优先权追缴税款时已为时已晚。此外，由于目前法院对税务案件移送、税务机关申请行使税收优先权、代位权和撤销权都没有明确的工作指引。另还有部分企业在产生查补欠税后，在破产清算期间不主动向税务机关报告，清算机构也未能将有关情况及时反馈，税收优先权流于形式，难以付诸实践。

（三）稽查执法力量薄弱

2018 年机构改革后，稽查系统人员流失较多，加之协查系统案源不断，数量有增无减，稽查部门内部往往将更多的精力放在检查与审理上，相对忽视执行环节的力量配置。以衢州市稽查系统为例，全市共 8 个执行人员，平均年龄50 周岁，无一具有扎实的财务会计或相关法律功底人员，这也导致疑难案件的执行无法第一时间找到合适的破解方法，甚少使用冻结、查封、扣押等强制措施，更从无拍卖、变卖之案例。至于刺破公司面纱、代位权、撤销权等手段更是无从谈起。一旦当事人使用"拖"字诀，往往导致案件执行久拖不决。

（四）税收执法体系不完善

稽查执行涉及到诸多法律问题，且也易发生跨部门法的法律适用问题。从稽查执行实践看，当前存在多部法律法规之间存在冲突等缺陷。

1、不同法律适用冲突，造成"有法难依"

为规范行政机关行政强制行为，2011 年通过了《中华人民共和国行政强制法》。《行政强制法》的颁布实施对保障和监督税务机关严格依法履行职责，提高行政管理效率，维护公共利益和社会秩序，保护纳税人等行政相对人的合法权益具有重要意义。但是该法的部分规定与《中华人民共和国税收征收管理法》存在冲突。

一是关于冻结存款的期限问题。《行政强制法》第三十二条规定"自冻结存款、汇款之日起三十日内，行政机关应当作出处理决定或者作出解除冻结决定；情况复杂的，经行政机关负责人批准，可以延长，但是延长期限不得超过三十日。法律另有规定的除外"。但是《税收征管法实施细则》第八十八条规定，税务机关对从事生产、经营的纳税人采取税收保全措施的期限一般不得超过 6个月；重大案件需要延长的，应当报税务总局批准。由此可见，按照《实施细则》，作为税收保全措施的冻结存款期限可以达到 6 个月，但是《行政强制法》已明确突破冻结期限规定的层级为法律，而实施细则是行政法规，无法满足条件。

二是滞纳金的性质问题。关于《征管法》滞纳金与《强制法》滞纳金是否为同一性质，一直存在争议。这导致当滞纳金超过税款本金时，执行人员面临法律适用难题。

三是关于执行费用承担问题。按照《征管法实施细则》相关规定，税务机关按照前款方法确定应扣押、查封的商品、货物或者其他财产的价值时，还应当包括滞纳金和扣押、查封、保管、拍卖、变卖所发生的费用。但是《强制法》规定因查封、扣押产生的保管费用由行政机关承担。

四是对税款、滞纳金和罚款的强制执行权问题。根据《强制法》第 53 条：当事人在法定期限内不申请行政复议或者提起行政诉讼，又不履行行政决定的，没有行政强制执行权的行政机关可以自期限届满之日起三个月内，依照本章规定申请人民法院强制执行。根据《征管法》第 40 条：经县以上税务局（分局）局长批准，税务机关可以采取下列强制执行措施。由此可见税务机关有强制执行权。同时，根据《征管法》第 88 条：当事人对税务机关的处罚决定逾期不申请行政复议也不向人民法院起诉、又不履行的，作出处罚决定的税务机关可以采取本法第 40 条的强制执行措施，或者申请人民法院强制执行。结合上述条款，可以得出，对于税款与滞纳金，税务机关需要自己采取强制措施，但是对于罚款，税务机关可以申请人民法院强制执行。但是，前期税务总局出台的《税务稽查案件办理程序规定》第五十条，对税款、滞纳金与罚款的强制执行依然未加以区分，极易造成执行人员适法困惑。

2、法律规定不明确，造成"无法可依"

第一，在拍卖机构的选择方面，《征管法》《征管法实施细则》《抵税财物拍卖、变卖试行办法》等均未规定明确的流程和标准，也没有其他规范性文件对该问题予以明确，执行人员无依据执法，造成标准不一，容易引发权力寻租和执法风险。

第二，对于商品、货物或其他财产价值方面，根据《征管法》规定，查封、拍卖或者变卖价值相当于应纳税款的商品、货物或者其他财产，但是未有规定明确按何种程序和顺序确定商品价值，按照市场价、出厂价还是评估价。

（五）信息共享机制缺位，部门协作不到位

根据《征管法》第四十九条：欠缴税款数额较大的纳税人在处理其不动产或者大额资产之前，应当向税务机关报告。但是目前纳税人主动向税务机关报告的并不多，且往往为了逃避缴纳税款，采取转移、隐匿手段处置资产，待税务机关发现时企业早已变成"空壳"。欠税纳税人资产主要涉及到厂房、车辆、长期投资、机器设备等，涉及部门为房产管理部门、车管所、市场监管局等单位，目前税务部门与上述部门尚未建立信息共享协作机制，导致信息不对称，让当事人有"空"可钻。此外，受多种原因影响，银行向税务机关提供的纳税人银行账户不够全面，税务机关难以全部掌握纳税人真实的资金往来情况。而且有的银行出于自身利益考虑，往往消极配合税务机关对案件的查处。当税务机关要求查询、冻结欠税人银行账号时，采取拖延、包庇甚至通风报信等措施，以各种理由阻挠工作的开展，使稽查执行工作处于被动局面。

（六）涉税犯罪案件移送难度大

1、对涉嫌犯罪案件证据标准的认定问题。实际中，由于在证据的时效性、合法性等问题上，税务机关与公安机关的认识不同、角度不同、手段不同，因而对案件的取证要求也不一样，造成税务机关的取证材料不符合公安机关的立案要求和标准而影响了案件的移送。

2、对涉税犯罪案件定性标准的认定问题。稽查执行环节主要移送涉嫌逃避追缴欠税罪案件。但目前法律法规对如何认定纳税人为了不缴纳欠缴的税款实施了转移或隐匿财产的行为，如何界定税务机关无法追缴欠缴的税款没有进一步的司法解释，取证非常困难，从而直接影响案件的定性和移送。

3、移送司法机关处理的案件数量问题。按现行移送标准办理案件移送的数量客观上较多，客观上对公安机关经侦部门造成一定的工作压力。公安机关也表示，就目前公安机关经侦部门的人力、物力是难以承受的，这将影响到办案的效率和效果，因此执行中案件移送难、结案难问题屡见不鲜。

二、改变稽查理念，实施精准稽查是破解执行难的唯一途径

破解涉税案件执行难问题，首先需改变稽查理念，改变当前稽查案源以协

查案源为主的被动局面。应根据税收风险按照随机抽查的方式确定稽查对象,优化案源选择的精准度,实现对虚开骗税等违法犯罪行为惩处从事后打击向事前、事中精准防范的转变。同时梳理和完善税务执法规范,进一步提升部门协作水平和司法支持保驾护航力度,拓展税收共治格局,彻底改变原先粗放式、选择式,事后被动执法局面,从而达到事前精准监管、精准选案、全程精确执法、最后达到精诚共治局面。

(一)利用"互联网+大数据"分析,科学确定案源

选案工作的立足点是庞大、繁杂的各种数据。首先要保障数据的质与量。除了吸收企业送来的信息之外,应拓展信息来源渠道,如收集与政府各职能部门(市场监管部门、水务用电部门)以及其他第三方数据,同时利用互联网、证券交易市场、企业年报等多种渠道了解企业各方信息,为选案工作打下牢固基础。在信息时代高速发展的今天,"互联网+"思维成为这个时代的脉搏,跳动在各行各业、各个维度之中。而税务稽查是保障国家税收收入、维护税收秩序、促进依法纳税的重要环节。因此,我们可以积极探索如何利用"互联网+大数据"平台,探索更加科学、高效的数据分析模式。依据自身工作实际与现有数据分析模式,结合区域发展布局、重点稽查领域等因素,充分发挥税收大数据作用,强化税收大数据风险分析,主动有意识筛选辖区范围内存在的逃避税问题多发的行业和人群,对隐瞒收入、虚列成本、转移利润以及利用"税收洼地""阴阳合同"和关联交易等逃避税行为,加强重点领域风险防控和监管。对发票开具、使用等进行全环节即时验证和监控,实现对虚开骗税等违法犯罪行为惩处从事后打击向事前、事中精准防范转变,精准有效打击涉税违法犯罪行为。

(二)精准监管,营造税务监管新体系

始终把实施科学精准的税务监管、精准稽查,维护经济税收秩序作为重要职责。依托"金三"系统、内控监督平台等信息系统,把依法治税和风险防控进行一体化管理,做到事前有提醒,事中有监管,事后有督查。充分运用税收大数据、云计算、人工智能等现代信息技术,实现"无风险不打扰、低风险预提醒、中高风险严监控"。针对风险高的重点行业,以增值税发票重点监管为抓手,贯彻增值税发票风险快速反应机制,坚决避免出现增值税发票暴力虚开、虚抵骗税等犯罪事件,加强票表比对,从严管控数据风险。同时,进一步做好纳税信用评价工作,让守信者健步阳光道,失信者紧过独木桥。

(三)精确执法,让执法既有力度又有温度

税收执法工作面广、量大,直接关系人民群众切身利益,关系到社会公众对党和政府的信任、对税收法治的信心。一是不断优化税务执法方式,规范执法用权,深入落实税务权责清单制度,提高"三项制度"执行力,进一步规范税

务行政处罚裁量权，进一步落实权力事项公开；探索说理式执法，将说理式文书应用到重大行政执法环节，促进依法用权履责。二是有效运用说服教育、约谈提醒等非强制性的执法方式，坚决防止粗放式、选择性、一刀切的执法。三是准确把握一般涉税违法与涉税犯罪的界限，做到依法处置、罚当其责、宽严相济、法理相融；同时，严格落实总局、省局发布的"首违不罚"涉税事项清单制度，切实维护纳税人缴费人的合法权益

（四）"内引外联"，推动形成多方精诚共治

探索建立多部门信息共享、联合研判、融合作战的新机制，构建协同共治新格局。一是畅通税务部门内部信息共享通道，加强部门内部协作，实现稽查成果在税务机关内部相关部门的转化与应用。在严厉打击各类涉税违法犯罪行为方面，特别是打击"假企业""假出口""假申报"的"三假"违法犯罪，应做实税警联合办案机制，在税务总局、公安部、海关总署、中国人民银行四部委联合部署开展打击虚开骗税违法犯罪专项行动的基础上，推动形成更大范围、常态化的跨部门联合执法机制。二是积极推进税警实体化、一体化建设，强化技侦、网侦、图侦等手段在大要案件查处中的应用，融合税务金税工程、公安云端打击、人民银行反洗钱监测信息系统，实现税警银海"联合选案、关联分析、集中研判"的大合作工作机制，强化多部门深度合作，进一步优化简化重大案件审理移送程序，加大信息实时共享、执法实时互动、联合惩戒实施力度。此外还可联合市场监督、住建、交通等部门建立规范有序的跨部门联合随机抽查机制，联合实施打击反洗钱等活动。

三、进一步完善相关法律法规，为有效精准监管和精准稽查、执法提供法律保障

（一）第一提升税收相关法法规层级

我国立法部门应当尽快出台一些税收基本法，对于部分法律规范进行层级上的提升，尽快建立以税收基本法为主导，税收实体法与税收程序法并重的税法体系。

（二）优化和完善税收法律法规内容

相关部门应当充分考虑到税务稽查工作的实际情况，及时调整和完善一些法律法规内容，实现税法与民法、经济等基本法律的相容性和一致性，以适应税收和经济发展的相互协调的客观需要。同时，对于一些法律法规内容模糊的情况，相关部门要及时予以明确，为税务稽查执法工作的顺利开展提供有效依据。如对税收实践中存在的程序性难点问题，在法律、行政法规没有明确的情况下，应积极出台部门规章和其他规范性文件，指导一线税收执法人员正确履职。尤其是当本部门的规章、规定和上位法发生冲突时，基层税务人员往

往难以抉择是选择本部门规章还是与之矛盾的上位法。为此,主管部门有必要出台具体的规范性文件,及时纠正与上位法冲突的下位法。目前《全国税务稽查规范》已经明确"因查封、扣押所发生的保管费用,由税务局稽查局承担",这就给税务稽查执行人员以明确的工作指引。但《稽查规范》只是一本指引性读物,非正式文件,因此有必要对此类具体问题,出台规范性文件加以明确,使税务稽查工作人员有明确的遵从标准。而对于现行法律、法规尚未规定或者认为没有必要规定的具体细节执法程序问题,税收主管部门应从工作实际出发,在充分了解实际情况后,及时制订规范性文件将相关执法程序作出明确、具体的规定,如拍卖机构的选择标准与选择程序、参考市场价、出厂价、评估价的估计程序等实际执法难题。对于《征管法》和《强制法》之间的冲突,税务部门应积极反映情况,在新《征管法》修改时提出修改建议,以期有利于税收执法工作依法开展。

四、提升税务稽查人员的综合素质,提升执法水平

一方面,税务机关应当重视税务稽查执法人员的继续教育培训工作,定期对相关人员进行最新政策、法规、业务知识内容的培训,优化其知识结构,提升执法水平。另一方面是推行税务执法责任制,不断完善岗责体系和相关内控制度,明确税务执法人员的行政责任,细化责任追究制度,加大执行力度;此外还应认真开展税务执法检查和监察工作,有效防止权力滥用和执法随意性。

课题组组长:赵卫平

课题组成员:沈则君　施海燕(执笔)

数字化改革背景下税收精准
监管平台研究（三等奖）

国家税务总局衢州市税务局课题组

数字化改革是浙江省委省政府高质量发展建设共同富裕示范区、高水平建设数字浙江的重要抓手，精准监管是中办、国办印发《关于进一步深化税收征管改革的意见》的重要内容之一，本文通过研究以大数据为驱动的衢州税收精准监管平台建设，探索数字化改革背景下实施税收精准监管的方法和路径。

一、数字化改革背景下研究税收精准监管平台的意义

（一）进一步深化税收征管改革的需要

2021年3月，中办、国办印发《关于进一步深化税收征管改革的意见》，提出要深入推进精确执法、精细服务、精准监管、精诚共治，并以税收大数据为驱动力，构建具有高集成功能、高安全性能、高应用效能的智慧税务。浙江省是全国税务系统实施"精准监管"的试点，建设税收精准监管平台，是落实《关于进一步深化税收征管改革的意见》的重要创新载体，能进一步实施"互联网＋监管"，能有效实现从"以票管税"向"以数治税"的分类精准监管转变。

（二）全面落实浙江省数字化改革的需要

数字化改革是浙江省"最多跑一次"改革和政府数字化转型的迭代升级，是省委"一号工程"，要求各地各部门围绕"数字浙江"目标要求，统筹运用数字化技术、数字化思维、数字化认知，把数字化、一体化、现代化贯穿到各领域全过程[2]。建设税收精准监管平台是税务领域落实数字化改革要求的重要举措，它聚焦税收多跨场景应用，以数据共享为导向，以数据应用为抓手，进一步提升税收治理能力。

（三）服务做大产业扩大税源行动的需要

做大产业扩大税源行动是浙江省高质量发展建设共同富裕示范区的重要举措，衢州全域作为加快发展地区，做大产业扩大税源行动是市委市政府推进跨域式发展的重点内容。建设税收精准监管平台，有助于防范税收流失风险，

强化堵漏增收,营造公平正义的税收环境,为地方经济社会实现可持续发展提供良好的外部环境,为浙江省山区 26 县实现高质量跨域式发展,提高了有效途径。

二、税收精准监管平台理论研究

一个较为完善的税收精准监管平台,应当具备一套完善的制度体系和一个数字化集成平台,能实现涉税信息数据的全方位收集、全景式分析和全流程监控,并且能有效将数据优势转化为监管优势,全面提升税收精准监管水平。

(一)顶层设计

税收精准监管平台建设是一项系统性工程,应当由政府主导、税务主责、部门协作、数据共享、联合运用的工作格局作为强有力的支撑,推进涉税数据资源整合和互通共享。政府负责牵头协调、主导开发,提高站位、统筹规划、统筹实施,调动各层级各部门提供必要的智力、人力、物力保障。搭建政府各部门协作体系,建立平台共建、数据共享、进度共推、成果共用的工作体系,充分发挥各部门的积极性。建立制度保障体系,优化完善使用管理机制、数据规范标准、信息安全制度、日常维护机制、工作考核机制等制度体系,明确需遵循的原则、可实操的方案,确保平台的正常运转。

(二)架构设计

1. 总体框架设计

税收精准监管平台总体框架上可设计 4 个功能层。①数据聚集层,主要将税务部门、政府部门、企业、互联网等多端口数据汇集后通过清洗、转换、加工为统一标准的涉税数据信息存储到不同涉税数据主题库。②应用分析层,设计政府端和税务端 2 个端口,政府端主要以查询统计为主,展示数据采集情况、风险模型扫描情况、税费收入统计分析情况等;税务端则倾向于日常扫描监管和风险应对处理,以基本指标管理、搭建分析模型、实时扫描比对、疑点筛查定级、差异化风险应对和处理结果反馈等基本流程设计相应模块形成管理闭环。③考核评价层主要对各项目、各环节、各部门进行反馈评价,建立平台运行、部门协作的长效机制。④辅助功能层则是将税收收入等情况做直观的可视化展示。

2. 数据主题库设计

税收精准监管平台应当广泛运用云计算、人工智能、移动互联网等现代信息技术,充分打通部门间信息系统壁垒,高效归集多元化、多类型的涉税相关信息。通过内外部数据的汇聚联通、线上线下的有机贯通,形成"一户式"智能汇集、"一人式"全程档案、"一局式"全景分析、"一员式"自控考评的智慧数据主题库,并且多维度建立涵盖法人、自然人、行业、税源基础信息等内容的数据

数据聚集层	税务端数据	政府部门数据	企业端数据	互联网端数据
	清洗	转换	加工	存储
	涉税数据主体库			
应用分析层	税务端			政府端
	指标管理	模型搭建	扫描比对	信息交换
	等级排序	风险应对	处理反馈	辅助决策
考核评价层	信息共享评价	联动监管评价	日常管理评价	综合服务评价
辅助功能层	可视化成果展示			

图 1　平台总体框架设计

子库，为平台后续的快速查询、高效征管和智慧服务等工作夯实基础。

（三）应用设计

一是要提升税收监管精确度。以"强监测、早预警、快处置"为目标，遵循扎口管理、分类分级、差别应对的原则，建立多主题、广覆盖、全流程的税收精准监管平台数据分析模型，整合数据资源、挖掘数据价值。在反映税收成果的同时，构建覆盖完整、动态更新的税源监控网络，全方位监控税源，促使税务机关从"数据采集者"向"数据治理者"转变，构建精细管理税源、科学防范风险、有效组织收入的税收现代化的管理模式。

二是要凸显数据应用第三方成效。一个完善成熟精准监管平台，应当有多个部门参与共建、数据共享和平台共用。要不断拓展平台数据的应用部门，强化涉税涉费信息第三方应用成效，以大规模、多类型、高价值、细颗粒度的税收大数据充分发挥数据要素驱动作用。同时，要积极将平台收集的多部门涉税信息融入到推进地方政府管理和社会治理模式创新的进程中，助力构建数字政府和数字社会，不断提升现代化治理水平。

三、衢州市税收精准监管平台的探索和实践

（一）建设背景

为破解当前推进税收监管工作中存在的信息不对称、数据共享难、部门协作难等突出问题，衢州市税收精准监管平台定位于政府牵头、税务主导、部门配合，以涉税数据的采集、共享、应用为主线，推动数字化改革赋能下的税收精准监管格局，旨在通过归集多部门多端口数据，搭建模型智能分析比对，制定分类精准应对机制，形成有效防控化解税收风险、提高税收征管水平的严密闭环。衢州市委市政府将平台建设列入市政府投资项目，由市政府办公室统筹组织协调，成立平台推广工作领导小组，制发平台建设工作实施方案，明确项目落实的时间表、任务书和路线图,确保平台建设项目高效有序落地。

(二)建设重点

一是大数据统一归集。在衢州市委市政府的大力支持下,密切与市大数据局合作,将全市公共数据平台作为涉税数据共享交换的主渠道,以各政府部门数据、互联网相关数据为来源,设立涉税数据主题专区,设置共享交换目录。衢州市税务局通过市大数据平台提出需求申请,数据来源单位确认后将相关涉税信息反馈至市大数据平台,数据清洗后导入平台数据库,税务部门利用第三方涉税数据与税务内部数据进行比对分析,实现数据需求"推送—确认—导入"一体化共享模式,使其转化为有效、有针对性的纳税服务、税费征管、风险管理信息。

表 1　衢州市公共数据平台数据归集情况(截止 2021 年 8 月)

序号	数源单位	数据表	数据量	序号	数源单位	数据表	数据量
1	市资规局	5	1880397	18	市监管办	6	4741
2	市住建局	23	12997649	19	市环保局	1	477
3	市应急管理局	7	1017	20	市公积金中心	5	499199
4	市营商办	4	128440468	21	市公安局	5	13971554
5	市医保局	6	91968650	22	市残联	1	27
6	市烟草局	1	2	23	省自然资源厅	1	9676
7	市文旅局	4	232	24	省药监局	1	242
8	市水利局	9	546	25	省文化和旅游厅	2	717
9	市市场监管局	25	549031	26	省卫生健康委	1	398
10	市生态环境局	8	1221	27	省市场监管局	6	9654080
11	市人社局	7	90410581	28	省科技厅	1	900
12	市农业农村局	4	7357	29	省交通运输厅	1	13644
13	市粮食局	1	5	30	省建设厅	2	239951
14	市科技局	2	268	31	省公安厅	1	1085268
15	市经信委	5	43	32	省发展改革委	1	24891
16	市教育局	11	1112015	33	新奥燃气	3	40594
17	市交通运输局	7	1311	合计	33 家	167	3.53 亿

二是多部门集成联动。依托衢州市税收精准监管平台,开展税收形势联动分析、税收风险协同应对、经济决策联合制定等工作,形成数字管税合力。

一方面，通过加强组织领导、明确工作职责和完善工作机制，充分发挥税收精准监管平台作用，以税务部门为主导，以营商办、大数据局、金控公司等协调服务单位为纽带，住建局、公安局、市场监管局等政府相关部门和烟草、燃气等企业信息单位联动参与，形成配合密切、数据赋能、协同高效的工作格局，进一步激发涉税各方主体协税护税和统筹税收工作的潜力。另一方面，围绕精确执法、精准监管新要求，横向联动多个部门、纵向联合多个所有层级，构建全市税收风险"网格化"管理模式。

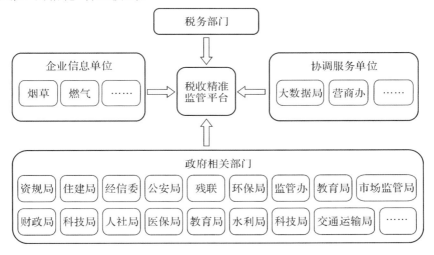

图 2　多部门联合运营税收精准监管平台

三是智能化分析应对。按照"税种联动分析、锁定紧迫风险、突出行业管理、动态更新模型"的原则，以风险管理为导向，有效发挥风险管理在税收征管中的导向作用，以风险管理促征管模式转型和征管效能提升。充分运用税收大数据，以"强监测、早预警、快处置"为目标，遵循扎口管理、分类分级、差别应对的原则，通过对精准监管平台中的模型进行扫描，对风险纳税人按照风险分值进行"高、中、低"排序，并针对不同等级的风险选择差异化的应对方式进行任务下发推送应对，形成最终的风险反馈结果，实现"线上扫描＋线下应对"的闭环工作模式，进一步巩固平台运行成果。同时，创新税务执法方式，对低风险纳税人，推行说服教育、约谈警示等非强制性执法，对中高风险纳税人实施精准执法，防止粗放式、选择性、一刀切执法。如利用住建局网上签约及备案信息开展房地产业预征增值税、土地使用税、企业所得税风险分析。

（三）探索成效

一是进一步整合了多方数据。一方面，通过平台与其他部门进行信息交换和数据共享，打破部门间信息封闭造成的"信息孤岛"，例如，利用市公安局

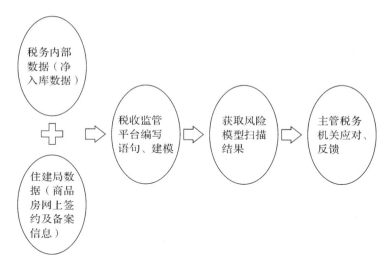

图 3 房地产业预征增值税、土地使用税、企业所得税分析运行

的旅店住宿信息中的登记旅客的姓名、数量信息,一方面可以直接反映出住宿业的实际经营情况,另一方面可以结合移动、电信等运营商公司的移动通讯信息,反映出法人在本区域的生活轨迹,研判是否为空壳企业法人。此外,税收精准监管平台采集的数据信息不局限于政府部门,在和燃气、电力、自来水等企业合作外,还制定了数据采集长期规划,将逐步探索采集各类中介机构、行业协会等第三方的涉税信息,不断充实平台数据类型及内容。截至 2021 年 8 月,衢州市税收精准监管平台已归集 33 家省市直部门和企业的 167 项涉税数据,数据量达到 3.53 亿条,涉税主题库建设基本完成。

二是进一步提升了监管精度。按照"税种联动分析、锁定紧迫风险、突出行业管理、动态更新模型"的原则,通过将内外部数据互联互通、逻辑关联和比对分析,目前已构建 290 余项业务数据分析指标、8 个风险监控模型,涉及 6 个税种,覆盖建筑业、房地产业等多个重点行业,形成内外数据全税种、多维度综合分析,有效识别和评估纳税人的税收风险。以房地产业预征税款为例,利用住建局提供的商品房网上签约及备案信息中的合同金额,汇总测算房地产企业应预征增值税、土地增值税、企业所得税,并与实际缴纳的税款进行比对分析,可以扫描出未缴足税款的企业名单和具体金额,实现了房地产税收管理的可视化和便利化监管。

三是进一步提高了监管效率。立足业务需求,编制需求清单,同时建立标准化信息采集模板,实现各级采集数据在平台上的直接汇总集成。通过数据共享交换,拓宽了采集企业相关信息的渠道,减低了实地搜集信息的频率,提高了采集信息的效率和准确率。自平台运行以来,税务部门实地检查次数占案头检查总数比例明显降低。例如，针对跨区域建筑风险，结合住建局施工许可证信息建立模型，扫描出风险企业 117 户，选择高风险企业 19 户下发应对，目前已反馈入库税款 995.16 万元。

四是进一步加快了共治步伐。衢州市税务局主导出台《税收精准监管平台（试行）》，明确平台的目标任务、功能定位和管理原则，明晰相关部门和单位具体的协助义务和职责，清晰界定各部门单位职责，构建规范化、常态化、长效化的工作机制，增强相关部门和单位参与治税的能力和效果。例如，在深化运用税收精准监管平台的基础上，衢州市税务局联合市场监管局等部门，共同推进"双随机一公开"监管模式，逐步探索跨部门联合抽查，构建权责分明、透明高效的事中事后监管机制，实施多部门联合惩戒，让失信者一处违法、处处受限，形成监管合力，提高税法遵从度。

四、现阶段税收精准监管平台存在的问题

衢州市税收精准监管平台建设完成并投入使用已有一段时间，在部门联动、数据集成、联合应对等方面也取得了一定成效，但离预期目标和效果还有一些距离，经过分析，还存在以下三方面问题。

（一）机制保障有待加强

平台建设和使用单靠税务部门不能很好地统筹协调，需要政府各部门和相关企业积极参与，需要市委市政府的强力推动和相关制度的保障。一是目前税收精准监管平台处于建设第一阶段，尚未出台完善的平台管理和使用的制度办法，对各部门职责分工、管理权限、平台规范操作流程、经费保障、人才保障等方面内容暂未明确。二是缺少数据交换管理办法，没有明确规定平台数据共享的频率和标准，也没有对数据的类别、口径、格式等做出具体要求。三是缺少平台使用监督考核办法，各部门在平台日常使用过程中不配合、不作为情况时有发生。

（二）数据保障有待提高

平台中的第三方信息数据受限于提供信息方对于数据的理解和标准不同等原因，数据交换工作还存在以下问题。一是数据规范性不高，各地区、各部门数据平台都是自行建设，人员数据处理能力也参差不齐，涉税数据缺乏统一的规范和标准。例如，外部门提供数据时未统一关联社会信用代码、身份证号码等检索数据，增加了数据匹配难度。二是数据准确性不强，以电力部门提供的非居民用电数据为例，由于电表信息登记的用电人、用电地址等与税务部门登记的信息存在差异，一个电表户存在多个企业用电主体、企业使用非居民用电等，税务部门获取企业用电数据后也无法准确了解企业经营活动。三是数据获取难度较大，由于各部门之间数据交换还没有完全达成共识，许多数据信

息的获取还停留在原始手段,需要人工大量导入,没有形成长期稳定的来源渠道。例如,税务部门一般通过企业在监管办招投标中标信息、住建局施工许可信息、支付单位的工程支付进度信息等,来判断项目开工及进展情况,但由于监管办与税务部门信息交互周期长、效率低,税务部门掌握的情况会产生偏差,从而导致税款入库不及时、不足甚至未入库的情况偶有发生。四是数据多元化类型有待提升,平台的应用需要大量税收数据作为支撑,但是在实际情况中,行业监管部门、第三方交易平台、中介机构、关联交易方等机构的涉税数据,暂时没有合法合理的获取手段。

（三）平台应用价值有待进一步发挥

从税务部门内部来看,目前平台中已经保有大量可用信息数据,但想要进一步与税务工作紧密结合地使用起来,还需要建立分析评估模型对各项指标进行合理的科学分析。在平台的实际应用中,由于缺少同时熟练掌握税收业务和模型搭建的复合型人才,难以根据实际需求快速反应,搭建出完善的分析评估模型。例如,税务部门虽然已经取得残联的残疾人安置信息和残疾证办理发放信息,但由于尚未建立有效的税收风险分析模型,难以比对出企业在享受相关税收优惠政策中存在的风险。另外,从外部应用来看,由于平台推广力度不足、外部门应用模块外较少、平台数据传输不稳定等问题,外部门对平台的使用频率较低。

五、优化完善税收精准监管平台的建议

（一）建立制度机制,保障平台稳定运行

为保障平台长期平稳运行,需从制度上形成一整套保障机制,为平台各环节运行提供机制保障。

1.出台使用办法。由税务部门牵头编写平台运行办法,地方政府保障办法法律效力,从制度层面保障平台运行合法合理。办法应当明确落实各部门责任,并经各部门联合审议通过,确保平台的各个环节统一协作。办法还应当包括定性平台建设目标、用户角色设立标准、数据安全监管手段、系统故障应急措施、日常运维资金来源等方面内容,并在平台日后优化升级后及时修订使用办法。

2.制定数据交换办法。通过文件形式落实各部门数据交换职责,对平台数据共享的数量、频率和标准等做出明确规定,还需制定数据交换计划表,为不断扩充数据库明确时间节点,保障信息资源充足、质量稳定。

3.建立平台使用考核机制。对于平台数据提供部门、模型搭建和使用部门、平台维护部门要形成常态考核机制,如将数据交换工作的是否配合、平台日常维护是否及时纳入对应部门的绩效考核项目,不断发挥平台的正确效用,也可以防止各方滥用职权。

(二)设定数据标准,保障平台信息可用

平台信息数据标准应当以实用为先,从技术出发,设定合理好用的数据标准。

1.统一数据共享标准。检索标识确保一致,以统一社会信用代码或身份证号为身份检索标识,将各部门取得的不同信息集中到唯一主体上,做好信息交换基础数据维护工作。计量单位统一规范,将不同渠道获取的信息资源转换为统一标准的计量单位,确保数据能有效进行汇总统计。

2.数据更新及时完整。由于平台数据的使用要求,许多数据是执法部门识别风险、预测分析的重要指标,对于信息资源更新应当及时完整,注重实效性、真实性,上传时应当注明数据来源以便追溯,方便执法部门固定证据。

(三)搭建信息堡垒,保障平台应用稳定

信息资源是平台运行的基础,应当确保信息资源安全、真实、有效,使用便捷、高效、稳定。

1.信息数据更安全。平台内数据由各政府部门分别提供,其中难免会有涉及企业、群众隐私或不能公开的信息,运用过程中必须遵循法律,在不侵犯他人合法权益的前提下合理利用,对于信息数据的使用、传送、存储等各个环节都必须有严密的保护及监管措施,确保信息安全。

2.信息应用更高效。信息应用需高度智能化、自动化,各政府部门上传信息后,通过唯一的社会信用代码或身份证号码实现智能识别,将相关信息自动收集到数据库中,真正做到法人税费信息"一户式"、自然人税费信息"一人式"智能归集,对于纳税人税款入库信息、用水、用电、房产、土地等相关信息,如未及时更新能够自动提醒报送部门,且及时完成信息更新,为平台应用提供有力保障。

3.界面设计更便捷。考虑到平台的使用涉及多个政府部门,使用目的各不相同,应用场景复杂多变,在设计操作界面时,应当便于使用人员操作、理解,符合人性化需求,听取各部门意见,满足各部门需求。

(四)完善实践应用,保障平台高效运转

平台的最终目的还是在于应用,为各项工作带来便利才能够体现出平台本身的价值。

1.开发税收风险模型。通过税收精准监管平台积极开发税收风险应对模型,将各个部门获取的涉税数据应用模型进行科学分析处理,采用智能化手段与金税三期系统中登记信息、申报入库信息、指标参数等分行业、分税种进行比对,从而进行税收风险精准监管,及时将风险点通过平台报送给相关税务管理人员,为税务工作开展提供有力帮助。例如,通过电力部门用电数据判断企业生产经营开展情况,从而掌握税源变化。

2.开发外部使用模块。在平台上开发部分对外使用模块以及经济数据资源库。各个政府部门在提供相关税收信息的同时,也能够利用平台为自身工作提供便利,形成正向循环,更好地开发平台的功能。例如,民政部门通过个人所得税入库信息对低保对象进行清查工作,也可为银行等金融机构提供纳税信用信息,有效降低不良贷款率。

3.开发联合分析模块。建立平台中税收信息与地方经济宏观发展、各行业发展情况、市场运行情况等数据分析,帮助地方政府了解区域内经济运行状况、市场组成结构、产业链发展情况,为地方政府在扶持重点企业、财政税收政策、报批项目分析等决策方面提供数据支持,帮助地方政府健康、快速、科学地发展地方经济。

课题组组长:余仁东

课题组成员:占一飞　蔡旭沁　赵　炜

周诗阳　陈路停

实施精准监管提高稽查科学性的
可行性研究（三等奖）

国家税务总局台州市税务局第三稽查局课题组

一、新征管体制下税务稽查成效明显

2018 年全国税务系统百万税务干部上下同心合作奋进，按时点、分步骤圆满完成了改革各项工作任务，纳税服务更加高效、征管流程更加顺畅、信息化应用水平更高、税务稽查执法更加高效有力，税务干部队伍稳定、征管职责划转平稳、各项工作稳步推进、纳税人满意度不断提高，跨区域稽查局的设立在各个方面取得了突出成绩。

（一）打破"属地管理"，实现资源优化整合

打破税务稽查机构"属地管理"方式，实施跨区域稽查机构设置不断增强了税务稽查执法的严谨性和独立性。打破现有的行政区划，将稽查机构适当向上提升，实现与辖区内税务征收局同级相等，打破了以往稽查局作为税务局的直属机构，最大程度减少了行政权力对税务稽查工作的干预和影响。撤销县级稽查局，将就近区域稽查资源实行统一整合，把以往分散在各处的人才资源、硬件资源、数据信息资源等收集整合，极大改变了以往存在的大案要案面前能力底气不足、获取关键数据方面权限受限、联合检查时业务沟通难点多的固有问题，极大提高了有限稽查资源的优化利用效率。

（二）打破税种间障碍，实现"全税种通查"

国地税机构改革之前，国税、地税分别负责不同税种的征收管理工作，在税务稽查执法实践中一直存在如下问题：一方面因各自职责范围不同，为避免越权而只对各自负责的业务部分进行检查；另一方面由于分别负责不同税种难以避免地造成了各自业务上的盲区，只对自己负责的那部分熟悉，对对方的业务仅限于皮毛了解。而国地税机构改革打破了分税制给业务处理上带来的税种之间、机构之间的诸多障碍和不便，改变了以往稽查执法实践中各自为政的分税种稽查模式，恢复了以往因分税制管理体制隔断的各税种间的相关关

系,同时又整合原国税、原地税稽查力量,按照区域划分统一负责辖区内的涉税案件处理。

（三）打破多头检查、重复检查,稽查检查"合二为一"

国地税机构改革前,原国税、原地税各自分别负责不同税种的征管工作,同时也各自设立所属稽查局,负责本辖区内涉税案件的查办工作。这样的稽查工作模式难免会带来重复入户、重复检查的执法问题。对同一涉案对象,先由原国税稽查局入户围绕它负责的税种从头查到尾,如果该纳税人在原地税负责的税种上也存在涉税风险,那么再由原地税稽查局再按照前述流程再来一遍,一方面极大浪费了稽查资源,同时也给纳税人带去了很多重复的麻烦,同样的资料反复重复提供。国地税机构合并后,重复入户检查问题得到彻底解决,给企业减负的同时大大提高了稽查整体工作质效。各稽查局打破机构限制、税种限制、职权限制,采用同口径、同标准、同裁量的执法方法,极大提高了执法规范性和统一性,实现了稽查检查一次性、规范性的"合二为一"。

二、当前稽查执法过程中存在的问题

（一）存在稽查"任性"执法现象

由于受到官本位思想和稽查执法惯性思维的影响,一些税务稽查执法人员的思想意识不能与时俱进,唯手中的执法权最大,办案过程中出现由一个人或者某些人说了算的现象,或者久拖不决、草率结案还有查无问题,甚至暗箱操作,借机"吃拿卡要",亦或是发生粗暴执法等隐患。少数稽查执法人员在执法过程中仅仅凭借工作经验和社会关系,对于一些和涉税违法相关的疑难性问题、关键性问题以及实质性问题不能进行深入调查,在查案时往往是走马观花、蜻蜓点水,会出现查多报少或者是私自放水的问题,以致于税收流失,这些行为都严重损害了纳税人的利益和税收的公平性。

（二）稽查执法程序不严谨

在税务稽查工作实施过程中,部分人在使用税务稽查执法权力时存在形式主义,难以将工作充分落到实处。出现取证材料时存在手续不全现象,涉税问题的违法证据资料难以保证全面性,或者缺少关键性材料和证明性材料等问题。就文书使用来讲,在文书内容上难以保证齐全。对于法律条文的引用不够完整,并且在注明日期时难以保证规范性,送达文书和回证在时间上存在不合逻辑问题。就案件程序来讲,不能严格按照规定程序办事,将程序省略掉或者跳跃程序问题,以致于税务执法文书以及税务执法程序存在不合法问题。

（三）自由裁量权过宽带来的权力寻租风险

总局对于自由裁量权的行使虽然有过规定,但是依然存在着统一规范缺乏、自由裁量弹性空间过大、征收标准不明确可操作性差等问题。相似案情定性不一致、处理结果极端化现象偶有发生，在执法实践中这样的情形往往会很容易引起纳税人的不满和抱怨，导致越来越多的行政复议、行政诉讼案件发生。如《征管法》明确：对偷逃税款的纳税人税务部门有权力在百分之五十到五倍的区间范围内对其处以罚款，对涉嫌编造虚假计税依据的行为有权处五万元以下罚款等，而在这样的自由裁量区间范围内，究竟该如何适用就高就低，哪些情况属于情节严重应该就高从重、哪些情况又可以酌情就低从轻，这些问题从《征管法》以及其他法律规定中均未找到明确细化的规定，针对此类问题，目前实践中运用最频繁的就怕是只能靠执法人员个人去判断，而个人判断就会受个人主观偏好的影响，或多或少会影响执法的公正性，为权力寻租提供了可乘之机。

（四）稽查执法缺乏力度

涉税违法犯罪呈现新态势，案情呈现团伙化、专业化、周期性短等新特点。但是税务部门却没有被赋予更多的执法权限，执法力度严重不足，在检查中仅可以行使检查、询问等权限，不可以进行侦查、传唤，使得稽查人员在调查时处处被掣肘，明明知道犯罪却有心无力，需要申请公安机关介入，或者进行工作协调，容易延误时机。另外，在日常执法中，基层执法人员将以完成税务任务做完主要目标，只要完成收入任务，在执法程序、案件的定性处罚等方面都可以"有商有量"，这也使得稽查收入中占比较大是以"企业自查"形式的入库税款，这样既可以完成税收任务，企业也没有名誉上的损失，这样的现象无法确保稽查执法的严肃性。

三、市局第三稽查局提高稽查科学性案例分析

台州市税务局第三稽查局为进一步推进"放管服"改革，不断优化台州市营商环境，积极响应打造高质量推进新发展阶段税收现代化台州样板的部署，转变税务执法理念，完善执法制度体系建设，提高税务稽查科学性，结合台州实际，推出稽查"三位一体"廉政监督新模式确保"第三只眼睛"全过程监督。

1. 查前承诺，筑牢干部心理防线。针对稽查执法检查过程中的苗头性、倾向性廉政风险，先一步提醒。在案件检查、审理、执行环节前，要求稽查干部签订执法廉政承诺书，承诺严格规范公正文明执法，严格遵守廉洁自律各项规定。

2. 查中监督，防范稽查"任性"执法。在稽查干部查处涉税违法行为的同时，对执法全过程进行监督。以金三系统所有在查案件为基础数据，抽选1%的案件作查中监督案件，由纪检干部牵头抽选3—5名非检查人员组成选案小组，实现监督对象、监督人员"双随机"。在审查金三系统、电子底账、防伪税控等线上数据，调阅询问笔录和相关执法影像资料，对比操作规程和税法法规等

依据的同时,结合企业财务报表、经营状况、负责人谈话内容等实地走访涉案企业,深入查找存在问题。

3. 查后回访,做足"看、查、问、听"。建立健全稽查事后回访制度,在已结案件中抽选 5% 作为回访对象,不定期进行电话回访或实地突击回访,重点询问稽查干部在执法过程中有无违规操作、执法用语是否文明规范,了解具体执法情况。同时,认真倾听企业涉税诉求,积极向企业法定代表人及财务负责人征求关于提高稽查执法和服务水平的意见建议。

四、推动实施精准监管,提高稽查科学性的建议

(一)聚焦重点行业领域

围绕社会舆论和人民群众关切,针对农副产品生产加工、废旧物资收购利用、大宗商品(如煤炭、钢材、电解铜、黄金)购销、营利性教育机构、医疗美容、直播平台、中介机构、高收入人群股权转让等行业和领域,重点查处虚开(及接受虚开)发票、隐瞒收入、虚列成本、利用"税收洼地"和关联交易恶意税收筹划以及利用新型经营模式逃避税等涉税违法行为。深化落实"双随机、一公开"的税务稽查监管模式,针对逃避税问题多发的重点领域,适当提高抽查比例,有序开展随机抽查,精准实施税务监管,打击涉税违法行为,保护守法诚信经营,维护经济税收秩序,维护国家税收安全,维护社会公平正义。

(二)加强规范执法的责任意识

为了更好实现税务稽查执法权力运行的监督与制约,需要对稽查工作人员进行层层谈心谈话,促进其在工作中责任意识的强化,提升税务稽查时的工作质量。税务稽查工作有一定特殊性,工作中如果稍有不慎就会产生不廉行为。因此需结合实际情况,针对稽查工作人员开展多样化思想教育,使其在工作中形成正确思想意识。一是强化理想教育,帮助其树立正确三观,形成正确金钱观、权利观。二是注重职业道德教育,通过职业道德教育的实施,能够使稽查工作人员规范自己的职业行为,运用执法权力的同时做到自省、自重、自励、自警,形成反腐倡廉防线。三是积极进行法制教育,建立案例指导和以案释法制度,能够使稽查工作人员克服在执法时的随意性,保证整个执法过程秉公处理。四是落实定期轮岗方式。稽查工作属于税务系统中的重要岗位,如果长期在一个岗位中,容易在思想上有所懈怠,并且遭遇工作瓶颈。轮岗方式的运用,能够发挥对稽查工作人员的激励作用,使其做到积极进取和不断学习,使思想素质较好、工作能力较强的工作人员能够充实到稽查岗位中,使稽查工作在开展时更具活力。

(三)建立健全稽查监督机制

税务稽查工作在开展中,要坚持风险导向,坚持"无风险不进户",防止任

意执法，未发现明显税收违法疑点和线索的，一般不确定为检查对象。认真落实和稽查工作制度相关的内容，并且逐渐完善相关监督机制，重视案件复查工作，使执法权力达到制衡的状态，防止出现不廉行为。一是保证制度的严格落实。针对稽查选案、稽查检查、稽查审理、稽查执行环节当中操作程序、业务流程、执法责任等问题深化制约，然后对其进行细化，规范落实稽查工作制度以及工作规程，实现对执法人员的有效监管，使稽查执法工作在实施时保证公正性、规范性、效率性。二是定期对案件进行复查，加强对案件的检查与制约。对案件复查制度进行完善，使集中复查逐渐向常态复查转变。复查时，可以利用相应监督机制，针对已经查结和处理的案件展开全面复查。运用全面深度复查的方式，将案件当中存在的问题查找出来，然后对问题进行纠正，根据不同情况追究相关责任人责任。三是充分运用"内部监督平台"和"网格化内控管理平台"，加强日常内控分析。发现稽查异常数据，实现对数据的有效考核与监控，形成异常数据为中心的检查机制。同时对稽查指标进行充分研究，对过错信息进行分析，及时进行核查整改，并且进行定期通报，将程序监控的合法性、适当性、规范性充分体现出来。

（四）加快构建新型税务执法质量控制体系

深入推进"三项制度"，全面推行行政执法公示、执法全过程记录、重大执法决定法制审核制度等"三项制度"，推进税务执法透明、规范、合法、公正。一是全面推行执法公示制度，促进阳光执法。使纳税人、缴费人对税收政策和执行程序，包括减税降费政策、减税降费程序明明白白，对应收尽收、应减尽减要求清清楚楚。二是全面推行执法全过程记录制度，促进规范执法，注重完善文字记录、规范音像记录、严格记录归档、发挥记录作用，确保可回溯管理，让权力以"看得见"的方式规范运行，让权力始终在法治轨道上运行，防止随意性执法、选择性执法和过度执法。三是全面推行重大执法决定法制审核制度，促进公正执法，着力实化审核主体、量化审核范围、细化审核内容、优化审核程序，确保重大执法决定合法公正，维护纳税人合法权益，保障和监督税务机关依法履行职责，守住合法底线。

（五）增强稽查权力执法的刚性

在增强稽查权力执法的刚性过程中，要加强对税收违法行为的整体打击力度，运用强制执行与税收保全措施，保证措施在使用时的有效性。并且对各种规章制度进行规范，加强稽查执法的监督与制约，增强对各种税收当中涉及的违法行为的整体打击力度。对于一些代表性较强，影响较为恶劣的案件，上级稽查部门应负责牵头，实现对案件的快速查找、快速处理，并且将处理结果运用各种方式对其进行曝光，以此发挥对纳税人的教育作用，使案件的警示价值和震慑价值得到充分发挥。在稽查工作开展时，需有重点地对纳税人进行稽查,增强稽查在实施时的准确性与针对性。同时需将实际需要作为依据,延伸检查稽查案件,保证案件查实、查透、查深、查细,提升整体工作成效,使稽查工作质量得到充分保证。针对在稽查中查实的案件,严格按照法律程序处理,如果案件涉及犯罪问题,需将其移交到司法部门。

（六）深化联合监管,完善外部协作机制

积极参与市场监管领域部门联合随机抽查工作机制,形成税收共治合力。加强与公安部门的协作。税警联合机制取得的显著效果已经显现,需要进一步强化税警协作,在现有基础上,进一步规范协作制度,规范联合办案的调查取证标准、规范案件移送案卷标准,强化培训,优势互补,提升稽查执法的效率和效能,实行税警双方制度化、信息化、常态化联合办案,增强打击力度,彰显税法权威。进一步健全完善税务、公安、海关和人民银行联合协作机制,精准有效打击"假企业""假出口""假申报"以及骗取疫情防控税费优惠政策的"假申报"等违法行为,要在稽查案源信息对接、稽查调查取证等过程中加强配合协作,建立起维护税法权威、提升税务执法效率的联合防线。

课 题 组 组 长:章红撑

课题组副组长:郑爱兵

课 题 组 成 员:胡伟琛　马耀辉(执笔)

税务稽查案件时效管理问题的
研究（三等奖）

国家税务总局丽水市税务局课题组

一、研究背景和意义

（一）研究背景

2018 年 7 月 20 日，中共中央办公厅、国务院办公厅印发《国税地税征管体制改革方案》。《方案》强调通过稳步改革逐步建成优化、高效的税收征收管理体系，让纳税人享受更优质、高效的服务，提升纳税人税法遵从度和社会满意度。伴随着国地税征管体制而来的，是全国范围内自上而下的稽查体制改革，撤销县一级稽查局，提升稽查层级，实行全市"一级稽查"，以跨区域稽查模式，做到统一执法主体、统一执法程序、统一资源配置，排除地方和外部干扰，进一步增强稽查执法力度。

2021 年 3 月 24 日，中共中央办公厅、国务院办公厅印发《关于进一步深化税收征管改革的意见》，进一步指出应以习近平新时代中国特色社会主义思想为指导，围绕把握新发展阶段、贯彻新发展理念、构建新发展格局，不断优化税务执法方式，全方位提高税务执法、服务、监管能力；《意见》强调应加快推进智慧税务建设，充分运用大数据、云计算、人工智能、移动互联网等现代信息技术，着力推进内外部涉税数据汇聚联通、线上线下有机贯通，驱动税务执法、服务、监管制度创新和业务变革，进一步优化组织体系和资源配置，到 2025 年实现税务执法、服务、监管与大数据智能化应用深度融合、高效联动、全面升级。

2021 年 7 月 12 日，国家税务总局出台《税务稽查案件办理程序规定》进一步深化了税收征管改革的需要、优化了税务执法方式的需要、完善了税收法制建设的需要，自《规定》颁布实施以来，在规范税收执法行为、维护税收秩序、促进依法纳税等方面发挥了积极作用。同时，该《规定》明确了税务稽查案件办理期限，《规定》指出应落实行政处罚法有关规定，在第四十七条明确"稽查局应当自立案之日起 90 日内作出行政处理、处罚决定或者无税收违法行为结论。案情复杂需要延期的,经税务局局长批准,可以延长不超过 90 日;特殊情况或者法神更不可抗力需要继续延期的,应当经上一级税务局分管副局长批准,并确定合理的延长期限",这既保障了疑难复杂案件的查处,又强化了监督制约,提高了办案效率。

(二)研究意义

税收征管体制改革正按照党中央、国务院决策部署全力推进中,一系列重大改革举措突破了税收长远发展的关隘。对于基层税务稽查部门来说,新形势下如何优化稽查执法方式,健全税务监管体系,推进科技稽查、精准稽查、协同稽查,提升纳税遵从,全方位提高税务执法能力迫在眉睫。本文以期通过查找当前税务稽查工作中案件查办时效方面存在的问题,深入剖析成因,积极探索完善税务稽查案件时效管理的对策,为不断规范税务稽查工作流程,加快案件查办效率和流转进程,进一步提高税务稽查工作实效和质量,降低积案发生率,夯实税务稽查工作基础,带动稽查业务增质提效,为切实提升执法能力提供建议和对策。

二、L 市税务稽查工作概况及存在的问题

(一)L 市税务稽查工作概况

1.基本情况

L 市局税务局设有 1 个市局稽查局和 3 个跨区域稽查局。3 个跨区域稽查局负责管辖各自区域内税收、社会保险费和有关非税收入违法案件的查处以及查办案件的执行工作;市局稽查局负责组织落实税务稽查法律、法规、规章及规范性文件,拟订具体实施办法;统筹稽查案源管理,协调、指导、考核本系统税务稽查、社会保险费和有关非税收入检查等工作。

2.稽查工作流程

税务稽查部门查处税收违法案件时,实行选案、检查、审理、执行四个环节分工制约原则,前一环节各项工作和流程结束后再流转至下一环节(见图1)。

图 1　稽查工作环节流程

3.稽查案件时效监控方式

目前,L 市税务稽查运用金税三期税收管理系统中"税务稽查指挥管理应用系统－执法风险防控"模块对稽查各环节风险点和流程进行监控,该模块于 2020 年 8 月正式启用。该项监控手段为事后监督,即案件产生逾期或出现风险事项后才触发风险点,由市局稽查局风险管理岗推送给风险事件所在单位

（即对应的区域稽查局），再由各局风险管理岗推送给风险事件当事人进行人工情况反馈。

（二）工作成效

为规范税务稽查工作流程，加快案件查办效率和流转进程，进一步提高税务稽查工作时效和质量，降低积压案件发生率，L市税务稽查局高度重视，专门组建了一支由稽查青年干部组成的"案件时效管理小组"。通过制作案件流程动态表，直观展现L市各稽查局案件在各环节的流转情况和案件查处成果等信息，为领导实时掌握案件进展情况提供客观数据。同时，基于L市实际制订了适用于L市稽查案件处理的《案件时效管理办法》，对稽查各环节工作提出了具体要求，明确规定了一般案件办理时长，细化了责任分解落实，制订了考核指标等，提升了L市稽查干部案件时效意识，对案件经办人员强化责任担当、树立快查快处意识、高质高效完成任务起到了积极促进作用。

（三）目前存在的问题

L市税务稽查局案件时效管理工作虽然在近期取得了一定成效，但也存在一些薄弱环节有待解决，现将问题梳理如下：

1.案件超期现象较为严重

"税务稽查指挥管理应用系统—执法风险防控"模块启用至今（2020年8月—2021年8月），L市税务稽查共产生风险事项121条，其中有115条为时限性风险事项，占全部风险事项95.04%。

国家税务总局2009年出台的《税务稽查工作规程》（以下简称《规程》），明确了税务稽查案件检查和审理环节时效，《规程》指出检查应当自实施检查之日起60日内完成，审理部门应当在接到检查部门移交的《税务稽查报告》及有关资料后15日内提出审理意见。笔者对原国税、地税机构改革以来L市稽查案件检查和审理环节超期件数进行统计（见表1，检查环节超期率达87.20%，审理环节为17.96%，案件超期现象频发。

表1　全市稽查案件检查和审理环节超期件数统计表

（2018年7月—2021年6月）

	检查环节	审理环节
案件数量	375	206
超期件数	327	37
超期率	87.20%	17.96%

对案件检查环节进一步统计分析，发现案件超期现象不仅频发且超期时间较长，检查环节有近六成案件检查时间达半年以上，21%的案件检查时间达

一年以上,而审理环节有一半以上案件超过 60 天,远远超出《规程》规定的时限。

仅检查和审理环节超期情况已如此,再加上前期立案和后期执行环节,一个完整案件的办结时间普遍超过半年,更有甚者成为积案,长达几年之久。据统计,L 市 2019 年积案 48 件(该年积案数为国地税合并前,原国税、地税所有积案总和)、2020 年 48 件、2021 年 66 件,虽然 L 市税务稽查积极开展积案清理工作,但客观上来说积案数量有所增加,一定程度反映案件时效管理工作待加强。

2.稽查各环节缺乏有效衔接

L 市税务稽查日常工作中,稽查工作流程和模式都较为固化和机械,从案件立案到结案所涉及的四个部门,均在上一环节结束并接收到移交的材料后才开启本环节的工作,缺乏前期沟通交流,一定程度上造成了工作效率低下。如案源管理部门在做前期立案相关工作时,检查、审理、执行三个部门均处于"待机"状态,等到案件材料移交给检查部门,检查人员开展几十日甚至更久的检查工作时,另外三个部门继续"待机",不仅增加了稽查的时间成本,也极大地浪费了人力资源。

3.与其他部门协同配合不够

一方面,市局稽查局与区域稽查局之间的职责划分还不够明晰,各局在职责定位、业务衔接方面仍需进一步磨合。稽查部门与管理部门工作衔接方面还不够顺畅,对案件的流程管控还没有形成长效机制,案件流转推送等程序复杂、流转时间较长,市局稽查局推送给跨区域稽查局的案源未能及时反馈,各部门间协作内容和配合度需进一步加强。

另一方面,与外单位业务、资源、信息壁垒仍未打破。L 市税务稽查部门与公安部门的协作仅停留在召开联席会议,定期通报近期案件查办情况,警务联络室实体化运作等仍未铺开。另外,税警协作团队仅在某些重大案件时临时组建,未能组建形成一支长期稳定的涉税违法犯罪协作团队,服务于日常涉税违法案件的研判、检查等工作。从银行提取企业资金流水等信息,审批流程复杂、流转涉及环节较多,也一定程度上增加办案时间成本。

4.干部队伍建设存在薄弱环节

第一,干部年龄结构待改善。截止 2021 年 8 月 L 市共有税务稽查干部132 人,平均年龄 45.47 周岁,其中 35 周岁以下青年干部 35 人,35 至 45 周岁干部 12 人,45 周岁以上干部 85 人,人员结构呈哑铃状,年富力强又经验丰富的稽查骨干力量较为紧缺,人员结构面临中间力量不足和干部将接连退休的严峻考验。

第二,稽查业务水平待提升。目前 L 市稽查队伍结构与总局"建设一种头雁引领作用突出、专业人才效应显现、基层实用人才不断涌现的稽查队伍生态"目标差距较大。现稽查干部取得"三师"和计算机中级以上共 23 人，仅占稽查干部人数 17.42%，且人才在各稽查局之间分配不均（见表 2）。目前 L 市稽查干部仅 1 人入选总局领军人才，稽查核心骨干人才严重缺乏。不仅原国税、地税人员在稽查业务方面存在短板，掌握全税种检查能力的稽查干部稀缺，而且近年新晋稽查人员多由借用、遴选等方式补充，稽查业务知识方面的针对性考核较少，进入稽查队伍后又未进行适应性培训，一定时期内难以适应检查岗位需求。

表 2　L 市稽查取得干部"三师"和计算机中级人数

	注册会计师	税务师	法律资格	计算机中级	合计
稽查局	0	0	1	1	2
第一稽查局	2	4	0	0	6
第二稽查局	3	5	2	0	10
第三稽查局	0	2	3	0	5
合计	5	11	6	1	23

第三，信息化应用能力不足。省局《贯彻落实〈进一步完善税务稽查工作的意见〉方案》（浙税发〔2020〕9 号）文件要求由市局稽查局组建稽查情报研判团队，负责推进信息化战法应用，组织重点案源筛选和虚开骗税犯罪团伙的甄别定位，对下发及自选案源进行数据匹配和疑点分析等工作。这需要检查人员在稽查经验、业务能力和信息化运用都有较高水平，囿于 L 市经济发展水平和虚开增值税专用发票违法犯罪典型案例较少等限制性因素，税警双方很少运用信息化战法作战，客观上造成检查人员在这方面经验不足、专业性不强，此类复合型人才严重缺乏；L 市在推进"阳光·智慧税务稽查"指挥管理应用系统方面，虽"四室一包"建设正稳步推进，但办案工具包、电子查账软件等信息化工具使用率和使用水平不高，信息化人才储备不足，缺少相应的使用和管理制度。

三、成因分析

（一）稽查案件管理模式待完善

第一，未实现案件全程时限管理。缺乏对整个稽查案件流程的实时监管手段，目前的案件流程监管模式仅限于事后监督，没有事前预警和事中提醒，不仅不能在临界时限时预警检查和审理人员，领导也不能实时掌握案件查办进度。

第二，案件流程审批制度不完善。在现有制度下，只要检查和审理人员系统内提交延期审批表，即不会产生逾期风险点。案件查办过程中，检查和审理人员往往在案件快到期时才制作延期审批表，而领导审批时即使未了解案件进度、未分析延期原因，也会同意延期，甚至一个案子多次延期的情况时有发生。

第三，缺少稽查案件进程催办机制。在职责分工上，没有明确应由稽查局分管领导，还是相关股室负责人对稽查案件进程进行提醒和催办，客观上造成推诿现象；也没有形成有效的机制对即将逾期的案件进行催办，如未对案件按照复杂程度进行分类，对日常普通类案件，应在规定时间内完成而未完成的在几日内催办，对因特殊情况或不可抗力确实不能如期办结的案件，应如何催办等。

（二）仍处于机构改革磨合期

随着国税地税征管体制改革持续推进，虽然各项难题正在逐步破除，日常工作正有序开展，但至今仍处于新旧机制转型、厘清职责、力量转换的关键阶段。稽查工作中也不断涌现新难题、新矛盾，如原国税地税人员工作习惯和工作模式仍处于磨合期、部门和岗位职责分工边界不够明确、市局稽查局与跨区域稽查局间体制机制仍未理顺、稽查相关制度未建立健全等。机构改革从简单的"物理相加"，到真正的"化学融合"还需要打通最后一公里路。

（三）各部门间工作沟通不到位

一方面，稽查案源股、检查股、审理股、执行股四个股室工作人员多专注于本职工作，案件查办过程中缺少互相沟通。如检查环节往往注重查补税款和取证，忽略了对企业资产状况的监控，导致企业在检查过程中提前转移财产等行为，加大了后期执行环节的难度，影响执法时效性。

另一方面，各部门均缺乏提前介入意识，导致案件在上一环节结束前，下一环节处于闲置状态，极大浪费时间和人力资源。检查人员在日常普通案件立案前，可以先参与到案源部门的案前分析研判等过程中，提前了解案情、掌握企业情况，增加检查效率；审理部门也可在不影响检查进展的情况下，提前了解案件情况、所涉及的政策法规等，提前做好审理工作准备。

（四）干部队伍综合素质待提升

一是稽查干部对案件时效性思想认识不够。一方面，因为制度层面不完善，只要在规定期限内办理延期手续即不会产生风险，导致大家对案件查办的时效不够警觉，认为多延期几次也没关系。另一方面，部分干部思想懈怠，责任意识不强，主动学习的积极性不高，能拖则拖的工作习惯和不良工作作风导致办案效率低下；二是一专多能的复合型人才严重短缺。能承担专业性较强或特殊稽查任务的拔尖人才凤毛麟角，往往业务水平高、稽查经验丰富的人年龄较大工作精力不足，而年富力强的年轻干部又未能在大要案面前独挡一面；三是稽查系统培训体系有待完善。没有完善的人才培养计划，日常的培训形式较为单一，而且没有建立完善的培训效果评估体系，一年一度的全员培训对稽查干部提升业务水平作用有限。

（五）考核激励机制待优化

一方面，稽查质效考核标准待优化，考核指标设置较为单一，稽查质效考核指标中对案件结案情况的考核只是单纯的以案件结案率、积案清理完成率2个指标按照权重计分，未能充分考虑案件难易复杂程度，不能科学衡量稽查案件查办质量。案件时限方面考核指标的缺失，不能对提升案件查办效率起到促进作用；另一方面，针对稽查干部的激励政策和办案激励机制待健全。不仅尚未形成专门的稽查干部个人绩效考核制度，对专业化人才和工作突出的人才同样缺少激励政策的促进作用，一定程度影响稽查干部工作积极性。

四、对策和建议

（一）完善过程监管，提升稽查办案时效性

全面加强案件全程时限管理工作，一是探索建立由税务稽查"立案""检查""审理""执行"四个节点所连接而成的时效管理链条，各环节间相互配合，不影响工作纪律以及"四分离"原则下，允许下一环节提前介入前置环节了解案件相关信息，及早做好本环节预案；

二是按照日常一般案件制定标准化流程，根据案件复杂程度制定个性化时效标准，制定和完善各环节的时效补救方案，如立案环节工作人员预判60天的检查期限较紧张时，可让检查人员在立案前提前介入检查做好预案工作；检查期间每15日向股室负责人汇报检查进度、每30日向分管领导或稽查局长汇报案情，不仅增加紧迫感，也可以听取意见建议，最大程度地避免因走弯路而浪费时间的情况发生；如果发现案情过于复杂，可及时申请开展团队化检查，尽可能提升办案效率。

三是充分运用税务部门现有平台加强人员日常工作动态管理，如探索将数字人事中工作日记展晒模块和金税三期中案件流程相融合，让领导及时掌握案件进展和稽查人员工作情况，进而推动绩效管理渗入业务流程、融入岗责体系、嵌入信息系统。

四是融入事中临界预警机制，在金税三期内增加案件时限提醒功能，适时提醒稽查人员案件检查时限，对即将逾期案件进行催办。

五是提升延期审批权限层级，如原稽查局长的延期审批权，应根据案件延期时间交由市局局长或省局稽查领导。

六是执行延期案件报备制度，由区域稽查局按月汇总延期案件，向市局稽查局和税务局分管领导报备。建立健全案件超期通报制度,由市局稽查局定期通报各稽查局案件超期情况,增加紧迫感。

(二)完善激励机制,激发干部工作积极性

一是科学制定绩效考核标准。发挥绩效考核指挥棒作用,此处提供两种考核方案。

方案一:为更加精准评判各稽查局案件查办质效,可在绩效考核中引入"时效比"衡量标准,将稽查案件分为一般普通类案件、案情复杂类案件、特殊情况类案件等,经过科学测算,对每类案件限定标准办案时长(60天、90天以及不限时长等),如某位检查人员在考评周期内办理普通类案件3件,特殊情况类案件1件,则其标准办案时长为270天,若其实际办理时长为300天,则办案时效比为1:1.11,然后根据各稽查局检查人员数量进行加权平均,计算得出该局办案时效比,按名次确定各局基础分;同时,制定稽查案件质量评价指标,对案件有正面影响或负面影响的直接按照加减分的方式计分,如因检查人员主观因素造成的负面影响进行直接扣分,案件有指导性作用或取得领导批示的给予加分,防止片面追求效率而忽视质量。而对个人考核方面,则可以在前者的基础上,按照一个案件中各检查人员对案件的贡献度来计分。

方案二:案件超期查结率、积案发生率等指标纳入稽查质效考核。考核指标可设置如下:

①案件超期查结率=(考核期内延期的案件数/考核期内案件结案数)*70%+(考核期内本单位延期案件平均延期天数/全市延期案件平均延期天数)*30%

②积案发生率=考核期内被省局列为积案的数量/积案立案时间所在年度的立案总数

二是为专业化人才提供激励政策。探索如何加强法律、财会、信息化等专业人才的引进和培养,选拔培养一批具有行业、税种、信息化专长的办案能手,调整充实市级稽查人才库,并根据区域经济总量、案件数量等因素合理分配至各稽查局。研究制定激励政策,鼓励干部报考税务总局领军人才、"三师"和计算机中级以上职称考试。

三是健全稽查办案激励机制。依据税务系统公务员奖励相关规定,研究建立符合L市稽查工作特点的稽查办案立功奖励办法,同时将稽查时效工作落实情况作为组织绩效和个人绩效考核重要依据,对工作成效突出的单位和个人在分摊加减分、优秀公务员、各类荣誉称号评比中予以适当倾斜。建立市级稽查岗位能手评选制度。研究立项建立"稽查岗位能手"评选制度,制定评比办法,每年在全市评选出一批稽查干部,授予"稽查岗位能手"荣誉称号,提升职业荣誉感,充分激发干部干事创业的积极性。

四是推进稽查文化建设。市局层面组织开展形式多样、生动活泼的文化活动，积极开展"青年文明号""巾帼文明岗"争创活动，培育稽查干部敢于担当、能征善战、勇于进取的拼搏精神，发掘和培育先进典型，传播税务稽查正能量，树立稽查部门好形象。

（三）完善培训体系，提升稽查队伍专业性

一是开展全员基础培训。结合全国税务稽查全员业务知识测试和省局大比武等内容，系统开展应知应会稽查基础知识、稽查风险防范应对、电子查账软件等培训，尤其注重原国税地税稽查业务互通互补，尽快解决干部"偏科"问题，提升稽查干部风险防范意识及信息化软件应用水平；统筹制定 3 年轮训计划，确保所有稽查干部 3 年内培训全覆盖，实现全员业务知识及时更新；探索建立稽查业务讲学制度，鼓励稽查骨干结合自身岗位，分享实践经验，形成以讲促学、以讲促研的团队学习氛围。

二是鼓励干部参与线上学习。拓宽学习渠道，为干部开通稽查相关学习资源网站账号，开展政治理论、业务知识、计算机、人工智能等新知识新技能的学习培训，帮助干部提升履职能力，充分运用学习兴税平台，促进学习日常化、工作学习化，以适应新时代税务稽查工作需要。

三是开展实战业务培训。研究实施以岗位胜任力为重点、以办案实战为导向的干部执法能力提升工程。分级分类开展培训，加快稽查干部业务知识更新。根据总局、省局业务大比武活动，组建市级稽查人才库，着力建设一支德才兼备的高素质税务执法队伍。

（四）完善信息资源，提高案件查办质效性

一是拓展涉税信息共享。向稽查部门授权开放各信息系统相关查询功能的权限，加强情报信息工作，拓展信息共享范围。加强与公安、人民银行、海关的协调沟通，争取签订执法合作备忘录，在信息共享、情报交换、线索移送、联合执法等方面形成常态化工作机制。

二是加强稽查情报研判。组建稽查情报研判团队，充分利用涉税信息资源，推进信息化战法应用，做好数据深度分析，组织重点案源筛选和虚开骗税犯罪团伙的甄别定位，对各类案源进行数据匹配和疑点分析。

三是充分发挥信息化设备功能。积极利用稽查指挥系统、"阳光智慧税务稽查"等平台开展远程会商、远程指挥、现场执法等方面开展常态化使用，依托信息化手段切实提升案件查办效能。

课题组组长：吴宇斐

课题组成员：夏　琼　金怡君（执笔）

四、深化国际税收合作，
助力合作共赢开放体系建设

中美制造业企业税费负担
比较研究（特别奖）

浙江省税务学会课题组

（一）研究背景

改革开放以来，我国制造业发展迅猛，已成为我国最大的产业和国民经济的重要组成部分。过去制造业的高速发展主要得益于成本优势，但近年来，较之于美国，我国制造业的成本优势日趋缩小。根据世界银行公布的《2020年营商环境报告》，中国的营商环境位列全球第31位，美国则位居第6。但其子报告《2020年世界纳税报告》显示，中国企业"总税收和缴费率"高达59.2％，而美国企业仅为36.6％。由此可知，仅就税费成本而言，中国制造业并不具有优势。同时，自美国总统特朗普执政以来，以重振美国制造业为核心目标，在贸易、税收、货币、投资等方面相继出台相关政策。其中，在企业税收层面将联邦企业所得税率从35％下调至21％，海外企业利润汇回税率由35％下调至15.5％。可以合理预期，随着美国投资、减税等一揽子政策的落实到位，我国制造业的成本优势将进一步弱化，甚至可能产生严重的产业外迁现象。

从国内环境来看，自2016年营业税改征增值税以来，制造业企业重复征税的问题有所缓解。政府出台的一系列减税降费政策，如连续下调增值税税率、提高企业研发费用加计扣除比例、加大留抵退税力度等，在总体上有利于降低我国制造业企业的税负成本，但由于行业自身特质问题，制造业企业仍承担了过重税负。比如我国最大的汽车玻璃生产商福耀玻璃董事长曹德旺曾提及中国制造业的综合税负高出美国35％左右，娃哈哈集团董事长兼总经理宗庆后也曾指出企业税负在营改增后存在不降反升的问题，业界更是有不少学者提出"死亡税率"的观点，引发国内外对中国制造业税负问题的争议狂潮。

（二）研究意义

我国制造业企业普遍存在税负过重的问题，这对行业的健康发展有诸多不利影响。比如在产出方面，何辉等（2019）指出，相比于技术、资本、劳动等生产要素，公共产品要素（即企业税负）的边际产出较小，税负过高会抑制企业产值的增加。生产投资方面,企业的投资行为往往对税率高度敏感,减税能显著促进固定资产(House et al.,2008;Zwick et al.,2017)和研发创新支出等实体资产的投入,提高全要素生产率(Liu et al.,2015),抑制制造业企业"脱实向虚"的倾向(徐超等,2019);而当企业的总体税负达到30%—40%之间,就有可能因留利过低失去投资和创新的能力(李炜光,2017),这会严重阻碍制造业企业的转型升级。尤其是我国大量存在的中小民营制造企业,它们往往是税收痛苦的最直接感受者(成新轩,2012)。企业的生存主要依赖于技术升级,而做大做强则更依赖于政府降税减负(杨继生,2018)。因此,从理论上来看,对制造业企业税负现状进行分析,针对性调整相关税收政策,可以更有效地引导制造业企业的创新发展。

我国是世界上制造业门类最齐全的国家,共有31个细分行业。根据国家统计局公布的相关数据,2019年我国制造业行业增加值占GDP比重为29.2%,税收贡献率超30%。制造业国际竞争力的增强,是提升我国综合国力的关键所在。我国正致力于推进供给侧结构性改革,首要任务就是要推动制造业质量变革、效率变革和动力变革,助力制造技术与信息技术深度融合。但自2018年起,我国开始与美国进行贸易战,加之2020年初新冠疫情在全球范围内爆发,这些都对我国的制造业造成了极大的冲击。并且,近年来国内人工成本与税费成本等持续攀升也使得制造业企业利润空间不断缩减,不少企业的实际税负率甚至超过利润率。在制造业普遍处于盈利能力下滑的背景下,企业的利润税负却不断上升,这是造成制造业"税负痛苦指数"较高的主要原因。因此,如何进一步优化税收政策,提升制造业实力,为"中国制造2025"战略计划的顺利推进创造良好的营商环境,增强制造业企业的国际竞争力,是当前需要研究的一个重要课题。

相比之下,美国企业承担的税费负担相对较轻,尤其在特朗普实施大规模减税政策后,企业减税效应显著,税费负担较低也是不少制造业企业家纷纷选择在美国设立子公司的一个重要原因。诸多学者的研究结果均表明,美国的减税政策会对我国宏观经济(Ikonen P et al.,2019;朱启荣,2018)和国际贸易活动(曹婧等,2019;李伟等,2019)造成冲击,严重阻碍我国产业发展(孙彦林等,2018)。同时,我国行业间税负差距悬殊,甚至制造业行业内部也存在较大差异,比如汽车制造业税负就相对较重。而美国行业间税负差距较小,基本达到均衡状态。对中美制造业企业税费负担现状进行比较,探析两国税负差异的根源,有利于找出影响中国制造业发展的重要原因,为相关部门税收优惠等政策的制定与改进提供一些参照。

（三）研究思路与结构

1.研究思路

本文拟采用理论分析与案例分析相结合的方法，首先，对国内外现有文献进行系统性梳理，获取基本理论及相关知识。其次，基于对中美税制的整体比较及税收分布分析，对两国制造业企业各税种的税负状况在理论上进行比较，并研究两国的税费负担现状；同时，选取中美两国的代表性制造业企业为案例公司，对两国公司税费相关数据进行比较分析，探寻我国制造业企业在纳税方面存在的普遍问题并进行原因分析。最后，总结研究结论并针对以上分析内容提出相关政策建议。

2.内容结构

第一章：引言。对本文的研究背景及研究意义进行阐述，并就本文的研究思路及创新点进行介绍。

第二章：理论基础与文献综述。首先，阐述税收负担的相关理论基础，其次，梳理税收负担的相关概念并对企业税负的主流衡量指标进行分析评价；最后，归纳整理税收负担的影响因素并分析其可能带来的经济社会效应。

第三章：税制比较。首先对两国税制及税收分布总体情况进行阐述，并分直接税、间接税、税外收费三个部分从分析比较两国的税制现状，最后对两国制造业税负现状进行分析评判。

第四章：案例分析。选取中美两国经营业务相近的两家代表性制造业企业为案例公司，在分析测算两国公司近几年税费情况的基础上，具体分析税费负担差异的原因所在，了解我国制造业企业在纳税方面存在的普遍困难，探寻相关税收政策尚可完善之处。

第五章：总结主要研究结论并提出政策建议。

（四）创新点

第一，现有学者对中美企业税费负担的比较研究大多停留在国家层面，未就对国家经济实力有标杆性影响的制造业做针对性的研究，对我国行业税负差异性的问题缺乏关注。本文从中美两家具有代表性的制造业企业入手，以多种口径对企业的税费负担情况进行相关测算，可以为判断我国制造业企业税费负担是否过重提供一些参照。

第二，很多学者在分析比较企业税负情况时，仅考虑了占比较大的增值税及相关附加税、消费税和企业所得税等税种，未考虑到社会保险费及政府性基金等各项税外收费情况也给企业带来了很大负担，且社会保险费在美国是作为一个专门的税种，用广义口径的税负指标更能增加两国数据的可比性，得出的结论也更稳健。

第三，现有研究在对企业税费进行相关测算后，并未深入挖掘税费负担高

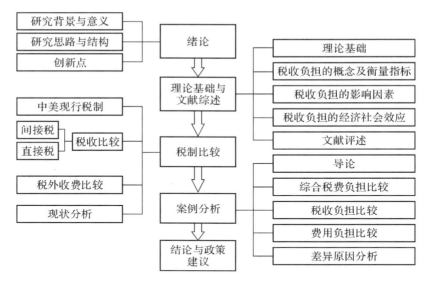

图 1　文章结构

低背后的深层次原因,提出的政策建议往往过于宽泛,多为基于全行业的共性问题,针对制造业的改进措施较少。本文在测算比较案例公司税费负担成本后,具体分析了相较于美国税制,我国当前税制是否给制造业企业造成了过度负担,以及近几年的减税降费政策是否真正能给企业带来红利,以小见大探寻制造业企业税收的一些共性问题,有利于政府进行针对性的政策改进。

二、理论基础与文献综述

(一)理论基础

1.最优商品税理论

对最优商品课税问题的探讨最早起源于英国经济学家拉姆齐(Ramsey,1927),他运用一般均衡分析方法提出著名的"逆弹性法则",即商品税税率的高低应当与该商品的供求价格弹性成反比,最优税制应当使对商品的补偿需求以税前的同等比例下降为标准。他的这一论断存在诸多弊端:一方面,他的结论以商品间不存在交叉弹性为前提,即某种商品价格变动不会对其他商品产生影响,这与生活实际相悖;另一方面,根据拉姆齐的观点,需求价格弹性较小的生活必需品要课高税,弹性较大的奢侈品却课征低税,这也不符合税收公平原则,会扩大贫富差距。

为改善拉姆齐法则前提设置上的缺陷,同时兼顾效率与公平的原则,美国经济学家戴蒙德和英国经济学家米尔利斯(Diamond and Mirrlees,1971)将研究对象设置为多个消费者。他们的研究认为:当需求独立时,商品的最优税率既取决于需求价格的逆弹性，也取决于其收入弹性。也就是说，应当权衡高税率带来的分配不公问题与低税率带来的效率损失问题，对于高收入阶层偏好的商品，即使需求弹性很高也应制定较高的税率，而对于低收入阶层偏好的商品，即使弹性很低也应设定较低的税率。而学者阿特金森和斯蒂格利茨（Atkinson and Stiglitz，1976）则突破了之前学者将间接税与其他税种割裂开来单独研究的局限性，以更广泛的分析框架检验了直接税与间接税配套使用在同时实现效率与公平目标上的成效，他们的观点认为税收制度必须将个体差异考虑在内，同时要考虑不同税种间的相互作用。

不可否认，诸多学者在对最优商品税制设计进行探讨时，均有严格的假设前提，与实际社会经济条件存在一定差距，但学者们运用弹性分析法、边际分析法等一系列数理模型推导得出的结论，对我们现行税制的设计仍有一定的指导意义。在税制改革时也应当综合考虑效率与公平两大目标，综合利用各种政策工具，以达到兼顾效率公平的目标。

2. 最优所得税理论

最优所得税理论主要是为分析和解决对所得课税如何在公平与效率之间权衡的问题，西方研究的代表性学者主要包括英国经济学家米尔利斯（Mirrlees，1971）、斯特恩（Stern，1976）、美国经济学家乔根森（Jorgenson，1967）等。

米尔利斯的研究着眼于非线性所得税的最优化问题，基于经济静态、个人偏好相同、劳动供给连续、个人劳动充分替代等假设，提出边际税率应在 0 与 1 之间，并对具备较高劳动技能且具有较高收入者征较低的边际税率。米尔利斯观点的主要贡献在于促使人们重新审视以累进税制实现再分配的做法，他启示我们要实现社会福利函数的最大化，未必要通过对高收入者课征重税来实现，让高收入承担过重税负反而会降低低收入者的福利水平。

斯特恩提出的最优线性所得税模型则认为，最优边际税率会随着闲暇和商品之间替代弹性的减小而增加，随财政收入的需要和更加公平的评价而增加。也就是说，人们对减少分配不均的关注越大，相关税率就应越高；同时，最优税率也与劳动供给的反应灵敏度、财政收入需要与收入分配的价值判断紧密相关，确定这些参数值后就可以计算出最优税率，这一模型对最优所得税制的设计具有一定的指导意义。

在分析测算最优所得税时，诸多国内外学者会借鉴乔根森在 1967 年运用新古典主义分析方法创立的模型，他的研究更多聚焦于企业层面，将企业税收负担与财务决策相结合，构建出如下模型：

$$C = \frac{Y_r + \delta Y Y 1 k Y}{Y 1 | \theta Y Y 1 | t Y}$$

其中,C表示资金使用者成本,θ为企业所得税税率,t为个人所得税率,δ表示每元折旧准许的现值,r为税后利率,k为投资的税收减免,∅为经济折旧率。乔根森的这一模型对降低我国企业所得税负担带来了一定思考,可以从进一步优化折旧政策、制定更优惠的税率着手。

3.税负转嫁理论

税负转嫁是税收负担再分配的一种形式,指的是纳税人通过各种途径将所缴纳的税款转由他人,以实现自身利益最大化的过程。理论上,间接税税负可以进行转嫁,最终在销售环节由消费者承担全部税费,不应成为企业税收负担的一部分(Alberto et al.,2002;Kenkel,2005)。但现实中,由于商品存在一定需求价格弹性,间接税不可能完全转嫁给消费者,税负往往是由供给方和需求方共同承担的(Atkinson et al.,1972;DeCicca et al.,2013)。

根据我国官方公布的数据,近几年来我国增值税减税效应显著,但很多企业却反映在"营改增"后存在税负不降反升的问题,这在很大程度上源于官企双方对税负转嫁问题的不同看法。间接税转嫁是否能够实现及具体转嫁程度会受到对应商品的供给弹性、需求弹性以及自身市场势力的影响(Weyl et al.,2013),并非所有企业都可以将全部间接税转嫁给消费者。就我国而言,由于目前增值税尚未达到完全转嫁的税收中性特征,制造业企业由于法定税率相对较高,往往需要承担较重的增值税税负。根据苏国灿(2018)的测算,我国一、二、三产业的名义间接税税负分别为0.10%、4.84%、7.20%,而实际税负为1.44%、4.24%、8.03%。并且,即使税款能完全转移,也在一定程度上干扰了企业资金的流动性,仍有可能形成实质性的税收负担(庞凤喜等,2017)。因此,本文认为,无论是直接税收负担还是间接税收负担,均有必要纳入企业税收负担的考虑之列。

4.拉弗曲线

拉弗曲线是美国供给学派经济学家拉弗(Laffer,1975)对政府税收收入与税率之间关系的描述,作为税收学科的经典理论,可以刻画税率变动对税收和经济波动的影响。

拉弗曲线整体呈倒U型,原点税率为0,B点税率为100%,A点表示最优税率。在OC段,随着税率上升,政府税收收入不断增加,但增长速度逐渐放缓,并在A点达到最大税收收入D。在CB段,随着税率增加,政府税收呈衰减的趋势,且衰减速度逐渐增加,因此ACB区域也被视为课税禁区。这主要是因为在OAC区域内,总体税负水平适中,没有给纳税人造成过度负担,一旦税率高于A点,高税负会削弱经济主体生产消费的积极性,导致税源萎缩,对国民经济产生抑制作用。另一方面,过高的税率也可能滋生更多投逃税现象,这也会导致税收收入的减少。供给学派的观点认为,扩大需求不能改善滞胀,

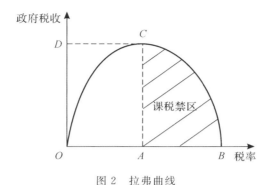

图 2　拉弗曲线

必须要从供给端入手，以供给创造需求，供给侧改革的基本手段就是减税。

其后也有诸多学者对拉弗的理论进行了拓展，比如 Becsi（2002）引入动态模型，结合居民、厂商、政府三部门，认为拉弗曲线的形状取决于政府如何使用税收，认为随着政府投资和消费的增加，拉弗曲线会上移，带来更高的最优税率。罗美娟等（2015）利用 F&M 理论模型推导得出最优税率，指出国家不能将提高税率作为合理有效的手段来增加税收，必须确定合理的征税边界，这样才能构建更有效率的征税机制。

（二）文献综述

1.税收负担的概念

税收负担指的是一段时间内因国家课税而需要纳税人承受的经济负担，反映了社会产品在国家和纳税人之间的税收分配关系。我们一般以税收负担率来衡量税负水平，这一指标不仅可以揭示政府与经济活动主体之间的经济利益关系，也与国家公共职能的履行密切相关。一般而言，税收负担可以分为宏观税负、中观税负、微观税负三个维度。其中宏观税负指的是一定时期内的税收收入与国民生产总值的比值，反映国家税收的总体负担水平；中观税负指一定地域或某一部门纳税人缴纳的全部税款占同期经济产出的比重，对中观指标的研究有助于更好地确立经济区域结构和产业结构；微观税负指企业在一定时期内缴纳的所有税款占当期可支配财力的比重，主要解决微观经济领域税收负担是否公平合理的问题。

企业税收负担属于微观税负的研究范畴，可以反映政府在企业实际经营过程中参与利益分配的程度。本文的研究主要着眼于微观层面，以企业为研究对象，致力于探讨制造业企业的实际负担状况。

2.税收负担的衡量指标

目前国内外学界就公认且可靠的企业税负衡量指标尚未达成一致意见。在指标的构建过程中，无论是分子项的"税收负担"，还是分母项的"计税经济来源"，在具体界定上都出现了较大分歧。具体来看，主要可以分为以下几类衡量方式。

（1）总税率标准

世界银行每年发布的《世界纳税报告》以"总税收和缴费率"来衡量企业的综合税负，具体计算方法为用企业当期所缴税费除以商业利润。其中，分子项被界定为"扣除法定减免后的应纳税额和强制性缴费总额"，包括劳动力税费（社会保险费）、企业所得税、其他税费（房产税、印花税等小税种）三部分，不包括增值税等间接税款，也不包含个人所得税之类的扣缴税款。

从分子来看，这一做法以所得税为主体税种为假设前提，对于以流转税为主体的国家，比如我国，不将不可转嫁的流转税负考量在内，会造成总税率水平的严重低估；从分母来看，商业利润是企业收入扣除成本费用后的余值，缩小了计税经济来源，对于暂时性利润为负值的企业，这一指标也不具有经济意义。利润这一指标实质上仅仅表现为财务报表上数字的沉淀，对税款流出的反馈较为迟钝且不显著（庞凤喜等，2017），以之为分母衡量企业微观税负存在一定不合理之处。

（2）实际有效税率标准

国外学者大多以实际有效税率来衡量企业税负。比如 Gupta et al.（1997）将之定义为"当前所得税费用/息税前账面收益"，Zimmerman（1983）则认为应以（全部所得税费用－递延所得税负债－投资税收抵免的变化）/经营现金流量来衡量实际有效税率，这一标准也被美国税收联合委员会、Porcano et al.（1986）以及 Shevlin（1987）等学者所认可，只是在具体计算上略有差异。总体来看，在以直接税为主的国家，这一指标能相对准确地衡量企业实际承担的税负，但在以间接税为主的国家，例如中国存在大量间接负担的税款，不能抵扣的增值税并未计入实际缴纳的税款中，以这一指标来衡量就存在较大误差。

国内学者在衡量企业税负时也较多参考了国外学者的做法，在实证研究中大多采用所得税费用除以税前会计利润这一指标，如罗党论等（2011）、刘行等（2014）。考虑到我国特有税制情况，也有学者认为在衡量企业税负时不应仅仅局限于所得税税负，比如冯红霞（2008）认为国地税征缴的税、费、基金等政府向企业收取、由企业用货币直接支付的款项都是企业真实的经济负担，在文章中以企业综合税收负担率、流转税负担率、所得税负担率综合衡量企业税负水平。

（3）以现金流量表为基础的衡量指标

由于现金流量表中"支付的各项税费"科目可以反映企业本期发生并支付的、本期支付前期发生的及预交的所得税、增值税、土地增值税及教育费附加等各项税收缴款，"收到的税费返还"项目反映企业收到的各项税收返还，因此部分学者构建了"企业税负率＝（支付的各项税费－收到的税费返还）/营业收入"的衡量标准（吴祖光等，2012）。这一做法较为简便，但由于现金流量表的编制基础是收付实现制，模糊了税费发生的时间界限，会造成当期发生额与实际税费负担额错配，或是因前后期间税负金额异动而导致实际负担状况信息失真，对税负指标的可信度造成干扰（庞凤喜等，2017）。刘骏等（2014）对上述指标进行了一定改良，将分子取 t－1 期、t 期、t＋1 期的平均值，这一做法在一定程度上对企业实际税负进行了修正，但仍不能反映当期实际税负，同时，也没有囊括行政事业性收费、政府性基金及社保缴费等费类项目，存在口径过小的问题。

3. 税收负担的影响因素

国内外学者对可能影响税收负担的因素进行了诸多讨论，理论上大致可以分为财政、经济、征管、企业自身特质四个方面。

（1）财政因素

从财政职能来看，许善达（1999）指出，不同的国家观决定了各自政府的经济职能范围，因而政府对社会剩余产品的需求也会有所差异，体现在税收方面就是税负水平的不同。李文（2009）的观点与许善达类似，他认为由于市场存在缺陷，只能由政府来承担向社会提供公共品的职能，公共品供给的范围、效率等都会直接影响财政需求，而税收正是政府发挥提供社会公共品这一职能的前提所在。

付伯颖等（2007）的研究更偏向于财政政策层面，他们提出税收是对收入进行再分配的重要政策工具，政府为实现特定经济社会目标会施行不同的政策，比如为减轻低收入者的生活负担，政府既可以进行税收豁免，也可以采用转移支付的手段，执行不同的财政政策会给全社会带来的税收负担会有所差异。

从财政支出效率来看，效率越高，则同样的资金规模能够满足更大的支出需要，财政资金需求相对减少，税收负担也会随之下降（安体富等，1999）。

（2）经济因素

从国家经济实力来看，经济发展水平越高的国家，相对来说社会产品和财富的总量较大，技术水平和劳动生产率水平也相对较高，税率也就可能越高（郝如玉等，2008）。同时，社会平均利润率越高，税负水平往往也会越高（刘玉龙，2006）。

从人均收入水平来看，马国强（2008）指出，若收入水平较低，经济活动主体大部分的收入只能用于满足吃穿等基本生活需要，无力承担过高的税收负担；若人均收入较高，收入在满足生存需要后的剩余既能用于满足经济主体的发展需要,也能以税收形式上交政府,相对而言税收负担也会随之提高。另一方面,人均收入水平的提高也会带来经济结构的完善,政府职能的范围也会随之扩大,也就需要更多的税收来负担财政支出。

从经济模式选择的角度来看,许善达(1999)研究发现,这是影响税负最主要的因素。实行计划经济模式的国家,税负水平相对较高,宏观税收负担率基本超过 40%;而实行市场经济模式的国家(如西欧和美国),税负相对较低,负担率大多为 30%以下。

（3）征管因素

诸多学者的研究均表明,在税负既定的情况下,征管水平越高,则税负越高。张德志(2007)以 1995 年至 2003 年的数据为研究样本,测算得出在样本期内,因加强税收征管而导致宏观税负提升 1.06%,约占到整体影响的 41%。

无论是国家税务总局还是地方政府,都把税收计划的完成情况作为考核税收征管工作的主要依据(白云霞等,2019)。我国现行税制仍存在一定的税收征管空间(高培勇,2006;Xiao,2020),税务机关自由裁量权较大,当完成上级机关税收计划的压力较大时,可能会人为地多征多罚,即征收"过头税"。尤其在经济下行期,税源萎缩,地方政府有增加财政支出以抑制经济衰退的动机(Chen et al.,2016),因此隶属于地方政府的企业税负会显著上升(李明等,2016)。

（4）企业自身特质

关于企业规模对税负的影响,学界尚未形成统一的观点,比如谭康等(2008)、蔡胜娟(2014)等学者认为企业规模与税收负担呈正相关关系,规模越大的企业更容易受到税务部门的监控;而罗党论等(2013)、曹键等(2015)则认为企业规模越大,税收负担反而越低,一个合理的解释是规模越大的企业组织结构越完善,能够设置专门的税收筹划部门以实现最优节税的目标;也有学者的研究结论得出企业规模对税收负担影响不显著(沈剑飞等,2009;李凯等,2011)。

企业自身经营能力也会对实际承担的税负有较大影响,比如 Derashid(2003)的研究发现,效率越高的公司实际税率越低。娄权(2007)的研究则表明,总体税负与资本密集度、盈利能力显著正相关,与负债水平、投资收益则呈负相关关系。

从产权性质来看,吴联生(2009)的研究指出,国有企业的税负高于非国有企业。一般而言,国有企业与政府的联系更为密切,政府为最大化实现阶段性社会目标,往往需要通过多种渠道筹集资金,国有股权占比越高的企业越可能需要承担更多的支出责任,带来税负的增加。也有学者得出相反的研究结论,比如刘骏等(2014)以 2003 年至 2006 年我国 A 股上市公司为研究样本,指出国有企业的实际税率远低于其他所有制形式的上市公司，一个可能的解释是国有企业往往与政府关系较为密切，在与政府的税收竞争中能获得更多税收优惠，虽然他们确实会承担更多的政府支出责任，但相应地政府也会给予一定补偿。

4.税收负担的经济社会效应

从理论上分析，税收是政府为履行其公共职能，按照法律规定，对经济主体收入进行的强制性征收，能在一定程度上对产业、经济结构发挥调节作用。安体富等（2002）的研究指出，税收与政府的宏观经济调控紧密联系在一起。一方面，政府宏观调控需要一定的财力作为保障，而税收往往就是政府投资、支出活动的财力支撑；另一方面，税收本身也是一项重要的政策工具，能发挥"自动稳定器"功能，抑制经济过热、防止经济紧缩。而减税的政策之所以具备扩张效应，是因为不管是价内税还是价外税，都是市场经济中价格的组成部分。企业作为"理性经济人"，税收的波动会直接影响其税后利润，而对投资回报率的预期则决定了企业的经济行为。减税政策可以通过提高企业对税后收益的预期来提高其投资积极性，最终推动社会整体经济的增长。

适宜的税负水平对本国经济社会发展有极大助益作用。宋效中等（2005）对拉弗曲线最优税率的研究指出，当税率超过某一临界税率后，税收就会对经济增长产生阻碍作用，这主要通过微观主体表现出来。一方面，税负过重会加大企业负担，降低投资收益率，减少企业的可支配收入，导致投资乏力、生产积极性降低，并最终降低社会总需求；另一方面，也会在一定程度上抑制企业的创新能力，降低企业对研发的投入力度，对高科技产业的健康发展形成阻力，这也不利于整个国家的科技实力发展。

从经验研究的结论来看，积极的税收政策能给企业带来较大的经济效益。万相昱等（2020）的研究发现，企业所得税税率每降低15％，营收收入、营业利润和投资增长均接近10％，目前我国大部分企业均已享受高新技术企业的税率减征优惠，单纯调整税率已不能将优惠覆盖全体，未来应更多着眼于降低现有税负较高企业的负担。朱启荣等（2018）也指出，对企业减税不仅能对GDP、居民收入消费、资本收益率等产生正面影响，也有助于提升外贸的质量与效益。同时，在各国纷纷采取减税政策吸引制造业企业回流的大背景下，优惠性的税收政策也有助于增强出口企业的国际竞争力。

5.文献评述

国内外学者对企业税费负担的度量尚未形成统一的标准和方法，这包括多方面的原因。首先，由于间接税的存在，使得税负转嫁这部分的度量存在较大争议，比如将企业实际支付的增值税、消费税等计入分子计算得出的税负就会明显偏高；其次，研究者在研究企业税负这一问题时，根据各自的研究侧重点,分母税基的选取有行业增加值、销售收入、利润等多种形式;最后,不同学者对企业税费范围的界定也有所差异,比如将哪些税种作为企业实际负担的税,是否包括社会保险费、行政性收费等。不可否认,无论是世界银行的总税率标准,还是 Gupta et al.(1997)、Zimmerman(1983)、Shevlin(1987)等学者在计量中广泛采用的实际税率标准,亦或是吴祖光等(2012)、刘骏等(2014)以现金流量表为基础的衡量指标,在他们所研究的领域范围内都具有一定的合理性,但若要科学评判企业间的税费负担孰轻孰重,但都存在口径过窄的问题,不能准确揭示企业实际的负担状况。

企业税收负担轻重会受到诸多因素的影响,这也导致不同学者得出的研究结论存在较大差异性。从宏观层面来看,国家财政政策、政府职能范围、经济发展水平、地方政府征管强度均会对企业税负产生影响;从微观层面来看,也会因企业自身特质而产生较大差异,比如企业的规模、产权性质、资本密集度、盈利能力能因素都会形成一定的个体差异性,学者在研究中无法穷尽所有影响因素,计量结果也就大相径庭,体现在国别企业税负的比较上,就可能得出截然相反的结论。

考虑到税收负担可能带来的经济社会效应,不仅包括对整个经济社会结构和产业结构的调整效应,也包括对企业经营效益、创新发展等方面的促进效应,对国别间制造业企业税费相关数据进行比较分析,探寻我国制造业企业在纳税方面存在的普遍问题并进行原因分析,既能帮助企业自身发展壮大,更有助于创造优质的营商环境,实现税收的最优经济社会效应。

三、中美税费缴纳现状分析

(一)税制比较

1. 中国税制

我国税收的立法权高度集中,地方政府无权自主开征税种或改变税收要素。按收入归属划分,我国税种可分为中央税、地方税、中央和地方共享税。

中央税收入归中央政府支配使用,大多为收入稳定的税种,主要包括消费税(含进口环节海关代征的部分)、关税、车辆购置税、海关代征的进口环节增值税等;地方税收入归地方政府支配使用,包括土地增值税、城镇土地使用税、房产税、车船税、契税、耕地占用税、环境保护税等;中央和地方共享税收入按一定比例在中央和地方政府间划分,包括增值税(不含进口环节海关代征部分)、企业所得税、个人所得税、资源税、城市维护建设税、印花税(其中证券交易印花税全部归中央所有)等。

表 1　2019 年我国一般公共预算收入构成

项目	收入占比	项目	收入占比
增值税	32.03%	房产税	1.57%
企业所得税	19.59%	关税	1.52%
消费税	6.95%	其他非税收入	1.33%
个人所得税	5.46%	印花税	1.29%
国有资源有偿使用收入	4.23%	城镇土地使用税	1.15%
国有资本经营收入	4.06%	资源税	0.96%
专项收入	3.75%	耕地占用税	0.73%
土地增值税	3.40%	车船税	0.46%
契税	3.26%	环境保护税	0.12%
城市维护建设税	2.53%	烟叶税	0.06%
行政事业性收费	2.04%	其他税收收入	0.04%
车辆购置税	1.84%	船舶吨税	0.03%
罚没收入	1.61%		

资料来源:《2020 中国统计年鉴》

由上表可知,我国政府税收收入主要来源于增值税及企业所得税,征收对象主要为企业。在增值税抵扣链条不完整的情况下,制造业企业将承担较重的税负。若要实现降低企业税负的政策目标,同时维持当前的财政支收支水平,个人税负就会有较大幅度上升。但当下我国增加个人税负的条件尚不充分,因此企业税负下降的空间其实极为有限。

2. 美国税制

美国是一个财政联邦制的国家,现行税制体系与联邦制相适应,各级政府之间没有上下级关系,联邦、州和地方政府各自征税互不干涉。每个政府级次都有相对独立的主体税种,形成联邦税、州税、地方税体系,州政府和地方政府有较大的税收管理权。联邦税是公司必须要缴纳的,州税和地方税要看各地具体的法律政策。

联邦税收由个人所得税、公司所得税、社会保险税、国内消费税、关税、遗产与赠与税等组成,其中关税是联邦政府独有征收的税种,州和地方政府不能征收;州税由一般州销售税与使用税、洲消费税、州个人所得税、公司所得税、牌照税等组成;地方政府税收由财产税、地方销售与使用税、地方个人所得税等税种构成,各地税收政策差异较大。

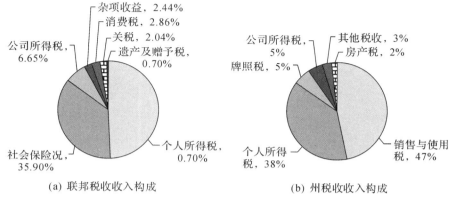

(a) 联邦税收收入构成　　　　　　　(b) 州税收收入构成

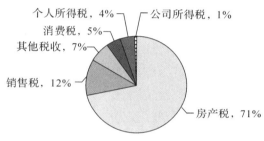

(c) 地方税收收入构成

图 3　美国三级政府财政收入构成
资料来源:Wind 数据库、恒大研究院

由上图可知,联邦政府税收来源主要为个人所得税和社会保险税,其中社会保险税一般由企业和雇员各自负担 50%,构成了企业一项较大的税负;地方政府税收收入主要由销售与使用税构成,销售税由商户在销售给消费者时代收代缴,使用税是对销售税的一种补充,两者均不构成企业实际税负的一部分;地方政府税收主要来源于房产税,制造业企业该部分的税收负担也相对较小。总体而言,美国企业主要承担的是公司所得税和社会保险税。

(二)税收制度分析

1.间接税

(1)增值税(销售与使用税)比较

美国未开征增值税,我国的增值税与美国的销售与使用税在性质上相近,但在征税范围、课税对象、税率等税制设计上有所差异。

从征税范围来看,我国增值税的课税对象不仅包括销售或进口货物、销售劳务及服务、销售无形资产及不动产,也包括视同销售等特殊销售行为;美国的销售与使用税的征税范围相对较小,其中,销售税仅对零售有形动产及提供某些服务征收，使用税是销售税的补充形式，主要针对纳税人在所在州外购买应税产品并带入所在州使用、贮存及消费的行为征收，大部分州均不对无形资产征收销售税。一般而言，一项应税交易仅会被要求征收销售税、使用税中的一种，在其他州缴纳的销售税可用以抵免在本州需要缴纳的使用税。

从计税依据来看，增值税以商品（含应税劳务）在流转过程中产生的增值额为计税依据，在每一流转环节均需进行征收；销售与使用税仅需在零售环节按商品的成交价格缴纳，一般先由销售企业向购买方收取。

从税率设置和收入归属来看，我国增值税目前包括 13％、9％、6％ 三档基本税率以及 3％ 的小规模纳税人适用税率，制造业企业生产的货物大多适用 13％ 的最高档次税率，增值税税收收入由中央和地方各分享 50％；美国共有 45 个州和哥伦比亚特区开征销售税，这也是州政府的重要财政收入来源，税率设置从 3％ 到 9％ 不等。以加州为例，加州销售与使用税的标准税率为 7.25％，州内各区域还会依据一定条件额外加征 0—2.5％ 的税负。

整体而言，由于销售与使用税仅在最终销售环节进行征收，税率也相对较低，中间过程不需就增值额道道征收，因此企业也不会存在抵扣链条断裂而不能顺利转嫁税负的情况，主要由购买商品或接受服务的最终消费者承担税负，给企业纳税人带来的负担较轻。

（2）消费税比较

从征税范围来看，我国的消费税课税对象主要包括生产、委托加工和进口烟、酒、高档化妆品、成品油等消费税暂行条例规定的十五种消费品的单位和个人，消费者是税款的实际负担者。我国消费税的征收项目具有较强的选择性，税目大多是国家为调整消费结构、抑制超前消费与有害品消费所设。美国消费税由联邦政府和州政府征收，征收对象包括货物和特定行为。其中，货物主要含汽油、火器、小卧车、轮胎、载重汽车及零配件、煤炭、其他体育用品等在内，特定行为有乘坐飞机、室内日光浴服务、生产特定货物等，可以由制造商在批发销售时支付，也可在零售销售时从客户处收取。

从税率设置来看，为达到贯彻消费政策、引导消费结构的目标，我国消费税税率设置得相对较高，大部分在 10％ 及以上，最高的卷烟达 56％；美国征收消费税的商品和服务税率相对较低，一般在 10％ 以下。

从计税依据来看，我国与美国都采用多种计征方式相结合的形式。我国主要有从价计征、从量计征和复合计征三种形式，美国则对不同应税货物及行为采用不同的计算方法。比如，室内日光浴服务需要缴纳的消费税为服务费的 10％；销售开采地为美国的煤，其应纳消费税为销售收入的 4.4％ 或每吨 1.1 美元，取二者中较低的数额。

（3）其他间接税种

①关税比较

关税是一国海关根据该国法律规定,对通过其关境的引进或出口货物征收的一种税收。从课税对象来看,我国与美国基本一致,均是对进出境货物、物品进行征收;

从税收比重来看,关税在中美两国总体税收收入中的占比均不高。

从税率设置来看,我国有从价税、从量税、复合税、选择税、滑准税五种计征模式,从价税率从;美国则分从价税率、从量税率、复合税率,从价税率一般由 0 到 50％不等。中美两国也都根据与缔约国签订协议的类型,设置了一些关税优惠税率,比如我国有最惠国税率、特惠税率等,美国则对北美自由贸易协定签订范围内的国家采取广泛的税收优惠。

自我国加入世界贸易组织以来,关税水平持续下降,经历了大幅削减阶段,现已进入稳定阶段。根据相关测算,截至 2018 年底,我国总体关税水平约为 7.5％,美国则为 3.4％左右,差距持续缩小,但我国部分商品的关税税率仍明显高于美国,免税商品种类也远低于美国。并且,自 2018 年美国贸易代表办公室发布 301 条款后,我国航空器、钢铝制品、机械机床器具等制造行业更是受到严重影响。诸多学者的研究均表明,降低关税税率有助于减少国内加工成本,引导全球先进制造向国内布局,也能倒逼国内低技术企业加快产业升级。因此,为了鼓励制造业的高质量发展,可以考虑对各行业的进口关税,根据其弹性系数高低分类调整,降低关税层面对部分制造业发展的消极影响。

②资源税比较

从课税范围来看,我国资源税包括原油、天然气、煤炭、金属矿和其他非金属矿五大类,收入主要归地方政府所有;美国资源类税收与我国类似,主要也是以地方税为主,各项税目的征收范围及标准各不相同,主要有与机动车相关的燃油和轮胎、森林、渔业和矿产等资源的开采等,同时也包括对损害臭氧层的化学品及相关产品等的征税,这部分在实质上相当于我国环境保护税征收的内容。

从课税环节来看,我国仅在销售或移作自用环节进行征收;美国则覆盖了多个环节,矿产资源在开采、加工、销售的每一环节均需进行征收。

从税率设置上,我国采用从价定率或从量定额办法计征,实施"极差调节"原则,从价税率由 1％-15％不等,未列举的一般不超过 20％;美国各州对资源税的征收方式有所差异,以威斯康星州为例,当地对金属矿产占有采取 0-15％的超额累进税率,各州的开采税税率和加工税税率一般不超过 1％。

2. 直接税

(1)企业所得税比较

从税率设置来看,自 2008 年 1 月 1 日起,我国内外资企业统一适用 25％

的企业所得税法定税率。同时，对于一些鼓励发展的行业和企业实行低税率政策，比如高新技术企业可按 15％ 的优惠税率缴纳所得税；符合条件的小型微利企业按年纳税所得额分别适用 5％、10％ 的实际税率；软件产业和集成电路产业可享受五免五减半的企业所得税减免优惠等等。总体来看，目前我国 25％ 的企业所得税税率在国际上处于中等偏低水平。2017 年 12 月 22 日，美国总统签署《减税与就业法案》，联邦公司所得税税率由最高边际税率为 35％ 的八级超额累进税率改为单一税率 21％，适用于 2017 年 12 月 31 日后产生的应税收入。根据美国国会税收联合委员会报告，税改会使联邦企业所得税在 10 年内净减少 5,610 亿美元，减税力度极大。我国目前的法定税率虽然略高于美国，但大部分企业都享受到各种形式的优惠税率，实际税率其实低于美国。

作为企业所得税税前扣除的重要组成项目，从近几年新出台的折旧政策来看，中美两国均非常鼓励企业进行固定资产投资，并相继出台了一系列优惠政策。我国对 2014 年 1 月 1 日后新购进的固定资产，允许按照不低于企业所得税法规定折旧年限的 60％ 缩短折旧年限，或者可以选择以双倍余额递减法或年数总和法进行加速折旧；2018 年 1 月 1 日至 2020 年 12 月 31 日期间新购进的设备、器具，单价不超过 500 万元的，可在企业所得税前一次性扣除。美国税法则规定：企业在 1986 年以后投入使用的资产需使用修正的加速折旧法，折旧年限为 3 年、5 年、7 年或 10 年的资产优先适用双倍余额递减法计提折旧，折旧年限为 15 年、20 年的资产优先适用 1.5 倍余额递减法，并可在直线法计提折旧额更大时转为适用直线法计提折旧；2017 年 9 月 27 日至 2022 年 12 月 31 日期间新购入并使用的折旧年限在 20 年及以下的有形资产、供水设备、特定条件的计算机软件及某些租赁资产的改良性支出在第一年即可 100％ 税前抵扣；2023 年 1 月 1 日起购入并使用的资产可按照每年 20％ 递减的比例进行税前扣除。

制造业企业通常有大量固定资产，而折旧的计提往往有比较明显的抵税效应。我国税法规定的与生产经营活动有关的器具、工具等，最低折旧年限为 5 年。而依据美国的政策，只要是在 2017 年 9 月 27 日至 2022 年 12 月 31 日期间购买的，这部分生产设备不论价值高低均可在在企业所得税前 100％ 扣除。即在企业利润为正的情况下，以相同的折现率计算，美国制造业企业折旧抵税的现值相对较高，抵税效应更为明显。

在其他扣除项目方面，两国政府对企业都制定了较多税前扣除的限制性政策，扣除项目及力度大体相当。比如，我国无形资产依直线法计算摊销费用，摊销年限不得低于 10 年，美国大部分无形资产支出需资本化，在 15 年内按比例直线摊销；我国商誉不允许摊销，美国企业的商誉支出可以资本化并按照 15 年的年限直线摊销;我国的一般以同期同类金融机构贷款利率计算的部分为利息支出扣除上限,美国企业最高可扣除利息支出的限额为息税折旧摊销前收入的 30%(2021 年后为息税前收入的 30%);我国允许扣除的公益性捐赠支出不得超过利润总额的 12%,美国企业允许扣除的公益捐赠金额最高不能超过减去某些扣除项目之前的应纳税所得额的 10%;我国业务招待费以实际发生额 60% 与营业收入 5‰ 两者中的较低者为扣除上限,美国企业不可税前扣除业务招待费。

(2)财产税比较

我国目前符合财产税定义的税种主要包括房产税、城镇土地使用税、车辆购置税、契税等。美国财产税属于地方税的范畴,是一个集合的概念,各州对财产税有独立的立法权,主要是对土地动产征收,也包括遗产与赠与税在内。

从收入比重与税率设置来看,较之于美国,我国财产税占地方税收入比重较小,法定税率也相对较低。美国各州把财产分为动产、不动产和无形财产三大类。其中,不动产包括土地及土地上的永久性建筑物和构筑物;动产是除此之外其他任何有形的财产,如飞机、车辆等;无形财产指各类金融资产。各州对不动产普遍征收财产税,大多数州对动产征税。财产税的具体计算方法为财产原值×评估率×税率,评估率由县郡税务局确定,各州名义税率一般为 3%-10%,实际税率约为财产市价的 1.2%-4%。

近年来,有不少学者呼吁效仿美国建立财产税系,采用综合征收的办法,提出可以借鉴美国经验采用评估率这一做法,由从价计征改为按评估价值计征。具体做法为:在中央政府制定统一的财产税基本法的基础上,将财产税调整税目、税率、税收减免等权限下放给地方政府,由地方政府根据当地的实际经济状况以及政策意图,弹性向企业征收。不同行业也可以实行差别比例税率,对于一些高科技、处于转型升级阶段的制造业企业,可以考虑采用较优惠的税率,以达到鼓励发展的政策意图。

(三)收费制度分析

1. 社会保险费

从征收范围来看,我国的社会保险费包括养老保险、医疗保险、工商保险、失业保险和生育保险在内,由企业与个人共同负担;美国的社会保险税分联邦保险缴款法案税和自雇者缴款法案税,同样由雇主和雇员共同缴纳,具体细分条目的设置与我国大体一致。

从缴费基数来看,我国的社会保险缴费基数可在当地社会平均工资的 60%-300% 范围内自行确定;美国联邦保险缴款法案税以雇员取得的工资薪金总额为征税对象,若雇员的工资薪金年收入小于当年的社会保障工资基数,则以实际收入作为应纳税所得额,否则以社会保障工资基数计算纳税。

从缴纳比率来看,我国养老保险的企业缴费率基本为 16%,医疗保险为 6%,失业保险为 2%,工伤保险实行行业差别费率,平均工伤保险费率一般不超过 1%,生育保险一般不超过 1%,综合缴费率合计近 30%;美国养老、遗属和伤残保险的企业缴税率为 6.2%,医疗保险为 1.45%。其中,美国的失业保险税又可细分为联邦失业保险税和州失业税,联邦保险失业税全部由公司缴纳,按每月工资总额乘以税率计算,上限为 7000 美元。美国只有少数几个州会向企业征收失业保险税,比如部分州政府会在企业成立时,规定按照 2% 缴纳,上限为 12000 美元。同时,美国失业保险税的税率会在企业每年统计裁员数量后,依据在州政府领取失业金的人数进行调整,若领取失业金人数增多则税率会上调,若人数减少则会下调税率。据测算,美国制造业企业社保费用占职工薪酬的比重约为 23.9%(贾东岚,2018)。

由上述比较可知,我国社会保险费的名义缴费率略高于美国。社会保险费用高会导致过高的人工成本,这不仅在一定程度上挤占了我国企业的利润和生存空间,更可能会增加企业以机器代替劳动力的需求。

2.其他行政性收费

中美两国均有条目繁多的税外收费现象,构成两国政府财政收入的重要组成部分。

我国的涉企税外收费项目主要包括政府专项收入和行政事业性收费。专项收入包括排污费、教育费附加、矿产资源补偿费、探测权采矿权使用费等。行政事业性收费包括行政管理类收费、资源补偿类收费、鉴定类收费等六大类,在我国政府非税收入中占据较大比重。这一费用的设立目的主要是为了补偿政府实施管理以及提供相关服务的成本,在合理配置社会资源、提高政府服务质量等方面都发挥了非常重要的作用。

表 2　2010－2019 年我国政府行政事业性收费及专项收入情况

年份/项目	专项收入 (亿元)	行政事业性收费 (亿元)	财政收入 (亿元)	专项收入/ 财政收入	行政事业性收费 /财政收入
2010	2040.74	2996.39	83101.51	2.46%	3.61%
2011	3056.41	4039.38	103874.43	2.94%	3.89%
2012	3232.63	4579.54	117253.52	2.76%	3.91%
2013	3528.61	4775.83	129209.64	2.73%	3.70%
2014	3711.35	5206.00	140370.03	2.64%	3.71%
2015	6985.08	4873.02	152269.23	4.59%	3.20%
2016	6909.26	4896.01	159604.97	4.33%	3.07%

年份/项目	专项收入（亿元）	行政事业性收费（亿元）	财政收入（亿元）	专项收入/财政收入	行政事业性收费/财政收入
2017	7028.71	4745.27	172592.77	4.07%	2.75%
2018	7523.38	3925.45	183359.84	4.10%	2.14%
2019	7134.16	3888.07	190390.08	3.75%	2.04%

数据来源:《中国统计年鉴》

从上表可以看出,近年来我国行政事业性收费在财政收入中的占比有较明显的下降趋势,政府也对收费项目进行了多次清理与兼并,在一定程度上改善了收费乱象。但由于立法工作相对滞后,相关政策制度不够完善,加之部分地方政府财政需要,滥用行政权力乱收费的行为仍是屡禁不止,且存在较多重复征税的项目,给企业造成较大负担。

相比之下,美国政府对于在税外征收的各项费用,从项目立项到标准制定、从预算编制到资金等都是以立法形式确定的,且相关法律的层级也相对较高,基本由国会立法,财政部门及各个收费单位在执法时便有法可依,这提高了收费工作的合法性与规范性,能够避免因法律缺失产生监管盲区,对企业的税外收费也会更透明合规。

（四）制造业税费缴纳现状

由于现有数据库均未披露制造业行业社会保险费等行政性收费的明细数据,本节仅对制造业行业纳税现状展开分析,主要是为评判制造业行业税负是否过重。包括社会保险费等费用在内的制造业企业税费负担情况将在案例分析中具体展开,作为对本节比较结果的进一步剖析,旨在探索税负轻重的具体原因。

1.行业税负现状

（1）行业间税负情况

自 2012 年起,我国陆续出台了一系列税收优惠政策,主要着眼于增值税与企业所得税减负。尤其是营改增以后,我国在 2017 年、2018 年与 2019 年三年内连续下调增值税税率。增值税税率下降确实使得所有行业的整体税负水平有所降低,但笔者对 2014－2018 年的统计数据进行分析后,认为我国制造业行业整体税负水平依旧偏高。

表 3　2014－2018 年全国税负与制造业行业税负情况

项目/年份	2014 年	2015 年	2016 年	2017 年	2018 年
全国宏观税负	20.12%	19.75%	18.82%	18.72%	18.49%
制造业行业税负	21.73%	22.52%	21.46%	22.14%	21.39%
税收负担差距	1.62%	2.78%	2.64%	3.42%	2.91%

数据来源:《中国统计年鉴》、《中国税务年鉴》

　　本文以税收总收入占国内生产总值比重来衡量宏观税负水平,以制造业行业总体税收占该行业增加值的比重来衡量制造业税负状况,表 3－3 的统计结果显示,2014－2018 年制造业行业宏观税负均高于全国平均税负水平。由于《中国税务年鉴》中的税收数据仅未包含海关征收的关税等税收收入,制造业行业税负与全国平均税负的差距可能会进一步增加。

　　为进一步评价制造业行业在全国总税收中的贡献程度,本文借鉴席卫群(2020)的做法,采用税收协调系数来度量制造业税收贡献水平。其中,税收协调系数的衡量方式为产业税收比重与产业增加值 GDP 比重的比值。

表 4　2014－2018 年制造业税收协调系数

项目/年份	2014 年	2015 年	2016 年	2017 年	2018 年
制造业税收(亿元)	42515.46	44921.63	44960.92	51775.06	54756.55
全国总税收(亿元)	129541.12	136021.83	140504.03	155739.29	169958.79
制造业税收比重(%)	32.82	33.03	32.00	33.24	32.22
制造业增加值(亿元)	195620.3	199436	209508.9	233876.5	255937.2
国内生产总值(亿元)	643974	688858.2	746395.1	832035.9	919281.1
制造业增加值 GDP 比重(%)	30.38	28.95	28.07	28.11	27.84
制造业税收协调系数	1.08	1.14	1.14	1.18	1.16

数据来源:《中国统计年鉴》、《中国税务年鉴》

　　我们一般认为,当税收协调系数大于 1 时,税收贡献偏高。根据表 4 的统计结果,我国制造业的税收协调系数在 2014－2018 年均大于 1,虽然在 2017 年后数值有小幅下降,但总体贡献水平仍旧较高,承担了与其产值不相匹配的税负。虽然近几年的减税降费政策确实有在一定程度上降低了制造业企业的增值税税负,但由于自身行业特质问题,增值税总体税负在行业中还是偏高。就所得税负担来看,近几年各行业所得税税负下降也较为明显,主要是行业间利润率差异所致。

　　美国的制造业行业税负状况相较于我国更为复杂,由于各州政府以及地方政府均有一定的税收立法自主权,不仅行业间存在一定税负差异,政策不同带来的税负差异也极为显著,比如内华达州、华盛顿州企业的税收负担就相对较轻。整体而言,美国制造业企业的税负处于适中水平,近年来施行的一系列税收政策在极大程度上惠及了制造业企业。

（2）制造业行业内部税负情况

为研究制造业行业内部税收负担情况,本文借鉴王晓（2013）的分类方法,并参照国家统计局对制造业高技术产业的归类标准,将制造业分为低技术产业、中技术产业、高技术产业、资源型产业四大类,具体分类情况如表5所示。

表 5　制造业分类

类别	具体产业
低技术产业	纺织业；纺织服装、服饰业；皮革、毛皮、羽毛及其制品和制鞋业；金属制品业
中技术产业	化学原料和化学制品制造业；化学纤维制造业；黑色金属冶炼和压延加工业；有色金属冶炼和压延加工业；交通运输设备制造、、电气机械和器材制造业；木材加工和木竹藤棕草制品业；家具制造业；文教、工美、体育和娱乐用品制造业；通用设备制造业；专用设备制造业；汽车制造业
高技术产业	医药制造业；航空、航天器及设备制造；电子及通信设备制造业；计算机、通信和其他电子设备制造业；仪表仪器制造业；信息化学品制造业
资源型产业	农副食品加工业；食品制造业；酒、饮料和精制茶制造业；烟草制品业；造纸和纸制品业；印刷和记录媒介复制业；石油加工、炼焦和核燃料加工业；橡胶和塑料制品业；非金属矿物制品业等

我国现行税收政策对制造业企业呈结构性调整效应,具体税负情况会受到税收优惠政策及税种结构的影响。为了解我国制造业行业内部各细分行业的税费负担情况,本文以沪深两市A股上市制造业企业为研究样本,剔除财务状况异常及存在数值缺失的公司,最终筛选得到的研究样本包括206家资源型企业、110家低技术企业、989家中技术企业、525家高技术企业,计算得出四类产业各年税负平均值,具体结果如表6所示。

表 6　各产业收入税负情况

项目/年份		2015 年	2016 年	2017 年	2018 年	2019 年
资源型企业	年均收入（元）	3519030667	3754457539	4313824986	5310042114	5648278672
	年均税费（元）	258243227	258200714	299245003	378766795	391795958
	收入税负（%）	7.56	7.08	7.21	6.70	5.62

项目/年份		2015 年	2016 年	2017 年	2018 年	2019 年
低技术企业	年均收入（元）	3365073977	3423989749	3586902075	3955360663	4890700690
	年均税费（元）	207114978	197485551	204444536	208339227	215639504
	收入税负（%）	7.10	6.96	6.50	5.87	5.82
中技术企业	年均收入（元）	7488698526	7630906942	8502977127	9570946621	9582557725
	年均税费（元）	314088173	322349492	353539711	387109255	337472959
	收入税负（%）	5.86	6.08	5.89	5.35	4.64
高技术企业	年均收入（元）	4053413499	3956079047	3467145255	4365482929	5389501362
	年均税费（元）	131561198	136570141	124888275	148222751	154182353
	收入税负（%）	5.73	4.96	4.72	4.62	4.46

数据来源：CSMAR 数据库，表中收入税负为各公司收入税负取平均值所得

由上表结果可以看出，制造业行业内部税负从高到低依次为资源型企业、低技术企业、中技术企业、高技术企业。我国的税收优惠有明显的向高技术产业倾斜的趋势，相比之下，拥有先进生产技术的企业税负相对较低，而产能过剩或者重工业、重污染企业由于征税环节多、技术落后不能享受政策支持等原因，行业收入税负更高。从表中我们也可以看到，制造业企业平均税负自 2015 年起均有明显的下降趋势，说明我国近几年的减税降费政策在很大程度上惠及了制造业企业。同时，整体税负的下降也得益于制造业内部各行业营收水平的大幅度上涨，从 2015 年至 2019 年资源型企业、低技术企业、中技术企业、高技术企业平均营业收入分别上涨了 60%、45%、28%、33%，这也告诉我们在全面落实减税降费政策的同时，更要鼓励企业积极创新，以盈利能力的提升拉动整体税费负担的下降。

美国制造业行业内部也因州政策制定的自主性有较大差异，通常来说，拥有先进生产技术的制造业行业获利能力较强，他们的税负相对较轻，这与我国制造业行业内部的税负差异情况吻合。

2. 中美税费负担的比较

国内外学者对于中美税负孰轻孰重的观点差异悬殊，很大一部分原因是统计口径存在较大差异。

若在宏观口径下进行比较，采用不包括社保费、行政性灰色收费等因素在内的小口径来度量，学界普遍认为我国的宏观税负水平并不高，比如周克清（2012）、张帆（2018）的研究结果均显示我国税收占 GDP 的比重低于美国。而采用全口径的指标度量时，我国宏观税负相对较重，如谢冬梅（2015）的测算结果显示，2012 年我国全口径宏观税负达 28.05%，而根据世界银行的标准，我

国宏观税负应为 21.58% 左右,在当年远高于世界银行的税负标准,也略高于美国同期宏观税负水平。这主要是因为较之于以间接税为主体税种的国家,以不可转嫁的直接税为主体税种的国家企业税负相对会较重(陈颂东,2018),并且随着经济的发展,企业总税率会呈现降低的趋势。但由于我国制造业企业普遍存在增值税税负不能完全转嫁的问题,而美国政府对企业不征收增值税,当计入间接税和各项税外费用时,我国税负反而相对较重。

若在微观口径下比较,学者对两国企业税负轻重的评判也会因分子分母选择产生较大差异。将企业实际缴纳的增值税、消费税等间接税计入分子,计算得出的我国税负水平就会较高;在分母税基的选取上,当以利润为分母时,由于我国企业的利润率相对较低,计算得出的利润税负水平就较高,比如世界银行的报告就显示我国的总税收与缴费率远高于美国,张帆(2018)以商业利润代替往常惯用的会计利润指标,计算得出中国制造业企业税负为商业利润的 73.7%,美国的这一数值为 42.4%,研究结论与世界银行报告的结果趋向一致。

本文的研究主要着眼于微观企业,同时认为在分析微观企业税负时,应采用大口径的衡量指标,将企业的社会保险费、基金、行政事业性收费等各项上交政府部门的费用负担考虑在内。受制于间接税实缴数额以及税外费用数据获取的有限性,本文的比较分析将以案例形式展开,以两家代表性案例公司的具体税费缴纳状况为例,评判当前两国制造业企业的负担情况。

3.我国制造业企业纳税现状

学界对造成中美税费负担差异的原因进行了诸多讨论,而增值税作为我国的第一大税种,是造成两国制造业间接税负差异的一个主要原因。我国制造业企业普遍认为税负过重,主要是因为增值税制相对于销售与使用税制有着天然的制度缺陷,总结起来普遍存在以下问题:

(1)进项抵扣不足

我国制造业企业普遍存在商品销售前代缴的增值税无法转嫁的情况,很多时候原因在于购进货物不能顺利取得可以抵扣的增值税专用发票。比如《财政部 国家税务总局关于简并增值税征收率政策的通知》(财税〔2014〕5 号)规定:建筑用和生产建筑材料所用的砂、土、石料或者以自己采掘的砂、土、石料、其他矿物连续生产的砖、瓦、石灰(不含粘土实心砖、瓦),一般纳税人销售自产的上述货物,可选择按照简易办法依照 3% 征收率计算缴纳增值税。而为了达到少缴税的目标,上述货物的销售商通常会选择简易计税办法,下游制造业企业在购进上述原材料时可以从税务机关取得代开的增值税专用发票,但在经过一系列加工程序后往往需要按照 13% 的税率缴纳销项税额,但进项仅为按 3% 税率计算的部分,近似估算自行承担了购进原材料中 10% 的增值税部分。除去原材料部分存在进项抵扣不足问题，上游企业也可能出于多种原因不愿开具增值税专用发票。相关统计数据表明，我国制造业企业代缴的增值税有近三分之一的部分无法顺利转嫁（邱书钦，2017）。

（2）抵扣机制不够科学

2019年4月1日起制造业行业的增值税税率已由16％降至13％，减税力度较大，但抵扣机制还存在一定缺陷，导致制造业企业增值税实际税负水平仍旧过重。我国奉行严格的以票控税制度，仅能抵扣购进时交税并取得专用发票的那部分进项税额。目前大多数制造业均为劳动密集型产业，而人力成本通常不能构成进项税额的一部分。因此，对于产业链顶端的制造业企业，减税效应确实非常明显，有利于产业的转型升级，但对于大量处于底层的劳动力密集型企业，实际税负反而可能有所上升。

（3）无法取得或是不能及时取得销项税额

由于行业竞争日益激烈，为了实现既定销售目标或是快速开拓新市场、提高市场占有率，企业往往会制定宽松的信用政策来吸引客户，以赊销的方式销售商品，因此常常存在应收账款长期挂账的问题，无法及时取得销项税款。企业发生赊销行为时，常常需要为客户垫付增值税款，也就是要承担这部分税款的现金流支出，时间价值损失较大。《2020中国统计年鉴》相关统计数据显示，2019年我国制造业企业应收账款约14.78万亿元，占同期主营业务收入的15.67％。同时，制造业企业的坏账率也居高不下，形成严重的增值税抵扣链条断裂现象，破坏了增值税作为间接税的税负转嫁特性。另外，例如自产产品作为福利发放给员工等行为会被定义为视同销售行为，需要在没有取得收入的前提下缴纳销项税额，这也额外增加了企业的增值税负担。

（4）税负刚性的存在

一般情况下，企业税负会随着盈利水平的变化而变化，理论上两者之间应存在显著的正相关关系，财政政策的"自动稳定器"功能正是基于税收对盈利水平富有弹性这一理论基础。与之相反，税负刚性则是指企业税负对盈利水平的变化缺乏弹性的一种现象。增值税作为流转税，企业需就生产和流通环节的增值额缴纳税款，数额大小与实际盈利能力相关性较小（樊勇，2017），即存在税负刚性特征。而近年来由于薪资成本上升、创新能力不足等原因，制造业企业的盈利能力大大受限，这就造成了现行税制下，企业对税费负担的敏感程度有所增加，间接导致纳税痛苦感增强。

（5）留抵退税问题

制造业企业要转型升级，往往会在短期内购进大量先进制造设备，这在年度内可能带来高额增值税进项税额。根据财政部、国家税务总局2019年第84号公告的规定，仅对部分先进制造业企业（生产并销售非金属矿物制品、通用设备、专用设备及计算机、通信和其他电子设备销售额占全部销售额的比重超过 50%）实行增量留抵退税政策。部分企业尚在转型过程中，传统产业销售比重较大，因而未能符合先进制造业企业的资格认定，高额的留抵税额不能退税造成的资金缺口，可能会影响企业的转型升级进程。尤其对于一些新创企业来说，由于刚投入生产，经济效益的产生尚需时日，高额的增值税留抵税额可能会使初创企业周转困难，不利于扶持小微企业发展。

四、案例分析

（一）案例背景

1. 案例公司简介

P 公司是国内一家世界领先的玻璃纤维生产商，属于化学原料和化学制品制造业中的资本密集型和技术密集型行业，在全球设有多个研发和生产基地，并拥有多项世界领先的产品认证，是全球玻璃纤维行业中生产规模最大、品种规格最齐全、生产装备最先进、技术水平最领先的企业，产品销往全国 30 多个省市，并远销北美、中东、欧洲、东南亚、非洲等 70 多个国家和地区。公司高度重视以创新引领智能制造，始终坚持"以科技求发展、重品牌拓市场、抓管理促效益、靠人才增后劲"的管理方针。现阶段，公司主要希望抓住新一轮的发展机遇，以智能制造为契机，推动产业升级，带领玻璃纤维行业高质量发展，保持住全球玻璃纤维工业领导者这一地位。

Q 公司总部位于俄亥俄州，是全球领先的玻璃纤维增强材料等复合系统材料生产商，已在全球 30 多个国家和地区建立生产、销售和研究机构。公司生产的产品包括离心玻璃棉制品、钢结构建筑用玻璃棉、高温玻璃棉产品等，不断创新的技术使其在激烈的市场竞争中始终保持着领先地位，成为发展商、建筑承包商、建筑师和业主的首选品牌。未来十年，公司将致力于开发适合市场需求的、更高效、更节能的建筑材料和节能解决方案，最大限度地提高产品的可持续性。

P、Q 公司在公司规模、经营业务及产品市场份额等方面都具有高度相似性，因此本文将以 P、Q 公司作为中美制造业的代表性企业，分析比较两家公司在税费缴纳方面的差异，探析我国税制设计不足之处，缓解制造业企业在税费缴纳方面的压力，助力制造业企业转型升级高质量发展。

2. 案例数据来源

本文在进行案例公司税费负担以及行业企业所得税负测算时，所使用的原始数据主要来自于 SEC 美国证券交易委员会、Orbis 全球企业数据库、ATTOM Data Solutions 研究报告、WalletHub 统计报告、CSMAR 数据库，另有部分数据资料为企业调研所得，案例公司各年度税费明细数据详见附录所示。

3. 主要财务指标及税费缴纳比率

（1）P、Q 公司近五年财务状况

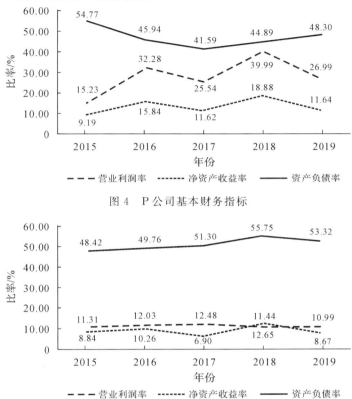

图 4　P 公司基本财务指标

图 5　Q 公司基本财务指标

比较两家公司营业利润率这一指标，P 公司该项指标平均约为 Q 公司的两倍左右，盈利能力较强。近十年来，P 公司营业收入持续走高，作为全球范围内的龙头企业，P 公司的高利润率主要得益于其成本优势，营业成本率比 Q 公司低 10% 左右。从原材料和人工成本来看，我国资源丰富，原材料价格略低于美国，工薪费用也相对较低；从各项费用控制来看，加之近年来 P 公司积极创新经营方式，各项销售、管理费用占比也有明显的缩减趋势。从净资产收益率这一指标来看，P 公司略高于 Q 公司，相对而言自有资本获得净收益的能力较强。从衡量偿债能力的资产负债率指标来看，P 公司整体略低于 Q 公司，两家公司风险水平均适中。

（2）P、Q 公司税费缴纳比率

表 7 公司主要税费缴纳标准比较

项目	P 公司	Q 公司
增值税	13%/9%/6%	无
销售税	无	5.5%（日常办公用品、电子产品和终端消费产品）
企业所得税	15%（属于高新技术企业）	联邦企业所得税 21%/35% 所在州企业所得税 8.7%
企业所得税可补亏时限	10 年（高新技术企业）	无期限
房地产税	房产税 1.2% 土地使用税 6—12 元/平方米	房产税 1.56%
车船使用税	60—1200 元不等	无
印花税	0.05%/0.03%/0.005%	无
执照税	无	0.001%＋15 $（以实收资本＋资本公积作为税基缴纳）
财产税	无	平均为评估财产价值的 1.68%（含房产税在内）
契税	3%	无
环境保护税	大气污染物每污染当量 1.2—12 元	无
出口税费	增值税免抵退	无
城市维护建设税/教育费附加/地方教育费附加	7%/3%/2%	无
印花税	0.005%、0.03%、0.05%	无
残疾人保障基金	（上年在职职工人数×1.5%－上年实际安排的残疾人就业人数）×上年在职职工平均工资	无
		无
养老保险费/工资税—社保税	14%（企业部分）	6.2%（每月工资额×税率，年度上限 113700 $）

项目	P公司	Q公司
医疗保险费（含生育）/工资税—医保税	9%（企业部分）	1.45%
失业保险费（税）	0.5%	联邦失业保险税 0.6% 州失业税 0.095%－7.855%
工伤保险费	4%	无
住房公积金	12%	无

　　由 P、Q 公司名义税费缴纳标准可以看出，总体而言 P 公司名义税费负担略高于 Q 公司，主要体现在间接税与社会保险费部分，可能存在一定的减负空间。

　　4. 税费衡量标准的选择

　　（1）分子项的确定

　　在衡量企业税负时，分子通常分大、中、小三种口径。小口径仅包含企业实际缴纳的税负部分；中口径在小口径的基础上计入社会保险费；大口径同时考虑了税收收入、非税收入以及社会保险费。考虑到美国的社会保险费是作为工薪税的一部分，且我国自 2019 年 1 月 1 日起这部分费用也交由税务机关征收，因此应将这部分费用作为企业广义税负的一部分。各项行政事业性收费等非税部分也给企业造成极大负担，且这部分财政收入的本质职能与税费收入没有区别，在实质上造成了企业的利益折损，因此也应当考虑在内。即，本文在分子的选择上拟采用大口径进行测算。关于口径中包含的税种，由于间接税不可能完全转嫁给下游企业，且即便能完全转移，也会对企业的资金流动产生影响，因此应当同时考虑直接税负担和间接税负担。另外，政府以各种形式给予企业的财政补贴以及税收返还也应当从分子项中扣除。

　　（2）分母项的确定

　　由于利润口径容易受到成本的影响，比如致力于推动转型升级的企业可能会进行大量固定资产投资，投资初期几个年度的利润就可能较低甚至为负值，不具备合理的经济意义。与美国相比，我国企业的利润率水平也相对较低，利润税负必定远高于美国同类型企业。不同于利润指标，企业的各项税费现金流支出基本与营业收入直接挂钩，收入税负能够切实反映政府部门在企业收入蛋糕中的分配程度。因此，本文倾向于选择营业收入作为衡量企业综合税负的计税经济来源，具体包括主营业务收入及其他业务收入两部分。

　　（3）指标构建

　　由以上分析可知，为更好地进行国别间企业税费的比较并反映企业的真

实税费负担情况,本文借鉴庞凤喜(2017)的观点,认为应采用综合税负指标,即:

企业综合税费负担

$$= \frac{\text{涉税支出}+\text{社会保险费}+\text{行政性支出}-\text{财政补贴及税收返还}}{\text{主营业务收入}+\text{其他业务收入}} \quad (4-1)$$

同时,为进一步研究案例公司的具体税负和费负情况,本文将公式(4-1)分子项的税收部分与非税部分进行拆分,形成两项新的子统计指标。

$$\text{企业税收负担} = \frac{\text{涉税支出}}{\text{主营业务收入}+\text{其他业务收入}} \quad (4-2)$$

$$\text{企业费用负担} = \frac{\text{社会保险费}+\text{行政性支出}-\text{财政补贴及税收返还}}{\text{主营业务收入}+\text{其他业务收入}} \quad (4-3)$$

(二)综合税费负担比较

1. 总体税费

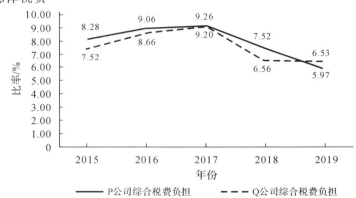

图 6　P、Q 公司 2015—2019 年综合税费负担情况

由图 6 可知,P、Q 公司的综合税费负担在 2015—2019 年的差距并不大,其中前四年 P 公司负担相对较重,在 2019 年的负担则略低于 Q 公司。从变化趋势来看,P 公司的综合税费负担在 2015—2017 年有轻微的上涨幅度,主要是因为营改增后公司缴纳的增值税额有所上升,并且公司在 2016 年的经营效益较好,缴纳的所得税额上涨了 33%,由此带来了总体负担的上升;而自从 2017 年起,总体税费负担开始有明显的下降趋势,这说明 2017 年后施行的包括降低增值税税率在内的各项税收政策确实有惠及制造业企业,并在很大程度上降低了它们的税费负担。我们也可以看到,Q 公司的综合税费负担在 2017 年到 2018 年有较大幅度的下降,而在 2017 年底美国颁布了《减税与就业法案》,大幅削减企业所得税负,这是 Q 公司综合税费负担大幅度下降的一个重要原因。

2.细分构成

表 8　P、Q 公司 2019 年税费项目构成

P 公司项目	税费占比	Q 公司项目	税费占比
企业所得税	67.146%	企业所得税	39.80%
社保公积金	16.916%	工薪税	25.25%
增值税	11.875%	财产税	20.72%
房产税	1.510%	养恤基金	12.84%
城市维护建设税	0.842%	环境责任费	0.86%
残疾人保障基金	0.622%	房产税	3.83%
教育费附加	0.601%	销售税	0.52%
印花税	0.425%	执照税	0.01%
环保税	0.061%		
车船使用税	0.004%		

由表 8 可知，P 公司税费主要由企业所得税、社保公积金、增值税构成，Q 公司则主要由企业所得税、工薪税、财产税构成。企业所得税纳税数额虽然在 P 公司缴纳的税费总额中占比较高，但以利润为基的实际有效税率基本在 15%上下波动，这在国际上已处于较低的水平，因此要降低我国制造业企业的税费负担，应考虑从增值税和社保公积金这两者入手，探寻在增值税和社保公积金的政策制定上可能存在的疏漏之处。

3.反事实度量

为进一步比较 P、Q 公司的税费负担情况，本文套用美国税制，对 P 公司的税费情况进行反事实估算。需要说明的是，本文的反事实测算结果未包含环境责任费与养恤基金在内，可能存在一定低估，测算财产税时的税基因缺乏评估价值数据，采用账面数额代替时也存在一定误差。具体计量结果如下图所示。

由图 4-5 可知，我国税制下的综合税费负担水平其实并不高，以美国税制计量的企业税费负担在 2015-2019 年均高于我国税制下的税费负担，主要是因为在美国税制下，我国的所得税负担有较大幅度上升，同时相较于我国的房产税制度，美国财产税征收的税基较大且税率较高，带来了整体负担水平的提高。我们也可以看到，自 2016 年起，美国税制下 P 公司税费负担下降程度较大，主要是因为在美国税制下，所得税构成企业税费的绝大部分，而在 2016年之后，P 公司的税前利润呈逐年下降趋势，加之自 2018 年 1 月 1 日起，美国

图 7 不同税制下 P 公司税费负担情况

企业所得税由 35％的最高边际税率降至 21％的单一税率,因此 P 公司的所得税负有较大的下降趋势,因此综合税费整体也有所下降。我国税制下 P 公司的税费负担自 2017 年起也有明显的下降趋势,但是下降幅度略低于美国,可以看出美国采取的降税政策相对较为激进,能在短期内达到明显的减税成效,但同时美国政府也承受了较大的财政赤字压力。相比之下,较之于美国有增有减的减税政策,我国推行的"涵养税源"式减税政策在未来几年仍能给企业带来持续性红利,可以预期我国企业的税费负担有望进一步降低。

图 8 P、Q 公司 2015－2019 年税收负担情况

(三)税收负担比较

由图 8 可知,P、Q 公司的税收负担与总体税费负担的变化趋势大体一致,都是在 2017 年后有较明显的下降趋势。总体来看,我国制造业企业的税收负担在 2019 年之前略高于美国,这主要体现在增值税和企业所得税上,故下文对主要这两个税种展开进一步分析。

1.增值税(销售与使用税)负担分析

(1)增值税负担分析

①增值税在纳税总额中的占比情况

图 9　2011－2019 年增值税占比情况

由图 9 可知,2011 年至 2019 年 P 公司的纳税总额总体呈上升趋势,而增值税在纳税总额中的占比有明显的下降趋势。我国目前是以间接税和直接税为双主体的国家,但收入来源主要还是间接税,近几年减税降费政策的着力点也是在间接税,尤其是致力于降低企业的增值税税负,增值税在所有税费中的占比有所下降可以看出 P 公司在很大程度上确实享受到了政策红利。

②增值税税负情况

增值税的本质是对商品生产、流通等多个环节中的新增价值或附加值征收的一种流转税,为进一步研究 P 公司的增值税负担情况,本文借鉴吕冰洋等(2019)的做法,以企业实际缴纳的增值税和企业增加值的比值来衡量增值税税负,其中企业增加值以收入法测算,具体计算方法如下:

$$企业增值税税负 = \frac{当年实际缴纳的增值税}{企业增加值} \quad (4\text{-}4)$$

其中,企业增加值＝固定资产折旧＋劳动者报酬＋生产税净额＋营业利润

生产税净额＝税金及附加＋增值税

劳动者报酬＝支付给职工以及为职工支付的现金＋应付职工薪酬当年变化值

计量结果如下:

由上图可知,2011－2014 年增值税税负呈上升趋势,可能与 2011 年国家颁布的"十二五"规划相关,规划对包括化工新材料在内的新产业进行结构性

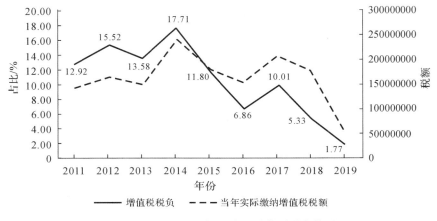

图10　2011—2019年P公司增值税税负情况

调整,在一定程度上增加了公司的改革运营成本,间接导致税负有所增加。2016年实行营业税改征增值税后,P公司增值税税负有短暂的上升,但之后便持续下降。2019年企业增值税税负明显下降,主要是由于当年累计有8000多万的免抵退税额,而2018年没有该部分退税,2019年度报告期未抵扣增值税在很大程度上降低,加上这部分税额则两年间的增值税税负大体相当。在2018年10月财政部、国家税务总局调整了部分产品出口退税率,其中就包含将玻璃纤维的出口退税率提高至10%,2020年3月则是将玻纤等产品出口退税率提高至13%,出口退税率的持续提高充分体现了国家鼓励先进制造业企业走出国门的政策导向,对于以玻璃纤维生产为主业的P公司来说也有极大的减负作用,能在一定程度上提高其在海外市场的竞争力。

　　③留抵税额

　　留抵退税政策是增值税减税政策中的关键一环。根据增值税的缴纳方式,当期进项税额多于销项税额时便会在当年形成留抵税额,而从实践经验来看,在制造业行业就普遍存在着因自身产业结构等原因而大量长期存在留抵税额的情况。

　　以2018年为例,P公司当年留抵税额40161352.6元,在当年企业总资产中占比0.21%,在当年营业收入中占比0.74%,一定程度上挤占了企业的现金流。P公司近几年正在向智能制造方向发展,需要大量建造厂房、购置生产线等,这势必会形成高额进项税额,而调试安装期间无法生产新产品形成销项税额,就会形成资金占用成本。以我国1—5年中长期贷款的基准利率4.9%来测算,上述资金一年就会形成近200万元的财务费用,增加企业资金负担。

　　从国外实行增值税的国家来看,均普遍推行留抵退税政策,其中大多数国家都采用直接退税的做法,即只要纳税人当期可抵扣的进项税额超过销项税额,税务机关就会在规定时限内对差额部分予以退还,比如比利时就可以在 90 天内申请退还,增值税退税申报时间也是衡量税收营商环境的一项重要指标。我国在 2018 年出台的留抵退税政策对行业和退税额度均有一定限制,2019 年的政策放开了行业限制,但对企业享受退税的资质提出了更高的要求。从现有财政承受能力来看,目前的留抵退税政策具有一定的合理性,但从长远来看,为了进一步释放制造业转型升级的活力,可以考虑进一步降低增值税留抵退税的门槛、提高退税比例,更好地惠及广大制造业企业。

(2)销售与使用税负担分析

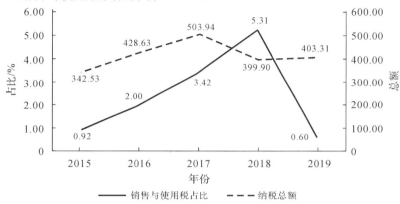

图 11　2015－2019 年 Q 公司销售与使用税税负情况

由上图可知,Q 公司销售与使用税的税负情况在各年间变化较大,主要是因为 Q 公司销售与使用税的缴纳对象大多是办公设备等终端消费产品,每年购置数额会有一定波动。总的来说,新购置资产在企业总资产中占比不大,缴纳的销售与使用税数额在纳税总额中的占比也较低,给企业带来的负担相对较轻。

2.企业所得税负担分析

(1)P、Q 公司所得税负比较

考虑到企业所得税税负是直接影响企业经营成果的重要因素,很多学者在使用综合税负指标测算企业负担状况的同时,也会配套使用企业所得税税负率指标,以测度政府以税收形式分享企业经营成果的实际情况,提高企业税负计量的客观性与准确性。具体计算方式为:

$$企业所得税税负率＝\frac{所得税费用－递延所得税费用}{税前利润} \tag{4-5}$$

从企业所得税税负率这一指标来看,P 公司大体在 10％－15％之间波动,实际税率低于 15％名义税率的年份主要是部分所得享受了当年的税收优惠政策,同时也受到递延所得税的影响。Q 公司的企业所得税税负率在 2015－

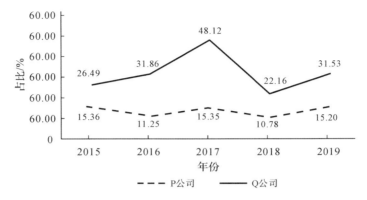

图 12　P、Q 公司 2015－2019 年企业所得税税负率情况

2019 年的数值变化较大,主要是因为 Q 公司的递延所得税资产与递延所得税负债在各年度的变化幅度均较大,导致企业当年的所得税费用与税前利润脱钩。相对而言,我国制造业企业的所得税负担更低。

（2）P 公司纳税情况

①与行业税负的比较

为进一步了解 P 公司在我国制造业行业整体中的所得税负担情况,本文选取沪深两市 A 股上市制造业企业为研究样本,并进行了如下筛选:

首先,剔除 ST、*ST 等财务状况异常的公司;其次,剔除样本中利润为负的公司;最后,剔除税率出现极端值的公司。

经过上述筛选最终得到的有效样本数据为 1263 组,数据主要通过国泰安数据库获取,计算得出 2015 年至 2019 年制造业行业企业所得税税负平均值,具体数额如下:

图 13　2015－2019 年 P 公司及行业所得税税负情况

根据图 13 的计量结果,P 公司近五年的实际所得税税率平均约为

13.59%,远低于25%的法定税率,也略低于15%的优惠税率,主要得益于P公司的高新技术企业资质以及享受到的各项企业所得税优惠政策。而与行业平均企业所得税税负相比,P公司的税负也相对较轻,也远低于美国企业的所得税税负,这说明在我国当前的所得税制设计并未给企业造成过度负担。多年来,P公司高度重视创新,持续进行产品研发,整合上下游资源,致力于打造高技术含量的高端玻纤产品,这也给其他税负较高的制造业企业指明,要想降低所得税负担,就要从降低成本入手,提升自主研发能力,从而提高公司盈利能力。

②亏损弥补时限及条件问题

P公司于2017年以70%的持股比例在美国南卡罗莱纳州设立海外公司,投资建立新的玻璃纤维生产线,建设期约2年。2018年与2019年的年报信息显示,在建设期内该海外公司持续亏损,数额累计达4100余万人民币,资产投入逾26亿元人民币,给企业造成较大的资金压力。根据我国现行税法政策,母子公司之间不能互相弥补亏损,这意味着企业为走出国门,在海外新设子公司时可能需要承受很长一段时间的亏损,且公司在设立新的子公司时,往往本着探索先进生产线,依靠先进技术转型升级的初心,巨大的资金压力可能不利于鼓励制造业企业在创新中发展壮大。

基于以上存在的问题,我认为可以在政策上进行进一步的探索,在完善现行反避税机制监管的前提下,研究母子公司亏损共担机制,进一步降低企业负担。考虑到部分先进生产线的筹建期较长,应当考虑进一步延长高新技术企业的亏损弥补期限,比如可以考虑根据企业的实际筹建情况,延长到15年甚至更长。

图14 2015—2019年P、Q公司费用负担比较

(四)费用负担比较

由上图可知,P、Q公司费用负担整体占比均较小,P公司在2015—2019

年负担均低于 Q 公司。从变化趋势来看,P 公司的费用负担从 2015 年到 2019 年有一定的上涨幅度,这主要与我国近几年最低工资标准持续上涨有关,薪酬上涨带来了企业五险一金缴费基数的上涨,从而导致企业整体费用负担的上涨。由于社会保险费构成了我国企业费用的绝大部分,而美国的工薪税在企业费用负担中也占比较高,故本文将社会保险费与其它费用负担分开展开进一步分析。

1. 社会保险费(税)负担分析

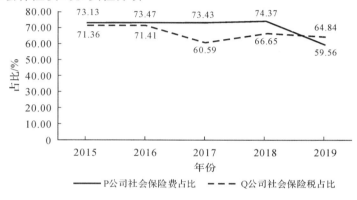

图 15   P、Q 公司社会保险费(税)占比情况

由上图可知,P、Q 公司的费用绝大部分由社会保险费(税)构成,在构成比例上差距不大。P 公司的社保费占比在 2019 年下降了近 15%,这主要是因为 2019 年公司住房公积金缴纳额有较大幅度的上涨,交纳数额达 2018 年的 173%,因而导致社保费支出占比相对减少。

表 9   P、Q 公司社保缴费比率比较

项目	P 公司	Q 公司
养老保险费/工资税—社保税	14%	6.2%
医疗保险费(含生育)/工资税—医保税	9%	1.45%
失业保险费	0.5%	联邦失业保险税 0.6% 州失业税 0.095%—7.855%
工伤保险费	4%	/

从名义缴费率来看,P 公司的名义缴费率高达 28%,Q 公司仅为 10% 左右,P 公司的缴费比例高出 Q 公司近两倍,也逼近世界上很多高福利国家的费率。以 2019 年为例,P 公司缴纳的社会保险费中,养老保险占比 59.23%,医疗保险占比 29.48%,生育保险、工伤保险、失业保险分别占比 4.65%、

4.34％、2.29％，而社保费合计在企业利润总额中占比高达4.7％。由此可以看出，P公司的社保负担大部分由养老保险和医疗保险构成，这可能与我国未富先老的社会现状有关，社会养老压力不断增加，带来的是日渐增大的养老基金池亏空，政府不得不提高社保缴费率以维系社保基金收支平衡，从而给企业造成较大的缴费压力，在很大程度上挤占了企业利润。

自2015年以来，我国多次出台社保降费的政策，其中就包括自2019年将城镇职工的基本养老保险单位缴费比例由原来的20％调整为16％，广东则早在2017年便将养老保险缴费比率定为14％，这都体现了国家努力为企业减负的决心。但在医疗保险方面，目前减负政策较少，且P公司的医疗保险缴费率9％高于全国6％的指导性费率。据调查，许多职工个人账户中均留存了过多的医保资金，因此可以考虑适度降低单位缴费率，同时加大财政补贴力度，扩大个人账户资金的使用范围，让医保政策达到更好的惠民效果。其他险种方面，生育、工伤、失业保险的本身费率并不高，降费空间较为有限，但在失业保险方面，我们可以考虑学习美国的做法，根据各地区实际失业人员状况，建立一个浮动费率机制，使收费更具合理性。在未来，也有望进一步调低各项社保费用的缴费比例，实现全国范围内的统一。

2.其他费用负担分析

表10　2015－2019年P、Q公司其他费用负担情况

项目/年份	2015年	2016年	2017年	2018年	2019年
P公司其他费用总额（百万元）	13.34	13.14	13.79	17.01	29.32
P公司其他费用占比	26.87％	26.53％	26.57％	25.63％	40.44％
Q公司其他费用总额（百万美元）	60	63	87	63	64
Q公司其他费用占比	28.64％	28.59％	39.41％	33.35％	35.16％

由表10可以看出，从绝对数额来看，两家公司的其他费用负担从2015年到2019年总体均有一定的上升幅度，且P公司的上升幅度更大，在2019年的费用负担大致相当于2015年的两倍；从相对数额来看，两家公司其他费用占比也均有一定的上升，在上升比例上大体一致，基金收费项目均挤占了一定企业收益。

（五）差异原因分析

1.税制结构差异

中美税收的关键体制性差别在于，我国现行税制以流转税为主，美国则以所得税为主，主要从个人征收。根据税负转嫁理论，影响税负转嫁程度的有多

种因素,其中最直接的则为供需弹性。我国增值税尚未达到完全转嫁的税收中性特征,流转税存在的"税负刚性"会使企业税负对盈利水平缺乏弹性,尤其是在经济低迷时期,有可能进一步提升企业主体对税费负担的敏感度,提升企业的"税痛感"。

结合前文两国税制的比较分析与案例企业的税负测算情况,我国制造业企业负担重的一个重要原因就是增值税负担大,这也包括名义税率较高、留抵税额占用资金成本等多方面原因,而美国与我国增值税性质相近的销售与使用税仅需在最后的消费环节征收,且主要是针对终端零售产品,一般不会给企业带来过重的纳税压力。

2. 政策力度差异

根据最优商品税和最优所得税理论,我们需要权衡高税率带来的分配不公问题与低税率带来的效率损失问题,也就是在制定税制改革政策时也应当综合考虑效率与公平两大目标,综合利用各种政策工具,以达到兼顾效率公平的目标。同时,根据拉弗得出的结论,只有将税率控制在最优税率附近,才能实现最优的财政收入效应与社会效应,我国重点推进的减税这一供给侧改革的基本手段,与学者拉弗的观点相契合。

近年来为了降低制造业企业的税费负担,我国致力于建立立体式的税收优惠政策体系,不断探索适合我国企业发展的最优税负情况。国家的积极税收政策可以在一定程度上缓解制造业企业税费负担过高的压力,从而显著提高企业对研发和高新技术的投入,提升企业的盈利能力并促进企业转型升级。但是,我国的政策优惠相对而言不及美国力度大,如美国联邦政府允许制造业企业立即扣除所有投资成本,每年在加速折旧激励上花费约 200 亿美元,这能对制造业的投资发展起到显著的激励作用。

与美国相比,我国的税收优惠政策更倾向于高新技术产业及偏远地区,极少有惠及或直接针对制造业企业。同时,我国施行的是"涵养税源"式的减税政策,虽然短期内的减税力度可能不如美国,但在未来几年能给企业带来持续性红利,加之我国的综合税费负担与美国实际差距不大,可以预期未来两国的税费负担差距将会进一步缩小,我国将构建出更适宜企业创新发展的税收营商环境。

3. 收费制度差异

由前文的比较可以看出,我国社会保险费的名义缴费率设置过高,约为美国的两倍左右。近年来,全社会最低工资标准的不断上涨,也带来了社保公积金缴费基数的持续上涨,这在很大程度上加重了企业的用工成本。

其他行政性收费方面,目前我国各级政府性基金收费条目繁多,但是被纳入预算管理、有据可查、使用透明的基金只有 40 多项,涉企收费项目多、不透明、弹性大让利润率本就不高的制造业企业不堪重负。同时，各地普遍将税收计划的完成情况作为考核税收征管工作的主要依据，部分地区在完成上级机关税收计划的压力较大时，可能会人为地多征多罚，即征收"过头税"，尤其在经济下行期，税源萎缩，地方政府可能有增加财政支出以抑制经济衰退的动机。这些现象的发生，主要还是因为我国税收法制程度较低，存在比较大的寻租空间，各级地方政府在诸如社会保险费用、行政性收费、行政性灰色隐性寻租成本等一系列支出方面自由裁量权较大，这成为制造业企业费用负担高的一个重要原因。

相比之下，美国各级政府各司其政，在财政税收上没有明确的隶属关系，因此一般不会存在为完成上级税收任务征收"过头税"的现象。同时，美国税收高度法制化、规范化，行政事业性收费项目规范透明，违法审查力度也较大。

五、结论与政策建议

（一）结论

制造业企业经营效益的提升，不仅是企业自身追求的目标，对于巩固我国实体经济这一发展经济的着力点，也有着重大而深远的意义。本文通过理论分析和案例分析，探讨了中美税制设计及税费负担的差异情况，得出以下结论。

第一，通过构建综合税费负担指标，本文认为，从总体税费负担来看，我国制造业企业的负担在2019年之前略高于美国，主要原因是我国的间接税负较高。同时，两国的负担差距近年来持续缩小，随着各项税收优惠政策的落实，未来也有望进一步缩小。而从变化趋势来看，我国企业的综合税费负担自2017年起有明显的下降趋势，这说明在营业税改征增值税后施行的各项优惠政策确实有惠及制造业企业，并在很大程度上减轻了它们的经济负担。

第二，从具体税种来看，我国税费负担较重主要源自于以间接税和直接税为双主体的税制设计，而美国以直接税为主体，税负主要由个人负担。我国制造业企业难以将增值税税负完全转嫁出去，加之留抵税额不能完全退税，由此形成了额外的增值税负担。相对而言，我国制造业企业，尤其是具备高新技术资质的先进制造业企业所得税负担较轻，目前出台的系列政策也有利于鼓励企业持续创新，但在新设海外子公司时，母子公司亏损不能互补的政策也给企业造成一定资金压力。从社会保险费来看，我国企业负担相对较重，名义费率高出美国近两倍，尤其是养老保险和医疗保险负担较大，在很大程度上挤占了企业利润，尚有减费空间。

（二）政策建议

1. 税收负担层面

（1）综合政策层面

①出台促进先进制造业发展的财税政策

由上文的结论可以看出，我国目前制造业企业的税费负担略高，仍有减负的空间。同时，当下的税收政策大多是一些普惠性的政策，且主要是针对盈利企业的一些税率、税额上的减免，缺乏针对特定行业以及创新创业型企业起步阶段的优惠政策。具体而言，可以区别先进制造业的不同细分领域，实施针对性的税收优惠，比如可以对智能制造领域范围内的产业实行增值税即征即退、所得税减免等政策；进一步提高与研发相关的利息费用扣除标准、提高研发费用加计扣除比例；对于取得创新性成效的研究成果，也可以对计税收入予以一定比例的减免或是按社会贡献度给予财政奖励，以进一步鼓励制造业企业创新，真正提高我国制造业企业的竞争力。

②加快税收立法进程

美国拥有成熟的税收法制体系及税收征管队伍，并建立了先进的现代化信息网络，具备极强的税源管控能力。在美国，税务机关属于"执法服务型"体系，高度执行依法治税，一旦发现违法现象即会面临高额罚单，有极高的违法成本。美国分联邦、州、地方三级政府分别开征不同税种，在法律层次和内容上都比较丰富，我国也可以借鉴美国的做法，在税款征收、税务稽查、税务争议救济上，增加更多的明细税法制度，改变以行政为主导，涉税法律数量少的状况。

截至2020年底，我国有7个税种尚未立法，现阶段也尚有很多税收政策，尤其是优惠政策大多以通知或者补充规定的形式存在，缺乏法定性，从而导致政策整体不够系统规范。地方政府在落实政策时，缺乏规范、可操作性的法律为参照依据，这可能会带来执行时选择性、随意性过强，部分地区可能会滥用职权选择性地执行税收优惠政策，使得减税政策不能落实到位。

因此，在新税收政策施行初期的问题被发现并解决后，我们应当归纳整理在此期间出台的各项补充规定，增强税法的系统性和内在法理的统一性，以法律形式将各项政策规范化。同时，我们应当从根本上取消税收任务下放，转变部分地方政府"以收定支"的做法，也应提高执法的透明度，考虑效仿美国，建立更完善的信息化网络系统，并自觉接受公众的监督，避免给企业造成额外负担。在未来，我们也应当继续弥补现行法律法规中存在的漏洞，打造科学化透明化的征管体系，真正使执法人员在征收时有法可依。

③完善税制结构

美国税制以直接税为主，大部分税种以个人为征收对象，个人所得税和社会保险税收入在财政总收入中占比超过 80%,这也直接决定了美国企业的税负相对较轻。以直接税为主体的税收结构有多方面的好处:一方面,直接以所得和财产为课税对象,不易将税负转嫁出去;另一方面,在税率设置上可以采取累进结构,能体现税收公平原则和量能课税原则,也能使税收收入更具弹性,平抑国民经济的剧烈波动。

纵观世界各国税制设计,发达国家大多以直接税为主体,而发展中国家大多以间接税为主体。我国目前是以直接税和间接税为双主体的国家,但由《2020 年中国统计年鉴》的数据测算可以得出,增值税和消费税在我国税收总收入中合计占比近 50%,远高于企业所得税和个人所得税收入之和,税收收入在很大程度上仍来源于间接税。我国广义口径上的税费负担并不高,只是大部分税收都由企业承担,因而造成企业较高的"税负痛苦指数"。我国税制改革的内在取向也就是要逐步向以直接税为主体转变,但是目前的社会现状下直接税加税的推进也举步维艰,就是因为涉及面广而遇到诸多现实阻力。若一味削减间接税收入,而找不到合适的财政替代资金来源,政府在各项民生事业(扶贫、医疗等)上的资金缺口便无法填补。

(2)间接税层面

①进一步简并增值税税率,降低增值税税负

我国目前正在推进增值税立法工作,可以抓住改革的契机,进一步简并增值税税率,考虑将 13% 和 9% 的税率级次合并为一档基本税率,再针对与民生密切相关的必需品设置一档优惠税率,更好发挥增值税税收中性作用。

②降低留抵退税门槛

很多制造业企业在筹建期都会产生高额增值税期末留抵税额,建议放宽对退税企业的纳税信用等级等条件限制,效仿西方国家,赋予企业在纳税申报自主选择退税的权利,以实现快速退税,降低企业的资金占用成本。而考虑到纳税人的遵从程度差异,为杜绝纳税人钻政策漏洞的可能,可以引入中介机构对申请留抵退税的纳税人进行定期抽查,对善意违规的企业从轻处理,对恶意违规的企业从重处罚,以营造更加公平公正的税收环境。

(3)直接税层面

①延长亏损弥补期限,探索母子公司亏损共担机制

根据我国现行税法政策,母子公司之间不能互相弥补亏损,这意味着企业为走出国门,在海外新设子公司时可能需要承受较长一段时间的亏损,巨大的资金压力并不利于鼓励制造业企业在创新中发展壮大。目前不允许亏损互担的政策主要是为了防止企业转移利润进行避税,但也确实给企业开拓海外业务造成一定阻碍。可以考虑在政策上进行进一步的探索,研究母子公司亏损共担机制,并加强对企业恶意转移利润的监管,进一步降低企业负担。考虑到

部分先进生产线的筹建期较长,应当进一步延长高新技术企业的亏损弥补期限,比如可以根据企业的实际筹建情况,延长到 15 年甚至更长。

②探索构建财产税体系

我国税制的整体导向是要向直接税为主体转变,但也不能立刻大幅缩减间接税税负,为在保证财政收入的前提下提高直接税比重,我国迫切需要建立完备的财产税体系,可以考虑借鉴美国的财产税制设计,并将财产税作为地方政府的主体税种。美国三级政府的征收比较独立,各州和地方政府可以依据各地的实际情况,调整辖区范围内的税率或是制定相应的优惠政策。可以借鉴美国,给予地方政府一定的征税自主权,这有助于更好地涵养地方税源,也能提高征税效率,在保证收入的同时支持产业发展。

2. 费用负担层面

(1)加大财政支持力度

自 2018 年 3 月起,中美之间的贸易摩擦不断升级,美国多次对我国加征关税,主要是针对高端和中高端制造业,对我国制造业企业对外贸易造成诸多不利影响。在这样的大背景下,政府应当适时出台系列政策,以财政拨款、资产划转等多种形式缓解企业的出口压力,鼓励企业创新。同时,也应当大力支持企业的引才工程,对引入高端人才给予一定补贴,加强企业高技术人才队伍的建设,以核心技术增强制造业企业在全球市场上的竞争力。

(2)推进社会保险费改税,适当降低名义缴费费率

在美国,社会保险费称之为工薪税,是税收收入的一部分。而在我国,自 2019 年 1 月 1 日起,社会保险费也统一交由税务部门征收,因此我国也应当尽快推进社会保险费改税工作,更优质地利用税务部门的强大征管能力。美国最初的工薪税仅包括养老金支付部分,随着社会需求逐渐增加医疗、残疾、遗属等项目的支付,我国在费改税的过程中,也可以借鉴美国的做法,先确立占比较高的养老保险、医疗保险税目,再逐步增加其他税目。

与世界各国相比,我国社会保险费的名义缴费费率在全球范围内均处于较高水平,这不仅在很大程度上挤压了企业的利润和生存空间,大大提高了企业的用工成本,增加了企业的"机器换人"倾向,对就业造成一定负面影响。同时,社保负担高也会使得企业滋生逃避缴纳社保费的行为,或是纷纷以最低限额为标准缴纳,不利于政府有效筹集社保资金。2017 年国务院下发了《划转部分国有资本充实社保基金实施方案》,这为缴费率的下调创造了空间。无论是降低企业资金压力、助力制造业企业更好地转型升级以应对国际竞争,还是保证政府社保资金的有效筹集来看,均需考虑适度降低名义缴费率。

在缴费基数的设置上,我国规定下限为上年度全市职工月平均工资的 60%,上限则为 300%,而美国在失业保险税缴纳上采取浮动税率制,会根据企

业每年的裁员数量以及在州政府领取失业金的人数进行调整，领取人数增多则税率会上调，人数减少则下调税率，我国也可以采取这种浮动税率制度，赋予各地政府依据当地失业状况适度调整适用税率的权限，以更适应当地发展的实际需求。另外，在特殊经济时期，美国也会采取特殊性的政策，比如在金融危机期间及 2015 年至 2016 年的经济下行阶段，对缴费基数的上限采取了冻结手段。相对应的，在诸如新冠肺炎疫情等对企业造成重大经济压力的时期，也可以考虑采取一些阶段性的政策，适度降低企业缴费率，同时加强征管强度，确保社保资金池充沛。

3. 加强行政性收费管理

自 2013 年以来，国家持续推进"放、管、服"改革，对涉企收费进行全方位清理，并在 2018 年出台了《行政事业性收费标准管理办法》，建立了详尽的收费清单目录，在清理不合理的行政事业性收费方面取得突出成效。但不可否认，地方政府仍存在一定行政收费权限，部分地区为保证本地财政支出需求，可能会违规征收"过头税"，加重纳税人负担，必须通过立法规范地方的收费权限与自由裁量权。同时，我们应从根本上取消税收任务下放，转变部分地方政府"以收定支"的做法，也应提高执法的透明度，考虑效仿美国，建立更完善的信息化网络系统，打造科学化透明化的征管体系，加大对各项收费的政府审计力度，自觉接受公众的监督，避免给企业造成额外负担。

课题组组长：周广仁

课题组成员：郑备军　金可意　郑　航

黄碧波　潘文飞

融入国际税改大潮，
助力合作共赢开放体系建设
——基于"支柱二"国际税改
方案的角度（特别奖）

浙江省税务学会课题组

当前的国际税收领域正在风起云涌地推进着名为"双支柱"改革计划。支柱一是针对数字经济的税制体系改革，支柱二是针对所得税税基侵蚀和以避税港为主要对象的低税国家和地区的"逐底式"低税竞争而实施"最低税收"规则。根据 G20 和 OECD 组织 2021 年 10 月 8 日的最新声明，双支柱方案将于 2023 年实施，其中支柱二中的"低税支付规则"（UTPR）推迟于 2024 年实施。

一、支柱一的背景和主要内容：

在原有经济运行模式下，跨国经济活动的产业链是技术研发（无形资产形成）——商品生产劳务提供——流通——消费，跨国公司必须在流通和消费地（目前称为"市场国"）设立分支机构（以下按国际税务管理统称为"常设机构"）来向消费者提供商品和劳务，于是，在市场国的收益一般实现和归集于常设机构名下，市场国也正是将常设机构确定为纳税人进行征税，以实现市场国的税收权益，这几乎是各国惯例，也是原有国际税收秩序的基石。尽管在原有的产业链中，跨国公司也可以通过转让定价等手段，尽力将利润转移到母公司或避税港，但在各国政府单独或多边合作努力下，总有一部分利润留在市场国，市场国可以征得部分税款。国际税收合作的任务只是要求常设机构与母公司及关联公司之间按独立交易原则支付结算，避免通过关联交易把税基转移到母公司所在国或避税港等低税地区。

数字经济的出现和兴起打破了国际税收秩序，以电子信息为媒介的数字经济打破了原来的产业链体系。而在数字经济或经济数字化经济模式下，集团公司在其所在国（大多是发达国家）设计研发产品，同时在集团公司所在国或者其他国家(非市场国)设立制造厂家，再向消费者所在国(市场国)销售，而不需在市场国设立销售和服务机构，即可以直接通过网购平台、互联网、运输机构等不属于集团公司的机构，直接向消费者提供商品和劳务(包括线下消费的有形商品、可供收视的广告、电影电视、游戏等网上消费品)，也可以直接向消费者提供无形资产、技术、专利产品，购销双方可以是跨国的，但供给方不需要在市场国设立"常设机构"实现销售及其后续服务，可以在市场国不出现不存在物理空间意义上的纳税人，这就使市场国政府(税务当局)无法通过确定"常设机构"这样的纳税人来实现征税，更明确地讲，就是在税收制度中缺乏纳税人这一要素，不能构成征纳关系，市场国政府无以征税，而提供数字产品和劳务的跨国公司就逃过了在销售地纳税这道环节。这种趋势当下正日益旺盛，一是影响了市场国的征税权益；二是严重影响了数字经济与非数字经济之间的税负公平，特别是使市场国的非数字经济产业遭受极为严重的冲击。三是更助长了跨国公司垄断优势地位的增强，跨国公司本来就处于竞争优势地位，而这种数字经济和经济数字过程中的跳过市场国的纳税环节的模式使其更能轻装上阵。概括地讲，数字经济打破了商品劳务在开发设计、生产制造、流通劳务、消费各环节的价值实现链和税收权益分配体系，使得价值和税源更加向源头集中，而末端的消费环节受到削弱。需要指出，从数字经济及其引起的税收权益分配来看，在发达国家之间也是不平衡的，美国与欧洲大部分国家的数字经济发展就很不平衡，欧洲多数国家的税收权益受到损害，为此，欧洲国家先后纷纷单边出台了不同形式的数字服务税，以保护自身的经济和税收权益，针对数字经济对原有国际税收秩序的这种挑战，OECD 于 1998 年在渥太华发布了《应对数字经济的税收挑战：行动计划 1——2015 年最终报告》宣言，简称《BEPS 行动计划 1 报告》。

根据支柱一的规则，跨国公司即使不在市场国设立常设机构，也可以针对大型跨国公司按其在世界各地的营业收入，计算分配给市场国一定的征税权。基本精神是：在支柱一方案中首先设定金额 A 和金额 B，金额 A 是针对年营业额在 200 亿欧元以上的跨国公司，将其营业利润率超过 10％以上的超额利润的 20～30％(2021.10.8 日的声明是 25％)，按市场国营业额占跨国公司全部营业额的比例，分配给市场国作为征收所得税的税基，由市场国征税。可以公式表示如下：

依据 A 计算的某市场国可征收税收额＝〔某跨国公司全球范围内的税前利润(PBT)－该跨国公司全球范围内营业合计×集团利润水平(双支柱议案定为 10％)〕×再分配比例(20～30％)(2021.10.8 日的声明是 25％)×该市场国全球范围内目的地营业收入的份额％(即在该市场国的营业收入额占全球营业收入的比例)×该市场国分配获得金额 A 的适用税率(％)

金额 A 实行 7 年后,营业额门槛将将从 200 亿欧元降为 100 亿欧元,而税前利润率不持不变。(作为因地制宜的例外,对于国内生产总值低于 400 亿欧元的小型经济体,营业额门槛降为 25 万欧元)。

采掘业和受监管的金融服务排除在范围之外。

支柱一方案确定的按跨国公司营业额向市场国分配税基的法理依据主要是,在国际经济活动产业链中的各个环节和相应的各个地域,对于产品(服务)的价值生产和价值实现都有贡献,在市场国的流通、服务、消费都是产业链中必不可少的环节,所以,不论在市场国是否设立分支机构,市场政府也为其提供了各种形式的公共服务,所以也应该分享征税权益,这就是所谓的"新结接度"理论。支柱一针对数字经济的"金额 A"不再以法律上的独立纳税人为依据,而是采用按销售额分配计税利润的办法,分配相关国家的征税权益,这就颠覆了原来税制要素、税收征纳关系的税收存在基础(独立纳税人、独立交易),建立所谓新的税收"联结度"。

需要指出,这只是支柱一方案的基本、梗概精神,但是围绕这一基本精神还有许多具体的细则性规定,二是这些规定还需经各国政府批准方能成为正式有效遵循(执行)的法律。

根据 OECD 组织的预测,支柱一方案的实施总体可以增加全球 1250 亿美元的税收,但对于不同国家有不同影响,由于支柱一的适用范围标准很高(即利润率超过 10％且全球收入超过 200 亿欧元的跨国企业),受支柱一影响的跨国企业集团约 100 家左右,其中美国企业约占 50％,除美国外的七国集团企业约占 22％,中国企业约占 8％。总体而言,支柱一下发展中国家从中获得的税收收益将高于发达国家。就目前情况来看,支柱一方案实施会对美国这样的数字经济大国有较大的影响,所以美国并不赞成向市场国分配征税权,但由于数字经济对欧洲国家的冲击早已引起许多欧洲国家的反击,他们先后实施了各种形式的数字服务税,面对欧洲国家对数字经济的单边征税,美国政府又不得不作出让步,所以接受了支柱一,当然其中不乏针对适用范围和公司中各项数据指标设定的讨价还价。实施支柱一以后,所有针对数字经济的单边征税措施都须停止。

由于目前中国的数字经济企业一般都未达到 200 亿欧元营业额的门槛,有人预计到 2023 年将有 20 家左右的中资企业会适用(包括数字企业、房地产企业、电子产品供应商、汽车企业等)。由于一是目前中国达到支柱一门槛的大型数字经济企业还比较少,二是即使少数企业达到这一门槛,其在国外的业务量也不太大,总之,涉及中国企业的面不广,对中国政府的税收权益影响也不大,所以本文以下重点不再分析支柱一方案的内容,不再研究支柱一对中国政府和企业的影响及其对策,而是聚集于对"支柱二"的主要精神、特点、对世界不同国家的影响进行介绍性分析，重点分析对中国经济和国家税收权益的影响，探讨中国政府的税制改革应对之策和中国企业如何应对国际税务秩序变革。

二、支柱二方案的背景和主要内容：

（一）背景

一方面，随着国际经济一体向广度和深度的发展，利用税收来吸引外资和技术也是许多国家政府的重要手段。这些国家要么实施低税率制度，要么通过各种税收优惠措施来降低实际税负。另一方面，大量的跨国公司在避税港和类似的低税地区设立开票公司、管道公司，通过关联业务和转让定价，将利润转让到避税港，逃避税收。表1是有关机构评估的2020年度G7国家税收流失情况。反之，据OECD估计，实施支柱二方案能增加全球税收收入1500亿美元。

表1　2020年G7国家年度税款流失情况

G7成员国	2020年度税款流失总额（亿美元）	全球排名
美　国	893.54	1
英　国	395.84	2
德　国	350.64	3
法　国	202.36	4
意大利	123.85	8
日　本	99.06	13
加拿大	57.43	15

数据来源：Tax Justice Network. The State of Tax Justice 2020：Tax Justice in the time of COVID-19［EB/OL］.（2020-11-20）［2021-08-08］. https://taxjustice. net/wp-content/uploads/2020/11/The_State_of_Tax_Justice_2020_ENGLISH. pdf.

再来看少数跨国巨头的逃避税效果。据报道（以下数据仅来自于报道，而不是正规的统计或学者的研究结果），2009－2011年苹果公司的爱尔兰子公司Apple Sales International的税前收入为380亿美元，税款2100万美元，税负只有0.06％。根据美国国家经济研究局的研究报告，占全球GDP10％的资产被藏匿在海外避税天堂中，其中海湾地区、拉美国家藏在"避税天堂"的财富甚至相当于该国GDP的60％。跨国公司转移利润导致各国政府每年损失的税收高达5000亿－6000亿美元。全球顶级富豪缴税很少，逃税严重。

2020年微软在爱尔兰的子公司Round Island One创造了近3150亿美元

的利润,几乎相当于爱尔兰 GDP 的四分之三,但因为该公司注册地在百慕大,而百慕大实行企业零税负,因此没有任何缴税。

这也引起了世界各国普遍不满,联合国、OECD 组织先前采取了多种单边或多边措施,加强国际税收合作,阻止国际偷逃税。然而,由于实施低税政策以吸引国际资本和技术本来就是不少低税国家和地区的本意,因此这项国际反避税措施的实际效果是有限的。事实上,世界各国还竞相开展逐底式减税政策,期望既起到引进资本和技术的作用,又通过"薄率多征"来争取本国政府的税收权益(多征税)。这就需要达成国际税收的某种合作,以终止"两败(多败)俱伤"的恶意税收竞争。

为了应对愈演愈烈的国际避税、偷逃税和逐底式税收竞争,2013 年 G20 峰会启动了 OECD/G20 反税基侵蚀和利润转移(BEPS)项目。2020 年,国际社会开始就"双支柱"展开讨论。2021 年 6 月 15 日,七国集团(G7)打破这一僵局,就 15% 的全球最低税达成一致意见。7 月 1 日,OECD 发布声明表示,130 个包容性框架成员就支柱二方案达成初步共识,并将全球最低税税率设定为 15%,10 月 8 日的声明确认了 15%。7 月 10 日,G20 财长和央行行长会议对 OECD 声明下的全球最低税表示赞同,同时呼吁更多发展中国家参与国际税制改革进程之中。根据 2021 年 10 月 8 日的声明,双支柱将于 2023 年生效。

(二)主要内容

支柱二方案的核心精神是设定全球最低(2021 年 10 月 8 日公布为 15%)有效税率为 15%。"有效税率"计算时分子包括的税款只指所得税,不包括营业税、增值税、消费税、数字服务税、印花税、薪酬税、财产税。只针对收入或利润所征收的税款。这样的税款包括(集团公司及其)分支机构所在辖区政府征收的税款,也包括分支机构辖区外如母公司所在地政府基于"受控外国公司"事实对该分支机构征收的税款。

分母"税基"是税前利润。这个利润是集团公司合并报表(依据包容性框架所确认的会计准则计算)的利润,对税会差异不作过多调整,可能(尚待商定)会规定对一些永久性差异做调整。其他时间性差异的调整范围、调整办法,包容性框架提及了,但未做规定,有待商定。

分母"税基"中剔除两部分:(1)基于薪酬的剔除金额:按照在管辖地合格雇员(包括独立合同工)的薪酬成本加固定比例计算(初定 5%),薪酬的范围包括奖金、福利和雇主支出的社保金额;(2)基于有形资产剔除金额:按照不动产、厂房和设备的折旧额、土地的视同折旧额和自然资源的折旧额加成固定比例(初定 5%)计算。

分母"税基"中,如遇某一管辖地当年发生亏损,可以无限期结转,以抵消以后年度在同一管辖区产生的利润。

当在某一管辖地的有效税率在某一年度超过"最低有效税率"时,超过部分作为"超额税款"可以在以后年度在适用"计入所得规则"需要补缴税款时进行税收抵免,以减少当期或以后年度该集团公司就任一管辖地因"计入所得规则"所产生的应缴税款。可结转的期限目前暂定为7年,对于经济周期较长的行业,考虑可以延长。这一规则较为合理,符合税收制度发展的文明趋势。

根据支柱二方案的初步意见,若跨国企业的最终控股母公司为政府实体、国际组织、非盈利组织、养老基金或投资基金,或该实体、组织或基金所使用的任何控股工具,则不受 GloBE 规则约束。国际海运所得也被排除在 GloBE 规则范围外,而且包容性框架还将进一步探讨,将跨境活动处于初始阶段的跨国企业排除在外的问题。

支柱二方案主要由四个规则构成:(一)"计入所得规则"、(二)"对外支付征税不足规则"、(三)"应予征税规则"、(四)"转换规则"。理解支柱二方案内容必须理解这四个规则。从大类分,"计入所得规则"和"对外支付征税不足规则"又属于"全球反税基侵蚀"规则(GLoBE)。"全球反税基侵蚀"规则(GLoBE)用于保障集团公司所在国政府向境外分支机构向境外缴税不足时补征"差额税"。

(GLoBE)规则适用于合并集团年收入达到7.5亿欧元的跨国集团。但如果集团总部是政府实体、国际组织、非营利组织、养老基金和投资基金不适用 GLoBE 规则。(GLoBE)规则的还排除适用:一、一般企业按有形资产折余价值和工薪支出的一定比例(暂定为5%)计算的所得,以后的5年过渡期内不低于7.5%。就是说,如果跨国公司的实际所得低于按有形资产和工薪支出的一定比例计划计算的金额,则可以不适用补差征税的规则,即不适用"最低税率"规则。

1. "计入所得规则"

"计入所得规则"(也有译为"所得纳入规则")(Income Inclusion Rule, IIR)

简单而直白地讲,"收入纳入规则"就是跨国集团在境外的分支机构缴纳的税款的有效税率低于支柱二规定的"最低税率",集团公司所在国可以补征至最低税率。

"计入所得规则"的运作方式是自上而下适用:如果集团母公司所在管辖地尚未采用计入所得规则,则其直接持股的下一层的中间控股公司可以采用计入所得规则并就其所控制的低税率子公司计算并缴纳"补差税",依次规则往下逐级推演。

2. "对外支付征税不足规则"(也称"低税支付规则")(Undertaxed

Payment Rule,UTPR)是指当不适用上述"计入所得规则",且集团公司与其境外分支机构发生款项结算时,集团公司支付费用给分支机构(对于分支机构来说就是取得收入),而分支机构所在地政府征税较低时(常常是利用关联定价转移利润到避税港),集团公司所在国政府可以在计算集团公司应税所得时不允许集团公司扣除该项支出,或要求同等调整应税所得额,就跨国集团成员低税所得补征税款至最低税负水平,但限于未适用收入纳入规则的部分。

"对外支付征税不足规则"主要适用如下两种情况:

适用情况之一:对外支付征税不足规则作为计入所得规则的补充规则,当集团母公司(A)所在地之外的管辖地公司(B)的有效税率低于"最低税率",而母公司及中间控股公司(如果有)所在管辖地均未采用计入所得规则的情况下,集团公司之外的另一处(如 C 或 D)向 B 支付了可抵扣金额(指可以在 C 或 D 计算所得额时可以扣除的费用支出)则 C 或 D 的所在地政府可以对这些支付额,按 B 公司的实际有效税率与"最低税率"之差补征差额税。

2021 年 10 月 8 日对这一规则的适用范围作了新规定:为一些正处于全球化初始阶段的企业提供了一定的豁免期。具体来说,全球收入虽超过 7.5 亿欧元,但持有海外有形资产不超过 5000 万欧元,且在不超过 5 个海外税收管辖区开展经营的跨国企业,可在首次成为全球反税基侵蚀规则(GloBE)适用范围内企业后的 5 年内,豁免适用低税支付规则。

适用情况之二:如果集团母公司所在的管辖地的有效税率低于"最低税率",而境外的分支机构向集团公司支付了"可抵扣支付金额",则实施了"对外支付征税不足规则"的分支机构所在地政府可以就支付的"可抵扣金额"按集团的境外分支机构向集团公司支付的"可抵扣金额",乘以"最低税率"减去集团公司有效税率的差,计算补征的差额税。而且,当存在多个境外分支机构向集团公司支付"可抵扣金额"时,如果其中的某些分支机构放弃实施"对外支付征税不足规则"时,其中实施了"对外支付征税不足规则"的分支机构所在地的政府可以按集团公司收到的全部境外分支机构向其支付的"可抵扣金额"补征差额税。

对外支付征税不足规则与计入所得规则形成互补,而不能同时适用,否则,对于来源于低税率地区的分支机构如果采用了计入所得规则(已被补征了差额税),再采用对外对付征税不足规则,那就重复补征差额税了。当一个集团公司有多个境外分支机构的情况下,应该根据各个境外分支机构支付给低税地区机构的可抵扣金额,来计算可以补征的差额税。具体计算机制有两个。

第一个机制的计算原理如下:

假设:公司 A、B、C、D 为一个集团内的实体;管辖地 A 没有实施计入所得规则;管辖地 B 和 D 实施了对外支付征税不足规则;公司 C 的有效税率低于

"最低税率"。则，在下图一所示的业务模式中，在不考虑分配限制的情况下，公司 B 将在管辖地 B 缴纳公司 C 利润征收补充税（差额税）的 75％，其余 25％ 将由公司 D 在管辖地 D 缴纳。这个计算过程体现了 B、D 两个管辖地按各自可抵扣的支付份额补征税款的权利限制。

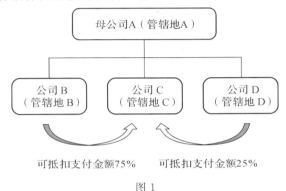

图 1

需要指出："计入所得规则"与"征税不足支付规则"是结合使用的，即当集团公司放弃"计入所得规则"时，才补充（辅以）实施"征税不足支付规则"。

第二个机制的计算原理如下：

假设集团公司和境外分支机构的组织体系如下图：集团公司 A 设在 A 地，分别在 B 地、C 地、D 地有 B、C、D 三个分支机构。根据经营和税务管理上的经验，集团体系内可以通过交联业务转移利润。图中的假设是 B 公司先将利润转移到 D 公司，再由 D 公司转移到 A 公司，再由 A 公司转移到低税地的 C 公司。按理，应该由 A 实施计入所得规则来对来自低税地区的 C 公司实施补税，但现在假定 A 公司所在地政府没有实施计入所得规则。那么就应该由 B、D 所在地政府实施"对外支付足规则"。这时，就要按 B 公司与 D 公司之间的"可抵扣支付额"抵消以后的净的"可抵扣支付额"，将本应按"计入所得规则"由 A 公司所在地政府按 B 与 D 相抵以后的净"可抵扣支付额"，对 C 公司征收的差额税，但假定 A 公司所在地政府放弃"计入所得规则"，那么，B 公司所得地的政府就可以按"征税不足支出规则"对 B 公司按抵销后的净"可抵扣支付额"征税税率差额税，也即将补税额都分配给 B 公司（所在地政府）。

在实施对外支付征税不足规则时，支付地政府对一个低税支付规则 UTPR 纳税人可以分配到的补充税的上限，等于这个纳税人所适用的国内税率乘以在计算其可分配补充税时考虑进去的所有向关联方支付的可扣除支付额。另一个限制是当对外支付征税不足规则适用于集团母公司管辖地的时候，有一个额外的限制条件：即在此情形下补征的差额税不能超过"最低税率"减去有效税率（即税率差），再乘以集团母公司所管辖地从管辖地以外关联方

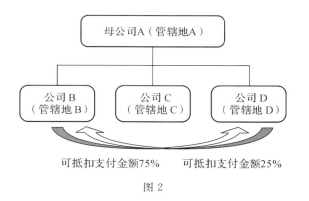

图 2

收到的所有可抵扣支付额。

3."应予征税规则"（subject to tax rule，STTR）是指允许特许权使用费、利息、其他特定款项的支付地税务辖区政府，当得知收款方辖区适用税率低于应税规则最低税率（暂限定在 7.5％至 9％之间（2021 年 10 月 8 日声明确定为 9％）时，支付方所在地政府可以按规则所定的最低税率与收款方名义税率之差征收差额税。应予征税规则可以适用于向避税港地区支付款项的公司的所在国政府，因此，可以作为一项反避税措施。可见，"应予征税规则"可以说是"对外支付征税不足规则"的补充。

应予征税规则"适用于控股 50％以上的紧密型关联企业之间。针对对境外支付利息；特许权使用费；特许经营费或与服务结合起来使用的无形资产的其他款项；保险费和再保险费；担保；经纪或融资费用；动产租赁以及营销、采购、代理或其他中介服务费等其他特定款项（这些支付项目是税收管理高风险的项目）征收传统意义上的预提所得税时，可以采用本规则。同时，"应予征税规则"是按每一笔支付款项本身，而不是对利润征税。具体地说，就是规定了征收预提所得税的政府可以针对汇出款项的收款方政府预计收款方所在地政府征收的"名义税率"（有优惠的，是指优惠后的税率）低于上述最低税率时，可以补征差额税收，即在原来自己征收的预提所得税之外额外补征这笔税收，所以应予征税规则是赋予了收入来源国额外的征税权。那么与"对外支付征税不足规则"有什么区别？正面的交易框架性案例可以说明和区别：假定母公司 A 设在管辖地 A，下属子公司 B 设在 B 管辖地，子公司 C 设在 C 管辖地。可见，三者存在关联关系。关联关系和经济业务如下图：

假定：子公司 C 向子公司 B 提供了特许权，子公司 B 向子公司 C 支付了 10 万欧元特许权使用费（并假定 C 公司没有费用，10 万欧元全部成了利润）；子公司 C 管辖地的税率是零，则，第一，可以按"应予征税规则"规定的最低税率 7％对支付的特许权使用费征 0.7 万欧元的税收；第二，母公司所在国政府

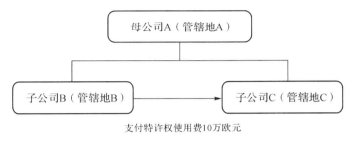

支付特许权使用费10万欧元

图 3　支付特许权使用费 10 万欧元

可以按"计入所得规则"按"最低税率"15％征收税收 1.5 万欧元的税收,但可以扣除 C 已负担的 0.7 万欧元的"应予征税规则"税收,应该补征 0.8 万欧元的"计入所得规则"税收,但若 A 公司所得国放弃"计入所得规则"征税权利,那么,进入第三步,B 公司所在地政府还可以行使"对外支付征税不足规则"),对这笔特许权使用费(如时有成本费用应予扣除,应按利润征税)再补征"对外支付征税不足规则"税收≡(在本例中＝(15％－7％)×10＝0.8 万欧元)。

包容性框架最终制定的适用于应予征税规则的低税率门槛很可能会低于适用于计入所得规则和对外支付征税不足规则的"最低税率"。目前暂定为7.5％～9％。

下列单位也被排除在应予征税规则之外:投资基金、养老基金、政府实体、国际组织、非营利组织以及适用税收中性规则的实体;向个人支付或由个人支付的款项也不在适用此规则的范围内。

4."转换规则":(Switch－over Rule,SOR):当境外常设机构或非常设机构的境外不动产取得的利润或收益在境外适用的有效税率低于"最低税率"的情况下,允许居民国政府将税收协定中的免税法转换为抵免法,即由原来对该境外所得免予征税,转换为将该所得并入征税,然后抵免境外已缴的所得税。可见,该规则的实施中涉及到相关国家之间的税收协定。

支柱二中的计入所得规则、对外支付征税不足规则是把部分征税权赋予集团公司所在国政府(让他们对来源于境外分支机构的所得的有效税率税负低于最低税率的部分税款进行补征。);而应予征税规则是把部分征税权分配给来源国。

5.排除情形(Carve－out)计算:允许在计算补足税款的税基时扣除实质经营活动应获得的固定回报。该固定回报通过公式计算而得,即为有形资产账面价值和人员工资的 5％。在为期 10 年的过渡期里:

微利排除:最新声明确定当跨国公司在某税收管辖区取得的收入不超过1000 万欧元,且税前利润不超过 100 万欧元时,可不适用全球反税基侵蚀规则(GloBE)。

三、支柱二的影响

OECD 统计，支柱二在全球范围内带来的额外增税金额将达到 1500 亿美元。看来支柱二的"税收增收效应"更加可观，这是因为支柱二的门槛更低（全球营业收入只要超过 7.5 亿欧元），所以影响面更广。

（一）对不同国家的影响

值得分析研究的是针对国际贸易的货物劳务税和针对要素流动要素所得的所得税，各国的态度是不同的：一般来说，由于发达国家与发展中国际的技术、劳动生产率决定的商品品质和价格优势，发达国际主张降低和取消国际贸易中的税收栅栏，欧盟关境一体、发达国际以所得税为主体税种就是事实证明。而就所得税来说，由于欠发达国家迫切希望引进资本和技术，所以竞相降低要素报酬税收（公司所得税和个人所得税），而由于个人在国际间的迁徙远比资本的转移难得多，通过改变居住环境中付出的代价远大于低税收得到的利益，所以降低个人所得税对劳动要素的吸引力远小于降低公司所得税对资本的吸引力，因此，国际间吸引要素的所得税竞争主要集中在公司所得税。

税收政策成了一个国家营商环境、经济竞争力的重要因素。如果协调统一了各国的税收政策，消除了这一因素的竞争差异，那么，地区和国际（国家）的竞争力就主要只取决于技术、人才、经济发展程度等基础性条件。相对来看，发达地区（国有）具有虹吸效应，优质资源会向发达地区、技术先进地区集聚，而欠发达地区的公共设施状况、劳动力（技能和素质）难于支撑先进产业的存在和运行，产业的"梯度转移"也正是说明了这一规律。所以美国竭力主张统一国际税收政策（税负水平）。

一般而言，假定确如国际税改期望的那样，世界各国的税负将趋于统一，那么就排除了税收政策对营商环境的影响，剩下的影响营商环境的因素主要是政治稳定、民族文化、气候地理、交通等公共服务体系、技术和产业基础，而这些因素往往是发达国家优于欠发达国家。由此可见，总体来说，支柱二方案的实施将会更加有利于发达国家和地区。

再从税制结构差异看支柱二方案对不同国家的影响差异：由于支柱方案二（其实，支柱方案一也是）针对企业所得税的，而涉及货物劳务，所以，从理论上讲，对于不国税制结构的国家将会产生不同的影响。假定一个国家的总体税负既定，如果所得税比重小，可能意味着企业所得税的负担轻，那么支柱二方案将会增加较多的税负；相反，一个国家的所得税比重大，可能意味着企业所得税的负担重，那么支柱二方案将不会明显增加税负。

对 G7 国家的影响：因为美国资本外流和无形资产输出相对其他国家更多，从境外取得的资本收入、无形资产收入规模比较大，而美国的公司所得税又比较重，所以国际税基侵蚀和通过低税地的避税对其影响较大，所以美国迫切希望堵塞税基侵蚀路径和利用避税港实施国际避税的通道，也强烈希望其他国家(特别是具有避税港性质的低税地)提高公司所得税负担。所以美国也曾单方面提出美国全球无形资产低税收入(GILTI)与税基侵蚀和反滥用税(BEAT)制度。这次的支柱二方案在很大程度上采纳了美国 GILTI 和 BEAT 的精神，作为推出支柱一的与美国的交换条件。如表 1 所述，G7 国家也深受税基侵蚀之害，所以 G7 国家也是实施支柱二方案的积极倡导者。

对发展中国的影响：对于一些发展中国家有一定的压力，会影响他们引进外资和发展本国经济；也会影响一些国家为了根据本国社会经济情况而做出的结构性税收优惠，而支柱二方案不分行业和国民经济结构，实行统一的 15% 最低税率，这会制约一些国家实施本国的社会经济战略。比如：新加坡等根据历史传统和本国本地区的国际地位，一直来实施简单的收入来源地管辖原则，实施支柱二方案中将受到较大冲击。

(二)对中国的影响

支柱二方案实施对中国可能产生的影响，学术界有不同的研判，有的学者认为对我国企业影响不大(如朱青，2021.7)，但也有学者认为蓝图将对全球资本流动、吸引外国直接投资和各国纱刘数字化进程与发展产生重大而深刻的影响[1](如姚丽和靳东升，2021.6)。我们认为，相对来说，对于中国企业和政府来说，"支柱二"比"支柱一"的影响更大，更广泛。

总体上来看，中国现行的税制结构虽然是以间接税为主体税种，直接税占比较小，但一是由于中国直接税中财产税的比重更小，二是中国现行税制结构中个人税收占比较小，更明确地讲，所得税中个人所得税占比甚小，所以从企业所得税的名义税率并不低。但是，中国出台了包括针对特定行业乃至特定企业的税收优惠，针对特定地区的税收优惠。具体地来看，支柱二方案对中国的影响表现在以下方面：

1. 对中国政府税收权益的影响

由于"双支柱"改革的具体方案尚未正式通过，更未正式实施，所以确切地评估支柱二方案对中国国家税收权益的影响为时尚早，但我们要做逻辑分析的判断。一方面，从形式上看，中国的企业所得税名义税率远高于支柱二方案设定的 15% 的最低税率，但实际上，中国企业的所得税负担在经过享受各种优惠以后的负担并没有那么重。所以在集团公司设在中国而分支机构设在境外的情况下，中国政府可以补征差额税而获得税收权益。然而，这种情况也可能

---

[1]　姚丽、靳东升：OECD 第一支柱议案蓝图的两难困境：简化目标与技术理性，《税务研究》2021 年第 6 期。

恰恰是政府主导和推动实施的"走出去"战略、"一路一带"战略的需要,所以中国政府本来也无意于加重这些对外投资企业的税负。

但有一种情况可以肯定,即对于那些利用避税港进行避税而损害中国税收权益的情况来说,实施支柱二方案将能有效改善中国的税收权益。据此,有的学者判断,在实施支柱二方案对中国政府的税收权益将利大于弊。

2. 对中国开放发展战略的影响

对一般面上企业来说,支柱二方案的影响的基本逻辑是:对于总部在外,分支机构在中国的跨国企业,要看在华分支机构的有效税率是否达到15%,从原则上讲,如果达不到15%,就要被总部所在国以"计入所得规则"补征税款;对于总部在中国的跨国企业,如果主要业务由境外分支机构实施,换言之,主要利润来源于境外,则要测试在境外的每个实体的有效税率,对于那些有效税率低于15%的实体在予于重视。同时,无论是总部在境外的境内分支机构,还是总部在境内的境内分支机构,在向境外关联方支付款项时,都要考虑"应予征税规则"和"对外支付征税不足规则"的适用情况(包括境外收款方适用的税率——采用"对外支付征税不足规则"时,应观察境外收款方的实际有效税率,对于采用"应予征税规则"时,应观察对方"调整后的名义税率"的高低)(应征多少税)。

支柱二下的具体规则和技术性措施将在以后的推进中进一步协商改进,作为跨国企业都应该及时关注这些规则的修改推进情况,以防使自己的税收负担成为阻碍经济活动的障碍。

(1)对"走出去"战略和"一路一带"倡议的影响

据某些专家分析,由于我国"走出去"企业基本投资"一路一带"沿线国家,而这些国家的企业所得税税率基本在15%以上,所以对我国企业影响不大。但也有专家认为,实施"计入所得规则"对中国的"一路一带"倡议也会形成阻碍。因为中国企业在参与"一路一带"建设时,向这些国家投资,需在这些国家设立子公司,而若这些国家对中国企业实施的税收政策(包括优惠政策)的实际税负低于15%时(事实上,"一路一带"沿线国家为了引进奖金和技术,往往给予中资企业较多的税收优惠,而中国政府也为了实施双循环战略,鼓励企业走出去,往往与相关国家签订了税收饶让政策。目前,在中国与"一带一路"沿线国家签订的税收协定中,已有19个包含有效税收饶让条款,而根据"计入所得规则",中国政府就要对来源于这些国家的所得实施差额补税,这无疑是实施"一路一带"的阻碍。

就实施"对外支付征税不足规则"来分析:如果中国子公司对境外低税地(如匈牙利、爱尔兰所在地)的集团母公司或兄弟公司支付专利费等款项,如果境外集团母公司或兄弟公司的适用税率低于15%,则中国将可以采用"对外支付征税不足规则"来补征税款,或者干脆不承认该款项在税前扣除。这也会影响在华企业开展有利于中国经济发展的投资和贸易活动。

　　在实施"应予征税规则"中,虽然中国拥有对来华投资企业征收预提所得税的权利。但中国政府为了引进外资和先进技术,对于支付给境外的专利费、贷款利息、使用设备的特许使用费等征收的预提所得税的税率都很优惠(如表3所示,该表系(崔晓静、刘渊的"OECD 支柱二方案:挑战与应对"一文中提供),根据"应予征税规则",中国政府可以对这些征收 7.5%~9% 的预提所得税,但实际上,中国政府与表 2 中的许多国家与地区签订的税收协定中规定征收的税率会低于这个税率,因而"应予征税规则"也会使中国政府的相关税收优惠失效。

表 2　中国与对华投资主要国家(地区)税收协定中优惠预提所得税税率安排

国家(地区)	利息			特许权使用费		2019 年对华投资金额排名
	一般税率/%	特殊税率/%	免税条款	一般税率/%	特殊税率/%	
中国香港地区	7	—	√	7	—	1
新加坡	10	7	√	10	—	2
荷　兰	10	—	√	10	6	8
中国澳门地区	10	7	√	10	—	9
德　国	10	—	√	10	6	10
中国台湾地区	7	—	√	7	—	11
英　国	10	—	√	10	6	13
爱尔兰	10	—	√	10	6	15

注:根据《中华人民共和国企业所得税法实施条例》第九十一条,内地预提所得税税率为 10%。

　　在推进"一路一带"建设中,中国企业向沿线和周边国家的投资日益增多,税收政策起到了很好的配合与促进作用,常常与相关国家签订了关于预提所得税的各种形式的优惠措施。这些预提所得税主要是针对各种重大建设项目的贷款的利息支付,当相关国家执行了"应予征税规则"而按 7.5%~9% 进行补征税款时,无疑会加重中国企业的负担,增加了这项项目的融资成本。

　　(2)对引进外资和技术的影响

　　(重点分析对引进技术——专业、无形资产的影响)

　　众所周知,目前中国的税收政策体系,为了实现产业升级转型,为了实现高质量发展,出台了一系列鼓励特定行业发展的税收优惠措施,使一些国家鼓励发展的行业和特定企业的实际有效税负很低,那么,在实施支柱二方案体系以后,就有可能被外来投资国政府补征差额税,部分甚至全部抵销我国的税收优惠政策,从而使税收政策目的和功能落空,阻碍我国产业发展战略目标的实现。

（3）对特定地区和特定行业发展战略的影响

（以海南特区、集成电路、半导体等行业为重点对象）

财政部、国家税务总局发布《关于海南自由贸易港企业所得税优惠政策的通知》（财税〔2020〕31号），对在海南自由贸易港设立的旅游业、现代服务业、高新技术产业企业新增境外直接投资取得的所得，免征企业所得税。这在一定程度和一定范围内类似于"属地主义"管辖模式。但显然与"计入所得规则"相抵触：根据"计入所得规则"，中国政府应该对境外所得按按15％补征所得税，如果中国政府放弃这项补征，则收入来源国（被投资国）政府就得按"对境外支付征税不足规则"征税，这一方面是将中国的税收利益无谓地让渡给了其他国家，另一方面，也就根本达不到促进海南自贸区加速发展的目的。

类似地，支柱二方案的实施也可能会对粤港澳大湾区一体化进程造成阻力。

根据现行税制，香港和澳门不仅所得税率低（分别是16.5％和12％），而且还实行"属地主义"征税原则，那么，显然，根据"计入所得规则"，对于来自境外低税地区的所得就必须按15％征收所得税，如果不征收这项所得税，所得来源国政府就要根据"对境外支付征税不足规则"征税。这将影响香港、澳门的财政利益和对外投资、经济繁荣。

再者，对于澳门地区来说，因为本身税率只有12％，低于15％，则：第一，如时中国内地企业投资于澳门获得所得，那么，中央政府就要按15％补征税款；第二，如时是中国内地企业向澳门支付款项，也得采用"对境外支付征税不足规则"按15％补税，或者是对某些支付采用"应予征税规则"而按7.5％～9％征收预提所得税，基本抹去了澳门的传统低税优势。

总体影响：由于支柱二议案中的各项规则（已明确的是"收入计入规则"、"应予征税规则"、"对境外支付征税不足规则"，"转换规则"的具体内容不明确）都将从收入来源地国家、集团公司所在国家提高征税，否则，会无谓地放弃税收利益，所以各国都会考虑提高税收负担，这势必会造成整个世界范围内的所得负担的提高，而这也正是支柱方案改革的初衷。这就无疑会加重跨国投资和技术贸易的税负，阻碍国际投资和要素流动。

四、中国的对策

（一）政府税制建设、税制改革和征管合作的对策

首先，从整体上和长远来看，实施支柱一方案和支柱二方案对中国都将是利大于弊，而且这场国际税收改革也是不可阻挡的。所以中国政府应该积极谨慎的支持和推进以"双支柱"为核心的国际税收改革。应该根据改革推进中具体规定的可能变化采取有利于中国政府税收权益和经济开放中企业发展的

谈判策略。

其次，应该全面梳理中国现有税收政策，比对国际税改趋势，分析、对接国际税制变化，调整中国税收制度体系，尤其是针对形式众多、纷繁复杂的税收优惠措施。科学调整国内企业所得税制度（这主要针对在华投资的跨国企业，目标是不降低我国税收制度在吸引外来资本中的竞争力。由于中国现有企业所得税的法定税率25％高于包容性框架所限定的"最低税率"15％，所以目前需要整理和解决的问题是大量的、各种形式的企业所得税优惠。现行企业所得税的实际负担率较低，就那些享受优惠的企业来说，实际负担率无疑更低，如何对接和适用"双支柱"规则是主要问题。当然，这还要看国际规则具体实施中对优惠政策的限制。如果只以一个国家的法定税率来衡量是否低于"双支柱"所要求的最低税率，那将会是形同虚设。

（二）跨国企业的对策

作为跨国企业，应该根据自己的发展策略，分析可能面临的国际税收秩序的颠覆性变革。具体来说，就是要根据新的国际税收规则，测算跨国公司自身组织结构体系下将面临的不同国家的税收政策、税收负担，还要测算根据新国际税收规则体系将可能被补征的税收，从而分析对预期跨国投资、跨国经营的预期目标的影响，重新调整投资和经营决策。

（三）政府（尤其是地方政府）财政返还式的税收优惠是否能被支柱二方案所容忍，在现有的"双支柱"方案中尚未明确，到时候需要见机行事。

双支柱方案的很多关键要素有待后续技术方案进一步确定，因此，双支柱方案的影响还存在诸多不确定因素。

课题组组长：沈玉平

课题组成员：郭敏捷

"一带一路"税收征管协作情报交换信息化建设研究(一等奖)

国家税务总局杭州市税务局课题组

　　跨境要素的高速流动给当前税收征管模式带来了巨大的挑战。税收情报交换作为国际税收征管协作的重要手段,在深化"一带一路"间国际税收合作、获取跨境涉税信息方面都发挥了非常突出的作用。伴随着数字化的浪潮,提高税收情报交换的信息化水平显得尤为迫切。本文梳理了目前"一带一路"沿线国家(地区)税收情报交换的网络框架及信息化的现状,基于杭州参与情报交换工作的实践,分析了信息化方面存在的问题,并提出了相关建议。

　　中共十九届四中全会指出,要围绕推进合作共赢的开放体系建设和积极参与全球治理体系改革和建设。采取以点带面,点面结合,区域联动的策略,推进共建"一带一路"走深走实。截止 2020 年底,我国与"一带一路"沿线国家(地区)货物贸易总额超过 9.15 万亿美元,对沿线国家直接投资超过 1277.9 亿美元,生产要素的快速流动带来的跨境税收信息不对称等问题给跨境税收征管带来了巨大的挑战,迫切需要各国深化国际合作、加强国际税收征管协作。伴随着数字经济等信息化浪潮,作为国际税收征管协作重要手段之一的情报交换,其信息化水平也亟待提高。本文梳理了"一带一路"沿线国家情报交换信息化的现状,总结存在的问题,并结合杭州市税务部门情报交换信息化的实践,提出推进"一带一路"税收征管协作情报交换信息化建设的对策与建议。

　　一、"一带一路"沿线国家税收情报交换的网络框架及信息化现状

　　(一)税收情报交换的基本网络架构

　　《多边税收征管互助公约》中国际税收征管协作的方式主要有三种:情报交换、税款追缴、文书送达,截止目前我国只参与情报交换。广义的税收情报交换是指不同管辖区主管税务当局之间交换所需信息。通过签署《多边税收征管互助公约》、双边税收协定、税收情报交换协定、《金融账户涉税信息自动

交换多边主管当局间协议》(共同申报准则 CRS)、《转让定价国别报告多边主管当局间协议》(CBC MCAA)等多种形式的税收双边协定，共同构成了"一带一路"沿线国家之间情报交换的基本网络，详见表列：

表 "一带一路"沿线国家税收情报交换的网络框架

类型	已签署(或承诺执行)情况	备注
《多边税收征管互助公约》	新加坡、马来西亚、印度尼西亚、菲律宾、土耳其、以色列、黎巴嫩、沙特阿拉伯、阿联酋、卡塔尔、科威特、巴林、希腊、塞浦路斯、印度、巴基斯坦、哈萨克斯坦、俄罗斯、阿塞拜疆	
双边税收协定	新加坡、马来西亚、印度尼西亚、泰国、老挝、柬埔寨、越南、文莱、菲律宾、伊朗、土耳其、叙利亚、约旦、以色列、沙特阿拉伯、阿曼、阿联酋、卡塔尔、科威特、巴林、希腊、塞浦路斯、印度、巴基斯坦、孟加拉、斯里兰卡、尼泊尔、阿富汗、哈萨克斯坦、乌兹别克斯坦、土库曼斯坦、塔吉克斯坦、波兰、立陶宛、爱沙尼亚、拉脱维亚、捷克、斯洛伐克、匈牙利、斯洛文尼亚、克罗地亚、黑山、塞尔维亚、阿尔巴尼亚、罗马尼亚、保加利亚和马其顿、俄罗斯、乌克兰、白俄罗斯、格鲁吉亚、阿塞拜疆、亚美尼亚和摩尔多瓦	与我国签订情况
税收情报交换协定	未与一带一路沿线国家签订税收情报交换协定	与我国签订情况
《金融账户涉税信息自动交换多边主管当局间协议》	2017 年交换：保加利亚、克罗地亚、捷克、爱沙尼亚、匈牙利、印度、拉脱维亚、立陶宛、波兰、罗马尼亚、斯洛伐克、斯洛文尼亚；2018 年交换：阿尔巴尼亚、阿塞拜疆、巴林、文莱、中国、印度尼西亚、以色列、科威特、黎巴嫩、马来西亚、巴基斯坦、卡塔尔、俄罗斯、沙特阿拉伯、新加坡、土耳其、阿拉伯联合酋长国；2020 年交换：阿曼、哈萨克斯坦	
《转让定价国别报告多边主管当局间协议》	印度尼西亚、马来西亚、新加坡、巴林、塞浦路斯、希腊、以色列、阿曼、卡塔尔、沙特阿拉伯、阿联酋、印度、巴基斯坦、哈萨克斯坦、保加利亚、克罗地亚、捷克、爱沙尼亚、匈牙利、拉脱维亚、立陶宛、波兰、罗马尼亚、斯洛文尼亚、阿塞拜疆、格鲁吉亚、俄罗斯	

1.《多边税收征管互助公约》

1988 年，欧洲委员会和 OECD 共同制定了《多边税收征管互助公约》，2010 年 5 月，OECD 与欧洲委员会按照税收情报交换的国际标准，通过议定书形式对《多边税收征管互助公约》进行了修订。中国已于 2013 年签署公约并于2017年正式执行。截止2021年8月,65个"一带一路"沿线国家中的19个国家已经加入了公约。

2.双边税收协定

双边税收协定是"一带一路"税收征管合作最主要的法律依据,情报交换的相关条款是其中的重要组成部分,也是我国与"一带一路"沿线国家开展税收征管合作的基础。截止2021年8月,我国与54个"一带一路"沿线国家签订了双边税收协定。

3.税收情报交换协定

相比于较为全面的税收协定,专门性的情报交换的协定更为细致,更有针对性,为我国与传统意义上以避税的方式来获取信息提供了重要依据。截至2021年8月,我国与巴哈马、英属维尔京、开曼等10个国家签订了专门的税收情报交换协定,暂未与"一带一路"沿线国家签订税收情报交换协定。

4.《金融账户涉税信息自动交换多边主管当局间协议》(CRS)

共同申报准则,即非居民金融账户涉税信息自动交换。2015年12月,中国正式签署了《金融账户涉税信息自动交换多边主管当局间协议》,并于2018年首次完成信息交换。目前该工作以每年一次的频率进行。CRS国内的主要工作模式是由金融机构直接将非居民涉税信息报送至多边税务数据平台。截至2021年8月,有31个沿线国家签署了CRS。

5.《转让定价国别报告多边主管当局间协议》(CBC MCAA)

国别报告是反映跨国集团全球收入、利润(亏损)、税收、人员等情况的报告,对于各国税务主管当局全面掌握跨国集团全球数据具有重大意义。2015年,OECD发布了《国别报告多边主管当局协议》,作为管辖区之间建立国别报告数据交换的多边形法律框架,我国于2016年5月签署《国别报告多边主管当局协议》。截止目前,已有27个沿线国家加入国别报告自动交换机制。

(二)税收情报交换信息化现状

对"一带一路"沿线国家之间情报交换信息化水平的观察可以分为两个角度:一是国际间的角度,即"一带一路"沿线国与国之间情报交换信息化的情况;二是从沿线国国内的角度,即因一国国内的税收征管信息化水平将深度影响其参与国际税收协作的水平。

1."一带一路"国家间的信息化现状

(1)合作机制已建立。2019年4月,第一届"一带一路"税收征管合作论坛在浙江乌镇召开,"一带一路"沿线国家间的税收征管合作机制正式成立。2020年12月,以"新挑战新机遇新发展——全球疫情背景下的税收信息化发展规划"为主题的合作机制高级别线上会议成功在北京召开,税收征管协作信息化工作有序推进。2021年9月7日,第二届"一带一路"税收征管合作论坛聚焦"数字时代的税收信息化能力建设"，进一步探讨成员国的税收信息化能力建设。

（2）信息化水平仍有较大提升空间。目前国际间情报往来（除 CRS、CBCS 以外）缺少统一的平台或者操作系统。相对来说，CRS 的信息化水平较高，这得益于其初期设计时对信息化层面的考虑，如 CRS 包含的主管当局协议范本（MCAA）规范了各主管局之间开展金融账户涉税信息自动交换的操作性文件，对信息的范围、保密性以及保障设施做了相应规定。与此同时，OECD 专门设立了一个信息传输系统（CTS，Common Transmission System），用于保障传输数据的一致与安全。而 CBC 的多边协议中则明确：各主管局将使用通用架构（可拓展标记语言，XML）进行国别报告自动信息交换，协商并同意采用一种或多种电子数据传输方式（包括加密标准），以最大程度实现标准化，减少复杂性和降低成本。

（3）情报交换工作所需时间较长。目前，双边税收协定中关于情报交换并没有明确性的时间要求。OECD 对于情报交换工作开展了同行审议，密切关注各国情报工作开展的实际情况。根据 OECD 最新发布的《中国专项税收情报交换同行审议报告 2020》，显示：回复交换情报总计 584 件，其中回复时间在 90 天内的专项情报 227 件占比 39％，回复时间在 180 天以内的 452 件占比 27％，回复时间在 180 天以内的 525 件占比 90％，甚至有 16 件占比 3％的情报回应时间在一年以上。

2."一带一路"沿线国家税收征管协作的信息化

"一带一路"沿线国家税收征管协作的信息化高度依赖于其国内税收征管信息化的程度。从我国的实践来看，随着金税三期上线、专票电子化、二级集中处理中心等信息化水平的不断提高，我国情报交换信息化进程、数据的准确性以及工作的高效性已经大大加速，其他"一带一路"沿线国家则情况不一。

（1）沿线国家掌握税收信息能力普遍不足。沿线国家的税收信息化建设普遍较为滞后，面对大批量数据缺乏应对和处理的能力，导致情报交换的质量和效率低下。例如，在一些国家，可能难以获得税款缴纳证明，这对于高度依赖预提税（WHT）的管辖区来说，情报信息搜寻变得十分困难。而在一些税收制度沉旧的国家，确定是否为本国税收居民的流程复杂且模糊，甚至每次的确定流程可能都不一致。在税务管理数字化的时代，迫切需要将税收规则规范化、一致化，处理流程简洁化，从而提高获取信息的能力和水平。

（2）部分西亚、东盟、中东欧国家税收征管信息化水平较高。根据联合国 2018 年电子政务发展指数（EGDI），爱沙尼亚和新加坡均排名前 20 位，其税务征管数字化水平比较先进。爱沙尼亚创建了 X-ROAD 数据平台，涵盖包括税收、银行等多类数据，还与芬兰建立了跨境数据交换平台。以色列是中东欧地区信息化程度最高的国家,其经济发展水平较高,技术基础较为扎实。塞尔维亚建立了大规模电子税务服务,取消了接收和记录大量纸质表格,实现业务流程的数字化,引入了一个唯一编号来记录并监控纳税义务的履行。格鲁吉亚以自动方式共享纳税人动产和不动产的数据,为纳税人开发了应用程序,实现电子申报和电子发票。

下表列举了部分"一带一路"沿线国家在税收征管信息化方面取得的成绩。

参数	格鲁吉亚	哈萨克斯坦	马来西亚	新加坡	俄罗斯	印度尼西亚
电子发票	√	√			√	√
预填申报表			√			
电子缴税	√		√	√	√	
税务机关计算器	√		√	√	√	√
数字对话服务(虚拟助手)				√		
自动化风险管理		√			√	
电子援助	√		√		√	√
国别报告	√	√	√	√	√	

(3)各参与方均有意愿提高税收征管信息化。根据"一带一路"征管合作机制秘书处课题组开展的关于税收征管数字化调查问卷发现,几乎所有"一带一路"辖区都有意向税收征管数字化转型,特别是在以下领域:电子登记、电子申报和在线支付、同时提供电子和纸质文档、同时实现线上或线下缴税。如:哈萨克斯坦制定了"数字哈萨克斯坦"计划,上线移动应用"Tax Wallet",目前用户数已超过 78,000,同时为个体经营者创建移动应用程序,包括 27 种税务服务,99% 的声明以电子方式提交。波兰计划取消增值税申报,依靠系统内数据直接确定增值税应缴税额。还有一些国家计划直接进入企业交易数据并在此基础上征税,例如巴西、智利、肯尼亚等,计划获取企业的实时销售信息、企业采购的增值税发票信息,这就意味着情报在获取这些数据时会变得相当快速且相对准确。

二、当前"一带一路"情报交换信息化面临的挑战

以 2018 年至今的情报工作量来看,杭州市收发专项情报数量占全省 60% 左右,其中与"一带一路"沿线国家往来情报最为频繁的是印度、巴基斯坦、俄罗斯、哈萨克斯坦等国。结合杭州实践来看,缺乏征管协作的法律依据等问题给情报交换信息化带来了较大的挑战。

（一）现有网络框架覆盖不全，情报交换缺乏依据

目前的网络框架并没有对"一带一路"沿线国家实现完全覆盖。虽然绝大部分一带一路沿线国家已经与我国签订了双边税收协定，但仍有部分国家还未与我国签订，而且这些国家也没有与我国签订情报交换的专门协议。因此，还存在一定的真空状态，缺乏情报交换开展的依据与支撑，情报交换信息化更无从谈起。

（二）缺乏多边税收情报交换信息化平台

"一带一路"沿线国家之间缺少多边情报交换的信息化平台。除 CRS、CBC 以外的其他情报交换工作目前仍依靠传统方式传递，信息传送的规范性、数据安全性、信息增值利用方面都无法得到保障。依据我国的实践经验来看，信息化平台是十分重要的。我国于在 2018 下半年成功将情报交换工作引入平台统一操作，情报工作的效率与操作的规范性均得到极大地提高，上下流转的过程平台也会自动予以留痕记录，加强了数据安全和信息保密方面的保障。

（三）对税收情报交换工作数据增值利用不足

以杭州参与的情报工作实践来看，情报工作的工作模式仍为个案个办、专项工作模式，且局限于将情报内容核查结束后进行回复，缺乏对情报资料和信息的高度融合。举例来说，A 纳税人可能在以往的专项情报请求中出现过一定的税收线索，但由于时间久远，经办人员更换，当 A 纳税人再一次出现在情报交换疑点案件中，新的经办人员很难与之前的案件联系起来，全靠人工与经验，对信息和数据的增值利用不强。

（四）情报交换处理时间过长影响效率

对于现代征收模式来说，税收情报工作传递信息的时间过长，不利于提高税收征管协作的效率与现代化。实际工作中，一份情报往来平均需要三个月时间，与现代税收征管模式是不相匹配的。以我国为例，借助于发达的信息技术，目前各项办税事项都已经极大简化和便利。而情报工作还固守原有模式：发现疑点—发出情报对某纳税人疑点信息进行确认—收回情报—对情报信息进行分析利用，整个流程所需时间过长，很有可能该纳税人已经办理注销，大大阻碍了税收征管协作高效运转的进程。

（五）沿线国家信息化水平有限制约情报工作成效

"一带一路"沿线国家地域跨度大，各国之间信息化水平发展不均衡。一国国内的信息化水平极大影响着其参与情报交换的水平，信息化水平较低的国家无法支撑税收情报交换的高效率运行，靠较为落后的光盘输送、人工翻译等无法满足现代税收征管的要求。信息化水平对于情报交换的形式也有一定的影响，比如很难实现大批量数据的自动收集和对数据进行批量整理。沿线国家有限的信息化水平严重制约了情报交换的多样性和工作的高效化。

（六）工作函件规范性不一、信息化程度较低

按照目前杭州参与的工作实际来看，很多"一带一路"沿线国家发来的情报函件格式并不统一，有的会详细说明背景、流程，附上清晰的交易流程图、人员关系表等，但有的却非常简单粗糙，甚至很多仅仅是图片或者扫描件，存在文字、图片不清晰的情况，严重影响工作效率。举例来说，曾经收到巴基斯坦的情报，都是以图片格式，而且是扫描件，文字不清晰，先后两封情报内容关键信息都无法辨析，对于判定对应纳税人及相关信息非常不利。

三、对策与建议

（一）尽快健全、完善税收情报交换的协定网络

推动构建一个完整的"一带一路"沿线国家情报交换的协定网络，使情报交换的工作开展有所依据。一方面，尽快与剩余国家签订双边税收协定，或者签订情报交换协定。另一方面，也可推动更多的"一带一路"沿线国家加入《多边税收征管公约》等，推进沿线国家了解条约进程，不断扩大覆盖面。需要对现有税收协定中已过时的情报交换条款进行修改完善，适应当前税收征管新形势。可以尝试创建"一带一路"沿线国家情报交换协定范本，为信息化工作的开展提供法律基础。此外，可对"一带一路"沿线国家之间的情报交换的时间予以区域性明确，并可根据实际大幅缩短时间要求。

（二）创立情报交换区域合作组织和工作小组

可以参照 OECD 的做法，成立一个区域性的情报工作组织和工作小组。2000 年，OECD 创设了税收透明度和信息交换全球论坛，通过同行审议对所有成员的情报交换开展情况进行监督。可以充分利用现有的"一带一路"征管合作架构，在秘书处下设情报交换工作小组，领导"一带一路"沿线国家之间情报交换工作，组织开展同行审议，交流先进做法和经验，并开展相关监督。此外，工作小组也可借鉴 FTA 的模式。创设于 2002 年的税收征管论坛 FTA 经过十多年的发展，已成为成员税务局在进行沟通协作的平台，FTA 通过高效利用 CRS 的数据和推广 CTS 系统应用，鼓励各成员国展开合作。这些对于我国推进"一带一路"税收征管合作机制发展有着重要的借鉴和参考意义。

（三）建立一个多边税收协作信息化平台

尽快建立一个多边税收协作信息化平台，与情报交换相关的所有信息交换都必须通过平台进行。依据"一带一路"沿线国家间的合作机制完善基础信息设施建设，并根据"一带一路"沿线国家（地区）间信息交换的需求，通过主管当局间的合作，组建一个信息化发展共同体，为涉税信息系统的建设打下良好的基础，提高税收情报交换的效率。可以借鉴参考目前我们国内情报交换的工作应用平台模式，逐步实现将所有的情报纳入该平台，同时自动记录所有的

流转信息，方便查询与监督。此外，可以尽快协商确立一个"一带一路"沿线国家（地区）间区域性的情报交换的规范模板，对情报格式、内容等都做规范化要求，与平台做好兼容性测试，保障平台运行安全流畅。

（四）进一步深化信息化技术重要应用

高度重视并大力发展信息化技术在税收领域的重要应用，促进形成"一带一路"沿线国家间信息化、智能化的税收征管模式。聚焦"税收协作信息化"主题，建立标准化的数据控制机制。可以借鉴CTS开发出适合"一带一路"沿线国家使用的信息交换系统，全面提高数据获取的信息化水平。也可以借鉴其他发达国家的经验，例如加拿大的"告诉我们一次"倡议和芬兰的"收入登记册"。后者包含每个公民的收入数据，与社会保障相关、税收、失业和养老金福利，实时更新。在挪威，银行与税务机关的纳税人信息实现了互通。在情报需要获取纳税人收入信息、账户信息等数据时将变得十分顺畅有利。同时注重情报交换的数据安全性，增加信息保护条款，强化对纳税人个人金融隐私权和信息数据安全的保护。

（五）进一步提升数据融合与数据增值应用

进一步提升数据增值利用，注重将情报交换作为一种手段与工具，通过利用情报中的信息与数据，促进各项税收征管工作的全面促进。如波兰建立了标准化审计档案（SAT－T），建立数据质量控制标准，实现数据的检验，促进更有效的数据增值利用。同时，可以尝试建立一个"一带一路"沿线国家间的区域性的数据信息库，通过签订使用协议的方式，要求成员国使用电子手段上报本国的税收情报相关信息，设立统一严格的适用情形与使用标准，允许成员国在符合要求的前提下合规使用涉税数据信息库，实现区域共享，提高效率。提升数据与信息的二次利用，优化工作模式，当疑点数据多次出现时，系统能够实现主动预警，从而全面提升数据增值利用，维护各国税收主权，加大打击跨境逃避税的力度。

（六）进一步做好信息化层面互助

帮助部分"一带一路"沿线国家，特别是第三世界国家，全力提升其国内的税收征管水平，尤其是深化税收征管信息化的应用水平，通过其国内信息化水平的提高带动其参与国际税收征管协作的深度与广度。同时，制定技术援助方案，深化国际税收合作，以确保发展中国家（地区）能够充分受益。充分利用扬州OECD多边税务中心、"一带一路"税收征管能力促进联盟及"一带一路"税务学院，加大"一带一路"沿线国家关于税收信息化建设方面的培训与技术援助力度。注重先进经验和优秀案例的分享，开展定期的小组讨论与学习，利用线上会议等模式，加强联系与交流，促进共同进步与提高。

（七）建立工作函件标准统一格式

建议在信息化平台中设计一个统一的区域性的情报交换内容输入模板，只适用于"一带一路"沿线国家，采取信息直接输入的模式，仅仅对附件等资料采取上传等功能，避免工作函件版本不一、格式不规范等问题。成员间可以通过签订区域性多边协议等方式，明确税收情报交换工作函件的中的信息内容与格式，不推荐使用图片、扫描件等格式。

课题组组长：林仕华

课题组成员：汪成红　钱　彧　方　强

张丹映　胡速逾　张兵兵

国际税收新规则应对策略研究
——基于 OECD"双支柱"方案（二等奖）

国家税务总局浙江省税务局课题组

2021 年 7 月 1 日，经济合作与发展组织（以下简称"OECD"）发布公告称，其协调谈判的《关于应对经济数字化带来的税收挑战双支柱解决方案的声明》（以下简称"双支柱"方案）已得到 130 个国家和司法管辖区支持，涉及经济体量占到全球经济总量的 90％以上，预计今年 10 月完成税改框架剩余技术性工作，并于 2023 年落实计划。截至 7 月 26 日，同意"双支柱"方案的辖区已达 132 个。"双支柱"方案为已经运行近百年的现行国际税收规则定下重塑框架，国际税制体系即将开启新的篇章。

一、"双支柱"方案内涵解析

（一）税改历程

近年来，为应对数字经济带来的税收挑战，OECD 做了大量推动国际税收规则改革的研究及推进工作：2013 年 7 月，启动税基侵蚀和利润转移（BEPS）项目；2015 年 10 月，通过包含 15 项反避税行动的 BEPS 一揽子计划；2016 年 6 月，建立含 139 个成员的 OECD/G20 BEPS 包容性框架；2018 年 3 月，形成阶段性成果《数字化带来的税收挑战：中期报告》；2020 年 10 月，在多轮完善和细化调整基础上，公布《应对经济数字化税收挑战——支柱一和支柱二蓝图报告》，明确了更为详尽具体的规则建议和内容阐释，为加速达成全球共治奠定基础；2021 年 7 月 1 日，发表"双支柱"方案，而后，该方案在 7 月 10 日 G20 财长和央行行长会议获得批准，标志着百年国际税改已成定局。

（二）方案内容

"双支柱"方案是应对经济数字化税收挑战的多边方案，用以确保跨国集团缴纳公平份额的税款，具体包括支柱一和支柱二。支柱一旨在解决超大型跨国集团利润重新分配问题；支柱二旨在设定全球最低税，解决大型跨国集团利用低税地转移利润和税收逐底竞争问题。

支柱一由金额 A、金额 B 和税收确定性三部分组成，适用范围为全球收入超过200亿欧元且利润率高于10％的跨国企业（采掘业和受监管的金融服务业除外）。金额A是对超大型跨国集团全球利润征税权在各辖区间的重新分配，要求跨国企业在其客户和用户所在地纳税；金额B是通过简化运用独立交易原则，确定对跨国集团所从事的基本营销和分销活动的回报；税收确定性是指，对于金额A适用范围内的跨国集团，通过强制有约束力的争议预防与解决机制，避免金额A的双重征税，税收确定性机制的相关细节仍尚待确定。

支柱二即为备受关注的"全球最低税"方案，具体包括基于国内规则的全球反税基侵蚀（GLoBE）规则和基于双边税收协定的应税规则（STTR），适用于收入在7.5亿欧元或以上的集团。全球反税基侵蚀（GLoBE）规则又由相互关联的所得纳入规则（IIR）和低税支付规则（UTPR）组成，共同执行的最低税负水平即为全球最低税率。应税规则则允许所得来源辖区对收款方税率低于应税规则最低税率的某些关联支付进行有限征税。

二、"双支柱"方案影响分析

（一）国际税收规则面临重塑

1. 全球税制改革取得重大进展。全球税制改革是税收问题，更是全球化浪潮下的经济治理问题。数字经济打破了传统的地理空间隔绝和产业壁垒，改变了全球贸易投资模式，对原有国际税收规则以及税收管辖权带来了巨大冲击。因国际税收规则关系到国家主权和税收利益，主要经济体之间的分歧较大，国际税改经历多年的拉锯谈判，进展并不顺利，期间还有不少国家采取了数字服务税等单边措施。新出台的"双支柱"方案，确保包括数字产业在内的大型跨国企业在其所有实施商业活动并取得利润的市场缴纳公平的税额，并通过设立全球最低税率来管控各国之间的财税竞争，是对现有国际税收规则体系的颠覆性变革。

2. 国际税收分配规则逐渐完善。"双支柱"方案引入了市场管辖区的征税权，更加符合利润应在经济活动发生地和价值创造地的征税原则。支柱一明确了收入来源地概念，即收入来源为消费产品或使用服务的终端市场，将大型跨国企业的利润更合理地分配至市场国，赋予了市场国对主要跨国公司从本国用户和客户获取收入的征税权；支柱二则会带来实质性的税收收入增长，当跨国公司所在的低税地不行使主要征税权时，将由集团母公司管辖地行使税收补征权。"双支柱"方案的税收影响可能更有利于发达国家，发展中国家可能会受益于其中部分因素，如收入来源地征税权、应税规则明确的所得来源有限征税等。OECD预计，通过"双支柱"方案，将会有每年超过1000亿美元利润的征税权转移至市场辖区；按最低税率15％估算，全球最低税收估计每年将产生约1500亿美元的额外全球税收收入。

（二）国际税收政策需要调整

1. 税收优惠驱动效应减弱。"全球最低税"通过引入全球统一的最低税率用以限制税收竞争，低于全球最低税率的税率及财政政策措施的影响力将被削弱。虽然"全球最低税"并不直接改变国内法规定的任何税收优惠，但可能使得某些税收优惠失效，如，当税收优惠导致集团公司实际税率低于全球最低税率时，就有可能形成补征税款。"全球最低税"一方面减轻了为吸引外国投资而提供过多税收优惠的压力，但另一方面也对产业、区域（如经济开发区等）税收优惠政策产生不利影响，就我国而言，香港特别行政区的税收政策定位将面临新的挑战。

2. 数字服务税收暂缓征收。近年来，法国、意大利、奥地利、印度和马来西亚等国均出台了数字服务税法案等单边措施；日本、澳大利亚、韩国、新加坡等国也通过修改增值税、消费税征收范围的方式对数字产品和服务征收间接税。"双支柱"方案要求各国放弃目前正在实行或计划出台的单边税收政策，鉴于此，欧盟已表示暂缓推出原定于 7 月底出台的数字税征税计划，专注于世界最大经济体之间达成的更为广泛的全球最低税收协议的谈判。

（三）跨国公司重构全球布局

1. 跨国企业投资驱动因素转变。全球最低税降低了税收负担弹性，压缩了跨国企业的税收筹划空间，这将引导企业降低对税收成本的关注，转向关注基础设施、劳动力素质、创新能力、法律环境与政治环境等真正促进生产经营的营商因素，进而推进空壳公司的消除，促进跨国公司就其全球利润分布格局进行适应性调整与优化。

2. 税收遵从调整成本提高。"双支柱"方案将推动适用范围内的跨国企业尽快开展新规则影响评估，并根据情况调整其投资架构、商业模式、财会系统，重新审视现有业务模式和投资布局的合理性，短期内会增加企业相关遵从成本。其中，全球最低税还可能削弱甚至完全抵消跨国企业在各国享受税收优惠后取得的实际好处，包括从我国境内取得所得的谷歌、脸书、亚马逊等高科技公司以及蚂蚁金服、字节跳动等中资"走出去"企业都将增加税收遵从成本。

（四）税收监管服务范围拓展

1. 国外数字企业纳入征税范围。支柱一解决了数字企业在市场国无经营实体即可取得收入带来的征税权问题。我国是重要的数字经济大国，尽管诸如美国甲骨文、亚马逊、谷歌等在国际市场上占有极大份额的高度数字化企业，在我国市场上的业务规模与活动范围极其有限（有的已退出中国市场，仅通过与国内本土企业合作或远程形式提供服务等形式曲线进军国内市场），但"双支柱"方案将税收管辖权分配的参与方从两国调整为多方，应税规则保留了向境外关联方转移支付行为的征税权，意味着只要相关款项的预提税率低于全球最低税率,我国税务机关就可对该支付款项补征相应税款。

2."走出去"企业税收服务需求提升。2021年8月2日,《财富》杂志发布了2021年度世界500强排行榜,中国上榜企业共143家,但同时符合支柱一的收入门槛和利润率标准的企业仅20家,且主要集中在石油、银行、保险等领域,属于协议规定的排除范围。尽管我国符合支柱一条件的跨国企业较少,但符合支柱二全球最低税标准的"走出去"企业较多,这部分企业主要依托国内单一市场占据全球较高市场份额,其境外业务也仍在开拓发展期。"双支柱"方案的推行,将对这部分"走出去"企业的跨国业务核算、税收风险防控等提出更高要求,税务部门在相关领域的服务供给也将更为重要。

三、"双支柱"方案应对措施

(一)深度参与方案规则制定

1.积极参与制定方案实施计划。"双支柱"方案不仅体现着发达国家之间的利益博弈,也隐含着发达国家与发展中国家、新兴经济体之间的利益竞争。方案本身的适用性、可操作性,影响着各利益相关方的税收利益,也影响着吸引投资的经济竞争力。要主动对接国际税收改革,注重税权与发展权的协调,既要保护传统企业在发展中的市场利益,也要制定科学合理的方法规范数字企业税收征管。要加强与139个包容性框架成员的交流合作,妥善处理各国重大关切,兼顾不同发展阶段经济体发展需求,积极参与制定"双支柱"方案的具体实施计划拟定,提高我国的税收话语权和地位。

2.预先研究税改应对方案。审慎研究"双支柱"方案对数字产业和传统产业发展的影响,如区分"引进来"和"走出去"两种企业类型开展经营模式、全球布局和利润配置的影响分析;跟踪主要经济体针对"双支柱"方案出台的税收政策开展比对分析研究等。具体实施中,可选取上海、广东、江苏和浙江等跨国企业投资较多、跨境经济发展较好的省份作为试点地区,兼顾"走出去"与"走进来"企业的规模与特点,进行"双支柱"模拟方案试点测算,从制度设计、征收方式、监控手段、价值判定等方面制定切合我国实际的应对措施。

(二)完善国内税收法律制度

1.规范清理税收优惠政策。当前,各地政府为谋求本区域经济利益,吸引其他地区资本注入,纷纷出台税收优惠政策,导致企业实际有效税率低于全球最低企业税率(15%),这或将成为将来以美国为代表的经济体打压中国的新的"贸易壁垒"。为落实"双支柱"方案的最低税率标准,应全面梳理中央与各地已实施的税收优惠政策,择机取缔不合时宜的税收优惠政策,降低国际贸易风险。

2.完善企业所得税法。支柱一中,关于金额A的新联结度规则和剩余利润的核算方法等要求与我国现行企业所得税法的实施规则存在较大差异，为顺利承接"双支柱"方案，我国企业所得税法需进行相应的修订完善。一是建议结合金额A的具体规则和我国企业所得税现行规定，调整机构及场所确认条件，取消以物理存在为前提的确认条件。二是金额A对剩余利润的计算是从企业集团或者业务线层面进行的，建议相应增加我国企业所得税法中对应纳税所得额的计算主体选择，如允许企业以业务线为主体计算应纳税所得额，以更好地衔接"双支柱"方案。三是建议对于属于金额A征税范围的企业单独采取免税处理，即就其在境外管辖区已被征税的剩余利润通过免税法避免重复征税。

3.完善源泉扣缴制度。"双支柱"方案并未对税收征收方法提出建议，为简化征收，建议将源泉扣缴方式作为承接"收入来源地"赋予的征税权落地举措。但现行源泉扣缴的方式仅限于存在支付客体和扣缴义务人的情况，且对扣缴时点等有一定要求，建议结合经济数字化的业务属性进行优化调整。以在线广告为例，跨国数字企业在平台企业投放广告后，中国用户观看广告，基于"收入来源地"原则，中国可参与分配剩余利润。因此，建议从三方面完善源泉扣缴制度：一是扩大预提所得税适用范围，将投放数字广告、在应用市场投放应用等数字服务收入纳入预提所得税范围；二是明确数字服务交易行为发生时即预提所得税，即以跨国数字企业在国内平台交付广告费的时点为扣缴时间；三是确定合理的扣缴比例，如采用可比利润率或征收率。

（三）优化跨境税收营商环境

1.引导跨国企业加强税收应对。引导跨国企业积极跟踪各国国内税法和双边或多边协议变化，监测相关国家应对"双支柱"方案的具体计划和相关影响，预先评估"双支柱"方案对跨国经营业务的影响，适时考虑调整投资架构、商业模式及财会系统等，并结合国别报告信息重点分析可能存在的企业所得税风险，提前适应并作及时调整。对受到"双支柱"方案影响较大的企业，如数字经济行业阿里巴巴、网易等本土跨国企业，主动对话，为企业提供涉外税收指导和服务，帮助企业降低全球战略布局税务风险和整体税务负担。

2.加强国际税收协调。目前"双支柱"方案仅为框架性文件，尚未在具体实施及后续征管方面提出细化要求，建议提前梳理诸如金额计算方法不同、会计核算方法不同等各国在具体实施时可能存在的差异，并就差异情况积极开展国际间对话磋商，加强协作沟通，切实降低企业遵从成本。与此同时，尽管"双支柱"方案明确取消单边措施，但仍应关注单边措施实际退出情况，在未完全消除单边措施的情况下，应尽可能加强国际协作，避免单边行动导致的重复征税问题。

（四）健全跨境税源监管机制

1.加强税收征管能力建设。无论是金额 A 的确定还是实际有效税率的计算，都需要综合各个市场管辖区的信息和数据，这对我国的税收征管体系和能力提出了更高的要求。一是针对支柱一，建议设计推出集团层面或业务线层面的报税系统；二是针对支柱二，建议设计推出实际有效税率共享系统；三是对不同管辖区内不同的会计准则和制度而涉及到的税会差异调整，建议组建专门税务团队进行定期追踪、核算和反馈，及时对接处理国际税收争议。

2.加强信息共享交换。一是建议依托 CRS 信息交换、多边公约等实现不同税收管辖区之间税务信息和有效数据的互联互通；二是建议针对支柱二，积极与低税率国家签署税收情报交换协定，及时掌握企业涉税信息；三是建议对税务征管系统进行数字化升级，加强与第三方平台的合作，充分运用大数据、区块链等信息化技术手段实现信息共享，积极推进国际税收领域的"以数治税"。

课题组组长：卓　　然

课题组成员：周建华　蒋琳灵　沈小凤

兰永红　汪赛丽　喻万芹

谢晓嫣　王雨欢

数字经济税改下国际税收体系的
建设研究（二等奖）

国家税务总局湖州市税务局课题组

近年来，随着我国税收现代化建设的步伐不断推进，国际税收工作形成了以"一带一路"税收征管合作机制为引领，多边合作和双边合作相互促进，国际组织与区域性组织互为补充的多层面、全方位国际合作架构，服务高质量"引进来"和高水平"走出去"，在全球税收治理中体现了大国担当。2021年3月，中共中央办公厅、国务院办公厅印发《关于进一步深化税收征管改革的意见》，提出强化国际税收合作的要求，要深度参与数字经济等领域的国际税收规则和标准制定，持续推动全球税收治理体系建设，要落实防止税基侵蚀和利润转移行动计划，严厉打击国际逃避税，要不断完善"一带一路"税收征管合作机制，要进一步扩大和完善税收协定网络，加大跨境涉税争议案件协商能力。我国税务部门在新发展阶段，在"十四五"开局之时，要进一步投身国际税收体系的建设，提升国际话语权，帮助发展中国家提升征管能力，为推动构建新型国际关系和人类命运共同体贡献税务力量。

一、经济数字化和全球化带来的国际税收环境变化

随着大数据、互联网、云计算、人工智能、物联网等数字技术突飞猛进，以数据资源为重要生产要素、以全要素数字化转型为重要推动力的数字经济蓬勃发展，新兴产业快速发展，传统产业数字化渗透加深，全球经济越来越呈现数字化特征。经济全球化与数字经济的迅猛发展与不断深入，也给现有的国际税收体系带来了严峻挑战。

（一）数字经济发展导致税收在各国分配失衡

数字经济具有"无地域化"特点，在一些商业模式下，企业运营和经济价值的创造并不需要设立实体存在，而是可以通过网络空间来实现，这给来源国对非居民数字经济下的企业营业利润征税带来很大难点，最终数字经济导致利润所得与价值创造所在地的分离。根据OECD2021年发布的第三版企业所得

税数据分析报告,跨国公司平均26%的利润来自于投资中心,但只有3%的员工和14%的有形资产来自于投资中心,提供销售、制造、服务功能的经济活动发生地税收流失,税收在各国之间分配失衡。

(二)数字经济下的单边措施给国际税收带来不确定性

为了应对数字经济挑战,一些国家出台了单边性的国内税改措施,例如开征数字服务税,欧盟于2018年提出关于数字服务税的立法提案,法国在2019年通过了数字服务税立法,2020年英国宣布对搜索和广告等数字服务征税。随后,意大利、西班牙等多个欧洲国家和马来西亚、新加坡等亚太地区国家也相继加入征收数字服务税行列。虽然开征数字服务税有助于维护征税国税基的考虑,一定程度上能打击恶意税收筹划,但开征数字服务税无法真正解决国际税收困境,将不可避免地加重跨境服务贸易企业的税收负担,同时,数字服务税没有税收协定的辅助,双重征税难以避免,其正当性仍存在理论上的争议。

(三)经济全球化给国际避税提供便利性

经济全球化在一定程度上使企业及个人避税更为方便,使得跨国逃避税行为频繁发生,手段也更加隐蔽,他们通过跨国利润、财产转移、借助税收洼地、分散税基、滥用条款等等的方式,更便于逃避主权国家的税收,使主权国家税基遭受侵蚀。

(四)税收制度跟不上全球经济发展步伐

跨境数字化交易利润的税收权益国际分配结果严重失衡,使得常设机构原则是否继续适用于数字经济环境的有效性和合理性遇到考验,对利润归属方式的需要重新考量确定,各国国内税法和税收条约中的跨境营业利润课税规则已经跟不上现实情况。避税行为的存在也反映出国与国之间的税收规则的重叠或者是缺失,从而导致跨国企业被双重征税或者双重不征税,对全球反避税制度的完善等提出了新的挑战。经济全球化和数字化背景下显现的国际税收问题亟待制度化、实践化解决。

(五)经济全球化下的"有害税收优惠"造成全球税收流失

为促进本国经济发展,各国开展"逐底竞争",也就是通过降低税率、增加税收优惠等方式,减轻企业负担,从而吸引具有高度流动性的生产要素和经济活动,这种"有害"竞争方式给跨国企业提供了巨大的"税收套利"空间,从而促使利润转移、投资效率损失。根据OECD数据,2000年与2021年全球企业所得税率呈下降趋势。

二、国际税收体系的发展及其影响

(一)国际税收规则的重塑

税收作为国家财政的基石,在时代大变革的背景下,各国达成要打击避税的共识，2013年，OECD和G20国家联合，开始推动对国际税收规则体系实行百年以来最为重大的改革和重塑，建立税基侵蚀和利润转移（BEPS）项目。2015年，G20联合经济合作与发展组织（OECD）发布BEPS项目15项行动计划，2018年，OECD发布《数字化带来的税收挑战中期报告》，对税收挑战进行深入分析，包括BEPS遗留风险以及如何在司法管辖区之间分配数字经济征税权的问题，提出未来将继续努力就数字经济税收达成新的多边共识。2019年1月，OECD发布"双支柱"政策说明，其中支柱一要求对市场国或消费国分配新的征税权与征税利润，支柱二试图探寻一种"无歧视"的征税权，加强税收管辖区对境外低税所得的税收规制。2021年10月，136个包容性框架成员辖区达成共识，形成《关于应对经济数字化税收挑战"双支柱"方案的声明》，各方承诺将尽一切努力在本国立法框架下将规则纳入立法。"双支柱"的达成将有利于政府增加财政收入及资源的全球优化配置，OECD指出，支柱一预计将会在各个国家和地区间重新分配每年约1000亿美元的收入，支柱二如果把最低公司税率设置为15%，每年能够使全球各国增加约1500亿美元的税收。目前，全球GDP总量90%以上的国家就此达成协议，这是各方对建立新的国际税收规则多年来的共同努力，多国已经承诺在支柱一生效后将取消数字服务税及其他相关类似单边措施，避免了全球的一场"数字服务税"战争。

开启税基侵蚀和利润转移（BEPS）行动计划以来，国际税收治理秩序处于重大变迁中，国际税收领域出现不少新动向，已经并将继续影响各国的国内税收治理。

（二）全球透明税制建设

2001年6月，OECD在巴黎召开的反有害税收竞争会议明确，判定一个国家或地区是否是避税地，只需考虑其税收透明度和有效信息交换的标准即可。自此，税收透明度原则逐渐进入国际税法的探讨之中。2004年G20财长和央行行长会议上，各国财长和央行行长联合发表声明，承诺实施OECD《税收信息交换协议范本》中所明确的"有关税收透明度和信息交换的高标准"。同时，该会议还对税收透明度和信息交换的高标准主要内涵进行了说明，要求政府部门应能获取银行信息、其他金融中介所持有的金融信息以及与实体所有权有关的信息。2005年，OECD修改了其税收协定范本第26条"税收信息交换条款"，使其与《范本》中的税收透明度和信息交换标准一致。2008年，全球金融危机爆发之后，各国更加关注不良税收筹划带来的后果，并期待进一步提高税收透明度。G20则要求在更广阔的平台上加强国际间税收信息交换合作。同年，联合国（UN）将税收透明度和信息交换标准纳入UN税收协定范本第26条的"税收信息交换条款"之中。

在合作及实践中，全球透明税制建设形成了两大税收透明度标准——应请求的税收信息交换标准（EOIR）和信息自动交换标准（AEOI）。

为应对非合作税收管辖区带来的税收合规风险，OECD 于 2000 年成立了全球论坛，除了提供法律框架援助、业务援助、政策宣传、保密、技术援助和数据保障等，论坛还有两项职能，即监督与促进各国对税收透明度标准的执行。目前，全球论坛已有 161 个成员，另有 19 个国际组织以观察员身份参与。

1. "CRS(Common Reporting Standard,共同申报准则)"信息交换。

2014 年 7 月，OECD 正式发布《全球金融账户涉税信息交换标准》，也就是 CRS。该标准是受欧盟颁布的《关于欧洲储蓄收入征税的指令》和美国颁布的《海外账户税收法案》影响而建立的，旨在通过涉税信息的交换，促进国际税收透明化，从而打击跨境避税行为。

目前，全球已有 111 个司法管辖区加入 CRS 协议，根据 OECD 官网数据，截至 2021 年 9 月，已激活超过 4200 个双边交换关系，涉及 100 多个加入 CRS 的司法管辖区。并且，为了加强税务、信息交换透明度，OECD 通过全球论坛，更新发布 CRS 相关指南、进展情况、问题解答等，向各成员提供帮助，以有效实施国际反避税标准。全球论坛还成立了一个自动信息交换对等审查小组（APRG），用来监督 100 多位加入 CRS 协议的国家和地区是否落实 AEOI（金融帐户涉税信息自动交换标准）。

根据全球论坛数据，2019 年，全球交换共 8400 万个金融账户信息，覆盖总资产 10 万亿欧元，2018 年，交换 4700 万个金融账户信息，覆盖总资产 4.9 万亿欧元，2017 年，交换 1100 万个金融账户。2009－2019 年，各国政府通过自愿披露计划、离岸税务调查和相关措施，确定了 1070 亿欧元的税收收入。

2. 国别报告自动交换

BEPS 行动计划(13)中，一项重要内容就是要求跨国企业集团向税务主管部门提交国别报告，这被视为解决税基侵蚀和利润转移的最低标准和必要举措。2015 年，OECD 发布了《转让定价国别报告多边主管当局间协议》（CbC MCAA），协议明确了跨国企业集团资料报送的义务以及各国税务部门信息交换的义务，有利于各国税务部门了解跨国企业集团全球经营状况，促进纳税遵从，确保国际税收体系公平。

国别报告保密性及合理使用也是 OECD 关注的方面，2017 年 4 月，OECD 针对在 BEPS 项目第 13 项行动计划下如何落实国别报告规定，发布附加指引并纳入同行审议，对如何让"合理使用"、不遵从合理使用条款的后果、税务机关可以采取的保证合理使用国别报告信息的方法等进行说明。同时 OECD 官网也开辟专栏，对相关情况进行公告。

截至 2021 年 8 月，签署交换协议的国家达到 91 个，截止 2021 年 9 月，在承诺交换国别报告的辖区内，启动了超过 2900 个双边交换关系。

（三）疫情下的国际税收合作

在世界各国抗击新冠疫情的关键时刻，国际货币基金组织（IMF）、经济合作与发展组织（OECD）、联合国（UN）和世界银行（WB）等主要国际组织纷纷在其官网开设应对疫情专栏，汇编数据、信息、分析和建议，阐述新冠病毒（COVID-19）的影响所带来的健康、经济、财政和社会挑战。2020 年 12 月，OECD 发布《关于新冠疫情影响的转让定价指南》，对可比性分析、亏损和疫情相关支出的分配、政府援助项目、预约定价安排等方面作出相关说明，2021 年 1 月，OECD 发布《COVID-19 疫情危机对国际税收协定条款的影响指南》，包括常设机构、实体和个人居民身份变化、双重居民加比规则的适用及受雇所得等方面。

2020 年 6 月 2 日，以"同心抗疫，共克时艰"为主题的"一带一路"税收征管合作机制视频会议召开，对国际税收助力战疫作出深切回应。

2020 年 12 月，第十三届税收征管论坛（FTA）视频会议召开，各成员国围绕税收助力新冠疫情应对和国际税收热点问题进行讨论，会议通过了《2020 年 FTA 阿姆斯特丹大会公报》，声明在新冠肺炎疫情防控常态化背景下 FTA 作为多边合作平台的重要性。

（四）国际税收争议的解决

MAP（相互协商程序）是当今国际社会处理解决跨国税收争议、提高税收确定性的重要方式，它是税基侵蚀和利润转移（BEPS）第 14 项行动计划的最低标准。国别报告作为重要的评估工具，可识别转让定价和 BEPS 风险点，从而助力税务部门进行风险防控。

2015 年，OECD 发布了《转让定价国别报告多边主管当局间协议》（CbC MCAA），协议明确了跨国企业集团资料报送的义务以及各国税务部门信息交换的义务。

（五）区域性国际税收合作的探索

2020 年 11 月 15 日，世界最大自由贸易协定《区域全面经济伙伴关系协定》（RCEP）正式签署，协定涵盖货物、服务、投资等全面的市场准入承诺，货物贸易零关税产品数量整体上超过 90%。

区域性税收治理将助力国际税收治理新格局形成，在推动全球性的国际税收治理尚存较多现实困境的条件下，先行推进区域性的国际税收治理合作不妨是一种好选择。以"一带一路"税收合作机制为例，中国已在探索构建"一带一路"税收合作机制框架方面取得良好成效，并"逐步将'一带一路'税收合作机制打造成具有中国特色且广为认可的税收利益与责任共同体的示范区，为完善全球税收治理体系做出积极贡献。

三、国际税收体系建设存在的困难与挑战

（一）各国税制差异导致国际税收体系建设成本较高

由于各国经济发展情况、政策目标和征收管理水平的不同，所采用的税制体系结构差异较大。税制体系结构的差异性，使得各国在税种设置、税种组合方式、税率设计等方面都存在诸多差异。这些差异使得国际税收体系建设的难度、成本都较高。

（二）国际标准执行度及落地有效性不足

国际税收改革如火如荼，但各国法律法规及工作机制往往无法立即跟上改革步伐，缺乏在本国进行有效落实各项合作机制的法律依据、工作流程、管理方式，国际标准与国内制度没有得到有效对接，国际合作只停留在国家层面，成果无法通过工作流程到达基层，这些问题可能需要通过立法的完善、征管体制的改革等等来进行完善优化，这都需要一定的时间，税收合作如何落地及落地有效性的问题，国际税收合作效果如何有待考量。

（三）各国发展不平衡，国际合作度有待加强

一些发展中国家，由于国际税收管理体制等不健全，跨国避税现象突出，他们在现代化、合理化的税制体系建设方面亟需技术援助，以更好地简化、规范税制结构，促进税法体系的透明化，提高税收征管效率，然而相应的互助机制尚未建立起来。

（四）信息化建设与数据处理能力有待提升

随着数据处理量的增加，数据的提取采集和后期的处理应用，光靠人脑是不足以有效快速完成的，国际税收征收和管理对信息技术和互联网技术的依赖性日益增强。缺乏国际涉税信息处理平台和网络，对国际涉税信息的交换与处理会带来一定阻碍。大量国际企业信息，庞大的数据量在日常使用时的筛选、甄别和统计运用会受限于本国的数据处理能力。

（五）税收透明化程度有待提高

税收透明化的建立需要更多的国家参与并展开有效数据披露及交换。现有一些国家税务信息的公开、透明性不高，导致别国税务部门及企业对其税收制度的了解不够，对全球经济发展、税收合作带来不利影响。此外，对于税收数据的交换，一些本国数据仍达不到交换的国际标准，从而影响数据交换的数量和质量。

四、对国际税收体系建设几个方面的思考

（一）规则体系

促进全球税收深度共治，提供政策确定性。各国要积极跟进探索数字经

济下的国际税收新秩序，为多边措施的各项关键要素的确定提供意见，完善各项规则的细则，考虑现有国际税收规则与新规则的衔接，有效落地保障新规则的效果最大化，积极落实签署多边公约，为更快更好地加强各国融入新规则，可以开发成员国国内立法模版。

加强本国税收制度改革，提升国际税收参与度。在国际税收信息逐渐完善的新形势下，各国要对自身国际税收管理工作进行改革或重组，有效改善现有国际税收管理工作的缺陷和弊端，建立与国际标准相对应的税收管理规则，确定本国参与国际税收间的合作以及加强国际税收管理的基本程序。

加强税收合作机制落地监管，建立长效机制。OECD 等相关组织要建立监管组织，以判断跟踪规则的有效性、适应性、合理性，通过真实的税收反映逐渐完善规则体系，以适应国际环境的不断变化。

（二）征管体系

加强信息化建设，提升国际税收合作成果。加强"数字时代"的信息化建设，加强信息化建设交流提高信息传达效率，加强信息处理能力，完善信息化工作流程。发挥技术支撑作用，建立高效集成的信息化系统，通过处理数据、防控风险、优化服务，更好地发挥数据作用，服务于现代化征管要求。

（三）服务体系

提供高效确定的税收服务，积极帮助争端解决。扩大全球税收协定的覆盖面，提升预约定价谈签的效能，加大协商力度，帮助企业避免双重征税。提高争端解决效率，积极推进相互协商程序的完善，致力于保障纳税人的参与权、知情权、监督权等权益。

（四）合作体系

建立区域互助机制，提升国际税收合作影响。经济发展具有区域性特点，建立区域税收互助机制，对推动税收合作、促进经济发展具有重要意义。通过区域互助，完善区域税收治理体系，带动区域内国家的税收发展水平，通过对区域数据的研究，为全球税收合作提供参考，区域合作也为企业的跨国发展提供更多的支撑，以区域合作推动全球合作，以区域发展促进全球发展。

共享人才系统培养体系。建设培养全球培训师资团队，开展线上线下培训，通过理论培训与实践分享，共享经验做法，将最新的税收改革情况、相关规则、成果等有效传达，提升各国税收征管水平、储备税务人才，促进各国共同提升，为国际税收改革提供人才支持。

课题组组长：徐　　洁

课题组副组长：余　　俐

课题组成员：朱倩薇（执笔）

RCEP 下对税收服务自贸区发展的思考（二等奖）

国家税务总局舟山市税务局课题组

舟山是浙江自贸试验区先行区，与 RCEP 各成员国之间的贸易投资关系密切，协议签署对我市影响将在未来 1—2 年间逐渐显现，所以应以提前谋划、主动对接的姿态，积极释放协议优势效能，促进和发展与各成员国在贸易和投资领域的合作。如何充分发挥税收职能，通过征管改革、税制优化、税收合作等多个途径服务自贸区更好地开放发展，从而在构建国内国际双循环的过程中抢占先机具有十分重要的意义。

一、我市与 RCEP 成员国贸易投资基本情况

2020 年，我市与 RCEP 成员国实现进出口总额 422.94 亿元，占全市进出口总额的 25.4%，其中进口 308.33 亿元，占全市进口比重的 28.6%；出口 114.62 亿元，占全市出口比重的 19.5%。东盟本就是我市第一大贸易伙伴，日本、韩国、澳大利亚和新西兰的加入使得 RCEP 贸易量进一步增加。RCEP 成员国主要的进出口产品为油气产品、水产品、铁矿和钢材、机电产品、船舶修理和玩具等。

2020 年，我市对于 RCEP 成员国投资 13225.8 万美元，占全市总投资额的 72.9%。我市实际利用外资 34409 万美元，占全市总利用外资的 86.5%。日本和韩国是我市重要的外资来源地，东盟是我市主要的外资投资区域。

二、RCEP 签署对自贸区的影响

自由贸易区的建立能够减少或消除各种贸易壁垒，降低繁杂的贸易关税，促进生产要素的自由流动，实现产业的优势互补。RCEP 各成员方之间的经贸合作，涉及的贸易呈现多元化，贸易磋商和对话机制也在不断增强，成为区域经济增长的"助推器"，从以商品、服务贸易为主的低级自由贸易区向以各种要素为主的高级经济一体化融合发展，形成深度的经济一体化形式。

（一）货物贸易层面：零关税和区域内贸易便利化

协定生效后，区域内 90% 以上的货物贸易关税将立即减至零，或在 10 年内逐步减少。作为区域内的贸易大国，"中国制造"可以满足更广阔的市场需求，增强我国市场竞争力，货物贸易将更具有可持续性。此外，协定将大大简化中国企业出口到其他成员国的手续，缩短通关时间，并节省许多不必要的贸易行政手续。

油气及化工品贸易方面。RCEP 对原油、汽油、柴油、航煤、燃料油、LNG 和 LPG 的现行进出口关税税率已经为零或接近零。RCEP 签署对聚烯烃（PE）市场产生较大影响。据统计，2020 年我国 PE 进口量为 1900 多万吨，RCEP 约占 28%，其中韩国占比最大，约为 9%。目前自韩国进口的 LDPE 及 HDPE 进口关税税率为 5.9%，LLDPE 进口关税税率为 6.5%。关税降为零之后，将进一步刺激该类化工品进口，而 PE、LDPE 等产品也是我市主要生产化工产品之一，产业将直接面临进口方面的市场冲击。

农产品贸易方面。舟山水产品出口品种以鱿鱼、金枪鱼等制品为主，占舟山水产品出口总量的 90% 以上。日本作为我市水产品主要出口市场影响较大。我市鱿鱼年产量约 50 万吨，占全国七成，而日本鱿鱼产量仅为 4.23 万吨，日本鱿鱼关税税率为 10%，加入 RCEP 后关税降为零对我市鱿鱼出口日本是重大利好。在进口热带水果方面，虽然原先已全部实行零关税，然而，RCEP 简化了通关程序，采取高效的管理措施，如预先裁决、预到达处理和使用信息技术，以进一步方便通关。对水果蔬菜等生鲜易腐货物施行 6 小时通关政策，将进一步推动进口东南亚热带水果等生鲜产品的贸易增长。

（二）服务贸易层面：更开放的市场准入

与世界贸易组织（WTO）不同，RCEP 更为灵活，以无限期承诺的形式列出了肯定的承诺清单。日本、韩国、澳大利亚、新加坡、文莱、马来西亚和印度尼西亚 7 个成员国采取一些负面清单管理方式，列出不开放或存在一定限制的领域。为中国企业与本地企业平等地为其他成员国的消费者或企业提供服务创造了条件。RCEP 国家的企业有协议保障，可以开展广泛的业务合作，既有利于自身业务拓展，也有利于各种资源要素的优化重组，大大提高了发展效率和竞争力。

在海事服务产业方面。在 RCEP 框架下，有利于凸显舟山海事服务特色，对标对表新加坡，加快国际海事服务企业聚集，吸引国际人才、资本、技术等资源。

在船舶修造产业方面。RCEP 成员国修造船水平处于产业链发展的不同阶段，互补性强。我市在硬件、软件和人才水平等方面均高于东南亚各国，距离日韩有 4—5 年差距。开放的政策将加剧中日韩在修造船上的竞争，但同时也开辟了广阔的新市场,尤其是在岛际交通船、液化气船等建造上将迎来新的机遇。

金融保险服务方面。RCEP 各成员国承诺在金融、电信和专业服务领域作出更高水平的开放承诺,有利于浙江自由贸易区跨境商品贸易人民币国际化示范区的建设,为自贸企业开展高水平的跨境人民币结算创新业务带来新机遇。鼓励境内外保险公司创新产品和服务,为油气运输、仓储以及国际船舶航行等提供保障。

国际旅游服务方面。RCEP 带来区域人员流动便利化,未来体系内公民的文旅类交流活动将更加便利。我市着力推进海洋及佛教文化品牌建设,有利于打造国际化的海岛文旅体全产业链资源交流和贸易平台。

国际劳务合作方面。RCEP 的签署,有利于企业开展国际劳务合作,特别是远洋渔业引进印尼、菲律宾等外籍劳工试点工作方面,将进一步推进外经合作的内容和深度。

(三)知识产权层面:为企业资源利益提供制度保障

RCEP 不同于传统的知识产权国际协议。将内容纳入经贸协定的框架内,有效地增强了各项承诺的约束力和履行力。RCEP 的知识产权部分不仅涵盖版权、商标、地理标志、专利、外观设计等较为传统的知识产权,还包括遗传资源、传统知识、民间文学艺术等广泛内容。企业通过协定可以保护自己持有上述资源的利益,不仅可以维护公平竞争,而且还可以通过授权使用知识产权、投融资和其他相关商业活动为获取利益提供制度保护。

(四)中小企业层面:提升国际化竞争力

RCEP 还在中小企业领域做出了加强合作的规定。RCEP 地区发展中国家众多,企业竞争力差异明显,在国际化能力、管理水平、融资能力等方面与大企业相比存在不足。在 RCEP 的保护下,国际化对相对弱势的市场主体的利益损害效应可以消除。大量的中小民营企业可以在协定的支持下提升国际化发展的能力,在受到经济贸易环境损害时得以寻求更好的保护。

三、RCEP 对税收的要求

随着合作和开放程度的进一步深化,税收的重要性日益凸显,税收制度越来越成为区域营商环境的重要体现,税收便利越来越成为投资便利的重要保障,税收合作也越来越成为经贸合作的重要组成部分。

(一)国际层面:税收合作护航贸易自由化进程

RCEP 有利于改善成员方的福利水平、优化产业结构、提升生产率及资源的合理配置,提升区域整体实力,实现互利共赢发展。深化国际税收合作,加强政策对接和征管合作,消除税法本土化带来的生产要素配置障碍,是 RCEP

贸易自由化发展的重要保障，也是各成员携手合作、合作共赢的必然选择。

（二）宏观层面：税收政策助力国内经济体制改革

根据研究表明，RCEP 对成员经济体的经济利益产生显著的积极作用，尤其是日本、韩国、澳大利亚等发达经济体能够在 RCEP 框架内显著改善其宏观经济各个方面的指标，而印度和东盟在 GDP 和贸易条件等方面反而出现负值，说明发展中经济体在自由贸易的初期将产生短暂的"改革"之痛。中国作为最大的发展中国家，将合作的福利效应最大化，就需要积极推进国内"供给侧"改革，逐步实现向高附加值和高科技水平产业转移，向"中国智造"和"中国创造"转变。要求税收政策完善必须和经济体制改革步调一致，发挥税收职能作用，助力产业升级，营造优质税收营商环境。

（三）微观层面：税收职能支持跨境企业发展

经济一体化融合发展的主力是企业，RCEP 各国企业受协定保障，可以开展范围广泛的业务合作，利于企业自身的业务拓展，大幅提升发展效率和竞争力。要求各级税务部门要持续优化跨境税收服务，降低税法遵从成本，提高防范和控制税收风险的能力，切实加强政策协调，加强税收协定谈签与涉税争端化解，维护跨境纳税人合法权益，助力企业"走出去"和"引进来"发展。

四、RCEP 下对税收服务自贸区发展的思考

舟山是浙江自贸试验区的先行区，RCEP 下的合作开放福利将和自贸区开放效应叠加，进一步放大贸易便利化优势，进一步吸引国际资本聚集。同时 RCEP 在区域特色和重点产业、行业中，也将逐渐深化影响，比如油气全产业链、鱿鱼、金枪鱼的捕捞和出口以及海事服务等海洋服务业。机会与挑战并存，RCEP 下的开放既是自贸区加快发展的有利东风，也是对自贸区发挥优势、抢抓机遇的重大挑战。在 RCEP 下如何立足经济调节的职能，发挥服务开放的势能，将挑战化解为促进发展的动能，是自贸区税务部门亟需研究的重要课题。

（一）探索相关产业税收政策创新，提升区域竞争优势

1. 研究构建油气全产业链税收支持政策

油气全产业链投资便利化和贸易自由化是浙江自贸区的核心和重中之重，在 RCEP 下，将面临来自区域内的油气贸易竞争，通过研究简化税种、优化财政扶持力度，以进一步提升区内油气产业竞争力。

（1）形成产业链管理服务链条。以保障油气行业健康发展为目标，逐步建立以服务为桥梁，以增值税发票为龙头，以数字化信息管理为依托，以关联交易为风险防控重点的油气产业链管理服务链条。从发票安全、管理智能、交易公平、产业健康四个角度，提升自贸区油气产业竞争力。

（2）提供行业创新税收政策。着眼于国际船舶低硫燃料油加注的快速发展，积极落地相关出口退（免）税政策，推进舟山东北亚保税燃油加注中心建设。构建国际通行的自由港税收政策体系，对同境外往来涉及产业链的相关设备、工具、原材料、服务等简化关税分类，扩大免税范围。对区内从事油品交易的企业，根据国际油价的波动水平允许计提风险准备金，给予企业所得税前扣除。

2.试验与国际接轨的国际航运中心配套税收政策

在 RCEP 下，为了进一步促进区内各项资源的优化重组，提高对优势港口和航道资源的利用效率，进一步服务自贸区开放发展，以建设国际航运中心为标准探索与国际接轨的国际航运税制改革是具有可行性的，对带动自贸试验区产业发展升级具有重要意义。

（1）科学、合理完善流转税税制。为进一步提高自贸区内航运企业的持续发展能力和行业竞争力，扩大现有的保税港区"境内关外"的适用范围，参考海南模式，对在自贸区内登记注册且船籍登记地在自贸区的企业进口船舶和船用配件给予免征进口关税和进口环节增值税的优惠政策。或者，在综合考虑进口环节免税政策的影响下，进一步评估监管能力和风险防控能力，参考洋浦港、洋山港模式，配合出台境内制造国际运输船舶港区内"出口退税"政策。

（2）针对性试行所得税优惠政策。允许对 500 万元以下的船舶后续维修、设备购置等投入直接费用化，允许当期一次性扣除，从而提高企业营运资金周转的效率。评估行业环境，在区内试验设置优惠享受准入门槛，如投资额、船舶吨位数、年营业额等，达到一定标准的国际航运企业给予减按 15％ 的所得税优惠税率。

（3）积极争取现代船舶吨税制试点。自贸区财税部门、交通管理部门可共同研究在区内试点现代船舶吨税的可行性和效应性，调研、借鉴其他国家先进政策执行经验，积极提出相关政策建议，争取现代船舶吨税的政策落地试点。并根据试点情况，对中资船舶回归数量、外资航运企业入驻数量、企业盈利提升效果、附属行业带动效果等指标开展评估，为现代船舶吨税的进一步执行推广提供数据支撑。

3.补齐支持海洋经济发展的政策短板

浙江自贸试验区因特有的海洋、港口资源，海洋经济在自贸区发展中占有重要地位。在 RCEP 下，税收应加大力度支持海洋经济更健康可持续发展，从而凸现产业特色，形成区域内比较优势。

（1）实施广泛的扶持海洋产业发展的税收政策。争取对临港工业聚集区、海洋产业园区给予特定的税收政策或者税收返回，研究确定船舶及海工产业有限发展产业指导目录，并给予所得税税率的优惠。对海洋新兴产业给予税收扶持，扩大优惠政策覆盖面，提高政策针对性，比如对海洋清洁能源产业，将所得税优惠起算时间从原先"取得第一笔收入年度"改为"产生利润年度"，对海洋新兴产业给予城镇土地使用税和房产税的减免等。

（2）研究制定海洋资源、生态环境保护的税收政策。根据自贸区产业的特点向中央争取部分权利，增强资源税的针对性，合理确定征税范围，确保经济型资源开采、捕捞、使用的可持续性。试点海洋资源税改革，推行海洋排污费改税，采用以污染物排放量为税基的综合课税方式；确保环保税款专用于环保技术、设施的革新，由政府利用税款承建公共环保设施，为环保部门提供科研经费，促进环保技术的不断进步，由事后治理逐渐转向将污染消除在生产过程中。

4. 思考数字经济税收规则优化

随着数字经济的发展，跨境电商等模式成为当前贸易便利化的重要载体，自贸区内一般贸易和跨境电商势必是相辅相成、共同发展的，通过对税收管辖权确定、常设机构认定等税收规则的优化，进一步提升对跨境电商的税收管理和服务质量。

（二）大力推进改革举措，不断优化税收营商环境

一是实行减税减费，营造良好的税收营商环境。减税降费是减轻企业负担的重大举措，是优化税收营商环境的重要内容。近年来，我们不断推行一系列的减税减费政策，取得了惠及广大纳税人的喜人成果。税务部门应积极贯彻确保"减免降抵退缓"六个全面到位要求，不折不扣落实减税降费各项优惠政策，惠及内外资企业，支持"走出去"和"引进来"服务，全力支持"六稳""六保"工作。二是推进征管改革，打造更开放税收营商环境。继续落实深化"放管服"改革，扎实工作推进企业办税缴费便利化改革，完善涉外办税指南，推进电子税务局建设和优化，实现更多涉税事项的远程办税服务，提升一线税务人员的业务技能，为企业提供专业的咨询服务。

（三）持续优化跨境税收服务，助力企业发展壮大

一是建立跨境企业数据清册，为企业解难题"更直接"。定期更新跨境企业数据清册，联合相关职能部门及时掌握跨境企业经营发展情况，提示跨境经营风险，了解企业实际困难，主动帮助企业解难纾困。二是发布国家投资税收指导方针，使企业寻找政策"更容易"。帮助"走出去"企业方便快捷地了解投资目的地的营商环境、主要税种、征管制度、投资涉税风险等情况，降低税法合规成本，提高税收风险防控能力。三是搭建国际纳税服务平台，让企业间需求"更顺畅"。开通12366"国际税收政策"专席，帮助跨境纳税人了解有关税收政策。组织投资国税收政策咨询，提高外商投资企业的税收遵从度，引导企业自觉遵守外国法律法规，促进企业"走出去"、"引进来"发展。

（四）切实加强政策落实，维护跨境纳税人合法权益

一是认真落实税收政策，实现互利共赢。落实对境外投资者分配利润再投资暂不征收预提所得税，并扩大适用范围，增强外资流动活力；对企业境外所得实行综合抵免法，降低生产企业境外所得税收负担；将委托境外研发费用纳入加计扣除范围，支持境内外企业创新发展；简化出口退税申报手续，推行出口退税"容缺办理"，提高企业资金流转效率；落实非居民税收管理各项政策，保障跨境服务贸易涉税安全。二是积极化解税收纠纷，消除重复征税。当前，我国与 RCEP 其他成员国之间全部签署了税收协定，避免双重征税问题。税务部门需认真落实税收协定待遇管理的各项流程，做到应享尽享，切实消除跨境企业双重征税，利用税收协定项下的相互磋商机制，及时帮助企业解决与RCEP 其他成员的涉税争议。

（五）充分强化多职能部门协作，交叉服务外资外贸和重点产业

联合商务、海关、外汇等部门，组建多职能交叉协作的服务和管理团队。一是在外资引进过程中，体现税收职能的助力。二是在外资外贸管理和服务中，多部门交换信息，在保证基础数据完整的前提下，掌握更多流动信息。三是在"走出去"企业服务、外汇支付管理、海关代征等职能交叉事项上，通过联席会议等机制，实现政策透明，提高政策执行质量。四是在对接油气全产业链等自贸区重点发展的产业和行业需求时，加强纵向沟通和横向交流，积极发挥职能资政作用，共同为党委政府决策提供参考，为自贸区发展提供政策支持。

课题组组长：毕　波

课题组成员：施一鸣　陈　锐（执笔）

深化国际税收合作的
主要路径研究（三等奖）

嘉兴市税务学会课题组

深化国际税收合作成为了经济全球化背景下促进经济增长的重要政策选项，也是化解经济全球化与税收法律本地化矛盾的必然选择。2014 年布里斯班二十国集团（G20）峰会上，习近平主席"强化全球税收合作，打击国际逃避税，帮助发展中国家和低收入国家提高税收征管能力"三大主张，2016 年在杭州召开的 G20 领导人峰会上与会领导人进一步达成了"深化国际税收合作，促进世界经济增长"的共识。2020 年全国税收工作会议将"着力深化国际税收合作，积极助力合作共赢的开放体系建设"为当年的六大重点税收工作之一，2021 年"强化国际税收合作"更被写入了中办、国办印发的《关于进一步深化税收征管改革的意见》，国际税收合作的重要意义被提高了新的高度。

一、我国国际税收合作的主要阶段和成果

自 1978 年改革开放以来，税务部门始终坚持国际税收合作，为跨境投资创造确定、有利、合作共赢的税收环境，服务"走出去"和"引进来"，经历了涉外税收管理、传统国际税收管理和现代国际税收治理三个发展过程。

（一）国际税收合作的主要阶段

1978 年 12 月，党的十一届三中全会后我国在学习参照国际惯例的基础上建立了涉外税制。在 1983 年我国与日本签订了第一个避免双重征税协定之后，又陆续与美、英、法、德等国家谈签了税收协定。这一时期，我国的国际税收合作少，主要限于双边税收协定的谈签和执行。

1994 年，党的十四大以后我国得到了联合国、OECD、IMF 等国际组织的大量技术援助以不断完善税收制度体系和征管手段，如业务流程与金税三期业务需求的技术咨询、税收立法和征管能力提升的交流培训。

2013 年至今是现代国际税收治理阶段。2013 年 9 月 G20 圣彼得堡峰会批准"税基侵蚀与利润转移"（BEPS）行动计划，标志着由 G20 和 OECD 国家发起、发达国家与发展中国家自主共同参与的国际税收改革的启动,国际税收管理成为全球治理体系的重要组成部分。

(二)国际税收合作的主要成果

在国际税收合作的发展历程中,我国借助于 G20、金砖国家合作机制等国际合作平台和"一带一路"建设,积极参与国际税收规则改革的研究讨论,促进国际税收改革成果的实施与推广,成为国际税收规则制定修改和管理合作的重要参与者和一定程度上的引领者。

1. 不断扩大和完善税收协定网络,及时处理、积极化解跨境涉税争议。"十三五"期间,我国新签署了 1 个公约和 6 个双边税收协定,并与新西兰、意大利、西班牙和罗马尼亚 4 个国家修订了协定条款。截至 2021 年 5 月,我国税收协定网络已覆盖全球 111 个国家或地区(其中 7 个税收协定(安排)尚未生效)。在 2016 年至 2020 年 9 月间,国家税务总局便与有关国家(地区)税务主管当局开展了 497 例(次)双边协商,为跨境企业消除重复征税 145 亿元。

2. 积极参与 BEPS 行动计划,落实国际税改成果。我国以 G20 成员和 OECD 合作伙伴身份全程参与 BEPS 行动计划,主导提出"利润应在经济活动发生地和价值创造地征税"原则,为维护发展中国家利益和促进各项成果的顺利完成作出了重要贡献。

3. 深度参与国际税收治理,提升国际税收影响力。2016 年 5 月,我国首次承办全球性税务大会——第十届税收征管论坛(FTA)大会。该论坛是国际税收征管领域合作范围最广、层次最高的平台,我国借机邀请巴基斯坦等非 FTA 成员经济体参与其中,为发展中国家搭建国家税收合作平台。2017 年 7 月,第五次金砖国家税务局长会议在杭州举行,会议签署了金砖国家税务合作的第一份机制性文件——《金砖国家税务合作备忘录》,以官方文件形式将金砖国家税收领域合作上升至制度层面。2018 年 5 月,国家税务总局与哈萨克斯坦国家收入委员会、OECD 有关机构在哈萨克斯坦首都阿斯塔纳共同主办"一带一路"税收合作会议,提出要建立强有力的"一带一路"税收合作机制,推动全球税收体系向更加公平、透明和现代化的方向发展。2019 年 4 月,在浙江乌镇召开第一届"一带一路"税收征管合作论坛,论坛签署《"一带一路"税收征管合作机制谅解备忘录》,标志"一带一路"税收征管合作机制正式扬帆起航。

二、当前我国开展国际税收合作的主要形式和现状

国际税收合作是指税务主管当局为了应对税收征纳双方活动范围不对称问题,提高对跨境纳税人的税收征管水平而进行的税收征收与管理合作,主要包括相互协商、征管互助和国际组织合作三种形式。

（一）相互协商程序

相互协商程序（MAP）是税收协定缔约双方协商各类税收事项的基本方式，是当今国际社会处理解决跨境税收争议、提高税收确定性的主要手段。相互协商程序这一合作形式，贯穿了我国国际税收合作的发展历程。从我国第一个双边税收协定——中日税收协定开始，在所有的双边税收协定（安排）中都列有相互协商条款，这一条款为缔约双方解决两个司法管辖区的税收争议提供了法律依据。2015 年，BEPS 第 14 项行动计划——《使争议解决机制更有效》针对相互协商程序现有的缺陷提出了改进要求，要求参与 BEPS 第 14 项行动计划的各国（地区）必须达到 17 项最低标准。

2015 年，总局国际税务司将反避税处划分为两个独立的部门——反避税一处负责执行转让定价方面的国内法规和指导，反避税二处负责处理双边预约定价安排和转让定价 MAP 案件。2016 年又新成立了反避税三处，为一处和二处提供支持。为了高效地解决 MAP 案件，国家税务总局在反避税一处、二处、三处中组织了五个小组，每个小组负责处理部分协定（安排）伙伴的转让定价 MAP 案件。协定处则负责处理非转让定价 MAP 案件。在国家税务总局，现有 25 名负责 MAP 案件的工作人员，处理转让定价案件的工作人员有 18 人、其他案件的有 7 人。

根据 2019 年 OECD 发布的相互协商程序同行审议报告，我国在 2016 至 2018 年度虽完结 72 件 MAP 案件，但小于新增数量（100 件）；2018 年底库存的 117 件 MAP 案件中，其他案件类型数量占比为 48.72%，较 2016 年初增加 17.26 个百分点。在 2019 年报告期内，我国税务部门结案的 2016 年 1 月 1 日后启动的转让定价案件平均耗时 28.78 个月，其他案件为 16.54 个月。与这一期间 OECD 国家转让定价案件平均 30.5 个月办结、其他类型案件平均 22 个月办结相比，我国税务部门解决新增税收争议的耗时略低于 OECD 平均水平。

（二）征管互助

传统上，税收情报交换和征管互助是国际税收合作的两项内容。税收情报交换是指税收协定、情报交换协议或征管互助协议缔约方主管当局，为实施协定、协议以及协定、协议所含税种相应的国内法律法规而相互交换所需信息的行为。它是缔约方应当承担的一项国际义务，也是有关国家之间开展税收征管合作的主要方式。我国所有的税收协定中都有情报交换条款，即双边税收协定第二十五条，此外我国还与 10 个国家（地区）单独签署了双边税收情报交换协定。税收征管互助则最早出现在 20 世纪 80 年代，即一国应另一国请求，协助或代为行使税收管辖权，以实现跨境欠税追缴或其他跨境税收主张。我国 2013 年签订的《多边税收征管互助公约》（以下简称《互助公约》）将税收情报交换纳入了征管互助的范畴。至 2021 年 8 月 26 日,共有 144 个国家或地区加入了该公约。

在我国,《互助公约》于 2016 年 2 月 1 日生效,并自 2017 年 1 月 1 日起执行。《互助公约》执行后,我国开展国际税收征管协助的范围由原来双边税收协定约定的以所得税为主,扩大到税务部门征收的 16 个税种。虽然《公约》规定了情报交换、追索协助和文书送达三种税收征管协助形式,但考虑我国现有法律制度及税收征管实际,我国在《互助公约》批准书中对追索协助和文书送达(包括邮寄文书)作出了保留。因此,我国税务部门现阶段主要与其他缔约方开展情报交换方面的征管协助。

根据 OECD 的同行审议报告,在 2015 年 10 月 1 日至 2018 年 9 月 30 日期间,我国收到了来自日本、法国和印度等主要情报交换合作伙伴的 584 份请求,其中 90%的案件在 1 年内给予了回复。与 2012 年的报告相比,虽然请求的数量有所减少,但请求被调查的纳税人数量增加了约 36%。目前有 6 名工作人员从事税收情报交换工作,是 2012 年报告数量的两倍。

(三)国际组织交流合作

2016 年国家税务总局与 IMF 签署《2016—2019 年技术合作协议》,在税收政策、税收征管、国际税收等 19 个领域开展多种形式合作,为构建个人所得税分析、营改增试点、税收征管质量监控、社会保险费等税收征管改革提供了帮助。"十三五"期间,我国也积极参与了联合国税收协定范本及注释、《OECD 跨国企业与税务机关转让定价指南》和《联合国发展中国家转让定价实用手册》修订工作,将中国观点融入国际规则的修订中。2019 年 4 月,"一带一路"税收征管合作机制在浙江乌镇宣告建立,这是首个由部门发起的"一带一路"准政府部门间多边合作平台。至 2020 年 10 月"一带一路"税收征管合作机制理事会成员增至 36 个、观察员增至 30 个,"一带一路"税收征管能力促进联盟则拥有了 20 个成员和 14 个合作伙伴。2020 年,我国共组织召开了 13 场"一带一路"税收征管合作机制线上会议,在 12 月的"一带一路"税收征管合作机制高级别视频会议上理事会全体成员达成了三方面 15 项重要成果,为"一带一路"国家(地区)税收信息化发展提供了指引。依托现有税务培训机构在北京和扬州设立的两个"一带一路"税务学院,至 2020 年底已为来自 71 个国家和地区的 789 名财税官员举办了 20 期国际税收征管业务培训。国内第一本以"一带一路"税收合作为主题的英文期刊——《"一带一路"税收(英文)》于 2020 年 6 月创刊,为加强"一带一路"沿线国家税务国际交流合作提供了新平台。

三、当前我国国际税收合作中存在的主要问题

(一)国际税收合作法律体系薄弱

我国开展国际税收合作的国际法框架主要由 2 个多边公约、2 个主管当局间协议、110 个双边税收协定(安排)和 10 个双边税收情报交换协定构成。但在近十年间,我国仅新签订与土库曼斯坦、捷克、叙利亚和柬埔寨等 11 国的双边税收协定和与开曼等 3 国的双边税收情报交换协定,与其他国家签署的税收协定主要在 20 世纪 90 年代和 21 世纪初期,部分条款内容已难以适应当今国际经济形势发展的需求。我国对外签订的双边税收协定中均包含 MAP 机制,且其中绝大多数 MAP 条款是参照 2008 年以前的 OECD 协定范本第二十五条拟定的。但与《BEPS 公约》条款相比,个别协定条款在提交时限、与国内救济程序的关系、执行时限、协商的义务和范围这几个方面还存在一定差异。《BEPS 公约》是落实 BEPS 行动计划成果唯一具有法律效力的法律工具,但该公约自 2017 年我国签署后至今未批准生效,因此,我国承诺实施的 BEPS 行动计划项目尚未能完全实现。

在执行上述公约、协定或协议的国内法中,仅有《国家税务总局关于印发〈国际税收情报交换工作规程〉的通知》(国税发〔2006〕70 号)、《国家税务总局关于发布〈税收协定相互协商程序实施办法〉的公告》(国家税务总局公告 2013 年第 56 号)和《国家税务总局关于发布〈特别纳税调查调整及相互协商程序管理办法〉的公告》(国家税务总局公告 2017 年第 6 号)三个规范性文件对税务部门应如何开展情报交换和相互协商程序进行了明确。但《国际税收情报交换工作规程》主要针对专项情报交换、自动情报交换和自发情报交换,并未就同期税务检查和境外税务检查等情报交换类型如何开展作出具体规定。同时,由于文件出台至今已有 15 年,关于保密、管理程序的规定已与征管现状有所脱节而难以得到有效执行。

此外,2014 年《国家税务总局关于加强税收风险管理工作的意见》下发后,全国税收风险管理工作机制初步形成,但在风险管理中如何启动情报交换程序、情报交换得到的信息应如何与开展风险管理至今并无相关的规定。

(二)相互协商案件处理效率有待提高

根据 2019 年国家税务总局和安永对"一带一路"国家和地区的跨境投资公司遭遇税收争议情况开展的问卷调查,漫长的申诉过程正是纳税人不寻求上诉、相互协商程序等救济的最主要理由(约 40%),成本及资源的耗用和对过程的有效性缺乏信心也是放弃救济的重要因素。

从 2019 年 OECD 发布的相互协商程序同行审议报告看,我国税收争议案件的数量和复杂性均呈现增长趋势,但部分缔约对方的税务主管部门在从我

国税务主管部门(国家税务总局)获得立场书以及对立场书的回应方面遇到了困难,表明我国在回应相互协商案件的及时性方面仍存在改进空间。在2019年,2016年1月1日前启动的案件结案11件,期末存量案件32件;2016年1月1日后启动的案件结案8件,新增24件,期末存量案件达到90件。这些数据表明,我国处理MAP案件的人员虽然有所增长,但与不断增长的案件数量相比,在及时有效地处理MAP案件方面仍面临巨大压力,特别是在长期未决的案件处理上进展较为缓慢。

(三)征管互助形式单一、主动性低

情报交换作为我国当前国际税收征管协助的主要形式,包括专项情报交换、自动情报交换、自发情报交换、同期税务检查和境外税务检查等类型。从目前的实践看,我国主要着眼于专项情报交换和自动情报交换,此外还有少量的自发情报交换,但较少开展同期税务检查或参与境外税务检查。

2015年10月1日至2018年9月30日间,我国收到了境外税务部门584份信息请求,但发出的请求仅130份,且主要发往中国香港、日本和韩国等国家或地区。这表明我国向境外税务部门主动提出情报交换请求开展税收征管的案件较少。以浙江省为例,2018年至2020年间共收到总局下发的外方专项情报85份、对外发送专项情报请求5份,利用收到情报查补税款及滞纳金151.52万元,利用外发情报追回出口退税款17.85万元、不予退税444.93万元。而仅2020年一年,浙江全省稽查立案检查案件数量为3327件、查补税款6.75亿元。可见,情报交换在税务执法中运用的频率较低,且成效主要体现在打击出口骗税方面,并未体现其在跨境所得管理中的核心价值。

(四)国际组织合作起步晚、影响小

OECD的税收征管论坛(FTA)包括所有G20成员、OECD成员及部分非OECD成员。它不仅在BEPS、统一报告标准(CRS)、数字化转型方面领导着国际税收领域的一系列变革,通过双边或多边合作提高各国税收征管能力,同时作为标准制定者参与对全球成员落实情况的监督。我国积极参与FTA的项目研究,参加了除2004年第1届大会以外的历届会议,在交流分享相关经验的同时也学习了各成员的最佳实践经验。作为OECD的合作伙伴,我国虽然全程参与了BEPS行动计划,但在国际税收领域的话语权依然较弱。特别在数字经济领域,我国虽然是数字经济的主要市场国,但在相关国际税收谈判中欧美发达国家仍起着主导作用。

我国牵头成立的"一带一路"税收征管合作机制由于刚刚建立、所涉议题相对简单,除能力建设外暂无突出成果。由于其目标为支持、补充和完善联合国以及OECD税收协定和转让定价规则、BEPS包容性框架以及税收透明度和情报交换全球论坛等现行国际税收标准,创新性、革命性研究不足,因此未能引领国际税收改革方向或提出建设性的税收改革举措，在国际税收改革领域的影响力较弱。

四、深化国际税收合作的几点建议

随着社会经济的发展，我国已逐渐成为国际税收治理领域的重要参与者和一定程度上的引领者。解决我国在相互协商、征管互助和国际组织合作等方面存在的不足，共同提高对跨境税源的征管能力。已成为当前我国国际税收工作的重点。

（一）加快协定（协议）谈签，完善税收协定网络

至 2021 年 5 月，我国已与"一带一路"沿线 65 个国家（地区）中的 55 个签订了双边税收协定。快速发展的经贸关系，要求我国加大税收协定的谈签力度，健全税收协定网络覆盖体系，积极推动国际税收征管合作。第十五项计划成果——《BEPS 公约》进一步加强了国际税收的多边协调，对目前双边税收协定体系进行有效的同步更新，以更好落实 BEPS 行动计划各项成果。截至 2021 年 4 月 20 日，已有包括我国在内的 95 个国家（地区）签署了《BEPS 公约》。我国应加快推进批准程序，及时通过多边公约（协议）完善现有的税收协定网络，强化国际税收合作、明确国家间税收征管规则。

在《BEPS 公约》适用中也存在因双边税收协定缔约双方没有双向选择而无法修订税收协定的情况，如我国与瑞士的双边税收协定关于 MAP 执行时效限制的约定不符合《BEPS 公约》的要求，但由于两国未满足《BEPS 公约》要求的双向选择条件而暂时无法依《BEPS 公约》要求统一修订。因此，我国应借鉴 OECD 协定范本和《BEPS 公约》，积极主动推动双边税收协定的重新谈签和修订工作，使税收协定条款适应国际税收发展的新趋势。

（二）健全国内法体系，明确税收征管流程

从 OECD 公布的相互协商案件类型来看，目前转让定价领域的案件占多数，因此，完善国内特别纳税调查调整相互协商程序应作为首要任务。目前，特别纳税调查调整相互协商程序适用范围仍限于企业，但随着修订后的《个人所得税法》将个人反避税条款纳入其中，亟待出台针对个人的特别纳税调查调整相互协商程序规范性文件。在工作机制方面，应建立总局与省、市、县各级税务部门上下联动的相互协商程序工作机制，发挥好省、市级国际税收管理部门在跨境税收争议解决和防范中的专业优势，发挥好基层税务部门的税源管理优势，加快对案情的调查分析和反馈，提高争议解决效率。

在情报交换方面，应根据进一步深化税收征管改革和税收现代化的需要，重新修订《国际税收情报交换工作规程》，明确情报管理程序、税务部门内部各单位之间和税务部门与外部门的协作程序。同时，需进一步明确同期税务检

查和境外税务检查等情报交换类型开展的条件和程序,以充分应对经济全球化下各种生产要素或资源在世界范围内自由流动对税收征管带来的挑战。

（三）优化培养机制,储备发展所需人才

树立强烈的人才意识,突出"人才兴税"战略的国际化方面。一方面,要突出税务干部的国际税收业务能力建设,培养建立涵盖总局、省局、市局三个层级、国际税收工作各领域的专业人员方阵,培养一批专业精英人才和操作实用人才,以高效应对不断增长、日趋复杂的国际税收管理事项;另一方面,要为各级税务部门中政治素养较高、工作业绩突出、具有培养潜力的优秀年轻干部搭建成长平台,通过选派到驻外机构或国际组织工作实习、参加国外高校访问学习等方式,重点培养一批具有国际视野、熟练运用外语、通晓国际规则、精通国际事务的税务战略人才,为我国深度参与国际税收治理提供人才保障。

要充分发挥已有的全国税务系统战略人才、领军人才和业务骨干的人才资源优势,加强语言文化培训,积极准备向 OECD、IMF 等国际组织和"一带一路"税务学院输送业务专家,为帮助"一带一路"沿线发展中国家提高税收征管能力提供师资力量。

（四）深化"一带一路"交流,帮助提升征管能力

应充分发挥我国作为"一带一路"税收征管合作机制倡导者的作用。在合作机制中推动搭建适合机制成员的共享技术平台,就税收征管方面的成功经验,例如俄罗斯的数字化征管、中国的绩效管理等,为各税务主管当局和税务人员提供清晰透彻的介绍,为"一带一路"国家（地区）提供标准化、可复制借鉴的实务流程或模型。在"一带一路"税收征管能力促进联盟中应突出立法技术能力建设的重要性,努力帮助各成员提高更新、完善国内税收法律体系和税收协定网络的能力;进一步与 OECD 等国际组织开展征管能力建设,提高税务部门在风险应对中的有效性和针对性。

此外,我国还应努力实现国际税收领域沟通交流平台的多元化发展。在"一带一路"税收（英文）期刊的基础上,可以在"一带一路"税收征管合作机制下与理事会或能力促进联盟的其他成员共同成立研究和出版机构,一方面保证研究项目符合计划、资源得到合理利用,另一方面通过电子或纸质出版物实现理论向应用的有效转化,在更广范围内为"一带一路"国家（地区）的税收政策设计或为税收征管行为提供更加明确的指引。

（五）积极参与国际税改,增强税收话语权

当前是现代国际税收治理阶段,也是"BEPS 2.0"时代。数字经济税收规则是传统国际税收规则形成以来第一次历史性重大改变,世界各国在对大型科技公司征收数字服务税方面的分歧正在重塑全球数字化产业的价值链划分标准,帮助核心价值创造方获取相对公平的产业位置。虽然目前新的征税方

法主要涉及的是西方的数字巨头，但随着我国越来越多的如阿里巴巴、腾讯等这样的互联网科技企业跨出国门不断成长，我国科技企业遇到税收权益分配的问题也将越来越多。我国应积极参与 OECD 和联合国相关提案的制定，基于未来发展深入思考各种方案对国际税收规则重塑、利润重新分配的影响和可能产生的连锁反应，注重在 G20 框架内提出符合国际税改趋势和我国税收权益的建议，发出数字经济生产和消费大国的声音，积极争取国际社会的认可和支持。

课题组组长：沈万升

课题组成员：吕　伟　徐建华　曹　炜（执笔）　江　园

"双循环"发展格局下外贸企业
转型升级的税务视角研究(三等奖)

国家税务总局杭州市上城区税务局课题组

近年来,受到中美贸易摩擦和新冠肺炎疫情的叠加影响,外贸经济发展面临着很大的不确定性。对此,中央提出要坚定不移扩大开放,提高对外开放的水平,以国际循环提升国内大循环效率和水平,实现国内国际双循环互促共进,这为外贸企业发展带来了新的机遇与挑战。根据出口发票数据统计,2021年上半年,杭州市实际出口销售额 1073.2 亿元,增长 31.7%,增幅明显。作为杭州重要行政区,上城区集聚了 1723 家外贸企业,以之为样本,分析 2020 年 1 月至 2021 年 7 月出口数据,结合对其中 100 家外贸企业进行的问卷调查(收回有效问卷 95 份),本文尝试对"双循环"发展格局下外贸企业的转型发展进行研究。

一、新形势下上城区外贸企业发展变化

(一)新冠肺炎疫情使全球市场更加离不开中国制造

2020 年新冠肺炎疫情爆发后,由于坚决有效的防疫措施,我国成为最先从疫情中恢复正常生产的主要经济体。从上城区外贸企业出口退税数据看,2020 年初,国内疫情叠加春节停工,外贸企业出口规模迅速缩减,3 月份出口退税额 1.7 亿元较 1 月份 2.3 亿元下降了约 26%。随着国内疫情防控成效显现,6—10 月,出口退税额迎来连续五个月的增长,达到年内最高点 2.5 亿元。2021 年 1—7 月,上城区每月出口退税同比增幅均在 25%,其中 7 月份同比增幅达到 67.98%。国内疫情的有效防控,以及一系列稳外资稳外贸政策的出台落实,保证了生产秩序和供给能力,不仅为外贸经济的迅速恢复提供了供应链支持,也吸引了大量国际订单的流入。以瑞欧有米(杭州)技术服务有限公司为例,因为国际疫情蔓延,国外供应力不足,该公司国外客户增加,收到各类纺织用品订单超 3 亿美元,为疫情期间企业走出困境提供了有力支持。

（二）跨境电商发展激活外贸新业态新模式

新冠肺炎疫情的持续促进了跨境电商的发展，其中跨境电商平台的兴起进一步打通了外贸中小企业的外销链条，平台提供从销售到退税乃至借贷的"一站式"服务，降低了中小企业参与出口贸易的成本。从上城区外贸企业在美欧两大市场的表现，也可以看出跨境电商平台这一外贸新业态的影响力。2020 年 1 月—2021 年 7 月，上城区外贸企业累计向美国出口 16.85 亿美元，约占该区所有出口销售额的四分之一。调查反映，在中美贸易摩擦加剧的背景下，对美出口依然保持较大体量的原因，除了美国市场自身强大的消费能力和新冠肺炎疫情爆发后对中国产品的需求增加外，还在于当地疫情阻碍了人员、物资流动，使得传统贸易模式缺位，而亚马逊等美国本土电商平台借机快速发展，上城区不少外贸企业在亚马逊平台上设有店铺，由此获得了更多订单。与之相对应的是该区外贸企业在欧盟市场的发展。出口退税数据显示，2020 年有 7 个月欧盟都是上城区最大的出口市场，但 2021 年以来，每月对欧盟出口销售额仅有 0.3—0.5 亿美元。调查其原因，主要是欧盟不似美国拥有发达的电商体系，可以让国内外贸企业与当地进口商通过网络交易，在国际往来商洽相对不便的当下，加大了外贸企业获得欧盟地区订单的难度。

（三）国内产业链的有效运转支撑外贸发展

从出口商品行业来看，2020 年 1—7 月上城区出口货物以机电产品、纺织产品、化工产品为主，总体结构与长三角地区整体出口商品结构类似。新冠肺炎疫情发生以来，国内产业链的有力支撑为上城区外贸企业抓住国际商机提供了巨大支撑。其中防疫物资出口表现突出，2020 年 1 月—2021 年 7 月，该区外贸企业共向 109 个国家和地区出口共 5.45 亿美元的防疫产品（防疫商品范围依据为国家发改委确定的疫情防控重点保障物资清单），主要包括口罩、手术衣、帐篷等。出口销售数据显示，该区防疫物资出口从 2020 年 3 月起急速增加，至 6 月达到极值 1.72 亿元，较 2 月份增长 2400 倍。

二、新发展格局下外贸企业转型升级面临的挑战

（一）海运费上涨影响外循环效率

新冠肺炎疫情爆发以来，全球主要港口国际物流运力下降，导致集装箱船运价格暴涨，中国到美东航线 40 英尺标准集装箱的海运价格已突破 2 万美元，同比上涨了 5 倍。在收回的调查问卷中，有 53 户企业反映 2021 年 1—7 月海运费上涨超过 50%，32 户反映超过 30%—50%，10 户反映超过 10%—30%，且几乎没有企业认为 2021 年 4 季度海运费价格会下降。高涨的运费造成两个问题，一是即便通过线上交易等形式实现海外订单增长，但国际物流价格疯涨导致外贸企业订舱困难，或由于运费过高导致部分货物积压在国内仓

库。二是运出的货物面临海外港口滞留、清关困难等问题。受海外疫情影响，码头工人短缺，码头拥堵、停航等情况时有发生，目前欧洲基本港平均塞港时间 3—5 天，美西港口 10—12 天，美东港口 7 天左右。高企的海运费用限制了外循环运力，也同时挤压了企业利润空间。

（二）原材料价格上涨侵蚀企业利润

2021 年 8 月 PMI 主要原材料购进价格和出厂价格指数分别为 61.3％和 53.4％，两者之间的差额已经连续 6 个月超过 7％，处于历史较高水平。从主要原材料购进价格调查来看，纺织、化学原料及化学制品、非金属矿物制品等上城区外贸企业主要出口货物门类所属行业原材料购进价格指数均高于 65.0％。8 月 PMI 数据中，大、中型企业 PMI 分别为 50.3％、51.2％，连续六个月位于临界点及以上，运行情况较稳定，而小型企业 PMI 为 48.2％，连续 4 个月低于临界点，景气程度较低。原材料上涨对上城区外贸企业产生普遍影响，调查涉及的企业中，47 户反映 2021 年原材料价格上涨幅度在 10％—30％，38 户反映上涨 5％—10％，9 户反映上涨幅度在 5％以内，仅仅 1 户反映原材料未上涨。面对原材料上涨，大企业尚能通过对产业链上下游的把控、利用外汇衍生品举措等降低损失，但大多数中小企业应对来自成本端挑战的能力依然不足。

（三）高质量发展亟需提升核心竞争力

面对发达国家对后发者的种种限制，以及其他发展中国家以更低廉的劳动力、土地等要素成本参与竞争的市场环境，新发展格局下，修炼"内功"，提升产品技术含量与附加值，是外贸企业实现高质量发展的重要支撑。在调研过程中我们发现部分企业主营美国市场，以代加工贸易为主，初期由于拥有长期合作的美国客户，公司尚能保持盈利，但受到 2018 年美国对部分中国商品加征关税影响，由于缺乏竞争力而失去核心客户，几乎陷入停业。而及时建立"护城河"的企业则走得更远，万事利集团曾经以经营低附加值出口代工业务为主，后来其关停了大部分负责低端印染、制造的工厂，专注打造研发设计等核心竞争力，如今万事利丝绸已经行销法、意、美多国，公司也于 2021 年成功上市。可见从传统的代加工贸易改为经营自有品牌，从"内卷"的价格战改为生产高附加值的商品，通过研发创新向微笑曲线两端延伸，是外贸企业重要的转型升级之路。但目前，拥有此类核心竞争能力的企业仍然不多。以上城区为例，1700 余家外贸企业绝大部分以 OEM、ODM 为主，较少企业能够同时控制设计、生产、销售环节，以自有品牌与竞争对手在国际市场一决高下。

（四）国内外资源充分整合值得探索

立足中国本土超大规模市场，整合海外优质资源，通过内外贸融合实现一体化发展是外贸企业面临的又一新挑战。一方面，近几年我国经常账户和资本金融账户顺差占 GDP 比重虽然都在 2％以内，但对外投资收益却经常性为负值，如 2004－2018 年间中国对外金融资产负债收益累计为－5067.5 亿美元。如果外贸企业能改善管理和投资能力，增加投资高收益的海外资产，获得更多投资收益，对企业而言拓宽了收益渠道，对国家而言能改善经常账户和资本金融账户"双顺差"的国际收支结构。另一方面，外贸企业可以通过收购海外优质资产，统筹利用好国内国外两种资源，进一步提升自身实力。以杭州巨星科技股份有限公司为例，该公司近年陆续收购 ARROW、LISTA、Shop-Vac、BeA 等国际一线知名工具品牌，通过整合不同资源增强公司产业链把控能力。近期通过收购兰馨亚洲投资管理集团有限公司持有的存储箱柜品牌 Geelong Holdings Limited 100％股权，掌握了 Geelong 品牌在美国的本土销售团队，能够为美国商超客户提供本土化的一站式服务，不仅丰富了国际销售、服务渠道，提高了客户粘性，也反过来增强了自有品牌在国内的影响力，实现双循环格局下内外贸一体化发展。

三、税务支持外贸企业转型升级的思考与建议

（一）落实减税降费政策，进一步降低外贸企业负担

疫情发生以来，在党中央、国务院坚强部署下，财政部、国家税务总局出台了一系列减税降费政策，包括对小微企业的普惠性企业所得税减免、提高小规模纳税人增值税免征额、房产税和城镇土地使用税优惠减免等量大面广的优惠政策，也包括压缩出口退税平均审核时间等针对外贸企业的惠企服务。落实落细减税降费优惠政策，有利于降低外贸企业经营成本，加快出口退税进度，有利于提高企业资金周转效率，减轻资金压力。

（二）持续优化电子办税效能，降低外贸企业办税成本

目前，上城区出口退税无纸化已达 100％，平均出口退税审核时间在五个工作日以内。随着电子税务局功能的不断完善，纳税人能够享受到更优质的服务，但还存在电子税务局部分征管操作模块未及时配合政策变动进行更新，或某些业务更新后纳税人未及时掌握的情况。例如外贸企业取得用于出口退税的进项发票需要在认证时勾选用于出口退税，不抵扣进项税金，若隔月发生需要冲红重开发票的情形，财务人员需要开具红字通知单冲红，但在红字通知单上往往默认需要冲红的发票已经抵扣进项，需要做进项转出，一些财务人员未及时了解这点，就会产生当月申报增值税时需要多转出进项税额等问题。对此，可以通过梳理涉税业务清单，根据税收政策变动及时更新征管流程，减少纳税人因操作不当带来的办理出口退税时间损失。

（三）加强跨部门协作，共同应对海运费、原材料价格上涨

在海运费用上升方面，目前全球在运营集装箱海运运力达到 2400 万

TEU(标准集装箱),集装箱达到 4800 万 TEU,2021 年上半年中国到北美、欧洲的运力增长了 55%、30%,然而"一船难求、一箱难求"的"船愁"、"箱愁"情况未得到明显改观,这固然由于国外港口塞港、海员短缺造成的客观运力条件,但也不乏货代层层涨价,推高整个海运价格等主观因素。对此,需要加强部门间协作,支持发改、财政、交通、海关等相关部门进一步规范港口收费、加强货代、船代监管、完善海运收费目录清单,明确行业服务规范,推动货代价格科学、规范、透明。对于原材料价格上涨,中小企业应对能力更弱,需要持续增强对外贸中小企业的融资支持,从税务角度,可进一步深化税银互动,尝试扩展税银互通的数据规模,向中小企业精准投放贷款,并由此更精准地建立企业画像,更好地识别潜在风险。

(四)完善大企业税收服务,支持培养核心竞争力

行业龙头企业对产业链整合能力较强,如果能率先取得技术突破,对产业链上下成百上千的中小企业都会有带动作用。由此,可通过组建大企业税务服务团队,对接重点外贸企业,对增值税留抵退税、高新企业认定、出口退税、对外付汇、境外交易税务问题等提供贴近服务。支持企业无后顾之忧地加大研发投入,引入外资,通过技术升级不断提升核心竞争力。

(五)服务数字外贸新业态,促进内外贸共同发展

信息技术带来的深刻变革正在深刻塑造外贸行业。跨境电商平台为外贸企业提供了一种较低成本进入国际市场的渠道,让更多企业选择同时发力国内、国外市场;外贸综合服务企业因为能够为广大中小企业提供获客、运输、报关、清关、退税、信贷等一系列服务,而受到市场认可;中小外贸企业通过各类跨境电商平台更好地打入国际市场,但要利用海外优质资源壮大自身,还需要进一步融入当地商业生态。对这些外贸新业态的发展,税务部门需合理把握对新兴事务的监管尺度,及时跟进研究政策变化动态,及时搜集研判企业在参与新商业模式中遇到的各类问题,针对性地实施好监管与服务。

四、结　语

外贸经济是我国经济发展的重要组成部分,2020 年全国外贸规模达到 4.6 万亿美元,占国际市场份额的 14.7%,对经济增长贡献率达到 28%,直接或间接带动约 1.8 亿人就业,约占全国就业人口 24%。通过对杭州市上城区外贸企业的调研,我们认为新发展格局下,高质量发展对外贸易尽管面临诸多挑战,但该区外贸企业在疫情之后依然显示出较强的韧性与灵活度,比如在疫情之初就有小微企业能够抓住防疫物资、"宅经济"商品出口的商机,弥补其他产品订单的流失;比如疫情之后跨境电商发展迅猛,就有企业立刻学习使用亚马逊等跨境电商平台打开新的销路等等。但我们也看到不少外贸企业缺乏核

心技术竞争力，拥有自主品牌的依然较少，整合利用好国内外市场资源的能力还不强，同时海运费和原材料价格上涨等对企业利润的挤压现象依然持续。在支持外贸经济更高质量发展上，税务部门大有可为。一是持续不断落实税收优惠政策，做好出口退税服务，帮助企业减轻资金压力。二是提高税企沟通效率，及时响应企业需求；三是及时研究外贸领域新业态的行业规则和政策要求，提高自身风险把控能力和税务服务水平。

课 题 组 组 长：吴莹子

课 题 组 副 组 长：章玉昌

课 题 组 成 员：张　珂　李　静　沈子阳　孙秀蓉

完善税收饶让条款
助力国际合作共赢（三等奖）

国家税务总局台州经济开发区税务局课题组

当前，随着新冠疫情全球大流行引发世界经济深陷衰退，全球供应链受阻、国际市场需求萎缩、经济下行压力加剧，世界进入动荡变革期，跨国企业对外投资信心疲弱。甚至部分发达国家以国家安全为由，对外资实施更为严苛的审查。世界经济深陷深度衰退，中国企业"走出去"面临前所未有的不确定和不稳定环境。

随着国际交流合作的"朋友圈"不断发展壮大，避免双重征税的国际税收协定为抵御世界经济"严寒"以及保障"走出去"战略提供了强劲支撑。

各国实践证明，税收饶让制度能够有效解决避免双重征税的国际税收协定的双重征税问题，既能够让投资者真正享受到来源国的税收优惠，起到鼓励外国投资的作用，同时也能够增强本国企业在海外投资的竞争力，这也是当前国际抵免法因自身性质无法解决的难题。但与改革开放初期相比，我国的经济社会经过这 40 多年的发展，已然发生了巨大的变化。在这样的背景下，早期基于"引进来"战略签订的税收协定特别是其中的税收饶让条款，已经严重滞后于我国现阶段国情。本文着眼于当前复杂国际社会经济情况，结合当前国际疫情形势，通过分析我国现有税收饶让政策使用情况和必要性，借鉴国际经验，提出税收饶让条款改进建议，从而切实助力继续深化国际合作共赢。

一、税收饶让的概念和现状

（一）税收饶让的界定

"饶"，在《说文解字》中，原始本义是"饱也，从食""引以为凡甚之称"，后来引申为"富足""多""宽容"。在《汉语大词典》《古汉语词典》中，"饶"约同于"让"。而这个衍申意义来自于围棋之道，比如《西溪从语》中有写"常有道人善棋，凡对局，率饶人一先"。"让"意思是交易中免费给零头，或索取一定代价，把东西给别人。另外，英文的"饶让"是 sparing，基本含义是节约。在这文字演变中，就能发现，"饶让"从字面意义上，就有：(1)不是普遍适用的情况，而是属于一种特殊用法，需要特案特定、特需特定；(2)需要双方予以配合，一方给予优惠，一方付出代价；(3)是在原本交易基础上的优惠，而不是交易本身。而税收饶让又称税收饶让抵免，系源于税收协定的一种税收抵免方式，是指一国政府(居民国政府)对本国纳税人来源于国外的所得由收入来源地国减免的那部分税款，视同已经缴纳，同样给予税收抵免待遇的一种制度。

因此，税收饶让：(1)需要专门税收协定规定，是以税收抵免为基础和前提的一项特殊抵免制度；(2)是国家间的一项措施，必须通过双边或多边安排才能实现。

目前我国企业所得税法中没有税收饶让的相关规定，但是我国与其他国家的一些税收协定中存在税收饶让的相关规定。

2009年财政部、国家税务总局发布的《国家税务总局关于企业境外所得适用简易征收和饶让抵免的核准事项取消后有关管理问题的公告》中第七条虽涉及了税收饶让抵免，需要企业根据自身实际，对照现行政策规定，确定其是否符合适用简易办法或饶让抵免条件，并在年度汇算清缴期内，向主管税务机关报送备案资料。然而随后在2017年财政部、税务总局又出台了《关于完善企业境外所得税收抵免政策问题的通知》(财税〔2017〕84号)，其对我国企业境外所得税收抵免政策问题进行了完善，但其中并未涉及税收饶让抵免。

税收饶让与税收协定密不可分。这意味着，企业享受税收饶让基于两个前提，一是境外经营地所在国家(地区)与我国签署了税收协定；二是与我国签署的税收协定中有税收饶让条款。在实践中，就发生过企业错误适用税收饶让制度的情况。该案不仅仅是对有此类风险的企业发出了警示，更是对我国税收饶让制度设计的实用性、前瞻性、操作性敲响了警钟。

(二)我国税收饶让条款签订情况

从广义上讲，我国的国际税收制度涵盖了我国基于税收管辖权对跨境纳税人征收所得税、财产税、关税以及商品税等所形成的国家与纳税人之间以及国家与国家之间的税收分配关系。这也正是我国居民前往各国投资经营时的一项重要考察因素之一。根据国家税务总局官网我国签订的避免双重征税协定一览表，目前我国已对外正式签署107个避免双重征税协定，其中包含税收饶让抵免条款的仅有44个。可以看出，我国避免双重征税协定中包含税收饶让抵免条款的占比低。

而2020年以来，面对复杂的国际形势尤其是新冠肺炎疫情的冲击，中国同有关国家守望相助、共克时艰。以"一带一路"建设为例，当前共建"一带一路"倡议和构建人类命运共同体理念深入人心。截至目前，我国已经同140个国家和32个国际组织签署206份共建"一带一路"合作文件。

笔者在签署 140 份共建"一带一路"合作文件的国家中,共筛选出 64 个没有签署避免双重征税协定国家。其中,在 76 个已签署协议中,4 个未生效,1 个属于对方单方面,相互饶让 21 个,47 个无饶让。

表 1　截至目前我国与"一带一路"国家签署税收饶让条款的情况

税收饶让	国家(地区)
双方(21 个)	阿曼、埃塞俄比亚、巴基斯坦、保加利亚、韩国、柬埔寨、科威特、马来西亚、摩洛哥、葡萄牙、塞浦路斯、塞舌尔、沙特阿拉伯、斯里兰卡、泰国、特立尼达和多巴哥、突尼斯、文莱、牙买加、越南、意大利
单方面(4 个)	阿联酋、卢森堡、新加坡、新西兰
尚未生效(4 个)	安哥拉、刚果布、加蓬、肯尼亚
无(47 个)	阿尔巴尼亚、阿尔及利亚、阿塞拜疆、埃及、爱沙尼亚、奥地利、巴巴多斯、巴林、白俄罗斯、波兰、俄罗斯、厄瓜多尔、菲律宾、格鲁吉亚、古巴、哈萨克斯坦、吉尔吉斯斯坦、捷克、津巴布韦、克罗地亚、拉脱维亚、老挝、立陶宛、罗马尼亚、马耳他、蒙古、孟加拉国、摩尔多瓦、南非、尼泊尔、尼日利亚、斯洛文尼亚、苏丹、塔吉克斯坦、土耳其、委内瑞拉、乌干达、乌克兰、乌兹别克斯坦、希腊、匈牙利、亚美尼亚、伊朗、印度尼西亚、赞比亚、智利、博茨瓦纳

由此可以看出,在我国与"一带一路"国家签订的税收协定中,税收饶让条款签署占比较低,且已签署包含税收饶让条款的协定 16 个是 21 世纪以前签署的,8 个是 2009 年以前签署,1 个 2019 年生效。从更大范围来看,在这 107 个避免双重征税协定中,有 63 个是 21 世纪以前签订的,但在 2000 年后更新签订的仅有 12 个。且大部分均没有明确约定限定使用的所得类型,且仅有少部分明确规定了税收饶让条款的执行期限。

表 2　截至目前我国与"一带一路"国家签署税收饶让条款的情况

签署时间	国家(地区)
1983—1999	马来西亚、泰国、新加坡、新西兰、科威特、巴基斯坦、意大利、保加利亚、塞浦路斯、阿联酋、韩国、卢森堡、越南、牙买加、塞舌尔、葡萄牙
2000—2015	阿曼、突尼斯、斯里兰卡、摩洛哥、沙特阿拉伯、文莱、埃塞俄比亚、特立尼达和多巴哥
2016—至今	柬埔寨、意大利(修)、新西兰(修)

其实,我国对于签订税收饶让条款有着一个发展变化的过程。早期,普遍与投资东道国签订税收饶让条款。我国从签订第一份税收协议时就加入了这

一条款，主要是在改革开放和"引进来"的大背景下，为了确保我国施行的大量针对外资的税收优惠政策能够真正的作用到来华的投资者。但2009年以后，随着国际形势以及部分发达国家对税收饶让的态度变化，我国与一些发达国家重新签订的税收饶让税收协定中，不再包含税收饶让条款。其中，2009年与埃塞俄比亚签订的协定中包含税收饶让条款。一直到2016年，我国与柬埔寨签订的双边税收协定中又重新约定了这一条款。

纵观我国签订的双边税收协定，缔约方如果是发达国家，一般由其单方面承诺给我国税收饶让待遇，比如中新双边税收协定中第22条第三款规定。而缔约方如果是发展中国家，一般会在平等互惠的基础上要求相互作出税收饶让的承诺，例如中马税收协定。截止到目前，我国没有单方给予他国税收饶让承诺。

（三）存在问题

首先，税收饶让并没有全面覆盖我国企业主要对外投资国家。通过商务部"走出去公共服务平台"发布的近年《中国对外投资合作发展报告》，可以判断出我国的对外投资主要流向，我国对外投资合作扎实推进中。例如，新加坡、印尼、越南、泰国、阿联酋、老挝、马来西亚、伊拉克、哈萨克斯坦和柬埔寨是2019年中国对"一带一路"国家投资流量最大的10个国家，合计投资159.6亿美元，占当年中国对"一带一路"国家投资额的85.4%。然而，目前我国并没有与印度尼西亚和老挝签署税收饶让条款，与新加坡签署的也是新加坡单方面给予我国税收饶让，而我国企业去新加坡投资则无法享受税收饶让。

其次，税收饶让条款未能及时更新。我国大部分税收协定以及协定中的税收饶让条款均为早期签署的，尤其是2020年受新冠疫情影响以来，并没有新增税收协定或者修订税收协定，更何况税收饶让条款的新增或更新。但随着国内外社会经济环境以及国际税收规则的不断变迁，部分已与目前发展态势不相适应，亟待根据新情况新态势重新签署。

最后，税收饶让条款过于宽泛漏洞较多。目前我国大部分已签署的税收饶让条款的规定较为模糊。例如未明确规定受益所有人的身份、多数未规定适用期限、多数未规定实际限定适用的所的类型，特别是缺失针对部分政局动荡或税制补全国家的税率变更。这些都会导致税收饶让条款无法及时应对不断变化的社会经济环境，减损其特定功效，最重要的是条款的滥用以致主权国家利益受损，这也是后续国际社会对待税收饶让制度的态度发生巨大变化的最主要原因。

二、我国目前税收饶让制度适用的必要性分析

当前，我国与很多相关国家（地区）签署了双边税收协定，税收饶让条款在

新时代背景下有着极为特殊的作用。

（一）对外投资情况分析：实质上的资本输出国的"走出去"需求

2014 年末，我国对外投资已经突破了千亿美元，实际已然成为了一个对外投资规模超过利用外资规模的"资本净输出国"。在国际投资流量规模上，我国实际上进行着从来源国到居民国的角色转变，然而，我国目前的税收饶让条款却未能适应这种投资环境和角色的新变化。

一方面，现存的税收饶让条款大多是基于当时"引进来"战略基础而签订的，虽然这对于当时我国引进国外资金和先进技术方面起到了巨大帮助，但经过改革开放后近 43 年的发展，我国的经济实力已经显著提升，对外投资规模呈指数型上升，这些税收协定以及其中的税收饶让条款已远不能满足"走出去"战略需求。另一方面，我国已经逐步取消了针对外商投资企业的国内税收优惠措施。在没有国内优惠措施的配合下，税收饶让条款的作用实际上已经受到了严重削弱。这也是后来我国没有继续与发达国家签订税收饶让条款的原因之一。在当前，"走出去"作为我国重要战略之一，现存的税收饶让条款对发挥我国企业的海外竞争力的作用已经不再明显。更重要的是，在我国积极推进"走出去"战略的背景下，没有适当的税收饶让，那么一些投资东道国给予我国企业的减免税优惠就无法真正落实到投资者身上，不利于我国企业对外投资。

（二）化危为机，税收饶让能够真正实现国际共赢

税收饶让，实际上应当是促进缔约国双方共赢的催化剂。当前影响国家合作共赢的有两大风险，一是因新冠疫情等原因导致的国际经济不稳定不确定和全球化逆流，二是税收饶让条款本身可能引发的逃避税风险。

对于第一个危机，笔者认为，税收的杠杆作用恰恰能使税收饶让条款成为化风险为发展机遇的助力。

税收的杠杆作用就是指通过影响跨国投资企业的成本利用率，从而影响其经营状况，进而协调国与国之间贸易往来。税收协定的签订关系着国家国际贸易的发展。

当前，"十四五"规划是以国内大循环为主体、国内国际双循环相互促进的新发展格局。面对世界经济的不确定不确定性和全球化逆流，我国仍然坚定支持多边主义，坚持开放包容，互联互通，呼吁各国团结合作应对疫情等全球性危机。2021 年 12 月 3 日，国家主席习近平向中国—拉共体论坛第三届部长会议发表视频致辞，强调"历史告诉我们，和平发展、公平正义、合作共赢才是人间正道。"同时也在不同场合积极倡议各国坚持互利共赢，携手构建人类命运共同体。

笔者认为，在这个特殊时代背景下，可以通过一对一、有针对性地精准制

定税收饶让条款，引导实现更加符合双边或多边国家利益的国际贸易趋向。例如聚焦跨国产业体系建设，依托国内强大市场的吸引力优势，通过税收饶让条款的签订和谈判中更加注重引导企业"走出去"攻关关键核心技术，解决技术薄弱的"卡脖子"问题；例如在优势产业领域，可通过签订税收饶让条款引导"走出去"加强国际合作，带动技术、装备、产品和服务输出，巩固国际供应链市场份额。

对于第二个风险，也是下文即将要阐述的国际上很多国家对待税收饶让条款态度发生巨大变化的原因之一。笔者认为，存在逃避税风险不意味着禁止这一制度，其完全可以通过其他手段例如明确具体适用范围等方式以规避风险。尤其是随着国际间经贸合作不断深化，我国居民赴海外国家的投资经营活动会越来越多、模式也越来越复杂，在实施目前抵免法的背景之下，若我国再不使用税收饶让条款，我国企业也将面临与目前美国企业已经遇到的海外竞争力偏弱的问题，而且为了能够实际享受到沿线东道国提供的税收优惠，我国企业可能也会像美国企业一样进行各种逃避税筹划。最关键的是，从当前居民国立场上来看，在谈签税收饶让条款时，我国有得天独厚的优势，因为沿线东道国政府最为担心其税收优惠不能惠及中国投资者，所以我国完全可以细化税收饶让条款的内容，确保其既符合我国的政策目的，又不会成为纳税人逃避税的工具。

三、税收饶让条款的国际实践

（一）正确看待 OECD 评估报告

当前，国际公认的具有指导意义的两个税收协定范本是 OECD（经济合作与发展组织范本）和 UN（联合国范本）。二者的立场截然不同，前者更加强调对居住国税收利益管辖权的保护，后者更注重来源国税收管辖权。且后者对税收饶让条款态度基本没什么变化。而目前国际上有关税收饶让的实践主要体现在这两个税收协定范本和各国实际缔结的具体税收协定条款中。

上世纪八九十年代期间，曾非常欢迎和支持税收饶让写入税收协定，其最主要的原因在于发达国家为了获取更广阔的国际市场，发展中国家为了弥补国内投资环境意欲借此吸引外资。

但随着 1998 年 OECD 对税收饶让制度进行重新评估，并对税收饶让条款的有效性进行质疑，并且建议成员国谨慎选择适用该条款。其依据资本中性论和援助工具论，认定税收饶让一方面会让国内资本向发展中国家流失，一方面会鼓动投资者将资金汇回国内而不利于东道国继续吸引外资。且不论这种结论是否偏颇，但在实际国际税收领域中，我国在运用税收饶让条款的过程中，除了条款本身存在的问题，对于 OECD 提出的发达国家在使用该条款时遇到的问题,我们也要未雨绸缪。

（二）美、日、新对待税收饶让条款的立场和实践

美国对税收饶让一直采取反对态度。以美国财政部主管税收政策的部长助理 Stanely Surrey 教授为主,他认为税收饶让制度会使来源国滥用税收优惠政策,会破坏美国税制的统一性和公平性,并且容易成为纳税人避税的工具。然而这种坚决抵制的态度也遭受了很多跨境投资企业抗议。他们认为,正是由于美国不同意采取税收饶让制度,使得无法享受到协定所具备的改善国际贸易条件、解决争端等功能带来的好处,同时税收饶让制度的缺失,让这些跨国企业被抵免的税额又要重新缴纳给美国政府,纳税人实质上并没有享受到来源国抵免带来的税收优惠,没有减少税负,也没有减少企业成本,在价格上的海外竞争优势较弱。

日本作为积极支持税收饶让的国家,曾经站在资本输出国的立场上,与投资东道国签署了大量含有税收饶让条款的税收协定,甚至"在国内税法中明确规定了税收饶让条款",大幅度地降低了日本企业的全球税负。美国经济学家 JamesHines 曾经分析了美国和日本企业于 1990 年在 67 个发展中国家以及在 8 个发达国家的投资情况,他发现日本企业的全球税负要比美国企业低 23％左右,其中的主要原因之一就是日本企业可以受益于税收饶让条款,而美国坚持拒绝在任何协定中纳入税收饶让条款,这不仅影响了美国企业的海外竞争力,甚至导致一些美国企业利用各种避税架构来尽量推迟回国补税的时间。

新加坡也是积极推行税收饶让制度的国家之一,这与其极容易饱和的国内投资市场有关,而它的税收饶让的制度设计更加具有灵活性。该国根据与来新加坡进行贸易投资比较多的发达国家、投资热门的发展中国家、有两国之间投资贸易需求的国家实际情况,在后续签署税收协定过程中,会要求这些发达国家主动承担税收饶让义务,以保证对外资的吸引力,发展中国家多为承担单方面税收饶让的义务,有互相投资贸易需求的签署双边互惠的税收饶让条款。新加坡这样灵活的税收饶让政策其实对于我国来说非常具有参考意义。

四、完善我国税收饶让的建议

首先,应将税收饶让的适用客体限定于具体的、明确的一些税收优惠项目,并且应充分考虑我国的产业导向。比如,有针对性地鼓励我国的一些过剩产能和非目标性产业外移到沿线国家去。正如前文所说,可以在税收饶让条款的签订和谈判中,更加注重引导企业"走出去"攻关关键核心技术,弥补技术薄弱环节,或者在优势产业领域,通过签订税收饶让条款引导"走出去"加强国际合作,巩固国际供应链市场份额。

其次,根据国际对外投资贸易情况,在严格限制饶让的适用条件前提下,

适当增签税收饶让条款，并限制税收饶让条款的适用期以切实服务于经济发展和政策导向，待期满后再根据实际经贸情况去考虑是否延长适用期。例如要求判别"东道国实质性经营活动"，对于股息利息等预提税所实施的优惠措施，需要出自真实的商业目的等等，防止纳税人利用饶让条款进行逃避税的现象。例如，中国和柬埔寨在 2016 年缔结的双边税收协定中税收饶让条款时这样规定："此款规定自协定生效之日起 10 年内有效，但缔约国双方主管当局可通过协商延长该期限。"

最后，建议饶让应当双向互惠。因为一些沿线国家成长性极高，将来也会成为来华投资者的居民国，所以在与这些国家的双边税收协定中约定互惠的税收饶让条款，也能确保我国提供税收优惠的有效性。

课题组组长：柳东海

课题组成员：张勇刚　黄　勇　陈小燕(执笔)

五、完善个人所得税制度研究

完善我国个人所得税税制研究
——以经营所得并入
综合所得为视角（特别奖）

浙江省税务学会课题组

2021 年 3 月 11 日,《中华人民共和国国民经济和社会发展第十四个五年规划和 2035 年远景目标纲要》正式发布,纲要提出要健全直接税体系,完善综合与分类相结合的个人所得税税制。个人所得税作为一项重要的收入分配调节手段,应当发挥职能作用,促进和推动实现共同富裕。近年来,社会上对经营所得并入综合所得有一定呼声。为此,本文尝试对现行税制设计和征管情况等阐述和分析,探讨经营所得并入综合所得需要考虑的问题,并提出建议。

一、我国现行综合与分类税制简介

我国从 2019 年 1 月 1 日起全面实施综合与分类相结合的个人所得税税制。现行税制规定的综合所得项主要包括工资、薪金所得、劳务报酬所得、稿酬所得、特许权使用费所得,对居民个人上述四项所得作为综合所得按纳税年度合并计算个人所得税。纳税人取得的经营所得、利息、股息、红利所得、财产租赁所得、财产转让所得、偶然所得,分别计算个人所得税。新税制实行后,调整和简并应税项目,将"个体工商户的生产、经营所得"调整为"经营所得",取消"对企事业单位的承包经营、承租经营所得";对个人一个年度的全部综合所得收入进行计税,在基本减除费用、专项扣除基础上,增设了子女教育等六项专项附加扣除,次年进行年度汇算,多退少补。这些规定,都较好地体现了个人收入的合理负担,也兼顾了家庭的费用支出,增强了纳税人的认同感。

二、经营所得政策、征管简介及比较

（一）政策、征管简介

经营所得,以每一纳税年度的收入总额减除成本、费用以及损失后的余额,为应纳税所得额,适用 5%－35% 超额累进税率。主要制度特点如下:一是实行按年计税,汇算清缴制度。经营所得纳税人取得经营所得,按年计算个人所得税,由纳税人在月度或者季度终了后十五日内向税务机关报送纳税申报表,并预缴税款;在取得所得的次年三月三十一日前办理汇算清缴。二是实行超额累进税率。现行税率共分为 5 档:

三是实行"先分后税"制度。个人取得的经营所得,先按照其投资主体(如投资某合伙企业)一个年度的经营收入减去与经营相关的成本、费用后的余额作为经营所得,再按照确定的比例计算个人投资者的应纳税所得额,在计算个人应纳税所得额时,允许扣除个人的基本减除费用、专项扣除专项附加扣除以及依法确定的其他扣除。

(二)比较

综上看,经营所得与综合所得除了在收入性质上均具备劳动性外,在税制设计方面也存在共性,主要有:一是个人扣除项目与综合所得类同。两项所得对应的纳税人均可扣除基本减除费用 6 万元、专项扣除、专项附加扣除以及依法确定的其他扣除;二是计税方式上有共性。两者都实行按年计税,汇算清缴制度,都实行超额累进税率。这些共性特点为综合所得的范围扩大提供了制度基础。

从税率表比较看,经营所得并入前后的情况如下表所示。通过并入前后名义税率变化差异分析,在 10 档人群中,并入后的税率呈现 5 降 4 平 1 升,绝大部分人群名义税率保持稳定或下降,如考虑经营所得同一收入档次区间的累进程度,名义税率持平的人群中大部分人群实际税负会有所下降。

级数	全年应纳税所得额	经营所得并入前	经营所得并入后
		适用最高税率	适用最高税率
1	不超过 30000 元	5%	3%
2	超过 30000 元至 36000 元的部分	10%	3%
3	超过 36000 元至 90000 元的部分	10%	10%
4	超过 90000 元至 144000 元的部分	20%	10%
5	超过 144000 元至 300000 元的部分	20%	20%
6	超过 300000 元至 420000 元的部分	30%	25%
7	超过 420000 元至 500000 元的部分	30%	30%
8	超过 500000 元至 660000 的部分	35%	30%
9	超过 660000 元至 960000 元的部分	35%	35%
10	超过 960000 元的部分	35%	45%

（二）经营所得纳税主体类别及特点分析

1.经营所得申报主体类型多。目前,经营所得纳税主体包括个人独资企业自然人投资者、合伙企业自然人投资者、个体工商户投资者及其他取得经营所得的自然人。其中,个人独资企业和合伙企业投资者纳税主要政策依据是《财政部 国家税务总局关于印发〈关于个人独资企业和合伙企业投资者征收个人所得税的规定〉的通知》》(财税〔2000〕91号)。个体工商户投资者纳税主要政策依据是《个体工商户个人所得税计税办法(试行)》(国家税务总局令第35号)和《个体工商户税收定期定额征收管理办法》(国家税务总局令第16号)。无需办理登记的自然人也可能是经营所得的纳税主体,例如从事办学、医疗、咨询以及其他有偿服务活动取得所得,对企业、事业单位承包经营、承租经营以及转包、转租取得所得的个人。

2.财务核算能力薄弱。从事经营所得的市场主体中,绝大部分是中小的个体工商户,根据国家市场监督局数据,截至2021年4月,全国登记在册的个体工商户达9586.4万户,占各类市场主体总量的三分之二,而个体工商户一般财务核算能力较弱。根据《个体工商户建账管理暂行办法》,个体工商户依据注册资金、销售额的不同,应当建立复式账或简易账。在实际管理中,除部分委托税务中介做账外,规范按照要求自行建立合规账簿的个体工商户比重较低。从实际征管情况看,目前增值税一般纳税人或者具备一定收入规模的个体工商户、独资、合伙企业能否账证较为规范,大量的个体工商户建账建证、核算能力较低。

（三）征管情况

由于市场主体的财务核算等情况不同,根据征管法等有关规定,现行对经营所得征管存在不同的税款征收方式。

1.查账征收。按照税法规定,查账征收能准确核算收入、成本、费用等,是据实征税的一种方式。在实务中,个体工商户由于规模较小、缺乏建账能力,采取查账征收的较少。个人独资和合伙企业采取查账征收的较多,且近年来比例逐步升高,亦成为未来主要的征收方式。另外,针对部分行业财务核算管理的市场主体,税法作了特殊规定,如《国家税务总局关于切实加强高收入者个人所得税征管的通知》(国税发〔2011〕50号)第二条第三款"对律师事务所、会计师事务所、税务师事务所、资产评估和房地产估价等鉴证类中介机构,不得实行核定征收个人所得税。"。

2.定期定额征收。根据个体工商户税收定期定额征收管理办法》(国家税务总局令第16号),税务局可根据定期定额户的经营规模、经营区域、经营内容、行业特点、管理水平等因素核定应缴纳税款的定额。定期定额征收方式简化了征收程序,降低了税收成本,成为实务中较为常见的征管方式。目前,个体工商户主要采取定期定额征收。

3.其他核定征收方式。《财政部 国家税务总局关于印发〈关于个人独资企业和合伙企业投资者征收个人所得税的规定〉的通知》(财税〔2000〕91 号)第七条规定"有下列情形之一的,主管税务机关应采取核定征收方式征收个人所得税:(一)企业依照国家有关规定应当设置但未设置账簿的;(二)企业虽设置账薄,但账目混乱或者成本资料、收入凭证、费用凭证残缺不全,难以查账的;(三)纳税人发生纳税义务,未按照规定的期限办理纳税申报,经税务机关责令限期申报,逾期仍不申报的。"实务中,核定征收方式主要包括核定应税所得率征收以及其他合理的征收方式。核定征收是加强税收征管的补充手段,但也有部分企业利用该条规定,采取较低的核定应税所得率逃避税款。

（四）其他情况

经营所得还规定了一些优惠和特殊政策。如"四业"免税政策、退役士兵、重点人群创业、残疾、孤老、烈属免税等优惠政策,如天使投资人投资抵扣政策、对外投资分红、单一投资基金单独计税等特殊政策。此类优惠和特殊规定需要在税制设计时候统筹考量。

三、当前经营所得并入综合所得需要考虑的问题

（一）税率衔接

经营所得并入综合所得后,如适用现行综合所得税率,则应纳税所得额在96 万以上的部分,适用税率将由原来的 35％上升为 45％,税负上升跨度较大。以劳动所得为主的经营所得并入综合所得后,当达到一定收入后,由于税负上升,付出的努力程度与税后收入存在不匹配,一定程度上会抑制这部分个人继续投入生产力的积极性。

（二）征管操作

从目前的征管情况来看,税务部门对经营所得的征管手段仍然以企业方式管理居多。一是广大经营所得纳税人的纳税意识还不强;二是纳税申报还是依托单位财务开展,个人自行申报少;三是部分地区存在滥用核定征收方式等问题。因此,从征管操作角度出发,经营所得并入综合所得的难度在于:一是经营所得来源较多,收入来源复杂,征收方式复杂,税务监督手段不足。目前,税务监管主要依靠票据管控,若经营所得不开票,则收入就存在隐匿的可能;二是部分企业成本费用列支较为混乱。如将个人日常所需开支与企业成本费用混淆。

（三）自行申报

经营所得的市场主体以个体工商户为主。一方面,个体工商户长期主要采取定期定额征收,批量扣税的方式,纳税人自行申报的意识不强。另一方

面,个体工商户税收知识薄弱,财务核算能力较弱。因此,若将经营所得并入综合所得,其自主完成个税年度汇算清缴的难度增加,遵从度和申报质量将是需要考虑的问题。

（四）核定管理

经营所得在日常征管中存在核定征收方式,且实际税负往往低于名义税率。经营所得并入综合所得,经营所得如何核定成为亟待解决的问题。经营所得核定征收的主要原因在于个体工商户、个人独资企业或合伙企业无法对成本进行核算,尤其是个体工商户,由于经营规模小,较难拥有完备的财务核算能力,因此一律取消核定征收不符合当下市场主体实际经营管理现状。其次,定额管理户如何衔接也需要进行制度设计研究。另外,目前各地对个体工商户定额的标准不一,也可能产生不公平的情况。

（五）投资影响

一是影响投资类企业。采取合伙企业形式开展投资业务的企业,如果创业投资企业的个人合伙人取得的收益等收入并入综合所得,将提高实际税负。二是对部分上市企业的组织架构产生一定影响。合伙企业由于其制度规定灵活等原因,成为企业特别是上市企业股权架构中的重要组织形式。若将经营所得并入综合所得,可能会进一步影响此类组织架构设计,间接对投资和经营环境产生影响。

四、建议

（一）优化综合所得税率和级距,实现税负平稳衔接

经营所得并入综合所得,对经营所得的税负影响较大,特别是高收入个人的税率差异是亟需解决的一个问题。根据原综合所得税率和经营所得税率设置,建议可以从两方面考虑合并后的税率。一是在现行经营所得税率的基础上,合理调整税率档次,拉大级距,尤其是中等收入的区间,适当优化税率结构。二是适当降低现行的最高档次税率。降低最高 45% 边际税率,减轻综合所得扩围后的税负变动影响。

（二）加强经营所得征收管理,实现征管平稳衔接

一是全面引导查账征收。对增值税一般纳税人或者一定收入规模的市场主体,引导其建账建证,规范财务核算,大力推进查账征收管理。二是修订个人独资企业、合作企业有关办法。建议参照已经出台的个体工商户计税办法、企业所得税有关规定,进一步完善独资、合伙企业纳税人收入核算、成本列支问题。

（三）保持经营所得现有政策的稳定,实现新旧政策平稳衔接

一是进一步细化单独计税的项目。按照经营所得劳动性的特点,将对外

投资、财产租赁、财产转让等收入采取"穿透"原则,单独适用对应所得项目计税。如合伙人取得的分红所得,继续按股息利息红利20%征税,不并入综合所得。二是延续现有优惠政策。继续实施"四业"免税政策;针对残疾、孤老、烈属采取税额减免的政策,建议明确减征方式及标准,在预缴环节和年度汇算环节均可享受扣除。三是延续特殊规定。继续保留弥补亏损政策,居民个人纳税年度内经营所得可能盈利也可能亏损,建议对于居民个人纳税年度内发生经营亏损,纳税调整后仍然为负数的,其当年经营所得收入额按"0"并入综合所得,其纳税调整后的计税亏损,可结转到下一年度对收入额进行扣除,一个年度扣除不完的,可继续结转以后年度扣除,最长时间不超过5年。

(四)合理设计经营所得并入综合所得规则,保持计税方式稳定

经营所得征收方式有查账征收和核定征收。对于不同征收方式的居民个人经营所得,其并入综合所得建议按以下规则进行:对于查账征收的居民个人经营所得,以每一纳税年度的收入总额减除成本、费用和损失,经纳税调整后的余额,为经营所得并入综合所得。对于按照税务机关规定的合理办法核定征收的居民个人经营所得,按核定方法计算得出的经营所得并入综合所得。对于按照附征率核定的定额税款,应按一定的方式转化为经营所得并入综合所得。

(五)加强部门间信息交互,加强基础信息管理

一是继续优化自然人电子税务局相关功能。加强个人所得税税收信息管理,完善自然人电子税务局个人所得税 APP、WEB 端等功能和应用,充分运用大数据、云计算、人工智能、移动互联网等现代信息技术,着力推进内外部涉税数据汇聚联通、实现自然人税费信息"一人式"智能归集。二是加强第三方信息共享。与市场监管部门等开展信息共享,加强投资者的基础信息管理。

课题组组长:徐敏俊

课题组成员:杨文清　步杨怀　夏晨洁(执笔)

自然人转让合伙企业财产份额所得的
税收征管研究（一等奖）

国家税务总局杭州市萧山区税务局课题组

近年来,合伙企业这种组织形式因其灵活自由的特点越来越受资本的青睐,如蚂蚁集团、联想等知名企业股权架构中,都有较多合伙企业的身影。随着我国合伙企业的数量在不断增长,合伙人转让合伙企业财产份额的交易行为也在频繁发生,国家税务总局公告 2014 年第 67 号（以下简称 67 号文）明确了自然人转让公司股权涉税征管事宜,但该公告明确其不适用于合伙企业和个人独资企业,目前也尚无专门文件具体明确自然人转让合伙企业财产份额涉税事宜。因此从税收角度对合伙企业进行全面总结和分析,概括现有合伙企业的类型、功能和特点,进而明确合伙企业财产份额转让具体征管事宜,对于完善合伙企业税收制度具有非常重要的意义。

一、我国合伙企业简介

自然人转让合伙企业财产份额是合伙企业所得税制的重要构成部分,了解分析合伙企业的主要特征和功能,总结我国合伙企业现有的所得税制征管情况,对于发现和分析财产份额转让中存在的征管问题具有基础性和指导性的作用。

（一）合伙企业的定义与特点

合伙企业一般认为是被维系基于获利的共同目标而合伙经营的人之间的契约关系的一种组织形式。我国合伙企业制度发展较晚,第八届全国人大常委会于 1997 年 2 月 23 日通过了我国的《合伙企业法》,正式在我国设立了合伙企业制度。后经第十届全国人大常委会于 2006 年 8 月 27 日修订,增加了有限合伙人、执行合伙事务的合伙人、法人企业可以作为合伙人等内容,我国合伙企业制度基本形成。具体见下表1。

表 1　三种常见的企业组织形式差异分析

	有限责任公司	合伙企业	股份有限公司
治理基础	《公司法》、公司章程	《合伙企业法》、合伙协议	《公司法》、公司章程
出资方式	现金等货币资产、房产等非货币性资产等	现金等货币资产、房产、知识产权等非货币性资产、劳务	货币资产、非货币资产
表决权	相同的出资比例的表决权是一致的	表决权同出资额相分离，由合伙协议进行约定。	每股的表决权是一致的
利润分配	按出资比例进行分配	根据合伙人的协议进行分配	按持股比例进行分配
债务责任	以出资额为限承担有限责任	有限合伙人：以出资额为限承担有限责任 普通合伙人：承担无限连带责任	以持有的股份为限承担有限责任

通过上表 1 我们可以看出合伙企业相比于有限责任公司和股份有限公司，主要由以下特点：①通过合伙协议实现收益权与出资额的分离，通过协议来明确分配比例。②普通合伙人可以用劳务出资。③表决权与出资额相分离，合伙协议可以约定表决办法，普通合伙人才能对外执行合伙事务。这几个特点保证了合伙企业的独特优势，同时也使得合伙企业财产份额的转让变得更加复杂。

（二）合伙企业财产份额与转让

合伙企业财产份额的定义。合伙企业的财产份额是指各合伙人按照合伙协议所约定的比例在合伙企业财产中所享有的对应权益，包括共同的出资、分配的盈余、承担的亏损等。与公司股权的区别在于，合伙协议中约定的比例一般不是出资比例。

合伙企业的财产份额转让即合伙人将其在合伙企业中享有的对应权益转移给受让方。转移方式包括买卖、司法强制过户、对外投资、抵偿债务等。

（三）合伙企业的分类

从合伙企业的性质来看，我国的合伙企业主要有一般普通合伙企业、特殊普通合伙企业、有限合伙企业三类。有限合伙企业由普通合伙人和有限合伙人组成，常见于控股平台与员工持股平台，如腾讯、字节跳动、蚂蚁集团等股权激励计划平台均采用该类。一般普通合伙企业全部由普通合伙人构成，为合伙企业的一般形式，相对数量较少。特殊普通合伙企业由普通合伙人构成，主要应用于专业技能服务机构，主要特点是执业中故意或重大过失等造成合伙企业债务的合伙人承担无限连带责任,其他合伙人承担有限责任。

按功能来划分可以分为以下几类:一是鼓励劳务出资的事务所类合伙制中介机构,如会计师事务所、资产评估鉴证机构等。二是注重收益权、表决权与出资额相分离的资本平台,如私募等金融平台、创始人控股平台、员工股权激励平台等。

从行业类型来看,合伙企业主要集中在以下几个领域:一是制造业,主要为各类商品制造。二是批发业,多为百货、农产品批发与零售。三是金融业,资产管理、公募基金、天使投资等各类资本市场服务。四是服务业,日常娱乐等生活服务、房地产中介、管理咨询、法律、会计、审计及税务咨询,技术推广与管理服务等。

(四)合伙企业所得税的征管现状

目前理论界对合伙企业的性质有两种认识,一种是认为合伙企业是独立于合伙人之外的单独的实体,也即实体论。一种是合伙企业是所有合伙人组成的一个共同体,合伙企业本身不具有单独实体地位,也即集合论。叶珊(2019)认为在实体论和集合论之外,还存在形式上为集合论,但课税实质上为类似实体论的准实体论,我国的基于先分后税基本原则设计的合伙企业所得税制即属于此类。

我国合伙企业所得税征管大致可以分为两个阶段,第一个阶段是 2000 年以前,合伙企业属于企业所得税纳税人。适用《企业所得暂行条例》(1994.01.01－2007.12.31),缴纳企业所得税。后为鼓励民间投资,国务院印发国发〔2000〕16 号文,明确了自 2000 年 1 月 1 日起合伙企业自然人投资者比照个体户征收个人所得税经营所得,由此也进入了第二阶段,国家税务总局也先后发布了多个文件对合伙企业经营所得的税收征管进行了明确,具体见下表 2。

表 2　我国合伙企业所得税主要政策文件

主要文件	发布时间	主要内容
财税〔2000〕91 号	2000 年 9 月 19 日	①明确了生产经营所得的计算 ②明确自然人投资者适用 5—35％个人所得税经营所得税率
国税函〔2001〕84 号	2001 年 1 月 17 日	①明确取得多个经营所得汇总计算方法。 ②明确以企业名义对外投资分回的收益,自然人单独适用个人所得税"利息、股息、红利所得"应税项目。

主要文件	发布时间	主要内容
财税〔2008〕159 号	2008 年 12 月 23 日	①明确了合伙企业经营所得（包括实际分配所得和当年留存所得）采取先分后税的原则。②明确合伙企业合伙人应纳税所得额中分配比例的确定原则。
财税〔2019〕8 号	2019 年 1 月 10 日	明确符合条件创投企业可以选择单一投资基金核算和整体核算两种所得计算方式

由上表 2 可知，我国目前在合伙企业所得税上实行准实体论，也即采用先分后税的处理原则，先在合伙企业层面整体计算经营所得，再按照分配比例分配到各合伙人，其中自然人合伙人适用个人所得税生产经营所得。国税函〔2001〕84 号中的"利息、股息、红利所得"应税项目和财税〔2019〕8 号中的创投企业单一投资基金核算政策，可以算是我国合伙企业税收政策的特殊优惠。

综上所述，合伙企业同有限责任公司、股份有限公司相比，在定义、特征、功能、所得税征管等方面均存在明显的差异，这也就决定了自然人转让合伙企业财产份额所得与转让公司股权所得的计算存在较大的不同。

二、我国合伙企业份额转让税收征管现状

（一）基本原理

根据个税法实施条例第六条第八款"财产转让所得，是指个人转让…合伙企业中的财产份额、…取得的所得。"可以判定，自然人转让合伙企业财产份额所得属于个人所得税中的财产转让所得。个税法第六条则规定财产转让所得的应纳税所得额是指财产转让收入额减原值和合理费用之后的余额。在适用税率方面，个税法第三条则明确财产转让所得适用 20％税率。自然人转让合伙企业财产份额的核心计算公式也就如下所示：

合伙企业财产份额转让所得（应纳税所得额）＝份额转让收入－取得份额的原值和合理费用

合伙企业财产份额转让所得应纳税额＝合伙企业财产份额转让所得（应纳税所得额）×20％

（二）征管现状

除 2018 年修订《个人所得税法》及实施条例进行原则性规定外，目前我国尚未对自然人转让合伙企业财产份额所得的税收征管做出具体规定，而自然人转让公司股权所得则有 67 号文进行详细规范，具体内容见下表 3。

表3 自然人转让合伙企业财产份额和转让公司股权所得税政策对比

自然人	转让合伙企业财产份额	转让公司股权
政策依据	《个人所得税法》及实施条例	《个人所得税法》及实施条例、67号文
收入的确认	实施条例第八条对个税所得的原则性规定。即现金、实物等各种形式的经济利益。并未明确转让财产的收入额。	①明确股权转让收入的定义和具体形式。②明确转让收入应按公平交易原则确定，对于明显偏低等情形税务机关有权进行核定。③明确税务机关核定转让收入的几种方法（净资产核定法、类比法等）
原值的确认	实施条例第十六条参照有价证券的原值确认方法，即买入价及按规定缴纳的有关费用。	①分别规定现金出资、非货币性资产出资、无偿让渡、转增股本等方式取得的股权的原值的确认。②明确收入被税务机关核定后，受让方再次转让时的原值确认。③明确税务机关有权核定原值。
合理费用的确认	实施条例第十六条明确其为出财产时按照规定支付的有关税费。	同左
反避税条款	个税法第八条，不具有合理商业目的的，有权按照合理方法进行纳税调整	收入的确认及原值的确认章节均对税务机关可核定的情形和核定方法作出规定。
纳税申报	个税法第十一条的原则性规定，即由扣缴义务人按月或按次扣代缴	①明确规定转让行为的主管税务机关。②明确自然人投资者转让所得的纳税义务发生时间及申报期限。③明确办理该业务时需报送的资料等。

三、我国自然人转让合伙企业财产份额所得税收征管存在的问题

(一)缺乏配套政策及具体征管操作规范

现有合伙企业所得税制难以适应合伙企业的快速发展。从表2中可以看出，财税[2000]91号和财税[2008]159号是我国合伙企业所得税制两个基础性的框架文件，除财税[2019]8号的特殊优惠政策外，二十多年来未发布重要文件更新现有合伙企业所得税制。缺乏配套政策及征管规范，实践中征收机关难以适从。从上表3中可以看出，在收入的确认、原值的确认、反避税条款和申报纳税方面，转让合伙企业份额所得相比于转让公司股权所得都缺乏具

体政策和操作规范。

(二)合伙人不同退出方式间存在税负差异

合伙企业注销、合伙企业财产份额转让和退伙这三项涉税行为存在税负差异。这三项行为本质上都属于自然人持有的合伙企业财产权益的湮灭,一般来讲三项行为的所得税负应该是一致的,但我国目前是存在差异的。对于合伙企业注销,按照财税〔2000〕91号规定,投资者在企业注销进行清算时获得的清算所得视为当年度的生产经营所得,按照5%—35%税率缴纳个人所得税。对于合伙企业财产份额转让,则是按照《个人所得税法》及其实施条例的规定视为财产转让所得,适用20%税率。合伙人退伙则适用国家税务总局2011年第41号公告的规定,因退伙从合伙企业取得的违约金、补偿款等各项所得均属于财产转让所得,适用20%税率。这三项行为存在税负差异的主要原因是我国合伙企业所得税制采用准实体论,故在合伙企业注销时先进行企业层面经营所得的归集。这种差异的存在会导致纳税人为减少税负而故意进行特定的税收安排。

(三)合伙企业财产份额转让所得的确定困难

1. 收入难确定

留存利润部分重复征税。个税法明确了合伙企业财产份额的转让所得为转让的收入额减除原值和合理费用后的余额,但并未单独明确收入额的具体定义和计算,通常即以转让方从受让方取得的货币等各种形式的经济利益确认为收入额。目前我国合伙企业所得税制实行先分后税的基本原则,这里的分是指划分,而不是指实际分配,也即企业留存部分即使未实际分配给合伙人,也应计算缴纳个税经营所得。在进行份额转让时,这部分留存利润也会反映在合伙协议中约定的转让价款中,如果以协议约定的转让价款作为转让收入额,则这部分留存利润就会被重复征税。举例来说,A合伙企业有甲、乙两个自然人投资者,成立于2020年6月,甲出资300万元,乙出资200万元,合伙协议约定双方分配比例、财产权益占比均为50%,2020年合伙企业经营利润为200万元,2021年1月份,甲打算将其在A合伙企业中的全部份额转让给自然人丙,假设转让协议价格充分公允。甲在2020年个人所得税经营所得应纳税所得额为 $200 \times 50\% = 100$ 万元。假设情况一:截至转让日,该部分经营利润并未实际分配,则在充分公允的情况下,甲取得的份额转让收入额为 $(300 + 200 + 200) \times 50\% = 350$ 万元。假设情况二:在转让之前,合伙企业对全部经营利润进行了实际分配,则在充分公允的情况下,甲取得的份额转让收入额为 $(300 + 200) \times 50\% = 250$ 万元。

预计负债和或有负债影响收入的确定。《合伙企业法》规定合伙人退伙后仍需对基于合伙期间的原因产生的债务承担无限连带责任。那么对于自然人合伙人已转让合伙企业份额之后又实际承担的债务是否能调减转让收入额目前尚无规定。以上述 A 合伙企业为例,甲完成合伙企业财产份额转让之后,对于因转让前原因形成的债务承担了连带责任,付出了 100 万元的经济代价,则这 100 万元能否从当时份额转让收入额中调减从而退还个税税款尚有争议。

2. 成本难确定

以劳务方式进行出资成本的判定困难。我国《合伙企业法》经过 2007 年修订以后,明确了普通合伙人能够以劳务的方式出资,劳务出资的评估办法由合伙人通过合伙协议协商明确。以劳务出资相比于以土地等非货币性资产方式具有两大优点,一是方式灵活且不占用资金,二是不需要按照非货币性资产投资在投资环节缴纳个税。所以劳务出资方式颇受创新类和专业服务类合伙企业青睐,但目前尚未明确劳务出资具体评估的方式和方法,仅有全体合伙人协商评估,难以确保评估的公允性和合理性。

(四)反避税实践困难重重

1. 多重有限合伙企业嵌套的股权架构复杂

三层控股结构的应用使得追溯转让本质困难重重。三层控股结构是指借助多个有限合伙企业嵌套搭建的控股平台架构。在该架构中有限合伙企业层层叠加,非常适合用于实际控制,可以实现控制权与收益权分离,能够做到风险隔离。正如图 1 所示,实控人通过设立 A 有限责任公司,其以出资额对 A 有限责任公司的亏损承担责任,再以 A 有限责任公司作为普通合伙人投资设立 B、C 两家有限合伙企业。该架构将有限合伙企业的优势充分体现出来了,一是利用 A 有限责任公司作为普通合伙人这种形式规避普通合伙人的无限连带责任,从而实现风险法人隔离。二是实现控制权和出资额的分离,实控人只需要控制 A 有限责任公司这个普通合伙人,即可代表 B、C 执行合伙事务。三是实现收益权和出资额的分离,在这个架构中内嵌员工持股平台作为一致行动人,既能实现股权激励,又能集中控制权。如马云通过杭州君瀚股权投资合伙企业(有限合伙)和杭州君澳股权投资合伙企业(有限合伙)来实现对蚂蚁集团股权的控制。图 1 所示控股结构已是目前实践中最为简单的控制权架构,但对于税务机关征管来说仍显复杂,当实控人想要转让目标公司的控制权时,他可以直接通过 C 有限合伙企业转让其持有的目标公司的股权,也可以通过转让 B、C 两个有限合伙企业的财产份额来间接转让目标公司股权。前者属于 67 号文的适用范围,具有较为严格的反避税条款。后者也即合伙企业财产份额转让,目前尚无具体的反避税条款,且在更多层有限合伙企业嵌套下,主管税务机关很难发现真正的转让标的。

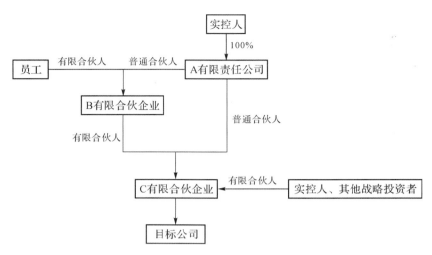

图 1　有限合伙企业三重控股架构

2. 税务机关核定征收困难

针对自然人转让公司股权所得明显偏低的行为,67 号文明确了优先按照净资产核定法来核定股权转让收入,也即按照对应的净资产的份额作为股权转让收入,对应的净资产份额=(全部所有者权益－实收资本)＊该股东转让的份额比例＋该股东转让份额部分对应的实际到位的出资额。如果在合伙企业财产份额转让中也套用这种核定征收方式,则会产生两个问题,一是利润留存部分重复征税的问题。二是份额比例难以确定的问题。合伙协议通常会载明盈余分配比例、出资比例、债务承担比例等几个要素,在特殊情况下,这几个比例很可能不一致,如上文中举的例子甲合伙人出资比例为 300/(300＋200)＊100％＝60％,合伙协议约定的盈余分配比例为 50％,如再约定亏损承担比例为 40％,则净资产核定公式中的份额比例采用哪个?部分合伙企业甚至有附条件的盈余分配比例,如合伙人业绩达到规定条件,则分配比例增加 5％,其余合伙人对应减少 5％等。甚至还有部分基金合伙企业约定在经营亏损的情况下,仍会对特定合伙人优先分配一定金额等。

四、完善我国合伙企业财产份额转让征管建议

(一)明确实质,重新建构我国合伙企业所得税制

应尝试构建系统性的合伙企业所得税制度。目前我国在合伙企业所得税制度没有一个完整的框架性的制度体系,仅有通过两个较旧的规范性文件搭建的规则架构,这种碎片化的制度存在较大的不确定性,导致在实践中税务机关和纳税人之间经常出现理解偏差。在我国个税迈向完全综合所得模式的进程中,应积极尝试通过单独立法来为合伙企业所得税构建一套清晰完整的制度。

（二）完善合伙企业份额转让涉税信息报告和共享制度

控股平台类合伙企业股权架构信息报告。利用股权架构穿透到最终受益人,针对类似蚂蚁集团的三重有限合伙企业股权架构发生份额转让时,主管税务机关应要求转让方提供份额转让行为涉及的全部投资方信息,也即向上要逐层穿透到最终实控人,向下要逐层穿透至目标企业。穿透完成后,再对合伙企业财产份额转让行为进行分析,分析其交易实质。

建立合伙企业财产份额变动报告制度。借鉴67号文,明确合伙企业应在合伙人会议结束后的5个工作日内,将涉及合伙企业财产份额变动的合伙协议等信息向主管税务机关报送。合伙企业发生合伙人变动或合伙企业财产份额变动的,应及时向主管税务机关报送相关变动信息。

建立合伙企业涉税信息共享制度。一是部门间信息共享,利用省政府推动建立的数据共享平台,实现与市场监督管理、财政等部门实现实时信息共享。二是跨省信息共享。利用金三系统一户式2.0网格平台,实现对合伙企业省外投资方信息的实时查询,及时交换信息,掌握转让具体情况。

（三）采用特别纳税调整消除重复征税

通过调减收入额或增加原值来消除重复征税。我国合伙企业先分后税原则带来的重复征税实际就是在合伙企业财产份额转让中对留存利润部分的重复征税。可以参考67号文中关于"资本公积转增股本,如已缴纳个税,则转增额可计入股权原值"的规定,将合伙企业已税的留存收益部分增加计入转让的财产份额的原值中。同时也可以通过直接将转让协议收入减去留存利润部分后的余额作为收入额来参与计算转让所得。

（四）构建合理的反避税体系

明确反避税的基本原则。对于不具有合理商业目的的转让收入偏低的行为,明确税务机关有权进行核定。同时对于合伙企业财产份额转让行为,注重把握真实交易实质,对于发生分步交易或关联交易的,应抓关键,忽略无意义的中间环节,掌握交易之间的联系和相关性。

优化净资产核定法。一是通过特别纳税调整消除重复征税,以确保权益的准确性。二是尝试建立权益基值作为确定合伙企业财产份额比例的根据。借鉴美国合伙企业所得税制度中权益基值的规定,权益基值起始由合伙人向合伙企业的出资来取得,同时明确权益基值随着出资额的增减、盈余分配比例的变动、债务承担比例等进行合理调整。优化后的净资产核定公式为:对应的净资产份额＝（全部所有者权益－全部到位的出资额－已税的留存利润）×该合伙人的权益基值＋该合伙人转让份额部分对应的实际到位的出资额。

课题组组长：杨永钟

课题组成员：裘　伟　郑　涛　闵　宏

熊彦婷　林恋青　梅保银（执笔）

共同富裕视角下完善
个人所得税制研究（一等奖）

国家税务总局金华市税务局课题组

　　共同富裕是社会主义的本质要求,既要促进社会财富增加"做大蛋糕",也要促进财富合理分配"分好蛋糕"。个人所得税在调节收入分配,减轻企业负担,鼓励社会捐赠,助益实现社会公平方面具有重大意义,也因此成为了共同富裕中的重要一环。

一、个人所得税法的基本情况和意义

(一)个人所得税改革基本情况

　　1985年,邓小平提出了社会主义的目的就是要全国人民共同富裕。自1985年以来国内生产总值增长了约113倍,全国税收总收入也自1985年的2040.8亿元增长至2020年的136780亿元,增长了约67.02倍。其中,个人所得税税收总额从1994年的72.67亿元增长到2020年的11568亿元,增长了约159倍。

　　个人所得税自1980年立法开始已经经历了七次变革,2019年1月1日起全面实施的新《个人所得税法》将个人所得税税制由分类制向综合与分类相结合的税制转变。主要体现在以下六点:第一,建立综合所得按年征税制度。将工资薪金、劳务报酬、稿酬和特许权使用费4项劳动性所得纳入综合征税范围,适用统一的超额累进税率。第二,适当提高基本减除费用标准。将综合所得费用减除标准从原来的3500元/月提高到5000元/月。第三,首次设立专项附加扣除。增加子女教育等6项支出扣除。第四,调整优化税率结构,扩大3%、10%、20%三档低税率的级距。第五,增加反避税条款。第六,建立健全配套征管制度。实行"代扣代缴、自行申报、汇算清缴、多退少补、优化服务、事后抽查"的征管模式。

(二)个人所得税的意义和成就

　　个人所得税政策在"做大蛋糕"和"分好蛋糕"两方面同时发力,发挥"公平调节器"和"经济稳定器"的功能作用,助力共同富裕。

1. 组织财政收入

筹集财政资金是我国开征个人所得税的第一目标。个人所得税作为兼顾公平与效率的重要抓手,税收收入不断提高能提高财政收入,为政府转移支付提供财力支撑,二者形成良性循环(图 1、图 2)。2020 年全国税务部门组织的税收收入占一般公共预算收入的 75.5%,比 2019 年提升 1.7 个百分点。与"十二五"末的 2015 年相比,2020 年税收收入占财政收入比重提升了 2.9 个百分点。从金华市各县(市、区)来看,个人所得税的收入与地方经济发达程度大体一致。(图 3)

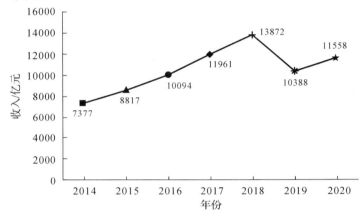

图 1 《2014—2020 年全国个人所得税收入情况》(单位:亿元)

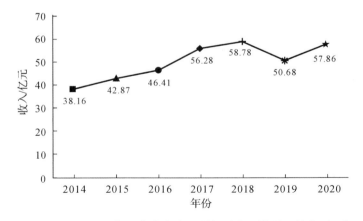

图 2 《2014—2020 年金华全市个人所得税收入情况》(单位:亿元)

如图 1.2 所示,全国、金华市个人所得税总体趋势向上增长,受经济形势和减税降费等影响,增长速度存在整体波动。

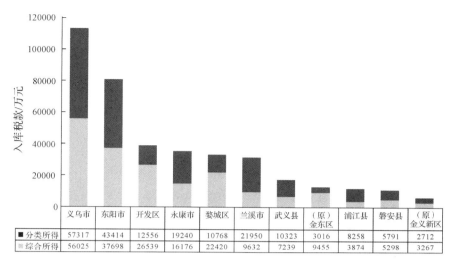

	义乌市	东阳市	开发区	永康市	婺城区	兰溪市	武义县	（原）金东区	浦江县	磐安县	（原）金义新区
■ 分类所得	57317	43414	12556	19240	10768	21950	10323	3016	8258	5791	2712
▨ 综合所得	56025	37698	26539	16176	22420	9632	7239	9455	3874	5298	3267

图 3　2020 年金华市个人所得税分地区情况图

2.调节收入分配

个税制度在促进经济效率的同时强化调节收入分配功能,尤其是 2018 年个税改革一方面注重统筹横向公平和纵向公平,大幅拉大了综合所得和生产经营所得 20% 以下各档次税率级距,进一步降低中低收入劳动者的税负,同时保持对高收入者 45% 的最高边际税率不变。另一方面,兼顾增长效率的需要,统筹劳动所得与资本所得、境内所得与境外所得的税负平衡,释放稳定投资预期的积极信号。如上图图 3 所示,综合所得与分类所得平分秋色。此外,在三次分配环节,运用个税政策工具引导社会力量反哺社会公益事业。包括在常规形态下对个人的公益捐赠行为给予税收减免的一般性公益捐赠税收优惠政策,以及针对定点脱贫地区、应对新型冠状病毒感染的肺炎疫情等特殊任务而给予的特殊性公益捐赠税收减免政策。如 2020 年的新冠疫情,税务部门很快出台了符合规定的新冠疫情捐赠个人所得税税前全额扣除的政策,并简化了申报。截至 2020 年底,金华全市共 17756 人次向新型冠状病毒感染的肺炎疫情进行捐赠,扣除金额为 532.63 万元。又比如,根据对参与汇算清缴的人群进行统计,2019 年度,金华全市捐赠人数和捐赠额分别为 1743 人和 930584元,2020 年度金华全市捐赠人数和捐赠额都大幅上升,分别为 12135 人和4867477 元。(图 4)这些都显示了个税政策对三次分配的正向激励和引导。

3.稳定经济波动

与其他税种相比,个人所得税具有明显的自动稳定器功能,能够发挥逆周期调节功能。在经济繁荣期,纳税人收入上升,适用的边际税率自动升档,从而为经济降温;在经济衰退期,纳税人收入下降,适用税率自动降档,促进就业

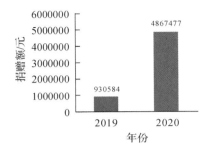
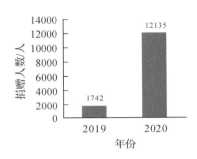

图4　金华全市捐赠人数和捐赠额情况图

市场供需两旺,保障企业用工。2020年尽管经历了疫情冲击,但在减税降费等各项政策刺激下,全国新增就业达1186万人,浙江省全年城镇新增就业111.8万人,而金华市全年城镇新增就业26.6万人。其中,金华市2020年度仅个人所得税即减税24.23亿元。

　　4.培育纳税意识

　　个人所得税与个人收入直接挂钩,与每个人息息相关,个人对税负的感知更为明显,对国家治理的参与感也更为强烈。近两年的个税汇算都是社会热点话题,为全国人民所关注。以金华市为例,2019年度参加个人所得税综合所得汇算的人数为54.61万人,2020年度这一数字增长到了63.24万人,同比增长15.8%。个人所得税征税对象涉及到广大自然人,势必涉及到自然人基础信息、信用体系合作和建设,可以推动社会信用体系的建立,提高纳税遵从度。

　　二、现阶段个人所得税税制存在的问题

　　我国个人所得税收入占政府税收总额的比重处于5%—9%(表1),低于发达国家的30%,甚至低于发展中国家的10%,这与我国个人所得税制发展存在一定关联:高额的边际税率、低额的违法成本对我国的个人所得税税制产生了巨大的冲击。而现行的综合与分类所得税制实施,从目前情况来看,成效显著但仍存在部分问题。

表1　《2014—2020年全国税收收入情况表》　　　　　　单位:亿元

年份	个人所得税	税收总收入	占比
2014	7377	129414	5.70%
2015	8617	136783	6.30%
2016	10094	140194	7.20%
2017	11961	155342	7.70%
2018	13872	156401	8.87%

年份	个人所得税	税收总收入	占比
2019	10388	157992	6.58%
2020	11568	136780	8.46%

（一）税收政策问题

1.侧重于对劳动所得的调节

我国目前的个人所得税主要是对工薪所得征税,对资本所得则设置了多项减免税和暂不征收的项目,如:财产转让所得中的境内上市公司股票转让所得和部分买卖收入、基金分配收入等,导致以工资为主要收入来源的中低收入群体税负较重,而对资本所得调节不力。

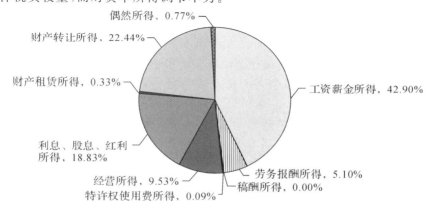

图 5　金华市 2020 年度各项个税收入比例

2.累进税率级次过多

2018 年个人所得税改革调整优化了个人所得税税率结构,扩大了前三档低税率的级距,但未对税率值和级次数进行调整。45% 的最高边际税率主要适用于高收入者,从形式上看符合"富人多缴税,穷人少缴税"的税赋公平观念,但是从个税征管实际来看,45% 的最高边际税率并没有实现"富人多缴税"的目的。高收入者如一些经营者、企业家、明星、金融投资者等的主要收入来源往往不在于工资薪金所得,收入来源的多元化使高收入者具有更强的避税动机和避税能力。首先,高边际税率会降低高收入人群的工作积极性,减少工作量;其次,高边际税率容易使高收入群体通过以其他福利形式回馈或以注册独资企业、个体工商户等方式将更多收入以较低的税率进行缴税甚至偷税,反而降低税基;最后,最高边际税率高于财产、资本所得等的比例税率,也不利于高端创新人才的引进,甚至会大大抑制创新。

3.费用扣除机制和项目不够合理

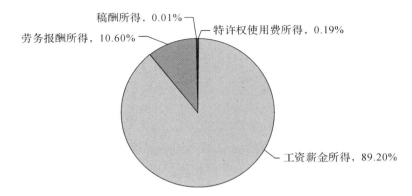

图 6 金华市 2020 年度个税综合所得收入比例

(1)出现被平均现象。基本减除费用未考虑通货膨胀率和地区差异。通货膨胀使得纳税人的实际可支配收入不变,但不得不多缴纳个人所得税。考虑到地域差异,我国东、中、西部社会经济发展水平和贫富差距大,全社会以全国平均消费水平来衡量并用相同的基本减除标准来判定显然有失公平,出现税收上的"被平均"现象。

(2)覆盖广度不够广。从年龄上看,因专项附加扣除设置 30—45 岁的中青年人群是主体,主要集中在赡养老人、子女教育和住房。以金华全市为例,金华市 2020 年度个人所得税全员明细申报为 238 万人,目前按扣缴义务人申报情况已采集 38.49 万人,存在专项附加扣除人数约占 16.17%,如表三所示,人均享受 1.62 项/人。

表 2 《金华全市个人所得税专项附加扣除采集情况》

专项附加分类采集自然人数						
合计	子女教育支出	大病医疗支出	赡养老人支出	住房租金支出	住房贷款利息支出	继续教育支出
384929	230777	423	231622	41760	99308	20374

从项目上看,专项附加扣除未包括残疾人和未成年人等需要特殊照顾人员的费用开支。如根据浙江省残疾人就业实名制系统,目前全省就业年龄段残疾人总数 54.5 万人,未就业 23.2 万人,占比为 42.6%,远高于健全人群,这些人员不仅需要家庭长期照料,每年还需要支出一定的康复费用,对扶养人造成较大经济压力。

(3)覆盖深度不够深。从专项附加扣除看,根据表 2,全市专项附加扣除采集人人均享受 1.68 项,以每项粗略估计按 1000 元扣除算,每人每月扣除 1680 元,全年应纳税所得额扣除 20160 元,如表 3 所示。工薪阶层综合所得集中在税率表前三档,这三档的减税额度对纳税人来说体验感不高。

表 3　《专项附加扣除减税额度情况统计表》

全年应纳税所得额	税率	减税额度
不超过 36000 元	3%	604.8 元
超过 36000 元至 144000 元的部分	10%	2016 元
超过 144000 元至 300000 元的部分	20%	4032 元

部分其他扣除的范围狭窄且条件苛刻。如商业健康保险,国家的初衷是推广优惠便民的商业保险,但在实际执行中,门槛高,普及度低,年扣除额仅为2400 元,金华全市 2019 和 2020 年度实际享受群体仅为 992 人次和 945 人次,与人民对健康的需求以及与之相关的实际支出都是不相符的。专项附加扣除中大病医疗的扣除额限额为 8 万元,对于一些重大疾病仍是"杯水车薪"。

4.在三次分配环节,个税政策工具对社会捐赠的鼓励效果有待提高

一是个税法与慈善法等多部法律的关系未理顺;二是捐赠税前扣除的准入门槛较高,特定的社会组织才能享有捐赠扣除资格,加大了捐赠者享有税收扣除优惠的难度,降低了资源配置效率;三是 30% 的公益捐赠税前扣除比例较低,且不允许结转;四是对以非货币等价物形式存在的实物捐赠、不动产捐赠的扣除金额实际确定难度较大。

5.优惠政策碎片化,法定减免税权限设置级别过高

现行个人所得税优惠政策近百项,涉及个人在创业、购房、投资、奖励等方方面面,但大都散落在各级各类规范性文件中,无形中阻碍了优惠政策应享尽享的宗旨。同时,省、自治区、直辖市人民政府只能规定残疾、孤老人员和烈属的所得和因自然灾害遭受重大损失的减免税,而市、县地方政府则对所有减免税项目都无权规定。如大环境下企业创新过程中急缺高端人才,而市级地方政府出台的"人才补贴"由于"税负"原因大大折扣,一定程度上制约了企业科技创新。

(二)征收管理问题

新个人所得税改革,征管模式由"管户制"向"管户＋管人＋管事制"倾斜,征管理念和方式方法也因此改变。在共同富裕和持续优化营商环境的背景下,纳税人对办税便利化、智能化也提出了更高的要求。

1.信息填报采集复杂,内部系统待优化

自然人电子税务局包括手机 APP 端、网页端、客户端和税务端。从手机APP 端看,纳税人主要用于采集专项附加扣除信息和汇算清缴。在采集 6 项专项附加扣除时纳税人普遍反映填报复杂,未实现"数字化改革"背景下的一

键式信息采集;在汇算清缴申报涉及的更正、作废等功能上仍存在操作优化空间。从税务端来看,一方面由于权限限制,地方基层无法顺畅地开展数据分析;另一方面是诸如系统自定义等分析模块待完善。

2.税收征管机构协作能力欠缺,部门信息共享待实现

数智时代涉税数据的分析和共享对税收征收管理极其重要。在6项专项附加扣除及居民纳税人和非居民纳税人的界定上涉及教育、民政、医疗卫生、房管、国土、公安、人民银行、人社、公积金等相关部门,但税务部门与上述部门的信息未实现互联互通,有赖于纳税人的自觉性,无法查实扣除信息的准确性。且部门间数据格式、口径存在差异,易降低审核效率。此外,在纳税评估和税务稽查上,仍然采用常规的抽样分析,这既和大数据技术的运用思想相悖,也不利于税收风险管理。

3.紧抓工资薪金,其他收入的征管漏洞待堵塞

现代社会的收入呈多样化,数字化货币、资本收入等可操作性变大,而目前的个税征管侧重于工资薪金所得,对其他所得缺乏有效的监管(图7)。例如,在财产租赁所得的涉税信息监管上,无法完整获取纳税人财产租赁收入信息,导致税源流失。税源流失不但表面上会减少税收收入,从长远来看,也会导致税收公平难以实现,使纳税人缺乏纳税意识,以致有逃避税款的现象。

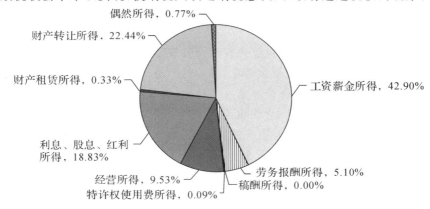

图7 2020年度金华市个人所得税收入构成

4.违法惩处刚性不足,个人信用体系待建立

目前税务机关对自然人纳税人缺乏行之有效的管控手段和惩戒机制,违法成本较低。个人纳税信用建设仍处在初步探索阶段,没有形成一套完整的体系去奖励纳税人的诚信纳税和惩戒纳税人的失信违法行为。

(三)社会依法纳税的意识还有待提高

1.纳税宣传不足

宣传内容上,大多偏向于税收优惠政策和简单的申报操作方法,少有宣传纳税人该承担的法律责任、后果等内容。宣传起始点上,这两年官方的汇算宣传往往晚于社会热度,各大网络视频媒体的宣传先入为主,纳税人很难甄别判断。甚至网上一度流传"退税攻略",引导纳税人随意更改免税数据,退税成功后又在网上传播,导致很多人跟风操作,给国家的税收秩序和形象带来很大的破坏。

2. 纳税意识有待提高

近十亿自然人纳税人中,因年龄、受教育程度、工作内容、企业环境、消费偏好等因素的差异性,在纳税遵从度上存在差异。部分纳税人税收法制观念淡薄,信用观念缺失,利益至上,会选择与税务机关进行博弈藏匿利益。其中重点人群扣缴单位人员多、流动性强,往往容易成为"难啃的骨头"。

3. 豁免制度不利于纳税意识的培养

国家出台应补税额在 400 元以下可豁免补税政策的初衷是为了减轻低收入水平人员的负担,推进汇算清缴的普及,但有些纳税人随意更改数据至可豁免补税。税收的刚性决定了其开征、减免等都需慎重。400 元以下豁免的政策并不利于纳税意识的培养,无法形成自觉纳税的意识。

三、进一步完善个人所得税税制措施及建议

个人所得税作为促进共同富裕的有力抓手,应进一步完善综合与分类相结合的个人所得税制度,优化边际税率,通过宽税基低税率的方式,提高财政收入,减轻企业负担,增加居民就业,推动三次分配,继而有效推动"共同富裕"。

(一)完善税制结构,做好顶层设计

个人所得税已立法,规范税制工作应当围绕去除法外不合规优惠和简并税法繁冗条目两方面共同展开,从征税对象、税基、税率、扣除、减免等方面入手,完善收入与分配调节机制,实现税收公平,促进共同富裕。

1. 推动形成大综合、宽税基、低税率的个人所得税制度

(1)逐步扩展综合课征的范围。将财产租赁所得,生产经营所得,财产转让所得,利息、股息、红利所得和偶然所得等纳入综合课征范围,逐步实现个人所得税的"大综合"征收,更为完整地体现纳税人的综合负担能力,增强个人所得税的公平性。

逐步向以家庭为单位计征转变。我国作为人口大国,家庭内部关系复杂,而且分类综合制刚刚起步,不可能"一蹴而就",改革时以个人作为纳税单位是符合现有国情的。但随着个税征缴的日益成熟,以个人为单位计征应逐步向以家庭为单位计征转变。以家庭为单位纳税的模式能够充分具体地了解家庭

的教育、抚养赡养以及大病医疗等费用的支出情况,能够更为直接和全面地考量家庭的收入结构和经济负担状况,更能缩小贫富差距,也能有效避免因高收入者隐性收入等原因造成个税严重流失现象的发生。

(2)扩大税基范围。我国的个人所得税法目前采用"正列举"的方式规定应税项目,只对明确列明的所得项目征税。为促进税收的公平,可采用"反列举"的方式来规定应税项目,即明确规定免税及不征税项目,凡不属于上述规定范围的,均应缴纳个人所得税。同时,随着我国国情、经济等情况的变化,应将部分减免税和暂不征收的项目逐步并入到征收范围。如:财产转让所得中的境内上市公司股票转让所得、信托、基金、保险等各种分红型、新型理财产品。

(3)适当简化税率结构,减少税率级次。取消综合所得中 35% 和 45% 的这两档税率,将 30% 的边际税率作为最高档,同时适度降低中低档税率,缩小劳动性所得税率的级距,在保证税收公平的基础上强化个人所得税的收入分配功能。在资本性利得和一次性巨额收入方面,应该提升征收税率。如在证券市场获取的股息、利息、红利和股权转让所得等,要在征收比例上进行提升,从 20% 的征收率变为 25% 或 30%。

此外,为进一步吸引高端科技人才,可对国际一流战略科技人才、科技领军人才的个人所得税实际税率实行上限限制,比如参照海南政策,实际税负超过 15% 部分予以免征优惠。

2.优化扣除、减免的收入分配和调节机制

(1)建立基本减除费用调节机制。从时间上来看,动态调节基本减除费用。将通货膨胀率、物价指数等作为重要考量标准,每年在一定范围内适当调整基本减除费用,保证费用扣除标准能够适应经济形势和物价指数的不断变化,从而保障纳税人税负稳定。

从区域上来看,建立基本减除费用差别化扣除。由各省根据本地的地区经济发展状况确定"加计扣除"标准,上报总局审批备案,增强个人所得税制度的弹性和稳定性。

(2)专项附加扣除更关注民生。适当优化、拓展专项附加扣除,按照量能负担原则将其与个人收入水平、支出情况相结合。为应对少子化,增设未成年子女抚养费扣除,减轻父母税收负担;为应对老龄化,建议按年龄分类,根据实际赡养老人人数进行减免,平衡纳税人税负;扩大大病医疗扣除范围,进一步降低支付门槛,提高扣除限额,减少重大疾病患者及其家庭的后顾之忧;增设残疾人专项附加扣除,设定统一定额扣除,或根据残疾等级划分阶梯定额扣除,减轻残疾人及其家庭的经济压力;增设商业补充医疗保险税前扣除,有效解决因病致贫因病返贫难题;推广个人税收递延型养老保险试点,允许将购买符合规定的商业养老保险产品的支出在一定标准内税前扣除;增设自然灾害和重大事故损失扣除,允许将多余的扣除额结转到下一纳税年度进行扣除,切实减轻受灾人员的负担。

(3)完善捐赠的税务机制。一是加大税收减免优惠,为捐赠人提供持续捐赠的动力,有效推动第三次分配的落实;二是简化流程,打通数据网络,直接让纳税人享受扣除;三是出台遗产税填补短期缺位;四是将事项前移,将捐赠由"扣除"变成"减免",显著提高公众参与公益慈善事业的积极性和获得感;五是通过税收规范基金会、慈善信托的受托行为,规范社保基金的运作管理,禁止基金会与其信托、捐赠者间发生关联交易。

(4)适当增加地方税收减免授权。近年来,粤港澳大湾区、临港新片区、海南自贸港等地都出台了个税优惠政策,吸引优秀人才前去工作、生活。参考这些地区的先进经验,适当扩大个人所得税的减征范围,且将制定权下沉至市、县一级,充分发挥地方政府的主观能动性,增加地方税收政策制定活力。

(二)加强征管力量,落实改革保障

税收政策的执行实际上是税收征管的过程,没有有效的税收征管作为保障,理论上再好也是无本之木,无源之水。

1.加快数字化税务信息共享

以"六项专项附加扣除"数据信息需求为重心,充分运用大数据、云计算、人工智能、移动互联网等现代信息技术,着力推进内外部涉税数据汇聚联通、线上线下有机贯通,驱动税务执法、服务、监管制度创新和业务变革。尤其是要联合教育、民政、医疗卫生、房管、国土、公安、人民银行、人社、公积金等相关部门,推动自然人数据库逐步完善,实现税收管理部门对于涉税信息的高效利用。与此同时,对纳税人的信息要做好安全保密工作,注重保护纳税人隐私。

2.加强智能化税收大数据分析

针对目前的"放管服"改革和税收征管实际,加强风险模型的设计与风险模式的创新,推动事中、事后风险管理。收集目前征管中存在的个人所得税风险点,设置分税(费)种、分收入、分财产的风险模型进行分类分级管理,充分利用第三方涉税信息对纳税人申报进行动态监管,申报过程中做好风险提示,预缴申报后做好事后抽查,汇算清缴后做好风险管理,组织开展反避税管理。在共同富裕的大背景下,加强对高收入、高净值人群重点税源监控与征收管理。针对其财产性收入具有税源分散度高、收入隐蔽性强的特点,建立财产性税收风险模型,及时追踪高收入者的动态,部门间情报共享,深刻反映个人财务状况、经济运行轨迹,防范风险。

3.拓展协同化税收共治格局

(1)加强部门协作。加强情报交换、信息通报和执法联动,积极推进跨部门协同监管。建立并完善自然人信用等级评价体系,健全守信激励和失信惩戒制度,按照一定规则形成个税"黑名单"。做好联合惩戒,在教育、住房、交通、投资、贷款、出国等相关社会行为上实行失信惩戒,让纳税人为失信买单,倒逼纳税人不得不从更高的维度考虑税法遵从的效益,从而提高税法遵从度。可借鉴日本的"蓝白申报"模式,让诚信纳税的自然人享受更多的税收优惠和便利服务,形成良性循环,建立和谐规范的新型征纳关系。

（2）加强社会协同。借鉴美国和日本做法,积极发挥行业协会和社会中介组织作用,支持第三方按市场化原则为纳税人提供个性化服务。同时依托行业协会、居委会、社区服务中心等,建立协税护税组织体系,通过柔性执法提高自然人纳税获得感和遵从度。大力开展个税法律法规的普及宣传,发挥税法宣传教育的预防和引导作用,在全社会营造诚信纳税的浓厚氛围。倡导正反向宣传相结合,既要从正向引导,也要从反向警示。

（3）强化国际合作。深度参与数字经济等领域的国际税收规则和标准制定,落实防止税基侵蚀和利润转移行动计划,严厉打击国际逃避税。在全球化的背景下,生产要素的流动性日益加强,特别是资本的流动性更高于劳动力的流动性,应通过税收合作方式,制定统一的资本所得课税规则,加强税收信息交换,有效防范高净值收入人群的避税行为,保障个人所得税税源和收入的稳定。

五、结　语

综上所述,共同富裕绝不是简单地把高收入阶层的收入均分给低收入阶层,更不是否定通过自身努力去获得更高收入,而是重点通过一次分配和二次分配的合理化,以三次分配为补充,实现更为公平合理的收入分配。从长期看,以减税促进经济增长的个人所得税改革路径仍将延续,注重公平、兼顾效率,使低收入者、有孩子的家庭、老年人及残疾人等特殊群体在个税改革中受益,使高收入者承担起更大的社会责任。

课题组组长:詹锡根

课题组副组长:庄美娟

课题组成员:朱凯威　吴　曦（执笔）

个人所得税制度国际比较和
经验借鉴(二等奖)

嘉兴市税务学会、浙江财经大学东方学院课题组

"公平与效率"始终是经济学研究中的争议热点之一,其中最能体现二者关系的无疑是税收制度的设计,如何能够在减少经济主体行为扭曲提高效率的同时兼顾公平,始终是学术界和实务界关注的焦点。尽管筹集财政收入是税收的主要职能之一,但税制设计也应当尽可能发挥市场调节机制,实现国家相关的宏观政策意图。尤其体现在收入分配方面,有效的税制设计可以很好矫正由市场机制主导的初次分配下收入不公问题,从而更好地缩小社会收入差距。从我国现实来看,自 2013 年来我国基尼系数保持缓慢的下降趋势,但整体仍呈现出较高水平,2019 年基尼系数为 0.465,高于国际警戒线 0.4,说明收入差距仍然相对较大。2021 年 8 月召开的中央财经委员会也进一步明确指出"要坚持以人民为中心的发展思想,在高质量发展中促进共同富裕,正确处理效率和公平的关系,构建初次分配、再分配、三次分配协调配套的基础性制度安排,加大税收、社保、转移支付等调节力度"。个人所得税课税对象为个人收入(所得),是政府实施收入再分配的重要手段,具有缩小收入差距的功能。因此,从公平理论的视角,研究个人所得税制问题具有重要的现实意义和学术价值。

进入 21 世纪以来,我国个人所得税制经历了多次改革,其中最为重要的是在 2018 年 8 月全国人大常委会通过的第七次《中华人民共和国个人所得税法》修订,这也是历次修改中最为全面的一次修订。整体来看,新个税改革主要包括以下几点:首先是提高了免征额,新个税修订了对劳动所得综合计征的免征额,即由原来的每月 3500 元提升至每月 5000 元,进一步降低纳税人(尤其是刚进入纳税圈的中低收入者)的税收负担。其次是增设了专项扣除和专项附加扣除,兼顾了由于家庭成员结构差异及引起的家庭之间生活成本差异和纳税能力差异。再次是对劳动所得实行了综合计征,合并适用税率,只扣除一项免征额,并实行按年计征,使得拥有多项所得的纳税人税负加重,能够更

加准确地体现量能负担的原则。最后是调整了税率结构,在对劳动所得实行综合计征后,套用分项计征模式下对工资薪金所得适用的税率制度,又拓宽了最低三档税率适用的所得额级距,压缩了第四档(中间档)税率适用的所得额,从而使刚进入纳税圈的低收入阶层的减税幅度大于中高收入阶层。

毫无疑问,此次改革对我国个人所得税的收入再分配效应产生深远影响,从理论上看,新个税制度的实施不仅降低了刚进入纳税圈的中低收入群体的所得税负担,同时也极大地照顾了家庭层面的负担公平问题,因此有利于缓解收入分配差距。但仍有进一步完善个人所得税制的空间,比如虽然从形式上看,免征额的提高使中低收入阶层受益,但实际上适用税率高的高收入阶层受益更多。此外,随着经济社会的不断发展,居民收入来源更趋于多元化,但新个税依然强调劳动所得课税,而对于资本所得等其余收入来源方面并未展开深入讨论,因此本文将评估此次改革的减税效应以及收入再分配效应,并以加强个人所得税的收入调节功能为目标,探讨如何进一步深化个人所得税改革。

一、改革实施的新个人所得税效应评估

个人所得税作为四大税种之一,不仅可以增加政府财政收入,而且可以起到调节居民收入差距的作用。随着我国经济的增长,居民收入水平不断提高,个税收规模不断扩大,其组织财政收入的职能相对完善。个税制度作为调控经济的手段,尤其在新冠肺炎疫情期间,不断释放减税红利,减税对复工复产、增强发展信心意义重大。另外,我国贫富差距依然较大,促进社会公平迫在眉睫,而个税与调节收入差距关系密切,个税的收入再分配效应直接影响社会的公平。被寄予厚望的新个税制度的减税效应、如何进行收入再分配及其调节效应如何,受到社会大众和学者们的广泛关注。

(一)减税效应

1.总体减税效果

如表1所示,在我国经济保持平稳增长的背景下,2019年个人所得税税收收入规模比2018年缩减了25%,2020年个人所得税税收收入的规模仍未超过改革前2017年的水平;2020年GDP个人所得税负担率仍低于2017年的水平。由此可见个税改革产生的总体减税效果是非常显著的。

表 1　我国 GDP 和个人所得税税收收入　　　　　　单位:亿元

	2017 年	2018 年	2019 年	2020 年	2021 年 上半年
GDP	832035.9	919281.1	986515.2	1015986.2	513488.0
个人所得税税 收收入	11966.37	13871.97	10388.53	11568.17	7222
GDP 个人所得 税税负率	1.44	1.51	1.05	1.14	1.41

数据来源:国家统计局官网。

2.减税机制分析

(1)基本减除费用标准从 3500 元提高至 5000 元

国家为了增加居民纳税人的可支配收入及考虑到房价和物价水平的上涨,在 2018 年 10 月将个人所得税基本减除费用标准由原来每月 3500 元上升到每月 5000 元,所有个人均可以享受到新个税的优惠,降低了各个收入水平纳税人纳税负担,下表是根据新旧个人所得税新旧免征额,计算对比对各个收入水平纳税人的减税效应。

表 1　基本减除费用标准提高的减税效果　　　　　　单位:元

月应纳税 所得额	调整前纳税额	调整后纳税额	省多少
5000	$5000-3500\times3\%=45$	$5000-5000=0$	45
6000	$(6000-3500)\times10\%-105=145$	$(6000-5000)\times3\%=30$	115
7000	$(7000-3500)\times10\%-105=245$	$(7000-5000)\times3\%=60$	185
8000	$(8000-3500)\times10\%-105=345$	$(8000-5000)\times3\%=90$	255
9000	$(9000-3500)\times20\%-555=445$	$(9000-5000)\times10\%-210=190$	355
10000	$(10000-3500)\times20\%-555=745$	$(10000-5000)\times10\%-210=290$	455
11000	$(11000-3500)\times20\%-555=945$	$(11000-5000)\times10\%-210=390$	555
12000	$(12000-3500)\times20\%-555=1145$	$(12000-5000)\times10\%-210=490$	655
13000	$(13000-3500)\times25\%-1005=1370$	$(13000-5000)\times10\%-210=590$	780
14000	$(14000-3500)\times25\%-1005=1620$	$(14000-5000)\times10\%-210=690$	930

(2)更改阶梯式税率的间距

新个税的税率结构调整,主要体现在扩大了 3%、10%、20% 三档低税率的级距,25% 税率的级距也相应缩小,这意味着同样收入对应的税率降低,进而带来中等收入以下的纳税人税负普遍降低。此外,较高税率的级距保持不变也可以缩小居民收入差距。按新个税标准,扣除"三险一金"后,月收入在3500 元至 25000 元的纳税人是最大的受益人群,月减税金额在 45 元至 1780元之间,减税比例为 100％到 40.73％;对于扣除"三险一金"后月收入高于25000 元的纳税人也会感觉到税负的降低。但随着收入的增加,减税比例逐步缩小,如应纳税收入为 10 万元的,月减税金额为 2330 元,减税比例为 7.8％。由此可见,更改阶梯式个税税率的间距带来纳税人数的减少以及中等收入以下纳税人的税收负担的减轻。

除此之外,新修订的个税在个体工商户、个人独资企业及合伙企业合伙人的经营所得方面,将经营所得和对企事业单位的承包经营、承租经营所得税率为基础,保持 5％至 35％的 5 级税率不变,适当调整各档税率的级距,其中最高档税率级距下限从 10 万元提高至 50 万元。经营所得的税负也将有所降低,与企业所得税税负比较,更趋于公平、合理。

(3)增加个税专项扣除项目

为充分考虑量能负担的原则,新个税制度明确了子女教育、继续教育、大病医疗、住房贷款利息、住房租金、赡养老人支出这 6 项专项附加扣除的具体范围和标准,使纳税人的应税收入在减除基本费用标准的基础上,再就民生方面的相关支出进行扣除,进一步减轻了纳税人的税收负担,进而增加居民可支配收入,增强居民的消费能力。

改革前个人所得税为实现其调节职能,更多的是从"免征额""税率"两方面进行调整,以达到高收入者多交税、低收入者少交税的目的,而改革后增加专项附加扣除体现了国家对纳税人教育、医疗和住房等方面的关心,从实际考虑了每个纳税人家庭负担的轻重,使广大纳税人实实在在地享受到减税带来的最大红利。随着中国老龄化趋势的进一步加快,中产阶级所面临的生活压力愈发明显,而新个税将这些费用列入附加扣除项目的做法在一定程度上降低了中产阶级的负担,提高了居民的生活质量和满意度。

(二)收入再分配效应的常理分析

按照个人所得税法,我国个人所得税的课征经过:确定收入→确定应税所得→减除免征额→减除税前扣除→计算应纳税额。根据计算过程可以看出,对个人所得税收入再分配效应有影响的主要是以下因素:

一是课税范围和免税收入。个人所得税首先要尽量确保对居民的所有收入征税,实现课税的普遍性,这是个税促进横向公平的基础。我国确定了 6 大类所得,覆盖性较广,但也应关注到仍存在名目较多的减免税。二是基本减除费用标准(或称免征额)。随着免征额的提高,尤其是免征额大于低收入居民纳税人的工资时,高收入人群因为累进税率机制的作用,可能会享受更多的减税红利。因此,并不是免征额越高,个人所得税的收入再分配效应越强。三是税前扣除。包括居民个人缴纳的社会保险,和工资薪金挂钩,即工资薪金越高,可税前扣除的"三险一金"就越高。四是税率结构。应纳税所得额按照相应的税率计算得到应纳税额,个税税率在这个过程影响收入再分配效应。理论上说,比例税率不会改变缩小收入差距,高度累进的税率结构能增加高收入居民个人的个税负担、缩小收入差距。不同所得项目适用不同类型的税率,容易引起高收入高净值人群的税收筹划,影响个税调节收入分配、促进公平作用的发挥。

另外,一些非税制因素也会影响个人所得税收入再分配作用的发挥。例如,税收征管能力是影响现实累进性和理论累进性差异的重要因素。高度累进的边际税率容易引起高收入人群避税甚至逃税,这样会给个税的调控作用带来副作用。

1. 新个税收入再分配效应分析指标

由于多种税制因素均会对个税的收入再分配效应产生影响,为科学、直观体现个税的调控作用,本文主要采用 MT 指数,也就是税前收入与税后收入的基尼系数之差对个税的收入再分配效应进行估计。公式 $MT=G_X-G_{NX}$ 其中,G_X 和 G_{NX} 分别表示税前和税后的基尼系数。当 $G_X>G_{NX}$,$MT>0$ 时,表明征收个人所得税有利于缩小收入差距。当 $G_X<G_{NX}$,$MT<0$ 时,表明征收个人所得税非但不能缩小收入差距,反而扩大了收入差距。当 $G_X=G_{NX}$,$MT=0$ 时,表明个人所得税的征收与否对收入分配无影响。如果新一轮个税改革后,城镇居民的收入不平等程度有所降低,那么 $MT>0$;反之,$MT\leqslant0$。

个税的累进性衡量了不同收入水平纳税人的税收负担程度的相对差异。个税的累进性指当收入提高一定比例时,税率所增加的程度。如果随着收入增加税率增加,那么税制具有累进性,否则具有累退性。所以有必要对个人所得税的累进性进行度量。本文借鉴 Kakwani(1997)提出的个人所得税累进性衡量指标 K 指数来计算个人所得税的累进性。利用微观数据衡量个税累进性指标:$K=C_T-G_X$。其中,C_T 表示税前收入排序的纳税额集中系数也就是税收收入基尼系数。当 $C_T>G_X$ 时,说明高收入人群缴纳的个人所得税占税收总额的比重高于其收入在收入总额中所占的比重,税收负担的分布更加集中于高收入人群,体现了个人所得税的累进性。当 $C_T<G_X$ 时,表明高收入人群缴纳的个人所得税占总税收收入的比重低于其收入在收入总额中所占的比重,体现了个人所得税的累退性。个税的收入再分配调节作用主要靠税收的累进性和平均税率调节。个税的累进性越高,对调节收入再分配的作用也就越大;反之,对调节收入再分配的作用越小。同样,平均税率越大对调节收入再分配的作用也就越大;反之,对调节收入分配的作用越小。

税收公平可以进一步分解为横向公平和纵向公平。MT 指数的分解方法之一：$MT = C_d - G_{NX} + \frac{t}{1-t} \times P(C_T - G_X)$ 其中 C_d 代表税收收入的集中率，t 表示平均有效税率，P 表示累进性系数。$C_d - G_{NX}$ 衡量个人所得税的横向公平效应，若此值小于 0，说明个人所得税改变了个人收入的排序，税制对横向公平有着负面影响；若 $C_d - G_{NX}$ 等于 0，说明个人所得税的征收没有改变纳税人收入的排序，税制具有横向公平。$\frac{t}{1-t} \times p$ 部分衡量个人所得税的纵向公平，即收入不同的纳税人个税税负不同，且收入高的人缴纳的个税多。个税纵向公平作用的发挥受到平均有效税率和税制累进性的影响。若 P 大于零，意味着个税促进了纵向公平；若 P 小于零，意味着个税违反了纵向公平的原则。

2. 新个人所得税收入再分配效应数据分析

如表 2 所示，个税改革前 MT 指数为 0.88%，个人所得税的课征使基尼系数降低了 1% 左右，说明个税能够促进收入分配公平，但是影响程度较小。提高免征额、增加专项扣除、降低边际税率后，MT 指数下降到 0.22%。2019 年个人所得税的改革并没有大大改善收入分配效应。根据 MT 指数公式的分解，我们进一步分析原因，影响 MT 指数的有横向公平效应和纵向公平效应。改革前，横向公平效应为 0.0061，为正数，但是接近 0，说明收入相同的纳税收入排序改变较小，个人所得税具有很强的横向公平效应。个税改革后，横向公平效应为 −0.002，为负数，个人所得税的课征轻微改变了样本个体税前收入排序，横向公平效应有所减弱。横向公平效应的减弱是我国个人所得税收入再分配效应降低的原因。个税纵向公平效应由 0.0087 下降到 0.0042，纵向公平程度降低是 MT 指数下降的原因，影响纵向公平的因素是平均有效税率和税制累进性。改革前的平均有效税率是 2.93%，改革后的税率为 0.96%，个人所得税的平均有效税率大幅下降，说明改革后我国纳税人总体税收负担大大降低。K 指数由 0.2872 上升到 0.4353，个人所得税累进性提高，有利于促进纵向公平。由此可见，平均有效税率的降低，导致个人所得税纵向公平效应减弱，进而影响了收入再分配效应的发挥。

表 2　个税收入再分配效应指标①

指标	2018 年（改革前）	2019 年（改革后）
G_X	0.4656	0.4656
G_{NX}	0.4568	0.4634

① 本文的数据来源于 2017CHIP（中国家庭收入调查）。

指标	2018 年(改革前)	2019 年(改革后)
MT	0.0088	0.0022
t	0.0293	0.0096
NUM	10955	6260
$C_d - G_{NX}$	0.0002	-0.002
C_d	0.7528	0.9009
K 指数	0.2872	0.4353
$\dfrac{t}{1-t}$	0.0087	0.0042

改革后个税收入再分配效应有所减弱,原因主要是平均有效税率的大幅降低和横向公平效应的减弱。2019 年改革后,个人所得税每年免征额提高了1.8 万元,增加了 6 项专项扣除,这不仅提高了缴税门槛,也减少了应纳税所得额,使得平均有效税率大幅降低,税率的降低确实降低了纳税人的总体负担,却对收入再分配效应产生不利影响。

二、个人所得税制度国际经验借鉴

(一)美国个人所得税制及征收模式

对于美国而言,个人所得税是联邦及州政府的主要收入来源,2017 年美国个人所得税占全国税收收入的比重达 38.63%。美国个人所得税制主要有以下几个特点,首先,其征收模式按照家庭综合所得征税,即不区分所得来源统一汇总为总收入,具体包括普通收入如工资薪金、农业收入等和资本收入如利息、股息以及租金收入等。征收方面可以根据纳税人家庭差异选择不同的申报方式,并适用于不同的税率以及费用扣除标准,具体包括调整项目、个人宽免额以及标准扣除等,更加注重家庭整体的税收负担能力。其次,美国个人所得税征管效率较高,得益于发展成熟的计算机信息技术水平,美国税务局可以将个人收入账户与信用账户相关联,从而有效提高对纳税人的涉税事项监管,遏制纳税人偷逃税的现象,此外,对于纳税人偷逃税行为的处罚也较为严厉。

(二)英国个人所得税制及征收模式

相对于美国实施的综合所得课税制度,英国的个人所得税制主要实行综合和分类相结合的征收模式。英国个人所得税的征税对象主要有三类即非储蓄性收入、储蓄性收入和股息红利收入。虽然不同类型的收入对应的税率不同,但不能完全独立计算各类所得的应纳税额,而是应该将和人一个纳税年度内的全部收入依次累积,逐类、逐级选择税率,分别计算应纳税额并汇总最终的总应纳税额。因此可以将其总结为收入分类但综合累计征税。除此以外，英国个人所得税的税收优惠主要立足于以家庭为单位进行设计，充分考虑英国劳动力缺乏和人口老龄化等问题，最大程度上降低家庭的税收负担。另外值得注意的是，英国税收法案实行动态更新，每个纳税年度都会公布新的税收法案及税制要素，如税率和免征额等，税制要素的更新紧跟经济社会发展情况。

（三）印度个人所得税制及征收模式

除关注欧美发达国家个人所得税制外，我们也试图从发展中国家的个人所得税制中进行梳理，其中具有典型性的国家就是印度。印度和中国都是崛起中的发展中国家，二者具有一定的可比性，而相比于中国而言，印度是世界上实施个人所得税制较早的发展中国家之一，在征收模式上，印度也是主要采用综合课征模式，并容许联合家庭作为纳税主体来纳税，其课税对象包括工资薪金、房产所得、经营或职业所得、资本利得以及其他所得等五类，而在税率的设计上印度主要采取三级超额累进税率。此外值得注意的是印度实施的费用扣除标准具有一定的差异化机制，对女性以及老年人等弱势群体予以一定的照顾，此外其个人所得税率级次和起征标准基本每年公布一次，实现了所谓的税收指数化，减轻了纳税人的税收负担。

三、深化我国个人所得税改革对策的探讨

（一）适当扩大综合所得征收范围

为了更全面发挥个人所得税的收入调节职能，应当进一步扩大个人所得税制的综合征收范围。新个税改革的一大亮点就是从原有的分类所得征收模式转向为分类综合所得征收模式，但相比于全面综合征收模式，分类综合所得征收模式也会在一定程度上不利于实现税负的横向公平原则，比如取得同一数量收入对应的所得项目不同可能造成不同纳税人需要负担的税额不相等。从理论上讲，纳税人可以将收入在不同收入项目上进行分配，以达到规避纳税的目的。此外，当前我国综合所得中仅包含工资薪金、劳务报酬、稿酬所得以及特许权使用费等四项以劳动所得为主的收入类型，但随着经济社会的不断发展，各种类型的收入所得层出不穷。而根据从税务部门后台获得数据，收入越高的人士，收入越是多元化，非劳动所得所占比重越高，所以适当扩大综合征收范围，统一适用累进税率，可以提高高收入阶层非劳动所得的及其整个收入的税收负担，进而达到缩小收入分配差距的目的。虽然从理论上分析，扩大综合所得征收范围甚至将全部所得项目都实行综合计征可以实现税负的横向公平，这也是大多发达国家个人所得税制的基本特征，但我们也应该清楚地认识到，实现全面综合计征对税务机关的征管要求会更高，相应的征管成本也较大,但可以期待,随着"互联网＋"以及大数据改革的不断发展和税务征管信息系统的不断强大和完善,将纳税人全部所得纳入综合计征。

（二）探索实行家庭申报制

我国目前个人所得税的申报模式主要以个人为纳税单位进行申报,相比于以家庭为纳税单位的模式,个人申报制的主要优点在于征收成本较低,但其缺点主要在于不符合税负的横向公平原则。因此在下一步个人所得税制改革中应该积极探索实行家庭申报制。当然 2018 年个人所得税改革中修订的专项附加扣除实质上就是在向家庭申报制过渡。因此进一步的改革需要进一步探索实行家庭申报制,使得不同成员结构的家庭能够量能负担,公平税负。结合我国现实来看,当下如何实行家庭申报制个人所得税模式需要处理好以下几点。首先,家庭范围的界定,家庭范围的界定是以户籍制度为主还是以婚姻制度为主是界定的关键所在,一方面基于户籍制度的基础,子女与父母之间构成家庭关系,另一方面子女成年进入社会后,将会基于婚姻制度形成新的家庭,因此需要进一步关注和讨论家庭成员的范围问题。其次,个人所得税征收模式的调整。当前个人所得税征收模式为分类综合征收,正如前文所述,分类征收的存在使得扣除标准与家庭制纳税申报模式存在一定的矛盾,缓解这一问题的办法有待于进一步完全实行综合计征模式。总之,专项附加扣除的提出同样是新个人所得税改革的特色之一,考虑与家庭负担联系紧密的子女教育支出、继续教育支出、大病医疗支出、房贷利息支出、个人租房支出与赡养老人支出等作为综合所得的扣除项目,使得我国个人所得税纳税主体申报由个人开始向家庭过渡。

（三）进一步调整优化税率结构

税率是整个税收制度的核心环节,也最直接反应税负高低。因此在现实中税率的高低最为敏感,极易受到社会的关注和纳税人的抵触。从宏观上讲,税率设置不仅直接影响了国家的财政收入水平,影响税负公平,还会直接影响到各种生产要素(资本、劳动)供给的积极性,过高的税率会导致优质要素外流,各地出台各种形式的招商引资政策也正是基于税负高低与要素流动的正确认识。因此有必要十分严谨、科学地设计税率。我们认为下一步个人所得税改革中应当适度降低最高边际税率。从理论上讲,拉弗曲线警示过高的税率会拉低税收收入,因此从最优税制的角度来分析,最优资本的边际税率应该等于 0。这一理论机制的背后逻辑在于过高税率会驱走优质要素资源。因为在现代高科技时代,常常表现为资本跟着人才走,如果针对个人征收的个人所得税的(边际)税率过高,高科技人才就会迁移到其他地区,同时也会带走资本。也正是这个道理,在世界经济一体化日益加强的当今社会,世界各国有普遍降低个人所得税最高边际税率之势,美国特朗普税改中,保持了 7 级超额累进税率,扩大较低税率级距,降低边际税率,降低大多数纳税人的实际适用税率:将七级税率分别从 10％、15％、25％、28％、33％、35％、39.6％ 下调到 10％、12％、22％、24％、32％、35％、37％,35％,级距由原来的 424951～426700 美元扩展到 200001～500000 美元。英国实行 3 级超额累进税率,采取降低边际税率并且扩大中间税率 20％ 的级距等方式,降低中等收入者的税负。

(四)谨慎调整费用扣除标准

费用扣除标准(免征额)是影响个人所得税调节收入分配差距的重要因素之一。考虑到经济的快速发展,个人用于基本生活保障支出逐步提升,对应着个人所得税的费用扣除标准也由最初的 800 元/月逐渐提高至 5000 元/月。伴随着社会上不断有声音提出继续提高个税费用扣除标准的建议,我们认为下一步个税改革中应该谨慎调整个人所得税费用扣除标准,原因主要有以下几点:首先,一味提高费用扣除标准,会进一步使得个人所得税平均税率出现下降。实际上,费用扣除标准的提升会使得高收入阶层得到的减税收益更多,不利于缩小收入分配差距,属于一种逆向调节方式。其次,个人所得税费用扣除标准仅仅对应的是纳税人基本生活成本,而不是奢侈的高消费需要。新个税在提出专项附加扣除以后,一些特殊性支出项目得到了可观的扣除,这等于极大地增加了扣除项目及其金额,此外,值得注意得是扣除费用扣除标准以后的所得额虽然被纳入征税对象,但并不等于全被税收征走。最后,也有一种观点认为费用扣除标准既然对应于纳税人基本生活成本,那就需要考虑价格水平的变动,即建议按照消费物价指数对费用扣除标准进行调整。但我们认为虽然考虑物价变动水平能及时避免纳税人因为物价指数上涨而加重税负,但一是在消费物价指数上涨不剧烈的情况下,税负影响不会太明显。二是免征额每年按消费物价指数调整也会给征纳双方带来烦琐。由此可见,指数化调整免征额是否有必要,有无公平税负的意义,需要决策者慎重选择。

课 题 组 组 长:莫建林

课题组副组长:刘　颖

课 题 组 成 员:崔红霞(执笔)　闵安琪　李承翰

周佳丽　孔　莉　胡碧莹

共同富裕视角下的个人所得税
税制改革刍议（二等奖）

国家税务总局台州市税务局课题组

一、筚路蓝缕，我国的个人所得税制诞生于改革开放的进程中

通常认为，税收具有三大职能，分别是组织收入的财政职能、调节社会成员收入的分配职能和促进资源流动的杠杆职能。个人所得税作为税收的一种，也不例外。个人所得税主要是以个人（也包括个体户、个人独资企业、合伙企业中的个人投资者等）取得的各类应税所得为征税对象而征收的所得税，是政府利用税收对个人收入进行调节的一种手段。1980年9月，第一部《个人所得税法》通过并开始施行，其征税对象主要是外籍人员。对国内个人，1994年税制改革时，全国人大常委会合并了《个人所得税法》、《城乡个体工商业户所得税暂行条例》、《个人收入调节税暂行条例》，通过了新的《个人所得税法》，对居民与非居民以及个体工商户统一征收个人所得税。2001年1月1日以后，又把个人独资企业、个人合伙企业等四类市场主体由征收企业所得税改为征收个人所得税。

四十年来，我国的个人所得税无论是年收入总额还是占税收收入的比重都发生了巨大变化。1980年，全国个人所得税收入仅为0.0016亿元，个人所得税收入占税收的比例为0.0003％，而到了最新一轮改革的2018年，个人所得税收入达到13868.59亿元，占税收总收入的比重达到位9.01％。2019年后，因税制调整，进行结构性的减税，个税总收入和占比都有所下降，但2020年个税收入仍有11568.00亿元，在总收入中的占比也有7.5％。

二、紧跟时代，我国个人所得税的税制处于持续改进中

个人所得税因为是以个人的所得为征税对象，纳税人的"税痛感"最直接，所以，自其诞生以来，所承受的议论也是最多的。1994年以来，随着改革开放的持续深入，社会上要求对个人所得税进行改革的呼声一直不断，主要反映个

税税制不合理、改革力度轻、步伐慢，大量财产性收入未被征税，税收征管制度存在漏洞等以下几个方面：

一是综合税制还是分项税制。综合税制下将个人的所有收入一并作为征税对象，分项税制则依据一定的标准将总收入划分为若干个小项，分别规定计税方法。前者更能综合反映纳税人的所得水平，而后者相对有利于税收征管。

二是以单个人为纳税人还是以家庭为基础进行征税。前者以个人为纳税人，不考虑个人的家庭状况。后者则将家庭成员整体作为一个纳税人，以家庭成员的总收入减除各种扣除项目后的余额作为所得额。所以以家庭为计税单位，更能体现公平。但是由于家庭关系的复杂性，以及归集收入的难度，对于税务部门来说，征管的难度更大。

三是个人所得税的税前扣除项目的范围。一个人要取得所得，必需要承担一定的支出，包括为维持本人及家庭成员的生存需要、为保证可持续发展而需要支付的医疗、教育支出，以及为了长远筹划而需要考虑的保险支出等等。

四是征管的方法。主要是指通过源泉扣缴方式为主还是要求纳税人自行申报纳税方式为主。

全国人大常委会 2006 年、2008 年、2011 年对《个人所得税法》进行了较为密集的修订，主要是提高个人所得税基本减除费用，从最初的 800 元/月，依次提高到 1600 元/月、2000 元/月、3500 元/月。这些措施在一定程度上减轻了纳税人的税收负担，而个税改革缺乏完善的顶层设计和较为系统的整体方案，因此效果受到很大限制。

2019 年 1 月起，中国实施了新一轮的个人所得税改革。第一，将个人所得税的分类课征模式改为了分类综合课征模式，将工资薪金所得、劳务报酬所得、稿酬所得和特许权使用费所得等劳动所得合并为综合所得。第二，改变了原"一刀切"的费用扣除模式，将子女教育、继续教育、大病医疗、住房贷款利息、住房租金、赡养老人等 6 项专项附加扣除纳入了费用扣除范畴。此外，这次改革还将费用扣除标准从每月 3500 元提高到了每月 5000 元，并拉宽了综合所得较低税率所适用的所得额级距，调整了经营所得的税率级次。

从理论上看，本次税改对于纳税人的收入与支出两方面均有积极效果。据中国家庭金融调查（CHFS）数据测算，个税基本减除费用提高至 5000 元，直接减少纳税人数 5 千万人，全年综合所得个人所得税总额减少 12.3%。个税改革及专项附加扣除对于不同层次收入人群的减免幅度不同。从对有无专项附加扣除的测算结果可以看出，月收入 1 万元以下几乎无需缴纳税款，月收入 2 万以下阶层减税幅度为 50% 左右。从趋势上看，减税幅度随收入的增加而缩减，专项扣除在更大程度上惠及中低层收入群体。专项附加扣除的针对性使得生活负担较重的群体，如赡养老人和孩子，有大病医疗支出的居民在税改中享受到最大的红利,达到了改善民生的目的。

在个人所得税的征管上,在原来普遍实行的全员全额扣缴申报基础上,引入了汇算清缴制度,即对工资、薪金所得、劳务报酬所得、特许权使用费所得、稿酬所得等四项劳动性所得,在取得所得时由扣缴义务人预扣预缴税款,在规定的期限内进行汇总计算、多退少补的汇算清缴制度。这对于部分收入在时间上不均衡的纳税人来说,是一项利好举措。同时,大面积的汇算清缴也促进纳税人的纳税意识的增强。

三、任重道远,新的形势对个人所得税税制提出更高要求

我国现行的个税税制,经过最新一轮改革,虽然这已有很大的进步,但还存在着诸多问题。它依然没有解决最根本的税制问题,没有改变税收制度模式和税收征管的问题,对于实现税收公平和效率方面还有待提升。

（一）税收制度模式不合理,导致纳税不公平

1. 税制复杂零乱,分类征收有盲区。我国现行对于个人所得税征收是分类与综合相结合的体制,除了经营所得,还有针对劳动性报酬的工资、薪金所得、劳务报酬所得、特许权使用费所得以及稿酬所得,此外还有财产转让所得、财产租赁所得、利息、股息、红利所得、偶然所得。收入项目和税率结构显得较为繁杂,而且这些分类征收并不能全面覆盖个人所取得的收入内容。

2. 基本税率的设计、专项附加扣除的标准等不够合理,无法很好体现公平。虽然本次个税改革考虑了个体负担差异性,将住房、教育、赡养老人等纳入了专项附加扣除范畴,税率和级距也进行了相应调整,但是目前仍存在专项附加扣除标准设置不合理、未考虑家庭因素、税率累进级距较多、最高边际税率过高等问题。

（1）基本税率设计不够合理。从我国现行综合所得的税率档次来看,最高一档的税率仍保持为45%,这不仅明显高于发展中国家,也普遍高于发达国家。而目前资本所得个税税率为20%,明显低于劳动所得最高边际税率,而很多高收入人群的主要收入来自股票、股权等资本所得或财产所得。对劳动所得适用过高的税率会将打击创新创造的积极性,背离创新型国家发展目标和提高我国文化软实力的目标。因此,降低综合所得45%的最高边际税率,减少税率档次,缩小劳动所得与资本所得的税率差距,在效率与公平之间取得平衡。

（2）税前扣除制度不完善。一是减除费用标准的调整机制较为僵化,不够合理。从国外情况来看,大多数国家都建立了减除费用标准的自动调节机制,一般将减除费用标准与CPI挂钩,实现减除费用标准的指数化自动调整机制。相比之下,我国各项减除费用标准的调整要通过全国人大常委会修改法律的

方式来实现,程序复杂。

二是现行专项附加扣除制度的范围较为有限,仍是以个体为扣除主体,未考虑到配偶父母、婚姻关系的变化、大病医疗父母医疗费用的扣除等。在实际生活中,经过 30 多年的独生子女时代,全国有千万家庭面临着四老人＋两夫妻＋一孩的家庭模式,一旦作为独生子女的夫妻一方在家全职,是否意味着对自己的父母的赡养支出无法在个税前扣除? 再者,若夫妻一方不幸离世,而另一方实际承担了对配偶父母的赡养义务而该部分支出不能由另一方扣除,于情于理都难以接受。同样在大病医疗支出方面父母的医疗费用也并未纳入个人所得税专项附加扣除的抵扣范围,而往往老人的医疗费用数额更大。另外,能扣除的医疗费用支出口径过窄,许多自费的支出得不到扣除。随着全面放开三孩政策的出台,家庭成员增加,各种生活开支势必也会增加。

(二)征收管理体系存在着改进的空间

1. 信息化水平不足。我国目前个人所得税的征纳主要实行代扣代缴制度和自行申报制度。工薪阶层大多采用预扣预缴＋汇算清缴制度,由所在单位进行日常扣缴,税源不易流失。而高收入群体多实行自行申报制度,很容易产生偷漏税现象,导致税源流失。另外,我国目前"个人信用信息条块分割、部门分割"问题仍比较突出,银行、工商、海关、房产等部门都没有与税务部门形成联网,税务部门还不能及时、完整、准确地掌握自然人纳税人的收入和财产信息,难以有效遏制收入渠道广、隐性收入多的高收入者偷、逃税问题,导致征纳双方信息不对称进而造成税源流失的现象。

2. 汇算清缴制度存在欠缺。我国人口基数大,个人所得税涉及的纳税人群体数以千万计,而且这个人群会随着经济的发展仍在增大。而汇算清缴制度的前提是平时收入信息的记录和税款的预扣预缴。从扣缴义务人的角度来说(特别是劳动密集型的用人单位),除了扣缴税款,还要及时反映人员的流动情况,增加了大量的工作量;从汇算清缴的本身来说,虽然有 APP、电脑网络、委托、邮寄等多种申报方式,但在四个月的时间内,完成如此海量人群的汇算清缴,不论是对于基层税务机关还是信息系统,都是重大的考验。从实际工作来看,就有部分用人单位为了达到虚列成本费用的目的,虚构人员就职情况,一方面增加被冒用身份者以及基层税务机关的工作,另一方面也对企业所得税的税基造成威胁。

(三)个税税法相关法律不够完善,惩处力度低

个人所得税是我国首个以法律形式立法的税种,并且已经运行了 40 余年,但仍然存在着一些欠完善的地方。比如在股权投资领域、比如经营所得的税前扣除与企业所得税税前扣除的衔接方面、比如一些新的收入项目无法与九个征收品目相匹配方面,这些都影响了执法的效率与公平。

从总体上来说,当前我国公民的纳税意识还是比较薄弱的,常常会出现逃避缴纳税款的现象,而基层税务机关受制于纳税评估与税务稽查的人力资源配置不足,专门对个人所得税进行税务稽查的情况较少,使得纳税人违反税法的预期成本较低,造成税源的流失和公平税收环境的破坏。比如曾经轰动一时的影视明星范冰冰偷逃税款案、最近曝光的郑爽偷税案,再次引起人们对个税缴纳、以刑法为后盾保障国家税收安全等问题的强烈关注。如何完善相关的配套制度、如何保证相关配套制度如期实施是阻碍个税改革落实的一大挑战。

四、与时俱进,建立适应高质量发展共同富裕目标的更科学更完善的个人所得税

个税制度直接关系到了群众的切身利益,个税改革的终极目标是建立既科学又合理的税收制度体系。

个人所得税在三次分配过程中,都可以起到积极而独特的作用。在初次分配环节,对于劳动者所获得的工资薪金等收入应以适度征税为目标,鼓励社会成员通过诚实劳动来增加财富,但考虑到纳税意识的培养,又不能放弃征税,所以应以一定比例的纳税人为对象,进行"宽面低率"的政策,只对少数收入畸高的纳税人适用高税率。而对于资本要素收入,则要以鼓励全社会共同"做大蛋糕"的基础上,对纳税人取得的收入适度征税,且征收的比例应与国际上的主要国家相持平。在再次分配过程,税收本来就是分配的主体之一。在第三次分配过程中,税收政策主要是起到鼓励和引导的作用,对于社会成员通过捐赠等方式回馈社会的,在其缴纳税收时予以优惠,可以提高对公益性捐赠的税前扣除比例。

(一)建立合理的税收制度模式,兼顾高、中、低收入人群的税收利益

1.改变税收模式,建立全面的综合所得征税的个税制度。从长远来看,综合所得税制能够更好地反映出纳税人的实际负税能力,应进一步优化综合计征与分类计征的计税模式,不断扩大综合所得的征税范围,将生产经营所得等更多的所得类别纳入综合征收。此外,为避免出现高收入者低纳税、低收入者高纳税的不公平的现象的情况,应提高非劳动所得的征收率,从而保证高收入者能够得到较好的税收控制,维护税收公平。对投机性资本所得应该适当提高个税税率,相反对长期持有的资本可以适当降低税率,这有助于资本市场更加健康发展。

2.合理设计基本税率及费用扣除标准。应减少税率的级别,拉大较低档税率的级距,未来可以考虑将个税最高边际税率降至 30%－35%。在实行差异化税前扣除标准下,同时考虑通货膨胀、物价水平、家庭差异、城乡差异和地

区差异等诸多社会、经济因素,并结合征收制度而做出相应的改革,才能有效的发挥税收的调节分配功能,减轻中低收入者的负担,实现税负公平。

3.建立以家庭为纳税单位的纳税制度,合理调整税前扣除。通过前面的分析可以看到家庭课税制度在促进税收公平、更好实现个税的收入再分配效应方面具有制度的优越性,需要进一步合理界定"家庭"范围,进一步细化和完善专项附加扣除。例如,为积极响应国家"三孩"政策,研究推动将3岁以下婴幼儿照护费用纳入个人所得税专项附加扣除,从目前的调查情况看,生育第三孩的意愿普遍不高,为了鼓励生育,可以考虑对于生育二孩、三孩的家庭,直接给予一定额度的税前扣除;在赡养老人方面须充分考虑因丧偶或配偶无收入而需要赡养配偶父母的情况;大病医疗支出方面考虑把父母的医疗费用纳入大病医疗专项附加扣除的抵扣范围,给纳税人日常生活减轻负担,有助于居民收入获得感持续不断提升。

(二)加强税收征管体系建设,完善自然人纳税信用制度

要深入贯彻落实《中共中央办公厅 国务院办公厅印发〈关于进一步深化税收征管改革的意见〉》,推进精确执法、精细服务、精准监管、精诚共治。

1.建立纳税人识别号制度。建立纳税人识别号制度是完善自然人税收征管的前提和基础,纵观国际自然人税收征管模式,均建立了纳税人识别号制度,自然人在其他部门办理涉税事项时需要提供纳税人识别号才能办理,税务机关可通过纳税人识别号全面掌握自然人的涉税信息,如房产交易、银行账号、社保费缴纳、股市交易等。

2.搭建涉税信息交互平台。无论是对自然人的收入征税还是财产征税,其前提都是要准确掌握自然人的收入和财产情况。新个人所得税法中规定的子女教育、继续教育、赡养老人等六项专项附加扣除,涉及到自然人的婚姻状况、家庭户口、房产登记等信息,需要公安部门、民政部门、教育部门、自然资源部门等多个涉税部门提供。由于自然人涉税信息量大,涉及自然人信息敏感,牵涉部门广,可考虑从国家层面,由中央政府牵头,统一规划建立自然人涉税信息交互管理系统,专职负责自然人信息的收集汇总、分析和应用。

极探索区块链技术在涉税领域的应用,搭建税收大数据云平台,不断加强数据资源的合理开发利用,推进国家及有关部门间信息系统的互联互通,实现国家各部门之间的协同共治,从而切实提高政府治理能力。

3.建立税收金融交易报告制度。根据中国人民银行2021年3月24日发布的最新数据显示,2020年我国银行共办理非现金支付业务3547.21亿笔,金额4013.01万亿元,同比分别增长7.16%和6.18%。随着我国数字金融体系的不断完善和市场经济的高速发展,商业交易的底层逻辑被数据和信息所替代,数字经济所具有的交易虚拟性、路径多元性、资产无形性等特性对我国税

收征管设置了许多新的障碍。通过借鉴国际上税收交易报告制度，建立符合我国实际的税收金融交易报告制度（主要包括大额基金交易报告制度、外汇资金交易报告制度、金融交易年度报告制度等），并逐步完善，是解决新形势下自然人税收征管难点，提升税收征管效率，降低税收征管成本，防止税款流失的重要举措。

4.完善自然人税收风险体系。要建立税收风险管理理念，通过修订相关法律法规，明确自然人税收风险管理的法律地位，为实施税收风险提供法律保障；要实现税收风险管理专业化，需要根据不同类型的纳税人采取不同的税收风险应对方式，建立一支专业化的自然人税收风险管理团队，以应对不同的税收风险，也有利于提高纳税人的满意度和遵从度；要推进税收风险管理信息化。

5.不断完善税务代理市场，提高纳税人的办税能力。从这些年的实践来看，税务代理较好地配合了税收征管改革，在维护国家利益和委托人的合法权益方面发挥了一定的作用。但目前纳税人、特别是自然人纳税人委托税务代理的并不多。参考美国、日本等国家的经验，随着税收制度的日益完善，特别是扣除项目的更加丰富、收入来源的更加多元，以及对于涉税违法行为的打击力度的增强，纳税人就会找税务代理人来代办涉税事宜。那时候，以个人为服务对象的税务代理业务就会蓬勃发展起来。税务部门应未雨绸缪，加强对税务代理市场的监管，促进这一行业的健康发展。

（三）完善个税税法法律体系，提升群众依法纳税意识

首先，完善个人所得税法律法规，使每项收入、每个行为都做到有法可依，加大对于偷漏税者的惩治力度，减少税款的流失。其次，加大纳税诚信宣传教育，建立自然人诚信文化。创新诚信纳税宣传的方式。在传统的纸媒、网媒、广播电视媒体、户外媒体等宣传渠道的基础上，利用微信、抖音等年轻人喜闻乐见的移动客户端投放宣传产品，营造全社会诚信纳税的良好氛围。拓宽纳税教育渠道。可借鉴美国、日本等国家的做法，让税收教育走进学校课堂，在中小学开展纳税信用的普及教育，培养中小学生诚信纳税的公共意识。另外，也需要进一步加大社会培训力度，提高居民个人自行申报个人所得税的技术和能力。

总之，立足于高质量发展下的共同富裕的目标，我国的个税税制仍有较大的完善空间，应在充分吸收历次税改特别是2018年个税税制改革的经验基础上，正视挑战，善用机遇，不断总结现行税法在实施过程的正反两方面的反馈意见，为推进我国个税进一步深化改革，充分发挥税收的三大职能作用，促进

我国经济社会进一步健康发展,为全面建成社会主义现代化强国的发挥更大作用。

课题组组长:陈大庆

课题组成员:郭智勇　福亥(执笔)　葛颖芳

　　　　　　陈　力　高丹霞　刘陈曜(执笔)

　　　　　　泮倩霞(执笔)　潘昕怡

关于推动个人所得税基层部门
协作一体化的研究（二等奖）

国家税务总局衢州市税务局课题组

2018 年推行个人所得税改革，尤其是年度汇算模式将我国个人所得税从原来的代扣代缴制转向以自行申报为基础的年度汇算制。税务部门从原来只面对扣缴单位，转变为面向扣缴单位和数以亿计的自然人纳税人并重，治理对象发生重大变化。十九大提出的"打造共建共治共享的社会治理格局"，为税收治理提供了新的理论视角和研究方向。2021 年，中共中央办公厅、国务院办公厅印发的《关于进一步深化税收征管改革的意见》提出"精诚共治"这一理念，明确要求加强部门协作、社会协同，持续深化拓展税收共治格局。在新时代发展背景与个税新税制环境下，个税工作的部门协作、信息共享主要还停留在"总对总"层面，基层税务机关如何打破部门间的壁垒，借助部门合作、信息共享、结果互用等方式，增强跨部门的协同合力，提供更加"无缝隙"的公共服务，真正实现信息治税，靶向对接，是目前个人所得税治理议题下值得关注的重要问题。

一、推进个人所得税治理部门协作一体化的动因分析

长期以来，税务部门和纳税人之间信息不对称问题始终未能得到较好的解决，税收环境日益复杂化和多样化，税源信息凸显隐蔽性、流动性和跨区域性。传统的财税单向管理模式已经远远无法满足需求，加之当前正推进国家治理体系和治理能力的现代化，以"共建共治共享"税收治理理念为指引，从税收管理转向税收治理已成必然选择，部门协作模式是实现个人所得税治理效能提升的重要途径。

（一）部门协作是推进税收精诚共治的题中之义

高度的职能分工，导致公共事务管理出现碎片化的问题，这在专业化程度极高的税务部门和其他部门之间表现尤为突出，税务事项往往被划归为税务部门单一分管，而要想实现税收治理这一事项，离不开各个部门的努力。由于

各个职能部门有着不同的价值观和利益取向，在行动上难免走向推诿、扯皮的"分工而不合作"的局面。针对这种情况，部门协作则在政府的推动下整合原来分散于政府多个部门之间的专业职能，突破约束。能够发挥整合的效用，在各职能部门搭建了一项共同任务结构。

（二）部门协作是个税税制改革的现实需要

2018 年 8 月对《个人所得税法》的修订，开启了个人所得税制的根本性变革，标志着我国个人所得税正式迈入分类综合所得税制。个人所得税综合计征模式，是指将个人不用来源的所得综合形成所得总额，然后减除各种费用扣除项目，以其余额为应纳税所得额，按累进税率进行课征的个人所得税计征模式。对于修改后的个人所得税的征收，真正的难点在于对专项附加扣除信息的核验，六项专项附加扣除涉及民政、公安、自然资源、人力资源、卫健委、人民银行、银保监局、教育、住房城乡建设部、医保等十余个部门，虽然 2018 年 12 月 22 日国务院印发了《个人所得税专项附加扣除暂行办法》，规定了有关部门和单位有义务向税务部门提供或核实与个人所得税专项附加扣除有关的信息，但操作起来很难，各自为政的观念还在束缚着各行政部门。部门协作一体化的建设，就是从技术上建立一个全国性的涉税信息共享系统，做到有法可依、有章可循。

（三）信息技术发展使部门协同成为可能

信息技术的发展打破了个人所得税改革综合化倾向中"可能性"和"可行性"的束缚，解决技术性障碍，使得政府信息得以高速便捷流转，协同成本降低。信息的实时传递成为可能，原本欠理想的税收征管环境得以改善。此次税改要求税务部门能够将多部门数据高效转化为内部数据，从而完善自然人纳税人的税收征收管理体制。由于对信息占有程度的不同，政府部门针对不同的公共事务掌握的信息存在信息差距，这种信息富有部门和信息贫困部门之间的鸿沟，被称为部门间"数字鸿沟"。针对个人所得税这类涉及多部门的公共事务，建立跨部门的信息共享平台，完善基础数据库，是成功实现跨部门协作的先决条件。

二、基层税务机关部门协作的初步探索（以衢州市为例）

综合与分类结合的课征模式是质的改变，既是机遇也是挑战，衢州市税务局认真审视税收征管现状，以落实新税制为契机，理顺征纳关系，探索精诚共治之道。由于距离新税制完全推开时间尚短，目前许多事项仍在尝试阶段，效果尚未完全凸显。但是从长期来看，跨部门协同是必然选择。

（一）建立面向自然人的个人所得税网格化管理体系

将精细化管理服务的理念充分体现并落实到个税征管工作中，构建面向自然人的个人所得税征管体系是实现有效治理的重要一步,是跨部门协同的基石。衢州市税务局层层压实管理责任,为全市 7006 户扣缴单位,按主管税务机关细化分配至 10 名网格长、132 名网格管理员,负责对扣缴单位的"点对点"宣传、上门辅导、提示提醒等工作,构筑起严密的责任网格,通过上下四级联动持续提升网格化治理效能,全过程管理、链条式服务,确保每一环节、每一流程平稳展开。同时在全市范围内开通 80 条"个税咨询专线",在办税服务厅设立 11 个"个税服务专区",为确保构筑严密高效的咨询答复网格,多次采用组织集中学习、电话抽查测试等方式提高网格员业务水平,提升网格管理团队综合素质。

(二)探索推行外部信息补充核验专项附加扣除

理论上,纳税人在申报时只要填报符合格式要求,即可享受专项附加扣除,这就将申报管理主要集中在事后抽查核验。这一过程中重要环节为"外部信息补充核验":将核验清册中存在准确性疑点的纳税人专扣采集信息分别推送给公安、人社、教育、资规、人民银行、民政、卫健等相关部门(详见表 1),通过外部门信息共享比对工作机制进行外部门信息补充核验。2021 年进行首次个税汇算清缴事后抽查工作,衢州市税务局第一时间组建工作团队,明确职责,责任到人,对系统下发 99 条外部指标,结合纳税人预缴和年度汇算申报情况,分批次开展案头分析,结合纳税人填报的专扣附加扣除信息开展补充核验。但人工复核工作量大,而且准确率难以保证,这种情况下必须寻求外部门信息,建立大数据思维。

表 1　衢州市专项附加扣除信息核验涉及部门统计表

序号	部门	共享信息
1	市公安局	有关户籍人员信息、成员关系等
2	市卫健委	出生医学证明、独生子女信息
3	市民政局	婚姻状况信息
4	市教育局	学生学籍信息
5	市人力社保局	职业资格证书信息
6	市资规局	不动产登记信息
7	市住建局	已备案的房屋租赁信息
8	市人行	住房商业贷款信息
9	市医保局	大病医疗信息

（三）尝试推进个人所得税纳税信用建设

纳税信用体系是保障个人所得税治理实现的重要保障。当前企业纳税信用已经建成相对成熟的评价体系、结果运用机制，但自然人纳税信用体系仍是空白。自然人相较于企业性单位，他们熟练掌握税法、准确申报的能力显然不足，相应的责任义务也不尽相同，同时，自然人对涉及切身利益的信用评价结果更加敏感，容易引起社会反响。鉴于自然人数量庞大、执行难度大、对评价结果敏感的特点，更需要加快自然人纳税信用体系建设，记录、评价其税收行为，实现对自然人自行申报个人所得税的事后管理，从而通过正向激励和负面惩戒机制，促使自然人纳税人遵从税法约束。由于目前全方位的自然人纳税信用体系建设仍需较大努力，衢州市目前较为成功的尝试是将自然人个税纳税记录作为当地办理暂住证审核条件之一。

三、基层推进个税部门协作一体化的现实困境与原因分析

随着社会经济的巨大变化、纳税人数量的增加，跨地域经济活动频发，社会综合治税逐渐暴露出形式化、表面化的问题。这就需要对这一体系进行完善，通过部门协作的方式加以规范化、制度化和科学化。

（一）现实工作中存在的困境

1.原有管理模式无法精准匹配治理需求。社会综合治税作为前期部门合作的系统化实践，为个人所得税治理的部门协作提供了很好的模板借鉴作用，但是由于近年来税收环境变化较大，社会综合治税在适用性方面出现了问题：一是社会综合治税主要是针对重点税源展开的，对自然人的适配规定相对较少，这也就意味着个人所得税的协同需要不断修正；二是社会综合治税是构建在地方税收体系基础上的，而经过 2018 年国地税征管体制改革之后，增值税成为主体税种，而且省及省以下的税务部门实行中央和地方的双重管理体系，造成社会综合治税在实际工作中的作用式微。

2.现有组织架构下外部门参与度较低。一是部门协同意愿不强。中国政府机构设置实行的是"职责同构"的权责配置方式。所谓"职责同构"就是"在政府间关系中，不同层级的政府在纵向间职能、职责和机构设置上的高度统一。这种设置阻碍了政府部门的横向协同。由于实行垂直管理，税务部门同其他部门的割裂更为严重。由于部门的价值导向不同，很难产生紧密的利益交互关系，部门间的合作意愿并不强；二是外部门协作难度大。个人所得税治理需要协同的范围不仅局限在税源监控领域，在税收宣传、纳税服务、信用建设等领域也有凸显。单是专项附加扣除信息就需要十几个职能部门和金融机构协同。从税法规定可以看出来需要协调的行政主体众多，协同的信息多样，增加了协同的难度。税收宣传和纳税服务作为税源监控的外围政策，近年来

得以不断完善,但是鉴于面向广大自然人的个人所得税教育程序复杂,要想达到应知尽知的目的,单靠税务部门不足以完成,需要调动社会的广泛参与。

3.缺少自上到下的部门协作规范指引。目前,虽然政府各部门都在强调信息化建设,但是这并意味着相互间的信息化进程在同一水平上,目前数据共享比较好的部门是公安、税务等,已经达到全国范围内的信息集中,而其他部门则更多是省市级层面信息集中,远远无法满足全方位获取自然人信息的需求。在基层治理现实中仍有部门之间的数据还是依靠电子媒介进行传递,甚至部分单位仅能依靠纸质资料,无法纳入电子化。目前共享内容得以明确,但是共享方式有些尚未明确,需要部门间进行会商。但一旦触及具体操作,外部门往往因为上级部门缺乏指引性文件,或市政府没有授权下任务而发生推诿。政府基础信息资源的离散、无序和缺乏关联,导致其数量与质量不高,既没有将数据内化为税收数据,也无法满足部门协作对共享的要求。

(二)原因分析

1.保障缺位,顶层设计有待完善。在税收社会共治领域,国务院和总局更多的是提出了共治格局构建的理念,但关于具体实施方案尚未出台。受制于"职责同构"的组织架构,政府不同职能部门价值导向不同,在没有明确统一上级行政权力的推动,基层部门之间普遍存在合作力度不足的问题,整体推进较慢。此外,法规政策实操性不强。2018年税制改革后,个人所得税配套的征管制度在不断完善,但部门协作一体化领域的政策仍在探索阶段。例如,新个人所得税法第十五条中关于跨部门协作的基本要求是明确的,但是有关操作细节却没有进行具体说明,信息提交标准、不予配合的规范等找不到文件支撑,正是这些细节上的问题直接决定一项制度能否得到有效落实。

2.意识淡薄,协作机制缺乏动力。由于我国行政体系呈现明显的"压力型"特点,任务和命令往往层层传导,基层部门更擅长服从和执行,既缺乏部门合作的知识和能力储备,组织架构留给基层探索的空间也极为有限。同时,现有的激励制度也无法体现部门协同的导向。部门考核和激励模式是自上而下的,在合作无法给其他部门带来明确利益流入的情况下,各部门自然不愿意积极主动参与协同治理,政府各部门做的更多是将信息提供给税务部门之后便不再过问,远远没有达成协同的共识。

3.沟通不畅,信息共享路径阻滞。跨部门信息共享的滞后是影响跨部门协同效果的重要因素,当前跨部门信息沟通与共享的阻碍原因不仅在技术层面上,还有政治、经济、人际关系等因素的限制。目前在税收保障方面,部分地区已经形成联席会议机制,取得一定成效,但并未常态化,且多单线联系、个别沟通。同时,安全、兼容性等长期以来的痛点问题,也是信息传递阻滞的重要原因。

4.管理粗放,自然人监管体系不够健全。一是面向自然人跨部门监管体系尚未建立。我国现有的税法体系主要是面向企业性单位,这从主体税种为增值税就可窥见一二。而具体到面向自然人的相关法律法规明显不足;二是面向自然人的纳税信用体系尚未建立。纳税信用体系是实现个人所得税治理的重要保障。目前,我国在自然人纳税信用体系具体规定方面仍处于空白状态,导致税务部门的执行措施难以实现。由于对自然人缺少正面激励和负面惩戒机制,导致出现不公平的现象,守法的纳税人没有获得肯定,违法的纳税人获得利益时却没有受到惩罚。自然人违法成本低,纳税信用评价结果没有实际影响,直接造成跨部门之间无法形成合力,合作意愿缺失。

四、推进基层个人所得税部门协作一体化建设的建议

借助部门协作一体化实现个人所得税治理是一项系统工程,要降减部门合作中凸显的集体行动困境,达成有效的协同,需要通过结合当前部门合作实践,遵循部门协作一体化的需要,打造信息共享、管理互动、信用互认的共治局面,为纳税人提供无缝隙的涉税服务。

(一)搭建部门协作一体化整体架构

在新税制语境下,按照跨部门协同的基本思路,必须要统筹考虑顶层设计和基层实践两个方面,从而不断推动跨部门协同向纵深发展。

1.健全的法律制度体系为保证。基层是各项税收政策的最终执行环节,也是制度设计是否合理的试金石。因此,税收法律制度体系的构建过程中要重视"顶层设计"与"基层探索"之间建立良性互动,在相关法律修订时要充分考虑基层在执法实践中遇到的实际问题,解决部门协同的"可能性"和"可行性"的适配问题。在国家立法缺位的情况下,在省级层面上,可自行制定本省的税源监控多部门协作的行政规章,从而使得本省内征管工作得以统一和规范,这是比较现实和有效的做法。

2.完善的涉税信息共享体系为支撑。当前各职能部门信息化水平不一致,存在部分部门信息化进程十分缓慢的情况。例如对公安、民政、金融等信息化建设水平比较高的部门,要充分用好信息共享交换平台,推进信息实时互联互通;而针对教育、医疗等部门,可以采取专职人员方式及时收集有关涉税信息,在最初的环节实现信息共享;对异地有关联业务关系的纳税人在对外投资、利润分配、投资分红等其他涉税信息,可通过税务部门之间的涉税信息交换协作机制,及时获取与本地企业有关联业务关系的纳税人的涉税信息,从而最大限度地提高税务机关捕捉涉税信息的能力。

3.诚信的税收信用管理体系为基础。税收信息管理体系属于个人所得税治理闭环中的重要部分,是基层部门在执法过程中的强制性工具。当前个人

所得税制度正是确立了纳税人识别号制度,这对推进面向自然人的税收信用管理体系建设迈出了重要一步。在此基础上,要注意纳税、信贷、合同履约等环节的信用记录,通过法律、行政手段将分散在税务、公安、海关、工商等部门的,尤其是金融部门的个人信用数据整理采集,打破"部门保护主义"束缚。

(二)树立"数字管税"的个人所得税征管思维

模式变革不仅要考虑行为还要考虑意识形态,进而更加扎实的推进相应工作的进行。

1.树立现代化信息管税理念。随着信息技术的快速发展,各个领域内部的资源共享已经是当前的主要发展方向,各地政府应对此具有明确认知,并紧跟时代潮流,适应社会发展方向,积极配合信息共享模式的建设工作,进而提升信息交流效率,减少工作成本,最终顺利完成政府的职能转换,用信息资源推动各个领域现代化建设进程。

2.树立跨部门综合护税理念。综合治理的核心就是以所有人民的基本需求为依据,将各个职能单位相联合,为所有人民提供所需要的高质量服务。随着数据时代的到来,各部门信息处理的要求正在不断提高,原有的政府运营模式和数据处理模式已经不能够达到新形势下提出的基本要求。为解决上述情况,相关单位不应再各自为政,而要以所有人民需求为发展目标,创建合作高效的整体性治理大格局。

3.树立战略性规划治税理念。工欲善其事,必先利其器。政府部门应该大力宣传战略性规划治理理念,加深对规划治理理念的认识,用科学、合理的治理理念来指导政府的行政工作,尽管前期需要花费大量的人力、物力和财力来开展基础工作,短时间内不能获得显著的收益,但是可以从中总结经验和教训,为今后政府开展更加有效的治理工作打下坚实的基础,从而更好地推动政府治理体系与的治理能力现代化。

(三)推进基层部门协作保障机制建设

1.组织领导保障。发挥地方政府引导作用。要调动分散的职能部门参与到税收治理事务中来,政府必须要发挥主导作用,协调多方利益,形成管理合力,从而构建起一个强有力的组织领导体系。根据国家税务总局工作基调,在新税制语境下,个人所得税共治相关探索由各省开展,因此这里所说的地方政府主要指省及省以下各级政府。

2.信息技术保障。完善涉税信息应用分析平台建设。在创建信息共享平台时应进行全面考虑,将信用评价、税款缴纳及补退、现金流基本情况、不动产评估申报、缴费登记、支出金额具体情况、收入与财产登记、纳税申报、税收救济、纳税咨询、税收评定、信用管理、财产收入等基本功能都囊括在内,使税务部门的工作人员能够通过上述平台高效的完成日常工作。所创建的信息共享平台不仅要针对公共管理层面完成不同纳税人之间的信息共享和基本查询,还要保障纳税人基本信息在网络公司、第三方机构、金融机构等企业内部的可查询性,争取通过平台内部实现日常效率和基本效益的提高。

3.人才队伍保障。建立科学的税务机关人才管理制度。充实涉税信息共享基层工作力量。定期选拔和筛选专业性较强的精干人员,创建主要职责为管理涉税信息共享的工作团队,不断对其具体工作形式和内容进行规划和健全。完善人才管理和培训体制,可以和我国优秀高校和专业对口的学校进行合作,将重点放在税收、金融、计算机和大数据等专业的优秀人才上,开展信息化治税人才储备计划,使高校的学生具有较好的实习岗位,使单位能够获得更多的高素质人才。

课题组组长:王志刚

课题组成员:叶水富　王小萍　兰青春　徐潇莹(执笔)

个人所得税纳税遵从度
提升途径研究（三等奖）

国家税务总局平阳县税务局课题组

    个人所得税是我国主体税种之一，在组织财政收入、调节收入分配等多个方面发挥着不容忽视的作用。2019 年 1 月 1 日，新个人所得税法全面实施，个人所得税综合所得年度汇算（以下简称"年度汇算"）是新个人所得税法平稳落地的"最后一公里"，也是检验个人所得税改革成效的"期终大考"，年度汇算工作有序、平稳地顺利实施，为建立自然人税收管理长效机制奠定了基础。但税务部门在取得成绩的同时，也面临着不小的挑战与考验，其中不容忽视的一个问题是纳税人整体遵从情况还有待提高，个税不遵从行为时有发生、税款流失现象依然存在，已成为税务部门急需解决的一个重要课题。

    一、纳税遵从理论概述

    纳税遵从也被称为税收遵从，首次提出于《2002—2006 年中国税收征收管理战略规划纲要》，是指纳税人依照税收法律规范的规定履行纳税义务，它包含三个基本要求：一是及时申报，二是准确申报，三是按时缴款。对于年度汇算这一具体场景，纳税不遵从的具体表现为：一是不及时申报，即未在次年 3 月 1 日至 6 月 30 日及时办理纳税申报；二是不如实申报，常见的形式有隐瞒收入、填写虚假的扣除项目和金额、享受不符合条件的税收减免优惠从而达到少缴税款或多退税的目的，如填写金额不实或超过标准的通讯和交通补贴等；三是不按时缴纳税款，包括逾期缴纳税款和拒绝缴纳税款。

    而纳税遵从度，就是纳税人对税收法律规范的遵从程度。一般可通过税务审计检查、财务数据分析、问卷调查、模型分析等方法，从申报遵从率、缴款遵从率两个指标来衡量纳税遵从情况。其中，申报遵从率 1＝按期申报人数/应申报人数，申报遵从率 2＝准确申报人数/应申报人数，缴款遵从率＝按期缴纳税款人数/应补税人数。

二、平阳县年度汇算概况及纳税遵从度现状

（一）年度汇算概况

截至 2021 年 11 月 30 日,2020 年年度汇算合计纳税申报 4.32 万人;申报补税 0.36 万人,其中非豁免补税 0.20 万人、应补税款 610.02 万元,已全部入库,豁免补税 0.16 万人、豁免税款 44.09 万元;申报退税 2.87 万人,其中申请退税 2.75 万人、申请退税 1332.40 万元,退税审核通过 2.74 万人、成功办理退税 1326.97 万元;申报不退不补 1.09 万人。

从收入类型和金额、扣缴单位注册类型来看:超过九成的纳税人主要收入来源为工资、薪金所得,近六成的纳税人收入不足 6 万元、超过九成的收入在 12 万元以下;近七成的纳税人扣缴单位为民营、外资企业及其他社会组织。可以看出,我县年度汇算人群以任职受雇于民营、外资企业及其他社会组织、收入在 12 万元以下的普通工薪阶层为主,经统计,人数约为 2.6 万,占比约 60%。

（二）年度汇算纳税遵从度现状

1.申报的及时性

从整体申报情况来看,2020 年年度汇算申报 43466 人次,其中申报期后申报 640 人次,占比为 1.47%。

进一步分析申报期限内每日申报流量发现,纳税人申报的高峰期集中在申报期开始的前期和即将截止的末期,尤其是应补税纳税人在 6 月下旬扎堆申报。

需要注意的一点是,退税是纳税人的权利,放弃退税的可免予申报,但补税是纳税人的义务,除符合豁免条件的情况外,纳税人必须办理申报并缴纳税款。因此有必要进一步针对补税情况单独分析。从补税情况来看,2020 年年度申报补税 3536 人次,其中申报期后申报 129 人次,占比为 3.65%。

2.申报的准确性

从退税情况来看,2020 年年度汇算退税申请 28480 人次,审核不通过 194 人次,占比为 0.68%,其中 95 人次更正后审核通过,仍有 99 人次再次审核未通过,占比 0.35%。

3.税款缴纳的及时性

2020 年年度汇算补税记录 2107 条,其中缴款期限后缴纳的 61 条,占比 2.90%,共计补税金额 18.79 万元,占比 3.08%。

进一步分析申报期限内每日缴款人次发现,纳税人缴款的高峰期集中在申报的末期,尤其是大额补税纳税人在 6 月中下旬扎堆缴款。

4.大额补税人群申报及缴税情况

对补税人员根据补税金额进一步细分发现,其中 95% 以上补税金额在 1 万元以下;补税金额在 1 万元以上占比约 5%。

对此,将 2020 年年度汇算中补税金额在 1 万元以上的补税人员(以下简称"大额补税人员")作为重点对象,研究其申报和缴税情况。可以看出,超过 5% 的大额补税人员逾期缴纳税款,这一比例高于总体补税人群逾期缴款比例(约为 3%),其主动办理申报和缴款的自觉性和积极性并不高,相比而言,更容易做出逾期缴税甚至逃避缴纳的行为,对此要重点加强管理。

5.纳税遵从度评价

纳税人纳税遵从意识还需渐进提升,其中以逾期缴款现象最为普遍,尤其是大额补税人员按期申报并缴纳税款的纳税意识并不高。与单位纳税人相比,自然人纳税人基数庞大、流动分散且文化程度不一,较法人和财务人员办税能力较弱。同时,自然人纳税人税收法律意识较为淡薄,依法纳税的积极性不高,更有甚者企图钻政策漏洞少补税、骗取退税等,对税务机关的服务和管理提出了更高的要求。

三、平阳县年度汇算纳税遵从度现状的原因分析

(一)自然人纳税人办税能力有限

一是对税收政策理解不到位。与个体和单位纳税人相比,自然人税收基础较为薄弱,这一方面与纳税人在日常生活中与税务机关接触较少有关,同时自然人接受的税收教育和培训也相对较少,税收知识水平自然较弱,因此纳税意识也会相对淡薄。自然人对年度汇算不理解的一个重要原因是全员全额明细扣缴申报的相关规定。自然人纳税人在取得综合所得后,由支付方依法代扣代缴个税,很可能就此认为依法纳税申报与己无关,只是扣缴义务人单方面的法定责任。当新税法修改后,个人所得税综合所得采用"合并全年收入,按年计算税款"的方式,大多数自然人以为自己平时已经预缴了税款,对年度终了还需要进行申报表示不理解。此外,未取得工资、薪金所得的个人,很多是取得零星劳务报酬所得的建筑工人,文化水平不高,以为代开发票时已经履行了纳税义务,很少知晓年终可能需要办理年度汇算。

二是对移动办税操作不熟悉。网上办税同时也对纳税人的专业素质和操作水平提出了更高的要求,当前纳税人对个税 APP 的使用频率并不高,办税经验不足。很多纳税人只有在一年一次的年度汇算时才下载和使用个税 APP,使用程度远不及支付宝、微信等应用,甚至不少纳税人从未下载和注册过个税 APP。在 2020 年度汇算开始前即 2021 年 2 月底,在 3.47 万多名测算应汇算人群中,已注册个税 APP 的约 2.02 万人,注册率约 58.21%,其中通过个税 APP 办理过 2019 年年度汇算的有 1.32 万人,移动办税率约 38.04%。

（二）未形成良好的纳税氛围

税务部门在宣传方面存在不足。近年来，随着互联网的快速发展、大量新媒体和网络平台的兴起，越来越多的纳税人更加倾向于在网络和新媒体中获取、更新和运用知识。两次年度汇算期间，在税务机关发布权威性政策解读和操作指引的同时，不少微信公众号、抖音视频等新媒体为博取眼球，大量转发《退税秘籍》等误导性的宣传信息，一度造成了广泛、持久的恶劣影响，一部分税收法律意识淡薄的纳税人信以为真，纷纷按照错误的申报方式提交虚假的退税申请，导致税务机关花费大量人力和物力去拨乱反正。

（三）税务机关征管和服务水平有待提高

1. 纳服资源不足。从管户到管人的征管模式改变，征管服务任务变得更为繁重和艰巨，个人所得税相关岗位人员配备严重不足，以 2020 年度汇算为例，平阳县汇算人数超过 4 万人，而税务网格员仅 70 人左右，平均一个网格管理员需要负责 600 人左右，更有甚者一个人负责上千名纳税人的年度汇算。同时，办税服务厅缺乏专职人员，平阳县共有四个办税服务厅，随着网上办税的推广，窗口数量不断精简，在纳税人海量的业务办理和咨询需求下，办税服务厅和咨询热线面临巨大的压力，极易引发负面舆情。纳税服务就是税务机关向纳税人提供的公共产品，是纳税人依法享有的一项合法权益，应予以尊重和保护，纳税人往往根据公共产品效率来评价政府并给以相应地信任，纳税人的税收遵从度就是评价结果和信任程度的一种反馈，当纳税服务水平难以回应和满足纳税人的涉税诉求时，纳税人极可能会以不遵从行为来表达对这种结果的不满。

2. 查获和处罚力度不足。现阶段税务机关主要通过引导和激励的方式管理自然人，虽然针对年度汇算中的纳税不遵从行为规定了相应的法律责任和惩戒措施，但自然人纳税人流动性强、基数庞大，实际查处、惩戒的比例和力度同企业纳税人相比还有一定的差距，这在一定程度会促使纳税不遵从行为的发生。一般而言，查获率和处罚率通过改变纳税人额逃税机会成本而对纳税遵从度产生影响因此，随着税收管理的深入，税务机关对纳税违法行为的查获范围和几率增大，处罚力度加大，纳税人违法风险和成本就会相应增加，从而可以倒逼纳税人自觉纳税，促进纳税遵从度提升。

3. 信息不对称加大征管难度。当前除了与公安部门之间存在人员身份信息验证共享之外，与其余各部门基本未建立信息共享渠道，对于当前纳税人提供上来的专扣信息，税务部门都难以进行核实；捐赠和其他扣除的金额审核也是一个难点，目前要求填写此类数据的纳税人提交电子资料证明，但要审查这些资料的真实性和准确性，不能仅靠直觉和经验判断，还需要相关部门共享权威的数据和信息。而税务机关因为技术手段等限制无法及时、全面掌握纳税人个人信息。无法及时、有效地发现和遏制这一纳税不遵从行为。

（四）税务中介机构对个税代理需求重视不足

目前平阳县税务中介机构对个税代理需求重视不足，其工作重心仍以服务单位纳税人为主，对志愿活动的参与度和积极性不高，在本次年度汇算中发挥的作用有限，委托中介机构代理申报的比例几乎为零。年度汇算涉及的纳税人基数庞大，要做好相关工作，除了各级税务机关要做好充分的准备工作外，离不开社会各界的广泛积极参与，也离不开涉税专业机构的支持，充分发挥第三方特别是注册税务师协会等涉税专业服务机构的积极作用对确保汇算工作的扎实落地具有重要意义。

四、提升个人所得税纳税遵从度的国际经验借鉴

（一）完善税制设计

与我国以被动纳税遵从为主不同的是，西方国家更加注重主动纳税遵从的重要性，它们在一开始制定税制时就关注纳税人的反馈情况，尽可能做到方便纳税人的理解。例如英国税务局通过调查研究来设计可以促进自愿遵从的税收制度，每年度开展认知调查研究自然人对纳税遵从影响因素的认可情况和评价，并将研究结果运用到税制设计中，以提升纳税满意度和遵从度。而新加坡税务局则倡导"最佳的服务就是不要服务"，每两年开展一次针对纳税人的全面调查，让纳税人对税务机关的管理和服务进行评价，听取纳税人对税收政策、法规和服务的反馈和意见，并作为依据在设计政策和税法时积极地加以考虑，使税收政策和规定更便于理解和执行，降低纳税人的纳税成本和负担。

（二）强化税收征管手段

一是提倡事前风险防范征管模式。以事前风险管理，提前识别并消除纳税不遵从风险，这在有效提升纳税遵从水平的同时，减少了后期可能发生的征管成本，提高了整体征管工作效率。例如澳大利亚税务局为此建立了邻近算法（Nearest Neighbour）数据分析模型，将近千万纳税人的费用扣除数据归集到数据库，与个人工作性质、收入水平等进行比对分析费用扣除的合理性，经过精密的数据对比发现数千名费用扣除明显偏高的纳税人，并据此开展自我审查和后续管理。

二是加强对高收入高净值人群风险管理。主要的措施有：如荷兰税务部门为此专门成立了高净值人员管理部门，研究制定针对性方案，密切关注其动态实时监测风险；关注重点行业的审计并将其用于交叉稽核高净值收入。澳大利亚成立了避税特别工作组，专门负责管理富人的纳税遵从行为。

三是区分对待强制与自愿性遵从。（1）自愿遵从指引和激励。如新加坡税务局提倡纳税人自愿披露，不仅免费提供平台和服务，并因非主观故意出现

税收问题时可减轻处罚。(2)自愿遵从教育。如奥地利鼓励学校为孩子安排税收教育,使其从小正确认识税收权利和义务,潜移默化培养自愿遵从的意识。(3)营造公平的税收环境。如韩国税务厅提倡优待和尊重自觉诚信的纳税人,每年推荐评选出纳税人先进模范、在全社会大力宣扬先进事迹和理念,号召、动员集体效仿、学习,形成公平、信任、和谐的良好税收环境。

四是充分利用数据分析技术。(1)分析税收缺口。如澳大利亚税务局推行随机调查项目(REP),以各收入层次纳税人的遵从数据,理论分析全体纳税人的税收收入,计算与实际税收收入之间的税收缺口,并分析税收缺口的影响因素,用于完善纳税遵从政策。(2)进行交叉稽核。如英国税务海关总署收集商户信用卡和借记卡账户数据,通过与纳税记录和申报表单数据进行逐一核对,识别出错误数据和风险信息,从而打击逃税行为。(3)预填税收数据。如北欧政府部门预先为符合条件的纳税人完整填写所有申报数据,从而在较小的征成本下收获满意的纳税遵从率。

(三)优化纳税服务体系

一是以需求为导向提供纳税服务。如芬兰税务局倡导客户体验管理,致力于创造以纳税人为中心的服务体验,在其官方门户网站 My Tax 开发一系列以用户为中心的工具和服务。不断调整纳税遵从策略、服务和方式。

二是第三方提供纳税服务。许多西方国家的税务部门开始探索将税务服务代理关系扩大到更大范围上,尝试将政府其他机构、外国政府、社会组织等也纳入到税务服务提供商的名单内。秘鲁税收管理局与金融机构开展协作,对在金融系统中有信用、申请信贷记录,却未在税务系统注册、没有税号或者没有纳税记录的纳税人,识别为高风险的疑似逃税者;澳大利亚税务局委托社会研究机构进行长期调查研究,研究纳税遵从的属性和行为,并将研究成果用于制定提升纳税遵从度的税收政策。

五、提升年度汇算纳税遵从度的对策建议

(一)优化系统功能,提升纳税人体验感

一是拓宽申报渠道。目前80％以上的年度汇算通过个税手机 APP 办理,但由于 APP 的推广有限,很多纳税人只有在一年一次的年度汇算时才下载和使用,使用程度远不及支付宝、微信等应用,建议可以在支付宝、微信、浙江政务等软件中开通年度汇算的申报链接,以减少前期下载、注册等步骤。

二是简化操作步骤。通过个税 APP 进行网络申报是目前最简便、快捷且办税成本最低的申报方式。但即使是最方便的通过简易申报方式退税,也需要完成 APP 下载、注册登录、申报确认、填写银行账户信息等步骤,对此可以将操作步骤进一步简化,如通过短信或者电话方式进行确认退税金额和账户信息,甚至系统自动计算并办理退税。

三是优化风险提醒功能。纳税人完成申报后可能无法自行判断是否存在差错,对此,一个重要的措施是优化风险提醒功能,在 APP 等端口提醒纳税人退税审核不通过、银行卡绑定错误、已完成汇算清缴但尚未补缴税款或申请退税等业务消息,有利于纳税人及时进行申报更正。

(二)完善信息管税机制,强化税源监控和信用惩戒

一是出台信息共享实施方案。尽快建立数据共享机制,提升信息交换频率和数据使用率,满足事中监管和事后抽查的需求。如专项附加扣除填写时,对子女教育就系统自动进行校验,一旦发现存在超比例扣除等异常信息,系统第一时间进行预警,及时阻断不符合条件的享受扣除和减免税优惠。

二是提升信息化水平。应用大数据对所掌握的纳税人信息进行画像管理,可以提高对纳税人风险评估的准确度,降低执法成本。借鉴企业管理中常用的 ERP 管理系统,利用大数据,搜集到尽可能详细的纳税人信息,全面归集基础信息、征纳互动、异议申诉、纳税申报、税款征收各类业务场景的完整事实数据和测算数据,勾勒出自然人身份信息、收入结构、办税习惯、遵从度等个性特征,并将纳税人信息数据整合优化,及时推送风险预警提示,并提供针对性的改进建议。

三是搭建自然人纳税信用体系。健全个税纳税信用记录,完善守信激励和失信惩戒机制。基于多部门信息互联和实名认证,建立以纳税人为主体的自然人信用体系,将纳税人的诚信行为和不遵从行为记入个人纳税信用记录中,提升纳税信用评价结果的应用范围和价值,完善纳税信用跨部门联合激励和惩戒机制,对有严重失信行为的纳税人,比如虚假填报减免税额等方式申请退税,逾期申报经反复提醒仍拒绝申报,或申报后长期欠税并拒绝缴纳税款等行为,依法纳入"黑名单",并对情节严重的采取多部门联合惩戒的方式加以惩处,进行有效的约束和管理。

(三)提升税收宣传精准度,优化社会纳税氛围

一是提早宣传。要把握宣传的主导权,提前谋划部署,形成积极参与的良好氛围。一方面要依靠媒体、官网、大厅电子显示屏、宣传手册等传统方式进行宣传,另一方面要更加重视新媒体、新平台、新渠道的宣传方式,发布权威性的宣传产品,严厉打击各类扰乱税收工作稳定的行为。

二是正反面双向宣传。应倡导表扬先进与曝光要案双管齐下的理念,一方面要传播诚信纳税人的先进事迹号召社会学习,另一方面也要通过公开曝光偷税抗税要案进行警示教育,起到震慑作用,恩威并重,以达到最好的宣传效果。此外,做好守信激励失信惩戒公开工作。对守信激励纳税人在办税服务厅进行公示并对其享受的激励措施进行宣传;同样对失信惩戒的纳税人也

在办税服务厅和税企微信群等纳税人易获取的渠道进行公示,并把惩戒措施突出显示,给其他纳税人以警醒。

三是加强社会主义核心价值观的宣传。加强纳税人税收道德的宣传,强调名誉、信誉、商誉的重要性,尤其是纳税人的商誉价值,利用生活中的口碑效应,让纳税人清楚自己的口碑可以提高社会对其的认可度和消费忠诚度,进而对纳税人的长远发展产生不可估量的影响;提高纳税人社会责任感,并对税收道德沦丧纳税人进行教育和标记,并根据情况恰当处理,在社会上营造一种人人争先在乎自己名誉、信誉、商誉等,自觉提高自己税收道德的氛围,进而提高纳税遵从度。

(四)创新服务和管理方式,提升纳税人满意度

一是成立专业服务团队。要利用好业务大比武、人才库资源,组建税政、征管、纳服等多部门联合的工作团队、师资团队,确保一线税务干部掌握政策规定和流程规程,同时建立实时支持12366热线、办税服务厅的联动机制,出现疑难问题或特殊事项实时协调处理。

二是创新宣传方式方法。一方面要制作多样化宣传辅导产品,开发针对性的宣传产品,运用生动活泼、通俗易懂、更接地气的语言,帮助纳税人了解掌握年度汇算的意义、税制机理和业务办理流程等。另一方面要开展多渠道、立体化宣传,做到线上线下结合,充分运用本地化宣传渠道,积极探索网络直播、短视频等新方式。此外,注重宣传形式多样化,在培训、辅导的同时,可以开展有奖答题等深受大众喜爱又便于普遍参与的趣味活动,寓教于乐,调动纳税人参与和学习的积极性,提高纳税人自主办税的能力。

三是完善纳税服务措施。统筹资源做好保障,科学设置年度汇算专区,设立年度汇算专线,加强组织保障;认真做好专线和智能咨询解答,切实做好服务热线自然人专线解答工作,充分发挥"税小蜜"在线智能咨询"一对多""全天候"服务优势,拓展应用范围,精准高效提供辅导,分类开展针对性辅导,分类制定个性化辅导策略,结合实际采取电话辅导、线上指导、上门辅导等方式组织开展培训辅导,提供清单式精准辅导,加强重点人群和事项风险研判,切实做好大额补税人群的针对性辅导。

(五)借助社会专业力量,构建社会化协同服务

一是招募志愿者,开展个税志愿服务活动。面向涉税中介机构、大专院校、企业招募专业能力强、服务意识强的志愿者,成立税收志愿者队伍,发挥其专业化作用,缓解税务机关纳税服务资源不足、政策咨询和办税压力。积极开展办税服务厅导税咨询、12366专家咨询坐席答疑解惑、特殊人群送服务上门等志愿活动,帮助纳税人解决年度汇算中遇到的问题,以提升纳税人办税体验感和满意度,助力纳税遵从度提升。

　　二是邀请体验师,问计问需实施促进步。邀请自然人纳税人、企业办税人员、涉税专业服务机构人员等加入税务体验师队伍,对纳税服务、系统操作、税收制度等方面开展体验,总结归纳体验感受,聚焦年度汇算中的堵点、痛点和难点,有效发现征收管理和服务工作中短板,从纳税人、扣缴义务人需求以及专业服务的角度提出合理化意见建议,有利于税务部门不断改进工作方式和方法,切实推动服务质效和管理水平,最终促进纳税遵从度提升。

课题组组长:李建敏

课题组成员:戴海俊　雷向阳　杨珊珊

个人所得税现状及优化研究（三等奖）

国家税务总局绍兴市越城区税务局课题组

税收是国家财政收入的重要保证，从占税收总比重来看，目前个人所得税已成为我国第三大税种。同时，个人所得税也是进行居民收入二次分配的重要手段，体现了个人所得量能负担的原则。随着社会生产力的飞速发展，国民收入不断增加，居民对税收公平的诉求越来越强烈，个人所得税征管工作中的各种弊端和矛盾也日渐凸显。2018 年个人所得税的第七次修订具有里程碑式意义，它标志着个人所得税正式步入了混合税制时代，给纳税人带来了普惠性税收红利。此外，随着网络科技与信息技术的不断发展变革、个人收入来源的差异化与多元化，现行个人所得税征管体系存在的短板进一步显现，税款流失的同时也弱化了居民收入二次分配的效果。优化个人所得税征管体系，最大可能堵塞征管漏洞，对国家组织财政收入与促进居民税收公平都有重要意义。

一、个人所得税征管基本情况

（一）越城区 2019、2020 年度汇算清缴数据对比

2019 年，越城区全区共 82248 人完成个人所得税年度汇算清缴，其中：6867 人申报补税，33484 人申报不补不退，41897 人申报退税。2020 年，全区共 102951 人完成个人所得税年度汇算清缴，其中：8399 人申报补税，30290 人申报不补不退，64262 人申报退税。对比图 1、2 可看出，经 2019 年首轮全面汇算清缴期后，2020 年汇算申报退税的人数明显增加，增幅达 53.38%。

从表 3 补退税情况来看，2020 年补、退税金额较 2019 年均有所增长。此外，2019 年全区享受豁免补税 2876 人，豁免税款 86.26 万元，2020 年达 3765 人，豁免税款 94.55 万元。总体上，纳税人申报意识大大增强，申报过程愈加规范，税收红利惠及更多自然人。

（二）个人所得税现状及改革研究的现实意义

随着大数据时代的到来，乘着数字化改革的东风，个人所得税征管模式中信息来源、收集和处理电子化、数字化的比重必然会大大提升。从大数据中获

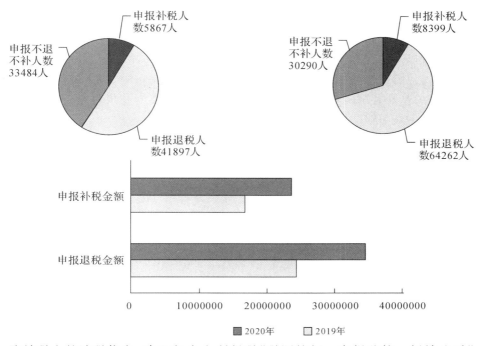

取纳税人的涉税信息,建立起个人所得税"税源挖掘—申报监控—征纳比对"流程,能有效实现个人所得税的高效征收,完善税务机关对个人所得税的专业化管理,提升税收风险管理成效,为未来个人所得税征管模式提供新的思路。

二、个人所得税征管困境

（一）内部征管机制存在缺陷

1.征管规范不全面

当前个人所得税征管规范的不全面主要体现在总体税收立法层级不高、税收法条内容变动频繁、政策文件和税收法规之间打补丁现象严重。目前,涉及个人所得税征管的法律只有《个人所得税法》和《税收征收管理法》,其他大多为行政规章、部门决定以及地方政府自行制定的征管措施。

2.强制执行力薄弱

由于我国税收征管缺少税务警察制度,使得税务机关在税务强制方面显得心有余而力不足。同时,个人所得税社会关注度高、纳税人范围广,稍加强制就容易引起负面舆情。在基层税务实践中,对欠缴纳税人可以采取的措施非常有限。

（二）纳税申报与征管不相匹配

1. 自然人纳税申报遵从度不高

一直以来，自然人纳税人都处于被动纳税的地位，纳税遵从度没有得到有效提升。伴随社会纳税主体和所得来源渠道的多样化，扣缴申报的弊端逐渐显现，需要从征管制度和信息技术层面入手，推动自然人积极自行申报，养成自觉纳税的好习惯。

2. 分类与综合自行申报有困难

混合税制下必然要求纳税人提高纳税参与度，加大自行申报的力度，将自己的纳税权益最大化。现实中，对于年纪较大、文化素养不高的纳税人，自行申报就会显得吃力。由于改革后的个人所得税征管工作刚刚进行不到三年，很难对纳税人的自行申报效果进行评价。要想提高纳税人的自行申报率和申报质量，税务机关在加大投入，方便和简化纳税申报操作的同时，纳税人本身也需相应提升税收素养和主动纳税的积极性，征纳双方相互配合才能使当前困境有所改善。

（三）外部征管协税力量不够

1. 个人所得税征管协助缺乏细化规范

《税收征收管理法（征求意见稿）》中提出，构建自然人涉税信息共享机制和信息平台，加强纳税诚信管理和第三方涉税信息报送，加大纳税遵从形成。但对于涉税信息报送的范围、方式、时限等都没有细化的指引，信息报送机制过于笼统，很难落实到基层具体操作层面。

2. 非税部门涉税信息共享机制不明确

个人所得税征收具有税基充足、税源分散的特征，由于征纳双方存在信息不对称，单靠税务机关就把个人所得税征管工作做好是不现实的。在混合税制下更需要联合其他各个部门共享纳税人涉税信息，形成涉税信息共享机制，用涉税信息链条来贯穿税收征管工作。

在实际征管过程中，纳税人的涉税信息获取、分类、归集较为困难。不论是税务机关内部个人所得税跨省涉税信息共享，还是税务机关与非税部门的涉税信息共享，都还没有形成一套完整而高效的机制，相互沟通不畅，信息联网不成熟，都是当下要解决的难题。

三、优化和完善现行个人所得税征管体系的建议

（一）完善个人所得税征管体系架构

1. 优化个人所得税征管平台

目前个人所得税征管平台主要包括税务系统内部的“金税三期”系统、自然人税收管控平台和外部的自然人电子税务局、个人所得税 APP。内部系统

最显著的功能特征就是接受申报和税款查询,面对征管的复杂性应该对相应功能模块进行优化调整,提高系统操作效率。对于外部系统,简化纳税申报界面,增强功能操作指引,降低系统操作的错误风险。

此外,在目前拥有这 4 个征管平台的基础上,可以考虑建立自然人税收综合系统,对不同平台的征管数据进行实时汇总和预警分析,实现个人所得税数据的稽核比对。当比对出现异常时进行预警提示,税务机关可以联系纳税人进一步核实,有效降低信息不对称带来的征管风险。

(二)规范个人所得税征管纳税申报

我国个人所得税纳税遵从度不高主要有两方面原因,一是个人所得税作为直接税服务于社会收入再分配,是对纳税人直接利益的一种剥夺,容易使纳税人产生消极思想和抵触情绪;二是财政支出信息披露的不足,一定程度上降低了纳税人对公民纳税义务和税款用途的认知,依法纳税思想日渐消退。要想提高纳税人纳税遵从度,税务机关还需要付出更多的努力:

1. 加强公民法定纳税义务的普及

长久以来,我国社会的传统文化并没有孕育一个良好的纳税环境,税务机关必须加强税法权威的普及,克服当下纳税环境的阻力。

2. 拓宽税收政策的宣传面

税收政策针对的不仅是企事业单位、国家行政机关,也包含每一位社会公民,特别是对优惠政策的宣传,更能引起全民关注,激发全民纳税的积极性,主动享受税收红利。

3. 加大税收违法行为的处罚力度

同前文所述,个人所得税因其社会关注度高、涉及面广,稍加强制就有可能造成负面舆情,税务机关能够采取的措施非常有限,导致纳税人税收违法收益大于税收违法成本。只有进一步完善立法,凸显税法的权威性和依法纳税的不可逃避性,提升针对逃避缴纳税款等行为的处罚力度,才能从制度上有效打击税收违法行为,有效督促纳税人依法纳税。另外,可以将税收违法行为计入个人诚信档案,建立税收违法黑名单。

(三)推进个人所得税征管信息化建设

1. 建立第三方涉税信息共享平台

个人所得税属于混合所得税制,无论是纳税人取得租金、转让财产等收入,还是六大类专项附加扣除项目,税务机关独自获取这些海量信息都存在很大难度。而纳税人单方面的自行申报又不能完全保证涉税信息的全面性和准确性,这就需要建立第三方涉税信息共享平台,联合多部门形成涉税信息共享机制,解决税务机关对于纳税人信息不对称的先天劣势。第三方涉税信息交互系统,可以以居民身份证号码为依托,对纳税人个人基本信息、历史税收征管数据、金融交易活动、资产所有权和分布、社会保险参保、家庭组织构成、婚姻状况等信息在各部门之间实现即时传输和共享,形成个人所得税征管工作强有力的支撑。

2.加强税务系统内部涉税信息整合

诚然,税务系统内部存在沟通不畅的情况,部门之间容易形成信息孤岛,涉税信息的整合力度还需要提升。

一方面,可由征收管理部门、税源管理部门、纳税服务部门、财产和行为税部门、货物和劳务税部门、风险管理部门、非税收入部门、信息中心等多部门组建个人所得税协同工作小组,建立多税种协同的工作机制。各部门利用自身职能特点和业务范围优势,及时汇总纳税人涉税信息。通过对纳税人申报信息与税务机关内各部门汇总信息的比对,以及各税种之间存在的勾稽关系,初步判断纳税人是否已对全部所得进行申报,评估漏报错报风险点。

另一方面,要推进"金税三期"系统涉税信息跨省共享。由于属地管辖原则,加之考虑到征管信息的安全性,"金税三期"系统还没有实现个人所得税代扣代缴和自行申报数据的跨省查阅和获取。但就近两年对辖区内高收入重点人群的统计数据来看,80%以上的高收入人群存在跨省收入,如果任何一方的扣缴义务人没有完全尽到扣缴义务,税务机关也无法查阅详尽,最终会影响到年度汇算清缴的申报结果。

3.探索自然人纳税信用等级评定系统

在个人所得税征管过程中,税务机关可以效仿企业的纳税信用等级评定方法,在一定周期内对自然人履行纳税义务情况进行纳税信用等级评定,建立自然人纳税信用等级评定体系。信用级别评价高的自然人,可以在纳税申报事项上提供绿色通道。信用级别连续若干年度评价低的自然人,可以考虑将其列入纳税黑名单,实行重点监控。此外,自然人纳税信用等级评定结果还可以作为重要参考反馈给其他部门,形成多部门的联合奖惩机制,逐步使自然人养成良好的纳税习惯。

新个人所得税法实施后我国进入混合税制时代,符合我国个人所得税的征管国情,是征管改革进程中的一次巨大进步。在纳税人收入来源渠道日趋多样化的形势下,原有个人所得税征管方式存在的弊端也逐渐显现,为了更好地适应个人所得税改革,进一步体现税收公平、提升征收效率,与个人所得税相关的征管配套制度和措施都需要进行完善和调整。正是因为这样的动机,我们才见证了个人所得税改革一次又一次朝着积极的方向展开。然而,个人所得税征管体系的优化并不能一蹴而就,需要不间断的动态调整,是一项长期的学术理论研究与税收征管实践。同时,它不仅仅是税务部门研究的课题,更是一个社会性课题,需要众多学者、专家、纳税人共同参与,多部门相互配合,加强论证,突出可操作性,做出符合我国社会经济发展和实际国情的征管最优方案。

课题组成员:徐梦蝶(执笔)

完善个人所得税制度研究
——以瑞安市劳动密集型行业
个人所得税管理为例（三等奖）

国家税务总局瑞安市税务局课题组

2019年新个税法正式实施，首次在我国建立起综合与分类相结合的个人所得税制度。此次个税改革坚持以人民为中心的发展思想，紧扣我国社会主要矛盾变化，着眼解决原来个人所得税制中存在的突出问题，在促进社会公平方面实现了很多突破性进展。但改革的落地需要扣缴义务人和全体纳税人的参与，在劳动密集型行业，个人所得税纳税人基数庞大，存在改革落地难，政策执行难度大等问题，如何提高全行业纳税意识和税改获得感，为个人所得税税制改革提供群众基础保障，是进一步完善个人所得税制度，增强国家综合治理能力的重要课题。

一、劳动密集型行业从业人员特点分析

因稳定完善产业链和国家发展水平需要等，在经济高质量发展的当下，劳动密集型产业依然是我国政策发力重点。劳动密集型企业进行生产主要依靠大量使用劳动力，而对技术和设备的依赖程度低，比如传统制造业、建筑安装业等。此类企业点多面广，吸纳劳动力能力强，个人所得税纳税人基数十分庞大。经测算，瑞安市2020年度应汇算人群共8.5万人，其中制造业及建筑业人数达5.12万人，占总数六成以上。劳动密集型行业对瑞安市经济发展有着巨大贡献，但其行业从业人员的固有特点对完善个人所得税政策、征管制度设计等提出了更高的要求。

（一）人员流动性强

劳动密集型企业聘用劳动务工人员大多是周边县市或者外地人员，员工之间跨地域广，且受年龄、价值观和个性特征等的影响，从业人员的流动性相对比较频繁。根据相关数据统计，建筑安装业、传统制造业的企业员工离职率远远高于其他行业。

（二）收入不稳定

在劳动密集型企业里，对一线员工的劳动计酬简单，多使用计件或计时工资，收入的多少直接与劳动数量或劳动时间挂钩，部分行业还存在季节性波动，从业人员收入相对不稳定，部分行业对从业人员的体能要求较高，如建筑安装业等，随着从业人员年龄的增长，其收入将不断下滑。

（三）税法和财务知识欠缺

劳动密集型企业里低学历人员比重普遍较大，其教育程度直接影响企业员工对个税法的政策认知及自主办税能力，容易出现税收优惠政策"应享未享"或"超范围享受"等情况，员工自主办税能力的欠缺也使单位财务人员面临着集中办税的工作压力，一定程度上影响了扣缴申报质量。

（四）纳税意识淡薄

分类所得税制的长期运行，个人所得税一直由扣缴义务人代扣代缴，员工个人缴纳所得税的思想基础薄弱，加上行业从业人员法制观念普遍不强，缺乏主动接受税法宣传的意愿，使得从业人员纳税意识尤为淡薄。

二、劳动密集型行业个人所得税征管现状

劳动密集型行业个人所得税纳税人数量大且流动性强，从业人员涉税信息隐蔽且分散，收入不稳定且纳税意识不强，大大增加了税务机关的征管难度；个税改革后，更加强调每个纳税人的自主申报责任，而部分政策专业性较强，纳税奉行成本较大。在总结瑞安市综合所得扣缴申报及纳税人年度自行汇算申报工作经验的基础上，可以看出目前行业个人所得税征管效率较为低下，主要表现为以下几点：

（一）自然人基础信息采集质量低

基于现行个人所得税以代扣代缴为主要征收方式，自然人基础信息的获取主要依托扣缴义务人填报《个人所得税基础信息表（A表）》，该表作为目前主要的个人基础信息采集来源渠道，一方面既要采集自然人纳税人的必要涉税信息，还要兼顾扣缴义务人的申报工作量。因此，采集的自然人信息数量较少。而大部分劳动密集型企业，尤其是建筑安装业，员工数量庞大，且流动性强，这对财务人员造成了巨大工作压力，因此在采集自然人基础信息时，尤其是采集一线工人信息时，为图方便，纳税人手机号码、任职离职日期等关键信息往往未采集或采集错误。

（二）年度汇算申报率低

依据税法规定，居民个人取得综合所得（即工资薪金、劳务报酬、稿酬、特许权使用费四项所得），按年计算个人所得税，需要办理汇算清缴的，应当在取得所得的次年三月一日至六月三十日内办理汇算清缴。截止 2021 年 6 月 30

日,2020 年度瑞安市总体综合所得汇算完成率为 79.07％,其中建筑业汇算完成率仅为 35.44％,部分纺织业、制鞋业等典型劳动密集型企业完成率也不到50％,远低于地区平均进度。通过数据分析发现,劳动密集型行业人员未汇算人群绝大部分测算属于年度汇算应退税情形,但是退税金额较小,而其中大多数从业人员主观愿意申报但不会操作,主要是缺乏相关专业知识;但主观不想履行申报义务、经过提示提醒辅导也不主动履行的纳税人也占了很大比例,主要是退税金额较小不愿麻烦。

（三）税收优惠政策享受不到位

个人所得属于个人所得税法规定的十种情形的可以免征个人所得税,属于残疾、孤老人员和烈属所得或者因自然灾害遭受重大损失的也可以减征个人所得;最新颁布的个人所得税法中还新增了六项专项附加扣除,分别是子女教育、继续教育、住房贷款利息、住房租金、赡养老人和大病医疗。这一系列税收优惠政策的享受,需要纳税人具备一定的政策理解能力和办税能力。在实务中发现,劳动密集型行业从业人员主动填报专项附加扣除和享受其他税收优惠的人数较其他行业明显较少,主要是大部分从业人员缺乏相关税收优惠政策的理解能力和办税能力,且单位财务精力有限,无法一一进行辅导;而税务机关由于资源有限,纳税辅导往往只针对单位财务,导致大多数从业人员无法充分享受个税优惠政策。

（四）异议申诉数量多、比重大

为维护纳税人合法权益,纳税人在办理个税业务时,如果发现身份信息被冒用或者认为某条收入信息并非本人实际取得,可以通过个人所得税 APP、WEB 端或者到办税服务大厅对有异议的记录发起申诉。申诉的情形主要包括:对任职受雇信息的异议、收入纳税明细的异议。2020 年度瑞安共受理2091 次自然人异议申诉件,共涉及 855 户扣缴义务人,根据行业统计,其中制造业、建筑业占总数七成以上,被申述对象主要为劳动密集型企业。由于人员情况复杂,且存在扣缴申报管理不规范等问题,从业人员被收入、被任职受雇情况时有发生,因此异议申诉数量多、比重大,且集中在年度汇算期间提出申诉,税务机关需要付出大量人力物力来处理异议申述,使得行业个税征纳成本明显增加。

（五）个税 APP 实名注册率低

随着征管技术手段的不断升级,国家税务总局推出了"个人所得税 APP"并不断完善。以往的个人信息由企业会计统一填并报管理,质量并不理想,现在个税 APP 作为纳税人自行申报的主要渠道,为提高综合所得税年度汇算申报质量、提升纳税人办税便捷度等做出了重要贡献。推广个税 APP 一直是各级税务机关的工作重点之一,但效果不佳。截至 2021 年 10 月,瑞安市 APP

注册率为 32.21％,其中制造业为 25.66％,建筑业仅 16.76％,可以发现在劳动密集型行业,个税 APP 注册率明显更低,只有少数应参与年度汇算的纳税人,会在单位财务的帮助下,"被动"实名注册安装个税 APP,对行业从业人员征管效率的提升效果不明显。

三、凸显我国现行个人所得税制度所存在的问题

(一)未合理缩小汇算退税人群范围

2018 年修订的《个人所得税法》提高了费用减除标准并增设专项附加扣除,大幅降低了个税纳税人的数量,但数量仍然庞大,由此而产生的退税和补税的规模也是庞大的。为此,财政部 税务总局公告 2019 年第 94 号规定,2019 年 1 月 1 日至 2020 年 12 月 31 日居民个人取得的综合所得,年度综合所得收入不超过 12 万元且需要汇算清缴补税的,或者年度汇算清缴补税金额不超过 400 元的,居民个人可免于办理个人所得税综合所得汇算清缴。这项规定大幅缩小了补税人群数量,缓解了改革初期工作量剧增的压力。但是现阶段制度未合理缩小年度汇算退税人群范围,以瑞安市为例,2020 年度测算应汇算人数为 8.5 万人,其中 3.24 万人测算退税金额在 50 元以下,占全市应汇算人群的 38.12％,其中测算退税金额 10 元以下 0.96 万人,占全市应汇算人数的 11.29％。面对大量的汇算退税审核任务,基层税务机关不堪重负,且小额退税申请占比高,税务机关的付出与纳税人获得感的提升不成正比。

(二)专项附加扣除政策执行难度大

新个税增设了子女教育、赡养老人、住房贷款、住房租金、继续教育、大病医疗等六项专项附加扣除政策,与人民群众生活密切相关,但专项附加扣除想象空间较大,实际操作难度也不小,纳税人将额外产生税收遵从负担。同时,实现专项扣除的前提,是税务机关对纳税人方方面面信息的充分掌握,牵涉到部门协调合作,由于相关机制的缺失导致专项附加扣除政策在执行中存在困难,带来了较大的征管成本。根据瑞安市专项附加扣除采集信息统计,以瑞安市为例,2020 年度仅 33％纳税人申请了专项附加扣除,而年度汇算事后抽查风险应对任务中,关于专项附加扣除的疑点数量包含总数的九成以上,主要是因纳税人家庭重组、子女异地就学、纳税人填报失误等原因导致总对总无法核验或核验有误而产生风险疑点,该类疑点对符合享受条件的纳税人带来了困扰,且核实疑点需要纳税人较高的配合度,否则疑点核实工作难以开展。

(三)个税扣缴信息获取较被动

根据《个人所得税扣缴申报管理办法(试行)》(国家税务总局公告 2018 年第 61 号)第十三条规定,支付工资、薪金所得的扣缴义务人应当于年度终了后两个月内,向纳税人提供其个人所得和已扣缴税款等信息。纳税人年度中间

需要提供上述信息的,扣缴义务人应当提供。纳税人取得除工资、薪金所得以外的其他所得,扣缴义务人应当在扣缴税款后,及时向纳税人提供其个人所得和已扣缴税款等信息。在多数劳动密集型企业,由于单户企业纳税人众多,扣缴义务人个税工作压力较大,"扣而不告"的情形普遍存在;且多数行业纳税人因缺乏税收意识等原因,往往不会主动索取。由于相关规定未明确扣缴信息的告知形式,因此在实务中往往难以落实,纳税人不能及时获取自己的个税扣缴信息,导致在汇算期间出现大量异议申诉,影响纳税人合法权益和办税体验的同时,增加了税务机关的工作压力。

(四)个税宣传辅导缺乏针对性

税收宣传辅导是重大税制改革顺利落地的重要保障,此次个人所得税改革,从分类所得税制过渡到综合与分类相结合的个人所得税税制,需要税务机关直接面向自然人纳税人开展个税新政的宣传辅导,由于基层税务机关缺乏相关自然人税收宣传经验,现阶段个税宣传资料往往由税务总局统一印发,因此个税宣传资料形式较为单一,缺乏宣传针对性和长效性,难以触达每一位纳税人。在传统劳动密集型企业,针对普通从业人员的税收宣传内容和形式缺失,宣传材料及对象往往只针对企业财务及管理层人员,使得全民纳税意识的形成存在源头性问题。

(五)涉税信息交换共享机制缺失

当前税务机关获取个人信息来源途径单一,尤其是基层税务机关,涉税信息基本上为扣缴义务人报送及少部分纳税人自行报送,由于缺失相关信息交换共享机制,基层税务机关掌握的纳税人信息存在较高的错误率,对纳税人收入情况也无从掌握,造成了税源流失。国务院印发的《专项附加扣除暂行管理办法》细则上规定了公安部等十个部门有责任和义务配合税务机关获取个人所得税涉税信息,不配合的相关部门或者单位主要负责人及相关人员应承担相应责任,但责任的追究以及相应惩戒措施并没有明确,不具有法律的权威性。而当前正在施行的《征管法》规定:"有关部门及单位须尽可能为税务机关执行职务提供支持与协助",内容上对涉税信息共享的规定较为模糊笼统。当前,劳动力市场管理越来越规范,住建部更是出台了《建筑工人实名制管理办法》,个人所得税涉税信息获取途径不断扩充。但从执行层面看,现行法律法规对于涉税信息共享的规定缺少可操作性,且缺乏约束力。

四、完善个人所得税制度体系的意见建议

针对劳动密集型行业中个税管理所遇到的征管困境及当前个人所得税制度所凸显的问题,就完善个人所得税制度体系提出如下几点建议:

（一）进一步缩小汇算清缴人群范围

进一步缩小汇缴面,有助于基层税务机关减负,集中人力物力对重点人群的纳税辅导,充分听取纳税人的意见,从而促进年度汇算制度的不断完善。在改革初期,我国豁免了应补税款不超过 400 元或收入不超过 12 万元的纳税人的申报义务,有效缩小了汇缴面,缓解了在改革初期征纳双方经验不足、工作量剧增的矛盾。为进一步缩小汇缴面,可考虑年度汇算退税金额在 50 元以下的,汇算期间不予退税,该部分多缴税额可在以后年度预扣预缴或汇算清缴期间抵减税额,既可以缓解大多数小额退税人群的办税压力,同时可以缓解税务机关在汇算期间的退税审核压力。

（二）优化专项附加扣除政策体系

当前我国专项附加扣除政策共有六项,包括了民生相关的各个领域,较好的体现了税收公平,但带来了征管成本的增加,一定程度上影响了征管效率。为此可考虑进一步简化专项附加扣除填报信息和制度设计,如子女在学龄期间无需填报学籍信息,简化赡养老人分摊方式,非独生子女采取定额扣除 1000 元/月等;同时考虑设立专项附加综合扣除,综合扣除的标准可以设定为近两年人均享受扣除金额,如 2000 元/月,保证每个人均可享受专项附加扣除政策红利,但是只能选择适用综合扣除与分项扣除中的一种,以解决部分人群难以充分享受专项附加扣除导致税收负担重的问题。这避免了税务机关对专项附加扣除后续审核压力,降低征管和遵从负担的同时,能让纳税人充分享受个税改革红利。

（三）明确自然人纳税人分级分类管理制度

2016 年国家税务总局印发了《纳税人分级分类管理办法》,其中第十条规定:自然人分类以收入和资产为主,兼顾特定管理类型。该规定表述笼统,未落到实处。随着个税改革的深入开展,可根据个人所得税纳税人不同意愿和能力实行分类服务,将纳税人按照遵从能力和意愿划分为多种类型:(1)主动履行纳税义务;(2)主观不想履行纳税义务但经过提示提醒愿意履行;(3)主观愿意履行纳税义务但不会履行;(4)主观不想履行纳税义务经过提示提醒也不主动履行;(5)主观抗拒需要采取相应措施。劳动密集型行业人员结构复杂,采取动态标签化管理手段并体现在自然人税收管理系统,可以增强税收执法和纳税服务的针对性,优化税收服务资源配置,提高征管效率。

（四）完善个人所得税宣传及自然人纳税服务体系

针对不同行业自然人特点,推出个性化个人所得税宣传口号和具有针对性的宣传产品等,针对劳动密集型企业的纳税人,宣传资料要更加通俗化,更加贴近生活与工作,并开展形式多样的宣传辅导培训,实现征纳双方"零距离"良性互动。同时要进一步简化纳税人办税流程,减少资料报送,拓展多渠道办税途径,畅通纳税人异议申诉维权途径,充分保障纳税人的知情权,出台扣缴义务人对纳税人"扣而不告"的罚则,深入推进"互联网＋税务"各项便民举措,为个人提供更加便利的扣缴信息查询渠道,若条件成熟,可通过手机短信实时提醒纳税人扣缴信息,充分保障纳税人在预扣预缴环节的知情权和参与权。

（五）大力推广先进自然人征管技术手段

完善个人所得税制度需要先进的自然人征管技术手段作为技术支撑,国家税务总局推出的"个人所得税 APP"是自然人征管技术手段的一大进步,所有纳税人都可以通过个税 APP 实现申报与缴税,查询自己的纳税记录,查看自己的任职受雇信息是否准确,填报专项附加扣除信息等,个税 APP 拉近了自然人纳税人与税务机关之间的关系,提高了纳税服务的便捷度。大力推广个税 APP,鼓励纳税人进行实名注册,有助于自然人征管体系的完善,为此可将推广个税 APP 落实在个人所得税日常管理工作过程中。若技术条件成熟,可借助支付宝、微信等平台,以"小程序"的形式来扩大普及面。

（六）健全税收信息共享交互机制

充分利用其他部门的涉税信息,应统一规定组织领导、信息传递、信息标准和共享范围等,明确信息报告制度及相关部门在信息共享中的责任,并搭建全国统一信息交互平台,增强信息交换工作的可操作性;同时应制定自然人涉税数据安全保障法律,严格自然人涉税信息保密机制,对涉税信息报告程序、公开范围等予以明确,使纳税人信息保护通过加强信息收集、共享和使用过程中的保密机制得以实现。如建筑业个人所得税管理,可以采取相关机制以利用住建部门和人社部门的从业人员实名信息,提高纳税人基础涉税信息的准确性。

五、结　论

本文从瑞安市劳动密集型行业个人所得税管理出发,在总结综合所得扣缴申报及纳税人年度自行汇算申报工作经验的基础上,剖析个人所得税征管现状和问题,主要是政策设计、征管手段、信息交互、税收宣传等方面的局限性,从而提出完善个人所得税制度的几点思考和建议。新个人所得税法实施以后,我国个人所得税征管模式发生了根本性变化,相应的征管体制和制度设计也必须与新个人所得税相适应进行革新。由于劳动密集型企业个人所得税管理的特殊性,在征管过程中,难免会遇到许多问题和困难,需要更加完善的税收制度来规范行业个税扣缴管理和纳税人自主申报。但任何重大改革都不可能一蹴而就,完善个人所得税制度需要各级税务机关的持续努力及广大纳税人的共同配合。由于数据和知识水平的有限性,本文在研究深度及广度上未下足功夫,还存在不足之处有待指正。

课题组组长:林　辉

课题组成员:项小海　舒增杰(执笔)

完善个人所得税制研究（三等奖）

国家税务总局松阳县税务局课题组

根据中央及税务总局关于加大税收、社保、转移支付等调节力度,扩大中等收入群体比重,增加低收入群体收入,合理调节高收入群体等决策部署,如何在社会经济高质量发展中充分发挥个人所得税(以下简称:个税)的调节职能,已成为当前面临的一个新的重要课题。本文在简要介绍个税实施亮点基础上,针对当前个税面临的一些问题展开探讨,就如何完善个税税制提出几点建议。

一、现行个税实行的主要亮点

近三年来,随着个税改革不断深入,成效十分显著,广大纳税人尤其是中等以下收入群体的税负普遍降低,受益面广。尤其是每年的汇算清缴,加深了广大纳税人对税收的认识,增强了依法纳税观念。现行个税在实施过程中的主要亮点有:

(一)综合分类所得相结合征税促税负公平

除了保留经营所得、利息股息红利所得、财产租赁、财产转让等分类收入以外,将居民个人的工资薪金、劳务报酬、稿酬和特许权使用费等四项归类为综合所得,按年度综合所得计算个人税,初步尝试综合与分类所得相结合的所得税制取得了成效,有效促进了不同职业群体间的税收平衡。对普通工薪阶层可按分月预缴或年度汇总、多退少补的方式进行纳税;对于每月收入不稳定的纳税人,每月的税负压力更小,在保证年度收入与税负持平的情况下,可有效促进税收的公平性。

(二)优化税率级距更能够强化个税调节功能

现行个税,一方面,对 25％,30％、35％和 45％税率的级距上限并未做出调整,保证了对高收入群体的调节力度;另一方面,扩大了 3％、10％和 20％等低税率的级距,其中 3％税率级距上限扩大了 1 倍,10％、20％税率的级距上限扩大了近 1.7 倍,扩大低税率的适用范围,降低中低收入群体的纳税负担,从而增加其实际收入。个税的调节个人收入分配的功能得到进一步增强。

（三）提高基本费用扣除标准维护税收公平

现行个税将基本费用扣除标准从 2011 年前的每月 3500 元，提高到每月 5000 元，并删减了外籍个人附加减除费用的规定（但根据《财政部税务总局关于个人所得税法修改后有关优惠政策衔接问题的通知》精神，符合条件的外籍个人在 2021 年 12 月 31 日前，仍然可以在个人所得税专项扣除和津补贴免税优惠，包括住房补贴，语言训练费，子女教育费），逐步消除了"内外"居民差别。将居民和非居民逐步归于统一的税收规则下，进一步促进了税制的公平性。

（四）增加专项附加扣除不断提高政策优惠

现行个税最大的亮点是直击民生痛点，增加了专项附加扣除，主要包括：子女教育、继续教育，大病医疗、住房贷款利息或者住房租金，赡养老人六项支出扣除。不断加大了费用支出的扣除力度，直接减轻了个税负担，能更好地体现出个税改革人性化。与此同时，增加专项扣除后，税务部门还通过现代科技及信息化等技术手段，强化了税收大征管体系。如，在医疗卫生，社保教育、银行，房管、公安等相关部门配合下，就能及时掌握纳税人个人及家庭相关信息，能有效监控大病医疗、继续教育、子女教育、房贷利息和房租等专项附加扣除信息。

（五）明确了居住地身份判定强化信息监控

现行个税进一步明确了居民和非居民纳税人的身份判定，将居民身份的时间判定标准，由在中国境内居住时间满一年调整为满 183 天。不仅压缩了"居民"居住时间，也进一步明确了时间概念，简单明了、易于判断，有利于税务机关和银行等相关部门间进行税务信息及情报交换，提高涉税信息监控力度，进一步发挥共同申报准则（CRS）的制度作用。

（六）增设反避税条款能有效监控个税流失

现行个税从强化税收征管入手，首次增加反避税条款，进一步完善了个税征管制度，强化税收监控，能营造更为公平和透明的税收环境。如，针对个人不按独立交易原则转让财产、在境外避税地避税、实施不合理商业安排获取不当税收利益等避税行为，赋予了税务机关按合理方法进行纳税调整的权力等。

二、现行个税面临的主要问题

在个税法修订后不久，中央就提出了"建立和完善新个税制度"。反映出现行个税仍然面临着一系列问题，课税模式不足之处凸显，完善及强化个税征管等改革工作，再次摆在了税务部门面前。目前，现行个税还面临着以下主要问题：

（一）"小综合＋大分类"仍然存在局限性

随着社会经济市场不断发展和改变,纳税人收入渠道呈现多元化趋势,其具体的经济来源往往难以得到准确划分。此次,个税改革仅将工资薪金等四项所得纳入综合计征范围,很多收入难以囊括,税负不公问题仍然突出。如,高收入群体的主要收入来源是资本所得,但资本所得只有单一的比例税率20％,而工资薪金采用7级累进税率,所得最高税率达到45％,全年工资超过36万以上,超过部分适用税率就达到25％。按现行税率结构测算,一个年薪百万的工薪阶层成员,所需承担的个税约45万元,实际税负为45％。若通过股息、红利、财产转让,股票转让等方式获得的利润,其所适用税率为20％,且个人转让股票取得的收入暂不征收个税（也即20％是此类收入的最高税负）,相对于承担45％的税负纳税人而言,税负至少减少25％。可见,"小综合＋大分类"征管模式,仍然给税负公平性带来了严峻挑战。

（二）税率结构过于复杂影响税收征管效率

目前,在税率结构设置上还存在一些问题,主要有:

1.七级税率级距不合理。国际上普遍的税率设计是四至五级,而我国现行个税税率结构级次为7级,过多的税率级次设计使得征管难度增加,造成制度设计成本浪费。

2.较高边际税率不科学。目前,我国最高边际税率一直维持在45％,对于高收入人群仍面临着较高税负。设定最高边际税率需要兼顾两方面需要:一是引进与留住人才,二是保证收入分配的公平。我国经济发展更依赖于高新技术产业及人才,而高边际税率给引进及留住人才带来冲击。人才和"高薪"外流情况相对突出。

（三）现行个税纳税申报仍然缺乏横向公平

目前,个税在征收过程中以个人为纳税单位,在充分考虑家庭负担等方面仍然不足。如,各家庭情况千差万别,负担各不相同,"多人养一口"和"一人养多口"所形成的家庭负及家境担截然不同,而以个人为纳税单位显然不符合横向公平原则,未充分考虑到家庭综合负担。至于个人申报的初衷,是对纳税人所得进行源泉扣缴,虽可在一定程度上降低征纳成本,提高税收行政效率,但在中国的传统生活中,家庭是最基本单位,家庭负担的轻重会影响家庭消费支出及家境（如《以个人为纳税单位对相同收益家庭可支配收入的影响》所示）。

以个人为纳税单位对相同收益家庭可支配收入的影响　　　　单位:元

收入情况		总收入	应纳税额	可支配收入
甲夫:5000	妻:5000	10000	0	10000
乙夫:6000	妻:4000	10000	(6000-5000)×3‰=30	99970
丙夫:8000	妻:2000	1000	(8000-5000)×3‰=90	99910

从表中三种常见情况分析,虽家庭总收入相同均是 1000 万元,但各个家庭因以个人为单位纳税所造成家庭间税负存在差异,显然对家庭可支配收入存在一定影响。

(四)税前扣除缺乏弹性弱化个税调节功能

现行个税每月扣除费用标准,虽由原来的 3500 元提高至 5000 元,表面上分析居民收入增多,有利于促进消费,但我国地域广大,东西南北经济差异较大,各省市收入和消费水平不一,扣除费用"一刀切"会在不同程度上弱化个税的调节作用,有失公允。另外,扣除费用标准缺乏自动调整机制。扣除费用主要是用来扣除纳税人取得收入的成本费用和生计支出,而随着物价水平和纳税人生活支出成本的变化,固定不变的扣除费用标准也不科学,一旦扣除费用标准的调整落后于物价水平的变动,无形中会加重纳税人的负担。

(五)专项附加扣除不够细化影响税负公平

现行个税规定:纳税人可以享受子女教育、继续教育、大病医疗、住房贷款利息、住房租金和赡养老人等六项专项附加扣除。该规定虽对减轻纳税人负担起到积极作用,也带来一定的税收福利,但也暴露出了一些问题,很多必要支出仍未能纳入其中。

1. 应尽教育支出未纳入扣除范围有失公允。一是教育支出方面,0-3 岁教育未纳入扣除范围。随着鼓励 2 胎,放开 3 胎等生育政策正式实施,不仅 0-3 岁婴幼儿数量有所增长,而且托幼服务及物价等费用在上升。此类教育抚养费未纳入个税扣除范围,必将大大增加家庭负担。二是继续教育支出扣除还不完善。目前,非全日制硕士、博士研究生教育不纳子女教育扣除范围而列入继续教育范畴,有失公允。首先全日制和非全日制研究生都是通过国家统招统考进入大学,二者没有实质性的区别,如果把这两种教育区分开来,不仅是对平等教育权的否定,而且对现行教育体制的否定。

2. 大病医疗支出扣除等不完善有失科学性。一是病人密切相关的费用未纳入扣除。大病医疗费用是指住院期间花费的治疗费用,而病人的康复费、诊所费用、拿药费未纳入扣除范围,这些费用都与病人密切相关。同时,对于大病医疗支出的税前扣除,可以由纳税人本人进行扣除或者由其配偶进行扣除。

患病者为未成年子女,可以选择由其父母任意方扣除,这里仅仅涉及了夫妻与未成年子女,但是现实生活中年迈的父母更容易生病却未包括,显然不科学。二是扣除范围有待进一步商榷。随着我国保险行业的不断发展以及公民保险意识的提高,高收入的家庭不仅仅停留在对基本医疗、大病医疗保险的参与,更多的家庭参加了商业保险,而我国个税法所新增的大病医疗专项附加扣除标准,是扣除医保报销后个人负担累计超过 1.5 万的部分,并没有说明商业保险是否可以扣除,这可能会造成税款的流失。

3.住房贷款利息扣除不完善影响个税调节初衷。一是未考虑地区差别。住房贷款利息扣除是统一的,以实际发生贷款利息那年度的 1000 元/月的标准定额扣除,但是不同城市房价相差很大,根据我国房价行情网的最新数据统计:截至 2021 年 6 月份,杭州的房价以 38898 元稳居浙江全省首位,湖州均价则为 12915 元。如,收入相同的两个人所处不同城市,房价水平不尽相同,假设收入均为 10000 元,甲的房贷为 6000 元,乙的房贷为 2000 元,两人面临的住房压力却相差巨大。二是未考虑住房类型。住房贷款利息转向附加扣除项目,是为了解决公民住房难的问题的。因此,在住房贷款利息的扣除中,应当考虑纳税人所购住房的类型。如,对于购买高级公寓、度假村的纳税人来讲,即便其用贷款购买,其收入水平也不会面临"住房难"的问题。可见,若纳税人购买的房子类型不同,却可以享受相同的优惠扣除,显然有违"个税调节"初衷。

4.住房租金扣除不科学影响个税政策落实。现行个税住房租金扣除还存在一些细枝末节的小问题。如,目前租房合同发票,诸多房东需要到税务部门代开,且需要一定的税费,一些房东会在租金的基础上把这部分费用加到房子的租金内,一些人因此不愿意租有合同的房子,不仅会导致税收流失,也会诱发租房市场混乱。再如,住房贷款利息与住房租金不能同时享受扣除并不科学。现在大部分房子都是先开始还房贷,工程结束再验房收房。若纳税人租房子的同时,还在当地购买了居住房并开始还贷款,次月仅可选择扣除购房贷款利息或住房租金其一,此时纳税者房租、贷款同时存在的情况下,享受的优惠还减少了,压力不容小觑。

5.赡养老人支扣除也还存在一些不足之处。赡养老人是中华民族的传统美德,也是法律规定的公民们不容推辞的义务,个税专项附加扣除体现出国家对老人的体贴与照顾,但还存在一些不足。如,有的家庭老人双双健在,并且退休后返聘,有属于自己的基本经济来源以及高额的养老金,对于他们而言,与那些没有经济来源的老人却仅享受着同等福利待遇,显然政策设计不太合理,也不科学。

（六）大征管体系仍然不完善影响征管质效

一是信息共享系统不完善。居民个人取得税法中规定第一项至第四项所得纳入综合征收模式,按纳税年度合并计算个人所得税,并且可以享受专项附加扣除;纳税人取得税法中规定的第五项至第九项所得,依照规定分别计算个人所得税。这种征税模式对于收征管工作来说无疑是增加了难度,这需要税务机关对纳税人的涉税信息有更真实、更准确、更全面的掌握。若新个税的改革不能带来现代化涉税信息共享体系的更新,不但增加了税务人员的工作,还会造成大量税款流失。二是收入多样化发展下的有效监控不足。随着互联网发展普及,我国各行各业都进入互联网时代,一些新兴商业模式占据越来越大的市场份额。如,电商、微商、直播及互联网理财等,这些多元化的商业模式也带动了人们多元化的收入来源方式。其中很大一部分职业收入都是直接转入微信、支付宝或余额宝,而大多数消费支出也是通过支付宝等第三方平台完成。比如线上线下的消费购物以及购买互联网理财产品。我国现有的税务机关很难对这部分个人所得做到百分百的监控,从而也将导致税收的流失。特别是当前兴起的一种网络直播打赏,这种对主播打赏的方式往往是通过直播平台的虚拟货币完成,但这些虚拟货币最终可以兑换一定比例的真实货币,主播们可以利用兑换的间隙逃避税收,这也提高了我国个人所得税的监管难度。

三、进一步完善个人所得税制研究

（一）完善"大综合＋小分类"的征管模式

根据域外国家的改革经验,分类综合课税模式总轨迹是从"小综合＋大分类"转向"大综合＋小分类"。此次改革的最大亮点是分类模式变向小综合模式,具有里程碑的意义。但是"小综合"课税模式不利于纳税人之间的税负公平,比如工资薪金属于劳动性所得,而经营性所得也有劳动的性质,若单独核算不太合理。实行"大综合"课税模式拓展所得范围,将经常性劳动收入合并计算个人所得税,减轻贫富差距,从而实现税收公平,提高税收效率。所以,应该进一步深化改革,逐步扩大综合所得的范围。

（二）要进一步合理优化现行个税税率结构

我国现行的个人所得税税率级距为 7 级,比部分发展中国家税率均值高 2 级。建议将税率级缩减 2 级至 5 级。级次过多的累进税率使得税收难度加大,不利于提高征管效率。与此同时,我国现行个人所得税最高边际税率为 45%,比部分发展中国家最高边际税率的均值高 115%.因此,根据税负从轻的设计原则建议将我国降低最高边界税率,这不仅使我国的税率与国家发展相适应,而且可以吸引更多的人才。

（三）逐步实现以家庭为单位课税体现公平

个税以"家庭为单位"征收,也称"综合征收制"模式,将家庭成员一年内的各项收入进行合计,再根据家庭支出情况设定扣除项目进行扣除后计征税款。个税纳税人的纳税能力不仅受"个体"收入的影响,而且受家庭其他成员收入及家庭支出等多重因素影响。每个家庭收入情况存在较大差异,支出构成也大相径庭。而以年度内各家庭成员所取得的全部收入综合征收个税,不仅更加科学合理,且纳税户会大幅度减少,也更有利于税收征管。不可否认,个税以"家庭为单位"征收模式,把家庭实际生活成本纳入到计税范围之中,更能彰显税收的人性化,也可充分体现税收的公平性原则,是个税发展的趋势。不过,由于我国还面临着户籍管理、可能会对家庭婚姻造成不同程度的干预,以及一些税收征管等难题,都需在法律层面上逐步加以解决。所以,以"家庭为单位"应逐步推广,稳步推进。

（四）建立健全各项动态税前费用扣除标准

建立一套科学的个人所得税减除费用的动态调整模型。在这个模型中,相关政府部门将物价、工资及消费等主要因素纳入参考标准,而具体的调整额度和调整时间则根据重要模型因素来设置,比如不同地域工资与消费的比例、工资与物价的比例、通货膨胀率。这种科学的模型既能保证费用标准及时调整,又能最大限度地实现居民收入和税负之间的均衡。

（五）深入细化各项个税专项附加扣除项目。

1.完善子女教育扣除。子女教育费用扣除标准降低至0-3岁的婴幼儿。目前我国托幼服务需求不断增大、消费支出不断提高以及早期教育越来越受重视。如果把0-3岁的婴幼儿抚养费纳入专项附加扣除,不仅可以缓解一个家庭抚养新生儿的负担,而且更有利于促进我国的早期教育发展。

2.完善继续教育项目扣除。非全日制研究生是与应届大学生一样通过统招统考方式取得的教育学历（学位）,均建立学籍学历。此外,就教育费用而言,非全日制研究生教育学费员高于全日制研究生教育学费;非全日制研究生教育不能享受相关奖励政策。正因如此,继续教育的扣除标准不应与全日制研究生教育费用的扣除标准区分开来,建议将非全研究生学历（学位）教育扣除标准归纳为子女教育中,使其保持一致,从而实现税收公平。

3.完善大病医疗支出扣除。为了切实做到保障纳税人以及其家人的基本生存权,应将大病医疗专项附加扣除范围扩宽,将病人的康复费、诊所费用、拿药费纳入扣除范围同时,建议大病医疗费用扣除标准以家庭为单位,父母亲的大病都可由子女扣除;对大病医疗专项附加扣除项目的范围进行完善,将其他保险的报销数额排除在大病医疗专项附加扣除的扣除范围之外。与此同时,要建立起与保险机构、纳税人工作单位的信息沟通机制,进而保证对扣除范围的准确认定。

4.完善住房贷款利息扣除。建议住房贷款充分考虑房子的区域，不同城市的房子抵扣不同住房贷款利息费用，可以根据房子所在区域当地的均价范围，分为如一级、二级、三级地段，因地制宜地提出合理的改善方案。同时普通住房贷款利息要与高级公寓、度假村的住房贷款利息做出区分，从而实现税收公平。

5.完善住房租金支出扣除。建议将租房合同的税费减除，保证租房人的利益。同时，协调好住房租金扣除与购房利息贷款扣除政策，不能采用一刀切的方法，这样子无法达到税负公平。目前我国大部分开发商推出期房以便快速回笼资金，这就造成了部分群体在偿还购房贷款时还需要付租房租金，给购房者造成了巨大的经济压力，因此建议对于购买期房还需要付房租的纳税者在纳税时可同时享受住房租金和住房贷款利息扣除政策，当他们搬入新房后不再享受住房租金专项附加扣除，真正减轻购房又租房的家庭特别阶段的财务负担。

6.完善赡养老人支出扣除。充分考虑老人的养老金状况。对于赡养父母需考虑工薪阶层状况，不同情况采用不同的扣除数额。比如父母是工薪阶层有着稳定的工作或者养老金，那么子女在赡养老人方面经济压力会小一些，建议低额扣除标准；对于那些父母没有养老金的子女，可以采用高额的扣除标准。

（六）以信息化不断优化个税税收征管体系

1.完善信息共享机制，提高科技管税能力。为了使个人所得税征管工作在分类综合所得税制下平稳有效开展，无论是纳税人取得综合所得，还是享受六项专项附加扣除项目，都需要税务机关通过准确的信息对比进行核验。税务机关获取每一项材料都需要联合多部门进行涉税信息共享。对此，要完善第三方涉税信息共享机制。一是以居民身份证号码为依托，以"互联网＋大数据"作为支撑，对纳税人个人资料、税收历史征管数据、金融交易活动、资产拥有和分布、社会保险参保、家庭组织构成、婚姻等信息进行收集整理；二是地方各级人民政府应当积极支持税务系统信息化建设，并组织有关部门实现相关信息的共享，与其他第三方征信管理平台合作，进行资源共享，对税务部门与第三方涉税信息保有主体之间的信息联通环节进行标准、规范地建设，实现各类信息资源的综合、系统的整合；三是培养一批复合型税务人才，加大技术人才储备，不断强化科技管税能力，提高税收征管质效；四是综合运用各种互联网技术对涉税相关数据进行加密，筑起安全防火墙、定期对第三方涉税信息平台的防入侵系统进行检测，查找并弥补相关漏洞，提升对涉税信息安全保障水平；五是优化税收征管法的法律责任规定，增加对拒不提供涉税信息的单位或者个人的处罚条款,以法律的威慑力与强制力保证信息的获取。

2.完善自行申报制度,提高税收征管质效。制定成熟的纳税人自行申报税收制度,从完善纳税人实名登记到评估纳税人的社会信用,逐步培养纳税人自觉、主动、真实申报的意识,再加上税务机关的监督,以保证多元化收入纳税依法征收。与此同时,我国应不断完善现行税法,加大偷税漏税等恶意行为的惩罚力度,不断提高税务机关工作人员的专业素质,保证为纳税人提供高质量服务。此外,可通过各种方式和渠道加大对税法的宣传力度,强化公民的纳税意识,使他们清晰地认识到纳税是每位公民应尽的责任和义务,真切享受到纳税人的各种社会福利。值得一提的是,随着自行申报制度的逐步推行,税务代理等中介机构的地位和作用将日益突显。因此,应加快制定并完善税务代理行业执业规范和管理制度,从而引导该行业的健康发展。

总之,我国要解决现行个税面临的问题,需要建立健全一套科学、合理的个税体制。通过进一步推进个税改革,合理制定税改路径和方案,完善实体和程序等个税配套征管制度,并在完善综合与分类相结合的混合所得税制基础上,精细化设计个税税率和费用扣除标准,逐步推行以家庭为单位的征税模式,并从个人及税务部门"自治"向全社会"共治"过渡,才能真正减轻居民税收负担,体现税收公平原则,不断提高征管质效,以适应共同富裕及新时代经济发展的需要。

课题组组长:吴　伟

课题组成员:胡海瑞　毛玥霖(执笔)

六、完善税收政策，促进企业上市发展

税收助力浙江省产业链
高质量发展研究（特别奖）

国家税务总局浙江省税务局课题组

受逆全球化、全球贸易保护主义和新冠肺炎疫情的影响,维护产业链供应链的稳定性和竞争力,已成为维护经济发展和社会稳定的关键之举,也是确保国家安全与应对风险的重要手段。2020 年,浙江省政府决定实施制造业产业基础再造和产业链提升工程。浙江省税务部门开展"以税资政",致力于研究产业链发展,尝试构建税收经济分析指数,以量化形式研判产业链发展态势,动态监测运行质量,及时预警产业链风险,进一步助推我省产业链高质量发展。

一、运用税收数据支持产业链高质量发展的现实意义

(一)运用税收数据支持产业链高质量发展是数据赋能治理现代化的目标要求

习近平总书记指出,"要运用大数据提升国家治理现代化水平""要建立健全大数据辅助科学决策和社会治理的机制,推进政府管理和社会治理模式创新",这些重要论断,为推进国家治理体系和治理能力现代化指明了数据赋能的新路径。2021 年 2 月,浙江省发布《数字化改革总体方案》,对聚焦数字经济,加快推进产业数字化,实现基础再造和产业链提升进行了集成规划。税收大数据作为国家治理大数据的重要部分,在支持产业区域发展比较、新旧动能转换、产业升级等方面提供有利支撑。

(二)运用税收数据支持产业链高质量发展是精准助力我省打造十大标志性产业链的有力举措

2021 年,浙江省委、省政府基于制造业高质量发展和产业链提升,提出了打造安防、汽车、智能装备等十大标志性产业链的重要规划。规划指出,通过数字产业化和产业数字化,推动生产要素数据、贸易融通数据、供应链数据的融合应用。产业税收数据能够串联生产、贸易、供应链各环节,可客观揭示产业发展动态规律,明晰产业发展图谱,展现这十大产业链发展"短板",找准"断

点"和"堵点",预警发展的风险和瓶颈,在要素保障、市场需求、政策帮扶等领域精准发力,进一步推进全省产业基础高级化和产业链现代化。

(三)运用税收数据支持产业链高质量发展是培育产业链"链主"企业的重要依据

企业是生产的细胞,也是产业链、供应链的实施主体。甄选和培育产业链"链主"企业,有利于促进龙头引领,推动中小企业深度融合及全链条协同发展。应用"金税三期"、电子税务局、增值税发票管理等系统,整合企业税收数据,可甄别企业在主业发展、研发创新、行业带动等方面的能力,判定其"链主"企业资格,帮扶和引导"链主"企业,推动产业链融合。

二、运用税收数据助力产业链高质量发展的理论和实践

(一)税收数据参与经济治理的理论基础

赫希曼的不平衡发展理论认为,经济是非均衡发展的,需要突出重点产业和重点地区,要集中有限的资源和资本,优先发展少数"主导"产业。缪尔达尔的累积因果理论和劳尔—普雷维什的中心—外围理论都认为区域经济是不协调发展的,但是通过政府的引导,可以影响资源、市场、技术等要素的流向,继而促进区域经济协调发展。而无论是识别和支持优势产业发展,还是引导关键要素流通,都离不开经济数据的直观反映。其中,税收数据因其覆盖面广、及时性强、颗粒度细的天然优势,具有不可替代性。国税地税机构合并后,建立全国统一的"金税三期"征管系统并正向"金税四期"迭代升级,近 7000 万户企业纳税人和数亿自然人纳税人信息实现集中,覆盖各类经济主体经营活动基本过程的税收大数据库基本形成。税务部门利用税收大数据发布有关经济运行情况渐成常态,开展"信息治理"的条件日趋成熟。

(二)浙江省关于税收数据治理的实践探索

由企业到行业,经过多年的探索实践,浙江省税务部门在税收经济分析上已积累了较为丰富的实践经验。2014 年,推动创设"亩均税收"指标,倒逼低效企业改造提升,助力全省高质量发展再上台阶。2015 年,联合金融部门在共享小微企业纳税信用结果的基础上,推出"银税互动"项目,累计发放贷款 377.38 亿元,助力民营企业健康发展。中美贸易摩擦以来,深化税费管理与经济运行关联研究,开展行业经营分析、经济运行分析,强化综合施策,为实现"六稳六保"作出税收贡献。新冠肺炎疫情暴发后,构建"税电指数"模型,结合企业增值税发票开具信息,从购、产、销全链条,对全省 11 个重点行业、441 万户市场主体的购买能力、生产效能及销售情况开展分析,全面展现经济景气度,为省委、省政府统筹推进疫情防控和经济社会发展提供决策参考。还在全国率先建立"发票数据重构产业链"工作机制,为 1074 户企业匹配近 5 万家替代商,

促成交易 6.7 亿元。相关税收数据指标被纳入省政府精密智控指数、作为筛选"两直"补助名单的主要依据，有力推动了我省雄鹰行动、凤凰行动、雏鹰行动的深入实施。

（三）税收数据与产业链评价的关联性阐述

税收大数据关联全部市场主体，积累了每个主体的基础信息、数年的生产经营和市场交易数据，覆盖社会"生产—流通—分配—消费"各领域，能直观反映微观市场主体的经营状况和产业链条运行趋势。

溯源增值税票流，识别产业链上下游的区域分布和集中度，针对性地引导产业集聚和招商引资，平衡区域经济发展。分析增值税发票信息，反映企业供销状况等市场活动强度，配合表征生产活动强度的电量使用数据，判断企业上下游产业链协同度，针对性地帮扶企业畅通销售渠道。监测税收贡献度，通过行业税收占比、企业所得税入库等数据，研判产业发展态势，甄别龙头支柱产业和产业链"链主"企业，开展"固链"工程。比对我省与先进省份在企业所得税前研发费用加计扣除差异，分析制造行业个人所得税缴纳群体中 12 万以上高薪人数的增幅，监控我省产业链技术革新水平、关键核心技术掌握能力和对高精尖人才吸引力，建立对关键领域和重点产业的"创新驱动"激励机制，从而起到"强链"目的。比对海关进口环节应纳增值税信息，局部反映我省产业链对外依存度，警惕"卡脖子"风险，确保产业链安全，从而"建链""稳链"。

基于税收数据和产业链发展中存在的上述关联，我们在前期税收数据运用实践基础上，提出构建产业链质量综合评价指数，为产业链发展提供从微观个体发展到宏观政策制定的量化标准。

三、税收大数据有效赋能产业链高质量发展的实现路径

产业链发展质量税收综合评价，是借助税收大数据对产业链发展质量进行的观察与分析。通过不同维度的"指数量化"与"可视画像"，多角度反映产业链当前发展状况与未来发展趋势，进而对产业固链、强链、补链、延链实施精准的风险监测与分类的服务支持，最终助推全省产业链实现高质量发展。

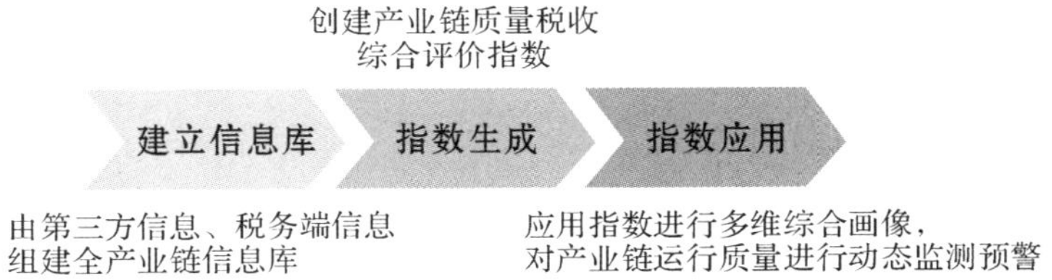

创建产业链质量税收
综合评价指数

建立信息库　指数生成　指数应用

由第三方信息、税务端信息　　应用指数进行多维综合画像，
组建全产业链信息库　　　　　对产业链运行质量进行动态监测预警

图 1　税收大数据赋能产业链高质量发展的实施路径

（一）确定评价对象：建立全产业链信息库

全产业链信息库是实施产业链质量税收综合评价的对象与基础，产业链越准确，产业环节信息越全面，产业运行分析精准度就越高。因此，首先要建立一套涉及信息获取、链条校准、动态更新的全产业链信息库建立与管理机制，以此确定产业链发展质量税收综合评价的对象。

全产业链信息库建库信息来源于第三方信息、税务端信息两类。第三方信息主要以浙江省十大标志性产业链为基础，从经信部门获取全产业链关系图谱及各环节相关企业信息；税务端信息主要指可以从金税三期核心征管平台等税务机关内部平台提取的税务登记信息、发票流信息等。以全产业链关系图谱以及各环节涉及企业为建库主体，以清理整合后的税务登记信息、发票流信息等为校验依据，综合比对后校准产业链条，确定产业链关键环节以及各环节企业数量、企业清册和监测重点，初步构建全产业链信息库。运行过程中，根据产业链各环节的动态变化，动态修正、补录、更新信息，纠正采集错误、采集缺失、数据过时等问题，保证产业链基础信息完整有效。

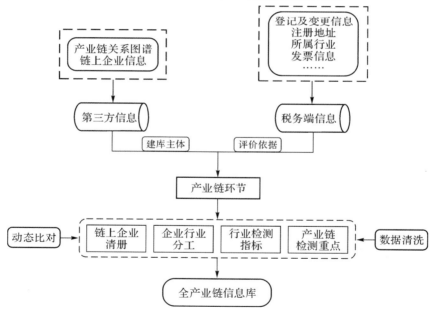

图 2　产业链信息库

（二）实施量化评价：创建产业链质量税收综合评价指数

遵循关联性、可比性、导向性原则，以税务登记、纳税申报、增值税发票、出口退税、税收优惠落实等为主体数据源，以税收征收管理信息系统、自然人税收征管系统、社保费征管系统、电子税务局平台、增值税发票系统等为系统支撑，以经信、海关等部门的第三方数据交换为辅助，经过系统分类、清洗、筛选、重组后，依托税收数据的静态变化与动态变化分析，实现产业链稳定性、竞争性的直观分值转化，最终生成产业链质量税收综合评价指数。

产业链质量税收综合评价指数可分为"产业链链条质量评价指数"和"产业链环节质量评价指数"（详见附件1、附件2）。"产业链链条质量评价指数"主要用于综合分析产业链整体规模以及安全性、竞争力，立足产业链条，从产业链总规模、畅通度、成长性、竞争力、稳定性五个方面进行量化分析。"产业链环节质量评价指数"主要用于综合分析产业链条上关键环节的运行质量以及对整体产业链的带动力、影响力。针对产业链上占据领导地位、具有竞争优势、掌握核心技术等直接或间接影响整链发展的关键环节，从贡献能力、创新能力、发展能力、吸附能力以及盈利能力等五方面进行量化分析。

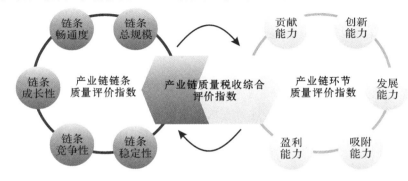

图 3　产业链质量税收综合评价指数

(三)多维综合画像：动态监测预警产业链运行质量

产业链质量税收综合评价指数形成后，根据不同产业链的特征，通过具体功能指标的结构化分析画像，以及连续评价期之间的数值波动，可以实现产业链运行质量的动态监测与预警。

例如从整个链条看，通过"链条总规模"，分析全省十大产业链链间排名，监测产业链发展目标完成情况；通过"链条畅通度"，分析产业链中供应链的省内外分布和境内外分布，识别预警断链风险或"卡脖子"风险；通过"链条成长性""链条竞争力"识别产业链利润、销售、税收、投入、企业数量以及自主创新能力等各方面状况，提供强链参考；通过"链条稳定性"识别产业链健康发展状况，预警稳链需求，等等。从关键环节看，通过"贡献能力""创新能力""发展能力"以及"竞争能力"，分析具体环节的市场竞争力与发展态势、发展潜力，识别固链、链延、补链重点；通过"吸附能力"，评价关键环节对产业链上下游的吸附集聚能力，为招商引资、有效强链提供参考，等等。

四、应用产业链质量税收综合评价指数助力产业链高质量发展的前景展望

产业链质量税收综合评价指数的发布以及相关信息、建议的分类推送,将为税务管理服务部门、政府相关部门以及具体行业企业,协同实施风险预警、供需对接、政策支持、精准招商、人才招引等针对性举措提供客观参考,各方主体可据此创新一系列应用载体,共同固链、强链、补链、延链。

(一)税务端建立"一图一库一景"

"一图"即全产业链动态评价全景图。以产业链区域分布为基础,根据不同产业链特性,对链条和链条环节按照高质量、标准、风险三类等级,以绿色、黄色、红色全景显示,全面展示我省各产业链整体结构情况,并根据不同评价期的指数绘制变动折线图,实现可视化动态监控。"一库"即产业链风险库。以产业链质量税收综合评价指数分析定向,核实梳理一批重点产业链基础情况,形成一张风险问题清单,便于精准查找、精准应对。清单内容可包含:风险类型,如零部件型断链、技术型断链、物流型断链等;风险来源,如原材料短缺、关键技术"卡脖子"、集聚度下降、产业发展转移等;风险等级,如风险因素必要性、可替代性、可化解性等。"一景"即产业链数据协同应用场景。通过链条成长性、链条竞争力等指标研判,评价税收政策在全产业链建设、行业全周期发展中的扶持作用。利用税收数据促进发挥科技创新、现代金融、人力资源等要素对实体经济的支撑作用,助推产业链、创新链、资金链、人才链深度协同,在应用迭代中促进产业链基础高级化和产业链现代化,在部分新兴领域实现弯道超车。例如:提早介入政府招商投资工作,提高税收数据在产业链投资、招商等相关政策研究出台中的指导作用,从宏观层面协调统筹和整合资源,引导更多企业向设计、研发、品牌等价值链高端环节拓展。

(二)政府端构建"一池一园一级"

"一池"即产业生态供给资源池。根据企业发展能力、竞争能力、吸附能力等,筛选我省主导产业、龙头企业入池,建立龙头项目库,建立健全龙头企业认定、成长、淘汰机制,整合涉企资源要素,出台培育优惠政策,支持重点企业和项目发展。出台财政补贴、返还,社保缴费、贷款利率下浮、融资延期还贷等龙头企业上下游延链补链强链的激励机制,鼓励龙头企业采用多种方式,对上下游配套企业进行重组、改造,发挥龙头企业的集聚带动效应,增强竞争优势。"一园"即优势产业项目培育园。通过产品购销票流链条分析,找准我省产业链供应链关键材料和关键环节,在有效打通堵点和疏通痛点基础上,补上断点,确保我省产业链供应链高效运转。如实施先进装备、汽车制造、生物科技、油品链化等产业强链、补链重点项目,实施重大建设项目招商三年滚动计划,通过精准招商,完善多元主业,实现产业集聚。"一级"即传统优势产业转型

级。以数字化、集群化、服务化实施浙江传统制造业改造提升 2.0 版工程。综合产业链链条畅通度、链条竞争力、链条环节吸附能力、创新能力等指数，为传统制造业实现特色现代产业集群提供数据参考。进一步加强资源互补，在国家有关研发费用加计扣除政策的基础上给特需紧需研发经费奖励，推动各行业建立由头部企业牵引、中小企业协作配套、生产性服务紧密耦合的现代化产业集群，确保传统产业链稳定安全，更好地参与到国内国际双循环中。

（三）企业端构建"一户一档一策"

"一户"即通过指数分析进一步钻取定位重点关键企业，直观展现相关供应链布局，依据技术门槛高低与国产化情况，聚焦电子信息、家电、装备、汽车等重点行业，以增值税发票流为核心梳理产业链情况。"一档"即规范收集和管理企业发展各个阶段形成的综合指数风险档案，"菜单式"整理、鉴定和保管企业全生命周期过程中形成的税收、产值等材料。"一策"即根据企业特点和需求适时开出支持企业发展的个性化"菜单"，个性推送企业可享受税费优惠、财政补贴等政策红利及其上下游企业信息。重点识别企业供应链高风险区域，在技术门槛高、对外依存度高等我省短期内难以实现国产替代的"卡脖子"关键领域给予政策倾斜。企业依托获得的信息，与上下游企业实现深度互联，提升信息、物料、资金、产品等配置流通效率，推动设计、采购、制造、销售、消费信息交互和流程再造，提升行业风险预判和动态调整能力，实现产业链、供应链的变革升级。

创建产业链质量税收综合评价指数，借助指数分析和动态比较，实现产业链质量监测和风险识别，使税收大数据转化成助力产业链高质量发展的有效工具，在充分发挥数据效能、服务构建新发展格局上具有积极作用。但是，从数据要素角度来说还是存在一些制约，一是全产业链图谱信息不健全；二是跨省涉税数据链易断链；三是系统平台的数据联动融合待深化。为此，还需建立一套保证指数应用质量的协同机制，在全产业链图谱获取上，与经信等部门加强信息交换。在涉税数据链健全上，加强跨域、跨境的产业链税收管理协作，依托电子发票推广、跨省域协同等，进一步构建税收数据共享共用机制。在涉税系统支持上，搭建高度融合的数据资源平台，加快推进系统平台的数据联动融合，实现自动读取、分类加工和深层次分析。

附件1 产业链链条质量评价指数

评价维度	分析指标	计算公式	数据来源	功能说明
链条总规模	销售收入	产业链上所有企业销售收入总额	增值税申报数据	数值越大,规模越大
	入库税收总量	产业链上所有企业入库税收总额	入库税收数据	
	固定资产总量	产业链上所有企业固定资产总额	财务报表数据	
链条畅通度	增值税进项金额中省内部分和省外部分的比例	产业链上省内进项总额÷产业链上省外进项总额	出口退税申报数据 出口报关单数据 增值税发票数据	数值大于1,表明省内畅通度高
	进项金额和进口额比例	产业链上进项总额÷产业链上进口总额	出口退税申报数据 出口报关单数据 增值税发票数据	数值大于1,表明国内畅通度高
链条成长性	净利润变动率	(产业链本期净利润－产业链上期净利润)÷产业链上期净利润	财务报表数据	数值越大,成长性越好
	成本费用利润率	产业链本期净利润÷产业链本期营业成本	财务报表数据	
	销售收入变动率	(产业链本期销售收入－产业链上期销售收入)÷产业链上期销售收入	财务报表数据	
	入库税收增速	(产业链本期入库税收－产业链上期入库税收)÷产业链上期入库税收	入库税收数据	
链条成长性	固定资产投资总额变动率	(产业链本期固定资产投资总额－产业链上期固定资产投资总额)÷产业链上期固定资产投资总额	财务报表数据	数值越大,成长性越好
	纳税主体变动率	(产业链本期纳税人数量－产业链上期纳税人数量)÷产业链上期纳税人数量	纳税人登记数据	
	A级和B级纳税人的占比	产业链纳税信用A级和B级企业数量÷产业链企业总数量	纳税人信用等级	

续表

评价维度	分析指标	计算公式	数据来源	功能说明
链条竞争力	高新技术企业占比	产业链高新企业数量÷产业链企业总数量	税务登记信息	数值越大，竞争力越强
	研发费用占营业收入比重	产业链研发费用金额÷产业链营业收入金额	所得税申报数据	
	增值税销项金额中省内部分和省外部分的比例	产业链上省内销项总额÷产业链上省外销项总额	增值税发票数据	数值越小，竞争力越强
	国内销售额和出口额的比例	产业链上国内销售总额÷产业链上出口总额	出口退税申报数据 出口报关单数据 增值税申报数据	
链条稳定性	新增非正常户占比	产业链上本期新增非正常户数量÷产业链企业总数量	非正常户信息	数值越小，稳定性越好
	资产负债率	产业链总负债÷产业链总资产	财务报表数据	数值在40%—60%为宜，生产类不超过70%。

注：运用上述指标对产业链条整体规模以及安全性、竞争力等进行综合评价。

附件2 产业链环节质量评价指数

评价维度	分析指标	计算公式	数据来源	功能说明
贡献能力	被评价环节销售收入占全产业链比重	被评价环节销售收入÷全产业链销售收入	增值税申报数据	指标值越大，贡献度越强
	被评价环节入库税收总量占全产业链比重	被评价环节入库税收÷全产业链入库税收	入库税收数据	
创新能力	被评价环节高新技术企业占比	被评价环节高新企业数量÷被评价环节企业数量	税务登记信息	指标值越大，创新力越强
	被评价环节研发费用占营业收入比重	被评价环节研发费用÷被评价环节营业收入	所得税申报数据	

续表

评价维度	分析指标	计算公式	数据来源	功能说明
发展能力	被评价环节净利润变动率	(被评价环节本期净利润－被评价环节上期净利润)÷被评价环节上期净利润	财务报表数据	指标值越大,发展力越强
	被评价环节销售收入同比变动率	(被评价环节本期销售收入－被评价环节上期销售收入)÷被评价环节上期销售收入	财务报表数据	
	被评价环节入库税收增速	(被评价环节本期入库税收－被评价环节上期入库税收)÷被评价环节上期入库税收	入库税收数据	
发展能力	被评价环节固定资产投资总额变动率	(被评价环节本期固定资产投资总额－被评价环节上期固定资产投资总额)÷被评价环节上期固定资产投资总额	财务报表数据	指标值越大,发展力越强
	被评价环节纳税主体变动率	(被评价环节纳税主体数量－被评价环节上期纳税主体数量)÷被评价环节上期纳税主体数量	纳税人登记数据	
吸附能力	被评价环节省内新增供应商(新登记)户数	被评价环节本期新增省内供应商且为新登记纳税人	纳税人登记数据增值税发票数据	指标值越大,吸附力越强
	被评价环节省内新增客户(新登记)户数	被评价环节本期新增省内客户且为新登记纳税人	纳税人登记数据增值税发票数据	
盈利能力	被评价环节净利润率	被评价环节净利润÷被评价环节销售收入	财务报表数据	指标值越大,盈利能力越强
	被评价环节成本费用利润率	被评价环节净利润÷被评价环节营业成本	财务报表数据	
	被评价环节净资产收益率	被评价环节净利润÷被评价环节净资产	财务报表数据	

注:提取产业链上占据领导地位、具有竞争优势、掌握核心技术等直接或间接影响产业链发展的关键环节,运用上述指标就其运行质量以及对整体产业链的带动力、影响力等进行综合评价。

课题组组长:龙岳辉

课题组成员:卓 然 喻万芹 谢 萍

张 珂 曹伙斌 胡洁娅

科创板上市公司科创属性的
涉税研究（特别奖）

浙江省税务学会课题组

　　随着中国经济的不断发展，企业可以通过多种渠道来筹集发展所需的资金。企业顺利上市是进入资本市场的通行证，国家的相关政策也给企业提供了巨大的融资平台。企业上市的积极性较高，能否顺利上市对企业的重要性不言而喻。

　　目前，我国的主板和中小板采取的是核准制，也就是说，一个企业能不能上市，最终是由证监会、发审委来决定。证监会除了对企业进行形式的审查以外，还要对企业进行实质的审查，包括公司主体的独立性、财务会计、运行规范，以及募集资金的用途等等。2019 年 7 月 22 日，科创板首批公司上市，是我国资本市场一次重大的改革，开启一个由核准制向注册制转型的伟大尝试。

　　科创板的目标是吸引那些具有高成长性、高创新性的优质企业，能够留在国内上市企业，要想在科创板上市必须符合坚持面向世界科技前沿、面向经济主战场、面向国家重大需求的科创板总体定位。关于科创板的具体定位问题，有多个文件提出，从纲领性文件《关于在上海证券交易所设立科创板并试点注册制的实施意见》，到《科创板首次公开发行股票注册管理办法（试行）》，再到交易所层面专门出台《上海证券交易所科创板企业上市规则》、《上海证券交易所科创板企业审核规则》和《上海证券交易所科创板企业上市推荐指引》并在《上海证券交易所科创板股票发行上市审核问答》中列专条详细说明。然而，各文件都是方向性指导，并没有设置具体衡量标准。《科创板首次公开发行股票注册管理办法（试行）》把对科创企业进行了画像："拥有关键核心技术，科技创新能力突出，主要依靠核心技术开展生产经营，具有稳定的商业模式，市场认可度高，社会形象良好，具有较强成长性的企业"。虽然对"拥有关键核心技术"、"市场认可度高"等没有具体定义，但是体现了科创板定位的底线在于"依靠核心技术开展生产经营"，在于科技创新是公司发展的驱动因素。

　　《上海证券交易所科创板企业上市推荐指引》重点列出了对企业科技创新

能力的关注要点：

（一）是否掌握具有自主知识产权的核心技术，核心技术是否权属清晰、是否在国内或国际领先、是否成熟或者存在快速迭代的风险；

（二）是否拥有高效的研发体系，是否具备持续创新能力，是否具备突破关键核心技术的基础和潜力，包括但不限于研发管理情况、研发人员数量、研发团队构成及核心研发人员背景情况、研发投入情况、研发设备情况、技术储备情况；

（三）是否拥有市场认可的研发成果，包括但不限于与主营业务相关的发明专利、软件著作权及新药批件情况，独立或牵头承担重大科研项目情况，主持或参与制定国家标准、行业标准情况，获得国家科学技术奖项及行业权威奖项情况；

（四）是否具有相对竞争优势，包括但不限于所处行业市场空间和技术壁垒情况，行业地位及主要竞争对手情况，技术优势及可持续性情况，核心经营团队和技术团队竞争力情况；

（五）是否具备技术成果有效转化为经营成果的条件，是否形成有利于企业持续经营的商业模式，是否依靠核心技术形成较强成长性，包括但不限于技术应用情况、市场拓展情况、主要客户构成情况、营业收入规模及增长情况、产品或服务盈利情况；

（六）是否服务于经济高质量发展，是否服务于创新驱动发展战略、可持续发展战略、军民融合发展战略等国家战略，是否服务于供给。

《上海证券交易所科创板股票发行上市审核问答》发行人对科创板定位专业判断自我评估时，应当尊重科技创新规律、资本市场规律和企业发展规律，并结合自身和行业科技创新实际情况，准确理解、把握科创板定位，重点考虑以下因素：

1. 所处行业及其技术发展趋势与国家战略的匹配程度；

2. 企业拥有的核心技术在境内与境外发展水平中所处的位置；

3. 核心竞争力及其科技创新水平的具体表征，如获得的专业资质和重要奖项、核心技术人员的科研能力、科研资金的投入情况、取得的研发进展及其成果等；

4. 保持技术不断创新的机制、技术储备及技术创新的具体安排；

5. 依靠核心技术开展生产经营的实际情况等。

《上海证券交易所科创板股票上市规则》中规定发行人申请科创板上市，市值及财务指标应当符合的一项或多项标准之一为"预计市值不低于人民币15 亿元，最近一年营业收入不低于人民币 2 亿元，且最近三年累计研发投入占最近三年累计营业收入的比例不低于 15％"。

在科创板中的科技创新，我们可以理解为研发的持续投入和核心技术的定位是科创板的关键指标之一，也决定了研发费用是上市委员会审核工作的重点，我们通过梳理科创板上市问询函及其回复，提取问询函中对科创板科技创新能力的重点问题，结合财务和税务角度分析，提示科创板上市的企业予以关注。

一、关注研发投入的核算认定范围

深圳微芯生物科技股份有限公司首轮审核问询函问题 20）：报告期各期，发行人研发投入的金额分别为 5,166 万元、6,852.75 万元、8,248.20 万元。（1）说明研发投入的核算依据，是否存在应计入其他成本、费用项目的支出计入研发投入的情形。

科创板上市审核问答 32 条（以下简称科创板 32 条）中研发投入为企业研究开发活动形成的总支出。研发投入通常包括研发人员工资费用、直接投入费用、折旧费用与长期待摊费用、设计费用、装备调试费、无形资产推销费用、委托外部研究开发费用、其他费用等。

《企业会计准则》、《高新技术企业认定管理办法》和《高新技术企业认定管理工作指引》的有关规定，明确研发费用支出的核算范围，主要包括人工费用、直接投入费用、折旧费用、无形资产推销、设计试验等费用和其他相关费用。

企业在财务核算时，在研发项目立项后按照项目分别设置辅助明细，分别记录各个项目的研发支出。研发部门及财务部门逐级对各项研发费用进行审核，设立和更新研发项目台账，财务部门根据研发费用支出范围和标准，判断是否可以将发生的支出列入研发费用，在核定研发部门发生的费用时，根据公司制定的审批程序，按照金额大小由相关人员进行审批，并进行相应的账务处理。对于研发部门与其他部门共同使用的房屋、能源等情况，公司按照相关标准分摊应的费用计入研发投入。

我们发现，研发投入考虑至少存在研发费加计扣除、高新技术企业和会计核算三个维度，实务中，企业在财务核算时会更多以高新技术企业认定管理办法和研发加计扣除的口径管控及核算研发费用，虽然三个维度对大类的区分基本一致，但是在每个大类的归集口径上都有不同，具体不同总结如下。

表 1 研发费用不同口径归集要求统计表

费用项目	研发加扣	高企认定口径	会计规定
人员人工费用	直接从事研发活动人员的工资薪金、基本养老保险费、基本医疗保险费、失业保险费、工伤保险费、生育保险费和住房公积金，以及外聘研发人员的劳务费用和研发人员的股权激励	企业科技人员的工资薪金、基本养老保险费、基本医疗保险费、失业保险费、工伤保险费、生育保险费和住房公积金，以及外聘科技人员的劳务费用	企业在职研发人员的工资、奖金、津贴、补贴、社会保险费、住房公积金等人工费用以及外聘研发人员的劳务费用
直接投入费用	(1)研发活动直接消耗的材料、燃料和动力费用	(1)直接消耗的材料、燃料和动力费用	(1)研发活动直接消耗的材料、燃料和动力费用
	(2)用于中间试验和产品试制的模具、工艺装备开发及制造费，不构成固定资产的样品、样机及一般测试手段购置费，试制产品的检验费	(2)用于中间试验和产品试制的模具、工艺装备开发及制造费，不构成固定资产的样品、样机及一般测试手段购置费，试制产品的检验费	(2)用于中间试验和产品试制的模具、工艺装备开发及制造费，样品、样机及一般测试手段购置费，试制产品的检验费等
	(3)用于研发活动的仪器、设备的运行维护、调整、检验、维修等费用，以及通过经营租赁方式租入的用于研发活动的仪器、设备租赁费	(3)用于研究开发活动的仪器、设备的运行维护、调整、检验、检测、维修等费用，以及通过经营租赁方式租入的用于研发活动的固定资产租赁费	(3)用于研发活动的仪器、设备、房屋等固定资产的租赁费，设备调整及检验费，以及相关固定资产的运行维护、维修等费用
折旧费用与长期待摊费用	用于研发活动的仪器、设备的折旧费	用于研究开发活动的仪器、设备和在用建筑物的折旧费。研发设施的改建、改装、装修和修理过程中发生的长期待摊费用	用于研发活动的仪器、设备、房屋等固定资产的折旧费
无形资产摊销	用于研发活动的软件、专利权、非专利技术(包括许可证、专有技术、设计和计算方法等)的摊销费用	用于研究开发活动的软件、知识产权、非专利技术(专有技术、许可证、设计和计算方法等)的摊销费用	用于研发活动的软件、专利权、非专利技术等无形资产的摊销费用

费用项目	研发加扣	高企认定口径	会计规定
设计试验等费用	新产品设计费、新工艺规程制定费、新药研制的临床试验费、勘探开发技术的现场试验费	符合条件的设计费用、装备调试费用、试验费用（包括新药研制的临床试验费、勘探开发技术的现场试验费、田间试验费等）	
其他相关费用	与研发活动直接相关的其他费用，如技术图书资料费、资料翻译费、专家咨询费、高新科技研发保险费，研发成果的检索、分析、评议、论证、鉴定、评审、评估、验收费用，知识产权的申请费、注册费、代理费，差旅费、会议费，职工福利费、补充养老保险费、补充医疗保险费。此项费用总额不得超过可加计扣除研发费用总额的10%	与研究开发活动直接相关的其他费用，包括技术图书资料费、资料翻译费、专家咨询费、高新科技研发保险费，研发成果的检索、论证、评审、鉴定、验收费用，知识产权的申请费、注册费、代理费，会议费、差旅费、通讯费等。此项费用一般不得超过研究开发总费用的20%，另有规定的除外	与研发活动直接相关的其他费用，包括技术图书资料费、资料翻译费、会议费、差旅费、办公费、外事费、研发人员培训费、培养费、专家咨询费、高新科技研发保险费用等。研发成果的论证、评审、验收、评估以及知识产权的申请费、注册费、代理费等费用

人员人工费用方面，会计核算范围一般会大于税收范围。一、研发人员认定有差异。会计核算时研发人员包括直接和间接全部参与研发活动的人员，研发人员、技术人员、辅助人员和研发管理人员。税收上，高企认定的人员是指科技人员。企业科技人员是指直接从事研发和相关技术创新活动，以及专门从事上述活动的管理和提供直接技术服务的，累计实际工作时间在183天以上的人员；研发加计扣除口径的人员直接从事研发活动人员。二、人员费用归集范围有差异，主要是研发人员股权激励的支出的差异。会计核算上和研发加计扣除口径都能包括研发人员的股权激励，但两个口径是不一致的，会计上研发人员的股权激励是指企业以权益结算的股份支付换取职工提供服务的，在授予日或者可行权日按股份的公允价值计量。研发加扣的股权激励金额是以企业所得税税前扣除为前提，企业所得税税前扣除的股权激励根据国家税务总局公告2012年第18号《国家税务总局关于我国居民企业实行股权激励计划有关企业所得税处理问题的公告》以上市公司以本公司股票为标的，对激励对象进行的长期性激励，在股权激励行权时才能扣除，虽然非上市公司可以比照执行，但实务中在未上市时出于个人所得税的考虑，基本不能享受研

发费加计扣除。研发人员的股权激励不属于高企认定的核算范围。

直接投入方面，三者口径的差异主要在于租入研发场地费用的差异。例如：企业的办公场所、实验室、试制车间等能合理分椎研发项目与非研发项目，其租金可计入财务核算和高新技术企业研发费范畴，但不可享受加计扣除。

折旧费用与长期待摊费用，高新认定的口径是最广的，包括了研发场地、设备的折旧费和研发设施的改建、改装、装修和修理过程中发生的长期待摊费用，研发加计扣除的口径是最小的，仅包括研发设备和仪器的折旧费。但是对于企业用于研发活动的仪器、设备，符合税法规定且选择加速折日优惠政策的，在享受研发费用税前加计扣除政策时，就税前扣除的折旧部分计算加计扣除。

无形资产摊销，高新研发费用包含"知识产权"摊销，而加计扣除研发费用包含"专利权"摊销，二者存在一定差异。

设计试验费，高新研发费用包含合装备调试费用和田间试验费，而加计扣除研发费用范围限于正列举范围。

其他费用，加计扣除政策及高新研发费用范围中对其他相关费用总额有比例限制，并且加计扣除研发费用范围限于正列举范围。

综上可见，研发投入在实务核算需兼顾三种口径，财务核算时应按最广的口径核算。在研发费用归集中要包括人、场、物的全部费用，研发活动和生产共用的费用要按合理的分摊方式进行分摊，保证研发费用结构的合理性及与实际研发活动的匹配性。

二、关注对研发投入与税务机关研发费用的差异

深圳微芯生物科技股份有限公司首轮审核问询函问题 20）：报告期各期，发行人研发投入的金额分别为 5,166 万元、6,852.75 万元、8,248.20 万元。（2）说明报告期内税务机关对发行人研发费用的认定金额，与发行人申报报表的差异并进行分析。

从问询函可见，在科创板上市审核中重点关注研发费用税收认定金额与财务报表的差异，其实这个关注点的独到之处不在于差异的分析，而在财务核算的研发投入与研发费用企业所得税税前加计扣除的金额比较。目前在我国的主板、中小板和创业板审核中，研发投入的关注点往往聚焦在其研发投入是否符合高新技术企业认定的要求，而不会关注研发投入在企业所得税税前扣除的金额。

高新认定条件之一是企业近三个会计年度（实际经营期不满三年的按实际经营时间计算，下同）的研究开发费用总额占同期销售收入总额的比例符合要求，实务中，很多企业在高企认定会选择重述三年的研发费用，但不选择重

新申报研发费用加计扣除金额，科创板的这审核关注点，要求发行人账面重述研发费用的同时，必须重新申报研发加计扣除金额，一般情况下，研发费用加计扣除重新申报后，会减少发行人当年的企业所得税，需要向主管税务机关提起退税，增加税务调整的难度。

问询中二者差异的金额其实是客观存在，两者归集口径在政策层面就是存在差异的，在问询反馈时只要从归集口径策政策差异角度回复即可。

综上，科创板申报企业要重点关注研发费用加计扣除金额与账面金额的差异，如果申报期存在研发费用没有享受加计扣除的情况，需要进行更正申报。

三、关注研发项目资本化

深圳微芯生物科技股份有限公司首轮审核问询函问题 21）：报告期各期，发行人开发支出的期末余额分别为 7,272.53 万元、10,603.70 万元、14,641.78 万元。说明将"取得药品上市前最后一次临床试验批件至研发项目达到预定用途如取得新药证书或生产批件的费用予以资本化"的会计政策是否符合企业会计准则相关要求。

根据《企业会计准则第 6 号—无形资产》的规定，企业内部研究开发项目的支出，应当区分研究阶段支出与开发阶段支出。对于企业内部研究开发项目，开发阶段的支出应当同时满足下列条件时才能资本化，从问询回复，公司通过对研发支出资本化分别按条件论述，公司研发支出同时符合资本化的五个确认条件，具体说明见表二，符合公司创新药研发的实际情况以及《企业会计准则》的相关规定。

表 2 研发费用资本化确认条件表

序号	条件	发行人情况	是否满足条件
1	完成该无形资产以使其能够使用或出售在技术上具有可行性	公司通过构建早期评价平台技术体系，对新合成化合物的分子药理和毒理进行分析、评价和预测，并通过与已知药物/化合物进行比较，挑选出综合评价指标最好的化合物进入后期研发阶段，一定程度上降低后期研发的风险；由董事会对项目立项决议批准后向国家药品食品监督管理总局（CFDA）提交申请以进行临床试验，并且，公司取得药品上市前最后一次临床试验批件，意味着相关项目有效性及安全性具有一定保障，公司完成该等新药项目在技术上具有可行性。	满足

续表

序号	条件	发行人情况	是否满足条件
2	具有完成该无形资产并使用或出售的意图	公司为新药研发、生产和销售企业,董事会及科学委员会在审批科研项目时,通过审查项目立项计划书,研究科研项目在技术及经济上的可行性,综合考虑社会效益以降低药物研发风险,并以最终实现包括候选药物的上市及对外专利授权许可以产生经济利益为目标。	满足
3	无形资产产生经济利益的方式,包括能够证明运用该无形资产生产的产品存在市场或无形资产自身存在市场,无形资产将在内部使用的,应当证明其有用性	公司为新药研发、生产和销售企业,董事会及科学委员会在审批科研项目时,通过审查项目立项计划书,研究科研项目在技术及经济上的可行性,综合考虑社会效益以降低药物研发风险,并以最终实现包括候选药物的上市及对外专利授权许可以产生经济利益为目标。	满足
4	有足够的技术、财务资源和其他资源支持,以完成该无形资产的开发,并有能力使用或出售该无形资产	公司自成立以来,已获得 59 项国内外发明专利授权,累计获得 8 项国家"重大新药创制"重大科技专项等;针对研发项目组建了专门的临床试验团队、工艺研究团队,并在微芯药业及成都微芯建设符合 GMP 要求的生产线;截至 2018 年 12 月 31 日,公司研发人员 104 人,生产及销售人员分别为 117 人和 95 人,拥有相应的研发、生产及产品推广能力;综上,公司拥有足够的技术、财务资源以及其他资源支持完成该等新药研发项目。	满足
5	归属于该无形资产开发阶段的支出能够可靠地计量	公司严格遵守《企业会计准则》规定,开发支出按具体项目准确核算,该等项目研发主要为研发人员的薪酬、试验检测费等,按照公司研发控制体系和会计核算体系,可以进行可靠计量和独立核算,归属于该等新药研发项目开发阶段的支出能够可靠计量。	满足

研发费用费用化和资本化的最大影响是对利润的影响，虽然在科创板，对于上市公司的盈利不再做要求，即使公司不盈利，你也可以在科创板上市，但资本化会对预计市值有帮助，所以会发现问询函中对研发投入资本化的确认是极其关注的。科创板 32 条，发行人对于研发支出资本化应在招股说明书中披露：1. 与资本化相关研发项目的研究内容、进度、成果、完成时间（或预计完成时间）、经济利益产生方式（或预计产生方式）当期和累计资本化金额、主要支出构成，以及资本化的起始时点和确定依据等。2. 与研发支出资本化相关的无形资产的预计使用寿命、摊销方法、减值等情况，并说明是否符合相关规定。发行人还应结合研发项目推进和研究成果运用时可能发生的内外部不利变化、与研发支出资本化相关的无形资产规模等因素，充分披露相关无形资产的减值风险及其对公司未来业绩可能产生的不利影响。问询时，科创板的企业资本化时点的确认除了要按照上述"五步法"来判断外，与同行业可比企业资本化确认时点进行比较也非常重要。对于同一个行业来说，资本化时点的差异不会太大，如果公司在资本化的确认时点与同行业相比差异很大，可能会引起比较大的关注度。在公司不同研发项目之间，采用不同的资本化时点也会成为问询的关键。

税收上，对研发费用资本的时点没有明确的规定，我们认为企业开展研发活动中实际发生的研发费用形成无形资产的，其税收上资本化的时点应与会计处理保持一致。企业内部研究开发项目的支出，应当区分研发阶段支出与开发阶段支出，考虑到研究阶段的探索性及其成果的不确定性，企业无法证明其能够带来未来经济利益的无形资产的存在，因此，对于企业内部研究开发项目，研究阶段的有关支出，应当在发生时全部费用化。开发阶段的研发项目形成成果的可能性较大，因此如果企业能够证明开发支出符合无形资产的定义及相关确认条件，则可将其确认为无形资产。费用化的研发支出，按照当年费用化的金额部分加计扣除，资本化的研发费用，按照形成的无形资产当年摊销额进行加计扣除。

在享受资本化的研发费用加计扣除政策时，需要特别注意资本化的无形资产的计税基础，其账面价值与计税基础肯定是存在差异的，资本化的无形资产的计税基础是指资本化无形资产账面价值中符合研发费加计扣除政策的部分，对于不能享受研发费加计扣除的金额也是不能享受。

四、关注研发试制产品对外销售

上海凯赛生物技术股份有限公司上市审核问询形成的研发制品及后续管理情况，是否出售及相应会计处理，研发制品与试生产产品、实验用产品在产品成本核算方面的区别。

问询函关注研发产品销售的会计处理,由于企业会计准则并没有明确的规定,申报企业因其细分行业、研发活动特点、对研发产品可实现销售的会计估计判断等存在差异,导致目前实务中存在多种会计处理方式,有是否确认资产,是否冲减研发费用等口径。

研发产品试制过程的投入属于研发投入计入研发费用实务中各企业处理一致并无争议,研发产品能否确认为存货取决于是否具有明确的销售意图、经济价值,以及前期投入成本能否可靠地计量。研发样机/样品作为公司研发过程中的产物,能否研制成功及研制成功后能否实现销售均存在高度不确定性;此外,部分企业因其研发投入按照项目归集,形成的试制品难以准确分配料工费,无法按照产品单独归集和核算成本,这也是目前实务中大部分企业存在的难题。

对于研发产品实现销售后将其投入成本冲减研发费用的做法主要参考在建工程试生产的收入的会计核算,从申报企业中多数选择研发样机销售时不确认收入,以不含税销售金额冲减销售当期的研发费用,那么对于何时冲减研发费用也需要基于企业实际情况具体判断,是在研发产品在验收入库当期冲减研发费用,还是入库时点无法达到存货确认条件的,研发产品备查登记,在签署销售合同或实际销售时点冲减研发费用。

在税收上,根据《国家税务总局关于研发费用税前加计扣除归集范围有关问题的公告》(国家税务总局公告 2017 年第 40 号)的规定:"企业研发活动直接形成产品或作为组成部分形成的产品对外销售的,研发费用中对应的材料费用不得加计扣除。产品销售与对应的材料费用发生在不同纳税年度且材料费用已计入研发费用的,可在销售当年以对应的材料费用发生额直接冲减当年的研发费用,不足冲减的,结转以后年度继续冲减"。但在高新技术企业认定无明确规定,在实务中,样机/样品的材料费用若会计核算上不在研发费用中扣除,高新认定时,也无需扣除。

综上,在目前监管机构尚未有明确指导意见的情况下,基于科创类企业研发活动模式繁杂、形式各异的特征,对于研发活动中形成的产品对外销售能否确认存货、何时冲减研发费需要结合企业情况,综合考虑研发试制产品的生产及销售特点、历史研发产品销售转化率情况等多种因素综合判断。

五、关注研发活动的形式

浙江东方基因生物制品股份有限公司首轮问询问题请发行人补充披露:所有合作研发的具体模式、合同签署、主要协议、约定、研发主要项目、费用承担分配、研发成果、技术成果权利归属和收益分成的约定等。

上海复旦张江生物医药股份有限公司首轮问询一问题 28 报告期内,公司收到关联方合作研发款项的金额分别为 2,125.61 万元、1,360.94 万元和208.95 万元,项目主要包括分别与上海医药和上海交联药物研发有限公司的合作研发项目,请发行人分析并披露:关联方合作研发及委托开发的定价依据,发行人认为相关价格"按市场公平原则确定"、"公司与上海医药经公平磋商确定"的具体依据,及相关收入确认的会计政策。

三生国健药业(上海)股份有限公司一轮问询一问题 16 问题:请发行人说明:公司对于研发外包机构是否存在依赖性,研发外包机构对储备产品研发的贡献程度。

从问询函可见,发行人采用合作研发和委托研发的形式会引起审核重点关注,关注的内容包括定价的公允、研发成果的归属及研发的依赖性。税收上不同类型的研发活动对研发费用归集的要求不尽相同,为了准确享受政策,企业在研发项目立项期应明确区分研发活动的类型。生物医药企业的研发项目常常需要与高校、医院、研究所合作,要特别注意区分委托开发和合作开发。

委托研发受托人基于他人委托而开发的项目。委托人以支付报酬的形式获得受托人的研发成果的所有权。委托项目的特点是研发经费受委托人支配,项目成果必须体现委托人的意志和实现委托人的使用目的。在研发加计扣时,委托研发项目,应当在研发项目批准立项后,《技术开发(委托)合同》等类似文件需到当地科技厅备案,委托方才能以发生的"研发活动发生费用"的80%作为基数分类享受加计扣除。委托方委托关联方开展研发活动的,受托方需向委托方提供研发过程中实际发生的研发项目费用支出明细情况。同时在委托境外研发时,研发加计扣仅能委托境外企业进行研发活动,不包括委托境外个人。委托境外进行研发活动所发生的费用,按照费用实际发生额的80%计入委托方的委托境外研发费用,委托境外研发费用不超过境内符合条件的研发费用三分之二的部分,可以按规定在企业所得税前加计扣除。高新研发费用对委托研发合同没有明确必须到当地科技厅备案,同时对委托境外研发的主体也没有剔除境外个人。

合作研发是指研发立项企业通过契约的形式与其他企业共同对项目的某一个关键领域分别投入资金、技术、人力,共同参与产生智力成果的创作活动,共同完成研发项目。合作各方应直接参与研发活动,而非仅提供咨询、物质条件或其他辅助性活动。合作开发在合同中应注明,双方分别投入、各自承担费用、知识产权双方共有或各自拥有自己的研究成果的知识产权。除了具体技术指标、研发时间和合同的常规条款外,还应特别关注可以享受研发费用加计扣除优惠政策的合作方应该部分或全部拥有合作研发项目成果的所有权。若知识产权最后仅属于某一方,则不拥有知识产权的合作方不能享受研发费用加计扣除政策。

生物医药研发或生产外包服务已逐渐成为医药产业中的新兴趋势,生物医药企业的新药研发过程部分或全部涉及到医药研发外包(CRO)、医药合同定制生产(CM0)、医药合同定制研发生产(CDMO)以及以上方式的组合。三生国健药业(上海)股份有限公司主要依靠内部研发团队开展活动,并根据自身在研产品具体涉及的研发外包服务需求,将包括药物发现阶段的分子合成与测序、临床前药代动力学研究、临床前安全性评估、临床试验数据收集与分析等药物研发环节委托专业 CRO 进行,委托研发的占比在 10% 左右。

综上,研发活动除了自主研发外,还采用合作研发和委托研发形式,需重点关注研发成果、技术成果权利归属及税收研发加计扣除主体和扣除金额。

基于科创板上市审核对研发费用的关注,我们建议企业加强研发活动的内控制度,完善研发活动记录,准确识别研发费用的类型,合理归集研发费用的支出,按会计准则和税收制度的规定,准确核算研发费用和享受税收优惠政策。

课题组组长:余　强

课题组成员:袁小强　章淑菠

企业上市 IPO 过程中
涉税问题及建议（一等奖）

国家税务总局台州市税务局课题组

首次公开募股，简称 IPO，是企业拓宽融资渠道、提升综合竞争力的重要途径。截至 2021 年 9 月底台州市共有上市公司 66 家（A 股 61 家），上市公司数量位列全省第四，2020 年入库税收 61 亿元，同比增长 11.77％，占全市税收总量 9.32％。台州市 2020 年 12 月印发《台州市企业上市 100 行动计划》，加快推动企业上市，壮大资本市场"台州板块"。台州税务部门应主动作为，解决拟上市公司 IPO 过程中的涉税问题，助力拟上市公司高质量发展，推动大企业纳税服务向个性化、专业化、精细化方向迈进。

一、企业 IPO 过程及常见涉税问题

当企业发展到一定阶段，大多会选择 IPO 上市，通过与资本市场合作拓宽融资渠道，以得到爆发式增长。企业 IPO 过程与涉税问题息息相关，想要探究涉税问题，先从 IPO 过程入手。过程如下：

确定上市计划 ⇒ 股权分置改革 ⇒ 尽职调查与辅导 ⇒ 申请文件的制作与申报 ⇒ 申请文件的审核 ⇒ 路演、询价及发行 ⇒ 上市

企业 IPO 过程图

从 IPO 过程看，企业主要的涉税问题集中在确定上市计划和股权分置改革阶段。企业确定上市计划时，要明确上市主体，降低经营风险，提高资源配置效率，涉及资产重组业务；为了达到上市最优股权构架，要进行股权转让；IPO 的前提条件是股份有限责任公司，企业要开展股份改制；会计师事务所对财务报表审计时，会涉及纳税调整；为了回馈、调动关键员工积极性，会实行股权激励。

（一）资产重组环节

确认上市主体是企业 IPO 过程中遇到的第一个问题。为了满足业务独立、关联交易、同业竞争的要求，企业要明确上市主体与非上市主体，将有效资源在母公司、子公司、兄弟公司间进行转换，这就是重组业务。主要的重组方式有股权和资产收购、股权和资产划转、企业合并、分立。常见涉税问题如下：

1.一般性税务重组和特殊性税务重组的适用。

2.股权置换事项采用特殊性税务处理所造成的后续转让重复征税或税基侵蚀问题。举个例子，A 企业出资 5000 万，100％控股 B 企业，C 企业出资 9000 万，100％控股 C 企业。现 A 企业将 B 企业 50％股权转让给 C 企业，C 企业用 D 企业 40％股权进行支付。符合财税〔2009〕59 号文（以下简称 59 号文）特殊性税务重组，递延纳税。

多年后，A 企业和 C 企业将 B、D 企业转让时，出现问题。59 号文规定，"被收购企业的股东取得收购企业股权的计税基础，以被收购股权的原有计税基础确定；收购企业取得被收购企业股权的计税基础，以被收购股权的原有计税基础确定"。被收购股权（B 企业股权）原有计税基础为 2500 万元（5000＊50％），即 A 企业持有 D 企业 40％的股权和 C 企业持有 B 企业 50％股权的计税基础均为 2500 万元，合计 5000 万元。

但换股前，A 企业持有 B 企业 50％的股权和 C 企业持有 D 企业 40％的股权的计税基础分别为 2500 万元（5000×50％）和 3600 万元（9000×40％），合计 6100 万元。两者之差 1100 万元（6100－5000）的计税基础在换股的特殊性税务处理下凭空消失了。按 25％的税率需多交 275 万元的企业所得税，造成重复征税。

反之，若被收购企业股东取得的股权支付原计税基础小于被收购股权原计税基础，造成税基侵蚀。重复征税和税基侵蚀有违税收中性原则，导致企业不愿使用特殊性税务重组规定，偏离 59 号文优惠的初衷。

3.企业重组中涉及个人股东的特殊性税务处理问题。举个例子，A 企业是上市公司，B 企业是非上市公司，B 企业由 99％企业股东，和 1％个人股东组成。A 企业吸收合并 B 企业，满足 59 号文特殊性税务处理的其他条件。

问题一：个人股东能否适用特殊性税务处理？

有些税务机关认为不可以，因为 59 号文是针对企业所得税税务处理，不适用个人所得税。个人股东不适用特殊性税务处理，这又引发第二个问题。

问题二：企业股东能否适用特殊性税务处理？

国家税务总局公告 2010 年第 4 号规定，"同一重组业务的当事各方应采取一致税务处理原则，即统一按一般性或特殊性税务处理"。因此，1％个人股东因为无文件规定不适用特殊性税务重组，99％企业股东也无法适用特殊性税务重组。这有违 59 号文优惠初衷。

宁波对个人股东特殊性税务重组问题开展了积极探索,若交易符合 59 号文特殊性税务重组,个人股东所取得股权按历史成本计价,暂不征收个税。宁波的政策解答虽然解决了是否征税问题,但带来征管问题。

问题三:B 企业个人股东适用特殊性税务处理,递延纳税后,出售股票如何监管?

我国对个人在二级市场转让除限售股以外的股票不征税,证券公司不代征个税。B 企业个人股东取得的 A 企业股份不是限售股。因此税务机关要做好 B 企业个人股东出售股票跟踪管理,避免合并环节递延的税款征不回来。

4. 股权收购中对赌协议财税处理,未达到承诺业绩的利润补偿款个税能否返还问题。大部分公司为了达到持续经营能力方面要求,在 IPO 申报前清理对赌协议。一部分公司直接解除对赌协议,一部分公司设置效力恢复条款。效力恢复条款指对赌协议当事人同意上市申报时终止对赌条款,若公司未能上市,对赌条款恢复执行。恢复执行涉及承诺业绩的利润补偿款个税返还问题,政策对此未明确,且各地口径不一。其中,海南明确利润补偿可返还个税,厦门明确不可返还个税。

(二)审计中纳税调整

在财务报表审计环节中,审计后财务报表与原始财务报表间会出现差错调整,进而对纳税申报表进行调整。常见纳税调整事项如下:

1. 财务不规范调节利润。一方面,台州市民营企业一部分属于家族企业,股权高度集中,法人学历不高,在企业发展初期不重视财务,存在少计收入、多计成本现象。另一方面,有些企业为了满足主板上市 8000 万净利润的要求,提前开票,或采用激进的固定资产折旧、坏账计提会计政策,实现利润。

2. 税会差异。引起税会差异的风险点有:利息收入、租金、特许权使用费、分期收款销售货物、接受捐赠收入、政府补助收入在收入确认的时间点等问题。

3. 税收优惠政策适用是否符合规定。如研发费用加计扣除、高新技术企业资格认定等。

(三)股改环节

IPO 企业首要工作是股改,股改指"有限责任公司按原账面净资产值折股整体变更为股份有限公司"。企业股改时,通常将未分配利润、盈余公积、资本公积转增股本。常见的涉税风险点和纳税筹划点如下:

1. 自然人股东将资本公积、盈余公积、未分配利润转增股本时,未按"利息、股息、红利所得"缴纳个人所得税。

2. 股改方案选择。不同组织形式股改时会有税费差异,在此可进行纳税筹划。居民企业股东股票溢价发行收入所形成的资本公积转股本不属于股息、红利性质的分配;非上市及未在全国中小企业股份转让系统挂牌的中小高新技术企业以未分配利润、盈余公积、资本公积向个人股东转增股本,可分期缴纳个税。

(四)股权激励

启动 IPO 之前,企业会实行股权激励计划。股权激励分为股票期权、股票增值权、限制性股票、股权奖励和其他形式。常见涉税风险点如下:

1. 上市公司向员工授予股票期权、股票增值权、限制性股票和股权奖励时,企业所得税前列支的税务处理与会计上对股票期权费用的核算存在差异,等待期内按会计准则计入的成本费用应在年度汇算清缴时调增。

2. 股票增值权产生纳税义务时不适用延期缴纳优惠和递延纳税政策。

3. 非上市公司开展股权激励享受递延纳税政策是否符合条件。其中激励对象应为技术骨干和高级管理人才,人数累计不得超过 30%,该条件是软件开发、半导体企业的硬伤。

4. 上市公司开展其他形式的股权激励。如大股东将股权转让给员工持股平台,定价是否公允;员工持股平台中的员工离职,股权转让给其他员工,定价是否公允。

二、从 3 个 IPO 案例看涉税问题及原因

案例一:股改自然人股东未缴税

案例概述:A 有限公司主营冰箱塑料部件的研发、生产和销售,其 IPO 于 2018 年 6 月被否。

A 公司在上市前,即 2016 年 6 月 6 日,经临时股东会审议通过,由公司原股东作为发起人,以截至 2016 年 4 月 30 日的公司账面净资产按比例折股,其余净资产计入资本公积,依法整体变更为股份有限公司。

证监会发审委对其提出的主要涉税问题是:发行人自然人股东,未就 2016 年发行人股改中资本公积金转增股本缴纳个人所得税。

政策依据:对以未分配利润、盈余公积和除股票溢价发行外的其他资本公积转增注册资本和股本的,要按照"利息、股息、红利所得"项目,依据现行政策规定计征个人所得税。(国税发[2010]54 号文)

原因分析:

1. 政策不合理。政策中仅对股份制企业股票溢价发行收入形成的资本公积转增股本不征收个人所得税,也就是有限责任公司资本溢价产生的资本公积金转增资本要征税,这是不合理的。首先,实务中,某个人股东投资某有限责任公司,股改时,公司将资本公积转增股本,个人股东未取得股息红利性质

收益,仅仅是企业会计科目变化,确要缴纳个人所得税;其次,企业所得税规定,被投资企业将股权(票)溢价所形成的资本公积转为股本的,不作为投资方企业的股息、红利收入,投资方企业也不得增加该项长期投资的计税基础(国税函[2010]79号),企业所得税给资本溢价形成的资本公积定性——不是分红,不交税。

2.企业对政策理解不到位。企业未准确理解"股份制企业股票溢价发行收入所形成的资本公积金"中的股份制企业,仅仅指股份有限公司,不包括有限责任公司。

3.税务机关对拟上市公司辅导欠缺。《大企业联络员制度》执行的不到位,税企沟通表面化、形式化。

案例二:违规扩大税收优惠范围

案例概述:B公司主营医疗检验仪器的生产,同时生产配套的试剂与试纸条。在IPO过程中最终被否。

从招股说明书相关信息可以了解到,B公司享受软件增值税即征即退优惠。其配套生产的试剂主要用于仪器的日常清洗和维护,B公司将试剂销售收入列入软件销售收入范畴。

证监会发审委质疑:试剂主要是清洗和维护仪器的,是否可以列入享受增值税即征即退的范畴?

政策依据:增值税一般纳税人销售自行开发生产的软件产品,按17%税率征收增值税后,对其增值税实际税负超过3%的部分实行即征即退政策。(财税[2011]100号文)

原因分析:

1.企业纳税筹划过于激进。企业IPO申报前要抓住业绩和税收优惠依赖的平衡,该企业有提高利润、粉饰业绩的需求,因此违规将清洗和维护仪器用的试剂作为软件产品享受即征即退优惠。

2.企业内控不完善。若企业不存在主观舞弊,那可能是前后财务人员交接不完整、业务能力欠缺导致的客观差错。客观差错产生的原因在于企业税务内控不完善,财务部门未制定涉税事项处理流程,内审部门未监督审查税务工作。

3.税务干部工作责任心不强。管理员每月对企业退税申报表审核时,忽视软件与硬件项目的区分,未通过发票数据或实地走访对退税开展实质性审查。

4.税务监管体系不够完善。对税收优惠主体资格认定和优惠金额的监管不够精准,无法利用大数据实施事中有效监管。

案例三:员工获得股权激励未及时完税

案例概述：C公司主营业务为智能手机、互联网电视以及智能家居。2018年6月，在其IPO过程中，证监会发审委对C公司的股权激励涉税问题给予了高度关注。

其招股说明书披露，截至目前，C公司授出的尚未行权的员工持股计划包括244500097股期权及限制性股票。报告期内，公司因股权激励而产生的管理费用和销售费用分别为6.91亿元、8.71亿元、9.09亿元和4.88亿元，此外公司还可能会根据员工持股计划继续授予新的股份激励。

对此，证监会要求C公司补充说明股份支付是否按照税法要求履行了相关纳税义务，并请保荐机构、会计师对各次股权激励方案的股份数量、授予日、授予价格、股份支付费用等进行核查。

政策依据：对股权激励计划实行后，需待一定服务年限或者达到规定业绩条件(以下简称等待期)方可行权的。上市公司等待期内会计上计算确认的相关成本费用，不得在对应年度计算缴纳企业所得税时扣除。在股权激励计划可行权后，上市公司方可根据该股票实际行权时的公允价格与当年激励对象实际行权支付价格的差额及数量，计算确定作为当年上市公司工资薪金支出，依照税法规定进行税前扣除。(国家税务总局公告2012年第18号)

原因分析：

1.企业对政策理解不到位。实务中，企业对股权激励业务的关注更多在代扣代缴个人所得税上(C公司尚未行权，因此纳税义务还未发生)，而未关注企业所得税前扣除纳税年度在税会上存在差异。除此之外还需注意的是，同一笔股权激励成本费用前后调增和调减的金额不一定相等。

2.税务机关对拟上市公司服务不够深入、全面。税务干部在政策辅导时往往注重单个税种的政策规定，忽视各税种间的联系，本质原因在税务干部自身缺少会计实务经验。

3.选择年度汇算清缴审核对象时不够突出重点。税务机关在选择汇算清缴重点审核对象时，往往选择上报研发费用加计扣除、资产损失的企业，对拟上市公司缺少关注。

三、税务部门应主动作为助力IPO企业成功上市

(一)健全税费法律法规

一是完善不明确政策。企业重组政策中存在一些政策不明确的地方，应加以完善。如符合特殊性税务处理的企业，在重组中，企业股东免税，个人股东是否免税问题；股权收购对赌协议利润补偿个税返还问题。

二是修订重组有关税收政策。税收总是落后于经济实践，应及时总结税收征管经验，收集相关问题，及时对有违税收中性的政策进行修订，让税法与

时俱进。在股改政策方面，建议将"用资本公积转增股本，不征收个人所得税"的优惠主体从股份有限公司扩大到有限责任公司。在特殊性税务重组方面，建议明确列举和完善特殊性税务处理的法律形式和适用条件，增加符合递延纳税重组的操作性和可行性，并逐步推进配套细则完善。如对股权置换事项进行明确，以消除重复征税和税基侵蚀。

（二）构建精准监管体系

一是用好大数据武器。充分利用发票、财务报表、申报表和外部数据建立风险模型，扫描日常涉税风险，如软硬件产品区分、研发费用加计扣除等。同时要完善模型指标，提高风险识别准确性，减轻基层工作压力。

二是提高抽查比例。适当提高抽查风险分析和汇算清缴审核对象的比例。将拟上市公司、享受税收优惠主体、高净值高收入人群纳入重点审核对象。

三是严厉打击偷漏税行为。对上市公司和IPO企业隐瞒收入、虚列成本、违规扩大税收优惠的偷漏税行为，依法从严查处和曝光，并纳入企业信用记录，扩大震慑效应。

（三）推进拟上市公司个性化服务

一是探索大企业税收事先裁定。对于税费争议，如对价是否公允、是否具有合理商业目的、股权激励授予日等，提供政策确定性服务，减少企业政策风险。

二是开展提醒纠错服务。对财务合规性开展辅导，避免因提前销售、关联交易，调节利润，触碰上市红线。对于风险模型扫描出的涉税风险点，自动推送给纳税人。

三是政策辅导突出重点。强调税会差异，如股权激励业务企业所得纳税调整；强调税收优惠主体资格，如"股份制企业股票溢价发行收入所形成的资本公积金"中的股份制企业，仅仅指股份有限公司，不包括有限责任公司。

四是扩大大企业遵从协议应用。推进拟上市公司签订税收遵从协议。通过内控访谈、穿行测试和实质性测试全面梳理IPO过程中涉税风险，督促企业完善税务内控制度，尤其是日常性涉税事项处理流程和内审部门对税务工作的监督评价。

五是市县联动做好拟上市公司服务。提升服务主体层级，由市级大企业部门牵头，抽调主管税务机关业务骨干，共同开展拟上市公司走访，提升复杂事项处理能力。

（四）建设德才兼备高素质税收执法队伍

一是加强综合素质培养。以建党百年为契机，深入学、全面学、系统学习近平新时代中国特色社会主义思想，深入开展党史学习教育，想清楚税收工作

"依靠谁、为了谁",提升依法治税思想,提升担当实干精神,提升以大企业纳税人为中心理念,避免因干部责任心不强带来的税款流失、应享未享和自身执法风险。

二是加强专业能力培养。注重学习和实践两手抓、两手硬。不仅要动员税务干部参加财会类考试、岗位大练兵,加强税收、会计、经济领域的学习。还要在风险分析应对、遵从评价工作中,采用团队集中办公模式,在实践中积累会计实务经验、提高风险识别能力,通过"以干代学、以干代训",培养一支适应大企业项目化、团队化特色的专业化队伍。

课题组组长:陶　勇

课题组副组长:陈敏华

课题组成员:冯林敏　汪　奇　王永海

裘豪翔　舒陈洁　张蔚昕(执笔)

促进我国软件产业发展的
税收优惠政策探析(二等奖)

国家税务总局杭州市税务局课题组

近年来,世界正进入数字经济快速发展时期,5G、人工智能、智慧城市等新技术、新业态、新平台蓬勃兴起,深刻影响全球科技创新、产业结构调整、经济社会发展。在新一轮的科技革命和产业变革中,软件产业的发展已经成为我们瞄准未来科技和产业发展制高点的重要领域。为支持软件产业发展,我国相继出台了各项政策。经过三十多年的政策导向发展,我国软件产业发展取得了显著成效,尤其在疫情背景下,区别于传统产业,软件产业显示出强大的发展韧劲。但是,我国软件产业发展仍存在诸多问题,促进软件产业发展的税收优惠政策也存在一些不足之处。本文系统梳理我国促进软件产业发展的税收优惠政策,基于杭州市软件产业的发展现状,分析存在的问题,有针对性地提出优化税收优惠政策的建议。

一、从税收角度看杭州市软件产业的发展现状

在打造"中国软件名城"、"数字经济第一城"的先发优势下,杭州市软件和信息技术服务业发展迅猛,行业规模、盈利水平、研发投入等方面均保持了较高的增速,在税收贡献方面逐渐成为仅次于制造业、房地产业的核心产业。2020年,在新冠肺炎疫情影响下,以传统产业为代表的"旧动能"明显不足,数字经济成为拉动经济增长的"新动能",作为数字经济核心产业之一的软件和信息技术服务业,表现出巨大的韧性和潜力。

(一)行业规模持续较快增长

杭州市软件和信息技术服务业登记企业 2020 年超 6 万家,同比增加 11199 户,增幅 22.95%,较 2018 年增加 25000 余户,3 年间企业户数增长近 75%。2020 年累计申报营业收入 10894 亿元,同比增加 1901 亿元,增幅 21.14%,较 2018 年增加 4179 亿元,3 年间企业收入规模增长达 62%。在全国十个副省级城市中,杭州市软件和信息技术服务业营业收入的规模远高于

其他城市,优势明显。

（二）盈利能力远高于平均水平

杭州市软件产业2020年实现利润总额1904亿元,同比增长338亿元,增幅21.58%,虽然受到疫情影响,利润增幅较2019年有一定程度的下降,但仍保持了20%以上的增速,基本与企业户数增幅和收入规模增幅维持在同一增速。且软件产业营业利润率(16.74%)和户均利润总额(317万元)明显高于杭州市各行业平均水平(平均营业利润率为6.37%,户均利润总额为110万元)。在全国十个副省级城市中,杭州市软件企业营业利润率大幅高于其他城市,2020年在疫情影响下营业利润率依然与2019年基本持平,显示出强大的发展韧性。

（三）研发投入保持较高增速

2020年杭州市软件产业发生可加计扣除的研发费用为639亿元,同比增长25%,较2019年21%的增幅,提高了4个百分点。受疫情影响,营业收入和利润总额增幅均有不同程度下降的情况下,研发投入的增幅仍保持逆势增长。与此同时,以科技创新为产业发展驱动力的软件产业户均研发投入金额历年均高于全市户均研发投入水平。

（四）核心产业地位不断凸显

信息传输、软件和信息技术服务业近三年来入库的税收收入仅次于制造业、房地产业,成为对杭州市税收贡献度前三的行业。该行业入库税收的总量和占税收收入合计的比重均呈逐年上升的趋势。2018年信息传输、软件和信息技术服务业入库税收465亿元,占制造业、房地产业和信息传输、软件和信息技术服务业三个行业税收收入合计的14.08%;2019年入库税收517亿元,税收占比小幅提升14.56%;2020年入库税收709亿元,税收占比大幅提升至19.33%。

二、税收优惠政策在支持软件产业发展中发挥的作用

（一）有力减轻企业资金压力

软件产业具有高投入、高风险的特点,资金压力是软件企业面临的主要困难之一。大力度的减税政策,减轻了企业税收负担,缓解企业资金压力,有利于促进软件产业的快速发展。2018年至2020年期间,杭州市软件产业企业享受研发费用加计扣除政策折合减免企业所得税295亿元,享受其他各项减免税额的优惠政策减免企业所得税526亿元,享受软件产品增值税即征即退政策退还增值税172亿元,在不考虑其他小税种减免的情况下,已累计为企业减免税款993亿元,对杭州市软件产业企业2018年至2020年期间创造的营业利润的贡献度达到了23.7%。与此同时,2018年至2020年期间,杭州市软件

和信息技术服务业税收收入保持逐年递增的态势，在减轻企业税收负担的同时，税收减免实现了税收与企业发展的良性互动。

（二）大力支持企业技术创新

软件产业的高质量发展主要依靠创新驱动，有效发挥税收优惠政策的导向作用，引导和鼓励软件企业进行技术创新，是税收支持和促进软件和信息技术服务业高质量发展的重要目标。2020 年，除享受研发费用加计扣除优惠政策外，杭州市软件和信息技术服务业享受企业所得税减免所得税额 157 亿元，其中享受高新技术企业优惠和软件企业优惠政策减免所得税额 153 亿元，占比达 97.45％。从 2018 年至 2020 年的杭州市软件产业减免所得税额申报情况看，97％以上的减免所得税额均来自于企业研发投入和创新要求较高的软件企业优惠和高新技术企业优惠，税收优惠政策在促进杭州市软件产业加强科技创新方面发挥了较强的政策导向作用。

（三）助力企业享受政策红利

一是开展软件企业优惠政策"一对一"精准辅导。2020 年 45 号公告印发后，为确保软件企业及时了解政策变化，知晓政策内容，根据历年享受软件企业优惠清册梳理相关企业名单，由各税源管理单位通过网络化"一对一"的政策推送和辅导，确保优惠政策 100％宣传到位。二是开展软件企业所得税政策调研。为确保政策落实，充分发挥优惠政策对杭州市软件产业发展的促进作用，邀请具有代表性的软件企业进行政策调研，聚焦企业在政策享受过程中的关注点，开展政策辅导并听取企业意见建议。三是加强"清单"式、"名单"式管理。对重点软件企业，逐户核实企业优惠政策享受情况，确保政策享受到位。

三、软件产业的税收优惠政策回顾

（一）1985 年之前：没有相关政策支持

我国软件产业启蒙于 20 世纪 50 年代，当时的软件主要依附于计算机硬件，为特定的需求服务。1956 年，我国开始实施第一个五年计划，提出"向科学进军"的口号，制定《1956～1967 年科学技术发展远景规划纲要（草案）》。计算机技术是该规划纲要的 12 个重大科技任务之一，其中一些支持重点行业应用的计算软件和控制软件也成为当时研发的重点工作。1973 年，原第四机械工业部召开了电子计算机首次专业会议，确定了电子计算机的发展方针，重点研究开发国际先进机型的兼容机、研制汉字信息处理系统和发展微机。从此，我国计算机及软件开始有了政策性指导，我国软件产业也开始进入起步阶段。

（二）1986—1999 年：零散的财税政策逐步出台

1986 年，我国出台了第一个关于软件产业发展规划的文件《关于建立和发展我国软件产业的报告》。1987 年，国务院明确在"七五"、"八五"期间，实行四项税收优惠政策:对软件产品免征产品税、减半征所得税、可按销售收入 10％提取研发费、对重大引进工程项目免征进口税等。1999 年,为了贯彻落实《中共中央国务院关于加强技术创新,发展高科技,实现产业化的决定》(中发〔1999〕14 号文)的精神,财政部、国家税务总局发布了《关于贯彻〈中共中央国务院关于加强技术创新,发展高科技,实现产业化的决定〉有关税收政策问题的通知》(财税字〔1999〕273 号文),对软件产业税收优惠政策进行了细化和补充,包括增值税即征即退、营业税免征、企业等社会力量向科研机构和高等学校资助研究开发经费抵扣等内容。

(三)2000—2010 年:软件产业税收政策体系形成

2000 年 6 月,国务院印发了《鼓励软件产业和集成电路产业发展的若干政策》(国发〔2000〕18 号),标志着软件产业税收政策体系正式形成,税收优惠政策主要包括:对增值税一般纳税人销售其自行开发生产的软件产品,2010 年前按 17％的法定税率征收增值税,对实际税负超过 3％的部分即征即退,由企业用于研究开发软件产品和扩大再生产;新创办软件企业经认定后,自获利年度起,享受企业所得税“两免三减半”的优惠政策;对国家规划布局内的重点软件企业,当年未享受免税优惠的减按 10％的税率征收企业所得税;软件企业人员薪酬和培训费用可按实际发生额在企业所得税税前列支:对软件企业进口所需的自用设备,以及按照合同随设备进口的技术(含软件)及配套件、备件,除列入《外商投资项目不予免税的进口商品目录》和《国内投资项目不予免税的进口商品目录》的商品外,均可免征关税和进口环节增值税。

(四)2011—2019 年:软件产业税收政策体系逐步完善

2011 年 1 月,国务院印发《进一步鼓励软件产业和集成电路产业发展若干政策的通知》(国发〔2011〕4 号文,下称“4 号文”)。4 号文主要政策包括:继续实施软件增值税优惠政策;进一步落实和完善相关营业税优惠政策,对符合条件的软件企业和集成电路设计企业从事软件开发与测试,信息系统集成、咨询和运营维护,集成电路设计等业务,免征营业税;对我国境内新办集成电路设计企业和符合条件的软件企业,经认定后,自获利年度起,享受企业所得税“两免三减半”优惠政策。

(五)2020 年至今:软件产业政策调整适应新时期高质量发展要求

2020 年 7 月,《国务院关于印发新时期促进集成电路产业和软件产业高质量发展若干政策的通知》(国发〔2020〕8 号文)发布,制定新时期促进软件产业和集成电路产业高质量发展的财税政策。其中税收政策包括:国家鼓励的集成电路设计、装备、材料、封装、测试企业和软件企业,自获利年度起,第一年至第二年免征企业所得税,第三年至第五年按照 25％的法定税率减半征收企业所得税;国家鼓励的重点集成电路设计企业和软件企业,自获利年度起,第一年至第五年免征企业所得税，接续年度减按 10% 的税率征收企业所得税；继续实施集成电路企业和软件企业增值税优惠政策；在一定时期内，国家鼓励的重点集成电路设计企业和软件企业进口自用设备，及按照合同随设备进口的技术（含软件）及配套件、备件，除相关不予免税的进口商品目录所列商品外，免征进口关税。

四、从税收优惠角度分析杭州市软件产业存在的主要问题

（一）重软优惠政策范围收窄，重点软件企业大幅减少

2020 年 12 月，四部门联合印发《关于促进集成电路产业和软件产业高质量发展企业所得税政策的公告》（财政部、国家税务总局、发展改革委、工业和信息化部 2020 年第 45 号公告，以下简称"45 号公告"），在企业所得税优惠政策方面做出了具体的规定：延续实施了国家鼓励的集成电路设计企业、软件企业两免三减半的政策；新增了重点集成电路设计企业和软件企业自获利年度起第一年至第五年免征企业所得税的政策。新政策的优惠力度有了较大提升。同时，新政也对相关企业的条件进行了调整：取消了原单纯考虑企业规模和软件出口的类别，提高了对企业研发强度、研发人员占比、拥有知识产权和著作权数量等要求，调整了重点软件领域，提高了重点软件企业和集成电路设计企业从事专业领域收入占比要求，并将重点软件企业的支持政策进一步向专业开发软件的企业倾斜。由于各项占比要求的提高和重点领域的调整，符合重点软件企业条件的企业范围收窄。从杭州市统计数据看，新政实施后可享受重点软件企业所得税优惠政策的企业从 51 家下降到 24 家，减免金额从 212 亿元下降到 29 亿元，由于大部分不能享受重软优惠的企业转而享受高新技术企业优惠，2020 年软件产业减免所得税额总体减少 50 亿元。

（二）软件产业所得税优惠政策认定门槛高，中小企业不能得到足够政策支持

从对我国软件产业税收优惠政策的回顾，我们可以看到目前软件产业针对性的优惠政策主要是增值税即征即退政策以及企业所得税优惠政策。在企业所得税优惠政策中，直接优惠主要是一般软件企业的"两免三减半"、重点软件企业的"五免接续年度 10%"的优惠政策；间接优惠主要是软件行业的职工教育经费中的职工培训费可以全额扣除。普适性的税收优惠政策包括研发费用加计扣除和固定资产加速折旧等促进科技创新的间接优惠政策，对前期投入大、回收期长的软件产业并无特殊政策支持。针对软件产业的企业所得税优惠政策主要集中在所得环节，一是要符合一般软件企业和重点软件企业的认定条件，二是在一定的时间范围内要有所得。从 2020 年度杭州市企业所得税申报情况来看，享受两个软件企业所得税优惠政策的企业共计 146 户，占软

件产业全部企业比例为 0.2％。由于认定门槛高,绝大部分中小型软件企业无法享受到软件产业企业所得税的直接优惠。

杭州市软件产业收入规模前 50 名的企业,营业收入占整个产业的比重达 75.13％,利润总额占比达 98.89％,减免所得税额 137 亿元,占软件业减免所得税总金额的 88％。2020 年度杭州市软件和信息技术服务业盈利企业占比 20.73％,小于 2020 年全市企业盈利面 25.33％。在大企业盈利能力持续提升的背景下,中小软件企业存在明显的盈利能力弱问题,亟需政策的扶持发展。

(三)产业优惠政策在企业层面存在交叉重叠,给企业充分享受政策带来一定困扰

为了引导不同行业企业的发展,各个税费种往往会针对不同行业出台一些有针对性的优惠政策,如 2019 年针对制造业企业的社会保险费优惠政策。这些政策往往以行业为分界线。软件产业中部分企业特别是嵌入式软件企业,兼有软件开发和嵌入式软件产品的制造,以及部分信息安全领域兼有一般信息安全设备制造的业务。具体到这部分企业,制造业的税收优惠政策和软件业的税收优惠政策会存在一定程度的交叉重叠,为充分享受各个税费种的优惠政策,企业会对自身价值链条进行拆分,以满足不同时期不同优惠政策对于行业的要求。

由于类似不同行业优惠政策的出台,企业需要不断的调整分割自身的业务范围去适应政策要求,最终才能享受到相应的优惠政策,这给企业长期战略或者持续发展带来一定困扰。如一个兼有软件开发和制造的企业,原主营在制造业,后为享受软件企业所得税优惠政策,达到软件企业在销售收入占比、研发占比等方面的要求,将制造业业务分离出去。而 2021 年制造业企业研发费用加计扣除比例提高到了 100％,软件分部研发只能享受 75％ 的加计扣除比例,是否将一部分研发转移到制造分部中去又成为了企业需要去考虑的问题。

五、优化软件产业税收优惠政策的建议

(一)构建全价值环节税收优惠政策体系,助力重点软件领域企业发展

重点软件清单制定高质量发展的导向符合我国新时期的发展要求,但是由于政策调整无预期性,也给部分向着国家鼓励重点领域发展但按新政尚未达到条件的企业带来不小的挑战。经对杭州市未纳入重点软件清单的 32 家企业的问卷调查,未进入清单的主要原因表现为不符合最新的重点软件领域、选择某一具体领域后收入达不到相应规模。为全方位的促进重点软件企业发展,建议在目前软件产业优惠政策的基础上,构建软件业全价值环节税收优惠政策体系。既在流通环节、经营环节、研发环节、所得环节税收优惠政策的基

础上,针对投融资环节设立更有针对性的优惠政策。探索在创投企业投资抵免的基础上,制定针对重点软件领域投资环节税收优惠政策,对机构或者个人投资于基础软件、研发设计工业软件等重点领域、短板领域的投资额提高投资抵免比例,个人取得分红减免个税等。引导更多的投资者进入重点软件领域,助力重点软件领域内的企业获得更多的资金支持企业发展。

(二)建立"阶梯式"税收优惠政策体系,支持中小软件企业成长

软件产业的中小企业数量众多,运转灵活且创新性强,是软件产业发展和软件技术创新的重要支撑。各国无论是在财政补贴,税收减免方面都对中小企业有特殊规定。比如欧盟对科研机构与中小企业之间的合作项目提供金额为项目目标经费的50%的补贴性资助;日本规定中小企业的实验研究费减收6%的法人税;韩国专门针对技术密集型中小企业设定了所得税减免及技术和人才开发费用抵扣优惠政策。我国目前专门针对软件产业的税收优惠政策,虽优惠力度大,但由于门槛较高,受益的主要还是大型企业,而小型微利企业优惠政策在企业发展到一定程度后也无法继续发挥支持作用。建议建立"阶梯式"的优惠政策体系,在目前的小型微利企业和高新技术企业或国家鼓励的软件企业之间,制定相应的税收优惠政策,使中小企业在不同发展阶段均能够享受到不同程度的政策支持。如扩大小型微利企业应纳税所得额的标准,从300万元提高至500万元,设立应纳税所得税100万元以下、100万-300万元,300万-500万元三个层次不同减免幅度的优惠政策,以达到进一步支持中小企业发展的目的。同时,对一般软件企业"两免三减半"政策,允许企业自行选择优惠的起始时间,不受首个获利年度和认定年度的制约,使中小软件企业能够更多的享受到减免税优惠。

(三)制定更完善的产业优惠政策,保障企业合理享受各项优惠政策

在原先"一刀切"通过行业来判断符合优惠政策条件的基础上,进一步完善针对不同产业的税费优惠政策。以制造业研发费用加计扣除为例,从政策制定初衷来看,主要是为了促进实体经济发展,推动制造业转型升级,提高经济核心竞争力。兼有软件开发业务和制造业务的企业,如嵌入式软件、信息安全设备等是推进制造业转型升级的基础设施,是实体经济转型升级的硬件保障,不应仅仅以50%这一标准一刀切使之拒之门外;从支持企业发展的角度来看,企业通过一系列的分割重组可以享受到相应的优惠政策,说明企业在一定程度上是符合相关要求的,只是以目前的状态无法满足享受优惠政策的形式要件。因此,这种情况下是否能够更多地考虑企业业务和发展实质,税费政策应不干扰企业的长期发展战略为宜。综上,短期建议兼有软件开发和制造业务的软件企业比照制造业企业享受研发费用加计扣除比例提高至100%的优惠政策。随着我国进入新发展阶段,新时期对软件产业高质量发展的目标,突

破核心关键技术的导向,长期建议将软件业的研发费用加计扣除比例也提高至 100％。

课题组组长:葛欣欣

课题组成员:杨晓虹　　吕道明　　徐　媛(执笔)

海宁拟上市企业发展质效研究（二等奖）

国家税务总局海宁市税务局课题组

上市公司作为活跃繁荣市场、实现产业跃升、增强经济发展后劲的重要组成部分，不仅带动社会的科技进步与创新，更是经济增长的重要源泉。拟上市企业作为上市公司的后备军，发展质效的好坏直接影响资本市场后续的发展潜力。以海宁市重点拟上市企业为样本，基于税收工作中掌握的相关数据和信息，多维度对企业的经济发展情况和税收情况进行分析并发现存在的问题，立足税务视角提出支持拟上市企业发展的意见建议。

一、上市公司的重要性

（一）上市公司影响现代经济发展

企业是市场主体，而上市公司是企业"重心"，作为国民经济中最优秀的企业主体，他们一方面顺应时代发展的潮流，产业结构逐渐形成以制造业、电子、电力、金融等基础和支柱产业为主的格局，与国民经济布局趋于一致；另一方面，作为所属行业内部的领头雁，在自身资产规模迅速扩大的同时引领着社会经济大势，经营业绩出现了与宏观经济同步发展的可喜态势。

（二）上市公司是经济增长的重要源泉

作为中国经济最具活力的微观主体，上市公司质量是经济活力的晴雨表。《中国上市公司蓝皮书：中国上市公司发展报告（2020）》指出：中国A股上市公司经营业绩与宏观经济走势表现出高度的一致性。2019年及2020年1～3季度，全部A股上市公司营业总收入和归净利润累计同比与GDP累计同比走势趋同，总体呈现2019年逐季放缓和2020年1季度受疫情影响深度下探而后快速复苏的局面。

2020年上市公司总营收53.11万亿元，较2019年增长2.43%；总净利润4.34万亿元，增长1.74%。根据国家统计局公布的2020年中国国民经济运行情况，2020年全年国内生产总值101.60万亿元，按可比价格计算，比上年增长2.3%。可见2020年上市公司实现的总营收已达到同期GDP的52.27%，且累计同比走势呈高度一致性,充分显示出上市公司对我国经济增长的支撑作用。

(三)上市公司是科技进步与创新的主力军

科技创新是经济社会发展的最大活力,是企业发展的真正动力。随着市场经济的不断发展,企业必须转变经营理念,充分发挥自身的优质资源开展科技创新活动,不断进行产品和技术的更新换代,适应市场的发展变化,从而立足市场,赢得市场。

研发投入总额方面,根据同花顺数据显示,上市公司 2020 年研发投入达1.01 万亿元,相比 2019 年 8992.88 亿元增长了 12.6%。分行业看,建筑装饰、电子、汽车、机械设备等行业研发投入表现最为突出,分别为 1563 亿元、1202 亿元、878 亿元和 739 亿元。

新增专利方面,据上交所统计,科创板公司全年合计新增知识产权 1.63万项,其中发明专利达到 4500 项。深交所数据显示,创业板公司拥有与主营相关的核心专利技术 11 万余项,近六成公司的产品和技术实现了进口替代,解决一批"卡脖子"技术难题。

(四)海宁上市公司对海宁经济的影响

自 1997 年海宁第一家上市公司钱江生化上市以来,经过 20 多年的发展,截至 2021 年 4 月,海宁已有境内外上市公司 18 家,在产业结构上与海宁经济发展的宏观环境密切相关。海宁上市公司以皮革、纺织服装、软磁等轻工制造业为主,与海宁经济历来重视制造业发展相辅相成,且以它们为龙头的相关产业也在海宁迎来了蓬勃发展。2018 年—2020 年,海宁上市公司营业收入分别为 275.8 亿元、282.6 亿元和 296.9 亿元,年均占到海宁 GDP 的 30% 左右,是海宁经济发展的重要基石。

二、税务因素对公司上市的影响

上市公司拥有资本、人力、管理和政策等方面的优势,是活跃繁荣市场、实现产业跃升、增强经济发展后劲的重要组成部分。而在公司股改上市的诸多环节,税务因素发挥着重要的作用。

《首次公开发行股票并上市管理办法》明确规定,发行人不得有下列情形:"最近 36 个月内违反工商、税收、土地、环保、海关以及其他法律、行政法规,受到行政处罚,且情节严重";"发行人依法纳税,各项税收优惠符合相关法律法规的规定。发行人的经营成果对税收优惠不存在严重依赖。"

在实际中,大多企业设立初期由于规模较小,财务管理等方面相对缺乏规范性,一些不合规发票甚至白条入账的情况时有发生;另一方面,部分企业由于财务人员政策了解偏差等原因造成了实际缴纳税款较少(非企业管理层主观上要求少纳税)等情况的出现,都会影响到企业的上市之路。对于这类企业需要进行恰当的账务整合,并尽快完成补税。同时,如果公司对税收优惠过度依赖,必将构成 IPO 的绝对障碍。如 2015 年的北京龙软科技股份有限公司,其在 2012—2014 年度,来源于软件产品增值税退税、所得税税收优惠的金额占利润总额的比例分别为 33.08%、36.21% 和 88.73%,成为其在 IPO 中的一道障碍,叠加其他不规范因素,后被 IPO 否定。

随着近年来纳税信用应用的越来越广泛,纳税信用等级对于企业来说愈显重要。在当下社会,信用早已成为了公司一项重要的无形资产,"守信者一路畅通、失信者寸步难行"的初衷得以实现。如果公司纳税信用等级长期处于低层次,将在出口退税、发票领用、税收优惠、金融贷款等方面都受到一定的限制,也将成为多部门的重点监管对象,无疑更加会影响公司上市的计划。

三、海宁拟上市企业发展的质效分析

近年来,海宁紧紧围绕浙江省"凤凰行动"计划和嘉兴市企业"上市 100"专项行动等工作,常态化、精准化、专业化培育后备企业,在发掘存量优质企业的基础上,加大新兴产业培育力度,逐步探索出培育企业上市"海宁模式",推动一批优质的企业积极对接资本市场。可以说,拟上市企业发展质效的好坏关系着资本市场上的"海宁板块"能否做大做强。

(一)海宁拟上市企业发展现状

海宁市截至 2021 年 6 月共有 44 家重点拟上市企业,基本涵盖区域经济的主要行业,逐步成为海宁市经济社会发展的强大后备力量,是海宁经济运行中极具影响力和成长优势的企业群体。

1. 重点拟上市企业发展情况

(1)七成拟上市企业营业收入实现增长

海宁市 44 家重点拟上市企业上半年总营业收入实现 122 亿元,其中万凯新材料、明士达新材料、凯耀照明、光华科技 4 家营收 5 亿元以上的企业营业收入占全部重点拟上市企业的 54.4%。44 家重点拟上市企业中,上半年营业收入实现同比增长的有 32 家,占比 72.7%。

(2)半数拟上市企业利润总额实现增长

海宁市 44 家重点拟上市企业上半年实现利润总额 7.8 亿元,利润总额同比增长的有 22 家,占比 50%;利润总额超过一亿元的共有 3 家,利润总额最高是浙江明士达新材料有限公司,其上半年利润总额高达 1.5 亿元;此外还有台谊消防设备等 12 家拟上市企业利润总额同比大涨百分之百以上。

受疫情、管理质效、原材料上涨等诸多因素影响,亦有 10 家上市企业处于亏损状态,其中欧耐力新材料、红狮宝盛科技 2 家企业亏损超一千万元以上。

(3)少数拟上市企业出口额实现大幅增长

海宁市 44 家重点拟上市企业中共有 28 家出口企业,上半年实现出口销售额 32.7 亿元。其中,科峰有机硅、欧耐力新材料等 6 家企业出口额同比增长超 100％,外贸形势出现曙光;但仍有海派智能家居等 14 家企业出口额较去年同期出现不同幅度的下滑,出口形势依然严峻。

2.重点拟上市企业税收①缴纳情况

(1)从税收贡献看,拟上市企业产出乏力

海宁市 44 家重点拟上市企业上半年累计实现税收贡献 3.2 亿元,较上年同期减收 2.1 亿元,税收降幅 40.4％。其中,应征增值税 2.3 亿元,同比减少 1.8 亿元,减幅 43.9％;应征企业所得税 0.86 亿元,同比下降 28.2％。税收贡献前三强企业分别是兴三星云科技(2971 万)、明士达新材料(2869 万元)和虎霸建设机械(2385 万元)。个别企业(如富卡科技、高晟通智能科技)基本属于无税状态。

(2)从税收增长看,拟上市企业有"喜"有"忧"

从统计数据分析,有 25 家拟上市企业税收较上年同期增长,税收增幅超过 50％的拟上市企业有 16 家,尤其采美新材料、国科光芯等 4 家拟上市企业税收增幅超过 5 倍,此外,兴三星云科技、光华新材料等 8 家拟上市公司税收增幅同比亦超过 100％以上。

(3)从企业经济类型看,内资企业发挥主体支撑作用

内资拟上市企业(含非国有股份和私营股份企业)合计应征税收收入 2.87 亿元,占全部拟上市企业比重的 90.55％;港、澳、台投资股份拟上市企业,合计应征税收收入 0.12 亿元,占比 3.83％;中外合资股份拟上市企业,共计应征税收收入 0.18 亿元,占比 5.62％。从经济类型看,内资拟上市企业经济贡献大,体现了内资经济的强大主体支撑作用。

(4)从行业看,传统制造业仍"唱主角",高端装备制造业等新产业"展露新声"

44 家重点拟上市企业中,制造业企业(39 家)占到 88.6％,贡献税收合计 3.05 亿元,占全部拟上市企业税收贡献的 96.2％。其中:传统制造业共计 27 家,税收贡献合计 2.27 亿元,占全部制造业企业的 74.4％;高端装备制造业、数字经济相关制造业等新兴制造业共计 12 家,贡献税收合计 0.78 亿元,较去年同期增长 0.22 亿元,增幅 39.1％,占比则由去年同期的 10.9％提升至今年的 25.6％。重点拟上市企业中剩余的 5 家企业则分散在科学研究和技术服务业、租赁和商业服务业等不同行业中,税收贡献 0.12 亿元,与去年同期的 0.14

---

① 本文的税收口径仅统计应征增值税和应征企业企业所得税,下同。

亿元基本持平，企业发展暂时未见有较大起色。

（二）海宁拟上市企业发展中存在的问题

1.整体规模偏小，缺乏龙头企业

根据2018—2020年的企业所得税年报看，海宁市44家重点拟上市企业中营业收入达到10亿元以上的企业仅3户，其中，仅浙江万凯新材料有限公司营业收入曾突破过百亿。从税收贡献看，2020年拟上市企业户均税收仅为2107万元，税收收入达到亿元以上的企业仅1户，重点拟上市企业规模明显偏小，有影响力的龙头企业相对缺乏。

2.研发投入偏低，创新能力不强

44家重点拟上市企业2020年合计申报研发费用5.45亿元，研发投入强度①为2.33%，虽然分别较2018年、2019年提高0.63和0.09个百分点，但是与海宁市上市公司3.37%的研发投入强度相比，仍然处于较低水平。研发费用超五千万元的企业仅2户，分别是浙江凯耀照明有限责任公司和浙江明士达新材料有限公司，两家企业研发投入强度分别为4.07%和3.41%。国际企业界普遍认为，企业R&D经费支出占营业收入5%以上的企业才能有较强的竞争力，占2%左右的企业仅能维持运营。

3.区域分布不均，各镇差异明显

海昌街道、马桥街道、长安镇和黄湾镇四地，凭借经济发展、地理资源、技术人才和交通便利等优势，吸引了较多重点拟上市企业入驻，共计有32户，占重点拟上市企业的72.7%，剩余乡镇（街道）吸引力相对较弱，仅有12户。

四、促进海宁拟上市企业发展的建议

海宁市重点拟上市企业的发展卓有成效，但也还存在不少矛盾和问题。现基于税务视角为今后海宁重点拟上市企业的发展提出几点建议：

（一）抓住发展机遇，吸聚企业落户

1.利用地理优势，提升投资吸引力

长三角一体化发展重大合作事项签约仪式2020年在浙江湖州举行，"长三角一体化"发展正式驶入快车道。海宁作为"融杭接沪"的前沿阵地，应当立足自身，把握机遇，促进经济高质量发展。应当充分利用独特的地理优势，提升营商环境，努力从人才培养、资源配置等方面着眼，着力形成良好的产业发展生态，不断提升海宁市投资兴业的吸引力，让更多优秀的企业落户海宁，从源头上孵化一批优质企业，提高拟上市企业的质量。

2.优化政策扶持，提升企业获得感

---

① 研发投入强度=研发费用支出/营业收入×100%。

服务好已落户的企业,研究出台促进新经济发展的系列扶持政策,从生产用房补助、人才奖励、资源配置等多方面,进一步增强已落户企业的获得感,充分发挥其所属行业的辐射力和影响力,吸引更多的上下游协同产业同步落户海宁,带动拟上市企业的基础配套发展,形成促进经济更快更好发展的"乘数效应"。

(二)升级传统产业,壮大新兴产业

1. 重塑制造优势,提升企业竞争力

传统制造业在海宁市重点拟上市企业中仍占据着不可动摇的地位,充分利用好海宁市较好的制造业基础,坚定不移推进"工业强市再出发"战略,外引强援,内挖深潜,引导海宁市制造业转型升级;同时,对全市优势产业进行全产业链梳理,坚持上下游企业同步攻坚,以品质智造加快传统产业向时尚产业转型,加大在关键技术领域的政府支持力度,增强产业链韧性,进一步扩大产业优势,提升拟上市企业的竞争力;引导已有企业加快股份制改造,建立现代企业制度,推动一部分企业在"主板""创业板"或者"新三板"上市,借力资本市场,获取更好的市场地位,实现企业更好的发展。

2. 加速产业融合,壮大新兴产业

随着数字经济等新业态的不断发展,培育和壮大新兴产业无疑是带动经济发展的另一抓手。长三角一体化发展必然带来产业的重新整合,海宁市应充分认清自己的优势和资源,构建相应的产业结构体系,既要服务于周边的大城市,更要能在关键时刻挑得起"担子",承接来自上海、杭州等地的产业辐射力,推进新兴产业的落地和不断发展。与此同时,加快先进制造业与现代服务业深度融合,大力发展信息服务、研发设计、现代物流等现代服务业,鼓励制造业企业发展检验检测、信息技术、电子商务等辅助性服务业,引导企业由有形产品提供者向"产品＋服务"提供者转变,切实提升拟上市企业创新能力和水平

(三)加大研发投入,做大企业规模

1. 加大研发投入,提高研发效益

深入开展"百校联千企引千人"专项行动,深化以赛引才、海外引才机制,加快"政府＋企业＋高校"协同创新,落实人才奖励政策,鼓励企业积极引进大学生和引进海内外高端人才,为企业创新注入新鲜"血液"。引导存量拟上市企业加大研发投入,实现"卡脖子"技术的重大突破,畅通企业发展"脉络"。加快研发成果转化,建立与生产实际需求相一致的科技转化机制,缩短科技成果转化为经济效益的时间,充分利用科技成果提高产品附加值和企业经营效益,扭转制造业投入产出效益偏低的局面。

2. 推进项目建设,做大企业规模

好的项目必然会带动企业的发展，我们应当瞄准对培育大企业起支撑作用的大项目，集中力量、重点突破，从企业落户的源头发力，做大企业规模。对于已经存续的企业，为企业开辟绿色融资通道，鼓励企业整合利用资源，通过兼并、重组等多途径、多模式实现已有资源的积聚和再分配，在优化组合中加速企业做大做强，力争在海宁培育一批"高精尖"企业，充分发挥大企业的龙头效应，带动海宁拟上市企业的优质发展。

（四）提供精准服务，做好税务支持

1.部门联动服务，提振企业信心

税务部门应积极对接市金融办，加强与发改、经信、市监、银行等部门的协作，积极参加企业上市工作会议，主动向地方政府汇报税收政策变化、企业税源变动、企业税法遵从等情况，形成资源共享、双向反馈、良性互动的工作合力，为企业上市工作提供强有力的税收服务保障。组织拟上市企业向"上市先行者"取经问道，邀请前期已成功上市企业现场介绍经验，供学习借鉴，跑准方向，少跑弯路。另外还应对全市规上企业进行动态筛选，分层次、分行业、分梯队召开专项税收政策宣讲会，详细解读不同层级拟上市企业涉税政策，消除企业顾虑，提振企业信心。

2.前置介入服务，解决企业难题

多部门联合开展拟上市企业股权变更专项服务行动，全力帮助解决企业股改中遇到的困难和问题。针对企业上市过程中的股权架构调整可能涉及的兼并、重组等重大税务问题，联系相关部门提前介入，推行事先裁定，消除企业涉税风险。同时，以现行税收政策、法律法规为依据，梳理出企业股改"问题清单"，就企业在股改过程中可预期的特定事项如何适用税法予以裁定，及时提供税收政策指引，通过"前置式"服务为拟上市企业导航，降低企业上市税务成本与风险，让企业优先起跑，平稳起跑，跑出持久力。

（五）加强风险排查，助力轻装上阵

1.建立一户一档，"健康体检"防风险

利用网络大数据，做好对拟上市企业公开涉税信息的采集，同时结合金税三期、电子底账系统、税务总局大数据共享平台等信息系统的数据进行加工、应用，对拟上市企业进行全流程税费"健康体检"。针对发现的各类共性和个性涉税、涉费问题，帮助企业查找原因，分级分类提出"保健提醒"建议，实现一户一报告、一户一方案，让企业及早发现隐患、及早解决问题、及早消除风险，帮助企业持续规范财务和纳税行为，有效防范和化解涉税风险，为企业挂牌上市扫除"拦路虎"和"绊脚石"，实现"轻装上阵"。

2.探索信用管税，筑牢诚信"防火墙"

积极探索"信用管税"机制，创新"诚信激励、失信惩戒"措施，引导拟上市企业自觉成为 A 级纳税信用等级纳税人。引导和协助企业建立完善税务风险内控机制,纠正不良申报习惯,避免出现企业由于不了解、不熟悉税收政策、征管规定而受到行政处罚。关注企业信用评价变化趋势,帮助企业动态掌握自身信用等级指标变动情况,及时采取相应措施消除违章,确保拟上市企业信用持续等级优良,筑牢诚信纳税"防火墙"。

课题组组长:陆文忠

课题组成员:陈　琳　褚铀镭　林　枫(执笔)

赵晓雅(执笔)

基于税收视角促进
湖州中小企业上市研究（三等奖）

国家税务总局湖州市税务局课题组

　　充分发挥资本市场在促进经济转型升级方面的重要作用,大力推进中小企业股改上市已经成为各地政府的共识。《国务院关于进一步提高上市公司质量的意见》和《浙江省深入实施促进经济高质量发展"凤凰行动"计划（2021－2025年）》等文件对如何"推动企业上市和护航上市公司高质量发展"提供了指引。当前,国家大力发展多层次资本市场,地方政府需抢抓全面实行股票发行注册制机遇,结合新情况新特点,支持本地优质中小企业股改上市。而是否合理、合法纳税是公司首发上市过程中最值得关注的问题,甚至已成为首发上市被否的主要原因之一,税务部门在助力企业上市过程中的作用更加凸显。

　　一、湖州市上市企业基本情况

　　（一）企业数量快速增加

　　湖州市上市公司总量2021年1月达到40家,较"十三五"初期翻了一番:其中境内A股上市公司30家,境外上市10家。境内上市按板块分布:上海主板12家,中小板10家,创业板5家,科创板3家。随着创业板和科创板IPO加速推出,为中小企业进入资本市场提供更多机遇,近一年内在创业板、科创板上市的企业有6家。

　　（二）经营收入高速增长

　　湖州市上市企业2020年共实现营业收入1000.04亿,同比增长30.91%,占全市所有企业营业收入的比重为8.14%;共实现净利润76.8亿元,占全市所有企业净利润总和的比重为23.77%。上市公司以全市注册企业户数（118075户）大约万分之三的数量,实现全市近四分之一的净利润。2020年全市上市年报数据显示:超八成上市企业实现盈利。全市上市公司中制造业户数有35户,制造业企业户数占比85%。

（三）税收缴纳创造新高

湖州市40户上市公司2020年实现税收24.73亿元，同比增长19.71%，创历史新高，占全市税收收入4.34%。2020年度税收超1亿的企业有10户，排名第一的企业是天能集团（旗下二家上市公司），税收超3亿，其次东方基因实现税收2.63亿，超威动力能源实现税收2.26亿。

二、中小企业上市的必要性

中小企业是我国国民经济中一个重要的组成部分，为我国贡献了50%以上的税收，60%以上的GDP，70%以上的技术创新，80%以上的城镇劳动就业，90%以上的企业数量，是扩大就业、改善民生的重要支撑，是推动经济实现高质量发展的重要基础。然而，中小企业在发展过程中也暴露出产业层次不高、经营方式粗放、市场竞争力较弱等问题，近期浙江省地方金融监督管理局提出的围绕"个转企、小升规、规改股、股上市"工作主线，明确了中小企业的发展方向，有利于各地政府抓好各梯队企业的辅导培育，形成鼓励中小企业发展的制度环境，提升拟上市企业规范水平。

世界银行的研究表明，我国中小企业的发展资金主要来源于股东资本和利润积累，公司债券和外部股权融资非常低，中小企业直接融资渠道十分狭窄。通过和资本市场的对接，企业可以低成本地获得大量资金，不仅解决了融资难的问题，而且大大改善了企业的资产负债结构，减少财务风险。

上市公司往往代表着良好的质量和品牌，成为公众关注的对象，企业上市后知名度会极大提升，可以通过资本运作实现同行业企业、产业链上下游企业的兼并重组，提高产业集聚度，加快地区产业集群发展，成为培育地方经济税源、壮大地方可用财力的重要引擎。

三、拟上市企业存在的主要涉税问题

（一）历史遗留税收问题

1.股权转让产生问题。拟上市企业对产权的清晰性、业务的独立性等方面具有严格的要求，会产生频繁的股权转让，在股权转让中会产生相应税收问题，如股东的个人所得税的交纳，涉及法人主体的企业所得税的交纳，这些税种的成本和收入的界定存在一定难度，稍一不慎，就会存在漏税问题。

2.资金往来税收问题。由于中小企业多为民营企业，资金拆借相当频繁，按照税收规定，资金往来要计算收入，交纳相应的税收，而中小企业往往忽略从而导致了税收风险隐患。

3.收入时间确认问题。大多数工业企业在发货、客户收到货物确认、客户通知开票这一过程中存在着时间差，根据新会计准则规定：销售商品确认收入需满足一定的条件，但是企业往往直接将开出发票作为企业确认收入的依据，造成确认收入时间不准确，可能造成虚增收入。

（二）上市辅导期税务问题

1.股份制改造完成后存在的税收问题。拟上市企业在股份制改制前为有限责任公司，经过改制后为非上市股份制公司，在改制过程中原有的注册资本在改制后股本会增加，增加的可能是股东投入或未分配利润转增资本。这种情况下，若得到的是法人股不存在税收问题，若是个人股就涉及到个人所得税问题，相当于未分配利润分红给股东，股东得到了分红就要交纳个人所得税，有些企业忽视了这一隐含税收风险。

2.非上市公司的股票期权。拟上市企业为了留住人才、激励员工，往往会通过采取虚拟股票的方式授予员工，公司将以分红的方式让股东分享经营成果，个人所得应在分配环节代扣代交个税，而不是在支付环节交纳。

四、助力中小企业上市的税收相关举措

（一）多角度营造良好营商环境

加强在服务企业发展上的力度，为企业提高优质的税收服务，帮助企业应享尽享各项优惠政策，提升企业发展动力。

一是搭建宣传平台。充分运用好微博、微信、电视、报纸等宣传渠道，开辟专栏宣传资本市场发展的政策法规和典型经验，提高企业上市的积极性。利用每年的税收宣传月定期对上市企业、拟上市企业一年来的发展情况进行跟踪宣传，提升企业的知名度，提高企业的品牌影响力。

二是加强税收服务力度。深入推进"放管服"改革、三服务等工作，及时解决企业上市中的困难和问题，对重点企业按"一企一策"建档指导，加快企业上市和扩张进程。抽调精通税费政策的业务骨干组成"企业上市税援团"，重点从税收政策指导、征管流程衔接、纳税信用服务、评估检查辅导等方面为拟上市企业提供专业的税收咨询及援助。同步线上＋线下模式，为企业提供预约、咨询、提醒等服务。设立上市企业"税收首席联络官"，加大战略重组、兼并收购、研发费用加计扣除等税收优惠的专业辅导。在办税服务厅开通上市企业绿色服务窗口，特事特办上市企业涉税事项，为企业上市发展提提供便捷。

三是加强政策落实力度。积极协助有上市计划的企业规范财务管理制度，建立完善的税务风险内控机制，提高企业纳税遵从度。建立优惠政策落实监控指标，确保企业合法合规、充分享受各项税收优惠政策。积极宣传和辅导企业用好用足各项税收优惠政策，增强上市公司发展的内生动力。

（二）多维度加强上市后备梯队培育

通过挖掘本地企业上市潜力，建立"上市后备企业发现和培育机制"培育上市后备资源,持续推动企业利用资本市场提质增效。

一是加强企业经营数据分析。通过汇集税务、金融办、市场监管等大数据,发现本地发展势头好、行业龙头企业,主动对接,了解其上市计划,建立拟上市企业后备库,开展动态更新、常态化指导,督促企业规范运行,不断强化"责任明确＋服务前移＋保障到位"的工作体系,为上市后备梯队扩容夯实基础。

二是聚焦本地特色优势产业。结合湖州市产业发展特色,持续推进先进装备、新能源、生物医药、金属新材、绿色家居、特色纺织六个行业龙头企业的上市企业后备库入库工作;加快推进数字经济、节能环保、科技服务业、信息业、等细分行业龙头培育工作,争取尽快符合上市企业后备库入库条件。在财政资金、能源供应、土地供应、政府采购等扶持政策方面给予倾斜,推进本地企业上市进度,优化全市上市产业经济结构。

三是支持企业重组并购。合理开展重组筹划,优先选择特殊性税务处理。鼓励企业在对现有的企业资源进行整合、对其业务或者架构进行重组时,利用所得税特殊性税务处理的政策来避免当期可能缴纳大量的所得税,达到递延缴纳的目的。因此,企业重组中应结合公司战略、经营情况,选择最优重组税务架构及交易方式,通过事前规划争取进行特殊性税务处理,合理利用税收优惠节约巨额的现金流,保证重组的顺利进行。

(三)全链条促进企业规范发展

通过事前建立企业发展档案,事中、事后加强涉税风险监管,提升企业纳税遵从度,将涉税风险扼杀在萌芽阶段。

一是事前一户式档案摸家底。针对上市后备企业逐户建立"企业上市及拟上市一户式服务档案",全面记录企业改制上市及并购重组过程的动态信息。施行后备库动态调整制度,定期对上市后备进度进行梳理,开展潜力进程排名,将已实质性启动上市工作的企业列为重点扶持服务对象,提升管理服务针对性及有效性。

二是事中税务体检保健康。建立上市风险预警服务,通过税收征管系统提取数据,分析企业近年来生产经营、投资构成等情况,并结合企业目前的实际经营情况、上市计划等各方面信息,为企业全面梳理上市过程中可能涉及的税收风险,指导企业完善内控机制建设,构建立体式风险防控体系,从源头上防范和监控企业涉税风险,力争拟上市和上市企业涉税风险"无死角"排雷,保障企业上市或并购重组后的持续健康发展。

三是事后持续促进纳税遵从。推进信用体系建设,完善信用管理机制,引导拟上市企业成为 A 级纳税信用等级纳税人,使守信企业在税收管理、出口退税、融资授信等领域享受更多的优先和便利,提升守信获得感。推行"涉税证明、税务咨询、风险测评"特色服务,运用风险管理、纳税评估等方式及时提示企业存在的涉税风险,通过企业自查纠正其存在的税收违法行为,促进纳税遵从。

课 题 组 组 长:陆志华

课题组副组长:任　斌

课 题 组 成 员:严伟耀(执笔)

税收视角看衢州市
上市企业发展状况（三等奖）

国家税务总局衢州市税务局课题组

上市企业是推动国民经济发展的重要力量。浙江省 2017 年发布了以推进企业上市和并购重组为核心的"凤凰行动"计划，衢州市委市政府高度重视，"十三五"时期上市企业从 3 家增加到 8 家，2021 年又新增 3 家，目前共 11 家。本文立足税收视角，通过对税收经济数据进行比较分析，观察衢州市上市企业发展现状，对未来发展提出建议。

一、衢州市上市企业发展现状

（一）总体情况

1. 上市企业税收规模总体较小，个体差距较大

衢州市 2020 年实现税收收入 214.8 亿元，其中，纳税百强企业缴纳税收 76.1 亿元，占比 35.4%，10 家上市企业在衢州共缴纳税收 10.3 亿元，仅占比 4.8%（其中浙江交通科技股份有限公司的江山化工板块已于 2020 年政策性搬迁，在衢州已无相关业务，故不列入本次分析范围）。

按 2020 年在衢州缴纳税收收入将 10 家上市企业划分为 4 个层级，划分界限为 20000 万元、10000 万元和 5000 万元。其中仙鹤股份有限公司（简称"仙鹤股份"）、浙江巨化股份有限公司（简称"巨化股份"）位列第一层级，税收收入分别为 28947 万元、23513 万元。江山欧派门业股份有限公司（简称"江山欧派"）、衢州五洲特种纸业股份有限公司（简称"五洲特纸"）位列第二层级，税收收入分别为 18285 万元、14417 万元。浙江开山压缩机股份有限公司（简称"开山股份"）位列第三层级，税收收入为 6138 万元。恒盛能源股份有限公司（简称"恒盛能源"）、浙江华康药业股份有限公司（简称"华康股份"）、浙江金沃精工股份有限公司（简称"金沃股份"）、牧高笛户外用品股份有限公司（简称"牧高笛"）和浙江永和制冷股份有限公司（简称"永和股份"）处于最后一层级，税收收入分别为 3180 万元、2944 万元、2777 万元、1819 万元和 674 万元。总

体看,各上市企业间的税收规模差距较大,第一、第二阶层的 4 户企业税收占比约 83%,第四阶层 5 户企业仅占比 11%。

2.上市企业近三年税收先增后降,受行业及外部环境影响较大

2018－2020 年全市税收收入,变动幅度逐年减小,但均呈正增长,其中 2018 年增长 20.4%,2019 年增长 6.2%,2020 年增长 3.8%。上市企业在衢州缴纳税收则先涨后跌,2018 年增长 42.9%,明显高于全市水平。2019 年大幅下降,降幅达 31.8%,一方面得益于国家出台的减税降费政策,企业研究开发费用税前加计扣除比例有所提高,另一方面"巨化股份"受行业周期等因素影响,税收大幅下降,拉低整体税收。2020 年全球突发新冠肺炎疫情,企业经营业绩均受到不同程度的影响,整体税收降低 14.5%。总体看,上市企业税收收入增长率应好于全市水平,但衢州上市企业数量较少、规模两极分化严重且涉外业务较多,税收受行业风险、外部环境影响较大。

3.上市企业总体税负较低,企业间差异较大且具有行业特性

衢州市上市企业 2018－2020 年总体税负率逐年下降,2018 年高达 5.6%,2019 年降低至 3.7%,2020 年再次下降至 3.0%,目前总体税负率较低。

单户看,各企业税负率差异较大,具有行业性特点。"江山欧派"税负率最高,为 6.1%,"永和制冷"则低至 1.1%。特种纸制造业企业"仙鹤股份"、"五洲特纸"税负率较高,分别为 6%、5.5%,化工制造业企业"巨化股份"、"永和制冷"则税负率较低,分别为 1.5%、1.1%。

4.上市企业均有涉外业务,对外经营状况逐年向好

分地区看上市企业营业收入,国内业务为上市企业业务主体。2020 年实现国内营业收入 221.7 亿元,占比 77.1%,实现国外营业收入 65.9 亿元,占比 22.9%。

看出口退税情况,10 家上市企业均涉及出口业务,其中 6 家享受到税务部门出口退税政策。2018－2020 年,出口退税总金额逐年上升,从 28640.5 万元,提高到 31666.1 万元,增长近 11%,说明对外经营状况向好发展。

(二)特点分析

1.民营企业占据主导地位,但户均规模较小

分企业登记类别看,衢州市上市企业中,民营企业数量最多,为 8 家,占比 80%,国有企业、涉外企业各 1 家。从缴税总额看,国有企业 2018 年缴税总额最高,达 96355.2 万元,2019－2020 年巨化集团经营业绩持续下滑,导致缴税额度下降 75.6%,直至 2020 年下降至 23513.3 万元,远低于民营企业。民营企业缴税金额在三年内波动不大,2019 年开始成为缴税最多的一类企业。涉外企业则缴税最少。从户均纳税额度看,尽管国有企业三年内税收连续、大幅

下降,户均纳税额度仍高于民营及涉外企业,说明民营企业虽数量更多、缴税总额更大,但企业户均规模仍不及国有企业。

2.上市企业地域分布不均衡,与经济发展状况基本匹配

从地域看,衢州市上市企业主要集中在中心区域,衢州市区 7 家,其中柯城区 5 家,衢江区 2 家,占比高达 70%,6 家位于衢州智造新城。周边区域则分布较少,江山市、龙游县、开化县各有上市企业 1 家,常山县没有上市企业。总体看,上市企业在地域分布上不平衡,呈中心多周边少的格局。

将各地区 2020 年 GDP 与上市企业税收收入进行横向对比,发现 2020 年 GDP 最高、上市企业税收规模最大的为衢州市区,江山市位列第二。GDP 排名第三与第五的龙游县和开化县各有 1 家上市企业,位列第四的常山县却没有上市企业。可以发现上市企业税收规模与各县(市)、区经济发展状况基本匹配。

3.上市企业产业结构单一,与国民经济产业结构不符

衢州市 10 户上市企业中,9 家集中于传统制造行业,1 家为电力、热力生产和供应业,产业结构的"二元化"特征明显。分产业看 2020 年全市税收情况(表 1),第三产业税收收入占全市比重最高,为 52.3%,第二产业占比 47.5%,其中制造业占 32.6%,第一产业最少,仅占 0.1%。衢州市第三产业近年来发展迅速,税收收入已逐步超越第二产业,成为衢州第一大产业,但其发展优势并未体现在资本市场上。从企业结构上看,第三产业中税收收入规模大、占比高的企业基本集中在房地产业和批发和零售业,均未有上市企业,主要因为衢州市房地产企业基本为分公司,上市意愿不强。总体看,我市上市企业所属的产业结构分布与国民经济产业结构还存在着一定的差距。

表 1　2020 年衢州市各产业税收情况表

	税收收入(单位:万元)	占全市税收收入比重
第一产业	2823.1	0.1%
第二产业	1026681.3	47.5%
其中:制造业	704669.5	32.6%
第三产业	1130198.9	52.3%
其中:房地产业	402054.6	18.6%
批发和零售业	248176.2	11.5%

4.行业契合度不高,个别行业产业集群效应不明显

按细分行业将 10 家上市企业分为 7 组(表 2),化学原料和化学制品制造业、造纸和纸制品业、电气机械和器材制造业各 2 家,木材加工和木竹藤棕草

制品业、纺织业、食品制造业、电力、热力生产和供应业各1家。比较各行业2020年全市税收收入和上市占细分行业税收比重，发现上市企业所处行业在制造业中基本位居前列，但上市企业占行业税收收入比重与其行业税收排名不相匹配，说明上市企业规模与行业契合度不高。值得注意的是，造纸和纸制品业上市企业税收规模、占行业税收比重均远高于化学原料和化学制品制造业，但化学原料和化学制品制造业的行业排名却更高。结合衢州市实际情况，上市企业税收占比较低的行业基本形成了一定规模的产业集群，其带来的效应相较单户上市企业往往更具影响力。

表2　2020年衢州市上市企业分行业税收收入情况表

细分行业	制造业细分行业税收排名	2020年全市税收收入（万元）	企业数量	上市企业占细分行业税收比重
化学原料和化学制品制造业	1	158139	2	15.2%
造纸和纸制品业	4	61722	2	70.3%
电气机械和器材制造业	5	33775	2	26.4%
木材加工和木竹藤棕草制品业	6	29765	1	61.4%
纺织业	12	13455	1	13.5%
食品制造业	14	11105	1	26.5%
电力、热力生产和供应业	/	57902	1	5.5%

（三）企业竞争力

1.企业投资活跃，收益持续上涨

看上市企业投资活动（表3），2020年上市企业整体投资收益额为34870.4万元，较2019年增长43.8%，投资收益率3.2%。其中，"华康药业"投资收益较上一年有所减少且增长率下降，主要是由于其投资总额增长近2倍。"仙鹤股份"虽然投资收益增长速度放慢，但投资收益大幅增长，投资收益情况仍然较好。总体看，2020年衢州市上市企业投资获利增加且速度加快，表现较为优秀。

表3　2020年上市企业投资活动情况表

序号	企业名称	投资总额（单位：万元）	投资收益额（单位：万元）	投资收益率	投资收益额增长率
1	巨化股份	536370.4	10584.5	2.0%	9.0%
2	仙鹤股份	227325.7	20242.4	8.9%	91.2%

序号	企业名称	投资总额 (单位:万元)	投资收益额 (单位:万元)	投资收益率	投资收益额增长率
3	江山欧派	85428.8	−2285.5	−2.7%	16.3%
4	开山股份	67557.5	1017.3	1.5%	39.5%
5	牧高笛	49818.6	2903.2	5.8%	−6.1%
6	华康股份	49059.2	2196.9	4.5%	−6.1%
7	五洲特纸	47778.8	−421.1	−0.9%	0.1%
8	金沃股份	7780.5	2.1	0.0%	/
9	永和股份	28761.6	650.3	2.3%	277.3%
10	恒盛能源	4170.1	−19.6	−0.5%	177.8%
	合计	1104051.2	34870.4	3.2%	43.8%

2. 研发投入逐年增加,但企业间两极分化明显

2018−2020 年,衢州市上市企业研发投入合计金额呈逐年增加趋势,2020年达到 91355.7 万元,同比增加 4%。从 2020 年研发投入情况看,衢州市上市企业研发投入金额与强度两极分化明显,"巨化股份"研发投入金额 45915.1万元,占营业收入比重达到 34.8%,均居于榜首。"金沃精工"、"永和股份"、"恒盛能源"三家新上市企业的研发投入略显不足,金额分别为 1776.3 万元、1637.7 万元和 0 万元,在上市企业队伍中处于末位,研发投入强度也远低于全市上市企业平均水平 4%,可能会导致其产品在科技创新上的竞争力处于弱势地位。其中"恒盛能源"的生物质热电厂、燃煤热电厂于 2018−2020 年三年间分批完成改扩建并投产,2020 年暂时没有新的研发投入。

3. 整体营业收入稳中有增,民营企业远期发展优势更明显

2018−2020 年上市企业总体营业收入稳中有增,年均增长约 6%。从2020 年情况看,"巨化股份"下降明显,同比减少 13.84%,净利润呈断崖式下跌,降低 88.91%,主要是受全球经济衰退、市场需求萎缩、产品价格下降等因素影响,企业经营业绩出现大幅度下滑;"华康药业"、"金沃精工"、"永和股份"同样受新冠疫情及客户需求变动等因素影响,营业收入或净利润出现小幅降低。其他 6 户上市民营企业净利润三年间持续增长,2020 年平均净利润增长率达到 49.4%,经济效益较好,比国有企业具备更强的远期成长优势。

二、衢州市上市企业未来发展意见建议

(一)积极培育拟上市企业,壮大上市企业队伍

一是建立全市"重点拟上市企业名录"。筛选科技创新能力强、主营业务

突出、发展潜力较强的企业，尤其是本土优质民营企业，编制全市"重点拟上市企业名录"，实行动态监控，实现动态更新，加大扶持力度，加快企业孵化，发挥市场主体活力，为衢州市上市企业队伍注入新鲜血液。

二是固化中介和企业的对接机制。加强与上交所、深交所、全国中小企业股份专访系统、证券中介机构的联系沟通和战略合作，组建上市专家顾问团，不定期组织交流信息会，定期开展专题辅导，实现资本市场培训常态化。

三是重视招商引资工作。强化招商统筹能力，提升招商服务水平，着力培育一批符合国家产业政策、产品关联度高、带动作用强、市场前景广阔的拟上市公司，努力把资源优势转化为市场优势。

（二）做好本地产业链资源整合，打造龙头产业链、产业集群

一是摸排企业信息、完善产业体系建设。围绕我市上市企业，排摸其产业链的配套资源，形成产业链配套企业名录，完善区域产业配套体系建设。

二是加大资金投入。资金筹集方式根据不同产业的情况而定，尽量由行业本身以及政府主导而非资本主导，从而形成健康的产业链。

三是扶持整合资源要素。整合商流、信息流、物流等产业链核心要素，推动扶持配套企业全面紧密协同发展，同时引导上市企业继续放大研发生产优势，整合产业链资源，推动产业链的共享式发展，从打造龙头企业进一步向打造龙头产业链、产业集群跃升。

（三）优化结构，夯实产业发展基础

一是坚持存量调优和增量立优相结合的原则，加大传统制造业改造力度。重点围绕产业投资、市场开拓、科研成果转化等关键环节加大帮扶力度，如对淘汰落后工艺和过剩产能的公司给予财政补助、技改奖励和税收优惠等。大力支持上市企业调整产业结构，提升产业发展层次，做大做强现有工业存量，推动优势传统产业集聚发展、转型跃升。

二是以现有产业布局和各区发展潜力为基础，培育新兴产业。加快第三产业发展，大力发展先进制造业，构建现代服务业体系。充分抓住当前信息技术和信息产业迅速发展的历史机遇，大力发展具有一定规模和先行优势的电子信息产业，推进信息化和工业化的融合共生，提升科技含量，推进各产业的有机融合、互动发展，促进地区经济和谐长远发展。

（四）鼓励企业抓好自主品牌建设，提升产业引领创新能力

一是鼓励企业持续加大科技研发投入，提升产业、产品的科技含量。支持上市企业通过引进消化和自主研发相结合的方式，掌握自身的核心技术，生产具有自主知识产权的产品，塑造区域产业整体品牌。运用综合性的激励措施鼓励企业科技创新，将政策激励的侧重点由技术创新链的末端向中端、前端延伸，不断提高科技成果转化率，让科技实实在在地转化为产能。

二是加强科技人才队伍建设,引进培育产业高层次人才。加大对重点行业、重点企业"高、精、尖"人才和团队的引进力度,建立健全人才评估体系和激励机制,积极探索知识入股、技术入股等分配形式,形成高层次技术、人才竞争优势。构建高新技术产业公共平台,营造更加良好的创新氛围和环境,为衢州产业集群提升发展、转型发展提供有力支持。

课题组组长:龚　寅

课题组成员:祝镕剑　姜炫邑　王嘉琪(执笔)

七、深化税收征管体制改革及税收风险管理等研究

运用区块链技术提升
电子发票应用水平（特别奖）

浙江省税务学会课题组

自 2012 年启动、推广使用电子发票以来，极大地提升了发票使用和管理效率，促进了"以票控税"向"以数治税"的转变。但在电子发票应用过程中还存在着一些问题未得到根本解决。对此，本文提议：运用区块链技术，以推动电子发票管理变革，提升电子发票应用水平。

一、发展背景和战略定位

（一）电子发票

1. 发展背景：发票作为一种在政府监督下进行交易并完税的工具，在我国的经济社会中扮演着十分重要的角色。随着经济社会的发展，我国在商事经济活动中对发票需求量激增，发票的管理体系面临着极大的考验。国家也积极拓展发票管理手段，"税控＋平台"模式的电子发票体系正逐渐推广，在为纳税人带来便利的同时，也带来了管理和服务上新的压力与挑战。

2. 战略定位：2021 年 3 月 24 日，中共中央办公厅、国务院办公厅印发了《关于进一步深化税收征管改革的意见》，明确指出要以发票电子化改革为突破口建设高集成功能、高安全性能、高应用效能的智慧税务，深入推进精确执法、精细服务、精准监管、精诚共治，大幅提高税法遵从度和社会满意度，明显降低征纳成本，充分发挥税收在国家治理中的基础性、支柱性、保障性作用，为推动高质量发展提供有力支撑。

（二）区块链技术

1. 发展背景：2008 年，日裔美国人中本聪于 2008 年发表了一篇名为《比特币：一种点对点式的电子现金系统》的论文，首次提出区块链这一概念，经过十几年的发展，区块链技术日趋成熟，在诸如金融、保险、物流等多个行业逐步得到了认可和应用，并与人工智能、大数据、物联网、云计算等新技术一同改变人们的生活。我国政府高度重视区块链技术的发展应用。2016 年 12 月，《国务院关于印发"十三五"国家信息化规划的通知》中第一次提到了区块链,提出要加强区块链、量子通信、人工智能等的创新与应用。2018 年 5 月 28 日,习近平总书记在两院院士大会上的讲话中指出:"以人工智能、量子信息、移动通信、物联网、区块链为代表的新一代信息技术加速突破应用。"

2. 战略定位:2019 年 10 月 24 日,中共中央政治局就区块链技术的发展现状和趋势进行了第十八次集体学习。习近平总书记在主持学习时发表重要讲话,进一步坚定了发展应用区块链技术的决心,及对我国发展的重要意义。习近平总书记强调要把区块链作为核心技术自主创新的重要突破口,加快推动区块链技术和产业创新发展,要探索"区块链十"在民生领域的运用,为人民群众提供更加智能、更加便捷、更加优质的公共服务。

(三)区块链十电子发票

运用区块链技术提升电子发票应用水平,既是国家战略规划发展的必然要求,也是稳步实施发票电子化改革的必然选择。由于区块链技术能够在不完全信任的各方之间创建透明且不可更改的交易记录,又能够通过智能合约实现自动化交易,很适合应用于财政与税收领域。应用区块链技术进一步提升我国电子应用水平是未来发展的方向,"区块链十电子发票"模式将有效弥补当前电子发票应用过程中的不足和缺陷,更好地发挥电子发票在税务执法、服务、监管等领域的应有作用,推动进一步完善税收治理体系,实现税收治理能力现代化。

二、我国电子发票发展历程及应用现状、成效和问题

(一)我国电子发票发展历程

1994 年,我国开始实施以增值税为主体的工商税制改革,实行"发票计税、凭票抵扣"的增值税征收办法,逐步建立"以票控税"的征管模式,专用发票因可以直接抵扣税款,进一步强化了发票的税收属性。

随着信息技术的发展,特别是 2015 年增值税发票管理系统的全面推行,实现对纸质增值税发票全票面信息的采集利用,使得每张增值税发票的电子数据可以快速归集到总局电子底账库,形成发票大数据,开始广泛运用于行业管理、决策分析、反哺企业等经济社会各个领域,发票的社会属性中又表现出治理属性的功能。

2015 年,税务总局全面推行了增值税电子普通发票,掀开了发票电子化改革的序幕。电子发票,因其交付便捷、保管便利、节约成本、绿色环保等特点,受到越来越多纳税人的欢迎。

2018 年,交通部、财政部、税务总局三部局又在全国成功推行收费公路通行费增值税电子普通发票,由于通行费电子发票具有与专用发票相同的抵扣

功能,可以说,在当时成为专票电子化的一次成功预演。

2019年,税务总局建成增值税电子发票公共服务平台,为纳税人提供了免费的增值税电子普通发票开具服务,改变了纳税人开具电子发票只能自建平台或委托第三方平台"付费"开具的历史,公共服务平台的建成使用不仅推进了普票电子化,同时也将成为今年专票电子化的重要依托。

2020年12月20日,国家税务总局发布公告,决定逐步在全国新办纳税人中实行增值税专用发票电子化,标志着增值税专用发票电子化的时代开始到来。

（二）电子发票应用现状

1.总体格局:经过多年发展,我国电子发票的应用已具备一定规模,已经建立起了一整套完备的信息系统,这些系统几乎能够覆盖我国所有的纳税人。总的可以概括为"税控＋平台"的模式,即依托增值税发票管理系统（税控系统）产生电子发票元数据,通过电子发票服务平台生成电子发票的版式文件,并提供发送、存储、查询等相关功能。随着科学技术的发展,互联网、云计算、区块链等逐步支撑起电子发票服务平台的改进和发展,我国的税收征管方式正从"以票控税"逐渐向"以数治税"转变。

2.依托系统:发票管理系统主要包括税控开票软件、增值税电子发票公共服务平台、电子底账系统、异地协作平台共4个子系统。纳税人使用税控开票软件开具增值税发票,数据信息会全量上传税务机关的电子底账系统,同时,增值税电子发票公共服务平台为纳税人免费提供电子发票版式文件生成、邮箱交付、用途确认、查验等公共基础服务。如该过程中发现风险疑点信息,则推送至异地协作平台,由相应税务机关核查处置。与增值税发票管理相关的其他信息系统还包括核心征管系统、决策支持系统、出口退税审核检查系统、总局大数据云平台、电子税务局、自助办税终端等等。增值税发票管理系统与其他各系统之间相互联通,共同支撑纳税申报、税源管理、退税审核管理、数据分析等工作。

3.开具方式:一是通过增值税电子发票公共服务平台开具。纳税人领用金税盘、税控盘、税务UKey等税控设备后,使用开票软件在PC端开具电子普票。税务部门建设了增值税电子发票公共服务平台（以下简称"公共服务平台"）为纳税人提供免费的电子普票版式文件生成服务。开票方可以通过邮件、二维码等方式将电子发票版式文件推送至购买方。同时,电子发票数据会即时上传至电子底账系统。二是委托第三方电子发票服务平台开具。部分纳税人委托航信51发票平台、百望云平台等第三方电子发票服务平台为其提供电子发票开具、打印、交付、查询等基础服务,以及发票开具自动化、财务核算电算化、业务管理协同化等增值服务。三是自建电子发票服务平台开具。一些大型企业依托金税盘组、税控盘组等税控专用设备,自行建设平台开具电子发票。采用该渠道开具电子普票的纳税人,具备投资建设电子发票服务平台的能力,对发票数据的安全性、合规性要求较高,且具有多样化、个性化、自动化的发票开具需求。例如,中国移动、中国电信、中国联通三大运营商均已自建电子发票服务平台,消费者缴纳通讯、网络租用等费用后,可直接通过运营商APP索取电子发票。

(三)推行电子发票应用取得的初步成效——以浙江为例

浙江作为增值税电子普通发票和专用发票先行试点地区,在发票电子化方面已取得较为显著成效。截至2021年9月30日,全省已有89万户纳税人开具增值税电子普通发票5.7亿份,分别占全部增值税普通发票使用户数和开具份数的94%和99%;全省共有12.8万户新办纳税人核定增值税电子专用发票,占新办纳税人核定增值税专用发票(包括电子专票和传统纸质专票)户数的98%;共有5.5万户纳税人开具增值税电子专用发票93.4万份。

1. 减少各项成本。对于纳税人来说,电子发票带来的受益感主要体现在金钱和时间成本上的减少。费用上,纳税人不再需要向服务商购买税控专用设备,无需频繁地到办税服务厅办理业务,受票方见票付款,压缩了交易双方资金结算时间,此外,电子发票还为开票方节省了邮寄等相关费用。时间上,纳税人无需频繁地前往办税服务厅办理领票等事项,节约往返办税服务厅和排队等候时间,也节约了发票的开具时间。现实经营过程中,下游企业的款项结算常为见票结款,纸质发票情况下回款短的需要3—4天,长的需要一个多月,使用电子发票最快可以当天回款,资金使用效率得以提高;许多跨区域经营的纳税人,邮寄纸质发票使用专属信封、支付快递费用,每邮寄一份发票成本大约10元左右,现在这笔支出也能节省下来。

2. 减轻运转负担。对于纳税人来说,打印纸质发票需要调试打印设备和制式空白发票,纸质发票不能直接对接电子账套,需要专门采集相关数据,通常需要财务人员手工录入,这些环节给纳税人增加了一定的工作量。而电子发票可以直接实现电子化报销入账归档,纳税人无须再手工录入纸质发票信息,提高了企业财务电算化的整体水平。对税务机关来说,目前纸质发票在发票印制审批、纸质发票印刷、发票收发存实务管理、发票邮寄等环节需要耗用大量行政资源,随着发票电子化的不断推进,这部分负担将得到有效缓解。

3. 提高征管质效。纸质发票管理各环节,都需要税务人员完成单调、重复的发票管理服务工作,占用了大量人力资源。例如,办税服务厅需要设置发票票种核定、审批、领用、代开等12个岗位,据统计,办税服务厅前台超过50%的工作量和发票日常服务有关。同时,省、市、县、大厅四级税务机关均需要建设发票实物存储库房并设置发票实物管理岗从事纸质发票的收、发、存管理。推行发票电子化试点后,基层税务人员正在逐步从发票发售、发票保管、发票验旧、发票缴销等琐碎事项中解放出来,并通过信息化技术进一步防控虚开骗税风险,减轻了基层税务干部负担,优化了人力资源配置。

(四)发展电子发票过程中存在的问题

在"税控＋平台"模式的应用和管理中,电子发票开具、报销、入账、归档等各环节电子化进程不平衡、不协同的问题日益凸显,影响了电子发票的推广应用。

1.电子发票推广应用方面存在的问题:

(1)在开具环节,部分行业发票开具电子化率还不高。由于信息系统改造难度大、终端升级成本高及行业特殊性等原因,交通运输、医疗卫生、文化旅游等行业目前仍大量使用纸质通用发票。比如,公交车、出租车、客运大巴等领域发票开具电子化,需要将行程、计价等系统与开票系统打通并实时共享数据,涉及系统多、链条长,改造难度大、成本高。

(2)在报销环节,存在重复报销、假票报销等问题。大部分单位尚未建立起电子化报销系统和流程,即便取得电子发票,仍需打印成纸质件进行流转,且由于电子发票可以多次下载和打印,很容易造成重复报销问题。目前电子发票的报销多是以版式文件形式进行,伪造篡改易如反掌,财务人员要想查证真伪,就需要根据发票代码、发票号码、开票日期、金额等信息一一查验,费时费力,效率低下。

(3)在入账环节,电子发票入账电子化水平还不提高。目前,绝大部分单位虽已实现了会计电算化,但仅实现了记账凭证录入和账册、报表生成的电子化,前道报销环节电子化率仍然普遍较低,电子发票尚未实现一键入账,费时耗力成本高。

(4)在归档环节,电子发票电子化归档水平比较低,相关配套制度有待完善。目前,电子发票仍以纸质形式归档为主,归档电子化率还比较低。一方面,有关电子发票电子化归档制度尚不健全。另一方面,由于开具、报销环节尚未完全实现电子化,单位在接受电子发票外,还有不少是纸质发票和其他大量纸质原始凭证,纸电并存影响了归档电子化进程。

(5)从全链条看,电子发票与单位财务报销、会计核算、电子档案管理系统尚未实现有效衔接。由于电子发票全链条尚未完全穿透打通、实现有效衔接,导致报销、入账、归档等各环节电子化相互牵制掣肘,影响了纳税人和第三方电子发票应用软件开发商推进电子发票报销、入账、归档电子化的积极性和主动性。

2.电子发票管理方面存在的问题:

除了推广应用外,电子发票还存在真伪难辨、智能化水平不高、数据孤岛问题以及社会接受度低等问题,影响了管理的质效和应用的体验。

(1)涉税信息数据真实性难以满足税务风险管控的需要。税务机关获取的税务信息数据与纳税人真实发生的交易,始终存在信息不一致,是税务风险管理面临的难题。尽管推行电子发票后,税务部门能更好地掌握纳税人开票受票信息,但未能实时共享包括工商、国土、银行等部门以及诸如交易所等第三方机构的涉税信息。税务机关分析和加工这些涉税信息数据为税务管理提供决策,就会存在很大偏差。

(2)风险监控管理的智能化、自动化水平还不高。目前涉税风险防控通过电子底账系统、动态监控系统和大数据平台开展事中监管和事后应对,基本实现了单户疑点企业的系统化分析和自动化推送,但疑点数据准确率还不十分精准,仍需人工分析;可以实现增值税发票数据查询功能,但仅支持单张发票的全生命周期查询,还无法批量导出和分析进销情况。

(3)涉税信息数据的安全受到挑战。随着信息技术的发展和普及,当前的纳税信息、凭证、账簿、报表等财务数据均被记录在税收管理系统中。但对于普通的计算机系统,电子数据被篡改的难度并不大,非常容易复制且成本极低,同时还可能遭受外部的恶意攻击以窃取政府职能部门机密,因此,提高当前涉税信息的数据安全就显得极为重要。

上述种种问题严重影响了电子发票的推行和后续应用。

三、区块链技术及应用介绍

(一)区块链的定义及发展历程

区块链技术起源于化名为"中本聪"的学者在 2008 年发表的奠基性论文《比特币:一种点对点电子现金系统》,本质上是一个去中心化的数据库。区块链是比特币的核心技术与基础架构,是包括分布式数据存储、点对点传输、共识机制、加密算法等计算机技术的新型应用模式。狭义来讲,区块链是一种按照时间顺序将数据区块以顺序相连的方式组合成的一种链式数据结构,并以密码学方式保证的不可篡改和不可伪造的分布式账本。广义来讲,区块链技术是利用块链式数据结构来验证与存储数据、利用分布式节点共识算法来生成和更新数据、利用密码学的方式保证数据传输和访问的安全、利用由自动化脚本代码组成的智能合约来编程和操作数据的一种全新的分布式基础架构与计算范式。区块链上存储的数据需由全网节点共同维护,可以有效地在缺乏信任的节点之间传递价值。

从财务角度理解,区块链技术是一种去中心化的分布式账本技术,它是一个公开、信息透明、难以篡改、可共享、可信的分布式网络记账系统。区块链的实质是加密算法为社会创造信用,达成共识背书。

从功能实现角度来看,区块链的发展分为三个阶段。第一阶段,区块链实现了电子货币支付功能;第二阶段,区块链在多领域和多典型场景进行探索;第三阶段,区块链在各个领域应用协同发展,其目标是实现各领域区块链的交互。

(二)区块链技术的主要特点

相比于现有的数据库技术,区块链具有以下技术特征:

一是块链式数据结构。区块链利用块链式数据结构来验证和储存数据,通过上文对区块链基本概念的介绍,可以知道每个区块打包记录了一段时间内发生的交易和状态结果,是对当前账本的一次共识,并且通过记录上一个区块的哈希值进行关联,从而形成块链式的数据结构。

二是分布式共识算法。共识机制是使区块链系统中各个节点达成一致的策略和方法,区块链系统利用分布式共识算法来生成和更新数据,从而取代了传统应用中用于保证信任和交易安全的第三方中介机构,降低了由于各方不信任而产生的第三方信用、时间成本和资源耗用。

三是密码学。区块链系统利用密码学的方式保证数据传输和访问的安全。储存在区块链上的交易信息是公开的,但账户的身份信息是高度加密的。区块链系统集成了对称加密、非对称加密及哈希散列算法的优点,并使用数字签名技术来保证交易的安全。

同时,区块链系统的技术特征决定着其应用具有如下功能特征:

一是去中心化。传统数据库是主从式架构,有一个中央集群,由中央管理员集中管理和维护;区块链则是去中心化的分布式数据库,各参与方均能对数据进行维护、更新和计算,进而实现多方信息的共享。

二是不可篡改。区块链能够保证数据不被篡改,客观可信;同时每个节点都保存着全部数据,且通过共识算法才能进行数据录入,因此单独修改某个节点的数据不会影响到全网的其他节点。

三是可追溯性。区块链记录着自创世块开始的所有数据,包括所有的交易记录。基于这些不可篡改的交易记录,可以轻松恢复和跟踪所有历史操作,便于监管机构进行审计和监督。

四是高度可信。作为一个高度可信的数据库,区块链利用密码学的方法保证点对点交易的安全,无需担心信任问题。每笔交易进行签名后,由全网达成共识后方可记录到区块链上,并且交易一旦完成,任何人都不可篡改或否认。

五是高可用性。区块链采用分布式基础架构,每个节点各自维护一个完整的数据副本,若其中某个节点出现故障或数据被篡改,不会影响系统的其他节点。在对问题节点进行故障排除并完成数据同步之后,问题节点可以随时加入系统继续工作。因此,在整个系统不间断运行的情况下,每个节点可以选择性地离线,随时进行日常维护工作。

此外,在确保各节点交互均采用一致的点对点通信协议的情况下,不同的交易节点可以拥有不同的体系结构和版本。在这种软件异构环境下,即使某个节点存在问题,各节点之间的整体通信也不会受到影响。

四、运用区块链技术提升电子发票应用的设想

运用区块链技术打造能广泛应用的区块链电子发票,其本质是构建一个以税务局为核心的联盟链,在税务局提供基础服务和管理职能的基础上,以生态联盟链的方式引入市场力量,发挥市场的资源配置优势,构建税务部门、区块链技术服务商、第三方电子发票服务商、经营者、客户"五位一体"的电子发票新生态,让接入生态圈的每一环节都切身感受到"区块链+电子发票"带来的便利和安全,区块链电子发票才能得到全面推广应用。

(一)防止发票虚开虚抵

区块链电子发票可通过扫描发票上的特殊密码进行认证。与基于税控的中心化系统所不同的是,区块链电子发票系统属于分布式的系统,因其结构和加密技术使得数据具有完整性,并且保证数据不被篡改,通过将各种发票数据和财务数据进行比对分析,可以确认交易是否发生,买卖双方的身份信息是否真实,是否存在虚开虚抵等情况,保证发票的真实性,这样既节省了企业的发票查验成本,也避免了因人工干预所带来的财务风险。同时,通过区块链智能合约机制可保持发票全自动领料、全自动验旧、全自动核算、全自动检查、防止发票反复报账、避免红冲发票报账等作用。

(二)实现无纸化智能用票

消费者(客户)通过支付平台付款后,可以直接点击"开发票"申请开票,完成开具电子发票的同时,通过区块链"智能合约"机制发票信息会同步至企业和税务局。税务机关可实时监控和查看每一份发票的流转情况,督促纳税人足额缴纳税款,有效防范偷逃税款等行为。税务机关获得真实发票数据的同时还会获得交易数据、支付数据和报销入账数据等有效大数据,有利于实现精准高效的智能税务监管。

(三)打破数据信息孤岛

区块链电子发票具有分布式账本的特点,由多方共同参与记账,其共识机制保证了电子发票源头的真实性,除了税务机关这一个节点外,其他任何节点写出的发票都不能得到校验和认可。目前我国推出的区块链电子发票主要是由税务部门和各大服务商作为节点,利用区块链技术所具有的去中心化、不可篡改、可追溯等的特点,进行电子数据的统一和整合,搭建各方数据链条,从而

打破数据信息孤岛,提升税收征管水平。

（四）降低用票成本

区块链电子发票的使用,凭借着区块链的"共识机制"与"智能合约",对消费者（客户）而言,优化了整个开票报销环节（消费者在交易过程中即可获得以数据形式存储在手机中的区块链电子发票,通过已经接入区块链的财务系统或其他平台进行报销）,达到"交易即开票,开票即报销,报销即到账"的无缝对接效果,减少了传统电子发票打印、审核报销环节的繁琐环节,轻松拿到报销款。对经营者而言,开票按需使用、在线开具,免去发票数量、票面金额限制,免去清卡抄税、验旧领新环节,免去硬件加密环节,开票过程由顾客自助完成,免去专门财务人员为客户开票,提升票据流转效率,节省开票材料、人工和时间成本及票据管理成本,同时还可为企业提供便捷、权威的数据源,减轻企业的内部审核工作量。对税务机关而言,免去发票审批、核准、审核环节,减少税务机关在发票方面的人力物力及时间成本消耗,有效降低税收监管成本、税收征管成本和票据中心化存储成本等。

五、推广区块链电子发票应用的建议

推广区块链电子发票应用,需要多部门力量相互结合,税务机关、企业和消费者个人都应积极配合。可以通过改变税务机关内部职能部门的管理边界、加强多方部门信息共享合作、提高区块链的隐私安全性、加强专业人才的培养的方式,在国家政策层面完善相关的法律法规,加大对区块链电子发票的宣传力度,逐步提高社会接受度。相信随着技术的发展,区块链将会更加成熟,在与电子发票管理上也能更好地契合。

（一）加强顶层设计,形成与区块链电子发票相匹配的税收管理结构

在国家层面进一步明确区块链电子发票创新发展的总体思路及全面推广应用的总体规划。一是搭建"区块链电子发票""政产学研用"资源的有效平台,开展"区块链电子发票"应用中的热点难点问题研究,关注国际发展动态和成果应用,探索区块链在电子发票领域应用及相关区块主体开展服务实体经济价值、合法合规、信息安全规范性、运营稳健性等方面的评估,推动成熟成果应用推广。二是围绕技术发展和业务场景应用环节,以信息安全、业务合规为重点,推动完善区块链技术在电子发票领域应用的基础术语、安全规范、应用评估等标准规范,促成发票的整个流转环节各方对区块链电子发票达成共识。三是强化基础设施建设,聚焦区块链电子发票在具体应用中的痛点,探索建立满足信息跨链共享需求的信息基础设施。在第三方区块链技术企业提供的技术支持下,由税务局、纳税人、第三方电子发票服务商、区块链技术服务商等共建弱中心化的电子发票平台,促进发票管理向众包协作的互联网化模式发展,

构建以信用为基石"三流合一"(发票流、资金流、货物流)的税务管理生态体系。四是重构税务机关内部职能边界。根据区块链平台标准,以数据为中心,对税收征管中诸如各职能部门的权限分配、流程标准、业务办理的节点等进行适当的修正,以充分发挥出区块链的最大价值。五是要加强多方部门信息共享合作。加强与其他部门信息共享合作,解决信息不对称问题,尝试在税务区块链平台中将与税务部门关系密切的财政、海关、银行、法院、发改、统计、房管、土地等部门依权限进行接入,加强彼此之间的信息交换与合作。通过全信息上链,全面掌握分析政府管理部门各方的信息,对纳税人完整的交易记录进行查询,在票据真伪查验、数据查询、业务核实等场景的应用上,提高税收征管的效率和准确性。还应加强税务机关与电商、物流、金融等行业及协会合作,充分掌握纳税人实时交易情况和动态变化,充分发挥跨界协作的价值。

(二)完善相关法律法规,明确区块链电子发票法律地位

要加快推进区块链行业标准的制定和相关法律文件的出台。在区块链技术方面,目前尚未形成统一的行业标准和技术准则,建议我国政府积极参与区块链相关国际标准的制定工作,在国家标准和国际标准方面加强交流,提升我国区块链标准体系的国际话语权,借鉴美国、西班牙、欧盟等国家或地区能查询银行等有服务流水单位的大数据的经验,给予我国区块链电子发票应有的法律地位。同时,也应制定关于监控网络数据的支持文件,对区块链的使用范围进行规范,制定区块链在智能合约、技术专利、资产证明等领域的法规制度,与我国现行法律法规进行衔接和统一。

(三)构建分布式架构方案,搭好区块链电子发票四梁八柱

综合利用云计算技术和区块链底层技术,以"税务云+税务链"为底层支撑,构建"主链+侧链"的分布式架构,解决区块链电子发票跨城市流通问题,将全国分为若干大区域,由主链进行勾连,达到数据的共识、共享。大区域内的各省税务局自行搭建侧链,负责本省数据管理;各省的发票数据信息可互查互访,节点的运行维护工作下放至各省。由国家税务总局统一上链标准,各省按节点标准推行试点,试点成熟即可实现上链,最终形成全国信息流通的区块链电子发票系统。

课题组组长:周广仁

课题组成员:裘耀华　胡　翔　申树军

　　　　　　姜　辉　曹德才(执笔)

党建工作与税收业务
融合发展问题研究（特别奖）

国家税务总局浙江省税务局课题组

习近平总书记在中央和国家机关党的建设工作会议上指出，要处理好党建和业务的关系，坚持党建工作和业务工作一起谋划、一起部署、一起落实、一起检查。近年来，浙江省税务系统高度重视机关党建工作，把政治机关建设摆在首位，以"清廉机关模范机关建设"为总牵引，围绕中心、建设队伍、服务群众，推进党建工作与税收业务深度融合取得显著成效，浙江税务连续2年在全国税务系统党委书记抓党建工作述职评议中位列第一，省局机关连续2年获得浙江省直机关工委综合考评"优秀"。但是对照习近平总书记在中央和国家机关党的建设工作会议上的"四个一起"要求，部分基层党组织党建工作与税收业务融合发展依然存在短板和弱项，"两张皮"现象仍不同程度存在，需要在实践中加以改进和完善。

一、主要问题表现

（一）在理论铸魂上，武装头脑与推动工作的结合有差距，存在为学而学、学用脱节的问题，指导实际工作不够有力。近年来，浙江省税务系统坚持以学懂弄通习近平新时代中国特色社会主义思想为最大政治任务，强化理论武装，筑牢思想根基，增强"四个意识"，坚定"四个自信"，做到"两个维护"，不断提高党员干部政治判断力、政治领悟力、政治执行力。但有的基层党组织用政治眼光观察和分析税收业务问题，从讲政治的高度思考和推进税收业务发展的能力还不够；对党中央、国务院、税务总局和省委省政府决策部署认识很到位，但落地有疏漏，如在贯彻落实减税降费政策方面，在一些自查、督查中，还是有大大小小的问题出现距离；将学习成果转化为指导税收实践、破解发展难题的具体思路举措还有差距。

（二）在谋划部署上，党建目标与业务目标的融合有差距，存在举措不实、落地不好的问题，目标导向作用不够有力。近年来，浙江省税务系统创新实施以"党建引领工程"为首要工程的浙江税收现代化"六大工程",并以此作为推动工作的总抓手,形成了一套具有浙江税务特色的党建"六抓"工作法,既抓稳了队伍,又抓出了战斗力。但有的基层党组织在制定党建制度、组织党建活动、落实党建任务时,还不同程度地存在"就党建论党建"情况;在研究党建工作时不善于围绕中心工作谋篇布局,在谋划业务工作时缺少将党建工作融入的能力;没有做到党建工作和税收业务同步推动,出现党建工作"自弹自唱"的"自循环"局面。比如有的基层党组织在落实"万名党员进万企 领导干部下基层"活动时,为活动而活动,热热闹闹走过场,真正解决实际问题不多。

(三)在责任落实上,党建履职和业务履职的协同有差距,存在履职不够、有所偏废的问题,党建引领作用不够有力。近年来,浙江省税务系统全面落实全面从严治党要求,深化落实"纵合横通强党建"机制体系,以党的政治建设为统领,扎实推进各项工作取得新实效,但有的基层党组织"以党建领先促工作领跑、以党建破题促改革破局"的工作机制还需要进一步完善。从市县局党委层面看,有的领导班子成员落实"一岗双责"传导压力不到位,没有将分管工作与职责范围内的党建工作同部署、同落实、同检查、同考核,制定工作措施未统筹落实党建工作要求;从支部层面看,有的基层税务党组织没有抓实思想政治工作,通过思想政治工作服务中心、建设队伍的作用没有充分发挥出来,支部虽然建在处(科、股)室上了,但支委会的作用没有得到有效发挥;从党员层面看,有些党员干部的先锋模范作用不强。

(四)在保障机制上,党建考评与业务考核的统筹有差距,存在激励不足、鞭策不够的问题,考核结果运用不够有力。近年来,浙江省税务系统持续改进绩效考评办法,完善党建工作考核评价机制,但党建工作考核评价的指挥棒作用有待进一步加强,党建工作考核评价还存在"简单化、重有形、不闭环"的问题。党建工作与税收业务考核双向联动的力度还需加大,把党建工作与税收业务考核评价分开推进实施,先进处室和先进支部、优秀公务员与优秀党员分开评定,缺乏综合评定和考量,荣誉主体的加分与协同创先争优有贡献的部门共享不足,影响共创共建积极性。同时,党建工作考核评价的结果运用不够充分,党建考核结果在干部工作实绩评价中的权重偏低,在评先评优、职务调整和选拔任用中运用不足,影响党员干部创先争优的内生动力。

二、问题原因分析

(一)政治站位不高

有的基层党组织对政治机关属性认识不清,没有深刻认识到"税务机关首先是政治机关",简单地认为自己是业务部门,对"抓好党建是最大的政绩"的认识不足;站在"两个维护"的政治高度,"透过业务看政治,透过问题看责任,透过现象看本质"的自觉性主动性不够;有的党员干部"第一身份""第一责任"意识不强,将自己定位为业务干部,认为业务好了则"一俊遮百丑",党的建设无关紧要;有的党员干部讲政治的要求在业务工作中落实不够,将"党建"等同于"党务",认为党建工作是党建部门和党务干部的工作,与自身无关,思想源头上缺乏推动党建工作和税收业务融合发展的源动力。

（二）系统思维不够

在认识上,有的基层党组织运用系统思维、系统方法统筹谋划党建工作和税收业务的能力还不强,有的把两者对立起来,认为党建与业务是一对矛盾,党建工作做多了会影响、冲淡业务工作;有的虽然意识到党建对业务有促进作用,但认为党建工作见效慢,当成可有可无的"辅助"工作。在工作中,系统谋划、整体推进、齐抓共管的工作格局尚未完全形成。在分析解决税收工作新情况、新问题时,"跳出税收看税收"的全局眼光有待拓展。

（三）综合能力不强

有的基层税务党组织专兼职党务干部队伍选优配强不够有力,懂党建的人不懂业务、懂业务的人不懂党建现象比较普遍,缺乏融合的思路与办法。有的支部书记能力不强,不善于结合本部门、本单位实际,将党建和业务工作同谋划、同部署、同落实,有想法没办法,造成党建工作与税收业务合不上拍、跟不上调。有的党务干部在业务工作上是"门外汉",不了解业务工作的重点和特点;有的党务干部在党建工作上是"半桶水",谈起业务头头是道、问起党建支支吾吾,造成党建与业务成了不搭界的"平行线"。党务干部与业务干部轮岗交流机制未真正建立起来,精通党务、熟悉业务的党务干部队伍建设有待加强。

（四）机制保障不足

党建与业务融合"四同步"工作机制落实不到位。党建和业务同谋划、同部署、同推进、同考核的执行标准和考核指标不够具体明确,执行不够严格。部分基层局党委的党建工作和人事工作还未由同一名领导班子成员分管,不利于促进党建部门与组织人事部门同向发力、形成合力。在督促检查、跟踪问效上力度不够、方法不多,缺乏过程监督,聚焦成果不足,先进典型树立不够。

三、党建工作与税收业务融合发展的对策思考

（一）发挥"三个作用",汇聚融合发展合力

1. 发挥党委班子"主心骨"作用。要充分发挥各级党委班子把方向、管大局、保落实的领导核心作用,牢固树立"税务机关首先是政治机关、税收事业就是党的事业"意识,一以贯之践行"抓党建是本职、不抓党建是失职"理念要求,将机关党建"围绕中心、建设队伍、服务群众"核心任务与税收工作"带好队伍、

干好税务、做好服务"根本要求有机统一起来,既在税收业务工作中贯彻落实党的路线、方针、决策,又充分发挥党建工作对税收业务的引领作用。

2.发挥基层党组织"主力军"作用。要始终坚持"重心在基层、工作到支部、服务到群众",抓实支部"最小"单元,释放"细胞"活力。围绕税收重点任务,激发基层党组织的组织力和创新力,在职务职级晋升、新冠疫情防控、各类专项整治等要事难事面前,以支部为单位做实做细思想政治工作,层层压茬推进;在巡视巡察等重点工作中,把临时党支部建在第一线,确保党的要求贯穿于重点工作每个环节,彰显绝对忠诚、能打硬仗的政治本色。

3.发挥党员干部"先锋队"作用。真正运用好党史学习教育成果,充分调动全系统党员干部的工作积极性和主观能动性。面对深化征管体制改革、发票电子化改革、个人所得税汇算清缴、社保费非税收入划转等急难险重任务和群众急难愁盼问题,设立党员先锋队,以先进典型领衔、业务骨干为主体,设立政策研究、纳税服务、内部管理等三类党员工作室,在党建与业务深度融合、一体推进中解决问题、培育人才,让党旗在税务基层一线高高飘扬。

(二)推进"三个统筹",激发融合发展动力

1.统筹党务和业务"双重职能",找准目标导向上的结合点。在谋划部署上,将中心工作难点、热点作为党建工作切入点,明确基层党组织在服务中心工作上做什么、怎么做、做到什么程度,把保障中心工作做为"三会一课"必议议题、主题党日必选动作、对照检查必查内容,使党建成为攻坚克难、改革创新的动力源泉。在核心实质上,把握党务和业务的共通点,始终如一地将"全心全意为人民服务"的宗旨贯穿税收业务全过程,以党的思想指导工作实践,以工作实践践行共产党人的理想信念,既"抬头看路"又"埋头拉车",实现党建与业务双提升。

2.统筹党员和干部"双重身份",找准责任主体上的结合点。浙江税务系统党员占比67.3%,其中省局机关党员占比达92.3%,许多干部兼具党员和税务干部"双重身份"。要深化党员"第一身份"意识,明确税务干部的第一职责是为党工作,做到任何时候都与党同心同德。要聚焦提升"党建本领",逐步完善党务干部和业务干部双向交流机制,完善把干部党务工作经历纳入工作履历等机制,推动干部由"单一型"向"复合型"转变,培养党建工作思维,掌握党建工作规律,将业务骨干培养成政治骨干,建设既懂业务又懂党务、既懂专业又懂管理的高素质专业化税务干部队伍。

3.统筹思想和行动"双重自觉",找准实践推进上的结合点。思想是行动的先导,要用习近平新时代中国特色社会主义思想武装头脑、推进工作、指导实践,做思想与行动统一的实践者。要读原著、学原文、悟原理,切实把党的历史经验转化为应对风险挑战、推动事业发展的治理能力和工作水平。要坚持

理论联系实际的马克思主义学风,紧密结合统筹推进经济社会发展工作,紧密结合改革发展稳定等各方面工作,在知行合一、学以致用上下功夫,结合税收实际工作出实招硬招,不断提高运用党的创新理论指导应对重大挑战、抵御重大风险、化解重大矛盾、解决重大问题的能力。

(三)落实"三个抓手",增强融合发展引力

1.以绩效考核促融合,党建与业务同频共振。建立党建工作和税收业务双向联动考核机制,在党建工作综合考评中设置税收业务工作亮点加分项,在税收业务绩效考核中规定"党建引领工程"指标得分后10%的,原则上不得评为"1段"。做到谋划重点工作任务时注重党建引领作用,部署党建工作时注重强化服务保障中心工作的导向。

2.以创新载体促融合,党建与业务同向发力。找准党建工作与税收业务的结合点,每年迭代升级,以党建引领工程定向领航浙江税收现代化"六大工程",切实把党的政治优势、组织优势转化为推进税收现代化的强大动力。将"党建引领"作为处室年度计划、工作总结、领导讲话的"首要篇章"。建立健全"以党建领先促工作领跑、以党建破题促改革破局"的工作机制,构建"12366"机关党建工作体系,税收业务开展到哪里、党建工作就延伸到哪里。

3.以落实责任促融合,党建与业务同步推进。没有高质量党的建设,就没有高质量的税收现代化。各级税务局党委紧紧牵住责任制这个"牛鼻子",将支部建在处(科、股)室上,由处(科、股)室主要负责人担任支部书记,党建工作和税收业务"一肩挑"。完善"书记抓、抓书记"工作机制,力行"明确责任、充满感情、踩着点子、分级分类、闭环管理、条块协同"抓党建的"六抓"工作法。落实全面从严治党"两个责任"清单,推进党委主体责任、党委书记第一责任、班子成员"一岗双责"和纪检部门监督责任"四责协同",形成齐抓共管党建工作的合力,推动全面从严治党向纵深发展、向基层延伸、向每个支部和党员覆盖。

课 题 组 组 长:劳晓峰

课 题 组 副 组 长:詹红成

课 题 组 成 员:桂红敏　童郁羽(执笔)

　　　　　　　吴红燕　方佳佳

大企业税收事先裁定制度构建与
应用研究（一等奖）

国家税务总局浙江省税务局课题组

一、我国大企业税收事先裁定实践探索

（一）制度建设

我国在法律层面没有健全的税收事先裁定制度，虽然个案批复、预约定价安排等都有事先裁定的影子，但是个案批复是事后批复，预约定价安排主要关注转让定价领域的税收问题，严格意义上都不属于事先裁定的范畴。我国大企业事先裁定制度建设方面的探索主要是总局出台的一些税收文件和地方试行的制度性规定。

1. 政策文件

我国税收事先裁定相关规定分散在相关税收政策文件中。《国家税务总局关于印发〈大企业税务风险管理指引（试行）〉》（国税发【2009】90号）规定"企业因内部组织架构、经营模式或外部环境发生重大变化，以及受行业惯例和监管的约束而产生的重大税务风险，可以及时向税务机关报告，以寻求税务机关的辅导和帮助"。2012年，国家税务总局与中国海洋石油总公司等3家总局定点联系企业签订的税收遵从协定，首次出现了大企业可以申请事先裁定的条款。《关于进一步加强大企业个性化纳税服务工作的意见》（税总发〔2013〕145号）第一次明确提出了要试行大企业涉税事项事先裁定制度，建立健全事先裁定工作流程，增强税法适用的透明度和确定性。2014年，国家税务总局发布的《纳税信用管理办法（试行）》（征求意见稿）中规定，连续3年被评为A级信用级别（简称3连A）的纳税人，可以适用税务事先裁定，但在正式文件出台后删除了该规定。2014年总局大企业司起草了《国家税务总局定点联系企业涉税事项事先裁定管理办法》，因为条件不成熟，在征求各司意见后被搁置。2015年，《税收征收管理法修订草案（征求意见稿）》中引入了"预约裁定制度"概念，欲从立法层面赋予事先裁定制度正式的法律地位，但迄今为止仍未正式

出台。2021 年 3 月,中办、国办印发了《关于进一步深化税收征管改革的意见》,在这份"十四五"时期税收征管改革的重要制度安排中提出,要探索实施大企业税收事先裁定并建立健全相关制度。

2.地方规定

各地在试点的基础上建立了大企业税收事先裁定制度,但大部分税务部门未对外公开,仅作为内部管理制度掌握。浙江杭州、温州、嘉兴等税务部门都出台了大企业税收事先裁定制度,如杭州市局明确了裁定的实施对象、裁定事项、实施程序、税企责任及法律效率等,但仅作为内部试行而未公开发布。从已公开发布的各地文件看,2020 年 6 月,广州市南沙区税务局发布《复杂涉税事项税收事先裁定暂行办法(试行)》,以文件的形式对复杂涉税事项税收事先裁定的定义、范围、机构、申请与受理、审议与裁定、生效与执行等内容加以明确,形成了一套比较规范的制度和《税收事先裁定申请表》、《税收事先裁定知情书》、《税收事先裁定集体审议意见》和《税收事先裁定意见书》等正式文书。2020 年,深圳市税务局制定并推行国际税收事项事先裁定制度,率先适用于跨境股权转让税务处理、非居民企业提供技术的特许权使用费与劳务判定、非居民企业常设机构判定、税收协定(安排)受益所有人判定、税收协定(安排)财产收益条款适用及其他重大复杂跨境事项涉税问题六个方面。

(二)实务探索

我国税收事先裁定制度一直处于实践探索中。2013 年安徽马钢集团因资产重组申请税收事先裁定而依法享受税收优惠 2.6 亿元的成功案例,实现了从理论到实践的转变。浙江、广州和深圳等地税务部门在实际中已积极开展事先裁定试点工作,以制度创新推动税收营商环境优化,并取得了重要成效。

1.浙江实践

2013 年,浙江省税务局为 HKWS 生产部门剥离事项涉税问题进行事先裁定,帮助企业享受增值税超税负即征即退超过 20 亿元。2017 年,原嘉兴国地税和湖州国地税共同为 TK 集团关联交易事项进行事先裁定;2019 年嘉兴、湖州市税务局联合举办 XFM 集团申请事先裁定函件交付仪式;2021 年,嘉兴与江苏南通市税务局为 TK 集团申请跨区域事先裁定进行协商,推动了长三角区域一体化税收服务。

2.南沙实践

广州市南沙区税务局已为明珠湾起步区 PPP 项目、邮轮母港 BOT 项目、广东知识产权交易和越秀融资租赁等多个项目依法出具复杂涉税事项事先裁定意见书,有效避免税收政策适用的不确定性给纳税人带来的税收风险,有力地促进了投资贸易便利化,也有助于营造良好的营商环境。

3.深圳实践

国家税务总局深圳市税务局2020年以来受理了跨国纳税人多种交易类型的税收事先裁定申请。2021年3月,向中国广核集团出具事先裁定函,明确其跨境股权转让涉税处理,在全国率先开展国际税收管理事项事先裁定制度实践。深圳市税务局已帮助多家跨国企业,解决了涉及税款20多亿的跨境税务问题。

(三)存在问题

由于缺乏统一的理论基础、明确的政策依据和完善的制度保证,各地税务部门在大企业税收事项事先裁定实践中积累了丰富经验,取得了良好成效,但在探索过程中也存在以下问题值得引起重视。

1.法律依据不明确

在法理上,我国倾向于将事先裁定定位为一项向纳税人提供的纳税服务,但尚未正式发布与事先裁定相关的法律、行政法规和部门规章等规范性文件。税收征管法已经实行了近20年,至今仍未补充税收事先裁定相关条款。尽管总局在部分文件中提到了税收事先裁定制度,但只是提出要做什么,没有解决具体做什么、怎么做等问题,事先裁定的受理范围、受理期限、机构设置、办理流程以及税企双方权利义务都未明确规定,基本上不具有可操作性,只能靠基层税务部门去摸索着试行大企业税收事项事先裁定。从已出台的政策文件和公开的地方规定看,由于总局层面没有出台统一的操作办法,各省税务部门在摸索大企业税收事先裁定制度时,出于谨慎性原则,大多觉得自行摸索的制度权威性和规范性不够,怕公开后带来负面社会影响而仅作为内部掌握,目前只有部分地市税务部门公开了试行税收事先裁定制度,相互之间也存在较大的差异。纳税人难以找到明确的遵从依据。

2.实务处理不规范

各地试点事先裁定制度的主要依据是总局的相关文件精神或自行制定的试行制度,存在争议较多。一是受理范围不明确。到底哪些事项可以申请事先裁定,目前各地税务部门没有统一的说法,有些受理范围比较宽泛,认为只要是企业的未来事项,都可以申请办理;有些仅规定了某些重要事项可以申请事先裁定,如股权重组、关联交易等;还有些对那些不适用事先裁定的事项进行裁定。二是专业能力不匹配,由于事先裁定大多为复杂、疑难、新型事项,需要经过受理申请、实地调查、多次沟通、政策研究、集体审议等一系列程序,基层很难有足够的时间精力。面对裁定中的"疑难杂症"问题,基层税务部门也很难具备足够的专业胜任能力。三是税务部门职责不相容。实务中,很多税务部门为助力企业发展,主动为企业申请事先裁定出谋划策,甚至业务流程如何设计、合同条件如何设定、提供哪些资料等各个环节都在税务部门的指导下完成,税务部门既是运动员又是裁判,这完全违背了事先裁定的职能定位。

3. 执行效果不理想

一是裁定事项范围过于狭窄。目前,各地试行事先裁定的事项大多集中在关联交易,对其他重要交易事项的尝试较少。一方面在于税法的解释权在总局,地方税务部门对未来交易的税法适用性的解释容易产生争议,出具正式文书难度较大;另一方面,各地有丰富的转让定价和预约定价实践,为对关联交易进行事先裁定积累了足够的经验。二是税企主动性不够。由于缺乏上位法规依据和指导性文件,地方税务部门出具的裁定意见不可避免地存在风险。如果不是上级硬性考核任务而是自愿性探索,基层会出于规避风险考虑,不愿意引导企业申请事先裁定。由于各地大多不公开事先裁定制度相关文件以及相关的事先裁定成功案例,企业对事先裁定申请条件和办理流程不够熟悉,对事先裁定服务需求的预期不高。即便熟悉事先裁定服务,有时在权衡披露风险和事先裁定带来的确定性之后,为降低信息披露风险而缺少申请的积极性。三是滥用税收事先裁定。有些税务部门为了博出位、求亮点,刻意将企业的税收筹划或纳税咨询包装为税收事项事先裁定试点,把为申请人上门服务以及减轻税收负担作为提供事先裁定的亮点,扭曲事先裁定的制度价值。也有极少数税务部门在受理跨省交易事项的事先裁定时,在为企业提供税收确定性和争取更多地方财政收入之间权衡,影响了事先裁定的成效。

4. 机构职责不清晰

目前,各省(市)、地市税务部门一般是大企业税收服务与管理局或一分局负责组织大企业税收事先裁定工作,县(区)局有些是征管部门或风控部门牵头,成立一个临时的服务团队负责落实,也有些是负责大企业税收服务与管理的科室或基层所负责,大多属于兼职部门或兼职岗位,主要从事征收管理、风险应对以及日常纳税服务工作,很难保证有足够的时间、精力及专业能力去尝试开展税收事先裁定工作。

二、世界各国大企业税收事先裁定制度借鉴

税收事先裁定制度起源于瑞典1911年针对印花税出具的裁定意见,经过100多年的不断发展,已然成为国际通行且相对成熟的一项税收制度。目前世界上很多国家都建立了成熟的事先裁定制度,主要包括裁定主体、裁定事项、时限要求、法律效力、费用收取、救济路径、公开程度等内容。

(一)裁定主体

裁定主体包括申请人和裁定人,是税收事先裁定制度的核心要素。

1.申请人

申请人即申请税收事先裁定的主体,世界各国设定了两种基本设计模式。一种是开放式事先裁定体系,即所有纳税人都可以申请事先裁定。例如,加拿大规定,居民和非居民纳税人都可以自行或者选择以代理申请的方式提交裁定申请,向税务部门申请获得税法条款适用解读。另一种是封闭式事先裁定体系,对申请人设置了一定的限制条件。如荷兰为限制纳税人通过事先裁定进行避税,设立了负面清单限制申请人范围,如限制来自不征收企业所得税、企业所得税税率低于 9% 的或被欧盟列为"非合作税收管辖区"的企业提交事先裁定申请。

2.裁定人

裁定人是受理和作出事先裁定决定的主体,目前国际上有两种主流的裁定人设置模式:行政模式和司法模式。行政模式主要有美国、加拿大、德国、澳大利亚等,各国对裁定权的层级设定有所不同。美国的裁定权归属于中央,美国国内税务署(IRS)是税收事先裁定的主体,地方税务机关仅是税收事先裁定的执行者。德国的税收事先裁定首先由有管辖权的地方税务机关受理,在无管辖权等特殊情形下则由联邦税务总署负责。澳大利亚对单个纳税人做出的个别裁定和口头裁定,一般由纳税义务发生地税务机关受理;若是内容相对繁杂、程序较为繁琐且涉及多人的裁定则应由澳大利亚税务局税务顾问网成员受理。司法模式下,由司法机关作为裁定机关,典型代表是瑞典和印度。瑞典成立了名为"预先税务裁决理事会"的行政法庭,独立于国家税收征收机关,受理起诉并发布税收事先裁定。印度设立了独立的税收事先裁定局(分直接税事先裁定局和间接税事先裁定局),裁定人员多为最高法院退休的法官,具有准司法性质。

(二)裁定事项

1.事项范围

裁定事项是申请人申请裁定的涉税交易事项,通常分为限制范围和不限制范围两种。目前,仅有葡萄牙、意大利等极少数国家采取无限制的情形,大多数国家都对裁定的事项范围作出了限制。瑞典要求申请裁定的事项必须是对纳税人而言有着明显重要性的事项。美国一开始规定任何问题都可以提出申请,不堪重负之后开始规定只能针对预期交易提出裁定申请,并且明确划分不予裁定、自由裁定和应当裁定的范围。为了避免行政资源浪费,德国规定除了负面清单之外,对纳税人自身有重大税务影响或者有特殊利益的所有事项都可以申请。

2.事项分类

有很多国家(地区)都对事先裁定按照适用税种或涉税事项进行了分类。

奥地利对事先裁定分为正式裁定和非正式裁定,正式裁定主要包括转让定价、集团税收和重组事项三类事项,其他涉税事项一般都可以申请"非正式裁定"。加拿大按照税费类型分为三类:所得税事先裁定、流转税费事先裁定和其他裁定。

（三）时限要求

税收事先裁定一般都具有时限上的要求,但各国在考虑裁定事项的繁杂程度,规定的受理期限和做出裁定的期限差异较大。只有少数国家(地区)对受理时限有要求,如澳大利亚国家税务局(ATO)要求自收到所有必要信息之日起的 28 天内作出是否受理的决定。爱尔兰要求在 20 个工作日内做出裁定。也有部分国家设定了针对特殊情形的加急程序,如葡萄牙规定作出裁定的时限为 150 天,若纳税人能够证明其申请属紧急事项并得到税务机关认可,则可缩短为 90 天。

（四）法律效力

大部分国家都以立法的形式对税收事先裁定的效力作出明确规定。

1. 对税务机关效力

裁定结果一旦送达至纳税人,对税务机关就产生了约束力,但也规定了失效和撤销情形。一是刚性执行的约束力。即使未来裁定依据的税收法律法规发生变化,只要纳税人已经完成了特定业务活动,裁定对税务机关的效力依旧有效。德国规定,只要预期的交易事项按照申请裁定时的预期计划实质性地展开,或仅有非实质性的变动,裁定结果对税务机关产生约束力。二是裁定超期失效情形。许多国家都规定了税收事先裁定效力的期限,如荷兰要求纳税人在做出裁定后 9 个月内,应当开展裁定涉及的特定业务活动,过期则导致裁定无效。三是撤回裁定情形。一般情况下,纳税人获得事先裁定后,在裁定有误等情形下,事先裁定可能被撤销,但瑞典、英国等国家出于对纳税人信赖利益的保护,只会撤销对纳税人不利的错误裁定,对纳税人有利的错误裁定仍然有效。如果纳税人在裁定过程中提供了虚假的信息,税务部门可以撤销基于虚假信息做出的裁定文书。

2. 对纳税人效力

申请人不仅具有事先裁定申请权,还有撤回权以及撤销权。因纳税人可以主观决定申请事先裁定的未来交易事项,是否按照裁定申请时的路径发生,所以裁定结果对纳税人的约束力较小。纳税人一般享有可撤回申请的权利。只有当裁定涉及的特定业务活动已实际实施完成,纳税人申报纳税义务时,才会产生效力。

（五）费用收取

税收事先裁定专业要求特别高,耗费税务部门大量时间精力,通常被认为是为满足个别纳税人特殊需求而占据了一定的税务行政资源。各国在税收事先裁定是否收费问题上持有不同态度,大部分国家提供的事先裁定是无偿的。美国、加拿大、德国、波兰等国家规定对事先裁定收费,不是因为财政压力,而是基于"谁使用谁付费"的公共资源公平分配原则,各国收费事项范围、收费标准也各不相同。

(六)救济途径

税收事先裁定涉及纳税人和税务机关的相应权利,但救济方式各有差异。目前,对税务机关的救济主要体现在裁定的撤销和变更上,但必须有利于保障公共利益。美国税务机关发现已做出的裁定有误或者纳税人实际交易事项与提交申请不符时,有权利撤销裁定或者对裁定结果加以修正。新加坡对撤销裁定持肯定态度,主审官可以在任何时候以书面通知的形式通知纳税人撤销裁定结果。当纳税人对裁定结果不满时,各国对纳税人设定的救济途径主要有以下几种:一是不可提起诉讼也不可申请复议。二是不可提起诉讼,但可申请复议。三是可复议可诉讼。

(七)公开程度

各国都非常重视对纳税人隐私的保护,对税收事先裁定持有限公开的态度,即隐去特定纳税人的关键性信息后,将裁定结果以公开的形式对外发布。印度不仅公开了裁定结果,也公开了申请人、申请事项以及裁定执行机构工作人员等相关信息。澳大利亚采用了公共裁定必须公开、个别裁定不记名公开、口头裁定不公开的方式,除了涉及国家秘密和商业秘密的裁定,都收录在政府网站上的税收事先裁定数据库。美国在公布税收事先裁定时,在删除的法定隐私信息之外,还会主动征询纳税人对删除信息的需求,纳税人可以对删除信息争议提请税务法庭裁决。有些国家还设置了延期公布的制度,以确保裁定事项公布不涉及商业活动的敏感期,避免给纳税人在公开市场上带来不利影响。马来西亚、新西兰对私人裁定结果不以任何形式对外公开,但如属于反映出普遍性问题的裁定,为了避免重复申请,税务部门会再发布一项公共裁定进行解释,供所有裁定申请人遵守。

三、制度构建与应用方面的对策建议

我国大企业在生产经营过程中亟需获得税收确定性,甚至税收不确定性已经成为制约大企业商业创新的重要影响因素。大多数国家的税收事先裁定制度都经历"先引进后改造"的过程,我们应该理清思路,完善机制,构建具有中国特色的税收事先裁定制度。

(一)理清事先裁定制度的构建思路

根据进一步深化税收征管改革要求和近年来试点成果,在借鉴其他国家

先进经验的基础上,遵循制度设计的基本原则,明确定位,选好路径,理清我国事先裁定制度的构建思路。

1.基本原则

一是税收法定原则。税收事先裁定作为税收制度体系的一部分,以税收法律法规作为裁定的根本依据,主要解决税收适用的确定性问题。遵循税收法定原则,促使税务部门在事先裁定时谨慎使用自由裁量权,防止税收事先裁定制度的不当适用和自由裁量权的滥用,导致不必要的税收争议。二是公平公正原则。纳税人和税务部门都是事先裁定的主体,相互之间地位平等。裁定结果不得对任何纳税人带有偏见或倾斜,要充分体现事先裁定税法适用上的公平,同类型纳税人都应当享有税收事先裁定的权利和同等的税法适用解释。三是信赖保护原则。税收事先裁定需要税企之间充分沟通、诚信合作,信赖保护是重要的稳定剂。纳税人可以充分依赖裁定给出的税法适用确定性,实施未来的经济活动,而不必担心后续税法变化或者税务机关执行口径变化带来的多缴税款风险。税务机关可以通过裁定,获取纳税人提供的真实、详细的交易信息,提高税收征管效率。四是成本效益原则。税收事先裁定涉及的特定业务税收适用问题,往往具有信息量巨大、无先例可循、判断过程复杂、协调沟通难度大等特点,纳税人要耗费大量的时间、精力及经费支出,税务部门也要投入大量的行政资源。对纳税人和税务机关而言,税收事先裁定带来的成本支出都是值得关注的。需要双方在低成本和高效率之间寻找最佳的平衡点,降低事先裁定产生的边际成本。

2.明确定位

一是事先裁定制度的法律定位。很多国家以立法的形式明确了事先裁定制度的法律地位,我国也曾在2015年尝试在新税收征管法加入事先裁定条款,但因为新税收征管法未出台目前只能根据《关于进一步深化税收征管改革的意见》,从深化税收服务的角度、以部门规章或规范性文件的形式出台税收事先裁定制度。二是事先裁定制度的功能定位。作为一项与税法适用和纳税人权益密切相关的特殊制度安排,理论界对其功能定位包括纳税服务、税法解释、行政指导以及行政契约等多种观点。从实务层面看,税务机关通过税收事先裁定为纳税人提供适用税法的意见,具有显著的纳税服务性质。将事先裁定定性为纳税服务,其实施不会对纳税人创制新的权利义务,符合建设服务型政府的发展趋势,也契合我国多年来开展事先裁定试点的实践导向。三是税务机关的角色定位。明确税务机关的角色是裁定人,是日常税收服务的提供方也是日常税收事项的管理者。作为裁定人和服务提供方,可以接受大企业对未来交易事项的纳税咨询和政策辅导,但不能参与特定事项的税收筹划;可以告知企业未来交易事项的一些风险点、申请事先裁定应准备的资料及相关建议,但不能帮助企业设计交易流程、内控制度,更不能帮助企业包办准备相关资料;有些属于企业自身承担或需要委托给税务中介等第三方的职能,税务部门不能过于强调服务或尽快完成裁定任务而全权代为处理。

3.推进路径

从世界各国实施事先裁定制度的进程看,主要有两种路径,一是在法律层面先确立规范再实施。以法律形式予以规范有助于制度化、体系化,有利于制订标准统一的流程和公开制度,便于在全国统一施行。但目前来看,这个路径还不成熟。二是采用边试点、边总结推广、边推动立法的渐进方式。在制度引入已达成共识但理论上存在分歧,全面推行条件不成熟的情况下,继续推进试点仍不失为一条有效路径。我国纳税人数量庞大、税收遵从水平不一且企业提请裁定的需求强烈,试点能有效降低决策风险,并有助于解决争议和完善制度方案。在试点阶段,需要加强必要的顶层设计,由总局制定具有操作性的指导性文件(试行),确保依据规范性文件推进试点。各省税务局可以有步骤、有计划地以纳税服务的名义,受理纳税人的事先裁定申请及出具裁定意见书。在试点推广到一定程度、各方面条件成熟的情况下,再在相关税收法律加入税收事先裁定条款,提高推行事先裁定制度文件的法律级次。

(二)完善事先裁定制度的核心内容

从世界各国的税收事先裁定制度实践看,制度建设主要完善以下七方面内容。

1.裁定主体

鉴于我国大量税收规范性文件均由税务行政机关制定发布,司法模式较难确保税收适用的解释准确到位,而且程序复杂、耗时较长,不符合成本效益原则,我国事先裁定制度应采用行政主导模式,将税务机关作为裁定人。根据申请人和申请事项,确定哪一级税务部门作为事先裁定的受理机关,保证裁定结果的权威性和一致性。考虑到我国企业诚信体系建立不完备、税务机关资源较为紧缺的情况,可以将申请人先暂时限定为各级税务机关确定的重点税源管理企业,待条件成熟后,再慢慢将申请人扩大到纳税信用等级为 A 级且内部管理制度完善的企业。为鼓励大企业提高税收遵从度,可以优先受理已经签订税收遵从协议企业的事先裁定申请。

2.裁定事项

考虑大企业服务需求和税务机关效能之间的平衡,采用正反列举的方式进行明确税收事先裁定事项范围,并设置兜底性条款。正列举是只要对申请人有重大利益影响的合法商业活动和交易安排,如企业重组、跨境股权转让、非居民常设机构判定、受益所有人判定、间接股权转让、关联交易定价及其他重大复杂跨境事项涉税问题,都可以申请事先裁定。反列举确认无合理商业目的的事项、未经严肃考虑不太可能发生的事项、正被税务部门评估检查或处理的事项、已经发生且产生纳税义务的事项、已被裁定过的相同事项、涉及外国法律解释的事项以及无法按时提交必要资料的事项等,不得申请事先裁定。

3. 裁定时限

税收事先裁定制度的初衷在于及时解决纳税人的税法适用确定性问题,为其即将开展的经济活动提供税法遵从的稳定预期,这个预期既包括税收负担和纳税义务时间,也包括税务部门出具裁定结果的时间,方便企业及时作出下一阶段决策。因此,在申请受理、作出裁定过程中的各个环节,都应尽量高效地设置合理时限。同时,对纳税人提交资料、补充资料、提出异议等事项也应限定具体的时间期限,以保证税收事先裁定流程能够高效运转。如税收事先裁定应在收到资料齐全后 10 日内,作出是否受理的决定;在 60 日内出具裁定结果,特殊情况下,经批准可延长至 90 日。

4. 裁定效力

在裁定效力设定时,应将信赖保护原则体现在税务机关和纳税人双方的效力均衡性,全过程、全方位分析裁定对双方的效力,进而具体明确,哪些条件下对纳税人和税务机关发生效力,哪些情形发生后,会导致裁定失效的后果。一般来说,申请形式应以书面形式提交,受理机关也应以书面形式做出回复,口头裁定申请将被视为纳税咨询。只要企业对未来交易未做出实质性变更,裁定结果应该对税务机关有约束力;若因税法变动导致裁定无法执行,税务机关应书面及时告知企业,自文件失效之日起裁定失效,可以按照最新税法解释进行税务处理,但不能因此对纳税人额外处罚;如果纳税人提供信息有误或虚构交易,税务部门可撤销事先裁定或宣告裁定无效。

5. 裁定费用

从美国将事先裁定由免费改为收费后申请数量大幅下降的情况看,企业对收费模式比较抵触,会影响企业申请事先裁定的积极性。目前,我国税务部门对纳税人提供的服务都是免费的,如果属于纳税服务范畴的事先裁定采用收费模式,无疑会让企业的抵触情绪更加强烈。当前,我们需要通过大量实践推动制度不断完善,积极鼓励纳税人申请税收事先裁定来解决税收不确定性问题,不宜因为收费而提高了事先裁定的申请门槛。事先裁定免费是指相关费用在一定范围内可作为行政费用,并不意味着企业不需要发生任何费用支出,企业自身发生的聘请中介费用、准备资料费用等支出应该作为企业的办税成本。

6. 裁定救济

事先裁定是税务部门为纳税人提供的一项税收确定性服务,申请事先裁定以及获得公正公平的裁定结果是纳税人应该享有的权利。因此,制度设计时就要考虑纳税人的权利保障和救济。在裁定过程中,税务机关在是否受理、资料审核、是否延期等程序处理以及具体条款适用方面,都有一定的自由裁量权,如果不设定救济权加以制衡,容易导致滥用事先裁定情况,侵害了纳税人的正当权利。因此,应该规定纳税人若在事先裁定过程中的合法权益、合理诉求未得到响应,可以享受对应的税务行政复议和诉讼权利,必要时可将行政复议前置。同时,制度中也要保证税务部门的救济权,应该设置相应的撤销、变更裁定情形和免责条款。

7.裁定公开

税收事先裁定涉及纳税人未来业务活动计划等核心商业秘密,已获得税务部门事先裁定的企业一般不希望裁定公开,避免信息泄露风险招致重大经济损失。尚未申请的纳税人有申请事先裁定需求时,却希望能查阅税务部门公开为其他企业出具的事先裁定文书,以供参考。与此同时,裁定公开也能减情税务部门受理事先裁定的工作量。我们应该在企业涉密诉求和行政示范效应之间保持平衡,定期对全国税收事先裁定案例进行汇编分析,隐去了税收事先裁定案例的关键信息,对涉及的税法适用性问题处理作综述性、原则性公开,为纳税人申请税收事先裁定提供方向性指导。

(三)健全事先裁定制度的运行机制

税收事先裁定包含了各种复杂的法律关系,在设立税收事先裁定基本制度的基础上,应健全事先裁定的运行机制,进一步提升制度应用的可控性和实效性。

1.监督机制

一是对申请人执行裁定的情况进行监督。做出裁定后,要对裁定对应的特定活动信息继续监督,确保企业提供资料的真实性、准确性和完整性,确保纳税人基于申请时的假设开展交易,尽可能甄别出不实虚假商业计划,一旦发现情况有变,及时启动变更或撤销裁定。二是对税务部门裁定过程进行监督。确保裁定适用的法律条款准确,裁定结果的公平公正,即确保对不同纳税人类似或相同的业务活动模式,以相同的原则和口径解释税法条款适用,避免出现人情裁定、徇私裁定。对重特大的税收事先裁定案件,应进行重大案件审理机制复核,引入纪检和督察内审部门监督。三是加强对中介机构的监督。识别中介机构税收筹划方案的避税嫌疑,防范其将税收筹划包装成税收事先裁定,浪费税务行政资源。引导中介机构理清税收筹划和事先裁定的界限,基于企业的实际需求提出裁定申请。

2.交流机制

一是完善税企沟通机制。积极引导纳税人通过申请事先裁定解决税收不确定性问题,了解纳税人的涉税需求,协商解决裁定过程中的税收争议。二是健全上下联动机制。总局定期组织税收事先裁定交流会,各省(市)汇报推行事先裁定的主要进展、成效以及焦点问题,加强裁定人员之间的意见交流和经验共享。由总局解读税法适用上的主要争议,统一裁定口径,形成各省(市)税务部门对税收事先裁定实务标准和操作口径的共识。三是建立国际协商机制。对一些跨国交易事项的税收事先裁定,与国外税务当局交换意见,共同为跨国企业提供税收确定性服务。

3.保密机制

税收事先裁定涉及纳税人未来经营计划和商业秘密,如果不通过保密条款进行约束,有可能会出现出卖泄漏企业商业秘密等问题。加强裁定人员的保密宣传教育,增强保守纳税人商业秘密的意识。要严格税收事先裁定案例信息库等电子化信息的使用管理,有效控制查阅信息的范围和权限,对查询使用实行痕迹化管理。对长期接触涉密内容的裁定人员,在离岗、离职后应严格落实脱密期管理,不得从事不相容岗位。

(四)强化制度应用的配套保障

1.合理设定裁定组织架构

根据交易事项的区域覆盖和影响力,设定合理的事先组织架构。对省内交易事项提出事先裁定申请,可以由主管机关受理,由省局出具裁定决定书;市内交易事项可以由省局授权市税务局做出裁定,报省税务局备案;涉税金额较大的案件由省局直接受理并做出裁定;影响力较强的重大交易省局做出裁定后,报总局备案。国内跨省交易事项,由涉及的省税务局受理,相互协商后做出事先裁定,并报总局备案。跨国企业对跨国交易事项申请裁定,应由省局受理、总局裁定,必要时总局可以授权省局进行裁定,然后报总局备案。各特派办加强对区域范围内的重大裁定案件进行督导协调,确保区域内事先裁定机制衔接顺畅。

2.培养专业化人才队伍

事先裁定过程是税务机关与纳税人就税法适用确定性进行的观点交换和论证博弈。作为税务部门,经常与业务精湛、经验丰富的国际知名中介的专家团队打交道,这就需要通过业务培训、案例研讨、实践锻炼以及选拔人才等方式,培养一支熟悉税法原则、政策口径、经济规律、企业运作、行业状况的专业化人才队伍队。

3.加强事先裁定调研分析

一是加强国内试点情况分析。总结国内近年试点取得的成效、积累的经验以及存在的问题等,提升制度应用的可操作性。二是加强各国税收事先裁定借鉴研究。加强对国外具体操作规程、实际运行情况包括具体案例的研究,借鉴各国先进的制度内容和实践经验。三是加强对纳税人需求情况的调查分析。调查纳税人对事先裁定的税收需求,分析纳税人的意见建议和共同诉求,增强纳税人的获得感。

课题组组长:陈红卫
课题组成员:葛向红 卓 然 潘文飞
何建芳 兰永红(执笔) 洪筱箐
蒋琳灵 刘春燕 范会会

税收视角下推动碳达峰的
对策建议（二等奖）

国家税务总局浙江省税务局课题组

2020 年 9 月，习近平主席宣布："我国二氧化碳排放力争于 2030 年前达到峰值，努力争取 2060 年前实现碳中和。"近年来，绿色税收支持绿色发展，在能源清洁化、节能减排、绿色出行等方面成效显著，但是，在抑制高碳排放、引导结构转型等方面仍有较大作为空间和潜力。我们以浙江省为例，分析了绿色税收在促进绿色发展方面的作用及存在的主要问题，提出通过完善绿色税制、调整资源税税目税额、开征碳税等对策建议。

一、绿色税收有力推动绿色发展

近年来，国家积极构建绿色税收体系，形成了涵盖资源综合利用、环境保护、节能节水、新能源等各领域，贯通开采开发、生产加工、终端消费、进出口等各环节的绿色税制框架，税收职能也从经济领域拓展到社会、生活及生态文明等领域，税收作用延伸到改变生产及生活方式、引导低碳生活等各方面。

（一）促进能源结构调整

能源结构转型是减碳的关键一环。一方面，在税制设计上，通过消费税、资源税引导高碳排放的能源产业健康发展，其中资源税着力对煤炭等资源给予从价征税，引导合理开发利用；消费税着力对特定商品"寓限于征"，引导、鼓励和限制生产和消费行为，如成品油消费税曾在 2014 年 11 月至 2015 年 1 月间 3 次提高单位税额。以浙江省为例，税务部门全面加强资源税、消费税征收管理，"十三五"期间，资源税、消费税涉及化石能源品目的税收增长明显，其中成品油消费税入库数从 2016 年的 128.1 亿元增长至 2020 年的 163.9 亿元，增长 27.95%，通过征税提高使用成本，推动全省能源消费弹性系数持续保持低位运行，促进二氧化碳减排目标达成。另一方面，综合利用税收优惠政策推进清洁能源（如水电、风能、核能、光伏及生物质燃料）产业发展，推动新能源从替代能源向主体能源迈进。以从事风电研究制造的浙江运达风电股份有限公司为例,2019 年其享受相关税收减免 3000 余万元,该公司将享受的税收优惠用于风电机组研发及制造,目前年发电达 34000Gwh,累计减排二氧化碳量超 1 亿吨,相当于再造 1 亿公顷森林。

(二)促进资源综合利用

推进资源综合利用,提高用能效率、改变用能方式是低碳转型的现实选择。税务部门全面落实相关税收政策,鼓励资源综合循环利用,减少资源消耗。如,浙江省 2020 年落实资源综合利用产品和劳务增值税优惠 30.5 亿元;购置用于环境保护、节能节水、安全生产等专用设备的投资额按比例税额抵免优惠 3.53 亿元;综合利用资源生产产品取得的收入在计算应纳税所得额时减计收入落实优惠 4.57 亿元;从事符合条件的环境保护、节能节水项目的所得定期减免征收企业所得税 5.5 亿元。从企业个案看,税收优惠政策对资源综合利用相关企业影响明显,以余杭区富丽来装饰材料有限公司为例,该企业主营综合利用纸边皮生产细工木板,2014—2018 年享受增值税 70% 即征即退优惠企业利润总额逐年稳步上升,但 2019 年因受到环保处罚无法享受税收优惠出现利润转亏,可见,税收优惠在资源综合利用相关企业的盈利表现中发挥显著作用。

(三)促进生活方式转变

汽车和摩托车等流动源尾气排放是居民端碳排放的主要组成部分。在机动车调节方面,税收采取多税种综合影响的方式引导绿色消费,相关政策包括:对小汽车、摩托车销售环节征收消费税;对机动车购置环节征收车辆购置税;对机动车船保有环节征收车船税;同时对不同排量车型实行差别征税,对新能源、节能、公共交通等机动车船给予减免优惠。以浙江省为例,2020 年全省新能源汽车车辆购置税减免(不含宁波)达 17.77 亿元,是 2014 年(首年)的 4958.6 万元的 35.84 倍;2020 年对节约能源、使用新能源的车船减免车船税 1.43 亿元,税收优惠有效助推新能源汽车的推广,节能、新能源车的保有量增长明显,绿色出行成为新选择。

(四)促进生态文明建设

二氧化硫、氮氧化物等重点大气污染物的产生与二氧化碳的产生关系密切,控制非二氧化碳温室气体和污染物排放,将对减污降碳产生协同效应。环境保护税明确对企业排放的大气污染物、水污染物、固体废物和噪声等征税,并以其"多排多缴、少排少缴、不排不缴"的税制设计,发挥税收杠杆的绿色调节作用。以浙江省为例,2020 年累计征收环境保护税 2.81 亿元,较 2018 年增长 26.58%,其中,应税大气污染物征收环境保护税达 2.38 亿元,占比 84.70%。与此同时,2020 年,浙江省大气环境质量明显提升,11 个设区市 PM2.5 浓度范围为 17—30 微克/立方米,平均为 25 微克/立方米,同比下降

19.4%，PM2.5 浓度均同比下降；AQI 优良率范围为 87.2%～98.9%，平均 93.3%，同比上升 4.7 个百分点。

二、助推碳达峰目标实现存在的主要问题

绿色税收为碳达峰发挥了积极作用，但仍存在对部分高碳排放抑制作用不强、引导结构转型力度不够等问题。

（一）绿色税制尚待健全，协同治理有待提升

"十三五"期间，我国通过完善资源税、消费税，开征环境保护税等手段，初步建成绿色税收体系，助力低碳发展。但碳达峰目标仍面临较大艰巨性和复杂性，绿色税收还需进一步发力。当前，空气颗粒物（扬尘、粉尘等）、挥发性有机物、固体废物、水资源节约保护等都直接或间接关系到碳达峰目标的实现。因此，挥发性有机物环境保护税征收、水资源费改税推进、碳税开征等问题，都需进一步关注并推进。在管理层面，在进一步建立健全税收共治工作机制、落实部门协税职责上还有较大空间，如进一步发挥部门合力推进施工扬尘的监督管理和税收征管等问题。

（二）税收优惠范围有限，激励力度有待加大

产业转型升级为产业加"竞争力"，为生态环境减"破坏力"，是推进经济高质量发展和实现碳达峰的必经之路。2021 年《政府工作报告》指出，要扩大环境保护、节能节水等企业所得税优惠目录范围。当前，税收促进产业转型杠杆的作用还可进一步放大，对高碳产业的反向调节和对低碳生产企业的正向激励调节力度还可进一步加大。如，目前资源综合利用相关税收优惠均采取正列举形式，限于《资源综合利用产品和劳务增值税优惠目录》及《资源综合利用企业所得税优惠目录》列举范围内的内容，而现行增值税优惠目录为 2015 年版（2019 年补充销售自产磷石膏资源综合利用产品），企业所得税优惠目录为 2008 年版，进入进发展阶段，新技术、新工艺层出不穷，但未能将符合资源综合利用目标的新活动及产品（如工业废水监测及预处理）及时纳入优惠范围；企业所得税优惠措施主要为减按收入总额的 90% 计算应纳税所得额，优惠力度有待提升，税收优惠对产业结构引导作用未能充分发挥。

（三）绿色出行转变渐进，低碳理念有待增强

交通运输和居民生活领域是除能源、工业外的较大碳排放领域。公安部统计数据显示，截至 2020 年底，全国新能源汽车保有量达 492 万辆，比 2019 年增加 111 万辆，增长 29.18%，增速明显，但新能源车保有量仍仅占汽车总量的 1.75%。与此同时，充电桩、电池回收等配套设施仍不完善，数据显示，截至 2020 年底全国充电桩保有量仅为 168.1 万台，充电设施缺口巨大，而按照动力电池 5—8 年的寿命预估，2020 年我国动力电池退役量超过 20 万吨，具有废

旧动力电池回收资质的企业数量与庞大的动力电池退役量也不相匹配。配套设施不完善、车辆技术成熟度不够等因素都影响着低碳环保理念的践行,即使电动汽车在车牌申领、车辆购置税额等方面都有较大的优惠措施,但新能源车仍较难成为首选。

三、助推碳达峰目标实现的对策建议

实现碳达峰目标任重而道远,需要统筹兼顾、多管齐下,建议积极推进顶层设计,完善绿色税制,研究调整资源税税目税额和开征碳税,促进低碳经济发展,推动碳达峰目标达成。

(一)建立健全绿色税制体系

"十四五"是碳达峰的关键期、窗口期,要抢抓历史机遇,在绿色、低碳发展理念下进一步推进税收制度绿色转型,鼓励企业转型升级,以税制改革涵养绿水青山。在税制设计上,适时考虑调整环境保护税征税范围及税率标准等,发挥税收对环境污染的抑制力度,促进资源优化利用;推进消费税改革,将高耗能、高污染产品纳入征税范围,引导改善区域内消费环境;进一步完善资源综合利用、节能节水等政策优惠,提升政策延续性,促进绿色产业转型升级。同时,随着碳达峰目标行动的逐步落实、碳排放交易体系的建立完善,可借鉴国际经验,积极研究开征碳税,与碳排放交易体系互为补充。另外,应充分研究国际碳边境调节税动向,积极做好欧盟等开征碳边境调节税的效应分析、对策研究,促进"一带一路"战略下外向型企业健康发展。

(二)加力加码扩大税收优惠

税收政策对企业加大转型升级投入的激励作用需要进一步"加码",体现出"做与不做"不一样的比较优势。为此,建议在加大目标税种调节力度的同时,适度提高增值税、所得税等主体税种的绿色化程度,以税收优惠大力助推光伏、风能、生物质能源体系建设,促进域内传统制造业技术改造、转型升级。建议对电力、交通、工业、新材料、建筑、农业、负碳排放以及信息通信与数字化等重点领域,结合行业实际精准制定税收优惠措施,有的放矢地精准扶持:在增值税层面,对从事环境治理技术开发、回收利用废弃物、绿色产品开发等主体给予税收减免和优惠;对用于制造大型节能环保设备进口的关键零部件及原材料,引入环保先进技术等的,给予减免进口环节增值税。在企业所得税层面,应规范产业目录,适度扩大生态友好行业税收优惠范围,特别是对环保节能产品的生产和使用企业,及时扩大资源综合利用目录并调整收入减计比例,延长"三免三减半"等优惠政策期限等。

(三)共建共享释放共治效益

最大限度发挥绿色税收在碳达峰目标实现过程中的促进和调节作用,需

要政府部门的共同参与。应围绕减碳目标,搭建多部门参与的税收共治平台,加强税务、环保、住建等部门间协作,完善信息共享机制,推动碳排放交易、污染物排放数据、环境违法等信息的有效共享及利用,为碳达峰目标实现提供数据支撑。借助共治平台,进一步开展优惠政策的综合施策及精准直达快享,最大程度释放政策红利,同时,进一步完善纳税信用体系建设,在违法违规行为方面形成惩戒合力,增强政策的震慑和约束力。

(四)以身作则引领低碳风尚

各级税务部门要积极践行低碳生活理念,"以身作则"发挥示范引领作用。要自觉做好机关单位及办公、办税服务场所的绿色照明、节约用能及垃圾分类,积极开展各级"节水型单位""节能减排示范单位"等文明创建工作,全面推开公务用车采购新能源化,形成轻车简行、节约资源、保护环境的良好工作及生活习惯,带头倡导绿色出行、节约生活,助推全民形成低碳环保的理念自觉和行动自觉。

课题组组长:崔成章

课题组成员:徐　辉　卓　然　潘文飞　胡　政

苏晓康　宗　磊　喻万芹

"双支柱"方案对我国税收征管的
影响与应对(二等奖)

——基于"支柱二"对嘉兴税收影响的测算

国家税务总局嘉兴市税务局课题组

2012 年 6 月,二十国集团(G20)财长和央行行长会议同意通过国际合作应对税基侵蚀与利润转移(BEPS)问题,并委托国际经合组织(OECD)开展研究。2015 年,OECD 发布了《关于数字经济面临的税收挑战的最终报告》,2021 年 10 月 8 日 OECD/G20 BEPS 包容性框架下的 140 个国家(地区)中的 136 个国家(地区)就"双支柱"方案达成共识,并发布《关于应对经济数字化税收挑战双支柱方案的声明》。这是 BEPS 在全球税收规则根本性变化中的一个重要里程碑,将对跨国企业及世界各国的财税政策乃至经济发展产生变革性的影响。

一、"双支柱"最新方案概述

"双支柱"方案的主要目标在于征税权的更公平分配以及利润被合理征税。"支柱一"和"支柱二"共同组成应对经济数字化税收挑战的多边方案,同时规定了一系列的配套措施以解决现有税收政策的不足和分歧。

(一)"支柱一"的核心内容

"支柱一"着眼于平衡数字经济下对大型跨国企业征税权的分配。它融合了之前印度的用户参与方案、美国的营销型无形资产方案和英国的显著经济存在方案的特点,这三项方案重新分配征税权的方法有所不同,但都试图从不同的角度识别现有税收规则下利润分配时未被识别的价值创造活动或用户(市场)所在国的参与,根本性地改变利润分配及联结度(Nexus)规则,并扩大用户(市场)所在国的征税权。因此,新联结度和利润分配规则是"支柱一"的最大特点。

"支柱一"由金额 A、金额 B 和税收确定性三部分组成。金额 A 是对超大型跨国企业集团全球利润征税权在各辖区间的重新分配。根据金额 A 规则,一定规模以上的跨国企业集团，无论在市场辖区是否设立应税实体，只要从市场辖区取得的收入达到一定门槛，即需将一定比例的剩余利润分配给市场辖区。金额 B 是通过简化对独立交易原则的运用，确定对跨国企业集团所从事的基本营销和分销活动的回报。税收确定性是指对于金额 A 适用范围内的跨国企业集团，通过强制有约束力的争议预防与解决机制，避免金额 A 的双重征税。

2021 年 10 月 8 日"双支柱"方案最新声明明确，"支柱一"金额 A 适用于全球收入 200 亿欧元以上且利润率在 10％以上的跨国企业集团。根据 OECD 测算，全球大约 100 家规模最大、利润最高的跨国企业（集团）将适用该规则；剩余利润（超过收入 10％的部分）的 25％新分配给市场国，全球每年分配给市场国的利润预计达到 1,250 亿美元。

（二）"支柱二"的核心内容

"支柱二"通过设定全球最低税，解决大型跨国企业集团利用低税地转移利润和税收"逐底竞争"问题。它的核心包括由两项紧密联系的国内法规则——收入纳入规则（IIR）和低税支付规则（UTPR）——共同构成的全球反税基侵蚀规则（GloBE 规则）和一项基于税收协定的应税规则（STTR）。在执行收入纳入规则的税收辖区，母公司将就实际税率低于特定税率的跨国企业成员实体补缴税款至全球最低税水平；对于跨国企业成员实体未适用收入纳入规则的，其他成员实体所在税收辖区可以执行低税支付规则，通过限制这些其他成员实体的所得扣除或做等额调整补征税款至全球最低税水平。全球反税基侵蚀规则将适用于根据 BEPS 第十三项行动计划（国别报告）确定达到 7.5 亿欧元门槛的跨国企业。各辖区对总部位于本辖区的跨国企业适用收入纳入规则时，不受该门槛限制；作为跨国企业集团最终控股实体的政府机构、国际组织、非营利组织、养老基金或投资基金以及这些实体所使用的持有工具，不适用全球反税基侵蚀规则。应税规则允许来源国对适用税率低于最低税率的某些特定关联支付有限征税，应税规则的执行优先于全球反税基侵蚀规则。

对于收入纳入规则和低税支付规则，2021 年 10 月 8 日"双支柱"方案最新声明明确的最低有效税率为 15％，应税规则最低税率则为 9％。OECD 估计全球最低税规则每年将产生约 1500 亿美元的额外全球税收收入。根据 OECD 发布的 2017 年度国别报告数据，5883 个跨国企业集团达到了"支柱二"全球反税基侵蚀规则的适用门槛，囊括分布全球各地的 100 多万个成员实体，其中最终控股企业在中国内地的有 264 个跨国企业集团。

二、"双支柱"方案对嘉兴市税收的潜在影响

由于现有征管信息的制约，我们选择将向我市税务机关提交国别报告的

跨国企业集团作为主要测试对象,就"双支柱"方案的潜在影响进行分析。根据 2020 年度国别报告数据,尚未有最终控股企业在嘉兴市的跨国企业集团受到"支柱一"影响,但有 6 个最终控股企业在我市的跨国企业集团将适用"支柱二"全球反税基侵蚀规则。这 6 个跨国企业集团在境外 18 个国家或地区设有 63 个成员实体,在全球的成员实体达到 239 个。

(一)"支柱二"收入纳入规则的测算情况

我们依托最终控股企业向我市税务机关报送的 2020 年度《国别报告—所得、税收和业务活动国别分布表》数据,对收入纳入规则的潜在影响进行了测算。具体步骤如下:

第一步,根据 2020 年度国别报告经营数据(税收辖区、税前利润、计提的企业所得税等),剔除中国境内和跨国企业收入不超过 1,000 万欧元且税前利润不超过 100 万欧元的税收辖区;

第二步,测算每个跨国企业集团在各税收辖区涉及的补税金额,即每个跨国企业集团如在单一税收辖区存在税前利润且有效税率低于 15%,则以 2020 年度在该辖区的税前利润弥补留存收益(亏损)后的金额为税基,乘以 15% 与实际税率的差额计算其相应需要补缴的税款;

第三步,将该国(地区)所有涉及补税的跨国企业集团补税金额加总,形成该国跨国企业集团在全球最低税规则下涉及的补税总额。

根据 2020 年度国别报告数据,嘉兴市 6 个提交国别报告的跨国企业集团中,有 3 个跨国企业集团在 4 个境外税收辖区的整体有效税率低于 15%。基于"支柱二"收入纳入规则,上述跨国企业集团需向集团母公司所在管辖地缴纳的企业所得税金额为 1.62 亿元(见表 1)。

表 1　受"支柱二"IIR 影响企业补税情况

	跨国企业集团名称	有效税率低于 15% 的境外税收辖区数量	补税金额(万元)
1	G	3	8,204.33
2	J	1	3,203.35
3	S	2	4,799.99
4	合计	4	16,207.66

"双支柱"方案建议对根据包容性框架认可的会计准则所编制的报表的会计利润进行少量调整,包括股息、出售股份产生的损益及股权激励形式的薪酬费用等永久性差异项目和当地税法下常见的经营性资产一次性费用化、资产加速折旧等特定暂时性差异;基于实质经营的公式化剔除;考虑亏损、超过"最低税率"所缴纳税款的结转等。目前,根据 BEPS 第十三项行动计划(国别报

告)要求企业披露的数据,尚无法就税基进行充分调整,因此有效税率应进一步调整。在跨国企业集团母公司进一步补充投资收益(包括股息、出售股权产生的损益)和人员工资(包括奖金、福利和社会保险)的数据后,我们对税基进行了修正,修正后的影响如表2所示。

表 2　受 IIR 影响企业税基调整后的补税情况　　　　　　　　单位:万元

	跨国企业集团名称	仅剔除投资收益	剔除投资收益并考虑实质经营的公式化剔除(8%、10%)	剔除投资收益并考虑实质经营的公式化剔除(5%、5%)
1	G	5,614.67	1,449.00	3,028.36
2	J	3,022.61	2,717.25	2,832.70
3	S	3,957.64	690.86	1,106.48
4	合计	12,594.91	4,857.10	6,967.54

在充分考虑更多税基调整因素后,企业因收入纳入规则补税的金额明显下降,过渡期第一年的补税金额为 4,857.10 万元。从税基调整前后的补税金额变化看,G 和 S 集团在实际税率较低的国家(地区)投资收益较大,但也存在实质经营。特别是 S 集团,在实际经营公式化剔除的过渡期第 9 年,1 个境外税收辖区的调整后税前利润才为正数,因此,实质经营的公式化剔除对其影响显著。

(二)"支柱二"其他规则的影响

由于"支柱二"规则将采用自上而下的方法补足税款,在最终控股企业及中间控股企业(如有)所在税收辖区均未采纳收入纳入规则的情形下,我国可对居民企业向低税率地区的支付采用低税支付规则。目前,由于包容性框架尚未对"双支柱"方案的细节达成最终方案并制定法律工具,各税收辖区就"支柱二"方案规则的态度尚未明朗。同时,基于目前的税收征管信息,我国税务机关也未能有效掌握各企业的关联关系、取得支付款项的境外公司的上层各层股东信息及所属企业集团在当地的有效税率。因此,低税支付规则对我市的具体影响尚无法评估。

应税规则允许来源国对适用税率低于最低税率的利息、特许权使用费等关联支付有限征税,且优先于全球反税基侵蚀规则。根据在 2020 年度享受我国对外签订的双边税收协定利息或特许权使用费条款优惠的申报数据和企业关联申报信息,我们就应税规则的影响进行初步测算。2020 年度,嘉兴市享受利息或特许权使用费条款的对外支付数量为 77 笔,其中 18 笔利息识别为支付给中国香港关联方、1 笔特许权使用费支付给瑞士关联方,所得合计 1,

796.81 万元、占全市享受税收协定利息或特许权使用费所得的 31.53％。

由于支付中国香港和瑞士税收居民的所得适用协定后的税率分布为 7％ 和 9％，假定上述取得款项的关联方均没有产生相关费用，则香港关联方取得的每笔所得因有效税率为 7％，根据应税规则在境内需补缴 28.70 万元的企业所得税税款；若企业所属集团在香港的整体有效税率经应税规则补征后仍未达到 15％，且其上层公司未适用收入纳入规则，我国可以依据低税支付规则进一步补充征税。从我市 2020 年度对外关联支付适用应税规则的测算情况看，这一规则对我市的影响非常有限。

（三）"支柱二"现有测算的不足

2021 年 10 月 8 日，OECD/G20 包容性框架成员虽就"双支柱"全球税改方案达成共识并就某一些细节予以进一步的详细阐述，但"支柱二"方案中的一些其他关键要素的实质性、技术性细节暂未披露，因此，方案的补税金额仍具有较多不确定性，见表 3。

表 3　"支柱二"尚未披露的细节

支柱二	其他
由亏损结转和折旧造成的税会差异处理； 用于计算可扣除实质经营活动回报的人员工资和有形资产的定义； 用以判断其他类似规则是否能够产生收入纳入规则、低税支付规则同等效果的标准； 应税规则的实施以及"其他特定款项"的具体范围； 视同有效税率符合要求的具体情况。	立法模板及相关注释； 为"支柱二"制定多边工具所面临的挑战。

三、"双支柱"方案对我国税收征管的影响

国别报告要求跨国企业集团申报其遍及的税收辖区的总体税务资料，是税务机关实施高级别转让定价风险评估或评价其他税基侵蚀和利润转移风险的一项重要工具。"支柱二"方案的测算过程表明仅使用国别报告数据还远不能实施"支柱二"方案，全面实施"双支柱"方案需要税务机关获取更多的企业信息并提升管理水平。

（一）征管模式有待深刻变革

2004 年的《国家税务总局关于进一步加强税收征管工作的若干意见》（国税发〔2004〕108 号）提出"坚持属地管理原则，实施分类管理"后，我国税务机关一直根据行政区划和税源规模及分布，对所辖税源实施分类管理。《税务登记管理办法》明确要求从事生产、经营的纳税人向生产、经营所在地税务机关申报办理税务登记。上述规定造成了在中国境内未办理工商营业执照也未经有关部门批准设立的境外单位或个人需要在从事生产、经营地分别办理临时税务登记。

在实践中,即使由扣缴义务人履行代扣代缴也需要在税务征管系统中登记境外单位的组织临时登记信息,且与税务登记同样需在不同的县级税务机关中分别登记。在全国税务机关统一使用金税三期核心征管系统的情况下,税务登记信息不共享互通显然无法适应数字经济的发展。以某境外企业为例,该企业 2020 年从嘉兴市 3 个县(市、区)的 5 户企业处取得 11 笔所得,但其在这 3 个县级税务机关获得了 7 个不同的纳税人识别号、2 个不同的英文名称、2 个不同的中文名称。

(二)征管信息有待全面整合

以浙江省的税收征管方式而言,由于税务机关属地管理的方式,境外企业的申报和纳税信息在境内以县一级为汇集单位。在不同县级税务机关的管辖区域,由于境外企业被登记的纳税人识别号不同、纳税人名称可能存在差异,征管信息难以未经清洗即进行加工利用。在执行"支柱二"低税支付规则时,需要计算境外企业所属跨国企业集团在中国境内取得的全部收入、利润和已缴纳的税款。税务机关对"支柱一"金额 A 和金额 B 的准确计算和校验,也同样需要来自税收辖区层面的合并数据。这都要求税务机关可以按跨国企业集团分别合并数量庞大的各类征管信息。

"支柱二"应予征税规则适用于关联支付,因此如何确认关联关系是执行该规则的首要问题。在测算中,有效识别关联关系的方式主要依靠企业在关联申报和同期资料中披露的信息,对于未被披露是否存在关联关系的收款方则需要主管税务机关根据日常征管中掌握的信息进行判断。目前,征管系统未将我国境内各省(市、区)的全部征管资料进行整合共享,税务机关在落实应税规则时可能无法有效识别与本地企业首次发生交易或未曾在本地企业关联申报和同期资料中披露的关联方。

(三)申报披露要求有待细化提高

"支柱二"方案不仅需在各税收辖区层面计算有效税率,还需对税基进行一定的调整,这包括永久性和暂时性差异、基于实质经营的公式化剔除、结转等调整内容。根据我国现行的税法规定,企业尚未有披露全部境外经营数据的义务,因此,最终控股企业所在地税务机关执行"支柱二"收入纳入规则时无法通过现有税收征管系统掌握上述数据,需要企业自愿补充披露。"支柱一"方案收入来源地规则的内容,包括"收入"的定义也尚未最终明确,这也可能需要企业就"收入"的确认披露更多信息。

目前,除国别报告数据外,跨国企业在集团层面尚未做好整合同一税收辖区数据的准备,如根据税收辖区制作合并财务报表。税务机关也缺少境外企业取得的每笔关联收款的成本费用数据,导致无法计算每笔款项的有效税率。因此,我国税务机关实际难以掌握境外企业在税收辖区层面或单笔所得的有效税率,进而无法对境内企业向境外支付的款项执行低税支付规则或应税规则。从测算情况看,应税规则的补税规模较小,但由于税务机关的征管互助手段和资源有限,有效执行需要企业和税务机关付出较大的资源和成本。

(四)税收法律有待进一步调整

OECD 计划在未来一年内"支柱二"应税规则拟定税收协定范本条款并开发多边工具推动税收协定的修订。同时,"支柱一"金额 A 的实施需要新多边公约的支持,而 2021 版《联合国税收协定范本(2011)》新增了第 12B 条和注释,将自动化数字服务款项的征税权分配给来源国,因此,我国不仅需要对参考 OECD 税收协定范本的双边税收协定条款进行必要的修改,也要结合发展中国家的特点考虑协调联合国税收协定范本的实施。

OECD 包容性框架各成员并未被强制实施全球反税基侵蚀规则,但最低税制度的出台结束了长期以来全球企业所得税的"逐底竞争"。虽然我国企业所得税法定税率为 25%,但也存在免税、减计、所得减免、减免所得税额等种类繁多的所得税优惠。2021 年版《企业所得税申报事项目录》列明的优惠政策即达 76 种之多。根据 2020 年度国别报告数据,嘉兴市 6 个跨国企业集团在中国境内未经调整的有效税率均低于 15%,其中 4 个跨国企业集团低于 10%。我国的企业所得税优惠制度也面临清理、调整的迫切要求。

四、完善数字经济时代税收征管的路径及建议

随着 OECD"双支柱"方案取得新进展,国际税收征管的新变革即将揭开序幕。中国作为发展中的大国,也是数字经济的生产大国与消费大国,应结合自身特点,充分做好的制度和措施准备,以迎接税收征管的新挑战和新要求。

(一)深化国际税收治理合作

OECD"双支柱"方案有诸多实质性的细节尚未取得共识。虽然"双支柱"方案的初衷是应对数字经济的税收挑战,但最终成为了解决跨国企业避税问题的系统性方案。在方案切实落地前,我国税务机关应通过加强国际税收征管协作,获取、核实跨国企业在境外的纳税申报信息,加强对税基侵蚀问题的监控和打击力度,尽最大努力捍卫我国的税基安全。

同时,我国作为互联网企业大国,在国际多边规则未达成共识之前,中国企业走出去过程中仍可能受各国单边税收措施的影响。我国税务机关应及时追踪各国数字服务税等单边措施的变化,通过税收协定相互协商程序帮助中国企业消除双重征税;同时,积极开展国际税收多边谈判,推动"双支柱"方案

形成共识,争取符合我国税收经济发展利益的国际税收新规则。

(二)完善境外企业税务登记管理

由于数字经济的去实体化,原有的属地管理模式不断面临新的挑战。从OECD"双支柱"方案看,在集团和税收辖区层面衡量企业的获利和税负水平是未来数字经济税收管理的一项重要内容。我国应尽早建立境外企业税务登记制度,要求境外企业在我国境内开展数字化服务或在线销售前必须办理税务登记,以全国统一的税务登记号作为开展交易的资格条件,为完整、准确展现境外企业在我国的整体经营情况提供基础性保障。

为保障境外企业税务登记制度的实施,一方面可以制定适当的配套奖励措施以提高境外企业主动登记的积极性,另一方面应加大对扣缴义务人应扣未扣行为的惩罚力度,促进对未进行税务登记的境外企业的管理。

(三)健全涉税信息披露制度

数字经济的虚拟化特点使得以往的税收征管手段难以有效监管经济活动,但提供服务的中间平台却聚集了大量的涉税信息。在税收征管法修订中,我国应明确规定各类提供在线销售、数字服务的纳税人和第三方支付、物流平台的信息披露义务,借鉴国际经验制定涉税信息披露的制度性、强制性要求,如欧盟《关于增值税共同制度的理事会指令 2006/112/EC》(《增值税指令》)第369 条、《理事会实施条例(EU)No. 282/2011》(《增值税实施条例》)第 63c 条对交易信息披露的规定,细化税源信息的采集要求,提高信息采集的全面性和准确性。

此外,我国应制定接轨国际、全国统一的技术标准,为税收征管系统与纳税人、扣缴义务人财务系统对接提供技术参考,实现交易信息的及时采集、特定财务数据的定期抽取、税收数据的自动化填报,强化税务机关核查的可溯性。

(四)优化企业所得税法律制度

"十四五"规划提出"完善现代税收制度,健全地方税、直接税体系,优化税制结构,适当提高直接税比重",这为企业所得税法与"双支柱"方案的更紧密衔接提供了有利契机。"支柱一"金额 A 的联结度规则对我国现有的企业所得税法律规定有较大突破,因此,我国需结合 OECD 将发布的"支柱一"国内立法范本和具体规则修订完善企业所得税法律法规,新增机构、场所类型,优化境外所得抵免方法,强化税收争议的预防和解决措施。

"支柱二"全球最低税的设计不仅可能抵消我国为减轻企业所得税税负所制定的优惠政策效应,更意味着外资企业因享受我国税收优惠而减免的税款很可能被境外税务机关征收。因此,我国需要平衡好吸引外资和保护国家税收权益的关系,调整企业所得税税收优惠政策,强化税收优惠管理。具体而言,需要加强对各国税收政策的追踪,及时进行企业所得税税率调整,优化现有国内法税收优惠政策,减少未纳入"支柱二"税基永久性和临时性差异调整项目的优惠政策数量或优惠力度,实行分行业或分规模的所得税减免政策,将企业有效税率维持在全球最低税率附近的合理水平。

(五)简化数字经济税收规则和管理

OECD"双支柱"方案为实现"利润在价值创造地征税"的理念提出了一系列的新概念和新规则,这些规则均对纳税人遵从和税务机关的管理带来了巨大的挑战。鉴于此,"双支柱"方案也考虑简化税务遵从流程(包括申报义务),允许跨国企业通过单一实体管理整个流程。我国在参与国际税收规则制定和修改国内税法时,应充分考虑我国纳税人和税务机关的执行成本,制定安全港规则等行之有效的税收规则和管理措施,提高征管效率、降低遵从成本。

同时,OECD"双支柱"方案对跨国企业利润计算和税款分配提出了更高的要求,征管信息化是税收治理的另一重要内容。建议借鉴欧盟的一站式申报服务(One Stop Shop)和美国 SSUTA 机制的一站式在线登记系统(Streamlined Sales Tax Registration System),尽早与市场监督管理部门共同建立包括税务登记、纳税申报和税款缴纳三大功能的"一站式"平台,在实现境外企业"一次登记、一次申报、一次缴税"的同时,提高我国税务机关掌握跨国企业从我国境内取得收入、用户数量等核心数据的能力和效率,实现在税收辖区层面准确计算有效税率,为全面执行"双支柱"方案做好技术准备。

课题组组长:郑　汀

课题组副组长:陆　勇

课题组成员:吕　伟　曹　炜(执笔)

减税杠杆效应与我国
双循环市场格局形成研究(二等奖)

国家税务总局金华市税务局课题组

由于开放带动战略的历史驱动,在我国拉动经济发展的三驾马车中,进出口的贡献独树一帜,从 1978 年到 2019 年,全国进出口总额相当于同期 GDP 的比重从 1978 年的 9.6% 提高到 30.9%,其中沿海省份的这一依存度已普遍提高到 40% 以上。这种依存度彰显了改革开放的力量和我国经济融入世界经济一体化的潮流,也潜藏着复杂多变的外部形势可能带来的经济安全隐患,对一个十四亿人口一百万亿经济总量的大型经济体而言,就不能不居安思危以应对百年未有之大变局,着手谋划国际国内双循环并以国内循环促进国际循环的战略。为此,中央第十四个五年规划提出了形成强大国内市场、构建新发展格局的目标。

但在目前进出口依存度格局下要实现双循环市场战略并不容易,尤其对沿海省份而言任务更为艰巨,但在沿海省份形成一个强大的国内市场,不仅是国内生产、流通与消费大循环的基础,也是构建新发展格局、促进国际国内双循环的后盾,全国性双循环市场格局的形成首先离不开沿海省份市场循环结构的转型调整。而无论从沿海省份的税收贡献结构还是出口退税份额结构看,我国从 2008 年启动的结构性减税和 2019 年全面实施的大规模减税,沿海省份的受益份额与贡献份额都举足轻重,继续发挥好税收职能特别是减税降费杠杆的撬动作用,是可以促进沿海省份率先转型,以消费带动逐步替代出口带动,从而促进国内大市场加速形成。

一、发挥减税杠杆的激励效应,以推动经济发展新格局的形成

首先,一个经济发展的新格局,应能为强大的市场提供高质量的物质保证。有效而高质量的供给是可以引领新需求、开拓新市场的,十四·五规划提出的深化供给侧结构性改革的目标,就是希望能够通过优化供给结构来提升供给体系对国内需求的适配性,由于这一适配性始终贯穿生产、分配、流通、消

费等整个供应链的各环节,供需适配,则足以形成国民经济良性循环。而供需适配的前提是改善供给质量,只有高质量的供给保证才能把实施扩大内需战略同深化供给侧结构性改革有机结合起来,实现上下游、产供销有效衔接。因此,一个大市场,既离不开有效需求,也离不开高质量供给,制造强国与质量强国、网络强国与数字中国是统一的,都是优化供给结构、提升市场效率的重要抓手,是加速经济发展新格局形成的驱动力量。

经济发展新格局的形成,无非通过存量优化与增量创新两条路径。十四·五规划指出,新的经济发展格局应该是金融与房地产经济同实体经济均衡发展,农业、制造业、服务业能源资源等基础产业门类之间关系协调的局面。目前我国现有经济结构并不理想,经济总量与财政收入对建筑与房地产的依存度依然过高,实体经济特别是高端制造业产值份额仍然偏低,表 1 数据显示,从 2015 年到 2018 年,金融业产值份额已见回落,房地产建筑业、信息技术服务业有所提升,制造业产值份额则基本稳定在 29.4% 上下。

表 1　2015－2018 年制造业与生产性服务业增加值 GDP 占比结构表

行业	2015	2016	2017	2018
制造业	29.4%	28.8%	29.3%	29.4%
信息技术服务业	2.7%	2.9%	3.3%	3.6%
金融服务业	8.4%	8.2%	7.9%	7.7%
建筑房地产业	13.1%	13.6%	13.8%	14.1%

数据来源:根据 wind 数据库采集数据计算整理,其中信息技术服务业包括信息传输、软件、信息服务等子行业。

产业结构决定税收结构,也决定财政收入质量。2017 与 2018 年,全国土地增值税、城镇土地使用税、房产税、契税、耕地占用税等房地产专业税收占同期税收收入达到 10.6% 与 10.5%,加上建筑业、房地产业的增值税、所得税,即使不考虑建材与装饰材料生产的税收贡献,房地产的税收贡献份额提高到 21.96% 与 22.92%,如果加上土地出让金等政府基金收入,房地产产业链的财政贡献份额占同期广义财政收入(税收加政府基金收入)之比则达到了 36.8% 与 39.4%,而同期建筑业与房地产业的增加值只有 GDP 总额的 14%。可见,无论税收还是广义财政收入,对房地产业的如此依存度,是与其产值贡献份额不匹配、也是难以持续的。

要改变这一局面,当然离不开投资空间的拓展。首先要通过优化投资结构来完善供给结构,以增量优化存量。目前,要优化经济发展格局,特别需要通过发展信息技术与生物技术,提升新能源、新材料、高端装备、新能源汽车、绿色环保、航空航天、海洋装备等战略性新兴产业来推动产业高端化、智能化与绿色化发展,以巩固和壮大实体经济根基。同时,通过互联网、数字技术、人工智能与各产业的深度融合,推动先进制造业集群发展,从供给侧形成一个创新力强、附加值高且安全可靠的供应链体系;通过研发设计、现代物流、咨询服务等现代服务业与先进制造业的融合,形成一个专业化、数字化、高品质的价值服务体系。

无论存量优化还是增量创新,新发展格局的形成,均离不开减税政策杠杆激励作用的发挥。从 2008 年增值税转型打响结构性减税第一枪起,纳税人购进机器设备、不动产的进项税款先后进入抵扣序列,撬动了投资马车之轮,随后的营改增在消除重复征税的基础上促进了行业公平竞争,有利于产业结构的优化;高新技术企业的所得税优惠税率与研发费加计扣除,激发了企业创新驱动的动力;2019 年的全面减税降费,则从供应链的每个节点全方位减轻了纳税人的制度性交易成本,提高了市场交易效率,有利于国内大市场的形成。

当然,促进新发展格局形成的税收杠杆作用也不是一蹴而就的,税制优化永远在路上。十四·五规划提到了优化税制结构、健全地方税与直接税体系,在提高直接税比重目标前加了适当两字,而对新房地产税的开征,则从以往的稳步推进转向稳妥推进,稳妥推进就是要谋定而后行,充分做好调查研究特别是政策预后分析,防止未预见政策效应出现以减少急刹车、急转弯政策工具的使用。

从上海、重庆已经实施十年的新房地产税的试点效果看,无论是抑房价还是增税收,效果均不显著。2011 年,国家在上海、重庆进行了开征新房产税试点,上海的政策是户籍新二套、非户籍新一套按交易价 70% 依 0.6% 税率计税,价格低于上年均价 2 倍的减按 0.4% 计税,按家庭人均免税 60 平方米,重庆的政策是对新增别墅、高档住房和三无人员的第二套住房按交易价格的 70% 依累进税率计税,销售价格高于重庆九城区均价 2 倍的起征,售价与均价比在 3 倍以下的税率为 0.5%,3—4 倍的是 1%,4 倍以上为 1.2%,对存量高档房产按户免 180 平米的超面积部分计税,对新购的按户免 100 平的超面积部分计税。新房产税开征当年,上海房产税收入增长了 18.3%,而全国同期房产税收入则增长了 23%,没有显示出新税种的增收效果,2011 年重庆的房产税增长 49.3%,但同期重庆税收收入增长 41.7%,其中土地增值税、耕地占用税、契税收入也均增长 40% 以上,当年重庆的土地出让收入也增长 47.2%,当年重庆的房产税收入占全年税收收入比重为 2.37%,这表明,其税收增长贡献并非主要是新房产税的开征所致,新房产税也没有起到对高地价推动高房价的抑制作用。

表 2 整理了 2010—2018 年上海、重庆与全国房产税收入及其与同期税收

收入贡献份额对比,表明两地开征新税试点以来,上海市的房产税的贡献份额一直低于全国平均水平,重庆市的贡献份额虽高于全国平均水平且逐年有所提高,但其增量贡献主要应该是城市区域扩张、老口径税源扩大因素,而非独栋别墅、高档住房新房产税的增量贡献,2019年房产税贡献份额的大幅提高,则应是实体经济增值税等大规模减税实施后的结构性变化因素。

表2 上海、重庆新房产税试点前后税收贡献份额对比分析

年度	上海市			重庆市			全国房产税份额比
	房产税	税收收入	份额比	房产税	税收收入	份额比	
2010	62.3	8003	0.078%	14.0	1084	1.29%	1.16%
2011	73.7	9595	0.77%	20.9	1423	1.47%	1.15%
2012	92.6	10409	0.89%	27.4	1679	1.63%	1.24%
2013	93.0	10922	0.85%	40.7	1938	2.10%	1.32%
2014	99.9	12084	0.83%	53.2	2231	2.38%	1.55%
2015	123.8	13989	0.88%	52.4	2481.5	2.11%	1.64%
2016	170.9	14667	1.16%	56.8	2068.7	2.74%	1.70%
2017	203.7	16214	1.25%	64.9	2786.4	2.33%	1.80%
2018	213.8	17202	1.24%	67.3	3012,8	2.23%	1.70%
2019	216.8	16761.2	1.29%	90.4	2926.0	3.09%	1.74%

数据来源:根据相关年度中国税务年间、wind数据库采集数据计算整理。

可见,新房产税的试点效果并未有效实现政策目标,即使是在非实体经济领域使用开征新税、增加纳税人负担的做法,并不能优化产业结构,我国对全面开征新房产税的稳健态度,也显示了国家对优化产业结构的政策工具选择之慎重。

二、发挥减税杠杆在收入分配中的调节作用,以创造有效需求

需求是供给之偶,消费是需求之源。一个强大国内市场,离不开充分的内源性需求,形成新发展格局,就是要解决人民日益增长的美好生活需要和不平衡不充分发展之间的矛盾,就是要着力提高人民群众的消费能力,增加壮大有效需求。

目前国内市场的主要问题,还是结构性需求得不到满足和有效需求不充分的问题,一方面是国内供给质量或性价比低引起大量内需外流,另一方面是收入分配结构因素使中低收入阶层的需求没有能力释放,图1显示,我国衡量

收入差距的基尼系数指标虽然稳中有降,但仍处于高位,属于相对不平衡的国家,大基数的中低收入者因为收入水平偏低而不能形成有效需求是形成国内大市场的瓶颈。

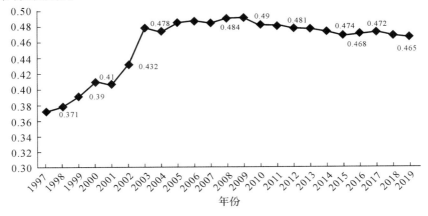

图 1　我国 1997—2019 年基尼系数走势

数据来源:根据 CHOICE 数据库检索数据制图,2018—2019 年数据根据 wind 取数补录

因此,规划建议提出,十四·五期间要提高劳动报酬在初次分配中的比重,健全工资合理增长机制;通过完善再分配机制,多渠道提高低收入群体收入,扩大中等收入群体,鼓励城乡居民取得财产性收入,多渠道增加中低收入群体要素收入,合理调节过高收入,通过完善再分配机制,多渠道提高低收入群体收入;通过发展慈善事业,发展多层次、多支柱的社会保障体系,发挥第三次分配的消费刺激作用。从需求侧做大国内市场,在根本上解决有效需求不充分问题。

实践证明,通过加大税收、社保、转移支付的调节力度和精准性,发挥减税杠杆在收入分配中的调节作用,是可以结构性创造有效需求的。图一中基尼系数的走势也显示,2010 年的个人所得税法修订,开启了基尼系数逐年走低的势头,2018 年个人所得税法的再次改革,再使基尼系数从 2017 年的 0.472 降到 2018 年的 0.468 与 2019 年的 0.465,说明个人所得税的改革充分发挥了收入调节的作用。本文分析认为,2018 年的个人所得税改革,通过提高基本扣除额、增加六大附加扣除、拉宽中低收入群体累进级距、维持最高边际税率不变和实行综合与分类相结合分别计税的制度,对调节收入分配结构,通过提高劳动者可支配收入而增加有效需求产生了积极作用。图 2 对新旧个人所得税累进级距与边际税率设计走势分析显示,与 2010 年的个税相比,2018 年的个人所得税改革设计,保留了 45% 的最高边际税率,将 5% 的最低边际税率降为

3%,取消了 15% 与 40% 税率档,大幅度拉宽了适用 25% 以下边际税率的累进级距,税率累进的加速度也以 25% 边际税率为界,中低收入的边际税率累进加速度明显减缓,而适用 25% 税率的中高收入者累进速度明显加速。而从工薪所得与个人生产经营所得的边际税率对比分析看,也是从 10% 税率档起,个人生产经营所得的边际税率累进速度明显工资薪金所得,体现了 2018 年所得税法加大对高收入群体与资本所得收入调节力度的设计初衷。

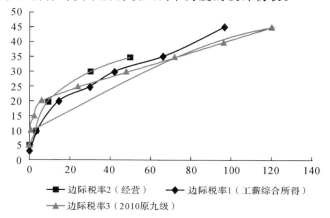

图 2　新旧个人所得税累进级距与边际税率设计走势

图表说明:图 2 中显示 2018 年个税累进级距与边际税率的蓝色折线累进加速度在 25% 税率档赶超以绿色折线显示的 2010 年个税税率分布,以红色折线显示的个人生产经营所得边际税率速度从 10% 税率档起明显超越工资薪金所得的税率级距分布。

除了个人所得税对可支配收入的调节,减税杠杆中还有对小微企业与中低收入群体的减税激励政策,如对自产农产品销售的免税政策,将小规模纳税人的增值税起征点免税额度大幅度提高到每月 10 万元,对自谋职业、安置退役士兵和招录大学生就业的系列减税额度安排,对安置残疾人就业企业的增值税即征即退政策,都是发挥减税政策杠杆作用,增加中低收入者可支配收入的激励手段。而企业所得税中对小微企业减计应税所得额政策,对纳税人通过境内公益性社会组织向教育、扶贫、慈善等公益性事业捐赠的税前扣除政策,对企业为员工缴纳的社保、企业年金、职业年金的税前扣除政策与个税免税政策,也都是用减税政策杠杆刺激有效需求的有效途径。

直接税的减税,纳税人的获得感比间接税更强,对有效需求的刺激作用也更大,也因为如此,我国短期内要形成以直接税为主体的税收结构难度很大,规划中优化税制结构的目标也只是在十四·五期间适当提高直接税收入比重。

三、发挥减税结构效应作用，以国内大循环促进双循环机制的形成

要形成国内市场大循环，规划建议还指出，应该着力破除妨碍生产要素市场化配置与商品服务流通的体制机制障碍，降低全社会交易成本；全面促进消费，增强消费对经济发展的基础性作用；激发各类市场主体活力，建设高标准市场体系；以国内大循环吸引全球资源要素来促成国际国内双循环良性互动机制的形成。

减税降费作为扩大内需的政策支撑体系之一，减税的结构效应作用还可使供求适配效率的提高，形成以需求牵引供给、供给创造需求的良性机制，并在更高水平实现动态平衡。首先，发挥减税降费在消除重复征税中的积极作用，可以提高市场运行效率。当前，传统消费面临升级，数字经济带来的销售革命，不仅在供给侧推动了销售新业态的发展，也给需求侧形成了消费新模式，营改增对产业结构调整的一个很大作用，就是通过消除现代服务业重复征税，推动了第三产业占比的迅速提高。

然而，随着互联网收割时代的兴起，数字经济对传统产业的渗透已无所不在，分享经济加速了社会分工的细化，也改变了传统商业的交易方式与盈利模式。由于平台对实体的渗透是线上与线下、销售与物流、生产与服务交互嵌入的，行业边界交叉，属性模糊，在我国实行复合税率的税制模式及以票管税的征管方式下，增值税征税对象的业态属性、税目归属、增值边界划分、抵扣链衔接、征免退税凭据等现实难题，并未因营改增后销售与服务的税种界限破除而消失，新增值税的税目归属与增值边界还因行业渗透加剧而更难清晰划分，纳税人对适用税目的可选择性与增值分割的可随意性，还将引发各分享主体税收负担的竞争性与不确定性，在增值税作为共享税的收入归属制度下，原增值税的销售实现地征税管辖原则与营业税的业务发生地征税原则，在两税合并后变得无所适从，数字平台促成的贸易与服务交易应该由谁行使税收管辖权，平台经济总部对全国性税源的虹吸性收入如何归属，所有国际间对数字经济的征税主权竞争协调问题在国内各区域间同样存在。而共享税机制下增值税期末留抵余额退税政策的出现，还可能引起区域税收形式的财政利益新的竞争和邻避效应，一些地方使用财政激励手段引导域内总部企业汇总纳税，并通过转让定价等手段将增值税进项税转移到域外抵扣并申请期末留抵余额退税，总部企业除了所得税汇总缴纳，总分机构之间增值税税负率差异很大，一些分支机构甚至长期进销项税收倒挂，对总部所在地的税收贡献份额则一路上扬高歌猛进，如图3描述了我国南部、东部和北部三个中心城市某总部经济集中区域近年来的税收贡献份额变迁态势，分析表明，总部经济特别是平台经济集聚区域，其对中心城市的税收贡献份额提升幅度是惊人的，所在区域的经

济与社会资源投入与财政激励成本相比,性价比极高,但其税源集聚的背后,绝非完全是总部区域全要素劳动生产率提高的贡献,其中不乏有总部企业对分支机构、数字经济平台对异地经济活动隔空虹吸税源的因素。

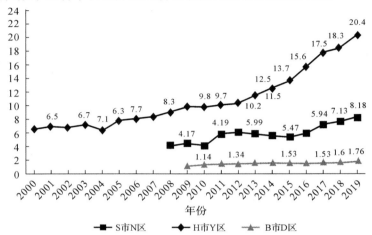

图 3　近年来总部经济或平台经济集聚区域税收贡献份额变迁

数据来源:根据 wind 数据库及相关省市财政税务年鉴提供数据采集计算制作

因此,十四·五规划建议要求完善现代税收制度体系显得非常及时和必要,本文以为,从长远看,如果增值税、消费税能够在消费终端一次性征收并在消费地归属或共享,增值税不再多环节多次征,简化发票管理,出口也不再退税,则无论对税收治理与遵从成本的降低与税收治理效率的提高,都是很大的进步,当然,对税务机关的税收治理能力,是一个现实考验。

在平衡进出口货物的税收负担,促进国际国内市场双循环机制的良性互动机制的形成上,减税杠杆仍然是大有可为的。长期以来,在开放带动战略的基本国策下,我国实行的间接税出口退免税制度,对促进货物与服务出口,拉动经济发展的三驾马车之一,发挥了积极的杠杆推动作用。图四导出的 1994－2019 年全国出口产值贡献度与出口退税奉献度对比分析数据显示,除了个别年份因出口退税受财力制约引起退税额滚动结转延后兑现因素外,全国增值税、消费税"两税"收入对出口退免税的奉献度与出口销售额对国内生产总值的贡献度呈较高正相关关,相关系数达到 0.81,进一步的回归分析结果显示,从年度出口退税得到正常兑现的 2004 年起,全国两税对出口退税的奉献度每提高 1 个百分点,可带动出口产值贡献度提高 0.53%。

然而,我们也应该看到,换个角度讲,一个国家出口市场的产值贡献也是以牺牲出口货物与服务的间接税贡献为基础的,按照国际间对货物与服务消费地征税主权规则,出口货物与服务的征税主权在进口目的国,对出口国而

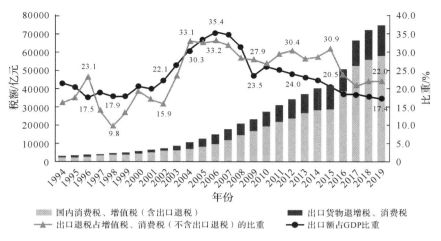

图 4　1994—2019 我国出口产值贡献度与出口退税奉献度对比分析

数据来源与说明:根据 wind 数据库采集计算整理,出口产值贡献度为年度出口额(人民币)与同期 GDP 之比,出口退税奉献度为年度出口退免税额占同期全部增值税、消费税收入比,柱形图蓝色部分为年度扣除退税后两税收入。

言,只有采取出口退免税等边境税收调整的方法实现零税率出口,出口货物才有竞争力,但求全于同一消费市场上与进口目的国地产品间接税负担的一致性,也实际上造成了同一国家出口货物与地产内销货物税收负担的差异,尽管在进出口贸易基本平衡状态下,实行增值税制度的国家,其关税与进口环节税收入均能盖过出口退税支出,但做大国内市场,让一部分出口货物转入国内大循环,一方面可以减轻出口退税负担,增加国内增值税收入,提供了进一步减税降费的政策包容性与财政空间;另一方面,按照国际收支平衡原则,出口份额降低后,进口也会相应减少,国内生产产品的消费空间扩大,税基拓宽,减税空间更有回旋余地,2018 年,浙江省全年办理出口退税达到 1670.6 亿元,相当于同期增值税收入的 20%,这意味着,如果全省出口依存度下降 1 个百分点,可带动增值收入增长 0.2 个百分点,也给减税降费、降低国内消费市场的税收负担提供更为广阔的包容空间。

因此,发挥好出口退税等减税政策的结构性效应,有利于充分利用国际国内两个市场、两种资源,有利于促进内需与外需、进口与出口的协调发展,做大国内市场,有利于提高减税政策的作用空间,形成以内带外的良性循环机制,促进国际收支的动态平衡。

课题组成员:严才明　陈家翔

构建全产业链税收数据
预警指标体系研究
——以浙江省汽车产业为例（二等奖）

国家税务总局温州市税务局第三分局课题组

一、研究的背景及意义

多年来，以美国为代表的诸多发达国家由于长期将生产制造环节外包，造成本国经济、资本"泡沫"不断积累，而后又不得不从"去工业化"回到"再工业化"道路。同时，自新冠疫情爆发以来，部分国家采取单边主义行为，叠加贸易壁垒，加剧国际产业链供应链断链风险，使相关国家经济发展遭受巨大冲击。

当前，我国正处于经济结构转型、经济增速换挡的后工业化阶段，新一轮科技革命和产业变革深入发展，产业结构加速"新陈代谢"，驱动着生产效率的不断提升和新产业的快速崛起。习近平总书记在《国家中长期经济社会发展战略若干重大问题》一文中指出："产业链、供应链在关键时刻不能掉链子，这是大国经济必须具备的重要特征"。"十四五"规划进一步明确，要着力构建以国内大循环为主、国内国际双循环相互促进的新发展格局，加快发展现代产业体系，实现产业链供应链的现代化。由此，确保产业链供应链自主可控已上升至国家战略高度。

纵观国内各产业链发展状况，其中自 2012 年国务院发布《节能与新能源汽车产业发展规划（2012－2020）》以来，新能源汽车产业异军突起，发展迅猛，产销规模跃居全球第一。该产业的发展，打破了传统汽车产业既有的优势，开辟了一条全新的产业赛道，使得我国在汽车工业方面实现"弯道超车"成为可能。同时，新能源汽车与能源、交通、信息通信、物联网等领域有关技术也在加速融合，进一步带动了这些领域的改造升级、结构优化，以及智能化水平的提升，使得汽车产业在实现全产业转型发展中占据了极其重要的地位。但与此同时，关键技术短板明显、核心零部件对外依存度高、零部件产业"多小散"、自主品牌单车附加值低等"卡脖子"现象依然突出，产业链安全性和竞争力仍亟待提升。

习近平总书记要求,"要建立健全大数据辅助科学决策和社会治理的机制,推进政府管理和社会治理模式创新"。税收在国家治理中发挥着基础性、支柱性和保障性作用,税收数据涉及经济生活方方面面,既是反映社会经济的"晴雨表",也是数字赋能产业发展的重要资源。本文拟借助税收大数据,以浙江省汽车产业链研究为切入点,就如何从税收视角透视汽车产业发展状况、聚焦影响产业链供应链安全的风险点和制约竞争力提升的短板弱项,从而进一步构建汽车产业链税收数据预警指标体系以精准提示产业链发展状况和断链风险进行探讨。并以期以此为基础,为开展全产业链税收数据监控预警提供一些新的思路与方法,为税收服务国家治理、增强全产业链供应链的自主可控能力,进一步提升产业链供应链发展韧性,构建新发展格局贡献绵薄之力。

二、产业链相关概念及发展状况

(一)产业链相关基本概念

产业链属于产业经济学概念,是相关产业活动的集,其本质在于描述一个基于某些内在联系的企业群结构,有狭义和广义概念区分。狭义产业链主要就生产制造角度而言,是指由从原材料到终端产品制造的各生产部门构成的完整链条;广义产业链是在狭义产业链基础上对产业向上下游环节的进一步拓展延伸,向上游延伸即进入到基础产业或技术研发环节,向下游拓展则涵盖到市场销售及服务等环节。不同环节之间的关联,实质上是产业链上下环节企业之间的供给和需求关系。从事相似或相同经济活动的企业为了获取集聚经济效益和地域产业分工效益,会逐渐分别布局或配置到适合其经济活动特征的特定地点,呈现产业集群现象。因此,当经济区划范围较大时,产业链会表现出较明显的完整性;当经济区划范围较小,比如仅针对市域、县域时,其地域范围能产生一定特色产业,但一般较难涵盖产业链各环节,即使得产业链出现断续性。本文探讨的重点为广义产业链。

(二)汽车产业链相关基本内涵

就汽车产业而言,按照链条构成环节看,汽车产业链由上游、中游、下游及后市场构成,其中新能源汽车产业上游主要指材料端,包含锂、钴、稀土及其他金属矿物、电解液、正负极材料、隔膜等原材料;中游为零配部件端,包含涵盖顶层技术在内的电池、电机/电控、热管理系统、IGBT半导体等电路系统核心组件及其他零部件;下游指整车组装或制造;后市场指充电桩供给、新能源车专业维护保养、安全监测、二手车回收等配套行业。按照核心产品构成看,汽车产业又分为传统汽车产业和新能源汽车产业。传统汽车产业的核心为整车制造,依赖的是发动机技术及其供应链整合优势。而在新能源汽车产业,整车环节重要性降低,电池、电机/电控、电子电器等零部件占据了全车制造成本近70%,形成了整车制造与核心零部件共举的新型产业格局。

(三)浙江汽车产业链发展现状

据相关资料显示,浙江汽车产业总体来说,链条较为完整,截至 2019 年底已投产 21 个整车生产基地,共有规模以上零部件产商 2128 家,零部件产业涉及传统汽车和新能源汽车各个零部件领域和各大系统总成。新能源汽车产业的充换电基础设施建设和示范运营正逐步扩面。省域范围内产业已呈集群化发展,其中零部件产业相较于整车制造产业更具一定实力,产业群遍布全省。"杭州、宁波、台州、金华"成为 4 大重点整车基地,"温州、湖州、嘉兴"等以新能源整车制造为主导的基地也在加速形成。汽车制造业成为对浙江工业的总产值、利润、投资增长以及拉动社会就业贡献最大的产业领域,也是技术创新最为活跃、制造技术与数字技术融合最为深入的工业领域之一。但同时,浙江汽车产业也面临相当的发展困境,比如在零部件产业方面,企业核心产品结构分布不均、高技术含量零部件企业数量较少、"三电"系统主要依赖外埠购进、龙头企业少带动效应不够等;在整车制造业方面,受政策退坡、市场竞争加剧、研发不足品牌竞争力下降等影响,2019、2020 连续两个年度产销数量均呈下降趋势,在全国的占比及增速比较也相应逐年下降。

三、国内外相关产业支持政策和目标规划经验启示

由于新能源汽车产业的多重带动效应和低碳环保特性,使得该产业成为全球汽车产业转型发展的主要方向和促进全球经济稳步向前的重要引擎。国务院于 2001 年便开始启动国家新能源汽车重大科技项目,确立产业发展目标。到 2020 年第一期规划结束时,顺利完成全国新能源车保有量超 550 万辆的目标任务。期间,产业的扶持政策先后经历了从全力支持到补贴退坡、从政府引导到市场主导的变化。世界汽车大国们均纷纷加强战略谋划、完善产业布局、力推政策支持,具体比较如下。

各国新能源汽车产业支持政策比较

国别/地区	供给端	需求端	后市场端
美国	1.建立多重积分制度,促使车企向新能源化转型。 2.设立"先进车辆贷款"支持项目,为车企研发新技术提供专项低息贷款。	1.对于新购符合条件的新能源汽车,可享受相应的税收返还。 2.对燃油税实行地方政府价外征收,以加大对传统汽车的消费抑制,提高新能源车需求。	对于充电设施等安装费用,可按一定比例给予企业或家庭税收减免

国别/地区	供给端	需求端	后市场端
日本	1.经济产业省于2009年起在18个地区建设电动汽车示范区,并在战略规划、税收减免及财政补贴三个方面出台一系列政策。 2.计划到2030年实现新能源汽车销量占新车总销量的70%。 3.经济产业省下属的新能源产业技术综合开发机构确立"ALL Japan"机制,开展新一代锂电池技术集中攻关。	实施"环保车辆减税"和"绿色税制"等政策,对新能源汽车一律免征购置税、车重税,并对新注册新能源乘用车绿色税减免75%。	由日本政策投资银行与各大新能源车企联合成立日本汽车充电服务公司,承担商业设施地充电桩的设置、维护等事物。
欧盟	2019年发布的《2019/631文件》,堪称"史上最严碳排放标准",并制定相应的高额处罚制度,从改进节能技术角度,促使研发新能源汽车逐渐成为车企唯一出路。	德、法两国不断加大财政补贴和税收减免力度;英国已进入补贴退坡阶段,但仍保持一定的扶持力度。	针对私人住宅、公共区域的充电桩安装费用,大部分欧洲国家给予了50%—75%的补贴。
中国	1.制定2021—2035新能源汽车产业发展规划,目标到2025年新能源车新车销量达汽车总销量20%。对技术创新、产业融合、基础设施多方面提出新的更高要求。 2.工信部自2019年起连续发布《四轮低速电动汽车技术条件》、《关于开展新能源汽车安全隐患排查工作的通知》、《乘用车企业平均燃料消耗量与新能源汽车积分并行管理办法》等多个文件,加大对新能源车的技术攻关要求。	1.综合考量2019年补贴退坡和新冠疫情影响,国务院发布新能源汽车购置补贴延长2年"救市"政策,继续实施新能源车消费税免除政策。 2.对购置的新能源汽车免征车辆购置税。 3.对购置的新能源汽车在全国所有城市均可领用专用号牌,无需竞拍,无需摇号。	大力推广充换电网络建设;对采用"换电模式"的车辆采取更宽松的补贴政策。

浙江省于2021年4月发布《浙江省新能源汽车产业发展"十四五"规划》，提出"到2025年,实现新能源汽车产量60万辆,规上工业产值力1500亿元、形成关键零部件自主配套能力、培育主导型企业、实现一批重大技术攻关专项、打造特色产业集群和产业带,推进各地汽车产业协同发展"等发展目标。

综合比较分析上述政策及规划可以发现,产业总体状况、技术创新性、环节协同性、龙头带动性、产业集群化、后市场服务配套化程度等成为反映产业发展潜力的重要指向性项目。

四、构建全产业链税收数据预警指标体系相关建议

(一)基本思路

构建产业链开展税收数据预警指标体系的主要目的,是为政府精准有效防控产业链"断链"风险、提高供应链自主可控能力提供决策参考,即充分利用税收大数据协助党委、政府适度发挥"有形的手"的宏观调节作用。因此,构建预警指标要立足于三个方面的"转变":一是转变角色定位,税务部门不再单纯从税收管理者角色出发,而是立足税收服务国家治理角度,将关注点投放至经济分析领域,预警指标建设目的从以往加强税收监管向确保产业安全发展转变;二是转变服务理念,按照"市场主导、政府引导"理念,明确区别于新冠疫情期间通过发票数据链打通供应链的做法,预警指标建设侧重点从直接助力企业经营向开展全产业链发展状况监控预警分析转变;三是转变预警方式,立足税收数据,通过摸索、总结产业历年发展规律,开展相关指标可能性先兆预测,从以往普通的事后归纳分析向事前预警提醒转变,为政府部门调整产业政策或加强引导提供更快、更准、更及时的数据支持。

(二)具体指标体系

产业链"断链"风险主要表现形式为断供或断销。因此一方面可从供给端和需求端(包括后市场需求)两个角度入手设计预警指标,其中供给端重点加强对核心技术及关键零部件产业总体营运能力、发展能力和集约化等状况的数据监控分析,需求端则在财政补贴力度、充电设施科学布局、公共领域用车新能源化等方面提供数据参考,帮助削弱消费顾虑、鼓励消费,助力产业形成稳定销路,获得持续生产、发展的动力等。另一方面,以反映产业发展潜力的重要指向性项目为重点,结合政府产业规划和政策需求,从宏观、中观、微观维度,"面—线—点"结合,优化预警指标。

1.建立产业链企业基础名录库和关键产品数据库算法模型

开展产业链数据监控,精准查找产业链目标群体是前提。产业链特征由链上企业和产品类型共同决定。通过以税务基础登记信息、发票数据为基础,一方面建立相应的企业特征大数据算法模型,对不同企业按照所处产业链细

分行业进行归类,分别建立整车制造业企业名录库、各核心零部件制造业企业名录库、其他零部件制造子行业企业名录库等。另一方面按照产品商品编码类目进行关键核心产品的有效归集和识别。主要途径有:

一是以典型特征企业(通常为行业龙头企业)关键进销项目集中度为样本或者根据行业协会调研结果,整理形成产业内各细分行业企业进销项商品品目构成特征值。

二是以金三系统全量企业(暂不考虑个体户、其他组织)发票数据为数据源基础,按照步骤 1 确定的进销项特征进行目标企业筛选。

三是要充分考虑发票品目存在数据偏差问题,对于在上述大数据算法筛选基础上,税源单位要加强企业名单、商品名录及相应归类情况的实地核实调查,对不符合实际情况的,及时提出调整意见,确保精准性。

2.供应端指标

以产业链各子行业企业名录库为基础,分行业归集财务报表信息、发票信息、海关报关单信息、地址登记信息和纳税申报信息,从"产业发展趋势度"、"产业发展协调性"、"产业核心竞争力"三大指标模块开展预测。

(1)产业发展趋势度指标

从营业收入增长率、户数增长率、利润增长率 3 个方面结合设置本指数,从"面"上分别观察各产业环节、行业的发展状况,预测产业总体发展趋势。具体可包含全产业总体发展趋势指数、整车制造业发展趋势、零部件制造业发展趋势指数,其中整车制造业再细分为传统车和新能源车,零部件业细分为具体专业零部件行业等。如果产业总体发展趋势向上,各环节各行业发展也呈相同趋势,那么可以认为该产业发展趋势良好。反之,则说明产业发展趋势在下降,或者某环节、某行业发展可能出现问题。

(2)产业发展协调性指标

本指标主要从"线"上比较各相邻或上下游产业(行业)之间发展的平衡性和配套性。具体包含:

——整零协同指数。用于观察省内各零部件制造与整车制造之间的协同、配套合作状况,评价基于省内循环的链条传导是否通畅。

整零协同指数＝预计整零协同系数－(近三年以来整零协同系数平均值)

整零协同系数＝省内零部件制造企业对省内整车制造企业的开票额÷省内整车制造企业零部件的全部进项额

——对外依存度指数和可替代指数。用于提示省域产业链是否完整、是否存在薄弱环节,某些关键产品对外依存度是否过高、有无可替代可能等情况。

对外依存度指数＝(某项关键产品外埠进项额÷某项关键产品本省进项

总额）×100%

外埠进项额包括省外进项总金额和本省进口总金额，本省进项总额包含外埠进项额和省内进项额，即该项产品的全部进项总额。

对外依存度指数过高，提示该类产品对外依存度偏高，省内产业链该环节处于薄弱状态，需予以关注。

可替代指数＝某项关键产品外埠销项额÷某项关键产品本省外埠进项额

外埠销项额包括销往省外销项总额和本省出口总额。可替代指数＞1，说明理论上省内存在一定的可替代能力，可以尝试引导，降低对外依存度。

——原料价格影响指数。按照部分关键原材料（如钢材、塑料等大宗商品）进项成本构成结合存货变动情况，分析并评价原材料价格波动对于零部件制造业成本的影响、零部件价格波动对于整车制造业的传导影响等。

原材料影响指数＝预计原材料成本占比－（近年来该原材料成本占比平均值）

原材料成本占比＝（原材料进项金额－存货变动额）/营业成本

——产地集约化指数。用于提示子行业产地是否过于分散，影响产业聚集集约效应，提出集约化整合意见参考。

产地集约化指数＝（某关键产品某地生产企业户数÷某关键产品全省总户数）×权重系数＋（某关键产品某地生产总量÷某关键产品全省生产总量）×权重系数

生产总量取自该关键产品发票销项金额，权重系数可按实际情况调整。产地集约化指数按全省10个地市、多个子行业分别展示，且建立多年期变动率指标进行观察。对于单个地区涉及多个较高水平产地集约化水平的，可建议地方政府打造"一站式购齐"产业基地，推进由单一零部件供货向总成化、模块化产品供货发展。

（3）产业核心竞争力指标

本指标重点关注整车、零部件制造业中龙头企业，从"点"上对其自主创新能力、核心竞争力和带动效应开展监测。具体包括：

——营运能力指数和发展能力指数

营运能力指数＝存货周转率×权重系数＋总资产周转率×权重系数

发展能力指数＝主营业务收入变动率×权重系数＋净利润增长率×权重系数＋净资产增长率×权重系数

其中权重系数可根据实际情况调整，营运能力指数和发展能力指数较高，连续变动情况良好，说明该子行业或企业发展潜力较大，形势良好，反之则相反。

——劳动生产率变动指数

劳动生产率变动指数＝（预计本年劳动生产率－上一年劳动生产率）/上一年劳动生产率

劳动生产率＝营业收入/从业人数劳动生产率

变动趋势总体向上，说明该行业劳动熟练程度高，或因科技、机器等投入加大，引起劳动生产效率的提高。

——研发投入变动指数

研发投入变动指数＝（预计本年研发投入规模－上一年研发投入规模）/上一年研发投入规模

研发投入规模变动趋势总体向上，说明该行业在加大研发投入力度，各行业间研发投入规模变动趋势偏离度越小，说明各配套行业研发投入规模变动率在同步提高。

——龙头带动潜力指数

在对行业内企业按本年累计开票额动态生成十强名单的基础上，建立十强规模占比、十强规模占比变动率、十强企业内外资类型构成情况等指标综合开展评价。十强占比规模越高、正向变动率越大、内资构成占比越高，则认为龙头带动力和稳定性越强。

3.需求端指标

需求端指标主要围绕是否需要出台一定的财政补贴政策或推进省域公共交通工具新能源化以刺激本地新能源汽车整车销量增长、如何合理配置充电桩数量等目标展开。

（1）财政补贴力度参考指标。据调研，威马集团全国销量分布为省内9.9%，省外90.1%，主要影响因素为各地对新能源汽车的支持力度。因此，可通过建立地方财政补贴力度参考指标，比照上海、深圳、广州等地采取适当的财政补贴协助刺激本土品牌汽车销量攀升。

一是精确受补目标，可通过提取新能源汽车车购税完税凭证中的车架号信息，关联机动车销售发票，筛选"产地"为"浙江"的发票受票方，精确筛选本地上牌且为本土产新能源汽车的购买方。

二是设定补贴力度参考指标。补贴力度参考指标＝上一年度本省新能源汽车终端销售产生的增值税总额÷上一年度本土新能源汽车销售量。该补贴并非全部按照购车补贴形式发放给购买者，应综合考虑包括出台车船税优惠、购车补贴、停车优惠、充电优惠、过路过桥费减免等一系列的税收减免或财政支出成本。

（2）公共车辆新能源化指标。在重点区域的直辖市、省会城市、计划单列市公交车全部更换为新能源公交车的国家政策基础上，加快推进城市新增和更新公交车、出租车、环卫车及物流车的新能源化是主要趋势。海南省在商用车领域,提出了当年新增的市政用车、出租公交、网约车必须100％为新能源车的推广目标。因此,可在拟定本省相应的新能源车推广年度规划目标值基础上,建立全省各城市建成区公共交通新能源化指标,实行动态监控预警,同时鼓励购入本土品牌车辆。

公共领域车辆新能源化指标＝(各大营运单位本年度新购入新能源汽车数量÷各大营运单位本年度所有购入车辆总数)×100％

各大营运单位主要包括市政公司、出租车公司、公交公司、网约车公司、物流公司等,可从税务登记信息结合营运单位主管部门如环保、交通等部门获取准确名单。

(3)充电桩配置指标。根据国家新能源汽车推广应用补贴领域方面政策,各类补贴将集中偏向用于支持充电(加氢)等基础设施"短板"建设和配套运营服务等环节。通过建立充电桩配置指标,提出合理车桩比数据预警参考,一方面帮助解决新能源汽车"里程焦虑"问题,另一方面防止重复建设造成资源浪费。

一是确定充电桩数量基期数。充电桩数量基期数＝本地新能源汽车总量/7。据有关材料显示,目前上海地区车桩比为7∶1,全国总体约为10∶1,浙江处于沿海发达地区,新能源汽车保有量攀升较快,建议可比照上海7∶1的比例执行。充电桩数量包含公共场所、公共道路、居民小区、单位内部、高速公路等主要场所充电设施。

二是确定充电桩数量增长指数。在基期数基础上,按照产业目标规划的新能源汽车保有量增速,同速率确定充电桩数量增长指数。例如,目前我省新能源汽车新车销量占比为6.5％,国家要求到2025年底占比要达到20％左右,从五年规划角度来说,至少增长13.5％,那么充电桩数量增长指数也应该为13.5％。但需要注意,计算增速时应综合考虑新能源汽车在该期间的报废率。

指标体系汇总如下表。

(三)指标运行规则

(三)指标运行规则

对于需求端,可按照指标实际数据进行决策参考。对于供应端,则依据指标预测数开展预警。首先,按照最小颗粒指标(指数)历年发展变化规律和多年同期累计同比规律,由机器计算结合专家经验人工调整开展本年下一期数据预测。其次,根据预测数开展分析,设定3色预警等级。对每一个指标预测数综合考虑规律趋势、实际情况、评价侧重点等因素,设定不同阈值区间。按照区间结果,从预警等级由高到低,分别赋予指标"红"、"黄"、"绿"三色直观展示标记。最后,按照"红、黄、绿"不同等级标识结果,分别给出不同处理。当结果为"红色"的,应及时发出红色警报并说明可能存在的问题;当结果为"黄色"的,发出一般提醒,说明该指标处于临界值,适当给予关注;当结果为"绿色"

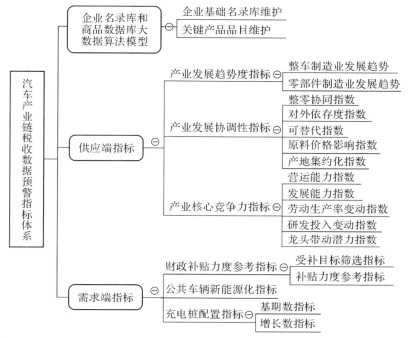

的,说明指标指向良好。

五、结束语

由于各产业之间特征千差万别、产业链条绵长、涉及行业众多、受各部门政策交织影响深远,会使得各产业链监控预警重点也不尽相同。通过对汽车产业链的研究,为构建全产业税收数据监控预警指标提供了一定的思路和基础模板,即开展产业链发展状况监控预警的关键要紧密结合国家政策导向、产业特点、地方特色、重点环节、"卡脖子"问题等进行"点、线、面"多方位、多维度设计指标体系。同时,建议要定期、深入开展产业链内细分行业协会、企业调研和走访,进一步掌握行业经营规律、特色、困难和发展瓶颈等,要加快相关第三方部门之间的数据交换合作,联合组建业务＋技术复合分析研究型团队,才能真正做实、做细、做深每个产业的监控预测,为政府决策、提升产业链自主可控能力作贡献。

课 题 组 组 长:谢雁翎

课 题 组 副 组 长:林素丹　陈　骥

课 题 组 成 员:徐文智(执笔)　徐冰如　郑明慧

叶　子　李振柯

浙江自由贸易试验区(义乌)税收
风险管理困境及化解对策研究(三等奖)

国家税务总局义乌市税务局课题组

第一章　税收风险管理的困境

本章主要对浙江自由贸易试验区(义乌)税收风险管理的困境进行多角度的分析,具体从外综服企业、跨境电商企业、中小微企业等方面展开研究。

一、外综服企业纳税不遵从

我国的出口退税政策一直处于变动之中。为了发挥出口退税对出口商品结构的调节作用,国家多次调整出口退税政策。外综服企业有力推动了外贸行业发展,拉动了经济增长。义乌进出口贸易发达,外综服企业数量多,由于企业趋利的特点,难以避免存在逐利的心态,有可能进行出口骗税。企业利用虚开出口发票或者虚增进项税等行为,骗取出口退税款。生产企业作为外综服企业服务对象,自身的风险非常高。企业可能存在少计或不计内销商品的销项税额,错误地增加出口商品单价,把出口不退税的商品声明为出口退税商品,把退税率低的商品声明为退税率高的,将不被视为生产企业自产的商品声明为视同自产商品进行出口退税等情况。

许多管理者认为,企业建立内部控制系统见效慢,还要耗费大量的人力物力,因此对建立内部控制体系缺乏积极性。还有企业对于税务管理问题的重要性认识缺乏,对税务管理工作内容不熟悉,缺乏相应的管理能力和业务水平,这也导致出口退税的实际操作中存在着各种问题,难以顺利进行退税申报。很多企业只关注经济效益而忽略了基础的税务管理工作,导致进行退税申报时,很多商品归类、原产地、估价缺乏更加实际的数据支持,报送给海关及税务部门的材料内容失真,相应工作的开展难以为继。

外综服企业在出口退税全流程中均可能存在信用风险。一是代办出口退税备案环节。出口退税备案涉及供应商管理、合同管理等。供应商不合格是外综服企业备案时主要风险。二是申报环节。涉及报关单、运输单等单据、收汇凭证、增值税专用发票认证。根据税务机关的要求，发票上面的货物品名、规格、型号、数量和单位等所有信息必须和报关单上面填写的一致。如果不一致，必须要求客户重新开发票。还有关单、发票漏报导致无法按期退税的风险。三是退税环节。有可能因为申报数据错误，导致无法退税，影响资金周转。如适用税率选择错误、计算错误等问题。还有出口退税申报期限、换汇成本以及出口货物发生退关退货后的管理等。

二、跨境电商企业纳税不遵从

作为全球最大的小商品市场，义乌近年来跨境电商发展势头迅猛。数据显示，2018 年，义乌电商交易额达 2368 亿元，其中，跨境电商零售出口约占浙江全省的 1/2。2018 年 7 月义乌作为唯一的县级市入选全国第三批跨境电子商务综合试验区。2019 年元旦，义乌正式开启全面建设跨境电商综试区，跨境电商线上综合服务平台正是建设综试区"三大平台"的重要一环。

随着跨境电子商务模式在国内被广泛认可及普及，基于传统贸易而建立的管理体制机制面临着新的挑战，对于依托于淘宝、微信、亚马逊、e Bay 等各大电商平台的小额跨境电子商务，现行管理体制、政策、法规及商业环境条件在适应其迅速发展需求时已显吃力。跨境电商涉税风险的主要原因在于跨境电商出口退税政策的执行涉及海关、税收、外汇管理等多个职能部门，各部门管辖的内容不同。跨境电商企业在海关进行进出口申报，在外汇管理部门进行结汇申报，在税务部门进行出口退税申报。在这种情况下，部分不法企业利用海关出口报关环节可能存在的漏洞骗取出口退税，导致报关单信息失真。在海关和税务部门信息沟通和协调配合不够充分的情况下，报关单信息失真势必给税务部门的审核工作带来较大的不确定性。跨境电子商务是一个通过网络进行交易的贸易活动，它具有较强的不可控性，难以实地追踪其具体的交易信息，不法分子正是利用这一漏洞进行骗税。

跨境电商支付中，因交易清算都在电子支付平台上完成的，电商企业的银行账户就不会直接产生资金的跨境往来，而支付平台实质上完成资金清算有一周左右的时间过程，交易主体无法第一时间办理对外收付款申报。另一方，跨境电子商务派生的各种不同的交易方式对国际收支申报也造成了新的状况。如代购模式，这种交易方式中，实际的购买者为交易主体，本应该由实际购买者进行国际收支申报，但是实质发生交易行为的却是代购者和卖家，造成实际交易主体难以申报；线下统一购汇支付方式实际购汇人为支付机构，可以支付机构为主体进行国际收支申报,但此种申报方式难以体现每笔交易资金实质,增加外汇监管难度。

三、中小微企业纳税不遵从

在自由贸易试验区和虚拟集群注册制的大背景下,义乌中小微企业的数量会越来越多,带给税务部门税收风险管理的压力也会不断增大。中小微企业纳税不遵从主要表现在以下几个方面:一是新办纳税人逾期未申报。该类纳税人对税收法律不够了解,在"五证合一"以后,税务部门优化了注册登记的流程,纳税人只需在工商部门登记注册以后,就可以拿到证件,不需要再去税务部门办理税务登记证,这样一来会给新办纳税人产生不用去税务局办理事务的误解,对于无需领用发票的纳税人即便已经开始正常经营了,他们也不会进行纳税申报。二是冒用他人身份,该类纳税人并不是主动地进行税务登记,而是他人盗用纳税人信息或者通过利益交换借用纳税人信息进行税务登记。当纳税人出现非正常纳税申报时,税务部门无法联系实际负责人,只能通过金税三期系统内登记的法人信息进行联系,身份被冒用的纳税人往往"一问三不知",甚至直接拒绝配合税务部门。三是涉嫌犯罪的纳税人,该类纳税人登记注册纳税人的目的就是为了以不法手段偷、逃国家税款,获取利益,且具有比较专业的团队分工和业务水平,纳税人纳税申报的数据有很强的迷惑性,给税务部门的纳税申报管理带来了极大挑战。例如暴力虚开:是指纳税人之间不存在真实的货物交易,而为其他人、为自己、介绍其他人或者请其他人为自己开具增值税发票,以获取一定的利益。在实际经营中,恶意为他人开具增值税发票的占大多数,这类纳税人的申报大致可以分为两类:一是虚开增值税发票前进行零税额的纳税申报,开完发票后不纳税申报,获利走逃;二是新办纳税人领购增值税发票,发票领完以后短时间内开出大量发票,开完以后不进行纳税申报,直接逃窜,采取"打一枪换一个地方"的手段。暴力虚开发票的行为极其恶劣,严重影响了整个社会的纳税申报氛围,但是由于这类纳税人行动迅速,给税务部门的风险管理带来了很大的挑战。又如出口骗税:是建立在存在出口退税行为的基础上的,出口骗税可以简单地概括为纳税人将生产或者外购的货物通过各种手段向税务部门进行虚假申报从而达到骗取国家税款的目的。出口骗税纳税人主要通过纳税人之间虚构往来交易、纳税人向税务部门虚假申报出口货物的数量和价格、买单配票等方式向税务部门申请办理退税申报,通过一系列的操作,税务部门很难及时发现纳税人的涉税风险。

第二章　税收风险管理困境产生的原因

我们对浙江自由贸易试验区(义乌)税收风险管理的困境产生的原因进行多角度的分析,具体从风险防控体系不完善、以数治税能力不够强、新业态制度不完善、跨部门合作不协调等方面展开研究。

一、风险防控体系不完善

(一)缺乏有效的监督管理

一是面对新形势新挑战。政府职能部门大多还是用老办法进行监督管理,没有将自贸区内同区外的监管区分开,没有因地制宜制定符合自贸区的监管体系,以及针对平台、货物和资金的监管措施,只是简单地在自贸区内设立机构,流程和监管载体同区外没有太大差别,同时在互联网技术及移动终端技术方面运用不足,造成自贸区在跨进电子商务管理上自由度不高,优势不明显。二是存在监管无序问题,有些不具备监管职能的部门也时常以"督查"等名义进行监管,造成部门和基层花费大量时间和人力应付检查,反而降低了服务的质量和效率;同时部分监管人员浮于表面,不专业及存在老好人思想,监管不深入。三是尚未建立依托信用等级的监管制度。没有充分运用信用体系建设成果,也没有升入骨髓的惩戒措施。交易的一方无法轻易辨别另一方是否为失信个体,也让失信企业和失信人有机可乘。四是自贸区系国外市场和国内市场的缓冲地带,直接面对国外市场的风险和挑战,目前自贸区义乌片区尚未建立针对跨境电子商务领域的风险防范体系,如没有对跨境电子交易平台的大量的滞留金在使用范围和投资额度等方面做规定,也没有采取有效措施对交易支付真实性方面进行约束等。

(二)税收风险分析不够深入

目前的税收征管的数据来源主要是依靠纳税人自主申报,数据来源单一,税务机关现有的纳税人资料只停留在纳税人在初始设立时的税务登记信息、阶段性报送的纳税申报资料和要求报送的相关财务报表,这些资料都是纳税人阶段性进行报送,税务机关缺少对纳税人在实际经营过程中的动态了解和监控,对纳税人在生产经营过程中发生的实际业务、账款往来掌握较少。税务机关基于现有的一些基础数据无法对纳税人的实际情况进行分析预测,更无法对纳税人是否按时足额缴纳税款进行监控分析。企业必报的报表缺少"银行对账单"等现金流报表,再加上大量的关联交易,通过设立"账外账"、"两套账"、虚假开票、虚假申报等偷逃税行为,使得税收征管愈加困难。

二、以数治税能力不够强

从目前税收征管系统运行来看，以数治税能力不够强，主要表现在：一是涉税信息来源渠道狭窄。目前，涉税信息主要来自税务登记信息、纳税人报送的纳税申表、财务报表，上述信息对纳税人的诚信程度依赖性较强。同时与政府其他部门、银行等单位信息实时共享尚未实现，信息交流闭塞。由于缺少第三方信息来源来核对认证，无法识别信息的真伪。二是能使用的涉税信息数量较少。大部分的涉税信息来自金税三期系统，该系统采集的涉税信息主要包括纳税人的登记信息、申报信息、缴税信息、发票使用信息，涉税信息数量较少。同时，纳税人涉税信息还存在着不完整、不准确等问题，金税三期系统内存在大量的"垃圾"数据，影响了税务人员的使用。三是涉税信息利用和分析水平较低。目前金税三期系统仅用于系统流程操作和相关涉税信息查询层面上，缺乏相应的模块对纳税人的相关信息进行数据处理和分析，无法建立税源监控指标体系和风险管理体系，税收征管质量没有得到质的提升。四是电子税务局功能单一。虽然现阶段已经有了网上办税软件，但该软件能办理的业务量很少，大部分涉税事项仍然需要纳税人前往办税服务厅进行办理，没有真正发挥网上办税的作用。

三、自由贸易试验区内的税收体系不够完善

（一）自由贸易试验区税率尚有降低空间

自贸试验区出于"境内关外"的地理优势，大多数商品具备免征关税的特殊待遇，且在"零关税、低税率、简税制"的环境下，自贸试验区的税收优势将会进一步凸显。虽然税务部门会以"通知"的形式对税收法律优惠目录范围内的企业所得税进行减征，但总体的纳税政策还是应遵循以《企业所得税法》为代表的税收法律规范。我国现行个人所得税实行 3％－45％七级超额累进税率，企业所得税实行 25％单一比例税率，而迪拜、新加坡、中国香港、英国和美国自贸区企业所得税率均低于我国税率的高低对于营商环境的影响是直接的，但在现有的征税制度下，其又与税收便利性相关联。以自贸试验区企业所得税为例，在"单一比例税率＋税收法律优惠"相协同的税收体制下，若单一比例税率较高，则会通过税收法律优惠活动来对实际税率进行调整，而繁琐的税收法律优惠信息反而增加了纳税人的信息识别等负担，显然是一种反向的不便利体现。在享有充分授权依据的基础上，通过对我国《企业所得税法》单一比例税率进行适时调整，将是提升自贸试验区税收便利化水平的重要手段，而义乌的自贸试验区税率具备进一步调整的空间。

（二）浙江自由贸易试验区（义乌）的税收政策不健全

从我国不同批次自贸试验区建设的《总体方案》来看，国务院对不同自贸区的发展定位均进行了区分，如海南自贸试验区定位于我国面向太平洋和印度洋的重要对外开放门户，河南自贸试验区的定位是服务于"一带一路"建设的现代综合交通枢纽和内陆开放型经济示范区等，天津自贸试验区定位于京津冀协同发展高水平对外开放平台和面向世界的高水平自由贸易园区等。自贸试验区定位的相异性要求税收政策应当有所差别，原因在于：第一，不同批次的自贸试验区建设均是以在结合区位优势的基础上进行的功能再划分；第二，自贸试验区税收政策同其自身的试验属性相契合，追求特色化的税收政策建设。不同自贸试验区的税收政策同其发展定位息息相关，在行业发展状况有所差异的情况下，各自贸试验区的税收政策应当同地区发展需要相协调。目前，义乌自由贸易试验区内缺少符合义乌地方特色的税收法律法规，使得企业不遵从行为时有发生，增加了税务部门税收风险管理的压力。

四、跨部门合作不协调

税务系统属于垂直管理的部门，相对独立，随着信息技术的持续发展，每个部门采集的数据种类越来越多，由于税务部门缺少与外部门的联动，使得很多其他部门取得的数据不能"为我所用"，导致税务部门对自由贸易试验区内企业的税收风险管理难度增大。例如，纳税人在取得新的土地和房产以后，税务部门不能直接从自规局取得土地证和房产证信息，对土地使用税和房产税及时进行征收，从而导致税款流失。税务部门与法院之间也缺少数据交换，现如今，破产的纳税人越来越多，该类纳税人往往存在欠税的情况，法院拍卖破产纳税人或非正常纳税人资产的所得是缴纳欠税的主要资金来源，税务部门及时掌握法院拍卖的进度，是做好欠税清理工作的基础，当前税务部门与法院在这方面的数据传递还不够畅通。目前，为了完善部门之间的联动机制，义乌市政府出台了一些加强部门间沟通交流的举措，但是仍存在很多问题：一是形式大于实质，部门之间召开的交流会议较多，但是没有出台行之有效的部门合作具体措施。二是数据取得方式单一，各部门的数据信息传递方式依旧很传统，通常采用 U 盘传递，没有搭建有效的数据交换平台。三是数据利用率低，数据提供部门只负责数据的提供，不负责数据的分析整理。税务部门拿到数据后，还需要后期加工处理，由于对外来数据不够熟悉，不能充分发挥数据的作用，不能准确分析纳税人存在的问题。

第三章　加强税收风险管理的建议

本章针对浙江自由贸易试验区（义乌）的困境和成因，以优化自贸区风险防控体系、加强数据化建设、完善自由贸易试验区税收体系、加强部门合作为目标，提出切实可行的对策。

一、优化自贸区风险防控体系

优化自贸区风险防控体系，首先要加强税务干部对风险管理的重视程度。通过业务培训，全员考试等形式，提升税务干部的风险识别能力，使其在日常工作中能够发现涉税风险，结合绩效考核，形成主动去发现风险的氛围。构建以风险管理引领税收管理的体系，形成"无风险不打扰，有风险必严惩"的工作方式，把风险管理融入到每一项工作中去。

优化自贸区风险防控体系要准确掌握纳税人的实际经营情况。目前税务部门在进行浙江自由贸易试验区（义乌）税收风险管理时主要是对增值税发票数据、纳税申报表数据这两方面的数据进行分析，想要提升税收风险管理能力还需对纳税人的实际经营情况进行分析，包括现金流、货流、票流。风险分析识别工作需要达到准确、有效的要求，因为它是整个税收风险管理的关键环节，是浙江自由贸易试验区（义乌）内企业管理后续应对处理的基础。所以我们需要建立"票、表、人"的三维分析视角，全方位深入分析目标纳税人，从发票、申报表、纳税人这三个角度入手，形成清晰的工作思路，提高风险识别效率。

加强事前预防和后续风险管理措施也是提升风险防控能力必不可少的环节。一是持续推进实名办税，实名办税提高了纳税人领购发票的门槛。通过身份证信息采集、照片采集与金税三期系统的对接，使得疑点纳税人的信息能够被及时发现，提升事前预防工作效率。二是加强对新登记纳税人的关注。对于新登记的纳税人，从源头就要加大管理的力度。比如对新登记的纳税人开展实地核查，核查纳税人实际经营地址、法人真实身份等相关信息。此外，税务部门应该主动和市场监督管理局等部门进行对接，对非本地法人注册的纳税人、中介批量代理纳税人给予重点关注，事前就将非正常纳税申报的可能性降到最低。三是法人信息变更过的纳税人重点关注。对于这些纳税人，税务部门可以通过工商部门的数据，对只在工商部门变更法人信息的纳税人开展分析，防止纳税人通过法人信息变更来进行违法的涉税行为。四是加强对企业内的工作人员的管理。特别是对于曾经就职于被列为非正常户纳税人的人员，对于以这些人作为法人、财务负责人、办税人员的纳税人应该特别警惕。

五是对非正常企业开展采取一系列的后续措施。对于非正常纳税申报的纳税人，要立即收回开具增值税发票的权力，同时应对失控发票进行登记，防止违法后果进一步扩大。

二、加强数据化建设

（一）加强数据质量管理意识

建立数据质量管理意识是税务部门提高非正常纳税申报管理效率的基础，通过提高涉税数据的质量，规范纳税人的纳税申报，提高非正常纳税申报的难度，从而推动非正常纳税申报管理工作的质量。税务部门要提高数据质量管理的意识，不能只注重上级绩效考核指标，要改变"涉税数据随时可以更正，暂时的错误也没关系"的观念，摒弃"哪里错只改哪里的"局部管理办法，树立系统、全面、联动的数据质量管理意识。

随着金税三期系统的使用和电子税务局的上线，税务部门掌握的基础数据不断增加，但是薄弱的数据质量意识，使得基础数据质量差，无效数据多，税务部门无法利用税收数据来准确判断纳税人真实的经营情况，使得非正常纳税申报频繁发生。所以，要加强数据质量管理意识，让数据为非正常纳税申报管理提供管理依据，在高质量的数据支撑下，税务部门能够充分运用涉税数据，及时发现非正常纳税申报的纳税人，迅速作出应对反应，将税款损失降到最低。数据化是税收现代化的发展趋势，以高质量的涉税数据作为非正常纳税申报管理的参考依据，能够量化管理工作，同时倒逼纳税人进行正确的纳税申报。

（二）完善数据管理体系

1. 构建数据分析应用平台

在信息不对称和纳税人纳税不遵从的影响下，纳税人会向税务部门报送大量错误和无效的数据，这些数据种类多样、格式繁杂，非常地分散和零碎，纳税人会在这些不正确的数据基础上进行非正常纳税申报。因此，税务部门需要开发大数据分析应用平台，对纳税人报送的数据进行充分分析，挖掘出纳税人非正常纳税申报的线索，提高管理的效率。

该平台需要包含数据采集、数据分析、任务下发等功能。首先，该平台要全量地采集纳税人的涉税数据，具体包括金税三期系统内的涉税数据、外部门涉税数据、网上涉税数据等。其次，在充分采集上述各数据的基础上，平台会自动将各类数据指标的标准与纳税人的涉税数据开展比较工作，平台自动对超过标准的数据发出预警，使得税务部门能够及时发现存在的非正常纳税申报问题。最后，该平台会将上述的提醒作为风险点推送给税务部门，税收管理人员在收到风险任务后，马上开展核实工作，分析纳税人出现异常的原因，第一时间对非正常纳税申报的纳税人进行处理,以高效的数据应用效率,降低税收管理人员的工作压力。

2.强化税收数据整合

信息的不对称导致税务部门在非正常纳税申报管理中时常处于被动,为此税务部门要积极与其他部门联动,全面挖掘涉税信息,将信息不对称的影响降到最小。税务部门要与政府部门加强合作,例如自然规划局。税务部门可以从自然规划局获取每宗土地的信息和土地上所建房产信息,包括土地所有人、土地大小、房产原值、房产面积、取得时间等,并与金税三期内纳税人申报的土地信息进行比对,从而计算出纳税人应该缴纳的契税、土地使用税、房产税、增值税等税款,与实际申报数据进行比对,及时对非正常纳税申报的纳税人进行管理。除了自然规划局之外,税务部门还可以从海关获取纳税人的报关单信息,并以此为依据,在审核纳税人的出口退税资料时及时发现非正常纳税申报的纳税人,防止其骗取出口退税款;税局部门还可以从公安部门获取纳税人身份证号码、联系方式、出入境情况等,以便能够在非正常纳税申报管理过程中及时找到纳税人相关负责人;税务部门还可以从金融机构获取纳税人的开户信息、资金往来信息,通过这些信息,可以核实纳税人货物销售情况、原材料采购情况、经营成本等,以此核实纳税人真实的生产情况,判断纳税人是否存在非正常纳税申报的情况;税务部门还可以从证券交易所获取纳税人的股权交易信息,根据股权的变动,判断在个人所得税方面是否存在非正常纳税申报的情况。

3.涉税数据共享法律化

对于非正常纳税申报的管理需要用到诸多涉税数据,但是很多数据税务部门并没有直接掌握,而是分散在不同的外部门手中,这就要求各部门之间需要加强涉税数据的共享,实施有效的协作。但是目前由于各部门数据提供的责任不明确、流程不规范等原因导致部门数据共享的意愿低。另外,由于纳税人保护自身隐私,害怕个人数据被违规泄露的心态,很多时候在填写数据时不愿填写真实的数据,导致收集到的数据质量差。上述情况都指明,我国亟需出台数据共享的法律,来规范数据的共享。在《中华人民共和国税收征收管理法》中,应该以法律形式明确政府部门、垂直部门、金融机构等外部门有提供涉税数据的义务,并对所提供的涉税数据真实性、完整性负责。同时,为了缓解纳税人害怕数据被泄露的顾虑,提高安全感,在推动数据共享的过程中,各部门还要加大力度确保数据的安全性,防止纳税人的数据被随意盗用和买卖,应该出台相关的数据保密法律或者条例。从而使得纳税人能够放心地提供涉税真实数据,从一定程度上缓解信息不对称的局面,提高纳税人对于数据申报的纳税遵从度。

三、完善自由贸易试验区税收体系

（一）出台符合地区特色的优惠政策

优惠政策在形式上虽然会形成"税收洼地"，但只要符合实质平等的要求，则即有继续施行的必要。目前，各自贸试验区根据自身实践，正在探索符合地区特色的优惠政策，进一步优化落实税收政策的程序方法。从我国"自贸试验区总体方案"的设计来看，不同批次的自贸试验区优化贸易结构与产业结构的落脚点存在差别。符合规划的税收政策不仅对于地方产业将产生积极的刺激效果，而且对于营造便利的税务环境至关重要。在推出符合自贸试验区产业发展情况的税收政策时，要做到以下几点：第一，通过集中的事权下放，明确各自贸试验区除了可进行税收征管程序优化外的其他实质性立法权力；第二，在充分征求地方发展需求的基础上，由税务总局出台面向单个自贸试验区税收法规和政策文件，实现中央税权管制与地方税务自主的充分互动；第三，由各自贸试验区根据产业建设情况，发布适用于各领域的税收政策清单，协调地方财政补贴与税收法律优惠政策力度，建立纳税人缴税检测指标，避免形成过分的"政策洼地"。

（二）提升自贸试验区税收优惠的法治水平

提升自贸试验区税收法律优惠法治水平要求税收政策的制定、出台、修改均应当依照法律程序进行。税收政策应当尽可能地对采用开放性思维，在更宽领域和更广范围采取减税、免税、延期征税、分期征税等，使纳税人能够更加快捷地处理税务事项，能够从税收法律制度中获得利益优惠。

进一步提升自贸试验区的税收法律优惠法治水平，需要做到以下几点：一是基于自贸试验区在我国社会主义市场经济发展阶段将长期存在的实际，在现行自贸试验区法律体系框架内打造一部引领性的法律制度；二是加强税收政策的稳定性与可信赖性。税收政策具有一定的时效性和可变更性，有必要以法治手段，对政策变更后的纳税人权益进行保护，并利用提前"声明"的方式帮助纳税人提前识别政策变更风险；三是由国务院指定或由国家税务总局探索建立自贸试验区税收政策协调机关。一方面，协调各自贸试验区之间的税收政策之间的终端优惠幅度，避免形成不适当的税收洼地；另一方面，对地方税收政策进行审查，对国家税收政策与地方税收政策进行协调。

四、加强部门间合作

政府各部门作为社会综合治税的主要执行者，其支持配合程度直接影响到税收风险管理成效，各协同部门要高度重视社会综合治税工作，强化推行浙江自由贸易试验区（义乌）社会综合治税责任分工清单，切实执行好社会综合治税的各项政策。协同部门要第一时间将所掌握的政策制定、行政审批、行政许可等各类涉税信息通过信息交换机制和信息交互平台向税务部门传递,供税务部门分析,以实现高效的税收征管和税源监控。对法律法规明确规定的属于社会综合治税范畴的业务工作,应立足本职,尽快配合税务部门开展起来,涉税事项依法及时办理。

跨部门联合执法要确保刚性和权威,公安、法院、市场监管等政府执法部门,要加强对社会综合治税工作的司法保障,弥补税务部门单方面执法力度的不足。注意兼顾长效治理和专项治理之间的配合,长效治理上,要厘清各执法主体权责分工,由税务部门统一受理涉税违法问题,协同部门落实责任并共同处理,实现管理与执法的统一。专项治理上,要针对偷逃税款、虚开发票等税收征管难点联合开展集中整治与专项整治,作为长效治理的巩固与补充。

在建立部门协同机制时,特别要注意考量执行层面的治理逻辑问题,提高浙江自由贸易试验区(义乌)社会综合治税政策制定的可操作性。政府作为决策主体,要关注决策意图在执行层面的贯彻落实,避免因社会综合治税政策制度的不合理导致执行梗阻,如政策缺乏可操作性带来的机械性执行,或是协同部门为维护所谓的部门利益带来的选择性乃至替代性执行,导致决策失灵、执行失效,使社会综合治税成果付之东流。

课题组成员:李　剑　陈丰平　边　超

不动产交易背后的税收流失问题及
对策探究（三等奖）

国家税务总局永康市税务局课题组

一、××市不动产交易市场及房产中介行业的现状

（一）不动产交易市场的现状

1. 2017 年－2020 年××市不动产交易市场情况

表 1　2017 年－2020 年××市不动产成交情况

	2017 年	2018 年	2019 年	2020 年
不动产交易套数	5761 套	6281 套	4264 套	6200 套
不动产税收收入	3.06 亿元	3.55 亿元	2.35 亿元	3.14 亿元
不动产交易面积	796139 平方米	763763 平方米	573231 平方米	568261 平方米
不动产网签交易额	596304.53 万元	711760.99 万元	540602.88 万元	524529.67 万元
不动产市场均价	12743 元/平	16008 元/平	16399 元/平	17500 元/平

　　据不动产部门统计，2017 年至 2020 年期间不动产交易套数略有波动，整体维持在 6000 套左右，网签交易额也大致维持在 50 亿元的级别，而根据安居客等第三方网站数据，2017 年至 2020 年之间，××市不动产整体均价从 12743 元/平上涨至 17500 元/平方米，实际不动产总交易额应远大于网签交易额。

　　2. 不动产交易价格现状

表 2　××市 2020 年 12 月份部分实际交易价与最低计税价比较

	最低计税价 （元/平方）	实际交易价 （元/平方）	实际交易价/ 最低计税价
丽州玫瑰园	16643	42136	253.18%

	最低计税价（元/平方）	实际交易价（元/平方）	实际交易价/最低计税价
丽州一品	13908	38494	276.78%
锦绣江南	14873	34501	231.97%
南苑东路 19 号小区	9000	21566	239.62%
高川花苑（别墅）上白线近金胜路	10360	33332	321.74%
城南路别墅城南路 155 号	7700	56117	728.79%
西虹花苑上白线	9800	36425	371.68%
20000 平方厂房,空置中,东城一科技五金城	1750	6000	342.86%
1500 平方厂房,空置中,东城一科技五金城	1750	8986.67	513.52%
10000 平方厂房,空置中,东城	1750	4900	280.00%
5600 平方厂房,空置中,西城	1750	4785.71	273.47%

笔者通过房产中介了解（挂牌价），截止 2020 年 12 月部分实际交易价与最低计税价比较如上表 2 所示，房屋实际交易价以城区东南面别墅、排屋价格居高，厂房以面积小于 2000 平方的居高，有配备地下停车场的房屋单价已经全部在 2.6 万元以上。而最低计税价（2016 年的评估数据）至今没有变化，与实际交易单价差距越来越大。

3. 不动产交易税费计税依据现状

目前个人买卖不动产主要涉及增值税、个人所得税、土地增值税、印花税、契税等。各个税种的计税依据为房屋权属转移合同确定的成交价格，但是为了堵塞因申报价格偏低造成的征管漏洞，省财政厅和省地税局在 2007 年制定了房屋交易最低计税价格管理办法。买卖双方最低计税价格的确定，按照《最高人民法院关于适用〈中华人民共和国合同法〉若干问题的解释（二）》第十九条描述，"对于合同法第七十四条规定的"明显不合理的低价"，人民法院应当以交易当地一般经营者的判断，并参考交易当时交易地的物价部门指导价或者市场交易价，结合其他相关因素综合考虑予以确认。转让价格达不到交易时交易地的指导价或者市场交易价百分之七十的，一般可以视为明显不合理的低价；对转让价格高于当地指导价或者市场交易价百分之三十的，一般可以视为明显不合理的高价"。因此，为减少价格争议，原××市地税局按照市场评估价的 70% 录入到评估系统中作为最低计税价。2016 年金税三期上线后，房产评估系统作为地税局的特殊软件继续保留。

（二）房产中介行业的现状

1. 房产中介队伍现状

表3　××市2016－2020年房产中介户数增减情况

年度	2017	2018	2019	2020
户数	134	179	251	384
增减比例		33.58％	40.22％	52.99％

　　据不完全统计，××市房产中介数量2017年至2020年年均增长幅度在42％以上，特别是2020年，虽然是新冠病毒肆虐年份，但××市主要街道新开的门店基本上都是房产中介，呈"井喷"之势增长。从工商登记看比上一年增长133家，实际上远远不止这个数字，像拥有十几家门店的加盟连锁店，虽然营业执照设立了分支机构，但实际上大部分都是以挂靠形式自主经营。另外，因为入行门槛低，大多数房产中介企业小而散，无资质、无证书、无执照经营，一个门店一部电话的中介经营者比比皆是。加上多数中介机构无长远眼光，追逐短期利益，缺失对上岗人员的职业技能、素质培训，从业人员普遍缺乏应有的职业道德和专业素质，巧设各类收费名目，从而造成队伍整体诚信低、声誉差。

　　2. 房产中介税收征管现状。

　　(1)房产中介提供服务交易税收现状。房产中介服务是一个综合性的经济活动过程，贯穿在房地产行业运行的全过程之中。房产中介公司提供中介服务征收税种及税率如下表。

表4　房产中介服务税种及税率计算表

纳税人类型	征收项目	征收品目	税率
一般纳税人	增值税	经纪代理服务	计税金额×6％
	城市维护建设税、教育费附加、地方教育附加		计税金额×0.72％
	印花税	购销合同	计税金额×0.03％
	企业所得税		应纳税所得额×25％
小规模纳税人	增值税	经纪代理服务	计税金额×3％
	城市维护建设税、教育费附加、地方教育附加		计税金额×0.36％
	印花税	购销合同	计税金额×0.015％
	企业所得税		应纳税所得额×25％

　　(2)房产中介税收申报交纳现状。

目前,××市房产中介除两户属一般纳税人外,其他所有房产中介都是小规模纳税人,经纪服务增值税适用 3% 征收率,企业所得税、个人所得税全部采用核定征收办法缴纳。

表 5　××市 2019 年与 2020 年中介机构申报情况

2019 年 有申报收入户数	2019 年 无申报收入户数	2020 年 有申报收入户数	2020 年 无申报收入户数
85	166	155	229

从表 5 可以看出,2019 年无申报收入户数占全部户数的 66%,2020 年无申报收入户数占全部户数的 59.6%。

表 6　××市 2017—2020 年房产中介税收交纳情况(元)

年度	2017	2018	2019	2020
税收收入	303866.7	405667.06	606680.27	2260516.44
增减比例		33.50%	49.55%	272.60%

从表 6 可以看出,2020 年房产中介税收比 2019 年同比增长 272.60%,而其中 118 万元是××市城中村改造的房屋作为二手房交易形式由某房产中介代理销售而增加的税收,实际上 2020 年比 2019 年同比增长 78.3%。虽然从表格上看"房产中介"队伍与税收收入差不多同步增长,但从表 2 可以看出,不动产交易价格从 2016 年起至今已经涨了几倍,所以,与房价上涨幅度相比,税收几乎停滞不前。

3.房产中介业务交易现状。

按照《房地产经纪管理办法》规定房产中介业务交易流程大致分为三个步骤:

(1)协助订立买卖合同:在买方和卖方就交易房产的地点、产权和交易价格达成一致之后,买方和卖方将签订一份正式的买卖合同,买方交付卖方一定数额的押金。

(2)接受房地产交易管理部门的审查:房地产交易买方和卖方应在房产所在地房产交易管理部门提交申请,由行政管理部门审查有关材料,并审查产权。

(3)过户、缴纳税费并办理产权转移手续:房产中介协助买方和卖方签订合同,并向房地产交易管理部门支付手续费和相关税费,然后领取新的房产证。

由于买方和卖方缺乏对房产交易的一般程序和房产交易涉及税费的了

解,几乎所有房产交易业务都是委托中介全权办理。最后,房产中介与卖方签定收到净钱确认书,卖方只要收到约定的净钱(传统习惯税费都由买方支付),买方只要收到房产证就行,全部手续由中介一手操办,甚至不会向中介索取相关税费票据。

二、不动产交易过程中由于房产中介原因导致的税收流失问题

所谓税收流失,是指各类税收行为主体,以违反现行税法或违背现行税法的立法精神的手段,导致实际征收入库的税收收入少于按照税法规定的标准计算的应征税收额的各种行为和现象。不论是房产中介自身的经营活动产生的税费,还是在交易过程中产生的过户税收,都与房产中介有着千丝万缕的联系,而房产中介的种种行为也导致了国家税收的隐形流失。

(一)房产中介协助签订"阴阳合同",降低计税依据

"阴阳合同"是指房产买卖双方为了规避税收,对同一宗交易行为签订两份金额不一致的合同。根据契税暂行条例及相关文件,不动产的权属转移所产生的各项税费,计税依据均为转移合同确定的价格。"阳合同"是向自然资源局、住建局、税务局提供的房产交易合同,其所载价格就是申报纳税时的计税依据。"阴合同"则是仅由当事人所掌握,私底下约定履行的真实合同。现实中,一方面房产中介为了获得更高的佣金,另一方面买卖双方为了偷逃税款,在房产中介的"出谋划策"下签订"阴阳合同"。以××市的司法拍卖房屋举例,这些法拍房涉及交易金额巨大,如某甲公司从法院拍得乙方一宗土地和房屋,面积为 15000 平方米,成交价 6660 元/平方米,总价格为 1 亿元,拍卖程序都合理合法。但是"猫腻"随之而来,为了过户,甲乙双方通过房产中介的"牵线搭桥",甲乙双方签订了用于申报过户的"阳合同",约定房屋成交价为3000 万元,比真实价格足足低了 7000 万元。根据完税凭证显示,增值税、土地增值税、企业所得税、契税等按照 3000 万元的成交价缴纳,而消失的 7000 万元购房款自然也就不再需要缴税了,光一宗买卖损失税款就上千万,而其中损失的大部分被房产中介非法攫取。

以××市 2020 年的数据为例,粗略计算因此造成的税收损失。2020 年××市二手房网签总数为 5210 套,成交面积 56.83 万平方米,××市二手房实际成交年均价格为 17500 元/平方米(根据安居客成交系统记录取数,现实交易价格更高),按此计算 2020 年××市二手房交易额为 99.45 亿元。而 2020年××市过户最低计税价平均约为 9200 元/平方米,因此,由于过户最低计税价格和实际成交价格不符所造成的差价约为 47.17 亿元。按现行二手房交易的税收规定,粗略估算二手房综合税负率为 6%,那么××市仅二手房交易因"阴阳合同"造成的税收流失达到 2.83 亿元。而不动产交易背后这种税收流

失问题,其他县市也存在类似情况,这无疑给国家带来了较大损失。

(二)房产中介"出谋划策",利用各种方式逃避纳税

转让满两年的住房免征增值税,转让满 5 年家庭唯一住房免个人所得税,所以,房产中介会"出谋划策"授意买家选择先到公证部门办理公证转让房屋手续,约定等到了房子 2 年或 5 年期限,再办理过户转让手续。在公证处支付的公证手续费,一般都远低于全额缴纳的增值税及附加费,但此合同交易的税收也随之流失。

更有甚者,房产中介会"出谋划策"让买卖双方干脆不办理公证,直接让房屋开发企业把房屋低价卖给约定人,然后等中介公司有了买家,把这房屋作为不动产过户给买家,如某房产中介要求某房产企业把一套 100 平方的房子,目前市场价格为 39000 元/平方米,以 15000 元/平方米过户给约定人,房产中介有了买家,再要求约定人以 39000 元/平方米价格卖给中介的买家,但最终过户时以 16000 元/平方米价格另行签订了房产买卖合同,这样变成房屋开发企业 9% 的增值税及附加、25% 的所得税等流失,买主契税也随之减少。

部分交易还采取以租金抵房价的形式,先行入住,5 年后双方再按约定价格办理过户。

还有按我国现行规定,对直系亲属无偿赠与房屋的行为是不征收增值税、土地增值税、个人所得税的。针对此规定,房产中介会授意买卖双方假赠予真卖房,这样卖方的个人所得税、增值税、土地增值税等随之流失。

(三)房产中介采取"加价控房"办法,从中赚取差价不申报纳税

房产中介抬高房价最常用的手段就是"加价控房","炒房中介"在几乎全市所有房屋中介中先安插"内线",凡是有低价房源第一时间通知"炒房中介",得到低价房源后,立即签协议交定金,控制房源,然后开始抬高房价,导致整个不动产市场无房可卖,即使刚需买房,买到的也是加价后的房子。比如某小区委托出售房子的委托人一套房报价 200 万元,"炒房中介"就会给委托人报价 220 万元,但只付定金并不实际买下,承诺以 3 个月时间抬高房价,抬高的部分收益归炒房中介,面对 3 个月 10% 的涨幅,几乎所有委托人都会接受炒房中介的报价。在交定金之后中介就会要求委托人发布信息称该房子已经以 240 万元的价格售出,这样该小区的同类型房源市场价就达到了 240 万元,卖房者都会要求所受托中介将价格改成 240 万元以上。再过一段时间,继续发布有房源以 280 万元成交的假信息。这样从刚需买房者的角度看,原价 200 万元的房子短时间就涨到了 280 万元,然而市场上的房源都被垄断了,最便宜的一套房就是"炒房中介"手里要卖的这一套,其他房源报价都是 280 万元,只有这一套报价 270 万元,只要是刚需,就不得不买下来,在整个交易过程中,买方根本不知道"炒房中介"的存在,但他们却赚走了这中间的 50 万元。所以,

"加价控房"方法是以押金形式控房,只要房价处于上涨期,这种方法赚取的差价远高于佣金,而房产中介几乎不会对这部分收入申报纳税。

(四)房产中介未按规定将交易结算资金通过专用存款账户划转

根据《房地产经纪管理办法》,房地产交易当事人约定由房产中介代收代付交易资金的,应当通过房产中介在银行开设的专用账户划转交易资金。如某房产中介与某开发企业签定某房产代理销售合同,条款规定销售代理价格按(计酬基价)14000元/平方米,然后设定部分分期最高限价16000元/平方米,最高限价与计酬基价的差价为代理的应得报酬,代理费率高达14%,实际上房产中介销售价格有的已达18000元/平方米,房产中介将差价部分不通过专用账户划转,逃避纳税。

三、不动产交易过程中由于房产中介原因导致税收流失的原因分析

(一)纳税意识与法律意识淡薄

依法纳税是公民义务,买卖双方与房产中介通过种种方式蒙骗不动产过户部门,达到少交税的目的,属偷逃税款行为。房产中介纳税意识和法律意识淡薄主要表现在:一是企业建立财务制度大多不完备,表现在会计基础工作薄弱,账册设置不全,甚至两套帐;二是房产中介利用买方和卖方缺乏房产交易的一般程序和房产交易涉及的税费的了解,全套过户流程都由中介一手操办,而且买卖双方都不会向中介索取相关中介费的票据,致使中介得以隐瞒收取的佣金,不申报相关代理费。三是由于房屋过户的最低计税价格与市场价格存在巨大差价,所以,利益的驱动使房产中介铤而走险,利用房产交易一手操办的便利,制作"阴阳合同"导致税款流失。

(二)不动产交易最低计税价格调整严重滞后

笔者认为,不动产交易最低计税价格调整严重滞后的原因:

一是近年房价不断走高频繁在社会上引起强烈的反响,部分买房者认为国家宏观调控不力。基于此背景,许多地方政府为了政绩不受影响,如果调整最低计税价格担心房价下跌,交易量下降,拍卖土地价格、税费由此减少,另外,如果上调交易指导价,如安居客等公众视野的交易价格也随着上调,地方政府可能会背上房地产调控失利的骂名,这也是迟迟不上调不动产交易最低计税价格的原因。

二是最低计税价格往往影响着基准地价,而基准地价又涉及到地方拆迁赔偿等问题,可谓是牵一发而动全身。地价的抬升,会直接提升政府相关拆迁成本。因此,政府为了财政收入与支出平衡,并不会适时调整最低计税价格。

三是计税价格政策欠完善。税务局虽然有设定房地产评估机制,但是评估机构在评估不动产时难以考虑到所有价格影响因素,诸如房屋的楼层、户

型、结构和朝向,还有面积、位置、时间和环境,以及交易者的偏好、对未来的预期、交易双方之间的关系等等。因此,单纯采用评估价格无法作为准确的最低计税价格。

四是不动产评估系统未能及时更新。根据税总函【2016】181 号《关于明确营业税改征增值税有关征管问题的通知》第二条规定关于确定不动产交易计税依据问题:地税机关依据政府认可的第三方做出的市场评估价格,建立不动产评估系统,判断纳税人申报的成交价格是否明显偏低,杜绝"阴阳"合同,堵塞征管漏洞。所以,目前不动产窗口延用 2012 年原地税开发的老系统,最低计税价格是 2016 年的评估数据,一直未曾调整,然而随着近几年房价的上涨,最低计税价格与市场价之间已存在巨大差价,导致房产交易偷逃税款有机可乘。

(三)税务部门监管不到位,企业自身虚开发票

一是房产中介有别于制造业,××市不像已实行的制造行业数据控税办法,可以根据企业消耗的电(气)量、从业人员、建筑面积来监控企业销售收入,税务机关针对中介行业主要采用以票控税的模式。房产中介往往用房价优惠等方式诱使客户不索取发票,而买卖双方支付的佣金一般通过微信、支付宝等方式支付,且没有报销需求,往往并不重视索要发票,一些房产中介公司因此逃脱了开发票的义务,相比较传统制造业更容易隐瞒其收入。

二是个别房产中介由于业务量比较大,而且集中,按协议所取得的佣金相对比较高,也表现为所获取的利润比较高,而企业所得税税率为 25%,为了达到少交企业所得税目的,利用取得的虚开发票虚列成本。

(四)房产中介"囤积"房地产的机会成本较低

自上世纪九十年代,我国房地产市场兴起以来,新建商品房市场一直是房地产市场的主体。从××市总体来看,住房占有结构的不均衡,即中高收入家庭住房过剩与中低收入家庭住房短缺的问题并存。近年来各种房产交易总量大幅度上升,房产市场上面临着一定的问题,主要问题之一就是我国在房地产保有环节所涉及税种相对较少,税负相对较轻,而住房流转环节相对税负较重,在这样的税负分配格局下,政府的调控政策不针对保有环节,仍对流转环节进行调控,而这些政策在抑制了投资、投机需求的同时,也影响了房地产市场的正常交易,误伤了大部分正常的消费需求,通过房地产税收调控实现居者有其屋的目标并没有实现,有限的土地资源不能够得到充分利用。这一定程度上使得房产中介"囤积"住房的机会成本较低,投机性需求旺盛,据了解,××市从事房产中介的纳税人大部分为 2014—2015 年从事"资产包"销售的人群,加上遇到这几年货币宽松政策的刺激下成立房产中介或投资公司,进而演变成炒房,每个房产中介都"囤积"着不少住房,使房产中介慢慢演变成房屋开

发公司,而这部分炒房所得由中介截流,几乎未申报纳税。

四、由于房产中介原因导致税收流失的防范对策

(一)加大宣传、纳税评估、检查力度,创新纳税机制

一是税法宣传要在广度和深度上下功夫。一方面,可以开展对房地产中介机构涉税业务的集中授课,帮助其学习税法的同时,强调偷逃税等行为的违法成本,敲响警钟。另一方面,可以针对买卖房屋的自然人制作房产交易宣传册,并可将辅导视频制作成"二维码",引导纳税人通过"扫一扫"快速了解相关内容,减小买卖双方与房产中介的信息差,提高纳税遵从度。

二是税务机关定期分析房地产中介企业申报表、财务报表等材料,有选择性地对成交量较大的中介进行检查,不仅查房产中介在银行开设的专用账户划转交易资金情况,以及增值税零申报、进销项发票对比,还要深查交易双方法定代表人及亲属银行卡、微信、支付宝等资金往来隐瞒收入的行为,加大偷税漏税的打击力度,彰显税法的刚性。

三是可以创新纳税机制,由纳税人自主申报房屋交易价格,不与最低计税价比较,直接以合同价格作为计税依据进行缴税,先予以办理过户登记,事后再核查申报价格的合理性。如果在后续核查中发现申报价格偏低且无正当理由,不仅要追缴税收与滞纳金,还要列入失信名单,通过公众媒体向全社会公布。2021年3月18日上海市自然资源局已联合上海市税务局、房管局、大数据中心率先开始试行此机制。

四是将中介费支出纳入个人所得税扣除项目。按照消费者往常的消费习惯,只要房产中介愿意降低中介费价格,就不会索取发票。所以,在加强中介收入监管的同时,也要通过利益驱使来引导消费者索取发票,以改变消费习惯。建议可以参考三孩政策推出后,财政部、国家税务总局、国家卫健委等研究推动将婴幼儿照护费用纳入个税专项附加扣除,中介费的支出也可以考虑纳入个税扣除项目。采用其他税种的联动政策机制,来提升纳税人的遵从度,是为上策。

(二)尽快完善不动产交易最低计税价格评估机制

加强数据共享的顶层设计,利用部门联网信息有效控制。与住建局、自然资源局、物价局、银行的房屋、土地相关信息系统进行信息共享,授权税务部门实时查询,在进行房屋区域划分的基础上,制定朝向、户型、楼层等修正系数,加强与交易市场间的信息沟通,准确掌握房屋的市场价格,适时开展最低计税价格与市场价的比对工作,保持定期调整,避免出现过户最低计税价与实际成交价差距过大的现象。

最低计税价格的制定可以参照金融机构对个人房屋贷款的评估价格,司

法拍卖房屋价格,房屋中介发布在微信朋友圈、报纸电视、抖音快手等各媒体平台的房屋价格以及房地产公司第一手销售房屋的价格等。根据不同参照价格的可信程度高低,设想用加权数来制定公式:

最低计税价格＝贷款评估价格 ＊ 50％＋司法拍卖价格 ＊ 30％＋各媒体平台报价 ＊ 10％＋房地产公司销售价格 ＊ 10％

（三）改革中介服务行业管理方式

一是尝试将中介费完税证明纳入不动产登记必需材料中。不动产交易一般涉及自然资源局、住建局、税务局以及银行,建议以交易流程为主线,以交易事实为依据,以各部门反馈信息为平台,以法律法规为抓手,形成多部门协抓共管的征管模式。首先,由住建局确认房产交易合同以及代理中介信息,税务部门根据中介公司收取的中介费以及房屋交易金额分别征收税款,并分别开具中介费增值税完税证明与契税完税证明。其次,自然资源局办理产权转移登记时除收取其他必需资料外,还需收取中介费完税证明与契税完税证明,银行根据购房协议及中介费完税凭证为买卖双方办理按揭手续。

二是建议政府建立全新房产交易平台,要求所有房产交易必须通过该平台申请,实行个人信息实名制,在平台上买卖双方与房产中介需填写真实的身份信息和交易价格,以及提交房产证等重要证件,按照平台上的真实交易价格统一申报收入并纳税,平台上的交易价格不仅是日后若出现纠纷法律唯一认可的交易价格,也是办理银行按揭的唯一依据。避免了网签价和实际成交价格不符的情况的同时,也能极大程度上避免出现二房东转卖等不法行为。

三是建立房地产中介机构信用管理平台。定期公开发布房地产中介机构的信用档案、举报投诉情况及处理结果。同时还要建立多部门联动监管机制和失信联合惩戒制度。可比照纳税人信用等级评定,制定房屋交易自然人纳税信用等级评定措施,与征信系统紧密相连,此举不仅可以一定程度上解决房产市场的税收问题,也能为我国税务系统的长期发展打好基础。

（四）探索运用区块链技术实现"去中介化"房产交易

房产交易本质上还是属于买卖双方的行为,但是信息差的存在以及信息集中化的需要导致了房产中介的出现。而在大数据时代,区块链凭借其自动计算、提高交易数据透明度和准确性的能力,有可能彻底改变我们进行支付、存储数据和执行交易的方式。区块链机制的关键部分就是各方达成共识,向该区块增加信息,那么就有可能应用于智能合同,消除通过中介进行信息集中化的需要,允许各方以安全的方式共享信息并直接进行交易。

区块链是一个信息分类帐,在加入对等网络的计算机之间复制和分发。这种分布式分类账技术基本上创建了一个交易的单一记录,该记录可以被交易中所有被批准方访问和独立验证。该单个事务被称为"街区",并作为一个不可改变的、永久的和可信的记录保存在一个共享的数字分类账中。任何相关的新事务都可以添加到原始记录之上,从而创建一个互连的区块链,所有交易和交易对象都清晰地映射在各方共享的单一数字分类账中。区块链可以修改以适应不同的业务和行业,并且对分布式分类帐的访问可以不受限制,这意味着任何人都可以访问存储在分类帐上的信息,也就可以实现房产交易"去中介化"。

五、结语

令人欣喜的是,国家相关部门已经开始重视房产中介造成的税收流失问题,国务院及各地方政府频出重拳,严厉打击房地产交易市场的不规范行为。2021 年 7 月 13 日,住建部等八部门联合发文,要求持续整治规范房地产市场秩序,力争用 3 年时间,实现房地产市场秩序明显好转,严厉打击房产中介发布虚假违法房地产广告、发布虚假房源信息、协助非法规避交易税费等行为。另外,2021 年 4 月国家税务总局也要求深化不动产交易一窗受理,不断深化与自然资源、住房城乡建设、民政、公安等部门协同合作,积极推进税收信息与其他部门涉税信息的实时共享。但是由于部门利益的掣肘以及技术的对接,实施起来仍具有一定的难度。

不过笔者相信,在各部门科学谋划、精心组织的努力下,市场监管力度一定会持续加强,市场环境会不断净化,税收流失的漏洞也会逐渐补上。

课题组组长:徐　震
课题组成员:周忠源　吕俊毅(执笔)

区块链技术应用于税收风险管理的
分析与展望(三等奖)

国家税务总局台州市税务局课题组

税务机关、纳税人以及政府第三方之间存在的涉税信息不对称、无法实现交互共享的问题,使得税源越来越隐蔽,税源跨市、跨省、跨境流动性日益增强,税收风险管理难度日益加大。在大数据背景下,区块链技术以数据透明、信息安全度高以及用途广泛且具备较强的可塑性等优势,有望在税务管理领域实现有价值的应用。区块链采用的分布式数据存储、点对点传输、共识机制、加密算法等技术,为涉税信息防伪、保密提供了有效路径,能够有效地解决涉税信息不对称问题,从而降低税收流失和税收成本,为提升税收风险防控能力提供了技术契机。

一、大数据背景下区块链技术应用与发展概述

所谓大数据,指那些大小已经超出了传统意义上的尺度,一般的软件工具难以捕捉、存储、管理和分析的数据,即在海量、无序的数据中洞察规律、发现价值。数据已经渗透到每一个行业甚至国家职能领域,逐渐成为重要的生产因素,与矿产、土地、石油一样成为国家的基础性战略资源,企业和政府对于海量数据的运用也预示着新一波生产率增长和消费者盈余浪潮的到来。大数据是制定宏观调控和市场监管策略的重要手段。当前,数据拥有者推进数据的共享力度不足,数据孤岛、垄断等现象长期存在,信息数据安全面临的威胁与隐私保护技术应用的困境也日益凸显。区块链技术的出现为大数据在政府管理与市场经济运行中应用带来了新的契机,是实现信息数据资产流通和隐私保护的新技术。

区块链特殊的数据库组织形式,使得区块链技术具有四个特点:分布式数据存储、可信任性、可追溯性以及智能合约机制。

一是分布式数据存储。区块链的分布式存储模式及其点对点网络系统,形成了去中心、弱中心化的系统结构形态,省去了传统模式下的中转中心,可

极大提升信息、价值的传递效率。

二是可信任性。依托于非对称加密、哈希算法、共识机制等技术的运用，使得区块链的独特运行机制省去了第三方认证机构，使节点间可以依靠区块链直接达成信任。

三是可追溯性。当前机制下，所有被记录进区块链网络的数据将被永久储存。交易事项的每一个后续变化都在连接和可追溯的链条下游创建了另一个数据区块，并且在交易的每一个环节、每一个节点都实时复制一定时间内全部的交易数据，实现了交易数据的不可删除和篡改。

四是智能合约机制。区块链网络中，条约履行的判定条件以代码方式写入。一旦达到了履行条约的条件，区块链网络将自动强制执行条约。即根据真实交易记录，一旦达到预定条件，就会自动执行特定条款。

区块链作为分布式共享数据库技术，其本身的去中心化、透明开放、可追溯性和不可篡改性等特点，将对政府部门和公众将带来不可估量的影响。区块链技术在政府公共管理工作的应用中有广泛的前景，例如投票、资产和土地产权登记等。2016年12月，中国国务院发布的《"十三五"国家信息化规划》指出："物联网、云计算、大数据、人工智能、机器深度学习、区块链、生物基因工程等新技术驱动网络空间从人人互联向万物互联演进，数字化、网络化、智能化服务将无处不在"。这表明了中国官方对区块链技术的认可。区块链技术的发展对企业纳税人、税务机关和税务咨询机构的长期影响将是全球性、革命性的，亟需政府和企业共同关注并谋划应对。

二、区块链技术应用于税收风险管理的国内外现状比较研究

（一）区块链技术在国外税收风险管理中的应用方向和现状

1. 区块链技术在国外税收风险管理中的应用方向。维也纳大学经济学教授杰弗里·欧文斯认为，区块链技术必须在结构支撑、达成共识、分布式账本、无信任等环境中得以应用，才能兴盛发展。区块链具有的分布式账本或智能合约的特性，为税收风险管理领域提质增效提供了解决方案。与区块链技术最契合的税收风险管理领域是受益所有人注册、转让定价与工薪税。一是应用于国际上推动受益所有人注册制度领域。区块链和分布式账本技术所固有的提高透明度的特性，能够挖掘、核实所有权结构信息，包括资产所有权的实时变更信息和股权持有方的股权持有数量变更信息，最终协助税务机关获取关资产最终控制权人的信息。二是运用于转让定价领域。区块链交易的标准化趋势，将帮助政府和纳税人都能得到实时交易数据，极大地促进数据的可用性，解决信息不对称的问题。利用区块链技术，相关国家税务机关将取得不可更改的交易日志，这样对国别报告中所提供的内容的核实将更精简，从而显著

降低跨国企业预期不断上升的税收遵从成本。三是应用于工资薪金个人所得税领域。将与个人的就业与收入状况相关信息进行归类,通过允许将保留在其他区块上的可靠数据合并至一个数据集中,同时利用智能合约和分拆支付实现工资薪金个人所得税的自动扣缴,也能显著降低税收遵从成本和减少大量重复性工作。

2.区块链技术在国外税收风险管理中的应用现状。根据欧盟委员会公布的数据,2015年欧盟增值税实际收入较预期少1551亿欧元,税收缺口占预期的12.7%。增值税漏洞存在的原因有逃税、漏税、税务欺诈、破产、延期付款和行政问题等。据估计,欧盟每年约有500亿欧元的税款流失是因税务欺诈而导致的,为此协调国际税收合作,确保充分的信息交换,才能减少国际逃税避税和双重不征税等现象的发生。世界各地的税务管理部门开始研究区块链在减少逃税领域的应用。

2016年初,英国政府发布了《分布式账本技术:超越区块链》研究报告,从国家层面对区块链技术的未来发展及应用进行分析并给出建议,其中提到分布式账本在税务管理中的应用。英税务机关(HMRC)也制定计划在2020年之前推出数字税收系统,以期到2020年建立高效的无纸化税务系统,探索基于区块链技术的税务审计和纳税管理解决方案。

2018年美国税务局(IRS)计划花费2.91亿美元更新现有140个计算机系统以帮助其新税法的实施。分析人士断言,区块链的出现会为美国税务局带来一场新的技术革命,从而降低纳税申报、数据分析和信息交换等纳税服务的成本。区块链的数字分类账平台会彻底改变美国税务局进行数据分析、交换和存储的方式,从而节约成本,增强安全性,并提高访问、审查纳税人申报数据的效率。由于纳税申报数据是高度保密的,从速度、安全和成本角度而言,私有区块链很可能成为美国税务局更具成本效益和管理效率的选择。

卢森堡政府已开始尝试用基于区块链的解决方案来进行税务申报和审计,区块链固有的透明度将改变税务审计的执行方式。其政府投资了科技公司LuxTrust,该公司的区块链身份平台将会应用于国家从纳税申报到监管执法的各个方面。荷兰开展区块链增值税系统研发的科技初创公司Summitto,则开发了去中心化的实时财税会计系统,以期打击增值税欺诈违法行为,减少企业负担,有效提高企业的税务合规水平。

(二)区块链技术在国内税收风险管理中的应用现状

2017年6月,国家税务总局征管和科技发展司成立区块链研究团队,标志着政府在税收征管与服务方面从国家层面对区块链技术的关注与重视。因此,区块链技术应用为提高我国公共服务的效能,尤其在互联网大数据下税收风险管理现代化的实现发挥应有的作用,或将成为政府区块链发展计划的重要工作之一。此前,国家税务总局局长王军也与研究区块链技术的国际税收专家杰弗里·欧文斯进行过交流,并讨论区块链相关领域的最新研究进展。2018 年 5 月,深圳市税务局与腾讯公司共同成立"智税"创新实验室,基于区块链的数字发票解决方案是合作的重点项目之一。深圳市税务局和腾讯双方正共同推进探索基于区块链的数字发票解决方案,这是全国范围内首个"区块链＋发票"生态体系应用研究成果。据深圳税务方面称,深圳市场经济活跃,涉税业务量庞大。此举将另每一张发票都可以做到可查、可验、可信、可追溯,并利用区块链技术对发票流转全过程进行管理,让发票数据全场景流通成为现实。2021 年 3 月,中共中央办公厅、国务院办公厅印发的《关于进一步进一步深化税收征管改革的意见》特别指出,要探索区块链技术在社会保险费征收、房地产交易和不动产登记等方面的应用。

当前,中国一年的数字支付目前已高达 5.5 万亿美元,是美国一年数字支付的 50 倍。海量的客户以及开放式需求,为区块链技术在中国的推广应用提供了一个得天独厚的环境,并将进一步推动该项技术的创新与发展。中国政府部门及业界在区块链技术应用方面呈现出巨大的热情,实施了许多项目。区块链技术将多大程度地在税务收管理领域成为现实,需要何种技术和监管方式来顺应市场经济交易高速增长的趋势,这些都需要市场参与者和监管者共同加以准备和规划。

三、区块链技术运用于税收风险管理中的必要性和可行性分析

(一)区块链技术应用于当前税收风险管理中的必要性分析

税收风险管理是指税务机关通过科学规范的风险识别、风险估测、风险评价等手段,对纳税人不依法准确纳税造成税款流失的风险进行确认,对确认的风险实施有效控制,并采取措施处理风险所致的后果的方式和机制的总称。大数据时代背景下,纳税人的经营活动越来越复杂,核算方式呈现电子化、专业化、团队化趋势。由于跨市、跨省、跨境的流动性加大,税源越来越隐蔽,避税手段越来越多样化,税收风险管理难度也进一步加大。因此,亟需引入区块链技术,以大数据手段应对大数据背景下的税收风险管理困境。

一方面,引入区块链技术是夯实税收风险管理数据基础的需要。税收风险管理以数据为基础,完整、优质的数据资源决定了税收风险管理工作开展的质量。税务机关必须借助区块链共享型分布式数据存储的特点,广泛采集,交叉校验企业经营与纳税申报数据,并加快与第三方间的数据协作,打破当前所处的信息劣势地位,建立完整、真实、可信的信息数据库,为税收风险管理工作打下扎实基础。另一方面,引入区块链技术是提高税收风险管理质效的需要。信息采集是税收风险管理的基础,风险分析和识别则是税收风险管理的重点。

需要在税收风险管理中,加大信息化手段的运用,借助区块链技术的智能合约执行等功能,提高税收风险识别的精度和税收风险分析的深度,提升税收风险管理质效。

（二）区块链技术应用于当前税收风险管理中的可行性分析

1. 在自然人税收风险管理方面应用的可行性。区块链技术可有效运用于自然人税收风险管理管理。自然人税收风险管理的难点在于税务机关对于自然人基础信息掌握的不全面、不精准。运用区块链技术,每个人的身份信息是其自身账本数据链条中的一环,基于链条信息的环环相扣,该信息必定真实准确。每个人的房产记录、资产信息（股权、债权、无形资产等等）、境内外停留时间等信息都将是真实的、唯一的、准确的,这将非常有利于自然人的税收风险管理。在获取自然人信息方面,区块链技术将革新现存的合规模式,实时同步、不可篡改的数据使得相关方无需额外的工作,就能保证其数据的一致性,极大地降低了成本。

2. 在电子发票风险管理方面应用的可行性。电子发票是"以票控税"向"信息管税"转型的重要桥梁,为实现增值税"以票控税、网络比对、税源监控、综合管理"的闭环运行提供可能,从而帮助税务机关充分掌握各种经济形式的交易信息,防止税收流失。电子发票也面临着发票生命周期管理中的一些难点:一方面,在电子发票的报销、入账、流转等环节,存在重复报销、重复入账以及虚假报销、虚假入账的潜在风险。由于电子发票具有数据复制的完全无差性,尽管在开具时难以造假,但其以电子数据形式保存,可以重复下载和打印,易造成电子发票的重复报销、重复入账;另一方面,能够通过图像等技术篡改的电子发票,也造成了虚假报销、虚假入账的潜在风险。

区块链技术具有全流程完整追溯、信息不可篡改等特性,与发票逻辑吻合,能够有效规避假发票、完善发票监管流程。区块链技术下,当消费者在商户消费付款时,只需提交开票抬头等必要信息,系统便会根据消费的实际项目和金额自动开具相应的电子发票存入云端,通过"资金流、发票流"的二流合一,实现"交易数据即发票"。同时,将该笔交易数据同步共享给包括税务机关在内的每一个发票关系人,该交易数据将会永久保存在系统中,税务机关在开展税收风险管理时可随时调取,为税收风险分析和识别提供坚实的数据基础。从技术上来讲,区块链可以解决电子发票实践中存在的重复入账、重复报销问题。基于区块链的电子发票报税制度,未来也能使企业能够以电子方式提交采购和销售发票的详细信息,并自动测算税额后上报给税务机关。

3. 在防范逃税避税风险管理方面应用的可行性。区块链作为分布式记账系统,以加密方式实时记录每一笔交易（购买、销售、转移等）,捕捉的信息包括增值税发票数据（如运输信息、货物描述、成本、价格等）、合同等,每笔交易将在区块链的区块中记录。区块带有时间戳,并添加到区块链上,链接到前面的区块,并更新所有网络中的副本,这意味着交易几乎不可能伪造或消灭。区块链生成的永久交易记录,跟踪了交易信息,极大影响资金转移和会计记录的方式,消除了对第三方审计的需要。同时,为传统的税务申报提供了更为实时、节约的自动化替代方案。如果不法分子进行了逃税避税等不法行为,也能在区块链中被及时发现和跟踪,对防范税务风险工作产生积极影响。

随着跨境电子贸易持续增长,各国制定新政策避免双重征税,简化法规遵从。分布式记账技术为税务机关提供了绝佳机会,税务机关希望能尽快获得纳税信息,企业也不应该等到纳税年度结束或更久,才能知道应缴纳多少税款。税务机关通过分析软件实时监控企业纳税行为和发现违法行为。对于跨境电商交易,区块链中交易各方的记录都能被获取,且任何交易必须被相关各国管理部门认可。应用区块链技术的增值税防欺诈系统,多税务机关能立即发现违法行为,而现有的增值税报告系统则可能耗费数月才能发现此类欺诈交易。

此外,对政府和纳税人都有利的是,区块链将减少行政成本和税务争议(包括税务审计),在税收数据收集过程中,税务审计会自动发生并执行。区块链将会改变纳税人的行为,规范其不合规的风险。例如,工资薪金支付与自动执行的"智能合同"捆绑在一起。在支付行为发生时,自动提取税款,实时上缴税收风险管理部门。支付信息将永久地存储在区块链上,从而导致税款错漏现象的减少,并提供永久的完税凭证。

四、基于区块链的税收风险管理架构浅析和应用实例

(一)基于区块链的税收风险管理架构浅析

基于区块链的税收风险管理架构将监管直接建立到市场主体的区块链节点上,实现实时数据挖掘,准确形成预测、预警信息;实时进行数据监管和信息反馈,实现自动化税收功能,促进税收风险管理职能的创新变革并提高纳税服务效率。区块链税收风险管理架构的实现有赖于以下体系的建立:

一是以纳税人交易为节点的区块链发票体系。区块链发票体系自动实现交易数据、发票数据和会计数据的记录,避免开票相关的违法犯罪行为的发生,同时整合了跨区域、跨部门的电子发票数据,极大地降低税务机关的监管成本。

二是以纳税人账簿为节点的区块链账簿体系。提高对区块链账簿体系中数据的深度挖掘和分析比对能力,对企业涉税信息进行实时分析,可提高税务稽查工作效率,避免重大案件的发生。

三是以纳税人信用为节点的区块链信用体系。纳税信用的社会价值和影

响力日益增强，一方面它逐渐成为企业参与市场活动的重要资产，另一方面税务机关也可就其信用等级开展税收激励、税收检查等工作。

（二）台州税务：区块链与大数据技术在税收风险管理上的应用实例

台州税务开发了市局数据质量平台。依托平台对税源基础信息进行监控检查，极大提高了征管数据质量。平台中包含"小规模纳税人发票开具金额与申报金额比对"、"疑点基础数据清理"、"代开票查询"、"营改增税负分析"等自主查询模块，有重点地筛选事先辅导和申报信息事后重点审核对象，精准定位异常风险纳税人和行业，便于管理部门跟进采取应对措施。台州税务创新开发了"增值税发票动态监管系统"，精准快防控纳税人增值税发票虚开。在当前"互联网＋税收风险管理"的大背景下，台州税务深入挖掘增值税发票系统升级版、金税三期征管系统等大数据资源潜力，利用互联网信息技术，创新开发了 24 小时精准、快速、高效的"增值税发票动态监管系统"，实时查验纳税人开票明细数据，精密分析加工，准确将风险预警信息推送给基层税务机关和人员，快速采取风险应对管理措施。实现从源头管住发票，有力减少新办商贸企业一般纳税人虚开发票等违法犯罪行为发生，取得了明显成效。2017 年以来，台州市局利用"发票动态监管系统"及时发现并妥善处置 14 户虚开、异常开票或非正常性作废发票的企业，涉嫌增值税发票 1030 份，金额 9009.2 万元，税额 1531.2 万元。

台州税务还开发了"亩产税收土地税源地理信息系统"。该系统实现了税收数据和国土局第三方地理信息数据的无缝衔接。接入"金税三期"查询下行库，实时共享企业基础信息及申报数据，将占地情况与税收收入、销售收入对应匹配加工，完善亩产税收评价要素，拓展评价维度，夯实评价基础。该系统具备全景可视化特点。运用 GIS 地理信息技术、数据运算和钻取技术，实现企业信息可视化和地理位置分析。在数字地图上点击相应区块，即可全景呈现企业基本信息、占地面积和税收情况，并进行可视化操作，以折线图、柱状图等形式呈现数据信息，提高数据分析效率，降低数据取用门槛。该系统具备实时动态化特点。基于 Echarts，提供直观、动态、可交互的个性化图表展示，并设定"亩产税收"规模等级，以不同颜色区块标识形成"税情热力图展示"，实现税收数据"看得见、看得清、看得懂"。

基于信息管理系统所收集获取的数据可通过区块链技术的分析，将税务部门与纳税人之间的信息通过密码算法安全使用，将纳税人的纳税信息与其信用挂钩并即时更新，使得数据高度透明化，既不可篡改，也具有历史可追溯性。由此税务部门与纳税人之间的信息有了安全保证，达到信息公开、透明，实现涉税数据共享的公平性、实时性和准确性。比如，在台州税务推行的"亩产税收土地税源地理信息系统"中，还存在着区块链技术可以介入完善的领域：一是税源信息的隐私安全问题。区块链中的密码技术能够强力地保障信息的泄漏问题，分散于多个节点中的数据都具有自身的高可靠性。二是登记税源信息错误率问题。若在信息系统中出现登记错误的情况，可能会导致其他税源信息的不准确。此时引入区块链技术，在分布式账本技术中，每一个节点的数据都是独立的，不可随意篡改，可减少单点错误，具有自治性与共识性，从而很好地解决了数据采集错误的问题。

五、区块链技术在税收风险管理中的应用前景展望

（一）提升数据融合能力，拓展涉税数据挖掘和共享互利

基于各级政府或第三方对数据共享规范与开放原则的不同，涉税数据的共享必然存在一定的壁垒，为了能克服数据安全、权责明确范围适用的局限性等不足，税务机关应积极推进与第三方和谐包容的共识算法和规则体系，建立统一的、功能全、效率高、实用性强的风险管理大数据基础平台，同时加速推动涉税信息共享法律法规的立法，避免立法缺位导致的涉税数据获取难和数据大量融入导致的数据沉淀和挖掘不足的问题，实现涉税数据和政府第三方数据的互融互通、共享共利。

基于数据的真实、有效、完整、透明，区块链技术还可运用于各类税收收入和税收指标的分析、辅助税收政策的设计、税制结构的搭建等环节和领域，从而完善税收全流程管理。按当前浙江税务风险管理大数据基础平台的建设规划，应整合金税三期、发票新系统及出口退税等主要信息系统数据，结合第三方涉税信息交换平台的共享数据，制定统一的数据过滤、清洗、转换标准，实现信息系统数据的集中统一存储。依托浙江税务私有云，综合评估传统数据仓库和新型大数据平台的优劣，建设浙江税务大数据和风险管理基础平台。通过大规模地收集纳税人的行为数据、社会公开资讯等信息，结合内部信息，开展纳税人画像、企业基因图谱、行为特征分析等高智能分析工作，为实现自动化、智能化的全流程税收风险管理奠定基础。

（二）建立激励机制，为动态纳税信用管理开辟新路径

区块链技术中激励机制的建立可以帮助税务机关更高效、合理实施激励措施，进而更好地实现激励措施的分配公平。目前，各级税务机关按总局构建科学的动态积分标准和分级分类规则，建立完备的信息化评价系统的总体部署要求，通过对纳税人基础信息、涉税行为、风险应对结果、外部信息和遵从激励信息等内容进行评价获取纳税人动态纳税信用积分，对纳税人实施分级分类管理，有效提高了税收征管效能。在理想的主权区块链环境下，一个高信用积分的纳税人的纳税数据会被反馈到区块链上，伴随着区块产生的周期，会产生一定的符合纳税人预期的税收激励措施，即税务机关可利用区块链技术，按

照该纳税人的纳税数据来阶段性分配激励措施资源,既提高了激励的效率,也更加便捷地实现了动态纳税信用的管理。

(三)减少涉税争议,全面提升纳税遵从

应用区块链技术后将提高纳税简便性,从而减少涉税争议,降低纳税遵从货币成本和时间成本,提高税法遵从度。有效利用区块链的透明以及可验证的交易技术为减少税收争议提供了重要支撑。税收争议的产生主要源于交易记录的不确定性,有效利用区块链的透明以及可验证的交易技术,用智能合约代替准税收合规经济,是减少税收争议的重要技术支撑。区块链技术的应用将实现完成交易与申报纳税之间的无缝衔接。由于区块链技术记录的财务数据包含了详细的交易成本、收入明细、企业资产和负债,税务机关可以从中轻松获取完整的财务数据,之后通过专业的计算机程序计算出应纳税额进行自动申报,并在申报完成之后,立刻自动从公司银行账户扣去相应税款。因此,申报表将会被区块链中记录的交易数据取代、税款计算和缴纳过程被专业的税务软件取代,纳税人可以不必再向税务顾问支付咨询费用或向税务代理等中介机构支付中介费用,不仅减少了货币成本,而且节约了大量时间成本。区块链数据库通过去中心化的架构,由多方共同管理维护,任何一方不能完全操作数据,且数据具有不可篡改性,加固了数据的安全,促进了公平公正,最终使纳税人和税务机关对税收数据的真实性具有相同的信任程度。

课题组组长:康忠立　徐　康
课题组成员:许联友　吴承东
　　　　陈　昕(执笔)　卢　琪

基于税收大数据的
浙江现代纺织产业链研究（三等奖）

国家税务总局浙江省税务局课题组

纺织产业链，是从化学纤维生产、纺机制造到纺织加工，直至服装制造的整体功能产业链条，是重要的传统民生产业，对于促进国民经济发展、繁荣市场、吸纳就业、扩大出口、增加国民收入等都具有十分重要的意义。当前，纺织产业链处于从传统劳动密集型产业向智能化转型的关键期，升级改造任务重，易受劳动力和原材料成本影响，同时由于对出口依赖度较高，全球疫情及贸易摩擦对纺织产业造成较大压力。税务部门开展纺织产业链分析，深入分析产业链发展状况，对于客观研判产业链发展面临的新问题、新挑战和新机遇，助力纺织业高质量发展有重要意义。本文通过增值税发票、税收申报、进出口等数据，反映我省现代纺织产业链发展现状，剖析产业链面临的难题和困境，为推动纺织产业转型升级提供决策参考。

税收大数据显示，浙江已经建立完备的纺织产业链体系，集群优势全国领先，表现出省内配套率高、出口依赖度大的特点。上半年销售总体趋稳，智能自动化投入加码，但复苏步伐相对较慢，同时面临着总体处于价值链中低端、人口红利消退、出口形势欠佳、能耗污染较大等问题。

一、浙江现代纺织产业链发展现状

（一）纺织产业链条"全"，集群优势全国领先

浙江省产业覆盖面广且门类齐全，构建了以化纤、纺机、纺织、服装为主的现代纺织全产业链。据 2020 年增值税发票销售数据测算，浙江制造业与全国制造业产业同构系数为 0.88，分别超过珠三角和京津冀 0.05、0.07；浙江纺织产业链与全国纺织产业链同构系数为 0.90，分别超过珠三角和京津冀 0.13 和 0.06 个百分点。

浙江纺织产业链规模全国领先，集聚优势突出。2020 年，浙江化纤业开票销售额居全国各省第一，纺机、纺织和服装业开票销售额均居全国各省第二。

浙江省化纤、纺机、纺织和服装业区位熵分别为 3.9、2.8、2.9 和 2.2,集聚水平很高。

(二)总体销售趋"稳",但复苏步伐相对偏缓

总体来看,纺织产业链销售增幅由负转正、逐步趋稳。2020 年,全省纺织产业链开票销售同比下降 10.5%;2021 年 1—6 月,开票销售同比增长 37.4%,较 2019 年同期增长 9.5%,两年平均增长 4.7%,其中:一季度两年平均下降 4.7%,二季度两年平均增长 14.1%。

表 1 浙江纺织产业链开票销售情况

行业	2020 年		2021 年一季度		2021 年上半年	
	开票销售	同比增长 %	开票销售	两年平均增长 %	开票销售	两年平均增长 %
纺织产业链	10495	−10.5%	2594	−4.7%	5955	4.7%
其中:化纤业	2076	−13.5%	558	−1.6%	1445	10.1%
纺机业	316	−3.2%	97	−0.6%	227	15.1%
纺织业	6048	−9.2%	1457	−4.3%	3298	3.7%
服装业	2055	−11.9%	482	−9.7%	985	−1.2%

与制造业相比,纺织产业链销售恢复较慢。上半年,全省制造业开票销售两年平均增长 13.9%,其中:一季度两年平均增长 6.7%,二季度两年平均增长 21%,分别高于纺织产业链同期两年平均增幅 9.2、11.4 和 6.9 个百分点。纺织产业链复苏较慢、任重道远。

分环节看,上游纺机、化纤领先增长,中游纺织缓慢恢复,下游服装仍待破局。上半年,纺机、化纤业开票销售分别两年平均增长 15.1% 和 10.1%,分别高出全省纺织产业链 10.4 和 5.4 个百分点,主要因为纺机技术含量较高促进恢复、化纤价格上涨带动增长;纺织业开票销售两年平均增长 3.7%,落后全省纺织产业链 1 个百分点;服装业开票销售两年平均下降 1.2%。

(三)省内配套率高,出口依赖度大

2020 年,浙江省纺织产业链的"省内:外省:直接进口"购进额之比为 69:29:2,省内配套率达 69%,较浙江省整体省内配套率高 12 个百分点;对外省配套依存度较高的有纺织专用设备(62%)、人造纤维(69%)、棉花(68%)、颜料(66%)等;从直接进口额看,机器设备和乙二醇占比高达 40% 和 27%,反映出对进口纺机、化学品的依赖较大。

2020 年,浙江省纺织产业链的"省内:外省:直接出口"开票销售额之比为 58:27:15,直接外贸依存度约 15%,其中服装、纺机业直接外贸依存度高达

22％和20％。从向外省销售看，主要销往江苏、上海、广东、福建、山东等东部沿海省份，其中向长三角地区开票销售占比为73.5％，比重较上年提高0.3个百分点，长三角纺织产业链一体化程度加深。

（四）智能自动化投入加"码"，促进生产方式提升

从投入看，浙江省纺织产业链的改造提升持续推进。2019年，纺织产业链购入软件产品及服务、工业机器人及自动化系统金额同比分别增长14.7％和3％；2020年，疫情影响增幅回落；2021年上半年，恢复增长，同比分别增长16.7％和51.4％，两年平均分别增长10.6％和5.5％。

表2　智能化、自动化投入对纺织产业链利润影响模型分析

变量	（1）纺织产业链 Ln（利润）	（2）纺织 Ln（利润）	（3）服装 Ln（利润）	（4）化纤 Ln（利润）	（5）纺机 Ln（利润）
Ln（收入）	3.081*** (0.0594)	3.320*** (0.0764)	2.543*** (0.105)	4.059*** (0.423)	3.382*** (0.249)
Ln（成本）	−2.028*** (0.0582)	−2.248*** (0.0752)	−1.509*** (0.102)	−3.033*** (0.414)	−2.264*** (0.248)
Ln（智能自动投入）	0.0209*** (0.00371)	0.0139*** (0.00464)	0.00742 (0.00783)	0.0636** (0.0259)	0.0170 (0.0110)
常数项	−4.644*** (0.0674)	−4.837*** (0.0831)	−4.487*** (0.145)	−4.589*** (0.415)	−4.719*** (0.241)
样本户数	9,281	5,987	2,499	356	439

*** 表示 $p<0.01$，结果在1％的水平上显著；** 表示 $p<0.05$，结果在5％的水平上显著；* 表示 $p<0.1$，结果在10％的水平上显著。P值越小越显著。

从产出看，智能化、自动化持续投入，促进我省纺织产业链生产方式提升、利润增长。通过我省9281户纺织产业链样本企业近3年数据建模分析：智能化、自动化投入对纺织产业链利润有显著正向影响，其中：对纺织业影响最为显著，对化纤业利润影响系数最高，对服装和纺机行业利润影响不显著。

二、浙江现代纺织产业链存在的问题

（一）盈利水平较弱，创新能力不足，总体处于价值链中低端

从链条上看，我省现代纺织产业链总体规模大，但利润率低。2021年上半年，我省现代纺织产业链利润率为3％，低于全省制造业平均水平1.8个百分点，其中：纺织业户数最多、整体规模最大，但利润率仅2％、盈利面为56.7％；下游的服装业利润率、盈利面最低，利润率仅0.1％、盈利面为40％；上游化纤

业盈利波动较大,受价格带动,利润率为 6.4%、盈利面为 63.5%;纺机业处于价值链相对高端,利润率为 4.1%,但是户数少、规模小。

表 3 2020 年纺织产业链与制造业研发创新情况

指 标	纺织产业链	制造业	差 距
研发费用增幅%	2.8%	10.9%	-8.1 个百分点
研发户数占比%	4.2%	6.2%	-2 个百分点
户均研发费用(万元)	481	576	-16.5%
高新产品收入占比%	22.9%	31.6%	-8.7 个百分点

从创新情况看,浙江省现代纺织产业链研发能力不足,高新产品比重偏低。2020 年,我省现代纺织产业链研发费用同比增长 2.8%,有研发支出的企业户数占比为 4.2%,有研发支出企业的户均研发费用 481 万元,高新技术产品收入占营业收入的比重为 22.9%,均低于全省制造业平均水平(见表三),制约我省现代纺织产业链创新发展。

从规模看,浙江省纺织产业链虽有荣盛、恒逸等世界 500 强企业,但总体上大型企业少、中小微型企业多,随着企业规模下降,利润率逐级下降。2021 年上半年,浙江省现代纺织产业链大、中、小、微型企业户数占比分别为 1.2%、24.5%、40.7 和 33.7%,利润率分别为 6.1%、2.1%、-0.3%和-11.3%。大型企业自主创新能力和品牌意识较强,盈利水平相对较高,大多数小微型企业微利生存。

(二)人口红利消退,纺织产业链用工难、招工难问题突出,警惕部分企业外迁现象

劳动力成本上升,劳动力密集型的纺织产业链面临严峻考验。浙江省第七次人口普查数据显示,全省常住人口中,65 岁以上人口占比较 2010 年上升了 3.9 个百分点,15-64 岁劳动人口占比较 2010 年下降了 4.2 个百分点。个税申报数据显示,今年上半年,全省纺织产业链人均工资薪金同比增长 3.8%,较 2019 年同期增长 2.3%。

纺织产业链招工难、用工难。纺织产业链薪酬水平低,2021 年上半年,浙江省纺织产业链人均薪酬比总体平均水平低 24.6%,比制造业平均水平低 12%;加上纺织产业工作环境不佳、劳动重复枯燥、前途渺茫,缺乏就业吸引力,很难留住人,更难吸引技术人才,这也是调研中企业普遍反映的问题。

纺织产业链的服装环节率先向东南亚转移。2019 年,我国服装出口占全球贸易份额为 30.7%,较 2013 年下降 8.5 个百分点;而越南同期服装出口份额提高 2.5 个百分点。上世纪 90 年代初,亚洲四小龙的服装出口份额持续下

降,纺织品出口份额上升,1997 年后纺织品出口份额和服装一起回落(如图 6)。我国当前的纺织、服装出口份额走势,与亚洲四小龙的过去相似,要警惕服装出口份额回落,演化为整个纺织产业链出口份额的大幅下降。

（三）出口仍待恢复,HM 等品牌"抵制新疆棉"对纺织产业链影响深远

受国外疫情导致需求减弱以及贸易环境风险上升影响,纺织产业链出口形势较为严峻。2021 年上半年,全省纺织产业链出口销售两年平均下降 4%,降幅较一季度收窄 0.01 个百分点,但仍然较制造业平均水平低 15.9 个百分点,其中:服装、化纤、纺织业出口均不及 2019 年同期,两年平均分别下降 10.6%、5%、2.4%;纺机出口两年平均增长 10.2%,低于制造业平均水平。

表 4　2020 年浙江纺织产业链主要环节销售流向

行业 ＼ 流向	浙江	东部(不含浙)	中西部	出口
化纤	63%	28%	2%	7%
纺机	47%	25%	8%	20%
纺织	59%	22%	3%	15%
服装	52%	20%	6%	22%

在抵制和疫情双重影响下,浙江省现代纺织产业链含棉产品出口额大幅下降、比重下滑。2021 年 1—5 月,浙江省现代纺织产业链中含棉产品出口额两年平均下降 15.6%,降幅深于纺织原料及纺织制品出口额 4.2 个百分点,其中对美出口两年平均下降 22.4%;含棉产品占纺织原料及纺织制品出口额的比重下滑 2.4 个百分点,其中:对美出口该比重下滑 2.7 个百分点。从长期看,其抵制意图是通过打击纺织产业的根基,全面打击我国纺织产业链,为美棉、印棉腾出市场,将对我国纺织产业链产生全面、深远的影响。

（四）能源消耗金额大、比重高,绿色转型迫在眉睫

联合国数据显示,服装行业的总碳排放量占据全球碳排放量的 10%,是仅次于石油产业的第二大污染行业。增值税发票数据显示,2021 年上半年,浙江省现代纺织产业链购进电、水、气等能源金额两年平均增长 3.8%,超过全省平均增幅 0.9 个百分点;占全省能源购进金额的比重达 11.3%,较 2019 年同期提高 0.2 个百分点;单位销售收入能源费用率 4.9%,是全省制造业平均水平(2.3%)的 2.1 倍,其中:纺织业高达 6.6%;化纤为 4.1%。

三、促进现代纺织产业链高质量发展的建议

现代纺织产业链需聚焦科技、时尚、绿色、自主可控的高质量发展路径,不

断优化产业布局,强化科技战略支撑,提升产业链供应链现代化水平。

（一）深化供给侧改革

一是政府发挥好"有形之手"统筹协调作用,加强对纺织新建项目的引导,避免行业无序扩张。二是加快淘汰落后产能,优化资源配置,实现腾笼换鸟。三是深化产融合作,拓宽融资渠道,鼓励纺织企业上市。四是鼓励大企业与中小企业开展产业链上下游专业化协作配套,打造国际一流的现代纺织和服装产业基地、世界级现代纺织先进制造业集群。

（二）强化产业安全生态

一是积极应对 HM 等品牌"抵制新疆棉"带来的挑战,加强形势研判和行业指导。二是加强舆论引导,宣传产业工人的社会贡献与价值,让劳动光荣、技能宝贵、创造伟大成为社会主流价值观。三是加强国内贸易信用体系建设,借鉴出口信用保险制度,助力出口企业拓展国内市场。四是把握"一带一路"、RCEP 机遇,拓展国际市场,优化全球布局。

（三）激发创新动能

一是着力改革和创新科研经费使用和管理方式,加强产、学、研平台建设,加强纤维新材料、绿色纺织技术、智能纺织印染装备的研发创新,提高纺机进口替代能力。二是加强全产业链数字化、智能化转型,打造智能纺织、化纤工厂。三是发展纺织工业互联网平台、大数据中心服务机构,打造智慧化、柔性化供应链,提高定制化设计和柔性制造业能力。四是推动纺织服装业向品牌化、时尚化方向发展,推动纺织产业链向设计和品牌营销两端的高附加值环节延伸。

（四）推进节能低碳发展和资源综合利用

一是制定"十四五"时期行业节能低碳控制指标,促进进一步优化用能结构,进一步提升能源利用效率,进一步降低单位产值污染物排放。二是加快构建废旧纺织品、服装资源循环利用体系,促进废旧纤维再利用企业聚集化、园区化、区域协同化布局,通过发展纺织循环经济促进纺织业的结构调整,优化纺织产业资源利用效率。

课题组组长:张红阳

课题组成员:何　静　吴金通　周绥冶　杜汝良

我国平台经济税收风险问题研究（三等奖）

国家税务总局温州市税务局课题组

2021年3月15日，习近平总书记在中央财经委第九次会议上发表重要讲话，强调"要着眼长远、兼顾当前，补齐短板、强化弱项，营造创新环境，解决突出矛盾和问题，推动平台经济规范健康持续发展"。随着新经济、新业态的不断涌现，平台经济这一全新的经济模式由逐步落地生根，到2018年进入喷井期，再到目前平稳发展，在促进经济发展、行业变革、就业增加等方面发挥了重要作用。与平台经济高速发展不相适应的是与之对应的税收征管及法律法规的缺失或不完善。如何在重包容轻审慎的监管站位中保持税收的公平性，兼顾税收的效率性，是平台经济税收征管的重要研究课题，更是平台经济长远发展的保障。

一、平台经济的概念与分类

（一）平台经济的概念及特征

平台经济是指以数字技术为支持，以互联网平台为交易场所，通过信息搜寻或交互匹配等方式提供货物交易、服务等的经济模式。在平台经济的概念中，互联网平台实质是传统市场的延伸，是双方交易具象空间的抽象化与数字化，其本质与传统交易没有差别。但由于其网络化和数字化的特性，使平台本身、平台所涉其他交易主体及平台交易内容具有独一无二的特性。

灵活性。平台经济的灵活性包括平台本身的灵活及平台交易主体的灵活。平台企业作为平台提供者，无需固定经营场所存放货物或提供服务，轻资产、重技术的特征，使其能随时进行注册登记地址的转移。平台交易主体可同时在多个平台进行交易、也可同时经营开展多个不同类型业务，更趋于小型、灵活和碎片化。

开放性。平台经济以互联网为搭建基础，只要下载app或登录网站注册会员，即可成为受众，实现经济串联。对货物、服务提供者的准入门槛较低，如淘宝、抖音、饿了么等超级平台更是聚集了大量商户和个人，具有广泛的影响力。据统计,仅 2021 年 5 月淘宝月活跃人数就达到 4.4 亿人,滴滴出行为 0.62 亿人,饿了么为 0.56 亿人。

跨区域。平台经济的开放性及灵活性,导致其参与人员来自中国甚至是世界的各个地区。交易双方注册地(居住地)、平台登记注册地、服务提供地点均可能不同。如饿了么平台,其交易通过同城配送服务主要集中在同一地市;滴滴平台,其运输服务相对较远,存在跨市甚至跨省的情况;货运平台,通过货车进行货物运输,起运地、所在地、到达地大部分存在跨省的情况。

隐蔽性。平台经济将具体业务虚拟化、数字化,所有交易在互联网平台上完成,具有快速、便捷的特征。具象交易的数字化导致高度的隐蔽性。交易主体无需通过指定途径、无需到达指定地点即可随时、随地发生交易,除平台主体掌握交易数据外,外部监管部门无法准确计量交易内容,更无法运用传统的时间、空间等逻辑开展核查。

(二)平台经济发展的现状

根据《中国共享经济发展报告(2021)》分析,我国全年共享经济市场交易约为 33773 亿元,同比增长约 2.9%。测算表明,共享经济参与者约为 8.3 亿人,其中服务提供者约为 8400 万人,同比增长约 7.7%;平台企业员工数约 631 万人,同比增长约 1.3%。2020 年网约车客运量占出租车总客运量的比重约为 36.2%,在线外卖收入占全国餐饮业收入比重约为 16.6%。报告预计,未来五年共享经济年均增速将保持在 10% 以上。

(三)平台经济的分类及盈利模式

根据平台企业是否参与经营可将其分为自营型及撮合型平台,经营内容的不同可将其区分为货物交易类,服务提供类、人力资源类等。

1 货物交易型平台。主要分为撮合型交易平台及自营型交易平台两种。该类平台已成型多年,基本模式上税务争议较小。

(1)撮合型交易平台。平台企业提供交易平台,购销双方通过平台自行下单购买货品。最为典型的即为"淘宝"平台。销方入驻平台,销售货品后自行开具发票,平台仅就收取服务费开具发票并申报纳税。

(2)自营型交易平台。由于电商销售的红利,一些企业,特别是大型制造企业开始主动搭建平台,以自建平台作为补充销售途径;部分商贸企业购进商品后以自身名义对外销售经营。最为典型的即为"京东自营"模式。

2 提供服务型平台。提供服务型平台形式较为多样,业务较为复杂,人员涉及广泛,有物流服务、人力资源、直播等,以下仅例举部分典型。

(1)物流服务平台。物流服务平台以无车承运(如"滴滴"平台)为主,即以平台名义对外经营,承担运输责任。该种模式平台收取运输费,对托运人开具发票;扣除服务费后将运费支付给实际承运人,由承运人自开或代开发票给平台或平台申请成为试点单位代承运人开具发票。

（2）人力资源管理平台。服务需求方通过平台发布需求信息，或直接将服务业务分包给平台，灵活就业人员通过平台进行任务消息搜集或由平台直接分发服务。平台企业向服务需求方开具增值税发票。平台企业向服务提供方（自然人）支付费用，代扣代缴个人所得税，以税务机关代开普通发票或自制内部凭证进行成本列支。

（3）网红直播平台。网红直播是指基于直播平台，以视频、音频、图文等形式向公众持续发布实时信息的活动，如虎牙直播等。主播收入来源主要有直播平台工资及签约费用、"粉丝"打赏、自营网店收入、链接他人网店直播带货收入等。平台收入主要为广告收入、签约主播提供服务带来的经济效益或用户打赏时的提成等。由于网红直播主要涉及个人，对带货业务最终转换为货物销售的，较易纳入征管；对于打赏等服务，目前基本属于税收征管的盲区。

（4）共享型平台。平台企业作为运营方投入固定资产，通过向消费者提供共享服务，从而获取利润，如共享单车等。该类模式平台企业针对共享业务开具发票，并未涉及第三方。

（5）服务中介平台。平台企业提供交易平台，展示服务提供方信息，服务接收方根据自身要求匹配下单，撮成交易达成。服务提供方根据服务内容自行开票，申报纳税。平台企业根据收取服务费或其他中间费用申报纳税。如饿了么平台，由餐饮提供方就其餐费及自行配送的价外费用纳税。饿了么平台就中介费用缴纳税款。

二、平台经济税收监管现状及问题

2017年3月，北京市朝阳区地税局发布一则消息，某直播平台2016年支付给直播人员收入3.9亿元，因未按规定代扣代缴个人所得税，最终补缴了税款6000多万元。2021年9月28日，中国税务报公众号发布文章：税务部门在"双随机、一公开"抽查中，发现两名主要从事电商和直播带货的网络主播涉嫌通过隐匿个人收入、改变收入性质等方式偷逃税款。目前，案件正在检查之中。为促进平台经济规范健康发展，国务院办公厅于2019年8月出台的《国务院办公厅关于促进平台经济规范健康发展的指导意见》中指出，要对新业态"实行包容审慎监管"，"对一时看不准的，设置一定的'观察期'，防止一上来就管死"，"鼓励发展平台经济新业态""优化平台经济发展环境"。该指导性意见明确释放出政府对平台经济管理的大方向，使得平台经济有足够的政治空间和弹性去突破及发展。但随着平台经济体量的不断壮大，重包容轻审慎的管理办法是否意味着脱管、不管，日趋复杂的平台业务是否还能管并管出成效？

（一）打破税收公平原则

税收公平作为税收征管中的基本原则，一方面要求税负公平地就着于每个纳税人身上。另一方面要求政府取得的税收收入与其提供的公共服务相匹配。虽然平台经济的交易模式发生了改变，但其本质没变。无论是通过平台货物交易、共享服务还是直播带货，发生了经济行为，产生了经济效益，带来了增值额及所得，就需要申报纳税。据统计，头部主播月均收入丰厚，排名前 50 的主播人均收入达到 371 万元。从平台经济产生至今，从未有过相关法律文件对其纳税义务进行免除，那就应该按规定纳入管理。否则，放任的态度必将带来偷税漏税的恶性循环。这不仅扰乱了国家税收法制的秩序，更扰乱了正常的经济秩序。

（二）业务复杂，难以实操

平台经济中的货物交易型平台仅仅是将线下业务拓展至线上，征纳模式并无太大变化。其他服务类平台虽业务相对复杂，但政策的适用仍然有迹可循。如滴滴平台提供无车承运服务，按照货物运输业缴纳增值税。同时，司机按照与滴滴平台签约类型的不同，按照工资、薪金或劳务报酬等方式缴纳个人所得税。透过现象看本质。平台经济无论是平台企业还是实际业务提供方，都是一项经营业务的虚拟化拓展，但业务内容和课税对象并未发生本质变化，征收品目的适用完全可以在现行政策中找到依据。但平台经济的开放性导致其经营业务存在虚拟化、涉及面广、业务杂糅等问题。如主播提供直播带货，其与平台的劳务关系直接影响个税征收；主播带货过程中杂糅有货物交易、主播佣金、观众"打赏"等。各项交易资金交杂在一起，税务机关在执法过程中难以区分判断，容易发生征纳双方的争议，不便于税款征收的实际操作。此外，直播过程中通过二维码链接第三方收款的形式，也增加了征管难度。

（三）信息缺失，票控失灵

税务征管的传统模式大多依靠于"以票控税"。但该种模式不适合无纸化、无痕化的线上交易。线上交易数据量巨大，通过纸质存档的可能性极低。而数据的隐匿性及可篡改性更是给日常征管增加了难度。平台交易终端消费者多为个人，大多不需要发票，因此税务机关无法根据销项发票确定企业应纳增值税额。另一方面平台服务提供方，特别是直播平台的服务提供方大多为未办理税务登记的个人，导致平台企业难以取得进项发票抵扣增值税，列支企业所得税。为了减轻税负，必然导致某些平台企业铤而走险，借助一些手段虚开增值税发票。同时，信息的不对称不仅包括税务机关与平台企业的信息，更包括纳税主体对税法知识掌握不及时、不全面的不对称，也包括税务机关和其他平台监管方的信息断链。

(四)税收管辖权存在争议

平台企业及平台服务提供者的税务监管存在盲点,税收管辖权的矛盾也逐渐凸显。税务登记目前实行属地管理,但平台经济架构具有"一个平台、全国辐射,零成本复制、随时可迁移"的特点。如滴滴出行注册地在天津,享受天津地区的财政优惠,但实际税源却遍布全国各地,税源与税收收入背离带来区域间的税基侵蚀。若其他地区有更好的财政优惠政策,滴滴平台可随时变更注册地点,对其业务的开展可以说是毫无影响。另一方面,平台服务提供者分布广泛,多为个人,交易地点难以确定。对于这类个人到底是以平台企业所在地为纳税地点,还是以服务提供地或居住地为纳税地点均存在争议。

(五)征管基础数据不全面

当前税务部门征管信息税务系统中并未对平台企业等特殊行业进行特殊标记,导致无法及时、全面了解当前辖区内平台企业开票、申报纳税情况。基础信息的管理方法直接影响基础信息的准确性及有效性,从而影响整体征管质量,在当前依靠单一模式导入,人工辅助登记的模式下,征管数据难免产生差漏。同时,由于跨区域涉税信息共享机制的缺乏,税务机关对不同管辖区域的纳税人纳税情况并无从知悉,税收风险疑点难以发现,发现后无法及时排查,极易造成虚开风险。

(六)滥竽充数,存在虚开

由于平台经济销售额高的特点,部分企业利用地方政府财政奖励政策,在当地成立"平台企业",以达到为下游企业解决进项、骗取财政奖励的目的。如某地建立石油平台经济,名下注册上百户成品油经销企业,但实际并无任何线上平台介质,经营内容也仅仅为成品油期货交易。该种两头在外,当地仅一间办公室的经营模式,无疑带来了巨大的税收风险。

三、完善平台经济税收监管的思考与建议

(一)健全税收监管法律法规体系

1.弥补空白,立法立规

对平台经济的管理目前主要还是依靠传统政策。对新兴行业的征管办法仅《交通运输部 国家税务总局关于印发〈网络平台道路货物运输经营管理暂行办法〉的通知》(交运规〔2019〕12号)与《国家税务总局关于开展网络平台道路货物运输企业代开增值税专用发票试点工作的通知》(税总函〔2019〕405号)。浙江省税务局根据日常管理需求出台相关白皮书《网络平台货物运输企业代开增值税专用发票试点管理办法(试行)》及《关于促进灵活用工平台经济规范健康发展的意见》,在执行力上稍有不足。由此可见,税务机关对平台经济的管理还未形成正式的法律意见,各地执行还存在差异。建议根据行业特

点及发展特性,尽快制定、修订具有指导性及操作性的法律法规,明确平台经济的纳税要素,确立相关权利义务,使各地税务机关有法可依、有据可行。

2.相互协调,相互借力

尽快建立不同法律法规之间的协同监管,相互借力。如 2019 年,《电子商务法》颁布实施。作为基本法,《电子商务法》尚未根据服务特性做出详细具体的规定,对相关信息报送的内容也未具体明确报送内容、报送时间及报送方式等基本规则指引,易造成难以落地。建议尽快落实已颁布的有关法规,在《征管法》中明确平台企业涉税信息协助报送的具体义务,及税务机关的检查权限、程序和范围。

3.统筹全局,擘画长远

短期来看,监管主体应根据不同行业特征,准确划分平台经济各主体经济所得性质及适用税目,出台具体执行政策。如目前已出台的针对网络货运平台的相关政策,该文件明确指出无车承运的定义范围、适用条件、发票开具的相关规定及其他工作要求。该类政策针对性强,针对行业特点有具体的执行口径,便于基层操作执行。但一个行业一个政策,总难穷尽。且信息技术不断发展,事无巨细地出台相关文件总是亡羊补牢。建议针对平台经济等数字经济模式,按货物及服务的大类特征进行划分,对其中的各个税制要素进行科学分析,简化税制、简并税率,采取扁平化、简捷和高效的税收制度,更能有效应对、快速适应互联网平台经济大规模、交易频繁的商业交易。

(二)制定优惠政策,完整税收链条

平台企业的零成本迁移与各地不同的财政奖励政策,极易形成税收洼地,产生虚开风险。第一,加紧制定行业性的税收优惠政策解决税收不公的问题,第二,统一起征点。平台经济个人从业者众多,未登记税务登记的税负相对较重。如自 2021 年 4 月 1 日至 2022 年 12 月 31 日,对月销售额 15 万元以下(含本数)的增值税小规模纳税人,免征增值税;按次纳税的增值税起征点为每次(日)销售额 500 元。平台内未登记税务登记的个人无法享受月销售额 15 万元以下免征增值税的优惠政策,但如果庞大的个人经营者若都登记为小规模纳税人,对税务机关的数据归集和征管能力都将是极大的挑战。建议对平台内按次申报的其他个人也适用按月(季度)的起征点,由税务系统按身份证号码自动对其月(季)内申报数据进行汇总,对超过起征点的当次进行汇总征税。第三,平台企业,特别是直播等由个人提供服务的平台企业普遍存在难以取得进项发票列支成本的问题。实际发生支出,但无法取得凭证列支,导致一些虚开企业瞄准漏洞,成立劳务外包公司,开具人力资源或服务咨询发票。建议对平台企业已代扣代缴个人所得税的支出,凭代扣代缴列明的金额列支成本,减轻企业负担。

（三）加强信息登记，实现代扣代缴

由于平台中的个人职业者，没有固定的经营场所，交易地点难以判断或过于分散，税务机关难以获取信息并开展征管。建议搭建全国统一的个人信息网上税务登记入口，个人经营者通过网上提交相关信息，以身份证号码为唯一纳税人识别号，自主登记为"类固定业户"或由平台承担个人经营者的信息采集工作，需在平台发布信息或开展业务的个人，需根据税务机关要求采集相关涉税信息，如规定其必须提供从事经营活动个人的身份证号码、户籍信息、联系方式、经营内容、银行账号等信息。同时，赋予平台代扣代缴的权利和责任。平台支付工资薪金、劳务所得、偶然所得等个人所得时，根据不同获取渠道或合约订立方式，由系统自动清分所得类型，并根据相关规定代扣代缴个人所得税。同时，平台将支付所得、扣缴情况与采集的身份信息进行匹配，最终传输至税务机关系统，并由税务机关按人按项进行分类汇总，由个人在次年进行汇算清缴。

（四）强化多边合作监管模式

面对平台经济的监管，税务机关目前主要还是采取传统的事前服务、事中监管、事后追责的模式。这种监管模式与目前服务经济、服务大局的放管服精神相切合，但仅凭税务机关一家之力难以高效实现。平台经济的监管应该采取多边合作监管的模式，提高监管质量与效率。第一，由税务部门负主责，开展公共监管。制定行之有效的税收政策，完善相关税收征管体系，强化平台企业及平台经济相关的税收监管。第二，平台企业辅助开展二级监管。平台企业除本身是受监管对象以外，还承担着大量通过平台进行交易的购销双方的监管责任。通过平台企业自身制定的交易与治理规则，可强化税务机关的监管能力，不仅打破信息孤岛的问题，更可达到 1+1 大于 2 的监管水平。如由平台采集交易双方信息，汇总统计交易规模，监管交易中是否存在场外交易，第三方渠道支付交易等偷漏税行为。但平台监管中需注意平台企业自身作为监管者可能出现的腐败问题。平台企业的最终诉求是利益追逐，过度的内部监管会来带用户的流失，必然导致平台为保持吸引力而产生的监管缺失。唯有全面的、统一的平台内部监管，使各平台站在同一起跑线，并加强对平台内部监管的掌控，才能实现公平。同时，通过相互牵制、互为制约的方式，使得平台企业不得不开展内部监管，才是最终之道。第三，由第三方政府部门开展共同监管。平台企业往往涉及多个行业性政府部门监管，包括互联网信息办公室、交通管理部门、工商管理部门、广播电视管理部门等。如网约车平台涉及的政府部门包括交管、公安等部门；跨境电商涉及海关、商务部门等。充分利用各政府部门的职能职权，借鉴其管理标准与监管手段，打破以往的各司其职的传统单人监管模式，将各个部门的监管力量拧成一股绳，形成合力，可实现监管效率最大化。如网络货运平台需取得经营范围中注明"网络货运"的《道路运输经营许可证》,并与省级交通运输主管部门建立的网络货运信息监测系统实现有效对接,按照要求完成数据上传。第四,由自律组织或平台购销双方开展群众监督。群众监督基础更为广泛,途径更为多样,涵盖内容也更为丰富,是一种良性的、可循环的监督方式。

（五）深化数据管税治税改革

当前的税收管理体系是针对单一纳税主体的单一经营活动制定开展的。单一纳税主体的经营规模受活动经营区域、生产规模、员工数量等条件的限制,难以达到超级规模。但平台经济的产生打破了这些限制,使其具有虚拟性、跨区域性和隐匿性,导致传统的"以票控税"失灵。税务机关必须尽快转变理念,加紧数字化建设,深化数据管税治税改革,通过技术监管与行业治理"两条腿"走路,实现"信息管税"模式。第一,打造协同治税模式。打造税务机关、平台企业和支付平台的信息共享传递机制。通过对支付平台上的账户归整,从"资金流"出发,进行源头监管。平台交易中的支付途径多为银行卡、微信、支付宝转账等,通过资金流记录开展匹配性监管,有助于了解交易真实性。如滴滴平台中,通过微信、支付宝支付的交易由支付平台按司机统计汇总,传递至平台企业,由平台企业进行涉税信息传递。第二,运用区块链技术。区块链技术是一种采用去中心化和去信任的方式,打造一个集体互信的数据库链条,具有去中心化、不可篡改、信息共享等特征。运用区块链技术,将交易信息链接到无数个应用系统,彼此形成信息节点,并通过安全加密,串联成区块。区块链数据不可修改,且都带有时间信息,给税务机关监管和追溯核查提供可能性。第三,加快电子发票推广应用。采用授信制,通过纳税人信用评级、资金流量等多重信息授权开票额度,逐步取消纸质发票的应用,改为线上交易、自动开具的电子发票,有利于数据的掌握,确保业务真实性。

课题组组长：金国珍

课题组成员：余德强　蔡景像　孙　钧

王　施（执笔）　陈　为

推进绿色税制体系建设研究（三等奖）

国家税务总局台州市税务局课题组

绿色税制亦称税制体系的绿化，即关于绿色税收的各项制度。建立我国的"绿色税制"体系，对提升国家治理能力、建立美丽中国、实现绿色增长具有重要意义。从绿色税收的内容来看，存在着具体范围的差异。最狭义的"绿色税收"仅指环境污染税，主要对排污行为或者污染产品征收；中义的"绿色税收"概念则将其他具有环境保护与资源节约功能的税收也纳入范围；广义的"绿色税收"更将所有改善资源与环境的税费政策工具纳入范围，不仅包括对污染行为的控制和惩罚，也包括对污染防治的优惠激励。需要指出的是，为了便于国际比较，本文主要采用"绿色税收"中义口径的内容。

一、我国绿色税制的发展现状

（一）开征环境保护税，保护生态环境

2016 年 12 月 25 日，十二届全国人大常委会通过《中华人民共和国环境保护税法》，于 2018 年 1 月 1 日施行。环境保护税法是党的十八届三中全会提出"落实税收法定原则"要求后，全国人大常委会审议通过的第一部单行税法，也是我国第一部专门体现绿色税制、推进生态文明建设的单行税法。环境保护税这一标志性的"绿色税种"的开征，标志着我国"绿色税制"建设进入到法治化、专业化和精细化阶段，标志着我国在完善绿色税制上迈出了突破性的一步，强化了税收这一政策工具对于生态环境的保护力度。

环境保护税开征以来，它不仅平稳实现了排污费"费改税"，填补了"排污费"地方灵活性大、执法力度小的弊病，而且从政策层面发挥了引导绿色发展的杠杆作用，促使企业和机构主动自发升级污染治理，为推进我国生态文明建设提供了全新动力，把我国环保事业引入了绿色发展轨道。

与排污费制度的征收对象相衔接，环境保护税的征税对象是大气污染物、水污染物、固体废物和噪声等 4 类应税污染物、共计 117 种主要污染因子。环保税法实施 3 年，每万元 GDP 产值对应的污染当量数从 2018 年的 1.16 下降到 2020 年的 0.86，降幅 25.8%。绿色税制的正向激励效应已经显现。

（二）深化资源税改革，促进资源合理利用

资源税改革是践行绿色发展理念的重要举措，是对生态文明建设具有较大促进作用的税制改革。在总结原油、煤炭等资源税改革试点经验的基础上，我国于 2016 年 7 月 1 日起，对矿产资源和盐全面推开资源税清费立税、从价计征改革。在河北省率先还开展了水资源税改革试点工作。2017 年 12 月 1 日起，将试点扩大至北京、天津、山西、内蒙古、河南、山东、四川、陕西、宁夏 9 个省区市。

2019 年 8 月 26 日，十三届全国人大常委会表决通过了《中华人民共和国资源税法》，自 2020 年 9 月 1 日起施行。资源税法在保持原资源税制框架和税负水平总体不变的情况下，做了三个方面的调整：一是对税目进行统一规范，将目前所有应税资源产品都在税法中一一列明；二是调整具体税率确定的权限，对实行幅度税率的资源，按照落实税收法定原则的要求，明确其具体适用税率由省级人民政府提出，报同级人大常委会决定；三是规范减免税政策，对现行长期实行而且实践证明行之有效的优惠政策作出明确规定。上述资源税改革举措，积极推进构建规范公平、调控合力、征管高效的资源税税制，对于促进我国资源合理利用，推动资源和社会协调发展，以及保护纳税人合法权益等方面都产生了积极影响。

无论是环保税还是资源税亦或水资源税，每次改革都促使企业既算经济账，也算环保账，主动转变原本粗放的生产方式，走上加快技术革新和产业转型升级之路。

（三）推进其他税种改革，构建绿色税制体系

消费税本质上是调节部分产品消费行为的税种，对大部分生产型企业而言，是"一头一尾"的税负。近年来，也成为"绿色税制"政策的重要载体，对企业降低环境损害成本具有重要促进作用。

消费税主要根据消费品造成的环境损害情况，采取差别化的税收措施。近年来，财政部牵头出台的消费税"绿色税制"政策主要包括：《关于调整乘用车消费税政策的通知》（财税〔2008〕105 号）;《关于对废矿物油再生油品免征消费税的通知》（财税〔2013〕105 号）、《关于提高成品油消费税的通知》（财税〔2014〕94 号）、《关于进一步提高成品油消费税的通知》（财税〔2014〕106 号）、《关于继续提高成品油消费税的通知》（财税〔2015〕11 号）。

消费税"绿色税制"政策最重要的一次突破，是 2015 年 1 月出台的《财政部 国家税务总局关于对电池 涂料征收消费税的通知》（财税〔2015〕16 号）、《关于对电池 涂料征收进口环节消费税的通知 》（财关税〔2015〕4 号）。根据这两份文件，对重污染的电池产品、挥发性有机物含量高的涂料，在生产、委托

加工和进口环节征收消费税,这是第一次直接将重污染产品纳入消费税征收范围,对鼓励"绿色消费"意义重大,也倒逼相关企业"绿色生产"以获得市场生产和发展的空间。自 2016 年 12 月 1 日起,对超豪华小汽车在零售环节加征 10% 的消费税。2018 年对废矿物油再生油品免征消费税实施期限延长 5 年。2020 年 3 月,调整优化部分消费税品目征收环节,将高档手表、贵重首饰、珠宝玉石消费税由进口环节后移至零售环节征收。消费税的改革进一步体现了国家产业政策和消费政策要求,调节消费行为,促进节能环保,正确引导消费需求。

耕地占用税法施行。2018 年 12 月 29 日,十三届全国人大常委会通过《中华人民共和国耕地占用税法》,自 2019 年 9 月 1 日起施行,实现了耕地占用税由行政法规上升为法律的目标。耕地占用税法明确了纳税义务发生时间、减免税事项、涉税信息共享和部门配合机制,强化了主体责任;通过按照人均耕地面积确定不同适用税额标准,对占用耕地以外的其他农用地实行减征优惠,对临时占用耕地依法复垦全额退还耕地占用税,对"铁公机"基础设施、水利工程占用耕地减征等政策措施,有力促进了合理利用土地资源,加强土地管理,保护农用耕地。

车船税方面,对节能汽车,减半征收车船税;对新能源汽车,免征车船税。2020 年,我省共有 79.9 万辆汽车享受节约能源使用新能源车船税优惠,减免金额高达 1.2 亿元。2021 年上半年,我省共有 38.04 万辆汽车享受节约能源使用新能源车船税优惠,减免金额高达 0.58 亿元,车辆数和减免金额同比增长 8.50% 和 12.82%。

房土两税方面,持续深化"亩均论英雄改革"工作,落实分类分档的城镇土地使用税减免政策。各地在"亩均论英雄改革"评价中,以亩产税收贡献作为考核指标的同时,结合单位能耗、单位排放等指标进行考评。对不符合当地规定的单位能耗、单位排放的纳税人,一律不得享受分类分档的城镇土地使用税减免政策。省委省政府《关于深化"亩均论英雄"改革的指导意见》(浙政发〔2018〕5 号)明确要求对末档企业严格运用环境保护、安全生产、资源节约、产品质量等方面的法律法规以及国家、省有关产业政策,依法依规实施整治倒逼,停止各类财政补贴,加大整治"低小散"、"脏乱差"和淘汰落后产能力度。支持各地采取协商收回、鼓励流转、协议置换、"退二优二""退二进三"、收购储备等方式实施城镇低效用地再开发。

(四)加强税收优惠,鼓励环保投资

"绿色税制"在企业所得税和增值税方面,也出台了多项税收优惠鼓励企业加强治理设备、环保产业、综合利用等方面的投资。

在企业所得税方面,2008 年 1 月 1 日起施行的《企业所得税》及其实施条例,规定了对企业购置环保专用设备、实施环保项目、开展资源综合利用的税收优惠政策。先后出台了《环境保护专用设备企业所得税优惠目录》(2008 年版)、《环境保护节能节水项目企业所得税优惠目录(试行)》(财税〔2009〕166 号)、《资源综合利用企业所得税优惠目录(2008 年版)》(财税〔2008〕117 号文件附件)。

增值税方面,出台了对资源综合利用产品、再生资源的增值税优惠政策。2008 年,财政部牵头印发《关于资源综合利用及其他产品增值税政策的通知》(财税〔2008〕156 号);实施一段时间后,在 2015 年又印发了《财政部 国家税务总局关于印发〈资源综合利用产品和劳务增值税优惠目录〉的通知》(财税〔2015〕78 号),规定纳税人销售自产的资源综合利用产品和提供资源综合利用劳务,可享受增值税即征即退政策。《财政部 国家税务总局关于风力发电增值税政策的通知》(财税〔2015〕74 号)规定对纳税人销售自产的利用风力生产的电力产品,实行增值税即征即退 50％的政策。同时,《关于再生资源增值税政策的通知》(财税〔2008〕157 号)规定在 2010 年底以前,对符合条件的增值税一般纳税人销售再生资源缴纳的增值税实行先征后退政策。

值得注意的是,企业享受增值税优惠条件的前提之一,是"环保守法"。2013 年,印发的《关于享受资源综合利用增值税优惠政策的纳税人执行污染物排放标准有关问题的通知》(财税〔2013〕23 号)规定:对未达到相应污染物排放标准的纳税人,自发生违规排放行为之日起,取消其享受资源综合利用产品及劳务增值税退税、免税政策的资格,且三年内不得再次申请。2015 年出台的《关于印发〈资源综合利用产品和劳务增值税优惠目录〉的通知》也规定:已享受增值税即征即退政策的纳税人,因违反税收、环境保护法律法规受到处罚(警告或单次 1 万元以下罚款除外)的,自处罚决定下达的次月起 36 个月内,不得享受增值税即征即退政策。》

经过"十三五"期间税制改革绿色转型,目前我国已构建起以环境保护税为主体,资源税为重点,车船税、车辆购置税、增值税、消费税、企业所得税、耕地占用税等税种为辅助的绿色税制体系,为促进生态文明建设奠定了坚实的制度基础。

二、当前"绿色税制"体系存在的漏洞与征管问题

虽然我国"绿色税制"政策体系日趋完善,但是目前仍面临一些问题,对企业环境行为的调节功能还有很大发掘空间。

(一)征管技术困难,后期管理难度大

作为绿色税制的资环各税,离不开相关部门的协助,尤其是征管信息的来源更是离不开各部门。

环保税作为一个新立法的税种,很多制度规定是从"排污费"平移过来的,相较于其他税种,其内容的复杂性,相关污染指标数据较强的专业性,导致了征管层面一定的困难。

首先,环保税的征税对象中有变化度大和瞬时性强的大气污染物和水污染物,准确计量污染当量数需要自动监测专用设备和专业技术人员。尽管在排污费征收时期,小部分缴费企业完成设备配置并已运用自动监测信息技术,但要真正体现公平原则,还需对剩余绝大多数不具备自动监测条件的企业进行准确计算。目前我国在税收征管中信息技术手段的运用虽较为广泛,但主要还是针对现金流、发票流等表证、票据进行监控,这些信息都有相关的单据等实物记录可参照,即便税务机关申报征收时未发现漏洞,也可在事后管理、纳税评估和税务稽查等工作环节进行查验核实。而环保税的特殊性,要求必须在污染行为发生时及时掌握污染物的信息,确定计税依据,否则就难以对其征税,更难以进行事后稽查核实。

其次,环保税与其他税种缺乏关联,比流转税等税种更具隐蔽性。如资源税可参考增值税开采销售的开票量进行横向比对,但是环保税作为独立的行为税,与现行其他税种不存在直观的、可参考的关联比对。

再次,环保税部分内容的后续征管涉及跨区域,管理流程无法形成闭环。以固废为例,按照环保税法相关规定,如果纳税人与有相关资质的第三方公司签订委托合同,且第三方公司依法合规进行贮存、处置和综合性利用的,也分别计入纳税人本期相应量。但在实际征收管理中,第三方公司跨市甚至跨省的情况极为常见,仅仅依靠目前的台账管理,很难做到流程闭环。一方面,纳税人在自行申报时,按照本期转移量,按照贮存、处置和综合性利用等固废处理方法核减当期污染物排放量未征收环保税,而本地税务机关无法掌握第三方对固体废物的实际接收和处理情况;另一方面,异地税务机关无法核查第三方公司本期固体废物的处置量是否与接收量相匹配,存在"多接受少处置"的环境污染风险。

最后,环保税技术难度高,税务部门自身力量薄弱。相较其他税种,环保税是专业性最强的税种之一,需要税务管理人员有一定的相关知识基础。在原"排污费"征收时期包括"费改税"之后,作为主管单位的环境保护部门中,能真正掌握、厘清、说透排污费污染因子、征收依据、系数选用和排放量测算等工作的管理人员也为数不多,更何况是半路出家的税务部门,基础更是薄弱。开征近四年,税务干部大多是在和自然生态保护部门、环科院专业人士的培训交流及环保税日常管理中,采用抓住重点、集中突击的学习方法,着重弄懂、学会本地已经纳入排污费缴纳清册的企业相关环保税计算方法,对于如何确定应税污染物、如何选择匹配系数、准确判断风险数据等方面的能力,实际上仍有较大不足,而对于税源扩面等工作,因为基础知识储备不足,显得力不从心。

(二)征管程序明晰难,协作机制尚未成熟

1.跨部门协作困难,征税成本高。由于资环税的计税依据不来源于财务报表,单靠纳税人的税法遵从和税务机关的履职尽责,不足以保证税款的应收尽收,更加需要加强部门间的分工协助及征管流程的细致梳理。

但在实际征收管理中,费改税后相关职责调整,自然生态保护部门的工作重心从全面管理征收转移,转偏向于总体管控,即规范企业的超限超标、偷排漏排等违法行为和生态环境整治工作上。加之自然生态保护部门人员配置紧张,环保税污染物排放量测算工作专业性强,配属人员力量不足,对于相关监测数据的交换较为有限。税务和环保两部门间协作仍有较多不足,这些都增加了税收征管行政成本。《耕地占用税法》将纳税主体具体由用地人转为申请人,自然资源与规划部门就非常抵触这种规定,极不配合,对税收征管带来无穷的难处。在资源税征管中,由于测绘部门年度测绘滞后,往往造成纳税人年度申报数据与测绘数据有出入,人为造成纳税人延期缴纳税款和缴纳滞纳金,给征管工作带来不利。还有一些部门以部门信息保密为借口,拒不提供登记等方面信息,有的故意设置阻碍,阻挠税务机关执法。

2."协作共治"的义务规定尚不完备,惩戒规定不明确。资环税各税法中对各部门和税务部门在环保税过程中的职责进行了明确。比如:《中华人民共和国环境保护税法》中明确自然生态保护部门主要负责提供污染物及其排放量信息,税务部门关负责征收;《中华人民共和国耕地占用税法》、《中华人民共和国车船税法》对各部门的职责都作出规定,但对税收征管各个环节中部门责任不够明晰,问责机制不完善。目前,《中华人民共和国税收征管法》等法律确定了因渎职造成国家税款流失的责任追究制度,且责任追究的对象为特定对象,即履行国家税款征收义务的税务机关及其工作人员。但环保税的征收若仅依靠税务机关,无法确保所征收税额的准确性和完整性。而因技术原因造成税款流失,依照现有法律对税务机关及其工作人员追究责任也有失公允。具体查阅《税收征收管理法》以及《环境保护法》中的法律责任条款,却并未对自然生态保护部门的监测、数据传送、税额审核中出现问题时的法律责任有明确规定,这就可能导致出现部门之间出现扯皮推诿现象。

(三)税制结构不合理,难以起到惩戒补偿引导作用

1.税率偏低,治污效果堪忧。我国环保税法总体上遵循了税费改革中保持改革前后税负基本稳定的原则,这种做法可避免企业负担增多、减少税法出台的阻力。但从 2003 年至今已有十多年的时间,平移当年的排污费征收标准和继续保持以过去环境治理成本测算出的税率水平,已难以起到激励企业治理污染的作用。从近三年环保部公布的"三废"排放量与投入的环境治理资金

来看,产出与投入悬殊很大,现行的环境保护税的税率还是偏低。对比周边较发达的省市,上海、山东、河南、江苏,均为大气污染物税额执行的最低标准的4倍及以上。而浙江省的适用税额几乎接近最低标准,既难以推动纳税人自觉保护环境,扭转"宁愿缴费或缴税也不愿意治污"的状况,也难以满足环境治理资金需求,科学解决日益严峻的环境问题。

在消费税方面,我国消费税中的成品油税目能够体现出对碳排放的限制作用。但是我国目前对化石燃料所征收的消费税范围有限,仅涉及成品油,其他化石燃料并没有纳入征收范围。尤其是煤炭,一直以来都占据我国能源消费的绝大部分,2019年我国煤炭消费占能源消费总量比重为57.7%。作为化石燃料,煤炭燃烧排放大量二氧化碳,对煤炭征收消费税有助于减少煤炭的使用量,从而促进碳减排。

在资源税方面,目前我国原油和天然气的税率为6%;煤的税率在2%~10%,具体计征方式由省、自治区、直辖市人民政府提出,报同级人民代表大会常务委员会决定。目前,多数省、自治区、直辖市的煤炭资源税税率低于6%,即在资源开采环节,煤炭的税负低于原油和天然气的税负,不利于税收调控作用的发挥。

2.缺乏配套措施,调节作用有限。除了科学的主体税制设计外,配套奖惩措施对环保税调节效果的发挥也十分关键。激励方面,环保税减税优惠规定中,纳税人排放大气或者水污染物浓度值与国家和地方规定的标准相比较,设有两档优惠税率,即低于国家和地方规定标准的30%的,减按75%征收环保税;低于50%的,减按50%征税。但标准较高、过于宽泛,激励引导作用不明显,且比起国际上通用的直接税减免、投资税抵免、加速折旧、补贴返还等措施,仍有优惠空间。可能会造成企业在生产经营过程中对自身减排的潜力发掘不够,无法达到预期的治理效果。

惩戒方面,环保税并未沿用排污费对排污者逾期拒缴及骗取批准减缴、免缴、缓缴的处排污费数额1倍以上3倍以下罚款的惩罚措施,而是按照标准税率向排污超标企业征收,无法有效遏制违规排污、超标排污、偷排污染物等行为。特别是治污成本较高的行业,仍按照习惯先污染、后缴费,继续超标排放,这种现象长期存续会给生态环境带来更严重的污染,影响《环境保护税法》实施效果。

(四)优惠政策力度较小,覆盖面不够广

企业所得税和增值税"绿色税制"政策力度偏小,不利于促进企业强化环保投入从我国各税种收入的分布看,增值税、企业所得税占据前两位,对企业的经济影响巨大。从上面的分析看,这两个税种"绿色税制"政策除了对资源综合利用行为的税收减免,其他政策力度总体上还比较小。增值税基本没有其他环保相关优惠政策。

消费税和资源税"绿色税制"政策直接调节的对象少,不利于引导企业降低环境损害成本。这两个税种是最能直接体现环境损害成本的"载体"。目前,消费税中仅有重污染的电池、涂料两个税目,是以环境损害成本作为政策设计的出发点。其他消费品税目如成品油等,虽然在税率制定和调整过程中也会考虑环境损害成本,但是并不系统、全面,从而无法明确提示消费者其行为对环境的影响,难以引导"绿色消费",也就无法倒逼企业实施"绿色生产"以获得消费者认可。类似的问题,在资源税中也存在。目前,各类矿产资源开采中的生态环境损害成本,还没有被专门计算并按一定比例纳入资源税税率,这一成本也就不会通过资源税传递到下游生产企业,从而难以全面抑制矿产资源开采对生态环境的破坏。

三、推进构建我国绿色税制的建议

(一)完善绿色税种的制度设计

1.完善环境保护税的主体设计。

(1)扩大环保税的征收范围。环境保护税的征收范围目前只包括大气污染物、水污染物、固体废物和噪声四大类应税污染物,基本上沿用了排污费的收费范围。但我国应该在条件成熟时继续扩大环境保护税的征收范围,使环保税的调控功能更加全面。

二氧化碳当前未列入环境保护税的征收范围,但是从长远的眼光看,我国作为二氧化碳排放大国,需要在条件成熟时适时考虑对二氧化碳的排放进行征税。大量二氧化碳等温室气体与全球气候变化密切相关,化石燃料的消费所造成的大气环境污染影响着人们的生产和生活。碳税的征收有利于引导能源结构调整,树立绿色节能的理念,造福国家和人民。

发达国家陆续开征碳税是通过设立单项独立税种的形式,但是我国可以凭借环境保护税的既有条件,考虑采取不单独设立碳税而在环境保护税中下设二氧化碳税目的方式,来促进碳排放问题的解决,从而促进节能降耗目标的实现

(2)调整环保税的税率。税率由环境处理成本和环境损失所决定,每个国家对污染物征收的税率并不相同,没有固定的规定。而我国环保税的税率水平就是原来的排污费,这已经不能达到激励企业治理污染的目的。所以,要坚持"多排多征,少排少征,不排不征"的原则。可以设置阶梯累进税率。排放的污染物越多,所适用的税率越高,承担的税负越重。这样设计会更加公平,高污染企业为了减轻税负,会减少污染物的排放。

(3)优化环保税的优惠政策。制定合理的税收优惠政策,可以带动产业结

构的转型,激励企业进行技术创新、产品新功能的研发。既然环保税法大力提倡有关环保事业的开展,政府应该出台一些税收优惠政策。可以考虑表彰和奖励运用清洁技术和设备的企业,如免除一段时间的环保税、环保设备加计扣除或进行一定比例的税收返还等措施。

2.强化相关税种的调控功能。

(1)加强资源税的绿色调控。资源税的征收,就是为了调节级差收入,所以会出现征收范围小、低税率的情况。为了减少对资源能源的滥用,应扩大资源税的征收范围,如将水资源、森林、草场、滩涂等都包含到征税范围当中,同时也应该包括一些面临衰竭的能源资源,来防范滥用。

此外,现行的计税依据是资源的销售量、销售收入,现在可以改为实际开采量。这样,企业就会根据自己的实际需求来开采,而不会不顾后果,肆意开采、滥用。

(2)加强流转税的绿色调控。消费税的绿色调控功能显而易见,可以从其征收品目中直观看出。

首先,扩大消费税征收范围。消费税的税目可以拓宽至严重污染环境、过度消耗能源的产品,并以污染程度为标准设计相应的税率。比如说,把高能耗家电产品、高污染的塑料薄膜、含磷洗衣粉、臭氧耗损物质、危害大的农药等纳入征收范围。

其次,调整消费税税率。消费税可以根据消费品和消费行为对生态资源的消耗及污染程度采取差别化税率。提高木制一次性筷子、实木地板的税率;提高能源产品和高耗能、高污染产品的消费税税率水平和结构。同时,为了实现长期可持续发展,还需要一个更为全面的燃油消费税体系。许多发达国家的燃油税在保护环境、节约能源和提高经济效益等方面已被证明是比较有效的。

最后,改变消费税征收环节。虽然生产销售环节征税有利于降低征管成本,但是生产销售环节征税对象针对的是生产者,而不是消费者。对环境造成污染产品的销售是由市场机制决定的,而不是由生产者来决定的。只要有消费者愿意购买,再高的消费税税率都会由生产者转嫁到消费者的身上,从而削弱了消费税的绿色功能。因此,消费税征税环节的后移,在一定程度上能提高消费者的绿色意识,促使消费者主动选择低污染产品的消费,从而继续强化消费税的绿色功能。

(3)加强所得税的绿色调控。要充分发挥企业所得税在引导投资方向、淘汰落后产能、优化产业结构上具备的正向激励作用,尤其是对绿色产业的推动扶持作用。比如,对于从事清洁能源技术、资源综合利用技术和污染物净化处理技术等研发活动的企业,在现有基础上进一步增加研发费用加计扣除比例,增加费用扣除。又如,延长亏损弥补期限,无论是从事相关的研发活动,还是生产制造节能环保产品设备,以及从事资源综合利用、"三废"治理等绿色产业,都是一个投资大、见效慢、充满风险的过程,获得利润需历经的期限较长,且初期利润不稳定,所以需一定程度上延长亏损弥补期限。

（4）加强其他税种的绿色调控。对于其他绿色税种,特别是还没有完成立法的税种,需要在落实"税收法定原则"的过程中不断修改完善,进一步深化绿色程度。土地增值税、城镇土地使用税、耕地占用税等直接作用于资源环境的绿色税种,需要进一步完善,充分发挥其保护资源环境的作用;车辆购置税、车船税、城市维护建设税等间接作用于资源环境的绿色税种,也要加以完善,作好资源环境税主体税种的补充,和其共同发挥作用。

（二）加强绿色税制的制度建设

1.建立健全部门间的合作机制。完善法制建设,增强税法刚性。税收治理不单单是税务部门的事,需要各部门通力合作,税收法律要明确协作部门的职责,对没有尽责的部门要明确法律责任,对拒不配合造成国家税款流失的要给予严厉惩处,避免税务机关和环境主管部门虽然应该"共治",但反而"不治"的情况出现。

2.建立科学的经济增长考核制度。首先,可以考虑完善现有的经济增长评价考核制度,把绿色税收占总税收的比重、绿色税收收入的增长速度等指标纳入经济社会发展评估考核之中。对绿色化程度提高的地区进行奖励,相应的对没有达到指标的或落后的地方政府进行严厉处治。

再次,合理利用环境保护税专项资金也是考核的重要一环,对地方政府的环保事业进行绩效评价,然后面向社会进行公示,让全社会进行监督。对于绩效评价比较高的环保企业和环保项目,通过财政返还、转移支付的方式来支持其发展,从而调动政府和企业的积极性,树立环境保护意识,推动绿色经济的发展。

3.加强绿色诚信体系建设。强绿色诚信体系建设,使之成为社会诚信体系建设的重要组成部分。构建科学合理的环保信用评价指标体系,完善企业环境信息公开平台,在自然生态保护局、税务局、财政局、金融机构等相关部门建立环保信用信息共享机制,制定相应激励和惩戒措施。例如,对环保信用等级较低的企业,不能申请政府补助、不能申请贷款、不能申请延期缴纳税款等等。通过建立健全环保信用评价制度,促使市场主体建立良好的环境自律性,认识到环保的重要性,带动相关企业积极进行污染治理,主动关注环保工作,重视清洁生产,降低污染物排放,绿色生产才能为企业开辟出更多申请项目资金的绿色通道。

（三）加快专业人才的培养和引进

现行的绿色税种专业性非常强，比如环保税，污染物排放量和当量的测算需要专业人才，能懂得测算技术的人才连自然生态保护部门都屈指可数，异常数据复核往往得不到及时回复，主要原因他们也无法确定。税款征收后的后续管理也非常重要，税务部门必须拥有一支自己的专业人才队伍，才能解决受制于人的窘状，对开展纳税评估、税务检查创造基础，促进绿色税种的征管工作全面落实到位。

课题组组长：陈大庆

课题组成员：曾计正（执笔）　杨航浙（执笔）

陈叶倩　戴连强

丽水市环保税推行的政策效果及
优化研究（三等奖）

国家税务总局丽水经济技术开发区税务局课题组

　　保护环境是我国的基本国策，事关人民群众的根本利益和经济持续健康发展。党中央高度重视生态文明建设和环境保护工作。先后制定了《环境保护法》、《大气污染防治法》、《水污染防治法》等 30 多部相关法律。在此背景下，我国通过并实行了《中华人民共和国环境保护税法》，这是在绿色税制体系建设上迈出的重要一步，充分表明了国家对于生态文明建设的决心。

　　绿水青山是丽水市的一张"金名片"，环保税的出台对丽水有更深层的意义。习近平同志在浙江工作期间，曾八次到丽水，要求丽水深入实施"绿水青山就是金山银山"的发展路子。2000 年 10 月，丽水市第一次党代会以创新、跨越的姿态提出了"生态立市，绿色兴市"的战略要求。2004 年丽水市在全省率先编制《丽水生态市建设规划》，2008 年在全国率先发布《丽水市生态文明建设纲要》，把生态文明理念融入到空间布局、基础设施、产业发展、环境保护、生态惠民等各项工作中。多年来，丽水坚持走绿色发展道路，坚定不移地保护绿水青山这个"金饭碗"，生态环境状况指数连续 14 年稳居全省第一。2018 年，习近平在深入推动长江经济带发展座谈会的谈话中高度肯定了丽水在生态文明建设上的成就，给出了"丽水之赞"。环保税的出台，对丽水市的绿色发展是一种助力，是在地方经济总量不断跃升的当下，城市不断提供更多优质生态产品、实现产业升级、把握产业改革转型的机会。

　　一、环保税的意义

　　（一）促进经济结构调整

　　目前我国经济处于"高速增长"向"高质量发展"的重要转型期，此时开征环保税能倒逼高污染、高耗能产业转型升级，助力环保产业发展，推动经济结构调整和发展方式转变。环保税按照污染物排放量征税，多排多缴、少排少缴，更重的税收负担增加了"低利润、高污染"企业的生产成本，从而削弱了市场竞争力。为减少污染物的排放量和处理量,排污企业会不断淘汰或改进原有耗能较高、产生污染物较多的机器,改良生产技术。其中,率先转型升级的企业能够取得产品价格、生产规模等方面的优势,对于高污染高耗能企业产生巨大的冲击,倒逼更多企业改进工艺流程,更新使用更加节能的机器设备,加快企业转型升级。此外,环保税的征收将促使更多的企业主动购买污染处理及监测设备,政府监管部门也需采购相关环保监督监测机器设备,这给环保产业带来巨大的市场前景,有利于环保产业的发展,为生态环境保护和可持续发展战略提供重要的物质基础和技术保障。

(二)推动生态文明建设

环保税的开征将外部成本内部化,从源头上减少污染物的同时提升了环境监测和治理能力,推动生态文明建设。根据庇古理论,在市场"看不见的手"的推动下,生产厂商为了追求利益最大化,会做出只考虑私人净产出的行为,产生生态环境的损毁和自然资源的过度开发等负外部效应。环保税是国家通过"看得见的手"对市场的有效调控,通过外部成本内部化给生产经营者带来生产成本上的压力,从源头上减少污染物的产生。

(三)加强税收调控作用

环保税的前身为排污费,费改税并不是简单的名称变化,而是从制度设计到具体执行的全方位转变。以往排污费征收时存在执法刚性不足、地方政府和部门干预等问题。环保税开征后,税务部门以法律为准绳严格执法,征收管理的力度和专业性大大增强,多污染多交税成为了企业生产的刚性制约因素。对于企业排污费拒不缴纳、谎报、瞒报等情况,《排污费征收使用管理条例》仅规定了一倍以上三倍以下的罚款、责令停产停业整顿等措施,在实际执行中威慑力明显不足。而如果企业拒不申报或虚假申报,不缴或少缴环保税,税法上认定企业偷税后,税务机关将根据《中华人民共和国税收征管法》的规定追缴企业不缴或少缴税款、滞纳金,并处不缴或少缴税款百分之五十以上五倍以下的罚款,构成犯罪的依法追究刑事责任。在有效的制约因素作用下,纳税人环保意识和纳税遵从度提升,确保污染者责任得到落实。

二、丽水市环境保护现状

(一)丽水市生态概况

丽水地处山区,传统农业发达,各种生态资源丰富,是浙江的绿色生态屏障。全市已建成生态公益林 1279 万亩,占全市林业用地面积的 58%,占全省公益林面积的 29%。活立木蓄积量 5900 万立方米,森林覆盖率 81.7%。地表水监测断面 69 个,无严重污染的劣 V 类水质断面,Ⅰ～Ⅲ类断面占比达到100%;城市空气质量优良天数稳定在 350 天上下,AQI 优良率达到 100%,空气质量和水质量指数都位居全国前列。丽水的生态环境状况指数连续 14 年全省第一,生态文明总指数全省第一,是首批全国生态文明先行示范区和首批国家级生态和保护与建设示范区。

(二)丽水市产业结构

作为沿海欠发达地区,丽水市产业结构的总体态势是传统农业向效益农业转型,工业经济整体实力不断增强,第三产业发展迅猛,区域块状经济成为产业发展和经济增长的主要力量。在产业布局上,促一重二推三,着重加快第二产业特别是工业的发展,使工业经济总量占 GDP 比重明显上升。

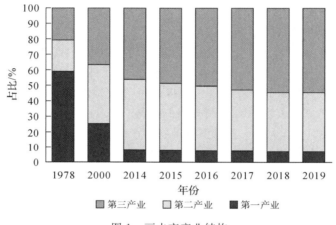

图 1　丽水市产业结构

从图 1 可以看出,自 1978 年改革开放以来,丽水市第一产业比重逐渐下降,第二、三产业迅猛发展,占据主导地位。2019 年第一、二、三产业生产总值分别占比 6.8%、38.7% 和 54.5%。其中,第二产业由建筑业和工业组成,工业贡献了绝大部分的生产总值,占第二产业生产总值约 78.53%。全市规模以上工业总产值中重工业占比达到 54.4%,逐步成为拉动当前全市工业强劲增长的主要引擎。目前,金属制品业、皮革及羽毛(绒)、黑色金属、通用设备制造业等行业由于比重大、发展快,已成为引领全市工业快速运行的主导力量。丽水市工业基础较好,产品门类和工业企业数量较多,而工业的发展势必加重环境负担,亟需在环保税等环境经济政策的引导下向生态工业转型。

(三)丽水市环保税征收概况

截至 2021 年 6 月,丽水市已采集的排污企业共 1094 户,环保税入库额有明显增长。如图 2 所示,2018 年环保税入库额仅 570.37 万元,入库户数 656 户。2019、2020 年入库户数和入库税额同步增长,入库税额增至 770 万元以上。2021 年前两个季度税款已入库 618.56 万元,入库户数 891 户。

自 2018 年环保税开征以来,丽水市生态环境指标有了明显的改善。2020

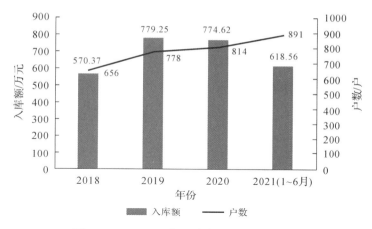

图 2　2018－2021 年丽水市环保税入库情况

年丽水统计年鉴中显示,2018 年工业废水排放量同比下降了 13.59％,工业废气排放量下降 7.09％,二氧化硫排放量降低 27.28％,工业烟(粉)尘排放量下降 21.15％。工业固体废物综合利用率也有了显著提高,从 2017 年的 85.64％增至 2018 年的 94.54％。污染物排放量的减少和固体废物利用率的提升说明环保税对排污行为起到了一定的约束作用。

三、环保税征收流程

直接向环境排放污染物的单位和个体工商户被认定为排污企业,应当依照规定缴纳排污费。环境保护税可以按月计算、按季度申报,也可以按次计算申报。按季度申报的,纳税期限为季度终了之日起 15 日内;按次申报的,为纳税义务发生之日(即排污行为发生之日)起 15 日内。

纳税人根据污染物的排放量和税率计算并申报环保税,污染物排放量的计算方法有四种。自动监测设备的监测数据计算、监测机构出具的监测数据计算、排污系数、物料衡算方法计算、抽样测算法核定计算。

在受理纳税申报后,税务机关要对税款进行审核确认,如图 4 所示。一方面,税务机关将纳税人的申报数据与生态环境主管部门交送的相关数据进行比对。比对一致将按纳税人申报数据确定计税依据,比对不一致则按照环保部门交送的数据调整计税依据。另一方面,税务机关要判断申报数据是否存在异常,如相较于以前年度或同类纳税人申报数据是否明显偏低且无正当理由。如果存在数据异常,税务机关可以提请环保部门对数据进行复核,按照复核后调整的计税依据确认应纳税额。

四、现行环保税存在的问题

(一)计税依据质量不高

在污染物排放量计算的四种方式中,计量的精确度随着计算顺序依次递减,而丽水市大部分排污企业都采用后两种计算方法,导致监测数据整体质量不高。丽水管理的 1094 户排污企业中,只有 84 户采用污染物自动在线监测,有 204 户采用监测机构监测,其余则选择排污系数法和物料衡算法。

1.自动监测设备覆盖率低

自动监测设备是目前最有效的计量方式,有助于提高征纳双方的合意性,但因较高的成本令多数企业望而却步。自动监测设备本身成本较高,如中国制造网上企业关于环保烟气在线监测设备报价高达 18000 元,扬尘噪音监测系统设备报价也要 29000 元。此外,企业还要定期对设备进行维护升级,培训或配备相关专业技术人员和环境会计人员,而这些费用都需由企业自行承担。除了重点排污单位,现有法律条款未对企业安装自动监测设备做出强制要求,因而企业从自身利益角度考虑一般不会选择购买自动监测设备,导致自动监测设备覆盖率偏低。

2.第三方监测市场不成熟

作为自动监测设备的替代选项,我国的第三方监测市场发展并不成熟。高资质第三方监测机构相对较少,竞争不够充分,从而导致监测服务的购买成本居高不下。部分较大型企业每个季度要出具一份监测报告,每份费用 3 万余元,一年此项支出高达 12 万左右,中小型企业监测费用远高于要缴纳的税款。且不同监测机构出具的监测数据标准不一,有的按季监测,有的按年,由于没有对监测频率作强制的规定,一些企业可能视情况安排有利于企业的监测时点,从而不能准确记录污染物排放量。

3.排污系数法和物料衡算法滥用

排污系数法和物料衡算法应为企业排放污染物种类多或不具备监测条件的情况下采用的。但大部分企业为节约成本直接选择了该计算方法,还有部分企业安装的自动监测设备最低监测频次为半年度、年度,造成纳税申报时间与实际监测情况不匹配,在季度申报纳税时只能参考排污系数、物料使用情况等计算。排污系数法通过查阅污染系数表计算污染物排放量,物料衡算法是根据税费平移的原则,以环保税核定的去年同期污染物排放量为基础,根据今年的实际生产状况进行调整计算得出污染物排放量。这两种方法都具有十分强的技术性和专业性,只有既掌握环境保护专业知识、又拥有排污量核定经验的专业人员才能熟练运用。显然,目前税务部门的知识结构和工作性质并不符合这一需求。

（二）税款征收不到位

环保税从排污费平移而来，因征收方式和主管部门的变更，在税费衔接上还存在一定的漏洞，零申报、滥用优惠政策和信息不完全采集等因素造成了税款流失。2021 年申报户数共 1094 户，实际入库户数为 891 户，其中有 203 户为零申报。2021 年 1—6 月入库 618.56 万元，减免税额达到 175 万。

1.零申报企业偏多

排污费收取时，主要是环保部门负责监测排污量、计算费额，然后给企业下发缴费通知书，企业的财务部门根据缴费通知书上面载明的金额直接沟通过银行账号划款缴费。环保税实施后，纳税人需要自行申报缴纳环保税，申报时要求填报的内容如排放口和排放污染物类别涉及的专业知识技术比较高。一般大型且需要缴纳环保税的企业会成立安监部，专门负责环保方面，监测计算税额。小企业则不具备计算的能力，部分企业还停留在排污费模式下的思路，向税务机关申请核定缴纳，如税务机关未提供数据则直接选择零申报。

2.优惠政策滥用

在纳税人申报的税额中，优惠减免税额为 175 万元，占总申报额约五分之一。其中依法设立的城乡污水集中处理、生活垃圾集中处理场所排放应税污染物免税 153.42 万元，综合利用固体废物免税 10.16 万元，低标准排放污染物减税 11.42 万元。环保税由企业自行申报，税收优惠的选择在放管服改革中从原来的审批改为了备查，这在方便纳税人的同时，也对其自我管理意识提出了更高的要求。实务中，不少纳税人申报享受环保税免税优惠时，普遍忽略了相关凭证及资料的收集、保管、提供等工作。更有部分纳税人存在侥幸心理，在不符合减税优惠的情况下擅自更改排放标准值进行填报，申请享受减税优惠；在申报大气污染物环保税时选择城乡污水集中处理、生活垃圾集中处理场所排放应税污染物，申请享受免税优惠。

3.信息采集不完全

环保税申报是以税源信息采集为基础，信息如果采集不全或不准确都会影响到税款征收。对于发放了排污许可证的企业来说，应当按照许可证载明的排放口全数采集。而有相当一部分的企业仅就安装了自动监测设备的排放口进行采集，或是仅采集了部分污染物种类，如大气、水污染物，未对固体废弃物和噪声源进行采集申报。对于暂时未发放排污许可证的企业，也应当根据企业的相关环评审批验收及实际排污情况，如实、完整地申报应税大气、水、固体废物和噪声的排放信息及排放标准。但实务中未发放排污许可证的企业往往因缺少采集依据而漏报、错报。

（三）部门间协作效率不高

环保税中确立了环保部门与税务部门之间"环保监测，税务监督"的协作关系。但实际推行的过程中,部门间由于利益上的冲突和配套管理制度的缺位影响了协作效率,阻碍了环保税的征管。

1.部门利益丧失降低了协作意愿

费改税之前,财政部门和环保部门之间存在一条不言而喻的"潜规则"——以收定支,即环保部门收到多少排污费,财政部门就在第二年给环保部门安排多少工作经费。费改税后,环保税统一由税务部门征收并归入国库。对于环保部门来说,能力建设资金跟不上会直接导致监测设备不足、专业审核人员编制不到位等问题,对环保监测、执法产生影响;传达涉税信息的时间、人力、资金等单向支出而无利益回报的协作成本也大幅降低了与税务部门协作的积极性。单方面配合税务部门征税既不能使自身利益有所增加,又可能影响本职工作的顺利完成,还可能面临新的责任风险。因此,在利益权衡下,环保部门的协作意愿大打折扣。

2.配套法律规定缺位影响协作效率

《环境保护法》中明确了环保部门与税务部门的协作关系,但是未对协作的具体运行流程和问题协调做出具体规定,也未明晰两个部门在协作征管中的职权关系。在环保税执法过程中,税务部门评价计税依据是以环保部门对计税依据的核定为前提,形成环保部门进行实质评价、税务部门进行形式审查的征管模式。

(四)税源监控力度不足

不同于其他税种征收可以通过企业资金、货物、服务等信息管控获取数据,也可以事后从发票单据以及交易痕迹获取、复核经济数据,环保税的征收是以污染物排放量为计税依据。自环保税开征以来,税务稽查查补的环保税税款微乎其微。由于专业性欠缺,税务机关还未建立针对环保税的有效稽查体系。

1.环保监测技能欠缺

环保税不同于一般税种,不仅从量计征,而且计税依据获取依赖强大的技术手段。污染物排放,尤其是气体、噪声的产生和排放具有瞬时性,有可能发生间断性超标排放的现象,加大了监控管理和征管取证的难度。如果没有配备专业环保人才,环保部门和税务部门事后难以核实。而税务部门专业技能人员的欠缺直接影响到环保税的税源监控能力。

2.环保监测设备欠缺

税务机关缺乏专业的监测设备,难以全面准确获取排放数据。监测数据作为关键环节不准确、不客观都会影响环保税的税源监控能力。目前,除了重点污染企业之外,未强制要求企业安装自动监测设备。自动监测是目前环保税数据准确性最高的来源途径,很多企业往往不愿、不能承担自行安装监测设备的负担。税务机关自身也没有配备监测设备,对环保税申报数据的比对依赖于环保部门出具的数据,难以实质参与到环保税的核定管理过程,降低了税务部门的权威性,使得环保税的税源监控能力大大降低。

五、环保税优化建议

（一）完善污染物排放计量方法

自动监测设备是最为准确的污染物排放量计量方式,提高其使用比例能为精准核定计税依据创造条件,减少人为因素在环保税数据采集中的作用。首先,通过完善环保税、企业所得税税收优惠政策降低自动监测设备使用成本。参考企业研发费用按75％加计扣除政策,可允许购置费用在缴纳企业所得税时加计扣除。其次,税务联合环保部门定期核查,确保在线监测设备常年正常运行,保障计税依据的准确性。再次,加大对环保智能监测行业的投入。将征收的环保税额用于监测行业的发展,推动设备更新换代,扩大自动监测设备产品的普及面,实现现代化科技手段在环保税征收领域的广泛应用。最后,完善现有的自行监测频次条款。提高监督标准,增加监测频次,使其与按月计算、按季申报的制度要求匹配,纳税人申报数据的获取更加简便明了。

对于大部分难以负担自动监测设备的中小企业来说,规范第三方监测市场才能使其更好的发挥替代作用。一方面,应将社会中的环保监测机构纳入监管体系,缓解当前环保和税务部门监测工作压力大的问题。另一方面,应加大对第三方监测市场的规范力度,实行价格引导,防止企业因购买监测服务产生过高成本,对于企业购买指定第三方监测服务产生的费用可以考虑加计扣除。

（二）建立部门间良性协作机制

在立法层面,需要明确各部门的法律地位和职能权限。首先,应遵循协作部门地位平等原则确定法律地位,对环保部门计税依据的核定权限进行限制性规定,明确职权范围和边界,保证计税依据和环保部门复核结果的客观性;明确税务部门对环保部门移送计税依据的审查权限,提高税务人员的专业知识水平,确保其对环保监测数据的专业化评价。其次,优化责任机制,建立以环保部门为直接责任主体的救济制度,降低税务部门的执法风险,保障纳税人权益,促进传统税收争议救济制度的完善。具体明确行政协作过程的违法主体,避免部门间推诿责任;对部门之间责任程度进行区分,根据责任大小不同问责。最后,还要增加环保部门在监测和建设方面的资金投入,增加对税务部门人员的专业技能培训资金投入。

在操作层面,需要明晰部门间的协作程序。首先,明确规定由环保部门负责排污许可证许可数据、污染源监测数据、监督性监测数据、环保处罚数据等环境保护相关数据的采集、加工及标准化处理,确保数据的完整性和准确性,并按照涉税信息共享平台数据标准与技术规范及时传递给税务部门。其次,对协作程序还应进行内外部有效监督。环保部门和税务部门必须履行内部监督的义务,在规定时间完成各自工作,对工作中存在的问题互相提醒和提出建议;利用好上级部门、第三方机构和公民的外部监督作用,降低权力寻租导致操作程序不当等问题,提高部门协作的效率。最后,建立协作争议协调程序,减少部门间程序和组织规则上的差异产生的冲突。税务部门和环保部门应当及时沟通涉税信息详细内容、时限要求、传递方式,确定职责和义务。建立健全与相关部门的联席会议制度和考核奖惩制度,为应对部门冲突制定预先防控措施。

(三)强化税源监控

首先,能实现税源精细化台账管理,加强重点税源企业监控,及时发现各类征管问题,认真组织开展催报催缴和数据比对工作。一方面建立专门的环保税征管队伍。对现有征管队伍进行环保相关知识培训,要懂得财税、计算机等技术,熟悉环境保护相关知识,特别是环保监测技术知识。提高税务人员对纳税申报数据的甄别能力,保障数据迅速传递;另一方面从环保部门转隶部分技术骨干,或从社会公开招考部分环保专业人员,充实税务征管队伍,从而切实提高税源监控能力。

其次,完善稽查规则体系。法律法规上进一步明确税收稽查的范围、程序、要求、对象、标准等关键问题,做到环保税稽查有据可依。鼓励社会公众对纳税人监督,用好税收举报制度。公开污染物排放标准与企业污染物排放量,若发现纳税人的污染物排放量、交税的数额、减免税额等存在的问题可以向税务部门举报。

最后,加大处罚力度。用好行政处罚,对于纳税人的违法行为,征管必须责令限期改正、追缴税款及滞纳金,根据情况对其除以罚款。利用"声誉处罚"对企业惩戒,如对伪造、更改污染物排放数据的企业,将违法事实上传到统一信用平台,让其在贷款、签合同等经济活动中受到负面影响。以环保税纳税情况为依据,为纳税人评定信誉等级。针对违法行为,可以计入主要负责人和直接负责人信用记录,提高惩戒力度。运用刑事手段打击涉环保税犯罪行为,弄虚作假、构成犯罪的移交公安机关追究刑事责任,坚决杜绝对犯罪行为仅仅"罚款了事",全方位、严厉的惩处体系能对纳税人违法行为形成强有力的震慑。

(四)优化税收服务

首先,加强宣传辅导。通过微信公众号、网络微课堂、专题讲座等渠道开展政策宣传辅导,树立企业的环保意识,改变企业的发展模式,将用于治污减排的资金投入研发新技术和设备中,实现节能减排绿色发展。提高企业对环保税的认知,了解环保税的征收意义和违法成本,从而自觉主动地缴纳环保税。实行主管税务机关"包户服务"制度,充分利用税企微信群和钉钉群,上门为重点排污企业开展定制化的政策宣传辅导。在办税服务厅设立环境保护税"绿色通道"、专门窗口、政策咨询专岗,与生态环境部门共同开展排污企业排污量核定和技术培训,并在缴税窗口现场辅导。对于零申报企业和选择减免税优惠企业结合排污许可证和排污数据进行核实,减少后期稽查压力。

其次,简化纳税申报。针对中小企业出台更为合理科学、便于操作的申报计算方法,从技术上改进优化电子申报界面和申报系统,使之简便易懂、人性化。

最后,完善优惠政策。在优惠政策上体现出对节能减排、循环利用资源、研发新的环保技术等投入的鼓励,减轻环保部门的压力。建立以环保目标为核心的税收优惠体系,在环保税征管过程中适用限缩量能课税原则,细化税收优惠的程序和条件,尝试延期纳税等多元化的税收优惠方式。

课题组组长:李丽咏

课题组成员:阙舒琪(执笔)

浅析发票电子化改革下的
税收风险防范（三等奖）

国家税务总局金华市税务局第三税务分局课题组

电子商务的兴起，深刻影响着我国税收征管体制，也对税务机关发票管理提出了新的挑战。一方面，在 B2C 模式下，电商开具纸质发票成本高、流程繁琐，已不再适应高速发展中的具有便捷高效特点的电子商务；另一方面，在 C2C 模式下，税务登记缺乏征管信息基础，一些纳税人长期游离于税务监管之外，容易造成税源税款的流失。在此背景下，发票电子化改革进程正提档加速。

一、全面推行增值税电子发票的现实意义

（一）国外电子发票发展情况

欧美国家较早开始了电子发票的推广工作。欧洲作为电子发票发展最活跃的地区，已经通过制定了一系列立法来促进整个欧盟对电子发票的采用，2003 年颁布的《电子发票指导纲要》，就对电子发票内容、格式及保管方式等作出了规定。欧洲一些国家的公共部门，包括瑞典、挪威、西班牙和丹麦，已经宣布了强制性电子发票计划。所有政府供应商都必须投资电子发票技术来执行计费。此外，美国作为最早开始应用 EDI（Electronic Data Act）系统的国家之一，电子发票推广走在了前列，相关法规承认了电子发票及电子签章的法律地位。

（二）国内电子发票发展历程

2012 年 2 月，国家发改委、财政部等八部委发布了《关于促进电子商务健康快速发展有关工作的通知》，提出逐步开展网络（电子）发票应用试点，从国家层面上规范网购发票问题。2015 年，随着"互联网＋"时代的到来，国家税务总局制定了《"互联网＋税务"行动计划》（税总发〔2015〕113 号），提出要在增值税发票系统升级版本的基础上增加开发增值税电子发票系统。同年 11 月，针对增值税电子普通发票的法律效力以及使用方面总局做出了更为明确的规定。2016 年 1 月 1 日起,增值税电子普通发票在全国推广,2020 年 12 月起,全国各地逐步开始实行新办纳税人专票电子化,"发票无纸化"时代已然到来。

（三）金华市电子发票推行概况

截至 2021 年 8 月 31 日,金华全市纳税人共开具 3556.8 万份增值税电子发票,电子发票推广率由 2020 年的 70.27% 提升至 80.36%,总体推广成效显著（见表 1）。其中电子普票的推广率由 2020 年的 88.26% 提升至 99.08%,基本完成普票的电子化开具。

表 1　2020－2021 年金华市电子发票推广情况　　　　　单位:万份

年份	增值税电子发票开具份数	增值税发票开具份数	电子发票推广率
2020	3838.6	5462.9	70.27%
2021（截至 8 月底）	3556.8	4426.1	80.36%

增值税专用发票电子化试点推行时间较晚,自 2020 年底全面推行以来,电子专票开具和受票企业网格化管理和服务总体运行平稳。截至 8 月 25 日下午 3 点,金华全市共 8217 户企业核定了增值税专用发票,其中 8212 户企业核定了电子专票,电子专票推行比例 99.94%;累计有 5887 户企业开具了电子专票,电子专票开具比例 71.69%。

（四）发票电子化带来的优势与便利

1.一定程度上降低了征纳双方成本。发票成本:传统的纸质发票需要纸张、打印机,一台开票专用的针式打印机价格在几百至千元不等,而电子发票可以在电脑、手机上直接查询,无需打印,即使有需要打印出来也可以使用普通的打印机,不用再单独配置针式打印机。时间成本:电子发票的推行极大地方便了纳税人,减少了来往税务局领取发票的时间,网络上即可领取电子发票号段,实现即领即用,同时也减轻了税务机关窗口服务压力。快递运输成本:发票开具后受票方即可通过邮件、短信、APP 等方式立即接收,免去了邮寄运输成本。

2.一定程度上减轻企业财务压力。发票开具方面:对一些用票量大的集团企业,购买第三方服务,通过接口嵌入企业管理软件,可实现自动开票,以金华市某大型保险公司为例,平均每月增值税普通发票开票量达 15 万份,需 16－20 名专职开票员,发票电子化后,可自动提取保单信息填开发票,实现全自动化开票,极大提高开票了效率;发票保管及入账方面:传统发票联次较多,而电子发票一旦丢失即可补打,解决了纸质发票丢失、保管发票问题,同时也避免了"阴阳票"的入账风险。

3.有利于加强电子商务税收征管。增值税电子发票具有无纸化、网络化的特点,因此其非常适用于电商经济场景。能够满足电子支付、交易的需要,有利于对交易信息进行及时的获取、识别,受票方只需要在系统中输入购买方相关信息,就能在线生成电子发票。税务机关通过电子发票数据的归集及分析,可实现加强电子商务税务征管的目的。

二、现阶段发票电子化面临的税收风险挑战

(一)纳税人面临的新问题与新风险

1.面临受票方电子发票接受度不一的问题。虽然国家层面已经明确增值税电子普通发票可采替发票专用章,其法律效力等与增值税普通发票相同,但在实际情况中,对于没有发票专用章的电子普票,个人、企业和用票单位认可、熟悉和接受还需要过程。受限于年龄结构:一些年纪较大的财务人员或者开票个人没有智能手机,没有邮箱,无法适应和使用电子发票。受限于使用场景:电子发票推广过程中,一些纳税人反映电子发票在一些特殊场合不够便利。例如停车场停车费收取过程中,有的车主付现金,不通过扫码支付,停车系统内无付款记录,无法开具电子发票,从而引起的投诉较多。受限于报销流程:目前,仍有不少企业和单位报销流程繁琐,需要层级审批,需要纸质发票签字进入报销程序。特别是政府部门,电子发票接收度不高。受限于地域差异:全国电子发票的接受程度存在地域差异,在电子发票推广过程中,我市使用电子发票的纳税人普遍反映个别省份的购买方对电子发票的接受度较低。

2.面临发票真伪的查验问题。纸质发票因其纸张及防伪标记有其独特标识,发票造假难度大、成本较高,一些有经验的财务人员可以通过手摸和紫外光照射观察基本得出发票真伪。而电子发票失去了物理防伪性的特点,造假难度、成本更低。例如,PDF格式的电子发票通过某些图片处理软件很容易被篡改。目前,查询真伪的最权威官方的办法是通过税务总局的全国增值税发票查验平台。该平台首次使用需安装控件、仅支持单张发票查验、查询时需输入的验证码较难辨识,且会出现系统繁忙、查询等待时间较长的情况,这对业务量大的纳税人来说,人工逐份查验费时费力,效率低下。此外,目前浙江省的通用电子发票真伪查询是通过浙江省电子税务局,并未归集到总局的查验平台,这对接收此类发票的纳税人,尤其是省外纳税人来说极为不便。

3.面临重复报销、重复入账风险。电子发票可以多次打印或者复印,会计人员在审核报销单据过程中很难辨认重复报销的情况。目前经营规模较小的纳税人一般是将电子发票中的发票号码、发票代码等关键信息登记在 EXCEL 表格中,通过设定函数公式验证其唯一性来防范电子发票重复报销。而对于

多个财务人员处理报销量大的单位,登记发票信息既费时又费力,多个财务核算人员办理核算时,还需要实时共享清册信息,因此一般规模较大的集团企业会购买第三方服务,将内部系统接入端口,实现发票的批量验证与自动化报销。

4.存在较大的冲红电子普票入账风险。一方面,现阶段已冲红的电子普票,如若开票方不及时提醒受票方,受票方是无从得知发票状态的;另一方面,未入账的电子普票冲红也无需像传统发票一样收回原发票联次,受票方恶意或非故意将冲红发票入账,会给开受票双方带来涉税风险。目前全国增值税发票查验平台仅支持专用发票冲红状态的查询,而冲红的电子普票,平台并不显示特殊标记。

5.中小企业面临其他成本的增加。在与纳税人座谈中,某小型餐饮纳税人提出:由于其客户多样化,受票方式的需求不同,目前提供客户的二维码扫描和邮箱受票方式无法满足业务需求,遂购买第三方1000元/年的短信提醒服务。此外,一些大型酒店,单日开票量极大,受票人为报销方便仍要求其打印出电子发票,导致相应硬件和耗材成本不降反增。还有一些企业为解决前文所述的发票查验、重复报销等问题,选择购买增值服务,对企业来说也是不小的投入。

6.电子化入账还存在在较大难度。《关于规范电子会计凭证报销入账归档的通知》(财会〔2020〕6号)文件中,规定了单位可仅使用电子会计凭证进行报销入账归档的条件,在凭证真实性、防止重复入账、存储设备安全可靠性等方面做出了明确要求。《浙江省档案局浙江省财政厅浙江省商务厅国家税务总局浙江省税务局转发关于进一步扩大增值税电子发票电子化报销、入账、归档试点工作的通知》(浙档发〔2021〕10号)在全省确定了34家单位为增值税电子发票电子化报销、入账、归档试点单位。可见,电子化报销入账还处在初期阶段。在现有条件下,只有少部分企业可以达到电子化入账的要求。此外,电子发票生成的相关数据信息无法与财务软件对接,电子发票与财务核算软件的对接仍然是通过会计人员手动完成。因此目前电子化入账还是存在很大阻碍,企业仍然沿用保管纸质凭证的方式进行账务处理,不能最大程度体现发票电子化带来的便利度。

7.面临网络安全风险。企业信息化水平与违法犯罪分子水平的不对称问题。不排除部分不良纳税人利用计算机技术,开发出虚假开票软件,开具假的电子发票、假冒的查验平台的可能性。同时利用电子发票传递的名义,传播计算机病毒、木马等行为,增加企业使用电子发票的疑虑和财物损失风险。

(二)税务机关面临的新问题与新风险

1.税务Ukey存在较多问题。目前税务部门正在积极推广不收费的税务

Key,但相较于第三方服务单位收取维护费的税控器具,存在一些问题:稳定性较差:部分纳税人反映开具过程中页面时常会出现卡顿,只能拔下来再重新登录。容量小:目前使用的税务 Ukey 容量只有 4MB,每月存储的发票量在 300－400 张,无法满足开票量大的如餐饮、电商等纳税人,今年"双十一"期间,税务部门就接到电商纳税人反映 Ukey 容量不足的问题,目前解决方法只能是到税务大厅更换 Ukey 重新发行。据了解,我市部分大厅已采购 8MB 容量的 Ukey,但基层单位仍建议 Ukey 能进一步扩容。损坏率较高:据我市基层税务局粗略统计,Ukey 发放过程中,存在 2%－4% 的损坏率,质量问题较为凸显。

2. 众多开票平台增大纳税辅导难度及系统风险。除了全国统一的增值税电子发票公共服务平台外,目前浙江省已做备案的第三方电子发票开具平台还有 20 余家,各类开票平台功能模块各异,增大了基层税务机关纳税辅导的压力。同时,部分发票开具数据通过各类第三方平台传输到公共服务平台,对税务部门来说存在一定的数据管控难度和信息泄露的安全风险隐患。

3. 电子化征管能力较弱。电子发票的验真、验重对税务机关来说同样面临着挑战。电子发票用普通打印机打印出的纸质凭证,保管年限短,一般在两到三年内印刷墨迹就变淡。但现阶段基层税务部门在日常征管中仍离不开纸质凭证的抽核。此外,目前受票方为本地但开票方来自外省的电子普票,还存在信息查询不全的问题,税务机关难以实现电子普票的跟踪监控。因此税务机关的征管手段与系统支撑都还跟不上发票电子化的发展现状。

三、电子发票的虚开风险

(一)电子发票虚开动机及特征

电子发票的虚开动机与传统纸质发票基本一致,多为用于虚抵进项、虚列成本,以达到降低税收负担、减少纳税的目的。此外,还出现一些为骗取银行贷款,虚增发票金额、当月作废的风险案例。发票电子化改革以来,从日常工作中总结的电子发票虚开风险点看,发现同样与纸质发票虚开存在共性、如多发于新办纳税人、多家涉嫌虚开企业注册时间地址相同或者相近,相关人员存在关联、领票开票量突增、进销两头在外、有销无进等。同时基于网上办税及电子发票开具作废更为方便的特点,电子发票领用、开具、作废周期呈现越来越短的态势。

(二)目前的风险防控情况

2018－2020 年,金华全市完成发票风险任务共计 435 户,其中快反任务 247 户,其他任务 188 户。

从近三年发票风险任务情况看,风险任务户数总量呈下降趋势,尤其是总省两级推送的快反任务,总户数有 144 户逐年降至 23 户,表明暴力虚开疑点企业有所减少,快反机制成效明显。

另一方面,2020 年底起,随着发票电子化的推广深入,发票风险任务中逐渐出现电子发票的身影。截至 2021 年 8 月 31 日,金三系统中已有 51 户纳税人涉及电子发票开具或接受风险,占同期发票风险任务的 40.5%。对此,金华市局也做出了初步探索,探索开发的新办企业发票风险预警模型,旨在运用公安轨迹数据对纳税人的行为轨迹进行分析,提前感知虚开风险,进行事前防范。截至 9 月 2 日,已下发疑点新办企业共 4080 户,已反馈 3767 户,经各主管税务机关系统研判和实地核查,确认存在空壳注册风险的企业 2819 户,命中率 74.8%。

（三）现阶段稽查部门电子发票虚开案件的打击情况

2020 年开始,税务总局进一步加大电子发票虚开案件稽查打击力度,目前,电子发票虚开案件以电子普票虚开为主。近两年,全国多地接连破获电子普票虚开违法案例。从破获的电子普票虚开案件看,个别不法分子利用电子发票开具方便等特点,注册大量的跨省空壳公司,实施虚开发票违法行为。这类案件呈现出团伙小（成员人数少）、金额大、周期短等特征,严重扰乱了税收经济秩序,侵害了国家税收权益。如四川"5.21"电子普票虚开案件,4 人团伙控制空壳企业达 919 户,向全国 31 个省（区、市）21821 户下游企业或个人虚开增值税发票 11 万余份,涉案金额约 31 亿元,其中电子普票虚开金额 1.05 亿元。深圳税务部"护航 1 号"电子普票虚开案,涉案金额 10 亿元,电子普票虚开金额达 2.35 亿元。

四、发票电子化税收风险防范的意见建议

（一）制度建设亟待跟上脚步

目前一些行政法规、规章及文件规范还未跟上电子化步伐。现有的《中华人民共和国发票管理办法》、《中华人民共和国税收征收管理法实施细则》、《会计档案管理办法》等法律规章制度没有对电子发票这类涉税资料的保管、使用、损毁等细节做出相应的规定。此外,发票电子化已经突破了原来发票管理办法的一些限制,比如,针对发票跨区域开具问题,办法规定发票只能在领购单位和个人所在省、自治区、直辖市内开具,电子发票可轻松实现跨区开具,但是相应的文件规范并没有做出调整。因此需进一步完善相关法律法规,出台配套文件优化凭证管理和税务检查相关手段。设立全国统一的电子发票保管、使用等方面的管理办法,为电子化发票凭证入账问题扫清障碍。目前,省档案局牵头起草了《电子会计凭证归档业务指引》,明确从电子发票综合服务平台下载的发票数据可以作为归档凭证,并为企业提供了操作指南。

（二）建立全国一体化电子发票应用系统

建立全国一体化的电子发票应用系统是实现所有发票电子化开具、受票、查验及报销入账的技术信息保证。推广一个平台，确保平台功能满足绝大多数纳税人的需求，同时规范第三方收费特色化服务，有利于电子发票的全面推广普及。除增值税发票外，系统应归集全国各地所有的发票（如通用机打发票等），确保发票开具、真伪查询等都在一个平台操作。应用系统可采取类似专用发票勾选、冲红发票比对的方式，实现普通发票的批量查验、电子报销入账，从而避免基层普遍反映的电子发票"一票多用"、"滥用发票"等问题，避免税款流失，使电子票从开具到使用形成一个闭环。

（三）打通智能化、信息化的财务管理流程

在电子发票应用的背景下，企业应当将传统纸质存档转变为电子化档案存储，并对发票的内容进行更为智能化的入账，从而提升财务管理水平。发票应用系统应实现和优化支持发票数据按标准格式批量下载的功能，同时提供接口以满足和支持企业财务软件电子化入账的需求。规避因电子发票而产生的信息断桥，提升企业内部数据的统一性完整性，推动电子化发票的无纸化流转。2021年初起，我省开始探索"浙里办票"场景建设，搭建平台、再造流程，一方面为大企业提供发票数据接口，另一方面为中小企业开放批量下载发票数据功能，积极改进电子发票报销入账归档方式。

（四）加强电子发票的安全监管

提高电子发票的技术监管手段，统一电子发票文件格式，目前 PDF 格式的电子发票仍然较为常见，推广无法篡改且可验证税务监制章的 OFD 格式电子发票为电子发票的真实性提供保障。进一步研发电子发票的加密技术，采取验证身份、数字代码核对和防伪码等技术保护纳税人的机密信息，不断增加技术开发投入，全方位监控虚开、造假电子发票行为，降低伪造电子发票的可能性。

（五）构建电子发票监管平台和风险预警机制

在税务系统内部也应推进全国电子发票数据的联通与共享，搭建实时监控、在线查账的信息化平台，对虚开、造假行为的监控要加大技术投入。同时，面对"放管服"、"零见面"等改革措施，提高税务机关事前预警能力是适应发票电子化的有力举措。今年，税务总局下发了《关于开展市、县（区）及以下税务机关日常风险分析试点工作通知》，浙江省作为试点地，已基本打通从发票日常风险分析至自动形成快反任务的流程，15 日内完成发票分析审核到快反任务的应对。目前我市已先后收到 4 批发票日常分析工作任务，实现了县（区）税务局分析为主、市级税务局审核兜底的日常风险分析业务模式。我市的基层税务机关根据工作实际，进一步强化了发票监管措施。积极建立前后台协作机制,通过钉钉工作群,打通一线窗口和税源管理部门的沟通屏障,及时监控领票限额和份数突增的情况,窗口可以直接在群里联系管理部门人员,第一时间对有风险的开票单位进行实地核验,一定程度上减少虚开发票爆发的风险。

课题组组长:曹伙斌

课题组成员:夏　安　朱之琛(执笔)　吴　昊

中国税史初探（三等奖）

金华市税务学会课题组

唐朝名臣魏征曾说："以铜为镜,可以正衣冠;以人为镜,可以明得失;以史为镜,可以知兴替。"历史是一面明亮的镜子,也是一部厚重的教科书,始终是后人循以前行、温故知新的明灯。

中国是一个历史大国。回顾中国五千年的文明史和社会发展史,中国史料浩如烟海,各类历史著作汗牛充栋。仅就税收资料而言,也是多如牛毛,数不胜数。但是,在赋税史论方面的文献资料和著作,却并不多见。

下面,就我国税收历史的有关问题作一初探。

（一）清代之前的税史概况

税收,自古以来就与国家、社稷、政权有着天然、紧密的血肉联系。税收是国家机器之一,是国家和政权存在的物质基础和物资保障。恩格斯在《家庭、私有制和国家的起源》一书中指出:"为了维持这种公权力,就需要公民缴纳费用——捐税"。因此,税收就伴随着国家的产生而产生了。

回顾我国五千年文明史,其赋税历史也已有四千年的漫长历史了。大约从 4000 年前开始,我国从原始社会、原始部落开始进入父系氏族公社时期。其中,北方中原一带以黄帝族为代表,南方以炎帝族为代表,后黄帝与炎帝联合,黄帝被奉为华夏族的始祖,华夏之孙则称为炎黄之孙。

约在公元前 21 世纪,即在唐尧、虞舜之后的夏代（约 4000 年前）,父系氏族公社制度崩溃,进入上古社会。

从夏代开阡陌到春秋鲁国"初税亩",逐步废除"井田制",从秦代商鞅变法到三国曹魏"屯田制",从唐代"两税法"到明代"一条鞭法",再到清朝摊丁入亩,中国四千年的封建制度下的赋税史,实质上是一部以土地制度为基础的社会变革史。

我国从商朝开始,中国进入了封建领主制社会,由西周王朝灭商,历经西周、东周,出现春秋五霸,战国七雄,诸侯称王,封建割据,天下大乱。公元前221 年,秦始皇统一中国,建立了君主中央集权制国家,中国自此进入君主地主制社会。后经汉、魏、晋、南北朝、隋、唐、五代（十国），晋、元、明、清各代，前后历时 3000 年。1840 年鸦片战争爆发，中国自此逐步进入半殖民地半封建社会。

从夏朝到清代，4000 年土地制度演变，以及相应的田赋、劳役、丁银等演变的历史过程，中国古代的税收制度大致可分为四个历史阶段：

第一阶段：上古社会。从公元前的 2023 年到公元前 222 年，即夏商周时期。那时实现的是劳役的租赋税制。

第二阶段：中古社会。从公元前 221 年到公元 779 年，即秦、汉、三国、晋、隋时期。那时实现的是租调庸赋税制（租即田租、调即人头税、庸即用实物替代力役）。

第三阶段：下古社会。从唐德中建中元年（780 年）开始，杨炎奏请改行"两税法"。所谓：两税，即将丁役银并入租和调，实行租调和户调制。该制度一直延续到明代中后期，中国税制呈简化趋势。

第四阶段：近古社会。该阶段从明朝后期的万历初年（1575 年），始于张居正推行的"一条鞭法"，即把丁役银摊入田亩征收，田赋、力役合并征银，把实物税改为货币税。应该说，这是一种社会的进步。自此，中国税制发生了历史性的变化。

从北宋开始，除田赋、力役合并征银外，鉴于铁业、盐业、酒业和茶叶等商业行为兴起，又增加了工商业方面的税收。如茶税，虽数额不大，但历史较久。茶先后经历了药品、食品和饮品三个发展阶段，进入唐朝后，茶逐渐成为广受欢迎的主流饮品。于是，茶酒税的开征也承担起充盈国库的责任。茶税最早开征于唐德宗时代。比如金华，北宋熙宁（1068—1077 年）10 年间，当年的茶税只有 6 锭 24 两，而酒业课税已达 30 万贯。到元代至元三年（1296 年），金华酒税已高达 1553 锭。

北宋是自秦始皇以来中国 2000 余年皇权专制时期中最为发达和繁荣的朝代，其社会经济发展远远超过汉唐，也是明清两代不能望其项背的。宋代以文立国，推行和平发展和开明开放政策，实行中央集权和以仁政治天下的政治模式，出台了一系列保护自耕农和佃农的利益的政策，创造了一个较为宽松的社会环境，促进了社会经济的迅速发展。大宋创造的物质文明，至少要比同时代的西方文明领先 200 年，不仅是中国文明的顶峰，也是同时代世界文明的顶峰。宋初，为奖励农民复耕和开耕荒地，规定免征三至五年，于是全国耕地面积大大扩张。据统计，当时全国耕地有六亿余亩，人口增长迅猛，北宋末年已达一亿人，人均耕地六亩多。当时，全国有 50 万以上人口的城市 40 多个，到宋徽宗崇宁年间又上升到 50 多个，而唐代只有 10 多个，其中汴京、临安常住人口超过 100 万。城市人口的集聚，足见其社会经济的繁荣程度。

清代赋税制度的完善,是从康熙五十一年(1712 年)开始的。那一年,康熙认识到"人虽增,田地并未加广"。因此,颁发了"兹生人丁永不加赋"的圣旨谕令。雍正元年(1723 年),山东巡抚(后为直隶巡抚)李维均先后奏请"按田亩摊丁,以纾民困。"于是,雍正下令自第二年开始将丁银均摊到田亩之内,重新造册征收,在全国推行单一赋税标准的"摊丁入亩"的税制改革。其优点,一是彻底落实了康熙增丁不加赋的谕令,二是土地常年稳定,地册不变,摊丁入亩后就呈现出定额化特点,每年的税收也就相对稳定,易于征收;三是消除了丁银编征环节,也避免了丁银编征时可能滋生弄虚作假的弊端。

但随之也带来一大问题,即在熔铸银锭时产生的损耗问题。清代收税不收实物,而是按当年市价折成银两上交。由于各地银元形状大小不一,成色不同,需熔铸成统一的银锭上缴户部。而在熔铸过程中会造成一定的损耗,称为"火耗",也叫"耗羡"。为弥补这部分损失,清政府允许地方官员同时加收 1%的火耗附加。可是,地方官在征收附加时肆意多征,比如我们浙江、江西,附加率提高到 5－10%,而山东、河南则增至 20%,导致百姓税收负担加重。

雍正皇帝对火耗附加的弊端也心知肚明,为了防止官员擅自乱作为,登基不久就宣布火耗一律归公上缴。这一法令杜绝了地方官乱收费的寻利空间,但也阻断了地方官的财路,引起了地方官员的不满。为此,为安抚地方官利益,也为了防止地方官再生法子搞乱摊派,就决定在官员的日常俸禄之外,发给一定数额的养廉银。这部分开支,从上缴的火耗中提取一部分。

养廉银的标准,根据官职和地区不同,由吏部提出方案报皇上审批。一般而言,总督一级每年可得养廉银 1 万－3 万两,县令一级也可得 500－2000 两不等。所以过去"三年清知府,十万雪花银"的这一句谚语,就是从这里来的。

到了清晚期,税收不断加重,突出表现在三个方面:一是一反清初永不加赋的诺言,新增附加税,田赋增加一倍以上,有的地方甚至是 2－3 倍;二是提高盐税。盐税是按盐的销量征税,是一种间接税,百姓天天吃盐,但被征税不易觉察,征收比较容易。清代前期,每年盐课的总收入为 600 万至 700 万两。到了光绪末年,已为 2400 万两,而至宣统三年,更增至每年 4500 万两;三是开征了厘金这一新的税种。厘金本是咸丰年间镇压太平天国活动筹措经费而开设的一种抽头商业税。按理,战事一停本应立即撤销。但由于厘金征收的巨额收入,清政府舍不得放弃到手的肥肉,就将其确认为正式的新商税。再加上厘金征收标准各地不一,各地方各自为政,到处设卡抽厘,最终泛滥成灾。

全国的厘金收入情况:1842 年时,清政府财政收入中田赋为 2957.5 万两,占比 76%;盐税 498.2 万两,占比 13%;关税 413 万两,占比 11%。当时尚未开征厘金。到 1885 年,田赋为 3235 万两,占比 48%;盐税 739.4 万两,占比 11%;关税 1447.3 万两,占比 22;厘金 1281.2 万两,占比 19;而到了 1911 年,田赋 4810.1 万两,占比 22%,盐税 4631.2 万两,占比 26%;关税 4313.9 万两,占比 23%;厘金 4318.7 万两,占比高达 24%。厘金收入从鸦片战争时的零,到辛亥革命前夕占比四分之一,与其它三项税收几乎是平起平坐。

(二)民国时期的税收简介

在源远流长的中国税收史中,民国税收史只是极其短暂的篇章。民国税收,既有承袭晚晴税收的一面,又有在其独特的历史条件下逐步资本主义化的一面。它是传统性税收体系日益瓦解和新的税收制度体系日渐形成两种趋势的交织,也是西方公共税收理论移植、融合、渗透中国传统税收肌体的过程。总之,民国时期是中国税收的一个承前启后的过度时代。

中华民国于建国初期承袭清朝旧制,一开始下辖 22 个省;后来北洋政府增设了热河、宁夏、清海等 6 个省,另外有西藏、外蒙两个特别地方。1945 年后,国民政府将东北三省划分为 9 个省,其他省区作了相应调整,再加上抗日胜利后台湾的回归,全部加在一起共为 35 个省。

辛亥革命后,民国分为两个时期:一是 1911 年至 1926 年的北京北洋政府时期,二是 1927 年南京国民政府成立至 1949 年的蒋家王朝时期。两个时期的共同特点是山河破碎,民国前后 38 年,几乎没有一个月不处在战争状态之中。而战争形势下的税收,必然是混乱不堪的,必然是税负沉重的,必然是税源破碎的。

北洋政府期间,先后提出过三次税制整理方案:第一次是 1912 年 11 月,公布了税法草案,拟定新设的税种,明确了中央和地方两税的划分(但未实施),并于 1912 年开征了印花税;第二次是 1914 年 6 月,取消了中央和地方税的划分,恢复各省征税后向中央解款的制度,但规定印花税、烟酒牌照税、烟酒附加税、验契税和契税等五种税收为中央专款;第三次是 1923 年 12 月,又规定了中央税和地方税的划分:关税、盐税、印花税及其他消费税为国家税,田赋、契税及其他各税为地方税。

北洋政府期间,税收在财政收入中占重要地位,与举借外债一起构成北洋政府两大收入来源。北洋政府时期的税收,具有明显的半殖民地性质,一是关税和盐税,因举债还债而被外国人控制;二是地方军阀各自为政,税率高低不一;三是苛捐杂税繁多。开征有田赋、盐税、关税、厘金、烟酒税、所得税、遗产税、印花税、房屋税、茶税、矿税、牙税、交易所税、契税、屠宰税等各种附加。

北伐开始后,北伐军攻占武汉,进入上海,1927 年 3 月 24 日占领南京,4 月 18 日成立南京国民政府。从 1927 年到全面抗战开始前的十年,国民政府的财政收入主要靠税收,税收占全部财政收入的 90% 左右,而其中 95% 又主要靠关税、盐税和货物统税三种收入,这三种税成为国民政府收入的三大财源,10 年间增加了 25 倍。

1937 年全面抗战爆发后,除上述三种主要税种外,开征有田赋、所得税、遗产税、印花税、营业税、非常时期过分利得税、矿税、烟酒税、房屋税、契税、土地税、营业牌照税、使用牌照税、屠宰税、筵席税、娱乐税等 16 种及其他苛捐杂税。

民国时期的税收有四大特点:

一是整个民国时期的税收,属半殖民地性质,关税很大程度上被外国人控制;

二是创立了直接税。1936 年开征所得税,1937 年开征过分利得税,1940 年开征遗产税,1942 年将营业税并入直接税系统,并于 1943 年财政部设立直接税署。直接税开征后,据 1943 年统计,过分利得税增加了 39 倍,所得税增加了 148 倍,印花税增加 339 倍,遗产税增加了 18000 倍,从而使直接税超过货物统税,一跃而成为税收总收入排名前三位。

三是苛捐杂费繁多。民国时期,由于战争连绵不断。收缴的正税入不敷出,各级地方政府和各路军阀就纷纷借机巧立名目,擅开口子,以捐税、附加、事业费、专项费等名目乱摊乱征,横征暴敛,泛滥成灾。多如牛毛的苛捐杂费,无不为国人所深恶痛绝,弄得百姓民怨沸腾。老百姓随之戏称"民国万税"。

以前,学术理论界也好,平民百姓也好,都说是国民党苛捐杂税多如牛毛。其实,这中说法值得探究。

正确的说法,应该是苛捐杂费,而不是苛捐杂税。据查,民国时期国家和地方的法定税收,属于中央税的有田赋、关税、盐税、烟税、酒税、糖税、茶税、矿税、厘金、统捐、乐捐、当捐、渔业税等 18 种,而地方税开征有田赋附加税、茶馆税、饭馆税、杂货税、船税及地捐、商捐、房捐、车捐、鱼捐、肉捐等 19 种。

除上述 37 种正税外,其他各种杂费则五花八门,多得数不胜数。据不完全统计,民国时期征收的其他苛捐杂费 1269 种,比如浙江 74 种,江苏 105 种。其中已征集到征收实据凭证的就有 774 种,覆盖当时全国除台湾、宁夏之外的 33 个行政省份。这些实据凭证,从一个侧面反映了百姓苛捐杂费之重。对此,大文豪郭沫若曾写过一副对联予以讽刺:

上联:自古未闻粪有税

下联:而今只有屁无捐

这幅对联,充分揭露了国民党苛捐杂费的繁杂。

四是采取预征办法苛税于民,千百年来,税收只能征收当年的任务数,可民国以来不少地方政府为了应对军阀常年征战之需,往往采取预征的办法强取豪夺。如广东嘉应县 1925 年已预征到 1928 年,福建兴化 1926 年已预征到 1932 年,四川梓桐县 1926 年已预征到 1957 年。真是贪得无厌,可笑之极!

（三）红色税收的开创

今年 7 月 1 日，是中国共产党创建 100 周年纪念日。一百年来，党的建设也与财税制度的创立息息相关。

改革税收制度，包含在共产党人改造社会的最初方案之中。马克思、恩格斯于 1848 年 1 月共同完成的《共产党宣言》中，就最早提出了"在最先进的国家采取变革生产方式"的措施，其中提出的第二项措施，就是"征收高额累进税"

1921 年 7 月 23 日，13 名共产党员代表全国 50 多名党员在上海法租界望志路 106 号（今兴业路 76 号）召开了第一次全国代表大会，大会通过的中国共产党纲领提出了"消灭资本家私有制，没收机器、土地、厂房和半成品等生产资料"，"归社会所有"的主张。

1922 年 7 月 16 日，12 名共产党员代表全国 195 名党员，在上海成都路铺德里 625 号一居民住所内召开中共第二次代表大会。会议通过了"废除丁漕重税，废除厘金及一切额外税则。规定限制田租率的法律，规定累进率所得税"。以上内容是中国共产党最早的税收主张。

1923 年 6 月 12 日，中共三大在广州东山恤孤院 31 号（今恤孤院 3 号）召开。大会通过的《中国共产党党纲草案》提出：废止厘金、减轻田赋，征收所得税和遗产税。

1925 年 1 月 11 日，中共四大在上海召开，会议通过了 11 个决议。在《对于农民运动之议决案》中，提出"应特别宣传取消普遍的苛捐杂税"，"反对予征钱粮"，"拒绝交纳一切不法征收"。

1927 年 4 月 27 日，中共五大在武汉召开。大会通过的《政治形势与党的任务议决案》中提出：解决财政困难的办法，一是征收财产税，二是发行革命公债，公债由不劳而获的地主、资产阶级承担。

1927 年 10 月，中国共产党在井冈山建立了第一个农村革命根据地。1928 年 2 月，出台了《井冈山土地法》，提出取消一切政府军阀地方的捐税，实行统一的累进税。土地税的税率，依照具体情形分为 5％、10％和 15％三等。

1928 年 7 月，中共六大通过《政治局议案》，提出"取消一切政府、军阀的捐税，实行统一的累进税制"。

在整个土地革命时期，我党先后开辟了十多个较大的革命根据地，特别是赣南、闽西区域开创根据地，经过三次反围剿和开展土地革命，红军取得了重大胜利，赣南根据地和闽西根据地连成了一片，成为中央所在的中央苏区。1931 年 7 月，以瑞金为中心的中央苏区正式形成，形成拥有 31 个县的、纵约 400 里、横约 300 里的广阔地域。

1931 年 11 月 7 日，在瑞金叶坪村召开了中华苏维埃第一次全国代表大会。苏维埃政府设军事、财政、土地、司法等 9 个部,其中的财政部是规模最大的一个部。

1931 年 11 月 28 日,中华苏维埃共和国中央执行委员会通过了《关于颁布暂行税则的决议》,提出废除国民党军阀的一切田赋丁粮、苛捐杂税,实行统一累进税制,征收农业税、商业税和工业税三大税种。

苏区的经济,主要是农业经济。广大农民在土地革命斗争中分得田地,生产积极性空前高涨,苏区农业生产连年丰收,1933 年的稻谷收成较上年增收一成半,于是就有余粮输出到国统区。中央苏区的商贸,分为国营、集体和私营三块。国营是指中央政府统管下的对外贸易局和粮食调剂局,集体商业是以各类消费合作社为主要形式,个体是以小商小贩为主要经营者。

苏区的工业比较薄弱,国营的只有军需和矿产,集体主要是各地兴办的造纸、织布等生产合作社,私营则主要是小手工业作坊。

革命根据地的建立,也就表明红色税收的开始。中华苏维埃政府成立后,颁布了《中华苏维埃共和国宪法大纲》,明确规定:"取消一切反革命统治时代的苛捐杂税"。不久,先后制定和颁布了一系列税收法令法规,建立起统一的税收制度,并出台了《中华苏维埃共和国暂行税则》,规定税收分为农业税、商业税和工业税三种,自 1933 年 3 月开始又开征了关税。

农业税只征收主要产品(如谷类)的税,副产品不征收,但以种植棉、麻、茶、果园为主的农户,也参照稻产物征税。每年麦、谷两季各征一次,一律以实谷计算,每 16 两称 100 斤干谷为一担,以中等田的可收实物为标准,税率分 13 档:最低的凡贫农、中农人均收入干谷 3 担、富农人均 1 担的,税率 4%。最高档的,凡贫、中农人均收入干谷 15 担的,税率 18%;富农人均 13 担的,税率 18.5%。

工业税,鉴于鼓励和扶植的出发点,当时并没开征。

商业税,起征点是 200 元(后减至 100 元),税率级距 13 档(后增至 14 档),最低税率 2%(后逐步提高到 6%),最高税率为 18.5%(后提高到 25%)。

关税分为三种:苏区运往白区的货物,征收出口关税;由白区运进苏区的,征收进口关税;而由白区运往白区的过境通商货物,征收通过税。关税只征一次,凡持有进口出口或通过凭证的,其他税卡一律不再征税。并规定,货运人运货报关以多报少者,加罚一至五倍,私自偷越者,一律全部没收。

至于征收机构,农业税以县为单位,每 2—3 区设一个土地税征收委员会,人数一般 9—11 人,其中主任一人,会计两人,出纳两人。

在减免税方面,政府规定红军家属和雇农可以免税。为了鼓励大力发展生产,凡开垦荒地一年的,贫农中农免税一年,富农免税半年,地主不免税。开垦两年荒地的,贫农中农免税两年,富农免税一年,地主免税半年。开垦三年以上荒地的,贫农中农免税三年,富农免税一年半,地主免税一年。

其他根据地,情况大同小异。比如,鄂豫皖苏区,现在的河南新县是该苏区首府所在地。1927年,"黄麻""商南""六霍"起义相继爆发,中共鄂豫皖边特委成立。1928年冬天,红11军31师就在箭厂河河堤上建立了税收征收点,并在此基础上建立了第一个税务所。这标志着根据地税收征收工作的正式开始。

1931年7月,鄂豫皖区第二次苏维埃代表大会颁布《苏维埃临时组织大纲》,规定人民委员会为常设政权机关,下设财经、外交等6个委员会,而财经委员会下设会计科、设计科、建设科、税务总局、工农银行和经济公社。鄂豫皖苏维埃政府税务总局的成立,是迄今为止发现的中国共产党最早建立的税务总局,比江西瑞金的中央苏区税务局还早了4个月。

现在,在鄂豫皖苏维埃政府税务总局旧址陈列室屋顶,可以看到有28颗红星闪闪发光,中间较大的一颗星则代表着当年苏区的税务总局,周围的27颗小星代表苏区各地的税务局和海关分局。正是这28个税务机关的300多名税务人员用鲜血和生命换来的一笔笔税款,才让这块土地上的苏维埃政权的红色革命支撑了整整七年。

在白色恐怖越来越严重的情况下,征税时随时都有发生战斗的危险,因此,那时的税务人员是带枪征税的。鄂豫皖苏区的首任税务总局局长叫尹良太,1930年春,其战友把从敌方高官手里缴获的一支德国精良手枪赠送给他,自此尹良太人不离枪,枪不离身,风雨相伴。1931年冬,尹良太在一个叫光山徐畈的地方征税时,与敌人发生了枪战。在敌众我寡的情况下,子弹很快打光了。撤离前,尹局长不得不把这支爱不释手的手枪扔到了旁边的泥水塘里。一直到了上世纪六、七十年代,一位姓徐的村民在修塘清理淤泥时,挖出了这把锈迹斑斑的手枪。徐姓村民把它上交到新县文管会,现保存在鄂豫皖苏维埃政府税务总局旧址的展柜里,虽然已经物是人非,但它生动地展示着那段红色的税收故事。

再如,第二次国内革命战争时期,以方志敏为首的共产党人在江西、福建、浙江、安徽交界处,创建了闽浙赣革命根据地。根据地创建不久,就建立了相关的财税制度,苏维埃主席方志敏亲自兼任财政部长。

苏维埃政权成立后,1928年冬开始分田,分田按照"抽多补少,抽肥补瘦"的原则进行,1929年开征土地税。规定土地税按亩征收,每年分两季征收。税收定额分最高、一般、最低三挡,每挡又分上、中、下三等,其中最高的上田每亩3斗,最低的下田每亩5升,比国民党统治区大为降低。同时实行减免政策,红军家属免税,贫雇农因疾病可申请减免。

商业征税采取有利繁荣市场的政策,采取了低税率,粮食买卖不征税,生活用品税率为 3％－5％。

对苏区和白区的货物流通,开征的进出口关税,也采取了 3％－5％的低税率政策。在公路、水运的交通要点,设立武装检查哨所,并特意配备机关枪。一次,敌方有十几条货船行走于水运大动脉信江,并派出 100 多人的民团武装押运。当敌船到达检查站附近时,他们自认有武装保护想强硬闯关。于是,机枪发挥了巨大威力,一下子扫到十多人,迫使他们靠岸接受检查,收税 300 元。据史料记载,船舶检查站每天都能收税 3000 元左右,多时可收 7000 至 10000 元。

闽浙赣根据地在收税同时,还曾发行过公债,如 1934 年就曾发行闽浙赣省苏维埃政府粉碎敌人五次围攻公债。

闽浙赣根据地的财税工作搞得有声有色,在基本自给的同时,还有节余支援中央根据地。1930 年,闽浙赣根据地结存大洋 70 多万元,就主动上交中央 10 万元,1931 年又分三次上交中央黄金 650 两。因此,闽浙赣苏区被毛泽东誉为"模范苏区"和"方志敏式根据地"。

1934 年 10 月,第五次反围剿斗争失败,红军不得不西撤开始长征。一路长征,红军的衣食供应主要靠随带的黄金银元和打土豪来解决。1935 年 10 月,中央红军胜利完成二万五千里长征。红军到达陕北后,一边是连饭都吃不饱的当地穷苦百姓,一边是缺衣少粮的数万名红军战士,物资怎么解决?税收如何开展?时任中华苏维埃工农民主政府的国民经济部部长毛泽民深深地陷入了两难之中。

资料显示,中央红军刚到陕北,其财政开支的主要来源是长征结余的黄金银元和侨捐款及友军馈赠,西安事变后,红军改编为八路军,国民党政府给了一部分协款,每月拨付法币 63 万元。上述几项款项占财政的总收入,1937 年占 77.2％,1939 年占 85.8％,这说明税收只占了很小一部分。1940 年后,国民党政府停止了供应。

不久,红军开始的西征带来了转机。西征战役最终虽然失败,但对税收工作来说,最大的收获是解放了生产食盐的盐池、定边两个县。食盐是生活必需品,自古以来,掌握了食盐就等于掌握了经济命脉。于是,毛泽民就先后多次写信给毛泽东、周恩来,提出加强盐地开发的主张。很快,盐池和定边两地的盐业生产和食盐贸易就如火如荼地开展了起来。

陕甘宁边区的税收历史,有两个数字特别有意义:一个是"三",一个是"七"。"三"是指定边、安边、靖边三个地方,它们是当地最为富饶的地区,不仅盛产食盐,而且水丰林茂,出产优质皮毛、中药材。"七"就是指三边征收的盐税、皮毛税、甘草税等 7 个税种税目。

1936 年 9 月,陕甘宁边区第一个税务机构——定边税务局成立。紧接着,盐池县和靖边县税务局等陕甘宁边区各个税务机构相继成立。

1940 年后,党中央高度重视税收工作,一方面加强货物税、营业税和盐水等工商税收,同时继续征收救国公粮。1944 年,陕甘宁边区正式颁布《农业统一累进税试行条例》,以土地平均产量为标准,合并农业税收项目统一累进征税,使得税负更加合理。

1941 年 5 月,边区政府任命南汉宸为财政厅长,边区的税务局、分局已经有 34 个,税务所有 102 个,税务人员也增加到 400 余人。

1941 年 10 月 15 日,晋冀鲁豫边区税务总局在河北涉县的索堡镇成立。

1948 年,晋冀鲁豫边区税务总局与晋察冀边区税务总局合并成立华北税务总局。

1949 年新中国成立后,以华北税务总局为基础,组建了中央人民政府财政部税务总局,统一了全国税政,建立起新中国税收制度、组织制度和征管制度。

(四)新中国的税收历史

1949 年 10 月 1 日,中华人民共和国成立。回顾建国以来的税制演革历史,可以分为三个阶段。

第一阶段,从共和国成立到 1956 年底。这一时期,是国民经济恢复和社会主义改造过渡时期。这一时期的财政部税务总局局长李予昂(任期为 1949 年 12 月至 1958 年 7 月)。

共和国初期,全国农村实行土地改革,农民分得了土地,农业生产很快得到恢复和发展,公粮即农业税政策比较稳定,广大农民安居乐业。

1950 年 1 月,政务院颁布了《全国税收实施要则》,规定对当时还很薄弱的国营经济和合作社经济给予一定的税收优惠,如对新成立的供销社免交一年所得税,对新成立的手工业合作社免交营业税和所得税各三年。

第二阶段,从 1957 年到 1978 年。这 22 年,特别是 10 年动乱时期,基本上是政治上以阶段斗争为纲,经济上实行完全的计划经济的特殊时期。这一时期总局局长叫任子良(任期为 1958 年 7 月至 1978 年 12 月)。

1957 年反右,1958 年"大跃进"运动、人民公社化运动,企图"跑步进入共产主义",经济上不按经济规律办事,工商企业批"利润挂帅"。

1958 年改革工商税制,从简化税制入手,推行工商统一税,施行"税利合一"。在计划经济体制下,财政统收统支,企业税利不分,国营企业"税制合一"上缴,甚至出现了"社会主义非税论",税收制度支离破碎,税收工作可有可无。

"文化大革命"期间,先后提出"综合税、行业税"的试点,后又试行各税合并为"工商统一税",片面强调简化税制,批判"繁琐哲学"。于是,国营企业只需缴纳工商税,税后利润一律上交财政;集体企业只需缴纳工商税和工商所得税;农村人民公社只缴纳农业税。税务机构撤的撤,并的并,大批税务人员或下放或改行,致税收功能无法得到正常发挥。

第三阶段,从 1979 年改革开放到现在。这一时期的基本特点是拨乱反正和改革开放。这一时期,开始时局长叫刘志城(1978 年 12 月至 1984 年 4 月),后来是金鑫(1984 年 4 月至 1994 年 2 月),继任者先后为刘仲黎、项怀诚、金人庆、谢旭人、肖捷,目前是王军。

在这一阶段,随着改革开放的逐步深入,中国税制的改革也在不断前进,并取得了一系列重大成果。回顾 40 多年的改革开放历程,我国的税制改革,又可分为三个时期:

第一个时期是 1978 年至 1993 年的经济转型时期。这是改革开放以后税收制度改革的起步阶段,其基本内容是以建立涉外税收制度为起点,继而进行国营企业"利改税"和工商税收制度的全面改革。

1979 年 7 月 1 日,五届人大二次会议通过了《中华人民共和国刑法》,自 1980 年 1 月 1 日起施行。这是新中国第一部刑法,其中对偷税、抗税情节严重者和伪造发票者规定了处罚措施。这是新中国第一部刑法对涉税犯罪作出的规定。

1980 年后,全国人大先后公布了《中外合资经营企业所得税法》《外国企业所得税法》和《个人所得税法》,从而初步形成了一套适应涉外税收的制度,满足了对外开放初期引进外资和对外经济、技术合作的需要。

增值税的理论,最先由美国人提出,但美国至今也没有实施。1954 年,法国税务总局局长助理莫里斯·洛雷制定并实施增值税制,取得了成功。而我们中国,则是从 1980 年开始"试水"增值税。1980 年 3 月—5 月,财政部税务总局在广西柳州进行了增值税调查测算、设计方案的工作,并在柳州、上海的机械行业进行了试点。1981 年 9 月,国务院原则批准《关于改革工商税制的设想》。1981—1982 年,又在上海、柳州、长沙、株洲、青岛、沈阳、西安及襄樊,对机械、农机两个行业和缝纫机、自行车、电风扇三个品种进行了增值税试点,并颁布了《增值税暂行办法》。1984 年,国务院颁布了《增值税条例(草案)》,标志着增值税正式成为我国的一个新的税种。

1983 年至 1984 年,国务院先后实施了国营企业"利改税"的改革,同时实行了工商税收制度的全面改革,陆续发布了《产品税条例》《增值税条例(草案)》《盐税条例(草案)》《资源税条例(草案)》《企业所得税条例(草案)》和《国营企业调节税征收办法》。

伴随着经济体制改革的进程,我国的税收事业进入了一个新的发展时期,这也为税收学术研究提供了广阔的舞台。在这一历史背景下,中国税务学会应运而生。1984 年,中国税务学会在北京隆重成立,田一农当选为第一届会长。

1985 年至 1989 年,国务院又先后发布了《进出口关税条例》《城建税暂行条例》《集体企业所得税暂行条例》《国营企业工资调节税暂行规定》《集体企业奖金税暂行规定》《事业单位奖金税暂行规定》《个体工商户所得税暂行条例》《房产税暂行条例》《车船使用税暂行条例》《耕地占用税暂行条例》《印花税暂行条例》《筵席税暂行条例》等。

1988 年,税务总局从财政部下辖的司级机构,升为副部级的国家税务总局。

1991 年七届人大四次会议决定将中外合资企业所得税法与外国企业所得税法合并,制定了《中华人民共和国外商投资企业和外国企业所得税法》。

到 1993 年,我国的税制共设有产品税、增值税、营业税、工商统一税、所得税、关税、盐税、房产税、农业税、牧业税等 37 个税种。全国税务人员从 1979 年的 17.9 万人,增至 1982 年的 28.6 万人,到 1985 年又增加到将近 43 万人。到 1993 年,全国税务人员共计 58.1 万人。

第二个时期是 1994 年至 2013 年的建立社会主义市场经济体制时期。这一时期,社会主义的经济理论和实践取得了重大进展,税制改革随之进一步深化。1994 年,国家税务总局升为部级机构,省以下税务机构分设为国家税务局和地方税务局两个系统。

这段时期,全面改革货物和劳务税制,实行了比较规范的增值税为主体,消费税、营业税并行,内外统一的货物和劳务税制,将以往各种国内企业所得税和个人所得税合并,开征了土地增值税,扩大了资源税范围。

至此,税种由 37 个简化到 25 个,税务工作人员从 1993 年的 58.1 万人增至 1995 年的 75.3 万人。

2005 年,全国人大常委会决定自 2006 年取消农业税、牧业税和屠宰税。

2008 年、2013 年,又分别取消了筵席税、固定资产投资方向调节税。

截至 2013 年,中国税制一共设有增值税、消费税、营业税、企业所得税、个人所得税、关税、土地增值税、房产税、城镇土地使用税、车辆购置税、耕地占用税、契税、资源税、车船税、船舶吨位税、印花税、烟叶税和城市建造维护税等 18 个税种。

第三个时期是 2013 年以来的全面深化改革时期。

2013 年 11 月,党的十八大三次会议通过了《中共中央关于全面深化改革若干重大问题的决定》,其中确定了深化税制改革的基本原则和主要内容。2017 年 10 月,习近平总书记又在党的十九大报告中进一步提出了深化税制改革的要求。2018 年 9 月,全国人大常委会提出了增值税、消费税和房地产税等 10 个税种的立法及税收征管法的立法规划。

这一时期的深化税制改革,主要从以下四个方面着手:

一是完善货物和劳务税制。2013 年起,逐步实施了营改增试点,从 2013 年 5 月 1 日起在全国全面推行。

二是完善所得税制。如固定资产加速折旧、小微企业减征企业所得税、研发费用加计扣除以及调整个人所得税纳税标准。

三是完善财产税制,逐步调整资源税的税目税率,并扩大了征税范围和从价计税方法的适用范围。

2018 年,为降低征纳成本,理顺职责关系,提高征管效率,为纳税人提供更加优惠、高效和便利的服务,省级以下的国家税务局和地方税务局合并,具体承担所辖区域内的各项税收及非税收入征管职责,实行以国家税务局为主与省级人民政府双重领导的管理体制,并自 2018 年起施行《中华人民共和国环境保护法》。

国地税合并后,全国现有税务工作人员近 100 万,号称百万税务大军。现在,我国的税制一共设有 18 个税种,即增值税、消费税、企业所得税、个人所得税、关税、车辆购置税、房产税、城镇土地使用税、土地增值税、耕地占用税、契税、资源税、车船税、船舶吨位税、印花税、城建税、烟叶税和环境保护税。其中,关税和船舶吨位税由海关代征,其他 16 个税由税务机关征收。

四是大力推行减税降费。近几年来,随着国际和国内形势发展的变化,特别是新冠疫情爆发所带来的影响,为了减轻纳税人的负担,国务院推出了一系列的减税降费措施,其中增值税税率已从 17% 减至 13%,据统计全国 2020 年降税规模超过 2 万亿元。

回顾建国 70 年的光辉历程,我国的税收工作走过了极不平凡的历程,随着经济发展,税务机关队伍不断壮大,税收收入也得到大幅度增长。有关的几组数据见下表。

税收入库统计表　　　　　　　　　　　　　　单位:亿元

年份	全国	浙江省	金华市	备注
解放初的 1950 年	28.31	0.81	(缺)	全部税收
"文化大革命"开始的 1966 年	199.74	6.20	(缺)	全部税收
改革开放初的 1979 年	472.68	17.00	(缺)	全部税收
税制改革的 1994 年	5070.79	229.15	11.40	(不含关税和农业税)
跨入本世纪的 2000 年	12665.80	861.37	37.37	(金华不含海关代征数)
最近的 2020 年	151329.38	11753.93	679.89	(不含海关代征数)

纵观四千年的税收历史,什么时候薄徭轻赋,减税让利,与民休息,经济就发展,社会就安定,政权就稳固。无论是汉代的文景之治,唐朝的贞观之治,大

宋的繁荣昌盛,清朝的康乾盛世,无不如此。反之,经济就停止,民怨就四起,社会就动乱,政权就必将被造反更替!这是一条颠扑不破的真理,正所谓:苛捐杂税亡即前,轻徭薄赋保安宁。历史深刻须铭记,为民初心永不变!

(五)下一步税制改革的发展方向

"十四五"时期,是我国开启全面建设社会主义现代化新征程、向第二个百年奋斗目标进军的新的五年规划,税收工作面临着前所未有的新的机遇和挑战。下一步税制改革的方向,将围绕五个理念、两个手段和一个目标来展开:

五个理念:一是深入贯彻创新发展理念,完善促进经济高质量发展的税制体系;二是深入贯彻协调发展理念,完善促进均衡发展的税制体系;三是深入贯彻绿色发展理念,完善促进生态环保的税制体系;四是深入贯彻开放发展理念,完善促进扩大开放的税制体系;五是深入贯彻共享发展理念,完善促进共同富裕的税制体系。

两个手段:一是加强税收立法,坚持依法治税;二是进一步减税降费,放水养鱼,增强纳税人活力,促进经济发展。

一个目标:建立一个公平合理、规范统一的现代税制体系,更好地发挥税收在国家治理中的基础性、支柱性、保障性的作用。

课题组成员:杨荣标

图书在版编目(CIP)数据

2021 年度浙江税收获奖论文集 / 周广仁,龙岳辉,
劳晓峰主编;徐敏俊,王平,章毓华副主编.—杭州:
浙江大学出版社,2024.1
ISBN 978-7-308-21939-6

Ⅰ.①2… Ⅱ.①周… ②龙… ③劳…④徐…⑤王…
⑥章… Ⅲ.①税收管理－中国－文集 Ⅳ.
①F812.423-53

中国国家版本馆 CIP 数据核字(2023)第 057316 号

2021 年度浙江税收获奖论文集

2021 NIANDU ZHEJIANG SHUISHOU HUOJIANG LUNWENJI

周广仁　　龙岳辉　　劳晓峰　　主编

责任编辑	王荣鑫
责任校对	韦丽娟
封面设计	项梦怡
出版发行	浙江大学出版社
	(杭州市天目山路 148 号　邮政编码 310007)
	(网址:http://www.zjupress.com)
排　　版	浙江大千时代文化传媒有限公司
印　　刷	杭州宏雅印刷有限公司
开　　本	710mm×1000mm　1/16
印　　张	52.25
字　　数	991 千
版 印 次	2024 年 1 月第 1 版　2024 年 1 月第 1 次印刷
书　　号	ISBN 978-7-308-21939-6
定　　价	80.00 元